중국 문자학 강의

중국 문자학 강의
中國文字學講義

許進雄 지음
조용준 옮김

KOREA
UNIVERSITY
PRESS
고려대학교
출판문화원

The Brief Book of Studying Chinese Characters (Revised edition)
by James Hsu

진지, 수연隨緣, 그리고 소탈

몇 가지 정말로 불가사의한 일이 있다!

내가 허진웅許進雄 교수와 서로 형제처럼 우정을 나눈 지가 벌써 40여 해가 되어 가건만, 나는 말할 것도 없고 우리 모두가 이 불가사의함을 함께 느끼고 있다. 40년 전에 내가 국립대만대학교 중문학과를 막 합격했을 때, 나는 합격자 명단을 보면서 우리 과의 수석을 차지한 '허진웅'이라는 멋쟁이는 아마도 틀림없이 여학생은 아니겠구나 생각하였다. 그래서 마음속에서는 벌써 이 친구를 잔뜩 만나 보고 싶어졌다. 그리고 그 해 9월에 있은 입학식 행사에서, 나는 내 앞줄 왼쪽에 앉아 머리 스타일은 상고머리로 밀고 큼직한 안경을 쓴 채 무협소설을 보느라 골몰해 있는 친구가 바로 우리 과의 수석을 차지한 허진웅임을 알고 깜짝 놀랐다. 순간적인 그 기쁨에 또 우리 모두가 첫 번째 만남이라는 설렘으로 가까운 친구처럼 다정하게 그의 어깨를 툭 치며 인사를 건넸다. 그때 당시만 해도 나와 같은 대만 중남부의 시골에서 타이베이(臺北)로 갓 올라온 다 큰 학생들에게는 타이베이가 상당히 낯설고 어색하다면 낯설고 어색한 곳이어서, 그 때문에 빨리 하나라도 더 같은 학과 동기를 사귀어 두고 싶은 마음이 무척 간절하였는데 더욱이 그가 우리 과의 수석을 차지한 허진웅임에야 더 이상 말하여 무엇 하랴! 그러나 그는 나와 똑같은 반응을 보이리라는 나의 기대를 여지없이 뭉개 버리며, 두어 번에 걸친 나의 어깨 두드림을 전혀 예상치 못했는지 다만 고개만 뒤로 돌리며 나를 한번 흘끔 보는데, 큼직한 안경 너머로 흘러나오는 그 눈빛은 무척 차갑고 쌀쌀해서 마치 내가 자신의 '무공 수련'을 끊어 버리기라도 한 것처럼 책망하고 있음이 역력히 나타나고 있었다. 그러고는 얼른 고개를 다시 돌리고 계속 자신의 '무공 수련'을 이어 나갔다. 나는 속으로 상당히 반감이 일었고, 끊임없이 마음속에서 '너, 네가 뭐 그리 잘났는데, 다시는 너하고 상종이나 하나 봐라……' 하며 투덜대었다.

그러던 것이 생각지도 않게 벌써 눈 깜짝할 사이에 어느덧 40여 년이라는 기나긴 시간이 흘러갔다! 상종도 않겠다던 내 결심이 지켜지지 않았음은 물론 말할 것도 없고, 이 40여 년을 함께 지내 오면서 오히려 그의 진지하고 순박하며 또한 이렇게 자연스레 맺어진 우리의 이 인연을 더불어 즐길 수 있는 성품과 소탈함이 배어 나오는 그를 나는 더욱더 가까이 하게 되었다.

진웅은 고문자학에 타고난 천분이 있었다. 그것은 마치 그가 컴퓨터 게임을 즐길 때 자유자재로 고난이도의 기교로 우리의 입을 다물지 못하게 하는 것처럼, 우리와 같은 연령대인 중년층들이 일취월장으로 발전하고 있는 컴퓨터에 대해서 배우고는 싶어도 오히려 거부감이 많아 거의 속수무책인 지경에 이르는 데 반해, 진웅은 이미 일찌감치 컴퓨터의 다재다능한 온갖 기능을 모조리 깨쳐서 마음대로 필요한 기능을 사용하고 있었다. 그와 마찬가지로, 당시 중문학과 2학년에 재학하고 있던 대부분의 학생들이 '문자학文字學'이라는 이 과목 때문에 다들 쩔쩔매고 있었는데, 유독 진웅만은 일찌감치 고문자의 영역을 훌쩍 뛰어넘고서 이미 '갑골문甲骨文'의 전당에까지 들어갔다. 그리고 그 후 더욱 깊이 파고들며 연구하여 이제까지 내려온 갑골문 연구에서의 적잖은 오류를 많이 바로잡았는데, 바로 그러한 공헌으로 인해 그는 갑골학계에서 자신의 세계적인 명성을 굳게 다지게 되었다. 그래서 중국의 하남성河南省에 있는 안양박물원安陽博物苑의 갑골문 전람관甲骨文展覽館에는 역대로 갑골학에 지대한 공헌을 끼친 갑골학자 스물다섯 명의 초상화를 걸어 두었는데, 대만에서는 갑골학에 선구적인 공헌이 있는 갑골학의 대가 언당彥堂 동작빈董作賓 선생을 제외하고는 유일하게 그의 사진이 걸리게 되었다. 이것은 형제처럼 뜨거운 우정을 나누고 있는 우리에게 지금도 서로 흥미진진해하며 대단한 자랑거리로 삼고 있는 일의 하나가 되어 주고 있다.

진웅은 국립대만대학교에서 석사학위를 취득하고 선사先師이신 익붕翼鵬 굴만리屈萬里 선생님의 명을 받들어 멀리 태평양과 대서양을 넘어 캐나다의 토론토에 있는 로열 온타리오 박물관으로 가서 그곳에 소장된 수만 편의 갑골문을 정리하였다. 그런데 이렇게 한번 대만을 떠나고서는 다시 못 돌아오리라고는 생각도 못했는데, 그것은 아마도 진웅의 너무나도 솔직한 성품과 조금도 거리낌 없이 내뱉어 버리는 언사들이 마침내 그로 하여금 몇몇 사람들에게 좋지 않은 인상을 남기도록 한 때문인 듯싶다. 이처럼 그가 몇몇 사람들로부터 따가운 눈총을 받을 지경에까지 이르렀음을 우리가 인식했을 때, 우리는 그에 대한 악담으로 고자질이나 일삼는 이른바 '충성파'들의 행실에 대해 개탄스러움을 금치 못하였다. 진정으로 올곧은 심성을 지닌 이에게 도대체 그들이 얼마나 많은 해코지를 해 왔던가! 다행히 이곳저곳 사람들의 적극적인 해명으로 인해 그럭저럭 마침내 그를 대만으로 다시 불러올 수 있게 되었다. 우리가 서로 떨어져 있었던 그 수십 년 동안에, 그에게 '우리 거기(캐나다의 로열 온타리오 박물관—역자 주) 외에는'이라는 습관적인 상투어가 하나 늘어난 것 외에 진웅은 조금도 안 변하고 옛날 그 모습 그대로였다. 지난번 대만에서 그저 잠시 머무르고 떠날 때는 우리 모두가 그의 배웅을 나갔었는데, 그는 끝내 북받쳐 오르는 감정을 억누르지 못하고 뜨거운 눈물을 하염없이 눈 가득히 맺었다. 이것을 보면서 '진웅이가 형제애처럼 진한 우리의 우정을 이토록 가슴 절절하고 애틋하게 생각하고 있었구나!'라는 생각이 우리 모두에게 절로 들었다. 그 뒤에 우리는 그를 국립대만대학교 중문학과로 초청하여 객좌교수를 맡을 수 있도록 온 힘을 다했고, 그리고 그 자신 또한 대만으로 돌아와 자신이 이제까지 이루어 온 학문적 성과에 대해 공헌도 하고 또 몇몇 지도학생도 배출하고자 하는 소망이 무척이나 강렬하였다. 그래서 7년 전 때마침 나에게 다른 대학에서 새로운 중문학과를 만들 기회가 생겨서, 캐나다까지 장거리 전화를 걸어 그에게 다시 대만으로 돌아와 옛날처럼 함께 지내자는 의향을 비쳐 보았다. 그러자 진웅은 두말없이 흔쾌히 그 제안을 받아들여 곧바로 대만으로 돌아올 준비를 서둘렀다. 그러나 나중에 내가 그 중문학과 신설에 대한 기회를 어쩔 수 없이 포기해야만 하게 되었는데, 진웅은 나의 그러한 결정이 나름대로 피치 못할 사정이 있었을 것으로 믿었기에 거기에 대해서는 한 마디의 군말도 하지 않았다.

그러다가 진웅은 마침내 국립대만대학교 중문학과로 다시 돌아와 전임교수가 되었을 뿐만 아니라 젊었을 적 자신의 학문적 정열을 불태우던 바로 그 연구실로 들어가게 되었다! 그런데 조물주의 조화인지 참으로 공교롭게도 나는 그때 국립대만대학교 중문학과에서 정년퇴임을 하게 되었으니, 도대체 누가 이런 일들을 짐작이나 할 수 있었단 말인가?

그 뒤, 타이베이에 있는 세신대학교世新大學校에서 중문학과가 새로 만들어지면서 나는 진웅에게 중국 문자학 강의를 부탁하였고, 그는 그곳에서 강의를 하면서 바로《중국 문자학 강의〔簡明中國文字學〕》라는 이 책의 집필을 시작하였다. 이처럼 그는 컴퓨터 게임을 즐길 때든 친구들과 어울릴 때든 아니면 강의나 학문 연구에 몰입할 때든 늘 이렇게 매사에 진지함을 지니고 있었다. 이 진지함은 바로 진지함 그 자체일 뿐 그에게는 별다른 승부욕이 없었고, 또 이 때문에 하루하루가 시끌벅적하고 불안스럽기만 한 이 탁세濁世의 생활고에서 우리 일반 사람들은 그것을 헤어나지 못하고 살아가지만, 진웅은 한 번도 그것을 일부러 피하려고 하지 않고 오히려 정시正視하며 늘 변함없이 아무런 근심걱정이 없는 높은 경지에까지 이를 수 있었다. 진웅이 바로 이런 인품을 지닌 사람이다!

그의 책이 곧 출판될 즈음에 진웅이 나에게 '이 책의 서문이나 한 편 써 다오' 하며 부탁하기에, 나는 그럼 이걸로 서문을 대신하라 하였다.

2000년 6월 20일 신점新店의 심은거心隱居에서 쓰다

황계방黃啓方

저자 서문

이 책에 사용된 갑골문甲骨文, 금문金文 및 그 밖에 드물게 사용되는 중국 고문자古文字의 자형字形은 현재 중국문화대학교中國文化大學校 중국문학과中國文學科에 강의를 나가는 황패영黃沛榮 교수의 동의하에 사용하였다. 황 교수는 그간 직접 연구 개발한 중국 고문자체古文字體의 컴퓨터 자형 소프트웨어를 이 책을 위해 사용하도록 허락해 주었으므로, 이 자리를 빌려 특별히 깊은 감사를 드린다. 그리고 아울러 감사를 드려야 할 분은 국립대만대학교國立臺灣大學校 중국문학과의 동료 교수인 서부창徐富昌 교수인데, 서 교수는 저자가 집필 과정에서 부딪힌 컴퓨터와 관련된 갖가지 문제들에 대해서 언제나 아낌없는 도움말을 주었다. 이 두 교수 외에도 이 책에 나오는 사진의 스캔 처리와 타이핑을 도와준 오경문吳瓊雯 학생의 노고에도 이 자리를 빌려 사의를 표한다.

한국어판 서문

갑골학계를 놓고 봤을 때 현재까지 필자의 연구 성과는 지도해 주신 은사님들의 가르침에 그다지 부끄럼이 없다고 생각한다. 필자가 개인적으로 갑골학에 깊은 흥미를 가지게 된 것은 너무나도 우연한 어떤 한 기회를 통해서 시작되었다. 필자는 고등학교 3학년 시절에 과연 필자가 원하는 대학에 합격할 수 있을까를 스스로 장담하지 못했기 때문에, 만약 원하는 대학에 합격하지 못했을 경우에 다시 학교로 돌아와 재수를 할 각오로 필자는 잠시 다니던 고등학교를 휴학하게 되었다. 그런데 생각지도 못하게 입학시험 제도가 갑자기 바뀌면서 고등학교 정식 졸업 예정 신분이 아니면 시험을 치를 수 없게 되어 버렸다. 그래서 필자는 당분간 집에서 그냥 시간을 보낼 수밖에 없었고, 다시 입학시험을 치러야겠다는 마음도 거의 접은 상태로 있었다.

그러던 어느 날, 시내의 한 서점에서 우연히 왕념손王念孫이 지은《광아소증廣雅疏證》이라는 책을 사게 되었는데, 이 책을 읽으면서 놀랍게도 열 몇 개의 서로 다른 글자가 동일한 한 의미를 지니고 있음을 발견하게 되었다. 그러면서 중국의 문자에 상당히 오묘한 매력이 있음을 느끼게 되었고, 내친걸음에 그와 관련된 몇 권의 훈고학訓詁學 분야의 책을 구입해 탐독하기 시작하였다. 그리고 아마도 필자의 영어 성적이 너무나 안 좋았기 때문이기도 하였지만, 나중에 다시 다니던 고등학교에 복학을 하고서는 문과 계열로 반을 바꾸어 중문학에만 뜻을 두고 열심히 대학 입시를 준비하였다. 그리고 대학 입학원서를 낼 적에도 단지 대만대학교, 대만사범대학교, 정치대학교의 세 대학교 중문학과에만 지원을 하였고, 마침내 원하던 대만대학교 중문학과에서 합격통지서를 받게 되었다.

그리고 대만대학교 중문학과에 입학한 후에 필자는 학교 성적에서 높은 학점을 받는 일보다는 오히려 공부의 중점을 줄곧 문자학文字學 연구에만 두었다. 그래서 대군인戴君仁 선생님의 2학년 문자학 수업과 허세영許世瑛 선생님의 3학년 성운학聲韻學 수업을 정식으로 수강한 일 외에도, 틈이 날 때마다 왕균王筠이나 단옥재段玉裁의 저작을 탐독하면서 김상항金祥恆 선생님께 의문이 나는 부분에 대해 종종 여쭤 보기도 하였다. 그리고 그 해 마침 대만대학교 문과대학원 부설의 고문자학古文字學 연구실에서 《중국문자中國文字》라는 학술잡지를 창간하게 되었고, 김상항 선생님께서는 친히 필자에게도 한 권을 읽어 보라고 주셨다. 그런데 그 학술잡지 중에는 선생님이 쓰신 〈석호釋虎〉라는 문장이 있었는데, 특히 '호虎'의 자형이 갑골문, 금문金文에서 비롯되어 점차 변천되면서 해서체楷書體가 된 과정이 구체적으로 기술되어 있었다. 이 문장을 읽으면서 필자는 고문자학에 대단한 흥미를 가지게 되었고, 그때부터 갑골문을 집중적으로 공부하기로 작정하고는 선생님께 더욱 적극적으로 가르침을 구하기 시작하였다.

그러다가 대학교 1학년 여름방학 때 김상항 선생님께서는 특별히 필자에게 제10 연구실에 가서 책을 볼 수 있도록 배려해 주셨다. 필자가 사기가 충천하여 연구실에 도착했을 때 선생님께서는 아직 연구실에 나오시지 않았고, 필자는 우선 먼저 연구실에 들어가 당시 읽고 있던 책을 꺼내 열심히 탐독하기 시작하였다. 그런데 얼마 지나지 않아 수수한 차림을 한 연세가 지긋하신 한 어르신이 들어오셨는데, 필자에게 여기에 무슨 일로 왔느냐고 물어보셨다. 필자가 대답을 마치자 다시 필자에게 지금 무슨 책을 읽고 있느냐 또 그 책에서 특별히 받은 인상이 무엇이냐고 물어보셨다. 그때까지만 해도 이분이 바로 명망이 자자하신 갑골학계의 큰 어른이신 동작빈董作賓 선생님이실 줄은 꿈에도 생각하지 못했던 필자는 순진하게도 그만 단옥재段玉裁가 주注를 단 《설문해자說文解字》에 적잖은 오류가 있다고 마음속에 있던 얘기를 다 해 버리고 말았다. 필자의 이 말이 끝나자마자 이 어르신은 벽력같이 큰 소리로 필자를 꾸짖기 시작하였는데, 그 바람에 수많은 사람들이 몰려와 무슨 일인가 하고 궁금해하며 주위를 에워쌌다. 그리고 필자가 나중에서야 알게 된 사실이었지만, 그 당시 동작빈 선생님은 노환으로 중풍中風을 앓으시면서 감정 절제가 어려운 상태이셨다. 어쨌든 그 후부터 필자는 동작빈 선생님이 돌아가실 때까지 고문자학 연구실에는 감히 가까이 갈 엄두도 내지 못하였다.

그리고 대학교 2학년이 되면서 필자는 이효정李孝定 선생님의 문자학 수업을 수강하게 되었다. 그런데 이효정 선생님은 필자의 갑골문에 대한 기초 지식을 높이 평가해 주시면서 학기말에 〈상商나라 제사의 연구〔商代祭祀的研究〕〉라는 논문 주제로 중국 동아시아 학술연구 장학기금회에 필자를 추천해 주셨다. 그리고 마침내 이 논문 주제가 채택이 되었고 필자는 장학금까지 받게 되었는데, 이 일은 학부 학생의 입장에서 본다면 엄청나게 큰 격려가 아닐 수 없었다. 그뿐만 아니라 그 당시에 완성했던 이 논문 주제는 나중에 필자가 《중국문자中國文字》에 여러 편의 논문을 실을 수 있었던 든든한 기초까지 되어 주었다.

그리고 대학교 3학년 때는 굴만리屈萬里 선생님의 《상서尙書》 수업을 수강하게 되었는데, 굴만리 선생님도 필자의 갑골문에 대한 이해를 높이 평가해 주셨다. 더욱이 필자가 〈장광직張光直 교수의 '상商나라 왕의 시호諡號에 대한 새로운 고찰〔商王廟號新考〕'에 관한 몇 가지 견해〔對張光直先生的'商王廟號新考'的幾點意見〕〉라는 논문을 써서 선생님께 가르침을 구하였는데, 굴만리 선생님께서는 뜻밖에도 이 논문을 《민족학 연구소 집간民族學硏究所集刊》에 원고를 보내 등재될 수 있도록 추천해 주셨다. 이 일도 또한 학부 학생으로서는 감히 상상도 못할 일이었다. 이를 계기로 나중에 필자는 외국에서 장광직 교수와 여러 차례 학문적인 토론을 할 기회까지 얻게 되었다.

그 후에 중문학과 대학원에 진학하면서 필자는 김상항 선생님을 석사논문 지도교수로 찾아뵈었지만, 김상항 선생님께서는 오히려 당시에 미국 프린스턴 대학에서 강의를 하시던 굴만리 선생님께 지도를 받으라고 필자에게 권고해 주셨다. 그러면서 그것이 필자에게 여러 모로 장래에 많은 도움이 될 것이라는 말씀도 덧붙이셨다. 그리고 마침내 중국 동아시아 학술연구 장학기금회에서 썼던 논문을 기초로 하여 필자는 석사논문을 완성하였고, 더욱이 〈갑골문 복사卜辭에 보이는 오종제사五種祭祀의 연구〔殷卜辭中五種祭祀的硏究〕〉라는 제목의 이 석사논문이 교내의 우수 논문으로 선정되어 출판의 영광까지 얻게 되었다. 돌이켜 생각해보면, 갑골문의 주제연구周祭硏究와 관련된 이 학위논문이 아마도 나중에 굴만리 선생님이 필자를 캐나다에서 갑골문 정리 작업을 하도록 추천하신 계기가 된 것 같다.

그리고 캐나다의 로열 온타리오 박물관에 소장된 선교사 멘지스Menzies의 갑골은 원래 이 박물관에서 중앙연구원中央硏究院에 의뢰하여 정리 작업에 종사할 연구원을 파견하도록 요청한 것이었다. 그래서 이제지李濟之 선생님과 굴만리 선생님이 공동으로 필자를 추천하면서 그곳에 소장된 갑골문으로 나중에 대만에서 쓸 박사논문의 주요 자료로 이용하라고 권고하셨다. 그런데 박물관 측에서는 자신들이 소장한 자료로 학위논문을 쓴다면 필자에게 급여를 제공하기가 곤란하다는 견해를 통지해 왔다. 그래서 마침내 두 선생님은 2년 만에 필자가 대학원 박사과정을 졸업하도록 배려해 주셨고, 필자는 1년 동안의 조교助教 과정을 거치면서 충분한 영어 실력도 쌓았다. 그것으로 이제 캐나다로 떠날 준비를 모두 마쳤고, 전심전력을 다해 박물관을 위해 일할 마음의 각오도 새롭게 다졌다.

그리고 1968년 말 필자는 마침내 토론토에 도착하였고, 박물관에서는 특별히 필자를 위해 중국어가 유창한 조교까지 뽑아 주었다. 그러나 그 조교는 예전에 홍콩에서 유학을 하여 광동어를 배웠기 때문에, 사실 필자로 봐서는 그다지 큰 도움이 된다고 할 수 없었다. 아무튼 박물관에서 필자의 주요 업무는 갑골의 정리와 연구 외에도 갑골 표면에 새겨진 갑골문자의 탁본을 뜨는 일이었다. 일반적으로 탁본을 뜨는 작업은 전문적인 기술자에게 의뢰하는 것이 관례였지만, 캐나다에서는 필자가 직접 이 작업까지 할 수밖에 없었다.

그런데 갑골문 탁본을 뜰 적에는 반드시 밀랍으로 안쪽을 받쳐야만 갑골이 파손되지 않으며, 또한 이 탁본 작업이 끝나고는 다시 이 밀랍을 깨끗이 닦아 내야만 한다. 그러면서 알게 모르게 필자는 매 시기의 갑골마다 뒤쪽에 파낸 불로 지지는 홈 부분이 각각 서로 다른 형태와 크기를 가지고 있음을 조금씩 주의하기 시작하였다. 그리고 나중에 다시 미국이나 일본, 영국, 대만 등지에 소장된 갑골 뒤편에 파낸 이 홈 부분의 형태를 대조, 확인하면서 동일한 시기에 속하는 경우에는 모두 대체로 외형상에서 그 모습이 서로 일치함을 발견하였다. 그래서 이와 관련된 일련의 논문을 써서 계속 학술지에 발표하였다. 더욱이 나중에 과학적인 발굴 기법을 통해 출토된 안양시安陽市 소둔촌小屯村 남지南地의 출토 지층의 기록이 명확한 갑골에서도 뒤편에 파낸 이 홈 부분의 형태가 서로 일치한다는 결론을 얻게 되었다. 그러면서 이 갑골 뒤편에 패인 홈 부분의 형태도 충분히 갑골문 시대 구분의 한 기준이 될 수 있음을 확인하였고, 장광직 교수는 이 이론을 동작빈 선생님이 정한 열 가지 갑골문 시대 구분에 더 보태서 열한 가지의 시대 구분 기준이 될 수 있다고 보았다.

그리고 캐나다의 로열 온타리오 박물관은 원래 토론토대학의 한 부설 기관이었다가, 나중에 체제와 시스템을 더욱 확충하여 마침내 1968년에는 독립적인 한 행정 체제를 갖춘 기관으로 분리되어 나왔다. 그렇기만 하였지만 여전히 일정한 범위 내에서 토론토 대학교와는 그 관계를 계속 지속하였고, 또한 박물관 연구원이 대학에 전임교수를 겸할 수 있는 자리도 십여 자리나 있었다. 그런데 당시 필자가 품었던 계획처럼 만약 캐나다에 계속 정주할 생각이라면 반드시 그곳에서 박사학위를 얻고서야 직위상의 승진이 가능하였다. 그렇지만 토론토대학교의 일반적인 규정으로는 만약 박사반 과정이 개설되지 않은 학과라면 철학 석사학위를 가지고서도 학부 강의는 할 수 있었다.

그래서 필자는 강의를 하면서 학업에 매진하여 1972년 캐나다의 석사학위 과정을 모두 무사히 마쳤다. 그 당시 동아시아학과는 아직 박사반이 개설되지 않았기 때문에, 필자는 캐나다 학술원에서 주는 '강의교수 연수 프로그램'의 2년 간 장학금으로 먼저 인류학과 박사과정으로 진학 배정을 받았다. 그러다가 1974년에 동아시아학과에서 정식으로 박사과정이 개설되면서 다시 그쪽으로 학적을 옮겨 사경성史景成 교수의 박사반 지도학생이 되었다. 그리고 그해 연말에 곧바로 박사학위를 취득하였고, 박사학위 논문 제목은 〈Scapulimantic Techniques and Periodic Classification〉으로 잡았다. 그 후에 이 박사학위 논문이 책으로 출판이 되면서 〈갑골 뒤편에 패인 불로 지지는 홈의 형태에 관한 연구〔卜骨上鑽鑿形態的研究〕〉라는 제목으로 책명이 바뀌게 되었다.

캐나다 로열 온타리오 박물관은 인문 분야와 과학 분야의 전시를 함께 기획하는 곳인데, 세계적으로 자랑할 만한 중국 문물을 많이 소장하고 있는 곳으로 특히 유명해서 중국 이외에 중국 문물 10대 소장 박물관으로 정평이 나 있다. 그래서 그 박물관의 한 일원으로 필자는 자연스럽게 중국 문물의 소장 및 전람 기획의 일에까지 관여하게 되었다. 더욱이 이 박물관은 특별기획 전시에 주로 중점을 두고 있었기 때문에, 만약 한 번의 전시를 기획하면 마치 한 편의 논문을 쓰는 일과 같이 나름대로 틀이 잡힌 체계를 갖추고 있었다.

그렇기 때문에 박물관에서 일하는 연구원이라면 매 하나의 문물이 가지고 있는 역사적인 배경에 대해서 상당한 정도의 지식을 갖추고 있어야만 하였고, 또한 그렇게 했을 경우에야 하나의 전시를 준비하면서 특별기획 전시가 담고 있는 의미를 충분히 살려낼 수 있었다. 그래서 이러한 업무 환경에 적응하기 위해서 필자는 고고학, 민속학, 문헌학, 과학 등의 여러 방면의 지식을 습득해야만 하였고, 그러면서 문자의 창의創意와 고대인의 생활 경험이 서로 불가분적으로 밀접하게 연관되어 있음을 깨닫게 되었다. 이러한 지식적 바탕 위에 마침내《중국 고대사회中國古代社會》와 같은 시리즈물을 완성하게 되었는데, 이 책은 고대인의 사회 배경과 생활 경험을 통해 중국 고문자의 창의를 탐색한 저작이다.

그리고 필자가 박물관에서 행정 업무까지 주관하게 되면서 세계 각지의 정계, 학계, 저명한 사회인사들과 교류가 빈번하였는데, 충실한 업무수행 능력을 통해 차이나타운에 사는 중국 교민들의 생활환경과도 진작부터 익숙해져 있었다. 그런데 대만대학교 중문학과 선배인 증영의曾永義 교수가 여섯 차례나 우리 박물관을 찾아와서 필자에게 이제 대만으로 귀국하여 갑골학을 연구할 젊은 인재를 배양하는 일에 공헌하는 것이 어떻겠냐고 권고하였다.

그래서 1996년에 필자는 장기간의 휴직을 신청하고는 모교인 대만대학교로 돌아와 객좌교수가 되었고, 다시 1998년에는 캐나다의 박물관과 토론토대학의 정교수 직위를 결연히 사임하고 대만대학교 중문학과의 전임교수가 되어 갑골학을 강의하기 시작하였다. 필자가 대만대학교로 돌아왔을 때, 같은 중문학과의 동기였던 황계방黃啓方 교수는 때마침 대만대학교에서 정년퇴임을 하고 세신世新대학교로 옮겨가 인문사회 대학의 원장이 되면서 중문학과 설립을 구상하였다. 그래서 세신대학교에서 중문학과가 개설된 두 번째 해에 황계방 교수는 필자를 겸임교수로 초빙하여 중국 문자학 강의를 부탁하였다.

그런데 강의를 하려면 그 과목에 필요한 교재가 있어야 했다. 더욱이 이 문자학이라는 과목에 대해서는 필자의 개인적인 강의 원칙이 있었을 뿐만 아니라 다른 학자가 쓴 교재가 필자의 견해와 그다지 일치하지도 않았기 때문에, 필자는 곧바로 문자학 교재를 편집하기 시작하였고 한편으로는 강의를 하면서 또 한편으로는 집필 작업도 서둘렀다. 그런데 나중에 대만대학교 중문학과에서도 필자가 문자학을 강의하게 되면서 이 문자학 교재의 수요가 반드시 어느 정도 이상의 일정한 수는 유지할 수 있을 것으로 여겨졌다. 그래서 출판을 하더라도 출판사가 그다지 손해를 보지는 않겠구나 생각하고는 '학해學海출판사'를 경영하는 친구에게 의뢰하여 아무런 조건 없이 이 책을 출판하게 하였다. 그런데 얼마 지나지 않아 학해출판사를 경영하던 이 친구가 갑자기 세상을 뜨게 되었고, 또한 창고에 남아 있는 책의 숫자도 그다지 많지 않게 되었다. 그래서 기존의 내용을 조금 더 수정하여 북경에 있는 '중화서국中華書局'에서 2009년 2월에 다시 출판하게 되었다.

전통적인 문자학에서는 대체로 동한시대東漢時代 허신許愼이 지은《설문해자說文解字》가 그 주요 연구 대상이 되어 왔다. 그런데 송宋나라의 금석학金石學이 흥성한 뒤부터는 소전체小篆體의 자형에 가끔 잘못된 자형 형태의 현상이 존재하고 있어서 어느 한 글자의 창의創意를 제대로 풀이해 내기에 많은 어려움이 있음을 조금씩 인식하기 시작하였다. 그러다가 최근에 갑골문이 지하에서 대량으로 출토되면서 이러한《설문해자說文解字》의 오류는 더욱 명백하게 각인되었다.

그리고 현재 대량으로 존재하는 최초의 자형은 지금으로부터 3천여 년 전 무렵의 상商나라 갑골문이기 때문에, 만약 중국 문자학에 관련된 분야를 연구하고자 한다면 당연히 갑골문부터 언급이 되어져야만 한다. 그뿐만 아니라 중국 문자는 몇 천 년의 오랜 변천 과정을 거쳐 오면서 비록 그 자형 형태에 상당한 변화가 일어나기는 했지만, 반면에 상형문자에 기초한 그 창의적創意的인 내용을 아직도 여전히 간직하고 있다고 말할 수 있다. 따라서 갑골문자에 보이는 창의創意의 탐색은 우리가 고문헌을 해독하는 데 있어서 상당한 도움이 된다고 여겨질 뿐만 아니라, 또한 실제로 상당히 유용하기도 한 편이다.

이처럼 상형문자는 그림문자적인 특성을 강하게 내포하고 있기 때문에, 현재를 사는 우리에게 당시 존재했던 동식물이나 사용된 기물에 대한 많은 정보를 제공해 주고 있다. 그래서 이러한 상형문자는 간혹 우리로 하여금 문자가 처음 창제되었을 당시의 사유 구조와 그것을 통해 표현되는 사물의 정보를 엿볼 수 있게 하고 있다. 더욱이 어느 한 글자의 변천 과정을 거슬러 올라가다가 보면, 가끔씩 고대기물古代器物의 사용 상황, 풍속 습관 및 중요한 사회제도, 가치 관념, 공예 발달 등과 관련된 일련의 흔적을 발견할 수도 있다.

그래서 필자는 예전에 로열 온타리오 박물관에서 어떤 전시를 기획하면서, 어느 한 문물에 대한 설명을 함에 있어서 당연히 그 문물의 물질적인 정보에 주의를 기울였는데, 그 과정에서 그 문물의 이면에 내포되어 있는 고대인의 생활 양태와 사회 풍습이 갖는 의미도 매우 중요하다는 점을 절실하게 깨닫게 되었다. 더욱이 이러한 문물의 정보를 정리하면서 필자는 대부분의 고문자가 표현하고 있는 내용이 바로 고대인의 일반적인 일상생활 경험과 밀접한 관련이 있는 것임을 발견하였다. 그래서 만약 고대인의 구체적인 생활 경험과 그들이 남긴 고문자를 서로 관련시켜 강의를 한다면, 수강하는 학생들의 고문자 이해력과 기억력을 제고시키는 데 반드시 커다란 도움이 될 것이라고 생각하고 이러한 내용을 이 문자학 교재에 충실히 담고자 하였다. 그러면서 매 강의마다 최소한 몇 글자의 고문자를 가르쳤고, 고문자 하나하나의 창의創意에 대해서도 매번 자세한 해설을 덧붙이곤 하였다.

대만에서 문자학 수업은 중문학과 학부생의 필수과목으로 정해져 있다. 그런데 예전에는 대체로 주당 3시간의 강의가 배정되어 있었지만, 현재는 대부분 주당 2시간으로 그 수업시간이 대폭 줄어 든 상태다. 그래서 학생들로 하여금 짧은 시간 내에 이 필수과목을 제대로 배우도록 하려면, 필자의 생각에 꼭 필요한 내용이 아닌 부분은 대부분 생략시킬 수밖에 없었다. 그 때문에 이 책의 제목을《중국 문자학 강의〔簡明中國文字學〕》로 짓게 되었다. 따라서 만약 전반적인 문자학사文字學史의 내용을 구체적으로 이해하고자 한다면, 반드시 다른 문자학 저서를 함께 참고해야만 한다.

조용준 선생은 필자가 대만대학교에 재직하고 있을 때 필자에게 석사논문 지도를 받은 한국 학생이었다. 그가 쓴 석사논문은《상나라 갑골문에 나타난 샤머니즘〔殷商甲骨卜辭所見之巫術〕》(臺北: 文津出版社, 2003년)이었는데, 제목에서 짐작할 수 있듯이 고문자의 지식을 활용하는 일은 너무도 당연한 기본적인 연구 조건에 속하였었다. 그런 그가 2년여에 가까운 노력을 들여 필자의《중국 문자학 강의〔簡明中國文字學〕》라는 책을 한국어로 번역하고 이제 출판까지 하게 되었는데, 필자의 고문자에 대한 견해가 정확히 잘 전달되었으리라는 것을 누구보다 믿어 의심치 않는다. 그 외에도 필자의 또 다른 저작인《중국 고대사회中國古代社會》라는 책이 이미 두 차례나 한국어로 번역되어 나오기도 하였다. 그래서 이번 기회를 빌려 필자의 중국 문자학에 대한 견해가 한국의 학계에 다시 알려지게 되었으니, 한국에 있는 문자학 연구자와 젊은 학생들에게 조금이라도 도움이 되었으면 하는 바람뿐이다.

2012년 여름 세신대학교世新大學校에서 한국어판 서문序文을 쓰다
허진웅許進雄

일러두기

1. 본문에 나오는《설문해자說文解字》라는 책명은 모두 약칭하여《설문說文》이라고 하였다. 특히 청淸나라의 단옥재段玉裁가 주注를 단《설문해자주說文解字注》의 원문을 지칭한다.

2. 원서에 없는 주註는 저자의 동의를 구해 번역 시 필요한 부분에 역자 주〔譯註〕를 첨가하였으며 최초에만 역자 주임을 밝혔고, 원저자의 주는 해당하는 주의 끝부분에 '(원저자 주)'라고 부기하였다.

3. 본문의 도표는 한자漢字의 창의적創意的 해설을 쉽게 이해하도록 원저자가 갑골문에서부터 현대의 한자에 이르기까지 주요한 각종 자형 변천의 모습을 예로 든 것이다. 첫째 칸은 일련번호로, 본문 서술에 편리하도록 그 순서를 붙여 두었다. 만약 이러한 일련번호가 없는 도표가 나온다면, 그 글자는 이 자형 변천의 도표에 속하지 않음을 나타낸다. 그리고 둘째 칸은 상商나라의 문자를 예로 든 것인데, 절대다수는 상나라의 갑골문甲骨文에서 가져왔고, 얼마 되지 않는 상나라 청동기 명문銘文의 자형은 편집의 편의상 다음 칸에다 넣어 두었다. 또한 여기에 쓰인 자형의 예는 중국 문화대학교의 황패영黃沛榮 교수가《갑골문편甲骨文編》을 근거로 하여 개발한 컴퓨터 자형을 주로 사용하였다. 셋째 칸은 주周나라 때의 문자로 그 대부분을 금문金文에서 취하였으며, 자형의 예는 황패영 교수가《금문편金文編》을 근거로 하여 개발한 컴퓨터 자형을 주로 사용하였으며, 금문 외의 다른 자형들은 여기에 포함시키지 않았다. 넷째 칸은《설문說文》에 실린 글자로서 진秦나라의 문자인 전서체篆書體를 대표하며, 자형의 예는 중화서국中華書局에서 1963년에 출판한 송본宋本《설문說文》의 자형을 토대로 만들었다. 그리고 이 칸에는 자형의 오른쪽에다 영문 자모를 붙여 두었는데, 그중에서 S는 소전자형小篆字形을, Z는 주문籒文을, 또 K는 고문古文을 대표하고 있으며, H는 그 외의 기타 서체를 나타낸다. 만약에 별다른 표시가 없다면, 그것은《설문說文》에서의 설명이 명확치 않았기 때문이다. 다섯째 칸은 한나라의 문자인 예서체隸書體를 대표하는데, 자형의 예는 역자譯者의 컴퓨터에 내장되어 있는 예서체隸書體의 글씨체를 그림 파일로 전환시켜 첨가한 것이다. 여섯째 칸은 오늘날 통용되고 있는 현대의 한자를, 그리고 일곱째 칸에는 문자의 창의創意에 관련된 원저자의 해설 부분이다. 이 번역서에서는 가독성의 편의를 염두에 두고 원저자가 만든 도표 구성을 역자가 약간 수정한 것이다.

4. 이 책의 번역에서는 매 글자마다 한글식 한자음을 따로 표기하여 두었는데, 특히《설문說文》의 원문에 보이는 한자음은 단옥재段玉裁의 설명에 따라 되도록 반절음反切音에 근거하여 우리말 표기를 하였다. 그 외에 보이는 한자음은 모두 현재 일반적으로 사용하는 우리말의 한자음 표기를 따랐다. 그런데 만약《설문說文》에서 어느 한 글자를 해석하면서 다른 어떤 글자와 동일한 음과 뜻을 지녔다고 한 경우에는 한글식 한자음 표기 다음에 괄호를 하여 이 글자들을 함께 병기하였다. 그리고 본래의 글자와 그 글자의 성부聲符 발음이 유달리 다른 것은 따로 역주譯註에서 주로 왕력王力이 추정한 상고음上古音의 운부韻部를 예로 들어 보충설명을 하였다.

차례

중국 문자학의 응용

중국문자학 강의

중국 문자학의 개요

글자 그대로 중국 문자학은 중국 문자에 관련된 연구를 하는 학문이다. 그리고 문자라는 것은 일반적으로 두 글자가 합쳐져 하나의 어휘가 만들어지는 것이니, 곧 기록언어 혹은 의견이나 관념을 전달하는 복잡한 필기 부호를 함께 일컫는 것으로서 고도 문명사회의 산물이라고 할 수 있다. 그래서 '문자文字'라는 말을 구분하여 설명하자면, 현재 '자字'로는 의미를 나타내는 개별적인 부호를 일컫고 있으며, 그리고 '문文'은 이 자字들이 서로 합쳐져 이루어진 낱말과 글이 된다. 다만 전통적인 중국 문자학자文字學者들은 오히려 이와는 매우 다른 정의를 내리기도 하였다.

중국 최초의 자서字書 혹은 자전字典이라고 일컬을 수 있는《설문해자說文解字》[1]는 동한東漢 때의 학자인 허신許愼의 대작으로, 그는《설문說文》〈서敍〉에서 이르기를, "창힐倉頡이 처음 글자를 만들 때, 대체로 사물의 유형에 의거하여 그 모습을 본떴으니 이를 문文이라고 한다. 그 뒤에 모양과 소리가 서로 보태졌으니 이것을 자字라고 일컫는다. 문文이라고 하는 것은 사물 형상의 근본이 되는 것이고, 자字라고 하는 것은 파생되어 점점 많아진 것을 말한다"[2]라고 설명하였다. 그래서 이에 따르면, 문文은 최초로 출현하여 뜻을 나타내고

1 이하에 나오는《설문해자說文解字》라는 책은 앞으로 간단히《설문說文》이라 일컫는다.(원저자 주)

2 (淸) 段玉裁注,《說文解字注》(臺北: 藝文印書館, 1994년), 第二十九卷, 第十五卷注上,〈敍〉, 761쪽. 그 원문에 "倉頡之

도표 번호	상商나라의 갑골문甲骨文	주周나라의 금문金文	진秦나라의 소전小篆	한漢나라의 예서隸書	현대의 한자	글자의 창의創意
1		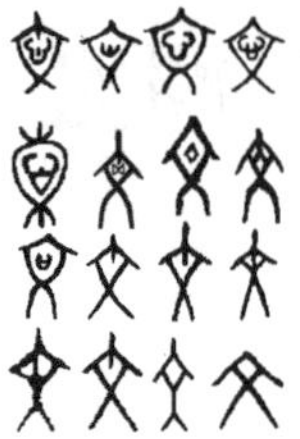	 s	文	文	죽은 사람의 가슴에 꽃무늬 모양의 문신文身을 새겨 넣은 것으로, 고대 장례식에서 행하던 미화의식美化儀式의 모습을 본뜨고 있다.
2			 s	字	字	건축물 안에서 사내아이의 이름을 짓는 의식을 거행하는 모습을 본뜨고 있다.

있는 부호이고, 자字는 그 최초의 모습인 문文에서 점점 불어나 복잡한 구조를 가리킨다는 의미이다. 따라서 문文과 자字는 둘 다 의미상에서 결국 하나의 동일한 범주에 속한다고 볼 수 있다. 그러나 만약 문자의 창의創意 관점에서 보자면, 문文과 자字는 그 초기의 의미가 서로 상당히 달라지게 된다.

먼저《설문說文》의 해석을 살펴보면, 〈도표 1〉에 보이는 문文은 "은 교차시켜 그린 것이다. 교차된 무늬를 본뜨고 있다. 무릇 문文의 속屬들은 모두 이 문文을 따른다"[3]라고 하였고,[4] 또한 〈도표 2〉에 보이는 자字는 "는 기르는 것이다. 자子를 따르고, 면宀 아래에 있다. 자子는 또한 성부聲符이다"[5]라고 하였다.[6]

그런데 만약 위와 같이 해석한다면, 이 문文과 자字의 창의創意에 대해서 허신은 진정으로 중요한 요점을 제대로 파악해 내지 못했다고 할 수 있다.

初作書, 蓋依類象形, 故謂之文. 其後, 形聲相益, 卽謂之字. 文者, 物象之本. 字者, 言孳乳而寖多也"라고 되어 있다.(역자 주—이하 역자 주 표기 생략)

3 (淸) 段玉裁注, 《說文解字注》, 第十六卷, 第九篇注上, 〈文〉, 429쪽. 그 원문에 ", 錯畫也. 象交文. 凡文之屬皆从文"이라고 되어 있다.

4 여기에서 만약 '《광운廣韻》은 《송본광운宋本廣韻》이다' 등과 같은 별다른 해설이 붙어 있는 것을 제외하고는, 다음부터 이 《설문說文》의 인용문은 모두 청淸나라의 단옥재段玉裁가 주注를 단 《설문說文》의 본문 해석만을 가리킨다.(원저자 주)

5 (淸) 段玉裁注, 《說文解字注》, 第二十八卷, 第十四篇注下, 〈字〉, 750쪽. 그 원문에 ", 乳也. 从子, 在宀下. 子亦聲"이라고 되어 있다.

6 〈도표 1〉에서와 같이 한자漢字의 창의적 해설을 쉽게 이해할 수 있도록 이 책에서는 갑골문에서부터 현재의 한자에 이르기까지 주요한 각종 자형 변천의 모습을 도표 안에 예로 들었다. 그리고 이 책의 본론 제4절에서 각 서체에 대한 간략한 소개를 실어 두었으니 참고하기 바란다.(원저자 주)

그래서 비교적 이른 시기에 속하는 상商나라와 주周나라의 자형 형태를 살펴보면, '문文'은 죽은 사람의 가슴 위에 각종 모양의 문신文身을 새겨 넣은 모습을 본뜨고 있다. 이것은 고대의 장례식에서 행하던 한 의식으로, 칼로 죽은 사람의 시신의 가슴에다 문신을 새겨 피가 흘러나오게 함으로써 피를 흘림과 동시에 영혼을 몸 밖으로 내보내 다시금 환생할 수 있도록 해 주는 고대인들의 관념을 나타내고 있다. 이 문文은 청동기의 명문銘文에 자주 보이는 전문인前文人, 문부文父, 문모文母, 문조文祖, 문비文妣 등에서처럼, 영혼을 내보내는 의식을 거행했던 고귀한 신분의 사자死者를 찬미하는 데 주로 사용되었다. 이처럼 문文이 상나라나 주나라 시대에는 살아 있는 사람을 나타내는 호칭에는 전혀 사용되지 않았다가, 나중에 문재文才, 문장文章, 문학文學 등과 같이 문채文采가 있는 일이라는 의미로 그 뜻이 변천되었다. 더욱이 허신許愼이 살았던 동한시대東漢時代에는 이 문文의 자형에 이미 상당히 많은 변화가 생겼으므로, 그 당시에도 벌써 이 문文이 원래는 사람의 형태에다 문신을 새겨 넣은 모습을 본뜬 것이라는 글자의 창의創意는 거의 찾아 볼 수 없게 되었다. 그래서 허신은 이 문文을 부호의 형태와 서로 관련이 있는 것으로만 생각하였다.

그리고 '자字'의 자형은 주周나라 초기부터 거의 고정되었는데, 건물 안에 한 사내아이가 있는 모습을 본뜨고 있다. 그리고 이 자字의 창의는 대체로 사당이나 건물 안에서 사내아이에게 이름을 지어 주고 있는 것을 나타낸다. 왜냐하면 고대에는 갓난아이들의 요절이 많아 상당히 오랜 시간이 흐르고 나서 아이가 확실히 생존할 수 있다는 생각이 들었을 때라야 겨우 사당이나 집 안에서 의식을 치르고 조상에게 예를 올렸을 뿐만 아니라, 또 아이에게 이름도 지어 주며 정식으로 그 아이를 가족의 성원으로 삼았기 때문이다.

그런데 아이의 이름을 지어 주기까지 걸리는 그 기간은, 《예기禮記》〈내칙內則〉편에 보이는 "석 달 말쯤 되는 때에 날을 잡아 머리를 깎으며 머리를 조금 남긴 뒤, 사내아이는 머리 양쪽을 뿔처럼 만들고 계집아이는 머리를 가로세로로 엇갈리게 만든다. 만약 그렇지 않으면 머리를 깎을 때 사내아이는 왼쪽을, 계집아이는 오른쪽을 남긴다. …… 유모가 앞서서 대신 아뢰되, '어미 모모가 감히 이 날에 삼가 어린아이를 보이고자 합니다'라고 말한다. 그러면 지아비는 '고맙게도 잘 길러 주었네요'라고 화답한다. 그러고는 아이 아버지가 아이의 오른손을 잡고 싱긋이 웃으며 이름을 지어 준다"[7] 라는 기록이나, 혹은 《의례儀禮》

7 (淸) 阮元 校刻, 《十三經注疏》(附校勘記)(北京: 中華書局, 1980년), 《禮記》, 〈內則第十二〉, 卷第二十八, 1469쪽. 그 원문에는 "三月之末, 擇日翦髮爲鬌, 男角女羈, 否則男左女右. …… 姆先相曰: '母某敢用時日, 祗見孺子.' 夫對曰:

〈상복喪服〉 편에 보이는 "아이가 태어나 석 달이 되면 아버지가 이름을 지어 준다"[8]라는 기록에 근거해, 중국 고대의 일반적인 풍습으로는 태어나서 석 달 말쯤 되는 때에 길일吉日을 택하여 이름을 지었음을 알 수가 있다. 그 반면 다른 민족들은 몇 년씩이나 오랫동안 기다리기도 하였다. 그런데 허신은 이 '자字'의 창의創意에 대해 이해가 부족하였기 때문에, 이 글자의 한 부분인 자子가 그 성부聲符가 된다고 여겼다. 이렇게 봤을 때, 이 '자字'는 고대의 이름 짓는 의식과 서로 밀접한 관련이 있게 되는데, 이렇게 아이의 이름을 짓는 일과 사물에 명칭을 부여하는 일은 방식에서도 서로 비슷하고 작용도 또한 서로 같았다.

그래서 나중에는 이 '자字'가 '문文'과 서로 결합하여 '문자文字'라는 어휘가 만들어졌는데, 곧 우아한 기록 부호를 가리키게 되었다. 그러나 자형으로 봤을 때는 '자字'가 바로 '문자文字'라는 단어의 주체가 되는 것이고 '문文'은 이 '자字'를 형용하는 것으로서, 우아함이 있는 문장을 일컫고 있지 결코 비속한 구어가 아님을 강조하고 있다고 할 수 있다. 그런데 허신은 오히려 이 두 글자의 위치를 주객전도하여 '문文'을 명사로 보고 또 기본 자형을 지칭한다고 여겼다.

사무를 기록하는 매체에 수많은 종류가 있는 오늘날에도 문자가 여전히 매우 중요한 한 형식을 차지하고 있는데, 고대에 있어서 그 중요성은 더 말할 필요도 없었다. 문자는 고도의 문명사회에서 처음으로 글을 깨치는 초학자들에게 무척이나 중요한 하나의 학습 항목이었다. 그래서 중국에서도 한漢나라 때부터 시작하여 이 문자를 연구하는 학문을 일러 줄곧 '소학小學'이라고 일컬었는데, 그 의미는 곧 어린아이가 입문하면서 배우는 학문이라는 뜻이다. 이것은 그 의의를 폄하貶下하여 부른 것이 아니라 오히려 사람마다 반드시 배워야 하는 기초적인 학문임을 강조한 말이다. 그런데 세계 어느 문자를 막론하고 문자는 어느 한 지역의 사람들이 함께 공유하고 있는 지식이고 또 그에 대한 일정한 의미를 지닌다는 사실 외에도, 문자는 또한 반드시 자형字形, 자의字義 및 자음字音 등 세 방면의 조건이 모두 갖추어져 있어야 하며 그중 어느 하나라도 없어서는 안 된다. 이런 까닭으로 문자의 형形, 음音, 의義에 관련된 학문의 일체를 중국에서는 역대로 모두 소학小學이라고 불렀다. 더욱이 오늘날의 대학 강단에서는 그 구분을 더욱 세분화시켜 문자학文字學, 성운

'欽有帥.' 父執子之右手, 咳而名之"라고 되어 있다.

8 (清) 阮元 校刻,《十三經注疏》(附校勘記),《儀禮》,〈喪服第十一〉, 卷第三十一, 1111쪽. 그 원문에는 "子生三月, 則父名之"라고 되어 있다.

학聲韻學 및 훈고학訓詁學 등의 세 학문 분과로 나누어 강의하고 있다.

그런데 여기서 문자학이란 문자 형태와 관련한 지식을 강의하는 학문이고, 성운학은 그 발음의 변천을 탐구하는 학문이며, 훈고학은 그 자의字義의 응용을 살펴보는 학문이다. 일반적으로 이 세 분야의 강의 내용은 항상 서로 깊은 상호 연계가 맺어지곤 한다. 그렇지만 문자학이 성운학이나 훈고학과 학문적으로 더욱 밀접하게 관련을 맺고 있는 까닭에, 이들의 관계가 훈고학과 성운학 사이의 관계보다 오히려 훨씬 더 관련이 깊다고 할 수 있다. 그리고 이 세 학문 분과를 배우면서 만약 어느 학문 분과의 지식이라도 부족한 것이 있다면, 단순한 학습이 되었건 아니면 연구 활동이 되었건 상관없이 모두 부족함이 있는 것이다. 이런 이유로 이 세 학문을 두루 섭렵하고서야 겨우 자신의 학문 목표를 진행시킬 수 있는 것이다.

문자를 인식하는 일은 비록 어린아이의 첫 학습 과목이긴 하지만, 그 내용은 반대로 상당히 깊고 넓다고 할 수 있다. 그래서 심오한 부분은 몇 년의 시간과 전문적인 연구 노력을 기울여야만 비로소 약간의 성과와 이해라도 얻을 수 있다. 더욱이 문자학에서 학습되어지는 내용은 중국 문화의 이해나 연구와 관련되어 그 기초 지식이 될 뿐만 아니라 일상생활에서도 늘 사용되어지는 것이기 때문에, 중국의 각 대학교 중문학과에서는 이 문자학을 필수과목으로 정해 두었다. 그리고 중국 문자가 상형象形의 원칙에 의해 창조된 문자임을 염두에 둔다면, 자형의 중요성이 더욱 두드러질 수밖에 없다. 그래서 문자학이 중국 문자의 기본 내용을 연구하는 학문이고, 반면에 성운학과 훈고학은 그것을 더욱 확충시킨 학문이라고도 말할 수 있다.

중국의 한자와 서양의 표음문자는 그 문자 창조의 기원은 서로 동일하게 모두 그림문자에서 출발했지만, 후에 이 둘의 발전 방향은 서로 판이하게 갈렸다. 입으로 전하는 언어는 계속 변하게 되므로 이 표음문자 계열의 문자는 항상 언어의 사회적인 변화에 따라 그 표음의 표기방식까지 바꿔어 버리기 때문에, 비록 동일한 언어라도 그 고금古今의 발전 단계를 살펴보면 나중에는 흡사 완전히 서로 아무런 관련이 없는 이질 언어처럼 보이게 된다. 더구나 발음의 변화는 비단 개별적인 단어에서만 나타나는 것이 아니고 어떤 때에는 어법의 구조까지 바꾸기도 하여, 동일한 언어 계열의 방언조차도 어떤 때에는 변화가 너무 심하여 서로간의 의사소통이 완전히 불가능하게 되기도 한다.

그러나 중국의 한자의 경우에는 자형 형태에 다소 변화가 있더라도 발음의 변화에는 직접적이거나 동시적인 영향 관계가 거의 없는 편이다. 그래서 만약 주법고周法高의 선진고음先秦古音 음운추정에 근거하면,[9] '대大'의 선진시대先秦時代 상고음上古音은 'dar'와 같이 발음되었고, 당송시대唐宋時代에는 'dai'와 같이 발음되었으며, 그리고 오늘날에는 'da'로 그 발음이 바뀌었다. 또한 '목木'의 선진시대先秦時代 상고음上古音은 'mewk'과 같이 발음되었고, 당송시대에는 'muk'과 같이 발음되었으며, 그리고 오늘날에는 'mu'로 그 발음이 바뀌었다. 이와 같이 이들의 발음 사이에는 상당히 큰 차이가 있음을 알 수 있다. 그러나 시詩나 운문韻文을 지을 경우가 아니고 우리가 일상생활에서 실제로 사용할 때는 매 글자마다 발음 변화의 역사를 모조리 알 필요도 없고, 또한 심지어 고대나 현대의 발음에서 도대체 무엇이 서로 다른지에 대해 이해할 필요성도 그다지 크지 않다.

그리고 자형字形 부분에 대해서 얘기하자면, 한자는 수천 년 동안 사용되어 내려오면서 비록 처음에는 모두 그림과 같은 상형문자象形文字의 모습에서 시작되었지만, 그것이 점점 변화하여 현재는 완전히 추상적인 구조로 바뀌게 되었다. 그러면서 결국 상형의 특징은 더 이상 거의 갖지 않게 되었다.

그리고 문자의 자의字義 부분에도 약간의 변화가 있었다. 예를 들어, 아래 〈도표 3〉에 보이는 서書에 대해서《설문說文》에서는, "書는 글을 쓰는 것이다. 율聿을 따르고, 자者는 성부聲符이다"[10]라고 하였다. 또한 마찬가지로 갑골문에 보이는 서書도 먹물이 담긴 용기 위에서 털이 달린 붓을 손으로 잡고 있는 모습을 본뜨고 있는데, 곧 글씨를 써 내려간다는 의미를 나타내고 있다. 이처럼 이 서書의 본래의 의미는 글씨를 쓰는 것을 표현하고 있었지만, 오늘날에는 서책書冊이라는 의미로 더 자주 쓰이고 있다.

그리고 다른 한 가지 예를 더 들어 보면, 〈도표 4〉에 보이는 금金에 대해서《설문說文》에서는, "金은 오색의 금속으로, 황색이 으뜸이 된다. 오랫동안 묻어 두어도 녹이 나지 않고, 백 번을 두드려도 더 가벼워지지 않으며, 변형시킴에 거스름이 없다. 오행五行으로는 서방西方이다. 흙에서 생기므로, 토土를 따른다. 왼쪽과 오른쪽의 점은 금이 흙 속에 있는 모습을 본뜨고 있다. 금今은 성부聲符이다. 무릇 금金의 속屬들은 모두 이 금金을 따른다.

---

9 주법고周法高, 《한자 고금음휘漢字古今音彙》(香港: 香港中文大學, 1973년). 이 책에서 표시하고 있는 상고음上古音이나 선진시대先秦時代의 음에 대해서는 타이핑 작업의 편리를 위해 대체로 주법고周法高의 음운 및 그 표기 방식을 따르기로 한다.(원저자 주)

10 (淸) 段玉裁注, 《說文解字注》, 第六卷, 第三篇注下, 〈書〉, 118쪽. 그 원문에 "書, 箸也. 从聿, 者聲"이라고 되어 있다. 그런데 이 서書와 성부聲符인 자者는 상고음上古音에서 동일하게 어부魚部에 속하였다.

도표 번호	상商나라의 갑골문甲骨文	주周나라의 금문金文	진秦나라의 소전小篆	한漢나라의 예서隸書	현대의 한자	글자의 창의創意
3			 s	書	書	먹물이 담긴 용기 위에서 손으로 붓을 잡고 있는 모습을 본뜬 것으로, 곧 글씨를 써 내려감을 의미하고 있다.
4			 s  k	金	金	모형이나 거푸집을 이미 잘 맞춰서 곧바로 구리 용액을 부어 기물을 주조해 냄을 본뜨고 있다. 또한 이것으로 써 주물의 재료가 되는 물질을 가리키고 있다.

金은 고문古文의 금金이다"[11]라고 하였다. 금문金文에서 이 금金은 진흙으로 만든 모형이나 거푸집을 이미 잘 맞춰 둔 모습을 본뜨고 있는데, 곧바로 구리 용액을 부어 기물을 주조해 낼 수 있다는 의미를 나타내고 있다.

중국의 청동기는 모두 용액 주조법으로 제작되었기 때문에, 심지어 조그마한 부속품까지도 모두 이런 방법으로 만들었다. 따라서 초기에는 홍동紅銅이나 황금黃金과 같은 자연금속을 두드려 만드는 방법을 취하다가 나중에 두드림이나 용접, 리벳 등의 각종 방법을 보조 수단으로 사용한 서양의 금속 기물 제조법인 실랍법失蠟法[12]과는 그 제조 방법이 서로 판이하게 달랐다. 그러므로 고대 중국인들은 문자를 창조하면서 이처럼 모형이나 거푸집이 이미 잘 맞춰진 형상의 '금金'이라는 글자로서 구리라는 물질을 대표하였다. 따라서 이 금金의 본래의 뜻은 주물의 재료가 되는 구리를 의미한 것이었지만, 현재는 주로 황금黃金을 가리키는 말로 더 자주 사용하고 있다.

이러한 고금자형古今字形과 자의字義는 피차간의 차이에 대부분 서로 깊은 관련이 있어서 글자의 습득과 이해가 비교적 쉬운 편이라고 할 수 있다. 그래서 누구든 조금만 더 이에

---

11 (淸) 段玉裁注,《說文解字注》, 第二十七卷, 第十四篇注上,〈金〉, 709쪽. 그 원문에 "金, 五色金也. 黃爲之長. 久薶不生衣, 百鍊不輕, 從革不韋. 西方之行. 生於土, 从土. ナ又注, 象金在土中形. 今聲. 凡金之屬皆从金. 金, 古文金"이라고 되어 있다.

12 실랍법失蠟法이란, 우선 밀랍으로 만들고자 하는 기물의 모양을 조각한 다음, 그 조각 주위에 고운 흙을 씌워 말린 후 밖에서 불로 이 밀랍을 녹여 내고는 그 공간에 구리 용액을 부어 기물을 만드는 방법을 말한다.

대한 노력을 기울인다면, 천 년 전의 문헌조차도 비교적 쉽사리 읽어 내려갈 수 있을 것이다. 또한 이렇게 봤을 때, 중국문자는 언어의 변천에 따라 매 시대마다 표음방식이 모두 달라지는 여타 표음문자와는 사뭇 다름을 알 수 있다. 그러나 고대 문자를 배우면서 모든 것을 처음부터 다시 시작한다고 하면, 결국 수많은 어려움만 배가될 뿐이다.

더욱이 현재 중국인의 생활양식은 수천여 년을 이어져 내려온 중국의 역사나 전통과 여전히 매우 밀접하게 연계되어 있는데, 그중 한자를 사용하고 있는 것 자체가 바로 중요한 한 가지 이유가 된다. 그래서 현재 중국의 여러 지역에서 사용되고 있는 각기 서로 다른 방언方言은 설사 가끔 의사소통을 불가능하게 만들기도 하지만, 글자를 쓴다든지 또는 공통된 하나의 문자 형식을 읽게 되면 곧바로 서로간의 의견교환이 가능하게 된다. 따라서 중국은 설사 국토가 무척 광활하고 지역 간에 서로 격리되어 있으며 또 그 안에 살고 있는 종족도 매우 복잡한 까닭에 현재 방언의 수가 헤아릴 수 없이 많지만, 그럼에도 불구하고 모두 서로 하나로 융합되어 공통된 생각을 가진 한 덩어리가 될 수 있는 바탕에는 중국만의 이러한 독특한 어문적語文的 특성이 그 중요한 한 요인이 된다고 볼 수 있다.

중국 문화가 3천 년 이상이나 되는 기나긴 역사를 거쳐 오면서 그 사용되는 문자가 대체로 일맥상통하게 쓰였다고 말할 수는 있지만, 그래도 글자의 자형과 자의가 서로 완전히 같다고는 볼 수 없다. 그래서 그것들을 변별해 내는 공부를 해야만 우리는 고대의 문헌들을 읽어 내려갈 수 있게 된다. 더구나 좀더 자세한 사항과 깊이 있는 내용에 대한 이해를 위해서는 비교적 긴 시간의 노력을 들여야 할 뿐만 아니라 또한 학자들 사이에 상충되는 이견異見이 존재함도 인정해야 한다. 그러다 보니 어쩌면 이것은 아마도 일반 학자들이 단순히 즐거운 마음으로 이 분야의 연구에 종사하거나 혹은 좀더 쉽사리 성과물을 낼 수 있는 분야는 아닌 것 같다. 다만 어느 학자가 만약 이러한 문자학적인 지식을 풍부히 갖고 있다면, 중국의 고적문헌 해독이나 고대 문화를 이해함에 있어서 상당한 도움을 받을 것이라는 것은 더 이상 말할 필요도 없다. 그러므로 누구든 중국 문자나 혹은 그에 관련된 분야를 자신의 전공으로 삼으려고 마음먹었다면, 중국 문자학에 관한 여러 가지 기초 지식 습득에 반드시 충실할 필요성이 있다.

그리고 중문학과를 전공하는 학생들 대부분이 이 문자학文字學을 무미건조한 과목으로 생각하고 있고, 또 이 문자학만 대하면 왠지 두려움을 갖곤 한다는 걸 잘 안다. 때문에 이 책에서는 이러한 어려움을 조금이라도 덜어 보고자 편집 시에 문자학의 요점을 목표로 하여 최근에 새로이 출토된 정보도 충실히 반영하고, 또 새로운 연구 방식도 소개하려고 노력하였다. 그뿐만 아니라 그와 관련된 설명을 할 때에는 가능하면 간략하고 명료한 방식을 취하였다. 이 책을 집필하면서 마지막으로 필자의 작은 소망이 하나 있다면, 우리 학생들이 더 이상 중국 문자학을 두려움을 일으키는 과목으로만은 보지 않게 되기를 바랄 뿐이다.

| 본론 |

중국 문자학의 주요 내용

일반적으로 문자의 자형字形, 창의創意, 자음字音 및 자의字義 등과 서로 관련이 되는 것은 일단 모두 문자학文字學 연구 범위에 포함된다고 할 수 있다. 다만 현재 중국의 대학 강단에서는 이미 문자의 형形, 음音, 의義의 각 영역을 분야별로 나누어, 각각 범위를 설정하고 그에 해당하는 전공과목을 개설하고 있다. 이 세 분야 사이의 상호 관련성을 살펴보면, 성운학聲韻學에서는 글자의 창의와 자의에 대해서 그다지 많은 이해를 필요로 하지 않고 있으며, 마찬가지로 훈고학訓詁學에서도 글자의 자형 변화에 대해서는 그다지 중요시하지 않는다. 그러나 문자학은 성운학과 훈고학 분야와 서로 상당히 밀접하게 관련을 맺고 있어서, 만약 이 세 학문의 지식을 충분히 갖추고 있지 않으면 더 이상의 진일보된 연구가 불가능하기 때문에, 중국의 각 대학 중문학과에서는 문자학을 필수과목으로 정해 두고 있다. 그리고 이 과목에서 정해 둔 주요한 강의 내용은 대략 아래의 여덟 항목으로 간추릴 수 있는데, 본론의 8개 절에서는 그 각 항목에 대한 개별적인 소개를 하였다.

제1절 중국 문자의 체계는 언제부터 시작되었나?

인간의 언어는 인류가 군집생활을 하면서부터 상호간의 생각을 서로 주고받기 위해 발전하기 시작하였다. 그리고 그 사회집단의 규모가 점점 커지면서 발생하는 일들도 더불어 복잡해지고 많아져, 어떠한 방식으로든 그 내용을 기록하여 전달할 필요성이 절실하여졌다. 그래서 타인에게 알려주거나 또는 먼 지역까지 전파할 수도 있고 아니면 후세에 길이 남김으로써 구술언어처럼 입에서 말이 나오자마자 흔적도 없이 사라져 버리는 것을 막고자 하였다. 이처럼 그 내용을 영원히 남기고자 하는 필요성이 더욱 발전하여 곧 문자적 부호를 만들어 내게 되었다. 그리고 현재는 영상음향의 디지털 신호까지 출현하는 시대가 되었다.

문자는 고도의 문명을 지닌 문명사회의 산물이자 국가 건립의 중요한 조건이 되기는 하였지만, 모든 지역이나 종족이 문자의 발전에 성공한 것은 아니었다. 중국에서는 예로부터 황제黃帝의 사관史官이었던 창힐倉頡이 문자를 창조했다는 전설도 전해 내려오고 있고 또 황제가 중국 역사의 시작이라는 학설도 대두되고 있는데, 이것은 사람들이 문자와 문명의 관계를 보편적으로 상당히 밀접하다고 여기고 있음을 잘 설명해 준다. 문자는 이미 기나긴 시간을 거쳐 오면서 수많은 사람들의 창조와 선택, 그리고 개량을 통해 서서히 형성되어 왔고, 그러다가 어느 사회집단에 이르러서는 더욱더 급속한 발전을 이루게 되었다. 그래서 문자 체계가 이미 존재하고 있었음을 확실하게 반영하고 있는 유물을 남겼다면, 그것은 문자 체계의 초기 형태가 이미 완성되고도 한참 뒤에나 출현한 것임에 틀림없다. 그렇기 때문에 어떤 종류의 문자가 되었든 그 문자 체계가 성립된 초기 단계의 연대를 밝히는 일은 그다지 쉬운 일이 아니다.

하나의 진정한 문자 체계가 성립하려면 반드시 일관된 형식과 원칙이 있어야만 어떤 한 사회가 공유하고 있는 의미나 발음을 대표한다고 할 수 있다. 그뿐만 아니라 그 어순도 또한 구어의 순서와 일치되어야만 어의상의 혼란을 일으키지 않는다. 설사 고대의 그림이나 부호가 모두 문자라고도 할 수 없고 또 나중에 변하여 반드시 문자가 된다고도 볼 수는 없지만, 그래도 의식적이든 아니면 무의식적이든 그것으로써 사물의 형상이나 개념을 묘사했다는 사실만은 고대 문자들이 공통적으로 지니고 있는 문자 창조의 출발점이 되었다. 그래서 세계 각지의 고대 문화들이 공통적으로 지니고 있는 문자의 창조, 응용의 방법 및 발전의 과정을 살펴보면, 그 규칙들이 거의 모두 일치한다고 말할 수 있다. 대체로 처음에는 기록할 내용의 중요한 부분만을 먼저 표시하였고, 그러다가 나중에 점점 문법을 갖춘 완전한 어구로 발전시켰다. 초기의 문자는 구체적인 사물의 형상을 표현하는 표형기表形期가 위주가 되었고, 그리고 점차로 어떤 개념을 가리키거나 뭇 사고를 표현하는 표의기表意期로 들어갔으며, 마지막에는 문자의 수요량이 상당히 많아짐에 따라 글자를 새로 만들어 내는 번거로움을 덜기 위해 발음으로써 그 의미 전달을 주로 하는 표음기表音期로 발전하였다. 중국 문자의 발전 과정도 예외가 아니어서 이러한 세 시기를 똑같이 거쳐 왔는데, 먼저 표형기를 거쳐 표의기로 들어갔고, 다시 표음기의 단계로 발전해 왔다.

그런데 중국 문자 발전의 역사가 도대체 얼마나 긴 지에 대해서는 현재로선 자료가 그다지 충분치 않기 때문에, 그에 대한 정확한 해답을 내리기가 무척 곤란하다. 얼마 전까지 학자들은 현존하는 중국의 가장 오래된 문자인 상商나라의 갑골문甲骨文을 단지 근거로 삼아 그 발전에 필요한 시간을 추측할 수 있었을 뿐이었다. 그러나 최근에는 고고학考古學 분야에서 그와 관련된 새로운 유물들이 계속 출토되면서 문자 발전의 추론에 필요한 근거를 더욱 보강시켜 주고 있다. 앞에서도 이미 언급한 것처럼, 문자 발전의 단계는 대체로 표형기, 표의기, 표음기의 순으로 진행되어 왔다. 그리고 중국 문자에서는 이 표형기의 상형象形, 표의기의 표의表意 및 표음기의 형성形聲 등의 조자법造字法이 이미 갑골문에서 모두 확인되었는데, 그중에서 판독이 가능하거나 식별이 불가능한 글자를 모두 합쳐 이미 4,500여 자 이상이나 된다. 그래서 이효정李孝定 교수는 판독이 가능한 천여 자에 대한 분석에서, 가장 진보된 형태인 형성자形聲字가 이미 27퍼센트까지 이른다고 보았다.[13] 이것은 상나라 후기의 갑골문이 이미 상당히 성숙된 문자 체계를 갖추고 있고 또한 기나긴 시간을

13 이 책의 제5절에 있는 부록을 참고하기 바람. 그리고 유형별로 예를 든 개별 문자의 분류에 대해서는 학자들마다 이견異見이 있을 수 있으므로, 그것에 대해선 차후에 다시 토론하기로 한다. 다만 판독이 가능한 글자들 중에서 갑골문의 형성자形聲字가 대체로 20퍼센트 정도 된다는 견해는 수용할 수 있다.(원저자 주)

경과하며 발전해 왔음을 잘 설명해 주고 있다.

그렇지만 중국 문자가 이렇게 성숙된 문자 체계를 갖추게 되기까지 도대체 얼마나 많은 시간을 경과해 왔을까? 학자들마다 그 시간의 길고 짧음에 대한 추측이 모두 각양각색이다. 그 경과 시간이 무척이나 길 것이라고 여기고 있는 학자는 문자의 발전이 아마도 거의 만 년이나 되는 시간에까지 이를 것이라고 생각하기도 한다. 다만 일반적으로 봤을 때, 중국 문자의 형성과 발전은 대체로 2, 3천여 년의 시간을 경과하고는 곧 갑골문의 성숙 정도에까지 이르렀다고 볼 수 있다. 그런데 갑골문은 기원전 14세기에서 기원전 11세기에 이르는 기간 동안에 출현한 점복문자占卜文字이므로, 지금으로부터 5천여 년 전이나 아니면 그보다 조금 더 이른 시기인 전설상의 황제黃帝 시대에 이미 중국 문자는 싹이 텄다고 말할 수 있다. 이것은 마침 전설에 나오는 황제黃帝의 사관史官인 창힐倉頡이 문자를 만들었다는 시대와도 서로 일치되기 때문에, 대부분의 학자들이 이 학설을 추종하고 있다. 그러나 몇몇 신중을 기하는 학자들은 상나라의 갑골문에 이르러서야 겨우 진정한 문자 체계를 갖춘 중국 문자가 출현하였다고 보고 있다.

그런데 최근에 출토된 몇몇 고고학적 유물들은 중국 문자의 발생 연대를 연구하는 데 있어서 적잖은 시사를 주고 있다. 우선, 여러 지역에 걸쳐 분포해 있는 대부분의 앙소문화仰韶文化 유적지에서 각기 다른 여러 종류의 기호가 새겨진 토기가 유물로 출토되어 나왔다. 방사능 원소인 탄소14를 이용한 연대 측정에 의하면, 이 유적지의 연대가 지금으로부터 약 6천여 년 이상이나 거슬러 올라가는 것으로 밝혀졌다.[14] 그리고 이 연대는 어느 문자학 연구자가 갑골문의 문자 체계에서의 성숙도를 근거에 두고 추측해 낸 중국 문자 초기 단계의 연대와도 서로 꼭 일치한다. 그래서 그를 추종하는 많은 학자들이 토기 위에 새겨진 단순하지만 문자와도 비슷한 이 기호들이 곧 중국 초기의 문자부호일 것으로 굳게 믿게 되었다. 그리고 이러한 부호는 거의 대부분 같은 부위에 새겨져 있는데, 바로 토기의 초기 유형인 곧은주둥이사발의 바깥 주둥이의 테두리 부위와 같이 식별하기 쉬운 곳에 주로 새겨져 있다. 따라서 이것은 마음이 내키는 대로 새긴 것이 아니라 나름대로 어떤 특수한 작용을 하고 있었음을 충분히 잘 설명해 준다.

이러한 토기 위에 새겨진 개별적인 부호는 〈그림 1〉에서와 같이 섬서성陝西省 중부와

14 이 책에서 예로 들고 있는 방사능 원소 탄소14의 연대는 대부분 나이테의 교정을 거치지 않은 연대이다.(원저자 주)

서부의 앙소문화仰韶文化 유적지에서도 보이고 있고, 또 〈그림 2〉에서와 같이 감숙성甘肅省이나 청해성靑海省 일대의 앙소문화를 계승한 반산半山이나 마창馬廠 등의 유적지에서도 나타나고 있으며, 심지어는 〈그림 3〉에서처럼 멀리 중국 동해안 지역의 양저문화良渚文化 유적지에서까지 그 존재가 확인되고 있다.

그중의 어떤 부호는 여러 점의 토기 위에 계속 같은 형태로 나타나기도 하고, 혹은 같은 동굴이나 지점에서 가끔씩 동일한 부호를 가진 토기가 여러 점 출토되기도 한다. 그래서 어떤 학자는 이러한 부호들이 기물의 소유자나 혹은 도공陶工의 서명 내지 족휘族徽와 같은 종류의 기호일 것이라고 주장하고 있다. 그리고 또 몇몇 부호들은 후대의 숫자나 방위문자와도 모양이 서로 비슷하여, 어떤 학자는 그것이 토기를 구울 때 화덕에 놓아 둔 토기의 순서나 방위를 나타내는 기호일 것이라고 주장하고 있다. 그 외에도 이 부호들이 서로 각기 다른 지역이나 각기 다른 시대의 유물에서도 나타나는 까닭으로, 어떤 학자는 이 부호들이 이미 문자의 기능까지 갖추고 있다고 여겨 중국 문자의 기원을 앙소문화에서부터 일원적으로 발전돼 내려왔다고 믿기도 한다. 그렇지만 반면에 또 어떤 학자는 각 유적지가 내포하고 있는 문화의 내용이 서로 완전히 동일하지는 않기 때문에, 중국 문자가 다원적으로 발전을 해 왔다고 주장하고 있다.

그런데 이러한 유적지들보다 시기적으로 더 오래된 대략 지금으로부터 7천 8백여 년 전으로 추정되는 하남성河南省 무양현舞陽縣의 가호賈湖 등 몇 군데의 유적지에서, 최근에 〈그림 4〉에서와 같이 거북 껍데기 위에 의도적으로 새겨 둔 몇 개의 그림문자가 발견되었다. 이 유물에 새겨진 자형 형태는 앙소문화의 부호보다 더 복잡해졌을 뿐만 아니라 갑골

그림 1 앙소문화仰韶文化 유적지에서 발굴된 6천여 년 전의 토기에 새겨진 부호

그림 2 반산半山, 마창馬廠 등의 문화 유적지에서 발굴된 5천여 년 전의 토기에 새겨진 부호

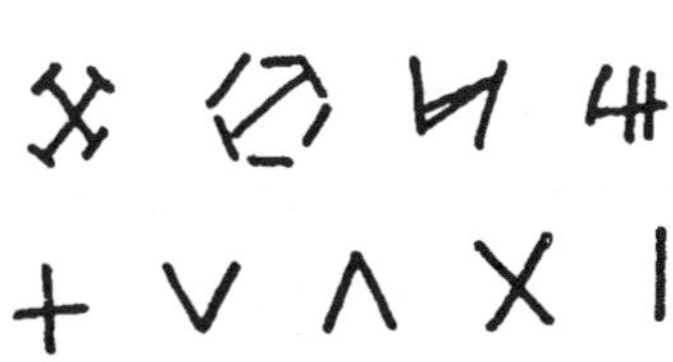

그림 3 중국 동해안 지역의 양저문화良渚文化 유적지에서 출토된 4천8백여 년 전의 토기에 새겨진 부호

그림 4 하남성河南省 무양현舞陽縣에서 출토된 7천여 년 전의 거북 껍데기 위에 새겨진 부호

문의 상형象形 형태에도 상당히 가깝기 때문에, 앞으로 적잖은 학자들이 이것을 근거로 하여 중국에서의 문자 사용 시대를 더 오래된 시기로까지 소급할 것으로 예상된다.

설사 그렇다고는 하더라도 도대체 어느 정도의 단계에까지 이르러야 하나의 기호가 한 사회에서 공통적으로 통용되는 문자 부호로 간주되어질 수 있는가? 아직까지는 그에 대해 일반적으로 인정되는 정설이 굳어져 있지 않기 때문에, 이것은 여전히 이론異論의 여지가 많은 문제로 남아 있다. 비록 정보를 전달하는 부호가 법률적 효력을 지닌 기록 개념이나 혹은 의미를 가진 언어로 발전할 수는 있지만, 그러려면 정권을 잡고 있는 권력자가 그 부호로써 종교나 정치 활동과 관련된 복잡한 내용을 기록하였을 때에만 주로 효력을 가질 수 있다. 그래서 일반적으로 말하자면, 무엇보다도 사람들이 가장 절실하게 기록할 필요성을 느낀 일은 아무래도 쉽사리 뒤죽박죽이 되거나 잊어먹기 쉬운 비교적 일상적으로 자주 사용되는 물체의 수량이나 날짜일 경우가 그 대부분이었을 것이다.

그렇기 때문에 중국에서 예로부터 전해 내려오는 몇 가지 문자 창조의 전설에 대해 동한東漢 때의 허신許愼이 지은《설문說文》〈서敍〉에서는, "옛날에 포희씨庖犧氏가 천하에서 왕 노릇을 할 때, 우러러서는 하늘에서 형태를 살피었고, 굽어보아서는 땅에서 모범을 살폈다. 조수鳥獸의 형상과 땅의 모습을 살펴, 가까이는 자신에게서 취하였고, 멀리는 물체에서 그것을 취하였다. 이에 비로소 역易의 팔괘八卦를 지으니, 이것으로써 주요 형상을 나타내게 되었다. 신농씨神農氏에 이르러서는 새끼에 매듭을 지어 나라를 다스리고 그 만사를 총괄하니, 잡무가 더욱 번잡해지고 꾸밈과 겉치레가 비로소 생겨났다. 황제黃帝의 사관인 창힐倉頡이 조수의 발굽이 남긴 자취를 보면서, 이치를 나눔에 가히 서로 다름이 있음을 알고 처음으로 서계書契를 지었다. 이로써 백공百工이 잘 다스려지고 만물이 살펴졌다"[15]라고 기록하고 있다.

그중에서 새끼에 매듭을 지어 기록하는 결승법結繩法이 학자들 사이에서 가장 자주 언급

15 (淸) 段玉裁注,《說文解字注》, 第二十九卷, 第十五卷注上,〈敍〉, 761쪽. 그 원문에 "古者, 庖犧氏之王天下也, 仰則觀象於天, 俯則觀法於地. 視鳥獸之文與地之宜, 近取諸身, 遠取諸物. 於是, 始作易八卦, 㠯垂憲象. 及神農氏, 結繩爲治, 而統其事, 庶業其緐, 飾僞萌生. 黃帝之史倉頡, 見鳥獸蹏迒之迹, 知分理之可相別異也, 初造書契. 百工㠯乂, 萬品㠯察"이라고 되어 있다.

이 되곤 하는데, 외국에서는 남미의 페루와 중국에서는 운남성雲南省 등의 씨족사회에서 가장 최근까지만 해도 여전히 이 결승법의 방법이 존속하고 있었다. 결승법이란 가로로 매어 있는 한 가닥의 굵은 새끼줄에 여러 개의 가는 새끼를 매달고는 그 가는 새끼줄 위에다 다시 여러 가지 매듭을 지어 놓은 것을 말한다. 이렇게 만들어진 매듭에는 색깔이 있거나 혹은 크기가 서로 다른 각양각색의 형식이 있어서 그것으로 온갖 일의 종류, 수량 및 날짜를 표시하였다.

그런데 이러한 풍습은 중국의 문자인 산祘에도 잘 나타나 있는데, 이 산祘에 대해서 《설문說文》에서는, "祘은 밝게 보면서 셈하는 것이다. 두 개의 시示를 따른다. 《일주서逸周書》에 이르기를, '선비가 백성에게 나누어 줄 때의 계산이다. 균등히 나누어 줌으로써 셈을 하는 것이다'라고 하였다. 발음은 산筭과 같다"[16]라고 해석하고 있다. 만약 중국 문자의 변천 추세로 이 글자를 살펴본다면, 이 글자의 초기 자형은 가로로 매어 있는 한 가닥의 굵은 새끼줄에 여러 개의 매듭을 지은 작은 새끼줄을 매달아 놓은 모양을 하고 있음이 분명히 드러나고 있다. 그러나 나중에는 문자의 자형 형태가 서로 달라지고 와전되어 마침내 두 개의 시示를 따르는 것으로 바뀌게 되었다.

그런데 이러한 전설에서 제시하고 있는 문자 창조의 목적은 대체로 결승법의 목적과 서로 일맥상통할 텐데, 곧 사물의 수량이나 날짜 등을 기억하고 계산하는 일에 도움이 되고자 한 것이었다. 이란에서 발견된 기원전 4천 년에서 3천 년 사이의 유물인 4천여 점의 점토판을 보더라도 그 대부분의 기록이 장부 기입과 관련된 숫자 계산이었다. 이렇듯 그 숫자 계산을 설명하는 일이 문자 기록 초기 시기에 있어서는 매우 중요한 하나의 목적이 되었다. 설사 토기 위에 새겨진 부호가 단순한 숫자라고는 해도 이 부호들이 초기 문자의 기능과 서로 부합되는 면이 많기 때문에, 이것을 이미 문자의 부호로 사용하기 시작한 것으로 봐도 거의 무방할 것이다. 그렇다고는 해도 우리가 아직도 신중하게 고려하지 않으면 안 되는 것은, 어떤 기호나 부호가 단순히 몇몇 개인의 숫자 계산 기호나 혹은 족휘族徽로, 아니면 심지어는 어떠한 의미의 기능까지 지니고 있다는 등등의 이유로 해서, 과연 이 기호들을 이미 진정한 의미의 문자적 기능을 갖춘 것으로 인정할 수 있고, 또 그 사회 내에서 보편적으로 받아들여진 것으로 볼 수 있을까?

---

16 (淸) 段玉裁注,《說文解字注》, 第一卷, 第一篇注上,〈祘〉, 8-9쪽. 그 원문에 "祘, 明視目筭之. 从二示. 逸周書曰: 士分民之祘. 均分目祘之也. 讀若筭"이라고 되어 있다.

하나의 기호나 도형이 비교적 고정적으로 한 언어에서 어떤 어소語素의 부호로 쓰일 때에는, 이 기호가 이미 문자의 초보적인 성질을 갖추고 있다고 말할 수 있다. 그러나 성숙된 언어와의 간격에서 봤을 때, 이것은 대부분의 문자 구성 요소가 모두 부호로 대표되는 진정한 문자 체계와는 아직도 상당히 멀리 떨어져 있는 셈이다. 위에서 예로 든 신석기 시대의 토기 위에 새겨진 부호는 설사 시간적으로는 서로 천 년이나 되는 차이가 있다손 치더라도 모두가 단독적으로 나타나고 있다. 더욱이 이 부호들은 언어 체계에서 반드시 필요로 하는 언어 서열도 없을 뿐만 아니라 그 형태도 상형象形과 표의表意를 위주로 하는 중국 고대 한자의 형식을 지녔을 뿐으로, 상나라의 갑골문이나 주나라의 금문과 서로 비교했을 때 동일한 하나의 계통에서 발전하지 않았음이 확실시 된다.

또한 위에서도 이미 언급했듯이, 한 개인이나 사회가 보유하던 기물器物이나 재보財寶가 초기 사회의 문자 기록에서 가장 중요한 내용을 차지하였다. 이러한 내용들이 초기의 문자에서는 주로 구체적인 물체의 형상을 본뜬 상형문자象形文字의 형식으로 나타났다. 그러나 신석기 시대의 토기 위에 새겨진 부호는 모두 추상적인 기호로 어떤 구체적인 물체의 형상을 본뜨고 있다고는 볼 수 없기 때문에, 아직 이 기호들이 사건을 기록한다든지 하여 스스로 문자의 체계를 형성하는 데까지는 이르지 못하였음을 반영하고 있다.

이에 대해 좀더 구체적인 예를 들어 설명하자면, 토기 위에 새겨진 부호에 만약 'X'가 있다면 이것은 갑골문에 보이는 숫자 5와도 모양이 서로 비슷하여 이 'X'라는 기호는 틀림없이 5와 관련된 숫자를 대표한다고 말할 수 있다. 그렇지만 실제로 사용되어질 때는 이 'X'가 꼭 추상적인 숫자인 5를 대표하는 것은 아니고 좀더 자유자재로 또 사용되는 시기와 장소에 따라 비고정적으로 사용되어졌을 것이다. 그래서 구체적으로 예를 들어 말하자면, 다섯 마리의 소, 다섯 점의 항아리, 또는 다섯 사람 등을 표시할 수 있다. 이것은 아직 문자가 발명되지 않은 씨족이나 혹은 글자를 모르는 사람들에게 줄곧 사용되어지는 방법이다. 다시 말해서, 이러한 현상은 이 'X'라는 기호가 한 사회집단이나 심지어는 한 개인에게도 고정된 의미와 발음을 갖지 못하고 있다는 것인데, 그 이유는 이것이 어떤 개인이 단순히 즉흥적으로 부여한 의미이지 언어적인 어소와는 그다지 엄밀한 관련성이 없기 때문이다. 더욱이 이 시대의 토기 위에서는 구체적으로 기물을 묘사한 부호는 찾을 수가 없다. 따라서 가장 좋은 방법은 좀더 보수적인 입장을 취하여 우리는 이러한 토기 위의 부호를 계통이 있는 성숙된 문자 단계로는 보지 않기로 한다. 또한 그렇기 때문에 6천 년 전의 토기 위에 새겨진 이러한 부호는 언어로서의 체계가 잡힌 성숙된 문자 단계와의 관련성이 여전히 불분명하다고 말할 수 있다.

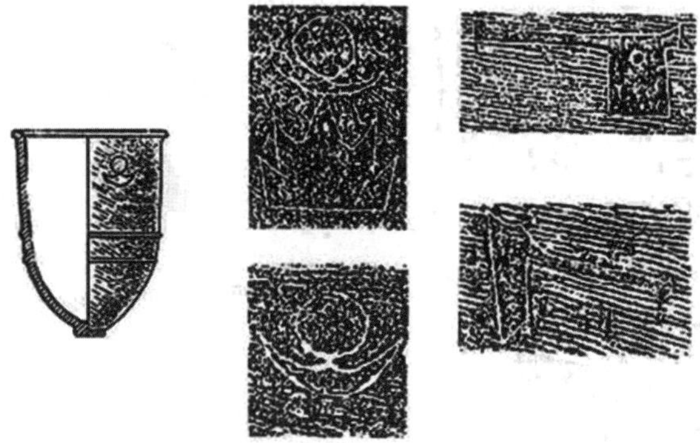

그림 5 대문구문화大汶口文化 말기의 유적지에서 출토된 토기 위에 새겨진 부호

그렇다면 도대체 언제부터 비로소 중국에 진정한 의미의 문자가 출현하는가? 현재까지 알려진 중국문자의 가장 이른 출현은 아마도 〈그림 5〉에서와 같이 산동성山東省 거현莒縣 능양하陵陽河에 있는 대문구문화大汶口文化 말기의 유적지에서 출토된 유물로, 방사성 탄소 연대 측정으로는 대략 기원전 2천 5백 년에서 기원전 2천 년에 이르는 토기 위에 새겨진 부호가 가장 대표적이라고 할 수 있다.[17] 우리는 그중에서 몇몇 부호의 형상을 식별해 낼 수 있는데, 곧 곧은 자루 돌도끼와 돌 자귀 등의 모습을 본뜬 부호를 그 대표적인 예로 꼽을 수 있다. 이 부호들은 앙소문화에서 출토된 토기 위에 새겨진 부호와 같이 모두 큰 주둥이가 있는 항아리 외벽에 주둥이에서 가까운 부위에 단독적으로 새겨져 있는데, 그 부위가 눈에 잘 띄는 곳에 위치한 것으로 봐서 전시의 의도로 새겼음이 틀림없을 것이다. 그중 하나의 형태는 그 유적지에서 거리가 70킬로미터 정도 떨어진 다른 유적지에서도 또한 발견되었다.

이 부호들은 아마도 토기 주인의 이름으로 쓰였을 가능성이 매우 높은데, 모두 동일하게 물체의 구체적인 형상을 본뜬 성질을 지니고 있고 또한 선이나 윤곽의 기법으로 물체를 묘사하는 방법을 이미 사용하고 있는 것으로 봐서, 갑골문이나 금문金文의 자형과도 서로 일맥상통하는 관계를 가지고 있다고 볼 수 있다. 왜냐하면 상나라 말기나 주나라 초기의 몇몇 청동기에도 〈그림 6〉에서와 같이, 가끔씩 갑골문 자형보다도 더욱 원시적이면서 더욱 그림에 가까워 보이는 이른바 족휘문자族徽文字 혹은 기명금문記名金文이라 불리는 문자를 주조하기도 하였기 때문이다.[18] 그래서 일반적으로 학자들은 이 그림 같은 족휘문자가

17 어떤 학자는 기원전 2천5백 년을 그 하한선으로 잡기도 하는데, 그것은 나이테의 교정을 거친 후의 수치이다. (원저자 주)

18 족휘문자族徽文字라는 것은 어느 지역의 한 집단을 대표하는 부호형의 문자를 일컫는 말인데, 또한 기명금

일상생활에서 사용되던 일반 문자보다는 오히려 오래된 자형 전통을 더 잘 보존하고 있다고 믿고 있다. 이처럼 그림에 상당히 근접해 있는 성격을 지닌 것이 바로 대문구문화 말기의 토기 위에 새겨진 문자의 특색이라고 말할 수 있다.

그리고 대문구문화의 토기 위에 새겨진 부호 중에서 앞에서 예로 든 〈그림 5〉의 왼쪽 윗부분과 같은 자형은 매우 중요한 의미를 지니고 있다. 이것은 아마도 단旦의 초기 자형일 가능성이 상당히 높은데, 〈도표 5〉에 보이는 단旦에 대해서《설문說文》에서는, "旦은 밝은 것이다. 일日을 따르고, 일一 위에 보이고 있다. 일一은 땅이다. 무릇 단旦의 속屬들은 모두 이 단旦을 따른다"[19]라고 하였다. 이 단旦은 태양이 구름이 자욱한 산 위로 떠오르고 있는 모습을 본뜨고 있다.[20] 이와 마찬가지로, 갑골문 및 금문金文의 자형에서도 이 단旦은 태양이 수평선에서 막 떠오르고 있는 이른 아침의 광경을 표현하고 있다.

그림 6 상나라 말기나 주나라 초기의 청동기에 주조된 그림의 성질에 상당히 가까운 족휘문자族徽文字 혹은 기명금문記名金文

일반적으로 고대인들의 거주지는 대부분 산 구릉이나 물가였으므로 자신이 거주하던 산 구릉이나 물 이름으로 항상 자기 씨족의 이름을 붙이곤 하였다. 또한 이것으로 자신이

도표 번호	상商나라의 갑골문甲骨文	주周나라의 금문金文	진秦나라의 소전小篆	한漢나라의 예서隸書	현대의 한자	글자의 창의創意
5		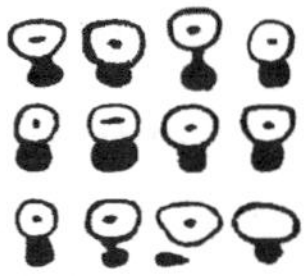	旦 s	旦	旦	태양이 수평선에서 막 떠오르고 있는 이른 아침의 광경을 본뜨고 있다.

문記名金文이라고도 한다.

19 (清) 段玉裁注,《說文解字注》, 第十三卷, 第七篇注上, 〈旦〉, 311쪽. 그 원문에 "旦, 明也. 从日, 見一上. 一, 地也. 凡旦之屬皆从旦"이라고 되어 있다.

20 어떤 학자는 산 위의 모습이 해나 불로 만들어졌다고 여기면서 이 모두가 빛과 열을 방출하는 물질이라고 생각하였다. 그래서 이 글자를 경炅으로 해석하였는데, 이 경炅에 대해서《설문說文》에서는, "炅은 보이는 것이다. 화火와 일日을 따른다"라고 하였다. (清) 段玉裁注,《說文解字注》, 第十八卷, 第十篇注上, 〈炅〉, 490쪽. 그 원문에 "炅, 見也. 从火日"이라고 되어 있다.(원저자 주)

도표 번호	상商나라의 갑골문甲骨文	주周나라의 금문金文	진秦나라의 소전小篆	한漢나라의 예서隸書	현대의 한자	글자의 창의創意
6	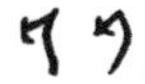		 s		斤	자루가 달린 돌 자귀 모양을 본뜨고 있다.

거주하던 주변의 자연환경을 표시하였는데, 예를 들어 오구씨吾丘氏, 양구씨梁丘氏와 같은 이름이 그 대표적이라고 할 수 있다. 그리고 이 부호는 '산山을 따르고, 단旦은 성부聲符이다.〔从山, 旦聲〕'라고도 분석될 수 있는데, 그러면 이 글자는 산에 거주하고 있는 단족旦族을 표시하는 것이 된다. 이처럼 상형象形의 부호로써 씨족 이름이나 사람 이름을 짓는 일은 즉흥적이거나 기분이 내키는 대로 모양을 본뜨는 일과는 처음부터 서로 판이하게 다른 의미를 지니고 있다.

그리고 〈그림 5〉의 오른쪽 아랫부분에 있는 부호와 같이, 어떤 한 사람이 한 자루의 돌도끼 그림을 보았을 때에는 머릿속에 〈도표 6〉에서처럼 곧바로 긴 자루를 가진 돌도끼 모양의 상형자象形字 근斤을 떠올릴 수 있을 것이다. 이 근斤에 대해서 《설문說文》에서는, "斤은 나무를 베는 도끼이다. 상형자象形字이다. 무릇 근斤의 속屬들은 모두 이 근斤을 따른다"[21]라고 하였고, 또한 형성자形聲字인 부斧에 대해서 《설문說文》에서는, "斧는 이것으로 베는 것이다. 근斤을 따르고, 부父는 성부聲符이다"[22]라고 하였다. 그래서 이 근斤과 부斧의 두 글자는 모두 이런 식으로 만들어졌다고 볼 수 있다.

그러나 누구나 다 이것을 근斤이나 부斧로 발음하거나 혹은 근斤이나 부斧라는 단어로 사용하지 않을 수 있고, 또한 각 지방마다 이것을 부르는 이름도 동일하지 않을 수 있다. 그렇지만 이 그림이 어느 특정된 부족이나 개인을 대표하는 고정된 의미로 사용되었을 경우에는, 이 부족이나 그 개인을 잘 알고 있는 주변사람들은 여러 과정을 통하여 이 그림의 모습과 동일한 발음, 동일한 의미를 서로 긴밀히 결합시킬 가능성이 커진다. 이렇게 발음〔音〕, 의미〔義〕, 모양〔形〕의 긴밀한 결합이 이루어지면 문자의 기본 조건은 모두 구비한 것이 된다. 그러므로 그림부호를 어느 씨족의 상징으로 삼는 것과 같은 방법은 흔히 규칙

21 (淸) 段玉裁注, 《說文解字注》, 第二十七卷, 第十四篇注上, 〈斤〉, 723쪽. 그 원문에 "斤, 斫木斧也. 象形. 凡斤之屬皆从斤"이라고 되어 있다.

22 (淸) 段玉裁注, 《說文解字注》, 第二十七卷, 第十四篇注上, 〈斧〉, 723쪽. 그 원문에 "斧, 所目斫也. 从斤, 父聲"이라고 되어 있다.

적인 문자 체계를 만들어 내는 데 있어서 하나의 중요한 방법으로 여겨지고 있다.

그리고 조자법造字法의 관점으로 봤을 때, 위의 〈그림 5〉의 왼쪽 윗부분의 자형처럼 둘 또는 세 가지 그림이 함께 조합되어 이루어진 것은 당연히 더 이상 원시적인 상형자象形字가 아니라, 오히려 그보다는 두 번째 유형인 추상적인 의미를 표현하는 표의자表意字, 혹은 심지어 세 번째 유형처럼 가장 발전된 모습을 가진 발음을 표기한 형성자形聲字라고 볼 수 있다.

그러나 대문구大汶口에서 출토된 토기 위에 새겨진 부호도 다른 유적지에서 보이는 부호처럼 거의 단독으로 나타났고, 또한 완결된 어구語句를 갖춘 것도 아니었다. 그렇기는 하더라도 그 당시는 아직까지 낙후한 사회에 속해 있었기 때문에, 사람들은 그림의 중요한 부분만을 이용하여 사건의 중심 내용을 기록했을 가능성이 높다. 예를 들어, 운남성에 거주하는 납서족納西族의 경문은 비록 일정한 어순은 제대로 갖추지 못하였지만, 그 경문에 실린 그림만으로도 전달하고자 하는 의미를 충분히 표현해 낼 수가 있다.

그래서 아직 이론異論의 여지는 있지만, 우리는 그것을 초기 문자의 형식을 지니고 있는 것으로 간주할 수 있다. 따라서 대문구大汶口에서 출토된 토기 위에 새겨진 부호를 한자의 초기 형식으로 잡고 다시 갑골문의 형식을 중국 문자의 정식적인 시작으로 간주하는 일은, 서안西安 반파半坡의 앙소문화仰韶文化에서 보이는 것처럼 순 새김 부호만 있는 것을 중국 문자의 시작으로 여기는 일보다는 훨씬 더 근거 있고 신빙성이 높다고 할 수 있다.

다시 요약해서 말하자면, 기원전 2천5백 년부터 기원전 2천 년 사이에 중국에는 이미 일정한 체계를 갖춘 초기 문자가 있었을 가능성이 높다. 그런데 지금으로부터 8천 년 전의 무양舞陽 유적지에서 출토된 유물에 새겨진 부호를 살펴보면, 이것은 대문구大汶口의 상형자보다도 훨씬 더 추상적이고 발전된 모습을 지니고 있음을 알 수가 있다. 그래서 이 세 유적지를 고고학적 연대순으로 놓고 말하자면, 무양舞陽, 앙소仰韶, 대문구大汶口의 순서가 된다.

그런데 이것을 문자의 발전 과정 순서와 서로 비교했을 때에는 마치 가장 발전된 단계에서 거꾸로 다시 가장 원시적인 단계로 변천되었고, 그 다음에 다시 그 중간 단계로 옮겨간 것처럼 보인다. 따라서 이것은 무양舞陽 유적지의 부호가 앙소仰韶나 대문구大汶口의 부호와 문자의 계승 관계에서 서로 단절되었음을 의미하고 있을 뿐만 아니라, 시간이 흐르면서 오히려 더 원시적인 단계로 나아간 것처럼 보여지고 있다. 그러므로 일단 무양舞陽 유적지에서 출토된 부호에 대해서는 잠시 의문으로 남겨 두고, 이 부호들을 중국에서 사용한 문자의 초기 형식으로 간주해서는 안 되겠다.

그리고 〈그림 7〉에서와 같이, 산동성山東省 추평현鄒平縣 원성향苑城鄉의 정공촌丁公村과 강소성江蘇省 고우시高郵市의 용규장龍虬莊에서 5천 년 전의 토기 파편 위에 새겨진 마치 초서草書와 유사한 문자가 발견되었다. 그런데 이 문자들은 후대에 나타나는 초서 식의 연속적인 글쓰기 방식과 몹시 흡사한 반면에, 중국 초기 문자에 보이는 대부분의 상형서체 풍과는 현저히 다르고, 오히려 그것보다는 임의적으로 새긴 부호에 더 가까워 보인다.

그림 7 토기 문자의 하나라고 여겨지는 산동성山東省 추평현鄒平縣 원성향苑城鄉의 정공촌丁公村에서 출토된 5천 년 전의 토기 파편 위에 새겨진 문자

일반적으로 세계 각국의 고문자古文字는 그 체계적인 변천 과정에서 봤을 때, 초서체草書體 형식의 출현은 모두 비교적 늦은 편이었다. 그래서 이 두 유적지에서 보이는 부호의 의미를 완벽하게 해석해 낼 수 있다고 어떤 학자가 주장하고는 있지만, 그것은 억지로 끌어다 붙이는 식의 부회附會한 해석이라는 평을 면하기 어려울 것이다. 더구나 어떤 고고학자는 그 발굴 상황에 대한 보고 자료가 그다지 신빙성이 없다고까지 주장하고 있으므로, 우리는 일단 이것에 대해서도 잠시 의문으로 남겨 두는 것이 좋겠다.

그러면 지금부터 문자의 창의적創意的인 관점에서 중국 문자의 기원 문제를 한번 검토해 보자. 상商나라의 갑골문甲骨文은 거북의 껍데기나 소의 어깨뼈 위에 칼로 글자를 새겨 놓은 것을 일컫는다. 그러나 칼날로 곡선을 새기기가 불편했기 때문에 둥근 모양이 있는 글자는 갑골문에서 대부분 사각형이나 다각형多角形의 모양으로 새겨지곤 하였다. 그래서 만약 어떤 한 글자가 그 당시에 원형이나 사각형의 두 가지 자형字形으로 동시에 사용되었다면, 원형의 자형이 물체의 형상을 좀더 사실적으로 묘사했을 가능성이 높다. 그러므로 우리는 원형으로 새겨진 글자가 좀더 원시적인 형태이고, 시대도 훨씬 빠르다고 말할 수 있을 것이다.

여기서 우리는 갑골문에 보이는 아래의 세 글자를 가지고 구체적인 예를 들어 가며 설명할 수 있다. 〈도표 7〉에 보이는 곽郭에 대해서 《설문說文》에서는, "𩫏은 제齊나라에 있는 곽郭나라의 폐허이다. 선량한 사람을 훌륭히 여기면서도 능히 등용하지 못했고, 사악한 사람을 싫어하면서도 능히 물리치지 못했다. 그런 까닭으로 나라를 잃게 되었다. 읍邑을 따르고, 곽(𩫏, 郭)은 성부聲符이다"[23]라고 하였고, 곽(𩫏, 郭)에 대해서《설문說文》에서는, "𩫏은 거주하는 곳이다. 백성들이 사는 곳이다. 회回를 따르고, 내성內城과 외성外城이 겹쳐져 있는 것을 본뜨고 있다. 위아래 두 정자亭子가 서로 마주 보고 있다. 어떤 자형은 단지 위口만 따르기도 한다. 무릇 곽(𩫏, 郭)의 속屬들은 모두 이 곽(𩫏, 郭)을 따른다"[24]라고 하였으며, 또한 용墉에 대해서《설문說文》에서는, "墉은 성벽이다. 토土를 따르고, 용庸은 성부聲符이다. 𩫏은 고문古文의 용墉이다"[25]라고 하였다.

그런데 이 중에서 곽(𩫏, 郭)은 이 세 글자의 기본형이고 또 비교적 일찍 출현한 자형으로, 갑골문에서 곽(𩫏, 郭)은 하나의 성곽을 중심으로 네 방향에 모두 망루가 세워져 있는 성벽의 모양을 본뜨고 있다. 그러나 갑골에다 칼로 원형 모양을 새기기가 상당히 어려웠기 때문에, 〈도표 7〉에 보이는 자형에서처럼 성城의 주위는 대부분 사각형 모양을 하고 있고, 간혹 원형 모양을 한 자형도 보이고 있다. 그러나 그 후에는 좌우 두 방향에 서 있던 망루마저 생략해 버렸다. 이러한 문자의 변천 과정을 통해서 이 곽(𩫏, 郭)은 나중에 곽郭과 용墉의 두 글자로 분화되었는데, 곽郭은 주로 성城의 범위라는 의미에 편중하였고, 반면에 용墉은 주로 성벽이라는 의미에 편중하게 되었다.

그리고 다음으로 성城 주변의 구조에 대해서 논하자면, 현재까지 발견된 가장 빠른 성벽건

도표 번호	상商나라의 갑골문甲骨文	주周나라의 금문金文	진秦나라의 소전小篆	한漢나라의 예서隸書	현대의 한자	글자의 창의創意
7	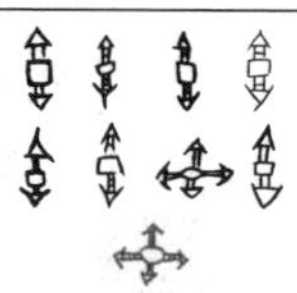	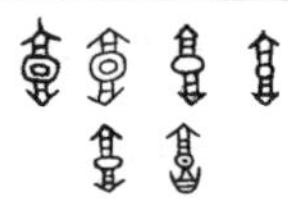	 k s s	𩫏 郭 墉	𩫏 郭 墉	성벽의 사면에 모두 망루가 세워져 있는 성곽 건축의 모습을 본뜨고 있다.

23 (清) 段玉裁注,《說文解字注》, 第十二卷, 第六篇注下, 〈郭〉, 301쪽. 그 원문에 "郭, 齊之郭氏虛. 善善不能進, 惡惡不能退, 是目亡國也. 从邑, 𩫏聲"이라고 되어 있다.

24 (清) 段玉裁注,《說文解字注》, 第十卷, 第五篇注下, 〈𩫏〉, 231쪽. 그 원문에 "𩫏, 度也. 民所度居也. 从回, 象城𩫏之重, 兩亭相對也. 或但从口. 凡𩫏之屬皆从𩫏"이라고 되어 있다.

25 (清) 段玉裁注,《說文解字注》, 第二十六卷, 第十三篇注下, 〈墉〉, 695쪽. 그 원문에 "墉, 城垣也. 从土, 庸聲. 𩫏, 古文墉"이라고 되어 있다.

축은 하남성河南省 정주시鄭州市 북쪽 근교에 있는 서산西山 유적지가 가장 대표적이라고 할 수 있다. 이 유적지는 앙소문화仰韶文化의 하나인 묘저구廟底溝 유형의 시대에 건립되었다가,[26] 나중에 진왕채秦王寨 유형의 시대에 이르러 폐기되었는데,[27] 그 연대는 지금으로부터 약 5천3백 년 전부터 4천8백 년 전 사이가 된다. 이 유적지에서 발견된 건축물의 평면은 전체적으로 원형의 모양을 하고 있어서 갑골문이 묘사한 성곽의 형상과 거의 일치하고 있다.

그러나 대부분의 초기 성벽은 대체로 용산문화龍山文化 말기에 건축되었다. 그 대표적인 예를 들어 보면, 산동성山東省 장구현章丘縣 용산진龍山鎭 동쪽의 무원하武原河 동쪽 언덕에 위치한 성자애城子崖, 하남성河南省 등봉시登封市 고성진告成鎭에 있는 왕성강王城崗, 하남성河南省 회양현淮陽縣 대주장大朱莊 서남쪽에 위치한 평량대平糧台 등의 성곽 유적지를 꼽을 수 있다.

그러나 이들 유적지의 평면은 전체적으로 사각형의 모양을 띠고 있는데, 성곽 발전의 연대적인 순서를 놓고 말한다면, 원형 건축은 일반적으로 사각형 건축보다는 좀더 일찍 출현하였다고 할 수 있다. 그것은 마치 원형의 혈거穴居 주거지가 사각형의 지상 건축보다 일찍 출현한 것과 같은 이치이다. 또한 이동을 자주하는 유목민족들은 비교적 힘이 적게 드는 원형 형식으로 대부분 집을 지었지만, 반면에 거주지가 비교적 고정된 농경민족은 대부분 사각형 형식으로 집을 짓곤 하였다.

그리고 앞에서도 이미 언급한 것처럼, 갑골문에서는 칼로 원형을 새기기가 상당히 어려웠기 때문에, 대부분의 원형 모양을 사각형으로 새기곤 하였다. 그래서 갑골문에 보이는 곽(𩫏, 郭), 곽郭, 용墉 등의 글자는 원래 원형의 성곽 모양을 갑골문에서 사각형으로 새긴 것인데, 이것은 이 글자를 창조한 사람이 사면이 원형인 성곽을 보고 조자造字하였음을 의미하고 있다. 그러나 상商나라에 이르면 이미 원형 모양의 성곽은 거의 사라지게 되는데, 그래도 자형에서는 아직 고대 성곽의 정확한 모습을 그대로 남기고 있다. 따라서 이 글자가 만들어진 시기는 사각형 모양의 성곽 시대보다는 훨씬 이전 시대임이 틀림없다고 할 수 있다.

---

26 여기서 말하는 묘저구廟底溝 유형은 앙소문화仰韶文化 제3기에 속하는 유형으로, 앙소문화의 반파半坡 유형보다는 시기적으로 늦고 서왕촌西王村 유형보다는 빠른 편이다. 그래서 이 유형의 연대는 대략 기원전 3900-2780년 사이로 추정되며, 하남성河南省 섬현陝縣의 동남쪽에 있는 묘저구촌廟底溝村 서쪽에서 최초로 발견되었다.

27 여기서 말하는 진왕채秦王寨 유형은 앙소문화仰韶文化 제4기에 속하는 유형으로, 하남성河南省 지역의 대표적인 선사시대先史時代 문화 유형의 하나이다. 이 유형의 연대는 대략 기원전 3600-3000년 사이로 추정되며, 하남성河南省 형양현滎陽縣에 있는 진왕채秦王寨에서 최초로 발견되었다.

다시 말해서, 이 글자가 만들어진 연대는 빠르면 지금으로부터 5천 년 전인 앙소문화仰韶文化 묘저구廟底溝 유형의 시대에 해당할 것이고, 늦어도 사각형 모양의 성벽을 쌓은 용산문화龍山文化 말기보다는 더 내려오지 않을 것이다. 용산문화龍山文化 말기의 하한선은 일반적으로 대략 기원전 2천 년으로 잡고 있는데, 이 연대는 우리가 위에서 살펴본 대문구大汶口의 그림부호에 근거해 추론한 결론과 거의 일치함을 알 수 있다. 따라서 상나라 갑골문의 몇몇 글자가 기원전 2천 년 이전에 이미 존재했던 글자를 그대로 계승했다는 추론은 불합리하기만 한 주장은 아닌 것이다.

그리고 위와 같이 중국 문자의 계통과 관련된 연대 문제를 토론할 적에는 고대인들이 사용한 기물의 정보를 통해서도 많은 도움을 얻을 수가 있다.

예를 들어, 〈도표 8〉에 보이는 주酒에 대해《설문說文》에서는, "酒 는 옮겨 가는 것이다. 이것으로 인성人性의 선善과 악惡으로 옮겨 가는 것이다. 수水와 유酉를 따르고, 유酉는 또한 성부聲符이다. 일설一說에 빚는 것이라고도 한다. 길흉吉凶이 일어나는 것이다. 옛날에 의적儀狄이 막걸리를 빚었는데, 우禹 임금이 맛을 보고는 달다고 여겨 마침내 의적儀狄을 멀리하였다. 두강杜康이 고량주高粱酒를 빚었다"[28]라고 하였다. 갑골문에서 이 주酒는 술을 담는 그릇과 그릇 밖으로 튀어나온 세 방울의 술 모양을 본뜨고 있다.

그리고 청동기 명문銘文에서는 〈도표 9〉에서와 같이 이 주酒를 항상 유(酉, 丣)로 표기하였는데, 이 유(酉, 丣)에 대해《설문說文》에서는, "酉는 익는 것이다. 8월에 기장이 익으면, 진한 술을 만들 수 있다. 고문古文 유酉의 모습을 본뜨고 있다. 무릇 유酉의 속屬들은 모두 이 유酉를 따른다. 丣는 고문古文의 유酉이고, 유丣를 따른다. 묘(丣, 卯)는 봄의 문으로서 만물이 이미 나온 것이다. 유丣는 가을의 문으로서 만물이 이미 들어간 것이다. 일一은 문을 닫아건 모양이다"[29]라고 하였다.

그런데《설문說文》의 해석과는 달리, 〈도표 9〉에서처럼 갑골문과 금문金文에 보이는 이 유(酉, 丣)의 초기 자형 형태는 대체로 주둥이가 좁으며 가늘고 긴 몸체에 밑 부분이 뾰족한 술단지 모양을 본뜨고 있었다. 그러다가 나중에는 이 유(酉, 丣)의 자형 형태가

28 (清) 段玉裁注,《說文解字注》, 第二十八卷, 第十四篇注下, 〈酒〉, 754쪽. 그 원문에 "酒, 就也. 所目就人性之善惡. 从水酉, 酉亦聲. 一曰: 造也. 吉凶所造起也. 古者儀狄作酒醪, 禹嘗之而美, 遂疏儀狄. 杜康作秫酒"라고 되어 있다.

29 (清) 段玉裁注,《說文解字注》, 第二十八卷, 第十四篇注下, 〈酉〉, 754쪽. 그 원문에 "酉, 就也. 八月黍成, 可爲酎酒. 象古文酉之形也. 凡酉之屬皆从酉. 丣, 古文酉, 从丣. 丣爲春門, 萬物已出. 丣爲秋門, 萬物已入. 一, 閉門象也"라고 되어 있다.

도표 번호	상商나라의 갑골문甲骨文	주周나라의 금문金文	진秦나라의 소전小篆	한漢나라의 예서隸書	현대의 한자	글자의 창의創意
8			 s	酒	酒	주둥이가 좁은 술그릇과 그릇 밖으로 튀어나온 세 방울의 술 모양을 본뜨고 있다.
9	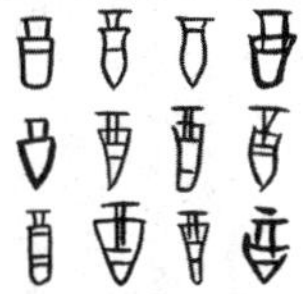		 s  k	酉 丣	酉 丣	주둥이가 좁고 몸체는 가늘고 길며 밑 부분이 뾰족한 술단지 모양을 본뜨고 있다.

점점 밑 부분이 평평한 모양을 한 것으로 바뀌게 되었다. 그리고 실제로 상나라나 주나라의 유적지에서 출토된 유물을 살펴보면, 술을 담는 데 사용했던 대형 용기는 대부분 밑 부분이 평평하였다.

그러면 도대체 무엇 때문에 문자가 표현하는 모습과 실제의 형태가 이렇게 서로 다르게 나타나는가? 그것은 아마도 형태가 비슷한 다른 글자와 단순히 구별하려는 목적은 아니었던 것 같다. 그래서 그 가능한 해답을 찾아보면, 아마도 그것은 중국 고대의 초기 자형을 갑골문이 계승하였는데, 그 갑골문 중에서 시대가 더 오래되었던 자형들은 원래 기물의 형태를 보다 충실하게 묘사하고 있었기 때문일 것이다.

일반적으로 대부분의 학자들은 술그릇이 처음 출현하는 시기를 근거로 중국에서는 용산시대龍山時代부터 술을 빚기 시작했다고 여기고 있다. 그러나 어떤 학자들은 이보다 더 이른 시기인 6천 년 전의 앙소문화仰韶文化에서부터 시작되었다고 보기도 한다. 더욱이 갑골문에 보이는 유(酉, 丣)의 기물 모양은 대체로 〈그림 8〉과 같이 앙소문화의 한 토기 유물에서 보이는 것처럼, 높이가 4, 50센티미터 정도로 주둥이가 좁으며 가늘고 긴 몸체에다 밑 부분이 뾰족한 술단지의 모습과 거의 유사한 모양을 하고 있다. 그러나 다른 점이 하나가 있다면, 이 뾰족한 밑 부분을 가진 술그릇은 항상 그릇의 배 부위에 양쪽으로 두 개의 반원 모양의 귀를 달고 있어서 끈으로 매어 운반하기에 편리하도록 만들었다는 것이다. 그래서 아마도 《설문說文》에 보이는 유(酉, 丣)의 고문古文 자형인 丣의 모습이 바로 두 개의 반원 모양의 귀가 달린 기물의 모습을 반영한 것일 수도 있다.

그런데 중국에서 술을 빚기 시작한 것은 일반적으로 용산시대龍山時代라고 여기고 있기 때문에, 앙소문화에 보이는 주둥이가 좁고 밑 부분이 뾰족한 그릇은 술을 담는 그릇이라기보다는 물을 담는 그릇이라고 주장하는 학자들이 많았다. 그런 까닭에 이 기물을 보면서도 주酒의 창의創意와 관련된 착상을 할 수가 없었다.

그러나 캐나다의 로열 온타리오 박물관에 전시되었던 서양의 술 문화 유물 특별전에서 필자는 놀랍게도 고대에 유럽에서 북아프리카로 운송되었던 포도주를 발견하게 되었다. 그리고 그 포도주를 담았던 그릇은 뜻밖에도 〈그림 8〉에서와 같이 앙소문화 서왕촌西王村 유형의 밑 부분이 뾰족한 토기와 아주 흡사하였는데,[30] 그 모양은 갑골문에 보이는 유(酉, 丣)의 자형과도 완전히 일치하였다.

그림 8 앙소문화仰韶文化 서왕촌西王村 유형의 밑 부분이 뾰족한 토기

위의 그림에서 좁은 주둥이는 액체가 밖으로 새는 것을 방지하기 위한 것이고, 가늘고 긴 몸체는 사람이나 가축의 등에 짊어지기 편하도록 만든 것이며, 또 뾰족한 밑 부분은 손으로 잡거나 기울여서 따르기에 편리하도록 만든 것이다. 이러한 편리를 위하여 가끔 뾰족한 밑 부분을 손잡이 모양으로 만들 때도 있었다. 예를 들어 보면, 우리가 뒷부분에서 소개할 〈도표 96〉에 보이는 갑골문의 도稻에서, 그중 어떤 자형은 쌀을 담는 용기 아래에 긴 손잡이 모양을 하고 있는 것이 있다().

일반적으로 중국에서의 벼는 주로 화남지방華南地方에서 생산되기 때문에, 만약 포기와 이삭을 함께 화북지방華北地方까지 운송해 간다면 엄청난 비용이 들게 된다. 그래서 단지 벼 이삭만 모아서 이런 용기에 담은 다음, 아마도 가축을 이용해서 이 벼를 화북지방까지 운송해 갔을 것이다. 이때에는 마치 유럽에서 포도주를 운송할 때와 마찬가지로 가늘고 몸체가 긴 용기를 사용하여 용기의 공간을 충분히 활용하였고, 또 긴 손잡이를 만들어 손으로 잡거나 또는 용기를 기울여 다른 용기로 내용물을 옮겨 붓기에 편리하도록 하였을

30 여기서 말하는 서왕촌西王村 유형은 앙소문화仰韶文化 제4기에 속하는 유형으로, 산서성山西省 지역의 대표적인 선사시대先史時代 문화 유형의 하나이다. 이 유형의 연대는 대략 기원전 3600-3000년 사이로 추정되며, 산서성山西省 예성현芮城縣에 있는 서왕촌西王村에서 최초로 발견되었다.

것이다.

그리고 이 전람을 통하여 필자는 이러한 뾰족한 밑 부분을 가진 토기가 묘저구廟底溝 유형 이후의 다른 문화유적지에서는 거의 더 이상 보이지 않게 된 이유가 우물을 파서 물을 길은 일과 상당히 관련이 있을 것이라고 생각하였다. 왜냐하면 비교적 이른 시기에는 제법 먼 곳에 있는 강에서 물을 길어 집까지 운반해야 했으므로, 물단지의 배 부위에 두 개의 둥근 고리 모양으로 귀를 만들어 여기에다 끈을 매고 등에 지기 편리하도록 만들었을 것이다. 그러나 나중에는 소나 말 같은 가축을 사육하게 되면서 이 가축들을 이용하여 물 단지를 운반할 수 있었으므로, 더 이상 고리에 끈을 맬 필요가 없게 되었다. 이것은 마치 유목민족 국가인 요遼나라나 금金나라 때 술을 담아 운송하기 위해서 술단지를 말의 등에 싣기 편리하도록 높이가 0.5미터이고 몸체가 가늘고 긴 도자기 용기로 만들었던 것과 같은 이치이다. 그리고 그 뒤로 사람들이 집 부근에다 우물을 파서 물을 긷게 되면서부터는 물을 먼 곳에서 운반해 올 필요가 거의 없게 되었기 때문에, 이제 이런 모양을 한 용기도 더 이상 보이지 않게 되었다. 더욱이 상나라 때에는 우차牛車가 있어서 더 이상 예전처럼 토기 용기에다 물이나 술을 운송할 필요가 없었으므로, 이런 모양의 토기는 거의 사라져 버리게 되었다.

그런데 상나라 갑골문에 보이는 유(酉, 丣)와 도稻의 자형은 아마도 묘저구廟底溝 유형보다도 훨씬 더 이전의 기물 모습을 묘사한 것으로, 마치 위에서 이미 언급한 성곽의 원형 모양과 마찬가지로 4천2백 년 전에 존재했던 사물을 그대로 본뜬 모습일 것이다. 따라서 구체적인 중국 문자의 기원 문제에 대한 토론은 아직도 더 많은 출토 자료에 근거하여 학문적으로 진일보한 연구가 필요하겠지만, 그래도 상나라 후기에 나타난 갑골문이 이미 아주 성숙된 문자 체계라는 견해에는 이론의 여지가 없을 것이다. 특히《상서尙書》〈다사多士〉에 보면 주공周公이 상나라 유신遺臣인 다사多士들을 훈계하면서 이르기를, "너희 은殷나라의 선조는 전장典章과 서책書册이 있었으므로, 은나라가 하夏나라의 명命을 바꾸었다"[31] 라고 한 구절이 있다. 그러나 하나라를 멸망시키기 이전에 사용했던 상나라의 문자가 도대체 얼마만큼이나 성숙되었을까 하는 문제는 아직까지 그에 대한 구체적인 증거가 없으므로 추측하기가 무척 어렵다.

---

31 (淸) 阮元 校刻,《十三經注疏》(附校勘記),《尙書》, 卷十六,〈多士〉, 220쪽. 그 원문에는 "惟殷先人, 有典有册, 殷革夏命"이라고 되어 있다.

여기서 한 가지 운남성雲南省에 사는 소수민족인 납서족納西族의 마사麼些 경문經文을 예로 들어 보면, 이 경문은 13세기에 창조되었는데 이는 한자의 발전에 힘입은 바가 컸다. 그러나 지금으로부터 그리 오래되지 않은 19세기에 이르러서도 이 경문은 여전히 중점이 되는 그림부호로만 주요한 내용을 기술하는 상태를 벗어나지 못했으며, 또 고정된 문법형식을 갖추거나 정렬된 어순을 가진 언어로서의 발전도 거의 이루지 못하였다. 그래서 이 경문을 읽을 적에 따로 글자에 대한 해석이 없으면 도저히 그 내용을 이해할 길이 없어진다.

그림 9 납서족納西族의 경문經文인 《고사기古事記》의 한 행

예를 들어, 〈그림 9〉에서와 같이 《고사기古事記》에 보이는 한 행을 살펴보자. 먼저, 그림 안에 한 사람이 두 손으로 알 하나를 잡고 있는 것이 그려져 있다. 그 다음에 위쪽에 알 하나가 그려져 있고, 그 양쪽으로 바람이 불고 있다. 또한 그 위로 왼쪽에는 형용사로 '하얗다(白)'라는 표시와 오른쪽에는 형용사로 '검다(黑)'라는 표시가 있고, 알 아랫부분에는 호수의 그림이 그려져 있다. 마지막으로 산 하나가 있고, 그 옆에 빛을 내는 알이 하나 그려져 있다. 이 그림의 해석을 위하여 납서족納西族 경사經師의 설명을 빌리자면, "이 알을 호수에 던지는데, 왼쪽에서는 흰 바람이 불어오고 오른쪽에서는 검은 바람이 불어와 바람에 호수의 물결이 출렁거린다. 그와 더불어 알도 또한 호수의 물결을 따라 같이 넘실거린다. 그러다가 그 알이 마침내 절벽에 부딪치며 눈이 부시게 찬란한 물체를 하나 낳는다"[32]라고 하였다. 이처럼 그림은 이 경문에서 다만 대략적인 의미만 제시할 뿐 구체적인 경문의 내용에 대해서는 여전히 구전口傳에 의지해야만 한다.

그렇다면 여기에서 일단 정주鄭州의 원형 성곽, 주둥이가 좁고 밑부분이 뾰족한 용기, 은나라가 하나라를 멸망시킨 시기 등은 논외로 치기로 하자. 그러나 만약 상나라 후기에 나타나는 갑골문에서 6백 년을 다시 거슬러 올라가 일정한 체계를 갖춘 초기 문자의 시작을 계산해 본다면, 거의 대문구문화大汶口文化의 하한선이나 용산문화龍山文化의 후기에까지 이르게 된다. 이 때가 바로 대략 기원전 2천 년이 된다.

32 구석규裘錫圭, 《문자학 개요文字學概要》(臺灣: 萬卷樓圖書有限公司, 1995년), 9쪽에서 인용함.(원저자 주)

제2절 글 쓰는 방향의 습관

중국의 문자도 서양의 문자와 마찬가지로 처음에는 모두 사물의 형상을 본뜨는 것에서 기원하였지만, 그 글 쓰는 습관에는 현저한 차이점이 존재하고 있다. 글 쓰는 방향을 놓고 봤을 때, 일반적으로 서양에서는 주로 가로줄을 따라 글을 왼쪽에서 오른쪽으로 쓰고 행은 위에서 아래로 써 내려간다. 그리고 간혹 경우에 따라서는 글을 위에서 아래로 쓰기도 하지만, 그래도 행은 대부분이 왼쪽에서 오른쪽으로 쓰고 있다. 이것은 중국 고대의 한자를 쓰는 습관, 즉 위에서 아래로 글을 쓰고 행은 오른쪽에서 왼쪽으로 쓰는 습관과는 완전히 다른 것이다. 그런데 대부분의 사람들이 오른손으로 글씨를 쓰기 때문에, 중국의 글 쓰는 방향처럼 오른쪽에서 왼쪽으로 글을 쓴다면 여러 모로 불편한 일이 많을 것이다. 그래서 만주어滿洲語와 몽고어蒙古語도 비록 위에서 아래로 글을 써 내려가기는 하지만, 행은 역시 왼쪽에서 오른쪽으로 쓰고 있다. 그런데 중국에만 유독 이렇게 독특한 글 쓰는 습관이 있게 된 것은 반드시 그 습관이 생겨나게 된 특별한 원인이 있을 것이다. 그래서 연구를 해 본 결과, 이러한 글 쓰는 습관은 중국 고대의 글 쓰는 도구의 영향 때문인 것으로 밝혀졌다.

지금까지 알려진 바로는, 현존하는 방대한 양의 중국 최초 문헌은 3천여 년 전에 칼로 동물의 뼈나 거북 껍질에 문자를 새긴 상나라의 갑골문甲骨文이라고 말할 수 있다. 그래서 어떤 사람들은 상나라 사람들이 항상 칼로 문자를 새겨 기록을 남겼구나 하고 오해하기도 하고, 심지어 또 어떤 사람들은 진秦나라의 몽염蒙恬이 붓을 발명한 후에야 중국에서 붓으로 글씨를 쓸 수 있게 되었다고 생각하기도 한다. 그러나 이것은 상나라 때 이미 갑골甲骨이나 도자기에 붓으로 글씨를 썼다는 사실을 모르고 하는 말이다. 어쨌든 우리는 상나라 사람들이 이미 보편적으로 붓을 사용하여 글씨를 썼다는 사실을 여러 가지 상황으로 미뤄 충분히 짐작할 수가 있다.

도표 번호	상商나라의 갑골문甲骨文	주周나라의 금문金文	진秦나라의 소전小篆	한漢나라의 예서隸書	현대의 한자	글자의 창의創意
10			 s	聿	聿	한 손에 붓을 든 모습을 본뜨고 있다.
11			 s k k	畫 畫	畫 畫	붓끝이 흩어진 붓이나 한데 합쳐진 붓을 손으로 잡고서 그림을 하나 그리는 모습을 본뜨고 있다.
12			 s k	肅	肅	손에 붓을 잡고서 그림을 그린 다음, 그 그림에 따라 수繡를 놓는 모습을 본뜨고 있다.
13			 s z	書	書	손에 붓을 들고 글을 쓰는 때가 대낫임을 가리키고 있다.

만약 글자의 자형字形을 놓고 본다면, 필筆의 초기 자형 형태는 〈도표 10〉에 보이는 율聿과 같다. 그래서 율聿에 대해서 《설문說文》에서는, "聿은 이것으로 글씨를 쓰는 것이다. 초楚나라에서는 그것을 일컬어 율聿이라고 하고, 오吳나라에서는 그것을 일컬어 불률不律이라고 하며, 연燕나라에서는 그것을 일컬어 불弗이라고 한다. 녑聿과 일一을 따른다. 무릇 율聿의 속屬들은 모두 이 율聿을 따른다"[33]라고 하였다. 갑골문에서 이 율聿은 한 손에 털이 달린 붓을 쥐고 있는 모습을 본뜨고 있다. 중국에서는 예로부터 일반적으로 대나무로 붓대를 만들었기 때문에, 이 율聿 위에 대나무를 뜻하는 죽竹을 붙여 필筆이 되었다. 그런데 이러한 붓은 아직 먹물을 적시지 않았을 때에는 붓털이 흐트러져 있지만, 일단 먹물을 적시기만 하면 붓끝의 털이 한데 모여 글씨를 쓰거나 또는 섬세하고 굵은 선을 마음대로 그을 수가 있게 된다.

그리고 앞의 〈도표 3〉에서 소개한 것처럼, 갑골문에서 서書는 먹물이 담긴 용기 위에서 털이 달린 붓을 손으로 잡고 있는 모습을 본뜨고 있다. 그래서 먹물만 적시면 곧 글씨를

33 (淸) 段玉裁注, 《說文解字注》, 第六卷, 第三篇注下, 〈聿〉, 118쪽. 그 원문에 "聿, 所曰書也. 楚謂之聿, 吳謂之不律, 燕謂之弗. 从聿一. 凡聿之屬皆从聿"이라고 되어 있다.

써 내려갈 수 있다는 의미를 표현하고 있다. 또한 〈도표 11〉에 보이는 획(畫, 畵)에 대해 《설문說文》에서는, "畫은 경계를 짓는 것이다. 율聿을 따르고, 밭과 사방의 경계를 본뜨고 있다. 율聿은 이것으로 그것을 경계 짓는 것이다. 무릇 획畫의 속屬들은 모두 이 획畫을 따른다. 畫은 고문古文의 획畫이다. 畫도 또한 고문古文의 획畫이다"[34]라고 하였다. 갑골문에서 이 획(畫, 畵)은 붓끝이 흩어진 붓이나 한데 합쳐진 붓을 손으로 잡고서 서로 엇갈린 그림이나 상당히 복잡한 형태의 그림을 그리는 모습을 본뜨고 있다.

〈도표 12〉에 보이는 숙肅에 대해 《설문說文》에서는, "肅은 일을 함에 노력과 공경을 다하는 것이다. 녑聿을 따르고, 연(𣶒, 淵) 위에 있다. 전전긍긍戰戰兢兢하는 것이다. 肅은 고문古文의 숙肅이고, 심心과 절卪을 따른다"[35]라고 하였다. 그러나 금문金文에서 이 숙肅은 손에 붓을 잡고서 복잡한 형태의 그림을 그린 다음, 그 그림에 따라 수繡를 놓는 모습을 본뜨고 있다.

〈도표 13〉에 보이는 주晝에 대해 《설문說文》에서는, "晝는 해가 떴다가 지는 시간으로, 밤과는 경계가 되는 것이다. 획畫의 생략형省略形을 따르고, 일日을 따른다. 晝는 주문籀文의 주晝이다"[36]라고 하였다. 갑골문에서 이 주晝는 손에 붓을 쥔 모습과 일日을 조합한 자형형태로, 붓을 들고 글을 쓰는 때가 대낮임을 가리키고 있다.

위와 같은 예로부터 우리는 상나라 때 이미 보편적으로 붓을 사용하여 글쓰기, 그림 그리기, 자수 놓기, 시간 등과 관련된 여러 가지 의미를 표현했음을 알 수가 있다. 그리고 실제로 이보다 훨씬 앞선 시대인 지금으로부터 6천여 년 전의 반파半坡 유적지에서 출토된 토기 위의 그림에서도 우리는 그 당시에 이미 벌써 붓을 사용하여 그림을 그렸던 흔적을 충분히 확인할 수 있다.

일반적으로 중국 사람들이 글을 쓸 때 사용하는 붓끝은 대체로 부드러운 털로 만들어졌다. 그래서 글씨를 쓰는 사람은 매 획의 굵고 가늘고 굽은 모양을 자유자재로 구사할 수 있었을 뿐만 아니라, 구조상 복잡하고 다양한 중국 문자에 대해서 각양각색의 조형미와 필세筆勢의 변화까지도 표현해 낼 수 있었다. 이것은 다른 나라에서 사용하고 있는 단단한

34 (淸) 段玉裁注, 《說文解字注》, 第六卷, 第三篇注下, 〈畫〉, 118쪽. 그 원문에 "畫, 介也. 從聿, 象田四介. 聿所㠯畫之. 凡畫之屬皆从畫. 畫, 古文畫. 畫, 亦古文畫"이라고 되어 있다.

35 (淸) 段玉裁注, 《說文解字注》, 第六卷, 第三篇注下, 〈肅〉, 118쪽. 그 원문에 "肅, 持事振敬也. 从聿, 在𣶒上. 戰戰兢兢也. 肅, 古文肅, 从心卪"이라고 되어 있다.

36 (淸) 段玉裁注, 《說文解字注》, 第六卷, 第三篇注下, 〈晝〉, 118쪽. 그 원문에 "晝, 日之出入, 與夜爲介. 从畫省, 从日. 晝, 籀文晝"라고 되어 있다.

필기도구가 필세의 변화를 마음대로 구사하기 어렵고 더욱이 글자 모양의 종류 또한 상당히 제한되어 있는 것과는 달리, 중국 문자는 이러한 부드러운 붓을 사용하여 외관상으로 수만 가지나 되는 글자의 각종 변화를 표현해 낼 수가 있었다. 그렇지만 중국 서예에서 중시되는 아름다운 외형과 내재적인 정신을 충분히 작품에서 표현해 내려면, 장기간의 오랜 연습과 노력을 기울여야 할 뿐만 아니라, 어느 정도의 천부적인 재능까지 갖춰진 다음에라야 비로소 숙련된 경지에 도달할 수가 있다. 또한 그렇기 때문에 세계의 모든 문자들 중에서 유독 중국 문자의 서예만이 사회적으로 존중을 받는 독특한 예술의 한 형식으로 발전하게 된 것이다.

그래서 이렇게 본다면, 중국 특유의 글 쓰는 방향은 아마도 붓과 같은 필기도구의 사용 때문이라고 봐도 무방할 것이다. 그래서 돌, 천이나 비단, 나무껍질 등과 같은 건조한 평면 물체는 무엇이든지 모두 그 위에 글씨를 쓸 수 있었다. 그러나 여러 방면으로 살펴봤을 때, 그중에서도 중국의 글 쓰는 습관에 가장 많은 영향을 준 것은 죽간竹簡이었고, 이 죽간의 사용은 늦어도 상나라 때부터 이미 시작되었다고 볼 수 있다. 그런데 대나무는 쉽게 썩어 없어져 버리는 물질이라 현재 땅속에서 유물로는 거의 출토되지 않기 때문에, 우리는 지금 그 흔적을 찾아보기가 무척 어려운 실정이다. 그렇지만 앞에서도 이미 언급했듯이 《상서尙書》〈다사多士〉에 보면, "너희 은殷나라의 선조는 전장典章과 서책書冊이 있었으므로, 은나라가 하夏나라의 명命을 바꾸었다"[37]라고 기록한 구절이 있다. 여기서 전典과 책冊이란 바로 모두 죽간으로 엮은 서책을 일컫는다.

그래서 〈도표 14〉에 보이는 책(冊, 篇, 册)에 대해 《설문說文》에서는, "冊은 왕의 칙명勅命이다. 제후가 왕에게 나아가 받는 것이다. 그 죽간이 하나는 길고 하나는 짧음을 본뜨고 있고, 가운데는 두 번을 묶은 모양을 하고 있다. 무릇 책(冊, 册)의 속屬들은 모두 이 책(冊, 册)을 따른다. 笧은 고문古文의 책(冊, 册)이고, 죽竹을 따른다"[38]라고 하였다. 갑골문에서 이 책(冊, 篇, 册)은 길이가 서로 다른 여러 죽간을 새끼줄로 엮어서 서책을 만든 모습을 본뜨고 있다.

---

37 (淸) 阮元 校刻, 《十三經注疏》(附校勘記), 《尙書》, 卷十六, 〈多士〉, 220쪽. 그 원문에는 "惟殷先人, 有典有册, 殷革夏命"이라고 되어 있다.

38 (淸) 段玉裁注, 《說文解字注》, 第四卷, 第二篇注下, 〈冊〉, 86쪽. 그 원문에 "冊, 符命也. 諸侯進受於王者也. 象其札一長一短, 中有二編之形. 凡冊之屬皆从冊. 笧, 古文冊, 从竹"이라고 되어 있다.

도표 번호	상商나라의 갑골문甲骨文	주周나라의 금문金文	진秦나라의 소전小篆	한漢나라의 예서隸書	현대의 한자	글자의 창의創意
14		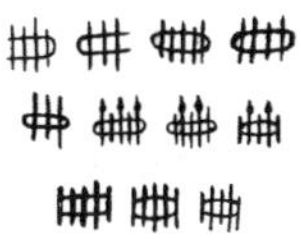	 s k		册 笧	길이가 서로 다른 죽간을 엮어 만든 한 권의 서책 모양을 본뜨고 있다.
15	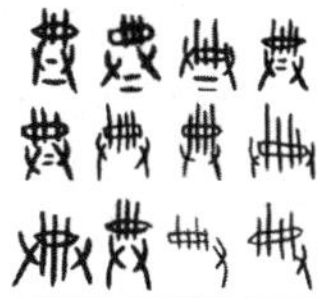	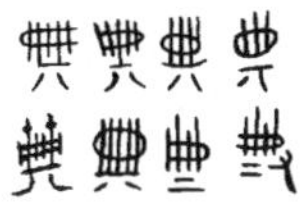	 s k		典	두 손으로 조심스레 중요한 전적을 받들고 있는 모습을 본뜨고 있다.

〈도표 15〉에 보이는 전典에 대해《설문說文》에서는, "典은 오제五帝의 서적이다. 책(冊, 册)을 따르고, 기丌 위에 있다. 존중하여 그것을 올려둔 것이다. 장도莊都가 이르기를, '전典은 커다란 책이다'라고 하였다. 典은 고문古文의 전典이고, 죽竹을 따른다"[39]라고 하였다. 갑골문에서도 이 전典은 일상기록이 아닌 중요한 전적을 의미하는데, 그렇기 때문에 공경하는 마음에서 두 손으로 그 전적을 받들고 있는 모습을 본뜨고 있다.

그리고 오늘날은 대나무가 화북지방華北地方에서 쉽게 볼 수 있는 식물이 아니지만, 지금으로부터 3천 년 전에서 몇 천 년 사이에는 화북지방의 기후가 지금에 비해 많이 따뜻하고 습했기 때문에 대나무가 쉽게 자랄 수 있는 환경이었다. 따라서 대나무로 글 쓰는 재료를 만들어 사용하면 우선, 값이 저렴하고 제작하기 쉬우며, 또 내구성이 강한 성질 등 여러 가지 장점을 충분히 활용할 수가 있었다. 더욱이 일단 대나무를 길게 세로로 쪼개기만 하면 기다란 죽간의 모양이 만들어지고, 이것을 조금만 가공해도 표면이 평평해져서 그 위에다 글씨를 쓸 수 있게 된다. 거기에다 다시 죽간을 불에 살짝 말리면 표면이 더욱 글자 쓰기가 편하게 되고, 또 쉽사리 썩거나 좀을 먹지도 않는다.

그런데 이러한 죽간의 좁은 표면 위에 만약 글자를 쓴다면, 위에서 아래로의 세로로 글씨를 쓰는 것이 왼쪽에서 오른쪽으로의 가로로 글씨를 쓰는 것보다는 훨씬 수월한 편이다. 만일 글씨를 가로로 쓴다고 가정하면, 죽간의 좁은 면과 그 뒤쪽의 굽은 형태가 모두 글씨를 쓸 적에 손의 움직임과 안정성을 방해할 수 있다. 일반적으로 사람들은 오른손으로 글씨를 쓰는 습관이 있기 때문에, 나머지 왼손으로는 긴 죽간을 잡게 된다. 그래서 글씨

39 (淸) 段玉裁注,《說文解字注》, 第九卷, 第五篇注上,〈典〉, 202쪽. 그 원문에 "典, 五帝之書也. 从冊, 在丌上. 尊閣之也. 莊都說: 典, 大冊也. 典, 古文典, 从竹"이라고 되어 있다.

를 다 쓴 후에는 아마도 습관적으로 왼손으로 죽간들을 오른쪽에서부터 왼쪽으로 가지런히 정렬하게 되었을 것이고, 그 때문에 위에서 아래로, 또 오른쪽에서 왼쪽으로의 정렬이라는 중국 특유의 글 쓰는 습관이 자연히 몸에 배게 되었을 것이다.

그렇지만 갑골문에 보면 가끔씩 가로로 새긴 구절도 보이는데, 이것은 후대의 예로 봤을 때 상나라 때에도 이미 목간木簡이나 비단 등과 같이 넓은 표면을 가진 물체를 글 쓰는 재료로 이용했기 때문이라고 우리는 추론할 수 있다. 만약 붓에 먹물을 묻혀서 글씨를 쓰다 보면 먹물이 쉽게 마르지 않기 때문에, 이러한 재료의 표면에 여러 줄의 글씨를 쓸 적에는 가장 이상적인 방법이 왼쪽에서 오른쪽으로 글씨를 써 내려가는 것이다. 그래야만 먹물이 아직 마르지 않은 이미 쓴 글씨를 손으로 더럽히지 않을 수가 있다.

그러나 일반적으로 중국에서 글씨를 쓰는 습관은 오히려 그 반대인 오른쪽에서 왼쪽으로 써 내려가는 것인데, 이것은 한 줄만 글씨를 쓸 수 있는 죽간을 주로 사용했기 때문이라고 쉽게 추측할 수 있다. 그래서 죽간에다 글씨를 쓸 적에는 왼손으로 죽간을 들고 나머지 오른손으로는 붓을 쥐고 글씨를 썼을 것이다. 그리고 글씨를 다 쓴 후에는 왼손으로 그 죽간을 내려놓게 되는데, 대체로 오른쪽에서 왼쪽으로 죽간을 하나씩 배열하는 것이 습관상 혹은 여러 모로 편리하기 때문에, 이러한 습관이 중국에서만 볼 수 있는 독특한 글 쓰기 습관을 형성하게 되었을 것이다. 이처럼 글씨를 다 쓴 여러 편의 죽간은 나중에 새끼줄로 엮은 후 다시 한 묶음으로 말 수 있었는데, 이것에서부터 책을 세는 권卷이라는 양사量詞로 책의 양을 나타내게 되었다. 그러다가 후대에는 비록 종이 위에다 글씨를 인쇄하는 것으로 발전하게 되었지만, 먹줄로 세로줄의 간격을 표시하는 방식은 오히려 하나하나의 죽간을 사용하던 옛날 전통을 그대로 유지한 것이라고 볼 수 있다.

그리고 가공을 거친 후의 죽간의 넓이는 대체로 일정하였기 때문에, 여러 줄의 글자를 한꺼번에 쓸 수 없었을 뿐만 아니라 또 글씨를 쓰는 글자의 크기에도 일정한 한계가 있었다. 그래서 글자의 모양도 자연히 좁고 긴 모양의 형태를 지닌 것으로 발전하게 되었다. 그렇기 때문에 만약 여러 획이 결합되어서 만들어진 글자라면, 되도록 글씨를 쓸 적에 아래위로 겹쳐서 쓰는 방식을 취했고, 가로로 글자가 퍼져 나가는 것은 가급적 피하였다. 그래서 심지어 몸체가 거대한 동물을 나타내는 글자도 이 때문에 변하지 않으면 안 되었는데, 대체로 그들의 머리는 위쪽을 향하고 네 발은 공중에 뜬 채 꼬리는 아래쪽에다 그리는 좁고 긴 모양의 글자가 될 수밖에 없었다.

도표 번호	상商나라의 갑골문甲骨文	주周나라의 금문金文	진秦나라의 소전小篆	한漢나라의 예서隸書	현대의 한자	글자의 창의創意
16	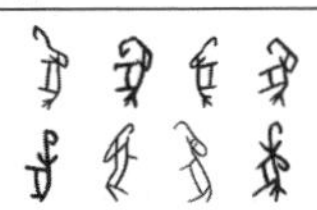		 s	象	象	한 마리의 코끼리 모양을 본뜨고 있다.
17	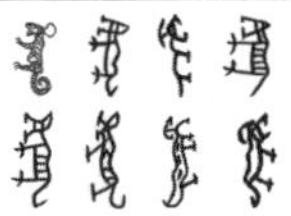		 s k k	虎	虎	한 마리의 호랑이 모양을 본뜨고 있다.
18			 s k z	馬	馬	말의 모습이다. 전국시대의 문자에 말의 머리만 남아 있는 자형이 있는데, 이것은 말의 머리가 특수하게 생겼기 때문이다.
19			 s k s	兕 犀	兕 犀	한 마리의 외뿔 소 모양을 본뜨고 있다. 우牛를 따르고, 미尾는 성부聲符이다.

예를 들어, 〈도표 16〉에 보이는 상象에 대해 《설문說文》에서는, "象은 남월南越의 커다란 동물이고, 긴 코와 긴 어금니가 있으며, 삼 년에 한 번씩 새끼를 기른다. 귀, 어금니, 네 발, 꼬리가 있는 모습을 본뜨고 있다. 무릇 상象의 속屬들은 모두 이 상象을 따른다"[40]라고 하였고, 〈도표 17〉에 보이는 호虎에 대해 《설문說文》에서는, "虎는 산에 사는 짐승의 우두머리이다. 호虍를 따르고, 인儿을 따른다. 호虎의 다리 모양은 인人의 다리 모양을 본뜨고 있다. 무릇 호虎의 속屬들은 모두 이 호虎를 따른다. 虎는 고문古文의 호虎이다. 虎도 또한 고문古文의 호虎이다"[41]라고 하였으며, 〈도표 18〉에 보이는 마(馬, 影)에 대해서 《설문說文》에서는, "馬는 노한 모양이고, 전쟁에 쓰는 것이다. 말 머리, 갈기, 꼬리, 네 발의 모양을 본뜨고 있다. 무릇 마馬의 속屬들은 모두 이 마馬를 따른다. 馬는 고문古文이다. 馬는 주문籀文의

40 (清) 段玉裁注, 《說文解字注》, 第十七卷, 第九篇注下, 〈象〉, 464쪽. 그 원문에 "象, 南越大獸, 長鼻牙, 三年一乳. 象耳牙四足尾之形. 凡象之屬皆从象"이라고 되어 있다.

41 (清) 段玉裁注, 《說文解字注》, 第九卷, 第五篇注上, 〈虎〉, 212쪽. 그 원문에 "虎, 山獸之君. 从虍, 从儿. 虎足象人足也. 凡虎之屬皆从虎. 虎, 古文虎. 虎, 亦古文虎"라고 되어 있다.

마馬이고, 마(影, 馬)와 같으며, 갈기가 있다"[42]라고 하였다.

〈도표 19〉에 보이는 시(兕, 兕)에 대해《설문說文》에서는, "는 들소와 같고 청색이며, 그 껍질은 단단하고 두꺼워 능히 갑옷을 만들 수 있다. 상형자象形字이다. 시(兕, 兕)의 머리는 금禽과 리离의 머리 모양과 같다. 무릇 시(兕, 兕)의 속屬들은 모두 이 시(兕, 兕)를 따른다. 는 고문古文이고, 인儿을 따른다"[43]라고 하였고, 또한 서犀에 대해서《설문說文》에서는, "는 나라 밖의 소이다. 뿔 하나는 코에 있고, 다른 뿔 하나는 이마에 있다. 마치 돼지와 같다. 우牛를 따르고, 미尾는 성부聲符이다"[44]라고 하였다.[45]

그 외에도 견犬에 대해서《설문說文》에서는, "은 개 중에서 발가락을 들고 있는 것이다. 상형자象形字이다. 공자가 이르기를, '견犬이라는 글자를 보고 마치 개를 그리는 것과 같다' 라고 하였다. 무릇 견犬의 속屬들은 모두 이 견犬을 따른다"[46]라고 하였고,[47] 시豕에 대해《설문說文》에서는, "는 돼지이다. 꼬리를 세우기 때문에 그것을 일컬어 시豕라고 한다. 머리와 네 다리, 뒤에 꼬리가 있음을 본뜨고 있다. 발음은 희豨와 같다. 생각하건대, 금세今世의 글자에 오인하여 축豖을 시豕라고 여기고, 시彖를 단彖이라고 여긴다. 어떻게 이것을 밝힐 것인가? 탁啄과 탁琢은 축豖을 따르고, 려蠡는 시彖를 따른다. 모두 그 발음을 취한 것이다. 이것으로써 그것을 밝힌다. 무릇 시豕의 속屬들은 모두 이 시豕를 따른다. 는 고문古文이다"[48]라고 하였다.[49]

---

42 (淸) 段玉裁注,《說文解字注》, 第十八卷, 第十篇注上,〈馬〉, 465쪽. 그 원문에 ", 怒也, 武也. 象馬頭髦尾四足之形. 凡馬之屬皆从馬. , 古文. , 籀文馬, 與影同, 有髦"라고 되어 있다.

43 (淸) 段玉裁注,《說文解字注》, 第十七卷, 第九篇注下,〈兕〉, 463쪽. 그 원문에 ", 如野牛, 青色, 其皮堅厚可制鎧. 象形. 兕頭與禽离頭同. 凡兕之屬皆从兕. , 古文, 从儿"이라고 되어 있다.

44 (淸) 段玉裁注,《說文解字注》, 第三卷, 第二篇注上,〈犀〉, 53쪽. 그 원문에 ", 徼外牛. 一角在鼻, 一角在頂. 佀豕. 从牛, 尾聲"이라고 되어 있다. 그런데 이 서犀는 상고음上古音에서 지부脂部에 속하였고, 성부聲符인 미尾는 상고음에서 미부微部에 속하였다. 따라서 이 서犀와 미尾는 상고음에서 서로 동일한 큰 부류에 속하지 않았다.

45 금문金文에서 이 서犀의 자형은 와 같다.

46 (淸) 段玉裁注,《說文解字注》, 第十八卷, 第十篇注上,〈犬〉, 477쪽. 그 원문에 ", 狗之有縣蹏者也. 象形. 孔子曰: 視犬之字如畫狗也. 凡犬之屬皆从犬"이라고 되어 있다.

47 갑골문에서 이 견犬의 자형은 등과 같다.(원저자 주)

48 (淸) 段玉裁注,《說文解字注》, 第十七卷, 第九篇注下,〈豕〉, 459쪽. 그 원문에 ", 彘也. 竭其尾, 故謂之豕. 象毛足而後有尾. 讀與豨同. 按: 今世字誤目豖爲豕, 以彖爲彖. 何目朙之? 爲啄琢从豖, 蠡从彖, 皆取其聲, 目是朙之. 凡豕之屬皆从豕. , 古文"이라고 되어 있다. 그런데 이 려蠡와 성부聲符인 시彖는 상고음上古音에서 동일하게 지부支部에 속하였다.

49 갑골문에서 이 시豕의 자형은 등과 같다.(원저자 주)

위에서 든 예들과 같이, 일반적으로 갑골문에서 동물의 형태를 본뜬 글자들은 대부분 글씨를 좁고 긴 모양으로 쓰는 경우에 속하였다. 그래서 몸체가 옆으로 넓은 동물의 모양은 방향을 바꾸거나 아니면 글자의 획을 간략히 하여 대체로 좁고 긴 모양으로 만들었다. 이것은 앞에서 소개한 〈도표 7〉의 곽(𩫏, 郭)의 경우에서와 같이, 본래는 성곽의 사방에다 모두 망루望樓를 그렸지만, 나중에는 동서쪽의 망루는 생략해 버리고 마침내 글자의 형태가 좁고 긴 모양으로 바뀐 것과 같은 현상이다.

이처럼 거북의 껍질이나 동물의 뼈 등 넓은 표면을 가진 재료 위에다 점占을 친 점복문자占卜文字를 기록했던 갑골문에서도 이미 좁고 긴 형태의 글자 모양으로 대부분의 글자를 썼다는 사실을 통해서, 우리는 상나라 때 가장 많이 보급된 글 쓰는 재료가 죽간이었음을 추측할 수 있다. 그러나 반면에 비교적 넓은 표면을 가지고 있는 목간木簡이나 비단 등은 죽간에 비해 그다지 널리 보급되지 못했음도 추측할 수 있다. 그것은 만약 그러한 넓은 표면을 가진 재료를 사용하여 글자를 계속 써왔다면, 글자 형태가 위에 든 예들과 같이 굳이 글자의 넓이에 제한을 받거나 아니면 위아래로 겹쳐지는 글자 모양으로 바뀔 필요는 없었을 것이기 때문이다.

그리고 죽간에다 글씨를 쓰게 되면 문장이 얼마나 길든지 간에 그저 죽간의 수량만 증가시키면 되는데, 만일 목간을 사용한다면 그 사용될 넓이를 미리 가늠하기가 그다지 쉽지 않다. 그래서 나중에 종이가 발명되었지만 글자의 형태는 이미 죽간의 넓이에 제한을 받던 옛 습관의 영향으로 글자의 모습은 거의 좁고 긴 세로줄의 방향으로만 발전하게 되었고, 또 가끔씩 하나하나의 죽간 형식을 모방하여 이 세로줄 사이에 분리선을 긋기도 하였다.

그리고 죽간은 일단 먹물을 흡수하기만 하면 다시 지워 버릴 수가 없을 뿐만 아니라, 또한 그 죽간 하나의 넓이도 잘못 쓴 글자를 지우고 그 옆에다 다시 올바른 글자를 써넣을 수 있을 만큼 넓지도 않다. 그래서 만일 글씨를 잘못 썼다면, 칼로 그 글자의 흔적을 깎아서 지운 후 다시 쓰는 수밖에는 없다.

그래서 〈도표 20〉에 보이는 산(刪, 删)에 대해서 《설문說文》에서는, "刪은 깎는 것이다. 도刀와 책(冊, 册)을 따른다. 책(冊, 册)은 서책이다"[50]라고 하였다. 갑골문에서 산删도 칼 한

50 (清) 段玉裁注,《說文解字注》, 第八卷, 第四篇注下,〈刪〉, 182쪽. 그 원문에 "刪, 剟也. 从刀冊. 冊, 書也"라고 되어 있다.

도표 번호	상商나라의 갑골문甲骨文	주周나라의 금문金文	진秦나라의 소전小篆	한漢나라의 예서隸書	현대의 한자	글자의 창의創意
20			s		刪	죽간에 잘못 쓴 글자를 칼로 지우는 모습을 본뜨고 있다.

자루를 서책 옆에 놓은 모습을 본뜨고 있는데, 이것은 깎아서 지운다는 의미를 나타내고 있다. 따라서 종이가 아직 널리 보급되기 전까지는 글자를 지우는 데 쓰이는 칼이 문사文士들이 몸에 지니고 다녀야 하는 필수품의 하나가 되었고, 또 이 때문에 동주시대東周時代의 무덤에서는 동銅으로 만든 칼이 항상 글 쓰는 문방 도구와 함께 출토되곤 하였다. 그런데 어떤 학자는 이 칼에 대한 용도를 잘 몰라서 엉뚱하게도 글자를 새기는 데 사용했던 도구라고 오해하기도 하였다.

제3절 문학 형식의 특징

중국 문자의 자형字形과 발음은 모두 중국 문학의 형식과 내용에 많은 영향을 주었다. 중국 문자는 상형象形, 표의表意에서 기원되었다고 볼 수 있는데, 자형에는 복잡한 것과 단순한 것의 차이가 있고 글자의 의미에도 이러한 구별이 있어서, 창조해 낸 글자 모양의 크기를 모두 동일하게 맞추는 것은 무척이나 어렵다. 예를 들어, 이 책의 제4절에 나오는 〈그림 10〉에서 〈그림 14〉까지에 보이는 갑골문을 봤을 때, 초기에는 한 단락의 구절 중에서도 그 글자들의 크기가 현저하게 차이가 났지만, 그래도 그 글자들의 넓이가 대부분 일치하는 것으로 봐서 죽간의 글 쓰는 전통을 반영한 것이 명백하였다.

그러다가 후기에 이르러서는 글자의 외형적인 정렬과 미관을 돋보이게 하려는 목적으로 복잡한 모양의 글자들이 조금씩 단순한 형태로 변화하고 있는 것을 확인할 수가 있다. 그러나 이와는 반대로 단순한 형태의 글자들이 조금씩 복잡한 형태로 변하기도 하였다. 이러한 변화의 추세는 주周나라에 이르러서 더욱 뚜렷하게 나타났고, 대체로 전국시대戰國時代에 이르면 어느 글자가 지닌 구성 형태가 단순하거나 복잡한 정도를 막론하고 모두 습관적으로 거의 같은 크기로 글자를 쓰게 되었다. 이로 인하여 한 구절의 글자 수 즉, 문장 구절 배열의 길이가 매우 정연하게 되었다. 그래서 심지어는 구절의 길이를 똑같이 맞추려는 목적에서 그다지 의미가 없는 글자들을 각 구절에 덧붙일 때도 많았다.

예를 들어,《시경詩經》에 보이는 많은 구절들은 대체로 구절의 길이를 똑같이 맞추려고 운율韻律상 규정된 자수字數 이외에 가사歌詞나 가창歌唱의 필요에 의해 글자를 간혹 덧붙이곤 하였다. 그래서《시경詩經》〈국풍國風〉에 있는 '권이卷耳'에 보면, "캐세, 캐세, 그 도꼬마리 나물. 아무리 캐도 비스듬한 아가리의 광주리에 차지 않네. 아아! 나는 그이를 생각하네. 그 광주리를 큰길가 옆에다 두네"[51]라고 말한 구절이 있다. 이 구절에서는 채采가 반복됨으로써 전체적인 문장 구절의 배열이 네 글자씩 정연하게 되었다.

도표 번호	상商나라의 갑골문甲骨文	주周나라의 금문金文	진秦나라의 소전小篆	한漢나라의 예서隸書	현대의 한자	글자의 창의創意
21	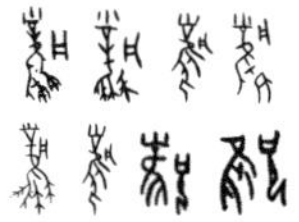		 s k	風	風	처음에는 봉황의 모습을 본떴다가, 상나라 때 성부聲符인 범凡과 형兄을 덧붙여서 봉鳳과 서로 구별하였다.
22			 s k k	鳳	鳳	봉황의 모습을 본뜨고 있다.

이러한 시가詩歌뿐만 아니라 서사적敍事的인 문장을 쓸 적에도 대구對句의 배열 방식을 좋아하여, 사륙四六 변려문체騈儷文體가 유행하였다. 그와 더불어 대련對聯을 짓는 풍습도 함께 나타났다.

그리고 발음 부분을 살펴봤을 때, 어떤 학자들은 상나라 이전의 중국 문자에는 아마도 한 글자가 두 가지 이상의 음절音節로 발음되는 현상이 있었다고 여기고 있다.

예를 들어, 〈도표 21〉에 보이는 풍風에 대해《설문說文》에서는, "風은 여덟 방향의 바람이다. 동방은 명서풍明庶風이라고 하고, 동남은 청명풍淸明風이라고 하며, 남방은 경풍景風이라고 하고, 서남은 양풍涼風이라고 하며, 서방은 창합풍閶闔風이라고 하고, 서북은 부주풍不周風이라고 하며, 북방은 광막풍廣莫風이라고 하고, 동북은 융풍融風이라고 한다. 훼虫를 따르고, 범凡은 성부聲符이다. 바람이 일면 벌레가 생기게 되는데, 그래서 벌레는 8일이면 변화한다. 무릇 풍風의 속屬들은 모두 이 풍風을 따른다. 凬은 고문古文의 풍風이다"[52]라고 하였고, 또한 〈도표 22〉에 보이는 봉鳳에 대해《설문說文》에서는, "鳳은 신령스런 새이다. 천로天老가 이르기를, '봉鳳의 모양은 암 기린의 앞모습과 사슴의 뒷모습, 뱀의 목과 물고기의 꼬리, 용의 무늬와 거북의 등, 제비의 턱과 닭의 부리를 하고 있으며, 오색五色을

51 (淸) 阮元 校刻,《十三經注疏》(附校勘記),《詩經》, 卷第一之二, 〈國風〉, 〈卷耳〉, 277-278쪽. 그 원문에 "采采卷耳, 不盈頃筐. 嗟我懷人, 寘彼周行"이라고 되어 있다.

52 (淸) 段玉裁注,《說文解字注》, 第二十六卷, 第十三篇注下, 〈風〉, 683-684쪽. 그 원문에 "風, 八風也. 東方曰: 明庶風, 東南曰: 淸明風, 南方曰: 景風, 西南曰: 涼風, 西方曰: 閶闔風, 西北曰: 不周風, 北方曰: 廣莫風, 東北曰: 融風. 从虫, 凡聲. 風動蟲生, 故蟲八日而匕. 凡風之屬皆从風. 凬, 古文風"이라고 되어 있다. 그런데 이 풍風과 성부聲符인 범凡은 상고음上古音에서 동일하게 침부侵部에 속하였다.

모두 갖추고 있다'라고 하였다. 동방東方 군자君子의 나라에서 나와서 사해四海의 밖을 날아오른다. 곤륜산崑崙山을 지나고, 지주砥柱에서 마시며, 약수弱水에서 날개를 씻고, 저녁에는 바람이 생기는 동굴에서 잠을 잔다. 나타나면 곧 천하가 태평하게 된다. 조鳥를 따르고, 범凡은 성부聲符이다. 𠘧은 고문古文의 봉鳳이고, 상형자象形字이다. 봉鳳이 날으면 뭇 새가 수만이나 따르기 때문에, 붕당朋黨이라는 글자로 쓰인다. 鵬도 또한 고문古文의 봉鳳이다"[53]라고 하였다.

그런데 위에서 예로 든 풍風은 원래 갑골문에서 봉황의 모습을 본뜬 것이었지만, 나중에는 가차假借되어 움직이는 공기를 가리켰다. 그러다가 다시 나중에는 이 풍風의 자형에 성부聲符인 범凡과 형兄을 덧붙이면서 두 가지의 발음 표기 형태로 변하였다.[54] 그래서 더 오래된 시기에는 중국의 언어가 한 글자에 두 가지 이상의 음절을 가진 다음절多音節의 형태였다가, 나중에 다시 하나의 음절만을 가진 단음절單音節의 형태로 바뀌지 않았을까 생각되기도 한다. 이것은 위에서 예로 든 풍風의 두 가지 발음 표기에서 그 좋은 흔적을 찾아볼 수가 있다.[55]

그래서 필자가 예전에 연구한 바에 따르면, 한족漢族의 전설에 나오는 복희伏犧와 여와女媧는 바로 대만 고산족高山族의 창생創生 조상인 'piru karu'와 그 여동생이었다. 이것을 만약 주법고周法高의 《한자 고금음휘漢字古今音彙》에 근거하여 선진고음先秦古音을 추정해 보면,[56] 선진시대先秦時代의 복희 발음은 대체로 'bjwak xiab'로 났음을 알 수 있다. 그래서 고산족의 신화에 나오는 주인공 'piru karu'의 첫 번째 복伏의 성모聲母인 'p'는 'b'와 서로 같은 순음脣音

53 (淸) 段玉裁注, 《說文解字注》, 第七卷, 第四篇注上, 〈鳳〉, 149-150쪽. 그 원문에 "鳳, 神鳥也. 天老曰: 鳳之象也, 麐前鹿後, 蛇頸魚尾, 龍文龜背, 燕頷雞喙, 五色備舉. 出於東方君子之國, 翺翔四海之外, 過崐崘, 飲砥柱, 濯羽弱水, 莫宿風穴. 見則天下大安寧. 从鳥, 凡聲. 𠘧, 古文鳳, 象形. 鳳飛, 羣鳥從目萬數, 故目爲朋黨字. 鵬, 亦古文鳳"이라고 되어 있다. 그런데 이 봉鳳과 성부聲符인 범凡은 상고음上古音에서 동일하게 침부侵部에 속하였다.

54 그런데 이 두 발음 부호는 아마도 강도가 서로 다른 바람을 표시한 것이지, 동일한 한 글자의 서로 다른 발음 표기가 아닐 수도 있다. 다만 《갑골문 합집 십삼책甲骨文合集十三册》(아래에 간단히 줄여서 《합집合集》이라고 함) 27459에 보면, 이 범凡과 형兄이 덧붙여진 풍風의 두 가지 어휘 용례는 대체로 서로 동일하며, 이 두 글자가 모두 '크다'라는 형용사로 주로 쓰이고 있다. 따라서 강도가 서로 다른 바람을 표현하는 것이라고는 비교적 보기 힘들다.(원저자 주)

그런데 여기서 말하는 '《합집合集》 27459' 등의 표현은 곽말약郭沫若이 주편主編한 《갑골문 합집 십삼책甲骨文合集十三册》(北京: 中華書局, 1978-1982년)에 수록된 갑골문 탁본의 일련번호를 말한다.

55 구석규裘錫圭가 자신의 저서인 《문자학 개요文字學概要》의 26-27쪽에서 인용한 장정랑張政烺의 견해를 참고할 것.(원저자 주)

56 주법고周法高의 《한자 고금음휘漢字古今音彙》를 참고할 것.

에 속했고, 두 번째 희犧의 성모聲母인 'k'는 'x'와 동일한 아후음牙喉音에 속하였다. 더욱이 복희는 중국에서 성姓이 풍風이라는 전설도 있는데, 이것은 갑골문에 보이는 풍風의 두 가지 발음인 범성凡聲과 형성兄聲이 하나는 순음唇音이고 다른 하나는 아후음牙喉音인 것과도 우연하게 일치한다. 또한 선진시대의 발음은 절대다수의 글자들이 대부분 자음子音으로 운미韻尾를 하였는데,[57] 이것은 아마도 그 글자의 초기 발음에서 두 번째 음절의 영향을 받았을 가능성이 크다.

그리고 또 하나의 예를 들어 보면, 선진시대에는 'p' 성모聲母 혹은 'k' 성모가 'l' 성모와 함께 어울리는 현상이 있었는데, 어떤 학자는 이것으로 중국 고대에 'pl'이나 'kl' 등과 같은 복자음複子音의 현상이 있었다고 추측하기도 한다. 그래서 금문金文에서 동일한 한 글자로 사용되고 있는 명命과 령令 두 글자에 대해서도 'ml'의 복자음이 존재했었을 것이라고 추론하고 있다. 또한 람籃이나 람藍이 모두 성부聲符인 감監을 따르고, 락洛이나 락絡은 모두 성부聲符인 각各을 따르며, 격隔은 성부聲符인 력鬲을 따르는 등의 현상을 통해서, 'gl'의 복자음이 존재했었을 것이라고 추론하기도 한다.

그런데 사실 복자음複子音은 발음 과정에서 여전히 두 개의 음으로 발음되기 때문에, 아마도 형성자形聲字를 만들 때 사용했던 형성자근形聲字根에서 어떤 글자는 그 발음을 그 형성자근의 첫 번째 음절에서 따가고, 또 어떤 글자는 그 형성자근의 두 번째 음절에서 따갔을 것이다. 그래서 어느 두 글자가 설사 동일한 한 형성자근을 사용하더라도, 결국 그 성모聲母가 서로 다른 부류에 속하게 되어 버린다.[58]

그리고 다음으로 두 글자로 된 단어를 예로 들어 설명하면, 해치解豸, 창경倉庚, 인동忍冬, 오공蜈蚣 등과 같은 단어는 모두 한 글자에 두 가지 이상의 음절이 있었던 고대 다음절多音節 언어의 흔적일 가능성이 높다.

특히, 그중에서도 해치解豸는 갑골문에서 주로 채廌로 표현되었다. 그래서 〈도표 23〉에

---

57 이러한 견해는 원저자가 주로 주법고周法高의 《한자 고금음휘漢字古今音彙》에 보이는 선진고음先秦古音을 참고했기 때문이다. 그러나 왕력王力을 비롯한 많은 학자들의 견해로는 'p', 't', 'k' 등의 파열음破裂音으로 운미韻尾를 하는 입성운入聲韻과 'm', 'n', 'ŋ' 등의 비음鼻音으로 운미韻尾를 하는 양성운陽聲韻을 제외하고, 모음이나 반모음으로 운미韻尾를 하는 음성운陰聲韻의 글자는 자음으로 운미한다고 보지 않았다. 그래서 왕력王力은 여기에 예로 든 희犧의 상고음上古音이 주법고周法高와는 달리, 'hǐai'라고 추정하였다.

58 당란唐蘭, 《중국 문자학中國文字學》(臺北: 臺灣開明書店, 1969년), 35-46쪽 참고. 그러나 당란唐蘭은 동일하지 않는 성모聲母로도 서로 형성形聲이 되는 현상은 아마도 단지 다르게 발음한 결과 때문이라고 주장하면서, 이와 같은 복자음複子音의 가설에 반대하였다.(원저자 주)

도표 번호	상商나라의 갑골문甲骨文	주周나라의 금문金文	진秦나라의 소전小篆	한漢나라의 예서隸書	현대의 한자	글자의 창의創意
23			 s	廌	廌	거대한 영양류羚羊類의 동물 모양을 본뜨고 있다.
24			 s	薦	薦	채廌가 먹던 식물이 돗자리를 짤 때 사용되는 좋은 재료라는 뜻이다.

보이는 채廌에 대해《설문說文》에서는, "廌는 해태라는 짐승이다. 마치 소처럼 뿔이 하나 있다. 옛날에 판결을 내릴 적에 바르지 못한 자를 뿔로 받게 하였다. 상형자象形字이다. 치豸의 생략형省略形을 따른다. 무릇 채廌의 속屬들은 모두 이 채廌를 따른다"[59]라고 하였다. 갑골문에서 이 채廌는 크고 나란하며 긴 뿔을 가진 영양류羚羊類의 동물 모양을 본뜨고 있다. 그런데 이 채廌는 고대에 중국의 화북 지역에 실제로 생존했던 동물의 한 종류였고, 상나라 갑골문에 보면 포획했다는 기록과 함께 털은 노란색이라고 표현하고 있다. 그러나 나중에 화북 지역의 기온이 점점 내려가는 바람에 남쪽으로 점차 이동하여 갔고, 결국은 중국에서 멸종되어 전설 속에서만 출현하는 신령스러운 동물로 변해 버렸다. 그런데 지금도 베트남의 산림 속에는 그 적은 수가 생존하고 있다.

그리고 중국의 고문자古文字에는 이 짐승이 먹던 풀을 천薦이라고 하였는데, 〈도표 24〉에 보이는 천薦에 대해《설문說文》에서는, "薦은 짐승이 먹는 풀이다. 채廌와 초艸를 따른다. 옛날에 어느 신인神人이 채廌를 황제黃帝에게 바쳤는데, 황제가 '무엇을 먹고 어디에 사느냐?'라고 물었다. 대답하기를, '천薦을 먹습니다. 여름에는 수택水澤에 살고, 겨울에는 송백松柏에 삽니다'라고 하였다"[60]라고 하였다. 그래서 이 채廌가 먹던 식물이 돗자리를 짤 때 사용되는 좋은 재료라는 뜻이 되었다.

이 외에도 〈도표 25〉에 보이는 법(灋, 法)에 대해《설문說文》에서는, "灋은 형벌이다. 공평하기가 마치 물과 같으므로, 수水를 따른다. 채廌가 바르지 못한 자를 뿔로 받아 좇아내 버리므로, 채廌와 거去를 따른다. 法은 금문今文이고, 생략하였다. 은 고문古文이다"[61]라고 하였

59 (清) 段玉裁注,《說文解字注》, 第十八卷, 第十篇注上, 〈廌〉, 474쪽. 그 원문에 "廌, 解廌獸也. 佀牛一角. 古者決訟, 令觸不直者. 象形. 从豸省. 凡廌之屬皆从廌"라고 되어 있다.

60 (清) 段玉裁注,《說文解字注》, 第十八卷, 第十篇注上, 〈薦〉, 474쪽. 그 원문에 "薦, 獸之所食艸. 从廌艸. 古者神人㠯廌遺黃帝, 帝曰: 何食何處? 曰: 食薦. 夏處水澤, 冬處松柏"이라고 되어 있다.

도표 번호	상商나라의 갑골문甲骨文	주周나라의 금문金文	진秦나라의 소전小篆	한漢나라의 예서隸書	현대의 한자	글자의 창의創意
25			 s  h  k	灋 法	灋 法	전설에 따르면 해치獬豸는 심판할 때 도움이 된다고 하는데, 바르지 못한 자를 뿔로 받아 쫓아내 버리므로 법률法律의 공평하기가 마치 물이 흐르는 것과 같다는 의미이다.
26			 s  h	羈	羈	채廌의 두 뿔이 새끼줄에 묶여 있는 모습을 본뜨고 있는데, 갑골문에서는 주로 역참驛站을 의미한다.

다. 이 법(灋, 法)은 채廌로 글자의 기본적인 자형 구성을 이루고 있는데, 전설에 따르면 이 채廌는 심판할 때 도움이 된다고 한다. 그래서 한漢나라 때 어느 판관의 묘문墓門에 보면, 고개를 수그리고 앞으로 돌진하려는 한 쌍의 채廌가 그려져 있다. 그러나 이 채廌는 자형의 변화로 인하여 원래의 모습과는 달리 나중에는 자형이 외뿔 짐승의 형태처럼 되었고, 또한 한 쌍의 길고 나란한 뿔도 외뿔 모양으로 오해 받기가 쉬웠다. 그래서 한나라 이후의 무덤에서는 이 채廌가 대부분 가늘고 긴 외뿔 짐승의 형태로 그려지게 되었다.

〈도표 26〉에 보이는 기(馽, 羈)에 대해《설문說文》에서는, "는 말이 머리가 묶인 것이다. 망网과 칩(㬎, 帛, 絷)을 따르고, 칩(㬎, 帛, 絷)은 매인 것이다. 는 기(馽, 羈)의 혹체或體이고, 혁革을 따른다"[62]라고 하였다. 그런데 갑골문에서 이 기羈는 글자의 자형 구성이 채廌의 두 뿔이 새끼줄에 묶여 있는 모습을 본뜨고 있다. 그래서 갑골문 복사卜辭에서는 이 기羈를 주로 역참驛站의 설비라는 뜻으로 사용하고 있는데, '이기二羈', '삼기三羈', '오기五羈' 등의 표현을 그 예로 들 수가 있다. 아마도 고대에는 이 짐승으로 하여금 역참의 마차를 끌게 했을 것이다.

그런데 한漢나라 이후가 되면서 이 채廌가 대부분 해채解廌, 해치解豸, 해치獬豸 등의 두 글자로 된 단어로 표기되고 있는 것으로 봐서, 상나라 때나 혹은 그 이전에는 아마도 이

61 (清) 段玉裁注,《說文解字注》, 第十八卷, 第十篇注上,〈灋〉, 474쪽. 그 원문에 ", 刑也. 平之如水, 从水. 廌所目觸不直者去之, 从廌去. 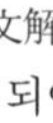, 今文, 省. , 古文"이라고 되어 있다.

62 (清) 段玉裁注,《說文解字注》, 第十四卷, 第七篇注下,〈馽〉, 360쪽. 그 원문에 ", 馬落頭也. 从网㬎, 㬎, 絆也. , 馽或, 从革"이라고 되어 있다.

도표 번호	상商나라의 갑골문甲骨文	주周나라의 금문金文	진秦나라의 소전小篆	한漢나라의 예서隸書	현대의 한자	글자의 창의創意
27			 s	彔	彔	물을 길을 때 사용하는 도르래의 모양을 본뜨고 있다.

채鷹가 서로 다른 두 가지 음절을 가진 글자로 발음되었을 가능성이 높다.

그리고 이 외에도 〈도표 27〉에 보이는 록彔에 대해 《설문說文》에서는, "彔은 나무를 깎아 새긴 것이 뚜렷하여 셀 수 있는 것이다. 상형자象形字이다. 무릇 록彔의 속屬들은 모두 이 록彔을 따른다"[63]라고 하였다. 그러나 갑골문에서 이 록彔은 원래 물을 길을 때 사용하는 도르래의 모양을 본뜨고 있었는데, 나중에 가차假借되어 산기슭이라는 뜻으로 쓰였다. 그리고 후대에는 다시 이 글자가 도르래라는 뜻의 '녹로轆轤'로 불리게 되었는데, 아마 이것도 고대에 한 글자가 두 가지 이상의 음절을 가진 다음절多音節로 읽혔던 현상의 한 예가 될 것이다.

그리고 이와 마찬가지로 앞에서 소개한 〈도표 7〉의 곽(𩫏, 郭)의 자형도 청동기 명문銘文에서는 곽郭과 용墉의 두 글자로 사용되었다. 그런데 만약 주법고周法高의 선진고음先秦古音 음운 추정에 근거하면, 곽郭은 어양운魚陽韻에 속했고 발음은 'kwak'과 같았으며, 용墉은 옥동운屋東韻에 속했고 발음은 'riewng'과 같았다. 이것은 아마도 각각 첫 번째 음절과 두 번째 음절에서 따 왔기 때문일 것이다.

그리고 몇몇 형성자形聲字는 두 개의 서로 다른 운부韻部의 글자로 구성되기도 하였는데, 아마도 한 운부는 앞의 음절을 대표하고 다른 한 운부는 뒤의 음절을 대표했을 것이다.

예를 들어, 〈도표 28〉에 보이는 오늘 이후라는 뜻을 나타내는 욱昱에 대해 《설문說文》에서는, "昱은 내일이다. 일日을 따르고, 립立은 성부聲符이다"[64]라고 하였다. 그런데 갑골문 제1기 때에는 새의 깃털 모양을 본뜬 우羽를 가차假借하여 이 욱昱의 뜻을 나타냈는데,[65] 〈도표 29〉에

63 (淸) 段玉裁注, 《說文解字注》, 第十三卷, 第七篇注上, 〈彔〉, 323쪽. 그 원문에 "彔, 刻木彔彔也. 象形. 凡彔之屬皆从彔"이라고 되어 있다.

64 (淸) 段玉裁注, 《說文解字注》, 第十三卷, 第七篇注上, 〈昱〉, 309쪽. 그 원문에 "昱, 日䀍也. 从日, 立聲"이라고 되어 있다. 그런데 이 욱昱은 상고음上古音에서 직부職部에 속하였고, 성부聲符인 립立은 상고음에서 즙부緝部에 속하였다. 따라서 이 욱昱과 립立은 상고음에서 서로 동일한 큰 부류에 속하지 않았다.

도표 번호	상商나라의 갑골문甲骨文	주周나라의 금문金文	진秦나라의 소전小篆	한漢나라의 예서隸書	현대의 한자	글자의 창의創意
28	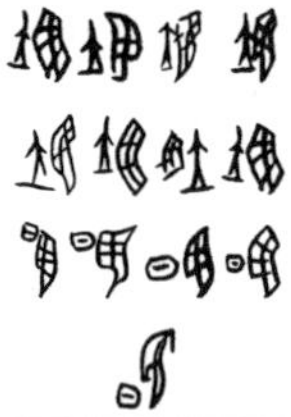		昱s 翊s	昱 翌	昱 翌	깃털의 형태이고 가차假借되어 내일을 가리킨다. 나중에 성부聲符 립立을 덧붙였고, 다시 일日을 따르고 립立이 성부聲符인 욱昱으로 되었다.
29	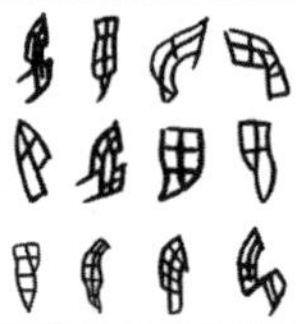	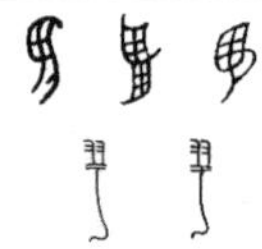	羽s	羽	羽	하나의 깃털 모양을 본뜨고 있다.

보이는 우羽에 대해《설문說文》에서는, "羽는 새의 긴 깃털이다. 상형자象形字이다. 무릇 우羽의 속屬들은 모두 이 우羽를 따른다"[66]라고 하였다. 그러다가 다시 갑골문 제2기에서는 여기에 해를 뜻하는 일日의 형부形符를 덧붙였고,[67] 또 갑골문 제3기가 되면서는 우羽와 립立을 합친 익翌으로 그 의미를 표시하였다. 이 익(翊, 翌)에 대해《설문說文》에서는, "翊은 날으는 모양이다. 우羽를 따르고, 립立은 성부聲符이다"[68]라고 하였다. 여기에서 립立은 확실히 이 익(翊, 翌)의 성부聲符로 쓰였다.

그런데 여기서 우리는 이 욱昱과 우羽와 익(翊, 翌)의 세 글자를 주법고周法高의 선진고음先秦古音 음운 추정에 근거하여 다시 살펴볼 수 있다. 대체로 선진시대에 우羽는 어양운魚陽韻에 속했고 발음은 'ɣjwaɣ'와 같았으며, 립立은 즙침운緝侵韻에 속했고 발음은 'liəp'과 같았으며, 욱昱은 지증운之蒸韻에 속했고 발음은 'ɣriwəɣ'과 같았다. 이와 같이 선진시대에 이 세

65 동작빈董作賓이 구분한 상商나라 후기의 갑골문 다섯 시기는 다음과 같다. 제1기는 반경盤庚, 소신小辛, 소을小乙, 무정武丁의 2대代 4왕王이고, 제2기는 조경祖庚, 조갑祖甲의 1대代 2왕王이며, 제3기는 늠신廩辛, 강정康丁의 1대代 2왕王이고, 제4기는 무을武乙, 문정文丁의 2대代 2왕王이며, 제5기는 제을帝乙, 제신帝辛의 2대代 2왕王이다.

66 (淸) 段玉裁注,《說文解字注》, 第七卷, 第四篇注上,〈羽〉, 139쪽. 그 원문에 "羽, 鳥長毛也. 象形. 凡羽之屬皆从羽"라고 되어 있다.

67 여기서 '형부形符'라는 말은 원서에는 비록 '의부意符'라고 표현되어 있지만, 의미상 그다지 차이가 없을 뿐만 아니라 용어의 복잡함을 피하기 위하여 역자가 이 책의 번역에서는 모두 '형부形符'라는 용어로 통일하였다.

68 (淸) 段玉裁注,《說文解字注》, 第七卷, 第四篇注上,〈翊〉, 141쪽. 그 원문에 "翊, 飛皃. 从羽, 立聲"이라고 되어 있다. 그런데 이 익(翊, 翌)과 성부聲符인 립立은 상고음上古音에서 동일하게 즙부緝部에 속하였다.

글자는 모두 서로 다른 운부韻部에 속해 있었다. 더욱이 이 세 글자는 우羽, 익翌, 욱昱의 순서로 그 자형 형태가 변천되어 갔는데, 생각하건대 이렇게 그 운부韻部가 서로 동일하지 않은 현상은 아마도 상나라 때부터 서주西周와 동주東周시대에 이르는 동안 이미 그 발음에 변화가 생겼기 때문일 것이다.

그리고 여기서 우羽의 성모聲母는 욱昱과 동일했지만, 익翌의 성모는 욱昱과 동일한 성류聲類에 속해 있지 않았다. 그래서 그 변화하는 경로가 'ɣ'에서 시작해서 'I'을 거쳐 다시 'ɣ'로 이른다는 가설은 비교적 설정하기 어렵다. 따라서 아마도 'ɣ'와 'I'의 음은 모두 욱昱 발음의 첫 번째와 두 번째 음절에 각각 속해 있었을 것이라고 여겨진다.

그리고 고대의 국제 무역 교류에 관한 기록을 살펴봐도, 마치 중국의 언어가 한 글자에 두 가지 이상의 음절이 있는 다음절多音節과 유사한 현상이 있었음을 표현하고 있다.

예를 들어, 기원전 16세기의 이집트의 어느 벽화 석각에는 동방의 한 항구에서 물건을 싣는 모습을 새겨둔 것이 있는데, 그 벽화의 여러 곳에 아직도 성서체聖書體와 비슷한 명문銘文이 많이 남아 있다.[69] 특히, 배 그림 위쪽에 새겨진 문장에는 현재 싣고 있는 이 물품들이 모두 각양각색의 기이한 보석과 향료임을 설명하고 있다.

이 문장을 연구한 James Henry Breasted의 해석을 보면, "The loading of the ships very heavily with marvels of the country of Punt; all goodly woods of God's-Land, heaps of myrrh-resin, with fresh myrrh trees, with ebony and pure ivory, with green gold of Emu, (mw), with cinnamon wood, khesyt wood, with ihmut-incense, sonter-incense, eye-cosmetic, with apes, monkeys, dogs, and with skins of the southern panther, with natives and their children. Never was brought the like of this for any king who has been since the beginning"라고 하였다.[70]

그중에서 계목桂木을 의미하는 'with cinnamon wood, khesyt wood'라는 단어가 있는데, James Henry Breasted의 주註에 따르면 'khesyt wood'는 향료香料를 제조할 때 쓰이는 첨목甜木의 일종이라고 되어 있다. 그리고 이집트어로 계목은 표의자表意字의 하나로, 가루를 낸

---

69 여기서 말하는 성서체聖書體의 명문銘文은 달리 비명체碑銘體라고도 하는데, 고대 이집트에서 사용했던 상형문자象形文字를 일컫는다. 이 성서체는 이집트 최초의 문자 형식으로 글씨가 균형이 잡혀 있으며, 대체로 그림문자의 성격을 많이 지니고 있다. 그리고 이 성서체의 사용 연대는 대략 기원전 3000년에서 기원후 4세기로 추정된다.

70 James Henry Breasted, *Ancient Records of Egypt, Historical Documents*, 미국: University of Chicago Press, 1906-1907년, 109쪽 참고.(원저자 주)

나무라는 뜻을 지니고 있다. 그런데 이 명문에서는 일반적으로 동일하지 않는 물품을 적재할 때는 앞부분에 모두 전치사 'with'를 붙이곤 했지만, 오직 이 'khesyt wood' 앞에서만은 'with'를 붙이지 않았다. 아마도 그것은 이 글자가 그 앞에 표기한 표의자表意字인 계목향료의 발음이었기 때문일 것이다. 그리고 계목의 식물학명은 'Cinnamomun cassia auct. family Lauraceae'이다. 기원전 16세기에 자바Java인들은 이 물품의 상업적인 거래를 독점하였는데, 그들은 정향丁香나무로 중국의 계피를 교환한 후, 서아프리카 및 서아시아로 판로를 개척하고 다녔다. 여기서 계목의 식물 학명인 'cassia'는 북 아셈의 Assam어인 'khasi'에서 온 말인데, 당연히 원산지의 언어에서 유래된 것으로 봐야 할 것이다. 그런데 자바인들의 주요 판매 물품이었던 계피나무는 그 원산지가 바로 오늘날 중국의 광동지역廣東地域과 광서지역廣西地域이었다.

만약 여기서 고대 중국어에 보이는 계桂의 발음을 살펴보면, 《광운廣韻》에서는 반절음反切音으로 고혜절古惠切이라고 하였고, 또한 주법고周法高의 선진고음先秦古音에서는 그 상고음上古音이 'kweɤ'로 추정된다고 하였다. 그런데 위에서 언급한 'Khasi'에는 한 글자에 'k'와 's'의 두 가지 음절이 함께 보이고 있는데, 이것은 원산지의 언어인 'kweɤ'의 영향을 받은 것이라고 볼 수 있다. 이처럼 이 물품의 이름에는 반드시 두 개 혹은 그 이상의 음절이 있어야 하는 것이다. 또한 그렇게 봤을 때 중국어에 보이는 이 계桂의 상고음上古音 운미韻尾인 'ɤ'는 아마도 두 번째 음절이 존재했었다는 하나의 증거가 될 것이다.[71] 더욱이 필자는 특별히 이 문제를 풀기 위해 성운학을 연구하는 학자에게서 많은 도움을 받았는데, 그 결과 이 계桂의 발음이 's'의 영향을 받아서 현재의 발음과 같이 성조聲調가 제4성으로 변화될 수도 있다는 것을 알게 되었다.

필자가 위에서 든 몇 가지의 예는 아직까지 비록 단순한 가설에 지나지 않기는 하지만, 한 글자가 두 개의 음절을 가진 글자로 발음된다는 것이 절대로 불가능한 것은 아니라는 것을 말해 주고 있다. 그러나 지금까지 알 수 있는 바로는 비록 하나의 글자가 어떤 시기에는 상황에 따라 음이 변하고 의미까지 달라졌다고는 하더라도 적어도 서주시대西周時代이후부터는 한 번에 하나의 음절만 거의 발음하게 되었다. 그래서 한 구절구절의 글자 수가 늘어날 수 있었을 뿐만 아니라 음절도 그에 맞춰 동일하게 늘어날 수 있었다.

---

71 그런데 왕력王力은 이 계桂의 상고음上古音이 'kiwe'라고 추정하였다.

그리고 이 외에도 중국어의 단어는 대체로 음절이 짧으므로 서로 혼동을 피하기 위하여 모든 글자에 성조聲調를 붙여 그 뜻을 분명하게 구별할 수 있도록 하였다. 이런 식으로 글자를 만들어 놓으면, 한 구절구절의 글자 수와 길이를 서로 같게 할 수 있을 뿐만 아니라 음절도 거의 같은 길이로 만들 수 있고, 또 심지어는 평측平仄의 박자에서도 일정한 형식을 요구할 수 있게 된다. 그래서 중국에서는 율시律詩, 사곡詞曲, 대련對聯 등과 같은 평측平仄과 성조聲調를 중시하는 특수한 문학 형식을 발전시킬 수 있게 되었다.

그와 동시에 중국의 언어가 단음절로 된 까닭에 결국 발음이 비슷한 글자들이 많아졌으므로, 주로 가차자假借字를 많이 이용하는 현상을 초래하였고, 또한 수수께끼, 헐후어歇後語 등과 같은 문자 유희도 이와 함께 발전하였다. 그래서 회화繪畫의 제재가 되었던 문자도 이러한 영향을 많이 받게 되었다. 예를 들어, 연년유여年年有餘의 어魚, 자손련갑子孫連甲의 련蓮과 압鴨, 길경평안吉慶平安의 극戟과 경磬과 병甁, 삼양개태三陽開泰의 양羊, 모질연년耄耋延年의 묘貓와 접蝶, 복록쌍전福祿雙全의 복蝠과 록鹿과 호로葫蘆, 마상봉후馬上封侯의 마馬와 후猴 등의 문자그림이 모두 이러한 발음의 가차원칙假借原則을 응용하여 그린 것임을 쉽게 알 수 있다.

그리고 중국의 언어에 동음사同音詞가 많다는 특징이 아마도 중국문자가 지금까지도 상형문자의 특징을 지니고 있고, 표음문자表音文字의 길을 걷지 않게 된 주요 원인이 되었을 것이다. 그러나 이에 반해 서양의 언어는 대부분 표음문자식의 다음절多音節로 되어 있다. 그렇지만 예를 들어, 영어에 보이는 'rite, write, right, wright' 등과 같은 단어들은 비록 모두 음절 수는 같지만 서로 다른 의미를 가지는 단어들로, 현재 적은 양이지만 아직도 사용되고 있다. 그러나 절대다수의 서양 글자들을 봤을 때, 발음상으로 이미 의미 구별을 할 수 있으므로 하나의 의미 부호를 여러 가지의 발음기호에 덧붙이기만 하면 곧바로 한 글자의 의미를 확정지을 수가 있다. 그래서 고대 이집트의 글자도 극소수의 상형자象形字와 표의자表意字를 제외하고, 주로 사용하는 글자는 대부분 의미를 나타내는 부호에 발음을 나타내는 부호를 더한 형성자形聲字이거나, 혹은 전체 단어가 모두 음절로만 이루어져 있는 글자들이었다.

그러나 이와는 달리, 중국의 언어는 대체로 단음절의 형식을 갖고 있기 때문에 글자의 발음이 서로 같거나 비슷한 경우가 많다. 그래서 만약 적은 수의 형부形符를 고정적이고 적은 수의 성부聲符와 서로 결합하는 방법으로 그 의미를 표현한다고 하면,[72] 동일한 자형에 여러 가지 의미를 가진 글자의 경우가 생겨 상당한 혼란을 초래하게 된다. 그러한 이유 때문에 중국에서는 가능하면 표의表意가 중심이 되는 방식으로 글자를 창제하였고, 또 생활 경험과의 연계를 통하여 많은 개념적인 의미를 그 속에다 표현해 내었다. 그러나 후에는 이러한 표의문자表意文字의 창조가 한계에 이르게 되자, 형성자形聲字가 차츰 발전하게 되었다.[73] 그렇지만 이와 동시에 자형이 서로 다른 형성자근形聲字根으로 그 발음을 표현함으로써, 동음사同音詞이면서 자형까지 같게 되는 혼란한 상황이 발생되는 것을 피하였다.

72 여기서 '성부聲符'라는 말은 원서에는 비록 '음부音符'라고 표현되어 있지만, 의미상 그다지 차이가 없을 뿐만 아니라 용어의 복잡함을 피하기 위하여 역자가 이 책의 번역에서는 모두 '성부聲符'라는 용어로 통일하였다.

73 여기서 '표의문자表意文字'라는 말은 원서에는 비록 '상의문자象意文字'라고 표현되어 있지만, 의미상 그다지 차이가 없을 뿐만 아니라 용어의 복잡함을 피하기 위하여 역자가 이 책의 번역에서는 모두 '표의문자表意文字'나 '표의자表意字'라는 용어로 통일하였다.

제4절 주요 서체

상商나라 갑골문甲骨文에서부터 지금에 이르기까지 중국 문자는 또다시 3천 년이라는 긴 시간을 전해 내려왔다. 그러한 까닭에 비록 몇몇 글자에서는 아직도 어렴풋이나마 상형자象形字의 특징을 찾아볼 수 있지만, 소전체小篆體 이후의 대부분의 글씨체에는 기본적으로 커다란 변화가 발생하게 되었다. 그래서 처음의 둥글고 균형 잡혔던 글씨체가 평평하고 곧은 선을 가진 필체로 대체되면서 예서체隸書體가 나타났고, 나중에는 이것이 다시 변화되어 필체가 기본적으로 가로세로로 된 여러 자획들이 합쳐져서 한 글자의 윤곽을 나타내는 해서체楷書體로 바뀌게 되었다. 이처럼 글씨체에 변화가 생기고부터는 이미 그 원래의 상형 모습은 더 이상 찾아보기 어려워졌다. 그러다가 남북조南北朝 시대에 한동안 유행했던 자의적으로 필체를 바꾸는 습속을 바로잡기 위하여 주창한 정자체正字體의 조치 외에도, 7세기 이후부터는 인쇄술이 광범위하게 보급되면서 자형을 바로잡는 나름의 기능을 발휘하기 시작하였다. 그래서 그 후부터는 자형에 거의 변화가 일어나지 않았고, 글씨체도 점차 고정되어 가는 추세로 나타나게 되었다.

그래서 그 몇 가지 비교적 중요성이 있는 서체들을 아래에 간략히 소개해 본다.

1. 갑골문甲骨文

이미 제2절에서도 잠깐 언급하였지만, 상나라 시대부터 글쓰기 재료는 일반적으로 대부분 죽간竹簡을 이용하였다. 그러나 죽간은 지하에서 오랫동안 보존이 되지 않기 때문에, 현재 우리가 볼 수 있는 재료들은 절대다수가 점占을 친 내용을 거북의 껍질이나 소 어깨뼈 위에다 새긴 상나라 후기의 갑골문甲骨文이고, 그 외에 소량으로 남아 있는 기록은 청동기 위에 새겨진 명문銘文이라고 할 수 있다. 그리고 간혹 토기나 골기骨器 위에 붓으로 쓴 글자를 볼 수 있을 따름이다. 이처럼 현재 남아 있는 기록 중에서 갑골문자의 수량이 제일 많기 때문에, 일반적으로 갑골문으로 상나라의 문자를 총칭하고 있다. 그런데 서주시대西周時代 초기에 이르러서도 간혹 갑골문이 출토되기는 하지만 그 수량이 얼마 되지 않기 때문에 이미 그 중요성을 상당히 상실하였다고 볼 수 있다. 그래서 상나라 갑골문의 중요성은 문자 사용의 시대가 비교적 빠르고, 또한 글자가 새겨진 출토된 갑골만 추정하여도 10만 편 이상에 달하는 엄청난 수량이라고 할 수 있다.[74]

그리고 이 유형의 글자들 중에서 이 시기에 상용되던 글자는 대부분이 상형자象形字와 표의자表意字에 속했지만, 만약 판독 가능한 개별적인 글자들을 모아 따로 통계를 내 보면, 형성자形聲字가 이미 대략 20퍼센트에 이른 것을 알 수 있다. 이것은 중국 문자에서 가장 진보적인 조자법칙造字法則이 이미 그 당시에 존재했었고, 또한 발전한 지도 상당히 오래되었다는 하나의 증거가 된다. 더구나 갑골문은 현재 우리가 볼 수 있는 가장 오래된 문자일 뿐만 아니라 대량으로 보존되어 있기 때문에, 한자의 자원字源을 연구하는 데 있어서도 빼놓을 수 없는 재료이다. 그와 동시에 갑골문은 상나라 왕실王室에서 일어난 상왕商王의 개인적인 문제나 혹은 나라를 다스림에 있어서 나타나는 많은 문제들을 점복기록占卜記錄으로 표현하고 있기 때문에, 상나라 최고위층의 정치 결정과 직접적으로 관계가 되는 제1차적인 성격을 지닌 귀중한 역사 자료이기도 하다.

그리고 이 시기에 보이는 자형字形의 구조는 주로 생각의 표현에 치중하였기 때문에, 글자 모양의 복잡하고 간단한 정도나 필획의 많고 적음, 또는 필획의 위치 등과 같은 형식적인 면에는 거의 구애를 받지 않았다. 그러다 보니 자형에서 이체異體가 비교적 많이 나타났는데, 이 부분은 본서의 다음 장章에서 상세하게 다루기로 하고, 여기서는 그중 몇 개의 예만 들어 보기로 한다.

예를 들어, 〈도표 30〉에 보이는 어(𤅩, 漁)에 대해 《설문說文》에서는, "𤅩는 물고기를 잡는 것이다. 어鱻와 수水를 따른다. 𩺰는 전문篆文의 어(𤅩, 漁)이고, 어魚를 따른다"[75]라고 하였다. 갑골문에서 이 어(𤅩, 漁)는 물에서 헤엄치는 물고기, 낚싯줄을 드리워 물고기를 낚거나 그물을 쳐서 물고기를 잡는 모습 등의 여러 가지 창의創意가 있다.

---

74 어떤 학자는 글자가 새겨진 출토된 갑골의 수량이 모두 15만 편에 이른다고 보기도 한다.(원저자 주)

75 (淸) 段玉裁注,《說文解字注》, 第二十二卷, 第十一篇注下,〈𤅩〉, 587쪽. 그 원문에 "𤅩, 搏魚也. 从鱻水. 𩺰, 篆文𤅩, 从魚"라고 되어 있다.

도표 번호	상商나라의 갑골문甲骨文	주周나라의 금문金文	진秦나라의 소전小篆	한漢나라의 예서隸書	현대의 한자	글자의 창의創意
30	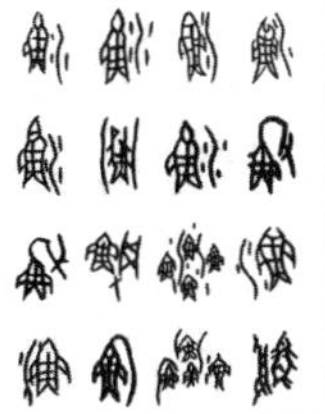		 s  s	漁	漁	물에서 헤엄치는 물고기, 낚싯줄을 드리워 물고기를 낚거나 그물을 쳐서 물고기를 잡는 모습 등의 여러 가지 창의가 있다.
31		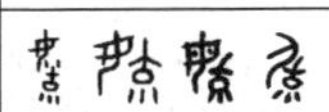	 s  h	育 毓	育 毓	여자가 아이를 갓 낳아서 아직 피도 안 닦은 모습을 본뜬 것과 혹은 한 손으로 포대기를 쥐고 갓난아이를 감싼 모습을 본뜨고 있다.

그리고 〈도표 31〉에 보이는 육(育, 毓)에 대해 《설문說文》에서는, "은 아이를 키워 훌륭한 일을 하게 하는 것이다. 돌(𠫓, 𠫓)을 따르고, 육肉은 성부聲符이다. 〈우서虞書〉에 이르기를, '아이를 가르치고 길러라'라고 하였다. 은 육育의 혹체或體이고, 매每를 따른다"[76]라고 하였다. 그런데 갑골문에서 이 육(育, 毓)은 두 개의 서로 다른 창의創意가 있다. 하나는 여자가 아이를 갓 낳아서 아직 피도 안 닦은 모습을 본뜬 것이고, 다른 하나는 아이가 여자의 자궁 밖으로 막 나오고 있는 모습을 본뜬 것이다.

그런데 첫 번째 자형의 글자에는 다시 갓 태어난 아이가 바로 서 있는 모습과 거꾸로 서 있는 모습의 이체자형異體字形이 있고, 또한 산모의 머리에 뼈로 만든 비녀가 꽂혀 있거나 혹은 그렇지 않은 모습의 구별이 있다. 그뿐만 아니라 심지어는 이 자형에 여자 대신에 남자의 형태를 그리거나 또는 산모의 형태를 아예 생략해 버릴 때도 있으며, 그 외에도 한 손으로 포대기를 쥐고 갓난아이를 감싼 모습을 원래 글자에다 덧붙인 경우도 있다. 그리고 아이가 여자의 자궁 밖으로 막 나오고 있는 모습을 본뜬 두 번째 형태의 자형에 대해서도 갓난아이의 위치에 따라 세 가지 서로 다른 이체자형異體字形이 있다.

그런데 갑골문에 새겨진 글자들은 거의 대부분이 칼로 새겼기 때문에, 자획은 당연히

76 (淸) 段玉裁注, 《說文解字注》, 第二十八卷, 第十四篇注下, 〈育〉, 751쪽. 그 원문에 ", 養子使作善也. 从𠫓, 肉聲. 虞書曰: 教育子. , 育或, 从每"라고 되어 있다.

칼날이 나가는 방향의 영향을 받게 된다. 따라서 원형의 자획이 사각형이나 다각형의 형태로 대부분 새겨지게 되었고, 그 때문에 청동기에 새겨진 명문에 비해서 그림 모양의 다채로움이 많이 감소하게 되었다. 이것을 위에서 예로 들었던 어(瀲, 漁)의 자형을 통해서 살펴보면, 초기금문初期金文에 보이는 족휘族徽 모양의 글자 형태가 갑골문의 자형 형태보다도 오히려 훨씬 더 실제에 가깝게 묘사된 것을 알 수 있다.

그림 10 상商나라 후기 제1기의 갑골문

그림 11 상商나라 후기 제2기의 갑골문

그리고 상나라가 도읍지를 현재의 하남성河南省 안양시安陽市의 은허殷墟에 자리 잡으면서, 이 시기의 문자인 갑골문은 이 2백여 년 동안에 점을 친 점복占卜 내용을 주로 기록하였다. 그러다 보니 글자를 사용한 시간과 장소가 모두 제한된 범위 내에 있었고, 또한 이를 위한 규범화된 조직도 갖추고 있었다. 그래서 매 한 시기마다 보이는 글씨체의 특징을 비교적 구별하기 쉬워서, 현재 이것으로 이미 엄밀한 시대 구분의 한 기준을 세웠고,[77] 또 비교적 쉽사리 갑골문의 매 편에 새겨진 글씨체의 연대를 확정지을 수가 있었다.[78]

---

77 동작빈董作賓이 제시한 갑골문의 시대 구분과 단대斷代를 위한 그 10개의 표준은 왕세王世, 호칭號稱, 정인貞人, 지층地層, 방국邦國, 인물人物, 사건事件, 어법語法, 자형字形, 서체書體 등이다. 동작빈董作賓, 〈갑골문 단대연구의 예〔甲骨文斷代硏究例〕〉, 《경축 채원배 선생 65세 논문집慶祝蔡元培先生六十五歲論文集》(上册) (南京: 中央硏究院歷史語言硏究所, 1933년) 논문 및 동작빈董作賓, 《갑골학 60년甲骨學六十年》(臺灣: 藝文印書館, 1965년), 63쪽을 참고할 것.

78 동작빈董作賓이 구분한 상商나라 후기의 갑골문 다섯 시기는 다음과 같다. 제1기는 반경盤庚, 소신小辛, 소을小乙, 무정武丁의 2대代 4왕王이고, 제2기는 조경祖庚, 조갑祖甲의 1대代 2왕王이며, 제3기는 늠신廩辛, 강정康丁의 1대代 2왕王이고, 제4기는 무을武乙, 문정文丁의 2대代 2왕王이며, 제5기는 제을帝乙, 제신帝辛의 2대代 2왕王이다.

또한 이것을 통하여 자형의 변천 추세, 제도, 습관의 변화 등과 같은 문제를 연구하는 데 있어서도 여러 가지 편리한 점이 많으므로, 이 책에서는 주로 이러한 내용을 주요 검토 대상으로 삼았다.

그림 12 상商나라 후기 제3기의 갑골문

그림 13 상商나라 후기 제4기의 갑골문

그림 14 상商나라 후기 제5기의 갑골문

2. 금문金文

금문金文이란, 일반적으로는 대략 기원전 11세기부터 진시황秦始皇이 중국 통일을 완성한 기원전 3세기 사이의 문자를 가리키지만, 대체로 상나라 후기의 청동기 명문銘文도 항상 여기에 포함하여 함께 지칭하기도 한다. 과거 학계에서는 이 시기에 주로 청동기라는 재료를 사용하여 명문을 기록하였기 때문에 금문이라고 지칭하였다. 그러나 이 시기의 문자는 청동기 외에도 무기, 도장, 화폐, 토기, 죽간이나 목간, 천과 비단 등의 유물과 같이 금속 이외의 다른 재료 위에도 흔히 문자를 기록한 것을 볼 수 있다. 더구나 최근에 고고학적으로 죽간이나 목간, 천과 비단 등의 유물이 많이 출토되어 전국시대戰國時代 문자학 연구의 재료가 상당히 풍부해지고 있다. 일반적으로 청동기는 원래 고대의 예법의식禮法儀式을 거행하기 위한 필요성 때문에 주조한 것이므로, 그 내용은 주로 후세에 길이 전할 영광스러운 사적事跡들로 기록되었다.

그리고 청동기의 명문은 대체로 필체가 정연하고 또한 필세에도 아름다운 곡선미가 살아 있기 때문에, 어떤 학자는 금문을 정자체正字體로 보고 갑골문을 속자체俗字體로 보기도 한다. 이처럼 청동기에 새겨진 초기의 명문 형태는 비교적 엄격하고 정연한 틀을 갖추고 있었을 뿐만 아니라 특히, 족휘문자族徽文字 혹은 기명금문記名金文이라고 일컬어지는 문자를 봤을 때에는 그 전 시기의 갑골문보다도 훨씬 더 그림문자의 성질에 가까운 것임을 알 수가 있다. 그래서 족휘문자에 나타난 사람의 모습을 예로 들어 보면, , 등과 같이 모두 머리 모양을 원형으로 묘사하고 있다. 또한 동물과 기물의 모습도 , , , , , 등과 같이 좀더 자세하고 구체적으로 표현하고 있다. 이와 같이 족휘문자가 갑골문에 비해 시기적으로 더 오래된 문자 창조의 전통을 잘 반영하고 있다고 보기 때문에, 우리가 문자의 창의創意를 연구하고 토론하는 데 있어서는 이러한 족휘문자가 일반적으로 갑골문보다 오히려 훨씬 더 적합한 편이다.

그러나 청동기 명문 이외의 문자는 그 주요 목적이 실용성을 위한 것이었지 예법의식의 필요성으로 기록한 것이 아니었기 때문에, 글씨체가 비교적 거칠고 자획에도 생략된 부분이 많거나, 또 심지어는 잘못된 자형 변화까지 발생한 경우가 종종 있었으므로, 우리가 문자의 창의를 토론하는 데는 그다지 적합하지 못한 편이다. 더욱이 그와 관련된 자료가 너무나 번잡하고 방대하기 때문에, 이 책의 자형 도표에 보이는 금문 부분에서는 이러한 유형의 문자에 대해서는 따로 예를 들지 않았다.

그림 15 서주西周 초기의 청동기 명문

그림 16 서주西周 초기의 청동기 명문

그림 17 서주西周 중기의 청동기 명문

그림 18 서주西周 중기의 청동기 명문

그림 19 서주西周 후기의 청동기 명문

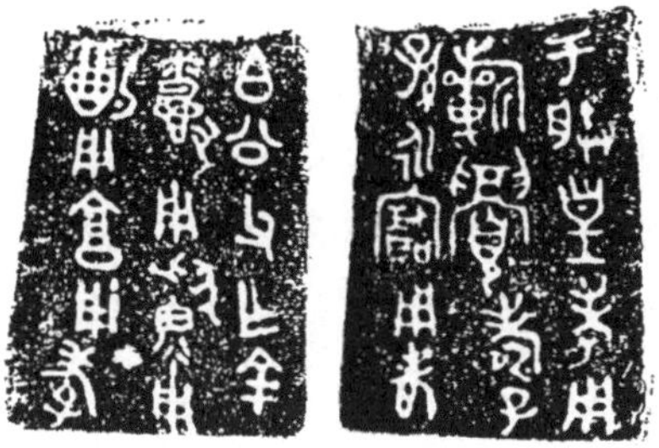

그림 20 서주西周 후기의 청동기 명문

그리고 그 뒤 진秦나라에 이르러 정부가 주도적으로 문자를 정리하면서부터, 그 전 시기에 나타났던 지방성을 띤 자형들은 진나라의 문자 정리 이후에 발전된 후대의 자형들과 그 형태상에서의 관계가 점점 멀어지게 되었다. 그러나 금문金文이 비교적 오랜 시간을 걸쳐 발전되어 내려왔기 때문에, 청동기의 주조를 놓고 봤을 때 비록 처음에는 주로 주나라 왕실에 의해 주도적으로 제작되었으나, 나중에는 청동기 공예기술이 각 제후국에서도 신속하게 발전되어 감에 따라 점점 강렬한 지방적 색채를 띠게 되었다.

그림 21 춘추시대春秋時代의 청동기 명문

그림 22 춘추시대春秋時代의 청동기 명문

그래서 그 청동기 위에 새겨진 글자체도 점점 다양화되어, 어떤 경우에는 자형의 구조가 판이하게 다른 경우도 보이게 되었다. 예를 들어, 〈도표 32〉에 보이는 야冶에 대해 《설문說文》에서는, "冶는 녹이는 것이다. 빙仌을 따르고, 이台는 성부聲符이다"[79]라고 하였다. 그런데 그 당시에 가장 흔히 보이는 글자였던 이 야冶에 대한 각 지방별 자형 형태의 차이점을 소개하면, 〈그림 23〉에 나타난 것과 같다. 그렇지만 이 야冶의 창의創意는 추측하기가 그다지 쉽지 않는데, 자형을 보면 불, 칼, 그릇, 찌꺼기 등이 그려져 있다. 이것은 아마도 칼을 불 위에서 가열한 다음, 연마석 위에다 놓고 망치로 때려서 불순물을 제거하는 금속 제련 기술을 표현하고 있을 것이다.

도표 번호	상商나라의 갑골문甲骨文	주周나라의 금문金文	진秦나라의 소전小篆	한漢나라의 예서隸書	현대의 한자	글자의 창의創意
32		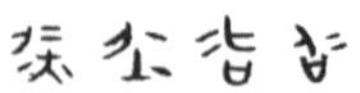	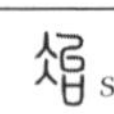 s	冶	冶	아마도 칼을 불 위에 놓고 망치로 때려서 가공하는 제련 기술을 본뜨고 있을 것이다.

79 (清) 段玉裁注, 《說文解字注》, 第二十二卷, 第十一篇注下, 〈冶〉, 576쪽. 그 원문에 "冶, 銷也. 从仌, 台聲"이라고 되어 있다. 그런데 이 야冶는 상고음上古音에서 어부魚部에 속하였고, 성부聲符인 이台는 상고음에서 지부之部에 속하였다. 따라서 이 야冶와 이台는 상고음에서 서로 동일한 큰 부류에 속하지 않았다.

그림 23 전국시대戰國時代 각 제후국에서 썼던 야冶의 자형

그리고 이 시기부터 이미 자형의 구조와 위치는 점차적으로 일관적인 배열방식을 갖기 시작하였다. 더욱이 춘추시대 이후부터는 새로 창제된 글자 중에서 상형자象形字와 표의자表意字는 대폭 감소된 반면에, 대신 형성자形聲字가 대체로 상당수 증가되었다. 그래서 이때부터는 이미 형성자가 모든 유형의 글자에 보편적으로 사용되었고, 단순히 인명이나 지명, 동식물 등의 명사에만 국한되어 쓰이지는 않았다.

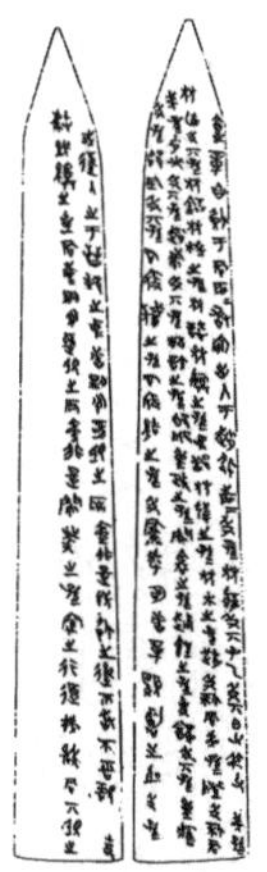

그림 24 춘추시대에 돌판 위에 쓴 진晉나라의 맹서盟書

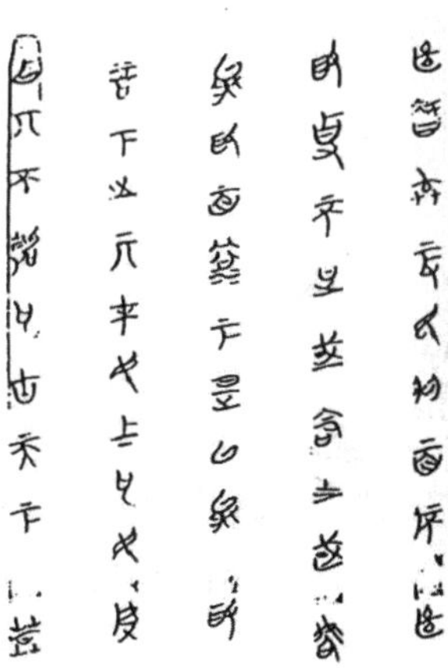

그림 25 전국시대에 죽간 위에 쓴 초楚나라 문자

그림 26 전국시대 초楚나라의 청동기 명문

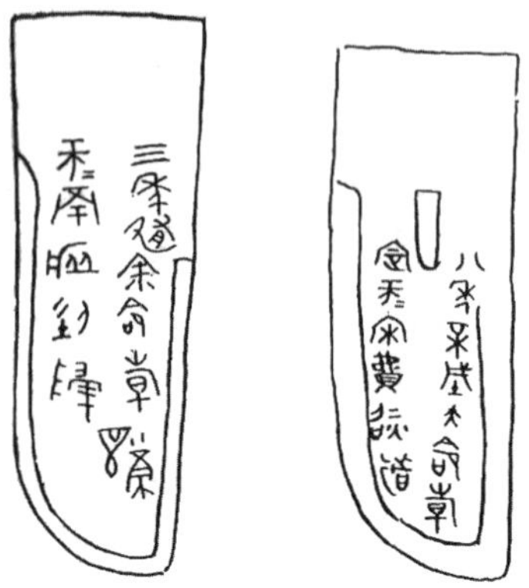

그림 27 전국시대 한韓나라 병기兵器 위에 새겨진 명문

그리고 청동기 명문銘文의 시대 구분은 갑골문에서처럼 어느 시기 어느 왕에 속한다고 명확하게 구분 짓기가 비교적 어려운 편이다. 그러나 청동기 명문의 내용이나 혹은 청동기의 형태, 무늬 등과 같은 여러 가지 근거를 통하여, 그 대체적인 시기를 초기, 중기, 후기로 각각 구분할 수 있다. 더욱이 서주시대西周時代나 동주시대東周時代와 같이 큰 시기의 차이는 비교적 쉽게 구별해 낼 수가 있다. 따라서 우리는 이것을 이용하여 비교적 오랜 시간에 걸쳐 나타나는 자형의 변화 추세를 파악할 수 있게 된다.

3. 소전체小篆體

소전체小篆體는 일반적으로 서기 2세기 동한東漢의 허신許愼이 편찬한《설문해자說文解字》라는 책에 수록된 자형을 일컫는다. 이 책은 선진시대先秦時代 이후의 문자가 정리된 결과를 반영하고 있는데, 어떤 자형은 전국시대戰國時代 말기보다 더 오래된 문자의 전통을 보존하고 있기도 한다. 예를 들어, 어떤 글자에서 가장 위쪽의 한 획이 만일 가로줄이라면 상나라 후기 이래로 항상 그 가로줄 위에 하나의 짧은 가로줄을 덧붙이곤 하였는데, 이러한 습관은 전국시대의 문자에도 그 예가 자주 보인다.[80] 그러나 소전체에서는 그 짧은 가로줄의 한 획을 덧붙이지 않아 오히려 초기 문자의 자형 형태를 사용했음을 알 수 있다.

그런데 소전체 이후에는 글자의 형태, 자획의 모양, 자획의 위치 등이 기본적으로 이미 고정화되었으므로, 일반적으로 말해 그 이후의 문자들은 대체로 필체의 풍격에서는 약간씩 변화가 있었지만, 기본적인 글자의 구조에서는 변화가 거의 없었다고 볼 수 있다.

그리고《설문說文》에 보이는 글자들은 허신이 소전체를 위주로 하여 정리한 것이므로, 만약 이체異體가 있을 경우에는 따로 문자 설명의 끝부분에 고문古文 혹은 주문籒文이라고 부기附記하여 두었다. 그런데 허신이 이《설문說文》을 편찬할 때 사용했던 대부분의 문자 자료는 시기적으로 봤을 때, 대체로 그 절대다수가 전국시대 말기보다 더 이상 올라가지는 않는다. 그래서 소전체에 보이는 자형은 그 구조상에서 기본적으로 고문古文 혹은 주문籒文과 그다지 차이가 없다고 볼 수 있는데, 그래서 허신도 차이가 있었을 때만 특별히 이것을 따로 부기해 두었다.

그런데《설문說文》에 보이는 고문古文은 갑골문이나 금문金文에서 변천되어 내려온 정식적인 자형의 변천과는 많은 차이를 보이는데, 아마도 그것은 지역성 혹은 잘못된 자형 변화를 거친 후에 나타난 하나의 자형일 가능성이 높다. 더욱이 최근에 출토된 초楚나라의 죽간에 보이는 문자들이 대체로《설문說文》에 보이는 고문古文과 극히 유사한 구조를 지니고 있는 것으로 봐서, 아마도 이러한 죽간이 허신이《설문說文》을 편찬할 때 참고했던 문자 자료의 하나였을 것이다. 반면에 주문籒文은 그 자형의 구조가 상당히 복잡하기는 하지만 그래도 전통적으로 내려오는 문자 변천의 추세와 부합하는데, 그것은 아마도 소전체와 동일한 원류에서 발전하여 내려왔기 때문일 것이다.

그리고《설문說文》에는 표준적인 자형 말고도 만약 형부形符나 성부聲符에서 이체자異體字가 있으면, 항상 이것을 따로 부기하여 두었다. 예를 들어, 정(阱, 穽, 汬)에 대해《설문說文》에서는, "阱은 함정이다. 부(𨸏, 阜)와 정井을 따르고, 정井은 또한 성부聲符이다. 穽은 정阱의 혹체或體이고, 혈穴을 따른다. 汬은 고문古文의 정阱이고, 수水를 따른다"[81]라고 하였고, 수岫에 대해서《설문說文》에서는, "岫는 산에 있는 동굴이다. 산山을 따르고, 유由는 성부聲符이다. [illegible]는 주문籒文이고, 혈穴을 따른다"[82]라고 하였으며, 홍虹에 대해《설문說文》에서는,

---

80 이에 대한 구체적인 내용은 이 책의 제7절, 제2장인 〈자형의 변천 방향〉 부분을 참고하기 바람.(원저자 주)

81 (淸) 段玉裁注,《說文解字注》, 第十卷, 第五篇注下, 〈阱〉, 218쪽. 그 원문에 "阱, 陷也. 从𨸏井, 井亦聲. 穽, 阱或, 从穴. 汬, 古文阱, 从水"라고 되어 있다.

82 (淸) 段玉裁注,《說文解字注》, 第十七卷, 第九篇注下, 〈岫〉, 444쪽. 그 원문에 "岫, 山有穴也. 从山, 由聲. [illegible], 籒文, 从穴"이라고 되어 있다.

"虹은 무지개이다. 형상이 마치 뱀과 같다. 훼虫를 따르고, 공工은 성부聲符이다. 《예기禮記》〈월령月令〉에 이르기를, '무지개가 비로소 보인다'라고 하였다. 𧈢은 주문籒文의 홍虹이고, 신申을 따른다. 신申은 번개이다"[83]라고 하였고, 또한 료(𤻲, 療)에 대해서 《설문說文》에서는, "𤻲는 고치는 것이다. 녁疒을 따르고, 악樂은 성부聲符이다. 발음은 로勞와 같다. 療는 혹체或體이고, 료尞를 따른다"[84]라고 한 것 등과 같이 그 용례가 상당히 많다. 이것은 대체로 각 지역에서 사용하던 여러 이체자를 반영하고 정리한 것이므로, 소전체小篆體란 바로 진秦나라가 주문籒文을 정리하고 간략화하면서 각 나라의 여러 자형들을 모두 하나로 통일시킨 결과로 생겨난 산물이라고 할 수 있다.

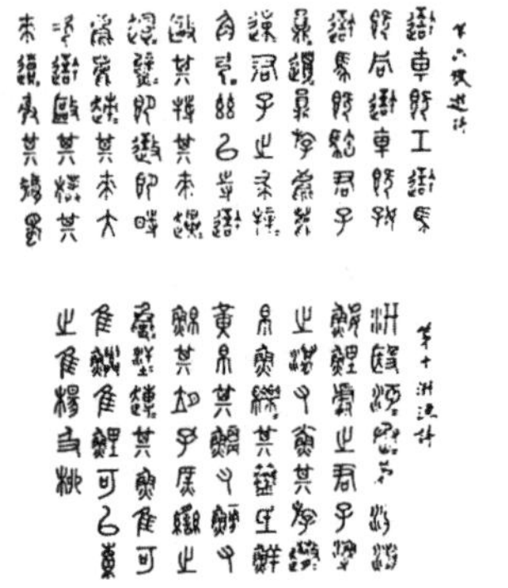

그림 28 전국시대 진秦나라의 석고문石鼓文 모사본模寫本

그림 29 전국시대 말기 진秦나라 조판詔版 위에 새겨진 소전체小篆體 자형

그런데 중국 문자학의 변천 과정에서 봤을 때, 소전체는 이미 문자의 자형 형태에 상당한 변화가 있은 후에야 나타난 자형이므로, 자원字源을 연구하는 데는 그다지 큰 도움이 된다고 볼 수 없다. 그렇지만 소전체는 가장 완전하게 남아 있는 문자학 연구 자료일 뿐만 아니라 후대의 모든 글씨체가 기본적인 근거로 삼는 원형이라고 할 수 있다. 그와 동시에 이 소전체는 중국 고대 문자를 해독하는 데 있어서 가장 중요한 매개체 역할도 하고 있다. 더구나 죽간이나 백서帛書에 기록된 문자와 서로 비교해 보아도 이 소전체에는 초기 형태의 자형이 비교적 많이 남아 있으므로, 소전체를 배우는 것은 중국 고문자를 연구하는 데 있어서 가장 필수적인 공부라고 할 수 있다.

83 (清) 段玉裁注, 《說文解字注》, 第二十五卷, 第十三篇注上, 〈虹〉, 680쪽. 그 원문에 "虹, 螮蝀也. 狀佀虫. 从虫, 工聲. 明堂月令曰: 虹始見. 𧈢, 籒文虹, 从申. 申, 電也"라고 되어 있다.

84 (清) 段玉裁注, 《說文解字注》, 第十四卷, 第七篇注下, 〈𤻲〉, 356쪽. 그 원문에 "𤻲, 治也. 从疒, 樂聲. 讀若勞. 療, 或, 从尞"라고 되어 있다. 그런데 이 료(𤻲, 療)는 상고음上古音에서 소부宵部에 속하였고, 성부聲符인 악樂은 상고음에서 약부藥部에 속하였다. 따라서 이 료(𤻲, 療)와 악樂은 모두 고운古韻에서 소약宵藥의 큰 부류에 속하였다.

4. 예서체隸書體

예서체는 전국시대 이후에 글자를 빨리 그리고 건성으로 쓰게 되면서 나타난 글씨체이다. 그런데 선진시대先秦時代와 서한시대西漢時代의 예서체에는 아직도 소전체의 필체가 여전히 많이 남아 있었지만, 동한시대東漢時代에 이르면서는 소전체의 필체와는 전혀 다른 새로운 글자체가 출현하였다. 일반적으로 예서체라는 명칭은 좀더 신속한 글 쓰기로 많은 수의 노동자와 죄수를 관리하는 데 필요한 여러 가지 복잡한 문서 작업을 처리하기 위하여, 관리들이 소전의 둥글며 균형 잡히고 우아한 필체를 간단한 자형 변화로 대체하여 글 쓰는 속도를 빨리했다는 데에서 유래하였다. 사실 이러한 추세는 각종 다른 문서에도 나타나면서 법률적인 사무에만 국한된 것은 아니었다.

그림 30 한漢나라 비석 위에 새겨진 소전체小篆體 자형

그림 31 한漢나라 비석 위에 새겨진 예서체隸書體

그런데 한漢나라 때 성행한 예서체는 초기의 건성적인 필체가 나중에는 자형이 점차 규칙적인 형태를 가진 자획으로 바뀌었는데, 그 바람에 제한적이나마 소전체에 보였던 문자의 상형적象形的인 의미와 구조가 더욱 파괴되어 버리는 결과를 가져왔다. 그래서 원래 자형에서는 대부분 서로 달랐던 자형 형태가 이 예서체에서는 모두 비슷한 유형으로 바뀌었거나 아니면 동일한 필획으로 간략화되었기 때문에, 더 이상 이 예서체는 문자의 창의創意를 풀이하는 근거가 될 수 없게 되어 버렸다.

5. 해서체楷書體

해서체는 현재 가장 일반적으로 사용되고 있는 글씨체이다. 이것은 예서체를 좀더 규칙성을 띤 글자체로 정리하면서 나타난 것인데, 기본적으로 글쓰기에 편리한 몇 가지 필획으로 구성되어 있다. 그러나 이 해서체는 마침내 한자를 상형象形의 의미에서 완전히 멀어지게 하였고, 오로지 점點과 획畫으로 구성된 하나의 추상적인 형태로 한자를 변화시켜버렸다. 이러한 해서체의 추세는 한나라 때부터 서서히 나타나기 시작했는데, 수당시대隋唐時代에 이르러서는 이 해서체의 필체가 완전히 확립되게 되었다.

그리고 더 나아가 신속한 글 쓰기가 요구되면서 마침내 동한시대東漢時代 이후로 해서체나 예서체가 유행하는 동시에, 행서체行書體와 초서체草書體라는 두 가지 새로운 글씨체가 점차 발전하였다. 그러나 행서체와 초서체의 필체는 하나의 틀로 규정짓기가 상당히 어려울 뿐만 아니라 또한 개인적인 개성이 너무나 뚜렷하여, 글자를 식별해 내는 데에도 상당히 힘이 드는 편이다. 그래서 나중에는 인쇄술이 점차 광범위하게 보급되면서, 결국 정자체正字體의 기능을 지니고 있던 해서체가 현재까지 통용되는 글자체로 정착하게 되었다.

제5절 문자의 구조와 분류

1.《설문해자說文解字》

문자는 비록 어느 한 사람이 발명한 것은 아니었지만, 한 사회집단의 수요에 의해서 그 발전이 더욱 가속화되었다. 고대 시기에 문자는 일반 사람들에게는 단순히 그 주요 용도가 소유하고 있는 재물의 수량이나 혹은 길경혼상吉慶婚喪과 같은 중요한 기념일을 기록하는 데 있었지, 사유 방식 및 복잡한 사물에 대한 상세한 묘사 등과 같은 내용과는 거의 관련이 없었다. 따라서 체계를 갖춘 대량의 문자 부호가 고대 시기에는 아직 그다지 필요하지 않았다.

그러나 정부의 관리나 사관史官은 사건의 전말을 기록해야 하며 혹은 인사人事와 관련되어 관리를 선임해야 하고, 또 무당은 반복적이고 복잡한 의식儀式 과정 및 그 의식에 사용되는 기물 재료와 제조 방법을 잊으면 안 되었다. 그래서 체계가 비교적 완비된 기록 방법을 더욱 발전시켜야 할 필요성이 절실하였고, 그 때문에 결국 문자 제도가 보편적으로 확립되고 또 널리 보급되게 되었다. 그런데 소위 말하는 황제黃帝의 사관인 창힐倉頡이 문자를 창조했다는 신화 이야기는 사관들이 자신의 업무상 필요성에서 출발하여 문자의 체계를 건립했다고 봐야지, 결코 중국 문자가 한 개인에 의해서 창조된 것으로 봐서는 안 된다.

그리고 정부의 관리들이 문자의 체계를 만들어 가던 초기 과정에서는 비록 엄밀한 문자학적 규칙에 근거한 것은 아니었지만, 그래도 대부분의 사람들이 모두 인정하던 나름대로의 일정한 문자 창조의 원칙은 존재하였다. 예를 들어, 악기를 연주하는 데 사용되는 채는 대체로 모두 곧은 자루가 달린 모양을 하고 있었다. 그러나 갑골문에서는 이 채를 모두 굽은 자루 모양으로 새기고 있는데, 이것은 타인을 때려서 피해를 입힐 목적인 타격打擊을 뜻하는 곧은 자루 모양인 수殳와 구별하기 위해서였다. 그래서 만약 이러한 기본적인 인식

도표 번호	상商나라의 갑골문甲骨文	주周나라의 금문金文	진秦나라의 소전小篆	한漢나라의 예서隸書	현대의 한자	글자의 창의創意
33			 s  k	履	履	귀족이 얼굴 모양이 그려진 신발을 신고 있는 모습을 본뜨고 있다.

이 없었다면, 실제적인 사물의 모양과 차이가 있는 이러한 일관된 조자법造字法은 생겨나지 못했을 것이다.[85]

그리고 비교적 진보된 사회에서는 사람의 신분마다 차이가 있어서 어떤 일들은 귀족들의 생활에서 일상적으로 발생했지만, 반면에 하층의 민중들에게는 거의 해당되지 않는 경우도 많았다. 그래서 그러한 일들을 기록할 때에는 사람의 형태에 눈을 그려 넣는 것으로 그 신분을 구별하곤 하였다.

예를 들어, 〈도표 33〉에 보이는 리(履, 履)에 대해 《설문說文》에서는, "履는 발이 의지하는 것이다. 시尸를 따르고, 신발을 신은 사람이다. 척彳과 쇠夊를 따른다. 주舟를 따르고, 신발의 모양을 본뜨고 있다. 일설에는 시尸가 성부聲符라고도 한다. 무릇 리(履, 履)의 속屬들은 모두 이 리(履, 履)를 따른다. 𩍂는 고문古文의 리(履, 履)이고, 혈頁을 따르고, 족足을 따른다"[86]라고 하였다. 금문金文에서도 이 리(履, 履)는 신발을 신고 있는 사람의 모습을 본뜨고 있다. 그런데 다른 한 자형 형태는 이 리(履, 履)의 자형에다 수水를 덧붙이기도 하였는데, 이것은 습지를 다닐 때 신발을 신어야 함을 뜻한 것이 아닐까 생각된다. 그런데 만약 신발을 신는 행위가 사람의 신분과 별로 관련이 없는 일이었다면, 이 리(履, 履)의 금문자형金文字形과 같이 정성을 들여 가며 그 사람의 눈이나 혹은 심지어 눈썹까지 그릴 필요는 없었을 것이다.

일반적으로 중국에서는 예로부터 맨발로 존경을 표시하는 전통이 있었다. 이를테면, 사당祠堂으로 가는 길에는 신발을 신고 가겠지만, 사당에서 참배하기 전에는 사당의 청결을 유지하기 위하여 반드시 신발을 벗고 맨발로 신성한 사당에 올라가 참배를 올렸다. 더욱이 이러한 행위는 사당의 청결 유지라는 목적과도 서로 부합되었다. 그러나 일반

85 이에 대한 구체적인 내용은 이 책의 제6절 〈창의創意의 방법 연구〉 부분을 참고하기 바람.(원저자 주)

86 (清) 段玉裁注,《說文解字注》, 第十五卷, 第八篇注下, 〈履〉, 407쪽. 그 원문에 "履, 足所依也. 从尸, 服履者也. 从彳夊. 从舟, 象履形. 一曰: 尸聲. 凡履之屬皆从履. 𩍂, 古文履, 从頁, 从足"이라고 되어 있다.

민중들은 이러한 요구가 특별히 없었고, 또 일상생활에서 반드시 신발을 신어야 할 필요성도 없었다. 그래서 신발을 뜻하는 이 리(履, 履)와 같은 글자로 지배 귀족의 모습을 더욱 강조할 필요가 있었을 것이다.

그리고 여기서 한 가지 사실을 더 언급할 수 있는데, 구屨에 대해《설문說文》에서는, "屨는 신발이다. 리(履, 履)의 생략형을 따르고, 루婁는 성부聲符이다. 일설에는 가죽신이라고도 한다"[87]라고 하였고, 력履에 대해서《설문說文》에서는, "履은 신발의 바닥이다. 리(履, 履)의 생략형을 따르고, 력歷은 성부聲符이다"[88]라고 하였으며, 서屖에 대해서《설문說文》에서는, "屖는 신발의 속屬이다. 리(履, 履)의 생략형을 따르고, 여予는 성부聲符이다"[89]라고 하였고, 또한 갹屩에 대해서《설문說文》에서는, "屩은 신발이다. 리(履, 履)의 생략형을 따르고, 교喬는 성부聲符이다"[90]라고 하였으며, 극屐에 대해서《설문說文》에서는, "屐은 나막신이다. 리(履, 履)의 생략형을 따르고, 지支는 성부聲符이다"[91]라고 하였다.

그런데 이 글자들은 모두 그 형부形符가 리(履, 履)의 생략형을 따르고 있는데, 이것은 자형 안의 공간空間을 최대한 이용한 '생형省形'이라고 일컬어지는 하나의 제자법製字法이라고 할 수 있다. 이러한 조자법이 생기게 된 원인은 대체로 이 글자들이 하나의 자형을 다시 여러 개의 자형 구성 부분으로 나누어서 분석할 수 있는 특징이 있고, 또 다른 글자와 쉽게 혼동이 되지 않을 뿐만 아니라 글자 모양도 네모난 형태이기 때문이다. 그래서 특별히 이러한 자형에다 다시 성부聲符를 덧붙이기 위해서, 자형 구조의 어느 한 부분을 생략해야만 했기 때문이다.

그런데 어떤 한 글자에서 성부聲符의 일부분을 생략해 버린 '생성省聲'이라고 일컬어지는

---

87 (清) 段玉裁注,《說文解字注》, 第十五卷, 第八篇注下,〈屨〉, 407쪽. 그 원문에 "屨, 履也. 从履省, 婁聲. 一曰: 鞮也"라고 되어 있다.

88 (清) 段玉裁注,《說文解字注》, 第十五卷, 第八篇注下,〈履〉, 407쪽. 그 원문에 "履, 履下也. 从履省, 歷聲"이라고 되어 있다.

89 (清) 段玉裁注,《說文解字注》, 第十五卷, 第八篇注下,〈屖〉, 407쪽. 그 원문에 "屖, 履屬. 从履省, 予聲"이라고 되어 있다.

90 (清) 段玉裁注,《說文解字注》, 第十五卷, 第八篇注下,〈屩〉, 407쪽. 그 원문에 "屩, 履也. 从履省, 喬聲"이라고 되어 있다. 그런데 이 갹屩은 상고음上古音에서 약부藥部에 속하였고, 성부聲符인 교喬는 상고음에서 소부宵部에 속하였다. 따라서 이 갹屩과 교喬는 모두 고운古韻에서 소약宵藥의 큰 부류에 속하였다.

91 (清) 段玉裁注,《說文解字注》, 第十五卷, 第八篇注下,〈屐〉, 407쪽. 그 원문에 "屐, 屩也. 从履省, 支聲"이라고 되어 있다. 그런데 이 극屐은 상고음上古音에서 석부錫部에 속하였고, 성부聲符인 지支는 상고음에서 지부支部에 속하였다. 따라서 이 극屐과 지支는 모두 고운古韻에서 지석경支錫耕의 큰 부류에 속하였다.

또 다른 제자법製字法이 있다. 일반적으로 성부의 주요 역할은 어떤 글자를 보고 그 글자의 발음을 쉽게 하도록 하는 데 그 목적이 있는데, 만약 어느 글자에서 성부의 한 부분이 생략되어 버렸다면 우리는 그 성부의 나머지 부분만으로 원래의 자형 모양을 이해하는 데 많은 어려움을 겪게 된다. 그렇게 되면 성부聲符를 만든 본래의 목적을 상실하게 되는 것이므로 정말 부득이한 경우에만 이 생성省聲의 방법을 사용하고 있다. 그런데《설문說文》에서 생성省聲이라고 한 대부분의 글자는 많은 문제성을 내포하고 있는데, 이것은 뒷부분에서 다시 토론하게 될 것이다.

귀족의 모습을 표현하고 있는 예를 하나 더 들어 보면, 〈도표 34〉에 보이는 회(沬, 頮)에 대해《설문說文》에서는, "沬는 얼굴을 씻는 것이다. 수水를 따르고, 미未는 성부聲符이다. 湏는 고문古文의 회沬이고, 공(𦥑, 廾)과 수水를 따르고, 혈頁을 따른다"[92]라고 하였다. 갑골문에서 이 회(沬, 頮)는 꿇어앉은 한 사람이 대야에 물을 떠서 세수하는 모습을 본뜨고 있고, 금문金文에서는 온몸을 씻으며 목욕을 하는 모습으로 그 형태가 조금 바뀌었다. 이 회(沬, 頮)는 청동기 명문銘文에 빈번히 나타나는데, 원래 이 회(沬, 頮)의 창의創意는 목욕을 하는 것이었다. 그러나 청동기 명문銘文에서는 이 회(沬, 頮)를 가차假借하여 장수長壽한다는 의미의 미眉로 대부분 사용하고 있다. 그리고 자형 형태가 비교적 복잡한 이 회(沬, 頮)는 두 손으로 그릇을 받들고 그릇 안의 물을 대야에 부어 사람을 씻기는 모습을 본뜨고 있는데, 간혹 두 손이나 아래쪽의 그릇, 혹은 이 두 부분을 모두 동시에 생략하기도 하였다. 그런데 더욱 간단하게는 눈과 눈썹이 그려져 있는 사람과 물방울의 모습만으로 이 회(沬, 頮)를

도표 번호	상商나라의 갑골문甲骨文	주周나라의 금문金文	진秦나라의 소전小篆	한漢나라의 예서隸書	현대의 한자	글자의 창의創意
34			 s k	沬 頮	沬 頮	원래 한 사람이 대야 앞에서 두 손으로 세수를 하는 모습을 본뜨고 있었는데, 나중에 금문에서는 두 손으로 그릇을 받들고 그릇 안의 물을 대야에 부어 사람을 씻기는 모습으로 그 형태가 조금 바뀌었다.

92 (清) 段玉裁注,《說文解字注》, 第二十一卷, 第十一篇注上之二, 〈沬〉, 568-569쪽. 그 원문에 "沬, 洒面也. 从水, 未聲. 湏, 古文沬, 从𦥑水, 从頁"이라고 되어 있다. 그런데 이 회(沬, 頮)와 성부聲符인 미未는 상고음上古音에서

묘사하기도 하였다.

일반적으로 중국의 화북華北 지방은 항상 물이 부족하여 일반 민중들은 거의 목욕을 할 수가 없었지만, 그러나 귀족들은 정기적으로 제사를 지내야 했기 때문에 목욕을 자주 하여 항상 몸을 깨끗하게 유지해야 했을 것이다. 따라서 이러한 귀족의 모습을 표현하기 위해 이런 식으로 이 글자를 조자造字하게 되었는데, 만약 그렇지 않았다면 머리 부분의 구체적인 묘사는 굳이 필요가 없었을 것이다. 그리고 청동기 명문銘文에 자주 보이는 구절인 미수眉壽는 모두 회수沬壽라는 용어로 표현되고 있는데, 이것도 원래는 아마 장수를 축하할 때에 먼저 목욕재계沐浴齋戒를 하고 의관衣冠을 정제整齊해야 함을 의미했을 것이다. 이와 같은 축수행위祝壽行爲는 귀족들이 흔히 치르는 의례적인 행사였으므로, 이처럼 귀족의 모습으로 이 회(沬, 頮)의 의미를 표현하였을 것이다.

그리고 어느 한 문자가 창조된 뒤에 시간이 점점 오래 지나게 되면, 자형의 변화로 말미암아 그 글자의 원래 창의創意는 거의 이해하기 어렵게 되어 버린다. 그래서 고대의 몇몇 학자들에 의해 이러한 문자의 창의에 대한 연구가 이루어지기 시작했는데, 문헌에 남겨진 그에 관한 기록에 의하면 늦어도 전국시대부터는 이미 중국 문자의 구조를 분석한 예들이 가끔씩 보이고 있다.

예를 들어, 《춘추좌전春秋左傳》〈선공십오년宣公十五年〉의 기록에 보면, "그러므로 문자文字에서 정正을 반대로 하면 핍乏이 된다"[93]라고 하였다. 그리고 〈도표 35〉에 보이는 정正에 대해서 《설문說文》에서는, "正은 옳은 것이다. 일一을 따르고, 일一로써 멈추게 하는 것이다.

도표 번호	상商나라의 갑골문甲骨文	주周나라의 금문金文	진秦나라의 소전小篆	한漢나라의 예서隸書	현대의 한자	글자의 창의創意
35	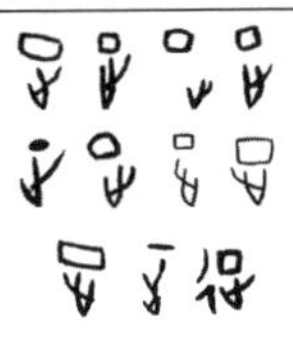		 s k k	正	正	정正은 발이 하나의 도읍지를 향하고 있으므로 정벌의 대상임을 가리키고 있다. 금문金文에서는 핍乏의 창의創意가 불분명하지만, 소전체에서는 정正을 반대로 한 모양으로 결핍의 뜻을 표현하고 있다.
		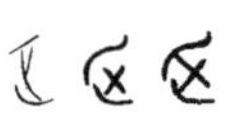	 s	乏	乏	

동일하게 미부微部에 속하였다.

무릇 정正의 속屬들은 모두 이 정正을 따른다. 𤴓은 고문古文의 정正이고, 상(二, 上)을 따른다. 상(二, 上)은 고문古文의 상上이다. 𤴔은 고문古文의 정正이고, 일一과 족足을 따른다. 족足은 또한 지止이다"[94]라고 하였다. 그러나 갑골문에 보이는 자형으로 봤을 적에는 이 정正의 의미가 정벌을 뜻하고 있어서, 마치 한 발을 거주지로 향하고 공격하려는 모습을 본뜨고 있다. 그런데 우리가 현재 일반적으로 쓰고 있는 '정확하다'와 '적당하다'라는 말은 대체로 이 정正에서 파생된 것이다.

그리고 나중에는 이 정正의 자형이 일一과 지止를 따르는 형태로 변화되었기 때문에, '정正을 반대로 하면 핍乏이 된다.〔反正爲乏〕'와 같은 말이 생겨났다. 그래서 이 핍乏에 대해서 《설문說文》에서도, "乏은 《춘추좌전春秋左傳》에서 이르기를, '정正을 반대로 하면 핍乏이 된다'라고 하였다"[95]라고 하였다. 그러나 비교적 초기 자형에서는 이 정正을 바로 쓰든 혹은 반대로 쓰든 그 의미에서 별다른 차이가 없었을 뿐만 아니라, 청동기 명문銘文에 보이는 자형을 봤을 적에도 핍乏의 모양은 정正을 반대로 쓴 것이라고는 할 수 없다. 따라서 '정正을 반대로 하면 핍乏이 된다'라는 구절에 보이는 설명은 춘추시대春秋時代의 사람들은 설마 이와 같이 해석하지 않았을 것이기 때문에, 어떤 학자는 이런 식으로 문자를 해석하는 문헌의 구절은 아마도 동한시대東漢時代의 고문古文 경학자經學者들이 자신들이 주창하던 고문의 학설을 두드러지게 나타내기 위하여 이렇게 임의로 이 구절을《춘추좌전春秋左傳》에다 덧붙였을 것이라고 의심하고 있다. 그렇게 보면 이 핍乏의 창의創意는 정正의 자형이 일一을 따르고 지止를 따르는 형태로 이미 변화되고 난 뒤에, 아마도 비스듬한 한 획으로 정正과 상반된 의미를 표현한 것임에 틀림없을 것이다.

그리고 《춘추좌전春秋左傳》〈소공원년昭公元年〉의 기록에 보면, "문자文字에 명皿과 충蟲이 고蠱가 된다"[96]라고 하였다. 그래서 〈도표 36〉에 보이는 고蠱에 대해 《설문說文》에서도, "蠱는 뱃속이 벌레의 해를 입은 것이다. 《춘추좌전春秋左傳》에 이르기를, '명皿과 충蟲이 고蠱가

93 (清) 阮元 校刻,《十三經注疏》(附校勘記),《春秋左傳》, 卷第二十四,〈宣公十五年〉, 1888쪽. 그 원문에는 "故文, 反正爲乏"이라고 되어 있다.

94 (清) 段玉裁注,《說文解字注》, 第四卷, 第二篇注下,〈正〉, 70쪽. 그 원문에 "正, 是也. 从一, 一目止. 凡正之屬皆从正. 𤴓, 古文正, 从二. 二, 古文上字. 𤴔, 古文正, 从一足. 足亦止也"라고 되어 있다.

95 (清) 段玉裁注,《說文解字注》, 第四卷, 第二篇注下,〈乏〉, 70쪽. 그 원문에 "乏, 春秋傳曰: 反正爲乏"이라고 되어 있다.

96 (清) 阮元 校刻,《十三經注疏》(附校勘記),《春秋左傳》, 卷第四十一,〈昭公元年〉, 2025쪽. 그 원문에 "于文, 皿蟲爲蠱"라고 되어 있다.

도표 번호	상商나라의 갑골문甲骨文	주周나라의 금문金文	진秦나라의 소전小篆	한漢나라의 예서隸書	현대의 한자	글자의 창의創意
36			 s	蠱	蠱	그릇 안에 벌레가 있는 모습을 본떠 음식이 불결하면 병을 일으킬 수 있음을 의미한다.
37	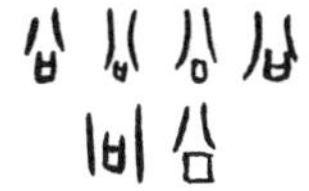		 s	公	公	노인의 양 입가에 패인 주름의 모습을 본뜨고 있다.
38			 s	兌	兌	사람이 희열을 느낄 때 입 위쪽에 나타나는 입가 주름의 모습을 본뜨고 있다.

된다. 늦은 밤 음란함으로 생겨나는 것이다'라고 하였다. 목이 베여 거꾸로 매달렸거나 사지가 찢겨서 죽은 귀신도 또한 고蠱가 된다. 충蟲을 따르고, 명皿을 따른다. 명皿은 물건을 담는 데 쓰이는 것이다"[97]라고 하였다. 또한 갑골문에서 이 고蠱도 그릇 안에 벌레가 있는 모습을 본떠 음식이 불결하여 병을 일으켰다는 것을 표현하고 있는데, 이렇게 봤을 때 이 구절에서의 고蠱의 창의創意에 대한 해석은 정확한 것이라고 볼 수 있다.

그리고《한비자韓非子》〈오두五蠹〉의 기록에 보면, "옛날에 창힐蒼頡이 문자를 만들 적에 스스로 경영하는 것을 일컬어 사私라고 하였고, 사私와 반대되는 것을 일컬어 공公이라고 하였다"[98]라고 하였다. 그래서 〈도표 37〉에 보이는 공公에 대해《설문說文》에서도, "公은 공평하게 나누는 것이다. 팔八과 사厶를 따른다. 팔八은 떠남과 같은 뜻이다.《한비자韓非子》에 이르기를, '사(厶, 私)와 반대가 공公이다'라고 하였다"[99]라고 하였다. 그러나 갑골문에서 이 공公은 팔八이 입가에 달려 있는 모습을 본뜨고 있는데, 그 창의創意는 아마도 태兌와 비슷할 것이다.

그래서 〈도표 38〉에 보이는 태兌에 대해《설문說文》에서는, "兌는 기뻐하는 것이다. 인儿

97 (淸) 段玉裁注,《說文解字注》, 第二十六卷, 第十三篇注下,〈蠱〉, 683쪽. 그 원문에 "蠱, 腹中蟲也. 春秋傳曰: 皿蟲爲蠱. 晦淫之所生也. 梟磔死之鬼亦爲蠱. 从蟲, 从皿. 皿, 物之用也"라고 되어 있다.

98 소증화邵增樺 주역註譯,《한비자 금주금역韓非子今註今譯》(臺北: 臺灣商務印書館, 1982년), 第一卷,〈五蠹〉, 40쪽. 그 원문에 "古者蒼頡之作書也, 自環者謂之私, 背私謂之公"이라고 되어 있다.

99 (淸) 段玉裁注,《說文解字注》, 第三卷, 第二篇注上,〈公〉, 50쪽. 그 원문에 "公, 平分也. 从八厶. 八猶背也. 韓非曰: 背厶爲公"이라고 되어 있다.

을 따르고, 연(㕣, 沇)은 성부聲符이다"[100]라고 하였다. 갑골문에서 이 태兌는 사람이 희열을 느낄 때 양 입가에 나타나는 주름의 모습을 본뜨고 있는데, 이것은 남녀노소 누구에게나 나타나는 현상이다. 그런데 공公은 대체로 사람이 늙어 근육이 풀어지면서 나타나는 양 입가에 패인 주름의 모습을 본떠 그 뜻을 표현한 것으로, 이것은 노인에게만 볼 수 있는 특유의 현상이다. 그래서 이러한 특징을 살려 노인만이 가질 수 있는 지위를 표현하였다. 그러나 나중에는 네모난 입 모양이 변하여 둥근 모양으로 되면서, 결국 사厶와 같은 유형으로 인식되었다. 따라서 더 이상 그 본래의 자형 형태를 식별할 수 없었으므로, 한비자韓非子가 이런 식으로 공公을 분석하게 된 것이다.

그리고《춘추좌전春秋左傳》〈선공십이년宣公十二年〉의 기록에 보면, "무릇 문자文字에 지止와 과戈가 무武가 된다"[101]라고 하였다. 그래서 〈도표 39〉에 보이는 무(𣦵, 武)에 대해《설문說文》에서도, "𣦵는 초楚나라 장왕莊王이 이르기를, '무릇 무武란 공을 세워 전쟁을 멎게 하는 것이기 때문에, 지止와 과戈가 무武가 된다'라고 하였다"[102]라고 하였다. 갑골문에서 이 무(𣦵, 武)는 창과 발자국이 결합된 자형 형태이다. 그런데 지止는 상나라의 갑골문 때만 해도 '제지하다'라든지 '금지하다' 등의 의미는 달리 없었으므로, 그 창의創意는 아마 병기를 들고 보행하는 사람인 무사武士의 모습이나 혹은 창을 들고 추는 대무大武의 춤 모습에서 따왔을 것이다.

도표 번호	상商나라의 갑골문甲骨文	주周나라의 금문金文	진秦나라의 소전小篆	한漢나라의 예서隸書	현대의 한자	글자의 창의創意
39		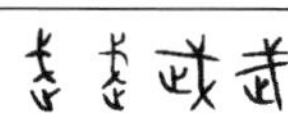	 s	武	武	병기를 들고 보행하는 무사武士의 모습이나 혹은 창을 들고 추는 대무大武의 춤 모습을 본뜨고 있다.

100 (清) 段玉裁注,《說文解字注》, 第十五卷, 第八篇注下,〈兌〉, 409쪽. 그 원문에 "兌, 說也. 从儿, 㕣聲"이라고 되어 있다. 그런데 이 태兌는 상고음上古音에서 월부月部에 속하였고, 성부聲符인 연(㕣, 沇)은 상고음에서 원부元部에 속하였다. 따라서 이 태兌와 연(㕣, 沇)은 모두 고운古韻에서 가월원歌月元의 큰 부류에 속하였다.

101 (清) 阮元 校刻,《十三經注疏》(附校勘記),《春秋左傳》, 卷第二十三,〈宣公十二年〉, 1882쪽. 그 원문에 "夫文, 止戈爲武"라고 되어 있다.

102 (清) 段玉裁注,《說文解字注》, 第二十四卷, 第十二篇注下,〈武〉, 638쪽. 그 원문에 "武, 楚莊王曰: 夫武, 定功戢兵, 故止戈爲武"라고 되어 있다.

도표 번호	상商나라의 갑골문甲骨文	주周나라의 금문金文	진秦나라의 소전小篆	한漢나라의 예서隸書	현대의 한자	글자의 창의創意
40	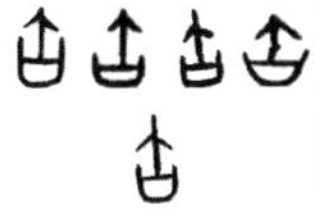	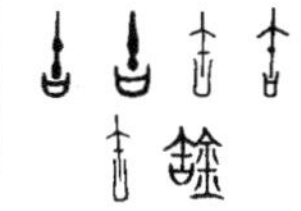	 s		缶	도匋에서 추출되었고, 질그릇을 빚는 도구를 점토 위에 놓고 질그릇을 만드는 모습을 본뜨고 있다.
41		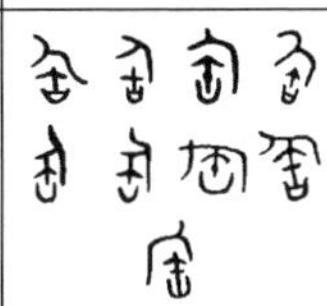	 s		匋	한 사람이 질그릇 빚는 도구로 질그릇을 만드는 모습을 본뜨고 있다.

이상에서 든 몇 가지 예에서 보면, 자형을 분석한 사람들이 모두 문자의 창조에 직접적으로 관여했던 사람들은 아니었다. 그런데 만약 그들이 문자의 창조에 직접적으로 관여했던 사람들이었다면, 아마도 이러한 부분에 더욱 세심하게 주의를 기울였을 것이다.

만약 문자가 처음 출현했을 때부터 살펴본다면, 문자의 구조에 대해 의식적으로 분석하기 시작했던 시기는 상나라 후기까지 거슬러 올라갈 수 있다.

예를 들어, 〈도표 40〉에 보이는 부缶에 대해 《설문說文》에서는, "缶는 질그릇이다. 이것으로 술과 액체를 담는 것이다. 진秦나라 사람들은 이것을 두드려 노래의 장단을 맞추었다. 상형자象形字이다. 무릇 부缶의 속屬들은 모두 이 부缶를 따른다"[103]라고 하였다. 그런데 이 글자의 창의創意에 대해서 위에서 허신許愼은 상형자象形字라고 말했지만, 그릇의 주둥이 위에 그려진 오午 모양의 부분은 실제로 그릇의 어떤 구성 부분도 아니다. 그래서 술이나 액체를 담는 그릇의 상형이라는 창의는 그다지 적합하지 않다고 볼 수 있다. 더구나 이 글자의 초기 자형을 살펴보면, 사실 질그릇의 모양을 본뜬 것이라고는 볼 수 없기 때문에, 최근에 어떤 학자는 이 부缶가 구口를 따르고 오午는 성부聲符일 것이라는 새로운 견해를 제시하고 있다.

그런데 〈도표 40〉에 보이는 부缶의 자형을 살펴보면, 형성자形聲字로 구성되었다기보다는 도匋에서 추출된 것으로 보는 것이 더욱 타당할 것이다. 그래서 〈도표 41〉에 보이는 도匋에 대해 《설문說文》에서는, "匋는 질그릇을 만드는 것이다. 부缶를 따르고, 포包의 생략

103 (淸) 段玉裁注, 《說文解字注》, 第十卷, 第五篇注下, 〈缶〉, 227쪽. 그 원문에 "缶, 瓦器. 所目盛酒漿. 秦人鼓之目節謌. 象形. 凡缶之屬皆从缶"라고 되어 있다.

도표 번호	상商나라의 갑골문甲骨文	주周나라의 금문金文	진秦나라의 소전小篆	한漢나라의 예서隸書	현대의 한자	글자의 창의創意
42			 s z k	敢	敢	손에 땅을 파는 도구와 바구니를 들고 있는 모습을 본뜨고 있는데, 광석을 캐는 일은 용감한 행위임을 가리킨다.
43			 s k	嚴	厳 嚴	손에 도구를 들고 산굴에서 광석을 캔 뒤, 그것을 다시 바구니에 담는 모습을 본뜨고 있다.

형이 성부聲符이다. 옛날에 곤오昆吾가 질그릇을 만들었다. 생각하건대, 사주史籒가 지은 《대전십오편大篆十五篇》에서는 발음이 부缶와 같다고 하였다"[104]라고 하였다. 또한 갑골문과 금문金文에서도 이 도匋는 한 사람이 쭈그리고 앉아 질그릇 빚는 도구를 점토黏土 위에 놓고 질그릇을 만드는 모습을 본뜨고 있다.

그런데 부缶의 자형은 도匋의 자형에 보이는 사람 모양을 생략해 버리고, 질그릇 빚는 도구와 질그릇의 모습만이 남아 있는 형태이다. 그래서 이 부缶는 도匋에서 추출해 낸 글자이지, 허신許愼의 말처럼 그자체가 상형자象形字가 되어 질그릇의 모양을 본뜬 글자는 아닌 것이다. 따라서 이 부缶의 조자造字로부터 알 수 있는 것처럼, 이미 상나라 때부터 벌써 자형의 구조를 분석하여 새로운 문자를 만들어 내는 방법이 있었음을 알 수 있다.

그리고 이와 비슷한 문자 분석은 감(𠭖, 敢)에서도 찾아볼 수 있는데, 〈도표 42〉에 보이는 감(𠭖, 敢)에 대해 《설문說文》에서는, "𠭖은 들어가 얻는 것이다. 표𠬪를 따르고, 고古는 성부聲符이다. 𣪋은 주문籒文의 감(𠭖, 敢)이다. 𢽼은 고문古文의 감(𠭖, 敢)이다"[105]라고 하였다. 그러나 금문金文에서 이 감(𠭖, 敢)은 손에 땅을 파는 도구와 바구니 하나를 들고 있는 모습을 본뜨고 있는데, 단지 이 모양만 가지고 '용감하다'는 뜻을 표현하기에는 실로 어려움이 많다.

104 (清) 段玉裁注, 《說文解字注》, 第十卷, 第五篇注下, 〈匋〉, 227쪽. 그 원문에 "匋, 作瓦器也. 从缶, 包省聲. 古者昆吾作匋. 案: 史篇讀與缶同"이라고 되어 있다.

105 (清) 段玉裁注, 《說文解字注》, 第八卷, 第四篇注下, 〈𠭖〉, 163쪽. 그 원문에 "𠭖, 進取也. 从𠬪, 古聲. 𣪋, 籒文𠭖. 𢽼, 古文𠭖"이라고 되어 있다. 그런데 이 감(𠭖, 敢)은 상고음上古音에서 담부談部에 속하였고, 성부聲符인 고古는 상고음에서 어부魚部에 속하였다. 따라서 이 감(𠭖, 敢)과 고古는 상고음에서 서로 동일한 큰 부류에 속하지 않았다.

그런데 음厰에 대해《설문說文》에서는, "厰은 산봉우리이다. 일설一說에는 지명地名이라고도 한다. 한厂을 따르고, 감(㪔, 敢)은 성부聲符이다"[106]라고 하였고,〈도표 43〉에 보이는 엄嚴에 대해《설문說文》에서는, "嚴은 왕의 명령이 급박한 것이다. 훤吅을 따르고, 음厰은 성부聲符이다. 㘙은 고문古文의 엄嚴이다"[107]라고 하였다. 그래서 만약 감(㪔, 敢)을 이 음厰이나 엄嚴과의 비교를 통해 이해하지 않으면, 그 창의創意를 이해한다는 것은 실로 불가능에 가까운 일이다.

금문金文에서 이 음厰이나 엄嚴은 손에 도구를 들고 산굴에서 광석을 캔 뒤, 그것을 다시 바구니에 담는 모습을 본뜨고 있는데, 간혹 산 밖으로 이미 운반되어 나온 몇 개의 바구니가 있는 경우도 있다. 고대에는 산에서 광석을 캔다는 것이 몹시 위험한 작업이었기 때문에, 이 음厰이나 엄嚴은 '산에 있는 바위'와 '엄혹하다'는 두 가지 의미를 동시에 지니고 있다. 그래서 이러한 작업에 종사하려면 상당한 용기가 필요했으므로, 우선 엄嚴을 분석하여 산 모양을 생략해 버리고 난 뒤에 다시 감(㪔, 敢)을 조자造字하게 된 것이다. 따라서 우리는 이 글자를 만들었던 사람이 엄嚴의 자형 분석에 종사했을 것이라는 것을 추측할 수 있다.

그리고 상나라에 이르면서 이미 형성자形聲字가 간혹 나타나긴 하였지만, 여전히 형부形符의 수량에는 제한이 있었다. 그러다가 춘추시대가 되면서 형성자가 대폭적으로 늘어났고, 동시에 그 응용도 모든 유형의 단어로 넓어지게 되었다.

예를 들어, 혈(頁, 頁)의 자형은 사람의 머리 모양을 특별히 강조하여 표현한 글자인데, 춘추시대 이전에는 이 글자를 귀족의 모습을 나타내는 표의자表意字로서만 주로 사용하였지, 머리라는 의미와는 그다지 밀접한 관련이 없었다. 그러다가 춘추시대에 이르러 이 혈(頁, 頁)을 따르는 형성자가 대량으로 증가되면서, 이 글자들은 대체로 모두 머리라는 의미와 직접적으로 관련을 맺게 되었다.[108]

그렇지만 무엇보다도 문자학 연구의 기본적인 체계를 잡고 전문적으로 문자 구조에 관하여 분석하고 연구하여 기록으로 남긴 것은 동한시대東漢時代 허신許愼이 지은《설문해

---

106 (淸) 段玉裁注,《說文解字注》, 第十七卷, 第九篇注下,〈厰〉, 451쪽. 그 원문에 "厰, 崟也. 一曰: 地名. 从厂, 㪔聲"이라고 되어 있다. 그런데 이 음厰과 성부聲符인 감(㪔, 敢)은 상고음上古音에서 동일하게 담부談部에 속하였다.

107 (淸) 段玉裁注,《說文解字注》, 第三卷, 第二篇注上,〈嚴〉, 63쪽. 그 원문에 "嚴, 教命急也. 从吅, 厰聲. 㘙, 古文嚴"이라고 되어 있다.

108 그 외에 자세한 것은 이 절의 제3장 중에서 '(라) 분류 의견의 불일치' 부분을 참고할 것.(원저자 주)

자說文解字》를 우선적으로 꼽을 수 있다.

허신은 동한시대 사람인데, 《후한서後漢書》〈유림전儒林傳〉의 기록에 보면, "허신許愼은 자字가 숙중叔重이고, 여남汝南 소릉현召陵縣 사람이다. 성품이 순수하고 성실하며, 어려서부터 여러 경적經籍에 박학하여 마융馬融이 항상 그를 추대하며 존중하였다. 당시 사람들이 그를 두고 이르기를, '오경五經에는 허숙중許叔重에 견줄 사람이 없다'라고 하였다. 군郡에서 공조功曹라는 벼슬에 있다가 효렴孝廉으로 천거되었다. 다시 벼슬을 옮겨 효현洨縣의 장관을 제수除授받고, 나중에 집에서 죽었다. 처음에 허신은 오경五經에 대해 전하는 학설이 좋고 나쁨이 서로 달라, 그래서 《오경이의五經異議》를 편찬하였다. 또한 《설문해자說文解字》 14편篇도 지었는데, 이 모두 세상에 전한다"[109]라고 한 그의 전기傳記가 보인다.

그러나 허신의 구체적인 생졸연대生卒年代는 현재로서는 알 길이 없다. 다만 어느 학자가 연구한 견해에 의하면, 예주豫州 여남汝南 소릉현召陵縣은 대체로 오늘날의 하남성河南省 언성현郾城縣에 해당하고, 그는 동한東漢 명제明帝가 재위하고 있을 무렵인 서기 58년 이후에 태어났다고 한다. 허신은 젊었을 적에 군郡에서 공조功曹라는 벼슬에 있으면서 백성들의 추대를 받아 나중에 효렴孝廉으로 천거되었다. 그리고 건초建初 4년인 서기 79년에는 동한東漢 장제章帝가 백호관白虎觀에 학자들을 모아 강학講學을 펼쳤는데, 4년 후에는 가규賈逵로 하여금 우수한 학생을 선발하여 고문경학古文經學을 강의하게 하였다. 허신도 아마 이때 가규賈逵에게 사사받았을 것이다. 그리고 영초永初 4년에는 마융馬融 등에게 칙령을 내려 동관東觀에 소장된 비서秘書의 교정 작업을 시켰는데, 허신도 이 작업에 함께 참여하게 되었다. 그러면서 마융의 존중과 추대를 받았고, 또한 당시 사람들로부터는 '오경五經에 견줄 사람이 없다'라는 극찬을 듣게 되었다. 허신은 한때 대위남각大尉南閣 제주祭酒라는 벼슬도 한 적이 있었기 때문에, 허제주許祭酒라고도 불린다. 그러나 《오경이의五經異議》를 비롯하여 《효경 고문설孝經古文說》, 《회남자주淮南子注》 등의 저서는 오늘날 모두 전하지 않으며, 오직 《설문해자說文解字》만이 현재까지 전해 내려오고 있다. 그리고 허신은 동한東漢 화제和帝 영원永元 12년인 서기 100년에 《설문해자說文解字》를 완성하였고, 그의 아들인

109 (淸) 王先謙 撰, 《後漢書集解》(北京: 中華書局, 1984년), 卷一百九下, 〈列傳〉, 第六十九下, 〈儒林·許愼〉, 906쪽. 그 원문에는 "許愼, 字叔重, 汝南召陵人也. 性淳篤, 少博學經籍, 馬融常推敬之. 時人爲之語曰: 五經無雙許叔重. 爲郡功曹, 擧孝廉. 再遷, 除洨長, 卒于家. 初, 愼曰五經傳說臧否不同, 於是撰爲《五經異議》. 又作《說文解字》十四篇, 皆傳於世"라고 되어 있다.

허충許沖이 동한東漢 안제安帝 건광建光 원년元年인 서기 121년에 황제에게 표表를 지어 이 책을 바쳤다. 그러나 그때 허신은 이미 병든 몸으로 침상에 누워 있는 상태였고, 아마 그 뒤 얼마 지나지 않아서 생애를 마쳤을 것으로 추측된다.

그런데 허신이《설문해자說文解字》를 편찬한 데에는 일시적인 흥미 때문이라기보다는 그 나름대로 사회적인 배경이 이면에 깔려 있었다. 그 당시 허신은 가규賈逵를 사사했고, 가규는 유흠劉歆의 재전再傳 제자였다. 그런데 유흠이 고문경학古文經學을 주창하면서, 그의 학파를 이었던 가규는 이 학풍을 더욱 심화시켜 고문학파古文學派의 비조가 되었다. 따라서《설문說文》이 고문학古文學이 된 원인도 바로 여기에서 찾을 수 있다.

그 외에도 서한시대西漢時代에 이르면서 잔혹한 전 왕조 진秦나라의 협서挾書 금지령을 이미 해제하였고, 경학經學을 다시 주창하게 되었다. 그런데 구전口傳으로 전해 내려오며 당시에 통용되던 문자로 정리되었던 금문경今文經을 제외하고도, 이곳저곳에서 계속 고대 문헌들이 출토되어 나왔다. 그래서 이러한 출토 문헌들을 해독하기 위해서만이 아니라 몇몇 학자들은 학관學官을 건립하여 벼슬길을 보다 평탄하게 하기 위해서라도, 새로이 발견된 이러한 고대 문자에 대해 연구하기 시작하였다. 바로 이러한 시대적인 상황이《설문說文》의 편찬에 여러 가지로 유리한 조건을 마련해 주었다.

더욱이 고문학파의 학자들은 금문경今文經이 이미 차지하고 있던 기득권적인 지위를 대체하기 위해서라도, 개인적인 의견으로 사사로운 판단을 내리거나 옳고 그름도 없는 그런 막연한 기준으로서가 아닌, 오로지 보다 설득력이 강하고 합리적인 경전 해석으로 고문학파의 학풍을 발전시킬 수가 있었다. 그렇기 때문에 문자 자체의 규칙에서 출발하여 자의字義를 탐구하고, 또한 그러한 지식을 바탕으로 고문경古文經의 경전 해석의 작업에 종사하는 학자들이 출현하게 되었다. 다시 말해서, 이들에 의해 문자의 본의本義 즉, 창의創意가 탐색되기 시작한 것이다.

그리고《설문說文》이 황제에게 바쳐진 후부터는 급속도로 광범위하게 보급되기 시작하였고, 그와 더불어《설문說文》을 연구하는 저작들이 나타나기 시작하였다. 그러다가 당唐나라 때 이르러 이양빙李陽冰이《설문說文》의 교정을 보았는데, 아마도 그때《설문說文》의 일부 내용이 변경되었을 것이다. 그러나 그보다 더 이른 시기의 판본이 아직 발견되지 않았기 때문에, 현재로서는 허신이 지은《설문說文》의 원본에 대해서는 더 이상 논할 수가 없는 실정이다.

그리고 현재 전해지고 있는《설문說文》의 판본은 대체로 두 형제에 의해 두 가지 체계로 서로 나뉘어져 전해 내려오고 있다. 하나는 남당시대南唐時代 동생 서개徐鍇가 지은 소서본小徐本이라고 일컬어지는《설문계전說文繫傳》이고, 다른 하나는 형 서현徐鉉이 지은 대서본大徐本이다. 그런데 이 대서본은 송宋나라 초기 때의 교정 판본으로, 소서본에 비해 78개의 글자와 116개의 중문重文을 더 수록하였다. 그런데 위의 두 책에 동시에 수록된 글자들에 대해서도 서로간의 해석이 일치하지 않아, 역대로 내려오면서 그 글자들의 시비是非를 고증하는 저작들이 많이 나오게 되었다.

그중에서 현재 가장 보편적으로 참고되고 있는 저작은 청淸나라 단옥재段玉裁가 지은《설문해자주說文解字注》인데, 이 책의 본문에서도 단옥재의 판본에 실린 원문을 그대로 인용하였다. 그리고 중화민국 20년인 서기 1931년에 정복보丁福保가 편찬한《설문해자고림說文解字詁林》에는 역대로《설문說文》과 관련되어 저술된 182종의 저서, 254명의 해석이 실려 있다. 그 후에 다시《고림보유詁林補遺》가 추가적으로 출판됨에 따라 역대로《설문說文》과 관련되어 저술된 모든 자료가 더욱 완벽하게 갖춰지게 되었다.

현재 우리가 볼 수 있는《설문說文》은 허신許愼이 처음에 지었던 원본과는 많은 차이가 있기 때문에, 그가 이 책에서 처음에 저술하려던 진정한 체제는 확인하기가 힘들다. 그렇지만 대체로 아래의 몇 가지 사항은 알 수가 있다.

하나는 책 전체를 통틀어 9,353개의 글자가 각각 540부部에 속하고, 각 부部의 차례는 자형의 연관성에 근거하여 대체로 형태가 서로 연관이 있거나 유사한 순서대로 배열해 나갔다. 그런데 이 부部의 순서가 처음에는 일一로 시작하여 마지막에는 해亥로 끝났는데, 여기에는 달리 특별한 이론적인 근거가 있는 것으로는 보이지 않는다. 참고로 이 부部의 순서는 이 절 뒤의 부록 부분에 따로 실어 두었다.

그리고 대체로 동일한 부수部首 아래에 나오는 글자들은 먼저 그 자의字義를 해석하였고, 다음으로 자형字形을 해석하였으며, 그런 다음에는 해당 글자의 이체자異體字를 열거하여 두었다. 또한 각 부部에 속하는 글자들의 순서에도 대체적으로 일정한 규칙이 있었는데, 일반적으로 보면 동한시대東漢時代 황제들의 이름이 반드시 제일 앞에 놓여져 있다. 그런 다음에는 길吉함을 앞에 놓고 흉凶함을 뒤에다 두었는데, 이것은 선실후허先實後虛의 의미에 따라 배열한 것이다. 그런데 만약 부수의 형태와 중복되거나 혹은 반대되는 글자들이 있으면, 그런 글자들은 맨 나중에다 배열하였다. 그래서 이 책에서는 그 대략적인 체제를 파악하기 편리하도록 필자가 시부示部와 우부牛部에 속하는 글자들을 이 절 뒤의 부록 부분에 따로 실어 두었다.

그리고《설문說文》의 글씨체는 주로 소전체小篆體를 사용하였고, 그 외에도 고문古文, 주문籀文 및 가끔씩 혹체或體, 기자奇字, 속체俗體 등의 항목을 포함하기도 하였다. 소전체는《설문說文》의 기본 자형으로, 대체로 진秦나라 때 문자 정리를 하면서 그전에 사용하던 주문籀文을 간략화한 결과로 나온 글자체이다. 그리고 고문古文은 벽에 숨겨졌던 벽중서壁中書에서 수집한 것인데, 기본적으로 진秦나라에서 통용되던 글자와는 달리 전국시대戰國時代나 기타 동방육국東方六國에서 쓰이던 자형이라고 할 수 있다. 그런데 이 고문古文에는 상나라 때의 문자 구조를 그대로 지니고 있는 글자들도 간혹 보인다.

예를 들어,〈도표 44〉에 보이는 농(農, 辳)에 대해《설문說文》에서는, "農은 밭 가는 사람이다. 신晨을 따르고, 신囟은 성부聲符이다. 𨑃은 주문籀文의 농農이고, 림林을 따른다. 𦦶은 고문古文의 농農이다. 辳은 또한 고문古文의 농農이다"[110]라고 하였다. 갑골문에서 이 농(農, 辳)은 림林과 진辰의 조합으로 구성되어 있는데, 그 창의創意는 조개로 만든 도구를 들고 삼림에서 농업에 종사한다는 의미를 표현하고 있다. 또한 갑골문에서는 가끔 이른 아침을 나타내는 시간 단위로도 사용되었는데, 이것은 농기구를 들고 삼림에 들어가서 일하는 작업이 바로 이른 아침에 해야 하는 일이기 때문이다. 그런데 이 농(農, 辳)은 서주시대西周時代 후로 자형에 전田의 형부形符가 덧붙여지면서, 규칙적으로 구획된 밭에서 일한다는 의미를 강조하게 되었다. 그런데 辳과 같은 고문古文 농(農, 辳)의 자형을 살펴보면, 여전히 이보다 전 시기인 상나라와 서주시대에 보이는 자형에서처럼 전田이 없는 자형 형태를 유지하고 있기도 한다.

도표 번호	상商나라의 갑골문甲骨文	주周나라의 금문金文	진秦나라의 소전小篆	한漢나라의 예서隸書	현대의 한자	글자의 창의創意
44			 s z k k	農 辳	農 辳	림林과 진辰의 조합으로 구성되었는데, 조개로 만든 도구를 들고 삼림에서 농업에 종사한다는 의미를 표현하고 있다.

110 (清) 段玉裁注,《說文解字注》, 第五卷, 第三篇注上,〈農〉, 106쪽. 그 원문에 "農, 耕人也. 从晨, 囟聲. 𨑃, 籀文農, 从林. 𦦶, 古文農. 辳, 亦古文農"이라고 되어 있다. 그런데 이 농(農, 辳)은 상고음上古音에서 동부冬部에 속하였고, 성부聲符인 신囟은 상고음에서 진부眞部에 속하였다. 따라서 이 농(農, 辳)과 신囟은 상고음에서 서로 동일한 큰 부류에 속하지 않았다.

그리고 주문籒文에 보이는 자형의 모양은 소전체와 대체로 동일하지만, 비교적 복잡한 자형을 띠고 있다. 그런데 이 주문 또한 진秦나라의 문자에 속한다. 그 외에 혹체或體라고 하는 것은 한 글자에 기본적인 자형 말고 동일한 시기에 보이는 또 다른 자형인 이체자異體字를 일컫는 말인데, 가끔 이 혹체에 그 글자의 초기 자형의 형태가 나타나기도 한다. 그리고 속체俗體라고 하는 것은 한漢나라 때 통용되었던 글자를 일컫는 말로 전통적인 자형과는 그다지 연관성이 없는 글자를 가리킨다. 또한 기자奇字라고 하는 것은 후대에 자형이 잘못 변화된 것을 일컫는 말이다. 그래서 이러한 속체俗體와 기자奇字에 근거해서는 그 글자의 창의創意를 제대로 설명할 수가 없다.

대체로《설문說文》은 자형에 대해 항상 뛰어난 분석을 하고 있는데, 가끔씩 정교한 해석이 붙은 것도 볼 수 있다. 그리고《설문說文》에 보이는 오류의 대부분은 허신이 그 당시에 고대 문자의 자형을 볼 수가 없었으므로, 그 글자의 창의를 제대로 파악할 수 없었기 때문이다. 그래서《설문說文》의 문자 창의에 대한 해석은 대부분이 불합리한 편이지만, 반면에 일부 고문자와 그 고문자가 변화되어 만들어진 형성자形聲字 사이의 교량적인 역할은 충실히 수행하고 있다고 할 수 있다.

예를 들어, 〈도표 45〉에 보이는 유囿에 대해《설문說文》에서는, "는 동산에 담이 있는 것이다. 위口를 따르고, 유有는 성부聲符이다. 일설一說에는 날짐승과 들짐승을 기르는 곳을 일컬어 유囿라고도 한다. 는 주문籒文의 유囿이다"[111]라고 하였다. 이 유囿에는 밭에 네 그루의 나무가 있는 모습의 주문籒文의 자형 형태가 보존되어 있기 때문에, 우리로 하여금 풀을 의미하는 네 개의 철屮이나 혹은 네 그루의 나무가 밭 가운데에 있는 유囿의 갑골문 자형을 식별할 수 있게 해 주고 있다. 그와 동시에 이 유囿의 창의創意가 어떤 특정 범위 안에 초목草木을 심어 둔 오락 장소라는 것도 알게 해 주고 있다.

도표 번호	상商나라의 갑골문甲骨文	주周나라의 금문金文	진秦나라의 소전小篆	한漢나라의 예서隸書	현대의 한자	글자의 창의創意
45	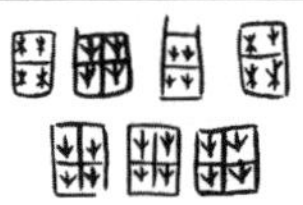		 s  z		囿	관상류觀賞類 식물을 심어 둔 오락 장소라는 의미를 나타내고 있다.

111 (淸) 段玉裁注,《說文解字注》, 第十二卷, 第六篇注下, 〈囿〉, 280쪽. 그 원문에 ", 苑有垣也. 从囗, 有聲. 一曰: 所目養禽獸曰: 囿. , 籒文囿"라고 되어 있다.

도표 번호	상商나라의 갑골문甲骨文	주周나라의 금문金文	진秦나라의 소전小篆	한漢나라의 예서隸書	현대의 한자	글자의 창의創意
46			 s k	野 壄 埜	野 壄 埜	수풀 속에 똑바로 세워둔 숭배 대상 물체가 있는 교외郊外라는 뜻이다.
47	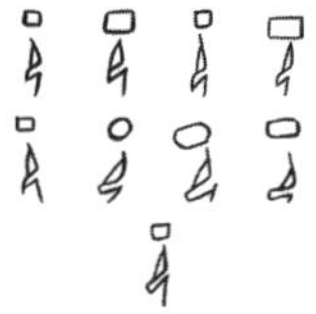	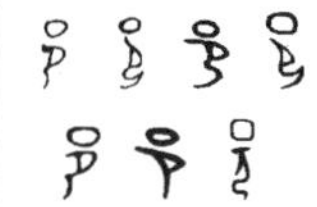	 s	邑	邑	사람이 꿇어앉아 휴식을 취하고 있는 지역이 곧 거주지이다.

〈도표 46〉에 보이는 야(野, 壄, 埜)에 대해 《설문說文》에서는, "野는 교외郊外이다. 리里를 따르고, 여予는 성부聲符이다. 壄는 고문古文의 야野이고, 리里의 생략형을 따르고, 림林을 따른다"[112]라고 하였다. 이 야(野, 壄, 埜)의 해석에 보이는 고문古文의 자형은 흙 위의 두 나무 사이에 여予를 끼고 있는 형태인데, 위에서 살펴본 유囿와 마찬가지로 우리로 하여금 갑골문에 보이는 야埜가 바로 이 글자의 초기 자형이라는 것을 식별할 수 있게 하고 있다. 그런데 이 야(野, 壄, 埜)에서는 초기 자형에 보이는 사士가 잘못 변화되어 토土가 되었고, 여기에다 다시 나중에 성부聲符인 여予까지 덧붙여졌다. 그리고 이 야(野, 壄, 埜)는 일반적으로 수풀 속에 똑바로 세운 숭배 대상 물체가 있는 장소를 의미하고 있는데, 이것은 거주지를 뜻하는 읍邑과는 구별된다.

그래서 〈도표 47〉에 보이는 읍邑에 대해 《설문說文》에서는, "邑은 나라이다. 위口를 따른다. 선왕先王의 제도에 신분의 높고 낮음에 따라 땅의 크고 작음이 있었으므로, 절卪을 따른다. 무릇 읍邑의 속屬들은 모두 이 읍邑을 따른다"[113]라고 하였다. 갑골문에서 이 읍邑은 꿇어앉은 한 사람과 하나의 구역으로 일정한 거주 생활 범위라는 뜻을 나타내고 있다.

〈도표 48〉에 보이는 전田에 대해서 《설문說文》에서는, "田은 늘어선 것이다. 곡식을 심은 곳을 전田이라고 한다. 상형자象形字이다. 위口와 십十은 천맥阡陌의 제도이다. 무릇 전田의

112 (淸) 段玉裁注, 《說文解字注》, 第二十六卷, 第十三篇注下, 〈野〉, 701쪽. 그 원문에 "野, 郊外也. 从里, 予聲. 壄, 古文野, 从里省, 从林"이라고 되어 있다.

113 (淸) 段玉裁注, 《說文解字注》, 第十二卷, 第六篇注下, 〈邑〉, 285쪽. 그 원문에 "邑, 國也. 从囗. 先王之制, 尊卑有大小, 从卪. 凡邑之屬皆从邑"이라고 되어 있다.

도표 번호	상商나라의 갑골문甲骨文	주周나라의 금문金文	진秦나라의 소전小篆	한漢나라의 예서隸書	현대의 한자	글자의 창의創意
48			 S	田	田	구획이 가지런한 논밭의 모양을 본뜨고 있다.
49	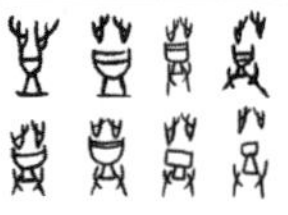		 S  Z	登	登	두 손에 낮은 걸상을 받들고 다른 사람이 두 발로 밟고 올라가게 하는 모습을 본뜨고 있다.
50			 S  Z	秋	秋	메뚜기 또는 메뚜기를 불에 굽는 모습을 본뜨고 있는데, 이것은 가을에 펼쳐지는 정경이다.

속屬들은 모두 이 전田을 따른다"[114]라고 하였다. 그런데 위에서 살펴본 야(野, 壄, 埜)는 작업 구역을 뜻하는 이 전田과도 또한 구별되는데, 갑골문에서 전田은 구획이 가지런한 논밭의 모양을 그대로 본뜨고 있다.

〈도표 49〉에 보이는 등登에 대해《설문說文》에서는, "豋은 수레에 오르는 것이다. 발癶과 두豆를 따른다. 수레에 오르는 모습을 본뜨고 있다. 𤼷은 주문籒文의 등登이고, 공(収, 廾)을 따른다"[115]라고 하였다. 이 등登의 해석에 보이는 주문籒文은 갑골문의 자형과 마찬가지로, 두 손에 낮은 걸상을 받들고 다른 사람이 두 발로 밟고 올라가게 하는 모습을 본뜨고 있다.

〈도표 50〉에 보이는 추秋에 대해《설문說文》에서는, "秌는 백곡百穀이 익는 것이다. 화禾를 따르고, 초𤒻의 생략형이 성부聲符이다. 龝는 주문籒文이고, 생략하지 않았다"[116]라고 하였

114 (淸) 段玉裁注,《說文解字注》, 第二十六卷, 第十三篇注下,〈田〉, 701쪽. 그 원문에 "田, 敶也. 樹穀曰: 田. 象形. 囗十, 千百之制也. 凡田之屬皆从田"이라고 되어 있다.

115 (淸) 段玉裁注,《說文解字注》, 第三卷, 第二篇注上,〈登〉, 68쪽. 그 원문에 "豋, 上車也. 从癶豆. 象登車形. 𤼷, 籒文登, 从収"이라고 되어 있다.

116 (淸) 段玉裁注,《說文解字注》, 第十三卷, 第七篇注上,〈秋〉, 330쪽. 그 원문에 "秌, 禾穀孰也. 从禾, 𤒻省聲. 龝, 籒文, 不省"이라고 되어 있다.

다. 이 추秋의 주문籒文을 통해서 우리는 갑골문의 추秋가 메뚜기 또는 메뚜기를 불에 굽는 모습에서 유래된 것임을 이해할 수 있을 뿐만 아니라, 가을에 펼쳐지는 이러한 정경이 원래 가을이라는 계절을 의미했다는 추秋의 창의도 알 수가 있다. 그런데 이 추秋의 변천 과정을 살펴보면, 대체로 메뚜기의 모양이 후대에 잘못 변화되어 귀龜처럼 되었고, 여기에다 화禾를 덧붙여 농사일과 관련됨을 나타내었다. 그러다가 나중에는 이 귀龜를 생략해 버리고 단지 화禾와 화火를 따르는 자형으로 바뀌게 되었다.

그 외에도 〈도표 31〉에서 소개한 육(育, 毓)도 갑골문에 보이는 두 개의 자형을 간직하고 있다. 하나는 산모가 아이를 갓 낳아 아직 피도 닦지 않은 모습을 본뜬 육(毓: )이고, 다른 하나는 아이가 산모의 자궁 밖으로 미끄러져 나오는 모습을 본뜬 육(育: )이다. 따라서 우리가 고문자에 관한 연구를 할 때, 이《설문說文》이 얼마나 중요한 가치가 있는지 위와 같은 예들로 쉽게 이해할 수 있다.

그리고《설문說文》에 관한 연구는 청淸나라 건륭乾隆, 가경嘉慶 황제 때 이르러 지극히 성행하였는데, 그 당시에 이미 전문적인 학문 연구의 분과가 형성될 정도였다. 그래서 청淸나라 한 시기만 놓고 보아도《설문說文》을 연구하며 저술을 남긴 학자가 모두 2백 명을 훨씬 넘어선다. 그중에서도 아래의 네 학자가 서로 다른 연구 영역에서 특출한 공헌을 했다고 말할 수 있다. 그 학자들의 이름과 저작을 들자면, 단옥재段玉裁의《설문해자주說文解字注》, 계복桂馥의《설문의증說文義證》, 왕균王筠의《설문구두說文句讀》와《설문석례說文釋例》, 그리고 주준성朱駿聲의《설문 통훈 정성說文通訓定聲》등이 있다. 아래에 간략하게 이 네 학자들에 대해 소개하기로 한다.

우선 단옥재段玉裁(서기 1735-1815년)는 저술이 상당히 풍부했는데, 그의 대표작이라고 할 수 있는《설문해자주說文解字注》는 그가 평생 심혈을 기울여서 완성한 대작이라고 할 수 있다. 그는 기존에 있던 많은 저작들을 참고하면서 이 책을 저술하였는데, 특히 대서본大徐本에 대하여 그 내용을 다소 늘리고 수정 · 보완하였다. 그런데 단옥재가 주注를 단 이《설문해자주說文解字注》는 단순한 교정校訂, 고증考證의 방식을 넘어서서, 전면적으로 문자의 형形, 음音, 의義 사이의 상호관계를 논술하며 주로 훈고학상訓詁學上의 연구를 전개하였다. 그러나 비록 일반적인 견해로는 그가 고문자의 본의本義를 해석할 때나 또는 형形, 음音, 의義, 이 삼자지간三者之間의 관계를 설명할 적에 나름대로의 탁월한 견해를 제시했다고는 말하고 있지만, 단옥재의 이 책은 단순히《설문說文》에 주注를 단 것에 불과했기 때문에 체제상에서 허신이 지은《설문說文》자체의 질적인 한계를 벗어날 수가 없었다. 더욱이 허신의 문자 창의에 대한 해설은 후대에 보이는 잘못된 자형을 기초로 한 것이어서 그의 표의자表意字 설명 중 절반 이상이 대체로 잘못된 해석을 내리고 있다. 따라서 이러한 질적인 조건이 당연히 단옥재가 주를 단《설문說文》주해의 정확성에도 많은 영향을 줄 수밖에 없었다. 그뿐만 아니라《설문說文》의 교정에도 여러 가지 오류가 보이는데, 그중에서 그가 부록에 명시한 고운분부古韻分部는 그 뒤에 보이는 형성표形聲表의 배열과 다소 일치하지 않음을 발견할 수가 있다.

그리고 계복桂馥(서기 1736-1805년)은《설문의증說文義證》의 저술에서 고대 문헌을 방대하게 인용하면서 주로 허신이 지은《설문說文》해석의 타당성을 증명하는 데 그 중점을 두었다. 그러나 이 책은 체제의 관계 때문에 오류가 명백한《설문說文》의 해설도 억지로 옳다고 논증하였으므로, 초학자에게는 그다지 적합하지 않은 책이다.

왕균王筠(서기 1784-1854년)은《설문석례說文釋例》의 중점을 주로《설문說文》의 체제를 해설하는 데 두었다. 그래서 앞부분의 열네 권은 육서六書 및《설문說文》의 체제에 대해서 주로 설명하였고, 뒷부분의 여섯 권은 일부 의혹되는 점에 대하여 서술하였다. 그러면서 왕균은 새로 출토된 금석고문金石古文의 자형으로《설문說文》의 해설을 보충하고 개정하였는데, 문자학 연구의 관점으로 봤을 때는 이 점이 단옥재의《설문해자주說文解字注》보다도 더 독창적인 면이라고 할 수 있다. 그리고 그가 앞부분에서 서술한《설문說文》의 체제는《설문說文》을 읽는 지름길을 제시하고 있고, 또 뒷부분에서 제기한 의혹 부분은 현대의 전통 설문학說文學에서도 항상 주요 연구 주제로 활용되고 있다.

주준성朱駿聲(서기 1788-1858년)이 편찬한《설문 통훈 정성說文通訓定聲》의 체제는《설문說文》에 수록된 글자들을 다시금 형성자근形聲字根에 따라 분류해 낸 특징이 있다. 그래서 그는 모두 1,137개의 자근字根을 새롭게 분류하면서 음운音韻의 각도에서 전면적으로 글자의 창의創意를 다시 토론하였다. 또한 그도 왕균처럼 새로 출토된 고문자형을 최대한 이용하여 글자의 자의字義를 설명하였다. 그러나 그가 음운과 자의字義와의 관계를 너무 지나치게 중시한 까닭에 나중에 우성설右聲說의 주장이 크게 대두하게 되었다.

부록 1 :《설문說文》의 부수部首 및 부수 체제의 예[117]

(가) 소전자형小篆字形

117 아래에 보이는 괄호 안의 숫자는《설문說文》의 권수卷數를 표시한다.(원저자 주)

(나) 현대자형現代字形

（01）一二示三王玉玨气士丨屮艸蓐茻（02）小八釆半牛犛
告口凵吅哭走止癶步此正是辵彳廴延行齒牙足疋品龠冊（03）
㗊舌干𧮫只㕯句丩古十卅言誩音䇂丵菐廾𠬜共異舁𦥑晨爨革
鬲䰜爪丮鬥又𠂇史支𦘒聿畫隶臤臣殳殺几寸皮㼱攴教卜用爻
㸚（04）𡕥目䀠眉盾自白鼻皕習羽隹奞萑𦫳𥄕羊羴瞿雔雥鳥
烏𠦒冓幺𢆶叀玄予放𠬪𣦼歺死冎骨肉筋刀刃㓞丯耒角（05）
竹箕丌左工㠭巫甘旨曰乃丂可兮号亏喜壴鼓豈豆豊豐䖒虍虎
虤皿凵去血丶丹青井皀鬯食亼會倉入缶矢高冂𩫏京亯㫗畐㐭
嗇來麥夊舛舜韋弟夂久桀（06）木東林才叒之帀出𣎵生乇𠂹
𠌶華𥝌稽巢桼束㯻囗員貝邑𨛜（07）日旦倝㫃冥晶月有明囧
夕多毌马𣐺卤齊朿片鼎克彔禾秝黍香米毇臼凶朩林麻尗耑韭
瓜瓠宀宮呂穴㝱疒冖𠔼冃㒳网襾巾市帛白㡀黹（08）人匕匕
从比北丘㐺𡈼重臥身㐆衣裘老毛毳尸尺尾履舟方儿兄兂皃𠑹
先秃見覞欠㱃次旡（09）頁𦣻面丏首𥄉須彡彣文髟后司卮卩
印色卯辟勹包茍鬼甶厶嵬山屾屵广厂丸危石長勿冄而豕㣇彑
豚豸𤉡易象（10）馬廌鹿麤㲋兔萈犬㹜鼠能熊火炎黑囪焱炙
赤大亦夨夭交尢壺壹㚔奢亢夲夰大夫立竝囟思心惢（11）水
沝瀕く巜川泉灥永𠂢谷仌雨雲魚𩺰燕龍飛非卂（12）乙不至
西鹵鹽戶門耳𦣝手𠦬女毋民丿𠂆乀氏氐戈戉我亅琴乚亡匸匚
曲甾瓦弓弜弦系（13）糸素絲率虫䖵蟲風它龜黽卵二土垚堇
里田畕黃男力劦（14）金幵勺几且斤斗矛車𠂤阜𨺅厽四宁叕
亞五六七九内嘼甲乙丙丁戊己巴庚辛辡壬癸子了孨𠫓丑寅卯
辰巳午未申酉酋戌亥

(다) 시부示部 체제의 예

시示에 대해서《설문說文》에서는, "示는 하늘이 형상을 드리워 길흉吉凶을 나타내며, 이것으로 사람에게 보여 주는 것이다. 상(二, 上)을 따른다. 세 가지 드리운 것은 일日, 월月, 성星이다. 천문天文을 보면서, 이것으로 때의 변화를 살핀다. 시示는 신神의 일이다. 무릇 시示의 속屬들은 모두 이 시示를 따른다. 示는 고문古文의 시示이다"[118]라고 하였다. 그리고 이 시부示部에 포함된 글자들은 다음과 같다. 호祜에 대해《설문說文》에서는, "祜는 안제安帝의 이름을 휘諱한 것이다"[119]라고 하였다. 례(禮, 礼)에 대해《설문說文》에서는, "禮는 행하는 것이다. 이것으로 귀신을 섬겨 복이 이르게 하는 것이다. 시示를 따르고, 례(豊, 豊)를 따르며, 례(豊, 豊)는 또한 성부聲符이다. 𥘯는 고문古文의 례禮이다"[120]라고 하였다. 희禧에 대해《설문說文》에서는, "禧는 예禮를 행하여 길吉함을 얻는 것이다. 시示를 따르고, 희喜는 성부聲符이다"[121]라고 하였다. 진禛에 대해《설문說文》에서는, "禛은 진실됨으로 복을 받는 것이다. 시示를 따르고, 진眞은 성부聲符이다"[122]라고 하였다. 록祿에 대해《설문說文》에서는, "祿은 복이다. 시示를 따르고, 록彔은 성부聲符이다"[123]라고 하였다. 사褫에 대해서《설문說文》에서는, "褫는 복이다. 시示를 따르고, 사虒는 성부聲符이다"[124]라고 하였다. 정禎에 대해서《설문說文》에서는, "禎은 상서로움이다. 시示를 따르고, 정貞은 성부聲符이다"[125]라고 하였다. 상祥에 대해《설문說文》에서는, "祥은 복이다. 시示를 따르고, 양羊은 성부聲符이다"[126]라고 하였다. 지祉에 대해《설문說文》에서는, "祉는 복이다. 시示를 따르고, 지止는 성부聲符이다"[127]라고 하였다. 복福에 대해《설문說文》에서는, "福은 순탄한 것이다. 시示를 따르고, 복畐은 성부聲符이다"[128]라고 하였다. 우祐에 대해《설문說文》에서는, "祐는 돕는 것이다. 시示를 따르고, 우右는 성부聲符이다"[129]라고 하였다. 기祺에 대해《설문說文》에서는, "祺는 길함이다. 시示를 따르고, 기其는 성부聲符이다. 禥는 주문籒文이고, 기基를 따른다"[130]라고 하였다. 지祗에 대해서《설문說文》에서는, "祗는 공경하는 것이다. 시示를 따르고, 저氐는 성부聲符이다"[131]

118 (淸) 段玉裁注,《說文解字注》, 第一卷, 第一篇注上, 〈示〉, 2쪽. 그 원문에 "示, 天垂象, 見吉凶, 所目示人也. 从二. 三垂, 日月星也. 觀乎天文, 目察時變. 示, 神事也. 凡示之屬皆从示. 𠀀, 古文示"라고 되어 있다.

119 (淸) 段玉裁注,《說文解字注》, 第一卷, 第一篇注上, 〈祜〉, 2쪽. 그 원문에 "祜, 上諱"라고 되어 있다.

120 (淸) 段玉裁注,《說文解字注》, 第一卷, 第一篇注上, 〈禮〉, 2쪽. 그 원문에 "禮, 履也. 所目事神致福也. 从示, 从豊, 豊亦聲. 𥘯, 古文禮"라고 되어 있다.

121 (淸) 段玉裁注,《說文解字注》, 第一卷, 第一篇注上, 〈禧〉, 2쪽. 그 원문에 "禧, 禮吉也. 从示, 喜聲"이라고 되어 있다.

122 (淸) 段玉裁注,《說文解字注》, 第一卷, 第一篇注上, 〈禛〉, 2-3쪽. 그 원문에 "禛, 目眞受福也. 从示, 眞聲"이라고 되어 있다.

123 (淸) 段玉裁注,《說文解字注》, 第一卷, 第一篇注上, 〈祿〉, 3쪽. 그 원문에 "祿, 福也. 从示, 彔聲"이라고 되어 있다.

124 (淸) 段玉裁注,《說文解字注》, 第一卷, 第一篇注上, 〈褫〉, 3쪽. 그 원문에 "褫, 福也. 从示, 虒聲"이라고 되어 있다.

125 (淸) 段玉裁注,《說文解字注》, 第一卷, 第一篇注上, 〈禎〉, 3쪽. 그 원문에 "禎, 祥也. 从示, 貞聲"이라고 되어 있다.

126 (淸) 段玉裁注,《說文解字注》, 第一卷, 第一篇注上, 〈祥〉, 3쪽. 그 원문에 "祥, 福也. 从示, 羊聲"이라고 되어 있다.

127 (淸) 段玉裁注,《說文解字注》, 第一卷, 第一篇注上, 〈祉〉, 3쪽. 그 원문에 "祉, 福也. 从示, 止聲"이라고 되어 있다.

128 (淸) 段玉裁注,《說文解字注》, 第一卷, 第一篇注上, 〈福〉, 3쪽. 그 원문에 "福, 備也. 从示, 畐聲"이라고 되어 있다.

129 (淸) 段玉裁注,《說文解字注》, 第一卷, 第一篇注上, 〈祐〉, 3쪽. 그 원문에 "祐, 助也. 从示, 右聲"이라고 되어 있다.

130 (淸) 段玉裁注,《說文解字注》, 第一卷, 第一篇注上, 〈祺〉, 3쪽. 그 원문에 "祺, 吉也. 从示, 其聲. 禥, 籒文, 从基"라고 되어 있다.

라고 하였다. 지禔에 대해서《설문說文》에서는, "禔는 편안한 것이다. 시示를 따르고, 시是는 성부聲符이다.《역경易經》에 이르기를, '편안하고 이미 평탄하다'라고 하였다"[132]라고 하였다. 신神에 대해서《설문說文》에서는, "神은 천신天神이고, 만물을 끌어올리는 것이다. 시示를 따르고, 신申은 성부聲符이다"[133]라고 하였다. 기祇에 대해서《설문說文》에서는, "祇는 지신地神이고, 만물을 밀어 올리는 것이다. 시示를 따르고, 씨氏는 성부聲符이다"[134]라고 하였다. 비祕에 대해서《설문說文》에서는, "祕는 신神이다. 시示를 따르고, 필必은 성부聲符이다"[135]라고 하였다. 재齋에 대해서《설문說文》에서는, "齋는 재계齋戒하여 깨끗이 하는 것이다. 시示를 따르고, 제(亝, 齊)의 생략형이 성부聲符이다. 齋는 주문籒文의 재齋이고, 도(襲, 禱)의 생략형을 따른다"[136]라고 하였다. 인禋에 대해서《설문說文》에서는, "禋은 정결히 하여 공경으로 지내는 제사이다. 일설一說에는 정성스런 뜻으로 제사를 받드는 것을 인禋이라고도 한다. 시示를 따르고, 인垔은 성부聲符이다. 禋은 주문籒文이고, 면宀을 따른다"[137]라고 하였다. 제祭에 대해서《설문說文》에서는, "祭는 제사이다. 시示를 따르고, 손으로 고기를 올리고 있다"[138]라고 하였다. 사祀에 대해서《설문說文》에서는, "祀는 제사祭祀가 다함이 없는 것이다. 시示를 따르고, 사巳는 성부聲符이다. 禩는 사祀의 혹체或體이고, 이異를 따른다"[139]라고 하였다. 시祡에 대해《설문說文》에서는, "祡는 섶을 태워 하늘에 제사를 지내는 것이다. 시示를 따르고, 차此는 성부聲符이다. 〈우서虞書〉에 이르기를, '태산泰山에 이르러 시祡 제사를

---

131 (淸) 段玉裁注,《說文解字注》, 第一卷, 第一篇注上,〈祗〉, 3쪽. 그 원문에 "祗, 敬也. 从示, 氐聲"이라고 되어 있다.

132 (淸) 段玉裁注,《說文解字注》, 第一卷, 第一篇注上,〈禔〉, 3쪽. 그 원문에 "禔, 安也. 从示, 是聲. 易曰: 禔旣平"이라고 되어 있다.

133 (淸) 段玉裁注,《說文解字注》, 第一卷, 第一篇注上,〈神〉, 3쪽. 그 원문에 "神, 天神, 引出萬物者也. 从示, 申聲"이라고 되어 있다.

134 (淸) 段玉裁注,《說文解字注》, 第一卷, 第一篇注上,〈祇〉, 3쪽. 그 원문에 "祇, 地祇, 提出萬物者也. 从示, 氏聲"이라고 되어 있다.

135 (淸) 段玉裁注,《說文解字注》, 第一卷, 第一篇注上,〈祕〉, 3쪽. 그 원문에 "祕, 神也. 从示, 必聲"이라고 되어 있다. 그런데 이 비祕와 성부聲符인 필必은 상고음上古音에서 동일하게 질부質部에 속하였다.

136 (淸) 段玉裁注,《說文解字注》, 第一卷, 第一篇注上,〈齋〉, 3쪽. 그 원문에 "齋, 戒絜也. 从示, 亝省聲. 齋, 籒文齋, 从襲省"이라고 되어 있다.

137 (淸) 段玉裁注,《說文解字注》, 第一卷, 第一篇注上,〈禋〉, 3쪽. 그 원문에 "禋, 絜祀也. 一曰: 精意目享爲禋. 从示, 垔聲. 禋, 籒文, 从宀"이라고 되어 있다.

138 (淸) 段玉裁注,《說文解字注》, 第一卷, 第一篇注上,〈祭〉, 3쪽. 그 원문에 "祭, 祭祀也. 从示, 目手持肉"이라고 되어 있다.

139 (淸) 段玉裁注,《說文解字注》, 第一卷, 第一篇注上,〈祀〉, 3-4쪽. 그 원문에 "祀, 祭無已也. 从示, 巳聲. 禩, 祀或, 从異"라고 되어 있다.

지낸다'라고 하였다. 𥛍는 고문古文의 시祡이고, 타隋의 생략형을 따른다"[140]라고 하였다. 류禷에 대해《설문說文》에서는, "禷는 일과 유형에 따라 천신天神에게 제사를 지내는 것이다. 시示를 따르고, 류類는 성부聲符이다"[141]라고 하였다. 궤祪에 대해《설문說文》에서는, "祪는 부祔와 궤祪는 조상의 위패를 옮기는 것이다. 시示를 따르고, 위危는 성부聲符이다"[142]라고 하였다. 부祔에 대해《설문說文》에서는, "祔는 나중에 죽은 사람이 선조의 사당에 함께 배향되는 것이다. 시示를 따르고, 부付는 성부聲符이다"[143]라고 하였다. 조祖에 대해《설문說文》에서는, "祖는 선조의 사당祠堂이다. 시示를 따르고, 조且는 성부聲符이다"[144]라고 하였다. 팽(鬃, 祊)에 대해《설문說文》에서는, "鬃은 문 안의 제사이다. 선조가 오고가던 곳이다. 시示를 따르고, 팽彭은 성부聲符이다.《시경詩經》에 이르기를, '축원하며 문 안에서 제사를 지낸다'라고 하였다. 祊은 팽(鬃, 祊)의 혹체或體이고, 방方을 따른다"[145]라고 하였다. 고祰에 대해서《설문說文》에서는, "祰는 고告하는 제사이다. 시示를 따르고, 고告는 성부聲符이다"[146]라고 하였다. 석祏에 대해《설문說文》에서는, "祏은 종묘의 위패位牌이다.《주례周禮》에 교사郊祀, 종묘제사宗廟祭祀, 석실제사石室祭祀가 있다고 하였다. 일설一說에 대부大夫는 돌로 위패를 만든다고도 한다. 시示와 석石을 따르고, 석石은 또한 성부聲符이다"[147]라고 하였다. 비祡에 대해《설문說文》에서는, "祡는 돼지로 사명신司命神에게 제사지내는 것이다. 시示를 따르고, 비比는 성부聲符이다. 한漢나라의 율령律令에 이르기를, '사명신司命神에게 비祡 제사를 지낸다'라고 하였다"[148]라고 하였다. 사祠에 대해《설문說文》에서는, "祠는 봄에

140 (淸) 段玉裁注,《說文解字注》, 第一卷, 第一篇注上,〈祡〉, 4쪽. 그 원문에 "祡, 燒柴尞祭天也. 从示, 此聲. 虞書曰: 至于岱宗, 祡. 𥛍, 古文祡, 从隋省"이라고 되어 있다. 그런데 이 시祡와 성부聲符인 차此는 상고음上古音에서 동일하게 지부支部에 속하였다.

141 (淸) 段玉裁注,《說文解字注》, 第一卷, 第一篇注上,〈禷〉, 4쪽. 그 원문에 "禷, 目事類祭天神. 从示, 類聲"이라고 되어 있다.

142 (淸) 段玉裁注,《說文解字注》, 第一卷, 第一篇注上,〈祪〉, 4쪽. 그 원문에 "祪, 祔祪祖也. 从示, 危聲"이라고 되어 있다. 그런데 이 궤祪와 성부聲符인 위危는 상고음上古音에서 동일하게 가부歌部에 속하였다.

143 (淸) 段玉裁注,《說文解字注》, 第一卷, 第一篇注上,〈祔〉, 4쪽. 그 원문에 "祔, 後死者合食於先祖. 从示, 付聲"이라고 되어 있다.

144 (淸) 段玉裁注,《說文解字注》, 第一卷, 第一篇注上,〈祖〉, 4쪽. 그 원문에 "祖, 始廟也. 从示, 且聲"이라고 되어 있다.

145 (淸) 段玉裁注,《說文解字注》, 第一卷, 第一篇注上,〈鬃〉, 4쪽. 그 원문에 "鬃, 門內祭, 先祖所彷皇也. 从示, 彭聲. 詩曰: 祝祭于鬃. 祊, 鬃或, 从方"이라고 되어 있다.

146 (淸) 段玉裁注,《說文解字注》, 第一卷, 第一篇注上,〈祰〉, 4쪽. 그 원문에 "祰, 告祭也. 从示, 告聲"이라고 되어 있다.

147 (淸) 段玉裁注,《說文解字注》, 第一卷, 第一篇注上,〈祏〉, 4-5쪽. 그 원문에 "祏, 宗廟主也. 周禮有郊宗石室. 一曰: 大夫目石爲主. 从示石, 石亦聲"이라고 되어 있다.

올리는 제사를 사祠라고 한다. 제물祭物이 적고, 문사文辭가 많기 때문이다. 시示를 따르고, 사司는 성부聲符이다. 중춘仲春의 달에 지내는 사祠는 희생犧牲을 쓰지 않고, 규圭와 벽璧 및 가죽과 비단을 쓴다"[149]라고 하였다. 약礿에 대해《설문說文》에서는, "礿은 여름에 올리는 제사이다. 시示를 따르고, 작勺은 성부聲符이다"[150]라고 하였다. 체禘에 대해《설문說文》에서는, "禘는 살피는 제사이다. 시示를 따르고, 제帝는 성부聲符이다. 주周나라의 예법에 이르기를, '5년에 한 번 체제禘祭를 올린다'라고 하였다"[151]라고 하였다. 협祫에 대해《설문說文》에서는, "祫은 친소원근親疏遠近의 선조를 대규모로 한꺼번에 제사지내는 것이다. 시示와 합合을 따른다. 주周나라의 예법에 이르기를, '3년에 한 번 협제祫祭를 올린다'라고 하였다"[152]라고 하였다. 관祼에 대해《설문說文》에서는, "祼은 술을 땅에 뿌리는 제사이다. 시示를 따르고, 과果는 성부聲符이다"[153]라고 하였다. 취䄎에 대해《설문說文》에서는, "䄎는 촘촘히 지내는 제사이다. 시示를 따르고, 취毳는 성부聲符이다. 발음은 보리를 찧는 것을 취䄎라고 하는데, 이 취䄎와 같다"[154]라고 하였다. 축祝에 대해《설문說文》에서는, "祝은 제사에서 축문祝文을 읊는 일을 맡은 사람이다. 시示를 따르고, 인儿과 구口를 따른다. 일설一說에는 태兌의 생략형을 따른다고도 한다.《역경易經》에 이르기를, '태兌는 구口가 되고, 무巫가 된다'라고 하였다"[155]라고 하였다. 류䉽에 대해《설문說文》에서는, "䉽는 병이 낫기를 축원하는 것이다. 시示를 따르고, 류留는 성부聲符이다"[156]라고 하였다. 불祓에 대해《설문說文》에서는, "祓은 재액災厄을 없애는 제사이다. 시示를 따르고, 발犮은 성부聲符이다"[157]라고 하였다.

---

148 (淸) 段玉裁注,《說文解字注》, 第一卷, 第一篇注上,〈祉〉, 5쪽. 그 원문에 "祉, 目豚祠司命也. 从示, 比聲. 漢律曰: 祠祉司命"이라고 되어 있다.

149 (淸) 段玉裁注,《說文解字注》, 第一卷, 第一篇注上,〈祠〉, 5쪽. 그 원문에 "祠, 春祭曰: 祠. 品物少, 多文辭也. 从示, 司聲. 仲春之月祠, 不用犧牲, 用圭璧及皮幣"라고 되어 있다.

150 (淸) 段玉裁注,《說文解字注》, 第一卷, 第一篇注上,〈礿〉, 5쪽. 그 원문에 "礿, 夏祭也. 从示, 勺聲"이라고 되어 있다.

151 (淸) 段玉裁注,《說文解字注》, 第一卷, 第一篇注上,〈禘〉, 5-6쪽. 그 원문에 "禘, 諦祭也. 从示, 帝聲. 周禮曰: 五歲一禘"라고 되어 있다.

152 (淸) 段玉裁注,《說文解字注》, 第一卷, 第一篇注上,〈祫〉, 6쪽. 그 원문에 "祫, 大合祭先祖親疏遠近也. 从示合. 周禮曰: 三歲一祫"이라고 되어 있다.

153 (淸) 段玉裁注,《說文解字注》, 第一卷, 第一篇注上,〈祼〉, 6쪽. 그 원문에 "祼, 灌祭也. 从示, 果聲"이라고 되어 있다.

154 (淸) 段玉裁注,《說文解字注》, 第一卷, 第一篇注上,〈䄎〉, 6쪽. 그 원문에 "䄎, 數祭也. 从示, 毳聲. 讀若舂麥爲䄎之䄎"라고 되어 있다.

155 (淸) 段玉裁注,《說文解字注》, 第一卷, 第一篇注上,〈祝〉, 6쪽. 그 원문에 "祝, 祭主贊詞者. 从示, 从儿口. 一曰: 从兌省. 易曰: 兌爲口, 爲巫"라고 되어 있다.

156 (淸) 段玉裁注,《說文解字注》, 第一卷, 第一篇注上,〈䉽〉, 6쪽. 그 원문에 "䉽, 祝䉽也. 从示, 留聲"이라고 되어 있다.

기祈에 대해《설문說文》에서는, "祈는 복을 구하는 것이다. 시示를 따르고, 근斤은 성부聲符이다"[158]라고 하였다. 도(禱, 𥛷)에 대해《설문說文》에서는, "禱는 일을 고하여 복을 구하는 것이다. 시示를 따르고, 수壽는 성부聲符이다. 禂는 도禱의 혹체或體이고, 생략하였다. 𥛷는 주문籒文의 도禱이다"[159]라고 하였다. 영禜에 대해《설문說文》에서는, "禜은 새끼줄을 설치하여 사방을 둘러쳐 표시를 한 것을 영營이라고 한다. 이것으로 풍우風雨, 설상雪霜, 수한水旱, 역질疫疾을 일월日月, 성신星辰, 산천山川에게 빌어 물리치는 것이다. 시示를 따르고, 영營의 생략형인 성부聲符를 따른다. 일설一說에 영禜은 보호하여 재앙이 생기지 않도록 하는 것이라고도 한다"[160]라고 하였다. 양禳에 대해《설문說文》에서는, "禳은 희생犧牲의 사지를 찢어 재액災厄을 물리치는 것으로, 역병과 재앙을 물리치는 제사를 올리는 것이다. 옛날에 수인씨燧人氏가 아들의 재앙을 물리치기 위해 만들었다. 시示를 따르고, 양襄은 성부聲符이다"[161]라고 하였다. 회禬에 대해《설문說文》에서는, "禬는 복을 모으는 제사이다. 시示를 따르고, 회會는 성부聲符이다.《주례周禮》에 이르기를, '회제禬祭에서 축원을 올리는 일'이라고 하였다"[162]라고 하였다. 선禪에 대해《설문說文》에서는, "禪은 하늘에 제사를 지내는 것이다. 시示를 따르고, 단單은 성부聲符이다"[163]라고 하였다. 어禦에 대해《설문說文》에서는, "禦는 제사이다. 시示를 따르고, 어御는 성부聲符이다"[164]라고 하였다. 활𥘵에 대해《설문說文》에서는, "𥘵은 제사이다. 시示를 따르고, 괄昏은 성부聲符이다"[165]라고 하였다. 매禖에

157 (淸) 段玉裁注,《說文解字注》, 第一卷, 第一篇注上,〈祓〉, 6쪽. 그 원문에 "祓, 除惡祭也. 从示, 犮聲"이라고 되어 있다.

158 (淸) 段玉裁注,《說文解字注》, 第一卷, 第一篇注上,〈祈〉, 6쪽. 그 원문에 "祈, 求福也. 从示, 斤聲"이라고 되어 있다. 그런데 이 기祈는 상고음上古音에서 미부微部에 속하였고, 성부聲符인 근斤은 상고음에서 문부文部에 속하였다. 따라서 이 기祈와 근斤은 모두 고운古韻에서 미물문微物文의 큰 부류에 속하였다.

159 (淸) 段玉裁注,《說文解字注》, 第一卷, 第一篇注上,〈禱〉, 6쪽. 그 원문에 "禱, 告事求福也. 从示, 壽聲. 禂, 禱或, 省. 𥛷, 籒文禱"라고 되어 있다. 그런데 이 도(禱, 𥛷)와 성부聲符인 수壽는 상고음上古音에서 동일하게 유부幽部에 속하였다.

160 (淸) 段玉裁注,《說文解字注》, 第一卷, 第一篇注上,〈禜〉, 6-7쪽. 그 원문에 "禜, 設緜蕝爲營, 目禳風雨雪霜水旱厲疫于日月星辰山川也. 从示, 从營省聲. 一曰: 禜, 衛使災不生"이라고 되어 있다.

161 (淸) 段玉裁注,《說文解字注》, 第一卷, 第一篇注上,〈禳〉, 7쪽. 그 원문에 "禳, 磔禳, 祀除厲殃也. 古者燧人禜子所造. 从示, 襄聲"이라고 되어 있다.

162 (淸) 段玉裁注,《說文解字注》, 第一卷, 第一篇注上,〈禬〉, 7쪽. 그 원문에 "禬, 會福祭也. 从示, 會聲. 周禮曰: 禬之祝號"라고 되어 있다.

163 (淸) 段玉裁注,《說文解字注》, 第一卷, 第一篇注上,〈禪〉, 7쪽. 그 원문에 "禪, 祭天也. 从示, 單聲"이라고 되어 있다. 그런데 이 선禪과 성부聲符인 단單은 상고음上古音에서 동일하게 원부元部에 속하였다.

164 (淸) 段玉裁注,《說文解字注》, 第一卷, 第一篇注上,〈禦〉, 7쪽. 그 원문에 "禦, 祀也. 从示, 御聲"이라고 되어 있다.

대해《설문說文》에서는, "禖는 제사이다. 시示를 따르고, 모某는 성부聲符이다"[166]라고 하였다. 서稰에 대해《설문說文》에서는, "稰는 제사에 쓰이는 도구이다. 시示를 따르고, 서胥는 성부聲符이다"[167]라고 하였다. 신祳에 대해《설문說文》에서는, "祳은 토지신의 제사에 바치는 날고기이다. 대합으로 된 제기에 담음으로, 그것을 일컬어 신祳이라고 한다. 천자가 이것으로 친히 동성同姓의 제후에게 보내 주는 것이다. 시示를 따르고, 진辰은 성부聲符이다.《춘추좌전春秋左傳》에 이르기를, '석상石尙이 와서 제사의 날고기를 바쳤다'라고 하였다"[168]라고 하였다. 개祴에 대해《설문說文》에서는, "祴는 종묘에서 연주하는 풍류 음악이다. 시示를 따르고, 계戒는 성부聲符이다"[169]라고 하였다. 마禡에 대해《설문說文》에서는, "禡는 군대가 행군하다가 멈추는 곳에서 그 신神을 업신여김이 있을까 두려워, 말에서 내려 신에게 제사를 올리는 것을 일컬어 마禡라고 한다. 시示를 따르고, 마馬는 성부聲符이다.《주례周禮》에 이르기를, '정벌한 곳에서 마제禡祭를 올린다'라고 하였다"[170]라고 하였다. 도禂에 대해《설문說文》에서는, "禂는 희생犧牲을 포획하고 말도 무병無病하기를 기원하며 올리는 제사이다. 시示를 따르고, 주周는 성부聲符이다. 䮞는 혹체或體이고, 마馬를 따르며, 수壽의 생략형이 성부聲符이다"[171]라고 하였다. 사社에 대해《설문說文》에서는, "社는 땅을 맡은 신神이다. 시示와 토土를 따른다.《춘추좌전春秋左傳》에 이르기를, '공공씨共工氏의 아들인 구룡句龍이 토지신土地神이 되었다'라고 하였다. 주周나라의 제도에는 스물다섯 가구가 하나의 사社가 되어 각각 그 땅에 알맞는 나무를 심었다. 社는 고문古文의 사社이다"[172]라고 하였다. 양禓에 대해《설문說文》에서는, "禓은 길에서 지내는 제사이다. 시示를

---

165 (淸) 段玉裁注,《說文解字注》, 第一卷, 第一篇注上,〈祮〉, 7쪽. 그 원문에 "祮, 祀也. 从示, 昏聲"이라고 되어 있다.

166 (淸) 段玉裁注,《說文解字注》, 第一卷, 第一篇注上,〈禖〉, 7쪽. 그 원문에 "禖, 祭也. 从示, 某聲"이라고 되어 있다. 그런데 이 매禖와 성부聲符인 모某는 상고음上古音에서 동일하게 지부之部에 속하였다.

167 (淸) 段玉裁注,《說文解字注》, 第一卷, 第一篇注上,〈稰〉, 7쪽. 그 원문에 "稰, 祭具也. 从示, 胥聲"이라고 되어 있다.

168 (淸) 段玉裁注,《說文解字注》, 第一卷, 第一篇注上,〈祳〉, 7쪽. 그 원문에 "祳, 社肉. 盛之目蜃, 故謂之祳. 天子所目親遺同姓. 从示, 辰聲. 春秋傳曰: 石尙來歸祳"이라고 되어 있다.

169 (淸) 段玉裁注,《說文解字注》, 第一卷, 第一篇注上,〈祴〉, 7쪽. 그 원문에 "祴, 宗廟奏祴樂. 从示, 戒聲"이라고 되어 있다.

170 (淸) 段玉裁注,《說文解字注》, 第一卷, 第一篇注上,〈禡〉, 7쪽. 그 원문에 "禡, 師行所止, 恐有慢其神, 下而祀之曰: 禡. 从示, 馬聲. 周禮, 禡於所征之地"라고 되어 있다.

171 (淸) 段玉裁注,《說文解字注》, 第一卷, 第一篇注上,〈禂〉, 7-8쪽. 그 원문에 "禂, 禱牲馬祭也. 从示, 周聲. 䮞, 或, 从馬, 壽省聲"이라고 되어 있다. 그런데 이 도禂와 성부聲符인 주周와 수壽는 모두 상고음上古音에서 동일하게 유부幽部에 속하였다.

172 (淸) 段玉裁注,《說文解字注》, 第一卷, 第一篇注上,〈社〉, 8쪽. 그 원문에 "社, 地主也. 从示土. 春秋傳曰: 共工之

따르고, 양昜은 성부聲符이다"[173]라고 하였다. 침祲에 대해서《설문說文》에서는, "祲은 정기精氣가 감응感應하여 상서로워지는 것이다. 시示를 따르고, 침(㑴, 侵)의 생략형이 성부聲符이다. 《춘추좌전春秋左傳》에 이르기를, '붉고 검은 요기妖氣를 보았다'라고 하였는데, 이것이다"[174]라고 하였다. 화禍에 대해《설문說文》에서는, "禍는 해치는 것이다. 신이 복을 내리지 않는 것이다. 시示를 따르고, 와咼는 성부聲符이다"[175]라고 하였다. 수祟에 대해《설문說文》에서는, "祟는 신이 내린 재앙이다. 시示와 출出을 따른다. 䉌는 주문籀文의 수祟이고, 도(𥜒, 禱)의 생략형을 따른다"[176]라고 하였다. 요(祅, 妖)에 대해《설문說文》에서는, "祅는 땅이 물체에 반反하면 요사스러운 것이 된다. 시示를 따르고, 요芺는 성부聲符이다"[177]라고 하였다. 산祘에 대해《설문說文》에서는, "祘은 밝게 보면서 셈하는 것이다. 두 개의 시示를 따른다. 《일주서逸周書》에 이르기를, '선비가 백성에게 나누어 줄 때의 계산이다. 균등히 나누어 줌으로써 셈을 하는 것이다'라고 하였다. 발음은 산筭과 같다"[178]라고 하였다. 금禁에 대해《설문說文》에서는, "禁은 길흉吉凶의 금기禁忌이다. 시示를 따르고, 림林은 성부聲符이다"[179]라고 하였다. 담禫에 대해《설문說文》에서는, "禫은 상복喪服을 벗는 제사이다. 시示를 따르고, 담覃은 성부聲符이다"[180]라고 하였다.

子句龍爲社神. 周禮二十五家爲社, 各樹其土所宜木. 䄕, 古文社"라고 되어 있다.

173 (淸) 段玉裁注,《說文解字注》, 第一卷, 第一篇注上,〈禓〉, 8쪽. 그 원문에 "禓, 道上祭. 从示, 昜聲"이라고 되어 있다.

174 (淸) 段玉裁注,《說文解字注》, 第一卷, 第一篇注上,〈祲〉, 8쪽. 그 원문에 "祲, 精气感祥. 从示, 㑴省聲. 春秋傳曰: 見赤黑之祲, 是"라고 되어 있다.

175 (淸) 段玉裁注,《說文解字注》, 第一卷, 第一篇注上,〈禍〉, 8쪽. 그 원문에 "禍, 害也. 神不福也. 从示, 咼聲"이라고 되어 있다.

176 (淸) 段玉裁注,《說文解字注》, 第一卷, 第一篇注上,〈祟〉, 8쪽. 그 원문에 "祟, 神禍也. 从示出. 䉌, 籀文祟, 从𥜒省"이라고 되어 있다.

177 (淸) 段玉裁注,《說文解字注》, 第一卷, 第一篇注上,〈祅〉, 8쪽. 그 원문에 "祅, 地反物爲祅也. 从示, 芺聲"이라고 되어 있다.

178 (淸) 段玉裁注,《說文解字注》, 第一卷, 第一篇注上,〈祘〉, 8-9쪽. 그 원문에 "祘, 明視目筭之. 从二示. 逸周書曰: 士分民之祘. 均分目祘之也. 讀若筭"이라고 되어 있다.

179 (淸) 段玉裁注,《說文解字注》, 第一卷, 第一篇注上,〈禁〉, 9쪽. 그 원문에 "禁, 吉凶之忌也. 从示, 林聲"이라고 되어 있다. 그런데 이 금禁과 성부聲符인 림林은 상고음上古音에서 동일하게 침부侵部에 속하였다.

180 (淸) 段玉裁注,《說文解字注》, 第一卷, 第一篇注上,〈禫〉, 9쪽. 그 원문에 "禫, 除服祭也. 从示, 覃聲"이라고 되어 있다.

(라) 우부牛部 체제의 예

우牛에 대해서《설문說文》에서는, "牛는 일함이고, 무늬가 있는 것이다. 뿔과 머리를 합하여 셋이고, 어깨의 튀어남과 꼬리가 있는 모습을 본뜨고 있다. 무릇 우牛의 속屬들은 모두 이 우牛를 따른다"[181]라고 하였다. 그리고 이 우부牛部에 포함된 글자들은 다음과 같다. 모牡에 대해《설문說文》에서는, "牡는 가축의 수컷이다. 우牛를 따르고, 토土는 성부聲符이다"[182]라고 하였다. 강犅에 대해《설문說文》에서는, "犅은 수소이다. 우牛를 따르고, 강岡은 성부聲符이다"[183]라고 하였다. 특特에 대해서《설문說文》에서는, "特은 수컷의 소이다. 우牛를 따르고, 시寺는 성부聲符이다"[184]라고 하였다. 빈牝에 대해《설문說文》에서는, "牝은 가축의 암컷이다. 우牛를 따르고, 비匕는 성부聲符이다.《역경易經》에 이르기를, '암소를 기르면 길吉하다'라고 하였다"[185]라고 하였다. 독犢에 대해《설문說文》에서는, "犢은 송아지이다. 우牛를 따르고, 육賣은 성부聲符이다"[186]라고 하였다. 패(犻, [illegible])에 대해《설문說文》에서는, "犻는 두 살 된 소이다. 우牛를 따르고, 발朮은 성부聲符이다"[187]라고 하였다. 삼犙에 대해《설문說文》에서는, "犙은 세 살 된 소이다. 우牛를 따르고, 삼參은 성부聲符이다"[188]라고 하였다. 사牭에 대해《설문說文》에서는, "牭는 네 살 된 소이다. 우牛와 사四를 따르고, 사四는 또한 성부聲符이다. 𤘘는 주문籀文의 사牭이고, 이貳를 따른다"[189]라고 하였다. 개犗에 대해《설문說文》에서는, "犗는 거세한 소이다. 우牛를 따르고, 해害는 성부聲符이다"[190]라고 하였

---

181 (清) 段玉裁注,《說文解字注》, 第三卷, 第二篇注上,〈牛〉, 51쪽. 그 원문에 "牛, 事也, 理也. 像角頭三, 封·尾之形也. 凡牛之屬皆从牛"라고 되어 있다.

182 (清) 段玉裁注,《說文解字注》, 第三卷, 第二篇注上,〈牡〉, 51쪽. 그 원문에 "牡, 畜父也. 从牛, 土聲"이라고 되어 있다.

183 (清) 段玉裁注,《說文解字注》, 第三卷, 第二篇注上,〈犅〉, 51쪽. 그 원문에 "犅, 特也. 从牛, 岡聲"이라고 되어 있다.

184 (清) 段玉裁注,《說文解字注》, 第三卷, 第二篇注上,〈特〉, 51쪽. 그 원문에 "特, 特牛也. 从牛, 寺聲"이라고 되어 있다. 그런데 이 특特은 상고음上古音에서 직부職部에 속하였고, 성부聲符인 시寺는 상고음에서 지부之部에 속하였다. 따라서 이 특特과 시寺는 모두 고운古韻에서 지직증之職蒸의 큰 부류에 속하였다.

185 (清) 段玉裁注,《說文解字注》, 第三卷, 第二篇注上,〈牝〉, 51쪽. 그 원문에 "牝, 畜母也. 从牛, 匕聲. 易曰: 畜牝牛, 吉"이라고 되어 있다.

186 (清) 段玉裁注,《說文解字注》, 第三卷, 第二篇注上,〈犢〉, 51쪽. 그 원문에 "犢, 牛子也. 从牛, 賣聲"이라고 되어 있다. 그런데 이 독犢과 성부聲符인 육賣은 상고음上古音에서 동일하게 옥부屋部에 속하였다.

187 (清) 段玉裁注,《說文解字注》, 第三卷, 第二篇注上,〈犻〉, 51쪽. 그 원문에 "犻, 二歲牛. 从牛, 朮聲"이라고 되어 있다. 그런데 이 패(犻, [illegible])와 성부聲符인 발朮은 상고음上古音에서 동일하게 월부月部에 속하였다.

188 (清) 段玉裁注,《說文解字注》, 第三卷, 第二篇注上,〈犙〉, 51쪽. 그 원문에 "犙, 三歲牛. 从牛, 參聲"이라고 되어 있다.

189 (清) 段玉裁注,《說文解字注》, 第三卷, 第二篇注上,〈牭〉, 51쪽. 그 원문에 "牭, 四歲牛. 从牛四, 四亦聲. 𤘘, 籀文牭, 从貳"라고 되어 있다.

190 (清) 段玉裁注,《說文解字注》, 第三卷, 第二篇注上,〈犗〉, 51쪽. 그 원문에 "犗, 騬牛也. 从牛, 害聲"이라고

다. 방牻에 대해《설문說文》에서는, "牻은 희고 검은 잡색雜色의 소이다. 우牛를 따르고, 방尨은 성부聲符이다"[191]라고 하였다. 량㹁에 대해《설문說文》에서는, "㹁은 잡색雜色의 소이다. 우牛를 따르고, 경京은 성부聲符이다.《춘추좌전春秋左傳》에 이르기를, '방牻과 량㹁'이라고 하였다"[192]라고 하였다. 려犡에 대해《설문說文》에서는, "犡는 등이 흰 소이다. 우牛를 따르고, 려厲는 성부聲符이다"[193]라고 하였다. 도𤙓에 대해《설문說文》에서는, "𤙓는 누렁소이고, 호랑이 무늬가 있는 것이다. 우牛를 따르고, 여余는 성부聲符이다. 발음은 도塗와 같다"[194]라고 하였다. 락犖에 대해《설문說文》에서는, "犖은 얼룩소이다. 우牛를 따르고, 로勞의 생략형이 성부聲符이다"[195]라고 하였다. 렬𤙊에 대해《설문說文》에서는, "𤙊은 등이 흰 소이다. 우牛를 따르고, 랄(寽, 捋)은 성부聲符이다"[196]라고 하였다. 평𤙈에 대해《설문說文》에서는, "𤙈은 소가 얼룩하기가 마치 별과 같다. 우牛를 따르고, 평平은 성부聲符이다"[197]라고 하였다. 표犥에 대해《설문說文》에서는, "犥는 누르고 흰색의 소이다. 우牛를 따르고, 표麃는 성부聲符이다"[198]라고 하였다. 순犉에 대해《설문說文》에서는, "犉은 누르고 입술 검은 소이다. 우牛를 따르고, 순(𦎫, 純)은 성부聲符이다.《시경詩經》에 이르기를, '누르고 입술 검은 소가 구십 마리나 된다'라고 하였다"[199]라고 하였다. 악㹇에 대해《설문說文》에서는, "㹇은 흰 소이다.

되어 있다.

191 (淸) 段玉裁注,《說文解字注》, 第三卷, 第二篇注上,〈牻〉, 51쪽. 그 원문에 "牻, 白黑雜毛牛也. 从牛, 尨聲"이라고 되어 있다.

192 (淸) 段玉裁注,《說文解字注》, 第三卷, 第二篇注上,〈㹁〉, 51쪽. 그 원문에 "㹁, 牻牛也. 从牛, 京聲. 春秋傳曰: 牻㹁"이라고 되어 있다. 그런데 이 량㹁과 성부聲符인 경京은 상고음上古音에서 동일하게 양부陽部에 속하였다.

193 (淸) 段玉裁注,《說文解字注》, 第三卷, 第二篇注上,〈犡〉, 51쪽. 그 원문에 "犡, 牛白脊也. 从牛, 厲聲"이라고 되어 있다.

194 (淸) 段玉裁注,《說文解字注》, 第三卷, 第二篇注上,〈𤙓〉, 51쪽. 그 원문에 "𤙓, 黃牛虎文. 从牛, 余聲. 讀若塗"라고 되어 있다. 그런데 이 도𤙓와 성부聲符인 여余는 상고음上古音에서 동일하게 어부魚部에 속하였다.

195 (淸) 段玉裁注,《說文解字注》, 第三卷, 第二篇注上,〈犖〉, 51-52쪽. 그 원문에 "犖, 駁牛也. 从牛, 勞省聲"이라고 되어 있다. 그런데 이 락犖은 상고음上古音에서 약부藥部에 속하였고, 성부聲符인 로勞는 상고음에서 소부宵部에 속하였다. 따라서 이 락犖과 로勞는 모두 고운古韻에서 소약宵藥의 큰 부류에 속하였다.

196 (淸) 段玉裁注,《說文解字注》, 第三卷, 第二篇注上,〈𤙊〉, 52쪽. 그 원문에 "𤙊, 牛白脊也. 从牛, 寽聲"이라고 되어 있다.

197 (淸) 段玉裁注,《說文解字注》, 第三卷, 第二篇注上,〈𤙈〉, 52쪽. 그 원문에 "𤙈, 牛駁如星. 从牛, 平聲"이라고 되어 있다.

198 (淸) 段玉裁注,《說文解字注》, 第三卷, 第二篇注上,〈犥〉, 52쪽. 그 원문에 "犥, 牛黃白色. 从牛, 麃聲"이라고 되어 있다.

199 (淸) 段玉裁注,《說文解字注》, 第三卷, 第二篇注上,〈犉〉, 52쪽. 그 원문에 "犉, 黃牛黑脣也. 从牛, 𦎫聲. 詩曰: 九十其犉"이라고 되어 있다.

우牛를 따르고, 학隺은 성부聲符이다"[200]라고 하였다. 강犟에 대해《설문說文》에서는, "犟은 등이 긴 소이다. 우牛를 따르고, 강畺은 성부聲符이다"[201]라고 하였다. 도𤚽에 대해《설문說文》에서는, "𤚽는 소가 천천히 걷는 것이다. 우牛를 따르고, 도叏는 성부聲符이다. 발음은 도滔와 같다"[202]라고 하였다. 주犨에 대해《설문說文》에서는, "犨는 소가 헐떡거리는 소리이다. 우牛를 따르고, 수雔는 성부聲符이다. 일설一說에는 소 이름이라고도 한다"[203]라고 하였다. 모牟에 대해《설문說文》에서는, "牟는 소가 우는 것이다. 우牛를 따르고, ㇜는 그 소리의 기운이 입에서 나옴을 본뜨고 있다"[204]라고 하였다. 산㹌에 대해《설문說文》에서는, "㹌은 산㹌을 기르는 것은 희생犧牲을 먹여 기르는 것이다. 우牛를 따르고, 산產은 성부聲符이다"[205]라고 하였다. 생牲에 대해《설문說文》에서는, "牲은 완전한 소이다. 우牛를 따르고, 생生은 성부聲符이다"[206]라고 하였다. 전牷에 대해《설문說文》에서는, "牷은 털이 순색純色인 소이다. 주周나라의 예법에 제사 때에는 순색의 희생을 썼다. 우牛를 따르고, 전全은 성부聲符이다"[207]라고 하였다. 견牽에 대해《설문說文》에서는, "牽은 끌고 앞으로 나가는 것이다. 우牛를 따르고, 멱冖은 소를 끄는 고삐를 본뜨고 있다. 현玄은 성부聲符이다"[208]라고 하였다. 곡牿에 대해《설문說文》에서는, "牿은 소와 말의 우리이다. 우牛를 따르고, 고告는 성부聲符이다.《상서尙書》〈주서周書〉에 이르기를, '지금 소와 말을 우리에 가둬야 한다'라고 하였다"[209]라고 하였다. 뢰牢에 대해《설문說文》에서는, "牢는 마구간이다. 소와 말을 기르는

200 (淸) 段玉裁注,《說文解字注》, 第三卷, 第二篇注上,〈犞〉, 52쪽. 그 원문에 "犞, 白牛也. 从牛, 隺聲"이라고 되어 있다.

201 (淸) 段玉裁注,《說文解字注》, 第三卷, 第二篇注上,〈犟〉, 52쪽. 그 원문에 "犟, 牛長脊. 从牛, 畺聲"이라고 되어 있다.

202 (淸) 段玉裁注,《說文解字注》, 第三卷, 第二篇注上,〈𤚽〉, 52쪽. 그 원문에 "𤚽, 牛徐行也. 从牛, 叏聲. 讀若滔"라고 되어 있다.

203 (淸) 段玉裁注,《說文解字注》, 第三卷, 第二篇注上,〈犨〉, 52쪽. 그 원문에 "犨, 牛息聲. 从牛, 雔聲. 一曰: 牛名"이라고 되어 있다.

204 (淸) 段玉裁注,《說文解字注》, 第三卷, 第二篇注上,〈牟〉, 52쪽. 그 원문에 "牟, 牛鳴也. 从牛, ㇜象其聲气從口出"이라고 되어 있다.

205 (淸) 段玉裁注,《說文解字注》, 第三卷, 第二篇注上,〈㹌〉, 52쪽. 그 원문에 "㹌, 畜㹌, 畜牲也. 从牛, 產聲"이라고 되어 있다.

206 (淸) 段玉裁注,《說文解字注》, 第三卷, 第二篇注上,〈牲〉, 52쪽. 그 원문에 "牲, 牛完全也. 从牛, 生聲"이라고 되어 있다.

207 (淸) 段玉裁注,《說文解字注》, 第三卷, 第二篇注上,〈牷〉, 52쪽. 그 원문에 "牷, 牛純色. 禮, 祭祀牷牲. 从牛, 全聲"이라고 되어 있다.

208 (淸) 段玉裁注,《說文解字注》, 第三卷, 第二篇注上,〈牽〉, 52쪽. 그 원문에 "牽, 引而前也. 从牛, 冖象引牛之縻也. 玄聲"이라고 되어 있다.

209 (淸) 段玉裁注,《說文解字注》, 第三卷, 第二篇注上,〈牿〉, 52쪽. 그 원문에 "牿, 牛馬牢也. 从牛, 告聲. 周書曰:

우리이다. 우牛와 동冬의 생략형을 따른다. 그 사방이 둘러쳐져 있음을 취한 것이다"[210]라고 하였다. 추犓에 대해《설문說文》에서는, "犓는 꼴과 여물로써 우리의 소를 기르는 것이다. 우牛와 추芻를 따르고, 추芻는 또한 성부聲符이다.《춘추외전春秋外傳》인《국어國語》에 이르기를, '꼴과 여물을 먹여 기른 가축이 얼마나 되는가?'라고 하였다"[211]라고 하였다. 요犪에 대해《설문說文》에서는, "犪는 소가 길들어서 순한 것이다. 우牛를 따르고, 노夒는 성부聲符이다"[212]라고 하였다. 비犕에 대해《설문說文》에서는, "犕는《역경易經》에서 이르기를, '수레 안장을 지운 소와 수레를 끄는 네 말'이라고 하였다. 우牛를 따르고, 비(𤰈, 備)는 성부聲符이다"[213]라고 하였다. 려(𤛓, 犂, 犁)에 대해《설문說文》에서는, "𤛓는 밭을 가는 것이다. 우牛를 따르고, 려黎는 성부聲符이다"[214]라고 하였다. 비犤에 대해《설문說文》에서는, "犤는 두 소가 양쪽에서 밭을 가는 것이다. 우牛를 따르고, 비非는 성부聲符이다. 일설一說에는 재차 갈아 씨를 뿌리는 것이라고도 한다. 발음은 비匪와 같다"[215]라고 하였다. 도犗에 대해《설문說文》에서는, "犗는 소나 양이 새끼가 없는 것이다. 우牛를 따르고, 수(𠃬, 壽)는 성부聲符이다. 발음은 구량糗糧의 구糗와 같다"[216]라고 하였다. 저牴에 대해《설문說文》에서는, "牴는 부딪히는 것이다. 우牛를 따르고, 저氐는 성부聲符이다"[217]라고 하였다. 위𤛛에 대해《설문說

今惟牿牛馬"라고 되어 있다. 그런데 이 곡牿은 상고음上古音에서 각부覺部에 속하였고, 성부聲符인 고告는 상고음에서 유부幽部에 속하였다. 따라서 이 곡牿과 성부聲符인 고告는 모두 고운古韻에서 유각동幽覺冬의 큰 부류에 속하였다.

210 (清) 段玉裁注,《說文解字注》, 第三卷, 第二篇注上,〈牢〉, 52쪽. 그 원문에 "牢, 閑也. 養牛馬圈也. 从牛冬省. 取其四周帀"이라고 되어 있다.

211 (清) 段玉裁注,《說文解字注》, 第三卷, 第二篇注上,〈犓〉, 52쪽. 그 원문에 "犓, 㠯芻莝養圈牛也. 从牛芻, 芻亦聲. 春秋國語曰: 犓豢幾何?"라고 되어 있다.

212 (清) 段玉裁注,《說文解字注》, 第三卷, 第二篇注上,〈犪〉, 52쪽. 그 원문에 "犪, 牛柔謹也. 从牛, 夒聲"이라고 되어 있다.

213 (清) 段玉裁注,《說文解字注》, 第三卷, 第二篇注上,〈犕〉, 52쪽. 그 원문에 "犕, 易曰: 犕牛乘馬. 从牛, 𤰈聲"이라고 되어 있다.

214 (清) 段玉裁注,《說文解字注》, 第三卷, 第二篇注上,〈𤛓〉, 52-53쪽. 그 원문에 "𤛓, 耕也. 从牛, 黎聲"이라고 되어 있다.

215 (清) 段玉裁注,《說文解字注》, 第三卷, 第二篇注上,〈犤〉, 53쪽. 그 원문에 "犤, 兩壁耕也. 从牛, 非聲. 一曰: 覆耕種也. 讀若匪"라고 되어 있다.

216 (清) 段玉裁注,《說文解字注》, 第三卷, 第二篇注上,〈犗〉, 53쪽. 그 원문에 "犗, 牛羊無子也. 从牛, 𠃬聲. 讀若糗糧之糗"라고 되어 있다. 그런데 이 도犗와 구糗, 그리고 성부聲符인 수(𠃬, 壽)는 모두 상고음上古音에서 동일하게 유부幽部에 속하였다.

217 (清) 段玉裁注,《說文解字注》, 第三卷, 第二篇注上,〈牴〉, 53쪽. 그 원문에 "牴, 觸也. 从牛, 氐聲"이라고 되어 있다.

文》에서는, "𤛟는 소가 땅을 밟는 것이다. 우牛를 따르고, 위衞는 성부聲符이다"[218]라고 하였다. 견堅에 대해《설문說文》에서는, "堅은 소가 거칠어 끌려가지 않는 것이다. 우牛와 견臤을 따르고, 견臤은 또한 성부聲符이다. 일설一說에는 커다란 모양이라고도 한다. 발음은 현賢과 같다"[219]라고 하였다. 경牼에 대해《설문說文》에서는, "牼은 소 무릎 아래의 뼈이다. 우牛를 따르고, 경巠은 성부聲符이다.《춘추좌전春秋左傳》에 이르기를, '송宋나라의 사마경司馬牼은 자字가 우牛이다'라고 하였다"[220]라고 하였다. 금牸에 대해《설문說文》에서는, "牸은 소 혀에 난 병이다. 우牛를 따르고, 금今은 성부聲符이다"[221]라고 하였다. 서犀에 대해《설문說文》에서는, "犀는 나라 밖의 소이다. 뿔 하나는 코에 있고, 다른 뿔 하나는 이마에 있다. 마치 돼지와 같다. 우牛를 따르고, 미尾는 성부聲符이다"[222]라고 하였다. 인牣에 대해《설문說文》에서는, "牣은 가득 찬 것이다. 우牛를 따르고, 인刃은 성부聲符이다.《시경詩經》에 이르기를, '아아! 연못에 물고기가 가득 뛰어노네'라고 하였다"[223]라고 하였다. 물物에 대해《설문說文》에서는, "物은 만물萬物이다. 소는 커다란 물체이다. 천지의 일은 소를 끌고 밭을 가는 데에서 시작하므로, 우牛를 따른다. 물勿은 성부聲符이다"[224]라고 하였다. 희犧에 대해《설문說文》에서는, "犧는 종묘제사宗廟祭祀에 쓰는 희생犧牲이다. 우牛를 따르고, 희羲는 성부聲符이다. 가규賈逵가 이르기를, '이 글자는 옛 글자가 아니다'라고 하였다"[225]라고 하였다.

---

218 (淸) 段玉裁注,《說文解字注》, 第三卷, 第二篇注上,〈𤛟〉, 53쪽. 그 원문에 "𤛟, 牛踶𤛟也. 从牛, 衞聲"이라고 되어 있다.

219 (淸) 段玉裁注,《說文解字注》, 第三卷, 第二篇注上,〈堅〉, 53쪽. 그 원문에 "堅, 牛很不從牽也. 从牛臤, 臤亦聲. 一曰: 大皃. 讀若賢"이라고 되어 있다.

220 (淸) 段玉裁注,《說文解字注》, 第三卷, 第二篇注上,〈牼〉, 53쪽. 그 원문에 "牼, 牛厀下骨也. 从牛, 巠聲. 春秋傳曰: 宋司馬牼字牛"라고 되어 있다.

221 (淸) 段玉裁注,《說文解字注》, 第三卷, 第二篇注上,〈牸〉, 53쪽. 그 원문에 "牸, 牛舌病也. 从牛, 今聲"이라고 되어 있다.

222 (淸) 段玉裁注,《說文解字注》, 第三卷, 第二篇注上,〈犀〉, 53쪽. 그 원문에 "犀, 徼外牛. 一角在鼻, 一角在頂. 佀豕. 从牛, 尾聲"이라고 되어 있다. 그런데 이 서犀는 상고음上古音에서 지부脂部에 속하였고, 성부聲符인 미尾는 상고음에서 미부微部에 속하였다. 따라서 이 서犀와 미尾는 상고음에서 서로 동일한 큰 부류에 속하지 않았다.

223 (淸) 段玉裁注,《說文解字注》, 第三卷, 第二篇注上,〈牣〉, 53쪽. 그 원문에 "牣, 牣, 滿也. 从牛, 刃聲. 詩曰: 於牣魚躍"이라고 되어 있다.

224 (淸) 段玉裁注,《說文解字注》, 第三卷, 第二篇注上,〈物〉, 53쪽. 그 원문에 "物, 萬物也. 牛爲大物. 天地之數, 起於牽牛, 故从牛. 勿聲"이라고 되어 있다.

225 (淸) 段玉裁注,《說文解字注》, 第三卷, 第二篇注上,〈犧〉, 53쪽. 그 원문에 "犧, 宗廟之牲也. 从牛, 羲聲. 賈侍中說: 此非古字"라고 되어 있다.

2. 육서六書의 논쟁

중국 문자학을 공부하는 데 있어서 '육서六書'의 명칭 및 이것과 관련된 논쟁은 반드시 알아두어야 할 기본적인 상식이다. 이른바 '육서六書'라고 하는 것은 한자를 창조한 여섯 가지 법칙이라고 생각할 수 있지만, 사실은 문자 구조의 유형이라고 말해야 더 정확하다고 볼 수 있다. 그런데 이 명칭은 전국시대戰國時代의 문헌에서 가장 먼저 나타났다.

예를 들어, 《주례周禮》의 〈지관地官·보씨保氏〉에 보이는 직책 관장에서 이르기를, "보씨保氏는 왕의 잘못됨을 간諫하고, 국자國子를 도道로써 길러 육예六藝를 가르침을 관장하는 직책이다. 이 육예에는 첫째가 오례五禮이고, 둘째는 육악六樂이며, 셋째는 오사五射이고, 넷째는 오어五馭이며, 다섯째는 육서六書이고, 여섯째는 구수九數이다"[226]라고 하였다. 이 기록을 통해서 쉽게 알 수 있듯이, 육서六書라고 하는 것은 원래 고대의 학습 교과 과목의 하나일 뿐이지, 요즘에 일컫는 문자학이라는 학문 분야와는 그다지 상관이 없었다.

그러다가 한漢나라 때에 이르러서야 학자들이 이 육서六書를 여섯 가지의 글자 창제법이라고 주해를 달기 시작하였다. 그래서 어떤 학자들은 심지어 이 방법이 글자 창제 초기, 즉 황제黃帝나 창힐倉頡의 시대부터 시작되었다고 생각하면서, 그 명칭도 창힐의 시대에 이미 정해졌다고 여겼다. 그러나 문자는 인간 생활의 필요에 따라서 창조된 것으로, 천천히 그리고 차츰차츰 그 수량이 많아지면서 대부분의 창의創意가 우연적으로 발생한 것이지, 일부러 어떤 법칙을 먼저 세우고 나서 그 법칙에 따라 글자를 창조하거나 하는 일은 없었다. 더욱이 나중에 출현하는 몇몇 자형들을 귀납하여 얻은 법칙을 통하여 글자 창제 초기의 실제 상황을 가늠해 본다는 것은 더더욱 어려운 일이라고 할 수 있다.

그리고 한漢나라 학자들이 분석해 놓은 자형들은 시간적으로 보아 이미 문자가 창조되고도 몇 천 년 후이기 때문에, 그 당시에는 이미 형태상에서 커다란 변화가 생긴 뒤라고 할 수 있다. 따라서 그 귀납한 결과는 당연히 신빙성이 떨어질 수밖에 없는 것이다. 게다가 예전에는 문자를 서로 비교하고 연구하는 데 쓰이는 초기 문자의 자료들이 거의 없었기 때문에, 다만 《설문說文》에 보이는 소전체小篆體 자형에 대한 분석만을 의지할 수밖에 없었다. 그에 비해서 지금은 대량의 초기 문자 자료가 지하에서 출토되어 충분한 연구 자료를 제공하고 있으므로, 우리는 마땅히 실사구시적實事求是的인 방법에 따라 고문자古文字의

226 (淸) 阮元 校刻, 《十三經注疏》(附校勘記), 《周禮》, 卷第十四, 〈地官·保氏〉, 731쪽. 그 원문에는 "保氏掌諫王惡, 而養國子以道, 乃教之六藝. 一曰: 五禮, 二曰: 六樂, 三曰: 五射, 四曰: 五馭, 五曰: 六書, 六曰: 九數"라고 되어 있다.

현상에 의거하여 분석하고 또 귀납적으로 문자학적 발전 법칙을 논술할 필요성이 있다. 그러면 아래에서 문자학의 역사를 회고해 본다는 자세로 육서六書에 관한 학문적 논의과정을 간략히 소개하고자 한다.

한대의 학자들이 육서六書의 순서와 명칭에 대하여 논의한 것은 주로 아래의 세 가지 의견으로 크게 나누어 볼 수 있다.

一. 반고班固 : 상형象形, 상사象事, 상의象意, 상성象聲, 전주轉注, 가차假借(《한서漢書》〈예문지藝文志〉에 의거)

二. 정중鄭衆 : 상형象形, 회의會意, 전주轉注, 처사處事, 가차假借, 해성諧聲(《주례周禮》〈지관地官·보씨保氏〉의 〈정현주인鄭玄注引〉에 의거)

三. 허신許愼 : 지사指事, 상형象形, 형성形聲, 회의會意, 전주轉注, 가차假借(《설문해자說文解字》〈서敍〉에 의거)

그런데 위에서 언급한 한漢나라의 세 학자가 육서를 해설한 기본 바탕은 모두 유흠劉歆의 고문경학古文經學에서 비롯된 것이었다. 그러나 그중에서 오직 허신許愼만이 나름대로 육서에 대한 정의를 내리고, 또 그에 대한 자례字例를 보충하여 설명하였다. 그래서 허신은 자신이 기준으로 삼은 일정한 법칙을 아래와 같이 설명하고 있다.

"지사指事라고 하는 것은, 바라보면 판별해 낼 수 있고 관찰하면 그 뜻이 드러나는 것을 일컫는데, 상(二, 上)과 하(二, 下)와 같은 것이 이에 속한다."[227]

그래서 〈도표 51〉에 보이는 상(二, 上)에 대해 《설문說文》에서는, "二은 높은 것이다. 이것은 고문古文의 상(丄, 上)이다. 지사자指事字이다. 무릇 상(二, 上)의 속屬들은 모두 이 상(二, 上)을 따른다. 丄은 전문篆文의 상上이다"[228]라고 하였다. 이 상(二, 上)은 한 짧은 획이 한 긴 획 위에 있는 것을 본뜬 것으로, 위라는 위치 관계를 표시하고 있다.

그리고 〈도표 52〉에 보이는 하(二, 下)에 대해 《설문說文》에서는, "二는 낮은 것이다. 상(二, 上)을 반대로 하면 하(二, 下)가 됨을 따른다. 丅는 전문篆文의 하下이다"[229]라고 하였다.

---

227 (淸) 段玉裁注,《說文解字注》, 第二十九卷, 第十五卷注上,〈敍〉, 762쪽. 그 원문에 "指事者, 視而可識, 察而見意, 二二是也"라고 되어 있다.

228 (淸) 段玉裁注,《說文解字注》, 第一卷, 第一篇注上,〈二〉, 1-2쪽. 그 원문에 "二, 高也. 此古文丄. 指事也. 凡二之屬皆从二. 丄, 篆文上"이라고 되어 있다.

229 (淸) 段玉裁注,《說文解字注》, 第一卷, 第一篇注上,〈二〉, 2쪽. 그 원문에 "二, 底也. 从反二爲二. 丅, 篆文下"라고 되어 있다.

도표 번호	상商나라의 갑골문甲骨文	주周나라의 금문金文	진秦나라의 소전小篆	한漢나라의 예서隸書	현대의 한자	글자의 창의創意
51			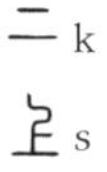	上	上	한 짧은 획이 한 긴 획 위에 있는 것을 본뜬 것으로, 위라는 위치 관계를 표시하고 있다.
52			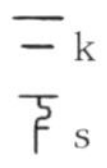	下	下	한 짧은 획이 한 긴 획 아래에 있는 것을 본뜬 것으로, 아래라는 위치 관계를 표시하고 있다.
53	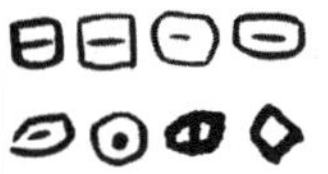	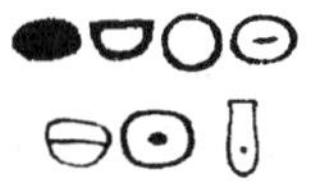	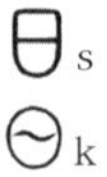	日	日	태양의 윤곽을 본뜨고 있다.
54	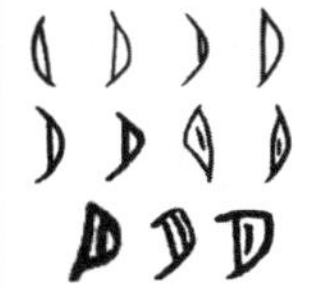			月	月	달의 윤곽을 본뜨고 있다.

이 하(二, 下)는 한 짧은 획이 한 긴 획 아래에 있는 것을 본뜬 것으로, 아래라는 위치 관계를 표시하고 있다.

"상형象形이라고 하는 것은, 그 물체를 그려 낸 것으로 물체의 모양을 따라 굽어진 것을 일컫는데, 일日과 월月과 같은 것이 이에 속한다."[230]

그래서 〈도표 53〉에 보이는 일日에 대해 《설문說文》에서는, "日은 가득 찬 것이다. 태양太陽의 정화이고, 이지러지지 않는 것이다. ○과 일一을 따른다. 상형자象形字이다. 무릇 일日의 속屬들은 모두 이 일日을 따른다. ⊖은 고문古文이고, 상형자象形字이다"[231] 라고 하였다. 이 일日은 태양의 윤곽으로 그 물체의 모양을 묘사하고 있다.

그리고 〈도표 54〉에 보이는 월月에 대해 《설문說文》에서는, "月은 이지러진 것이다. 태음太陰의 정화이다. 상형자象形字이다. 무릇 월月의 속屬들은 모두 이 월月을 따른다"[232]라고

230 (清) 段玉裁注,《說文解字注》, 第二十九卷, 第十五卷注上,〈敍〉, 762-763쪽. 그 원문에 "象形者, 畫成其物, 隨體詰詘, 日月是也"라고 되어 있다.

231 (清) 段玉裁注,《說文解字注》, 第十三卷, 第七篇注上,〈日〉, 305쪽. 그 원문에 "日, 實也. 大昜之精不虧. 从○一. 象形. 凡日之屬皆从日. ⊖, 古文, 象形"이라고 되어 있다.

도표 번호	상商나라의 갑골문甲骨文	주周나라의 금문金文	진秦나라의 소전小篆	한漢나라의 예서隸書	현대의 한자	글자의 창의創意
55		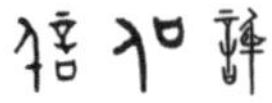			信 訫	긴 관악기管樂器를 들고 선포를 하는 사람만이 믿을 수 있는 정부 정책을 알리는 사람이라는 뜻이다.

하였다. 이 월月은 항상 이지러지는 달의 윤곽으로 이 물체의 모양을 묘사하고 있다.

"형성形聲이라고 하는 것은, 사물로 이름을 정하고 가까운 발음을 취하여 서로 만들어진 것을 일컫는데, 강江과 하河와 같은 것이 이에 속한다."[233]

그래서 강江에 대해《설문說文》에서는, "은 장강長江의 물줄기이다. 촉군蜀郡의 전저도湔氐道 변방 밖의 민산崏山에서 흘러나와서 바다로 들어간다. 수水를 따르고, 공工은 성부聲符이다"[234]라고 하였다. 이 강江은 물소리가 공工과 같이 나는 강의 명칭이다(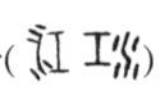).

그리고 하河에 대해《설문說文》에서는, "는 황하黃河의 물줄기이다. 돈황敦煌의 새외塞外인 곤륜산昆侖山에서 흘러나와서, 발원지를 떠나 바다로 들어간다. 수水를 따르고, 가可는 성부聲符이다"[235]라고 하였다. 이 하河는 물소리가 가可와 같이 나는 강의 명칭이다(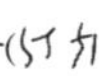 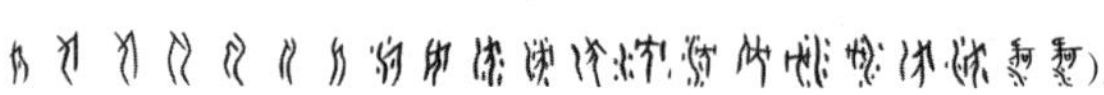).

"회의會意라고 하는 것은, 글자의 유형을 나란히 모아 뜻을 합치는 것으로서 그 의미의 방향을 나타내는 것을 일컫는데, 무(𢧢, 武)와 신信과 같은 것이 이에 속한다."[236]

그래서〈도표 39〉에서 소개한 것처럼, 무(𢧢, 武)는 창을 들고 추는 대무大武의 춤이나 혹은 창을 들고 행군을 하는 사람이 씩씩한 무용武勇의 기개가 있는 것으로 그 뜻을 표현하고 있다().

232 (淸) 段玉裁注,《說文解字注》, 第十三卷, 第七篇注上,〈月〉, 316쪽. 그 원문에 ", 闕也. 大侌之精. 象形. 凡月之屬皆从月"이라고 되어 있다.

233 (淸) 段玉裁注,《說文解字注》, 第二十九卷, 第十五卷注上,〈敍〉, 763쪽. 그 원문에 "形聲者, 目事爲名, 取譬相成, 江河是也"라고 되어 있다.

234 (淸) 段玉裁注,《說文解字注》, 第二十卷, 第十一篇注上之一,〈江〉, 522쪽. 그 원문에 ", 江水. 出蜀湔氐徼外崏山, 入海. 从水, 工聲"이라고 되어 있다.

235 (淸) 段玉裁注,《說文解字注》, 第二十卷, 第十一篇注上之一,〈河〉, 521쪽. 그 원문에 ", 河水. 出敦煌塞外昆侖山, 發源注海. 从水, 可聲"이라고 되어 있다.

236 (淸) 段玉裁注,《說文解字注》, 第二十九卷, 第十五卷注上,〈敍〉, 763쪽. 그 원문에 "會意者, 比類合誼, 目見指撝, 𢧢信是也"라고 되어 있다.

도표 번호	상商나라의 갑골문甲骨文	주周나라의 금문金文	진秦나라의 소전小篆	한漢나라의 예서隸書	현대의 한자	글자의 창의創意
56			 s	考	考	지팡이를 든 노인의 모습을 본뜨고 있다.
57		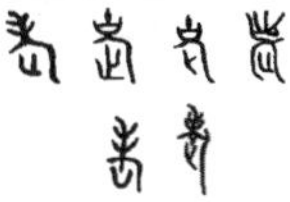	 s	老	老	긴 머리털에 지팡이를 든 노인의 모습을 본뜨고 있다.

그리고 〈도표 55〉에 보이는 신(信, 訫)에 대해《설문說文》에서는, "信은 정성스러운 것이다. 인人과 언言을 따른다. 㐰은 고문古文의 신信이고, 생략한 것이다. 𧦠은 고문古文의 신信이다"[237]라고 하였다. 이 신(信, 訫)은 긴 관악기管樂器를 들고 선포를 하는 사람만이 믿을 수 있는 정부 정책을 알리는 사람이라는 뜻이다.

"전주轉注라고 하는 것은, 어느 유형의 하나를 부수部首로 세워서 동일한 의미가 서로 덧붙여지는 것을 일컫는데, 고考와 로老와 같은 것이 이에 속한다."[238]

그래서 〈도표 56〉에 보이는 고考에 대해서《설문說文》에서는, "考는 늙은 사람이다. 로老의 생략형을 따르고, 고丂는 성부聲符이다"[239]라고 하였다. 이 고考는 지팡이를 짚고 걷는 노인의 모습을 본뜬 것이거나 혹은 고대에 노인을 타살시켜서 장례를 치르던 풍습과 관련이 있는데, 그 의미는 이미 세상을 떠난 자신의 부친을 가리킨다.

그리고 〈도표 57〉에 보이는 로老에 대해《설문說文》에서는, "老는 늙은 사람이다. 70세를 일컬어 로老라고 한다. 인人과 모毛와 화(匕, 化)를 따른다. 수염과 머리털이 하얗게 센 것을 말한다. 무릇 로老의 속屬들은 모두 이 로老를 따른다"[240]라고 하였다. 이 로老는 긴 머리털에

237 (淸) 段玉裁注,《說文解字注》, 第五卷, 第三篇注上,〈信〉, 93쪽. 그 원문에 "信, 誠也. 从人言. 㐰, 古文信, 省也. 𧦠, 古文信"이라고 되어 있다.

238 (淸) 段玉裁注,《說文解字注》, 第二十九卷, 第十五卷注上,〈敍〉, 763쪽. 그 원문에 "轉注者, 建類一首, 同意相受, 考老是也"라고 되어 있다.

239 (淸) 段玉裁注,《說文解字注》, 第十五卷, 第八篇注上,〈考〉, 402쪽. 그 원문에 "考, 老也. 从老省, 丂聲"이라고 되어 있다.

240 (淸) 段玉裁注,《說文解字注》, 第十五卷, 第八篇注上,〈老〉, 402쪽. 그 원문에 "老, 考也. 七十曰: 老. 从人毛匕. 言須髮變白也. 凡老之屬皆从老"라고 되어 있다.

도표 번호	상商나라의 갑골문甲骨文	주周나라의 금문金文	진秦나라의 소전小篆	한漢나라의 예서隸書	현대의 한자	글자의 창의創意
58			 s	令	令	모자를 쓰고 무릎을 꿇어앉은 사람이 바로 명령을 내리는 사람이라는 의미이다.
59			 s  k  k	長	長	긴 머리카락의 연세가 높은 어른의 모습을 본뜨고 있다.

지팡이를 짚고 걷는 이가 노인임을 의미하고 있다.

"가차假借라고 하는 것은, 본래 그 글자가 없으므로 발음을 빌려 그 사물의 의미를 나타내는 것을 일컫는데, 령令과 장長과 같은 것이 이에 속한다."[241]

그래서 〈도표 58〉에 보이는 령令에 대해 《설문說文》에서는, "令 은 명령을 내리는 것이다. 집亼과 절卪을 따른다"[242]라고 하였다. 이 령令은 무릎을 꿇어앉았고 또 커다란 모자를 쓰고 있는 사람이 바로 명령을 내리는 사람임을 의미한다.

그리고 〈도표 59〉에 보이는 장長에 대해 《설문說文》에서는, "長은 오래고 먼 것이다. 올兀을 따르고, 화(匕, 化)를 따르며, 망亾은 성부聲符이다. 올兀이라는 것은 높고도 멀다는 뜻이다. 오래되면 변하게 된다. 𠂆라는 것은 망亾을 거꾸로 쓴 것이다. 무릇 장長의 속屬들은 모두 이 장長을 따른다. 長은 고문古文의 장長이다. 長도 또한 고문古文의 장長이다"[243]라고 하였다. 이 장長은 한 사람이 머리를 다듬어 상투를 틀어 올리지 않았을 때의 긴 머리카락의 모습을 본뜨고 있는데, 이것으로 길다는 의미를 나타내고 있다.

위에서처럼, 우리는 지금까지 《주례周禮》에 보이는 육서六書의 기본 내용에 대해 살펴보았다. 그러면 이제 이와 관련된 다른 여러 가지 문제를 다음에서 살펴보기로 하자. 근래에

---

241 (清) 段玉裁注, 《說文解字注》, 第二十九卷, 第十五卷注上, 〈敍〉, 764쪽. 그 원문에 "假借者, 本無其字, 依聲託事, 令長是也"라고 되어 있다.

242 (清) 段玉裁注, 《說文解字注》, 第十六卷, 第九篇注上, 〈令〉, 435쪽. 그 원문에 "令, 發號也. 从亼卪"이라고 되어 있다.

243 (清) 段玉裁注, 《說文解字注》, 第十七卷, 第九篇注下, 〈長〉, 457쪽. 그 원문에 "長, 久遠也. 从兀, 从匕, 亾聲. 兀者, 高遠意也. 久則變匕. 𠂆者, 到亾也. 凡長之屬皆从長. 長, 古文長. 長, 亦古文長"이라고 되어 있다.

들어오면서 육서의 기본 내용에 대해 수많은 논쟁이 벌어졌는데, 그것은 대략 아래의 두 가지 방면으로 나눠 볼 수 있다. 하나는 육서가 글자의 창제법인지 아닌지의 여부與否와, 그리고 다른 하나는 육서의 전체 내용이 모두 글자의 창제법인지 아닌지의 여부에 관한 것이다.

(가) 《주례周禮》의 육서六書는 글자 창제법과 관련이 없다

① 육서六書는 육갑六甲, 즉 육십간지표六十干支表를 가리키는 것으로 학동學童들이 제일 처음 배우는 과목

이 주장은 근래의 학자인 장정랑張政烺에 의해 제기되었는데, 그는 육서 조자법造字法의 해설이 모두 한漢나라의 유흠劉歆으로부터 전해 내려온 것이지, 그 이전에는 이에 관한 아무런 흔적도 찾아볼 수 없다고 여기고 있다. 그래서 《한서漢書》〈식화지食貨志〉에 기록된 "여덟 살에는 소학小學 교과 과목에 들어가 육갑六甲 및 다섯 가지 방위方位와 글씨와 계산의 일을 배운다"[244]라는 말에서, 육갑은 육십간지표를 일컫는 말로써, 구구산술九九算術의 구장九章과 마찬가지로 모두 학동學童들의 가장 실용적인 입문 교과 과목의 하나라고 생각하였다. 따라서 《주례周禮》의 보씨保氏가 가르치던 육서六書는 바로 이처럼 가장 기본적 지식의 하나인 육갑을 가리키는 것이지, 심오한 학문인 조자법造字法을 가리키는 것은 아니라고 주장하였다.[245] 장정랑의 이러한 주장은 후에 많은 학자들의 지지를 받게 되었다.

② 육서六書는 학생들의 시험 과목인 여섯 가지 서체

근래의 학자인 장백잠蔣伯潛은 《문자학 찬요文字學纂要》에서, 한漢나라 초기의 소하율蕭何律 중에는 육체六體로 학생들을 시험 쳤다는 기록이 있는데, 정중鄭衆이 이것을 《주례周禮》의 육서六書로 잘못 해석했다고 서술하고 있다.

그리고 용우순龍宇純은 그의 《중국 문자학中國文字學》이라는 저서에서 이러한 주장을 더욱 확대·심화시켰다. 그래서 위에서 인용한 《한서漢書》〈식화지食貨志〉의 '서계書計'는 《주례周禮》 보씨保氏의 주요 직책인 육서六書 및 구수九數에 서로 상당하기 때문에, 육서는

---

244 김소영金少英 집석集釋, 《한서 식화지 집석漢書食貨志集釋》(北京: 中華書局, 1986년), 〈食貨志上〉, 36-37쪽. 그 원문에는 "八歲入小學, 學六甲·五方·書計之事"라고 되어 있다.

245 장정랑張政烺, 〈육서의 옛 의미〔六書古義〕〉, 《역사와 언어 연구소 집간〔歷史語言硏究所集刊〕》(重慶: 商務印書館重慶分館, 1942년), 第10本, 第1分, 1-22쪽. (원저자 주)

육갑六甲이 될 수 없다고 보았다. 더구나 육갑은 단지 글자에 관한 학문에서 한 말단에 불과하기 때문에, 이것으로 그 전체를 대표할 수는 없다고 하였다. 또한《주례周禮》에 보면 오례五禮, 육악六樂, 오사五射, 오어五馭, 구수九數 등과 같이 모두 여러 종류의 교과 과목을 구체적으로 언급하고 있는데, 육서六書만이 특별히 예외로 되어 육십간지를 가리킬 만한 충분한 이유가 없다고 주장하였다. 그러면서 그는《설문해자說文解字》〈서敍〉에 "한漢나라가 홍성하고서 초서艸書가 생겨났다. 정위廷尉의 율령律令에는 학동學童이 17세 이상이 되어야 비로소 시험을 치를 수 있었다. 그래서 그 정위율령廷尉律令의 문장을 모조리 외우고 의미를 풀어내어 9천 자를 쓸 수 있으면, 곧 사史가 되었다. 또한 팔체八體로도 시험을 보았다. 군郡에서 급제하면 태사령太史令에게 보내 함께 시험을 치르게 하였는데, 가장 우수한 자를 상서사尙書史로 삼았다. 만약 글자가 바르지 못하면, 곧바로 죄상을 들어 그를 탄핵하였다"[246]라는 기록이 있는데, 여기서 팔체八體라고 하는 것은 곧 여덟 가지의 서로 다른 서체書體를 말하는 것으로, 학동들이 배워야 하는 것이라고 생각하였다.

용우순은 또한 여기서 말하는 팔체는 진秦나라에서 정한 여덟 가지 서체書體를 일컫는 것으로, 대전大篆, 소전小篆, 각부刻符, 충서蟲書, 모인摹印, 서서署書, 수서殳書, 예서隸書 등을 가리킨다고 하였다. 그리고 나중에 왕망王莽 때가 되면 이 팔체를 육체六體로 대체시켰는데, 이 육체란 고문古文, 기자奇字, 전서篆書, 좌서左書, 무전繆篆, 조충서鳥蟲書 등을 말한다고 하였다. 그래서 왕망의 이 육체는 다시 크게 세 가지 유형의 서체로 나눌 수 있는데, 앞의 두 가지는 전시대의 고체古體였고, 중간의 두 가지는 당시의 표준체標準體였으며, 마지막의 두 가지는 각종 필요에 변통하기 위해 만들어진 변체變體였다고 하였다. 그런데 그 당시 유흠劉歆은 왕망의 국사國師로서,《주례周禮》를 널리 보급시키고자 노력하였다. 더욱이《주례周禮》는 고문학古文學에 속하고 유흠 자신도 고문古文 경학가經學家였기 때문에, 이 둘 사이의 관계를 우리는 쉽게 파악할 수 있다고 하였다.

그러나 한漢나라 때 서로 다른 과목으로 서체를 시험 봤던 것은 성인을 관리로 임용하기 위해 설립한 것이었지만, 반면에《주례周禮》의 육서는 갓 입학한 학동들이 암송하고 익혀야 하는 교과 과목의 하나일 뿐이었다. 따라서 이 양자兩者의 용도는 서로 크게 구별된다.

---

246 (淸) 段玉裁注,《說文解字注》, 第二十九卷, 第十五卷注上,〈敍〉, 766-767쪽. 그 원문에 "漢興有艸書, 尉律學僮十七已上始試, 諷籒書九千字, 乃得爲史. 又目八體試之, 郡移大史幷課, 冣者目爲尙書史. 書或不正, 輒擧劾之"라고 되어 있다.

더욱이 만약 갓 글자를 배우기 시작한 학동들에게 한꺼번에 여섯 가지 서체를 모두 배우라고 요구하는 것은, 그것도 일반 사람들이 자주 쓰지 않는 특수 용도에만 쓰이는 서체까지 모두 배우라고 요구하는 것은, 학동의 지적인 능력 면에서나 실용적으로도 모두 말이 되지 않는다. 따라서 이러한 견해는 그다지 합당하다고 여겨지지 않는다.

(나) 허신許愼 등 한유漢儒가 주장한 육서六書가 모두 조자법造字法인 것은 아니다

① 전주轉注와 가차假借는 용자지법用字之法

이것은 문자학에서 흔히 접할 수 있는 사체이용설四體二用說의 견해인데, 청淸나라의 대진戴震이 명明나라 사람 양신楊愼의 영향을 받아 주장한 것이다. 곧 상형象形, 상사象事, 상의象意, 상성象聲의 네 가지는 조자법造字法에 해당하고, 전주轉注와 가차假借는 용자법用字法에 해당한다고 생각한 것이다. 그리고 허신許愼이 내렸던 정의에 근거하여, 가차란 이미 존재하고 있는 글자로 아직 조자되지 않은 글자를 대표하는 것으로 여겼다. 따라서 이것은 달리 새로운 자형을 만들어 낸 것은 아니기 때문에 조자법에 속한다고 생각하지 않았다.

그러나 허신이 가차의 예로 든 '령令'과 '장長'을 살펴봤을 때, 여기에는 약간의 문제가 있다. 허신은 절卪이 대표하는 형상이 꿇어앉은 사람의 의미라는 것을 모르고 오히려 도장과 관련이 있다고 여겼기 때문에, 령令의 창의創意를 완전히 곡해해 버렸다. 그런데 앞의 〈도표 58〉에서 소개한 령令에는 모자를 쓰고 무릎을 꿇어앉은 경사卿士의 모습으로, 명령을 내리는 사람이라는 의미가 있었다. 또한 이 의미에서 파생되어 나중에는 명령을 내리는 현령縣令을 가리키게 되었는데, 이것은 원래부터 이 글자가 없어서 가차로 쓰인 것은 아니었다. 그리고 〈도표 59〉에서 소개한 장長도 글자의 원래 창의創意는 머리를 틀어 올리지 않고 대신 성긴 긴 머리를 그대로 드러내 놓은 연로한 사람의 모습을 본뜬 것이었다. 그런데 아마도 연로한 이는 사람들에게 보편적으로 존경을 받기 때문에, 현민縣民의 존경을 한 몸에 받는 장관長官의 뜻으로 파생되었을 것이다. 따라서 이 글자도 역시 가차일 가능성이 거의 없다.

그래서 이 두 글자를 허신의 해석에 따르든지 아니면 보다 더 신빙성이 있는 현대적 해석을 따르든지, 이 두 글자의 원래 자형 형태는 모두 표의자表意字 혹은 회의자會意字에 속한다고 볼 수 있다. 심지어 허신 자신도 이 장長을 분명히 형성자形聲字라고 생각하며 자신이 정의한 '가차假借'는 단순히 글자의 응용이지 글자의 구조적 분류, 혹은 조자 방법이 아님을 부연 설명하기도 하였다.

그리고 전주轉注에 대해서도 허신의 설명과 예문에 모두 상당히 많은 논쟁의 여지가 있기 때문에, 최근에 벌어진 전주설의 논쟁에 대해서 아래에 소개하기로 한다.

② 전주설轉注說의 논쟁

어떤 학자의 견해로는 가차假借란 이미 존재하는 글자를 빌려 아직 조자造字되지 않은 다른 글자를 대신하는 방법이라고 하였다. 그래서 이 방법은 비록 새로운 글자를 더 만들어 증가시키지는 않았지만 한 글자에 새로운 뜻을 더 첨가시켰기 때문에, 이것도 새 글자를 하나 더 증가시킨 것과 동일한 의미로 역시 조자법造字法의 하나로 볼 수 있다는 것이다. 그리고 이와 마찬가지로 가차가 이미 조자법의 하나인 이상, 그것과 서로 대응되는 전주轉注 역시 조자법의 하나로 봐야 한다고 주장하고 있다.

그런데 만약 이런 주장이 학계에서 일반적으로 인정된다면, 자의字義의 확장인 인신引申 역시 한 글자에 새로운 의미를 더 증가시키는 것이기 때문에, 마땅히 조자법의 하나로 인정해야 할 것이다. 그래서 이렇게 본다면, 절대 대다수의 상형자象形字, 표의자表意字가 모두 가차자假借字, 전주자轉注字, 인신자引申字를 겸하게 돼 버린다.

그런데 허신許慎의 전주에 대한 설명은 앞에서도 이미 살펴본 바와 같이, "전주轉注라고 하는 것은 어느 유형의 하나를 부수部首로 세워서 동일한 의미가 서로 덧붙여지는 것을 일컫는데, 고考와 로老와 같은 것이 이에 속한다"[247]라고 너무나 간략하게만 설명하였다. 그래서 도대체 '유형을 세운다'에서 그 유형이 무엇인지, 또 '동일한 의미'에서는 어느 유형의 의미를 말하는 것인지 등에 대해서 더 이상의 구체적인 설명을 덧붙이지 않았다. 더구나 어떻게 전轉하여 그 부수의 의미를 덧붙이는지에 대해서는 그 구체적인 내용 설명이 완전히 빠져 있다. 그래서 고考와 로老 두 글자 사이에서 서로 전주되는 것을 말하는 것인지, 아니면 고考와 로老가 각기 개별적으로 다른 글자로 전주되는 것인지 등에 대해서 그다지 확실치 않은 편이다. 더욱이 고考와 로老의 개별적인 문자 해석에 있어서도 허신은 이 조자법을 달리 언급하지 않고 있다.

그런 까닭에 역대로 많은 학자들이 《설문說文》에 보이는 기본적인 다섯 가지 조자법

247 (清) 段玉裁注, 《說文解字注》, 第二十九卷, 第十五卷注上, 〈敍〉, 763쪽. 그 원문에 "轉注者, 建類一首, 同意相受, 考老是也"라고 되어 있다.

이외에, 허신의 생각을 가늠하여 다른 하나의 가능성이 있는 조자법을 생각해 내려고 노력하였다. 그래서 각기 형形, 음音, 의義의 세 가지 방향에서 출발하여 갖은 상상력을 다 발휘해 낸 결과, 2천 년 이래로 현재까지 수십 가지의 서로 다른 견해가 대두되었다. 그중에서 어떤 견해는 이 전주가 단순히 글자의 응용에 속한다고 보기도 하였고, 또 심지어 어떤 견해는《설문說文》자체의 해석과 그다지 관계가 없는 것도 있었다.[248] 그러면 아래에 이에 대해 그중 일부의 견해를 예로 들어가며 설명하기로 한다.

ⓐ 한 글자의 방향이나 위치를 변화시켜 만든 새로운 글자
이 견해를 주장한 대표적인 학자를 예로 들면 아래와 같다.

당唐나라 가공언賈公彦: "어느 유형의 하나를 부수部首로 세워서 글자의 의미가 서로 통하게 하였다. 왼쪽이나 오른쪽에 서로 덧붙였다(建類一首, 文意相受. 左右相注)."

당唐나라 배무제裴務齊: "고考는 왼쪽으로 돌렸고, 로老는 오른쪽으로 방향을 틀었다(考字左回, 老字右轉)."

송宋나라 대동戴侗: "산山을 기울여 쓰면 부阜가 되고, 인人을 반대로 쓰면 비匕가 되며, 흠欠을 반대로 쓰면 기旡가 되고, 자子를 반대로 쓰면 돌(𠫓, 㐬, 突)이 되는 것과 같은 유형이 이것이다(側山爲阜, 反人爲匕, 反欠爲旡, 反子爲𠫓之類是也)."

가공언賈公彦과 배무제裴務齊의 견해로는, 고考와 로老 두 글자는 의미가 거의 같고 또한 자형도 서로 비슷하기 때문에, 단지 글자의 아래쪽 부분인 손에 들고 있는 지팡이의 방향만 한 글자는 왼쪽을 향하고 다른 한 글자는 오른쪽으로 향했다고 생각하였다. 그래서 이렇게 이미 존재하고 있는 글자의 자형을 조금 변화시켜서 새로운 글자를 창제하는 것이 바로 전주轉注라고 여겼다. 그러나 대동戴侗은 자형의 변화에 보다 치중하여 자신의 견해를 펼치고 있다.

그런데 실제로는 위의 경우와 같이 이렇게 자형의 위치가 서로 바뀌는 예는 극히 드물 뿐만 아니라, 이러한 견해는《설문說文》에 보이는 소전체小篆體의 자형을 분석하여 얻은 결론이지, 문자가 처음으로 체계를 이루었던 시기에는 이러한 글자들이 아직 나타나지도

248 수홍훈帥鴻勳의《육서검토〔六書商榷〕》(臺北: 正中書局, 1970년)나 정복보丁福保가 지은《설문해자 고림說文解字詁林》(北京: 中華書局, 1988년)의 〈육서총론六書總論〉부분을 참고할 것.(원저자 주)

않았었다. 더욱이 이 글자들 중 대부분은 문자학의 토론에서만 거의 논의되는 것이고, 일반적으로는 거의 사용되지도 않고 있다. 또한 전주에 대해서《설문說文》에서는 단지 부수部首의 유형이라고만 언급하였고, 고考와 로老도 모두 동일한 한 부수에 속하는 글자들이다. 그런데 위에서 대동戴侗이 예로 든 경우를 살펴보면, 어떤 글자들은 서로 다른 부수의 유형에 속할 뿐만 아니라 그 의미도 완전히 달라서, 허신의 의견과는 상당한 차이가 있음을 알 수가 있다. 그래서 이 고考와 로老를 아마도 우리가 앞에서 이미 소개한 도匋나 부缶라든지 혹은 엄嚴이나 감(㪅, 敢)의 경우에서와 같은 문자 분석의 경우로 볼 수도 있을 것이다. 그렇다면 고考는 로老에서 추출되어 나온 자형 형태가 다른 글자가 되는 것이다.

ⓑ 형부形符가 동일하며 의미까지 관련이 있는 글자
이 견해를 주장한 대표적인 학자를 예로 들면 아래와 같다.

남당南唐 서개徐鍇: "로老에서 의미를 얻어 서로 돌아가며 그 의미로 해석하는 것이므로 그것을 일컬어 전주轉注라고 한다. 의미로 보면 형성形聲에 가깝지만 이와는 서로 다름이 있다. 형성에서는 강江과 하河가 다르고, 탄灘과 습濕도 각각 다르다. 그런데 전주轉注의 고考와 로老는 실로 똑같고, 호好와 묘妙에도 거의 차이가 없다. 이것이 그 차이점이다(受意於老, 轉相爲注, 故謂之轉注. 義近於形聲而有異焉. 形聲江河不同, 灘濕各異. 轉注考老實同, 好妙無隔. 此其分也)."

청淸나라 조인호曹仁虎: "이미 어느 유형의 하나를 부수部首로 세운다고 말했으니, 반드시 그 글자의 부수部首가 서로 같아야 한다. 전주轉注라는 것은 하나의 의미에 여러 글자가 있는 것이고, 가차假借라는 것은 하나의 글자에 여러 뜻이 있는 것이다(既曰建類一首, 則必其字部之相同. 轉注者, 一義而有數文. 假借者, 一文而有數義)."

그런데 동일한 부수部首에 속하고 의미와 발음이 모두 비슷하며, 자형 형태만 서로 다른 글자는 극히 드문 편이다. 더욱이 로老는 표의자表意字이고, 고考는 일반적으로 로老를 변화시켜 만들어 낸 동일한 의미를 가진 형성자形聲字라고 생각해 볼 수가 있다. 그리고 《설문說文》에는 묘妙라는 글자가 없는데, 이 묘妙가 정말로 호好의 창의創意에서 온 것인지의 여부에 대해서도 여전히 상당한 논쟁의 여지를 남겨 두고 있다.

어쨌든 만약 단순히 글자의 의미가 같다거나 비슷하다고 하여 그것을 모두 전주轉注라고 한다면, 앞으로 우리가 글자의 의미에 따라 자례字例를 분류할 적에 토론하게 될 우성설

右聲說과 같이 쉽게 주관적이 될 수 있을 뿐만 아니라, 더욱이 전주라고 명명하는 그 근본적인 의의도 상실하게 된다. 그리고 위에서 언급한 한 글자에 여러 가지 뜻이 있는 것이 가차假借라는 말도, 자의字義의 확장인 인신引申의 경우에서도 이러한 현상을 쉽게 볼 수 있기 때문에, 이를 가차에만 존재하는 현상이라고 보기는 어렵다. 따라서 자의字義의 확장인 인신引申을 포함시키지 않으면, 조자법造字法도 완전해질 수가 없는 것이다.

ⓒ 같은 부수部首에 속하는 글자

이 견해를 주장한 대표적인 학자를 예로 들면 아래와 같다.

청淸나라 강성江聲: "일一로 시작해서 해亥로 끝나는 540부部의 부수部首가 이른바 '하나의 부수部首'라는 것이다. 그리고 그 아래에 '무릇 무엇의 속屬들은 모두 이 무엇을 따른다'라고 한 것은 바로 동일한 의미가 서로 덧붙여지는 것이다. 이것이 모두 전주轉注에 관한 설명이다(其始一終亥五百四十部之首, 即所謂一首也. 下凡某之屬皆從某, 即同意相受也. 此皆轉注之談)."

그런데《설문說文》의 부수部首에 속하는 글자들이 모두 형성자形聲字인 것은 아니며, 각 부수에 속한 글자와 그 부수 또한 그다지 밀접한 관계가 있는 것도 아니다. 단지 부수를 세운 것은 색인索引의 방법과 같은 의미이지, 이 자체가 하나의 조자법造字法이 될 수는 없다. 더구나 글자를 조자할 적에도 먼저 부수를 건립하고 다음에 글자를 만든 것은 더더욱 아니었다.

그 외에도《설문說文》에서의 부수건립이 합당한지의 여부가 항상 문자학에서는 토론의 한 과제로 남아 있다. 왜냐하면 기타 두 조組의 조자법은 모두 일관되게 한 쌍을 이루고 있지만, 전주와 가차에서 가차假借는 주로 발음의 관계에 기초하므로 어떤 글자는 가차가 된 글자와 함께 가끔 같은 부수 아래에 놓이기도 하기 때문이다. 그래서 부수와 그 아래 글자의 대응 방식이 서로 일치하지 않는 경우가 생긴다.

ⓓ 동일한 형성形聲 변·방의 형성자形聲字

이 견해를 주장한 대표적인 학자를 예로 들면 아래와 같다.

청淸나라 정지동鄭知同: "전주轉注는 성부聲符를 위주로 하여 동일한 한 글자를 나누어 사용하는 것인데, 다만 각각 다른 형부形符로 그 자형에 덧붙인 것이다. 따라서 전주轉注와 형성形聲은 서로 반대가 되지만, 실제로는 서로 만들어 주는 것이다(轉注以聲旁爲主, 一字分用, 但各以形旁注之. 轉注與形聲相反而實相成)."

이 말은 곧 가차假借 혹은 자의字義의 확장인 인신引申을 의미하는 것인데, 서로 다른 의미의 형부形符를 덧붙여서 만든 형성자形聲字를 가리킨다. 사실 이러한 견해는 성부聲符가 의미까지 겸하고 있으면 전주轉注라는 주장과 서로 같으면서 그 범위만 약간 좁혀서 한 말이다.

그런데 이러한 주장은《설문說文》의 해설과 그다지 일치하지 못한데, 로老와 고考는 동일한 성부聲符가 아니며 또한 로老는 형성자도 아니다. 더구나《설문說文》에서는 전주를 성부聲符로 분류를 삼는 것과 관련하여 아무런 언급도 하지 않았다.

ⓔ 형부形符나 성부聲符를 더한 번체繁體 혹은 분화자分化字

이 견해를 주장한 대표적인 학자를 예로 들면 아래와 같다.

청淸나라 요형饒炯: "전주轉注는 원래 어떤 글자를 사용한 후에 나타난 조자법造字法이다. 그 원인의 하나는 전서체篆書體의 자형이 애매하고 뜻도 그다지 명확하지 않았기 때문에, 본래의 전서체에다 형부形符나 성부聲符를 더하여 그 뜻을 뚜렷이 한 것이다(轉注本用字後之造字. 一因篆體形晦, 義不甚顯, 而從本篆加形加聲以明之)."

이 주장도《설문說文》의 해설과 그다지 일치하지 못하는데, 위에서 언급된 견해의 확장에 불과하다.

ⓕ 가차자假借字에 성부聲符를 더하기

이 견해를 주장한 대표적인 학자를 예로 들면 아래와 같다.

당란唐蘭: "이에 가차假借해 온 고유명사로 형부形符에 다시 덧붙이거나, 또 어떤 경우에는 성부聲符를 가지고 형부形符에 다시 덧붙이는 것을 말하는데, 이것이 바로 전주轉注이다(於是假借來的私名注上形符, 有時就拿音符來注形符, 這是轉注)."

가차假借라는 것은 곧 글자의 발음을 빌려 오는 것이기 때문에, 거기에 다시 성부聲符를 덧붙이는 경우는 극히 드물다. 더구나 이러한 견해는《설문說文》에서 든 예와 설명과도 그다지 일치하지 못한다.

ⓖ 글자의 발음을 변화시켜 다른 의미를 표현

이 견해를 주장한 대표적인 학자를 예로 들면 아래와 같다.

송宋나라 장유張有: "그 발음을 이래저래 변화시켜 다른 글자의 쓰임으로 주석注釋하는 것이다. 예를 들어, 기其, 무無, 소少, 장長 등과 같은 글자가 이러한 유형이다. 가차假借라는 것은 그 발음으로 인해 그 뜻을 빌려 오는 것이고, 전주轉注라는 것은 그 발음을 변화시켜 그 뜻을 덧붙이는 것이다(展轉其聲, 注釋他字之用也. 如其無少長之類. 假借者, 因其聲借其義. 轉注者, 轉其聲注其義)."

명明나라 양신楊愼: "가차假借라는 것은 뜻을 빌려 오는 것이지 발음을 빌려 오는 것이 아니다. 예를 들어, 병갑兵甲의 갑甲은 천간天干의 갑甲으로 가차될 수 있는 것이다. 전주轉注라는 것은 발음을 변화시켜 뜻을 덧붙이는 것이다. 예를 들어, 돈敦은 본래 돈대敦大의 돈敦이었는데, 이미 발음이 돈頓으로 바뀌면서,《이아爾雅》에 나오는 돈구敦丘의 돈敦이 되었고, 다시 발음이 대對로 바뀌면서, 또한《주례周禮》에 보이는 옥대玉敦의 대敦가 되었다. 이른바 한 글자에 여러 가지 발음이 있는 것이다(假借者, 借義不借音, 如兵甲之甲借爲天干之甲. 轉注者, 轉音而注義, 如敦本敦大之敦, 旣轉音頓, 而爲爾雅敦丘之敦, 又轉音對, 而爲周禮玉敦之敦. 所謂一字數音也)."

명明나라 주모위朱謀瑋: "전주轉注는 형성으로 음을 넓힌 것이기 때문에, 남북南北이 다르게 발음하고 평측平仄에서도 달리 읽는다. 그래서 모謨가 모慕나 막莫과 같은 유형으로 바뀐다(轉注因諧以廣音, 南北殊聲, 平仄異讀, 謨轉慕莫之類)."

청淸나라 고염무顧炎武: "무릇 상성上聲, 거성去聲, 입성入聲에 속하는 글자들은 각각 두 가지의 발음이나 혹은 세 가지, 네 가지의 발음을 가지고 있다. 그런데 차례차례 변화되어 위에서와 같이〔상성上聲에서 거성去聲이 되고, 거성去聲에서 입성入聲이〕될 수 있다. 그리고〔입성入聲에서 다시〕평성平聲으로 변화될 수 있다. 고인古人이 그것을 일컬어 전주轉注라고 하였다(凡上去入之字, 各有二聲或三聲四聲. 可遞轉而上同, 以至於平. 古人謂之轉注)."

이와 같은 견해는 모두 이미 존재하는 글자의 용도를 확장시킨 예를 설명한 것인데, 전주와 가차假借와의 차이는 전주가 어느 글자의 발음을 변화시켜 다른 의미를 나타내는 것으로 즉, 다르게 발음하는 현상에 있다는 것이다. 그런데 이것은 오히려 용자법用字法에 해당하지 조자법造字法과는 그다지 관련이 없는 듯하며, 더구나《설문說文》에서 언급한 '어느 유형의 하나를 부수部首로 세운다.〔建類一首〕'의 해설과도 그다지 일치하지 못한다.

ⓗ 글자의 의미를 확장한 것이 전주轉注

이 견해를 주장한 대표적인 학자를 예로 들면 아래와 같다.

청淸나라 주준성朱駿聲: "전주轉注로써 의미의 부족함을 소통시켰고, 가차假借로써 발음의 변화를 극진히 하였다(轉注以通意之窮, 假借以究聲之變)."

이 견해는 용자법用字法에 해당하지 새로운 글자를 창제하는 조자법造字法과는 관련이 없는 것으로, 해당 글자 자체가 이미 상형象形, 표의表意 혹은 형성形聲일 수 있다. 그리고 자의字義의 확장인 인신引申과 가차假借는 문자 증식을 위해 가장 흔히 쓰이는 두 가지 방법이다. 그래서 만약 가차가 조자법의 하나라는 것을 인정한다면, 자의字義의 확장인 인신引申 또한 또 하나의 다른 조자법이 되어야만 한다.

그래서 가만히 대조를 해 보면, 주준성朱駿聲이 말한 전주轉注는 아마도 자의字義의 확장인 인신引申을 가리키고 있을 것이다. 그런데 허신許愼은《설문說文》에서 '어느 유형의 하나를 부수部首로 세운다.〔建類一首〕'라는 것이 도대체 구체적으로 무엇을 말하는 것인지와, 고考와 로老가 서로 어떻게 전주가 되는지 등에 대해 명확하게 설명하지 않고 있다. 따라서 우리는 주준성의 이 견해가 허신의 원래 뜻에 부합되는 것인지 도저히 확인할 길이 없는 형편이다.

ⓘ 동일한 의미가 전주轉注

이 견해를 주장한 대표적인 학자를 예로 들면 아래와 같다.

청淸나라 대진戴震: "서로 돌아가며 그 의미로 해석한다는 것은 서로 간에 그 의미로 뜻풀이를 한다는 것이니, 옛말과 지금의 말이다. 그래서《이아爾雅》〈석고釋詁〉에 보면 많게는 마흔 가지 글자가 모두 동일한 하나의 의미를 지니고 있는데, 그것이 바로 육서六書에서 말하는 전주轉注의 방법이다(轉相爲注, 互相爲訓, 古今語也. 爾雅釋詁有多至四十字共一訓, 其六書轉注之法與)."

이 견해도 용자법用字法에 해당하지 새로운 글자를 창제하는 조자법造字法과는 관련이 없다.

ⓙ 언어의 증식

이 견해를 주장한 대표적인 학자를 예로 들면 아래와 같다.

장병린章炳麟: "'유類'란 발음의 유형을 일컫는 것이고, '수首'라는 것은 요즘에 말하는 어기語基이다. …… 그래서 이와 같은 유형은 동일한 운모韻母였으나 성모聲母가 간혹 달라진 것으로, 곧 한 글자를 달리 분석하여 두 글자가 된 것이다. 그런데 성모와 운모가 모두 같았던 글자는 옛날에 당연히 한 글자였겠지만, 진한秦漢 이후로 점점 내려오면서 글자체가 판이하게 나눠지고 발음도 간혹 옛날과 조금 달라지게 되었다. 더욱이《범장凡將》과《훈찬訓纂》이 서로 그 맥을 이으면서는 달리 두 글자로 삼아 버렸다.[249] 그런 까닭에 비록 동일한 의미에 동일한 발음이라도 마침내 같은 글자가 된다고 말하지 못하게 되었다. 이것으로 전주轉注를 살펴볼 수 있는 것이다(類謂音類, 首者今所謂語基. …… 若斯之類, 同均(韻)而紐或異, 則一語析異爲二也. 即紐均皆同者, 于古宜爲一字, 漸及秦漢以降, 字體乖分, 音讀或小與古異. 凡將訓纂相承, 別爲二文, 故雖同義同音, 不竟說爲同字. 此轉注之可見者也)."

이것은 언어의 변화에 따라 글자의 의미를 선별적으로 사용했거나 혹은 빌려 사용한 동의자同義字를 가리키는데, 여기에는 포함되는 범위가 상당히 넓다. 더구나 각 글자가 이미 오래전에 창조되었기 때문에, 이러한 방법 자체가 조자법造字法이라고는 할 수 없다.

ⓚ 형성자形聲字의 성부聲符가 의미를 겸하고 있으면 전주轉注

이 견해를 주장한 대표적인 학자를 예로 들면 아래와 같다.

송宋나라 정초鄭樵: "형성形聲이 다른 방법으로 나타나면 전주轉注이다. 어느 유형을 세워서 의미를 위주로 하기도 하고, 또한 어느 유형을 세워서 발음을 위주로 하기도 한다. 글자

249 여기서 말하는《범장凡將》과《훈찬訓纂》은 모두 고대의 자서字書를 가리킨다. 그 중에서《범장凡將》은 서한시대西漢時代의 사마상여司馬相如가 지은 책으로, 여섯 개나 일곱 개의 글자로 한 구절을 구성하고 있으며, 서로 중복된 글자가 없다. 그러나 이 책은 현재 전해지지 않는다. 그리고《훈찬訓纂》은 서한시대西漢時代의 양웅揚雄이 지은 책으로, 모두 5,340자를 수록하고 있다.

를 교체할 수 있되 발음이 다른 호체별성互體別聲이 있고, 글자를 교체할 수 있되 의미가 다른 호체별의互體別義가 있다. 그것을 부리면 형성이 되고, 자신이 부림을 당하면 전주가 된다. 형성과 전주는 모두 발음으로 구별되는 것이니, 발음이 다르면 의미도 달라지는 것을 일컬어 호체별성互體別聲이라고 한다. 그런데 의미는 다르지만 발음이 달라지지 않은 것을 일컬어 호체별의互體別義라고 한다(諧聲別出爲轉注. 有建類主義, 亦有建類主聲. 有互體別聲, 有互體別義. 役它爲諧聲, 役己爲轉注. 諧聲轉注皆以聲別, 聲異而義異者曰: 互體別聲. 義異而聲不異者曰: 互體別義)."

이 주장은 그 진정한 의미를 파악하기가 쉽지 않은데, 마치 형성形聲 이외의 글자는 이 견해에 포함하지 않는다는 말인 듯하다. 그것이 아니라면 발음이 의미를 겸하고 있는지의 여부與否를 형성과 전주의 주요 구분으로 삼는다는 말 같다.

용우순龍宇純: "이상으로 위에서 인용한 여러 가지의 견해는 아래와 같이 귀납시킬 수 있다. 자형字形으로 논하든 자의字義로 논하든 또는 자음字音으로 논하든, 아니면 동시에 형의形義, 음의音義, 형음의形音義로 논하든, 일반적으로 생각 가능한 것은 모두 갖춰졌다고 여겨진다. 그런데 이러한 견해들 중에서 위에서 언급한 것처럼 전주轉注가 조자법칙造字法則의 하나라는 결론과 서로 부합될 수 없거나, 혹은 회의會意나 형성形聲 등의 유형 이외에는 독립적으로 하나의 유형이 될 수 없는 경우를 제외하고, 여전히 하나의 근본적인 문제를 학자들이 주시하지 못하고 있다. 즉《설문說文》의 설명이 어디서 왔는지에 대해서 주의하지 못하고 있다는 것인데, 이 점은 전주에 대한 인식에 매우 큰 영향을 준다. 왜냐하면 그 출처가 명확하지 못하기 때문에, 간혹 여기에만 매달려 해답을 구하거나 혹은 그것을 포기하고 새로운 학설을 세우는 일 등은, 먼저 무근거無根據에서 이미 실수를 하고 있는 것이다."[250]

"일찍이 형성자形聲字를 아래와 같은 네 가지 유형으로 나누어 보았다. 갑甲, 상형象形에 성부聲符를 더한 것. 을乙, 언어 증식 때문에 형부形符를 더한 것. 병丙, 문자의 가차假借 때문에 형부形符를 더한 것. 정丁, '무엇〔某〕을 따르고, 무엇〔某〕은 성부聲符이다'라는 해석. 이 중에

250 용우순龍宇純,《중국 문자학中國文字學》(臺灣: 五四書店, 1968년), 127쪽(원저자 주). 그 원문에는 "以上徵引諸說, 可以歸納之爲: 或由形言, 或由義言, 或由音言, 或又同時由形義·音義或形音義而言, 大抵一般所能設想到的都已具備. 除不能與上述轉注爲造字法則的結論相合, 或不能獨立於會意形聲之外者外, 尙有一根本問題爲學者所忽, 即未能留意說文之說何自而來, 而此點關係乎轉注之認識極大. 因其來歷不明, 或憑以索解, 或棄而另標新說, 先已失於無據"라고 되어 있다.

서 을乙과 병丙의 두 가지 유형은, 가끔 직접 상형자象形字, 지사자指事字, 회의자會意字에서 비롯하여 가차의 단계를 거쳐 형성된 것이지, 원래부터 가차는 아니었다. 그리고 절반은 의미이고 절반은 발음이지만 성부聲符를 그 중심으로 삼으며 형성形聲과는 또 서로 다른, 더욱이 확연히 상형象形, 지사指事, 회의會意, 형성形聲, 가차假借 이외에 독자적으로 한 기치를 올린 것은 마땅히 전주라는 명칭이 가리키는 것이다. 더욱이 이러한 유형의 글자는 육서六書의 발전에서 중요한 위치를 차지하고 있었기 때문에, 아무런 명칭도 없이 그것을 지칭할 수는 없었다. 대체로 육서 중에서 형성形聲의 방법이 가장 간편한데, 실제로 형성의 조자 방법은 이러한 유형의 글자에서 발전된 것이었다. 그래서 이러한 유형의 글자들이 형성에 대해서는 마치 상형이 지사나 회의에 대한 것과 같다. 만약 실물의 형상을 묘사하는 상형이 없었다면, 곧 의미를 표현하는 지사나 회의도 없었을 것이다. 그리고 만약 형부를 덧붙이는 이러한 유형의 문자가 없었다면, 또한 마침내 성부聲符를 취하여 조자造字를 하는 형성도 없었을 것이다. 그렇게 되면 글자를 조자하는 근본적인 방법이 여섯 가지가 되지 못하기 때문에, 이러한 유형의 글자를 육서의 전주轉注로 삼아야 한다. 마침 이것은 이치적으로 봐도 당연하다고 말할 수 있고, 또한 그 실제상의 필요성도 있다."[251]

대체적으로 봤을 때, 이 견해는 형성자形聲字의 성부聲符가 의미를 겸하고 있으면 곧 전주자轉注字라고 할 수 있다. 그러나 어느 한 형성자의 형성 변·방이 의미를 겸하고 있는지의 여부는 상당히 주관성에 좌우되는 일이다.[252] 그뿐만 아니라 용우순龍宇純은 다른 학자들이 단지 명칭만 고려하고 허신許愼의 설명과 예를 중시하지 않았다고 언급하면서 다른 기타 학설을 비판하고 있지만, 실제로 보면 용우순 자신도 동일한 오류를 범하고 있는 것에는 예외가 아니다.

이를테면, 허신이 《설문說文》에서 전주轉注의 방법으로 예를 들고 있는 것은 고考와 로老

---

251 용우순龍宇純, 《중국 문자학中國文字學》, 136-137쪽(원저자 주). 그 원문에는 "曾將形聲字分爲如下四類. 甲, 象形加聲. 乙, 因語言孳生而加形. 丙, 因文字假借而加形. 丁, 從某某聲. 其中乙丙兩類, 或直接由象形·指事·會意字, 經由假借階段而形成, 而非假借 ; 半義半聲而以聲符爲其本體, 又不同於形聲, 確然於象形·指事·會意·形聲·假借之外, 獨張一幟, 當即轉注一名所指. 且此類字於六書發展居重要地位, 不得無一名以指稱之. 蓋六書以形聲最爲便捷, 而形聲法實由此類字發展而成. 此類字之於形聲, 猶之乎象形之於指事會意, 無狀實物的象形, 即無表意的指事會意 ; 無此類加注形符的文字, 亦遂無取聲符造字的形聲. 而製字之本不得有六, 則以此類字當六書之轉注, 正可謂理所當然, 亦有其事實上的需要"라고 되어 있다.

252 이 책의 제6절에서 언급한 '3. 우성설右聲說' 부분을 참고할 것.(원저자 주)

의 두 글자인데, 고考는 형부形符인 로老에 성부聲符인 고丂를 더한 것으로 볼 수 있다. 그런데 이것은 대개 언어의 증식 때문에 형부形符를 더한 것이라거나 혹은 문자를 가차한 것 때문에 형부形符를 더한 것이라고는 볼 수 없을 뿐만 아니라, 고丂를 고考의 예로 삼은 것은 수량도 많지 않고 또 시기적으로도 상당히 늦은 편이다. 더욱이 로老는 표의자表意字이므로, 형성과는 더욱 무관하다.

그리고 전주의 설명은 허신이 정한 것이기 때문에, 용우순의 말처럼, "곧 어느 것도 회의懷疑를 갖고 논쟁을 할 수 없고 더구나 그 글자를 함부로 고칠 수 없다"[253]인 것이다. 비록 억지로 강변强辯해서 성부聲符가 바로 '어느 유형의 하나를 부수部首로 세운다.〔建類一首〕'에서 그 유형이라고 말할 수는 있지만, 《설문說文》에서 성부聲符가 유형이라고 강조한 적이 없었기 때문에, 이러한 주장은 허신의 설명과 그다지 합치된다고 볼 수 없다.

그 외에도 고考와 로老 두 글자에 관련된 문제를 의도적으로 언급하지 않고 피했다든지, 또 《설문說文》에서 예로 든 강江과 하河가 순수하게 형성자形聲字이지 언어 증식 때문이거나 혹은 문자의 가차假借 때문에 형부形符를 더한 것이 아니라는 견해를 예까지 들어가며 증명한 것과 같은 많은 문제도, 모두가 허신의 생각과는 그다지 일치한다고 볼 수 없다.

일반적으로 문자의 응용에서는 본의本義를 제외하고 자의字義의 확장인 인신引申과 가차假借를 가장 많이 볼 수 있다. 더욱이 《설문說文》의 전주轉注가 가차와 서로 맞대응되면서 한 쌍을 이룬 이상, 아마도 이 전주가 가장 자주 쓰이는 인신引申의 방식을 가리킨다고 볼 수 있다. 혹은 이 인신引申에 몇몇 소수의 글자는 기타 다른 문자 분석의 방법을 통해 창조된 것이 감안되었기 때문일 것이다.

예를 들어, '정正을 반대로 쓰면 핍乏이 된다'라든지, '인人을 반대로 쓰면 비匕가 된다'라든지, '신身을 반대로 쓰면 의(㐆, 依)가 된다'라든지, 혹은 '도匋에서 추출하여 부缶가 된다'라든지, '엄嚴에서 추출하여 감(㪅, 敢)이 된다'라든지, '욕蓐에서 추출하여 욕辱이 된다'라든지 등과 같은 유형이 모두 여기에 속한다고 볼 수 있다. 그러나 이것에 대해 《설문說文》에서는 명확한 설명이 없고, 또 조례를 분석하는 데 근거가 된 자형도 또한 아주 늦은 시기에야 출현한 소전체小篆體인 이상, 실제로는 이 《설문說文》에만 의거하여 적어도 천 년 전의 문자

253 용우순龍宇純, 《중국 문자학中國文字學》, 129쪽(원저자 주). 그 원문에는 "即任何不得議論, 更不得擅改其字"라고 되어 있다.

에 대한 분류를 탐색해야 할 필요는 없는 것이다.

그래서 이럴 경우에는 실사구시實事求是의 방법이 가장 적합한데, 이를테면 고대의 자형字形에 비춰서 그 창의創意를 탐구해야지, 단순히 조자법의 조례와 명칭에 대해서는 그다지 강구講究할 필요가 없는 것이다. 그렇지 않으면 정의定義와 명칭名稱에 대한 논쟁에 말려들게 되어, 결국 진정한 학문의 발전에는 별로 도움을 받지 못하게 되어 버린다.

부록 2 :《설문說文》의 해석 예시

〈도표 60〉에 보이는 욕蓐에 대해서《설문說文》에서는, "蓐은 묵은 풀이 다시 살아나는 것이다. 초艸를 따르고, 욕辱은 성부聲符이다. 일설一說에는 누에섶이라고도 한다. 무릇 욕蓐의 속屬들은 모두 이 욕蓐을 따른다. 蓐은 주문籒文의 욕蓐이고, 망茻을 따른다"[254]라고 하였다. 그런데 이 욕蓐은《설문說文》의 분석에 약간의 문제가 있는데, 그 창의創意는 마땅히 조개로 만든 농기구를 손에 들고 잡풀을 베는 모습을 본뜨고 있는 것으로 봐야 한다.

그리고 욕辱에 대해서《설문說文》에서는, "辱은 부끄러운 것이다. 촌寸을 따르고, 진辰 아래에 있다. 농사지을 시기를 놓쳤을 때 봉지封地에서 그에게 욕을 보인다. 진辰이라고 하는 것은 농사짓는 시기이다. 그러므로 방성房星이 진辰이 되고, 농사짓는 절기이다"[255]라고 하였다. 이 욕辱은 나중에 욕蓐에서 추출된 글자로 봐야 마땅하다.

그러나 허신許愼은 진辰이 원래 조개 형태를 본뜬 상형象形에서 왔다는 것을 알지 못했기 때문에, 이 글자의 뜻을 정확히 알 수가 없었다. 대체로 손에 조개로 만든 농기구를 든 것은 풀을 베기 위한 것이고, 여기에 착안하여 욕蓐이란 글자가 만들어졌다. 그러나 욕辱의 창의創意는 아직 분명치 않지만, 농기구를 손에 든 것은 농부의 모습을 말하고 농사는 고대에 나라를 세우는 근본이었다. 그런데 이러한 농부가 부끄러운 직업에 종사하고 있다는 뜻으로 창의를 했다는 것은 거의 상상할 수도 없는 일이므로, 치욕恥辱을 뜻하는 의미는 아마도 가차假借에서 근거했을 것이다. 그리고《설문說文》의 예를 보면, 만약 욕蓐이 초草를 따르는 형성자形聲字라면 당연히 초부艸部에 속해야 하겠지만, 의외로 이 욕蓐이

도표 번호	상商나라의 갑골문甲骨文	주周나라의 금문金文	진秦나라의 소전小篆	한漢나라의 예서隸書	현대의 한자	글자의 창의創意
60			 s z	蓐	蓐	손에 조개로 만든 농기구를 들고 잡풀을 베는 모습을 본뜨고 있다.

254 (淸) 段玉裁注,《說文解字注》, 第二卷, 第一篇注下,〈蓐〉, 48쪽. 그 원문에 "蓐, 陳艸復生也. 从艸, 辱聲. 一曰: 蔟也. 凡蓐之屬皆从蓐. 蓐, 籒文蓐, 从茻"이라고 되어 있다.

255 (淸) 段玉裁注,《說文解字注》, 第二十八卷, 第十四篇注下,〈辱〉, 752쪽. 그 원문에 "辱, 恥也. 从寸, 在辰下. 失耕時, 於封畺上戮之也. 辰者農之時也. 故房星爲辰, 田候也"라고 되어 있다.

부수가 된 까닭은 아마도 이 욕부蓐部에 〈도표 405〉에 보이는 호(薅, 茠)가 있었기 때문일 것이다.

그리고 위와 같은 현상으로 수殳에 대해《설문說文》에서는, "𣪠는 죽도竹刀로 사람이 가까이 오지 못하게 하는 것이다.《주례周禮》에 이르기를, '수殳는 대나무를 쌓아 만든 것으로, 여덟 모서리가 있으며, 길이는 1장丈 2척尺이고, 병거兵車의 양옆에 세웠다. 왕의 수레를 지키는 여분旅賁이 수殳를 들고 앞서 달려간다'라고 하였다. 우又를 따르고, 수几는 성부聲符이다. 무릇 수殳의 속屬들은 모두 이 수殳를 따른다"[256]라고 하였다. 그러나 이 수殳의 초기 자형을 보면, 손으로 자루가 곧고 끝이 무딘 두드리는 물체를 잡고 있는 모습을 본떠 그 뜻을 표시하고 있다. 그리고《설문說文》에서는 이 수殳를 형성자形聲字로 분석하고 있으므로, 이치적으로는 당연히 우부又部에 속해야만 한다. 그런데 아마도 이 수殳를 글자의 한 구성 부분으로 갖는 복잡한 형태의 글자가 많기 때문에, 이렇게 이 수殳를 부수部首로 삼았을 것이다.

그리고 모牟에 대해《설문說文》에서는, "牟는 소가 우는 것이다. 우牛를 따르고, ㇀는 그 소리의 기운이 입에서 나옴을 본뜨고 있다"[257]라고 하였다. 이 모牟는 구부러진 필획을 우牛의 자형 위에다 덧붙여 소가 숨 쉴 때마다 나오는 입김을 표현하고 있다. 그런데《설문說文》에서는 이 모牟를 우牛와 ㇀의 조합이라고 분석하고 있는데, '본뜨고 있다'라는 단어를 사용하여 겨울에 날씨가 추워지면서 소가 숨 쉴 때마다 보이는 입김의 흐름을 묘사하고 있다. 이처럼《설문說文》의 회의자會意字가 모두 완성된 하나의 글자로만 조합된 것이 아님을 알 수가 있다. 그리고 여기에서 '본뜨고 있다'라는 말로 동태적인 상황을 표현한 것과 같은 것은 상형象形에서만 볼 수 있는 것은 아니다. 따라서 창의創意의 관점에서 본다면, 반고班固가 말한 '상의象意'라는 표현이 회의會意라는 표현보다 좀더 생동감 넘치고 더 함의含義가 넓은 표현임을 알 수 있다.

〈도표 61〉에 보이는 고告에 대해《설문說文》에서는, "告는 소가 사람을 뿔로 받기 때문에, 뿔에다 가로로 나무를 붙여 이것으로 사람에게 알리는 것이다. 구口를 따르고, 우牛를 따른

---

256 (淸) 段玉裁注,《說文解字注》, 第六卷, 第三篇注下,〈殳〉, 119-120쪽. 그 원문에 "𣪠, 目杖殊人也. 周禮: 殳目積竹, 八觚, 長丈二尺, 建於兵車, 旅賁目先驅. 从又, 几聲. 凡殳之屬皆从殳"라고 되어 있다.

257 (淸) 段玉裁注,《說文解字注》, 第三卷, 第二篇注上,〈牟〉, 52쪽. 그 원문에 "牟, 牛鳴也. 从牛, ㇀象其聲气從口出"이라고 되어 있다.

도표 번호	상商나라의 갑골문甲骨文	주周나라의 금문金文	진秦나라의 소전小篆	한漢나라의 예서隸書	현대의 한자	글자의 창의創意
61	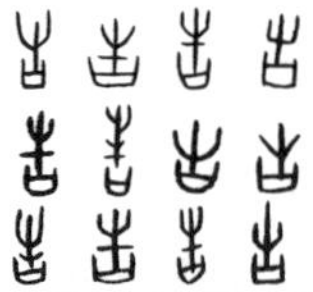	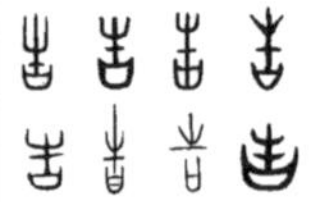	 s	告	告	구덩이 위에 표지를 꽂아 지나가는 행인에게 구덩이에 빠지지 않도록 조심하라는 의미이다.
62			 s k z	兵	兵	두 손에 돌 자귀를 쥔 모습으로, 농기구를 빌려 병기兵器로 삼고 있다.

다.《역경易經》에 이르기를, '어린 소의 뿔에 가로목을 붙인다'라고 하였다. 무릇 고告의 속屬들은 모두 이 고告를 따른다"[258]라고 하였다. 이와 같이 허신은《설문說文》에서 일반적으로 먼저 글자의 정의를 내린 다음에 자형을 해석하였다. 그래서 이 고告에서도 먼저 소로 그 뜻을 나타낸 이유는, 바로 자형으로 해석하는 범위에 속했기 때문이었다.

그런데 이 고告를 갑골문에서 보면, 구덩이 위에 표지를 꽂아 지나가는 행인에게 구덩이에 빠지지 않도록 조심하라는 의미에서 그 뜻을 취한 것이었지, 소와는 아무런 관련이 없었다. 그런데 나중에 자형이 변화하여 한 짧은 획이 더 첨가되면서 자형이 우牛에 가까워졌다. 만약 소전체小篆體에 보이는 고告의 자형을 보면 우牛와 구口의 조합으로 볼 수도 있지만, 이 자형만으로는 소의 뿔에다 가로로 나무를 붙였다는 것을 알아낼 수가 없다. 설사 그렇다고 하더라도 소의 뿔에다 가로로 나무를 붙인 주요 목적은 사람이 소뿔에 받혀 다치는 것을 예방하려는 것이지, 결코 경고하려는 것은 아니었을 것이다.

〈도표 62〉에 보이는 병兵에 대해《설문說文》에서는, "은 무기이다. 공廾을 따르고 근斤을 들고 있는 것은, 힘을 모으는 모습이다. 은 고문古文의 병兵이고, 인人과 공廾과 간干을 따른다. 은 주문籒文의 병兵이다"[259]라고 하였다. 갑골문에서 이 병兵은 두 손에 긴 자루의 돌 자귀를 쥔 모습으로 그 뜻을 나타내고 있는데, 초기의 병기兵器는 임시적으로 농기구도 빌려 썼기 때문이다. 그런데 허신許愼은 이 병兵에서 두 손으로 쥐어야 하는 이유가 공격

258 (淸) 段玉裁注,《說文解字注》, 第三卷, 第二篇注上,〈告〉, 54쪽. 그 원문에 ", 牛觸人, 角箸橫木, 所目告人也. 从口, 从牛. 易曰: 僮牛之告. 凡告之屬皆从告"라고 되어 있다.

259 (淸) 段玉裁注,《說文解字注》, 第五卷, 第三篇注上,〈兵〉, 105쪽. 그 원문에 ", 械也. 从廾, 持斤, 并力之皃. , 古文兵, 从人廾干. , 籒文兵"이라고 되어 있다.

력을 증가하기 위한 것이라고 설명하고 있지만, 아직 이 병兵을 기록한 고문古文의 자형은 출토되지 않았다. 따라서 허신이 어떤 자료에 그 근거를 두고 말한 것인지 알 수가 없다.

그리고 곡嚳에 대해《설문說文》에서는, "嚳은 급박하여 고告함이 매우 급한 것이다. 고告를 따르고, 학學의 생략형이 성부聲符이다"[260]라고 하였다. 일반적으로 형성자形聲字는 형성形聲을 만드는 성부聲符와 동운류同韻類 및 동성류同聲類가 되어야 한다. 그래서 만약 주법고周法高의 선진고음先秦古音 음운 추정에 근거하면, 선진시대先秦時代 상고음上古音에서 곡嚳은 학學과 고告와 함께 모두 유중운幽中韻에 속했고, 또한 이 세 글자의 성모聲母도 모두 아후음牙喉音의 큰 유형에 속하였다. 따라서 이 곡嚳에서 학學이 성부聲符라고 한 것은 옳은 말이다.

그런데 허신은 성부聲符의 생략형을 언급하면서 항상 오류를 범하곤 했는데, 여기에서도 학學의 초기 자형에는 자형의 아래에 보이는 자子가 없었으므로, 그냥 학學이 성부聲符라고 하면 되지 굳이 학學의 생략형이 성부聲符라고 말할 필요는 없었다. 더구나 학學의 갑골문 자형字形은 지붕 아래가 비어 있으므로([illegible] [illegible]), 다른 자형 구성 부분을 받아들일 공간이 충분히 있는 것이다. 그래서 일반적으로 이렇게 자형의 빈 공간을 이용하여 성부聲符의 생략형을 만드는 것은 비교적 신빙성이 있는 편이다.

그런데 여기서 곡嚳의 중점은 고告에 있었지 학學에 있지 않았고, 또한 학學은 부수에도 속하지 않았다. 따라서 이 곡嚳은 당연히 고부告部에 속하게 되었다. 그리고 형성자의 변천 과정에서 봤을 때, 아마도 이 곡嚳은 처음에는 고告의 자의字義가 확장된 인신引申의 의미로만 사용되었다가, 나중에 학學의 형부形符나 성부聲符가 더해지면서 형성자가 되었을 것이다. 그런데 단옥재段玉裁는 마땅히 학부學部를 세우고 고부告部를 폐지시켜야 한다고 여겼는데, 그러면 곡嚳은 학學을 따르고 고告가 성부聲符인 글자가 된다.

〈도표 63〉에 보이는 학(斆, 學)에 대해서《설문說文》에서는, "斆은 깨닫는 것이다. 교(敎, 教)와 멱冖을 따른다. 멱冖은 여전히 어두운 것이다. 국臼은 성부聲符이다. 學은 전문篆文이고, 학(斆, 學)의 생략형이다"[261]라고 하였다. 갑골문에서 이 학(斆, 學)은 매듭이 지어진 새끼줄의

260 (淸) 段玉裁注,《說文解字注》, 第三卷, 第二篇注上,〈嚳〉, 54쪽. 그 원문에 "嚳, 急告之甚也. 从告, 學省聲"이라고 되어 있다.

261 (淸) 段玉裁注,《說文解字注》, 第六卷, 第三篇注下,〈斆〉, 128쪽. 그 원문에 "斆, 覺悟也. 从敎冖. 冖, 尙矇也. 臼聲. 學, 篆文, 斆省"이라고 되어 있다. 그런데 이 학(斆, 學)은 상고음上古音에서 각부覺部에 속하였고, 성부聲符인 국臼은 상고음에서 옥부屋部에 속하였다. 따라서 이 학(斆, 學)과 성부聲符인 국臼은 고운古韻에서 서로 동일한 큰 부류에 속하지 않았다.

도표 번호	상商나라의 갑골문甲骨文	주周나라의 금문金文	진秦나라의 소전小篆	한漢나라의 예서隸書	현대의 한자	글자의 창의創意
63			 s s	斆 學	斆 學	새끼줄을 교차시켜 양손의 동작을 나타내거나 혹은 지붕을 이는 일과 관련이 있음을 나타낸다.
64			 s	晨	晨	양손에 조개껍질로 만든 농기구를 들고 있는 모습을 본뜬 것으로, 이른 아침에 해야 할 일을 나타내고 있다.

모습을 본뜨고 있는데, 여기에 양손을 첨가시켜 새끼를 꼬고 있는 동작을 나타내거나 혹은 지붕을 이는 일과 관련이 있음을 의미하고 있다. 그런데 고대에 새끼줄을 꼬는 일은 작업 시에 항상 쓰이는 기술이었기 때문에, 누구나 반드시 배워야 할 교과목이었다. 그리고 여기서 자子는 나중에 덧붙여진 부가적인 자형 구성 부분이다.

그런데 이 학(斆, 學)이 복攴을 따르게 된 것은 훨씬 후대에서나 출현하는 자형 형태인데, 허신은 오히려 이것을 정확한 자형으로 오해하여 교(敎, 教)를 따른다고 분석하였다. 더구나 초기 문자에서 국臼은 대체로 두 손을 위에서 아래로 놀려 가며 일하는 손의 동작을 표현한 것이었지, 성부聲符로는 쓰이지 않았다. 만약 이 국臼이 성부로 쓰였다면, 대부분의 글자에서 이 두 부분이 저절로 한 조가 되어 버려 서로 따로 떨어져 있지는 않았을 것이다.

그리고 〈도표 64〉에 보이는 신晨에 대해 《설문說文》에서는, "𦥯은 새벽이고, 동이 틀 무렵이다. 국臼과 진辰을 따른다. 진辰은 때이다. 진辰은 또한 성부聲符이다. 극(丮, 丮)과 석夕이 합쳐져 숙(㚈, 夙)이 되고, 국臼과 진辰이 합쳐져 신晨이 되는데, 이 둘은 같은 뜻이다. 무릇 신晨의 속屬들은 모두 이 신晨을 따른다"[262]라고 하였다. 갑골문에도 이미 이 신晨이 보이는데 즉, 두 손에 조개껍질로 만든 농기구를 들고 논밭을 정리하는 일은 이른 아침에 해야 하는 작업임을 의미하고 있다.[263]

262 (淸) 段玉裁注, 《說文解字注》, 第五卷, 第三篇注上, 〈晨〉, 106쪽. 그 원문에 "𦥯, 早昧爽也. 从臼辰. 辰, 時也. 辰亦聲. 丮夕爲㚈, 臼辰爲晨, 皆同意. 凡晨之屬皆从晨"이라고 되어 있다.

263 일반적으로 풀을 벨 때는 한 손으로 낫의 아랫부분을 잡는다. 그러나 땅을 팔 적에는 양손을 사용하면 힘이 더욱 들어가고 또 동작도 위에서 아래로 움직이게 되므로, 주로 농기구의 위쪽을 잡는다.(원저자 주)

도표 번호	상商나라의 갑골문甲骨文	주周나라의 금문金文	진秦나라의 소전小篆	한漢나라의 예서隸書	현대의 한자	글자의 창의創意
65			 s	每	每	한 여인의 머리에 여러 가지 아름다운 장식품을 가득 꽂은 모습을 본뜨고 있다.

그런데 여기서 신晨과 진辰은 비록 상고음上古音에서 동일한 성모聲母와 운모韻母를 가지고 있었지만, 초기 자형에 보이는 국臼은 모두 두 손의 동작을 표현하였지, 형성자形聲字의 형부形符로 사용되는 경우는 거의 없었다. 그러므로 가능하면 이 신晨을 형성자의 하나로 보지 않도록 해야 한다. 그 외에도 허신은 단지 자형의 구조에 대해서만 분석하고, 국臼과 진辰이 어떻게 아침이라는 의미를 나타내게 되었는지에 대한 창의創意를 설명하지 않고 있다. 또한 극(丮, 𠃨)과 석夕이 합쳐져 숙(夙, 𡖋)이 되는 것이 어떻게 신晨과 같은 뜻이 되는지에 대해서도 전혀 언급을 하지 않고 있다. 이것은 아마 허신 자신도 그것을 명확하게 알지 못했기 때문에, 단지 성부聲符가 의미까지 겸하는 겸성兼聲의 방법으로 그것을 처리하였을 것이다. 그런데 만약 이 신晨에서 국臼을 형부形符로 삼는다고 하더라도, 마찬가지로 아침이라는 뜻과는 별로 관련이 없다.

〈도표 65〉에 보이는 매每에 대해 《설문說文》에서는, "每는 풀이 무성히 위로 자라나온 것이다. 철屮을 따르고, 모母는 성부聲符이다"[264]라고 하였다. 그런데 갑골문의 매每는 여러 가지 아름다운 머리 장식품을 가득 꽂은 한 여인의 형태로 매우 아름다운 모습을 본뜨고 있다. 또한 그것으로 풍성한 어떤 상황을 의미한다. 그러나 허신許愼은 잘못된 자형을 근거로 삼았기 때문에, 이 매每의 분석에서도 실제 사실과 부합하지 않게 원래 하나의 완전한 자형 형태를 두 부분으로 분리시켜 버렸다.

〈도표 66〉에 보이는 이而에 대해 《설문說文》에서는, "而는 수염이다. 상형자象形字이다. 《주례周禮》에 이르기를, '물고기가 그 비늘과 수염을 실룩거린다'라고 하였다. 무릇 이而의 속屬들은 모두 이 이而를 따른다"[265]라고 하였다. 갑골문에서도 이 이而는 아래턱에 난 수염

264 (淸) 段玉裁注,《說文解字注》, 第二卷, 第一篇注下,〈每〉, 22쪽. 그 원문에 "每, 艸盛上出也. 从屮, 母聲"이라고 되어 있다. 그런데 이 매每와 성부聲符인 모母는 상고음上古音에서 동일하게 지부之部에 속하였다.

265 (淸) 段玉裁注,《說文解字注》, 第十七卷, 第九篇注下,〈而〉, 458쪽. 그 원문에 "而, 須也. 象形. 周禮曰: 作其鱗之

도표 번호	상商나라의 갑골문甲骨文	주周나라의 금문金文	진秦나라의 소전小篆	한漢나라의 예서隸書	현대의 한자	글자의 창의創意
66		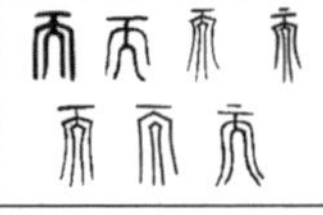	 s	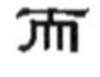	而	아래턱에 난 수염의 모습으로, 가차假借되어 접속사로 쓰인다.
67			 s		具	집집마다 갖추고 있는 음식을 끓이는 솥을 두 손으로 들고 있는 모습을 본뜨고 있다.

의 모습을 본뜨고 있는데, 가차假借되어 어기語氣를 전환시키는 접속사로 사용되고 있다. 그리고 이 이而에서 수염의 모습은 단지 아랫부분에 그려진 작은 한 부분이고, 윗부분에 그려진 사람과 아래턱의 모습은 그 수염을 더 뚜렷이 드러내기 위한 보조적인 부분이다. 따라서 이 이而의 창의創意는 수염과 머리털을 뜻하는 수須와 서로 비슷하다고 할 수 있다. 이렇게 본다면, 허신의 상형象形에 대한 정의定義는 부가적인 보조 설명 부분까지 포괄하는 것임을 알 수 있다.

그리고 〈도표 67〉에 보이는 구具에 대해 《설문說文》에서는, "具는 받들어 설치하는 것이다. 공廾과 패貝의 생략형을 따른다. 옛날에는 조개로 재화財貨를 삼았다"[266]라고 하였다. 그런데 바다조개는 크기가 작기 때문에 굳이 두 손으로 받들어야 할 필요까지는 없다. 그래서 갑골문에서는 두 손을 위에 혹은 아래에 붙여서 솥을 하나를 들고 있는 모양을 본뜨고 있다.

일반적으로 솥은 음식을 끓이기 위해 어느 집에서나 반드시 갖추고 있어야 할 도구인데, 대체로 무게가 무겁기 때문에 두 손으로 잡아야만 평형을 유지할 수가 있다. 그런데 이 정鼎의 자형이 나중에 잘못 변하여 패貝로 되었는데, 허신은 이것을 제대로 설명할 수가 없었다. 그렇지만 허신이 이 구具의 자형에 보이는 목目이 패貝의 변형된 생략형이라는 것은 간파해 냈으므로, 이 점에서는 그야말로 탄복을 금할 수 없다.

〈도표 68〉에 보이는 칙則에 대해 《설문說文》에서는, "則은 등급에 따라 물체를 구분한

而. 凡而之屬皆从而"라고 되어 있다.

266 (淸) 段玉裁注, 《說文解字注》, 第五卷, 第三篇注上, 〈具〉, 105쪽. 그 원문에 "具, 共置也. 从廾貝省. 古目貝爲貨"라고 되어 있다.

도표 번호	상商나라의 갑골문甲骨文	주周나라의 금문金文	진秦나라의 소전小篆	한漢나라의 예서隸書	현대의 한자	글자의 창의創意
68	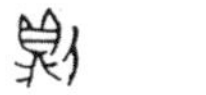		 s k z	則	則	정鼎과 도刀의 조합으로, 정鼎과 칼을 주조할 때 각기 서로 다른 합금법칙이 있음을 의미하고 있다.
69	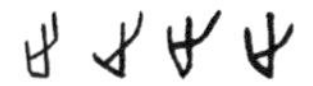		 s	止	止	발가락이 있는 발의 모습을 본뜨고 있다.

것이다. 도刀와 패貝를 따른다. 조개는 옛날에 재화財貨였다. 則은 고문古文의 칙則이다. 則은 주문籒文의 칙則이고, 정鼎을 따른다"[267]라고 하였다. 갑골문에서 이 칙則은 정鼎과 도刀의 조합으로 그 뜻을 표현하고 있다. 일반적으로 동銅 기물器物인 정鼎을 주조하려면, 고도의 동銅 함량含量이 있어야만 색채가 아름다워진다. 또한 물체를 베는 데 쓰는 칼을 주조하려면, 고도의 주석朱錫 함량含量이 있어야만 날이 예리해지고 마모에도 잘 견디게 된다. 이처럼 고대에는 정鼎과 칼을 주조할 때 각기 일정한 비율의 합금 법칙이 있었다.

그런데 이 정鼎의 자형이 나중에 잘못 변하여 패貝로 되었는데, 허신許愼은 이 사실을 잘 몰랐으므로 왜 칼과 조개에 등급에 따라 물체를 구분한다는 뜻이 생겼는지를 설명할 수가 없었다. 더욱이 조개는 크기가 작고 아주 단단하기 때문에, 칼로 쉽사리 반을 쪼갤 수가 없다. 그래서 우리는 이미 이 칙則이 패貝와 도刀에서 그 창의創意를 가져온 것이 아님을 확신할 수 있지만, 최근까지도 어떤 학자는 이 칙則에 대해 여전히 《설문說文》의 해석을 신봉하고 있다.

〈도표 69〉에 보이는 지止에 대해 《설문說文》에서는, "止는 아래에 있는 토대이다. 초목艸木이 자라는 데 밑동이 있음을 본뜨고 있으므로, 지止를 발이라고 여긴다. 무릇 지止의 속屬들은 모두 이 지止를 따른다"[268]라고 하였다. 갑골문에 보이는 이 지止의 초기 자형 형태는 명백히 발가락이 있는 발의 모습을 본뜨고 있다. 더욱이 발은 길을 걷는 데 쓰이는 것이므

---

267 (淸) 段玉裁注, 《說文解字注》, 第八卷, 第四篇注下, 〈則〉, 181쪽. 그 원문에 "則, 等畫物也. 从刀貝. 貝, 古之物貨也. 則, 古文則. 則, 籒文則, 从鼎"이라고 되어 있다.

268 (淸) 段玉裁注, 《說文解字注》, 第三卷, 第二篇注上, 〈止〉, 68쪽. 그 원문에 "止, 下基也. 象艸木出有阯, 故目止爲足. 凡止之屬皆从止"라고 되어 있다.

도표 번호	상商나라의 갑골문甲骨文	주周나라의 금문金文	진秦나라의 소전小篆	한漢나라의 예서隸書	현대의 한자	글자의 창의創意
70			 s  k	寅	寅	깃털이 달린 화살의 모양을 본뜬 것으로, 가차假借되어 간지干支로 쓰인다.

로, 어떤 행동을 표현하는 것이다.

그런데 허신은 비록 이 지止가 발과 관련이 있다는 것은 알고 있었지만, 그 당시에 이미 자형이 잘못 변화되어서 마치 초목草木의 모습처럼 되었으므로, 이 지止를 단순히 초목이 생장하는 하나의 움직임으로 해석하였다. 따라서 이 지止를 자형의 구성 부분으로 갖는 다른 많은 글자들도 이와 마찬가지로 정확한 해석이 이뤄지지 못하게 되었다.

〈도표 70〉에 보이는 인寅에 대해《설문說文》에서는, "寅은 꿈틀대는 것이다. 정월正月이고, 양기陽氣가 움직이는 것이다. 황천黃泉을 벗어나 위로 솟아오르려고 해도 음기陰氣가 여전히 강하다. 두터운 지붕이 있어 다다르지 못하고, 아래에서 꿈틀대는 것을 본뜨고 있다. 무릇 인寅의 속屬들은 모두 이 인寅을 따른다. 𨗨은 고문古文의 인寅이다"[269]라고 하였다. 그러나 갑골문에서는 이 인寅이 깃털이 달린 화살의 모양을 명백히 본뜨고 있고, 가차假借되어 간지干支의 차례로 쓰이고 있다.

그런데 모든 간지의 글자들이 각기 서로 다른 사물에서 가차되어 사용되고 있는데, 허신은 이것이 체계를 갖춘 글자 창조라고 여겼기 때문에 이렇게 음양오행陰陽五行의 개념으로 해석하고 있는 것이다.

예를 들어, 진辰에 대해《설문說文》에서는, "辰은 흔드는 것이다. 삼월三月이고, 양기陽氣가 움직이는 것이다. 우레와 번개가 치니, 백성이 농사를 지을 시기이다. 만물이 모두 자라나므로, 을乙과 화(匕, 化)를 따른다. 화(匕, 化)는 완전히 자라남을 본뜨고 있다. 한厂은 성부聲符이다. 진辰은 방성房星이니, 하늘의 때이다. 상(二, 上)을 따르는데, 상(二, 上)은 고문古文의 상上이다. 무릇 진辰의 속屬들은 모두 이 진辰을 따른다. 辰은 고문古文의 진辰이다"[270]

269 (清) 段玉裁注,《說文解字注》, 第二十八卷, 第十四篇注下,〈寅〉, 752쪽. 그 원문에 "寅, 髕也. 正月, 昜气動. 去黃泉欲上出, 侌尚强也. 象宀不達, 髕寅於下也. 凡寅之屬皆从寅. 𨗨, 古文寅"이라고 되어 있다.

도표 번호	상商나라의 갑골문甲骨文	주周나라의 금문金文	진秦나라의 소전小篆	한漢나라의 예서隸書	현대의 한자	글자의 창의創意
71			 s	哭	哭	한 사람이 머리를 풀어 헤치고 끊임없이 통곡하는 모습을 본뜨고 있다.

라고 하였다.

그리고 사巳에 대해 《설문說文》에서는, "巳는 다함이다. 사월四月이고, 양기陽氣가 이미 나오고 음기陰氣가 이미 감춰지니, 만물이 보이고 형형색색의 모양을 하게 된다. 그러므로 사巳가 뱀의 모양을 하고 있다. 상형자象形字이다. 무릇 사巳의 속屬들은 모두 이 사巳를 따른다"[271]라고 하였다.

〈도표 71〉에 보이는 곡哭에 대해 《설문說文》에서는, "哭은 슬픈 소리이다. 훤吅을 따르고, 옥獄의 생략형인 성부聲符를 따른다. 무릇 곡哭의 속屬들은 모두 이 곡哭을 따른다"[272]라고 하였다. 갑골문에서 이 곡哭은 원래 한 사람이 긴 머리를 풀어 헤치고 통곡하는 모습을 본뜨고 있었는데, 울음소리가 끊어지지 않고 계속 이어지기 때문에 두 개의 구口로 표시하였다.

그런데 여기서 인人의 자형이 잘못 변화되어 나중에 견犬의 자형 형태로 되었는데, 허신은 그 사실을 알기가 힘들었으므로 오히려 형성자形聲字라고 오해하였다. 그래서 견犬을 가진 옥獄을 찾아내어 그 생략형인 성부聲符를 따른다고 해석하였다. 그러나 《설문說文》에서 말하는 성부聲符의 생략형에 관한 해석은 대부분이 오류인데, 그것은 아마도 허신이 그에 대한 합당한 근거를 찾지 못했기 때문에 성부聲符의 생략형이라는 방법으로 처리했을 것이다.

〈도표 72〉에 보이는 제帝에 대해 《설문說文》에서는, "帝는 살피는 것이다. 천하에서 왕노릇을 하는 호칭이다. 상(二, 上)을 따르고, 자(朿, 朿)는 성부聲符이다. 帝는 고문古文의 제帝이

---

270 (清) 段玉裁注, 《說文解字注》, 第二十八卷, 第十四篇注下, 〈辰〉, 752쪽. 그 원문에 "辰, 震也. 三月, 昜气動. 靁電振, 民農時也. 物皆生, 从乙匕. 匕象芒達. 厂聲. 辰, 房星, 天時也. 从二, 二, 古文上字. 凡辰之屬皆从辰. 辰, 古文辰"이라고 되어 있다. 그런데 서현徐鉉은 이 한厂이 성부聲符가 아니라 만물이 자라나는 모습을 본뜨고 있다고 보았다.

271 (清) 段玉裁注, 《說文解字注》, 第二十八卷, 第十四篇注下, 〈巳〉, 752-753쪽. 그 원문에 "巳, 巳也. 四月, 昜气巳出, 陰气巳臧, 萬物見, 成彣彰, 故巳爲它. 象形. 凡巳之屬皆从巳"라고 되어 있다.

272 (清) 段玉裁注, 《說文解字注》, 第三卷, 第二篇注上, 〈哭〉, 63쪽. 그 원문에 "哭, 哀聲也. 从吅, 从獄省聲. 凡哭之屬皆从哭"이라고 되어 있다.

도표 번호	상商나라의 갑골문甲骨文	주周나라의 금문金文	진秦나라의 소전小篆	한漢나라의 예서隸書	현대의 한자	글자의 창의創意
72	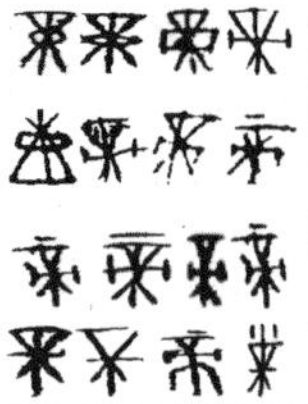		 s k		帝	한 송이 꽃의 모양, 혹은 결박시킨 사람 모양의 숭배물을 본뜨고 있다.

다. 고문古文에서 모든 상(丄, 上)은 모두 일一을 따르고, 전문篆文에서는 모두 상(二, 上)을 따른다. 상(二, 上)은 고문古文의 상上이다. 건(䇂, 愆), 시示, 진辰, 룡龍, 동童, 음音, 장章은 모두 고문古文의 상上을 따른다"[273]라고 하였다. 이 제帝는 갑골문에서의 원래 형태가 한 송이 꽃의 모습이라거나 혹은 결박시킨 사람 모양의 숭배물이라고 여겨지고 있는데, 이에 관한 자세한 토론은 이 책의 제7절에 있는 '자형 변천의 방향'을 참고하기 바란다.

그런데 일반적으로 자형의 변천에서 자획字畫의 자연스러운 변화로 인해 어느 글자의 가장 위쪽의 자획이 곧은 획이면, 그 위에다 별다른 의미가 없는 짧은 획을 하나 더 긋곤 하였다. 그러나 허신許愼은 이런 규칙을 잘 몰랐으므로, 이 제帝와 관련해서는 고문古文의 부수部首를 하나 더 설립하게 되었다. 그 외에도《설문說文》에서는 비록 '건(䇂, 愆), 시示, 진辰, 룡龍, 동童, 음音, 장章은 모두 고문古文의 상上을 따른다'라고 하였지만, 허신은 각각의 글자를 해석하면서 이러한 글자들이 고문古文의 상上과 무슨 관련이 있는지에 대해서는 전혀 언급하지 않고 있다.

예를 들어, 동童에 대해《설문說文》에서는, "童은 남자가 허물이 있는 것을 일컬어 노奴라고 하고, 노奴를 일컬어 동童이라고 하며, 여자는 첩妾이라고 일컫는다. 건(䇂, 愆)을 따르고, 중重의 생략형이 성부聲符이다. 童은 주문籀文의 동童이다. 가운데 부분은 절(竊, 竊)의 가운데 부분과 함께 모두 질(廿, 疾)을 따른다. 질(廿, 疾)은 고문古文에서 질疾이라고 한다"[274]라고 하였고, 또한 음音에 대해《설문說文》에서는, "音은 소리가 마음에서 생겨나서 밖으로 박자

273 (淸) 段玉裁注,《說文解字注》, 第一卷, 第一篇注上,〈帝〉, 2쪽. 그 원문에 "帝, 諦也. 王天下之號. 从二, 朿聲. 帝, 古文帝. 古文諸丄字皆从一, 篆文皆从二. 二, 古文上字. 䇂示辰龍童音章, 皆从古文上"이라고 되어 있다. 그런데 이 제帝와 성부聲符인 자(朿, 朿)는 상고음上古音에서 동일하게 지부支部에 속하였다.

274 (淸) 段玉裁注,《說文解字注》, 第五卷, 第三篇注上,〈童〉, 103쪽. 그 원문에 "童, 男有辠曰: 奴, 奴曰: 童, 女曰: 妾. 从䇂, 重省聲. 童, 籀文童. 中與竊中, 同从廿. 廿, 目爲古文疾字"라고 되어 있다.

를 갖추어 표현되는 것을 일컬어 음音이라고 한다. 궁宮, 상商, 각角, 치徵, 우羽는 성聲이다. 사絲, 죽竹, 금金, 석石, 포匏, 토土, 혁革, 목木은 음音이다. 언言을 따르고, 일一을 머금고 있다. 무릇 음音의 속屬들은 모두 이 음音을 따른다"[275]라고 하였다.

275 (淸) 段玉裁注,《說文解字注》, 第五卷, 第三篇注上, 〈音〉, 102쪽. 그 원문에 "音, 聲生於心, 有節於外, 謂之音. 宮商角徵羽, 聲也. 絲竹金石匏土革木, 音也. 从言, 含一. 凡音之屬皆从音"이라고 되어 있다.

3. 고문자古文字의 분류

허신許愼의 육서六書는 주로 소전체小篆體의 자형을 대상으로 연구하여 귀납한 결과이기 때문에, 그 합리성이 어떠한지는 2천여 년 이래로 수많은 학자들이 모두 전주轉注의 방법을 제대로 이해하기 위해 내놓았던 무수한 학설로부터 그 편린을 엿볼 수가 있다. 그러나 소전체는 갑골문甲骨文의 시대에 비해 천여 년이나 늦게 출현한 것으로서, 그 당시에 보이던 글자에는 이미 그 자형 형태에 상당한 변화가 일어났다. 그래서 허신이 자형 해석에서 적잖은 오류를 범했던 것도 어떻게 보면 너무나 당연한 일이라고 할 수 있다.

그런데 지금 우리는 그보다 천여 년이나 앞선 문자 자료들을 직접 연구할 수 있는 조건을 갖추고 있다. 그래서 만약 우리가 허신許愼의 체제나 혹은 소전체의 자형 형태에만 얽매여 연구하지 않고, 문자의 조자법칙造字法則에 대해서 진정으로 이해하고자 한다면, 현재로 말하자면 당연히 시기가 비교적 이른 갑골문과 금문金文을 주요 연구 대상으로 삼아야지, 《설문說文》에서 분류한 하나하나의 조목에 대해서는 그다지 얽매일 필요가 없는 것이다. 그렇지만 만약 우리가 소전체 자형에 보이는 유형類型의 귀납이나 그 조례에 대해서 연구한다면, 더 이른 시기에 출현한 갑골문과 금문金文의 자형에 의거하여 허신의 연구 결과를 비판하는 근거로 삼으면 안 된다. 그것은 마치 해서체楷書體를 분류하는 데 있어서 소전체의 자형에 근거하지 않는 것과 같은 이치이다.

앞에서도 이미 언급한 것처럼, 문자 창조의 초기에는 조자造字에 관한 어떤 규칙이 먼저 만들어지고 나서 글자가 창제된 것은 아니었다. 그러나 인류의 사유 방식에는 일반적으로 일정한 법칙이 있었으니, 우리가 유추해 낼 수 있는 조자造字 방법에는 세계의 모든 민족이 거의 비슷하다고 할 수 있다. 따라서 기본적으로 어떤 구체적인 형체가 있으면 그 형체를 본떠서 그리게 되고, 또한 추상적인 개념은 어떤 물체의 사용 방식, 습관, 혹은 가치 등과 연관시켜 표현하게 된다. 그래서 만약 쉽게 그려 낼 수 없는 사물이거나 표현하기 어려운 의미가 있다면, 곧 그 발음을 빌려 오는 방식을 이용하게 된다. 그런데 이처럼 그 발음을 빌려 오는 방식은 자형의 창의創意와 그다지 관련이 없어도 무방하지만, 만약 그 발음을 빌려 오는 방식이 아닌 다른 방식이라면 자형과 어떤 방면에서든지 반드시 관련을 맺어야만 한다.

그래서 문자의 유형을 간단히 발음 관계에서 오는 표음문자表音文字와 발음의 관계가 아닌 표의문자表意文字의 두 가지 유형으로 크게 나눌 수가 있다. 만약 허신許愼의 육서六書

에서 지사指事, 상형象形, 형성形聲, 회의會意 등의 이 네 가지를 기본 조자법造字法으로 간주하고, 반면에 전주轉注와 가차假借를 단지 용자법用字法으로만 본다고 하면, 발음 관계에서 오는 표음문자는 바로 형성자形聲字 하나뿐이고, 기타 세 가지 조자법은 발음의 관계가 아닌 곧 표의문자에 속하게 된다. 더욱이 지사指事에 속하는 글자는 그 수가 많지 않을 뿐만 아니라 이 역시 일종의 개념을 표시하는 것이다. 따라서 만약 문자의 유형으로 크게 분류했을 적에는 당연히 표의문자에 가깝다고 할 수 있다.

그래서 당란唐蘭은 문자 발전의 과정에 근거하여 삼서설三書說을 주장하였는데, 이 표의문자表意文字를 다시 상형문자象形文字와 표의문자表意文字의 두 가지로 나눌 수 있다고 하였다. 그렇지만 당란의 이 삼서三書가 육서六書나 사서四書의 분류법에 비해 얼핏 보기에는 비록 단순한 것 같지만, 학자마다 접근하는 방향과 연구의 중점이 서로 다르기 때문에, 이 견해에 보이는 그 각각의 기본적인 범위에 대해서는 지금도 여전히 논쟁이 일고 있는 실정이다. 따라서 필자는 차라리 표의表意와 형성形聲의 두 가지로만 분류하는 것이 가장 낫다고 생각하고 있다. 그런데 설사 중국 고대 문자를 표의表意와 형성形聲의 두 가지로 분류할 수 있다고는 하더라도, 여전히 이 견해와 완전히 합치되지 않는 예가 상당히 존재하고 있다. 그렇기 때문에 여기에서는 일단 삼서설三書說의 분류에 근거하여 아래에 간략히 그 구체적인 내용에 대해서 소개하기로 한다.

(가) 상형象形

이 견해는 허신許愼이 설명한 상형象形과 대체로 비슷하다.《설문說文》의 설명에서는, "상형象形이라고 하는 것은, 그 물체를 그려 낸 것으로 물체의 모양을 따라 굽어진 것을 일컫는데, 일日과 월月과 같은 것이 이에 속한다"[276]라고 하였는데, 이처럼 물체의 윤곽에 따라 하나의 구체적인 실물의 형태를 그려내는 것이 바로 상형자이다. 따라서 상형자로 묘사된 것은 볼 수도 만질 수도 있는 물체이며, 당연히 명사名詞이다. 그래서 상형자는 실물을 거의 사실처럼 묘사하거나 아니면 대강의 윤곽만을 가질 수도 있다. 더구나 상형자는 간혹 그 문자를 사용하는 환경의 영향을 받든지 혹은 개인적인 기호嗜好의 영향을 받기도 한다. 예를 들면, 동일한 청동기물의 명문銘文이라고 해도 족휘族徽로 쓰인 그림과 같은

276 (清) 段玉裁注,《說文解字注》, 第二十九卷, 第十五卷注上,〈敍〉, 762-763쪽. 그 원문에 "象形者, 畫成其物, 隨體詰詘, 日月是也"라고 되어 있다.

문자는 비교적 복잡하게 묘사하고 있어서 실물의 모습과 거의 비슷하지만, 일반 명문銘文에 사용된 글자는 오히려 비교적 간단하면서도 추상적인 모습을 띠고 있다. 그리고 상형문자와 회화繪畫에도 서로 다른 점이 많다. 일반적으로 말해서 회화는 어떤 특정한 사람이나 물체의 형태를 사실 그대로 묘사하고 있지만, 이에 비해서 상형문자는 일반적인 사람이나 물체의 공통된 모습을 주로 묘사하고 있다.

이처럼 상형자가 주로 사람이나 물체의 형체를 사실적으로 표현하고는 있지만, 만약 그 의미가 어느 형체를 초월한 것이라면 당연히 표의表意의 범주에 속해야 한다. 따라서 상형문자의 분류가 보기에는 비록 단순한 것 같아도 학자들의 일치된 견해를 얻어내기란 오히려 쉽지 않은 편이다. 이를테면, 자형字形 연구에 주로 치중하는 학자는 글자의 자형 형태가 순수하게 물체의 형상을 사실적으로 묘사했는지로 상형문자인지 아닌지를 판단할 것이다. 그러나 자의字義 연구에 주로 치중하는 학자는 아마도 글자의 사용 의의에 근거를 두고 글자를 분류 귀납시킴으로써, 어떤 글자는 표의表意에 속하지 상형이 아니라고 주장할 것이다.

예를 들어, 〈도표 73〉에 보이는 고高에 대해 《설문說文》에서는, "高는 높은 것이다. 망루望樓가 높은 모양을 본뜨고 있다. 멱冖과 위口를 따른다. 창倉, 사舍와는 같은 뜻이다. 무릇 고高의 속屬들은 모두 이 고高를 따른다"[277]라고 하였다. 갑골문에서도 이 고高는 하나의 높은 누각의 모습을 본뜨고 있다. 그러나 이 고高의 자형에서 아랫부분에 있는 위口는 나중에 변화되어 단순히 빈 공간을 채워 주는 무의미한 역할을 하고 있을 뿐이다. 그래서 어떤 학자는 이 고高가 어떤 하나의 구체적인 건축물의 모습을 묘사했기 때문에 상형이라고 주장하고 있다. 그러나 반면에 다른 학자는 고저高低라는 것은 개념의 성질에 속하기 때문에, 이 고高는 고대인들이 높은 누각의 형태를 빌려 '높다'라는 추상적인 의미를 표현한 것이라고 주장하고 있다.

그리고 또 다른 예를 들어 보면, 〈도표 74〉에 보이는 대大에 대해 《설문說文》에서는, "大는 하늘은 크고 땅도 크며 사람도 또한 큰 것이다. 사람의 모양을 본뜨고 있다. 고문古文의 대(亣, 大)이다. 무릇 대大의 속屬들은 모두 이 대大를 따른다"[278]라고 하였다. 갑골문에서

277 (清) 段玉裁注,《說文解字注》, 第十卷, 第五篇注下, 〈高〉, 230쪽. 그 원문에 "高, 崇也. 象臺觀高之形. 从冖口. 與倉舍同意. 凡高之屬皆从高"라고 되어 있다.

278 (清) 段玉裁注,《說文解字注》, 第十九卷, 第十篇注下, 〈大〉, 496-497쪽. 그 원문에 "大, 天大地大人亦大焉. 象人

도표 번호	상商나라의 갑골문甲骨文	주周나라의 금문金文	진秦나라의 소전小篆	한漢나라의 예서隸書	현대의 한자	글자의 창의創意
73			 s	高	高	거대한 건축물의 모습을 본뜨고 있고, 위口는 단순히 빈 공간을 채운 것이다.
74	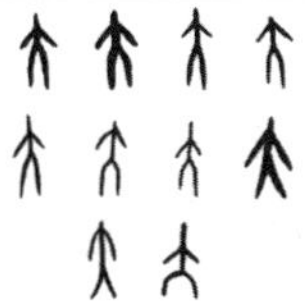	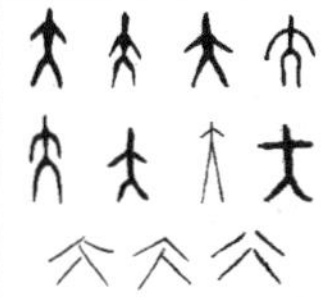	 s	大	大	어른의 정면 모습으로, '크다'라는 개념을 표시하고 있다.

이 대大는 비록 어른의 정면 모습을 본뜬 것이지만, 또한 어린아이보다 몸집이 큰 어른의 모습을 빌려 사물의 대소大小 개념을 표시하기도 한다. 그래서 어떤 학자는 위에서 예로 든 고高와 마찬가지로, 이 대大가 상형자象形字가 아니라 표의자表意字라고 주장하고 있다.

그러나 우리가 알고 있는 갑골문 시대의 글자의 의미도 아마 그 글자를 처음 창제했던 초기의 의미가 아닐 수 있고, 오히려 더 나아가 상商나라 이전 시대에 이미 그 글자의 본의가 따로 있었을 가능성이 있다. 그런데 일반적으로 말해서 추상적인 개념은 상형의 의미보다 발전이 비교적 늦으므로, 위에서 언급한 고高의 조자造字 초기의 본의는 아마도 글자 창제의 초기에는 구체적인 모양이 있는 높은 누각을 본떴을 것이다.[279] 그러다가 나중에 높이나 고저高低 등의 뜻으로 파생되었을 가능성이 크다. 그러므로 어느 한 글자를 분류할 적에는 문자를 분류할 당시에 나타난 문자 사용 의의의 영향을 충분히 받을 수 있으며, 심지어 그 글자의 창의創意에 대한 우리의 이해에 있어서도 그 당시의 영향을 상당히 많이 받을 수가 있다.

예를 들어, 〈도표 75〉에 보이는 녀女에 대해 《설문說文》에서는, "女는 지어미이다. 상형자象形字이다. 왕육王育의 견해이다. 무릇 녀女의 속屬들은 모두 이 녀女를 따른다"[280]라고 하였다. 갑골문에서도 이 녀女는 한 사람이 두 손을 교차한 채로 꿇어앉아 있는 모양을 본뜨고 있는

形. 古文亣也. 凡大之屬皆从大"라고 되어 있다.

279 현재 고고학적인 발굴로 상나라 때 이미 높은 누각이 있었음이 증명되었다. 그러나 아직 그 실물은 발견되지 않았다.(원저자 주)

280 (淸) 段玉裁注, 《說文解字注》, 第二十四卷, 第十二篇注下, 〈女〉, 618쪽. 그 원문에 "女, 婦人也. 象形. 王育說. 凡女之屬皆从女"라고 되어 있다.

도표 번호	상商나라의 갑골문甲骨文	주周나라의 금문金文	진秦나라의 소전小篆	한漢나라의 예서隸書	현대의 한자	글자의 창의創意
75	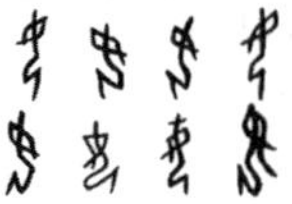		 s	女	女	두 손을 교차하여 무릎 위에 올려놓고 꿇어앉아 있는 여자의 모습을 본뜨고 있다.

데, 일반적으로 이것이 여자가 앉는 자세라고 여겼으므로 상형자라고 하였다.

그러나 우리가 지금까지 봐 왔던 여자가 꿇어앉은 모양을 새긴 고대의 조각상에는 남자의 모습과 별 차이가 없었다. 그래서 여자도 남자와 마찬가지로 두 손을 나란히 내려 두 무릎 위에 올려놓았을 뿐이다. 이처럼 녀女가 인위적인 설정과 고의적인 구별을 통해 창제된 것이지 실제의 모습을 본뜬 것이 아니라는 것을 안다면, 이론적으로 보았을 때 이 녀女는 마땅히 표의자表意字에 속하게 된다.

그런데 이와는 달리, 만약 분류의 표준이 자의字義에 치중할 경우에는 어떤 물체의 형체가 사실상 특징적인 윤곽이 없기 때문에, 이에 대한 보조적인 정보가 있어야만 그것을 지칭한다는 것을 명확히 할 수 있다. 그래서 어떤 학자는 그 글자의 사용 의의가 명사名詞의 성질을 갖고 있다고 여겨 상형자象形字로 분류하지만, 반면에 어떤 학자는 이런 경우에는 자형이 복합적인 복체複體이기 때문에 상형자가 아니라고 주장하고 있다.

예를 들어, 앞의 〈도표 8〉에서 언급했던 것처럼 주酒는 갑골문에서 술동이 몇 튀어나온 세 방울의 술 모양을 본뜨고 있다(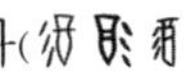). 그래서 어떤 학자는 상형문자는 기본적으로 독체獨體라는 원칙을 지니고 있는데, 이처럼 유酉를 빌려와 주酒로 삼는 이 주酒와 같은 예는 술동이에 담긴 액체를 뜻하는 것이거나, 아니면 수水를 따르고 유酉가 성부聲符인 형성자形聲字라고 여겨 상형자가 아니라고 주장하고 있다.

그리고 또 다른 하나의 예를 들어 보면, 〈도표 76〉에 보이는 뢰牢에 대해《설문說文》에서는, "는 마구간이다. 소와 말을 기르는 우리이다. 우牛와 동冬의 생략형을 따른다. 그 사방이 둘러쳐져 있음을 취한 것이다"[281]라고 하였다. 갑골문에서 이 뢰牢는 일반적으로 한 마리의 소나 양이 우리에 갇혀 있는 모습을 본뜨고 있지만, 가끔 울타리의 형태만 하고

281 (清) 段玉裁注,《說文解字注》, 第三卷, 第二篇注上,〈牢〉, 52쪽. 그 원문에 ", 閑也. 養牛馬圈也. 从牛冬省. 取其四周帀"이라고 되어 있다.

도표 번호	상商나라의 갑골문甲骨文	주周나라의 금문金文	진秦나라의 소전小篆	한漢나라의 예서隸書	현대의 한자	글자의 창의創意
76	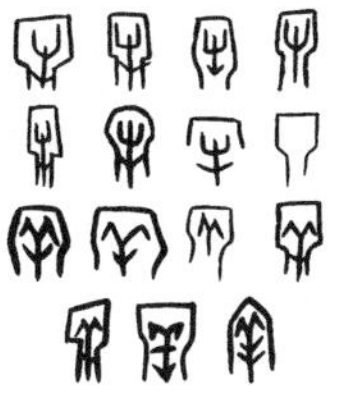		 s	牢	牢	우리 안에서 기르는 소나 양의 모양을 본뜨고 있고, 가끔 울타리의 형태만 보이기도 한다.

있을 때도 있다. 그래서 이 뢰牢를 갑골문 복사卜辭에서는 단순히 사처四處에 방목시켜 기르는 것이 아닌, 특별히 우리에서 사육하는 제사祭祀 희생용犧牲用의 가축을 의미하고 있다. 따라서 이 뢰牢가 표현하고자 하는 것은 특수한 의미를 지닌 가축이지, 일반적인 소나 양이 아닌 것이다.

그러나 만약 우리 안의 동물이 말로 바뀌었을 때에는 가축을 기르는 일반적인 우리를 일컫는 뜻이 되기 때문에, 어떤 학자는 이 뢰牢의 본의本義가 '견고하다'라는 뜻이 되거나 아니면 특별히 준비된 제사용 희생을 의미한다고 여겨, 이 뢰牢가 상형象形이 아니라 마땅히 표의表意에 속해야 한다고 주장한다. 그렇지만 가끔 울타리 형태만으로도 이 뢰牢를 표기할 때가 있기 때문에, 어떤 학자는 그 본의가 울타리이고 나중에 다시 특별히 우리를 쳐서 기르는 희생용 소와 양으로 파생되었다고 보기도 한다.

그리고 또 다른 예로 앞의 〈도표 50〉에서 소개한 것처럼, 갑골문에서 추秋는 가을에 나타나는 메뚜기의 재해로 그 계절을 표현하고 있다. 그런데 이 추秋에 보이는 메뚜기의 형상은 비록 상형이지만, 그 의미인 가을철은 표의表意에 속하게 된다. 그리고 자형으로 봤을 적에 이 추秋는 독체獨體의 상형자가 되지만, 의미 표현의 방법으로 봤을 때는 당연히 독체의 표의자表意字이다.

그래서 간단하든 또는 비교적 상세한 분류이든 상관없이 간혹 그 경계점을 확정하기 어려운 글자가 있기 마련이다. 그러므로 어느 한 글자의 조자법造字法이 상형이 되는지 아니면 표의가 되는지를 굳이 판별해 낼 필요는 없고, 다만 그것을 발음을 표시하여 원인을 밝히는 형성자와 구별할 수만 있으면 된다. 그래서 가장 중요한 것은 어느 한 글자의 창의創意 및 그 사용 의의를 제대로 이해하는 일이다. 그리고 이러한 의미에서 아래에 잠시 글자의 구조 형식에 따라 흔히 보이는 상형자象形字의 유형에 대해서 간략히 소개하고자 한다. 이것은 대체로 크게 세 가지 유형으로 나누어 볼 수 있다.

(1) 단일한 형체를 지닌 형식으로 논쟁이 비교적 적은 편이다. 이것은 대체로 크게 두 가지 유형으로 나눌 수 있다

① 한 물체의 전체적인 모습 묘사

예를 들어, 앞의 〈도표 16〉에서 소개한 것처럼, 갑골문에서 상象은 한 마리의 완전한 코끼리의 모양을 본뜨고 있다. 더욱이 가장 중요한 것은 코끼리의 특징인 긴 코를 그려 낸 것이다().

그리고 앞의 〈도표 18〉에서 소개한 것처럼, 갑골문에서 마(馬, 影)는 한 마리의 완전한 말의 모양을 본뜨고 있다. 다리는 한 획이거나 여러 획일 수 있다. 그리고 말의 특징인 말갈기는 이 마(馬, 影)에서 꼭 필요한 부분이다().

〈도표 29〉에서 이미 소개한 것처럼, 우羽에 대해 《설문說文》에서는, "羽는 새의 긴 깃털이다. 상형자象形字이다. 무릇 우羽의 속屬들은 모두 이 우羽를 따른다"[282]라고 하였다. 갑골문에서 이 우羽도 깃털 하나의 모습을 본뜨고 있는데, 깃털 무늬가 반드시 대칭을 이뤄야 하는 것은 아니다().

〈도표 77〉에 보이는 화禾에 대해 《설문說文》에서는, "禾는 좋은 곡식이다. 이월에 처음 자라나서 팔월에 익는다. 사시四時의 중화中和를 얻기 때문에, 그것을 일컬어 화禾라고 한다. 화禾는 오행五行의 목木에 해당한다. 목木 기운이 왕성할 때 자라나서, 금金 기운이 왕성할 때 죽는다. 목木을 따르고, 그 이삭을 본뜨고 있다. 무릇 화禾의 속屬들은 모두 이 화禾를 따른다"[283]라고 하였다. 갑골문에서도 이 화禾는 한 포기의 곡물류 모양을 본뜨고 있다. 그런데 이 화禾에서 뿌리와 잎은 대칭일 수도 있고 대칭이 아닐 수도 있다. 그러나 가장 중요한 것은 고개를 숙이고 있는 이삭의 모양을 표현한 것으로, 만약 그렇지 않으면 목木이 되고 만다.

---

282 (清) 段玉裁注, 《說文解字注》, 第七卷, 第四篇注上, 〈羽〉, 139쪽. 그 원문에 "羽, 鳥長毛也. 象形. 凡羽之屬皆从羽"라고 되어 있다.

283 (清) 段玉裁注, 《說文解字注》, 第十三卷, 第七篇注上, 〈禾〉, 323쪽. 그 원문에 "禾, 嘉穀也. 㠯二月始生, 八月而孰. 得之中和, 故謂之禾. 禾, 木也. 木王而生, 金王而死. 从木, 象其穗. 凡禾之屬皆从禾"라고 되어 있다.

도표 번호	상商나라의 갑골문甲骨文	주周나라의 금문金文	진秦나라의 소전小篆	한漢나라의 예서隸書	현대의 한자	글자의 창의創意
77	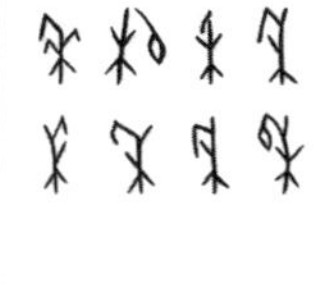		 s	禾	禾	일종의 재배하는 곡물류의 모양을 본뜨고 있다.
78	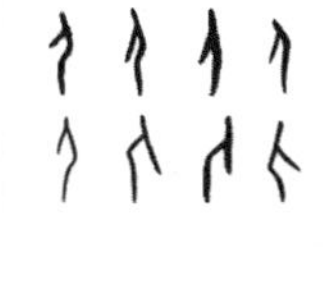		 s	人	人	측면으로 서 있는 사람의 모습을 본뜨고 있다.
79		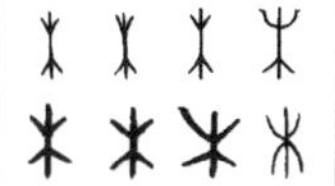	 s	木	木	한 그루의 나무 모양을 본뜨고 있다.

〈도표 78〉에 보이는 인人에 대해《설문說文》에서는, "人은 천지天地의 성性으로 가장 귀한 것이다. 이것은 주문籀文이다. 팔과 정강이의 모습을 본뜨고 있다. 무릇 인人의 속屬들은 모두 이 인人을 따른다"[284]라고 하였다. 갑골문에서 이 인人도 측면으로 서 있는 사람의 모습을 본뜨고 있다. 더욱이 금문金文의 족휘기호族徽記號에서는 이 인人의 자형이 항상 사람의 머리 부분과 함께 묘사되고 있다(). 그러나 일반적으로는 머리와 몸을 한 줄로 이어 놓거나(), 비교적 정확하지 않은 자형은 머리와 팔을 한 줄로 이어놓기도 하였다().

〈도표 79〉에 보이는 목木에 대해《설문說文》에서는, "木은 무릅쓰는 것이다. 땅을 뚫고 자라나는 것으로, 동방東方의 오행五行이다. 철屮을 따르고, 아래는 그 뿌리의 모습을 본뜨고 있다. 무릇 목木의 속屬들은 모두 이 목木을 따른다"[285]라고 하였다. 갑골문에서 이 목木도 한 그루의 나무 모양을 본뜨고 있다. 그런데 여기서 나뭇가지는 대칭일 수도 있고, 대칭이 아닐 수도 있다.

〈도표 80〉에 보이는 과戈에 대해《설문說文》에서는, "戈는 끝이 평평한 창이다. 익弋을

284 (清) 段玉裁注,《說文解字注》, 第十五卷, 第八篇注上,〈人〉, 369쪽. 그 원문에 "人, 天地之性, 㝡貴者也. 此籒文. 象臂脛之形. 凡人之屬皆从人"이라고 되어 있다.

285 (清) 段玉裁注,《說文解字注》, 第十一卷, 第六篇注上,〈木〉, 241쪽. 그 원문에 "木, 冒也. 冒地而生, 東方之行. 从屮, 下象其根. 凡木之屬皆从木"이라고 되어 있다.

도표 번호	상商나라의 갑골문甲骨文	주周나라의 금문金文	진秦나라의 소전小篆	한漢나라의 예서隸書	현대의 한자	글자의 창의創意
80			 s	戈	戈	자루가 달려 있는 실전實戰 무기의 모양을 본뜨고 있다.
81			 s	皿	皿	일상적으로 사용되는 둥근 발을 가진 용기容器의 모양을 본뜨고 있다.
82		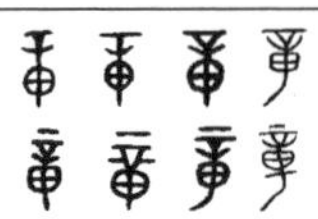	 s	章	章	앞장선 행렬이 든 의장儀仗의 모습을 본뜨고 있다.

따르고, 일一이 그것을 가로질러 있다. 상형자象形字이다. 무릇 과戈의 속屬들은 모두 이 과戈를 따른다"[286]라고 하였다. 갑골문에서 이 과戈도 자루가 달려 있는 무기의 모양을 본뜨고 있는데, 금문金文에서는 창 안쪽 한 끝에 장식용의 실로 된 술이 달린 모습이 대부분 그려져 있다. 그리고 일반적으로 창은 동銅으로 주조하기 때문에, 가끔씩 형부形符인 금金을 덧붙이기도 한다. 그래서 이 과戈의 형식이 형성자形聲字가 되기도 한다.

〈도표 81〉에 보이는 명皿에 대해《설문說文》에서는, "皿은 밥과 음식을 담는 데 쓰이는 그릇이다. 상형자象形字이다. 두豆와는 같은 뜻이다. 무릇 명皿의 속屬들은 모두 이 명皿을 따른다. 발음은 맹猛과 같다"[287]라고 하였다. 갑골문에서 이 명皿도 일상적으로 사용되는 둥근 발을 가진 용기容器의 모양을 본뜨고 있다. 그러나 이 명皿의 특징은 용기의 주둥이 부위를 그리지 않기 때문에, 두(豆: 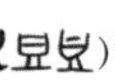)라는 용기와는 서로 구별된다.

〈도표 82〉에 보이는 장章에 대해《설문說文》에서는, "章은 한 음악이 끝나는 것이 일장一章이다. 음音과 십十을 따른다. 십十은 수數의 마지막이다"[288]라고 하였다. 그런데 금문金文에서 이 장章은 어느 한 행렬에서 앞장선 행렬이 손에 든 의장儀仗의 모습을 본뜨고 있다.

286 (淸) 段玉裁注,《說文解字注》, 第二十四卷, 第十二篇注下, 〈戈〉, 634-635쪽. 그 원문에 "戈, 平頭戟也. 从弋, 一衡之. 象形. 凡戈之屬皆从戈"라고 되어 있다.

287 (淸) 段玉裁注,《說文解字注》, 第九卷, 第五篇注上, 〈皿〉, 213쪽. 그 원문에 "皿, 飯食之用器也. 象形. 與豆同意. 凡皿之屬皆从皿. 讀若猛"이라고 되어 있다.

288 (淸) 段玉裁注,《說文解字注》, 第五卷, 第三篇注上, 〈章〉, 103쪽. 그 원문에 "章, 樂竟爲一章. 从音十. 十, 數之終也"라고 되어 있다.

도표 번호	상商나라의 갑골문甲骨文	주周나라의 금문金文	진秦나라의 소전小篆	한漢나라의 예서隸書	현대의 한자	글자의 창의創意
83			 s	龍	龍	머리 부위가 특수한 형태로 된 파충류의 모습을 본뜨고 있다.

그리고 이 장章은 원래 독체獨體의 상형자象形字였지만,《설문說文》의 해석에서는 표의자表意字로 되어 있다.

〈도표 83〉에 보이는 룡龍에 대해《설문說文》에서는, "龍은 비늘을 가진 동물의 으뜸이다. 능히 어둡게 하고 밝게 할 수 있으며, 능히 가늘어지고 굵어질 수 있고, 능히 짧아지고 길어질 수 있다. 춘분春分 때에는 하늘에 오르고, 추분秋分 때에는 연못에 잠긴다. 육肉과 𦚏을 따르고, 육肉이 날으는 모양이다. 동童의 생략형이 성부聲符이다. 무릇 룡龍의 속屬들은 모두 이 룡龍을 따른다"[289]라고 하였다. 갑골문에서 이 룡龍은 머리 부위가 특수한 형태로 된 파충류의 모습을 본뜨고 있는데, 만약 몸이 굽은 방향과 입의 방향이 같으면 다른 글자가 되어 버린다. 그리고 뜻밖에도《설문說文》에서는 동童의 생략형이 룡龍의 성부聲符라고 설명하고 있다.

② 부분의 모습을 묘사하여 전체를 대표

위에서 소개한 방법 외에도 가끔씩 어느 물체의 한 부분이 매우 독특한 특성을 지니고 있어서 일반 사람들에게 깊은 인상을 남기는 경우가 있는데, 이런 경우에는 한 눈에도 어느 글자가 어느 물체를 의미하는 것임을 금방 알아볼 수가 있다. 그래서 만약 의미상에서 큰 혼란을 조성하지만 않는다면, 그 독특한 부분을 묘사한 글자로 그 물체의 전체를 대표하여도 무방할 것이다. 이것은 글 쓰는 시간과 재료를 절약하는 한 방법인데, 그 형식은 아래에 소개한 것과 같다.

그리고 이러한 방법은 이집트의 성서체聖書體 문자에 주로 보이는데, 그 글자체에는 동물의 머리 모양으로 그 동물의 전체 모습을 대표하는 글자가 상당히 많다. 그러나 중국

289 (淸) 段玉裁注,《說文解字注》, 第二十二卷, 第十一篇注下,〈龍〉, 588쪽. 그 원문에 "龍, 鱗蟲之長. 能幽能明, 能細能巨, 能短能長. 春分而登天, 秋分而潛淵. 从肉𦚏, 肉飛之形. 童省聲. 凡龍之屬皆从龍"이라고 되어 있다.

도표 번호	상商나라의 갑골문甲骨文	주周나라의 금문金文	진秦나라의 소전小篆	한漢나라의 예서隸書	현대의 한자	글자의 창의創意
84	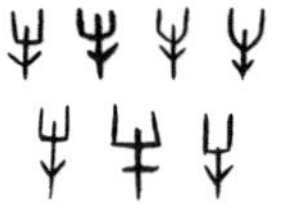		 s	牛	牛	머리 부위의 형태로 소의 전체 모습을 대표하고 있다.

문자에서는 그러한 예가 비교적 적은 편인데, 아마도 중국에서는 대부분 간략한 선으로 형체를 묘사했기 때문일 것이다. 그런데 만약 대부분의 중국 문자가 부분 묘사로 전체를 대표하고 있었다면, 어떤 한 글자가 어느 동물이나 식물의 모양을 묘사하고 있는지를 판단하기가 그다지 쉽지는 않았을 것이다.

예를 들어, 앞의 〈도표 17〉에서 소개한 것처럼, 갑골문에서 호虎는 한 마리의 완전한 호랑이의 모양을 본뜨고 있는데, 이 호虎가 다른 글자의 성부聲符로 쓰였을 적에는 호랑이의 가장 특징적인 머리 부위만 묘사하였다(). 그리고 형부形符로 쓰였을 적에도 마찬가지로 항상 머리 부위만 묘사하였다(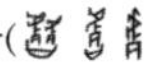).

〈도표 18〉에서 소개한 것처럼, 마(馬, 𩡧)는 갑골문에서 한 마리의 완전한 말의 모양을 본뜨고 있는데, 말의 머리 모양이 상당히 독특하기 때문에 전국시대 문자에는 다만 말의 머리 부위만 묘사하고 있다(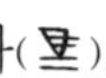).

〈도표 84〉에 보이는 우牛에 대해 《설문說文》에서는, "는 일함이고, 무늬가 있는 것이다. 뿔과 머리를 합하여 셋이고, 어깨의 튀어남과 꼬리가 있는 모습을 본뜨고 있다. 무릇 우牛의 속屬들은 모두 이 우牛를 따른다"[290]라고 하였다. 갑골문에서 이 우牛도 소 머리의 특수한 형태를 묘사하여 소의 전체 모습을 대표하고 있는데, 그중에서 두 뿔과 두 눈이 그려져 있으며, 특히 위로 치켜진 두 뿔은 이 우牛의 특징이다. 그렇지만 이것은 단지 소 머리의 모습이지 한 마리의 완전한 소의 모습은 아니다. 이러한 형태는 금문金文의 족휘기호族徽記號를 통해서도 금방 확인할 수 있다.

〈도표 85〉에 보이는 양羊에 대해 《설문說文》에서는, "은 상서로운 것이다. 괴𦍌를 따르고, 네 발과 꼬리가 있는 모습을 본뜨고 있다. 공자가 이르기를, '우牛나 양羊과 같은 글자는

290 (清) 段玉裁注, 《說文解字注》, 第三卷, 第二篇注上, 〈牛〉, 51쪽. 그 원문에 ", 事也, 理也. 像角頭三, 封·尾之形也. 凡牛之屬皆从牛"라고 되어 있다.

도표 번호	상商나라의 갑골문甲骨文	주周나라의 금문金文	진秦나라의 소전小篆	한漢나라의 예서隸書	현대의 한자	글자의 창의創意
85	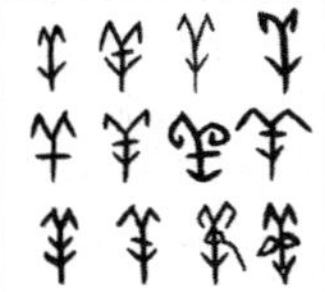		羊 s	羊	羊	머리 부위의 형태로 양의 전체 모습을 대표하고 있다.
86		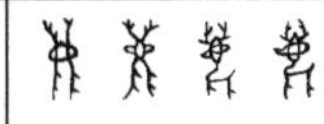	鹿 s	鹿	鹿	사슴의 전체 모습을 본뜨고 있는데, 성부聲符로 쓰일 적에는 가끔 머리 부위만 묘사한다.

그 모양으로 예를 든 것이다'라고 하였다. 무릇 양羊의 속屬들은 모두 이 양羊을 따른다"[291] 라고 하였다. 갑골문에서 이 양羊도 양 머리의 형태를 묘사하여 양의 전체 모습을 대표하고 있는데, 그중에서 뿔과 눈이 그려져 있으며, 특히 아래로 구부러진 두 뿔은 이 양羊의 특징이다.

〈도표 86〉에 보이는 록鹿에 대해《설문說文》에서는, "鹿은 사슴이라는 짐승이다. 머리와 뿔과 네 발이 있는 모습을 본뜨고 있다. 조鳥와 록鹿은 발 모양이 서로 비슷하므로, 비比를 따른다. 무릇 록鹿의 속屬들은 모두 이 록鹿을 따른다"[292]라고 하였다. 갑골문에서도 마찬가지로 이 록鹿은 사슴의 전체 모습을 묘사하고 있는데, 만약 다른 글자의 성부聲符로 쓰였을 적에는 간혹 갈라진 뿔이 있는 머리 부위만 그릴 때가 있다. 예를 들어, 갑골문의 록麓은 림林 중에 사슴 머리가 하나 있는 형태이다().

〈도표 87〉에 보이는 차車에 대해《설문說文》에서는, "車는 가마와 바퀴가 있는 종류의 총명總名이다. 하夏나라 우禹임금 때 해중奚仲이 만든 것이다. 상형자象形字이다. 무릇 차車의 속屬들은 모두 이 차車를 따른다. 는 주문籒文의 차車이다"[293]라고 하였다. 갑골문에서

291 (清) 段玉裁注,《說文解字注》, 第七卷, 第四篇注上,〈羊〉, 146-147쪽. 그 원문에 "羊, 祥也. 从𦍌. 象四足尾之形. 孔子曰: 牛羊之字, 以形擧也. 凡羊之屬皆从羊"이라고 되어 있다.

292 (清) 段玉裁注,《說文解字注》, 第十八卷, 第十篇注上,〈鹿〉, 474쪽. 그 원문에 "鹿, 鹿獸也. 象頭角四足之形. 鳥鹿足相比, 从比. 凡鹿之屬皆从鹿"이라고 되어 있다.

293 (清) 段玉裁注,《說文解字注》, 第二十七卷, 第十四篇注上,〈車〉, 727쪽. 그 원문에 "車, 輿輪之總名也. 夏后時奚仲所造. 象形. 凡車之屬皆从車. , 籒文車"라고 되어 있다.

도표 번호	상商나라의 갑골문甲骨文	주周나라의 금문金文	진秦나라의 소전小篆	한漢나라의 예서隸書	현대의 한자	글자의 창의創意
87	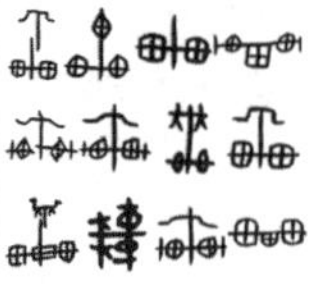	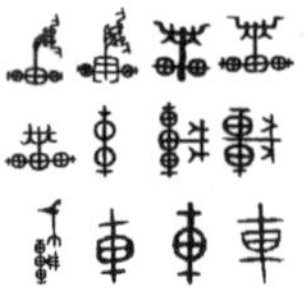	 s  z	車	車	수레의 완전한 모습을 본뜨고 있는데, 대체로 많은 부분을 생략하여 표시하고 있다.

이 차車는 원래 수레의 완전한 모습을 본뜨고 있었는데, 자형이 너무 번잡하여 나중에는 가마와 끌채, 가로나무 등의 부분을 생략하고 마침내 바퀴 하나와 굴대머리의 큰 못만 남겼다. 그런데 고대에 바퀴가 달린 물체로는 이 차車밖에 없었으므로, 이 글자의 인식에 있어서는 아무런 지장이 없었다.

(2) 복잡한 복체複體의 형식

어떤 경우에는 어느 물체의 윤곽이 서로 엇비슷하여 보조적인 부분을 덧붙여야만 그 글자가 가리키는 뜻을 명백하게 나타낼 수가 있다. 따라서 이러한 경우에는 이 글자가 이미 한 물체의 실체를 순수하게 묘사하는 것이 아니기 때문에, 부가적으로 보충설명을 하여 형식적으로 복잡한 복체複體의 형식이 되도록 하여야 한다. 그래서 어떤 학자는 이런 유형의 글자가 기본 자형 이외의 부분을 더 포함하고 있다고 여겨서, 오히려 표의表意에 더 가깝지 순수한 상형象形은 아니라고 주장한다. 그리고 이러한 형식에서 실물 형체 이외에 더 덧붙인 부분이 간혹 어떤 부분은 이미 완성된 한 글자의 형태이고, 반면에 어떤 부분은 완성된 한 글자의 형태가 아닌 단순한 부호符號이기도 하다.

① 부호를 첨가시킨 복체複體의 상형象形

예를 들어, 앞의 〈도표 66〉에서 소개한 것처럼, 갑골문에서 이而는 아래턱의 수염 모양을 본뜨고 있다. 그런데 만약 여기에서 아래턱의 윤곽을 그리지 않았다면, 이 이而가 가리키는 뜻이 그다지 명확해지지 않는다. 그리고 그 덧붙인 아래턱 부분은 원래부터 완성된 형태의 글자가 아니므로 부호로 친다().

〈도표 88〉에 보이는 서黍에 대해《설문說文》에서는, "는 벼의 속屬으로 찰기가 있는 것이다. 대서大暑에 익기 때문에, 그것을 일컬어 서黍라고 한다. 화禾를 따르고, 우雨의 생략형이

도표 번호	상商나라의 갑골문甲骨文	주周나라의 금문金文	진秦나라의 소전小篆	한漢나라의 예서隸書	현대의 한자	글자의 창의創意
88	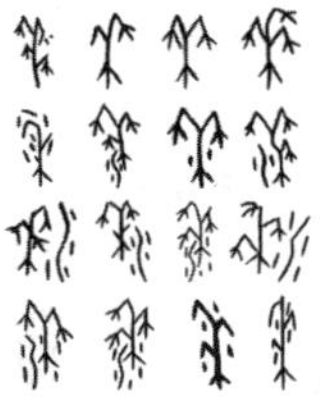		 s	黍	黍	기장의 모습을 본뜨고 있는데, 물방울 부분을 더 덧붙여서 술을 빚는 재료가 됨을 나타내고 있다.
89			 s	犂 犁	犂 犁	하나의 쟁기와 사방으로 번져 나가는 흙먼지의 모습을 본뜨고 있으며, 소의 한 종류로 가차假借되어 쓰인다.

성부聲符이다. 공자가 이르기를, '기장은 술을 빚을 수가 있다. 그러므로 화禾와 입入과 수水를 따른다'라고 하였다. 무릇 서黍의 속屬들은 모두 이 서黍를 따른다"[294]라고 하였다. 갑골문에서 이 서黍의 기본 자형도 기장의 형태를 그대로 본뜨고 있는데, 일반적으로 식물의 외형은 간단한 윤곽만으로는 식물 간의 차이점을 구별해 내기가 무척 어렵다. 그런데 이 기장은 상商나라 때 술을 빚는 중요한 재료로 쓰였으므로, 이 서黍는 기본 자형의 윤곽 외에 물방울 부분을 더 덧붙여서 이 식물의 특별한 용도를 명확히 나타내고 있다. 그리고 이 물방울의 수량에는 제한이 없어서 비록 흐르는 물의 모양을 할 수도 있지만, 주된 표현이 물방울이기 때문에 이것은 여전히 부호로 친다.

〈도표 89〉에 보이는 려(犂, 犂, 犁)에 대해《설문說文》에서는, "犂는 밭을 가는 것이다. 우牛를 따르고, 려黎는 성부聲符이다"[295]라고 하였다. 갑골문에서 이 려(犂, 犂, 犁)는 밭 가는 소가 끄는 쟁기의 모습을 본뜨고 있는데, 그 윤곽이 칼처럼 날이 서 있는 다른 물체의 모습과 서로 흡사하다. 그래서 여기에 다시 사방으로 번져 나가는 흙먼지의 모습을 더 덧붙여서 다른 글자와 구별하고 있다. 그런데 이 려(犂, 犂, 犁)에서 흙먼지는 두 개나 세 개의 점으로

294 (清) 段玉裁注,《說文解字注》, 第十三卷, 第七篇注上,〈黍〉, 332-333쪽. 그 원문에 "黍, 禾屬而黏者也. 目大暑而種, 故謂之黍. 从禾, 雨省聲. 孔子曰: 黍可爲酒. 故从禾入水也. 凡黍之屬皆从黍"라고 되어 있다. 그런데 이 서黍와 성부聲符인 우雨는 상고음上古音에서 동일하게 어부魚部에 속하였다.

295 (清) 段玉裁注,《說文解字注》, 第三卷, 第二篇注上,〈犂〉, 52-53쪽. 그 원문에 "犂, 耕也. 从牛, 黎聲"이라고 되어 있다.

도표 번호	상商나라의 갑골문甲骨文	주周나라의 금문金文	진秦나라의 소전小篆	한漢나라의 예서隸書	현대의 한자	글자의 창의創意
90			 s	米	米	쌀알의 모양으로, 가로획을 덧붙여 다른 물체와 구별하고 있다.
91	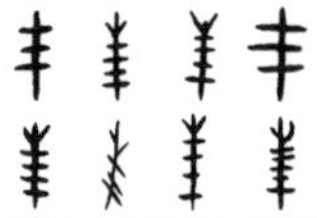	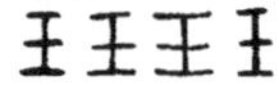	 s  k	玉	玉	한 줄의 끈으로 꿰맨 여러 편의 옥으로 된 장신구의 모양을 본뜨고 있다.

표시할 수 있으며, 이 역시 부호로 간주한다. 그리고 이 려(犂, 犂, 犂)는 가끔 밭을 가는 물소로 여겨 수레를 끄는 황소와 서로 구별하기도 하지만, 일반적으로 소의 한 종류로 가차假借되어 항상 우牛와 결합하여 한 글자로 쓰이고 있다. 그래서 이 려(犂, 犂, 犂)는 형성자形聲字의 형식을 갖추고 있다고 볼 수 있다.

〈도표 90〉에 보이는 미米에 대해《설문說文》에서는, "米는 벼의 알갱이이다. 벼와 기장의 모습을 본뜨고 있다. 무릇 미米의 속屬들은 모두 이 미米를 따른다"[296]라고 하였다. 갑골문에서 이 미米도 정제된 좁쌀이나 쌀알을 가리키고 있는데, 만약 작은 쌀알만 그려져 있으면 다른 종류의 물체와 혼동하기가 쉽다. 그래서 별다른 의미가 없는 가로획을 다시 이 자형에 덧붙였다.

〈도표 91〉에 보이는 옥玉에 대해《설문說文》에서는, "王은 돌의 아름다운 것으로, 오덕五德을 갖추고 있는 것이다. 윤택하며 따뜻하니, 인仁에 견주어진다. 돌 속의 무늬가 스스로 드러나서 그 속을 알 수 있으니, 의義에 견주어진다. 그 소리가 퍼져 나가 널리 멀리서도 들리니, 지智에 견주어진다. 굽어지지 않고 차라리 꺾이니, 용勇에 견주어진다. 날카롭고 곧지만 해치지 않으니, 혈絜에 견주어진다. 세 옥玉이 이어진 모습을 본뜨고 있다. 곤丨은 그것을 펜 꿰미이다. 무릇 옥玉의 속屬들은 모두 이 옥玉을 따른다. 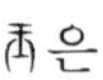은 고문古文의 옥玉이다"[297]라고 하였다. 갑골문에서 이 옥玉도 한 줄의 끈으로 꿰맨 옥으로 된 장신구의 모양을

---

296 (淸) 段玉裁注,《說文解字注》, 第十三卷, 第七篇注上,〈米〉, 333쪽. 그 원문에 "米, 粟實也. 象禾黍之形. 凡米之屬皆从米"라고 되어 있다.

297 (淸) 段玉裁注,《說文解字注》, 第一卷, 第一篇注上,〈玉〉, 10쪽. 그 원문에 "王, 石之美, 有五德者. 潤澤目溫, 仁之方也. 鰓理自外, 可目知中, 義之方也. 其聲舒揚, 専目遠聞, 智之方也. 不撓而折, 勇之方也. 銳廉而不忮, 絜之方

도표 번호	상商나라의 갑골문甲骨文	주周나라의 금문金文	진秦나라의 소전小篆	한漢나라의 예서隸書	현대의 한자	글자의 창의創意
92	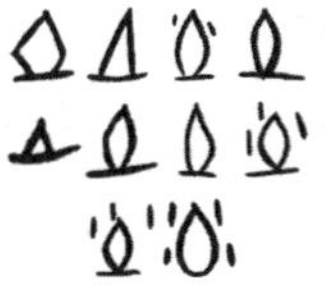		 s	土	土	토기를 빚을 수 있는 한 덩어리의 점토 모양을 본뜨고 있다.

본뜨고 있다. 그런데 일반적으로 옥으로 된 장신구는 특별히 고정된 형태가 없기 때문에, 옥과 같은 윤곽은 쉽사리 다른 물체와 혼동이 될 수도 있다. 그래서 끈으로 꿰맨 옥 장신구의 모양으로 그 구체적인 대상을 표현하고 있다.

〈도표 92〉에 보이는 토土에 대해《설문說文》에서는, "土는 땅이 만물을 내어 기르는 것이다. 이二는 땅의 위와 땅의 아래를 본뜨고 있다. 곤丨은 만물이 뚫고 나오는 모양이다. 무릇 토土의 속屬들은 모두 이 토土를 따른다"[298]라고 하였다. 갑골문에서 이 토土는 토기를 빚을 수 있는 한 덩어리의 점토 모양을 본뜨고 있는데, 자형이 아주 단순하여 쉽사리 다른 물체와 혼동이 될 수 있다. 그래서 이 자형에 물방울 모양의 부호符號를 더 덧붙였다. 따라서 물기가 있는 점토는 토기를 빚는 재료이고, 또 토기는 일상생활의 중요한 도구였기 때문에, 이 토土를 점토의 형태로 표현하였다.

그리고 구韭에 대해《설문說文》에서는, "韭는 부추이다. 한번 심으면 오래도록 산다. 그러므로 그것을 일컬어 구韭라고 한다. 상형자象形字이다. 일一 위에 있고, 일一은 땅이다. 이것은 단耑의 일一과 같은 뜻이다. 무릇 구韭의 속屬들은 모두 이 구韭를 따른다"[299]라고 하였다. 이 구韭는 땅 위에 무성히 자라고 있는 부추의 모양을 본뜨고 있는데, 그 자형이 다른 글자와 쉽게 혼동이 될 수 있다. 그래서 이 자형에 다시 땅을 의미하는 가로획 하나를 더 덧붙여서, 부추가 땅 위에서 자라고 있는 모습을 명확하게 표현하고 있다.

〈도표 93〉에 보이는 과瓜에 대해《설문說文》에서는, "瓜는 덩굴지는 풀의 열매이다. 상형자象形字이다. 무릇 과瓜의 속屬들은 모두 이 과瓜를 따른다"[300]라고 하였다. 이 과瓜는 그

也. 象三玉之連. 丨, 其貫也. 凡玉之屬皆从玉. 𤣩, 古文玉"이라고 되어 있다.

298 (清) 段玉裁注,《說文解字注》, 第二十六卷, 第十三篇注下,〈土〉, 688쪽. 그 원문에 "土, 地之吐生萬物者也. 二, 象地之上, 地之中. 丨, 物出形也. 凡土之屬皆从土"라고 되어 있다.

299 (清) 段玉裁注,《說文解字注》, 第十四卷, 第七篇注下,〈韭〉, 340쪽. 그 원문에 "韭, 韭菜也. 一種而久生者也. 故謂之韭. 象形. 在一之上, 一, 地也. 此與耑同意. 凡韭之屬皆从韭"라고 되어 있다.

도표 번호	상商나라의 갑골문甲骨文	주周나라의 금문金文	진秦나라의 소전小篆	한漢나라의 예서隸書	현대의 한자	글자의 창의創意
93			 s	瓜	瓜	덩굴이 있는 박과 식물의 모양을 본뜨고 있다.
94			 s	須	須	사람의 얼굴에 난 수염을 본뜨고 있는데, 가차되어 부사副詞로 쓰이고 있다.
95			 s	帶	帶	옷을 졸라매는 띠와 옷에 생긴 주름의 모양을 본뜨고 있다.

외형이 다른 많은 물체와 서로 비슷하기 때문에, 여기에 다시 덩굴의 형태를 덧붙여야 박과 식물이라는 것을 명확히 나타낼 수 있다.

〈도표 94〉에 보이는 수須에 대해《설문說文》에서는, "須는 턱 아래에 난 털이다. 혈頁과 삼彡을 따른다. 무릇 수須의 속屬들은 모두 이 수須를 따른다"[301]라고 하였다. 갑골문에서 이 수須도 얼굴에 난 수염을 본뜨고 있고, 수鬚의 자원字源이 되는 글자이다. 그런데 만약 이 자형에서 사람의 얼굴 형태를 덧붙이지 않았다면, 다른 물체와 서로 혼동되기 쉬웠을 것이다. 그리고 덧붙여진 얼굴 모양은 나중에 동화되어 혈頁이 되었다.

〈도표 95〉에 보이는 대帶에 대해《설문說文》에서는, "帶는 큰 띠이다. 남자는 가죽으로 된 큰 띠를 차고, 부인은 명주로 된 띠를 찬다. 노리개를 매단 모양을 본뜨고 있다. 노리개에는 반드시 수건이 따르므로, 겹쳐진 건巾을 따른다"[302]라고 하였다. 띠는 옷을 졸라매는 물건이지만, 띠를 졸라맨 뒤에 생기는 옷 주름도 함께 묘사해야 그 가리키는 뜻을 명확하게 알 수 있다.

② 첨가된 부호가 구체적으로 가리키는 것이 완성된 하나의 글자인 경우

예를 들어, 앞의〈도표 8〉에서 소개한 것처럼, 갑골문에서 주酒는 곡물로 빚은 액체 상태의

---

300 (清) 段玉裁注,《說文解字注》, 第十四卷, 第七篇注下,〈瓜〉, 340쪽. 그 원문에 "瓜, 蓏也. 象形. 凡瓜之屬皆从瓜"라고 되어 있다.

301 (清) 段玉裁注,《說文解字注》, 第十六卷, 第九篇注上,〈須〉, 428쪽. 그 원문에 "須, 頤下毛也. 从頁彡. 凡須之屬皆从須"라고 되어 있다.

302 (清) 段玉裁注,《說文解字注》, 第十四卷, 第七篇注下,〈帶〉, 361쪽. 그 원문에 "帶, 紳也. 男子鞶帶, 婦人帶絲. 象繫佩之形. 佩必有巾, 从重巾"이라고 되어 있다.

음료를 가리키고 있다. 그런데 만약 술 방울을 나타내는 작은 점만 표시해 버리면, 다른 많은 사물들과 혼동이 생길 수 있다. 그래서 술동이인 유酉를 덧붙여야만 그 가리키는 뜻이 아주 명확하게 된다. 그리고 이 유酉는 그 자체가 술동이를 본뜬 상형자象形字이지만, 또한 완성된 하나의 글자이기도 하다(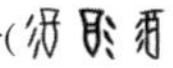).

그리고 〈도표 76〉에서 소개한 것처럼, 갑골문에서 뢰牢는 제사를 지내기 위하여 선택한 소나 양을 말하는데, 사육하는 특별한 장소가 따로 있음을 나타내고 있다. 그런데 만약 우리만 그린다면 그 의미가 명확하지 않을 수 있다. 그래서 이 자형에 다시 우牛나 양羊을 덧붙였다().

〈도표 96〉에 보이는 도稻에 대해 《설문說文》에서는, "稻는 찰벼이다. 화禾를 따르고, 요舀는 성부聲符이다"[303]라고 하였다. 일반적으로 쌀은 남방의 산물로, 화북지방華北地方에서는 수입한 벼 알갱이만 볼 수 있을 뿐 포기와 줄기의 형태까지는 보기 힘들다.

더구나 쌀알의 윤곽은 다른 많은 사물과 서로 비슷하기 때문에, 이 도稻의 갑골문 자형에서는 운송할 적에 사용하는 긴 쌀통 모양을 자형에 덧붙였다. 그런데 이 쌀통 모양의 담覃과 술동이의 유酉는 모두 물건을 담는 데 쓰이는 용기이기는 하지만, 그 외형에는 약간의 차이가 있다. 따라서 다른 물건으로 혼동되지는 않는다. 또한 이 도稻에서 쌀통 부분인 담覃은 이미 그 자체적으로 하나의 구체적인 자형과 의미를 지니고 있는 완성된 한 글자이다.

〈도표 97〉에 보이는 속(㮚, 粟)에 대해 《설문說文》에서는, "㮚은 좋은 곡식의 열매이다. 유卤를 따르고, 미米를 따른다. 공자가 이르기를, '속粟이라는 말은 이어진다는 뜻이다'라고

도표 번호	상商나라의 갑골문甲骨文	주周나라의 금문金文	진秦나라의 소전小篆	한漢나라의 예서隸書	현대의 한자	글자의 창의創意
96	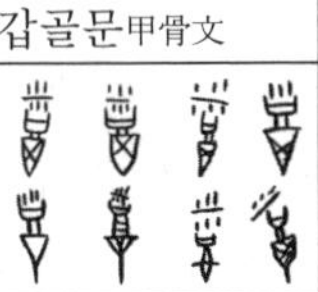	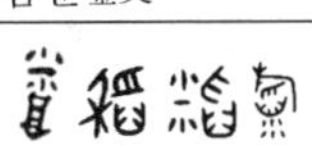	稻 s	稻	稻	쌀알과 그것을 담는 쌀통모양을 본뜨고 있다.
97			㮚 s 㮚 z	粟	粟	곡류 작물의 형태와 그 알갱이 모양을 본뜨고 있다.

303 (淸) 段玉裁注, 《說文解字注》, 第十三卷, 第七篇注上, 〈稻〉, 325쪽. 그 원문에 "稻, 稌也. 从禾, 舀聲"이라고 되어 있다.

도표 번호	상商나라의 갑골문甲骨文	주周나라의 금문金文	진秦나라의 소전小篆	한漢나라의 예서隸書	현대의 한자	글자의 창의創意
98			 s	天	天	인체에서 가장 위에 붙어 있는 머리 형태를 본뜨고 있다.
99			 s	佩	佩	허리띠에 매달아 놓은 옥玉 장식과 사람의 모양을 본뜨고 있다.

하였다. 㮚은 주문籀文의 속(𠧪, 粟)이다"[304]라고 하였다. 갑골문에서 이 속(𠧪, 粟)도 재배 식물인 기장쌀 종류의 알갱이를 가리키고 있는데, 만약 몇 개의 알갱이만 표시한다면 역시 다른 물체와 쉽사리 혼동이 될 수 있다. 그래서 이 자형에 화禾를 덧붙여서 식용하는 곡식임을 나타내고 있다.

〈도표 98〉에 보이는 천天에 대해《설문說文》에서는, "天은 꼭대기이다. 지극히 높아 위가 없다. 일一과 대大를 따른다"[305]라고 하였다. 갑골문에서 이 천天은 사람의 머리꼭지를 가리키고 있다. 그런데 만약 머리의 윤곽을 나타내는 하나의 원형 모양만 표시해 버리면, 역시 다른 물체와 쉽사리 혼동이 될 수 있다. 그래서 자형의 아랫부분에 어른의 형태를 덧붙여 그 의미를 명확히 표현하고 있다.

〈도표 99〉에 보이는 패佩에 대해《설문說文》에서는, "佩는 큰 띠에 차는 노리개이다. 인人과 범凡과 건巾을 따른다. 노리개에는 반드시 수건이 따르므로, 건巾을 따른다. 건巾을 일컬어 장식이라고 한다"[306]라고 하였다. 이 패佩는 측면으로 서 있는 사람의 모양에 허리띠에 매단 옥玉 장식을 덧붙여서, 사람이 입는 옷에 장식하는 물건임을 나타내고 있다.

〈도표 100〉에 보이는 괵(聝, 馘)에 대해《설문說文》에서는, "聝은 군대의 싸움에서 귀를 베는 것이다.《춘추좌전春秋左傳》에 이르기를, '그것으로 포로가 되어 귀가 베이다'라고 하였다. 이耳를 따르고, 역或은 성부聲符이다. 馘은 괵聝의 혹체或體이고, 수(𩠐, 首)를 따른

304 (淸) 段玉裁注,《說文解字注》, 第十三卷, 第七篇注上,〈𠧪〉, 320쪽. 그 원문에 "𠧪, 嘉穀實也. 从卤, 从米. 孔子曰: 粟之爲言續也. 㮚, 籀文𠧪"이라고 되어 있다.

305 (淸) 段玉裁注,《說文解字注》, 第一卷, 第一篇注上,〈天〉, 1쪽. 그 원문에 "天, 顚也. 至高無上. 从一大"라고 되어 있다.

306 (淸) 段玉裁注,《說文解字注》, 第十五卷, 第八篇注上,〈佩〉, 370쪽. 그 원문에 "佩, 大帶佩也. 从人凡巾. 佩必有巾, 故从巾. 巾謂之飾"이라고 되어 있다.

도표 번호	상商나라의 갑골문甲骨文	주周나라의 금문金文	진秦나라의 소전小篆	한漢나라의 예서隸書	현대의 한자	글자의 창의創意
100	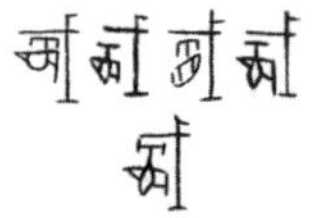		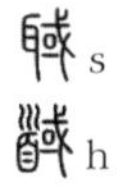	聝 馘	聝 馘	창끝에 매단 적군의 머리모양을 본뜨고 있다.
101	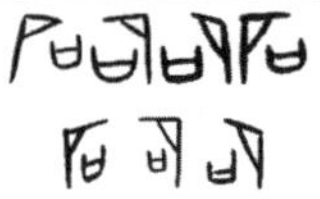	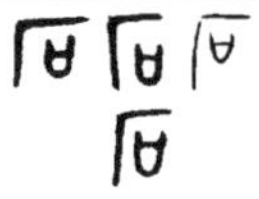		石	石	뾰족한 모서리가 있는 돌로, 구덩이를 팔 수 있음을 나타낸다.

다"[307]라고 하였다. 갑골문에서 이 괵(聝, 馘)은 창끝에 매단 사람의 머리 모양을 본뜨고 있다. 그런데 전쟁 시에는 적군의 머리를 잘라 항상 창끝에 걸어놓고 전시했으므로, 이 자형에 과戈를 덧붙여 그 가리키는 뜻을 명확하게 하였다.

〈도표 101〉에 보이는 석石에 대해《설문說文》에서는, "石은 산에 있는 돌이다. 한厂 아래에 있고, 위口는 그 모양을 본뜨고 있다. 무릇 석石의 속屬들은 모두 이 석石을 따른다"[308]라고 하였다. 갑골문에서 이 석石도 뾰족한 모서리가 있는 돌로 그 뜻을 표현하고 있다. 그런데 그 의미를 더욱 명확하게 나타내기 위하여 이 자형에 구덩이의 모양을 덧붙였는데, 이것으로 돌이 땅을 파는 용도로 쓰임을 명시하였다.

〈도표 102〉에 보이는 뇨尿에 대해《설문說文》에서는, "尿는 사람의 오줌이다. 미尾와 수水를 따른다"[309]라고 하였고, 시(菌, 屎)에 대해《설문說文》에서는, "菌는 똥이다. 초艸와 위胃의 생략형을 따른다"[310]라고 하였으며, 또한 시(菌, 屎)에 대해《광운廣韻》에서는, "시(菌, 屎)는《설문說文》에서 이르기를, '똥이다'라고 하였다. 본자本字는 또한 시矢라고도 쓰고, 속자俗字는 시屎라고 쓴다"[311]라고 하였다. 갑골문에서 이 뇨尿도 한 사람이 오줌과 똥을 배설하는 모양을 본뜨고 있다. 그런데 사람의 배설물에는 독특한 형태가 없기 때문에, 만약 이 자형

307 (清) 段玉裁注,《說文解字注》, 第二十三卷, 第十二篇注上,〈聝〉, 598쪽. 그 원문에 "聝, 軍戰斷耳也. 春秋傳曰: 目爲俘聝. 从耳, 或聲. 馘, 聝或, 从首"라고 되어 있다. 그런데 이 괵(聝, 馘)과 성부聲符인 역或은 상고음上古音에서 동일하게 직부職部에 속하였다.

308 (清) 段玉裁注,《說文解字注》, 第十七卷, 第九篇注下,〈石〉, 453쪽. 그 원문에 "石, 山石也. 在厂之下, 口, 象形. 凡石之屬皆从石"이라고 되어 있다.

309 (清) 段玉裁注,《說文解字注》, 第十五卷, 第八篇注下,〈尿〉, 407쪽. 그 원문에 "尿, 人小便也. 从尾水"라고 되어 있다.

310 (清) 段玉裁注,《說文解字注》, 第二卷, 第一篇注下,〈菌〉, 45쪽. 그 원문에 "菌, 糞也. 从艸胃省"이라고 되어 있다.

311 (宋) 陳彭年·丘雍,《宋本廣韻》(北京: 來薰閣影印, 1934년), 第三卷, 旨第五,〈菌〉, 8쪽. 그 원문에 "菌, 說文曰: 糞也. 本亦作矢, 俗作屎"라고 되어 있다.

도표 번호	상商나라의 갑골문甲骨文	주周나라의 금문金文	진秦나라의 소전小篆	한漢나라의 예서隸書	현대의 한자	글자의 창의創意
102			 s	尿	尿	사람이 오줌을 배설하는 모양을 본뜨고 있다.
103			 s	胃	胃	위胃에 창자의 형태를 덧붙인 모양이다.
104			 s  h  z	次 涎	次 涎	사람이 침을 흘리는 모습을 본뜨고 있다.

에 사람의 배설 부위를 덧붙이지 않았다면, 이것이 이 두 배설물을 가리키는 뜻임을 알기가 어려웠을 것이다. 그뿐만 아니라 다른 작은 물체의 모양과도 쉽게 혼동되었을 것이다.

〈도표 103〉에 보이는 위胃에 대해《설문說文》에서는, "는 곡식을 소화하는 장부臟腑이다. 육肉과 囪를 따른다. 상형자象形字이다"[312]라고 하였다. 이 위胃는 음식물을 소화하는 위의 모양에 고깃덩어리나 창자의 형태를 덧붙여서, 형태가 서로 비슷한 다른 물체와 혼동이 되는 것을 피하였다.

〈도표 104〉에 보이는 연(次, 涎)에 대해《설문說文》에서는, "은 부러워하고 욕심이 있어서 입에서 침을 흘리는 것이다. 흠欠과 수水를 따른다. 무릇 연(次, 涎)의 속屬들은 모두 이 연(次, 涎)을 따른다. 은 연(次, 涎)의 혹체或體이고, 간侃을 따른다. 은 주문籀文의 연(次, 涎)이다"[313]라고 하였다. 갑골문에서 이 연(次, 涎)도 한 사람이 침을 흘리는 모습을 본뜨고 있다. 그런데 침은 다른 액체와 구별하기 어려우므로, 이 자형에 한 사람이 입을 벌려 침을 흘리는 모습을 덧붙여 그 물질이 나오는 곳을 명시하고 있다.

〈도표 105〉에 보이는 과果에 대해《설문說文》에서는, "는 나무의 열매이다. 목木을 따르고, 열매의 모양을 본뜨고 있으며, 목木 위에 있다"[314]라고 하였다. 이 과果는 자형字形에

312 (清) 段玉裁注,《說文解字注》, 第八卷, 第四篇注下,〈胃〉, 170쪽. 그 원문에 ", 穀府也. 从肉囪. 象形"이라고 되어 있다.

313 (清) 段玉裁注,《說文解字注》, 第十五卷, 第八篇注下,〈次〉, 418쪽. 그 원문에 ", 慕欲口液也. 从欠水. 凡次之屬皆从次. , 次或, 从侃. , 籀文次"이라고 되어 있다.

314 (清) 段玉裁注,《說文解字注》, 第十一卷, 第六篇注上,〈果〉, 251쪽. 그 원문에 ", 木實也. 從木, 象果形, 在木之

도표 번호	상商나라의 갑골문甲骨文	주周나라의 금문金文	진秦나라의 소전小篆	한漢나라의 예서隸書	현대의 한자	글자의 창의創意
105			 s	果	果	나무가 열매를 맺은 모습이다.

나무의 형태를 덧붙여야만 열매의 형상임을 쉽게 알 수 있다.

그리고 앞에서도 이미 언급한 바와 같이, 이러한 유형의 복잡한 복체複體 상형자象形字는 다음 부분에서 언급할 유형인 표의자表意字로 보아도 무방하다. 그 둘의 일반적인 구분은, 명사로 사용되면 상형자로 보고, 만약 다른 품사로 쓰이면 표의자로 볼 수 있다. 그러나 더 간단하게 정리한다면, 형성자形聲字가 아닌 글자를 모두 크게 표의자의 유형으로 귀납시켜 형성자의 유형과 구별 지을 수도 있다. 그것은 상형자가 일반적으로는 명사로 쓰였지만, 비교적 늦은 시기에 와서는 가끔 다른 유형의 의미를 나타내기도 했기 때문이다.

예를 들어, 앞의 〈도표 73〉에서 소개한 것처럼, 갑골문에서 고高는 하나의 거대한 건축물의 모습을 본뜨고 있다. 그리고 자형의 아랫부분에 있는 위□는 나중에 변화되어 단순히 빈 공간을 채워 주는 무의미한 역할을 하고 있을 뿐이다. 그런데 이 고高가 실제로 쓰일 적에는 대부분 자의字義의 확장인 인신引申이 되어 고저高低라든지 원근遠近의 의미로 주로 사용되었다. 그렇지만 비록 상商나라 이후에 나타나는 문헌에서는 거의 보이지 않지만, 아마도 그 이전 시대에는 이 고高가 거대한 건축물이라는 의미로 사용되었을 것이다().

〈도표 106〉에 보이는 극克에 대해《설문說文》에서는, "은 어깨에 떠메는 것이다. 지붕 아래에서 나무를 새기는 모습을 본뜨고 있다. 무릇 극克의 속屬들은 모두 이 극克을 따른다. 은 고문古文의 극克이다. 도 또한 고문古文의 극克이다"[315]라고 하였고, 〈도표 107〉에 보이는 피皮에 대해《설문說文》에서는, "는 짐승의 가죽을 벗겨서 얻는 것으로, 그것을 일컬어 피皮라고 한다. 우又를 따르고, 위爲의 생략형이 성부聲符이다. 무릇 피皮의 속屬들은 모두 이 피皮를 따른다. 는 고문古文의 피皮이다. 는 주문籒文의 피皮이다"[316]라고 하였

上"이라고 되어 있다.

315 (淸) 段玉裁注,《說文解字注》, 第十三卷, 第七篇注上, 〈克〉, 323쪽. 그 원문에 ", 肩也. 象屋下刻木之形. 凡克之屬皆从克. 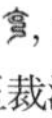, 古文克. 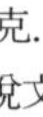, 亦古文克"이라고 되어 있다.

316 (淸) 段玉裁注,《說文解字注》, 第六卷, 第三篇注下, 〈皮〉, 123쪽. 그 원문에 ", 剝取獸革者謂之皮. 从又, 爲省聲. 凡皮之屬皆从皮. , 古文皮. , 籒文皮"라고 되어 있다. 그런데 이 피皮와 성부聲符인 위爲는 상고음上古音에

도표 번호	상商나라의 갑골문甲骨文	주周나라의 금문金文	진秦나라의 소전小篆	한漢나라의 예서隸書	현대의 한자	글자의 창의創意
106	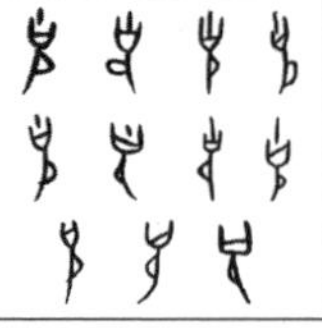		 s k k	克	克	가죽으로 된 방패의 모양으로, 몸을 방어할 능력이 있다는 의미이다.
107			 s k z	皮	皮	가죽으로 만든 방패를 손으로 잡고 있는 모습으로, 그 재료를 나타내고 있다.
108	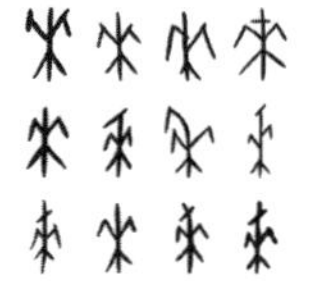		 s	來	來	보리와 벼의 모습을 본뜨고 있는데, 가차假借되어 왕래하다는 뜻으로 쓰이고 있다.

다. 이 극克은 원래 피皮에서 왔는데, 금문金文에서 피皮는 가죽으로 만든 방패를 손으로 잡고 있는 모습을 본뜨고 있다. 따라서 이 극克이 가죽으로 된 방패를 묘사한 형태라는 것을 쉽게 유추해 낼 수가 있다. 그러나 이 극克은 방패라는 의미로는 거의 사용되지 않고, 단지 충분히 몸을 방어할 능력이 있다는 의미로만 쓰이고 있다.

〈도표 108〉에 보이는 래來에 대해 《설문說文》에서는, "朿는 주周나라가 받은 상서로운 보리인 밀과 보리이다. 두 개의 보리이삭에 하나의 가시가 있고, 그 까끄라기의 가시 모양을 본뜨고 있다. 하늘이 내린 것이기 때문에, 가고 옴이란 뜻의 '오다'가 되었다. 《시경詩經》에 이르기를, '나에게 밀과 보리를 보내 주었다'라고 하였다. 무릇 래來의 속屬들은 모두 이 래來를 따른다"[317]라고 하였다. 갑골문에서 이 래來도 원래 한 포기 밀이나 보리의 완전한 모습을 본뜨고 있었다. 그런데 아마도 이 밀이 외래 품종이었기 때문에, 이 래來를 실제로 사용할 적에는 대부분 파생이나 가차假借가 되어 '왕래하다'는 뜻으로 쓰이게 되었을 것이다.

〈도표 109〉에 보이는 향(亯, 享)에 대해 《설문說文》에서는, "亯은 바치는 것이다. 고高의

서 동일하게 가부歌部에 속하였다.

317 (淸) 段玉裁注, 《說文解字注》, 第十卷, 第五篇注下, 〈來〉, 233-234쪽. 그 원문에 "朿, 周所受瑞麥來麰也. 二麥一夆, 象其芒朿之形. 天所來也, 故爲行來之來. 詩曰: 詒我來麰. 凡來之屬皆从來"라고 되어 있다.

도표 번호	상商나라의 갑골문甲骨文	주周나라의 금문金文	진秦나라의 소전小篆	한漢나라의 예서隸書	현대의 한자	글자의 창의創意
109			 s z	亯 享	亯 享	다진 토대 위에 세워진 건축물의 형태를 본뜬 것으로, 귀신에게 제사를 지내는 장소이다.

생략형을 따르고, 왈曰은 익은 음식의 모습을 본뜨고 있다. 《효경孝經》에 이르기를, '제사를 올리면 귀신이 그것을 흠향歆饗한다'라고 하였다. 무릇 향(亯, 享)의 속屬들은 모두 이 향(亯, 享)을 따른다. 𦎫은 전문篆文의 향(亯, 享)이다"[318]라고 하였다. 갑골문에서 이 향(亯, 享)은 다진 토대 위에 세워진 건축물의 형태를 본뜨고 있다. 그런데 이곳은 귀신에게 제사를 지내는 곳이므로 대부분 동사로 사용되었고, 반면에 다진 토대 위에 세워진 거대한 건축물이라는 의미로는 거의 쓰이지 않았다.

③ 중복 형태

한 글자에 자형의 같은 부분이 중복해서 나타나는 형태의 글자는 대부분이 표의자表意字에 해당한다. 그러나 간혹 특수한 상황에서는 이러한 방법으로 구체적인 물체의 모양을 가리키기도 한다.

예를 들어, 〈도표 110〉에 보이는 정晶에 대해 《설문說文》에서는, "晶은 밝은 빛이다. 세 개의 일日을 따른다. 무릇 정晶의 속屬들은 모두 이 정晶을 따른다"[319]라고 하였고, 또한 성(曐, 星)에 대해 《설문說文》에서는, "曐은 만물의 정기가 올라가 늘어선 별이 된 것이다. 정晶을 따르고, 성부聲符인 생生을 따른다. 일설一說에는 상형자象形字라고도 한다. ○를 따르는데, 옛날에 ○에 다시 가운데를 채웠으므로 일日과 같아져 버렸다. 𠟃은 고문古文이다. 星은 혹체或體이고, 생략하였다"[320]라고 하였다. 일반적으로 별은 수량이 많기 때문에 갑골

318 (淸) 段玉裁注, 《說文解字注》, 第十卷, 第五篇注下, 〈亯〉, 231-232쪽. 그 원문에 "亯, 獻也. 从高省, 曰象孰物形. 孝經曰: 祭則鬼亯之. 凡亯之屬皆从亯. 𦎫, 篆文亯"이라고 되어 있다.

319 (淸) 段玉裁注, 《說文解字注》, 第十三卷, 第七篇注上, 〈晶〉, 315쪽. 그 원문에 "晶, 精光也. 从三日. 凡晶之屬皆从晶"이라고 되어 있다.

320 (淸) 段玉裁注, 《說文解字注》, 第十三卷, 第七篇注上, 〈曐〉, 315-316쪽. 그 원문에 "曐, 萬物之精, 上爲列星.

도표 번호	상商나라의 갑골문甲骨文	주周나라의 금문金文	진秦나라의 소전小篆	한漢나라의 예서隸書	현대의 한자	글자의 창의創意
110	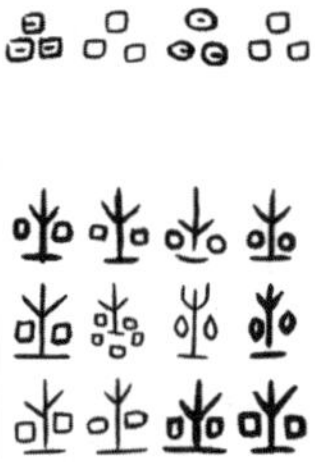		 s, s, k, h	晶 曐 星	晶 曐 星	밝게 빛나는 뭇별의 모양을 본뜨고 있다. 뭇별의 모양으로, 나중에 성부聲符인 생生을 덧붙였다.
111			 s	絲	絲	두 가닥의 실 모양을 본뜨고 있다.
112		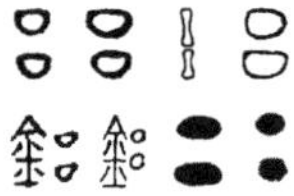	 s, s	呂 膂	呂 膂	두 개의 금속 덩어리 모양을 본뜨고 있다.

문에서 성(曐, 星)은 세 개의 별 모양을 본떠 태양이나 다른 물체와 혼동되는 것을 피하였다. 그리고 정晶은 '밝게 빛나다'라는 뜻으로 파생되었는데, 나중에 여기에 다시 성부聲符인 생生을 덧붙여 마침내 정晶과 성(曐, 星)을 서로 구별하였다.

〈도표 111〉에 보이는 사絲에 대해《설문說文》에서는, "絲는 누에가 뱉어내는 것이다. 두 개의 멱糸을 따른다. 무릇 사絲의 속屬들은 모두 이 사絲를 따른다"[321]라고 하였다. 일반적으로 실은 가늘기 때문에 꼬아서 가닥으로 만든 다음에야 물레에 올려 옷감을 짤 수 있으므로, 갑골문에서 이 사絲는 두 가닥의 실 모양으로 조자造字를 하였다. 그런데 이 사絲가 다른 글자의 어느 한 구성 부분이 될 적에는 한 가닥의 실 모양을 사용한다.

〈도표 112〉에 보이는 려(呂, 膂)에 대해《설문說文》에서는, "呂는 등뼈이다. 상형자象形字이다. 옛날에 태악관太嶽官은 우禹임금의 심장과 등뼈와 같은 신하였기 때문에, 여후呂侯에 봉해졌다. 무릇 려呂의 속屬들은 모두 이 려呂를 따른다. 膂는 전문篆文의 려呂이고, 육肉을 따르며, 려旅는 성부聲符이다"[322]라고 하였다. 갑골문에서 이 려(呂, 膂)는 두 개의 금속 덩어

从晶, 从生聲. 一曰: 象形. 从○, 古○復注中, 故與日同. [illegible], 古文. 星, 或, 省"이라고 되어 있다.

321 (淸) 段玉裁注,《說文解字注》, 第二十五卷, 第十三篇注上,〈絲〉, 669쪽. 그 원문에 "絲, 蠶所吐也. 从二糸. 凡絲之屬皆从絲"라고 되어 있다.

322 (淸) 段玉裁注,《說文解字注》, 第十四卷, 第七篇注下,〈呂〉, 346-347쪽. 그 원문에 "呂, 脊骨也. 象形. 昔大嶽爲禹心呂之臣, 故封呂侯. 凡呂之屬皆从呂. 膂, 篆文呂. 从肉, 旅聲"이라고 되어 있다.

리 모양을 본뜨고 있는데, 정丁과의 혼동을 피하기 위하여 중복된 형태를 사용하고 있다. 그리고 나중에는 원래의 자형에 금金을 덧붙여 물질의 종류를 구체적으로 밝히기도 하였다. 이와 마찬가지로 궁宮도 려呂와 쉽게 혼동이 될 수 있기 때문에 자형에 면宀을 덧붙인 경우이다().

(나) 표의表意

이 유형의 글자들은 허신許慎이 분류한 지사자指事字나 회의자會意字의 내용과 거의 동일한데, 물체의 형상을 초월한 개념과 사상 등의 의미나, 혹은 형상으로는 표현하기 어려운 사물을 가리키는 글자가 주로 여기에 속한다. 그래서 지사자에 대한《설문說文》의 설명에서는, "지사指事라고 하는 것은, 바라보면 판별해 낼 수 있고 관찰하면 그 뜻이 드러나는 것을 일컫는데, 상(ニ, 上)과 하(〒, 下)와 같은 것이 이에 속한다"[323]라고 하였다. 이것은 완성된 하나의 글자가 아닌 부호符號를 빌려서 어떤 물체가 위치한 특정 부분이나 혹은 그 물체와 관련이 생기는 어떤 개념을 표현하는 방법이다.

그리고 회의자에 대한《설문說文》의 설명에서는, "회의會意라고 하는 것은, 글자의 유형을 나란히 모아 뜻을 합치는 것으로서 그 의미의 방향을 나타내는 것을 일컫는데, 무([illegible], 武)와 신信과 같은 것이 이에 속한다"[324]라고 하였다. 이것은 완성된 하나의 글자를 가진 두 개의 부호를 서로 합쳐 물체의 형상을 초월한 어떤 내포된 의미를 표현하는 방법이다. 그런데 순수한 지사자는 그다지 많지 않을 뿐더러 표의表意와의 구분도 어떤 경우에는 상당히 곤란하기 때문에, 학자의 개인적인 주관적 입장 차이로 흔히 논쟁이 벌어지기도 한다. 그렇지만 좀 더 단순화시켜 설명하자면, 이 지사자를 모두 표의자表意字의 유형에 포함시켜 이해하는 편이 훨씬 낫다고 할 수 있다.

그리고 어떤 표의자는 물체의 속성을 빌려 추상적인 개념을 나타내기도 하므로, 대체로 그 자형의 구성이 독체獨體로 되어 있다. 예를 들어, 〈도표 73〉에서 소개한 고(高:)라든지, 〈도표 106〉에서 소개한 극(克:)이라든지, 〈도표 108〉에서 소개한 래(來:)라든지,

323 (淸) 段玉裁注,《說文解字注》, 第二十九卷, 第十五卷注上, 〈敍〉, 762쪽. 그 원문에 "指事者, 視而可識, 察而見意, ニ〒是也"라고 되어 있다.

324 (淸) 段玉裁注,《說文解字注》, 第二十九卷, 第十五卷注上, 〈敍〉, 763쪽. 그 원문에 "會意者, 比類合誼, 目見指撝, [illegible]信是也"라고 되어 있다.

〈도표 109〉에서 소개한 향(亯, 享: 𠅘 𠅘) 등이 있다. 그런데 이처럼 속성을 빌려 그 개념을 나타내는 물체도 가끔씩 구체적으로 어떤 보조적인 설명이 필요하기 때문에, 자형의 어떤 구성 부분은 단독으로 이루어진 글자가 아닌 경우도 있다.

그리고 자형의 구성 부분 사이에는 항상 상호작용이 존재하기 때문에, 단순히 몇 개의 구성 부분을 조합한다고 해서 하나의 회의적會意的인 의미가 도출되는 것은 아니다. 예를 들어, 두 손은 항상 습관적으로 물체를 잡는 방식과 잡고 있는 어느 부위를 표시하기 때문에, 이 경우에는 오히려 표의表意나 상의象意라고 표현해야지, 회의會意라는 용어는 쓸 수 없다. 그래서 표의자表意字는 그 구조에 따라 대체로 다음의 몇 가지 유형으로 크게 나누어진다.

(1) 구성 부분 전체가 부호符號인 경우

이것은 보편성을 지닌 개념이기 때문에 달리 특정한 대상이나 형식적인 틀이 없다.

예를 들어, 앞의 〈도표 51〉에서 소개한 것처럼, 갑골문에서 상(二, 上)은 하나의 짧은 획이 하나의 긴 획 위에 있는 모양으로 어느 한 물체가 다른 물체 위에 있는 모습을 가리키고 있다(二二). 이러한 관계는 어느 특정한 물체에 한정되지 않기 때문에, 구체적인 어느 물체의 모양으로 표시하지 않는다.

그리고 〈도표 52〉에서 소개한 것처럼, 갑골문에서 하(二, 下)는 하나의 짧은 획이 하나의 긴 획 아래에 있는 모양으로 다른 물체의 아래에 있는 모습을 가리키고 있다(二二). 그런데 이 하(二, 下)도 상(二, 上)과 마찬가지로 어느 특정한 물체에 한정되지 않기 때문에, 구체적인 어느 물체의 모양으로 표시하지 않는다.

그리고 〈도표 113〉에 보이는 소小에 대해 《설문說文》에서는, "川는 사물의 작은 것이다. 팔八을 따르고, 곤丨이 보이니 팔八이 나누어진 것이다. 무릇 소小의 속屬들은 모두 이 소小를 따른다"[325]라고 하였고, 또한 소少에 대해서 《설문說文》에서는, "少는 많지 않은 것이다. 소小를 따르고, 별丿은 성부聲符이다"[326]라고 하였다. 갑골문에서 이 소小와 소少는 세 개나 네 개의 작은 점으로 어느 물체 체적體積의 작음과 적음을 표시하고 있는데, 위의 상(二,

325 (淸) 段玉裁注,《說文解字注》, 第三卷, 第二篇注上, 〈小〉, 49쪽. 그 원문에 "川, 物之微也. 从八, 丨見而八分之. 凡小之屬皆从小"라고 되어 있다.

326 (淸) 段玉裁注,《說文解字注》, 第三卷, 第二篇注上, 〈少〉, 49쪽. 그 원문에 "少, 不多也. 从小, 丿聲"이라고 되어 있다. 그런데 이 소少는 상고음上古音에서 소부宵部에 속하였고, 성부聲符인 별丿은 상고음에서 월부月部에 속하였다. 따라서 이 소少와 별丿은 상고음에서 서로 동일한 큰 부류에 속하지 않았다.

도표 번호	상商나라의 갑골문甲骨文	주周나라의 금문金文	진秦나라의 소전小篆	한漢나라의 예서隸書	현대의 한자	글자의 창의創意
113		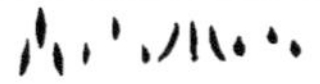	 s	小	小	세 개나 네 개의 작은 점으로 어느 물체 체적體積의 작음과 적음의 개념을 표시하고 있다.
	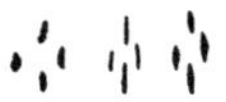		 s	少	少	

上)이나 하(二, 下)에서와 마찬가지로 어느 구체적인 물체를 가리키지는 않는다. 일반적으로 말해서, 구성 부분의 중복된 형태는 대부분이 형태를 초월한 어떤 관념을 표현하고 있다고 볼 수 있다.

그리고 일一에 대해《설문說文》에서는, "一은 처음에 태극太極이 있었고, 도道는 일一에서 세워졌다. 조화造化하여 천지天地로 나누어졌고, 감화感化하여 만물萬物을 만들었다. 무릇 일一의 속屬들은 모두 이 일一을 따른다. 弌은 고문古文의 일一이다"[327]라고 하였고, 이二에 대해서《설문說文》에서는, "二는 땅의 수數이다. 짝을 진 일一을 따른다. 무릇 이二의 속屬들은 모두 이 이二를 따른다. 弍는 고문古文의 이二이다"[328]라고 하였으며, 삼三에 대해서《설문說文》에서는, "三은 수數의 이름이다. 천지인天地人의 도道이다. 문자文字에서는 일一이 이二와 짝하면 삼三이 되고, 완성된 수가 된다. 무릇 삼三의 속屬들은 모두 이 삼三을 따른다. 弎은 고문古文의 삼三이다"[329]라고 하였다.

〈도표 114〉에 보이는 사四에 대해《설문說文》에서는, "四는 음陰의 수이다. 사각으로 나누어진 것을 본뜨고 있다. 무릇 사四의 속屬들은 모두 이 사四를 따른다. 𦉭는 고문古文의 사四이고, 이와 같다. 亖는 주문籀文의 사四이다"[330]라고 하였다. 여기에서 숫자 일一, 이二, 삼三, 사四는 길이가 같은 선을 조합하여 수량의 개념을 나타내고 있다. 그런데 나중에는 선의

327 (清) 段玉裁注,《說文解字注》, 第一卷, 第一篇注上,〈一〉, 1쪽. 그 원문에 "一, 惟初大極, 道立於一. 造分天地, 化成萬物. 凡一之屬皆从一. 弌, 古文一"이라고 되어 있다.

328 (清) 段玉裁注,《說文解字注》, 第二十六卷, 第十三篇注下,〈二〉, 687쪽. 그 원문에 "二, 地之數也. 从耦一. 凡二之屬皆从二. 弍, 古文二"라고 되어 있다.

329 (清) 段玉裁注,《說文解字注》, 第一卷, 第一篇注上,〈三〉, 9쪽. 그 원문에 "三, 數名. 天地人之道也. 於文, 一耦二爲三, 成數也. 凡三之屬皆从三. 弎, 古文三"이라고 되어 있다.

330 (清) 段玉裁注,《說文解字注》, 第二十八卷, 第十四篇注下,〈四〉, 744쪽. 그 원문에 "四, 侌數也. 象四分之形. 凡四之屬皆从四. 𦉭, 古文四, 如此. 亖, 籀文四"라고 되어 있다.

도표 번호	상商나라의 갑골문甲骨文	주周나라의 금문金文	진秦나라의 소전小篆	한漢나라의 예서隸書	현대의 한자	글자의 창의創意
114			 s k z	四	四	길이가 같은 네 개의 선을 조합하여 수량의 개념인 사四를 표현하고 있다.
115		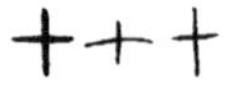	 s	七	七	간단한 부호를 빌려서 수량의 개념을 나타내고 있다.
116	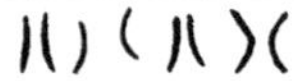		 s	八	八	간단한 부호이다.

수량에 혼동이 생기는 것을 피하기 위하여 명확히 구분될 수 있는 숫자의 자형을 각각 따로 만들게 되었다.

그리고 오五에 대해《설문說文》에서는, "Ⅹ는 오행五行이다. 이二를 따르고, 음양陰陽은 천지간天地間에서 오시午時에 서로 바뀐다. 무릇 오五의 속屬들은 모두 이 오五를 따른다. 㐅는 고문古文의 오五이고, 이와 같다"[331]라고 하였고, 륙六에 대해서《설문說文》에서는, "𠆢은 역易의 수數이다. 음陰은 육六에서 변하고, 팔八에서 바르게 된다. 입入과 팔八을 따른다. 무릇 륙六의 속屬들은 모두 이 륙六을 따른다"[332]라고 하였다.

〈도표 115〉에 보이는 칠七에 대해《설문說文》에서는, "𠤎은 양陽이 바르게 된 것이다. 일一을 따르고, 미미한 음기陰氣가 가운데에서 비껴 나오고 있다. 무릇 칠七의 속屬들은 모두 이 칠七을 따른다"[333]라고 하였고, 〈도표 116〉에 보이는 팔八에 대해《설문說文》에서는, ")(은 나누는 것이다. 나누어지고 떨어져서 서로 등지고 있는 모습을 본뜨고 있다. 무릇 팔八의 속屬들은 모두 이 팔八을 따른다"[334]라고 하였으며, 또한〈도표 117〉에 보이는 십十에 대해《설문說文》에서는, "十은 숫자가 갖춰진 것이다. 일一은 동서東西를 뜻하고, 곤丨은 남북南北

331 (清) 段玉裁注,《說文解字注》, 第二十八卷, 第十四篇注下,〈五〉, 745쪽. 그 원문에 "Ⅹ, 五行也. 从二, 侌昜在天地閒, 交午也. 凡五之屬皆从五. 㐅, 古文五, 如此"라고 되어 있다.

332 (清) 段玉裁注,《說文解字注》, 第二十八卷, 第十四篇注下,〈六〉, 745쪽. 그 원문에 "𠆢, 易之數. 侌變於六, 正於八. 从入八. 凡六之屬皆从六"이라고 되어 있다.

333 (清) 段玉裁注,《說文解字注》, 第二十八卷, 第十四篇注下,〈七〉, 745쪽. 그 원문에 "𠤎, 易之正也. 从一, 微侌從中衺出也. 凡七之屬皆从七"이라고 되어 있다.

334 (清) 段玉裁注,《說文解字注》, 第三卷, 第二篇注上,〈八〉, 49쪽. 그 원문에 ")(, 別也. 象分別相背之形. 凡八之屬皆从八"이라고 되어 있다.

도표 번호	상商나라의 갑골문甲骨文	주周나라의 금문金文	진秦나라의 소전小篆	한漢나라의 예서隸書	현대의 한자	글자의 창의創意
117	丨		十 s	十	十	간단한 부호이다.
118	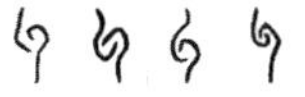		 s	丩	丩	두 줄이 서로 얽혀 있는 모양을 본뜨고 있다.

을 뜻한다. 즉, 사방四方과 중앙中央이 모두 갖춰진 것이다. 무릇 십十의 속屬들은 모두 이 십十을 따른다"[335]라고 하였다. 이 숫자들은 간단한 부호를 빌려서 가장 자주 쓰이는 수량의 개념을 나타내고 있다.

〈도표 118〉에 보이는 규丩에 대해《설문說文》에서는, "丩는 서로 얽혀 있는 것이다. 일설一說에는 오이와 표주박이 물체에 얽혀서 뻗어 올라가는 것이라고도 한다. 상형자象形字이다. 무릇 규丩의 속屬들은 모두 이 규丩를 따른다"[336]라고 하였다. 갑골문에서 이 규丩는 두 끈이 서로 얽혀 있는 모양을 본뜨고 있는데, 어떤 상황이 뒤얽혀 있음을 의미하고 있다.

(2) 단일한 형태의 물체

이것과 상형자象形字와의 차이점은, 어떤 형태를 빌려서 비록 그 형태와 관련은 있지만 그것보다는 주로 이 형태를 초월한 어떤 개념을 나타내는 데 있다.

예를 들어, 앞의 〈도표 50〉에서 소개한 것처럼, 갑골문에서 추秋는 메뚜기의 모양이나 메뚜기가 불에 구이는 모습을 본뜨고 있다. 그러나 그것보다는 오히려 이러한 광경이 가을에 펼쳐지는 풍경이므로, 이 추秋는 가을철이라는 개념을 나타내고 있다. 그런데 만약 자형으로 얘기한다면, 앞쪽에 나열된 자형은 상형자象形字이고, 뒤쪽에 나열된 자형은 당연히 표의자表意字가 된다().

그리고 앞의 〈도표 74〉에서 소개한 것처럼, 갑골문에서 대大는 한 어른의 정면 모습을 본뜨고 있다. 그러나 그것보다는 주로 어린아이와 비교하여 이 어른의 몸집이 크다는

335 (清) 段玉裁注,《說文解字注》, 第五卷, 第三篇注上,〈十〉, 89쪽. 그 원문에 "十, 數之具也. 一爲東西, 丨爲南北, 則四方中央備矣. 凡十之屬皆从十"이라고 되어 있다.

336 (清) 段玉裁注,《說文解字注》, 第五卷, 第三篇注上,〈丩〉, 89쪽. 그 원문에 "丩, 相糾繚也. 一曰: 瓜瓠結丩起. 象形. 凡丩之屬皆从丩"라고 되어 있다.

도표 번호	상商나라의 갑골문甲骨文	주周나라의 금문金文	진秦나라의 소전小篆	한漢나라의 예서隸書	현대의 한자	글자의 창의創意
119	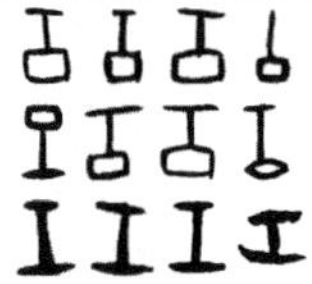		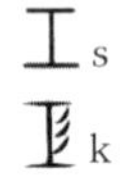	工	工	매달려 있는 석경石磬의 모양을 본뜨고 있다.
120		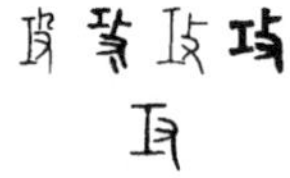		攻	攻	석경石磬을 깎고 두드리며 음音을 조율하는 것이다.

개념을 나타내고 있다. 그래서 중점은 그 개념이지, 어른이라는 형체에 있지 않다(⺈ 人).

〈도표 119〉에 보이는 공工에 대해《설문說文》에서는, "工은 교묘히 꾸미는 것이다. 사람이 준칙이 있음을 본뜨고 있다. 무巫와 같은 뜻이다. 무릇 공工의 속屬들은 모두 이 공工을 따른다. 𢒄은 고문古文의 공工이고, 삼彡을 따른다"[337]라고 하였고, 또한〈도표 120〉에 보이는 공攻에 대해서《설문說文》에서는, "攻은 두드리는 것이다. 복攴을 따르고, 공工은 성부聲符이다"[338]라고 하였다. 갑골문에서 이 공工은 대개 매달려 있는 석경石磬의 모양을 본뜨고 있는데, 이것은 공攻으로 두드리는 물체의 한 형태이다. 그런데 이 공工은 악공樂工이 항상 연주하는 악기의 하나이기 때문에, 이것을 빌려 악공樂工이나 장인匠人의 뜻을 나타내고 있다. 또한 전문가의 섬세한 기술의 의미도 함께 표현하고 있다.

그리고 좌ナ에 대해《설문說文》에서는, "𠂇는 왼손이다. 상형자象形字이다. 무릇 좌ナ의 속屬들은 모두 이 좌ナ를 따른다"[339]라고 하였고, 또한〈도표 121〉에 보이는 우又에 대해《설문說文》에서는, "又는 손이다. 상형자象形字이다. 세 손가락인 것은 손에 손가락이 많지만, 대략 세 개에 지나지 않음이다. 무릇 우又의 속屬들은 모두 이 우又를 따른다"[340]라고 하였다. 갑골문에서 이 좌(ナ: 𠂇)와 우又도 사람의 왼손과 오른손의 모양을 본뜨고 있는데, 두 손이 각기 위치한 왼쪽과 오른쪽의 위치 관계를 나타내고 있다.

---

337 (淸) 段玉裁注,《說文解字注》, 第九卷, 第五篇注上,〈工〉, 203쪽. 그 원문에 "工, 巧飾也. 象人有規榘. 與巫同意. 凡工之屬皆从工. 𢒄, 古文工, 从彡"이라고 되어 있다.

338 (淸) 段玉裁注,《說文解字注》, 第六卷, 第三篇注下,〈攻〉, 126쪽. 그 원문에 "攻, 擊也. 从攴, 工聲"이라고 되어 있다.

339 (淸) 段玉裁注,《說文解字注》, 第六卷, 第三篇注下,〈ナ〉, 117쪽. 그 원문에 "𠂇, 左手也. 象形. 凡ナ之屬皆从ナ"라고 되어 있다.

340 (淸) 段玉裁注,《說文解字注》, 第六卷, 第三篇注下,〈又〉, 115쪽. 그 원문에 "又, 手也. 象形. 三指者, 手之列多, 略不過三也. 凡又之屬皆从又"라고 되어 있다.

도표 번호	상商나라의 갑골문甲骨文	주周나라의 금문金文	진秦나라의 소전小篆	한漢나라의 예서隸書	현대의 한자	글자의 창의創意
121			 s	又	又	오른손의 모양으로 오른쪽의 위치 관계를 나타내고 있다.
122	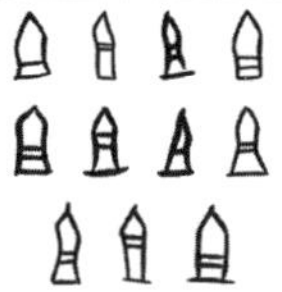		 s k	且	且	남성 생식기의 모양을 본뜬 것으로, 인류 번식의 근원이 되므로 자신의 조상을 나타낸다.

〈도표 122〉에 보이는 조且에 대해《설문說文》에서는, "且 는 바쳐 올리는 것이다. 궤几를 따르고, 다리에 두 줄의 가로목이 있다. 일一은 그 아래에 있는 땅이다. 무릇 조且의 속屬들은 모두 이 조且를 따른다. 𠀃는 고문古文에서 조且라고 하였고, 또한 궤几라고도 하였다"[341] 라고 하였고, 또한 조祖에 대해《설문說文》에서는, "祖는 선조의 사당祠堂이다. 시示를 따르고, 조且는 성부聲符이다"[342]라고 하였다. 갑골문에서 이 조且는 남성 생식기의 모양을 본뜨고 있는데, 인류 번식의 근원이 되기 때문에 이것으로 자기 조상의 의미를 나타내고 있다. 그런데 나중에는 이 조且가 주로 어사語詞로 차용되어 쓰이면서, 여기에 다시 시示를 덧붙여 조祖가 되었다.

〈도표 123〉에 보이는 역屰에 대해《설문說文》에서는, "屰 은 따르지 않는 것이다. 간干를 따르고, 아래에 감凵이 있으니, 그것을 거스르는 것이다"[343]라고 하였다. 갑골문에서 이 역屰은 대大가 인체의 정상적인 자세인데 비해, 이 역屰과 같이 거꾸로 된 대大로써 정상적인 상태에서 어긋나는 어떤 상황을 나타내고 있다.

그리고 이 역屰은 나중에 역逆으로 통합되었는데,〈도표 124〉에 보이는 역逆에 대해《설문說文》에서는, "逆은 맞이하는 것이다. 착辵을 따르고, 역屰은 성부聲符이다. 관동關東에서는 역逆이라고 하고, 관서關西에서는 영迎이라고 한다"[344]라고 하였다. 갑골문에서 이 역逆은

341 (淸) 段玉裁注,《說文解字注》, 第二十七卷, 第十四篇注上,〈且〉, 723쪽. 그 원문에 "且, 所目薦也. 从几, 足有二橫. 一, 其下地也. 凡且之屬皆从且. 𠀃, 古文目爲且, 又目爲几字"라고 되어 있다.
342 (淸) 段玉裁注,《說文解字注》, 第一卷, 第一篇注上,〈祖〉, 4쪽. 그 원문에 "祖, 始廟也. 从示, 且聲"이라고 되어 있다.
343 (淸) 段玉裁注,《說文解字注》, 第五卷, 第三篇注上,〈屰〉, 87쪽. 그 원문에 "屰, 不順也. 从干, 下凵, 屰之也"라고 되어 있다.

도표 번호	상商나라의 갑골문甲骨文	주周나라의 금문金文	진秦나라의 소전小篆	한漢나라의 예서隸書	현대의 한자	글자의 창의創意
123			 s	屰	屰	거꾸로 된 대大로써, 정상적인 상태에서 어긋나는 어떤 상황을 나타내고 있다.
124	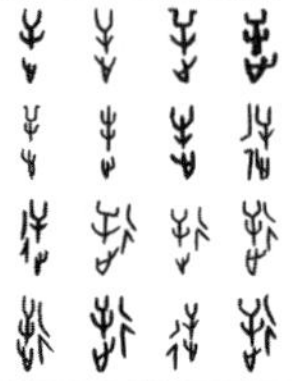		 s	逆	逆	한 발을 내디뎌 반대방향에서 다가오는 사람을 맞이하는 것을 표현하고 있다.
125			 s	丑	丑	손가락을 굽혀 힘껏 비틀어 쥐는 모습을 본뜨고 있다.
126			 s	交	交	사람의 두 정강이가 서로 교차된 자세를 본뜨고 있다.

한 발을 앞으로 내디뎌 반대방향에서 다가오는 손님을 맞이하는 모습을 표현하는 것일 수 있으므로, 오히려 표의자表意字에 속하지 형성자形聲字라고 볼 수는 없다.

〈도표 125〉에 보이는 축丑에 대해《설문說文》에서는, "丑은 묶였다가 풀리는 것이다. 십이월十二月이고, 만물이 꿈틀대므로 농사일을 시작하는 것이다. 손의 모양을 본뜨고 있다. 태양이 축시丑時에 있으면, 또한 손을 내밀어 일할 때이다. 무릇 축丑의 속屬들은 모두 이 축丑을 따른다"[345]라고 하였다. 갑골문에서 이 축丑은 손가락을 굽힌 모양을 본뜨고 있는데, 손으로 힘껏 비틀어 쥐는 동작을 나타내고 있다. 그런데 나중에 가차假借되어 간지干支의 이름으로 쓰이고 있다.

〈도표 126〉에 보이는 교交에 대해《설문說文》에서는, "交는 정강이를 교차시킨 것이다. 대大를 따르고, 엇갈린 모양을 본뜨고 있다. 무릇 교交의 속屬들은 모두 이 교交를 따른다"[346]

344 (淸) 段玉裁注,《說文解字注》, 第四卷, 第二篇注下,〈逆〉, 72쪽. 그 원문에 "逆, 迎也. 从辵, 屰聲. 關東曰: 逆, 關西曰: 迎"이라고 되어 있다.

345 (淸) 段玉裁注,《說文解字注》, 第二十八卷, 第十四篇注下,〈丑〉, 751쪽. 그 원문에 "丑, 紐也. 十二月, 萬物動, 用事. 象手之形. 日加丑, 亦擧手時也. 凡丑之屬皆从丑"이라고 되어 있다.

346 (淸) 段玉裁注,《說文解字注》, 第十九卷, 第十篇注下,〈交〉, 499쪽. 그 원문에 "交, 交脛也. 从大, 象交形. 凡交之

라고 하였다. 갑골문에서 이 교交도 사람의 두 정강이가 서로 교차된 자세를 본뜨고 있는데, 서로 교제하는 상황을 나타내고 있다.

(3) 자형에 부호 첨가

예를 들어, 모牟에 대해 《설문說文》에서는, "牟는 소가 우는 것이다. 우牛를 따르고, 厶는 그 소리의 기운이 입에서 나옴을 본뜨고 있다"[347]라고 하였다. 이 모牟는 우牛에 구부러진 필획인 厶 부호符號를 덧붙여 소가 내쉬는 입김을 표현하고 있다.

〈도표 127〉에 보이는 인刃에 대해 《설문說文》에서는, "刃은 칼의 날이다. 칼에 칼날이 있는 모양을 본뜨고 있다. 무릇 인刃의 속屬들은 모두 이 인刃을 따른다"[348]라고 하였다. 갑골문에서 이 인刃은 짧은 한 획을 첨가하여 칼에서 칼날이 위치한 부위를 가리키고 있다.

〈도표 128〉에 보이는 역亦에 대해 《설문說文》에서는, "亦은 사람 팔의 겨드랑이이다. 대大를 따르고, 두 겨드랑이의 모양을 본뜨고 있다. 무릇 역亦의 속屬들은 모두 이 역亦을 따른다"[349]라고 하였다. 갑골문에서 이 역亦은 짧은 두 획을 첨가하여 인체에 위치한 겨드랑이의 위치를 가리키고 있다.

〈도표 129〉에 보이는 주肘에 대해 《설문說文》에서는, "肘는 팔꿈치이다. 육肉과 촌寸을

도표 번호	상商나라의 갑골문甲骨文	주周나라의 금문金文	진秦나라의 소전小篆	한漢나라의 예서隸書	현대의 한자	글자의 창의創意
127			 s	刃	刃	짧은 한 획으로 칼에서 칼날이 위치한 부위를 가리키고 있다.
128	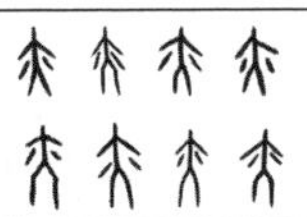	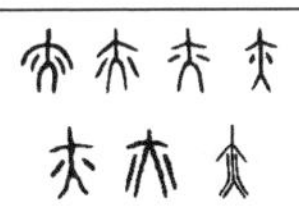	 s	亦	亦	짧은 두 획으로 겨드랑이의 위치를 가리키고 있다.

屬皆从交"라고 되어 있다.

347 (淸) 段玉裁注, 《說文解字注》, 第三卷, 第二篇注上, 〈牟〉, 52쪽. 그 원문에 "牟, 牛鳴也. 从牛, 厶象其聲气從口出"이라고 되어 있다.

348 (淸) 段玉裁注, 《說文解字注》, 第八卷, 第四篇注下, 〈刃〉, 185쪽. 그 원문에 "刃, 刀鋻也. 象刀有刃之形. 凡刃之屬皆从刃"이라고 되어 있다.

349 (淸) 段玉裁注, 《說文解字注》, 第十九卷, 第十篇注下, 〈亦〉, 498쪽. 그 원문에 "亦, 人之臂亦也. 从大, 象兩亦之形. 凡亦之屬皆从亦"이라고 되어 있다.

도표 번호	상商나라의 갑골문甲骨文	주周나라의 금문金文	진秦나라의 소전小篆	한漢나라의 예서隸書	현대의 한자	글자의 창의創意
129			 s s k h	肘 肱	肘 肱	구부러진 필획을 첨가하여 전체 팔에서 팔꿈치의 위치를 가리키고 있다.
130	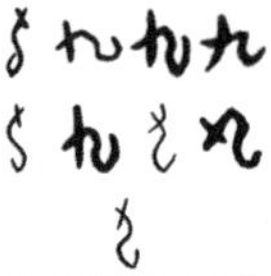	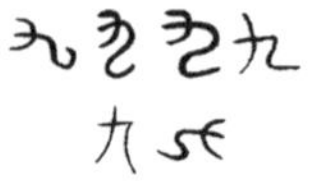	 s	九	九	팔의 전체 모양을 빌려 숫자를 나타내고 있다.

따른다. 촌寸은 손목이다"[350]라고 하였고, 또한 굉(厷, 肱)에 대해《설문說文》에서는, " 은 팔의 위쪽이다. 우又를 따르고, 고문古文의 굉厷을 따른다. 은 고문古文의 굉厷이다. 상형자象形字이다. 은 굉厷의 혹체或體이고, 육肉을 따른다"[351]라고 하였다. 갑골문에서 이 주肘와 굉(厷, 肱)은 구부러진 한 획을 덧붙여 전체 팔에서 팔꿈치가 위치한 부위를 가리키고 있다. 그런데 이 주肘와 굉(厷, 肱)을 갑골문의 자형에서 봤을 적에는 당연히 팔뚝의 의미인 굉肱이 되지만, 반면에 사물 형태의 표현에서 봤을 적에는 당연히 팔꿈치인 주肘가 되어야 한다. 이처럼 주肘와 굉(厷, 肱) 두 글자는 사용할 때 가끔씩 혼동이 생긴다.

〈도표 130〉에 보이는 숫자를 나타내는 구九에 대해《설문說文》에서는, " 는 양陽이 변하는 것이다. 그 굽어짐이 다한 모양을 본뜨고 있다. 무릇 구九의 속屬들은 모두 이 구九를 따른다"[352]라고 하였다. 갑골문에서 이 구九는 팔의 전체 모양을 본뜨고 있는데, 아마도 그 형태의 음音을 빌려 표현하고 있을 것이다.

〈도표 131〉에 보이는 면面에 대해《설문說文》에서는, " 은 얼굴의 앞쪽이다. 수(百, 首)를 따르고, 사람의 얼굴 모양을 본뜨고 있다. 무릇 면面의 속屬들은 모두 이 면面을 따른다"[353]

350 (淸) 段玉裁注,《說文解字注》, 第八卷, 第四篇注下,〈肘〉, 172쪽. 그 원문에 " , 臂節也. 从肉寸. 寸, 手寸口"라고 되어 있다.

351 (淸) 段玉裁注,《說文解字注》, 第六卷, 第三篇注下,〈厷〉, 116쪽. 그 원문에 " , 臂上也. 从又, 从古文厷. , 古文厷, 象形. , 厷或, 从肉"이라고 되어 있다.

352 (淸) 段玉裁注,《說文解字注》, 第二十八卷, 第十四篇注下,〈九〉, 745쪽. 그 원문에 " , 昜之變也. 象其屈曲究盡之形. 凡九之屬皆从九"라고 되어 있다.

353 (淸) 段玉裁注,《說文解字注》, 第十六卷, 第九篇注上,〈面〉, 427쪽. 그 원문에 " , 顏前也. 从百, 象人面形.

도표 번호	상商나라의 갑골문甲骨文	주周나라의 금문金文	진秦나라의 소전小篆	한漢나라의 예서隸書	현대의 한자	글자의 창의創意
131			 s	面	面	눈을 포함한 얼굴 부위를 본뜨고 있다.
132			 s	彭	彭	북이 울려 내는 짧고 힘찬 소리를 표현하고 있다.
133	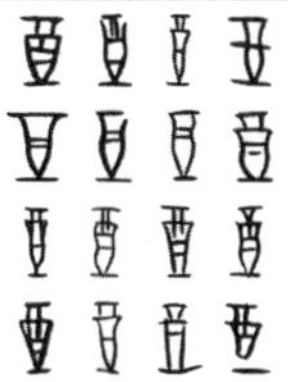		 s	奠	奠	술동이는 거의 옮기지 않기 때문에, 그 놓아두는 곳이 고정되어 있음을 가리키고 있다.

라고 하였다. 이 면面에서 원형은 얼굴의 윤곽을 나타내고, 눈은 얼굴 표정 중에서 가장 생동감 넘치는 부위이며, 보조적으로 나타낸 윤곽은 사람의 얼굴 형태이다. 이 밖에도 이 면面에 가끔 사람의 신체를 그려 넣어 사람의 얼굴 부위를 강조할 수도 있다.

〈도표 132〉에 보이는 팽彭에 대해《설문說文》에서는, "彭은 북소리이다. 주壴를 따르고, 삼彡을 따른다"[354]라고 하였다. 갑골문에서 이 팽彭은 짧고 힘찬 소리를 표현하고 있는데, 자형에 고鼓를 덧붙여 울려 퍼지는 악기 소리를 나타내고 있다.

〈도표 133〉에 보이는 전奠에 대해《설문說文》에서는, "奠은 음식을 차려서 제사를 지내는 것이다. 추酋를 따르고, 추酋는 술이다. 기丌는 그 아랫부분이다.《의례儀禮》에 전제奠祭가 있다"[355]라고 하였다. 갑골문에서 이 전奠은 술동이를 놓아둔 곳을 나타내고 있는데, 하나의 가로획은 아마도 운송할 적에 술동이를 놓아두는 틀을 가리킬 것이다. 그래서 커다란 술동이는 주로 한곳에 고정시켜 두었지, 다른 생활 용기처럼 그 장소를 자주 옮기지 않았다.[356]

凡面之屬皆从面"이라고 되어 있다.

354 (淸) 段玉裁注,《說文解字注》, 第九卷, 第五篇注上,〈彭〉, 207쪽. 그 원문에 "彭, 鼓聲也. 从壴, 从彡"이라고 되어 있다.

355 (淸) 段玉裁注,《說文解字注》, 第九卷, 第五篇注上,〈奠〉, 202쪽. 그 원문에 "奠, 置祭也. 从酋, 酋酒也. 丌, 其下也. 禮有奠祭"라고 되어 있다.

356 대문구문화大汶口文化 유적지에서 출토된 토기 물동이는 그 높이가 60㎝인데, 한곳에 고정시켜 옮기기

도표 번호	상商나라의 갑골문甲骨文	주周나라의 금문金文	진秦나라의 소전小篆	한漢나라의 예서隷書	현대의 한자	글자의 창의創意
134			 s	朱	朱	나무의 가운데 부분을 표시한 것으로, 줄기의 위치를 가리키고 있다.
135			 s  k	本	本	한 짧은 가로획으로 나무뿌리의 위치를 가리키고 있다.
136			 s	末	末	한 짧은 가로획으로 나무 끝의 위치를 가리키고 있다.
137			 s	身	身	실선으로 사람의 배의 위치를 그려내고 있다.

〈도표 134〉에 보이는 주朱에 대해서《설문說文》에서는, "朱는 빨간 속을 가진 나무이고, 송백松柏의 속屬이다. 목木을 따르고, 일一이 그 가운데에 있다"[357]라고 하였다. 갑골문에서 이 주朱는 나무의 가운데 부분에 한 짧은 가로획을 덧붙여, 나무의 줄기가 위치한 곳을 표시하고 있다.

〈도표 135〉에 보이는 본本에 대해《설문說文》에서는, "本은 나무의 아랫부분을 일컬어 본本이라고 한다. 목木을 따르고, 하(丅, 下)를 따른다. 本은 고문古文이다"[358]라고 하였고, 또한〈도표 136〉에 보이는 말末에 대해《설문說文》에서는, "末은 나무의 윗부분을 일컬어 말末이라고 한다. 목木을 따르고, 상(丄, 上)을 따른다"[359]라고 하였다. 이 본本과 말末은 자형에 각각 한 짧은 가로획을 덧붙여, 나무의 뿌리와 끝이 위치한 곳을 표시하고 있다.

〈도표 137〉에 보이는 신身에 대해《설문說文》에서는, "身은 몸이다. 인人을 따르고, 신申의 생략형이 성부聲符이다. 무릇 신身의 속屬들은 모두 이 신身을 따른다"[360]라고 하였다. 갑골

어렵게 되어 있다.(원저자 주)

357 (淸) 段玉裁注,《說文解字注》, 第十一卷, 第六篇注上,〈朱〉, 251쪽. 그 원문에 "朱, 赤心木, 松柏屬. 從木, 一在其中"이라고 되어 있다.

358 (淸) 段玉裁注,《說文解字注》, 第十一卷, 第六篇注上,〈本〉, 251쪽. 그 원문에 "本, 木下曰: 本. 從木, 從丅. 本, 古文"이라고 되어 있다.

359 (淸) 段玉裁注,《說文解字注》, 第十一卷, 第六篇注上,〈末〉, 251쪽. 그 원문에 "末, 木上曰: 末. 從木, 從丄."이라고 되어 있다.

도표 번호	상商나라의 갑골문甲骨文	주周나라의 금문金文	진秦나라의 소전小篆	한漢나라의 예서隸書	현대의 한자	글자의 창의創意
138		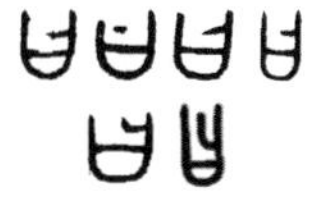	 s	曰	曰	짧은 한 획으로 입에서 나오는 기운을 표시하고 있다.
139	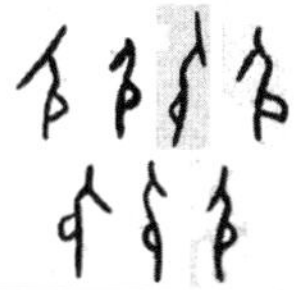		 s  h  h	臀	屍 臀	실선으로 사람의 볼기 위치를 그려내고 있다.

문에서 이 신身은 사람의 배가 위치한 곳을 나타내고 있다.

〈도표 138〉에 보이는 왈曰에 대해 《설문說文》에서는, "曰은 말하는 것이다. 구口를 따르고, ㄴ는 입의 기운이 나옴을 본뜨고 있다. 무릇 왈曰의 속屬들은 모두 이 왈曰을 따른다"[361] 라고 하였다. 갑골문에서 이 왈曰은 짧은 한 획을 덧붙여 입에서 나오는 소리를 표시하고 있다.

〈도표 139〉에 보이는 둔(屍, 臀)에 대해 《설문說文》에서는, "屍은 볼기이다. 시尸를 따르고, 아래에 있는 기丌가 평상平牀인 궤几에 앉아 있다. 脽은 둔(屍, 臀)의 혹체或體이고, 육肉과 준隼을 따른다. 臀은 둔(屍, 臀)의 혹체或體이고, 골骨을 따르며, 전(殿, 殿)은 성부聲符이다"[362]라고 하였다. 갑골문에서 이 둔(屍, 臀)은 사람의 볼기 위치를 가리키고 있다.

〈도표 140〉에 보이는 필必에 대해 《설문說文》에서는, "必은 구분하는 기준이다. 팔八과 익弋을 따르고, 팔八은 또한 성부聲符이다"[363]라고 하였다. 갑골문에서 이 필必은 비柲의 자원字源이 되는 글자로, 한 자루의 국자 손잡이에 한 짧은 획을 덧붙여 그것이 가리키는

360 (清) 段玉裁注, 《說文解字注》, 第十五卷, 第八篇注上, 〈身〉, 392쪽. 그 원문에 "身, 躳也. 从人, 申省聲. 凡身之屬皆从身"이라고 되어 있다.

361 (清) 段玉裁注, 《說文解字注》, 第九卷, 第五篇注上, 〈曰〉, 204쪽. 그 원문에 "曰, 詞也. 从口, ㄴ象口气出也. 凡曰之屬皆从曰"이라고 되어 있다.

362 (清) 段玉裁注, 《說文解字注》, 第十五卷, 第八篇注上, 〈屍〉, 404쪽. 그 원문에 "屍, 髀也. 从尸, 下丌, 凥几. 脽, 屍或, 从肉隼. 臀, 屍或, 从骨, 殿聲"이라고 되어 있다. 그런데 이 둔(屍, 臀)과 성부聲符인 전(殿, 殿)은 상고음上古音에서 동일하게 문부文部에 속하였다.

363 (清) 段玉裁注, 《說文解字注》, 第三卷, 第二篇注上, 〈必〉, 50쪽. 그 원문에 "必, 分極也. 从八弋, 八亦聲"이라고 되어 있다.

도표 번호	상商나라의 갑골문甲骨文	주周나라의 금문金文	진秦나라의 소전小篆	한漢나라의 예서隸書	현대의 한자	글자의 창의創意
140		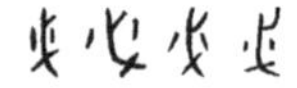	 s		必	국자 손잡이에 한 짧은 획을 덧붙여, 그것이 가리키는 부분을 나타내고 있다.
141			 s		尤	손가락 끝에 한 짧은 획을 덧붙여, 상처가 난 부위를 가리키고 있다.

부분을 나타내고 있다.

〈도표 141〉에 보이는 우尤에 대해《설문說文》에서는, "尤는 다른 것이다. 을乙을 따르고, 우又는 성부聲符이다"[364]라고 하였다. 갑골문에서 이 우尤는 손가락 끝에 한 짧은 획을 덧붙여 상처가 난 부위를 가리키고 있다.

(4) 구체적으로 한 가지 상황이나 동적인 상태를 표현하는 경우

이것은 하나의 완성된 글자가 아닌 부분을 자형에 포함할 수도 있지만, 문자 창조 초기에 가장 흔히 보이는 대표적인 표의자表意字의 구성 형태이다.

예를 들어, 앞의 〈도표 31〉에서 소개한 것처럼, 갑골문甲骨文에서 육(育, 毓)은 한 여자가 아직 피가 묻어 있는 아이를 막 낳은 모습을 본뜨고 있다. 그런데 이 자형에서 핏물은 하나의 완성된 글자라고 볼 수 없다. 또한 가끔 어떤 자형은 이 육(育, 毓)이 갓난아이가 이미 여자의 자궁 밖으로 나온 모습을 본뜨고 있기도 한다(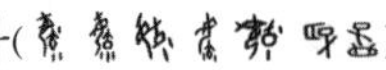).

그리고 앞의 〈도표 34〉에서 소개한 것처럼, 갑골문에서 회(沬, 頮)는 한 사람이 대야에 물을 떠서 두 손으로 세수를 하는 모양을 본뜨고 있다. 그런데 금문金文에서는 두 손으로 물그릇을 들고 목욕을 하는 한 사람에게 물을 부어 주는 모양으로 그 자형 형태가 조금 바뀌었다. 이것은 고대의 귀족들이 정기적으로 제사를 지내야 했기 때문에, 귀족들은 이처럼 목욕을 자주하여 항상 몸을 깨끗하게 유지해야 함을 표현하고 있을 것이다. 그러나 반면에 일반 민중들은 거의 목욕을 할 필요가 없었다. 그래서 이렇게 귀족의 모습으로

---

364 (淸) 段玉裁注,《說文解字注》, 第二十八卷, 第十四篇注下,〈尤〉, 747쪽. 그 원문에 "尤, 異也. 从乙, 又聲"이라고 되어 있다.

도표 번호	상商나라의 갑골문甲骨文	주周나라의 금문金文	진秦나라의 소전小篆	한漢나라의 예서隸書	현대의 한자	글자의 창의創意
142			 s	夫	夫	머리에 비녀 하나를 꽂은 성인 남자를 본뜨고 있다.

이 회(沬, 頮)를 조자造字하게 된 것이다( ).

그리고 〈도표 35〉에서 소개한 것처럼, 갑골문에서 정正은 하나의 도읍지로 한 발이 다가가고 있는 모습을 본뜨고 있다. 따라서 그 도읍지가 정벌의 대상이 됨을 표현하고 있다( ).

그리고 〈도표 47〉에서 소개한 것처럼, 갑골문에서 읍邑은 어느 한 구역에서 한 사람이 꿇어앉아 휴식을 취하는 모습을 본뜨고 있다. 따라서 이 읍邑은 사람이 거주하는 지역을 가리키고 있지, 경작하는 논밭이 아니다( ).

그리고 〈도표 59〉에서 소개한 것처럼, 갑골문에서 장長은 긴 머리카락을 가진 사람의 모습을 본뜨고 있다( ).

〈도표 142〉에 보이는 부夫에 대해서 《설문說文》에서는, "夫는 성년의 남자이다. 대(亣, 大)와 일一을 따르고, 일一은 그것으로 비녀의 모습을 본뜨고 있다. 주周나라의 제도에 팔촌八寸을 일척一尺이라고 하고, 십척十尺을 일장一丈이라고 한다. 사람이 자라면 키가 팔척八尺이 되므로, 장부丈夫라고 일컫는다. 무릇 부夫의 속屬들은 모두 이 부夫를 따른다"[365]라고 하였다. 갑골문에서 대大는 원래 한 성인이 정면으로 서 있는 모습을 본뜬 것인데, 갑골문에서 부夫는 이 대大에 뼈로 만든 비녀의 형태인 한 짧은 가로획을 덧붙인 모양을 하고 있다. 그것은 사람이 자라서 성인이 되면 머리를 틀어 올려야 하므로, 이와 같이 비녀로 머리 형태를 고정시킬 필요가 있었기 때문이다. 그래서 나중에는 이 부夫로 성인 남자의 의미를 나타내게 되었다.

〈도표 143〉에 보이는 견見에 대해 《설문說文》에서는, "見은 보는 것이다. 목目과 인儿을 따른다. 무릇 견見의 속屬들은 모두 이 견見을 따른다"[366]라고 하였다. 갑골문에서 이 견見은

365 (淸) 段玉裁注,《說文解字注》, 第十九卷, 第十篇注下,〈夫〉, 504쪽. 그 원문에 "夫, 丈夫也. 从亣一, 一㠯象兂. 周制, 八寸爲尺, 十尺爲丈. 人長八尺, 故曰: 丈夫. 凡夫之屬皆从夫"라고 되어 있다.

도표 번호	상商나라의 갑골문甲骨文	주周나라의 금문金文	진秦나라의 소전小篆	한漢나라의 예서隸書	현대의 한자	글자의 창의創意
143			 s	見	見	사람의 눈이 시각의 기능을 맡은 것임을 명시하고 있다.
144		 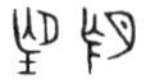	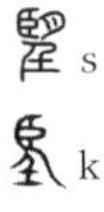 s k  s	朢 望	朢 望	한 사람이 눈을 치켜뜨고 먼 곳을 바라보거나, 혹은 높은 곳에 서 있어서 멀리 조망眺望하기가 더 유리한 것을 표현하고 있다.

사람의 눈이 시각의 기능을 맡은 것임을 명확히 표현하고 있다.

〈도표 144〉에 보이는 망(朢, 望)에 대해《설문說文》에서는, "朢은 달이 찬 것이다. 해와 함께 서로 마주보고 있는 것으로, 마치 신하가 임금을 알현하는 것과 같다. 월月을 따르고, 신臣을 따르며, 정𡈼을 따른다. 정𡈼은 조정朝廷이다. 𦣠은 고문古文이고, 망(朢, 望)의 생략형이다"[367]라고 하였고, 또한 망望에 대해《설문說文》에서는, "望은 집을 나가 밖에서 떠돌고 있으니, 그가 돌아오기를 바라는 것이다. 망亡을 따르고, 망(朢, 望)의 생략형이 성부聲符이다"[368]라고 하였다. 갑골문에서 이 망(朢, 望)은 한 사람이 눈을 치켜뜨고 먼 곳을 바라보거나, 혹은 높은 곳에 서 있어서 멀리 조망眺望하기가 더 유리한 것을 표현하고 있다. 그런데 나중에 이 자형에 월月을 덧붙여 매달 15일인 보름날을 가리키게 되면서, 이 망(朢, 望)은 형성자形聲字로 되었다. 그리고 이 망(朢, 望)은 아마도 눈 부분이 먼저 잘못 변화되어 이耳가 되었고, 이 이耳가 다시 잘못 변화되어 망亡으로 되었을 것이다.

〈도표 145〉에 보이는 비非에 대해《설문說文》에서는, "非는 어긋난 것이다. 비飛를 따르고,

---

366 (清) 段玉裁注,《說文解字注》, 第十五卷, 第八篇注下,〈見〉, 412쪽. 그 원문에 "見, 視也. 从目儿. 凡見之屬皆从見"이라고 되어 있다.

367 (清) 段玉裁注,《說文解字注》, 第十五卷, 第八篇注上,〈朢〉, 391쪽. 그 원문에 "朢, 月滿也. 與日相望, 佀朝君. 从月, 从臣, 从𡈼. 𡈼, 朝廷也. 𦣠, 古文, 朢省"이라고 되어 있다.

368 (清) 段玉裁注,《說文解字注》, 第二十四卷, 第十二篇注下,〈望〉, 640쪽. 그 원문에 "望, 出亡在外, 望其還也. 从亡, 朢省聲"이라고 되어 있다.

도표 번호	상商나라의 갑골문甲骨文	주周나라의 금문金文	진秦나라의 소전小篆	한漢나라의 예서隸書	현대의 한자	글자의 창의創意
145		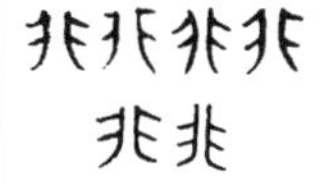	 s	非	非	두 손을 바깥쪽으로 하여 어떤 물체를 밀어내는 모습을 본뜨고 있다.
146	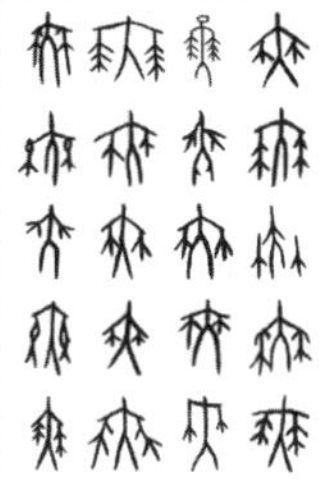		 s s k	橆 無 舞	橆 無 舞	한 사람이 두 손에 무용도구를 들고 춤을 추는 모양을 본뜨고 있는데, 나중에 천舛을 덧붙여서 두 발의 동작을 강조하고 있다.

아래는 날개이다. 그 날개가 서로 등지고 있음을 취하였다. 무릇 비非의 속屬들은 모두 이 비非를 따른다"[369]라고 하였다. 갑골문에서 이 비非는 배排의 자원字源이 되는 글자로, 두 손을 바깥쪽으로 하여 어떤 물체를 밀어내는 모습을 본뜨고 있다. 그런데 이 밀어낸 물체는 하나의 완성된 글자가 되지 못하고, 더욱이 이 비非는 나중에 가차假借되어 부정부사否定副詞로 쓰이고 있다.

〈도표 146〉에 보이는 무(霖, 橆, 無)에 대해《설문說文》에서는, "橆는 우거진 것이다. 림林과 모𣪊를 따른다. 어떤 학자는 모𣪊가 규모規模의 모模라고도 말한다. 대大와 십(卌, 卌)을 따른다. 십(卌, 卌)은 수數가 쌓인 것이다. 림林은 나무가 많은 것이다. 무(霖, 橆)는 서庶와 같은 뜻이다.《상서尙書》의〈상서商書〉에 이르기를, '많은 풀이 무성하게 우거졌다'라고 하였다"[370]라고 하였고, 또한〈도표 146〉에 보이는 무舞에 대해《설문說文》에서는, "舞는 풍류이다. 두 발을 씀이 서로 어긋나는 것이다. 천舛을 따르고, 무(霖, 橆)는 성부聲符이다. 𦏶는 고문古文의 무舞이고, 우羽와 망亾을 따른다"[371]라고 하였다. 갑골문에서 이 무(霖, 橆, 無)와 무舞는 한 사람이 두 손에 무용 도구를 들고 춤을 추는 모습을 본뜨고 있다. 그런데 이

---

369 (淸) 段玉裁注,《說文解字注》, 第二十二卷, 第十一篇注下,〈非〉, 588쪽. 그 원문에 "非, 韋也. 从飛, 下翄. 取其相背也. 凡非之屬皆从非"라고 되어 있다.

370 (淸) 段玉裁注,《說文解字注》, 第十一卷, 第六篇注上,〈霖〉, 274쪽. 그 원문에 "橆, 豐也. 從林𣪊. 𣪊, 或說規模字. 從大卌. 卌, 數之積也. 林者, 木之多也. 霖與庶同意. 商書曰: 庶艸緐霖"라고 되어 있다.

371 (淸) 段玉裁注,《說文解字注》, 第十卷, 第五篇注下,〈舞〉, 236쪽. 그 원문에 "舞, 樂也. 用足相背. 从舛, 霖聲. 𦏶, 古文舞, 从羽亾"이라고 되어 있다.

도표 번호	상商나라의 갑골문甲骨文	주周나라의 금문金文	진秦나라의 소전小篆	한漢나라의 예서隸書	현대의 한자	글자의 창의創意
147	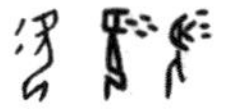		 s k		次	말을 하거나 식사를 할 적에 입 안의 잔여물을 뱉어내는 일은 불미스러운 행동임을 의미하고 있다.
148		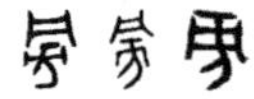	 s k k z		㫄 旁 雱	쟁기 날 위에 곧은 보습의 볏을 덧붙인 것으로, 이것은 파낸 흙을 양쪽으로 밀어내는 역할을 한다.

자형에서 무용 도구는 완성된 하나의 글자가 아니다.

〈도표 147〉에 보이는 차次에 대해 《설문說文》에서는, "次는 앞에 있지도 않고, 정선精選된 것도 아니다. 흠欠을 따르고, 이二는 성부聲符이다. 𠫪는 고문古文의 차次이다"[372]라고 하였다. 갑골문에서 이 차次는 말을 하거나 식사를 할 적에 입 안의 잔여물을 뱉어내는 일은 불미스러운 행동임을 의미하고 있다. 그런데 여기서 잔여물은 완성된 하나의 글자가 아니다.

〈도표 148〉에 보이는 방(㫄, 雱, 旁)에 대해 《설문說文》에서는, "㫄은 넓은 것이다. 이二를 따르고, 알 수 없는 자형 부분이며, 방方은 성부聲符이다. 㫄은 고문古文의 방(㫄, 旁)이다. 㫄도 또한 고문古文의 방(㫄, 旁)이다. 雱은 주문籒文이다"[373]라고 하였다. 갑골문에서 이 방(㫄, 雱, 旁)은 쟁기 모양의 방方 위에 보습의 볏을 덧붙인 모습을 하고 있는데, 이 볏은 파낸 흙덩어리를 양쪽으로 밀어내는 역할을 한다. 그런데 여기서 볏은 완성된 하나의 글자가 아니다.

〈도표 149〉에 보이는 흥興에 대해 《설문說文》에서는, "興은 일어나는 것이다. 여舁와 동同을 따른다. 동同은 힘을 합치는 것이다"[374]라고 하였다. 갑골문에서 이 흥興은 네 손으로

372 (淸) 段玉裁注, 《說文解字注》, 第十五卷, 第八篇注下, 〈次〉, 418쪽. 그 원문에 "次, 不前, 不精也. 从欠, 二聲. 𠫪, 古文次"라고 되어 있다. 그런데 이 차次와 성부聲符인 이二는 상고음上古音에서 동일하게 지부脂部에 속하였다.

373 (淸) 段玉裁注, 《說文解字注》, 第一卷, 第一篇注上, 〈㫄〉, 2쪽. 그 원문에 "㫄, 溥也. 从二, 闕, 方聲. 㫄, 古文㫄. 㫄, 亦古文㫄. 雱, 籒文"이라고 되어 있다.

374 (淸) 段玉裁注, 《說文解字注》, 第五卷, 第三篇注上, 〈興〉, 106쪽. 그 원문에 "興, 起也. 从舁同. 同, 同力也"라고 되어 있다.

도표 번호	상商나라의 갑골문甲骨文	주周나라의 금문金文	진秦나라의 소전小篆	한漢나라의 예서隸書	현대의 한자	글자의 창의創意
149	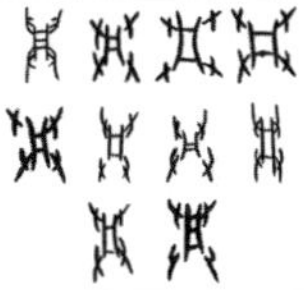	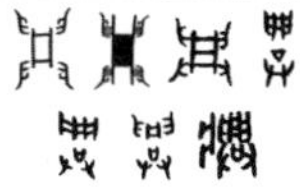	 s	興	興	네 손으로 가마 하나를 함께 들고 있는 모습을 본뜨고 있는데, 여기서 구口는 무의미한 빈 공간 채우기이다.
150			 s  z  k  k	疾	疾	화살을 맞아 다친 사람의 아픔을 표현하고 있다.

가마 하나를 함께 들고 있는 모습을 본뜨고 있는데, 여기서 가마는 완성된 하나의 글자가 아니다.

〈도표 150〉에 보이는 질疾에 대해 《설문說文》에서는, "疾은 질병이다. 녁疒을 따르고, 시矢는 성부聲符이다. 𤶊은 주문籀文의 질疾이다. 廿은 고문古文이다"[375]라고 하였다. 갑골문에서 이 질疾은 화살을 맞아 다친 사람의 아픔을 표현하고 있다.

〈도표 151〉에 보이는 녁疒에 대해 《설문說文》에서는, "疒은 기대는 것이다. 사람이 병이 있어서 아픈 것이다. 기대고 바짝 붙어 있는 모습을 본뜨고 있다. 무릇 녁疒의 속屬들은 모두 이 녁疒을 따른다"[376]라고 하였다. 갑골문에서 이 녁疒은 사람이 병이 위중하여 침대에 누워 있는 모습으로, 예의에 부합되는 사망 의식을 받아들일 준비를 하고 있음을 표현하고 있다.

〈도표 152〉에 보이는 중眾에 대해 《설문說文》에서는, "眾은 많은 것이다. 음㐺과 목目을 따르고, 많다는 뜻이다"[377]라고 하였다. 갑골문에서 이 중眾은 태양 아래에 있는 세 사람을

---

375 (清) 段玉裁注, 《說文解字注》, 第十四卷, 第七篇注下, 〈疾〉, 351쪽. 그 원문에 "疾, 病也. 从疒, 矢聲. 𤶊, 籀文疾. 廿, 古文"이라고 되어 있다. 그런데 기타 판본의 《설문해자說文解字》에서는 𤕫을 질疾의 고문古文이라고도 하였다. 그래서 〈도표 150〉에 이 자형도 함께 수록하였다. 그리고 이 질疾은 상고음上古音에서 질부質部에 속하였고, 성부聲符인 시矢는 상고음에서 지부脂部에 속하였다. 따라서 이 질疾과 시矢는 모두 고운古韻에서 지질진脂質眞의 큰 부류에 속하였다.

376 (清) 段玉裁注, 《說文解字注》, 第十四卷, 第七篇注下, 〈疒〉, 351쪽. 그 원문에 "疒, 倚也, 人有疾痛也. 象倚箸之形. 凡疒之屬皆从疒"이라고 되어 있다.

377 (清) 段玉裁注, 《說文解字注》, 第十五卷, 第八篇注上, 〈眾〉, 391쪽. 그 원문에 "眾, 多也. 从㐺目, 眾意"라고

도표 번호	상商나라의 갑골문甲骨文	주周나라의 금문金文	진秦나라의 소전小篆	한漢나라의 예서隸書	현대의 한자	글자의 창의創意
151		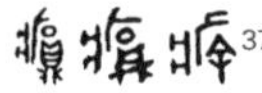[378]	 s	疒	疒	사람이 병이 위중하여 침대에 누워 있는 모습으로, 사망 의식을 받아들일 준비를 하고 있다.
152	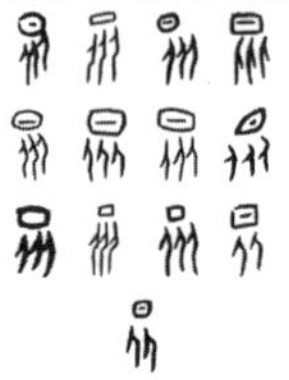	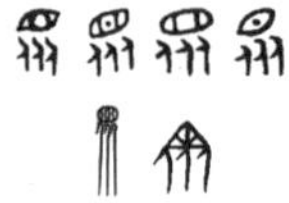	 s	眾	眾	태양 아래에 있는 세 사람으로, 야외에서 일하는 많은 일꾼을 나타내고 있다.
153	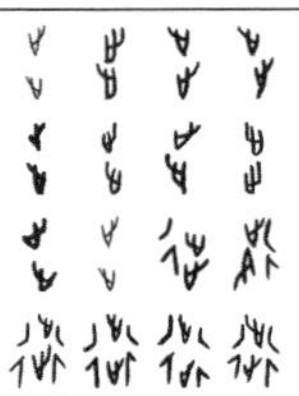		 s	步	步	위아래의 위치로 두 발로 걷고 있는 동작의 상태를 표현하고 있다.

본뜨고 있는데, 야외에서 일하는 많은 일꾼을 나타내고 있다.

〈도표 153〉에 보이는 보步에 대해《설문說文》에서는, "步는 걷는 것이다. 지止와 달㞢을 따르고, 서로 어긋남이다. 무릇 보步의 속屬들은 모두 이 보步를 따른다"[379]라고 하였다. 갑골문에서 이 보步도 두 발로 걸을 적에 한 발은 앞서고 나머지 한 발은 뒤서는 위치를 본뜨고 있는데, 걷고 있는 동작의 상태를 표현하고 있다.

그리고 적炙에 대해《설문說文》에서는, "炙은 고기를 굽는 것이다. 육肉을 따르고, 화火 위에 있다. 무릇 적炙의 속屬들은 모두 이 적炙을 따른다. [illegible]은 주문籒文이다"[380]라고 하였다. 이 적炙은 고기가 불 위에서 구워지고 있는 모습을 묘사하고 있다.

되어 있다.

378 여기에 보이는 금문金文의 자형은 녁疒의 자형 형태와 관련이 있는 글자를 모아둔 것이다.

379 (淸) 段玉裁注,《說文解字注》, 第三卷, 第二篇注上,〈步〉, 69쪽. 그 원문에 "步, 行也. 从止㞢, 相背. 凡步之屬皆从步"라고 되어 있다.

380 (淸) 段玉裁注,《說文解字注》, 第十九卷, 第十篇注下,〈炙〉, 495쪽. 그 원문에 "炙, 炙肉也. 从肉, 在火上. 凡炙之屬皆从炙. [illegible], 籒文"이라고 되어 있다.

(5) 두 개나 그 이상이 중복된 형태

예를 들어, 〈도표 154〉에 보이는 림林에 대해 《설문說文》에서는, "林은 평평한 땅에 우거진 나무가 있는 곳을 일컬어 림林이라고 한다. 두 목木을 따른다. 무릇 림林의 속屬들은 모두 이 림林을 따른다"[381]라고 하였다. 갑골문에서 이 림林도 나무가 많이 자라는 지역을 가리키고 있는데, 나란히 선 두 그루의 나무로 그 뜻을 표현하고 있다.

그리고 〈도표 155〉에 보이는 종(从, 從)에 대해 《설문說文》에서는, "从은 서로 따르는 것이다. 두 인人을 따른다. 무릇 종从의 속屬들은 모두 이 종从을 따른다"[382]라고 하였다. 갑골문에서 이 종(从, 從)도 한 사람이 다른 한 사람의 뒤를 따라가는 상황을 표현하고 있다. 또한 〈도표 156〉에 보이는 비(比, 夶)에 대해 《설문說文》에서는, "比는 친밀한 것이다. 두 인人을 따르면 종从이 되고, 종从을 반대로 하면 비比가 된다. 무릇 비比의 속屬들은 모두 이 비比를 따른다. 比는 고문古文의 비比이다"[383]라고 하였다. 갑골문에서는 이 종(从, 從)과 비(比, 夶)가

도표 번호	상商나라의 갑골문甲骨文	주周나라의 금문金文	진秦나라의 소전小篆	한漢나라의 예서隸書	현대의 한자	글자의 창의創意
154	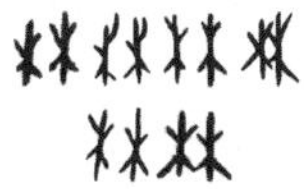	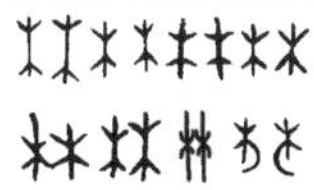	 s	林	林	나무가 많이 자라는 지역을 가리키고 있는데, 나란히 선 두 나무로 그 뜻을 표현하고 있다.
155	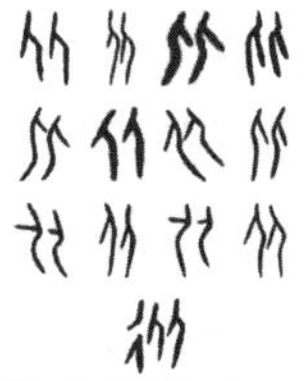	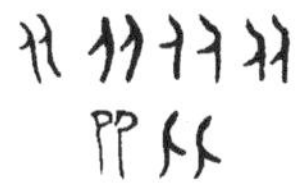	 s	从 從	从 從	한 사람이 다른 한 사람의 뒤를 따라가는 상황을 표현하고 있다.
156	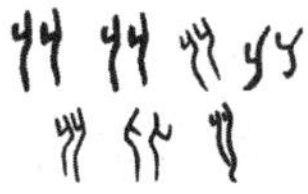		 s k	比 夶	比 夶	한 사람이 다른 한 사람의 뒤를 따르는 친밀한 관계를 나타내고 있다.

381 (清) 段玉裁注, 《說文解字注》, 第十一卷, 第六篇注上, 〈林〉, 273-274쪽. 그 원문에 "林, 平土有叢木曰: 林. 從二木. 凡林之屬皆从林"이라고 되어 있다.

382 (清) 段玉裁注, 《說文解字注》, 第十五卷, 第八篇注上, 〈从〉, 390쪽. 그 원문에 "从, 相聽也. 从二人. 凡从之屬皆从从"이라고 되어 있다.

383 (清) 段玉裁注, 《說文解字注》, 第十五卷, 第八篇注上, 〈比〉, 390쪽. 그 원문에 "比, 密也. 二人爲从, 反从爲比. 凡比之屬皆从比. 比, 古文比"라고 되어 있다.

도표 번호	상商나라의 갑골문甲骨文	주周나라의 금문金文	진秦나라의 소전小篆	한漢나라의 예서隸書	현대의 한자	글자의 창의創意
157			 s s h z k	災 烖 灾	災 烖 灾	두 개나 세 개의 물결 모양이 중복되는 것으로 큰물이 재앙이 된다는 개념을 나타내고 있다.

뚜렷이 구분되지 않는데, 대체로 한 사람이 다른 한 사람의 뒤를 따르는 것으로 그 친밀한 관계를 표시하거나, 또는 두 개의 숟가락을 나란히 함께 놓아두는 것으로 긴밀한 관계를 나타내기도 한다.

그리고 삼森에 대해《설문說文》에서는, "森은 나무가 많은 모양이다. 림林을 따르고, 목木을 따른다. 발음은 증삼曾參의 삼參과 같다"[384]라고 하였다. 이 삼森은 나무가 더 우거진 삼림지역을 가리킨다.

〈도표 157〉에 보이는 재(巛, 災)에 대해《설문說文》에서는, "巛는 해치는 것이다. 일一을 따르고, 하천河川을 막고 있다.《춘추좌전春秋左傳》에 이르기를, '하천河川이 막혀 못이 된 괘卦이니, 흉凶하다'라고 하였다"[385]라고 하였고, 또한 재(烖, 灾, 災)에 대해《설문說文》에서는, "烖는 저절로 일어나는 화재火災를 일컬어 재烖라고 한다. 화火를 따르고, 재𢦏는 성부聲符이다. 灾는 혹체或體이고, 면宀과 화火를 따른다. 災는 주문籀文이고, 재(巛, 災)를 따른다. 㷧는 고문古文이고, 재才를 따른다"[386]라고 하였다. 갑골문에서 이 재(巛, 烖, 灾, 災)는 처음에 두 개나 세 개의 물결 모양이 중복되는 것으로 큰물이 재앙이 된다는 개념을 표현하였다. 그러나 나중에는 하천이 막혀서 재앙이 생기는 것으로 고쳐졌고, 또한 가옥의 화재는

384 (淸) 段玉裁注,《說文解字注》, 第十一卷, 第六篇注上,〈森〉, 274쪽. 그 원문에 "森, 木多皃. 從林, 從木. 讀若曾參之參"이라고 되어 있다.

385 (淸) 段玉裁注,《說文解字注》, 第二十二卷, 第十一篇注下,〈巛〉, 574쪽. 그 원문에 "巛, 害也. 从一, 雝川. 春秋傳曰: 川雝爲澤, 凶"이라고 되어 있다.

386 (淸) 段玉裁注,《說文解字注》, 第十八卷, 第十篇注上,〈烖〉, 489쪽. 그 원문에 "烖, 天火曰: 烖. 从火, 𢦏聲. 灾, 或, 从宀火. 災, 籀文, 从巛. 㷧, 古文, 从才"라고 되어 있다.

도표 번호	상商나라의 갑골문甲骨文	주周나라의 금문金文	진秦나라의 소전小篆	한漢나라의 예서隸書	현대의 한자	글자의 창의創意
158		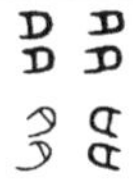	 s k	多	多	두 덩어리의 고기로 많다는 개념을 나타내고 있다.
159			 s	竝 並	竝 並	나란히 서 있는 두 사람을 본떠 병립並立된 상황을 표현하고 있다.

간혹 성부聲符가 재才인 형성자形聲字를 따르게 되었다.

〈도표 158〉에 보이는 다多에 대해《설문說文》에서는, "多는 겹쳐진 것이다. 겹쳐진 석夕을 따른다. 석夕이라는 것은 서로 이어진 것이기 때문에, 많음이 된다. 석夕을 겹치면 다多가 되고, 일日을 겹치면 첩疊이 된다. 무릇 다多의 속屬들은 모두 이 다多를 따른다. ⺮는 고문古文이고, 석夕을 나란히 한 것이다"[387]라고 하였다. 갑골문에서 이 다多는 두 덩어리의 고기로 수가 많다는 개념을 나타내고 있다.

그리고 염炎에 대해《설문說文》에서는, "炎은 불빛이 올라가는 것이다. 겹쳐진 화火를 따른다. 무릇 염炎의 속屬들은 모두 이 염炎을 따른다"[388]라고 하였고, 또한 염焱에 대해《설문說文》에서는, "焱은 불꽃이다. 세 개의 화火를 따른다. 무릇 염焱의 속屬들은 모두 이 염焱을 따른다"[389]라고 하였다. 이 염炎과 염焱은 두 개 혹은 세 개의 불꽃이 겹쳐진 것을 본뜨고 있는데, 비교적 세찬 불기운이나 그런 불꽃의 개념을 나타내고 있다.

〈도표 159〉에 보이는 병(竝, 並)에 대해서《설문說文》에서는, "竝은 나란한 것이다. 두 개의 립立을 따른다. 무릇 병竝의 속屬들은 모두 이 병竝을 따른다"[390]라고 하였다. 갑골문에서

387 (淸) 段玉裁注,《說文解字注》, 第十三卷, 第七篇注上,〈多〉, 319쪽. 그 원문에 "多, 緟也. 从緟夕. 夕者, 相繹也, 故爲多. 緟夕爲多, 緟日爲疊. 凡多之屬皆从多. ⺮, 古文, 並夕"이라고 되어 있다.

388 (淸) 段玉裁注,《說文解字注》, 第十八卷, 第十篇注上,〈炎〉, 491쪽. 그 원문에 "炎, 火光上也. 从重火. 凡炎之屬皆从炎"이라고 되어 있다.

389 (淸) 段玉裁注,《說文解字注》, 第十九卷, 第十篇注下,〈焱〉, 495쪽. 그 원문에 "焱, 火華也. 从三火. 凡焱之屬皆从焱"이라고 되어 있다.

390 (淸) 段玉裁注,《說文解字注》, 第十九卷, 第十篇注下,〈竝〉, 505쪽. 그 원문에 "竝, 併也. 从二立. 凡竝之屬皆从竝"이라고 되어 있다.

도표 번호	상商나라의 갑골문甲骨文	주周나라의 금문金文	진秦나라의 소전小篆	한漢나라의 예서隸書	현대의 한자	글자의 창의創意
160		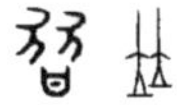	 s  h  h	替	替	두 사람이 가지런하지 않게 서 있거나, 혹은 구덩이 속에 나란히 서 있으면서도 서로 협력하지 않고 혼자서만 위험에서 빠져나가려 함을 본뜬 것으로, 패색이 짙은 상황을 표현하고 있다.

이 병(竝, 並)은 나란히 서 있는 두 사람을 본뜨고 있는데, 유사한 일이 병립並立된 상황을 표현하고 있다.

〈도표 160〉에 보이는 체替에 대해《설문說文》에서는, "㬱는 버린 것이고, 한쪽이 기울어져 내려간 것이다. 병竝을 따르고, 자(白, 自)는 성부聲符이다. 暜는 혹체或體이고, 왈曰을 따른다. 朁는 혹체或體이고, 신兟을 따르며, 왈曰을 따른다"[391]라고 하였다. 그런데 백白은 순음脣音이고 체替는 설첨음舌尖音이기 때문에, 당연히 체替는 백白으로 성부聲符를 삼을 수가 없다.[392] 그리고 '한쪽이 기울어져 내려간 것이다'라는《설문說文》의 해석은 당연히 양립을 해야 하지만 가지런하지 못한 자형字形을 두고 하는 말인데, 두 사람이 서 있는 위치가 서로 가지런하지 못하므로 권위를 잃어버려서 일이 실패한 상황을 표현하고 있다. 그런데《설문說文》에 이 '가지런하지 못함'에 해당하는 자형이 없는 것으로 봐서 탈문脫文이 있었음이 틀림없다.

또한 금문金文의 한 자형은 깊은 구덩이 속에 두 사람이 나란히 서 있는 모양을 본뜨고 있다. 이것은 대체로 임기응변을 모른다든지 혹은 다른 사람의 어깨를 타고 슬쩍 도망을 친다든지 하는 일과 같이, 서로 협력하지 않고 혼자서만 위험에서 빠져나가려고 시도하는 것은 실패한 일이 된다는 것을 의미하고 있다.

---

391 (淸) 段玉裁注,《說文解字注》, 第十九卷, 第十篇注下,〈替〉, 505쪽. 그 원문에 "㬱, 廢也, 一偏下也. 从竝, 白聲. 暜, 或, 从曰. 朁, 或, 从兟, 从曰"이라고 되어 있다. 그런데 이 체替와 성부聲符인 자(白, 自)는 상고음上古音에서 동일하게 지부脂部에 속하였다.

392 이것은 원저자가 이 체替의 성부聲符를 자(白, 自)가 아니라 백白으로 보았기 때문이다. 그래서 만약 성부聲符를 자(白, 自)라고 본다면, 왕력王力이 추정한 상고음上古音에 따라 체替는 'thiei'가 되고, 자(白, 自)는 'dzĭei'가 된다. 따라서 이 체替와 자(白, 自)는 동일한 설첨음舌尖音에 속하게 된다.

도표 번호	상商나라의 갑골문甲骨文	주周나라의 금문金文	진秦나라의 소전小篆	한漢나라의 예서隸書	현대의 한자	글자의 창의創意
161			 s	麤	麤	사슴 떼가 달려가면서 서로 부딪치는 모습으로, 거친 상태를 표현하고 있다.
162	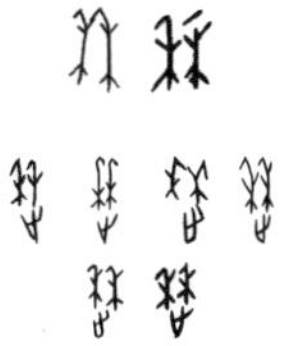		 s s	秝 歷	秝 歷	벼를 심은 사이가 성겨서 사람이 그 사이를 걸어 다닐 수 있음을 나타내고 있다.

〈도표 161〉에 보이는 추麤에 대해《설문說文》에서는, "麤는 달아남이 아주 먼 것이다. 세 개의 록鹿을 따른다. 무릇 추麤의 속屬들은 모두 이 추麤를 따른다"[393]라고 하였다. 갑골문에서 이 추麤는 두 마리 혹은 세 마리의 사슴을 본뜨고 있는데, 사슴 떼와 같은 무리가 달려가면서 서로 부딪치는 거친 모습을 표현하고 있다.

〈도표 162〉에 보이는 력(秝, 歷)에 대해《설문說文》에서는, "秝은 드물며 알맞게 조절한 것이다. 두 개의 화禾를 따른다. 무릇 력秝의 속屬들은 모두 이 력秝을 따른다. 발음은 력歷과 같다"[394]라고 하였다. 갑골문에서 이 력(秝, 歷)은 두 줄로 심겨 있는 벼의 모습을 본뜨고 있는데, 벼를 심을 적에는 너무 촘촘하게 심어서는 안 되고 사람이 그 사이를 걸어 다닐 수 있어야 한다. 그래서 이것으로 '드물다'는 상황을 표현하고 있다.

〈도표 163〉에 보이는 유丝에 대해《설문說文》에서는, "丝는 작은 것이다. 두 개의 요幺를 따른다. 무릇 유丝의 속屬들은 모두 이 유丝를 따른다"[395]라고 하였고, 또한 자兹에 대해《설문說文》에서는, "兹는 초목이 많이 불어나는 것이다. 초艸를 따르고, 사絲의 생략형이 성부聲符이다"[396]라고 하였다. 갑골문에서 이 자兹는 두 가닥의 실을 나란히 늘여 놓은 모습을

393 (淸) 段玉裁注,《說文解字注》, 第十八卷, 第十篇注上,〈麤〉, 476쪽. 그 원문에 "麤, 行超遠也. 从三鹿. 凡麤之屬皆从麤"라고 되어 있다.

394 (淸) 段玉裁注,《說文解字注》, 第十三卷, 第七篇注上,〈秝〉, 332쪽. 그 원문에 "秝, 稀疏適秝也. 从二禾. 凡秝之屬皆从秝. 讀若歷"이라고 되어 있다.

395 (淸) 段玉裁注,《說文解字注》, 第八卷, 第四篇注下,〈丝〉, 160쪽. 그 원문에 "丝, 微也. 从二幺. 凡丝之屬皆从丝"라고 되어 있다.

396 (淸) 段玉裁注,《說文解字注》, 第二卷, 第一篇注下,〈兹〉, 39쪽. 그 원문에 "兹, 艸木多益. 从艸, 絲省聲"이라고 되어 있다.

도표 번호	상商나라의 갑골문甲骨文	주周나라의 금문金文	진秦나라의 소전小篆	한漢나라의 예서隸書	현대의 한자	글자의 창의創意
163	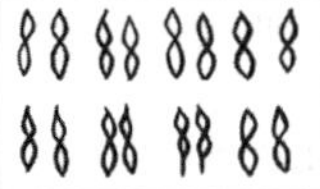		 s		茲	두 가닥의 실을 본뜨고 있다.
164			 s		戔	두 개의 창이 서로 마주보며 해치는 모습을 본뜨고 있다.

본뜨고 있는데, 글자의 창의創意는 자세히 알 수가 없다. 다만, 가차假借되어 어사語詞로 쓰인다.

〈도표 164〉에 보이는 잔戔에 대해《설문說文》에서는, "戔 은 해치는 것이다. 두 개의 과戈를 따른다.《상서尙書》〈주서周書〉에 이르기를, '말을 줄줄 내뱉는다'라고 하였는데, 겉으로 말을 잘 꾸미는 것이다"[397]라고 하였다. 갑골문에서 이 잔戔은 두 개의 창이 서로 마주보며 해치는 모습을 본뜨고 있는데, 나중에는 두 개의 창이 서로 겹쳐진 모양으로 자형이 바뀌었다.

그리고 패(誖, 悖)에 대해서《설문說文》에서는, "誖 는 어지러운 것이다. 언言을 따르고, 패孛는 성부聲符이다. 悖 는 패誖의 혹체或體이고, 심心을 따른다. 𧮧 는 주문籀文의 패誖이고, 두 개의 역或을 따른다"[398]라고 하였다. 갑골문에서 이 패(誖, 悖)는 두 개의 방패가 서로 마주보며 부딪히는 모습을 본뜨고 있는데, 아마도 긴급한 상황이 생겼을 경우에 부대의 행렬이 정돈되지 못하는 현상을 표현하는 의미일 것이다(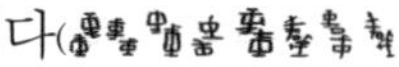). 그런데 이 패(誖, 悖)는 나중에 형성자形聲字로 바뀌었다.

〈도표 165〉에 보이는 우友에 대해《설문說文》에서는, "友 는 뜻을 같이 하는 사람이 우友이다. 두 개의 우又를 따르고, 서로 교차하고 있다. 𠬛는 고문古文의 우友이다. 䎮도 또한 고문古文의 우友이다"[399]라고 하였다. 갑골문에서 이 우友는 친구 사이에 오른손으로 서로 도와주는 것을 본뜨고 있다. 그런데 금문金文에서는 자형의 아랫부분에 하나의 깊은 구덩이를 더 덧붙이고 있는데, 이것은 아마도 친구끼리 서로 협력하여 깊은 구덩이를 판다는 의미

397 (淸) 段玉裁注,《說文解字注》, 第二十四卷, 第十二篇注下,〈戔〉, 638쪽. 그 원문에 "戔, 賊也. 从二戈. 周書曰: 戔戔, 巧言也"라고 되어 있다.

398 (淸) 段玉裁注,《說文解字注》, 第五卷, 第三篇注上,〈誖〉, 98쪽. 그 원문에 "誖, 亂也. 从言, 孛聲. 悖, 誖或, 从心. 𧮧, 籀文誖, 从二或"이라고 되어 있다.

399 (淸) 段玉裁注,《說文解字注》, 第六卷, 第三篇注下,〈友〉, 117쪽. 그 원문에 "友, 同志爲友. 从二又, 相交. 𠬛, 古文友. 䎮, 亦古文友"라고 되어 있다.

도표 번호	상商나라의 갑골문甲骨文	주周나라의 금문金文	진秦나라의 소전小篆	한漢나라의 예서隸書	현대의 한자	글자의 창의創意
165	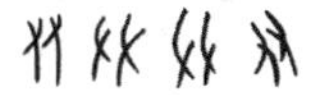	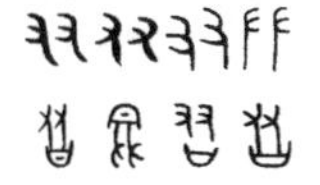	 s k k	友	友	친구 사이에 오른손으로 서로 도와주는 모습을 본뜨고 있다.
166	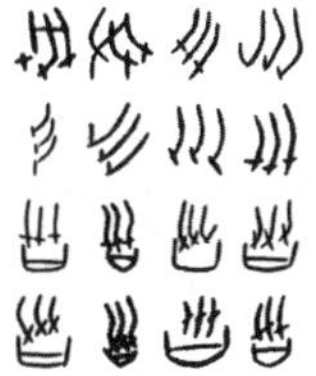		 s	劦 協	劦 協	세 자루의 흙을 파는 도구가 서로 협력하고 있는 모습이거나, 혹은 다함께 깊은 구덩이를 파고 있는 모습을 본뜨고 있다.

를 표현하고 있을 것이다.

〈도표 166〉에 보이는 협(劦, 協)에 대해《설문說文》에서는, "劦은 힘을 합하는 것이다. 세 개의 력力을 따른다.《산해경山海經》에 이르기를, '계호산鷄號山에는 그 바람이 마치 힘을 합쳐 부는 것과 같다'라고 하였다. 무릇 협劦의 속屬들은 모두 이 협劦을 따른다"[400]라고 하였다. 갑골문에서 이 협(劦, 協)은 세 자루의 흙을 파는 도구가 서로 협력하고 있는 모습이거나, 혹은 다함께 깊은 구덩이를 파고 있는 모습을 본뜨고 있다.

(6) 서로 다른 자형이 복합된 형태

이것은 자형 사이의 서로 연관되는 관계를 통해 그 의미를 표현하는 것으로, 나중에 흔히 보이는 표의자表意字의 구조를 갖춘 것을 말한다. 따라서《설문說文》에서 말하고 있는 회의자會意字와 서로 비슷한 형태이다. 만약 이것을 다시 세분하면 아래와 같이 두 가지 유형으로 크게 나눌 수 있다.

첫째, 자형의 구성 부분 사이에 서로 위치를 바꿀 수 있는 것으로, 그 표현되는 의미는 연상聯想을 통해서 얻어진다.

예를 들어,〈도표 167〉에 보이는 모牡에 대해《설문說文》에서는, "牡는 가축의 수컷이다. 우牛를 따르고, 토土는 성부聲符이다"[401]라고 하였고, 또한〈도표 168〉에 보이는 빈牝에 대해

400 (清) 段玉裁注,《說文解字注》, 第二十六卷, 第十三篇注下,〈劦〉, 708쪽. 그 원문에 "劦, 同力也. 从三力. 山海經曰: 惟號之山, 其風若劦. 凡劦之屬皆从劦"이라고 되어 있다.

도표 번호	상商나라의 갑골문甲骨文	주周나라의 금문金文	진秦나라의 소전小篆	한漢나라의 예서隸書	현대의 한자	글자의 창의創意
167			 s	牡	牡	우牛와 사士의 결합으로 수컷 동물을 나타내고 있다.
168			 s	牝	牝	우牛와 비匕의 결합으로 암컷 동물을 나타내고 있다.

서《설문說文》에서는, "牝은 가축의 암컷이다. 우牛를 따르고, 비匕는 성부聲符이다.《역경易經》에 이르기를, '암소를 기르면 길吉하다'라고 하였다"[402]라고 하였다. 이 모牡와 빈牝의 기본 자형은 우牛에 사士나 비匕가 결합되어 만들어졌는데, 이것으로 동물의 수컷과 암컷의 성별을 나타내고 있다. 그런데 이 모牡와 빈牝에서 자형 구성 부분 사이의 위치는 좌우로 서로 바꿀 수도 있고, 심지어 위아래로 배열되기도 한다. 더구나 갑골문에서는 간혹 소 말고도 돼지나 개의 자형에 이와 같이 사士나 비匕를 결합시켜, 이것으로 각종 동물의 암수를 나타내기도 한다.

그리고 폐吠에 대해《설문說文》에서는, "吠는 개가 짖는 것이다. 구口와 견犬을 따른다"[403]라고 하였다. 이 폐吠는 개의 입에서 나오는 소리를 나타내고 있는데, 이 자형에서도 위의 경우와 같이 견犬과 구口의 결합에 반드시 정해진 위치가 있는 것은 아니다.

둘째, 자형의 구성 부분 사이에 일정한 위치 관계가 있다.

예를 들어, 〈도표 169〉에 보이는 휴(休, 庥)에 대해《설문說文》에서는, "休는 쉬고 머무르는 것이다. 인人을 따르고, 목木에 기대고 있다. 庥는 휴休의 혹체或體이고, 엄广을 따른다"[404]라고 하였다.

401 (清) 段玉裁注,《說文解字注》, 第三卷, 第二篇注上,〈牡〉, 51쪽. 그 원문에 "牡, 畜父也. 从牛, 土聲"이라고 되어 있다.

402 (清) 段玉裁注,《說文解字注》, 第三卷, 第二篇注上,〈牝〉, 51쪽. 그 원문에 "牝, 畜母也. 从牛, 匕聲. 易曰: 畜牝牛, 吉"이라고 되어 있다.

403 (清) 段玉裁注,《說文解字注》, 第三卷, 第二篇注上,〈吠〉, 62쪽. 그 원문에 "吠, 犬鳴. 从口犬"이라고 되어 있다.

404 (清) 段玉裁注,《說文解字注》, 第十一卷, 第六篇注上,〈休〉, 272쪽. 그 원문에 "休, 息止也. 從人, 依木. 庥, 休或, 從广"이라고 되어 있다.

도표 번호	상商나라의 갑골문甲骨文	주周나라의 금문金文	진秦나라의 소전小篆	한漢나라의 예서隸書	현대의 한자	글자의 창의創意
169	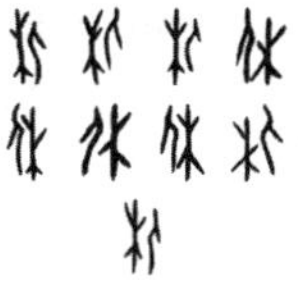		 s h	休 庥	休 庥	한 사람이 나무 옆에 기대어 휴식을 취한다는 뜻을 나타내고 있다.
170			 s	臭	臭	견犬과 자自의 결합인데, 개는 코의 후각이 매우 예민하기 때문이다.

고 하였다. 갑골문에서 이 휴(休, 庥)도 한 사람이 나무 옆에 기대어 휴식을 취한다는 뜻을 나타내고 있다. 그런데 이 휴(休, 庥)에서 인人과 목木의 위치 관계는 오직 좌우로 배치될 뿐, 위아래로는 배열될 수 없다. 또한 인人의 모양은 나무를 등져야지 마주보는 형태가 될 수도 없다. 이것은 어떤 한 가지 상황이나 동작의 상태를 구체적으로 표현하는 방식과 매우 유사한데, 간혹 서로 분간하기 어려울 때도 있다.

〈도표 170〉에 보이는 취臭에 대해《설문說文》에서는, "臭는 짐승이 달아나자 냄새를 맡고 그 자취를 아는 것이 개이다. 견犬과 자自를 따른다"[405]라고 하였다. 갑골문에서 이 취臭도 견犬과 자自의 결합으로 구성되었다. 일반적으로 개는 후각이 매우 예민하여 이론적으로 봤을 때에는 이 두 구성 부분이 서로 다른 위치 관계로도 결합이 가능하겠지만, 코가 머리에 붙어 있기 때문에 습관적으로 자自가 위에 있고 견犬이 아래에 있도록 배열되었다.

그리고 앞의〈도표 20〉에서 소개한 산(刪, 删)은 갑골문에서 책(冊, 篇, 册)과 도刀의 결합으로 구성되었다. 그래서 칼로 죽간 위의 틀린 글자를 지우고 다시 고쳐 쓴다는 의미를 나타내고 있다().

그리고〈도표 44〉에서 소개한 것처럼, 갑골문에서 농(農, 𦦨)은 림林과 진辰의 결합으로 구성되었다. 그래서 조개로 만든 농기구를 들고 삼림에서 농업에 종사한다는 의미를 나타내고 있다. 또한 갑골문에서는 가끔 이른 아침을 나타내는 시간 단위로도 사용되었는데, 이것은 농기구를 들고 삼림에 들어가서 일하는 작업이 바로 이른 아침에 해야 하는 일이기 때문이다().

405 (清) 段玉裁注,《說文解字注》, 第十八卷, 第十篇注上,〈臭〉, 480쪽. 그 원문에 "臭, 禽走, 臭而知其迹者, 犬也. 从犬自"라고 되어 있다.

도표 번호	상商나라의 갑골문甲骨文	주周나라의 금문金文	진秦나라의 소전小篆	한漢나라의 예서隸書	현대의 한자	글자의 창의創意
171			 s	**族**	族	같은 기치旗幟 아래에 모여 있는 전투 단위를 의미하고 있다.
172			 s  h	**劓**	劓	칼로 코를 베는 형벌을 나타내고 있다.

그리고 〈도표 171〉에 보이는 족族에 대해《설문說文》에서는, "族은 화살촉이다. 화살을 묶어 한데 모아둔 것이다. 언㫃을 따르고, 시矢를 따른다. 언㫃은 그것으로 무리에게 표시를 하는 것이므로, 많은 화살이 모여 있는 것이다"[406]라고 하였다. 갑골문에서 이 족族은 사람 숫자가 많지 않은 혈연적 전투 단위를 의미하고 있다. 그것은 화살촉이 전쟁용 도구이고, 혈연적 부족은 같은 기치旗幟 아래에 모여 있는 전투 단위에 속하기 때문이다. 그래서 이 화살촉과 기치로 혈연적 부족의 의미를 나타내고 있다.

〈도표 172〉에 보이는 의(臬刂, 劓)에 대해《설문說文》에서는, "劓는 코를 베는 것이다. 도刀를 따르고, 얼臬은 성부聲符이다.《역경易經》에 이르기를, '묵형墨刑을 당하고, 의형劓刑을 당한다'라고 하였다. 劓는 의(臬刂, 劓)의 혹체或體이고, 비鼻를 따른다"[407]라고 하였다. 갑골문에서 이 의(臬刂, 劓)는 자自와 도刀의 결합으로 만들어졌는데, 칼로 코를 베는 형벌을 나타내고 있다. 그리고 금문金文의 자형은 자自 아래에 하나의 목木을 덧붙였는데, 이것은 베어 낸 코를 나무에 걸어두고 전시함으로써 경계警戒한다는 뜻을 보조적으로 설명하고 있다.

〈도표 173〉에 보이는 기器에 대해《설문說文》에서는, "器는 그릇이다. 그릇의 주둥이를 본뜨고 있고, 개는 그것을 지키는 것이다"[408]라고 하였다. 이 기器는 견犬과 네 개의 구口의

---

406 (淸) 段玉裁注,《說文解字注》, 第十三卷, 第七篇注上,〈族〉, 315쪽. 그 원문에 "族, 矢鏠也. 束之族族也. 从㫃, 从矢. 㫃所㠯標衆, 衆矢之所集"이라고 되어 있다.

407 (淸) 段玉裁注,《說文解字注》, 第八卷, 第四篇注下,〈臬刂〉, 184쪽. 그 원문에 "劓, 刖鼻也. 从刀, 臬聲. 易曰: 天且臬刂. 劓, 臬刂或, 从鼻"라고 되어 있다. 그런데 이 의(臬刂, 劓)와 성부聲符인 얼臬은 상고음上古音에서 동일하게 월부月部에 속하였다.

408 (淸) 段玉裁注,《說文解字注》, 第五卷, 第三篇注上,〈器〉, 87쪽. 그 원문에 "器, 皿也. 象器之口, 犬所㠯守之"라고 되어 있다.

도표 번호	상商나라의 갑골문甲骨文	주周나라의 금문金文	진秦나라의 소전小篆	한漢나라의 예서隸書	현대의 한자	글자의 창의創意
173			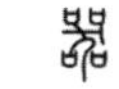 s	器	器	견犬과 네 개의 구口의 결합으로, 개는 짖어야 쓸모가 있음을 나타내고 있다.
174	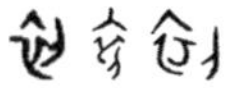		 s	初	初	칼로 옷감을 베어 내는 일은 옷을 짓는 시작임을 나타내고 있다.

결합으로 만들어졌는데, 개는 짖기를 잘해야 쓸모가 있다. 여기서 네 개의 구口는 개가 연속적으로 짖어대는 소리를 나타내고 있다.

〈도표 174〉에 보이는 초初에 대해《설문說文》에서는, “는 처음이다. 도刀와 의衣를 따른다. 옷을 짓는 처음이다”[409]라고 하였다. 갑골문에서 이 초初도 의衣와 도刀의 결합으로 만들어졌는데, 칼로 옷감을 베어 내는 일은 옷을 짓는 시작임을 나타내고 있다.

(7) 자형이 위치를 바꾸는 경우

이 경우에 속하는 대부분의 글자는 자형을 분석한 것보다 더 늦은 시기인 비교적 후대에서야 창조된 것들이다.

예를 들어, 앞의 〈도표 35〉에서 소개한 정正이나 핍乏에서처럼, 갑골문에서 정正은 정征의 초기 자형이었다. 그러다가 나중에 가차假借되어 정확하다는 뜻으로 쓰이게 되었다. 그런데 이 정正에서 성읍城邑을 나타내는 위口는 그 자형 형태가 잘못 변화되어 일一이 된 경우이다(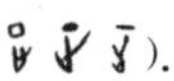). 또한 소전체小篆體에 보이는 핍乏의 창의創意는 아마도 이 정正의 자형을 거꾸로 한 것에서 왔을 것이다(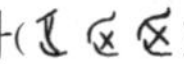).

〈도표 175〉에 보이는 영永에 대해《설문說文》에서는, “은 물이 장구長久한 것이다. 물의 물줄기와 물결이 길고 오래 감을 본뜨고 있다.《시경詩經》에 이르기를, ‘강江이 길고도 길구나’라고 하였다. 무릇 영永의 속屬들은 모두 이 영永을 따른다”[410]라고 하였고, 또한 파𠂢에

---

409 (淸) 段玉裁注,《說文解字注》, 第八卷, 第四篇注下,〈初〉, 180쪽. 그 원문에 “, 始也. 从刀衣. 裁衣之始也”라고 되어 있다.

410 (淸) 段玉裁注,《說文解字注》, 第二十二卷, 第十一篇注下,〈永〉, 575쪽. 그 원문에 “, 水長也. 象水巠理之長永也. 詩曰: 江之永矣. 凡永之屬皆从永”이라고 되어 있다.

도표 번호	상商나라의 갑골문甲骨文	주周나라의 금문金文	진秦나라의 소전小篆	한漢나라의 예서隸書	현대의 한자	글자의 창의創意
175		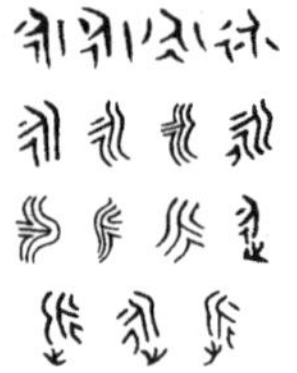	 s	永	永	물길을 따라 만든 길이 구불구불하면서 길게 뻗어 있는 것을 나타내고 있다.

대해서 《설문說文》에서는, "𠂢는 물이 비껴 흘러 갈라진 것이다. 영永을 반대로 한 것을 따른다. 무릇 파𠂢의 속屬들은 모두 이 파𠂢를 따른다. 발음은 패현稗縣의 패稗와 같다"[411]라고 하였다. 갑골문에서 이 영永과 파𠂢는 물길을 따라 난 길을 본뜨고 있는데, 이 길이 구불구불하면서 길게 뻗어 있는 것을 나타내고 있다.

그리고 연衍에 대해 《설문說文》에서는, "衍은 물이 바다로 흘러드는 모양이다. 수水와 행行을 따른다"[412]라고 하였고, 또한 행洐에 대해 《설문說文》에서는, "洐은 도랑에 흐르는 물이다. 수水와 행行을 따른다"[413]라고 하였다. 갑골문에서는 이 연衍과 행洐의 창의創意도 위의 영永과 거의 비슷한데, 마찬가지로 물길을 따라 난 길이 구불구불하면서 길게 뻗어 있는 것을 나타내고 있다(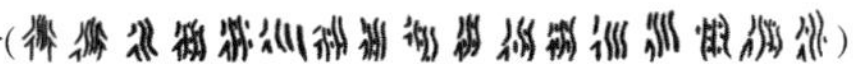).

이처럼 상商나라나 주周나라 시대의 문자는 대체로 바로 쓴 자형과 반대로 쓴 자형에 달리 구분이 없었는데, 영永을 반대로 하여 파𠂢가 된 것이 비스듬히 갈라져 나간 물줄기를 뜻하게 된 것은 나중에야 생겨난 의미이다.

그리고 편片에 대해 《설문說文》에서는, "片은 쪼갠 나무이다. 절반의 목木을 따른다. 무릇 편片의 속屬들은 모두 이 편片을 따른다"[414]라고 하였고, 또한 〈도표 176〉에 보이는 장爿에 대해 《설문說文》의 단옥재段玉裁 보주補注에서는, "爿은 편片을 반대로 한 것이 장爿이다. 발음

411 (清) 段玉裁注, 《說文解字注》, 第二十二卷, 第十一篇注下, 〈𠂢〉, 575쪽. 그 원문에 "𠂢, 水之衺流, 別也. 从反永. 凡𠂢之屬皆从𠂢. 讀若稗縣"이라고 되어 있다.

412 (清) 段玉裁注, 《說文解字注》, 第二十一卷, 第十一篇注上之二, 〈衍〉, 551쪽. 그 원문에 "衍, 水朝宗于海皃也. 从水行"이라고 되어 있다.

413 (清) 段玉裁注, 《說文解字注》, 第二十一卷, 第十一篇注上之二, 〈洐〉, 559쪽. 그 원문에 "洐, 溝行水也. 从水行"이라고 되어 있다.

414 (清) 段玉裁注, 《說文解字注》, 第十三卷, 第七篇注上, 〈片〉, 321쪽. 그 원문에 "片, 判木也. 从半木. 凡片之屬皆从片"이라고 되어 있다.

도표 번호	상商나라의 갑골문甲骨文	주周나라의 금문金文	진秦나라의 소전小篆	한漢나라의 예서隸書	현대의 한자	글자의 창의創意
176	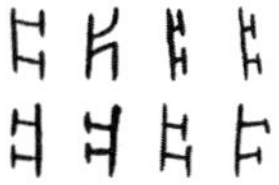	 415	 s	爿	爿	병약病弱해졌을 경우에 눕는 침대를 본뜨고 있다.
177			 s k z	子	子	어린아이의 전체 모습, 또는 머리 모양을 본뜨고 있다.

은 장牆과 같다"[416]라고 하였다. 갑골문에서 이 편片과 장爿은 나무를 쪼개어 둘로 나눈 것을 본뜨고 있는데, 오른쪽의 반은 편片이 되고, 그 왼쪽의 반은 장爿이 된다. 또한 장爿은 갑골문에서 침대의 모양을 본뜨고 있는데, 그 반대의 자형이 바로 편片이다. 그런데 허신許愼은《설문說文》에서 편片은 수록하였지만, 이 장爿은 수록하지 않았다. 더구나 허신은 이 편片이 목木을 쪼개서 얻은 것이라고 생각하였다. 그래서 단옥재段玉裁가《설문說文》의 주해注解를 쓰면서 이 장爿을 보충하여 수록하였고, '편片을 반대로 한 것이 장爿이다'라고 해석을 덧붙였다.

〈도표 177〉에 보이는 자子에 대해《설문說文》에서는, "子는 십일월十一月이고, 양기陽氣가 움직이면서 만물이 번식하는 것이다. 사람이 그것으로 호칭을 삼았다. 상형자象形字이다. 무릇 자子의 속屬들은 모두 이 자子를 따른다. 𢀈는 고문古文의 자子이고, 천巛을 따르며, 머리카락을 본뜨고 있다. 𤕌는 주문籀文의 자子이다. 정수리에 머리카락이 있고, 팔과 정강이가 궤几 위에 있다"[417]라고 하였고, 또한 돌(𠫓, 㐬, 突)에 대해《설문說文》에서는, "𠫓은 순종하지 않고 갑자기 나오는 것이다. 거꾸로 쓴 자子를 따른다.《역경易經》에 이르기를, '갑자기 그것

415 여기에 보이는 금문金文의 자형은 장爿의 자형 형태와 관련이 있는 글자를 모은 것이다.

416 (淸) 段玉裁注,《說文解字注》, 第十三卷, 第七篇注上,〈爿〉, 322쪽. 그 원문에 "爿, 反片爲爿. 讀若牆"이라고 되어 있다.

417 (淸) 段玉裁注,《說文解字注》, 第二十八卷, 第十四篇注下,〈子〉, 749쪽. 그 원문에 "子, 十一月, 昜气動, 萬物滋. 人目爲偁. 象形. 凡子之屬皆从子. 𢀈, 古文子, 从巛, 象髮也. 𤕌, 籀文子. 囟有髮, 臂脛在几上也"라고 되어 있다.

도표 번호	상商나라의 갑골문甲骨文	주周나라의 금문金文	진秦나라의 소전小篆	한漢나라의 예서隸書	현대의 한자	글자의 창의創意
178	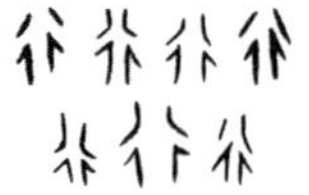		 s	行	行	십자로十字路 모양을 본뜨고 있다.

이 왔다'라고 하였다. 불효한 아이가 갑자기 태어나는 것은 뱃속에서 받아들여지지 못한 것이다. 돌(𠫓, 突)은 곧《역경易經》에서의 돌突이다. 무릇 돌(𠫓, 突)의 속屬들은 모두 이 돌(𠫓, 突)을 따른다. 㐬은 혹체或體이고, 고문古文의 자子를 거꾸로 쓴 것을 따른다"[418]라고 하였다. 갑골문에서 이 자子는 어린아이를 정면에서 바라본 모양을 본뜨고 있는데, 이 자子를 거꾸로 쓰면 돌(𠫓, 㐬, 突)이 되어 머리가 아래에 있으므로 순조롭지 못함을 의미하고 있다.

그리고 척彳에 대해《설문說文》에서는, "彳은 작은 걸음이다. 사람 정강이의 세 부위가 서로 이어진 것을 본뜨고 있다. 무릇 척彳의 속屬들은 모두 이 척彳을 따른다"[419]라고 하였고, 또한 촉亍에 대해《설문說文》에서는, "亍은 걸음을 멈추는 것이다. 척彳을 반대로 쓴 것을 따른다. 발음은 축畜과 같다"[420]라고 하였다. 이 척彳과 촉亍은 십자로十字路 모양인 행行을 쪼개서 얻은 것이다.

〈도표 178〉에 보이는 행行에 대해《설문說文》에서는, "行은 사람이 걷고 달리는 것이다. 척彳과 촉亍을 따른다. 무릇 행行의 속屬들은 모두 이 행行을 따른다"[421]라고 하였다. 그런데 이 행行에서 척彳과 촉亍은 대체로 길을 가는 일과 관련된 형부形符로 쓰이고 있는데, 그 의미에는 별다른 차이가 없다.

(다) 형성形聲

이것은 허신許愼이 설명한 형성形聲과 서로 비슷한데,《설문說文》의 설명에는, "형성形聲이

---

418 (淸) 段玉裁注,《說文解字注》, 第二十八卷, 第十四篇注下, 〈𠫓〉, 751쪽. 그 원문에 "𠫓, 不順忽出也. 从到子. 易曰: 突如其來如. 不孝子突出, 不容於內也. 𠫓卽易突字也. 凡𠫓之屬皆从𠫓. 㐬, 或, 从到古文子"라고 되어 있다.

419 (淸) 段玉裁注,《說文解字注》, 第四卷, 第二篇注下, 〈彳〉, 76쪽. 그 원문에 "彳, 小步也. 象人脛三屬相連也. 凡彳之屬皆从彳"이라고 되어 있다.

420 (淸) 段玉裁注,《說文解字注》, 第四卷, 第二篇注下, 〈亍〉, 78쪽. 그 원문에 "亍, 步止也. 从反彳. 讀若畜"이라고 되어 있다.

421 (淸) 段玉裁注,《說文解字注》, 第四卷, 第二篇注下, 〈行〉, 78쪽. 그 원문에 "行, 人之步趨也. 从彳亍. 凡行之屬皆从行"이라고 되어 있다.

라고 하는 것은, 사물로 이름을 정하고 가까운 발음을 취하여 서로 만들어진 것을 일컫는데, 강江과 하河와 같은 것이 이에 속한다"[422]라고 하였다. 이 말은 곧 사물의 유형에 기초하면서 발음이 서로 가까운 것을 택하여 글자를 만드는 조자造字의 한 방식이라는 것이다. 다시 간단히 말하자면, 이 유형에 속하는 글자의 절대다수가 모두 한 부분은 사물을 나타내는 형부形符이고, 다른 한 부분은 발음을 나타내는 성부聲符로 구성되어 있는 것이다. 그러나 어떤 형성자形聲字는 전체가 성부聲符로만 구성된 예도 있는데, 이러한 경우에는 오히려 발음을 본뜨고 있다는 의미로 상성象聲이라고 지칭하는 것이 더 적절할 것이다.

일반적으로 형성자는 가장 편리하고 간단한 조자법으로, 하나의 형부와 하나의 성부를 선택하기만 하면 아무리 추상적인 의미라도 모두 이러한 방식으로 아주 쉽게 글자를 만들어낼 수 있다. 위에서도 이미 언급했듯이 아마 고대에는 중국어도 단음절로 형성된 언어였기 때문에, 조자造字도 대부분 표의자表意字가 위주였을 것이다. 그러나 나중에 문자의 사용 과정에서 형성자가 조금씩 만들어지기 시작하면서, 사람들이 그 편리함을 발견하고서는 마침내 이러한 형성形聲의 조자 방식을 이용하여 글자를 대량으로 창제하게 되었다.

형성은 응용이 무궁한 간편한 조자법의 하나로, 오랜 시간의 문자 발전을 거치면서 점차적으로 형성된 조자방식이다. 비록 상商나라 시대에 이미 20퍼센트에 달하는 형성자形聲字가 존재하기는 했지만, 자주 쓰이는 절대다수의 글자는 대부분이 형성자가 아니었다. 더욱이 이러한 형성자마저도 몇 개의 형부形符에만 국한되어 사용되었다. 그러다가 춘추시대春秋時代에 이르면서 의도적으로 형성자의 방식으로 새로운 글자를 대량으로 창조하였으며, 형부形符의 사용을 각 영역으로 확대시켰다. 그러나 사람들이 아직 이러한 조자법을 이해하지 못하고 있었을 때에는 언어 중에 있는 수많은 개념을 그림문자의 방식으로 적절히 표현해 내기가 몹시 어려웠고, 게다가 날마다 증가되는 사무에 대해 각각의 의미마다 각각의 전문적인 글자를 만들어 낼 수도 없었다. 그러다가 마침내 두 가지 방법을 생각해 내서 이러한 문자 사용 시의 곤란을 해결하였는데, 그 하나가 바로 자의字義의 확장인 인신引申이고, 다른 하나는 가차假借였다.

그중에서 자의字義의 확장인 인신의 방법은 한 글자로 이 글자의 기본적인 의미와 서로 상관되는 여러 의미를 표현하는 것인데, 이것이 바로 허신許愼이 《설문說文》에서 말한 전주

422 (清) 段玉裁注,《說文解字注》, 第二十九卷, 第十五卷注上,〈敍〉, 763쪽. 그 원문에 "形聲者, 㠯事爲名, 取譬相成, 江河是也"라고 되어 있다.

도표 번호	상商나라의 갑골문甲骨文	주周나라의 금문金文	진秦나라의 소전小篆	한漢나라의 예서隸書	현대의 한자	글자의 창의創意
179	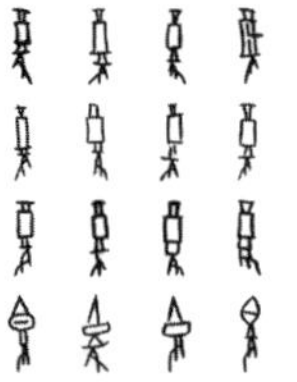		 s	复	复	한 발로 공기펌프 주머니의 디딤판을 딛고 반복적으로 공기를 용광로로 불어넣는 모습을 본뜨고 있다.

轉注일 것이다. 그래서 가끔 어떤 개념들은 그들 사이에 공통적으로 지닌 특성이 보이기도 하고, 혹은 그 의미가 앞뒤로 단계적인 발전의 관계를 가지고 있기도 한다. 따라서 이러한 경우에는 한 글자로 그들이 지닌 여러 의미를 표현하여도 무방할 것이다.

예를 들어, 〈도표 179〉에 보이는 복(夏, 复)에 대해《설문說文》에서는, "复은 옛날에 걷던 길을 걷는 것이다. 쇠夊를 따르고, 복畐의 생략형이 성부聲符이다"[423]라고 하였다. 갑골문에서 이 복(夏, 复)은 한 발로 공기펌프 주머니의 디딤판을 딛고 있는 모습을 본뜨고 있는데, 이것은 발이 반복적으로 상하 동작을 하여 주머니 안의 공기를 공기펌프 파이프를 통해 끊임없이 용광로로 불어넣는다는 뜻을 나타내고 있다. 그래서 이것을 빌려 왕복往復이나 중복重複의 의미를 표현하고 있다. 또한 여기서 더 나아가 이 복(夏, 复)은 왕복이나 중복과 관련된 각종 일인 왕복여행, 햇빛의 재조명, 침략성의 회복, 그리고 심지어는 여러 벌의 옷을 가리키기도 한다.

그런데 가끔 이 복(夏, 复)의 발음을 따르는 많은 글자들은 위와 같은 왕복이나 중복의 의미와는 아무런 관련이 없을 수도 있다. 예를 들어, 복蝮에 대해《설문說文》에서는, "蝮은 살무사이다. 훼虫를 따르고, 복(夏, 复)은 성부聲符이다"[424]라고 하였고, 복鍑에 대해《설문說文》에서는, "鍑은 가마솥과 같고 큰 아가리가 있는 솥이다. 금金을 따르고, 복(夏, 复)은 성부聲符이다"[425]라고 하였으며, 복鰒에 대해《설문說文》에서는, "鰒은 바다에 사는 물고기이다.

423 (清) 段玉裁注,《說文解字注》, 第十卷, 第五篇注下,〈复〉, 235쪽. 그 원문에 "复, 行故道也. 从夊, 畗省聲"이라고 되어 있다.

424 (清) 段玉裁注,《說文解字注》, 第二十五卷, 第十三篇注上,〈蝮〉, 670쪽. 그 원문에 "蝮, 虫也. 从虫, 夏聲"이라고 되어 있다.

425 (清) 段玉裁注,《說文解字注》, 第二十七卷, 第十四篇注上,〈鍑〉, 711쪽. 그 원문에 "鍑, 如釜而大口者. 从金, 夏聲"이라고 되어 있다.

어魚를 따르고, 복(夏, 复)은 성부聲符이다"[426]라고 하였고, 부椱에 대해《설문說文》에서는, "椱는 베틀에서 베를 감고 있는 말코이다. 목木을 따르고, 복(夏, 复)은 성부聲符이다"[427]라고 하였다. 이와 같은 글자들은 왕복이나 중복의 의미와는 아무런 관련이 없다.

그리고 이렇게 자의字義가 확장되는 인신引申의 방법을 통해서 어느 한 글자가 중심적인 의미 이외에도 확장된 다른 상관된 의미를 겸하여 가질 수가 있다. 그런데 오랜 시간에 걸쳐 이렇게 확장을 하다 보면, 가끔 한 글자에는 서로 관련이 그다지 없거나 심지어 상반되는 뜻을 가지는 경우도 생길 수 있다.

예를 들어, 란亂은 주周나라 시대에 '다스리다'와 '혼란하다'라는 서로 상반된 의미를 아울러 가지고 있었다. 그래서《상서尙書》의〈고요모皐陶謨〉에 이르기를, "다스리면서 공경한다"[428]라고 하였고, 또한《상서尙書》의〈태서泰誓〉에 이르기를, "나에게 다스리는 신하가 열 명이 있다"[429]라고 하였다. 이처럼 란亂은 '혼란하다' 외에도 '다스리다'라는 의미를 함께 가지고 있다.

그리고 이 란亂에 대해《설문說文》에서도, "亂은 다스려지지 않는 것이다. 을乙과 란𤔔을 따른다. 을乙은 그것을 다스리는 것이다"[430]라고 하였다. 그런데 이 란亂은 아마도 금문金文에 보이는 사辭에서 발전해 왔을 텐데,〈도표 180〉에 보이는 사辭에 대해《설문說文》에서는, "辭는 풀이하는 것이다. 란𤔔과 신辛을 따른다. 난신𤔔辛이란 죄를 다스린다는 말과 같다. 𤔲는 주문籒文의 사辭이고, 사司를 따른다"[431]라고 하였다. 금문金文에서 이 란亂의 자형은 두 손으로 뾰족한 코바늘이 있는 도구를 들고 엉켜 있는 실을 풀어내는 모습을 본뜨고 있으므로, 이 란亂에는 '혼란하다'라는 의미가 있다. 그러나 실이 뒤엉키면 제대로 풀어서 다시 실이 가지

426 (淸) 段玉裁注,《說文解字注》, 第二十二卷, 第十一篇注下,〈鰒〉, 585쪽. 그 원문에 "鰒, 海魚也. 从魚, 夏聲"이라고 되어 있다.

427 (淸) 段玉裁注,《說文解字注》, 第十一卷, 第六篇注上,〈椱〉, 265쪽. 그 원문에 "椱, 機持繒者. 從木, 夏聲"이라고 되어 있다.

428 (淸) 阮元 校刻,《十三經注疏》(附校勘記),《尙書》, 卷第四,〈虞書·皐陶謨〉, 138쪽. 그 원문에는 "亂而敬"이라고 되어 있다.

429 (淸) 阮元 校刻,《十三經注疏》(附校勘記),《尙書》, 卷第十一,〈周書·泰誓中〉, 181쪽. 그 원문에는 "予有亂臣十人"이라고 되어 있다.

430 (淸) 段玉裁注,《說文解字注》, 第二十八卷, 第十四篇注下,〈亂〉, 747쪽. 그 원문에 "亂, 不治也. 从乙𤔔. 乙, 治之也"라고 되어 있다.

431 (淸) 段玉裁注,《說文解字注》, 第二十八卷, 第十四篇注下,〈辭〉, 749쪽. 그 원문에 "辭, 說也. 从𤔔辛. 𤔔辛, 猶理辜也. 𤔲, 籒文辭, 从司"라고 되어 있다.

도표 번호	상商나라의 갑골문甲骨文	주周나라의 금문金文	진秦나라의 소전小篆	한漢나라의 예서隸書	현대의 한자	글자의 창의創意
180		 	 s  z  s	辭 亂	辭 亂	두 손으로 코바늘을 들고 엉켜 있는 실을 풀어내는 모습을 본뜨고 있는데, 뒤엉킨 실은 정리를 해야 하므로 분란과 다스림이라는 의미를 함께 가지게 되었다.
181		 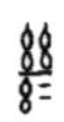	 s  k  s  s  h	絶 繼	絶 繼	뒤엉킨 실은 칼로 잘라 버리고 다시 이어서 써야 하기 때문에, '자른다'와 '잇다'라는 두 가지의 뜻으로 변화되었다.

런하도록 해야 하므로, 또한 여기서 '다스리다'라는 의미도 함께 가지게 되었다.

〈도표 181〉에 보이는 절(絶, 𢇍)에 대해 《설문說文》에서는, "絶은 실을 끊는 것이다. 도刀와 멱糸을 따르고, 절卩은 성부聲符이다. 𢇍은 고문古文의 절絶이다. 이어지지 않은 것을 본뜨고 있고, 두 가닥의 실을 끊은 것이다"[432]라고 하였고, 또한 계(繼, 㡭)에 대해 《설문說文》에서는, "繼는 잇는 것이다. 멱糸과 절(𢇍, 絶)을 따른다. 㡭는 계繼의 혹체或體이고, 계(㡭, 繼)라고 쓴다. 절(𢇍, 絶)을 반대로 하면 계(㡭, 繼)가 된다"[433]라고 하였다. 이 절(絶, 𢇍)과 계(繼, 㡭)의 고대 자형은 다만 모양에서 정반의 차이가 있었을 뿐, 창의創意는 모두 방직 작업에서 따온 것이었다. 그런데 실이 서로 뒤엉켜 버리면 칼로 잘라 버린 다음에 다시 이어서 써야 하므로, 나중에 '자르다'와 '잇다'라는 두 가지의 뜻으로 변화되었다.

그리고 이와 마찬가지로 종終에도 '끝나다'와 '죽다' 및 '장구長久하다'라는 의미가 있는데, 이것도 한 글자에 서로 상반된 의미가 함께 있는 경우라고 볼 수 있다.

---

432 (淸) 段玉裁注, 《說文解字注》, 第二十五卷, 第十三篇注上, 〈絶〉, 652쪽. 그 원문에 "絶, 斷絲也. 从刀糸, 卩聲. 𢇍, 古文絶, 象不連體, 絶二絲"라고 되어 있다.

433 (淸) 段玉裁注, 《說文解字注》, 第二十五卷, 第十三篇注上, 〈繼〉, 652쪽. 그 원문에 "繼, 續也. 从糸𢇍. 㡭, 繼或作㡭. 反𢇍爲㡭"라고 되어 있다.

도표 번호	상商나라의 갑골문甲骨文	주周나라의 금문金文	진秦나라의 소전小篆	한漢나라의 예서隸書	현대의 한자	글자의 창의創意
182	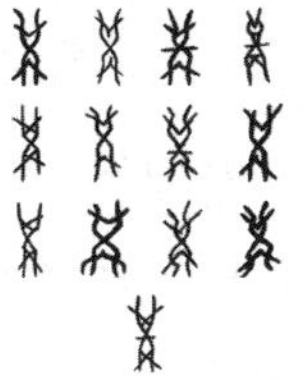		 s		冓	두 나무 부분을 새끼로 묶어 서로 맞대고 있는 모양을 본뜨고 있다.

그리고 나중에는 본의와 그 확장된 의미를 구별하고 아울러 각각의 자형 형태를 명확히 하기 위하여, 어떤 글자는 원래의 자원字源 위에 수水, 화火, 목木, 인人, 의衣, 심心, 구口, 언言, 수手, 혈頁, 척彳, 착辵 등과 같이 각기 다른 의미의 부수 유형을 덧붙이기도 하였다. 그래서 마침내 자형이 서로 다른 형성자形聲字가 되었다.

예를 들어, 〈도표 182〉에 보이는 구冓에 대해 《설문說文》에서는, "冓는 엇갈리게 목재를 쌓은 것이다. 마주보며 교차된 모습을 본뜨고 있다. 무릇 구冓의 속屬들은 모두 이 구冓를 따른다"[434]라고 하였다. 갑골문에서 이 구冓는 아마도 두 나무 부분을 새끼로 묶어 서로 맞대고 있는 모양을 본뜨고 있을 것이다. 그래서 사람들은 이것에 착안하여 이 구冓로 교제나 만남과 관련된 각종 의미를 나타내게 되었다.

그리고 나중에는 이 구冓에 각종 형부形符를 덧붙여서 각각의 확장된 의미를 구체적으로 구별하였다. 그래서 구構에 대해 《설문說文》에서는, "構는 집을 짓는 것이다. 목木을 따르고, 구冓는 성부聲符이다. 두림杜林은 이 글자를 서까래를 뜻하는 연각椽桷의 각桷이라고 여겼다"[435]라고 하였고, 구購에 대해 《설문說文》에서는, "購는 재물로 구함이 있는 것이다. 패貝를 따르고, 구冓는 성부聲符이다"[436]라고 하였으며, 구媾에 대해 《설문說文》에서는, "媾는 겹혼인하는 것이다. 녀女를 따르고, 구冓는 성부聲符이다. 《역경易經》에 이르기를, '억지로 빼앗는 것이 아니라 구혼求婚하는 것이다'라고 하였다"[437]라고 하였고, 구遘에 대해 《설문說文》에

434 (淸) 段玉裁注, 《說文解字注》, 第八卷, 第四篇注下, 〈冓〉, 160쪽. 그 원문에 "冓, 交積材也. 象對交之形. 凡冓之屬皆从冓"라고 되어 있다.

435 (淸) 段玉裁注, 《說文解字注》, 第十一卷, 第六篇注上, 〈構〉, 256쪽. 그 원문에 "構, 葢也. 從木, 冓聲. 杜林㠯爲椽桷字"라고 되어 있다.

436 (淸) 段玉裁注, 《說文解字注》, 第十二卷, 第六篇注下, 〈購〉, 285쪽. 그 원문에 "購, 㠯財有所求也. 从貝, 冓聲"이라고 되어 있다.

437 (淸) 段玉裁注, 《說文解字注》, 第二十四卷, 第十二篇注下, 〈媾〉, 622쪽. 그 원문에 "媾, 重婚也. 从女, 冓聲.

서는, "𧽊는 만나는 것이다. 착辵을 따르고, 구冓는 성부聲符이다"[438]라고 하였으며, 구溝에 대해《설문說文》에서는, "溝는 물도랑이다. 넓이가 사척四尺이고, 깊이도 사척四尺이다. 수水를 따르고, 구冓는 성부聲符이다"[439]라고 하였고, 강講에 대해《설문說文》에서는, "講은 화해하는 것이다. 언言을 따르고, 구冓는 성부聲符이다"[440]라고 하였으며, 구覯에 대해《설문說文》에서는, "覯는 우연히 만나는 것이다. 견見을 따르고, 구冓는 성부聲符이다"[441]라고 하였다. 이 글자들은 모두 구冓의 발음에 따라 교제의 개념과 관련된 각종 형성자形聲字를 이루었다.

그런데 이렇게 자의字義의 확장인 인신引申의 방법을 통해서 변천된 형성자군은 모두 공통된 중심 의미를 하나 가지고 있어서, 사람들로 하여금 마치 동일한 어느 한 발음을 따르는 글자는 모두 비슷한 의미가 있다는 느낌을 주고 있다. 그러다 보니 이렇게 성부聲符에도 의미가 있다는 현상을 지나치게 강조하여, 나중에는 우성설右聲說의 주장까지 생겨나게 되었다. 이 우성설의 구체적인 내용에 대해서는 뒷부분의 토론을 참고하기 바란다. 그런데 실제로 나중에 의도적으로 형성자의 방식을 통해 만들어진 새로운 글자들은 이러한 경우와는 정반대로, 대다수의 형성자 조자造字는 단순히 발음의 유사성에 따른 요인이었지 동일한 의미의 확장은 아니었다.

그리고 가차假借의 방법이란, 어느 한 의미를 그림문자로 표현해 내기가 어려울 경우에 발음이 서로 같거나 혹은 발음이 비슷한 이미 만들어져 있는 글자를 빌려 그 의미를 나타내는 방법이다.

예를 들어, 〈도표 183〉에 보이는 황黃에 대해《설문說文》에서는, "黃은 땅의 색이다. 전田을 따르고, 광炗은 성부聲符이다. 광炗은 고문古文의 광光이다. 무릇 황黃의 속屬들은 모두 이 황黃을 따른다. 灸은 고문古文의 황黃이다"[442]라고 하였다. 갑골문에서 이 황黃은 한 꾸러미

易曰: 匪寇婚媾"라고 되어 있다.

438 (清) 段玉裁注,《說文解字注》, 第四卷, 第二篇注下, 〈遘〉, 72쪽. 그 원문에 "遘, 遇也. 从辵, 冓聲"이라고 되어 있다.

439 (清) 段玉裁注,《說文解字注》, 第二十一卷, 第十一篇注上之二, 〈溝〉, 559쪽. 그 원문에 "溝, 水瀆也. 廣四尺, 深四尺. 从水, 冓聲"이라고 되어 있다.

440 (清) 段玉裁注,《說文解字注》, 第五卷, 第三篇注上, 〈講〉, 96쪽. 그 원문에 "講, 和解也. 从言, 冓聲"이라고 되어 있다. 그런데 이 강講은 상고음上古音에서 양부陽部에 속하였고, 성부聲符인 구冓는 상고음에서 후부侯部에 속하였다. 따라서 이 강講과 구冓는 상고음에서 서로 동일한 큰 부류에 속하지 않았다.

441 (清) 段玉裁注,《說文解字注》, 第十五卷, 第八篇注下, 〈覯〉, 413쪽. 그 원문에 "覯, 遇見也. 从見, 冓聲"이라고 되어 있다.

도표 번호	상商나라의 갑골문甲骨文	주周나라의 금문金文	진秦나라의 소전小篆	한漢나라의 예서隸書	현대의 한자	글자의 창의創意
183			 s k	黃	黃	한 꾸러미로 꿰매어진 허리에 차는 옥을 본뜨고 있는데, 가차假借되어 색깔을 나타내고 있다.
184		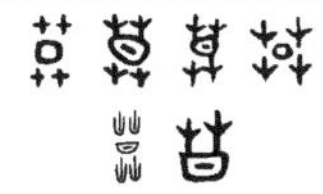	 s	莫	莫	해가 이미 서쪽으로 기울어져 수풀에 걸려 있거나, 혹은 새가 수풀 속의 둥지로 돌아올 때인 저녁시간을 나타내고 있다.

의 패옥을 본뜨고 있는데, 가차假借되어 옥과는 관련이 없는 노란색을 나타내고 있다. 그런데 나중에 혹시 혼동이 생길 것을 피하기 위하여 본의인 황黃에 형부形符인 옥玉을 덧붙여 황璜이라는 형성자가 생겨났고, 이것으로 가차의 의미인 황黃과는 서로 구별하였다.

그리고 이와 마찬가지로 〈도표 184〉에 보이는 막莫에 대해 《설문說文》에서는, "莫은 해가 장차 어두워지려는 것이다. 일日을 따르고, 망茻 속에 있다. 망茻은 또한 성부聲符이다"[443]라고 하였다. 갑골문에서 이 막莫은 원래 해가 이미 서쪽으로 기울어져 수풀에 걸려 있는 저녁시간으로, 새가 수풀 속의 둥지로 돌아오는 시간을 가리켰다. 그러나 춘추시대에 이르러서는 막莫이 가차假借되어 부정否定을 나타내는 부사로 사용되면서, 본의인 막莫에다가 나중에 다시 형부形符인 일日을 덧붙여 모暮로 되었다. 이와 같이 대부분의 가차자는 바로 이러한 과정을 거치면서 형성자形聲字로 변하였다.

그런데 가끔씩 발음의 편리를 위해서나 혹은 이미 변화된 발음을 반영하기 위해서 새로운 성부聲符를 자형에 덧붙이곤 하였는데, 이러한 방법으로도 형성자形聲字를 만들 수가 있다.

예를 들어, 앞의 〈도표 21〉에서 소개한 것처럼, 갑골문의 풍風은 봉황鳳凰의 상형자( )를 가차假借한 것이었다. 그런데 나중에 이 봉황의 형태에 범凡이나 형兄의 성부를 덧붙여

---

442 (清) 段玉裁注, 《說文解字注》, 第二十六卷, 第十三篇注下, 〈黃〉, 704쪽. 그 원문에 "黃, 地之色也. 从田, 炗聲. 炗, 古文光. 凡黃之屬皆从黃. 黃, 古文黃"이라고 되어 있다.

443 (清) 段玉裁注, 《說文解字注》, 第二卷, 第一篇注下, 〈莫〉, 48쪽. 그 원문에 "莫, 日且冥也. 从日, 在茻中. 茻亦聲"이라고 되어 있다.

풍風을 의미하면서, 봉鳳과는 서로 구별하였다( ). 그러나 이 새로운 형성자도 여전히 봉황의 의미로 쓰이기도 하였기 때문에, 별도로 훼虫를 따르고 범凡이 성부聲符인 현재의 풍風을 만들게 되었다. 그 외에도 앞의 〈도표 110〉에서 소개한 것처럼, 갑골문의 정晶은 원래 뭇별의 모양을 본뜨고 있었다( ). 그와 더불어 이 정晶은 '밝게 빛나다'라는 인신引申의 의미도 겸하고 있었다. 그런데 나중에 이 정晶에 성부인 생生을 덧붙여서 성(曐, 星)으로 만들었고( ), 그러면서 정晶과는 서로 구별하였다.

그리고 가끔씩 어느 한 글자가 발음 관계로 인하여 이미 다른 의미로 가차되어 쓰이고 있을 경우에는, 어떤 원인으로 인해 이 글자에 또 하나의 성부를 덧붙여서 전체 자형이 성부로만 구성되게도 한다.

예를 들어, 앞의 〈도표 29〉에서 소개한 것처럼, 갑골문의 우羽는 깃털의 모양을 본뜨고 있었다( ). 그런데 상商나라 때 이튿날이라는 뜻으로 가차하기 위하여 이 자형에 성부인 립立을 덧붙였고( ), 다시 전국시대戰國時代에는 이 우羽를 악곡 음조의 명칭으로 가차하기 위하여 성부인 우于를 덧붙이게 되었다( ).

그래서 위에서 이미 살펴본 것처럼 하나의 형성자가 자형에 성부聲符를 덧붙여서 만들어졌든지 아니면 형부形符를 덧붙여서 만들어졌든지, 그 형식에서 이들 대부분의 글자는 모두 의미와 관련된 형부形符와 발음과 관련된 성부聲符의 두 부분으로 분석될 수 있다. 그런데 소수의 몇 글자는 오로지 순수하게 성부로만 구성되기도 하였는데, 이렇게 성부로만 구성된 글자 수는 그다지 많지 않은 편이다. 따라서 이 모두를 하나의 유형으로 귀납시킬 수 있기 때문에 우리는 그것을 통칭하여 형성자形聲字라고 부른다.

그리고 위에서도 이미 언급한 것과 같이, 형성자는 초기에 원래 대부분이 상형자象形字나 표의자表意字였다. 그렇지만 장기간의 사용을 거치면서 아무도 모르는 사이에 이 글자들이 형성자로 조금씩 변화하게 되었다. 그런데 일단 사람들이 이 간편한 조자법을 알아차리게 된다면, 의도적으로 이러한 방식을 통해 새로운 글자를 대량으로 만들어 내려고 했을 것이다. 그래서 가장 일찍 의도적으로 만들어진 형성자는 아마도 족명族名이나 지명地名, 동식물과 같은 유형으로, 그림문자로는 표현해 내기 어려운 고유명사가 그 주를 이루었을 것이다. 그러다가 시간이 조금 지나면서부터는 다른 어휘의 영역에까지 확대되어, 마침내 후세에 가장 광범위하게 사용되는 조자법造字法으로 변하게 되었다.

그래서 형성자形聲字는 그 형성 과정에 따라 다음과 같이 세 가지로 크게 나눌 수 있다.

(1) 발음에 형부形符 첨가

① 가차假借에서 온 경우

예를 들어, 앞의 〈도표 27〉에서 소개한 록彔에다가 형부形符인 림林을 덧붙이는 경우에는 록麓이 된다. 이 록麓에 대해 《설문說文》에서는, "麓은 산림山林을 지키는 관리이다. 림林을 따르고, 록鹿은 성부聲符이다. 일설一說에 수풀은 산에 이어져 있으니 산기슭이 된다고 하였다. 《춘추좌전春秋左傳》에 이르기를, '사산沙山의 기슭이 무너졌다'라고 하였다. 禁은 고문古文이고, 록彔을 따른다"[444]라고 하였다. 갑골문에서 이 록彔은 물을 긷는 도르래를 본뜨고 있는데, 가차假借되어 산기슭을 의미하고 있다( ).

그리고 앞의 〈도표 94〉에서 소개한 수須에다가 형부形符인 표髟를 덧붙이는 경우에는 수鬚가 된다. 이 수鬚에 대해 《광운廣韻》에서는, "수鬚는 속자俗字이다"[445]라고 하였다. 갑골문에서 이 수須는 얼굴에 난 수염을 본뜨고 있는데, 가차되어 부사로 쓰이고 있다( ).

그리고 앞의 〈도표 125〉에서 소개한 축丑에다가 형부形符인 수手를 덧붙이는 경우에는 뉴扭가 된다. 이 뉴扭에 대해 《광운廣韻》에서는, "뉴扭는 누르는 것이다"[446]라고 하였다. 갑골문에서 이 축丑은 손가락을 굽혀서 물건을 비트는 모습을 본뜨고 있는데, 가차되어 간지干支의 하나가 되었다( ).

그리고 앞의 〈도표 145〉에서 소개한 비非에다가 형부形符인 수手를 덧붙이는 경우에는 배排가 된다. 이 배排에 대해 《설문說文》에서는, "排는 밀어내는 것이다. 수手를 따르고, 비非는 성부聲符이다"[447]라고 하였다. 갑골문에서 이 비非는 두 손으로 물체를 양쪽으로 밀어내는 모습을 본뜨고 있는데, 가차되어 부사로 쓰이고 있다( ).

그리고 앞의 〈도표 183〉에서 소개한 황黃에다가 형부形符인 옥玉을 덧붙이는 경우에는 황璜이 된다. 이 황璜에 대해 《설문說文》에서는, "璜은 반원형半圓形의 옥이다. 옥玉을 따르고, 황黃은 성부聲符이다"[448]라고 하였다. 갑골문에서 이 황黃은 한 줄로 꿰매어 허리에 차는

---

444 (淸) 段玉裁注, 《說文解字注》, 第十一卷, 第六篇注上, 〈麓〉, 274쪽. 그 원문에 "麓, 守山林吏也. 從林, 鹿聲. 一曰: 林屬於山爲麓. 春秋傳曰: 沙麓崩. 禁, 古文, 從彔"이라고 되어 있다.

445 (宋) 陳彭年 · 丘雍, 《宋本廣韻》, 第一卷, 虞第十, 〈鬚〉, 34쪽. 그 원문에 "鬚, 俗"이라고 되어 있다.

446 (宋) 陳彭年 · 丘雍, 《宋本廣韻》, 第三卷, 有第四十四, 〈扭〉, 45쪽. 그 원문에 "扭, 按也"라고 되어 있다.

447 (淸) 段玉裁注, 《說文解字注》, 第二十三卷, 第十二篇注上, 〈排〉, 602쪽. 그 원문에 "排, 擠也. 从手, 非聲"이라고 되어 있다.

448 (淸) 段玉裁注, 《說文解字注》, 第一卷, 第一篇注上, 〈璜〉, 12쪽. 그 원문에 "璜, 半璧也. 从玉, 黃聲"이라고 되어 있다.

옥을 본뜨고 있는데, 가차되어 색깔을 나타내고 있다().

그리고 앞의 〈도표 184〉에서 소개한 막莫에다가 형부形符인 일日을 덧붙이는 경우에는 모暮가 된다. 이 모暮에 대해《광운廣韻》에서는, “모暮는 해가 저문 것이다. 어두운 것이다”[449]라고 하였다. 갑골문에서 이 막莫은 해가 이미 서쪽으로 기울어져 수풀에 걸려 있는 모습을 본뜨고 있는데, 가차되어 부사로 쓰이고 있다().

그리고 〈도표 185〉에 보이는 채采에 대해《설문說文》에서는, “는 따서 얻는 것이다. 목木을 따르고, 조爪를 따른다”[450]라고 하였다. 그런데 이 채采에다가 형부形符인 수手를 덧붙이는 경우에는 채採가 되는데, 이 채採에 대해《광운廣韻》에서는, “채採는 얻는 것이다. 속자俗字이다”[451]라고 하였다. 갑골문에서 이 채采는 손으로 나무 위의 열매를 따는 모습을 본뜨고 있는데, 가차되어 광채光彩를 의미하고 있다.

〈도표 186〉에 보이는 부父에 대해서《설문說文》에서는, “는 모범이 되는 것이다. 집안의 어른이고, 솔선率先해서 가르치는 사람이다. 우又를 따르고, 회초리를 들고 있다”[452]라고 하였다. 그런데 이 부父에다가 형부形符인 근斤을 덧붙이는 경우에는 부斧가 되는데, 이 부斧에 대해서《설문說文》에서는, “는 이것으로 베는 것이다. 근斤을 따르고, 부父는 성부聲符이다”[453]라고 하였다. 갑골문과 금문金文에서 이 부父는 손에 돌도끼를 든 모습을 본뜨고

도표 번호	상商나라의 갑골문甲骨文	주周나라의 금문金文	진秦나라의 소전小篆	한漢나라의 예서隸書	현대의 한자	글자의 창의創意
185	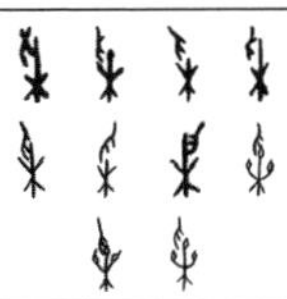	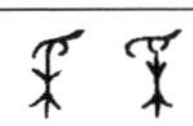	 s	采	采	손으로 나무 위의 열매를 따는 모습을 본뜨고 있는데, 가차되어 광채光彩를 의미하고 있다.
186		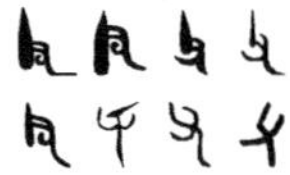	 s	父	父	손에 돌도끼를 든 노동자를 본뜨고 있는데, 가차되어 친족의 호칭을 나타내고 있다.

449 (宋) 陳彭年 · 丘雍,《宋本廣韻》, 第四卷, 暮第十一, 〈暮〉, 15쪽. 그 원문에 “暮, 日晚也. 冥也”라고 되어 있다.
450 (淸) 段玉裁注,《說文解字注》, 第十一卷, 第六篇注上, 〈采〉, 270쪽. 그 원문에 “, 捋取也. 從木, 從爪”라고 되어 있다.
451 (宋) 陳彭年 · 丘雍,《宋本廣韻》, 第三卷, 海第十五, 〈採〉, 21쪽. 그 원문에 “採, 取也. 俗”이라고 되어 있다.
452 (淸) 段玉裁注,《說文解字注》, 第六卷, 第三篇注下, 〈父〉, 116쪽. 그 원문에 “, 巨也. 家長, 率教者. 从又, 擧杖”이라고 되어 있다.
453 (淸) 段玉裁注,《說文解字注》, 第二十七卷, 第十四篇注上, 〈斧〉, 723쪽. 그 원문에 “, 所目斫也. 从斤, 父聲”이라고 되어 있다.

도표 번호	상商나라의 갑골문甲骨文	주周나라의 금문金文	진秦나라의 소전小篆	한漢나라의 예서隸書	현대의 한자	글자의 창의創意
187		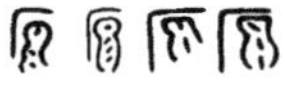	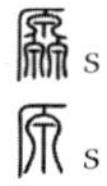	原	原	샘물이 솟아나오는 원천의 의미인데, 가차되어 평원平原을 가리키고 있다.
188				縣	縣	베어 낸 머리를 나무 위에 걸어놓은 모습을 본뜨고 있는데, 가차되어 행정 단위를 나타내고 있다.
189				歬 前	歬 前	대야에서 발을 씻는 모습을 본뜨고 있는데, 가차되어 시간부사로 쓰이고 있다.

있는데, 가차되어 친족을 의미하고 있다.

〈도표 187〉에 보이는 원原에 대해《설문說文》에서는, “厵은 물의 근원이다. 순灥을 따르고, 한厂 아래에서 솟아나온다. 原은 전문篆文이고, 천泉을 따른다”[454]라고 하였다. 그런데 이 원原에다가 형부形符인 수水를 덧붙이는 경우에는 원源이 되는데, 이 원源에 대해서《광운廣韻》에서는, “원源은 물의 근원을 일컬어 원源이라고 한다”[455]라고 하였다. 이 원原은 샘물이 솟아나오는 원천을 가리키는데, 가차되어 평원平原을 의미하고 있다.

〈도표 188〉에 보이는 현縣에 대해《설문說文》에서는, “縣은 매단 것이다. 계系를 따르고, 효(県, 梟)를 매달고 있다”[456]라고 하였다. 그런데 이 현縣에다가 형부形符인 심心을 덧붙이는 경우에는 현懸이 되는데, 이 현懸에 대해《광운廣韻》에서는, “현懸은 속자俗字이고, 지금 통용되고 있다”[457]라고 하였다. 금문金文에서 이 현縣은 베어 낸 머리를 나무 위에 걸어놓은 모습을 본뜨고 있는데, 가차되어 행정단위를 나타내고 있다.

〈도표 189〉에 보이는 전(歬, 前)에 대해《설문說文》에서는, “歬은 가지 않아도 나아가는

454 (清) 段玉裁注,《說文解字注》, 第二十二卷, 第十一篇注下,〈原〉, 575쪽. 그 원문에 “厵, 水本也. 从灥, 出厂下. 原, 篆文, 从泉”이라고 되어 있다.
455 (宋) 陳彭年 · 丘雍,《宋本廣韻》, 第一卷, 元第二十二,〈源〉, 53쪽. 그 원문에 “源, 水原曰: 源”이라고 되어 있다.
456 (清) 段玉裁注,《說文解字注》, 第十六卷, 第九篇注上,〈縣〉, 428쪽. 그 원문에 “縣, 繫也. 从系, 持県”라고 되어 있다.
457 (宋) 陳彭年 · 丘雍,《宋本廣韻》, 第二卷, 先第一,〈懸〉, 3쪽. 그 원문에 “懸, 俗, 今通用”이라고 되어 있다.

도표 번호	상商나라의 갑골문甲骨文	주周나라의 금문金文	진秦나라의 소전小篆	한漢나라의 예서隸書	현대의 한자	글자의 창의創意
190			 s z h	叜 叟	叜 叟	손에 횃불을 들고 방 안에서 무엇인가를 찾고 있는 모습을 본뜨고 있는데, 가차되어 노인을 의미하고 있다.
191			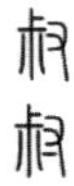 s h	叔	叔	손으로 콩 꼬투리를 따는 모습을 본뜨고 있는데, 가차되어 친족의 호칭으로 쓰이고 있다.

것을 일컬어 전歬이라고 한다. 지止를 따르고, 주舟 위에 있다"[458]라고 하였다. 그런데 이 전前에다가 형부形符인 수水를 덧붙이는 경우에는 전湔이 되는데, 이 전湔에 대해《광운廣韻》에서는, "전湔은 씻는 것이다. 일설一說에는 물 이름이라고도 하는데, 촉군蜀郡의 옥루산玉壘山에서 발원한다"[459]라고 하였다. 갑골문에서 이 전前은 대야에서 발을 씻는 모습을 본뜨고 있는데, 가차되어 시간을 나타내는 부사로 쓰이고 있다.

〈도표 190〉에 보이는 수(叜, 叟)에 대해《설문說文》에서는, "叜는 늙은이이다. 우又와 재灾를 따른다. 𡩭는 주문籒文이고, 촌寸을 따른다. 傁는 수叜의 혹체或體이고, 인人을 따른다"[460]라고 하였다. 그런데 이 수(叜, 叟)에다가 형부形符인 수手를 덧붙이는 경우에는 수(挍, 搜)가 되는데, 이 수(挍, 搜)에 대해《광운廣韻》에서는, "수(挍, 搜)는 찾는 것이고, 구求하는 것이며, 모으는 것이다. 수搜는 위와 같다"[461]라고 하였다. 갑골문에서 이 수(叜, 叟)는 방 안에서 횃불을 들고 무엇인가를 찾고 있는 모습을 본뜨고 있는데, 가차되어 노인을 의미하고 있다.

〈도표 191〉에 보이는 숙叔에 대해《설문說文》에서는, "叔은 줍는 것이다. 우又를 따르고,

458 (淸) 段玉裁注,《說文解字注》, 第三卷, 第二篇注上,〈歬〉, 68쪽. 그 원문에 "歬, 不行而進, 謂之歬. 从止, 在舟上"이라고 되어 있다.

459 (宋) 陳彭年 · 丘雍,《宋本廣韻》, 第二卷, 仙第二,〈湔〉, 4쪽. 그 원문에 "湔, 洗也. 一曰: 水名, 出蜀玉壘山"이라고 되어 있다.

460 (淸) 段玉裁注,《說文解字注》, 第六卷, 第三篇注下,〈叜〉, 116쪽. 그 원문에 "叜, 老也. 从又灾. 𡩭, 籒文, 从寸. 傁, 叜或, 从人"이라고 되어 있다.

461 (宋) 陳彭年 · 丘雍,《宋本廣韻》, 第二卷, 尤第十八,〈挍〉, 39쪽. 그 원문에 "挍, 索也, 求也, 聚也. 搜, 上同"이라고 되어 있다.

도표 번호	상商나라의 갑골문甲骨文	주周나라의 금문金文	진秦나라의 소전小篆	한漢나라의 예서隸書	현대의 한자	글자의 창의創意
192			 s	萬	萬	전갈의 모양을 본뜨고 있는데, 가차되어 숫자를 나타내고 있다.

숙尗은 성부聲符이다. 여남汝南에서는 토란을 거둬들이는 것을 이름하여 숙叔이라고 한다. 㕏은 숙叔의 혹체或體이고, 촌寸을 따른다”[462]라고 하였고, 또한 숙尗에 대해《설문說文》에서는, “尗은 콩이다. 숙尗은 콩이 자라는 모습을 본뜨고 있다. 무릇 숙尗의 속屬들은 모두 이 숙尗을 따른다”[463]라고 하였다. 그런데 이 숙叔에다가 형부形符인 초艸를 덧붙이는 경우에는 숙菽이 되는데, 이 숙菽에 대해《광운廣韻》에서는, “숙尗은 콩이다. 숙菽은 위와 같다”[464]라고 하였다. 금문金文에서 이 숙叔은 손으로 콩 꼬투리를 따는 모습을 본뜨고 있는데, 가차되어 친족의 호칭으로 쓰이고 있다.

〈도표 192〉에 보이는 만萬에 대해《설문說文》에서는, “萬은 벌레이다. 유禸를 따른다. 상형자象形字이다”[465]라고 하였다. 그런데 이 만萬에다가 형부形符인 훼虫를 덧붙이는 경우에는 채蠆가 되는데, 이 채蠆에 대해《설문說文》에서는, “蠆는 독이 있는 벌레이다. 상형자象形字이다. 蠇는 채蠆의 혹체或體이고, 곤䖵을 따른다”[466]라고 하였다. 갑골문에서 이 만萬은 전갈의 모양을 본뜨고 있는데, 가차되어 숫자를 나타내고 있다.

② 자의字義의 확장인 인신引申의 의미가 달라지는 경우

예를 들어, 앞의 〈도표 107〉에서 소개한 피皮에 대해《설문說文》에서는, “皮는 짐승의 가죽

462 (淸) 段玉裁注,《說文解字注》, 第六卷, 第三篇注下, 〈叔〉, 117쪽. 그 원문에 “叔, 拾也. 从又, 尗聲. 汝南名收芌爲叔. 㕏, 叔或, 从寸”이라고 되어 있다.

463 (淸) 段玉裁注,《說文解字注》, 第十四卷, 第七篇注下, 〈尗〉, 339-340쪽. 그 원문에 “尗, 豆也. 尗象豆生之形也. 凡尗之屬皆从尗”이라고 되어 있다.

464 (宋) 陳彭年·丘雍,《宋本廣韻》, 第五卷, 屋第一, 〈菽〉, 5쪽. 그 원문에 “尗, 豆也. 菽, 上同”이라고 되어 있다.

465 (淸) 段玉裁注,《說文解字注》, 第二十八卷, 第十四篇注下, 〈萬〉, 746쪽. 그 원문에 “萬, 蟲也. 从禸. 象形”이라고 되어 있다.

466 (淸) 段玉裁注,《說文解字注》, 第二十五卷, 第十三篇注上, 〈蠆〉, 672쪽. 그 원문에 “蠆, 毒蟲也. 象形. 蠇, 蠆或, 从䖵”이라고 되어 있다.

을 벗겨서 얻는 것으로, 그것을 일컬어 피皮라고 한다. 우又를 따르고, 위爲의 생략형이 성부聲符이다. 무릇 피皮의 속屬들은 모두 이 피皮를 따른다. 皮는 고문古文의 피皮이다. 皮는 주문籒文의 피皮이다"[467]라고 하였다. 금문金文에서 이 피皮는 손에 가죽으로 만든 방패를 잡고 있는 모습을 본뜨고 있는데, 자의字義가 확장되어 표면을 의미하고 있다. 그런데 이 피皮에다가 형부形符인 의衣를 덧붙이는 경우에는 피被가 되는데, 이 피被에 대해《설문說文》에서는, "被는 이불이다. 길이가 한 몸 길이에다 반이 된다. 의衣를 따르고, 피皮는 성부聲符이다"[468]라고 하였다. 또한 이 피皮에다가 형부形符인 척彳을 덧붙이는 경우에는 피彼가 되는데, 이 피彼에 대해《광운廣韻》에서는, "피彼는 차此에 대응하여 일컫는 말이다"[469]라고 하였다. 이 피彼는 가차되어 인칭대명사로 쓰이고 있다( ).

그리고 앞의〈도표 179〉에서 소개한 복(夏, 复)에다가 형부形符인 척彳을 덧붙이는 경우에는 복復이 되는데, 이 복復에 대해《설문說文》에서는, "復은 갔다가 다시 오는 것이다. 척彳을 따르고, 복(夏, 复)은 성부聲符이다"[470]라고 하였다. 또한 이 복(夏, 复)에다가 형부形符인 의衣를 덧붙이는 경우에는 복複이 되는데, 이 복複에 대해《설문說文》에서는, "複은 겹옷이다. 의衣를 따르고, 복(夏, 复)은 성부聲符이다. 일설一說에는 솜옷이라고도 한다"[471]라고 하였다. 갑골문에서 이 복(夏, 复)은 발로 공기펌프 주머니를 밟고 있는 모습을 본뜨고 있는데, 어떤 동작의 반복을 의미하고 있다( ).

그리고 앞의〈도표 182〉에서 이미 소개한 구冓에다가 형부形符인 수水를 덧붙이는 경우에는 구溝가 된다. 이 구溝에 대해《설문說文》에서는, "溝는 물도랑이다. 넓이가 사척四尺이고, 깊이도 사척四尺이다. 수水를 따르고, 구冓는 성부聲符이다"[472]라고 하였다. 또한 이 구冓에다가 형부形符인 견見을 덧붙이는 경우에는 구覯가 되는데, 이 구覯에 대해서《설문說文》에

---

467 (淸) 段玉裁注,《說文解字注》, 第六卷, 第三篇注下,〈皮〉, 123쪽. 그 원문에 "皮, 剝取獸革者謂之皮. 从又, 爲省聲. 凡皮之屬皆从皮. 皮, 古文皮. 皮, 籒文皮"라고 되어 있다. 그런데 이 피皮와 성부聲符인 위爲는 상고음上古音에서 동일하게 가부歌部에 속하였다.

468 (淸) 段玉裁注,《說文解字注》, 第十五卷, 第八篇注上,〈被〉, 398-399쪽. 그 원문에 "被, 寢衣, 長一身有半. 从衣, 皮聲"이라고 되어 있다.

469 (宋) 陳彭年·丘雍,《宋本廣韻》, 第三卷, 紙第四,〈彼〉, 5쪽. 그 원문에 "彼, 對此之稱"이라고 되어 있다.

470 (淸) 段玉裁注,《說文解字注》, 第四卷, 第二篇注下,〈復〉, 76쪽. 그 원문에 "復, 往來也. 从彳, 夏聲"이라고 되어 있다.

471 (淸) 段玉裁注,《說文解字注》, 第十五卷, 第八篇注上,〈複〉, 397쪽. 그 원문에 "複, 重衣也. 从衣, 夏聲. 一曰: 褚衣"라고 되어 있다.

472 (淸) 段玉裁注,《說文解字注》, 第二十一卷, 第十一篇注上之二,〈溝〉, 559쪽. 그 원문에 "溝, 水瀆也. 廣四尺, 深四尺. 从水, 冓聲"이라고 되어 있다.

도표 번호	상商나라의 갑골문甲骨文	주周나라의 금문金文	진秦나라의 소전小篆	한漢나라의 예서隸書	현대의 한자	글자의 창의創意
193	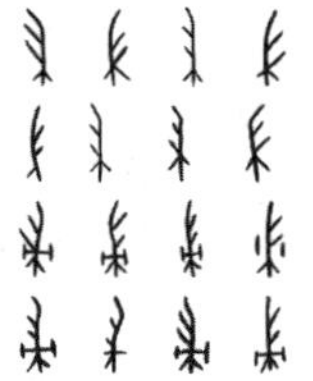	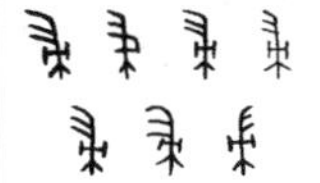	 s	帚	帚	빗자루의 모양을 본뜨고 있는데, 집 안팎을 청결히 하는 것은 주부의 소임임을 나타내고 있다.
194				免 冕 絻	免 冕 絻	한 사람이 머리에 투구를 쓰고 있는 모습을 본뜨고 있는데, 상해를 모면할 수 있음을 의미하고 있다.

서는, "覯는 우연히 만나는 것이다. 견見을 따르고, 구冓는 성부聲符이다"[473]라고 하였다. 갑골문에서 이 구冓는 두 나무 부분이 서로 맞대고 있는 모양을 본뜨고 있는데, 두 물체가 잇닿아 있음을 표현하고 있다(冓).

〈도표 193〉에 보이는 추帚에 대해《설문說文》에서는, "帚는 이것으로 쓸어내는 것이다. 우又를 따르고, 건巾을 들고 있으며, 경冂 안을 쓸고 있다. 옛날에 소강少康이 처음으로 쓰레받기와 비, 출주秫酒를 만들었다. 소강少康은 두강杜康이다. 장원長垣에 묻혔다"[474]라고 하였다. 그런데 이 추帚에다가 형부形符인 녀女를 덧붙이는 경우에는 부婦가 되는데, 이 부婦에 대해《설문說文》에서는, "婦는 일을 맡은 사람이다. 녀女를 따르고, 추帚를 들고 있다. 물을 뿌리며 먼지를 쓰는 것이다"[475]라고 하였다. 갑골문에서 이 추帚는 빗자루의 모양을 본뜨고 있는데, 이것이 주부의 일임을 나타내고 있다.

그리고〈도표 194〉에 보이는 면免에 대해《설문說文》의 단옥재段玉裁 보주補注에서는, "免은 토끼가 달아나는 것이다. 면免을 따르고, 발이 보이지 않는다. 회의자會意字이다"[476]라고

---

473 (清) 段玉裁注,《說文解字注》, 第十五卷, 第八篇注下,〈覯〉, 413쪽. 그 원문에 "覯, 遇見也. 从見, 冓聲"이라고 되어 있다.

474 (清) 段玉裁注,《說文解字注》, 第十四卷, 第七篇注下,〈帚〉, 364쪽. 그 원문에 "帚, 所目糞也. 从又, 持巾, 埽冂內. 古者少康初作箕·帚·秫酒. 少康, 杜康也. 葬長垣"이라고 되어 있다.

475 (清) 段玉裁注,《說文解字注》, 第二十四卷, 第十二篇注下,〈婦〉, 620쪽. 그 원문에 "婦, 服也. 从女, 持帚. 灑埽也"라고 되어 있다.

476 (清) 段玉裁注,《說文解字注》, 第十八卷, 第十篇注上,〈免〉, 477쪽. 그 원문에 "免, 兔逸也. 从免, 不見足. 會意"라고 되어 있다.

도표 번호	상商나라의 갑골문甲骨文	주周나라의 금문金文	진秦나라의 소전小篆	한漢나라의 예서隸書	현대의 한자	글자의 창의創意
195			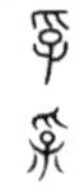 s k		孚	손으로 어린 포로를 통제하는 모습을 본뜨고 있는데, 어린아이는 교활하지 않기 때문에 믿고서 일을 맡길 수 있음을 의미하고 있다.

하였다. 그런데 이 면免에다가 형부形符인 모冃를 덧붙이는 경우에는 면(冕, 絻)이 되는데, 이 면(冕, 絻)에 대해《설문說文》에서는, "冕은 대부大夫 이상이 쓰는 예관禮冠이다. 긴 덮개를 가지고 있고, 옥 장식을 드리웠으며, 귀막이 끈에는 구슬을 달고 있다. 모冃를 따르고, 면免은 성부聲符이다. 옛날에 황제黃帝가 처음으로 면류관을 만들었다. 絻은 면冕의 혹체或體이고, 멱糸을 따르는 것으로 썼다"[477]라고 하였다. 금문金文에서 이 면免은 머리에 투구를 쓴 모양을 본뜨고 있는데, 상해를 모면할 수 있음을 의미하고 있다.

〈도표 195〉에 보이는 부(孚, 㝶)에 대해《설문說文》에서는, "孚는 알이 곧 부화孵化하는 것이다. 조爪와 자子를 따른다. 일설一說에는 믿음이라고도 한다. 㝶는 고문古文의 부孚이고, 보(禾, 呆)를 따른다. 보(禾, 呆)는 고문古文의 보(保, 保)이다. 보(保, 保)는 또한 성부聲符이다"[478]라고 하였다. 그런데 이 부(孚, 㝶)에다가 형부形符인 인人을 덧붙이는 경우에는 부俘가 되는데, 이 부俘에 대해서《설문說文》에서는, "俘는 전쟁에서 사로잡은 사람이다. 인人을 따르고, 부孚는 성부聲符이다.《춘추좌전春秋左傳》에 이르기를, '그것으로 포로가 되어 귀가 베이다' 라고 하였다"[479]라고 하였다. 갑골문에서 이 부(孚, 㝶)는 손으로 어린 포로를 통제하는 모습을 본뜨고 있는데, 믿고서 일을 맡길 수 있음을 의미하고 있다.

〈도표 196〉에 보이는 황皇에 대해《설문說文》에서는, "皇은 큰 것이다. 자自와 왕王을 따른다. 자自는 처음이다. 처음으로 왕 노릇을 한 사람은 삼황三皇이었고, 위대한 임금이었다. 자自는 발음이 비鼻와 같다. 지금의 풍속에 처음에 낳은 아이를 일컬어 비자鼻子라고 하는

---

477 (淸) 段玉裁注,《說文解字注》, 第十四卷, 第七篇注下, 〈冕〉, 357쪽. 그 원문에 "冕, 大夫㠯上冠也. 邃延·垂瑬·紞纊. 从冃, 免聲. 古者黃帝初作冕. 絻, 冕或, 从糸作"이라고 되어 있다.

478 (淸) 段玉裁注,《說文解字注》, 第六卷, 第三篇注下, 〈孚〉, 114쪽. 그 원문에 "孚, 卵卽孚也. 从爪子. 一曰: 信也. 㝶, 古文孚, 从禾. 禾, 古文保. 保亦聲"이라고 되어 있다.

479 (淸) 段玉裁注,《說文解字注》, 第十五卷, 第八篇注上, 〈俘〉, 386쪽. 그 원문에 "俘, 軍所獲也. 从人, 孚聲. 春秋傳曰: 㠯爲俘聝"이라고 되어 있다.

도표 번호	상商나라의 갑골문甲骨文	주周나라의 금문金文	진秦나라의 소전小篆	한漢나라의 예서隸書	현대의 한자	글자의 창의創意
196			 s	皇	皇	공작새 깃털 장식을 단 무도회용의 화려한 모자를 본뜨고 있는데, 형용사로 쓰이고 있다.
197			 s	曹	曹	통 위에 있는 두 포대에서 술을 거르고 있는 모습을 본뜨고 있다.

데, 이것이다"[480]라고 하였다. 그런데 이 황皇에다가 형부形符인 화火를 덧붙이는 경우에는 황煌이 되는데, 이 황煌에 대해《설문說文》에서는, "煌은 반짝반짝거리는 것이고, 빛나는 것이다. 화火를 따르고, 황皇은 성부聲符이다"[481]라고 하였다. 갑골문에서 이 황皇은 깃털 장식을 단 모자를 본뜨고 있는데, 화려한 옷차림을 표현하고 있다.

〈도표 197〉에 보이는 조(𣍘, 曹)에 대해《설문說文》에서는, "𣍘는 소송을 하는 두 무리이다. 조𣗥를 따르는 것은 법정의 동쪽에 있다. 왈曰을 따르는 것은 소송을 다스리는 것이다"[482]라고 하였다. 갑골문에서 이 조(𣍘, 曹)는 술을 걸러내는 통을 본뜨고 있는데, 관가官家의 작업을 나타내고 있다. 그런데 이 조曹에다가 형부形符인 목木을 덧붙이는 경우에는 조槽가 되는데, 이 조槽에 대해《설문說文》에서는, "槽는 가축의 구유이다. 목木을 따르고, 조(𣍘, 曹)는 성부聲符이다"[483]라고 하였다. 또한 이 조曹에다가 형부形符인 미米를 덧붙이는 경우에는 조糟가 되는데, 이 조糟에 대해서《설문說文》에서는, "糟는 술지게미이다. 미米를 따르고, 조(𣍘, 曹)는 성부聲符이다. 醩는 주문籀文이고, 유酉를 따른다"[484]라고 하였다. 이 조糟는 술을

480 (清) 段玉裁注,《說文解字注》, 第一卷, 第一篇注上,〈皇〉, 9-10쪽. 그 원문에 "皇, 大也. 从自王. 自, 始也. 始王者, 三皇, 大君也. 自, 讀若鼻. 今俗㠯作始生子爲鼻子, 是"라고 되어 있다.

481 (清) 段玉裁注,《說文解字注》, 第十八卷, 第十篇注上,〈煌〉, 490쪽. 그 원문에 "煌, 煌煌, 煇也. 从火, 皇聲"이라고 되어 있다.

482 (清) 段玉裁注,《說文解字注》, 第九卷, 第五篇注上,〈𣍘〉, 205쪽. 그 원문에 "𣍘, 獄兩曹也. 从𣗥, 在廷東也. 从曰, 治事者也"라고 되어 있다.

483 (清) 段玉裁注,《說文解字注》, 第十一卷, 第六篇注上,〈槽〉, 267쪽. 그 원문에 "槽, 嘼之食器. 從木, 𣍘聲"이라고 되어 있다.

484 (清) 段玉裁注,《說文解字注》, 第十三卷, 第七篇注上,〈糟〉, 335쪽. 그 원문에 "糟, 酒滓也. 从米, 𣍘聲. 醩, 籀文, 从酉"라고 되어 있다.

도표 번호	상商나라의 갑골문甲骨文	주周나라의 금문金文	진秦나라의 소전小篆	한漢나라의 예서隸書	현대의 한자	글자의 창의創意
198		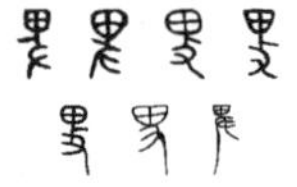	 S	卑	卑	의장패儀仗牌를 들고 다니는 천직賤職에 종사함을 의미하고 있다.

거르고 남은 술지게미를 가리키고 있다.

〈도표 198〉에 보이는 비卑에 대해《설문說文》에서는, "卑는 낮은 것이고, 일을 하는 사람이다. 좌𠂇와 갑甲을 따른다"[485]라고 하였다. 그런데 이 비卑에다가 형부形符인 녀女나 첩妾을 덧붙이는 경우에는 비婢가 되는데, 이 비婢에 대해《광운廣韻》에서는, "비婢는 아래에 있는 여자이다"[486]라고 하였다. 금문金文에서 이 비卑는 손에 의장패儀仗牌와 같은 물체를 잡고 있는 모습을 본뜨고 있는데, 직급이 낮은 사람이 하는 일을 나타내고 있다.

(2) 자형에 성부聲符 첨가

① 의도적인 글자 창제법으로 형부形符에 성부聲符를 첨가하는 경우

초기의 형성자는 명사가 비교적 많았지만 춘추시대를 지나면서 다른 품사에까지 점점 그 사용이 광범위해졌다. 그러면서 이 형성자의 방법은 후대에 중요한 하나의 조자造字 형식이 되었다.

예를 들어, 형부形符인 수水에 성부聲符인 공工을 덧붙이는 경우에는 강江이 되는데, 이 강江에 대해《설문說文》에서는, "江은 장강長江의 물줄기이다. 촉군蜀郡의 전저도湔氐道 변방 밖의 민산㟭山에서 흘러나와서 바다로 들어간다. 수水를 따르고, 공工은 성부聲符이다"[487]라고 하였다.

그리고 형부形符인 목木에 성부聲符인 조兆를 덧붙이는 경우에는 도桃가 되는데, 이 도桃에 대해《설문說文》에서는, "桃는 복숭아나무의 열매이다. 목木을 따르고, 조兆는 성부聲符이다"[488]라고 하였다.

---

485 (淸) 段玉裁注,《說文解字注》, 第六卷, 第三篇注下,〈卑〉, 117쪽. 그 원문에 "卑, 賤也, 執事者. 从𠂇甲"이라고 되어 있다.

486 (宋) 陳彭年·丘雍,《宋本廣韻》, 第三卷, 紙第四,〈婢〉, 7쪽. 그 원문에 "婢, 女之下也"라고 되어 있다.

487 (淸) 段玉裁注,《說文解字注》, 第二十卷, 第十一篇注上之一,〈江〉, 522쪽. 그 원문에 "江, 江水. 出蜀湔氐徼外㟭山, 入海. 从水, 工聲"이라고 되어 있다.

그리고 형부形符인 멱糸에 성부聲符인 공工을 덧붙이는 경우에는 홍紅이 되는데, 이 홍紅에 대해《설문說文》에서는, "紅은 비단이 옅은 붉은색을 띤 것이다. 멱糸을 따르고, 공工은 성부聲符이다"[489]라고 하였다.

그리고 형부形符인 언言에 성부聲符인 염炎을 덧붙이는 경우에는 담談이 되는데, 이 담談에 대해《설문說文》에서는, "談은 말하는 것이다. 언言을 따르고, 염炎은 성부聲符이다"[490]라고 하였다.

그리고 형부形符인 초艸에 성부聲符인 조早를 덧붙이는 경우에는 초草가 되는데, 이 초草에 대해《설문說文》에서는, "草는 도토리이고, 상수리나무의 열매이다. 일설一說에는 상수리나무의 열매라고도 한다. 초艸를 따르고, 조早는 성부聲符이다"[491]라고 하였다.

그리고 형부形符인 심心에 성부聲符인 청靑을 덧붙이는 경우에는 정情이 되는데, 이 정情에 대해《설문說文》에서는, "情은 사람의 음기陰氣로, 욕심이 있는 것이다. 심心을 따르고, 청靑은 성부聲符이다"[492]라고 하였다.

그리고 형부形符인 신身에 성부聲符인 복(复, 复)을 덧붙이는 경우에는 복腹이 되는데, 이 복腹에 대해《설문說文》에서는, "腹은 두꺼운 것이다. 육肉을 따르고, 복(复, 复)은 성부聲符이다"[493]라고 하였다. 그런데 갑골문에서 이 복腹은 신身을 따르거나 혹은 인人을 따르기도 한다().

② 자의字義의 확장인 인신引申으로 인해 그 의미가 달라지는 경우

이 경우에 해당되는 글자는 아주 드문 편이다. 예를 들어, 앞의 〈도표 110〉에서 소개했던 것처럼, 갑골문의 정晶은 원래 뭇별의 모양을 본뜨고 있었다. 그러다가 인신引申되어 '밝게 빛나다'라는 뜻이 되었다. 그런데 이 정晶에 성부聲符인 생生을 덧붙여 성(曐, 星)이 되면서,

---

488 (清) 段玉裁注,《說文解字注》, 第十一卷, 第六篇注上,〈桃〉, 242쪽. 그 원문에 "桃, 桃果也. 从木, 兆聲"이라고 되어 있다.

489 (清) 段玉裁注,《說文解字注》, 第二十六卷, 第十三篇注上,〈紅〉, 657쪽. 그 원문에 "紅, 帛赤白色也. 从糸, 工聲"이라고 되어 있다.

490 (清) 段玉裁注,《說文解字注》, 第五卷, 第三篇注上,〈談〉, 90쪽. 그 원문에 "談, 語也. 从言, 炎聲"이라고 되어 있다. 그런데 이 담談과 성부聲符인 염炎은 상고음上古音에서 동일하게 담부談部에 속하였다.

491 (清) 段玉裁注,《說文解字注》, 第二卷, 第一篇注下,〈草〉, 47쪽. 그 원문에 "草, 草斗, 櫟實也. 一曰: 象斗. 从艸, 早聲"이라고 되어 있다.

492 (清) 段玉裁注,《說文解字注》, 第十九卷, 第十篇注下,〈情〉, 506쪽. 그 원문에 "情, 人之侌气有欲者. 从心, 青聲"이라고 되어 있다.

493 (清) 段玉裁注,《說文解字注》, 第八卷, 第四篇注下,〈腹〉, 172쪽. 그 원문에 "腹, 厚也. 从肉, 复聲"이라고 되어 있다.

도표 번호	상商나라의 갑골문甲骨文	주周나라의 금문金文	진秦나라의 소전小篆	한漢나라의 예서隸書	현대의 한자	글자의 창의創意
199			 s	食	食	뚜껑을 덮어 보온하고 있는 음식을 본뜨고 있다.
			 s	飤	飤	

그 의미가 서로 구별되었다().

그리고 〈도표 199〉에 보이는 식食에 대해《설문說文》에서는, "食은 쌀알을 모은 것이다. 향皀을 따르고, 집亼은 성부聲符이다. 혹은 집亼과 향皀을 따른다고도 말한다. 무릇 식食의 속屬들은 모두 이 식食을 따른다"[494]라고 하였다. 갑골문에서 이 식食은 뚜껑이 덮인 익힌 음식을 본뜨고 있었는데, 인신引申되어 음식으로 사람을 먹인다는 뜻이 되었다. 그런데 이 식食에다가 형부形符인 인人을 덧붙이면서 사飤가 되었는데, 이 사飤에 대해《설문說文》에서는, "飤는 먹이는 것이다. 인人과 식食을 따른다"[495]라고 하였다. 그래서 이 사飤는 식食과 서로 다른 의미가 되었다. 또한 나중에 다시 이 식食에 성부聲符인 사司를 덧붙이는 것으로 바뀌면서 사飼가 되었는데, 이 사飼도 식食과는 서로 다른 의미가 되었다. 이 사飼에 대해《광운廣韻》에서는, "사飤는 먹이는 것이다. 사飼는 위와 같다"[496]라고 하였다.

③ 간혹 발음의 변화에 순응하기 위해서나 혹은 발음의 편리를 위해 성부聲符를 첨가하는 경우

예를 들어, 앞의 〈도표 46〉에서 소개한 것처럼, 갑골문에서 야埜는 숲속에 설치된 제사 지내는 곳을 의미하였다. 그러다가 전국시대가 되면서 이 야埜에 성부聲符인 여予를 덧붙였다. 그리고 소전체小篆體에서는 전田으로 림林을 대신하였고, 다시 전田과 토土를 합쳐서

494 (清) 段玉裁注,《說文解字注》, 第十卷, 第五篇注下,〈食〉, 220쪽. 그 원문에 "食, 亼米也. 从皀, 亼聲. 或說: 亼皀也. 凡食之屬皆从食"이라고 되어 있다. 그런데 이 식食은 상고음上古音에서 직부職部에 속하였고, 성부聲符인 집亼은 상고음에서 즙부緝部에 속하였다. 따라서 이 식食과 집亼은 상고음에서 서로 동일한 큰 부류에 속하지 않았다.

495 (清) 段玉裁注,《說文解字注》, 第十卷, 第五篇注下,〈飤〉, 222쪽. 그 원문에 "飤, 糧也. 从人食"이라고 되어 있다.

496 (宋) 陳彭年·丘雍,《宋本廣韻》, 第四卷, 志第七,〈飤〉, 9쪽. 그 원문에 "飤, 食也. 飼, 上同"이라고 되어 있다.

도표 번호	상商나라의 갑골문甲骨文	주周나라의 금문金文	진秦나라의 소전小篆	한漢나라의 예서隸書	현대의 한자	글자의 창의創意
200			 s	耤	耤	여러 사람이 쟁기를 밀거나 보습을 딛고서 밭을 가는 모습을 표현하고 있다.
201			 s s	疑	疑	한 사람이 지팡이를 짚고 십자로에 서서 어느 방향으로 가야 할지 주저하는 모습을 본뜨고 있다.

리里가 된 다음에, 마침내 자형이 야(野, 壄, 埜)로 되었다([illegible]).

그리고 〈도표 200〉에 보이는 적耤에 대해 《설문說文》에서는, "耤은 황제가 친히 천 이랑을 가는 것이다. 옛날에 백성을 부려 밭을 가는 일은 마치 힘을 빌리는 것과 같다고 했으므로, 그것을 일컬어 자耤라고 하였다. 뢰耒를 따르고, 석(㫺, 昔)은 성부聲符이다"[497]라고 하였다. 갑골문에서 이 적耤은 여러 사람이 쟁기를 밀거나 보습을 딛고서 밭을 가는 모습을 본뜨고 있었는데, 나중에 이 자형에 성부聲符인 석(㫺, 昔)을 덧붙였다.

그리고 〈도표 201〉에 보이는 의疑에 대해 《설문說文》에서는, "疑는 의심하는 것이다. 자子와 지止와 비匕를 따르고, 시矢는 성부聲符이다"[498]라고 하였고, 또한 의(𠤕, 疑)에 대해 《설문說文》에서는, "𠤕는 정하지 못한 것이다. 화(匕, 化)를 따르고, 시(矣, 矢)는 성부聲符이다. 시(矣, 矢)는 고문古文의 시矢이다"[499]라고 하였다. 갑골문에서 이 의疑는 한 사람이 지팡이를 짚고 십자로에 서서 어느 방향으로 가야 할지 주저하는 모습을 본뜨고 있었는데, 금문金文에서는 이 의疑에다 성부聲符인 우牛를 덧붙였다.

---

497 (清) 段玉裁注, 《說文解字注》, 第八卷, 第四篇注下, 〈耤〉, 186쪽. 그 원문에 "耤, 帝耤千畝也. 古者使民如借, 故謂之耤. 从耒, 㫺聲"이라고 되어 있다.

498 (清) 段玉裁注, 《說文解字注》, 第二十八卷, 第十四篇注下, 〈疑〉, 750쪽. 그 원문에 "疑, 惑也. 从子止匕, 矢聲"이라고 되어 있다. 그런데 이 의疑는 상고음上古音에서 지부之部에 속하였고, 성부聲符인 시矢는 상고음에서 지부脂部에 속하였다. 따라서 이 의疑와 시矢는 상고음에서 서로 동일한 큰 부류에 속하지 않았다.

499 (清) 段玉裁注, 《說文解字注》, 第十五卷, 第八篇注上, 〈𠤕〉, 388쪽. 그 원문에 "𠤕, 未定也. 从匕, 矣聲. 矣, 古文矢字"라고 되어 있다. 그런데 이 의(𠤕, 疑)는 상고음上古音에서 지부之部에 속하였고, 성부聲符인 시(矣, 矢)는 상고음에서 지부脂部에 속하였다. 따라서 이 의(𠤕, 疑)와 시(矣, 矢)는 상고음에서 서로 동일한 큰 부류에 속하지 않았다.

도표 번호	상商나라의 갑골문甲骨文	주周나라의 금문金文	진秦나라의 소전小篆	한漢나라의 예서隸書	현대의 한자	글자의 창의創意
202		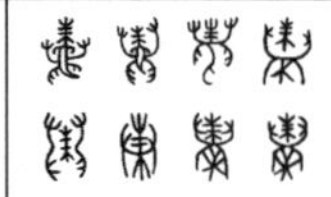	 s h	鼄 蛛	鼄 蛛	거미의 모양을 본뜨고 있다.
203	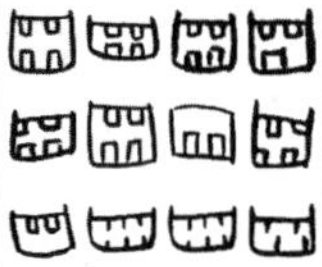		 s k	齒	齒	입 속에 있는 이빨의 모양을 본뜨고 있다.
204	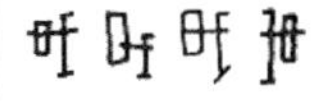	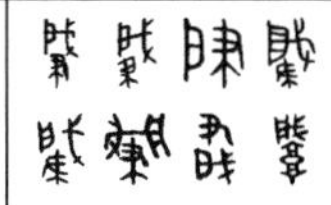	 s	肇 肈	肇 肈	창으로 문을 부숴 시비를 일으키거나, 혹은 숫돌에 창을 갈아 처음으로 날을 세우는 모습을 본뜨고 있다.

〈도표 202〉에 보이는 주(鼄, 蛛)에 대해《설문說文》에서는, "鼄는 거미이다. 맹黽을 따르고, 주朱는 성부聲符이다. 蛛는 주鼄의 혹체或體이고, 훼虫를 따른다"[500]라고 하였다. 갑골문에서 이 주(鼄, 蛛)는 거미의 모양을 본뜨고 있었는데, 금문金文에서는 이 자형에다 성부聲符인 주朱를 덧붙였다. 그러다가 나중에 다시 자형이 맹黽에서 훼虫로 바뀌었다.

〈도표 203〉에 보이는 치齒에 대해《설문說文》에서는, "齒는 입의 잇몸에 난 이빨이다. 입에 있는 이빨의 모양을 본뜨고 있고, 지止는 성부聲符이다. 무릇 치齒의 속屬들은 모두 이 치齒를 따른다. 𠙵는 고문古文의 치齒이다"[501]라고 하였다. 갑골문에서 이 치齒는 입 속에 있는 이빨의 모양을 본뜨고 있는데, 아마도 잇병과 관련된 다른 글자와 구분하기 위해서 자형에 성부聲符인 지止를 덧붙였을 것이다.

〈도표 204〉에 보이는 조(肇, 肈)에 대해《설문說文》에서는, "肇는 한漢나라의 화제和帝를 휘諱한 것이다"[502]라고 하였고, 또한 조肁에 대해《설문說文》에서는, "肁는 처음으로 여는 것이다. 호戶와 율聿을 따른다"[503]라고 하였다. 갑골문에서 이 조(肇, 肈)는 창으로 문을 부숴

---

500 (清) 段玉裁注,《說文解字注》, 第二十六卷, 第十三篇注下,〈鼄〉, 686쪽. 그 원문에 "鼄, 鼅鼄也. 从黽, 朱聲. 蛛, 鼄或, 从虫"라고 되어 있다.

501 (清) 段玉裁注,《說文解字注》, 第四卷, 第二篇注下,〈齒〉, 79쪽. 그 원문에 "齒, 口齗骨也. 象口齒之形, 止聲. 凡齒之屬皆从齒. 𠙵, 古文齒字"라고 되어 있다.

502 (清) 段玉裁注,《說文解字注》, 第二十四卷, 第十二篇注下,〈肇〉, 635쪽. 그 원문에 "肇, 上諱"라고 되어 있다.

503 (清) 段玉裁注,《說文解字注》, 第二十三卷, 第十二篇注上,〈肁〉, 592-593쪽. 그 원문에 "肁, 始開也. 从戶聿"이라고 되어 있다.

도표 번호	상商나라의 갑골문甲骨文	주周나라의 금문金文	진秦나라의 소전小篆	한漢나라의 예서隸書	현대의 한자	글자의 창의創意
205			 s	鑪	鑪	받치는 발이 있어 옮겨 놓을 수 있는 화로의 모양을 본뜨고 있다.
206	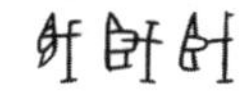	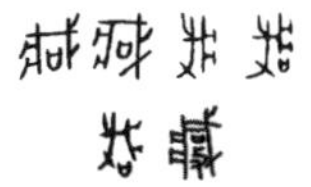	 s  z	臧	臧	창으로 노예의 눈을 찔러 눈을 멀게 하여 저항 능력을 감소시키고 복종하게 한다.

시비를 일으키거나, 혹은 숫돌에 창을 갈아 처음으로 날을 세우는 모습을 본뜨고 있었는데, 금문金文에서는 이 자형에다 다시 율聿을 덧붙였다.

그런데 선진시대 상고음上古音을 추정해 보면, 이 율聿은 'riwət'과 같이 발음되었고, 미문운微文韻에 속하였다. 그러나 조(肇, 肁)는 상고음上古音이 'diaw'와 같이 발음되었으며, 소약운宵藥韻에 속하였다. 따라서 이 두 글자는 상고음上古音의 운韻이 서로 동일하지 않기 때문에, 형성形聲이 될 수 있는 조건에 그다지 부합한다고 볼 수 없다. 더구나 이 율聿과 조(肇, 肁)가 글자의 창의創意에서 어떠한 관계에 있었는지도 아직까지 찾아보기가 힘든 편이다. 그래서 이러한 현상은 아마도 상고음上古音에서 한 글자가 두 가지 발음을 가지는 경우가 아닐까 생각되므로, 현재로서는 다만 이 율聿을 이 조(肇, 肁)의 성부聲符라고 여길 뿐이다.

〈도표 205〉에 보이는 로鑪에 대해《설문說文》에서는, "鑪는 네모난 화로이다. 금金을 따르고, 로盧는 성부聲符이다"[504]라고 하였다. 갑골문에서 이 로鑪는 받침대가 있는 화로의 모양을 본뜨고 있었는데, 나중에 이 자형에다 성부聲符인 호虍를 덧붙였다.

〈도표 206〉에 보이는 장臧에 대해《설문說文》에서는, "臧은 착한 것이다. 신臣을 따르고, 장戕은 성부聲符이다. 臧은 주문籒文이다"[505]라고 하였다. 갑골문에서 이 장臧은 창으로 노예의 눈을 찔러 눈을 멀게 하는 모습을 본뜨고 있었는데, 나중에 이 자형에다 성부聲符인 장爿을 덧붙였다.

---

504 (淸) 段玉裁注,《說文解字注》, 第二十七卷, 第十四篇注上,〈鑪〉, 712쪽. 그 원문에 "鑪, 方鑪也. 从金, 盧聲"이라고 되어 있다.

505 (淸) 段玉裁注,《說文解字注》, 第六卷, 第三篇注下,〈臧〉, 119쪽. 그 원문에 "臧, 善也. 从臣, 戕聲. 臧, 籒文"이라고 되어 있다.

도표 번호	상商나라의 갑골문甲骨文	주周나라의 금문金文	진秦나라의 소전小篆	한漢나라의 예서隸書	현대의 한자	글자의 창의創意
207	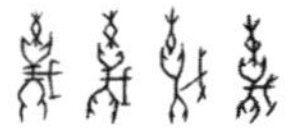			蠹 螙	蠹 螙	원형은 당연히 좀벌레의 모양을 해야 했지만, 상商나라 때 이미 성부聲符인 탁橐을 덧붙였다.

〈도표 207〉에 보이는 두(蠹, 螙)에 대해 《설문說文》에서는, "蠹는 나무 속에 기생하는 벌레이다. 곤䖵을 따르고, 탁橐은 성부聲符이다. 螙는 두蠹의 혹체或體이고, 목木을 따른다. 벌레가 나무 속에 있는 모습을 본뜨고 있다. 담장譚長의 견해이다"[506]라고 하였다. 갑골문에서 이 두(蠹, 螙)는 원래 당연히 좀벌레의 모양을 본떠야 했지만, 상商나라 때 이미 이 자형에 성부聲符인 탁橐을 덧붙였다.

④ 글쓰기와 규칙의 편리를 위해 상형자象形字나 표의자表意字를 형성자形聲字로 바꾼 경우

예를 들어, 앞의 〈도표 45〉에서 소개한 것처럼, 갑골문에서 유囿는 어느 일정한 범위 내에서 특별히 식물을 재배하는 장소를 의미하였다. 그런데 나중에 이 유囿의 자형이 위口를 따르고 유有가 성부聲符인 형태로 바뀌었다().

그리고 앞의 〈도표 96〉에서 이미 소개한 것처럼, 갑골문에서 도稻는 쌀통에 담긴 쌀로 그 의미를 표현하였다. 그런데 이 도稻는 나중에 미米를 따르고 요舀가 성부聲符인 형태로 바뀌었다. 또한 후대에 다시 자형의 규칙화 때문에, 이 미米가 화禾로 되었다(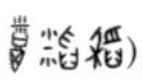).

〈도표 208〉에 보이는 정(阱, 穽, 汬)에 대해 《설문說文》에서는, "阱은 함정이다. 부(𠂤, 阜)와 정丼을 따르고, 정丼은 또한 성부聲符이다. 穽은 정阱의 혹체或體이고, 혈穴을 따른다. 汬은 고문古文의 정阱이고, 수水를 따른다"[507]라고 하였다. 갑골문에서 이 정(阱, 穽, 汬)은 함정을 파서 야생동물을 잡는 모습을 본뜨고 있었는데, 나중에는 부(𠂤, 阜)에 성부聲符인 정丼을 덧붙이는 것으로 바뀌었다.

---

506 (淸) 段玉裁注, 《說文解字注》, 第二十六卷, 第十三篇注下, 〈蠹〉, 682쪽. 그 원문에 "蠹, 木中蟲. 从䖵, 橐聲. 螙, 蠹或, 从木. 象蟲在木中形. 譚長說"이라고 되어 있다. 그런데 이 두(蠹, 螙)는 상고음上古音에서 어부魚部에 속하였고, 성부聲符인 탁橐은 상고음에서 탁부鐸部에 속하였다. 따라서 이 두(蠹, 螙)와 탁橐은 모두 고운古韻에서 어탁양魚鐸陽의 큰 부류에 속하였다.

507 (淸) 段玉裁注, 《說文解字注》, 第十卷, 第五篇注下, 〈阱〉, 218쪽. 그 원문에 "阱, 陷也. 从𠂤丼, 丼亦聲. 穽, 阱或, 从穴. 汬, 古文阱, 从水"라고 되어 있다.

도표 번호	상商나라의 갑골문甲骨文	주周나라의 금문金文	진秦나라의 소전小篆	한漢나라의 예서隸書	현대의 한자	글자의 창의創意
208			 s h k	阱 穽 汬	阱 穽 汬	함정을 파서 야생동물을 잡는 모습을 본뜨고 있다.
209	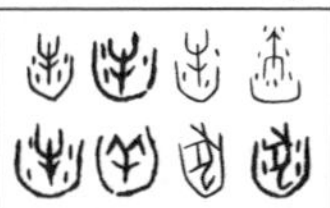		 s	埋 薶	埋 薶	소나 양 등의 희생犧牲을 구덩이에 묻는 모습을 본뜨고 있다.
210	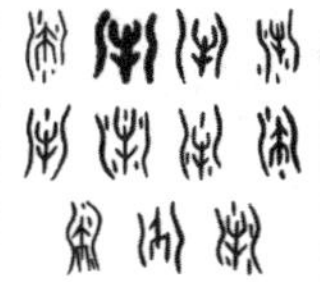	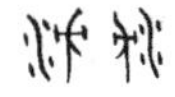	 s	沈 沉	沈 沉	강물 속에 소를 집어넣고 귀신에게 제사지내는 모습을 본뜨고 있다.

〈도표 209〉에 보이는 매(薶, 埋)에 대해《설문說文》에서는, "薶는 묻는 것이다. 초艸를 따르고, 리貍는 성부聲符이다"[508]라고 하였다. 갑골문에서 이 매(薶, 埋)는 희생犧牲을 구덩이에 묻는 모습을 본뜨고 있었는데, 소전체小篆體에서는 초艸를 따르고 리貍가 성부聲符인 형태로 바뀌었다. 그런데 이 매(薶, 埋)는 나중에 다시 토土를 따르고 리里가 성부聲符인 형태로 변화되었다.

〈도표 210〉에 보이는 침(沈, 沉)에 대해《설문說文》에서는, "沈은 구릉 위에 그득히 고인 물이다. 수水를 따르고, 음冘은 성부聲符이다. 일설一說에는 더러운 찌꺼기라고도 한다"[509]라고 하였다. 갑골문에서 이 침(沈, 沉)은 원래 강물 속에 소를 집어넣고 귀신에게 제사지내는 모습을 본뜨고 있었다.

〈도표 211〉에 보이는 후猴에 대해《설문說文》에서는, "猴는 원숭이이다. 견犬을 따르고, 후侯는 성부聲符이다"[510]라고 하였다. 갑골문에서 이 후猴는 원숭이의 모양을 본뜨고 있었

508 (清) 段玉裁注,《說文解字注》, 第二卷, 第一篇注下,〈薶〉, 45쪽. 그 원문에 "薶, 瘞也. 从艸, 貍聲"이라고 되어 있다. 그런데 이 매(薶, 埋)와 성부聲符인 리貍는 상고음上古音에서 동일하게 지부之部에 속하였다.

509 (清) 段玉裁注,《說文解字注》, 第二十一卷, 第十一篇注上之二,〈沈〉, 563쪽. 그 원문에 "沈, 陵上滈水也. 从水, 冘聲. 一曰: 濁黕也"라고 되어 있다. 그런데 이 침沈과 성부聲符인 음冘은 상고음上古音에서 동일하게 침부侵部에 속하였다.

510 (清) 段玉裁注,《說文解字注》, 第十八卷, 第十篇注上,〈猴〉, 482쪽. 그 원문에 "猴, 夒也. 从犬, 侯聲"이라고 되어 있다.

도표 번호	상商나라의 갑골문甲骨文	주周나라의 금문金文	진秦나라의 소전小篆	한漢나라의 예서隸書	현대의 한자	글자의 창의創意
211			 s	猴	猴	원숭이의 모양을 본뜨고 있다.
212			 s h k z	鬽 魅	鬽 魅	몸에 번쩍이는 인燐을 바른 요괴의 모습을 본뜨고 있다.
213	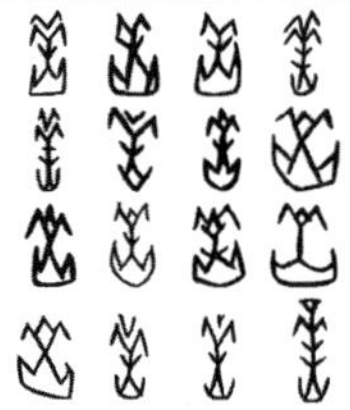		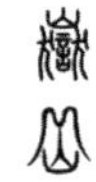 s k	嶽 岳	嶽 岳	겹겹이 둘러싸인 산등성이의 모습을 본뜨고 있다.

는데, 나중에 견犬을 따르고 후侯가 성부聲符인 형태로 바뀌었다.

〈도표 212〉에 보이는 매(鬽, 魅)에 대해서《설문說文》에서는, "鬽 는 오래된 물체의 정령精靈이다. 귀鬼와 삼彡을 따른다. 삼彡은 귀신의 털이다. 魅 는 혹체或體이고, 미未를 따른다. 𩲡 는 고문古文이다. 𣬈 는 주문籒文이고, 단彖의 머리 부분을 따르며, 미尾의 생략형인 성부聲符를 따른다"[511]라고 하였다. 갑골문에서 이 매(鬽, 魅)는 귀신의 가면을 썼거나 몸에 번쩍이는 인燐을 바른 모습을 본뜨고 있는데, 매장한 지 오래된 귀신에게만 나타나는 현상이다. 그런데 나중에 이 매(鬽, 魅)는 귀鬼를 따르고 미未가 성부聲符인 형태로 바뀌었다.

〈도표 213〉에 보이는 악(嶽, 岳)에 대해《설문說文》에서는, "嶽 은 동쪽의 태산泰山, 남쪽의 형산衡山, 서쪽의 화산華山, 북쪽의 항산恒山, 중간의 숭산嵩山이다. 임금이 그 지킴을 둘러보면서 이르는 곳이다. 산山을 따르고, 옥獄은 성부聲符이다. 𡴳 은 고문古文이고, 높은 모양을 본뜨고 있다"[512]라고 하였다. 갑골문에서 이 악(嶽, 岳)은 겹겹이 둘러싸인 산등성이의 모습

511 (清) 段玉裁注,《說文解字注》, 第十六卷, 第九篇注上,〈鬽〉, 440쪽. 그 원문에 "鬽, 老物精也. 从鬼彡. 彡, 鬼毛. 魅, 或, 从未. 𩲡, 古文. 𣬈, 籒文, 从彖首, 从尾省聲"이라고 되어 있다.

512 (清) 段玉裁注,《說文解字注》, 第十七卷, 第九篇注下,〈嶽〉, 442쪽. 그 원문에 "嶽, 東岱, 南靃, 西華, 北恒, 中大室. 王者之所㠯巡狩所至. 从山, 獄聲. 𡴳, 古文, 象高形"이라고 되어 있다.

도표 번호	상商나라의 갑골문甲骨文	주周나라의 금문金文	진秦나라의 소전小篆	한漢나라의 예서隸書	현대의 한자	글자의 창의創意
214			 s z	虹	虹	아치형으로 몸을 굽히고 머리가 양쪽으로 둘 달린 신화 속의 동물 모양을 본뜨고 있다.
215			 s k	誥	誥	두 손으로 긴 관악기를 잡은 모습을 본뜨고 있는데, 정부의 정책 포고 방식이다.

을 본뜨고 있었는데, 나중에 산山을 따르고 옥獄이 성부聲符인 형태로 바뀌었다.

〈도표 214〉에 보이는 홍虹에 대해《설문說文》에서는, "虹은 무지개이다. 형상이 마치 뱀과 같다. 훼虫를 따르고, 공工은 성부聲符이다.《예기禮記》〈월령月令〉에 이르기를, '무지개가 비로소 보인다'라고 하였다. 蚺은 주문籀文의 홍虹이고, 신申을 따른다. 신申은 번개이다"[513] 라고 하였다. 갑골문에서 이 홍虹은 아치형으로 몸을 굽히고 머리가 양쪽으로 둘 달린 신화神話 속의 동물의 모양을 본뜨고 있었는데, 나중에 훼虫를 따르고 공工이 성부聲符인 홍虹과 우雨를 따르고 아兒가 성부聲符인 예霓로 바뀌었다.

〈도표 215〉에 보이는 고誥에 대해《설문說文》에서는, "誥는 알리는 것이다. 언言을 따르고, 고告는 성부聲符이다. 𠧟는 고문古文의 고誥이다"[514]라고 하였다. 금문金文에서 이 고誥는 원래 두 손으로 긴 관악기管樂器를 잡고서 정부 정책을 포고하는 것을 의미하였다.

(3) 성부聲符에 성부聲符 첨가

이것은 대부분이 가차假借로 인해 다시 성부聲符를 덧붙이게 되는 경우인데, 그 예는 많지 않은 편이다.

예를 들어, 앞의 〈도표 22〉에서 이미 소개한 봉鳳에다가 성부聲符인 범凡을 덧붙이면 풍風이 된다. 처음에는 봉황의 형태를 빌려 풍風이라고 했는데, 여기에 다시 성부聲符인 범凡을 덧붙여서 풍風의 뜻으로만 사용하였다. 그런데 간혹 성부聲符인 형兄을 덧붙이면서 봉鳳으

513 (清) 段玉裁注,《說文解字注》, 第二十五卷, 第十三篇注上,〈虹〉, 680쪽. 그 원문에 "虹, 螮蝀也. 狀佀虫. 从虫, 工聲. 明堂月令曰: 虹始見. 蚺, 籒文虹, 从申. 申, 電也"라고 되어 있다.

514 (清) 段玉裁注,《說文解字注》, 第五卷, 第三篇注上,〈誥〉, 93쪽. 그 원문에 "誥, 告也. 从言, 告聲. 𠧟, 古文誥"라고 되어 있다.

로도 사용되었다. 그러다가 마침내 범凡과 훼虫로 구성된 풍風이 되었다().[515]

그리고 앞의 〈도표 29〉에서 소개한 우羽에다가 성부聲符인 립立을 덧붙이면 익翌이 된다. 처음에는 깃털의 형태를 빌려 내일을 의미했는데, 여기에 다시 성부聲符인 립立을 덧붙여서 익翌이 되었다. 그런데 이 익(翊, 翌)에 대해《설문說文》에서는, "翊은 날으는 모양이다. 우羽를 따르고, 립立은 성부聲符이다"[516]라고 하였다.[517] 그 뒤에 다시 〈도표 28〉에서 이미 소개한 것처럼 일日을 따르고 립立이 성부聲符인 욱昱을 별도로 만들었다. 그런데 이 우羽는 나중에 다시 발음을 가차하여 악곡의 음조가 되었고, 그러면서 전국시대戰國時代에는 이 우羽의 자형에다 성부聲符인 우于를 덧붙였다().[518]

〈도표 216〉에 보이는 호乎에 대해《설문說文》에서는, "乎는 말의 여운餘韻이다. 혜兮를 따르고, 소리가 올라가 점점 퍼지는 모습을 본뜨고 있다"[519]라고 하였다. 갑골문에서 이 호乎는 글자의 창의創意가 그다지 명확하지 않다. 그런데 〈도표 217〉에 보이는 녕寧에 대해《설문說文》에서는, "寧은 바라는 말이다. 고丂를 따르고, 녕寍은 성부聲符이다"[520]라고 하였고, 또한 정甹에 대해서《설문說文》에서는, "甹은 호흡이 진정된 것이다. 혈血을 따르고, 병甹의 생략형이 성부聲符이다. 발음은 정亭과 같다"[521]라고 하였다. 그래서 아마도 호乎는 이 녕寧이나 정甹의 아랫부분에 해당할 것이다.

그런데 갑골문에서 이 녕寧이나 정甹은 그릇 아랫부분에 받침대가 있는 쟁반에다 그 위에는 국물이 담긴 그릇의 모습을 본뜨고 있는데, 아마도 뜨거운 음식은 이렇게 쟁반을 사용해야 손을 데지 않고 안전하다는 의미를 나타내고 있을 것이다. 그렇지만 호乎는 쟁반

---

515 여기서 봉鳳의 상고음上古音은 'bjəm'이었고, 범凡의 상고음上古音은 'bjwəm'이었으며, 풍風의 상고음上古音은 'pjwəm'이었고, 형兄의 상고음上古音은 'xiwang'이었던 것으로 추정된다.(원저자 주)

516 (淸) 段玉裁注,《說文解字注》, 第七卷, 第四篇注上,〈翊〉, 141쪽. 그 원문에 "翊, 飛皃. 从羽, 立聲"이라고 되어 있다. 그런데 이 익(翊, 翌)과 성부聲符인 립立은 상고음上古音에서 동일하게 즙부緝部에 속하였다.(역자 주)

517 그런데 이 우羽와 립立이 서로 다른 운부韻部에 속해 있었던 것으로 봐서, 상商나라와 주周나라의 성聲과 운韻에 서로 차이가 있었음을 알 수 있다.(원저자 주)

518 여기서 우羽의 상고음上古音은 'ɤjwaɤ'였고, 립立의 상고음上古音은 'liəp'이었으며, 우于의 상고음上古音은 'ɤjwaɤ'였던 것으로 추정된다.(원저자 주)

519 (淸) 段玉裁注,《說文解字注》, 第九卷, 第五篇注上,〈乎〉, 206쪽. 그 원문에 "乎, 語之餘也. 从兮, 象聲上越揚之形也"라고 되어 있다.

520 (淸) 段玉裁注,《說文解字注》, 第九卷, 第五篇注上,〈寧〉, 205쪽. 그 원문에 "寧, 願詞也. 从丂, 寍聲"이라고 되어 있다.

521 (淸) 段玉裁注,《說文解字注》, 第九卷, 第五篇注上,〈甹〉, 216쪽. 그 원문에 "甹, 定息也. 从血, 甹省聲. 讀若亭"이라고 되어 있다.

도표 번호	상商나라의 갑골문甲骨文	주周나라의 금문金文	진秦나라의 소전小篆	한漢나라의 예서隸書	현대의 한자	글자의 창의創意
216	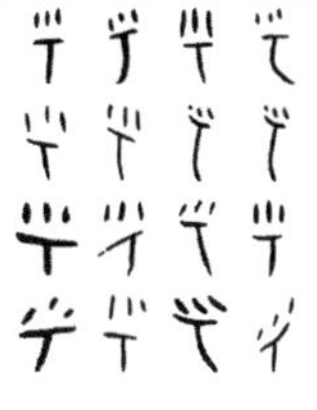			乎 虖	乎 虖	창의創意가 명확하지 않은데, 나중에 가차되어 어사語詞가 되었다. 그리고 전국시대에 성부聲符인 호虎를 덧붙인 예가 있다.
217		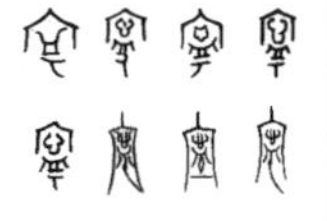	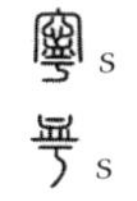	寧	寧 甹	그릇 아랫부분에 받침대를 가진 쟁반이 있는 모습을 본뜨고 있는데, 쟁반을 사용해야 손을 데지 않고 안전하다는 의미를 나타내고 있다.
218	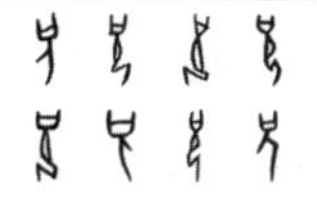	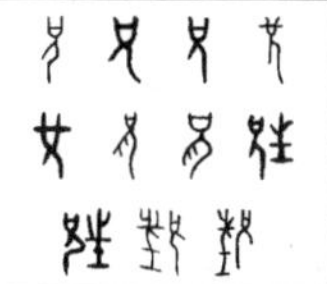		兄	兄	한 사람이 입을 벌리고 축원祝願을 올리는 모습을 본뜨고 있는데, 가차되어 인륜人倫을 나타내고 있다.

위에 바로 뜨거운 국물이 있는 모습을 본뜨고 있으므로, 아마도 그 창의創意는 손을 데어 아픔을 호소하고 있는 모습일 것이다. 그리고 이 호乎는 나중에 발음을 가차하여 어사語詞가 되었고, 전국시대에는 성부聲符인 호虎를 덧붙여서 호虖가 되었다.[522] 그런데 이 호虖에 대해《설문說文》에서는, "虖는 호랑이가 으르렁거리는 것이다. 호虍를 따르고, 호乎는 성부聲符이다"[523]라고 하였다.

〈도표 218〉에 보이는 형兄에 대해《설문說文》에서는, "兄은 불어나는 것이다. 인儿을 따르고, 구口를 따른다. 무릇 형兄의 속屬들은 모두 이 형兄을 따른다"[524]라고 하였다. 갑골문에서 이 형兄은 축祝의 자형을 따르고 있는데, 한 사람이 서 있거나 꿇어앉아서 입을 벌리고 축원祝願을 올리고 있는 모습을 본뜨고 있음을 알 수 있다. 그런데 나중에 발음을 가차하여 인륜人倫을 나타내었고, 금문金文에서는 성부聲符인 왕往을 덧붙이기도 하였다.[525]

522 여기서 호乎의 상고음上古音은 'gaɤ'였고, 호虎의 상고음上古音은 'xaɤ'였던 것으로 추정된다.(원저자 주)

523 (淸) 段玉裁注,《說文解字注》, 第九卷, 第五篇注上,〈虖〉, 211쪽. 그 원문에 "虖, 哮虖也. 从虍, 乎聲"이라고 되어 있다.

524 (淸) 段玉裁注,《說文解字注》, 第十五卷, 第八篇注下,〈兄〉, 410쪽. 그 원문에 "兄, 長也. 从儿, 从口. 凡兄之屬皆从兄"이라고 되어 있다.

그리고 기타의 예에서 보면, 전국시대의 여러 제후국에서는 호虍를 따르고 어魚를 따르는 어𧇼로 여余를 대신하여 일인칭 대명사로 쓴 경우가 있었다(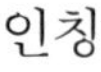). 이처럼 인칭대명사는 모두 발음 가차의 방법을 사용하였는데, 호虎, 어魚, 여余가 모두 상고음上古音에서 어양운魚陽韻에 속했기 때문에, 이 어𧇼에서 호虍와 어魚가 성부聲符의 결합임을 쉽게 알 수 있다.[526]

그리고 마찬가지로 전국시대의 청동기 명문銘文에 보이는 와 는 자兹를 따르고 재才를 따르는 재哉로 사용되었다. 그런데 이 자兹, 재才, 재哉가 모두 상고음上古音에서 증운蒸韻에 속했기 때문에, 이 재哉도 당연히 순수한 성부聲符의 결합임을 알 수 있다.[527]

(라) 분류 의견의 불일치

앞에서 이미 언급한 삼서설三書說이든 아니면 전통적인 육서설六書說이든지를 막론하고, 어느 한 글자의 분류에 대해 학자들의 일치된 견해를 얻는다는 것은 그다지 간단한 일이 아니다. 설령 형성자形聲字와 표의자表意字로 나누어지는 이분법二分法을 채택한다고 하더라도, 이미 잘못 변해진 소전체小篆體의 자형 형태가 아니라 최초의 자형인 갑골문을 대했을 적에는, 이러한 간단한 방법으로도 일치된 분류 의견을 가지기가 힘이 든다. 그렇지만 모든 조자법造字法 중에서 형성자形聲字는 그나마 가장 쉽게 분류할 수 있는 것에 속한다.

첫째, 형성자는 반드시 자형에 적어도 하나의 성부聲符를 포함하게 되는데, 이 성부는 모두 독립적인 글자로 되어 있다. 그리고 예외의 경우도 그다지 많지 않다.

예를 들어, 황㞷에 대해《설문說文》에서는, "㞷은 초목이 어지럽게 자라는 것이다. 지(㞢, 之)를 따르고, 토土 위에 있다. 발음은 황皇과 같다. 𡉚은 고문古文이다"[528]라고 하였고, 또한 왕(𢓊, 往)에 대해서《설문說文》에서는, "𢓊은 가는 것이다. 척彳을 따르고, 황㞷은 성부聲符이다. 𨓸은 고문古文이고, 착辵을 따른다"[529]라고 하였다. 이 황㞷과 왕(𢓊, 往)의 갑골문 자형은

---

525 여기서 형兄의 상고음上古音은 'xiwang'이었고, 왕往의 상고음上古音은 'gjwang'이었던 것으로 추정된다.(원저자 주)

526 여기서 호虍의 상고음上古音은 'xaɤ'였고, 어魚의 상고음上古音은 'ngjaɤ'였으며, 여余의 상고음上古音은 'riaɤ'였던 것으로 추정된다.(원저자 주)

527 여기서 자兹의 상고음上古音은 'tsjiəɤ'였고, 재才의 상고음上古音은 'dzəɤ'였으며, 재哉의 상고음上古音은 'tsəɤ'였던 것으로 추정된다.(원저자 주)

528 (淸) 段玉裁注,《說文解字注》, 第十二卷, 第六篇注下,〈㞷〉, 275쪽. 그 원문에 "㞷, 艸木妄生也. 从㞢, 在土上. 讀若皇. 𡉚, 古文"이라고 되어 있다.

529 (淸) 段玉裁注,《說文解字注》, 第四卷, 第二篇注下,〈往〉, 76쪽. 그 원문에 "𢓊, 之也. 从彳, 㞷聲. 𨓸, 古文, 从辵"이라고 되어 있다.

도표 번호	상商나라의 갑골문甲骨文	주周나라의 금문金文	진秦나라의 소전小篆	한漢나라의 예서隸書	현대의 한자	글자의 창의創意
219	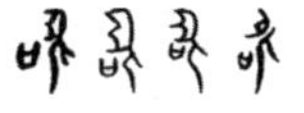		 s	聖	聖	한 사람이 귀가 밝고 예민하여 여러 가지 소리를 분별할 수 있다는 뜻으로, 천부적인 신체적 능력을 강조하고 있다.

인데, 여전히 지止를 따르고 왕王이 성부聲符인 자형 형태를 취하고 있다. 또한 위아래의 두 자형 부분도 하나로 연결되어 있다.

둘째, 형성자와 형성을 만드는 성부聲符 이 둘의 운모韻母가 동일한 한 부류에 속해야 하는 필수적인 조건 외에도, 이 둘의 성모聲母도 또한 동일한 한 부류에 속해야 한다. 이를테면, 순음脣音은 순음끼리 한 부류가 되어야 하고, 후음喉音은 후음끼리 한 부류가 되어야 하며, 설음舌音은 설음끼리 한 부류가 되어야 하는 것 따위이다. 그래서 만약 이 둘이 서로 다른 유형에 속한다면, 대체로 그 형성자는 문제가 있는 것으로 여기게 된다.

예를 들어, 〈도표 219〉에 보이는 성聖에 대해 《설문說文》에서는, "聖은 통달한 것이다. 이耳를 따르고, 정呈은 성부聲符이다"[530]라고 하였다. 갑골문에서 이 성聖은 입가에 하나의 커다란 귀를 가진 사람을 본뜨고 있는데, 이 사람은 예민할 정도로 귀가 밝아서 여러 가지 소리를 분별할 수가 있다. 그래서 이 성聖은 남보다 뛰어난 재주가 있음을 의미하고 있다.

그런데 이 성聖의 자형에 포함된 정壬은 자형의 변화로 말미암은 것이었지, 성부聲符인 정呈과는 그다지 관련이 없었다. 더욱이 주법고周法高의 선진고음先秦古音 음운 추정에 근거하면, 성聖의 선진시대先秦時代 상고음上古音은 'st'jieng'과 같이 발음되었고, 정呈은 'dieng'과 같이 발음되었다고 한다. 이렇게 본다면, 이 성聖과 정呈은 그 성모聲母가 서로 다른 부류에 속하게 된다. 그래서 설령 갑골문 이래로 이 성聖의 자형 변천 과정에 대해서 그다지 명확한 근거가 없다고 하더라도, 우리는 이 성聖이 성부聲符인 정呈을 따랐을 가능성에 대해 의심해 보아야 한다.

그리고 한 가지의 예를 더 들어 보면, 〈도표 220〉에 보이는 체彘에 대해 《설문說文》에서는, "彘는 돼지이다. 뒷발굽이 퇴화된 것을 일컬어 체彘라고 한다. 계彑를 따르고, 두 개의 비匕

530 (清) 段玉裁注, 《說文解字注》, 第二十三卷, 第十二篇注上, 〈聖〉, 598쪽. 그 원문에 "聖, 通也. 从耳, 呈聲"이라고 되어 있다.

도표 번호	상商나라의 갑골문甲骨文	주周나라의 금문金文	진秦나라의 소전小篆	한漢나라의 예서隸書	현대의 한자	글자의 창의創意
220		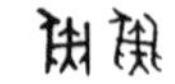	 s	彘	彘	화살 한 대에 몸을 꿰뚫린 산돼지의 모습을 본뜨고 있다.

를 따르며, 시矢는 성부聲符이다. 체彘의 다리 부분과 록鹿의 다리 부분은 같다"[531] 라고 하였다. 갑골문에서 이 체彘는 화살 한 대가 한 마리 돼지의 몸을 꿰뚫은 모양을 본뜨고 있는데, 활을 쏘아 포획한 것으로 봐서 이것이 산돼지의 한 종류임을 알 수 있다. 그러다가 나중에는 그 의미가 집돼지로까지 확대되었다.

그런데 자형에서 본다면 당연히 이 체彘에서 시矢는 성부聲符가 되는 일과 관련이 없어야 한다. 더욱이 주법고周法高의 선진고음先秦古音 음운 추정에 근거하면, 체彘의 선진시대先秦時代 상고음上古音은 'dier'와 같이 발음되었고, 시矢는 'st'jier'와 같이 발음되었다고 한다. 따라서 이 체彘와 시矢는 성모聲母의 유형이 서로 완전히 다르기 때문에 당연히 형성자가 될 수 없다.

셋째, 위와 같은 성운상聲韻上의 조건을 제외하고도 형부形符가 대표하는 의미 또한 형성자形聲字의 의미와 같은 부류여야 한다. 그러나 자형의 전체가 성부聲符로 구성된 글자는 당연히 이 경우에서 제외된다.

예를 들어, 혈(頁, 頁)에 대해《설문說文》에서는, "頁은 머리이다. 수(百, 首)를 따르고, 인儿을 따른다. 고문古文 계수䭫首의 수首는 이와 같다. 무릇 혈(頁, 頁)의 속屬들은 모두 이 혈(頁, 頁)을 따른다"[532] 라고 하였다. 갑골문에서 이 혈(頁, 頁)은 사람의 머리 부분을 특별히 강조한 상형문자象形文字라고 할 수 있다(). 그래서 이 혈(頁, 頁)을 형부形符로 삼는

531 (淸) 段玉裁注,《說文解字注》, 第十七卷, 第九篇注下,〈彘〉, 461쪽. 그 원문에 "彘, 豕也. 後蹏廢謂之彘. 从彑, 从二匕, 矢聲. 彘足與鹿足同"이라고 되어 있다. 그런데 이 체彘는 상고음上古音에서 질부質部에 속하였고, 성부聲符인 시矢는 상고음에서 지부脂部에 속하였다. 따라서 이 체彘와 시矢는 모두 고운古韻에서 지질진脂質眞의 큰 부류에 속하였다.

532 (淸) 段玉裁注,《說文解字注》, 第十六卷, 第九篇注上,〈頁〉, 420쪽. 그 원문에 "頁, 頭也. 从百, 从儿. 古文䭫首如此. 凡頁之屬皆从頁"이라고 되어 있다.

형성자는 그 의미에서 당연히 머리와 관련이 있어야 한다.

그러나 호顥에 대해《설문說文》에서는, "顥는 머리가 흰 모양이다. 경景과 혈(頁, 頁)을 따른다.《초사楚辭》에 이르기를, '하늘은 희고 밝게 빛난다'라고 하였다. 남산南山에 상산사호商山四皓가 있었다. 호顥는 흰 머리를 가진 사람이다"[533]라고 하였다. 그런데 고문자古文字에서 이 호顥의 의미는 머리와 직접적인 관계가 없기 때문에 형성자라고 볼 수 없다. 더구나 이 호顥의 창의創意에 대해서도 그다지 이해하기가 쉽지 않은데, 경京은 높은 누각의 모습이고, 혈頁은 원래 귀족의 모습을 본뜨고 있었다. 그런데 고대에 높은 누각은 대체로 정무政務를 보는 장소이고, 이곳에서 정사政事를 토의하는 대신들은 모두 백발의 노인들이었다. 그래서 그들의 백발이 햇빛에 반사되어 반짝반짝 빛나게 된다. 따라서 호顥의 본래 의미는 아마도 정무政務를 보는 높은 누각에 드나드는 덕망이 높은 백발의 노인을 가리킬 가능성이 많다. 그래서 이 호顥에 보이는 '하얗다'라는 의미는 자의字義의 확장인 인신引申이 된다.

그리고 뢰頪에 대해《설문說文》에서는, "頪는 알아내기 힘든 것이다. 혈(頁, 頁)과 미米를 따른다. 일설一說에는 새롭고 하얀 모양이라고도 한다. 분粉의 생략형을 따른다"[534]라고 하였다. 그런데 이 뢰頪의 창의創意는 한 사람이 난시와 같은 눈병이 있어서 물건을 볼 적에 물체의 이미지가 여러 겹으로 겹쳐져 또렷하게 보이지 않는 모습을 본뜨고 있음에 틀림없다. 그것은 아마도 고대에 귀족들은 처리해야 할 문서 업무가 많아 눈을 지나치게 혹사했으므로, 그들의 시력은 쉽게 나빠졌을 것이다. 그래서 이렇게 본다면, 이 호顥와 뢰頪는 모두 머리 부위의 의미와는 직접적인 관련이 없기 때문에, 당연히 표의자表意字에 해당한다고 볼 수 있다.

그 외에도〈도표 221〉에 보이는 과寡에 대해《설문說文》에서는, "寡는 적은 것이다. 면宀과 반頒을 따른다. 반頒은 나누는 것이다. 면宀이 나누어진 것이기 때문에, 적다는 뜻이 된다"[535]라고 하였다. 이처럼 허신許愼은 이 과寡의 창의創意가 집안의 재산을 나누는 것에서

533 (淸) 段玉裁注,《說文解字注》, 第十六卷, 第九篇注上,〈顥〉, 424-425쪽. 그 원문에 "顥, 白皃. 从景頁. 楚詞曰: 天白顥顥. 南山四顥. 顥, 白首人也"라고 되어 있다.

534 (淸) 段玉裁注,《說文解字注》, 第十六卷, 第九篇注上,〈頪〉, 426쪽. 그 원문에 "頪, 難曉也. 从頁米. 一曰: 鮮白皃. 从粉省"이라고 되어 있다.

535 (淸) 段玉裁注,《說文解字注》, 第十四卷, 第七篇注下,〈寡〉, 344쪽. 그 원문에 "寡, 少也. 从宀頒. 頒, 分也. 宀分, 故爲少也"라고 되어 있다.

도표 번호	상商나라의 갑골문甲骨文	주周나라의 금문金文	진秦나라의 소전小篆	한漢나라의 예서隸書	현대의 한자	글자의 창의創意
221		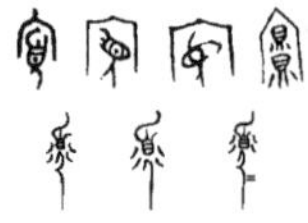	 s	寡	寡	어느 건축물 안에 있는 중요한 인물을 가리키는 것으로, 극히 적은 숫자를 나타낸다.

왔다고 여겼다. 그래서 빈貧에 대해서도 마찬가지로《설문說文》에서는, "貧은 재산이 나누어지니 적어지는 것이다. 패貝와 분分을 따르고, 분分은 또한 성부聲符이다. 穷은 고문古文이고, 면宀과 분分을 따른다"[536]라고 하였다. 그런데 이 빈貧에서 허신은 집안의 재산을 나눈다는 창의인 면宀과 분分이 먼저 나오면 이해하기가 쉽지 않기 때문에, 이것을 다시 보배를 나눈다는 분分과 패貝의 회의자會意字로 고쳐 버렸다.

그렇지만 갑골문에서 과寡는 그 자형 형태가 집안에 하나의 견見이 있는 모양이었고, 금문金文에서는 다시 집안에 하나의 혈(頁, 頁)이 있는 모양으로 자형이 바뀌었다. 그리고 이 과寡에서 분分의 부분은 나중에 자형이 변천되면서 만들어진 것이다. 일반적으로 초기 자형에 보이는 견見이나 혈(頁, 頁)이 글자의 한 구성 부분으로 사용될 적에는 항상 귀족의 모습을 표현한 것이었지, '보다'나 머리 부위의 형부形符로는 거의 쓰이지 않았다. 따라서 이 과寡는 어느 건축물 안에서 귀족 신분에 해당하는 사람이 극히 적은 숫자임을 나타낸 것으로, 그 본래의 의미는 건축물이나 머리 부위와는 모두 직접적인 관련이 없었다. 그러나 후대가 되면서 혈(頁, 頁)은 주로 머리를 가리키는 형부形符로 쓰이게 되었다. 그런데 대부분의 사람들이 이 과寡의 창의를 잘 몰랐을 뿐만 아니라, 또한 자형에서 사람 형태의 앞뒤로 무의미한 장식적인 자획까지 덧붙이게 되면서, 언뜻 보며 마치 이 과寡의 자형을 분分을 따르는 글자처럼 여겨 버렸다. 따라서 이렇게 재산을 나눈다는 견해가 생겨나게 되었다.

그리고 우리가 흔히 보게 되는 예로, 면宀은 집의 외형을 본뜨고 있다. 그래서 만약 이 면宀을 자형의 한 구성 부분으로 하는 글자가 형성자形聲字라면, 그 기본적인 의미는 건축물과 직접적인 관련이 있어야 한다. 만약 그렇지 않다면, 그것은 곧 표의자表意字에 해당하게 된다.

예를 들어, 택宅에 대해《설문說文》에서는, "宅은 사람이 의지하여 사는 곳이다. 면宀을

536 (淸) 段玉裁注,《說文解字注》, 第十二卷, 第六篇注下,〈貧〉, 285쪽. 그 원문에 "貧, 財分少也. 从貝分, 分亦聲. 穷, 古文, 从宀分"이라고 되어 있다.

따르고, 탁乇은 성부聲符이다. 은 고문古文의 택宅이다. 도 또한 고문古文의 택宅이다"[537] 라고 하였다. 갑골문에서 이 택宅은 사람이 거주하는 건축물을 나타내고 있다(). 그리고 실室에 대해《설문說文》에서는, "은 가득 찬 것이다. 면宀을 따르고, 지至는 성부聲符이다. 실室과 옥屋은 모두 지至를 따른다. 쉬는 곳이다"[538]라고 하였다. 갑골문에서 이 실室은 한 건축물의 분리된 공간을 가리키고 있다(). 그리고 총寵에 대해《설문說文》에서는, "은 존귀한 자리이다. 면宀을 따르고, 룡龍은 성부聲符이다"[539]라고 하였다. 금문金文에서 이 총寵은 존귀한 사람이 거주하는 곳을 가리키고 있다(). 그리고 관寬에 대해《설문說文》에서는, "은 집이 넓고 큰 것이다. 면宀을 따르고, 환萈은 성부聲符이다"[540]라고 하였다. 이 관寬은 집이 넓고 큰 것을 의미하고 있다. 그리고 객客에 대해《설문說文》에서는, "은 잠시 의지하여 사는 것이다. 면宀을 따르고, 각各은 성부聲符이다"[541]라고 하였고(), 또한 기寄에 대해서《설문說文》에서는, "는 부탁하는 것이다. 면宀을 따르고, 기奇는 성부聲符이다"[542]라고 하였다. 이 객客과 기寄는 모두 임시로 머무르는 곳을 가리키고 있다. 따라서 위에서 살펴본 이 글자들은 모두 그 본래의 의미가 건축물과 직접적으로 관련이 되므로, 당연히 형성자에 해당한다.

그리고〈도표 222〉에 보이는 침(寑, 寝, 寢)에 대해《설문說文》에서는, "은 눕는 것이다. 면宀을 따르고, 침(㑴, 侵)은 성부聲符이다. 은 주문籒文의 침(寑, 寝, 寢)이고, 생략하였다"[543] 라고 하였다. 갑골문에서 이 침(寑, 寝, 寢)은 저녁에 잠을 자는 방을 가리키고 있다. 그런데

---

537 (清) 段玉裁注,《說文解字注》, 第十四卷, 第七篇注下,〈宅〉, 341쪽. 그 원문에 ", 人所託尻也. 从宀, 乇聲. , 古文宅. , 亦古文宅"이라고 되어 있다.

538 (清) 段玉裁注,《說文解字注》, 第十四卷, 第七篇注下,〈室〉, 341쪽. 그 원문에 ", 實也. 从宀, 至聲. 室屋皆从至. 所止也"라고 되어 있다. 그런데 이 실室은 상고음上古音에서 질부質部에 속하였고, 성부聲符인 지至는 상고음에서 지부脂部에 속하였다. 따라서 이 실室과 지至는 모두 고운古韻에서 지질진脂質眞의 큰 부류에 속하였다.

539 (清) 段玉裁注,《說文解字注》, 第十四卷, 第七篇注下,〈寵〉, 344쪽. 그 원문에 ", 尊尻也. 从宀, 龍聲"이라고 되어 있다.

540 (清) 段玉裁注,《說文解字注》, 第十四卷, 第七篇注下,〈寬〉, 344쪽. 그 원문에 ", 屋寬大也. 从宀, 萈聲"이라고 되어 있다.

541 (清) 段玉裁注,《說文解字注》, 第十四卷, 第七篇注下,〈客〉, 344-345쪽. 그 원문에 ", 寄也. 从宀, 各聲"이라고 되어 있다.

542 (清) 段玉裁注,《說文解字注》, 第十四卷, 第七篇注下,〈寄〉, 345쪽. 그 원문에 ", 託也. 从宀, 奇聲"이라고 되어 있다.

543 (清) 段玉裁注,《說文解字注》, 第十四卷, 第七篇注下,〈寑〉, 344쪽. 그 원문에 ", 臥也. 从宀, 㑴聲. , 籒文寑, 省"이라고 되어 있다.

도표 번호	상商나라의 갑골문甲骨文	주周나라의 금문金文	진秦나라의 소전小篆	한漢나라의 예서隸書	현대의 한자	글자의 창의創意
222	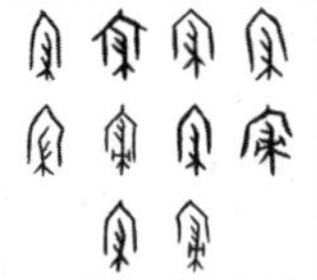		 s z	寑 寢	寑 寢	집 안에 항상 빗자루를 두고 청결히 하는 침실을 본뜨고 있다.
223			 s	安	安	여성은 집 안에 있어야 안전함을 의미하고 있다.
224			 s	宗	宗	신주神主를 모신 사당은 같은 종족이 제사를 올리는 곳이다.

그 의미가 비록 건축물과 직접적인 관계가 있다고 볼 수도 있지만, 반면에 이 침(寑, 寝, 寢)의 갑골문 자형은 오히려 표의자表意字에 해당한다. 그래서 갑골문에서의 침실의 본래 의미는 집 안에 항상 빗자루를 준비하여 청결히 함을 본뜨고 있었다. 그러다가 나중에는 이 침(寑, 寝, 寢)이 마치 형성자처럼 변화되었다.

그러나 이와는 달리 〈도표 223〉에 보이는 안安에 대해 《설문說文》에서는, "安 은 편안한 것이다. 녀女를 따르고, 면宀 안에 있다"[544]라고 하였다. 갑골문에서 이 안安은 여성은 집 안에 있어야 안전하며 밖에 나가면 쉽사리 침범당할 수 있음을 의미하고 있다. 그래서 그 본래의 의미가 건축물과는 무관하기 때문에, 이 안安은 표의자表意字에 해당한다.

그리고 용宂에 대해 《설문說文》에서는, "宂 은 한가로운 것이다. 면宀과 인儿을 따른다. 사람이 집 아래에 있으니, 농사일이 없는 것이다. 《주례周禮》에 이르기를, '궁중宮中의 한가한 관리에게 보내는 음식'이라고 하였다"[545]라고 하였다. 이 용宂은 남성이 집 안에서 휴식하며 한가로이 여유가 있음을 본뜨고 있는데, 밭에 나가서 일할 필요가 없음을 의미하고 있다. 따라서 이 용宂도 표의자表意字에 해당한다.

---

544 (淸) 段玉裁注, 《說文解字注》, 第十四卷, 第七篇注下, 〈安〉, 343쪽. 그 원문에 "安, 竫也. 从女, 在宀中"이라고 되어 있다.

545 (淸) 段玉裁注, 《說文解字注》, 第十四卷, 第七篇注下, 〈宂〉, 343쪽. 그 원문에 "宂, 㪔也. 从宀儿. 人在屋下, 無田事也. 周書曰: 宮中之宂食"이라고 되어 있다.

그리고 〈도표 224〉에 보이는 종宗에 대해 《설문說文》에서는, "㝉은 조상을 모시는 사당이다. 면宀과 시示를 따른다"[546]라고 하였다. 갑골문에서 이 종宗은 신주神主를 모신 사당을 본뜨고 있는데, 한 조상에서 갈라져 나간 같은 종족을 의미하고 있다. 그러나 이 종宗도 그 본래의 의미가 건축물과는 그다지 밀접한 관계가 없기 때문에, 당연히 표의자表意字에 해당한다.

일반적으로 어느 한 글자가 형성자形聲字에 속하는지 않는지를 판단하는 일은 보기에는 간단한 것 같아도, 실제로는 학자들 사이에 이에 대한 견해가 대체로 일치하지 않는 경향이 있다. 일찍이 이효정李孝定은 육서六書의 분류 방법에 따라 식별이 가능한 갑골문 글자를 분석하면서, 각각의 조자造字 방법이 차지하고 있는 백분비가 얼마나 되는지를 토론한 적이 있었다. 그런데 기타 다섯 가지의 조자 방법에 대해서는 일단 제쳐 두고라도, 필자는 이효정이 형성자로 분류한 예를 검토하면서 재논의의 필요성이 있는 몇 가지 글자를 아래에 그 예로 들어 보았다.

예를 들어, 앞의 〈도표 148〉에서 소개한 것처럼, 갑골문에서 방(㫄, 雱, 旁)은 쟁기 날 위에 세로로 된 보습의 볏을 덧붙인 모양을 본뜨고 있다. 여기서 볏은 파낸 흙덩어리를 양쪽으로 밀어내는 역할을 하고 있으며, 이 방(㫄, 雱, 旁)의 자형에서 방方은 밭가는 쟁기의 모습을 본뜨고 있다. 그런데 금문金文에 보면 이 보습의 볏을 더 아래로 옮겨 쟁기 날의 바로 위쪽에 위치하도록 한 자형이 있는데, 이것은 사실에 더 가까운 묘사이므로 형성자라고 볼 수 없다. 더구나 이 방(㫄, 雱, 旁)의 자형에는 뚜렷한 형부形符도 없기 때문에, 허신은 《설문說文》에서 이에 대해 더 이상 언급하지 않고 이 문제를 피해 갔다(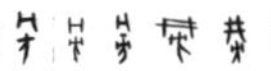).[547]

그리고 앞의 〈도표 65〉에서 소개한 것처럼, 갑골문에서 매每는 머리에 화려한 장식을 단 여인의 모습을 본뜨고 있다. 그래서 풍만한 아름다움을 한껏 드러냄을 표현하고 있다. 그러나 이 매每의 자형에서는 성부聲符인 모母의 구성 부분을 찾아볼 수가 없다().[548]

〈도표 167〉과 〈도표 168〉에서 소개한 모牡와 빈牝은 모두 사士와 비匕로 동물의 성별을 구분하는 부호符號로 삼고 있는데, 갑골문에서는 돼지, 사슴, 개 등의 동물을 본뜬 자형에

546 (清) 段玉裁注, 《說文解字注》, 第十四卷, 第七篇注下, 〈宗〉, 345-346쪽. 그 원문에 "㝉, 尊祖廟也. 从宀示"라고 되어 있다.

547 여기서 방方의 상고음上古音은 'pjwang'이었고, 방旁의 상고음上古音은 'bwang'이었던 것으로 추정된다.(원저자 주)

548 여기서 모母의 상고음上古音은 'məɤ'였고, 매每의 상고음上古音은 'mwəɤ'였던 것으로 추정된다.(원저자 주)

도표 번호	상商나라의 갑골문甲骨文	주周나라의 금문金文	진秦나라의 소전小篆	한漢나라의 예서隸書	현대의 한자	글자의 창의創意
225			 s k	吝	吝	문신을 한 시신을 흙에 매장하는 풍습을 통해, 노인을 몽둥이로 타살하던 고대의 장례의식이 변질된 것을 안타까워하는 모습을 본뜨고 있다.

다 간혹 이 부호를 덧붙이기도 하였다. 그런데 사士의 성모聲母와 운모韻母는 모牡와는 서로 동일한 부류에 속하지 않았기 때문에, 이 모牡는 형성자가 될 수 없다. 이와 마찬가지로 시豕, 마(馬, 影), 록鹿 등의 자형 구성 부분을 따르는 글자에서도 성별을 구분한 글자는 발음이 사士나 모牡와 서로 동일한 운韻에 속하지 않았기 때문에, 이 글자들이 모두 형성자가 아니라 오히려 표의자表意字에 해당됨을 알 수 있다.[549]

〈도표 89〉에서 소개한 것처럼, 갑골문에서 려(犂, 犁, 犂)는 초기 자형이 하나의 쟁기와 사방으로 번져 나가는 흙먼지의 모습을 본뜨고 있었다. 그러다가 나중에 가차되어 얼룩소를 가리키게 되었다. 그런데 이 려(犂, 犁, 犂)의 자형은 아마도 려黎와 우牛의 두 글자가 합쳐진 합문合文일 텐데, 설령 이 려(犂, 犁, 犂)가 형성자에 속한다고 하더라도 그 초기 자형은 상형자象形字나 표의자表意字에 해당한다고 봐야 한다.

〈도표 225〉에 보이는 린吝에 대해《설문說文》에서는, "은 한탄하고 아까워하는 것이다. 구口를 따르고, 문文은 성부聲符이다.《역경易經》에 이르기를, '과거로만 가고 버리지 않으면, 곧 후회하게 된다'라고 하였다. 은 고문古文의 린吝이고, 문彣을 따른다"[550]라고 하였다. 그런데 상고음上古音에서 린吝과 문文은 성모聲母가 서로 다른 부류에 속했기 때문에, 이 린吝을 형성자에 속한다고 보기는 어렵다. 그래서 그 때문에 단옥재段玉裁도 주해注解에서 문文을 성부聲符로 보는 것은 문제가 있다고 여겼다. 이 린吝은 아마도 노인을 몽둥이로

549 여기서 사士의 상고음上古音은 'dziəɣ'였고, 토土의 상고음上古音은 't'aɣ'였으며, 모牡의 상고음上古音은 'mwəw'였던 것으로 추정된다. 그리고 비匕의 상고음上古音은 'pjier'였고, 빈牝의 상고음上古音은 'bjien'이었던 것으로 추정된다.(원저자 주)

550 (清) 段玉裁注,《說文解字注》, 第三卷, 第二篇注上,〈吝〉, 61쪽. 그 원문에 ", 恨惜也. 从口, 文聲. 易曰: 目往吝. , 古文吝, 从彣"이라고 되어 있다. 그런데 이 린吝과 성부聲符인 문文은 상고음上古音에서 동일하게 문부文部에 속하였다.

도표 번호	상商나라의 갑골문甲骨文	주周나라의 금문金文	진秦나라의 소전小篆	한漢나라의 예서隸書	현대의 한자	글자의 창의創意
226		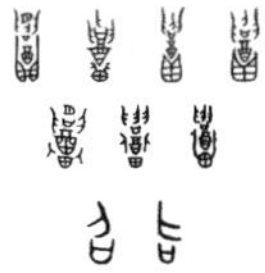	 s	召	召	술을 데우는 그릇 위에 술 주전자를 놓고 한 손에 잔을 잡고 다른 한 손에는 국자를 든 모습을 본뜨고 있는데, 술을 떠서 손님을 접대한다는 의미를 나타내고 있다.
227	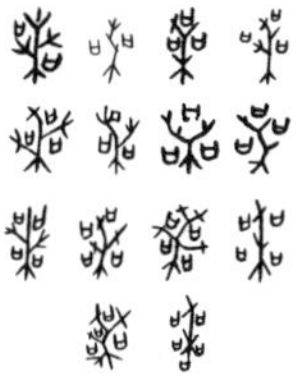		 s	喪	喪	뽕나무 가지에 수많은 바구니를 걸어놓고 뽕잎 따는 작업을 하고 있는 모습을 본뜨고 있는데, 가차假借되어 사망을 의미하고 있다.

타살시킴으로써 그 혼을 내보내는 풍습인 고대의 장례의식葬禮儀式과 관련이 있을 것이다. 그런데 이러한 장례의식이 나중에 시신에 무늬를 새기는 것으로 변천되었고, 후대에는 다시 흙속에 매장하는 풍습으로 바뀌게 되었다. 따라서 갑골문에서 이 린吝은 아마도 고대의 장례 풍습을 지키지 않는 후대 사람들에 대한 탄식의 모습을 본뜬 것이거나, 아니면 정상적으로 침대에 누워 편안히 임종을 마치지 못하여 특별한 방법으로 매장을 해야만 하는 상황을 안타까워하는 모습을 표현하고 있을 것이다.[551]

〈도표 226〉에 보이는 소召에 대해 《설문說文》에서는, "召는 부르는 것이다. 구口를 따르고, 도刀는 성부聲符이다"[552]라고 하였다. 갑골문에서 이 소召의 초기 형태는 술을 데우는 그릇 위에 술주전자를 놓고 한 손에 잔을 잡고 다른 한 손에는 국자를 든 모습을 본뜨고 있었다. 그래서 이 소召는 술을 떠서 손님을 접대한다는 의미를 나타내고 있었다. 그러다가 나중에 하나의 비匕와 하나의 구口로 자형이 간략화되면서, 허신許慎이 '구口를 따르고, 도刀는 성부聲符이다'라고 잘못 해석하게 되었다. 그런데 만약 이 소召가 형성자였다면, 성부聲符를 자형의 다른 여러 구성 부분 속에서 보이지 않게 하지는 않았을 것이다.[553]

〈도표 227〉에 보이는 상喪에 대해 《설문說文》에서는, "喪은 잃어버린 것이다. 곡哭과 망亡

551 여기서 문文의 상고음上古音은 'mjwən'이었고, 린吝의 상고음上古音은 'liən'이었던 것으로 추정된다.(원저자 주)
552 (淸) 段玉裁注, 《說文解字注》, 第三卷, 第二篇注上, 〈召〉, 57쪽. 그 원문에 "召, 評也. 从口, 刀聲"이라고 되어 있다.
553 여기서 도刀의 상고음上古音은 'taw'였고, 소召의 상고음上古音은 'tjiaw'였던 것으로 추정된다.(원저자 주)

도표 번호	상商나라의 갑골문甲骨文	주周나라의 금문金文	진秦나라의 소전小篆	한漢나라의 예서隸書	현대의 한자	글자의 창의創意
228	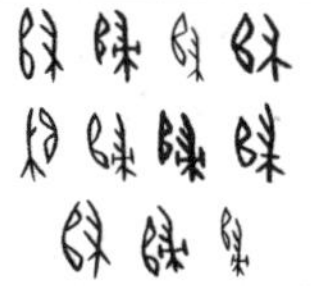		 S / Z	歸	歸	흙덩어리와 빗자루의 결합으로 구성된 글자로, 아마도 시집가는 예속禮俗과 관련이 있을 것이다.
229			 S	歲	歲	죄인을 다스리는 대형의 도끼 모양의 형구刑具를 본뜨고 있는데, 그것으로 세성歲星을 지칭하고 있다.

을 따르고, 망亡은 또한 성부聲符이다”[554]라고 하였다. 갑골문에서 이 상喪은 뽕나무 가지에 수많은 바구니를 걸어놓고 뽕잎을 따는 작업을 하고 있는 모습을 본뜨고 있는데, 가차假借되어 사망을 의미하고 있다. 그런데 만약 이 상喪이 구口를 따르고 상桑이 성부聲符라고 했다면, 하나의 구口면 충분하지 세 개나 네 개까지의 구口가 필요 없었을 것이다. 더욱이 이 구口의 위치도 마찬가지로 특별히 고정될 이유가 없었을 것이다. 그런데 이 상喪에서 망亡이 성부聲符가 된 것은 자형이 잘못 변형되어 생긴 것임에 틀림없다.[555]

〈도표 228〉에 보이는 귀歸에 대해 《설문說文》에서는, “歸는 여자가 시집가는 것이다. 지止와 부婦의 생략형을 따르고, 퇴(𠂤, 堆)는 성부聲符이다. 帰는 주문籒文이고, 생략하였다”[556]라고 하였다. 갑골문에서 이 귀歸는 아마도 고대의 풍습에서 결혼한 여자가 친정 부모를 뵈러 갈 때 가지고 가던 물건인 흙과 빗자루와 연관이 있을 것이다. 그런데 상고음上古音에서 퇴(𠂤, 堆)와 귀歸의 성모聲母는 서로 다른 큰 부류에 속했다.[557]

〈도표 229〉에 보이는 세歲에 대해 《설문說文》에서는, “歲는 목성木星이다. 이십팔수二十八宿를 넘어 다니고 음양陰陽을 두루 돌아다니는데, 열두 달에 한 번이다. 보步를 따르고, 술戌

554 (清) 段玉裁注, 《說文解字注》, 第三卷, 第二篇注上, 〈喪〉, 63-64쪽. 그 원문에 “喪, 亡也. 从哭亡, 亡亦聲”이라고 되어 있다.

555 여기서 상喪의 상고음上古音은 ‘sang’이었고, 망亡의 상고음上古音은 ‘mjwang’이었던 것으로 추정된다.(원저자 주)

556 (清) 段玉裁注, 《說文解字注》, 第三卷, 第二篇注上, 〈歸〉, 68쪽. 그 원문에 “歸, 女嫁也. 从止婦省, 𠂤聲. 帰, 籒文, 省”이라고 되어 있다. 그런데 이 귀歸와 성부聲符인 퇴(𠂤, 堆)는 상고음上古音에서 동일하게 미부微部에 속하였다.

557 여기서 퇴(𠂤, 堆)의 상고음上古音은 ‘twər’였고, 귀歸의 상고음上古音은 ‘kjwər’였던 것으로 추정된다.(원저자 주)

도표 번호	상商나라의 갑골문甲骨文	주周나라의 금문金文	진秦나라의 소전小篆	한漢나라의 예서隸書	현대의 한자	글자의 창의創意
230			 s	進	進	추隹와 지止의 결합으로 구성되었는데, 새가 날며 앞으로만 나아가고 뒤로 물러섬이 없는 것을 표현하고 있다.

은 성부聲符이다.《한서漢書》〈율력지律歷志〉에서는 다섯 개의 별을 이름하여 오보五步라고 하였다"[558]라고 하였다. 갑골문에서 이 세歲는 원래 죄인을 다스릴 적에 사용되는 형구刑具인 대형의 도끼 모양을 본뜨고 있었는데, 그것으로 목성木星인 세성歲星을 가리키게 되었다. 그런데 이 목성이 천체에서 일 년에 십이 분의 일만큼씩 이동하므로, 이 세歲는 한 해를 세는 방법으로 이용되었을 것이다. 또한 나중에 다시 이 세歲에 보步를 덧붙인 것은 이 목성이 이동한다는 것을 표현하고자 함이었을 것이다. 그런데 상고음上古音에서 이 월鉞과 세歲는 성聲과 운韻이 모두 서로 가깝지 않았다. 더욱이 월鉞의 자형은 나중에 마치 술戌과 같이 변천되었기 때문에, 마침내 이 세歲의 성부聲符가 술戌인 것으로 잘못 이해하게 되었다. 그런데 이 술戌은 세歲와는 그 운韻에서 차이가 더욱 멀다.[559]

〈도표 230〉에 보이는 진進에 대해《설문說文》에서는, "進 은 오르는 것이다. 착辵을 따르고, 린閵의 생략형이 성부聲符이다"[560]라고 하였다. 갑골문에서 이 진進은 추隹와 지止의 결합으로 구성된 글자인데, 새가 하늘을 날 적에 앞으로만 나아가고 뒤로 물러섬이 없는 것을 표현하고 있다. 이것은 다른 동물이 뒤로 갈 수 있는 것과는 완전히 다른 것이다. 그런데 허신許愼은 이 진進에서 린閵의 생략형이 성부聲符라고 해석하고 있는데, 이러한 견해는 그다지 신빙성이 높지 않다.

〈도표 231〉에 보이는 지(遲, 遟)에 대해서《설문說文》에서는, "遲는 천천히 가는 것이다. 착辵을 따르고, 서犀는 성부聲符이다.《시경詩經》에 이르기를, '길을 감이 느릿느릿하다'라고

558 (淸) 段玉裁注,《說文解字注》, 第三卷, 第二篇注上,〈歲〉, 69쪽. 그 원문에 "歲, 木星也. 越歷二十八宿, 宣徧陰陽, 十二月一次. 从步, 戌聲. 律厤書名五星爲五步"라고 되어 있다. 그런데 이 세歲는 상고음上古音에서 월부月部에 속하였고, 성부聲符인 술戌은 상고음에서 물부物部에 속하였다. 따라서 이 세歲와 술戌은 상고음에서 서로 동일한 큰 부류에 속하지 않았다.

559 여기서 월鉞의 상고음上古音은 'ɣjwat'이었고, 세歲의 상고음上古音은 'sjiwar'였던 것으로 추정된다. 그리고 술戌의 상고음上古音은 'sjiet'이었고, 세歲의 상고음上古音은 'sjiwar'였던 것으로 추정된다.(원저자 주)

560 (淸) 段玉裁注,《說文解字注》, 第四卷, 第二篇注下,〈進〉, 71쪽. 그 원문에 "進, 登也. 从辵, 閵省聲"이라고 되어 있다.

도표 번호	상商나라의 갑골문甲骨文	주周나라의 금문金文	진秦나라의 소전小篆	한漢나라의 예서隸書	현대의 한자	글자의 창의創意
231			 s h z	遲 遟	遲 遟	한 사람이 다른 한 사람을 등에 업고 길을 걸어가는 모습을 본뜨고 있는데, 일반사람보다 걸음이 늦음을 의미하고 있다.
232	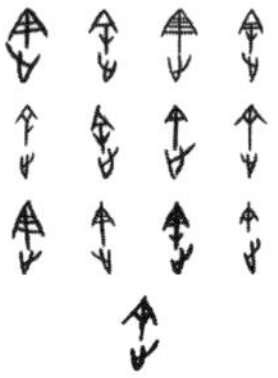			途	途	도途는 큰 길을 의미하고 있는데, 여余는 사신이 갖고 다니던 일종의 증명 물품이었다. 이것은 관리가 출입하는 거리에서나 볼 수 있는 모습이다.

하였다. 𨒈는 지遲의 혹체或體이고, 인(𡰥, 仁)을 따른다. 遟는 주문籒文의 지遲이고, 서屖를 따른다"[561]라고 하였다. 갑골문에서 이 지(遲, 遟)는 한 사람이 다른 한 사람을 등에 업고 길을 걸어가는 모습을 본뜨고 있는데, 일반 사람보다 걸음이 늦음을 표현하고 있다. 그런데 이 지(遲, 遟)에서 성부聲符인 서屖를 따르는 자형은 상商나라 이후에나 나타나는 형태이다.

〈도표 232〉에 보이는 도途에 대해《광운廣韻》에서는, "도途는 길이다"[562]라고 하였다. 그런데 여余는 반절음反切音으로 이제절以諸切이었고 어운魚韻에 속했으며, 선진시대先秦時代의 상고음上古音은 'riaɤ'였다. 또한 도途는 반절음反切音으로 동도절同都切이었고 모운模韻에 속했으며, 선진시대의 상고음上古音은 'daɤ'였다. 따라서 이 여余와 도途의 두 글자는 그 성聲과 운韻이 서로 그다지 멀지는 않았다고 하더라도, 초기 자형에서 이 도途는 틀림없이 표의자表意字에 속했을 것이다. 그래서 갑골문에서 이 도途는 큰 길을 의미하고 있는데, 아마도 여余는 사신이 갖고 다니던 일종의 증표였을 것이다. 그런데 이러한 광경은 관리가 출입하는 거리에서나 볼 수 있는 모습이다.

〈도표 233〉에 보이는 퇴(復, 退)에 대해《설문說文》에서는, "復는 물러나는 것이다. 척彳과

561 (清) 段玉裁注,《說文解字注》, 第四卷, 第二篇注下,〈遲〉, 73쪽. 그 원문에 "遲, 徐行也. 从辵, 犀聲. 詩曰: 行道遲遲. 𨒈, 遲或, 从𡰥. 遟, 籒文遲, 从屖"라고 되어 있다. 그런데 주준성朱駿聲은 이 지(遲, 遟)의 혹체或體에서 인(𡰥, 仁)은 니尼를 잘못 쓴 글자라고 보았다. 그리고 이 지(遲, 遟)와 성부聲符인 서屖는 상고음上古音에서 동일하게 지부脂部에 속하였다.

562 (宋) 陳彭年 · 丘雍,《宋本廣韻》, 第一卷, 模第十一,〈途〉, 37쪽. 그 원문에 "途, 道也"라고 되어 있다.

도표 번호	상商나라의 갑골문甲骨文	주周나라의 금문金文	진秦나라의 소전小篆	한漢나라의 예서隷書	현대의 한자	글자의 창의創意
233			 s h k	退	退	사람의 발이 문 안에 있는 모습을 본뜨고 있는데, 물러나 편안히 쉰다는 뜻을 나타내고 있다.
234			 s	言	言	긴 관악기管樂器의 모습을 본뜨고 있다.

일日과 쇠夊를 따른다. 일설一說에는 걸음이 늦는 것이라고도 한다. 衲는 퇴(復, 退)의 혹체或體이고, 내內를 따른다. 退는 고문古文이고, 착辵을 따른다"[563]라고 하였다. 갑골문에서 이 퇴(復, 退)는 내內와 지止의 결합으로 구성되었다. 그런데 이 퇴(復, 退)의 갑골문 자형을 소전체小篆體의 혹체或體에서 추리해 보면, 내內는 아마도 문에 쳐 둔 발을 걸어 문기둥에 매어 놓고 문 안에서 밖을 보는 모습을 본뜨고 있을 것이다. 따라서 이 퇴(復, 退)는 사람의 발이 문 안에 있는 모습을 본뜨고 있는 것으로, 물러나 편안히 쉰다는 뜻을 나타내고 있다. 그런데 여기서 내內와 지止는 모두 이 퇴(復, 退)의 발음과 그다지 관련이 없다.

〈도표 234〉에 보이는 언言에 대해《설문說文》에서는, "言은 직접적으로 말하는 것을 일컬어 언言이라고 하고, 의논하며 반박하는 것을 일컬어 어語라고 한다. 구口를 따르고, 건(䇂, 愆)은 성부聲符이다. 무릇 언言의 속屬들은 모두 이 언言을 따른다"[564]라고 하였다. 갑골문에서 이 언言은 자형을 쪼개어 분석할 수 없는 글자로, 이것은 당연히 긴 관악기管樂器의 모습을 본뜨고 있다. 이 언言은 국가가 백성을 소집할 때 주로 사용하던 신호였기 때문에, 이 관악기를 부는 사람이 공포한 내용은 믿을 수 있는 공고임을 의미하고 있다. 또한 앞의 〈도표 215〉에서 소개한 것처럼, 고誥의 초기 자형 형태도 두 손으로 언言 모양을 한 관악기를 들고 부는 모습을 본떠서 그 의미를 나타내고 있다.

그리고 앞의 〈도표 120〉에서 소개했던 것처럼, 갑골문에서 공攻은 석경石磬을 깎으면서 손에 악기 채를 잡고 음을 측정하는 모습을 본뜨고 있다. 그래서 이 공攻은 공工 아래에

---

563 (清) 段玉裁注,《說文解字注》, 第四卷, 第二篇注下,〈退〉, 77쪽. 그 원문에 "復, 卻也. 从彳日夊. 一曰: 行遲. 衲, 復或, 从內. 退, 古文, 从辵"이라고 되어 있다.

564 (清) 段玉裁注,《說文解字注》, 第五卷, 第三篇注上,〈言〉, 90쪽. 그 원문에 "言, 直言曰: 言, 論難曰: 語. 从口, 䇂聲. 凡言之屬皆从言"이라고 되어 있다.

도표 번호	상商나라의 갑골문甲骨文	주周나라의 금문金文	진秦나라의 소전小篆	한漢나라의 예서隸書	현대의 한자	글자의 창의創意
235			 s	敍	敍	여余는 사신이나 여행객이 몸에 지니고 다니던 일종의 증표였는데, 그것을 손에 들고 있는 모습에서 무엇인가를 서술하고 있음을 표현하고 있다.
236	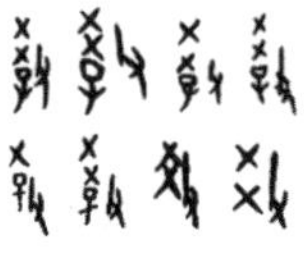		 s  k  k	教	教	손에 회초리를 들고 어린아이에게 새끼에 매듭짓기를 배우도록 타이르는 모습을 본뜨고 있다.

있는 작은 세 개의 점으로 돌 부스러기를 표시하고 있는데, 만약 단순히 형성자였다면 이 작은 세 점은 필요하지 않았을 것이다(). 이에 대한 구체적인 내용은 이 책의 제7절 '고금古今 자형字形의 변천 및 그 예'에 나오는 제1장인 '자형字形 변천 방향의 판단' 부분을 참고하기 바란다.

〈도표 235〉에 보이는 서敍에 대해《설문說文》에서는, "는 순서이다. 복攴을 따르고, 여余는 성부聲符이다"[565]라고 하였다. 갑골문에서 이 서敍는 손에 여余를 든 모습을 본뜨고 있는데, 이 여余는 사신이나 여행객이 몸에 지니고 다니던 일종의 증표였다. 그래서 이 서敍는 아마도 대對의 창의創意와 서로 비슷할 수 있는데, 손에 사신의 증표를 들고 있는 모습에서 무엇인가를 서술하고 있음을 표현하고 있다. 그런데 이 서敍는 상고음上古音에서 비록 여余와 성聲과 운韻이 무척 가깝기는 했지만, 일반적으로 초기 문자에서는 '우又'가 주로 손으로 무엇인가를 잡는 동작을 표현하였지, 반면에 어느 글자의 형부形符로 사용되는 경우는 드물었다. 더욱이 이 서敍에 보이는 손의 자형 형태도 관직을 수여하는 일과는 동일한 유형의 의미라고 볼 수 없다.[566]

〈도표 236〉에 보이는 교(敎, 教)에 대해《설문說文》에서는, "는 윗사람은 베풀고, 아랫사람은 본받는 것이다. 복攴과 교𡥈를 따른다. 무릇 교教의 속屬들은 모두 이 교教를 따른다.

565 (淸) 段玉裁注,《說文解字注》, 第六卷, 第三篇注下,〈敍〉, 127쪽. 그 원문에 ", 次弟也. 从攴, 余聲"이라고 되어 있다.

566 여기서 여余의 상고음上古音은 'riaɤ'였고, 서敍의 상고음上古音은 'rjaɤ'였던 것으로 추정된다.(원저자 주)

도표 번호	상商나라의 갑골문甲骨文	주周나라의 금문金文	진秦나라의 소전小篆	한漢나라의 예서隷書	현대의 한자	글자의 창의創意
237				眢	眢	눈을 파내는 도구로 눈을 파내는 형벌을 받고 있음을 나타내고 있다. 또한 이 형벌을 받은 다음에 한쪽 눈의 시력이 많이 떨어진 것을 표현하고 있다.

𤕝는 고문古文의 교教이다. 𢽎도 또한 고문古文의 교教이다"[567]라고 하였다. 갑골문에서 이 교(敎, 教)는 아마도 손에 회초리를 들고 어린아이에게 새끼에 매듭짓기를 배우도록 타이르는 모습을 본뜨고 있는 것일 텐데, 이 새끼 꼬기는 고대에 매우 실용적인 기술의 하나였다. 그런데 이효정李孝定의 분류와는 달리, 허신許愼도 이 교(敎, 教)를 형성자形聲字로 보지는 않았다.

〈도표 237〉에 보이는 원眢에 대해《설문說文》에서는, "眢은 눈이 어두운 것이다. 목目을 따르고, 원夗은 성부聲符이다. 발음은 위委와 같다"[568]라고 하였다. 갑골문에서 이 원眢은 눈 하나와 눈을 파내는 도구로 눈을 파내는 형벌을 받고 있음을 나타내고 있고, 또한 이 형벌을 받은 다음에 한쪽 눈의 시력이 많이 떨어진 것을 표현하고 있다. 그런데 여기서 원夗은 나중에 원眢을 분석하면서 만들어 낸 자형인데, 이 원夗에 대해서《설문說文》에서는, "夗은 돌아눕는 것이다. 석夕과 절卩을 따른다. 누움에 무릎이 있는 것이다"[569]라고 하였다. 갑골문에서 이 절卩은 꿇어앉은 모습을 본뜨고 있는데, 어떻게 누워 잔다는 의미를 나타낸다고 말할 수 있는가?[570]

그리고 앞의 〈도표 63〉에서 소개한 것처럼, 갑골문에서 학(斅, 學)은 그 자형 형태가 새끼에 매듭을 교차시키거나 여기에 양손을 덧붙인 모양을 하고 있다. 그래서 새끼를 꼬는

567 (清) 段玉裁注,《說文解字注》, 第六卷, 第三篇注下,〈教〉, 128쪽. 그 원문에 "教, 上所施, 下所效也. 从攴孝. 凡教之屬皆从教. 𤕝, 古文教. 𢽎, 亦古文教"라고 되어 있다.

568 (清) 段玉裁注,《說文解字注》, 第七卷, 第四篇注上,〈眢〉, 134쪽. 그 원문에 "眢, 目無明也. 从目, 夗聲. 讀若委"라고 되어 있다. 그런데 이 원眢과 성부聲符인 원夗은 상고음上古音에서 모두 원부元部에 속하였고, 위委는 상고음에서 미부微部에 속하였다. 따라서 이 원眢과 성부聲符인 원夗은 위委와 상고음에서 서로 동일한 큰 부류에 속하지 않았다.

569 (清) 段玉裁注,《說文解字注》, 第十三卷, 第七篇注上,〈夗〉, 318쪽. 그 원문에 "夗, 轉臥也. 从夕卩. 臥有卩也"라고 되어 있다.

570 여기서 원夗의 상고음上古音은 '?jwan'이었고, 원眢의 상고음上古音은 '?wan'이었던 것으로 추정된다.(원저자 주)

도표 번호	상商나라의 갑골문甲骨文	주周나라의 금문金文	진秦나라의 소전小篆	한漢나라의 예서隸書	현대의 한자	글자의 창의創意
238			 s	魯	魯	쟁반 위에 놓인 맛있는 물고기 요리를 의미하고 있는데, 훌륭하다는 뜻을 나타내고 있다.
239			 s	習	習	새가 하강할 적에 반복적으로 날개를 진동시켜 펄럭펄럭 소리를 내는 모습을 본뜨고 있다.

동작을 나타내고 있거나 혹은 지붕을 이는 일과 관련이 있음을 의미하고 있다. 그런데 이 학(斅, 學)에서 자子는 나중에 덧붙여진 부가적인 자형 구성 부분이다. 또한 초기 자형에서 국臼은 대체로 두 손으로 작업하는 동작을 표현한 것이었지, 일반적으로 성부聲符로는 거의 쓰이지 않았다().[571]

〈도표 238〉에 보이는 로魯에 대해《설문說文》에서는, "魯는 어눌한 말이다. 자(白, 自)를 따르고, 어魚는 성부聲符이다.《논어論語》에 이르기를, '증삼曾參은 노둔魯鈍하다'라고 하였다"[572]라고 하였다. 갑골문에서 이 로魯는 물고기가 쟁반 위에 있는 모습을 본뜨고 있는데, 대체로 물고기는 맛있는 음식을 의미하고 있다. 그런데 이 로魯는 어魚의 성류聲類와는 차이가 상당히 큰 편이다.[573]

〈도표 239〉에 보이는 습習에 대해《설문說文》에서는, "習은 여러 번 나는 것이다. 우羽를 따르고, 자(白, 自)는 성부聲符이다. 무릇 습習의 속屬들은 모두 이 습習을 따른다"[574]라고 하였다. 갑골문에서 이 습習은 대체로 새가 하강할 적에 반복적으로 날개를 펄럭펄럭거리며 진동 소리를 내는 모습을 본떠서 반복의 개념을 의미하고 있다. 그런데 주법고周法高의

---

571 여기서 국臼의 상고음上古音은 'kjəwk'이었고, 학學의 상고음上古音은 'grəwk'이었던 것으로 추정된다.(원저자 주)

572 (淸) 段玉裁注,《說文解字注》, 第七卷, 第四篇注上,〈魯〉, 138쪽. 그 원문에 "魯, 鈍詞也. 从白, 魚聲. 論語曰: 參也魯"라고 되어 있다. 그런데 이 로魯와 성부聲符인 어魚는 상고음上古音에서 동일하게 어부魚部에 속하였다.

573 여기서 어魚의 상고음上古音은 'ngjaɤ'였고, 로魯의 상고음上古音은 'laɤ'였던 것으로 추정된다.(원저자 주)

574 (淸) 段玉裁注,《說文解字注》, 第七卷, 第四篇注上,〈習〉, 139쪽. 그 원문에 "習, 數飛也. 从羽, 白聲. 凡習之屬皆从習"이라고 되어 있다. 그런데 이 습習은 상고음上古音에서 즙부緝部에 속하였고, 성부聲符인 자(白, 自)는 상고음에서 지부脂部에 속하였다. 따라서 이 습習과 자(白, 自)는 상고음에서 서로 동일한 큰 부류에 속하지 않았다.

도표 번호	상商나라의 갑골문甲骨文	주周나라의 금문金文	진秦나라의 소전小篆	한漢나라의 예서隸書	현대의 한자	글자의 창의創意
240			 s	蔑	蔑	월형刖刑을 받은 한 귀족의 낙심한 심정을 본뜨고 있다.
241		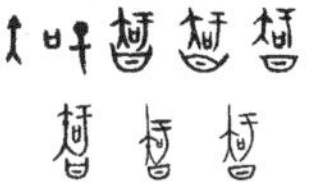	 s  k	智	智	창의創意가 그다지 명확하지 않다.

선진고음先秦古音 음운 추정에 근거하면, 습習은 상고음上古音에서 'rjiəp'과 같이 발음되었다. 그래서 우羽의 상고음上古音인 'ɣjwaɣ'나 자(白, 自)의 상고음上古音인 'dzjier'와는 그 성聲과 운韻에서 그다지 관련이 없었다.

〈도표 240〉에 보이는 멸蔑에 대해《설문說文》에서는, "蔑은 피로하여 눈이 흐릿한 것이다. 멸苜을 따르고, 수戍를 따른다. 사람이 피로하면 눈이 흐릿해진다"[575]라고 하였다. 일반적으로 초기 문자에서 눈과 눈썹을 함께 묘사한 것은 귀족의 신분을 가지고 있는 사람을 표현한 것으로, 갑골문에서 이 멸蔑은 이 귀족의 다리가 창에 상처를 입었거나, 아니면 샤머니즘과 연관이 있음을 표현하고 있다. 그런데 불구가 된 귀족을 바로 샤먼으로 볼 수 있을까? 만약 그러한 의미가 아니라면, 아마도 이 멸蔑은 월형刖刑을 받은 귀족의 울적한 심사나 정신적으로 기운이 꺾여 있는 모습을 본뜨고 있을 것이다. 그런데 자형의 구조에서 봤을 때 이 멸蔑은 당연히 형성자가 될 수 없고, 허신許愼도 또한 그렇게 여겼다.

〈도표 241〉에 보이는 지(智, 䀿)에 대해《설문說文》에서는, "䀿는 식견이 있는 말이다. 자(白, 自)와 우亏와 지知를 따른다. 𥎿는 고문古文의 지智이다"[576]라고 하였다. 갑골문에서 이 지(智, 䀿)는 가장 복잡한 자형이 시矢, 구口, 우亏, 책(冊, 箫, 册) 등 네 부분의 결합으로 구성되어 있다. 그런데 이효정李孝定은《갑골문자 집석甲骨文字集釋》에서 이 지(智, 䀿)의 창의創意가 명확하지 않다고 말하면서도, 나중에는 무슨 까닭에서인지 이 지(智, 䀿)를 형성자에 포함시키고 있다.

575 (淸) 段玉裁注,《說文解字注》, 第七卷, 第四篇注上,〈蔑〉, 146쪽. 그 원문에 "蔑, 勞目無精也. 从苜, 从戍. 人勞則蔑然也"라고 되어 있다.

576 (淸) 段玉裁注,《說文解字注》, 第七卷, 第四篇注上,〈智〉, 138쪽. 그 원문에 "䀿, 識詞也. 从白亏知. 𥎿, 古文智"라고 되어 있다.

그래서 만약 주법고周法高의 선진고음先秦古音 음운 추정에 근거하여 이 시矢, 구口, 우亏, 책(冊, 篇, 册) 등의 상고음上古音을 추측해 보면, 시矢의 상고음上古音은 'st'jier'였고, 구口의 상고음上古音은 'k'ew'였으며, 우亏의 상고음上古音은 'ɤjwaɤ'였고, 책(冊, 篇, 册)의 상고음上古音은 'ts'rek'이었다. 그렇지만 지知와 지(智, 智)의 상고음上古音은 모두 'tieɤ'였던 것으로 추정된다. 따라서 이 지智가 만약 형성자에 속했다면, 이 중에서 책(冊, 篇, 册)이 성부聲符가 될 가능성이 가장 큰 편이다.

그러나 일반적으로 성부가 자형에서 생략되는 경우는 극히 드문 현상인데, 이 지(智, 智)의 금문金文 자형에서는 이 책(冊, 篇, 册) 부분이 생략되어 있다. 더구나 이 지(智, 智)는 윗사람에게 보고한다는 의미가 있으므로, 오히려 이 책(冊, 篇, 册) 부분은 지(智, 智)의 형부形符와 관련이 많을 수는 있어도 성부聲符가 될 가능성은 비교적 적은 편이다. 그렇게 본다면, 이 지(智, 智)의 창의는 아마도 태자太子를 책봉하는 일과 관련이 있을 것이다. 그런데 비록 이 글자의 창의를 밝혀내지는 못했지만, 허신許愼도 또한 이 지(智, 智)를 형성자라고 여기지는 않았다.

〈도표 242〉에 보이는 강羌에 대해《설문說文》에서는, "羌은 서융西戎으로 양羊의 족속이다. 양羊과 인儿을 따르고, 양羊은 또한 성부聲符이다. 남방의 만족蠻族과 민족閩族은 훼虫를 따른다. 북방의 적족狄族은 견犬을 따른다. 동방의 맥족貉族은 치豸를 따른다. 서방의 강족羌族은 양羊을 따른다. 이 네 가지 족속이다. 서남의 북인僰人과 초요족焦僥族는 인人을 따른다. 대체로 서남 지역에 살아서, 자못 이치에 순응하는 성품이 있다. 오직 동이족東夷族만이 대大를 따른다. 대大는 사람이다. 동이족의 풍속은 어질고, 어진 이는 오래살기 때문에, 군자君子가 죽지 않는 나라가 있다. 공자孔子가 이르기를, '도道가 행해지지 않으니, 구이九夷에 가고자 한다. 뗏목을 타고 바다를 건넌다'라고 하였다. 까닭이 있는 말이다. 羋은 고문古文의 강羌이고, 이와 같다"[577]라고 하였다. 갑골문에서 이 강羌은 대부분이 강족羌族의 특별

도표 번호	상商나라의 갑골문甲骨文	주周나라의 금문金文	진秦나라의 소전小篆	한漢나라의 예서隸書	현대의 한자	글자의 창의創意
242	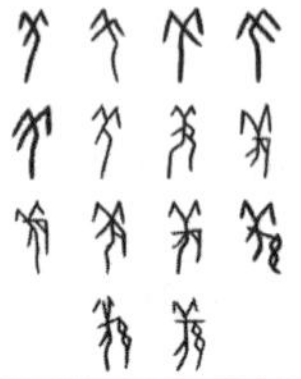		 s k		羌	강족羌族의 특별히 장식된 모자 모양을 본뜨고 있는데, 가끔 새끼줄을 목에 감아 두기도 한다.

히 장식된 모자의 모양을 본뜨고 있는데, 이 강족은 상商나라 때 순장殉葬의 희생제물犧牲祭物로 쓰이던 노예의 주요 공급원이었다. 따라서 이 강羌의 자형 형태에는 가끔씩 새끼줄을 목에 감아 둔 모습이 보이기도 한다. 그런데 일반적으로 모자의 장식과 양羊의 자형은 그 자형 형태가 서로 다를 뿐만 아니라, 또한 상고음上古音에서 양羊과 강羌은 그 성모聲母가 동일한 큰 부류에 속하지도 않았다.[578]

그리고 〈도표 76〉에서 소개한 것처럼, 갑골문에서 뢰牢는 소나 양이 우리에 갇혀 있는 모습을 본뜨고 있다. 그런데 이효정李孝定은 무슨 까닭으로 이 뢰牢를 형성자形聲字에 해당한다고 하고서는 다시 회의류會意類에도 포함시켰는지 알 수가 없다().

그리고 〈도표 197〉에서 소개한 것처럼, 갑골문에서 조(曹, 曹)는 통 위에 있는 두 포대에서 술을 거르고 있는 모양을 본뜨고 있다. 그런데 자형의 아래쪽에 있는 구형口形의 술통은 이 조(曹, 曹)의 창의創意에 필수적인 부분이므로, 이 조曹를 형성자로 분석해서는 안 된다().

그리고 〈도표 217〉에서 소개한 것처럼, 갑골문에서 녕寧은 그릇 아랫부분에다 받침대가 있는 쟁반을 놓은 모습을 본뜨고 있다. 그래서 뜨거운 음식은 이렇게 쟁반을 사용해야 손을 데지 않고 안전하다는 의미를 나타내고 있다. 그런데 이효정李孝定은 자신의 저서에서 자세히 알 수 없는 글자를 분류한 〈미상란未詳欄〉 아래에다 이 녕寧을 수록하였는데, 아마도 이것은 이 녕寧의 초기 자형 형태를 두고 분류한 예일 것이다().

〈도표 243〉에 보이는 후(厚, 垕, 㫗, 享)에 대해 《설문說文》에서는, "厚는 산과 언덕이 높고 두터운 것이다. 한厂을 따르고, 후(㫗, 享, 厚)를 따른다. 垕는 고문古文의 후厚이고, 후后와 토土를 따른다"[579]라고 하였고, 또한 후(㫗, 享, 厚)에 대해 《설문說文》에서는, "㫗는 두터운 것이다. 향亯을 거꾸로 한 모양을 따른다. 무릇 후(㫗, 享, 厚)의 속屬들은 모두 이 후(㫗, 享, 厚)를 따른다"[580]라고 하였다. 갑골문에서 이 후(厚, 垕, 㫗, 享)는 도가니의 그릇 벽이 두껍고

---

577 (淸) 段玉裁注,《說文解字注》, 第七卷, 第四篇注上,〈羌〉, 148쪽. 그 원문에 "羌, 西戎, 羊種也. 从羊儿, 羊亦聲. 南方蠻閩, 从虫. 北方狄, 从犬. 東方貉, 从豸. 西方羌, 从羊. 此六種也. 西南僰人焦僥, 从人. 蓋在坤地, 頗有順理之性. 唯東夷, 从大, 大人也. 夷俗仁, 仁者壽, 有君子不死之國. 孔子曰: 道不行, 欲之九夷. 乘桴浮於海. 有目也. 羌, 古文羌, 如此"라고 되어 있다.

578 여기서 양羊의 상고음上古音은 'ɣriang'이었고, 강羌의 상고음上古音은 'k'ang'이었던 것으로 추정된다.(원저자 주)

579 (淸) 段玉裁注,《說文解字注》, 第十卷, 第五篇注下,〈厚〉, 232쪽. 그 원문에 "厚, 山陵之享也. 从厂, 从㫗. 垕, 古文厚, 从后土"라고 되어 있다.

580 (淸) 段玉裁注,《說文解字注》, 第十卷, 第五篇注下,〈㫗〉, 232쪽. 그 원문에 "㫗, 厚也. 从反亯. 凡㫗之屬皆从㫗"라고 되어 있다.

도표 번호	상商나라의 갑골문甲骨文	주周나라의 금문金文	진秦나라의 소전小篆	한漢나라의 예서隸書	현대의 한자	글자의 창의創意
243			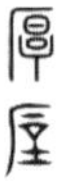 s k	厚 垕	厚 垕	다른 물건에 기대어 있는 두꺼운 도가니 모양을 본뜨고 있다.
244			 s	楚	楚	수풀에 둘러싸인 성곽을 정벌한다는 의미를 나타내고 있다.

무거운데다가 위가 무겁고 아래가 가벼워 스스로는 서 있을 수 없으므로, 이 도가니가 다른 물건에 기대어 있는 모양을 본뜨고 있다.[581]

그리고 앞의 〈도표 179〉에서 소개한 것처럼, 갑골문에서 복(复, 复)은 한 발로 공기펌프 주머니의 디딤판을 딛고 반복적으로 공기를 불어넣는 모습을 본뜨고 있다. 그런데 용광로 벽으로 연결된 공기펌프 파이프는 항상 한쪽 끝이 다른 한쪽 끝보다는 가는데, 갑골문에서도 늘 이러한 특징을 표현해 내고 있다. 그리고 비록 이 글자의 창의를 밝혀내지는 못했지만, 허신도 또한 이 복(复, 复)을 형성자라고 여기지는 않았다().

〈도표 244〉에 보이는 초楚에 대해《설문說文》에서는, "楚는 더부룩하게 자라는 나무이다. 일명一名 가시나무라고도 한다. 림林을 따르고, 소疋는 성부聲符이다"[582]라고 하였다. 갑골문에서 이 초楚는 림林과 정正의 결합으로 구성된 글자로, 아마도 정벌하려는 대상이 수풀에 둘러싸인 성곽이라는 의미를 나타내고 있을 것이다. 그런데 처음에는 이 초楚가 성부聲符인 소疋를 따르지 않았다.[583]

〈도표 245〉에 보이는 원員에 대해《설문說文》에서는, "員은 물건의 수이다. 패貝를 따르고, 위口는 성부聲符이다. 무릇 원員의 속屬들은 모두 이 원員을 따른다. 鼎은 주문籀文이고, 정鼎을 따른다"[584]라고 하였다. 갑골문에서 이 원員은 원圓의 자원字源이 되는 글자인데, 토기로

581 그런데 이효정李孝定은 이 후(厚, 垕, 𡥞, 𣆪)를 형성자形聲字로 분류하고 있을 뿐만 아니라, 또한 상형자象形字로도 분류하고 있다.(원저자 주)

582 (清) 段玉裁注,《說文解字注》, 第十一卷, 第六篇注上,〈楚〉, 274쪽. 그 원문에 "楚, 叢木. 一名: 荊也. 從林, 疋聲"이라고 되어 있다.

583 여기서 정正의 상고음上古音은 'tjieng'이었고, 소疋의 상고음上古音은 'siaɣ'였으며, 초楚의 상고음上古音은 'ts'iaɣ'였던 것으로 추정된다.(원저자 주)

도표 번호	상商나라의 갑골문甲骨文	주周나라의 금문金文	진秦나라의 소전小篆	한漢나라의 예서隸書	현대의 한자	글자의 창의創意
245	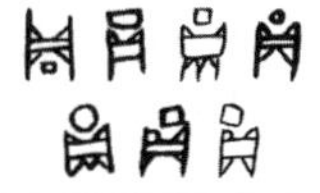		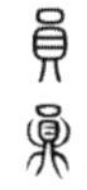 s z	員	員	솥은 대부분이 원형이므로, 그것으로 원圓의 모습을 표현하고 있다.
246					⿰貝句	한 묶음으로 싼 두 개의 소 어깨뼈를 내려다본 모양을 본뜨고 있다.
247	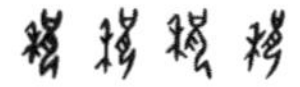		 s k	稷	稷	한 사람이 벼 앞에 꿇어앉아 기원을 올리고 있는 모습을 본뜨고 있다.

만들어진 솥은 대부분이 원형이어서 토기로 된 솥의 둘레가 원형인 것으로 원圓의 모습을 표현하고 있다.[585]

〈도표 246〉에 보이는 구⿰貝句는 갑골문에서 항상 수를 나타내는 양사量詞로 사용되는데, 가공을 거친 두 개의 소 어깨뼈를 한 묶음으로 싼 모습을 본뜨고 있다. 그러나 갑골문에서 구⿰貝句와 같이 표기한 것은 편의상 그렇게 한 것이지, 구句의 발음과는 그다지 상관이 없다. 더욱이 이 구⿰貝句와 동일한 의미를 가진 자형을 가끔 둔屯으로 쓰기도 하는데, 이 둔屯은 두 개의 소 어깨뼈가 한 묶음으로 싸인 것을 옆에서 본 모양이다. 그런데 이에 비해 구⿰貝句는 그것을 위에서 내려다본 모양을 본뜨고 있다.

〈도표 247〉에 보이는 직稷에 대해《설문說文》에서는, "稷은 기장이다. 오곡五穀의 으뜸이다. 화禾를 따르고, 측畟은 성부聲符이다. 稷은 고문古文의 직稷이다"[586]라고 하였고, 또한 측畟에 대해《설문說文》에서는, "畟은 밭을 갈 적에 날이 날카로운 보습이 나아가는 것이다. 전田과 인儿을 따르고, 쇠夊를 따른다.《시경詩經》에 이르기를, '날이 날카로운 좋은 보습'이

584 (清) 段玉裁注,《說文解字注》, 第十二卷, 第六篇注下,〈員〉, 281쪽. 그 원문에 "員, 物數也. 从貝, 囗聲. 凡員之屬皆从員. 員, 籀文, 从鼎"이라고 되어 있다. 그런데 이 원員은 상고음上古音에서 문부文部에 속하였고, 성부聲符인 위囗는 상고음에서 미부微部에 속하였다. 따라서 이 원員과 위囗는 모두 고운古韻에서 미물문微物文의 큰 부류에 속하였다.

585 여기서 위囗의 상고음上古音은 'ɣjwər'였고, 원員의 상고음上古音은 'ɣjwən'이었던 것으로 추정된다.(원저자 주)

586 (清) 段玉裁注,《說文解字注》, 第十三卷, 第七篇注上,〈稷〉, 324-325쪽. 그 원문에 "稷, 齋也. 五穀之長. 从禾, 畟聲. 稷, 古文稷"이라고 되어 있다. 그런데 이 직稷과 성부聲符인 측畟은 상고음上古音에서 동일하게 직부職部에 속하였다.

도표 번호	상商나라의 갑골문甲骨文	주周나라의 금문金文	진秦나라의 소전小篆	한漢나라의 예서隸書	현대의 한자	글자의 창의創意
248			 s	秊 年	秊 年	수확한 농작물을 한 성인 남자가 옮기고 있는 모습을 본뜨고 있다.
249			 s	季	季	한 어린아이가 볏단을 옮기고 있는 모습을 본뜨고 있는데, 어린아이는 마지막으로 동원되는 일꾼이다.

라고 하였다"[587]라고 하였다. 갑골문에서 이 직稷은 아마도 곡신穀神 앞에 꿇어앉아 기원을 올리고 있는 모습을 본뜨고 있을 것이다. 그래서 이 직稷의 최초 의미는 농관農官을 뜻하고 있었다가, 나중에는 벼과에 속하는 곡식의 종류를 가리키게 되었다. 그런데 여기서 측畟은 아마도 이 직稷에서 추출되어 나왔을 것이다.[588]

〈도표 248〉에 보이는 년(秊, 年)에 대해《설문說文》에서는, "秊 은 곡식이 익은 것이다. 화禾를 따르고, 천千은 성부聲符이다.《춘추좌전春秋左傳》에 이르기를, '크게 곡식이 익었다'라고 하였다"[589]라고 하였다. 갑골문에서 이 년(秊, 年)은 한 성인 남자가 이미 수확한 볏단을 머리에 이고 있는 모습을 본뜨고 있다. 그런데 고대에는 1년에 한 번 벼를 수확하였기 때문에, 이 년(秊, 年)은 다시 1년이라는 시간의 의미로 자의字義가 확장되었다. 그러나 이 년年은 벼과에 속하는 어느 곡식의 종류를 의미하는 것이 아닐 뿐만 아니라, 이 자형에 보이는 인人과 화禾는 서로 하나로 연결되어 떼어 낼 수가 없는 자형 구성 부분이다. 그래서 이 년年은 형성자에 속하지 않을 가능성이 비교적 큰 편이다.[590]

〈도표 249〉에 보이는 계季에 대해《설문說文》에서는, "季는 어린 사람의 호칭이다. 자子와 치稚의 생략형을 따르고, 치稚는 또한 성부聲符이다"[591]라고 하였다. 갑골문에서 이 계季는

587 (淸) 段玉裁注,《說文解字注》, 第十卷, 第五篇注下, 〈畟〉, 236쪽. 그 원문에 "畟, 治稼畟畟進也. 从田儿, 从夊. 詩曰: 畟畟良耜"라고 되어 있다.

588 여기서 측畟의 상고음上古音은 'ts'iək'이었고, 직稷의 상고음上古音은 'tsjiək'이었던 것으로 추정된다.(원저자 주)

589 (淸) 段玉裁注,《說文解字注》, 第十三卷, 第七篇注上, 〈秊〉, 329쪽. 그 원문에 "秊, 穀孰也. 从禾, 千聲. 春秋傳曰: 大有年"이라고 되어 있다.

590 여기서 인人의 상고음上古音은 'njien'이었고, 년年의 상고음上古音은 'nen'이었던 것으로 추정된다.(원저자 주)

도표 번호	상商나라의 갑골문甲骨文	주周나라의 금문金文	진秦나라의 소전小篆	한漢나라의 예서隸書	현대의 한자	글자의 창의創意
250			 s k	家	家	지붕 아래 돼지를 기르는 곳은 또한 사람이 사는 곳이다.
251			 s	宰	宰	집 안에 있는 하나의 형벌도구를 본뜨고 있는데, 법을 관장하는 곳이다.

한 어린아이가 이미 수확한 볏단을 옮기고 있는 모습을 본뜨고 있는데, 어린아이는 기후가 돌변할 적에 마지막으로 동원되는 일꾼이다. 그런데 상고음上古音에서 이 계季는 자子나 치稚의 발음과 그다지 관련이 없었다.[592]

그리고 앞의 〈도표 96〉에서 소개한 도稻에 대해 《설문說文》에서는, "稻는 찰벼이다. 화禾를 따르고, 요舀는 성부聲符이다"[593]라고 하였다. 일반적으로 벼는 화남華南 지방의 산물이었기 때문에, 화북華北 지방에서는 대체로 쌀통에 담긴 벼만 볼 수 있었을 뿐 포기의 형태까지는 보기 힘들었다. 더구나 상고음上古音에서 이 도稻는 담覃의 발음과도 그다지 가깝지 않았다().[594]

〈도표 250〉에 보이는 가家에 대해 《설문說文》에서는, "家는 사는 곳이다. 면宀을 따르고, 가豭의 생략형이 성부聲符이다. 家는 고문古文의 가家이다"[595]라고 하였다. 고대에는 일반적으로 돼지가 온도에 적응하는 능력이 떨어지고 또한 동시에 비료를 수집하기 위해서 집에 딸린 뒷간에다 길렀으므로, 돼지 기르는 곳을 곧 집이라고 하였다. 그래서 갑골문에

591 (清) 段玉裁注, 《說文解字注》, 第二十八卷, 第十四篇注下, 〈季〉, 750쪽. 그 원문에 "季, 少偁也. 从子稚省, 稚亦聲"이라고 되어 있다. 그런데 이 계季와 성부聲符인 치稚는 상고음上古音에서 동일하게 지부脂部에 속하였다.

592 여기서 자子의 상고음上古音은 'tsjieeɤ'였고, 치稚의 상고음上古音은 'dier'였으며, 계季의 상고음上古音은 'kjiwer'였던 것으로 추정된다.(원저자 주)

593 (清) 段玉裁注, 《說文解字注》, 第十三卷, 第七篇注上, 〈稻〉, 325쪽. 그 원문에 "稻, 稌也. 从禾, 舀聲"이라고 되어 있다.

594 여기서 담覃의 상고음上古音은 'dəm'이었고, 도稻의 상고음上古音은 'dəw'였던 것으로 추정된다.(원저자 주)

595 (清) 段玉裁注, 《說文解字注》, 第十四卷, 第七篇注下, 〈家〉, 341쪽. 그 원문에 "家, 尻也. 从宀, 豭省聲. 家, 古文家"라고 되어 있다.

서 이 가家는 집 안에 돼지가 있는 모습을 본뜨고 있고, 이것은 소나 양, 말을 기르는 우리와는 상황이 조금 달랐다. 그런데 허신許愼이《설문說文》에서 이 가家에 대해 가豭의 생략형이 성부聲符라고 말한 견해는 전혀 신빙성이 없는 말이다.

〈도표 251〉에 보이는 재宰에 대해《설문說文》에서는, "宰는 죄인이고, 지붕 아래에서 일을 하는 사람이다. 면宀을 따르고, 신辛을 따른다. 신辛은 죄인이다"[596]라고 하였다. 여기서 신辛은 얼굴에 문신을 새기는 형벌 도구를 일컫는데, 갑골문에서 이 재宰는 죄인을 다스리는 관리를 의미하고 있다. 그래서 법의 처벌을 집행하는 관청을 가리키기도 한다. 따라서 이 재宰는 결코 형성자로 볼 수 없을 뿐만 아니라, 또한 상고음上古音에서 이 재宰와 신辛은 그 성聲과 운韻에서 차이가 상당히 크게 났다.[597]

그리고 앞의 〈도표 38〉에서 소개했던 태兌에 대해《설문說文》에서는, "兌는 기뻐하는 것이다. 인儿을 따르고, 연(㕣, 沇)은 성부聲符이다"[598]라고 하였다. 갑골문에서 이 태兌는 사람이 희열을 느낄 때 양 입가에 나타나는 주름의 형태를 본뜨고 있다. 그래서 이 태兌는 열悅의 초기 자형이 되며, 양 입가에 보이는 웃음 자국으로 기쁜 심정을 표현하고 있다. 그런데 상고음上古音에서 이 태兌는 연(㕣, 沇)의 발음과 그다지 관련이 없었다().[599]

〈도표 252〉에 보이는 경慶에 대해《설문說文》에서는, "慶은 가서 남을 축하하는 것이다. 심心과 쇠夊를 따르고, 록鹿의 생략형을 따른다. 길례吉禮에는 사슴 가죽으로 예물을 삼았으므로, 록鹿의 생략형을 따른다"[600]라고 하였다. 갑골문에서 이 경慶은 채廌와 심心의 회의자會意字로 형성되어 있다. 그런데 상고음上古音에서 이 경慶의 성聲과 운韻은 채廌나 심心과 상당히 차이가 있었기 때문에, 이 경慶을 형성자로 볼 수는 없다. 일반적으로 해태는 온난한 기후를 좋아하고 그 외양이 양과 유사한 대형 포유동물哺乳動物의 하나인데, 지금도 베트남 지역의 깊은 산림 속에는 여전히 생존하고 있다. 그리고 고대에는 이 해태의 심장이

---

596 (淸) 段玉裁注,《說文解字注》, 第十四卷, 第七篇注下,〈宰〉, 343쪽. 그 원문에 "宰, 辠人, 在屋下執事者. 从宀, 从辛. 辛, 辠也"라고 되어 있다.

597 여기서 재宰의 상고음上古音은 'tsəɤ'였고, 신辛의 상고음上古音은 'sjien'이었던 것으로 추정된다.(원저자 주)

598 (淸) 段玉裁注,《說文解字注》, 第十五卷, 第八篇注下,〈兌〉, 409쪽. 그 원문에 "兌, 說也. 从儿, 㕣聲"이라고 되어 있다. 그런데 이 태兌는 상고음上古音에서 월부月部에 속하였고, 성부聲符인 연(㕣, 沇)은 상고음에서 원부元部에 속하였다. 따라서 이 태兌와 연(㕣, 沇)은 모두 고운古韻에서 가월원歌月元의 큰 부류에 속하였다.

599 여기서 연(㕣, 沇)의 상고음上古音은 'riwan'이었고, 태兌의 상고음上古音은 'dwar'였던 것으로 추정된다.(원저자 주)

600 (淸) 段玉裁注,《說文解字注》, 第十九卷, 第十篇注下,〈慶〉, 509쪽. 그 원문에 "慶, 行賀人也. 从心夊, 从鹿省. 吉禮以鹿皮爲摯, 故从鹿省"이라고 되어 있다.

도표 번호	상商나라의 갑골문甲骨文	주周나라의 금문金文	진秦나라의 소전小篆	한漢나라의 예서隸書	현대의 한자	글자의 창의創意
252			 s	慶	慶	해태의 심장을 구하는 것은 경축할 만한 일임을 의미하고 있다.
253			 s	姬	姬	아마도 촘촘한 머리빗으로 단장을 하고 있는 한 귀족 여성을 표현하고 있을 것이다.

약용藥用이나 미식美食 재료로 여겨지고 있었기 때문에, 이것을 구하는 것은 경축할 만한 일이었음을 의미하고 있다.[601]

〈도표 253〉에 보이는 희姬에 대해 《설문說文》에서는, "는 황제黃帝가 희수姬水에 살았으므로, 물 이름을 따라 성姓을 삼았다. 녀女를 따르고, 이(臣, 匠, 頤)는 성부聲符이다"[602]라고 하였다. 갑골문에서 이 희姬는 아마도 촘촘한 머리빗으로 단장을 하고 있는 한 귀족 여성을 표현하고 있을 텐데, 고대에는 주로 비녀로 그 신분을 구분하였다. 그런데 이 희姬의 갑골문 자형은 매每를 따르고 있지, 녀女를 따르고 있는 것이 아니다.[603]

〈도표 254〉에 보이는 노奴에 대해 《설문說文》에서는, "는 노奴와 비婢가 모두 옛날에 죄인이었다. 《주례周禮》에 이르기를, '그 노예에 대해서, 남자는 죄례辠隸가 되고, 여자는 용인舂人과 고인稾人이 된다'라고 하였다. 녀女와 우又를 따른다. 는 고문古文의 노奴이다"[604]라고 하였다. 갑골문에서 이 노奴는 아마도 손으로 통제를 받고 있는 여자 노예를 표현하고 있을 텐데, 그 창의創意는 타妥와 같다. 그런데 초기 문자에서 '우又'는 손으로

---

601 여기서 심心의 상고음上古音은 'sjiəm'이었고, 채廌의 상고음上古音은 'dieɣ'와 'dreɣ'였으며, 경慶의 상고음上古音은 'k'iang'이었던 것으로 추정된다.(원저자 주)

602 (淸) 段玉裁注, 《說文解字注》, 第二十四卷, 第十二篇注下, 〈姬〉, 618쪽. 그 원문에 ", 黃帝凥姬水, 因水爲姓. 从女, 臣聲"이라고 되어 있다. 그런데 이 희姬와 성부聲符인 이(臣, 匠, 頤)는 상고음上古音에서 동일하게 지부之部에 속하였다.

603 여기서 이(臣, 匠, 頤)의 상고음上古音은 'ɣriəɣ'였던 것으로 추정된다. 그런데 희姬의 상고음上古音은 왕비王妃를 의미할 적에는 'kiəɣ'였지만, 희수姬水를 의미할 적에는 'ɣriəɣ'였던 것으로 추정된다.(원저자 주)

604 (淸) 段玉裁注, 《說文解字注》, 第二十四卷, 第十二篇注下, 〈奴〉, 622쪽. 그 원문에 ", 奴婢, 皆古辠人. 周禮曰: 其奴, 男子入于辠隸, 女子入于舂稾. 从女又. , 古文奴"라고 되어 있다.

도표 번호	상商나라의 갑골문甲骨文	주周나라의 금문金文	진秦나라의 소전小篆	한漢나라의 예서隸書	현대의 한자	글자의 창의創意
254	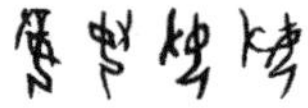	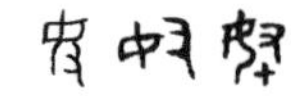	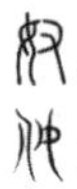 s k	奴	奴	다른 사람에게 통제를 받고 있는 여자노예를 의미하고 있다.
255	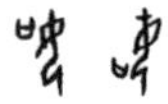		 s	如	如	여성은 나직한 목소리로 부드럽게 얘기해야 교양이 있음을 표현하고 있다.

잡는 동작을 표현하였지, 형부形符로는 거의 쓰이지 않았다.[605]

〈도표 255〉에 보이는 여如에 대해《설문說文》에서는, "는 따르는 것이다. 녀女를 따르고, 구口를 따른다"[606]라고 하였다. 갑골문에서 이 여如는 아마도 여성은 나직한 목소리로 부드럽게 얘기해야 함을 본뜬 것일 텐데, 교육을 받아야 교양이 있게 된다는 개념을 나타내고 있다.[607]

그리고 앞의 〈도표 46〉에서 소개한 것처럼, 갑골문에서 야埜는 야(野, 壄, 埜)의 표의자表意字이다. 그래서 수풀 속에 똑바로 세운 숭배 대상 물체가 있는 장소를 의미하며, 이곳은 고정된 범위 안에서 생활하는 거주지인 읍邑과는 구별되는 곳이다. 그런데 이 야(野, 壄, 埜)에서 성부聲符인 여予는 후대에 덧붙여진 것이다(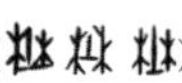).[608]

605 여기서 녀女의 상고음上古音은 'niaɤ'였고, 노奴의 상고음上古音은 'naɤ'였던 것으로 추정된다.(원저자 주)

606 (清) 段玉裁注,《說文解字注》, 第二十四卷, 第十二篇注下,〈如〉, 626쪽. 그 원문에 ", 從隨也. 从女, 从口"라고 되어 있다.

607 여기서 녀女의 상고음上古音은 'niaɤ'였고, 여如의 상고음上古音은 'njaɤ'였던 것으로 추정된다.(원저자 주)

608 여기서 여予의 상고음上古音은 'riaɤ'였고, 야(野, 壄, 埜)의 상고음上古音은 'raɤ'였던 것으로 추정된다.(원저자 주)

부록 3 : 이효정李孝定의 갑골문 육서六書 분류의 예[609]

(가) 상형자象形字 : 22.53%

(01)元天帝示玉玨气士中屯屮(02)小少介釆牛口單乃可于止行齒足龠冊(03)舌干西辛妾鬲丮又彗𠂇聿殳殸甫卜用葡爻(04)目眔眉廄自羽隹雞雈羊美鳥鳳朋舄幺丝叀冎骨肉刀角(05)竹箕工乃可于壴鼓豆豐虎皿盧去主井皀鬯爵食合火缶矢高京享𣆪畐亩來麥夂夔舞弟(06)木條朿槃枼東無叒桑索垂橐囿貝(07)日㫃晶月冏母圅東卣栗粟齊朿爿鼎克彔禾秫穗黍米耑宀向宮肯冃网罕巾帚黹(08)人企倗依匕身衣卒裘尸屍屎尿舟儿兒兔先旡(9)頁百面首文卩鬼山岳厂石磬長勿而豕豭希豸兕易象(10)馬廌鹿麟麇兔犬猴火大矢夭壺㚔(11)水淵澗川州泉永仌雨霓需雲魚燕龍(12)不戶門耳乂氏氐戈戣戉我匚甾弓弘(13)糸絲虫蜀龜黿黽鼉鼄亘凡土墉堇田疇黃力(14)盟且俎斤斗斝升車自阜宁丁戊辛子丑巳未申酉戌

(나) 지사자指事字 : 1.63%

(01)一上下三(02)必(03)叉叶(04)芈肘刃(05)曰彭寫丹(06)朱(10)亦(12)弦(13)二亟(14)四

(다) 회의자會意字 : 32.33%

(01)祭祝璞𤕌𦴌折薅莫(02)八分兆牨犙牢喙吹君启咸周音各吠吅前𨁈登癹步此正辵征逆徙遣逐得馭延(03)㗊屰㕯古十廿卅卌訊誖競對僕廾丞畀弄弅戒兵異興要晨農龔爲埶𡚬

609 아래에 보이는 괄호 안의 숫자는《설문說文》의 권수卷數를 표시한다.(원저자 주)

鬥叟曼尹劵及秉反㞋㪟取友史事肆㚔臣臧𣪊㞭尋啓徹𢼄斀攸敗寇鼓𢽾畋改牧占(04)㝵相眣䀠隻雀離𣀔翟𦏲霍𩁹𩁽集鳴棄冓爯幼幽爰受爭歺死𢧵利初刪刖制剝㓞耤解觳(05)典奠甘㮚卤旨喜鼓𧯷虢虤益盡盥阱即既饔養飼內躲矦冘𩫏覃㐭嗇韋乘(06)枚杲柵臬樂采析休𣗥林森才之出索生束刺國囚困圂賴買邑(07)晉晛昃昔游旋旅族冥明夙多秦秝黎香舂臿舀兒𣘨安寶宿宋𥨍宗突夢疒疾疫冢麗𦖐羈幎𥨩敝(08)保何伐俘咎疑化印艮从并比北丘㠯壬望監老反朕競先見㝵吹飲(09)令𨚵印卯辟勹畏𡿧豢豕豩肆㣇豚(10)馭㷭𩦺逸冤尨臭獲犾猋尞爇烄𤆍焚災光炎燮焱赤夾夷吳執圉奏畀奚夫立並(11)湔温衍派汓休濕沬涉巛谷雷漁(12)乳至聖聽聲聞職耶扶拏授承拖𢪎抖女妻母好旻妓妥民弗氏肇戎戰戍或𢦔武戔區医匽弜系孫(13)絕編彝蚰蠱它埽封圣堯畕男劦(14)鑄処斫興官陵陟降隋書獸孕季疑孨育羞酒莤奠

(라) 형성자形聲字 : 27.27%

(01)旁社福祐祏祈禦禫每萑萌茀萑蒿春蔽葬(02)牡犅牝犁犆犪嚨召問唯唐吝喁喪趠趄歷歸歲徒過進遝迨遘逢通還遲避退追遷途循彶徫徬復御衛跽踬穌嗣(03)嚚句千言龔弇鬳鬻餗𢦏𢿒效𢽾𣀈攻敘教學(04)𦣞瞚眻省魯智習翏雉雞雛𩁹雇𨾴𧢱雚舊蔑羌羊羌牢鳳𩿨鶾膏腹剛荆(05)簋㫗曹寧㝵粵虘盂盛𪏤盧青皀倉𣏌亳厚复致(06)椃柳杞柏樹槁宋櫛相槃柄棋楚麓㞢員貣貯責賙邦(07)時昝昱昕㫃旃星龍盟𣐸𣕥稷糠年穳家宅室宣定宰寝宄𡪢宕寮罘帛(08)伊佝倞儐㑭任僖傳耋考般服兑視款歆(09)邵醜庭廣龐硪豼豼貚(10)驪駁騽駕馳馨麋麀壁𧰼㸒戾狂狄猶狼狐狽犯獄獄熯閔熹炎㸑𤏳烖威慶(11)河沮洛汝油淮淯濼洹湞洚潢沖滋浥沚汜濘潢湄濿濩涿瀧濛涵沑汏洒濤汈雪雹霖䨓雩𩆜(12)聾排拼揆扔扜抔

姓姜姬姞娶婦妃妊娠妹姪嘉姼婢奴娍娥婀㛘媚媜姘妰如娕嬪媟嫛妨婁嬉娘戕戋匡匫(13)紹紊綠紟蠹鄞埑畯疆(14)鑊鍰斧新陽陮陴成巽辪䇔

(마) 가차자假借字 : 10.53%

禮祿祥福祐柴祖祠禘禍祟命歲征遣迤屠復往得後千呼音父殺貞用暨白百翌副剔逭可于嘉去饎饉來東師南貢賞鄙鄷鄭邢郤鄉啓晦昕有夕秋稻宜白伯仲儐作侵使北方兄觀卿旬騍獻燔亦悔雪西揚婦母妣婠毋弗我無終綏風在錫五六七九禽萬甲乙丙丁戊己庚辛壬癸子娩丑寅卯辰巳午未申酉醴戌亥

(바) 미상자未詳字 : 5.71%

曾公余告呈吉哭商奭奭魯鷹再寔予巫丂兮寧今會入央良杏匜賓昏昌㞢宦同吊發彤方允兄次后司昜易騂而雍冬非戠義亡乍匄賡率恆陸亞甲乙尤丙己壬癸寅卯以午亥

제6절 문자의 창의創意

1. 고문자古文字의 창의

몇 천 년을 내려오면서 인류는 몇 갈래의 독립적으로 발전한 오래된 문자 체계가 존재하였다. 그중 가장 널리 알려진 것으로는 이집트의 성서체聖書體 문자, 메소포타미아의 설형문자楔形文字 및 중국의 한자漢字를 그 예로 들 수 있다. 이러한 문자들은 기본적으로 모두 그림문자의 표의부호表意符號를 위주로 하는 문자 체계였다. 그런데 오늘날에 이르러서는 이러한 대부분의 고대 문자 체계들이 이미 소멸되었거나 혹은 표음문자表音文字로 대체되어 버렸다. 그러나 오직 중국의 한자만은 그림으로 뜻을 표현하는 초기 문자의 특징을 여전히 지니고 표음문자 계통으로 변화되지 않고 있다. 그래서 한자 어느 한 글자의 자획에서 비록 일반사람들은 그 글자의 원래 창의創意를 이해하기 쉽지 않다고는 해도, 문자학자는 고대자형古代字形과 그 자의字義를 종합적으로 결부시켜 그 글자의 창의를 충분히 파악할 수가 있다. 따라서 한자의 이러한 특징은 고대 중국 문화 탐색에 관심이 있는 사람에게 상당한 연구의 편리성을 제공해 주고 있다.

이와 마찬가지로 세계 각국 고대문명의 표의문자表意文字는 우리가 그 당시의 사회를 이해하는 데 많은 도움이 된다. 그것은 이러한 고대 문자가 그림문자의 성격이 상당히 강했기 때문에, 그 당시에 존재했던 동식물과 그 당시에 사용했던 기물器物의 정보를 알려줄 뿐만 아니라, 또한 그 문자를 창조했을 때의 구상 및 그것을 통해 어떤 의미를 나타내고자 했던 사물의 구체적인 내용까지 보여 주기 때문이다. 그래서 한 글자의 변천 과정을 거슬러 올라가다 보면, 가끔씩 일부 고대 기물의 사용 내역, 풍속 습관 및 중요한 사회제도 혹은 공예 기술 발전의 흔적을 추적할 수가 있다.

그래서 장례의식葬禮儀式을 예로 들어 볼 때, 고고학考古學의 발굴은 단순히 매장 시의 자세나 부장기물附葬器物의 종류 및 수량 등의 정적靜的인 상태의 정보밖에 알려 주지 못한다. 그러나 문자의 표현을 통하여 우리는 매장에 관한 동적動的인 진화 과정의 정보를 얻을 수가 있다. 필자는 일찍이 중국 고대 문자 자형에 의거하여 중국 고대에 존재했던 장례의식의 변천 과정을 연구한 적이 있었다. 곧 노인을 몽둥이로 타살시키던 풍습에서 시작하여 노인을 내다버리는 것에 이르렀고, 다시 노인이 죽은 후 깊은 골짜기에 버려서 산짐승으로 하여금 사람을 대신하여 피를 흘려 영혼을 내보내는 장례의식을 치르게끔 하였다. 그 후에는 시체를 상징적으로 훼손하여 시신에 문신을 새겼고, 또한 관棺 속에는 우선 양면 조각된 판자를 바닥에 깔고 그 위에 붉은색의 광물질鑛物質을 뿌린 다음에, 마지막으로 시신을 붉은색의 관에 입관시켰다. 이러한 장례의식의 변천 과정 중에서 몇 가지 단계가 문자에 모두 그대로 반영되어 나타났다.[610]

그런데 서양의 초기 문자는 음절로 언어를 표기하는 데 주로 치우쳐서 중국에 비해 표의문자表意文字가 상당히 적었으므로, 당연히 고대 사회의 상황을 연구할 수 있는 자료가 중국에 비해 상대적으로 부족한 편이다. 그러나 중국에서는 언어의 기본적인 체계가 단음절單音節로 구성되었기 때문에, 같은 발음에서 오는 혼동을 피하려고 그림문자와 같은 방법을 통해 추상적인 개념을 표현하게 되었다. 또한 이와 더불어 일상생활에서 얻은 경험과 연상을 주로 이용하여 새로운 문자를 창조하기도 하였다. 그래서 중국어에는 표의문자가 상당수 존재할 뿐만 아니라 글자를 창조하는 상황에 있어서도 여러 영역에 골고루 미치고 있다. 필자가 일전에 출판한 《중국 고대사회—문자와 인류학의 투시〔中國古代社會—文字與人類學的透視〕》는 바로 이러한 고문자古文字에 대한 연구를 기초로 하여, 고고학考古學이나 민속학民俗學 등에서 얻은 정보를 종합해 각 방면에서 고대인의 생활을 소개한 책이다. 그러면 아래에 그 책에 실린 몇 가지 예를 들어보기로 하자.

예를 들어, 우리가 앞의 〈도표 1〉에서 이미 소개한 것처럼, 갑골문에서 문文은 고대에 문신文身하던 풍습을 묘사하고 있다(). 더욱이 이 문文은 원래 피를 흘려 영혼을 내보내던 고대의 장례의식을 표현하고 있다. 고대 중국의 장례의식은 앞에서도 이미 언급한 것처럼, 노인을 몽둥이로 타살시킴으로써 영혼을 밖으로 내보내 후대에 다시 환생토록 하는 것이었다. 그러다가 나중에는 이러한 풍습이 점점 시신에 문신을 새기고, 또한 땅속에 매장하는 방식으로 변화되기 시작하였다. 그래서 앞의 〈도표 225〉에서 소개한

610 필자의 저작인 《중국 고대사회—문자와 인류학의 투시〔中國古代社會—文字與人類學的透視〕》(臺北: 臺灣商務印書館, 1995년)에서 제13장을 참고할 것.(원저자 주)

도표 번호	상商나라의 갑골문甲骨文	주周나라의 금문金文	진秦나라의 소전小篆	한漢나라의 예서隸書	현대의 한자	글자의 창의創意
256			 s	鄰 隣	鄰 隣	서로 이웃하며 매장한 묘지墓地를 본뜨고 있다.

것처럼, 갑골문에서 린吝은 문신한 사람과 흙구덩이의 결합으로 자형의 기본 형태를 구성하고 있다( ). 그런데 이것은 아마도 노인을 몽둥이로 타살하던 고대의 장례 풍습을 지키지 않는 후대 사람들에 대한 탄식의 모습을 본뜨고 있거나, 아니면 정상적으로 관속의 양면 조각된 판자 위에 입관되지 못하고 다만 구덩이를 파고 매장을 해야만 하는 안타까운 상황을 표현하고 있을 것이다.

최근에 곽점郭店에서 출토된 초楚나라 죽간竹簡인《노자老子》나 혹은 기타 청동기에 보이는 명문銘文을 보면, 간혹 린(鄰, 隣, 叜)이라는 글자가 나타난다. 그런데〈도표 256〉에 보이는 이 린(鄰, 隣, 叜)에 대해《설문說文》에서는, "鄰 은 다섯 가구가 린鄰이 된다. 읍邑을 따르고, 린(粦, 粦)은 성부聲符이다"[611]라고 하였다. 금문金文에서 이 린(鄰, 隣, 叜)의 자형은 몸에 문신이 있는 사람과 네모난 두 구덩이의 모양을 본뜨고 있다. 그런데 고대의 매장 지역은 무덤이 모두 직사각형의 흙구덩이 모양을 하고 있었고, 또한 규칙적으로 서로 이웃하며 배열되어 있었다. 그래서 이 린(鄰, 隣, 叜)의 의미는 아마도 서로 이웃하며 연속적으로 이어져 있는 상태를 표현하고 있을 것이다. 그런데 육조시대六朝時代의 묘비에는 간혹 글자가 훼손되거나 혹은 부분적인 자획이 모자라는 등의 원인으로 인해, 이 린(鄰, 隣, 叜)이 두 개의 위口로 잘못 표기된 경우도 나타났다.

그리고 앞의〈도표 7〉에서 소개했던 것처럼, 갑골문에서 곽(䯧, 郭)은 성벽 위의 성곽건축城郭建築을 본뜨고 있다( ). 그런데 평면이 원형인 성곽은 이미 4천 년 전에 나타난 건축양식이었다.

그리고〈도표 23〉에서 소개했던 것처럼, 갑골문에서 채廌는 거대한 영양류羚羊類의 동물 모양을 본뜨고 있다( ). 또한〈도표 24〉에서 이미 소개한 것처럼, 천薦은 이 해치(獬豸, 解豸)가 먹던 식물이 돗자리를 짤 때 좋은 재료가 됨을 의미하고 있다( ). 그리고〈도표

611 (清) 段玉裁注,《說文解字注》, 第十二卷, 第六篇注下,〈鄰〉, 286쪽. 그 원문에 "鄰, 五家爲鄰. 从邑, 粦聲"이라고 되어 있다.

25〉에서 소개한 것처럼, 법(灋, 法)은 고대 전설에 따르면 해태는 죄인을 뿔로 받아 버리기 때문에 심판할 때 도움이 되었다고 한다( ). 또한 〈도표 26〉에서 소개한 것처럼, 갑골문에서 기(羈, 羇)는 해태의 두 뿔이 새끼줄에 묶여 있는 모습을 본뜨고 있다( ). 그래서 갑골문에서는 주로 역참驛站의 설비라는 뜻으로 사용되었는데, 아마도 고대에는 이 짐승으로 하여금 역참의 마차를 끌게 했을 것이다.

그리고 〈도표 252〉에서 소개한 것처럼, 갑골문에서 경慶은 이 채廌와 심心의 결합으로 자형이 구성되어 있다( ). 그런데 고대에는 해태의 심장이 미식美食 재료나 약용藥用으로 여겨지고 있었기 때문에, 이것을 구하는 것은 경축할 만한 일이었음을 의미하고 있다. 비록 오늘날 이 해태는 중국에서 이미 멸종되었지만, 신화 속의 동물로 남아 아직도 사법司法의 권위를 상징하고 있다. 그런데 이 동물은 현재 베트남〔越南〕에 아직 생존하고 있으며, 일명一名 사랍沙拉이라고 불려지고 있다. 더욱이 이 동물은 열대동물에 속하는 대형 영양류의 일종이다. 그래서 상商나라의 갑골문 복사卜辭를 보면 황채黃廌로 요제燎祭를 올렸다는 기록이 나오는데,[612] 이것은 고대의 기후가 현재에 비해 상당히 온난했음을 증명하는 것이다.

그리고 〈도표 27〉에서 소개했던 것처럼, 갑골문에서 록彔은 물을 길을 때 사용하는 도르래의 모양을 본뜨고 있다( ). 그런데 갑골문의 이 록彔을 통해 고대에 이미 이 도르래를 사용하여 물을 길으면서 편하게 작업을 진행시켰음을 알 수가 있다.

그리고 〈도표 33〉에서 소개했던 것처럼, 금문金文에서 리(履, 履)는 지위가 높은 귀족이 신을 신고 있는 모습을 본뜨고 있다( ). 그래서 이 리(履, 履)가 귀족 신분을 강조하고 있는 글자이며, 또한 그 발단은 예의를 지키기 위한 필요성에서 비롯했음을 알 수가 있다. 그런데 신을 벗고 깨끗한 맨발로 신성한 사당에 들어가는 일은 사당 바닥의 청결을 유지하기 위한 것이었다.

그리고 〈도표 50〉에서 이미 소개한 것처럼, 갑골문에서 추秋는 메뚜기나 혹은 그것을 불에 굽는 모습을 본떠 메뚜기가 나타나는 계절인 가을을 표현하고 있다( ). 일반적으로 상商나라 때에는 일 년을 봄과 가을의 두 계절로 나누었는데, 메뚜기는 주로 여름과 가을이 바뀌는 시기에 농작물에 피해를 주었다. 그래서 이러한 사실을 통하여 당시의

---

612 《합집合集》 5658을 참고할 것.(원저자 주)

가을은 여름까지 포함하는 것이었고, 봄은 겨울까지 포함하는 것이었음을 유추할 수가 있다. 따라서 당시의 사계절은 그 순서가 후대와는 조금 달랐다.

그리고 〈도표 68〉에서 소개한 것처럼, 갑골문에서 칙則은 정鼎과 도刀의 결합으로 자형이 구성되어 있다(). 일반적으로 동銅 기물器物인 정鼎을 주조하려면, 높은 비율의 동銅 함량含量과 낮은 비율의 주석朱錫 함량含量의 성분으로 합금이 되어야 황색을 띤 붉은색의 정鼎을 주조해 낼 수가 있다. 만약 이러한 정을 제사의식에 진열하여 사용한다면 외형적인 미관을 한껏 더 돋워 줄 수 있다. 반면에 물체를 베는 데 쓰는 칼을 주조하려면 20퍼센트에 달하는 높은 비율의 주석朱錫 함량含量이 있어야만 날이 예리하고 마모에 잘 견딘다. 따라서 동銅 기물器物을 주조할 때는 각기 일정한 비율의 합금법칙을 따라야만 비로소 훌륭한 제품을 생산해 낼 수 있다. 그래서 이 칙則을 통해 우리는 상商나라의 정확한 합금 지식을 살펴볼 수가 있다.

그리고 〈도표 108〉에서 소개한 것처럼, 갑골문에서 래來는 한 포기 보리의 모양을 본뜨고 있다( ). 그런데 이 래來에는 갑골문에서 두 가지의 의미가 있는데, 그 본의本義는 밀이고, '왕래하다'는 가차假借된 의미이다. 그렇지만 현재까지 서주시대西周時代 이전의 중원中原 지역에서는 실물 밀이 아직 출토되지 않고 있다. 그래서 '왕래하다'는 뜻이 된 것은 아마도 이 밀이 외부에서 전래된 품종이었기 때문일 것이다.

그리고 〈도표 109〉에서 소개한 것처럼, 갑골문에서 향(亯, 享)은 우뚝 솟아오른 지면의 다진 토대 위에 세워진 한 건축물의 모습을 본뜨고 있다(). 그런데 이 향(亯, 享)이 대부분 제향祭享의 의미로 사용되고 있는 사실에서, 이러한 높은 건물은 귀신에게 제사를 지내던 장소이었지, 일반적으로 거주하던 가옥이 아니었음을 알 수가 있다.

그리고 〈도표 122〉에서 소개한 것처럼, 갑골문에서 조且는 남성 생식기의 모양을 본뜨고 있다(). 그런데 이 조且가 조祖가 되면서 두 세대 이전의 남자 조상을 표현하고 있는데, 이것은 이미 당시에 생육의 원인이 남자에게서 오는 것이지 자연계의 여타 사물과 감응하여 아이를 잉태하는 것이 아니라는 것을 알고 있었음을 나타내고 있다. 또한 이것은 부계사회에 들어서면서 생겨난 지식이라고 할 수 있다.

그리고 〈도표 142〉에서 소개한 것처럼, 갑골문에서 부夫는 한 성인 남자가 머리를 틀어 올려 비녀 하나를 꽂고 있는 모습을 본뜨고 있다. 이것은 고대에 사람이 자라서 성인이 되면 누구나 머리를 틀어 올려야 했으므로, 이와 같이 비녀로 머리 형태를 고정시킬 필요가

도표 번호	상商나라의 갑골문甲骨文	주周나라의 금문金文	진秦나라의 소전小篆	한漢나라의 예서隸書	현대의 한자	글자의 창의創意
257	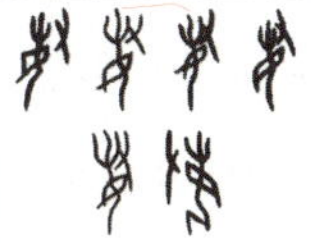		 s k	妻	妻	손으로 머리를 손질하는 모습을 본뜨고 있는데, 결혼한 부인의 행위를 나타내고 있다.

있었기 때문이었다. 그래서 나중에는 이 부夫로 성인 남자의 의미를 나타내게 되었다([illegible]).

〈도표 257〉에 보이는 처妻에 대해《설문說文》에서는, "[illegible]는 지어미이고, 지아비와 평등한 사람이다. 녀女를 따르고, 철屮을 따르며, 우又를 따른다. 우又는 받들어 아내의 직분을 다하는 것이다. 철屮은 성부聲符이다. [illegible]는 고문古文의 처妻이고, 귀(肖, 貴)와 녀女를 따른다. 귀(肖, 貴)는 고문古文의 귀(𦥔, 貴)이다"[613]라고 하였다. 갑골문에서 이 처妻는 한 부인이 손으로 머리를 손질하는 모습을 본뜨고 있다. 그런데 이 부夫와 처妻는 고대의 풍습에서 남자는 성인이 되면 머리에 하나의 비녀를 꽂았고, 부인은 결혼하고서 머리 위에 쪽을 찌고 비녀를 꽂기 시작했음을 알려주고 있다. 그래서 이것은 고대 성인 남녀의 풍습을 반영하고 있고, 또한 최근 상나라의 무덤에서 뼈로 만든 비녀가 많이 출토되는 사실을 통해서도 이것을 확인할 수가 있다.

그리고 〈도표 147〉에서 소개한 것처럼, 갑골문에서 차次는 한 사람이 입을 벌리고 입 안의 액체를 뿜어내는 모습을 본뜨고 있다([illegible]). 이것은 고대의 음식 예절을 반영하고 있는데, 식사를 할 때 말을 하며 입 안의 잔여물을 뿜어내는 일은 실례가 되는 저급한 행위임을 나타내고 있다. 따라서 식사를 할 적에는 말을 하지 않는 예의가 있었다.

그리고 〈도표 148〉에서 소개한 것처럼, 갑골문에서 방(㫄, 雱, 旁)은 밭가는 쟁기와 볏의 결합으로 자형이 구성되어 있다([illegible]). 일반적으로 보습의 볏을 붙인 쟁기는 앞으로 계속 나아갈 수 있고, 또한 파낸 흙덩어리를 양쪽으로 밀어내는 역할까지 한다. 그래서 이것은 소나 사람이 끄는 쟁기 형식에만 있는 장치이므로, 이 방(㫄, 旁)을 통해 상나라의 우경기

613 (清) 段玉裁注,《說文解字注》, 第二十四卷, 第十二篇注下,〈妻〉, 620쪽. 그 원문에 "[illegible], 婦, 與己齊者也. 从女, 从屮, 从又. 又, 持事妻職也. 屮聲. [illegible], 古文妻, 从肖女. 肖, 古文貴字"라고 되어 있다. 그런데 이《설문說文》의 해석에 보이는 '肖'는 다른 판본에는 모두 '귀(肖, 貴)'로 표기되어 있다. 그리고 이 처妻는 상고음上古音에서 지부脂部에 속하였고, 성부聲符인 철屮은 상고음에서 월부月部에 속하였다. 따라서 이 처妻와 철屮은 상고음에서 서로 동일한 큰 부류에 속하지 않았다.

술牛耕技術을 알 수 있다.

그리고 〈도표 157〉에서 소개한 것처럼, 갑골문에서 재(巛, 𢦏, 灾, 災)는 수재, 화재, 전쟁 등의 재난의 모습을 본뜨고 있다(). 그런데 상나라 때 이 재(巛, 𢦏, 灾, 災)의 자형은 초기의 수재나 화재에서 후기의 전쟁 피해로 점차 변해 갔는데, 이것은 당시의 사회가 이미 전쟁이 빈번한 다계층 사회로 진입했음을 의미하고 있다.

그리고 〈도표 173〉에서 소개한 것처럼, 금문金文에서 기器는 하나의 견犬과 네 개의 구口의 결합으로 자형이 구성되어 있다(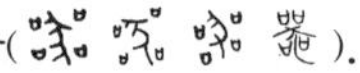). 이것은 개가 연속적으로 짖어대어 마치 여러 개의 입이 있는 것 같아야 쓸모가 있음을 의미하고 있다. 그래서 이 기器를 통해 상나라 때 이미 개가 집을 지키며 외부인의 침입을 막았고, 또한 생활 방식도 농업에 기초를 두었지 수렵이 아니었음을 알 수가 있다.

그리고 〈도표 179〉에서 소개한 것처럼, 갑골문에서 복(复, 复)은 공기 펌프 주머니의 디딤판을 딛고 반복적으로 공기를 불어넣고 있는 모습을 본뜨고 있다(). 그래서 그 당시에 이미 공기를 불어넣는 펌프를 사용하여 공기를 불어넣으면 연소 촉진에 도움이 된다는 사실을 인식하고 있었음을 알 수 있다. 더욱이 이 복(复, 复)의 자형을 통해 공기 펌프 파이프의 출토물을 증명할 수도 있는데, 대체로 용광로에 연결되는 한쪽 파이프의 지름은 다른 쪽보다 조금 더 가늘었다.

그리고 〈도표 197〉에서 소개한 것처럼, 갑골문에서 조(曹, 曹)는 통 위에 두 포대가 있는 모습을 본뜨고 있다(). 이 조(曹, 曹)는 대규모로 술을 걸러내는 작업의 광경을 묘사하고 있는데, 상나라 사람들이 음주를 즐기는 습관이 있었음을 증명하고 있다.

그리고 〈도표 250〉에서 소개한 것처럼, 갑골문에서 가家는 지붕이 있는 양돈장의 모습을 본뜨고 있다(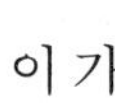). 이 가家는 거세한 새끼 돼지가 풍한風寒에 걸리는 것을 예방하고, 또한 거름을 모으기 편하도록 습관적으로 사람의 거처와 바로 이웃한 지붕 아래에 돼지를 함께 기른 것이었다. 그래서 이것은 집 밖의 야외에다 방목시키던 소나 양, 말의 우리와는 그 구조가 조금 달랐다.

〈도표 258〉에 보이는 혼圂에 대해 《설문說文》에서는, "圂은 돼지우리이다. 위囗를 따르고, 돼지가 우리 안에 있음을 본뜨고 있다. 회의자會意字이다"[614]라고 하였다. 갑골문에서 이

614 (清) 段玉裁注, 《說文解字注》, 第十二卷, 第六篇注下, 〈圂〉, 281쪽. 그 원문에 "圂, 豕厠也. 从囗, 象豕在囗中也. 會意"라고 되어 있다.

도표 번호	상商나라의 갑골문甲骨文	주周나라의 금문金文	진秦나라의 소전小篆	한漢나라의 예서隸書	현대의 한자	글자의 창의創意
258			 s	圂	圂	돼지는 지붕이 있는 돼지우리 안에서 기른다.
259			 s	吉	吉	거푸집을 깊은 구덩이 속에 오랫동안 놓아두면 방열을 더디게 하여 냉각되는 시간이 길어지게 된다. 따라서 주조된 금속 기물의 질이 아주 좋게 된다.
260			 s z	昔	昔	큰물의 범람으로 근심하던 날은 이미 과거의 지나간 일임을 의미하고 있다.

혼圂은 두 마리의 돼지가 지붕이 있는 돼지우리 안에 있는 모습을 본뜨고 있다. 일반적으로 돼지의 배설물은 사람과 마찬가지로 양질의 유기질 비료이다. 따라서 이 혼圂은 상商나라 때 이 돼지를 집 안에서 길렀고, 또 그 우리는 뒷간과 바로 이웃하였음을 설명하고 있다.

〈도표 259〉에 보이는 길吉에 대해《설문說文》에서는, "吉은 좋은 것이다. 사士와 구口를 따른다"[615]라고 하였다. 갑골문에서 이 길吉은 깊은 구덩이 속에 있는 거푸집을 본뜨고 있다. 일반적으로 구리 용액을 주입한 후에 만약 이 거푸집을 뜨거운 공기 속에 오랫동안 놓아두면, 방열을 더디게 하여 냉각되는 시간이 길어지게 된다. 그래서 금속은 충분한 시간을 두고 서서히 굳어질 수 있고, 또한 주조된 기물의 질도 아주 우수하게 된다. 따라서 이 길吉에 훌륭하고 좋다는 의미가 생겨났다. 이처럼 이 길吉은 문헌상에 기록도 남아 있지 않고 고고학적으로도 증명할 수 없는 고대 과학 지식의 일면을 반영하고 있다.

〈도표 260〉에 보이는 석(昔, 昔)에 대해《설문說文》에서는, "昔은 말린 고기이다. 남은 고기를 따르고, 햇볕으로 그것을 말리는 것이다. 조俎와는 같은 뜻이다. 㫺은 주문籀文이고, 육肉을 따른다"[616]라고 하였다. 갑골문에서 이 석(昔, 昔)은 자형이 큰물과 날짜로 구성되어 있는

615 (淸) 段玉裁注,《說文解字注》, 第三卷, 第二篇注上,〈吉〉, 59쪽. 그 원문에 "吉, 善也. 从士口"라고 되어 있다.
616 (淸) 段玉裁注,《說文解字注》, 第十三卷, 第七篇注上,〈昔〉, 310쪽. 그 원문에 "昔, 乾肉也. 从殘肉, 日目晞之.

도표 번호	상商나라의 갑골문甲骨文	주周나라의 금문金文	진秦나라의 소전小篆	한漢나라의 예서隸書	현대의 한자	글자의 창의創意
261					燮 燮	손에 대나무 통을 들고 불에 굽고 있는 모습을 본뜨고 있는데, 대나무 통이 검게 그을려지면 밥도 익는다.

데, 큰물의 범람으로 근심하던 날은 이미 과거의 지나간 일이라는 의미를 나타내고 있다. 그래서 이 석(昝, 昔)을 통해 상나라 후기가 되면서 수재는 이미 더 이상 심각하지 않게 되었음을 알 수 있다. 따라서 이 석(昝, 昔)을 과거의 시간이라는 의미로 표현하고 있는 것이다.

〈도표 261〉에 보이는 섭(燮, 燮)에 대해 《설문說文》에서는, "은 크게 익는 것이다. 우又를 따르고, 염炎과 신辛을 잡고 있다. 신辛이라는 것은 만물이 익는 냄새이다"[617] 라고 하였고, 또한 섭燮에 대해 《설문說文》에서는, "은 조화하는 것이다. 언言과 우又를 따르고, 염炎은 성부聲符이다. 발음은 습溼과 같다. 은 주문籒文의 섭燮이고, 임羊을 따른다"[618] 라고 하였다. 갑골문에서 이 섭(燮, 燮)은 손에 대나무 통을 들고 불에 굽고 있는 모습을 본뜨고 있다. 그런데 자형의 구성 부분에서 신辛이나 언言은 모두 이 대나무 통의 모습이 변화된 것인데, 《설문說文》에서는 섭(燮, 燮)과 섭燮의 두 글자로 구분하여 자의字義를 설명하고 있다. 그래서 하나는 본의本義이고, 다른 하나는 가차假借된 의미이다. 그런데 이 섭(燮, 燮)은 중국에서 이미 오래전에 사라져 버린 취사 방식의 일종이었는데, 예전에 대만의 고산족高山族은 밖에서 사냥을 할 적에 항상 이러한 방식으로 취사를 하곤 하였다. 동남아시아 지역에서는 현재까지도 여전히 이러한 풍습이 남아 있다.

〈도표 262〉에 보이는 위爲에 대해 《설문說文》에서는, "는 암원숭이이다. 그 짐승의 성품은 손톱을 쓰기를 좋아한다. 아래의 배는 암원숭이의 모습이다. 왕육王育이 이르기를, '조爪는 상형자象形字이다'라고 하였다. 는 고문古文의 위爲이다. 두 암원숭이가 서로 마주

與組同意. , 籒文, 从肉"이라고 되어 있다.

617 (清) 段玉裁注, 《說文解字注》, 第十八卷, 第十篇注上, 〈燮〉, 491-492쪽. 그 원문에 ", 大孰也. 从又, 持炎辛. 辛者, 物孰味也"라고 되어 있다.

618 (清) 段玉裁注, 《說文解字注》, 第六卷, 第三篇注下, 〈燮〉, 116쪽. 그 원문에 ", 和也. 从言又, 炎聲. 讀若溼. , 籒文燮, 从羊"이라고 되어 있다. 그런데 이 섭燮은 상고음上古音에서 엽부葉部에 속하였고, 성부聲符인 염炎은 상고음에서 담부談部에 속하였다. 따라서 이 섭燮과 염炎은 모두 고운古韻에서 엽담葉談의 큰 부류에 속하였다.

도표 번호	상商나라의 갑골문甲骨文	주周나라의 금문金文	진秦나라의 소전小篆	한漢나라의 예서隸書	현대의 한자	글자의 창의創意
262			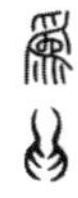 s k	爲	爲	손으로 코끼리의 코를 잡아당기며 일을 시키고 있는 모습을 본뜨고 있다.
263	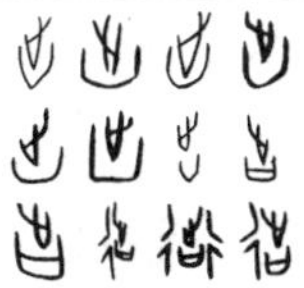		 s	出	出	한 발이 반지하식의 토굴을 걸어 나가는 모습을 본뜨고 있다.
264		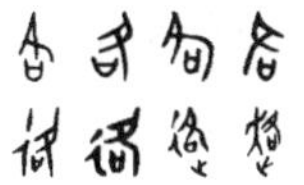	 s	各	各	한 발이 반지하식의 토굴로 걸어 들어오는 모습을 본뜨고 있다.

보고 있는 모습을 본뜨고 있다"[619]라고 하였다. 갑골문에서 이 위爲는 손으로 코끼리의 코를 잡아당기면서 코끼리에게 일을 시키는 모습을 본뜨고 있다. 그래서 이 위爲를 통해 상나라 때 이미 코끼리를 길들일 줄 알아서 힘든 중노동의 일을 시켰음을 알 수가 있다. 그런데 체구가 거대한 코끼리는 열대 동물의 일종으로, 오래전에 남쪽으로 모두 이동하여 중국 내에서는 더 이상 생존하고 있지 않다. 그래서 이것은 고대의 기후가 현재에 비해 훨씬 더 온난했음을 증명하는 것이다.

〈도표 263〉에 보이는 출出에 대해《설문說文》에서는, "은 나아가는 것이다. 초목이 점점 무성하여 위로 모두 뻗어 나온 것을 본뜨고 있다. 무릇 출出의 속屬들은 모두 이 출出을 따른다"[620]라고 하였고, 또한〈도표 264〉에 보이는 각各에 대해《설문說文》에서는, "은 다르다는 말이다. 구口와 치夂를 따른다. 치夂라는 것은 어떤 사람은 걸어가고, 어떤 사람은 그것을 막는 것으로, 서로 말을 듣지 않는다는 뜻이다"[621]라고 하였다. 갑골문에서 이 출出

619 (清) 段玉裁注,《說文解字注》, 第六卷, 第三篇注下,〈爲〉, 114쪽. 그 원문에 ", 母猴也. 其爲禽, 好爪. 下腹爲母猴形. 王育曰: 爪, 象形也. , 古文爲. 象兩母猴相對形"이라고 되어 있다.

620 (清) 段玉裁注,《說文解字注》, 第十二卷, 第六篇注下,〈出〉, 275쪽. 그 원문에 ", 進也. 象艸木益茲, 上出達也. 凡出之屬皆从出"이라고 되어 있다.

621 (清) 段玉裁注,《說文解字注》, 第三卷, 第二篇注上,〈各〉, 61쪽. 그 원문에 ", 異詞也. 从口夂. 夂者, 有行而止

도표 번호	상商나라의 갑골문甲骨文	주周나라의 금문金文	진秦나라의 소전小篆	한漢나라의 예서隸書	현대의 한자	글자의 창의創意
265	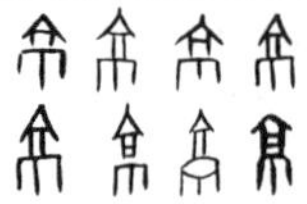		 s	京	京	난간 위에 지어 놓은 높은 건축물의 모양을 본뜨고 있다.

과 각各은 발이 반지하식의 토굴을 나가고 들어오는 모습을 본뜨고 있는데, 밖으로 나감과 찾아옴의 뜻을 표현하고 있다. 따라서 이 출出과 각各은 고대 화북華北 지방의 주거 상황을 반영하고 있다.

그런데 고대 화북 지역에서는 비록 반지하식의 주거 환경이 위주가 되기는 했지만, 이미 이층 건물도 또한 출현하였다. 그래서 앞의 〈도표 109〉에서 이미 향(亯, 享)을 소개했지만, 갑골문의 자형에는 이 외에도 하나의 향(亯, 享)이 다른 하나의 향(亯, 享) 위에 있는 자형 형태도 있다(). 이러한 자형은 계단식의 다진 흙으로 된 토대 위에 지어 놓은 이층이나 다층의 건물을 의미하고 있는데, 이 글자는 아마도 후대에 보이는 대臺에 해당할 것이다.

〈도표 265〉에 보이는 경京에 대해《설문說文》에서는, "은 사람이 만든 가장 높은 언덕이다. 고高의 생략형을 따르고, 곤丨은 높은 모양을 본뜨고 있다. 무릇 경京의 속屬들은 모두 이 경京을 따른다"[622]라고 하였다. 갑골문에서 이 경京은 난간 위에 지어놓은 건축물의 모양을 본뜨고 있는데, 이것은 무덥고 습한 화남華南 지역의 기후에 적응하기 위한 주거용 가옥의 형태이다. 그런데 상나라 때 이러한 건축물은 땅 위에 지은 다른 일반 가옥보다 대체로 높아서 도읍지에서나 겨우 볼 수 있는 높고 큰 건축물이었다. 따라서 이 경京은 흙을 모아 쌓아 둔 높은 언덕의 모습이 아니었다.

그리고 갑골문의 자형에는 하나의 향(亯, 享)이 하나의 경京 위에 있는 자형 형태도 있다()(). 이러한 자형은 난간식 건축물 위에 지어 놓은 다층 건물의 모습을 표현하고 있는데, 이 글자는 아마도 후대에 보이는 루樓에 해당할 것이다. 그런데 금문金文에서는 이 루樓가 아마도 성부聲符인 루婁를 따르는 수數로 가차假借되어 쓰였을 것이다.

之, 不相聽意"라고 되어 있다.

622 (淸) 段玉裁注,《說文解字注》, 第十卷, 第五篇注下,〈京〉, 231쪽. 그 원문에 ", 人所爲絶高丘也. 从高省, 丨象高形. 凡京之屬皆从京"이라고 되어 있다.

도표 번호	상商나라의 갑골문甲骨文	주周나라의 금문金文	진秦나라의 소전小篆	한漢나라의 예서隸書	현대의 한자	글자의 창의創意
266				微	微	손에 몽둥이를 들고 병약한 노인을 타살하는 모습을 본뜨고 있다.
267				粦 磷 燐	粦 磷 燐	무당의 몸에 밤에 빛을 내는 안료를 바른 모습을 본뜨고 있다.

〈도표 266〉에 보이는 미(微, 𢼸)에 대해《설문說文》에서는, "微는 숨어서 다니는 것이다. 척彳을 따르고, 미(𢼸, 微)는 성부聲符이다.《춘추좌전春秋左傳》에 이르기를, '백공白公의 그 무리는 그의 시신을 숨겼다'라고 하였다"[623]라고 하였고, 또한 미(𢼸, 微)에 대해서《설문說文》에서는, "𢼸는 작은 것이다. 인人과 복攴을 따르고, 기豈의 생략형이 성부聲符이다"[624]라고 하였다. 갑골문에서 이 미(微, 𢼸)는 손에 날카로운 도구를 들고 병약하거나 혹은 시력이 나쁜 노인을 타살하는 모습을 본뜨고 있다. 따라서 이 미(微, 𢼸)는 피를 흘려 영혼을 내보내고 다시 재생하기를 희망하는 상고시대의 장례의식을 증명하고 있다.

〈도표 267〉에 보이는 린(粦, 粦, 磷, 燐)에 대해《설문說文》에서는, "粦은 전쟁에서 죽은 병사나 소와 말의 피가 도깨비불이 된다. 린(粦, 粦)은 도깨비불이다. 염炎과 천舛을 따른다"[625]라고 하였다. 갑골문에서 이 린(粦, 粦, 磷, 燐)은 한 사람의 몸에다 밤에 빛을 내는 안료를 바른 모습을 본뜨고 있는데, 이것은 상나라 때 무당이 귀신으로 분장할 때 사용하던 재료였다.

그리고 앞의 〈도표 212〉에서 소개한 것처럼 갑골문에서 매(鬽, 魅)는 귀신 형상의 가면을 쓰고 몸에는 인광磷光을 바른 오래된 요괴의 모습을 본뜨고 있다. 그런데 썩은 뼈 속에 있는 인磷은 일반적으로 오랜 시간이 지나야 뼈의 표층으로 나오고, 또한 공중에 떠다니게 된다. 그래서 이것은 오랫동안 부패된 뼈에서만 볼 수 있는 하나의 현상이다. 따라서 이

623 (淸) 段玉裁注,《說文解字注》, 第四卷, 第二篇注下,〈微〉, 77쪽. 그 원문에 "微, 隱行也. 从彳, 𢼸聲. 春秋傳曰: 白公其徒微之"라고 되어 있다.

624 (淸) 段玉裁注,《說文解字注》, 第十五卷, 第八篇注上,〈𢼸〉, 378쪽. 그 원문에 "𢼸, 眇也. 从人, 从攴, 豈省聲"이라고 되어 있다.

625 (淸) 段玉裁注,《說文解字注》, 第十八卷, 第十篇注上,〈粦〉, 492쪽. 그 원문에 "粦, 兵死及牛馬之血爲粦. 粦, 鬼火也. 从炎舛"이라고 되어 있다.

도표 번호	상商나라의 갑골문甲骨文	주周나라의 금문金文	진秦나라의 소전小篆	한漢나라의 예서隸書	현대의 한자	글자의 창의創意
268		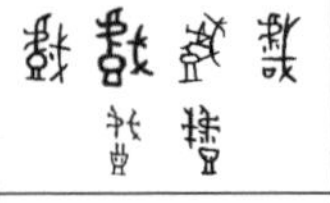	 s	戲	戲	창으로 호랑이를 희롱하는 오락성 유희를 본뜨고 있다.
269			 s	奇	奇	한 사람이 동물 위에 타고 있는 모습을 본뜨고 있는데, 인신引申되어 기수奇數가 되었다.

린(粦, 粦, 磷, 燐)과 매(鬽, 魅)는 고대 시기의 인광 물질에 대한 지식을 반영하고 있다.

〈도표 268〉에 보이는 희戲에 대해《설문說文》에서는, "戲는 삼군三軍의 한쪽 부대이다. 일설一說에는 무기라고도 한다. 과戈를 따르고, 희䖒는 성부聲符이다"[626]라고 하였다. 금문金文에서 이 희戲는 낮은 걸상 위에 군림하고 있는 호랑이를 창으로 희롱하는 놀이를 표현하고 있는데, 이 희戲를 통해 당시에 이미 한漢나라 때 유행했던 동해황공東海黃公과 유사한 오락성 유희가 있었음을 추측할 수 있다.[627]

〈도표 269〉에 보이는 기奇에 대해《설문說文》에서는, "奇는 다른 것이다. 일설一說에는 짝수가 아니라고도 한다. 대大를 따르고, 가可를 따른다"[628]라고 하였다. 갑골문에서 이 기奇는 한 사람이 동물 위에 타고 있는 모습을 본뜨고 있는데, 인신引申되어 기수奇數의 기奇가 되었다. 그런데 이 기奇는 상나라 때부터 이미 소와 말의 등에 타는 기술이 있었지, 동주시대東周時代에 이르러서야 비로소 이 기술이 생겨난 것이 아님을 증명하고 있다. 더욱이 양저문화良渚文化에서 출토된 옥기玉器에도 이미 사람이 동물의 등에 타고 있는 모습의 도안이 보인다.

〈도표 270〉에 보이는 짐朕에 대해《설문說文》에서는, "朕은 나이다. 생략되었다"[629]라고 하였다. 갑골문에서 이 짐朕은 두 손에 도구를 들고 배의 나무판 사이의 틈을 막거나, 혹은

---

626 (淸) 段玉裁注,《說文解字注》, 第二十四卷, 第十二篇注下,〈戲〉, 636쪽. 그 원문에 "戲, 三軍之偏也. 一曰: 兵也. 从戈, 䖒聲"이라고 되어 있다.

627 여기서 언급한 '동해황공東海黃公'은 서한시대西漢時代에 유행했던 씨름놀이의 하나인데, 동해인東海人 황공黃公이 도술道術이 통하지 않아 결국 호랑이에게 물려 죽은 고사를 편집해서 궁중에서 유희의 일종으로 연기하였다.

628 (淸) 段玉裁注,《說文解字注》, 第九卷, 第五篇注上,〈奇〉, 206쪽. 그 원문에 "奇, 異也. 一曰: 不耦. 从大, 从可"라고 되어 있다.

629 (淸) 段玉裁注,《說文解字注》, 第十五卷, 第八篇注下,〈朕〉, 408쪽. 그 원문에 "朕, 我也. 闕"이라고 되어 있다.

도표 번호	상商나라의 갑골문甲骨文	주周나라의 금문金文	진秦나라의 소전小篆	한漢나라의 예서隸書	현대의 한자	글자의 창의創意
270	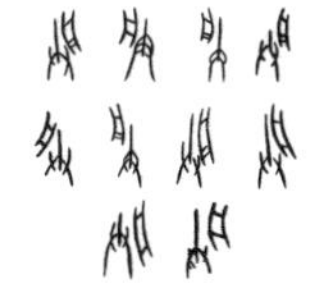		 s	朕	朕	두 손에 도구를 들고 배의 나무판 사이의 틈을 막는 모습을 본뜨고 있다.
271			 s z	差	差	손으로 벼 줄기를 뽑는 것은 잘못된 수확방식임을 의미하고 있다.
272			 s k	利	利	칼로 벼 줄기를 베는 것이 빠르면서도 이로운 수확방식임을 의미하고 있다.

아마도 배 위에다 칠을 하는 모습을 본뜨고 있을 것이다. 그래서 이것에서 틈이라는 의미가 생겨나게 되었다. 그런데 이 짐朕을 통해 우리는 상나라 때 이미 나무판을 붙여 적재량이 큰 목선木船을 제작했음을 알 수가 있다.

〈도표 271〉에 보이는 차(𢀩, 差)에 대해《설문說文》에서는, "𢀩는 어긋난 것이다. 어긋나서로 맞지 않는 것이다. 좌左를 따르고, 수(𠂹, 垂)를 따른다. 𢀩는 주문籒文의 차(𢀩, 差)이고, 이二를 따른다"[630]라고 하였다. 금문金文에서 이 차(𢀩, 差)는 손으로 벼 줄기를 뽑는 모습을 본뜨고 있다.

〈도표 272〉에 보이는 리利에 대해《설문說文》에서는, "利는 날카로운 것이다. 칼은 조화를 이룬 후에 날카로워진다. 도刀와 화和의 생략형을 따른다.《역경易經》에 이르기를, '이利라는 것은 의義가 조화된 것이다'라고 하였다. 𥝢는 고문古文의 리利이다"[631]라고 하였다. 갑

630 (清) 段玉裁注,《說文解字注》, 第九卷, 第五篇注上,〈𢀩〉, 202쪽. 그 원문에 "𢀩, 貣也. 左不相值也. 从左𠂹. 𢀩, 籒文𢀩, 从二"라고 되어 있다.

631 (清) 段玉裁注,《說文解字注》, 第八卷, 第四篇注下,〈利〉, 180쪽. 그 원문에 "利, 銛也. 刀和然後利. 从刀和省. 易曰: 利者, 義之和也. 𥝢, 古文利"라고 되어 있다.

도표 번호	상商나라의 갑골문甲骨文	주周나라의 금문金文	진秦나라의 소전小篆	한漢나라의 예서隸書	현대의 한자	글자의 창의創意
273			 s	畱 留	畱 留	밭 옆에 있는 도랑의 모습을 본뜨고 있는데, 이 도랑물을 막아 관개灌漑함을 의미하고 있다.
274			 s  s	深	深	광산鑛山 구덩이의 깊은 곳에서 한 사람이 땀으로 등이 젖은 채 입을 크게 벌리고 호흡곤란에 빠진 모습을 본뜨고 있다.

골문에서 이 리利는 한 손으로 벼를 잡고 다른 한 손으로는 칼로 벼를 베는 모습을 본뜨고 있다. 그래서 농작물을 수확할 적에 손으로 뽑아 버리는 것은 잘못된 행위이고, 칼을 사용하여 베는 것이 빠르면서도 이로움이 있음을 말하고 있다. 따라서 이 차(嫠, 差)와 리利는 고대의 농작물 수확에 관한 기술을 반영하고 있다.

〈도표 273〉에 보이는 류(畱, 留)에 대해《설문說文》에서는, "畱는 머무르는 것이다. 전田을 따르고, 유丣는 성부聲符이다"[632]라고 하였다. 금문金文에서 이 류(畱, 留)는 농경지 옆에 도랑이 하나 있는 모습을 본뜨고 있는데, 이 도랑물을 막아 밭의 농작물로 관개灌漑한다는 의미를 나타내고 있다. 따라서 우리는 이 류(畱, 留)를 통해 고대의 저수지와 관개에 관한 지식을 이해할 수 있다.

〈도표 274〉에 보이는 심(突, 深)에 대해《설문說文》에서는, "突은 깊은 것이다. 일설一說에는 굴뚝이라고도 한다. 혈穴과 화火와 구求의 생략형을 따른다. 발음은《의례儀禮》에 보이는 삼년탈상의 제사에 입는 도복導服의 도導와 같다"[633]라고 하였고, 또한 심深에 대해《설문說文》에서는, "深은 심수深水의 물줄기이다. 계양군桂陽郡 남평현南平縣에서 흘러나와 서쪽으로 영도현營道縣으로 흘러 들어간다. 수水를 따르고, 심(突, 深)은 성부聲符이다"[634]라고 하였

---

632 (清) 段玉裁注,《說文解字注》, 第二十六卷, 第十三篇注下,〈畱〉, 704쪽. 그 원문에 "畱, 止也. 从田, 丣聲"이라고 되어 있다.

633 (清) 段玉裁注,《說文解字注》, 第十四卷, 第七篇注下,〈突〉, 347-348쪽. 그 원문에 "突, 深也. 一曰: 竈突. 从穴火求省. 讀若禮三年導服之導"라고 되어 있다. 그런데 이 도導에 대해서 단옥재段玉裁의 주注에는 담복禫服의 담禫을 일컫는 말이라고 하였다. 그래서 이 심(突, 深)과 그 발음인 담禫은 상고음上古音에서 동일하게 침부侵部에 속하였다.

634 (清) 段玉裁注,《說文解字注》, 第二十卷, 第十一篇注上之一,〈深〉, 534쪽. 그 원문에 "深, 深水. 出桂陽南平, 西入營道. 从水, 突聲"이라고 되어 있다.

도표 번호	상商나라의 갑골문甲骨文	주周나라의 금문金文	진秦나라의 소전小篆	한漢나라의 예서隸書	현대의 한자	글자의 창의創意
275				襄	襄	두 손으로 쟁기를 잡고 있고 앞에서는 동물이 그것을 끌면서 먼지를 일으키는 모습을 본뜨고 있다.
276				光 炗	光 炗	한 사람이 머리 위에 불을 이고서 빛을 내는 모습을 본뜨고 있다.

다. 금문金文에서 이 심(穾, 深)은 한 사람이 동굴 속에서 땀으로 등이 젖은 채 입을 크게 벌리고 숨을 쉬는 모습을 본뜨고 있다. 일반적으로 광산鑛山 구덩이의 깊은 곳은 공기가 불결하기 때문에 가끔 호흡곤란을 일으키기도 하는데, 고대 사람들은 이 심(穾, 深)으로 깊고 심원深遠하다는 개념을 표현하였다. 따라서 이 심(穾, 深)은 고대에 광물을 캐는 상황을 반영하고 있다.

〈도표 275〉에 보이는 양襄에 대해《설문說文》에서는, "襄은 한漢나라 율령律令에 옷을 벗고 밭을 가는 것을 일컬어 양襄이라고 한다. 의衣를 따르고, 녕𤕦은 성부聲符이다. 𡀔은 고문古文의 양襄이다"[635]라고 하였다. 갑골문에서 이 양襄은 한 사람이 두 손으로 밭 가는 쟁기를 잡고 있고, 또 그 쟁기를 한 마리나 여러 마리의 동물이 끌면서 먼지를 일으키고 있는 모습을 본뜨고 있다. 일반적으로 소는 경작을 돕는 동물이기 때문에, 여기서 '돕는다'는 뜻이 생겨났다. 따라서 우리는 이 양襄을 통해 상나라 때 이미 동물을 이용하여 밭을 가는 중요한 농경기술이 발달하였음을 알 수가 있다.

〈도표 276〉에 보이는 광(光, 炗)에 대해《설문說文》에서는, "光은 밝은 것이다. 화火를 따르고, 인儿 위에 있다. 밝다는 뜻이다. 灮은 고문古文이다. 炗도 고문古文이다"[636]라고 하였다. 갑골문에서 이 광(光, 炗)은 한 사람이 머리 위에 불을 이고 있는 모습을 본뜨고 있다. 그런데 불은 머리에 바로 일 수가 없기 때문에, 머리 위에 이고 있는 것은 바로 등롱燈籠이다.

---

635 (清) 段玉裁注,《說文解字注》, 第十五卷, 第八篇注上,〈襄〉, 398쪽. 그 원문에 "襄, 漢令解衣而耕, 謂之襄. 从衣, 𤕦聲. 𡀔, 古文襄"이라고 되어 있다.

636 (清) 段玉裁注,《說文解字注》, 第十八卷, 第十篇注上,〈光〉, 490쪽. 그 원문에 "光, 明也. 从火, 在儿上. 光明意也. 灮, 古文. 炗, 古文"이라고 되어 있다.

도표 번호	상商나라의 갑골문甲骨文	주周나라의 금문金文	진秦나라의 소전小篆	한漢나라의 예서隸書	현대의 한자	글자의 창의創意
277			 s	幽	幽	불이 두 줄기의 심지에서 타고 있는데, 그 불빛이 희미함을 의미하고 있다.
278	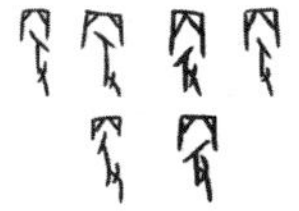		 s	更	更	손에 도구를 들고 야경을 돌며 시간을 알리는 모습을 본뜨고 있다.

〈도표 277〉에 보이는 유幽에 대해 《설문說文》에서는, "幽는 가려진 것이다. 산山과 유丝를 따르고, 유丝는 또한 성부聲符이다"[637]라고 하였다. 갑골문에서 이 유幽는 불꽃과 두 줄기의 실로 된 심지의 모양이 결합된 자형 형태인데, 심지의 불빛이 희미하다는 뜻을 나타내고 있다. 따라서 이 광(光, 炗)과 유幽는 모두 상나라 때 조명 기구의 사용을 반영하고 있다. 그러나 상나라 시기의 전문적인 조명 기구가 아직 출토되지 않는 것으로 봐서, 만약 급한 일이 생기면 임시로 식사 시에 사용하는 토기로 된 등燈을 빌려 썼음을 알 수 있다. 또한 이것으로 당시에 심야 활동이 많지 않았음도 추측할 수가 있다.

〈도표 278〉에 보이는 경更에 대해 《설문說文》에서는, "㪅은 고치는 것이다. 복攴을 따르고, 병丙은 성부聲符이다"[638]라고 하였다. 갑골문에서 이 경更은 손에 도구를 들고 야경을 돌며 시간을 알리는 모습을 본뜨고 있는데, 이것은 심야에 시간을 알려주는 하나의 행위이다. 따라서 이 경更을 통해 상나라 때 이미 저녁에 순찰을 돌며 시간을 알리는 활동이 있었음과 아침과 저녁으로 시간을 구분하는 방법보다 늦은 심야에 시간을 더 상세하게 구분했음을 알 수가 있다.

〈도표 279〉에 보이는 유兪에 대해 《설문說文》에서는, "兪는 가운데를 비워 낸 나무로 배를 만든다. 집亼을 따르고, 주舟를 따르며, 회(巜, 澮)를 따른다. 회(巜, 澮)는 물이다"[639]라고 하였

637 (清) 段玉裁注, 《說文解字注》, 第八卷, 第四篇注下, 〈幽〉, 160-161쪽. 그 원문에 "幽, 隱也. 从山丝, 丝亦聲"이라고 되어 있다.

638 (清) 段玉裁注, 《說文解字注》, 第六卷, 第三篇注下, 〈更〉, 125쪽. 그 원문에 "㪅, 改也. 从攴, 丙聲"이라고 되어 있다.

639 (清) 段玉裁注, 《說文解字注》, 第十五卷, 第八篇注下, 〈兪〉, 407쪽. 그 원문에 "兪, 空中木爲舟也. 从亼, 从舟, 从巜. 巜, 水也"라고 되어 있다.

도표 번호	상商나라의 갑골문甲骨文	주周나라의 금문金文	진秦나라의 소전小篆	한漢나라의 예서隸書	현대의 한자	글자의 창의創意
279			 s	兪	兪	침과 그릇을 본뜨고 있는데, 피고름을 제거시키고 나면 병이 곧 치유됨을 의미하고 있다.
280			 s k	陟	陟	두 발로 층계를 올라가는 모습을 본뜨고 있다.
281			 s	降	降	두 발로 층계를 내려오는 모습을 본뜨고 있다.

다. 금문金文에서 이 유兪는 침과 그릇의 결합으로 자형이 구성되어 있는데, 침으로 살갗을 찔러 흘러나오는 피고름을 그릇에 받음을 표현하고 있다. 그래서 이렇게 피고름을 제거시키고 나면 곧 병이 낫게 된다. 따라서 이 유兪는 당시에 침구針灸로 병을 치료하던 의료기술을 반영하고 있다.

〈도표 280〉에 보이는 척陟에 대해《설문說文》에서는, "陟은 오르는 것이다. 부(𠂤, 阜)와 보步를 따른다. 陟은 고문古文의 척陟이다"[640]라고 하였다. 갑골문에서 이 척陟은 두 발로 층계를 오르는 모습을 본뜨고 있다.

〈도표 281〉에 보이는 강降에 대해《설문說文》에서는, "降은 내려가는 것이다. 부(𠂤, 阜)를 따르고, 항夅은 성부聲符이다"[641]라고 하였다. 갑골문에서 이 강降은 두 발로 층계를 내려가는 모습을 본뜨고 있다.

그런데 앞에서도 이미 언급한 것처럼, 갑골문에는 계단식의 다진 흙으로 된 토대 위에 지어 놓은 이층이나 다층의 높은 건물을 의미하는 대臺의 자형 형태가 있었고(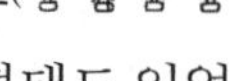 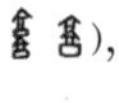), 또한 난간식 건축물 위에 지어 놓은 다층 건물을 표현하는 루樓의 자형 형태도 있었

640 (清) 段玉裁注,《說文解字注》, 第二十八卷, 第十四篇注下,〈陟〉, 739쪽. 그 원문에 "陟, 登也. 从𠂤步. 陟, 古文陟"이라고 되어 있다.

641 (清) 段玉裁注,《說文解字注》, 第二十八卷, 第十四篇注下,〈降〉, 739-740쪽. 그 원문에 "降, 下也. 从𠂤, 夅聲"이라고 되어 있다.

도표 번호	상商나라의 갑골문甲骨文	주周나라의 금문金文	진秦나라의 소전小篆	한漢나라의 예서隸書	현대의 한자	글자의 창의創意
282			 s s	建 律	建 律	손에 붓을 들고 도로의 축성을 설계하는 모습을 본뜨고 있다.

다() ().

〈도표 282〉에 보이는 건建에 대해《설문說文》에서는, “建 은 조정의 율법을 세우는 것이다. 율聿을 따르고, 인廴을 따른다”[642]라고 하였고, 률律에 대해《설문說文》에서는, “律 은 똑같이 시행하는 것이다. 척彳을 따르고, 율聿은 성부聲符이다”[643]라고 하였으며, 또한 전建에 대해《설문說文》에서는, “建 은 스스로 나아가 도달하는 것이다. 착辵을 따르고, 진𦘒은 성부聲符이다”[644]라고 하였다. 갑골문에서 이 건建, 률律, 전建은 손에 붓을 들고 도로를 축성하는 설계도를 그리는 모습을 본뜨고 있다. 그런데 상고음上古音에서 율聿의 성모聲母는 순음脣音에 속하였고, 률律은 설변음舌邊音에 속하였다. 따라서 이 율聿과 률律은 그 성모가 서로 다른 부류에 속해 있었으므로, 이 률律은 형성자形聲字가 될 수 없다.

그런데 일반적으로 갑골문에서 건建과 률律은 그 사용상에서 별다른 차이가 없었는데, 대체로 도로를 축성할 때는 일정한 표준과 규칙이 있어야 함을 표현하고 있다. 따라서 이 건建과 률律은 당시 수레가 다니는 길의 축성 표준을 상당히 중시하였음을 반영하고 있다. 이러한 상황은《시경詩經》〈대동大東〉에 보이는, “주周나라의 길은 마치 숫돌처럼 평평하고, 그 곧기는 화살과 같다”[645]라고 한 기록에도 잘 반영되어 있다.

그리고 앞의 〈도표 151〉에서 소개했던 것처럼, 갑골문에서 녁疒은 병이 들어 침대에 누워 있는 모습을 본뜨고 있다. 그래서 사망의례에 해당하는 의식을 받아들일 준비를 하고 있음을 나타내고 있다().

---

642 (淸) 段玉裁注,《說文解字注》, 第四卷, 第二篇注下,〈建〉, 78쪽. 그 원문에 “建, 立朝律也. 从聿, 从廴”이라고 되어 있다.

643 (淸) 段玉裁注,《說文解字注》, 第四卷, 第二篇注下,〈律〉, 78쪽. 그 원문에 “律, 均布也. 从彳, 聿聲”이라고 되어 있다.

644 (淸) 段玉裁注,《說文解字注》, 第四卷, 第二篇注下,〈建〉, 75쪽. 그 원문에 “建, 自進極也. 从辵, 𦘒聲”이라고 되어 있다.

645 (淸) 阮元 校刻,《十三經注疏》(附校勘記),《詩經》, 卷第十三之一,〈大東〉, 460쪽. 그 원문에 “周道如砥, 其直如矢”라고 되어 있다. 그런데 이 문장은 ‘주周나라의 도道는 마치 숫돌처럼 분배가 공평하고, 그 상벌의 곧기는 마치 화살과 같다’라고 해석하는 것이 더 타당할 것이다.

도표 번호	상商나라의 갑골문甲骨文	주周나라의 금문金文	진秦나라의 소전小篆	한漢나라의 예서隸書	현대의 한자	글자의 창의創意
283			 s  s	夢	夢	한 중요한 인물이 침대에 누워 마치 뭔가 보는 것이 있음을 본뜨고 있다. 이것은 고대에 중요한 인물이 강제적으로 꿈을 꾸는 습관을 나타내고 있다.

〈도표 283〉에 보이는 몽(㝱, 夢)에 대해《설문說文》에서는, "㝱은 잠을 자면서 마치 깨어 있는 것과 같은 것이다. 면宀을 따르고, 녁疒을 따르며, 몽夢은 성부聲符이다.《주례周禮》에 이르기를, '일월성신日月星辰으로 여섯 꿈의 길흉吉凶을 점친다. 첫째는 정상적인 꿈이고, 둘째는 놀라는 꿈이며, 셋째는 생각으로 인한 꿈이고, 넷째는 깨어 있을 때 꾸는 꿈이며, 다섯째는 기뻐하는 꿈이고, 여섯째는 무서운 꿈이다'라고 하였다. 무릇 몽(㝱, 夢)의 속屬들은 모두 이 몽(㝱, 夢)을 따른다"[646]라고 하였고, 또한 몽夢에 대해《설문說文》에서는, "夢은 밝지 않은 것이다. 석夕을 따르고, 몽瞢의 생략형이 성부聲符이다"[647]라고 하였다. 갑골문에서 이 몽(㝱, 夢)은 한 중요한 인물이 침대에 누워서 억지로 꿈을 꾸고 있는 모습을 본뜨고 있다.

일반적으로 고대의 통치자는 신의 의지를 국가의 중대한 결정을 내리는 근거로 삼았기 때문에, 이처럼 중대한 결정을 내려야 할 경우에는 약을 먹거나 혹은 단식의 방법 등을 통해 강제적으로 꿈을 꾸곤 하였다. 그런데 이러한 방법은 죽음을 초래할 수도 있기 때문에 침대에 누워서 꿈을 꾸었고, 만일에 사망이라도 하게 되면 사망의례에 위배되지 않도록 대비하였다. 그러나 일반인이 꾸는 꿈은 중요한 인물의 꿈보다 그 중요성과 절박성에서 상당한 차이가 났기 때문에, 이 몽(㝱, 夢)의 자형에는 이 중요한 인물의 얼굴 모양을 특별히 강조하여 묘사하고 있다.

646 (淸) 段玉裁注,《說文解字注》, 第十四卷, 第七篇注下,〈㝱〉, 350-351쪽. 그 원문에 "㝱, 寐而覺者也. 从宀, 从疒, 夢聲. 周禮曰日月星辰占六㝱之吉凶. 一曰: 正㝱. 二曰: 罳㝱. 三曰: 思㝱. 四曰: 寤㝱. 五曰: 喜㝱. 六曰: 懼㝱. 凡㝱之屬皆从㝱"이라고 되어 있다.

647 (淸) 段玉裁注,《說文解字注》, 第十三卷, 第七篇注上,〈夢〉, 318쪽. 그 원문에 "夢, 不明也. 从夕, 瞢省聲"이라고 되어 있다.

도표 번호	상商나라의 갑골문甲骨文	주周나라의 금문金文	진秦나라의 소전小篆	한漢나라의 예서隸書	현대의 한자	글자의 창의創意
284	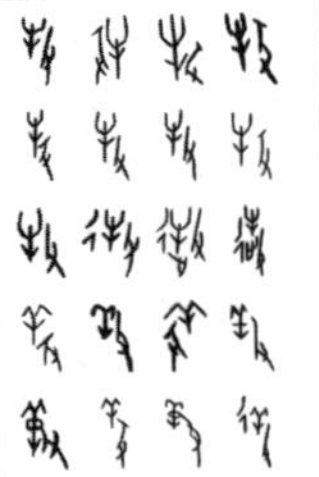		 s	牧	牧	손에 채찍을 들고 소떼와 양떼를 몰고 가는 모습을 본뜨고 있다.
285			 s s	㚈 嘉	㚈 嘉	쟁기를 사용하여 밭을 갈 수 있는 사내아이를 여자가 낳는 일은 좋은 일임을 나타내고 있다.

〈도표 284〉에 보이는 목牧에 대해《설문說文》에서는, "牧은 소를 기르는 사람이다. 복攴과 우牛를 따른다.《시경詩經》에 이르기를, '목동이 이에 꿈을 꾸었다'라고 하였다"[648]라고 하였다. 갑골문에서 이 목牧은 목동이 손에 채찍을 들고 소떼와 양떼를 몰고 가는 모습을 본뜨고 있다. 또한 앞의〈도표 76〉에서 소개했듯이, 갑골문에서 뢰牢는 소와 양을 우리에서 기르는 모습을 본뜨고 있다.

그런데 이 목牧과 뢰牢의 자형에는 원래 우牛와 양羊을 따르는 두 가지 자형 형태가 모두 있었다. 그러나 나중에 양羊이 농업사회에서 가축으로서의 중요성을 점점 잃기 시작하면서 마침내 양羊을 따르는 자형은 결국 사라져 버리게 되었다. 따라서 이러한 사실은 농경의 발전과 논밭의 개간을 위해서 양은 그다지 큰 쓸모가 없었지만, 반면에 소는 밭을 갈 수 있으므로 우牛를 따르는 자형 형태가 남겨지게 된 상황을 반영하고 있다.

〈도표 285〉에 보이는 가嘉에 대해《설문說文》에서는, "嘉는 아름다운 것이다. 주壴를 따르고, 가加는 성부聲符이다"[649]라고 하였고, 또한 아㚈에 대해서《설문說文》에서는, "㚈는 여자의 여자 스승이다. 녀女를 따르고, 가加는 성부聲符이다. 두림杜林이 이르기를, '여자에게 가르침을 베푸는 것이다'라고 하였다. 발음은 아阿와 같다"[650]라고 하였다. 갑골문에서

648 (清) 段玉裁注,《說文解字注》, 第六卷, 第三篇注下,〈牧〉, 127쪽. 그 원문에 "牧, 養牛人也. 从攴牛. 詩曰: 牧人乃夢"이라고 되어 있다.

649 (清) 段玉裁注,《說文解字注》, 第九卷, 第五篇注上,〈嘉〉, 207쪽. 그 원문에 "嘉, 美也. 从壴, 加聲"이라고 되어 있다.

도표 번호	상商나라의 갑골문甲骨文	주周나라의 금문金文	진秦나라의 소전小篆	한漢나라의 예서隸書	현대의 한자	글자의 창의創意
286	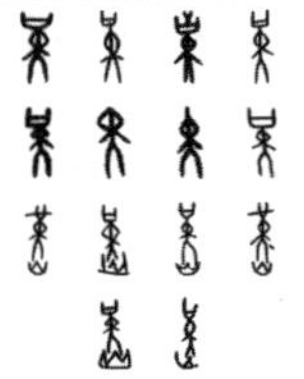			熯 堇	熯 堇	가뭄이 들었을 적에 무당을 불에 태우면서 비가 오기를 간절히 비는 모습을 본뜨고 있다.

이 가嘉는 쟁기를 사용하여 밭을 갈 수 있는 사내아이를 여자가 낳는 일은 일종의 칭찬할 만한 좋은 일임을 나타내고 있다. 그런데 우리는 이 가嘉를 통해 고대 사회에 남녀 간의 양성가치兩性價値에서 오는 차이점을 발견할 수가 있다.

〈도표 286〉에 보이는 선熯에 대해《설문說文》에서는, "熯은 마른 모양이다. 화火를 따르고, 한漢의 생략형이 성부聲符이다.《시경詩經》에 이르기를, '내가 깊이 공경함이여'라고 하였다"[651]라고 하였고, 또한 근堇에 대해《설문說文》에서는, "堇은 찰흙이다. 황黃의 생략형을 따르고, 토土를 따른다. 무릇 근堇의 속屬들은 모두 이 근堇을 따른다. 堇 은 고문古文의 근堇이다. 堇도 또한 고문古文이다"[652]라고 하였다. 갑골문에서 이 선熯과 근堇은 무당을 불에 태우면서 비가 오기를 간절히 비는 모습을 본뜨고 있다. 그래서 상나라 때 이미 이러한 기우祈雨의 풍습이 있었음을 알 수 있고, 또한 이러한 풍습은 동한시대東漢時代에도 여전히 계속 시행되었다. 따라서 이러한 풍습 때문에 무당은 불에 타는 고통을 방지하기 위하여 여러 가지 약물을 발전시켜 왔다.

그 외에도 갑골문에는 ''와 '' 등의 자형이 보이는데, 모두 사람을 불에 태우는 모습을 본뜨고 있다. 이 글자들도 또한 비가 오기를 간절히 바라며 기우제祈雨祭를 올림을 의미하고 있는데, 아마도 모두가 동일한 한 글자의 이체자異體字일 것이다.

650 (清) 段玉裁注,《說文解字注》, 第二十四卷, 第十二篇注下,〈妿〉, 622쪽. 그 원문에 "妿, 女師也. 从女, 加聲. 杜林說: 加教於女也. 讀若阿"라고 되어 있다.

651 (清) 段玉裁注,《說文解字注》, 第十八卷, 第十篇注上,〈熯〉, 485쪽. 그 원문에 "熯, 乾皃. 从火, 漢省聲. 詩曰: 我孔熯矣"라고 되어 있다. 그런데 이 선熯과 성부聲符인 한漢은 상고음上古音에서 동일하게 원부元部에 속하였다.

652 (清) 段玉裁注,《說文解字注》, 第二十六卷, 第十三篇注下,〈堇〉, 700쪽. 그 원문에 "堇, 黏土也. 从黃省, 从土. 凡堇之屬皆从堇. 堇, 古文堇. 堇, 亦古文"이라고 되어 있다.

도표 번호	상商나라의 갑골문甲骨文	주周나라의 금문金文	진秦나라의 소전小篆	한漢나라의 예서隸書	현대의 한자	글자의 창의創意
287			 s k	得	得	길에서 타인이 분실한 바다조개를 줍는 모습을 본뜨고 있는데, 크게 얻음이 있음을 의미하고 있다.
288	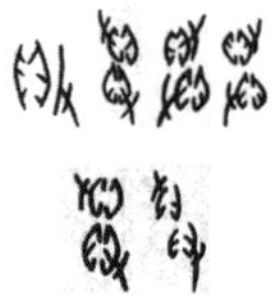		 s z	敗	敗	두 손에 각각 바다조개를 하나씩 쥐고 서로 맞부딪치거나, 혹은 손에 날카로운 도구를 들고 바다조개를 두들기는 모습을 본뜨고 있다. 이것은 모두 일을 그르치는 행위이다.

〈도표 287〉에 보이는 득(得, 㝵)에 대해《설문說文》에서는, "得은 걸어가다가 얻음이 있는 것이다. 척彳을 따르고, 득(㝵, 得)은 성부聲符이다. 㝵은 고문古文이고, 척彳을 생략하였다"[653] 라고 하였고, 또한 득(㝵, 得)에 대해서《설문說文》에서는, "㝵은 얻는 것이다. 견見과 촌寸을 따른다. 촌寸은 그것을 헤아리는 것이고, 또한 손이다"[654]라고 하였다. 갑골문에서 이 득(㝵, 得)은 길에서 타인이 분실한 바다조개를 줍는 모습을 본뜨고 있는데, 크게 얻음이 있음을 의미하고 있다. 그래서 이것은 고대에 바다조개의 가치가 무척 높았음을 나타내고 있다. 그러나 전국시대에 이르면서 그 보유가 점점 많아짐에 따라 그 가치 또한 상당히 떨어지게 되었다.

〈도표 288〉에 보이는 패敗에 대해《설문說文》에서는, "敗는 무너뜨리는 것이다. 복攴과 패貝를 따른다. 적賊과 패敗는 모두 패貝를 따른다. 贁는 주문籀文의 패敗이고, 영賏을 따른다"[655]라고 하였다. 갑골문에서 이 패敗는 두 손에 각각 바다조개를 하나씩 쥐고 서로 맞부

653 (清) 段玉裁注,《說文解字注》, 第四卷, 第二篇注下,〈得〉, 77쪽. 그 원문에 "得, 行有所㝵也. 从彳, 㝵聲. 㝵, 古文, 省彳"이라고 되어 있다.

654 (清) 段玉裁注,《說文解字注》, 第十五卷, 第八篇注下,〈㝵〉, 412쪽. 그 원문에 "㝵, 取也. 从見寸. 寸, 度之, 亦手也"라고 되어 있다. 이 부분은 역자가 보충한 내용이다.

655 (清) 段玉裁注,《說文解字注》, 第六卷, 第三篇注下,〈敗〉, 126쪽. 그 원문에 "敗, 毁也. 从攴貝. 賊敗, 皆从貝. 贁, 籀文敗, 从賏"이라고 되어 있다.

도표 번호	상商나라의 갑골문甲骨文	주周나라의 금문金文	진秦나라의 소전小篆	한漢나라의 예서隸書	현대의 한자	글자의 창의創意
289			 s	買	買	그물로 잡은 바다조개는 상업적인 상품 교역에 사용할 수 있다.
290			 s  k	寶	寶	집 안에 보관하는 조개와 옥은 모두 귀중한 물건임을 의미하고 있다.

뒷치는 모습을 본뜨고 있거나, 혹은 손에 날카로운 도구를 들고 바다조개를 두들기는 모습을 본뜨고 있다. 그런데 고대에 바다조개는 내륙에서 상당히 가치가 높은 물품이었지만, 일단 깨지기만 하면 그 상품 교역의 가치를 모두 잃어버렸다. 그래서 이 패敗는 그보다 더 낭패가 되는 일은 없다는 의미를 나타내고 있다. 또한 이 패敗 외에도 어떤 한 자형은 몽둥이로 밥을 짓는 솥을 두들기는 모습을 본뜨고 있는데, 아마 이 자형도 마찬가지로 낭패라는 뜻을 지니고 있을 것이다.

〈도표 289〉에 보이는 매買에 대해《설문說文》에서는, "는 사는 것이다. 망网과 패貝를 따른다.《맹자孟子》에 이르기를, '가파른 언덕에 올라서 시장市場의 이익을 그물질 한다'라고 하였다"[656]라고 하였다. 갑골문에서 이 매買는 그물을 드리워 바다조개를 잡는 모습을 본뜨고 있다. 그런데 고대에 바다조개는 사람마다 필요로 하고 또한 그것으로 물품을 매매買賣할 수 있었으므로, 이 바다조개는 대부분 상업적인 상품 교역에 주로 사용되었다. 따라서 이 매買를 통해 고대에 바다조개의 상업적인 가치를 이해할 수가 있다.

〈도표 290〉에 보이는 보寶에 대해《설문說文》에서는, "는 보배이다. 면宀과 옥玉과 패貝를 따르고, 부缶는 성부聲符이다. 는 고문古文의 보寶이고, 패貝를 생략하였다"[657]라고 하였다. 갑골문에서 이 보寶는 고대에 옥玉과 바다조개는 모두 사람들이 귀중하게 여기는

656 (淸) 段玉裁注,《說文解字注》, 第十二卷, 第六篇注下,〈買〉, 284쪽. 그 원문에 ", 市也. 从网貝. 孟子曰: 登壟斷而网市利"라고 되어 있다.

657 (淸) 段玉裁注,《說文解字注》, 第十四卷, 第七篇注下,〈寶〉, 343쪽. 그 원문에 ", 珍也. 从宀玉貝, 缶聲. , 古文寶, 省貝"라고 되어 있다.

도표 번호	상商나라의 갑골문甲骨文	주周나라의 금문金文	진秦나라의 소전小篆	한漢나라의 예서隸書	현대의 한자	글자의 창의創意
291			 s	義	義	창의 꼭대기에 아름다운 장식물을 달고 있는 의장儀仗은 실제 전쟁에서 사용하는 무기가 아니다.
292			 s	卒	卒	고대에 갑옷 조각을 엮어맨 의복은 고위 장수의 호신용 장비였다. 그러나 생산력이 발전된 후에는 일반 병사도 함께 사용하였다.

물품이었으므로 집 안에 잘 보관해야 함을 의미하고 있다. 그런데 이 보寶에서 성부聲符인 부缶는 후대에 덧붙여진 것이다. 그리고 위에서 예로 들었던 패貝를 자형의 한 구성 부분으로 가지는 글자들은 모두 그 의미가 재화 가치나 상업과 관련이 있었다. 따라서 이것은 조개껍질이 고대 사회에서 상당히 귀중한 물품이었음을 잘 설명하고 있다.

〈도표 291〉에 보이는 의義에 대해 《설문說文》에서는, "義는 자신의 위엄 있는 풍모이다. 아我를 따르고, 양羊을 따른다"[658]라고 하였다. 갑골문에서 이 의義는 창의 꼭대기에 아름다운 장식물을 달고 있는 모습을 본뜨고 있다. 그런데 이것은 실제 전쟁에서 사용하는 무기가 아니라, 단순히 아름다움을 강조하기 위한 의장용儀仗用 도구일 뿐이다.

그리고 앞의 〈도표 82〉에서 소개했듯이, 금문金文에서 장章은 어느 한 행렬에서 앞장선 행렬이 손에 든 의장儀仗의 모습을 본뜨고 있다. 그래서 이 장章은 위의 의義와는 또 다른 의장 형식을 나타내고 있다(). 따라서 이 장章과 의義는 고대의 의장 행렬에 서로 다른 의장 형식이 있었음을 보여 주고 있다.

〈도표 292〉에 보이는 졸卒에 대해 《설문說文》에서는, "卒은 하인인 시중드는 사람이 졸卒이다. 옛날에 옷에 물을 들임으로 표를 하고 구별하였다. 그러므로 의衣와 일一을 따른다"[659]라고 하였다. 갑골문에서 이 졸卒은 갑옷 조각을 엮어맨 의복의 모습을 본뜨고 있는

658 (淸) 段玉裁注, 《說文解字注》, 第二十四卷, 第十二篇注下, 〈義〉, 639쪽. 그 원문에 "義, 己之威義也. 从我, 从羊"이라고 되어 있다.

659 (淸) 段玉裁注, 《說文解字注》, 第十五卷, 第八篇注上, 〈卒〉, 401쪽. 그 원문에 "卒, 隸人給事者爲卒. 古目染衣題識. 故从衣一"이라고 되어 있다.

도표 번호	상商나라의 갑골문甲骨文	주周나라의 금문金文	진秦나라의 소전小篆	한漢나라의 예서隸書	현대의 한자	글자의 창의創意
293					民	바늘에 찔려 눈이 멀어진 노예의 모습을 본뜨고 있다.
294					化	두 사람이 공중제비를 공연하는 유희 종목의 하나이다.

데, 이것은 고대에 고위 장수가 입는 호신용 장비에 속하였다. 그러나 나중에는 갑옷이 많이 제작되면서 일반 병사, 특히 최전선에서 작전하는 부대의 병사도 함께 사용하게 되었다. 따라서 이 졸卒은 고대 사회 생산력의 발전을 반영하고 있다.

〈도표 293〉에 보이는 민民에 대해《설문說文》에서는, "民은 무지한 일반 백성이다. 고문古文의 형태를 따른다. 무릇 민民의 속屬들은 모두 이 민民을 따른다.  은 고문古文의 민民이다"[660]라고 하였다. 갑골문에서 이 민民은 눈 하나가 바늘에 찔린 모습을 본뜨고 있는데, 이것은 노예를 관리하는 한 방식이다. 또한 앞의 〈도표 206〉에서 소개한 것처럼, 갑골문에서 장臧은 똑바로 선 눈 하나가 창에 찔린 모습을 본뜨고 있다. 일반적으로 눈을 찔러 멀게 하는 형법刑法은 노예를 다루고 또 노예들의 반항을 감소시키는 역할을 하였는데, 이러한 형벌은 고대의 다른 민족도 가끔 사용하던 방법이었다. 그러나 중국의 고대 문헌에는 이에 관한 기록을 찾을 수가 없다.

〈도표 294〉에 보이는 화化에 대해《설문說文》에서는, "化는 가르쳐 행하게 하는 것이다. 화(匕, 化)와 인人을 따르고, 화(匕, 化)는 또한 성부聲符이다"[661]라고 하였다. 갑골문에서 이 화化는 두 사람의 공중제비 공연에서 한 사람이 위에 있는 다른 한 사람을 공중제비 시키는 변화의 모습을 본뜨고 있다. 이것은 고대에 유희의 일종이었고, 또한 다른 사회에서는 신을 숭배하는 항목의 하나이기도 하였다.

〈도표 295〉에 보이는 심(尋, 尋)에 대해《설문說文》에서는, "尋은 실마리를 찾아내어 다스

660 (清) 段玉裁注,《說文解字注》, 第二十四卷, 第十二篇注下, 〈民〉, 633쪽. 그 원문에 "民, 眾萌也. 从古文之象. 凡民之屬皆从民. , 古文民"이라고 되어 있다.

661 (清) 段玉裁注,《說文解字注》, 第十五卷, 第八篇注上, 〈化〉, 388쪽. 그 원문에 "化, 教行也. 从匕人, 匕亦聲"이라고 되어 있다.

도표 번호	상商나라의 갑골문甲骨文	주周나라의 금문金文	진秦나라의 소전小篆	한漢나라의 예서隸書	현대의 한자	글자의 창의創意
295			 s	尋	尋	두 팔을 벌려 어느 한 물체의 길이를 재는 모습을 본뜨고 있다.
296		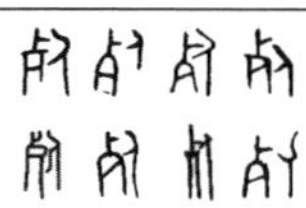	 s  k	死	死	백골을 줍는 모습을 본뜨고 있거나, 혹은 죽은 사람을 흙구덩이에 묻거나 관에 넣어 매장하는 각종 장례의식을 표현하고 있다.

리는 것이다. 공工과 구口를 따르고, 우又와 촌寸을 따른다. 공工과 구口는 어지러운 것이다. 우又와 촌寸은 나누어 그것을 다스리는 것이다. 삼彡은 성부聲符이다. 이것과 녕㲴은 같은 뜻이다. 길이의 단위이고, 사람의 두 팔을 벌린 길이가 심(㝷, 尋)이 되는데, 팔척八尺이다"[662] 라고 하였다. 갑골문에서 이 심(㝷, 尋)은 두 팔을 벌려 어떤 물체의 길이를 재는 모습을 본뜨고 있다. 그래서 인체의 자연적인 길이를 이용하고 있으며, 고대에 일심一尋은 팔 척八尺과 같았다. 그런데 이 심(㝷, 尋)의 어느 한 갑골문 자형에는 길이를 재는 물체로 언言이 보이는데, 이 자형 형태를 통해 언言은 길이가 팔 척인 관악기管樂器임을 알 수 있다. 그 밖에도 다른 갑골문 자형에는 돗자리 형태의 물체도 보이는데, 이 자형 형태를 통해 돗자리의 길이가 팔 척이었음도 알 수가 있다.

〈도표 296〉에 보이는 사死에 대해《설문說文》에서는, "𣦸는 다한 것이다. 사람이 분리되는 것이다. 알歹과 인人을 따른다. 무릇 사死의 속屬들은 모두 이 사死를 따른다. 𠒁는 고문古文의 사死이고, 이와 같다"[663]라고 하였다. 갑골문에서 이 사死는 한 사람이 백골을 줍는 모습을 본뜨고 있거나, 혹은 죽은 사람을 흙구덩이에 묻거나 관에 넣어 매장하는 각종

662 (淸) 段玉裁注,《說文解字注》, 第六卷, 第三篇注下,〈㝷〉, 122쪽. 그 원문에 "㝷, 繹理也. 从工口, 从又寸. 工口, 亂也. 又寸, 分理之也. 彡聲. 此與㲴同意. 度, 人之兩臂爲㝷, 八尺也"라고 되어 있다.

663 (淸) 段玉裁注,《說文解字注》, 第八卷, 第四篇注下,〈死〉, 166쪽. 그 원문에 "𣦸, 澌也. 人所離也. 从歹人. 凡死之屬皆从死. 𠒁, 古文死, 如此"라고 되어 있다.

도표 번호	상商나라의 갑골문甲骨文	주周나라의 금문金文	진秦나라의 소전小篆	한漢나라의 예서隸書	현대의 한자	글자의 창의創意
297		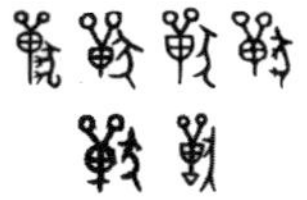	 s	獸	獸	사냥용 그물과 개는 모두 사냥용 도구이다.

장례의식의 모습을 표현하고 있다. 그런데 갑골문에서 전자前者의 자형은 마치 외지에서 객사한 모습에 치중하여 묘사하고 있는 듯한데, 이것은 아마도 비정상적인 사망 상황을 표현하고 있을 것이다.

〈도표 297〉에 보이는 수獸에 대해 《설문說文》에서는, "獸는 지키고 방비하는 동물이다. 일설一說에는 두 발이 있는 것을 일컬어 금禽이라고 하고, 네 발이 있는 것을 일컬어 수獸라고도 한다. 휴嘼와 견犬을 따른다"[664]라고 하였다. 갑골문에서 이 수獸는 사냥용 그물과 개의 결합으로 자형이 구성되어 있는데, 이것은 모두 사냥용 도구이다. 그래서 사냥한다는 의미를 나타내고 있고, 자의字義가 확장되어서는 포획된 야수野獸를 가리키고 있다. 그런데 사냥용 그물은 아마도 야수를 산채로 포획할 적에 사용할 것이고, 개는 야수의 은신처를 찾아낼 적에 필요할 것이다.

2. 문자의 창의創意를 연구하는 방법

어느 하나의 글자를 해독하는 일과 그 글자의 창의創意를 연구하는 일은 비록 상호간에 일정한 관련이 있다고는 하더라도, 이 둘은 서로 다른 별개의 학문에 속하고, 또 그 연구방법도 동일하지 않다. 그래서 어느 한 글자의 창의를 탐색하는 일은 대체로 아래와 같이 크게 몇 가지 항목으로 나누어서 설명할 수가 있는데, 우리는 이러한 방법을 통해 어떤 학자가 주장한 창의의 견해가 신빙성이 있는지 없는지도 확인해 볼 수 있다.

664 (清) 段玉裁注, 《說文解字注》, 第二十八卷, 第十四篇注下, 〈獸〉, 746-747쪽. 그 원문에 "獸, 守備者也. 一曰: 兩足曰: 禽, 四足曰: 獸. 从嘼, 从犬"이라고 되어 있다.

(가) 먼저 하나하나의 부호가 의미하는 내용을 이해해야 함

문자는 사람들의 사회생활의 편리를 위한 필요성에 의해 창조되었다. 때문에 사람의 형체나 동작 혹은 표현하는 방식 등은 문자가 묘사하는 자형에서 가장 중요한 구성 부분을 이루게 되었고, 그 외에 사람이 보는 형상과 물체 등은 그 다음으로 중요한 구성 부분을 이루게 되었다. 따라서 우리는 그것에 대해 어느 정도의 기본적인 이해를 갖추고 있어야 한다. 그런 까닭에 아래에 먼저 사람의 몸과 관련된 부분을 예로 들어 보았다.

인체를 예로 들어 보면, 똑바로 선 모양( ), 측면으로 선 모양( ), 거꾸로 선 모양( ), 드러누운 모양( ), 무릎을 꿇고 앉은 모양( ), 쪼그려 앉은 모양( ) 등과 같은 여러 가지 형태를 판별할 수 있어야 한다.

그리고 손의 동작을 예로 들어 보면, 한 손으로 조작하는 모양( ), 두 손으로 잡고 있는 모양( ), 손을 앞으로 뻗은 모양( ), 손을 위로 쳐든 모양( ), 위로 끌어올리는 모양( ), 내리누르는 모양( ), 안은 모양( ), 손으로 받들고 있는 모양( ), 손을 뒤로 뻗은 모양( ), 결박당한 모양( ), 손에 형구刑具를 찬 모양( ), 서로 싸우는 모양( ) 등의 복잡하고 다양한 표현을 구분할 줄 알아야 한다.

그리고 발의 동작을 예로 들어 보면, 걷는 모양( ), 밟고 넘어가는 모양( ), 발을 든 모양( ), 발로 밟는 모양( ) 등 갖가지 동작을 분별할 수 있어야 한다.

그리고 머리의 형태를 예로 들어 보면, 앞으로 바라보고 뒤로 돌아보는 모양( ), 위로 올려다보고 아래로 내려다보는 모양( ), 목에 올가미를 씌운 모양( ), 머리를 장식한 모양( ), 가면을 쓴 모양( ) 등의 구별도 할 수 있어야 한다. 자형의 이러한 구성 부분들은 모두 세밀한 관찰을 필요로 한다.

더 나아가 인체 이외의 여타 형상이나 물체와 관련된 부호를 살펴보면, 먼저 서로 다른 사물을 표현하고 있는 동일한 부호에 대해서는 그 부호가 표현하고 있는 비교적 가능성이 높은 의미를 자세하게 고려해 볼 필요가 있다.

구口를 예로 들어 보면, 이 부호가 고대 문자에서 가장 흔히 표현하는 것은 입의 모양( ), 그릇이나 용기의 모양( ), 함정의 모양( ), 단순히 무의미한 빈자리 메우기( ), 금속 덩어리의 모양( ) 등을 들 수 있다. 또한 심지어는 사람의 머리 모양을 표현하기도 한다( ). 따라서 어느 자형에서 이 부호를 보게 되면, 먼저 이러한 방향으로 의미를 추측하여 이 글자가 지니고 있는 자의字義와 관련이 있을 상황을 추론해 낸다.

그런데 만약 어느 글자의 자형에 구口와 비슷한 형태가 있다면, 그 글자의 함의含意도 이 구口와 일정한 범위 내에서 서로 관련되어 표현된다. 그래서 이러한 부호는 간혹 일정한 구역이나 범위를 의미하는 위囗로 나타나기도 하는데, 아마도 도시 성곽의 모양이나 해자垓字의 모양( ), 주둔지의 모양( ), 건축물의 모양( ), 경작지의 모양( ), 물체의 주변 모양( ), 매장한 모양( ) 등을 그 예로 들 수 있을 것이다.[665]

그 밖에도 어떤 부호는 보기에는 서로 흡사하지만 실제로는 서로 구분 지어야 하는 부분이 있으므로, 이 점은 특별히 주의를 요한다. 예를 들어, 수殳라는 부호는 갑골문에서 두 가지 형태의 자형이 있다. 비록 모두 손에 어떤 물체를 들고 있는 모습을 본뜨고 있지만, 하나는 곧은 자루이고 다른 하나는 굽은 자루의 형태이다. 그래서 이 수殳의 초기 자형을 보면, 대체로 손으로 자루가 곧거나 굽은 어떤 두드리는 물체를 잡고 있는 모습을 본떠 그 의미를 표현하고 있다.

그런데 만약 수殳라는 부호에서 곧은 자루 형태의 물체는 대체로 공격과 살상을 목적으로 남에게 상해를 입힌다는 의미를 가지고 있다( ). 그래서 수殳에 대해 《설문說文》에서는, " 는 죽도竹刀로 사람이 가까이 오지 못하게 하는 것이다. 《주례周禮》에 이르기를, '수殳는 대나무를 쌓아 만든 것으로, 여덟 모서리가 있으며, 길이는 1장丈 2척尺이고, 병거兵車의 양옆에 세웠다. 왕의 수레를 지키는 여분旅賁이 수殳를 들고 앞서 달려간다'라고 하였다. 우又를 따르고, 수几는 성부聲符이다. 무릇 수殳의 속屬들은 모두 이 수殳를 따른다"[666]라고 하였다.

그러나 반면에 굽은 자루 형태의 물체는 어떤 목적을 달성하고자 한다는 의미가 있다. 예를 들어, 〈도표 298〉에 보이는 경(磬, 殸, 硜)에 대해 《설문說文》에서는, " 은 돌로 된 악기이다. 석石을 따른다. 경(声, 声)은 매다는 쇠북걸이 틀의 모양을 본뜨고 있다. 수殳는 이것으로 그것을 두드리는 것이다. 옛날에 무구씨毋句氏가 석경石磬을 만들었다. 은 주문籒文이고, 생략하였다. 은 고문古文이고, 경巠을 따른다"[667]라고 하였다. 갑골문에서 이 경(磬, 殸,

665 그런데 여기서 구口와 위囗의 의미상의 차이를 구분하기 위하여, 원서에 보이는 몇 가지의 예는 역자가 임의로 그 위치를 약간 수정하였다.

666 (淸) 段玉裁注,《說文解字注》, 第六卷, 第三篇注下, 〈殳〉, 119-120쪽. 그 원문에 " , 㠯杸殊人也. 周禮: 殳㠯積竹, 八觚, 長丈二尺, 建於兵車, 旅賁㠯先驅. 从又, 几聲. 凡殳之屬皆从殳"라고 되어 있다.

667 (淸) 段玉裁注,《說文解字注》, 第十七卷, 第九篇注下, 〈磬〉, 456쪽. 그 원문에 " , 石樂也. 从石. 声, 象縣虡之形. 殳, 所㠯擊之也. 古者毋句氏作磬. , 籒文, 省. , 古文, 从巠"이라고 되어 있다.

도표 번호	상商나라의 갑골문甲骨文	주周나라의 금문金文	진秦나라의 소전小篆	한漢나라의 예서隸書	현대의 한자	글자의 창의創意
298			 s z k	磬 殸 硜	磬 殸 硜	손에 방망이 채를 들고 석경石磬 음악을 연주하는 모습을 본뜨고 있는데, 나중에 석石을 덧붙였다.
299			 s s z	鼓 鼓	鼓 鼓	손에 악기 채를 들고 북을 두드리는 모습을 본뜨고 있다.

硜)은 손에 막대기 모양의 채를 들고 석경石磬을 두드리는 모습을 본뜨고 있다.

〈도표 299〉에 보이는 고(鼓, 鼓, 鼓)에 대해《설문說文》에서는, "鼓는 북을 치는 것이다. 복攴과 주壴를 따르고, 주壴는 또한 성부聲符이다. 발음은 촉屬과 같다"[668]라고 하였고, 또한 고(鼓, 鼓, 鼓)에 대해《설문說文》에서는, "鼓는 가죽으로 덮어씌운 악기이다. 춘분春分 때의 음악으로, 만물이 껍질에 둘러싸여 있다가 뚫고 나오므로, 고(鼓, 鼓)라고 일컫는다. 주壴를 따르고, 철屮과 우又를 따른다. 철屮은 늘어뜨린 장식을 본뜨고 있다. 우又는 그 손으로 그것을 두드림을 본뜨고 있다.《주례周禮》에 여섯 가지 북이 있는데, 뇌고靁鼓는 팔면八面이고, 영고靈鼓는 육면六面이며, 노고路鼓는 사면四面이고, 분고鼖鼓 · 고고皐鼓 · 진고晉鼓는 모두 양면兩面이다. 무릇 고(鼓, 鼓)의 속屬들은 모두 이 고(鼓, 鼓)를 따른다. 𪔂는 주문籒文의 고(鼓, 鼓)이고, 고古를 따른다"[669]라고 하였다. 갑골문에서 이 고(鼓, 鼓, 鼓)는 손에 악기 채를 들고 북을 두드리는 모습을 본뜨고 있다. 그런데 이 고(鼓, 鼓, 鼓)의 악기 채 부분은 갑골문에서

---

668 (清) 段玉裁注,《說文解字注》, 第六卷, 第三篇注下,〈鼓〉, 126쪽. 그 원문에 "鼓, 擊鼓也. 从攴壴, 壴亦聲. 讀若屬"이라고 되어 있다. 그런데 이 고(鼓, 鼓, 鼓)는 상고음上古音에서 어부魚部에 속하였고, 성부聲符인 주壴는 상고음에서 후부侯部에 속하였으며, 촉屬은 상고음에서 옥부屋部에 속하였다. 따라서 이 고(鼓, 鼓, 鼓)는 성부聲符인 주壴나 촉屬과 상고음에서 비록 동일한 큰 부류에 속하지 않았지만, 성부聲符인 주壴와 촉屬은 상고음에서 동일하게 후옥동侯屋東의 큰 부류에 속하였다.

669 (清) 段玉裁注,《說文解字注》, 第九卷, 第五篇注上,〈鼓〉, 208쪽. 그 원문에 "鼓, 郭也. 春分之音, 萬物郭皮甲而出, 故曰: 鼓. 从壴, 从屮又. 屮象𠂹飾, 又象其手擊之也. 周禮六鼓, 靁鼓八面, 靈鼓六面, 路鼓四面, 鼖鼓 · 皐鼓 · 晉鼓皆兩面. 凡鼓之屬皆从鼓. 𪔂, 籒文鼓, 从古"라고 되어 있다.

는 수殳의 형태로 표기되었지만, 나중에 자형이 잘못 변화되어 지支나 복攴으로 바뀌었다.

그리고 곡觳에 대해 《설문說文》에서는, "觳 은 외뿔소의 뿔로 만든 잔을 담는 커다란 그릇이다. 일설一說에는 화살을 담는 도구라고도 한다. 각角을 따르고, 각(㱿, 殼)은 성부聲符이다. 발음은 곡斛과 같다"[670]라고 하였다. 갑골문에서 이 곡觳은 손에 방망이를 들고 쇠뿔을 두드리는 모습을 본뜨고 있다(). 또한 각(㱿, 殼)에 대해 《설문說文》에서는, "㱿 은 위에서 아래로 치는 것이다. 수殳를 따르고, 각𡉉은 성부聲符이다. 일설一說에는 빈 껍질이라고도 한다"[671]라고 하였다. 갑골문에서 이 각(㱿, 殼)은 손에 막대기 모양의 채를 들고 종이나 방울과 같은 종류의 악기를 두드리는 모습을 본뜨고 있다().

그리고 설設에 대해서 《설문說文》에서는, "設 은 펼치고 벌여 놓는 것이다. 언言과 수殳를 따른다. 수殳는 사람을 부리는 데 쓰는 것이다"[672]라고 하였다. 이 설設은 수殳와 언言의 결합으로 자형이 구성되어 있는데, 관악기와 두드리는 타악기를 진열하여 연주 시의 사용을 준비하는 모습을 본뜨고 있다. 또한 앞의 〈도표 120〉에서 이미 소개한 것처럼, 갑골문에서 공攻은 손에 막대기 모양의 채를 들고 석경石磬을 치면서 음정의 정확성 여부를 확인하는 모습을 본뜨고 있다(). 따라서 위에서 살펴본 글자들에서 수殳는 모두 악기를 치거나 두드리는 막대기 모양의 채를 의미하고 있다. 그 외에도 '' 등과 같은 자형도 아마 악기를 두드리는 모습을 표현하고 있을 것이다.

그리고 의醫에 대해 《설문說文》에서는, "醫 는 병을 고치는 장인匠人이다. 예殹를 따르고, 유酉를 따른다. 예殹는 괴팍한 자태인데, 의사醫師의 성품이 그러하다. 술을 가지고 고치므로, 유酉를 따른다. 왕육王育의 견해이다. 일설一說에 예殹는 병자의 신음소리이고, 술은 그것으로 병을 고치는 것이라고도 한다. 《주례周禮》에 의주醫酒가 있다. 옛날에 무팽巫彭이 처음으로 의사醫師가 되었다"[673]라고 하였다. 이 의醫는 시矢, 수殳, 주酒 등과 같은 병을 고치

---

670 (淸) 段玉裁注, 《說文解字注》, 第八卷, 第四篇注下, 〈觳〉, 190쪽. 그 원문에 "觳, 盛觵卮也. 一曰: 射具. 从角, 㱿聲. 讀若斛"이라고 되어 있다.

671 (淸) 段玉裁注, 《說文解字注》, 第六卷, 第三篇注下, 〈㱿〉, 120쪽. 그 원문에 "㱿, 從上擊下也. 从殳, 𡉉聲. 一曰: 素也"라고 되어 있다.

672 (淸) 段玉裁注, 《說文解字注》, 第五卷, 第三篇注上, 〈設〉, 95쪽. 그 원문에 "設, 施陳也. 从言殳. 殳, 使人也"라고 되어 있다.

673 (淸) 段玉裁注, 《說文解字注》, 第二十八卷, 第十四篇注下, 〈醫〉, 757쪽. 그 원문에 "醫, 治病工也. 从殹, 从酉. 殹, 惡姿也, 醫之性然. 得酒而使, 故从酉. 王育說. 一曰: 殹, 病聲. 酒, 所目治病也. 周禮有醫酒. 古者巫彭初作醫"라고 되어 있다.

도표 번호	상商나라의 갑골문甲骨文	주周나라의 금문金文	진秦나라의 소전小篆	한漢나라의 예서隸書	현대의 한자	글자의 창의創意
300			 s  k	役	役	손에 도구를 들고 한 사람의 등 부위를 두드리면서 의료 행위에 종사함을 표현하고 있다.
301	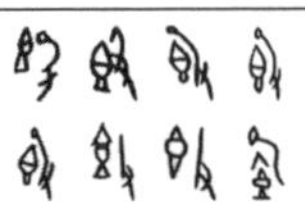	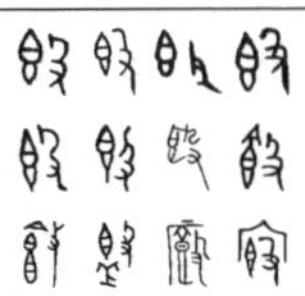	 s	簋	𣪘 簋	손에 든 숟가락과 밥이 담긴 궤簋 그릇의 모습을 본뜨고 있다.

는 도구로 그 의미를 나타내고 있다. 또한 〈도표 300〉에 보이는 역役에 대해 《설문說文》에서는, "役은 변방을 지키는 것이다. 수殳와 척彳을 따른다. 伇은 고문古文의 역役이고, 인人을 따른다"[674]라고 하였다. 그런데 갑골문 복사卜辭에서는 이 역役이 의료에 관련된 일의 의미로 쓰이고 있는데, 대부분의 자형 형태가 의료 기구로 한 사람의 등 부위를 두드리면서 의료행위에 종사함을 표현하고 있다. 따라서 이 의醫와 역役에서 수殳는 의료 기구를 의미하고 있다.

〈도표 301〉에 보이는 구(𣪘, 殷)에 대해 《설문說文》에서는, "𣪘는 부드럽고 굽게 하는 것이다. 수殳와 전(叀, 叀)을 따른다. 전(叀, 叀)은 고문古文의 전叀이다. 구(廏, 廄)는 이것을 따른다"[675]라고 하였다. 금문金文에서 이 구(𣪘, 殷)는 음식을 담는 원형으로 된 궤簋의 그릇 이름을 의미하고 있는데, 이 구(𣪘, 殷)의 자형에서 수殳는 밥을 뜨는 숟가락을 나타내고 있다.

이처럼 위에서 살펴본 글자들의 실물 손잡이는 모두 곧은 것이었지만, 글자를 창조한 이들은 문자 표기에서 그것을 고의적으로 굽은 자루의 형태로 묘사하고 있다. 그것은 아마도 해당 문자의 사용 시 특수한 효과를 빚어내는 그 표현에다 중점을 두었기 때문만이 아니라, 이렇게 굽은 자루 형태로 묘사함으로써 살상을 목적으로 하는 곧은 자루의 무기와도 구별시키려는 목적이 있었기 때문일 것이다. 우리는 이 점에 대해 특별히 주의를 기울이지 않으면 안 된다.

674 (淸) 段玉裁注,《說文解字注》, 第六卷, 第三篇注下,〈役〉, 121쪽. 그 원문에 "役, 戍也. 从殳彳. 伇, 古文役, 从人"이라고 되어 있다.

675 (淸) 段玉裁注,《說文解字注》, 第六卷, 第三篇注下,〈𣪘〉, 121쪽. 그 원문에 "𣪘, 揉屈也. 从殳叀. 叀, 古叀字. 廏字, 从此"라고 되어 있다.

도표 번호	상商나라의 갑골문甲骨文	주周나라의 금문金文	진秦나라의 소전小篆	한漢나라의 예서隸書	현대의 한자	글자의 창의創意
302			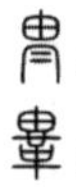 s h	胄	胄	눈 위에 모자 하나를 덮어쓰고 있는 모습을 본뜨고 있다.
303			 s k	尹	尹	손에 붓을 들고 백성을 다스리는 관리를 나타내고 있다.

그리고 만약 구口와 역삼각형의 부호를 살펴보면, 어떤 학자는 두 부호가 서로 같은 사물을 표현하는 것이라고 여기고 있지만 사실은 상당한 차이가 있다. 삼각형인 뒤집은 구口의 형태는 대부분 물체의 덮개나 사람의 모자를 가리키고 있다.

예를 들어, 앞의 〈도표 199〉에서 이미 소개한 식食은 갑골문에서 그릇의 뚜껑을 표현하고 있다(). 또한 〈도표 58〉에서 소개한 령令은 갑골문에서 한 사람이 쓰고 있는 모자를 표현하고 있다(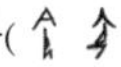).

〈도표 302〉에 보이는 주胄에 대해 《설문說文》에서는, "胄 는 투구이다. 모冃를 따르고, 유由는 성부聲符이다. 𩊚 는 《사마법司馬法》의 주胄이고, 혁革을 따른다"[676]라고 하였다. 금문金文에서 이 주胄는 사람의 눈 위에 모자 하나를 쓰고 있는 모습을 본뜨고 있다. 그런데 이 주胄의 자형에서 투구의 구성 부분도 삼각형으로 되어 있다.

그리고 위의 내용과 더불어 동일한 부호가 서로 다른 위치에 있을 때의 의미에도 주의를 기울여야 한다.

예를 들어, 앞의 〈도표 10〉에서 이미 소개한 것처럼, 갑골문에서 율聿은 손으로 물체의 위쪽 끝을 쥠으로써 글씨를 쓰기 편하도록 만든 붓의 모양을 본뜨고 있다(). 또한 〈도표 303〉에 보이는 윤尹에 대해 《설문說文》에서는, "尹 은 다스리는 것이다. 우又와 별丿을 따른다. 손에 일을 쥐고 있는 사람이다. 은 고문古文의 윤尹이다"[677]라고 하였다. 갑골문에서 이

676 (清) 段玉裁注, 《說文解字注》, 第十四卷, 第七篇注下, 〈胄〉, 357-358쪽. 그 원문에 "胄, 兜鍪也. 从冃, 由聲. 𩊚, 司馬法胄, 从革"이라고 되어 있다.

677 (清) 段玉裁注, 《說文解字注》, 第六卷, 第三篇注下, 〈尹〉, 116쪽. 그 원문에 "尹, 治也. 从又丿. 握事者也. , 古文尹"이라고 되어 있다.

도표 번호	상商나라의 갑골문甲骨文	주周나라의 금문金文	진秦나라의 소전小篆	한漢나라의 예서隸書	현대의 한자	글자의 창의創意
304	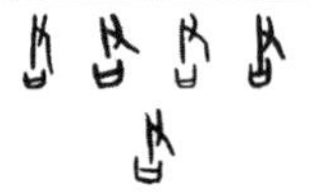	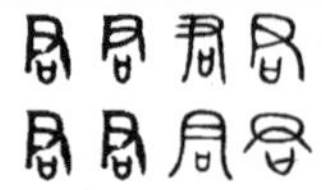	 s k	君	君	손에 붓을 들고 먹물을 묻히며 글씨를 쓰는 사람은 통치자이다.
305	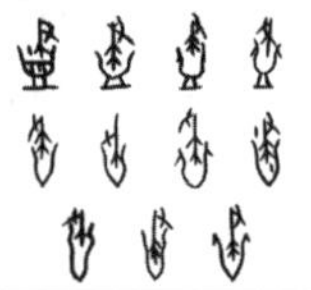		 s	盡	盡	손에 솔을 들고 그릇을 깨끗하게 씻어내는 모습을 본뜨고 있다.
306			 s	燼	燼	손에 부젓가락을 들고 타다 남은 재를 끄는 모습을 본뜨고 있다.

윤尹은 손에 붓을 든 사람이 백성을 다스리는 관리라는 의미를 표현하고 있다.

그리고 앞의 〈도표 3〉에서 소개한 것처럼, 갑골문에서 서書는 손에 붓을 들고 먹물을 묻히는 모습을 본떠 글씨를 쓰는 동작을 나타내고 있다(). 또한 〈도표 304〉에 보이는 군君에 대해《설문說文》에서는, "君은 존귀한 것이다. 윤尹과 구口를 따른다. 구口는 그것으로 명령을 내리는 것이다. 𠑘은 고문古文이고, 임금이 앉아 있는 모습을 본뜨고 있다"[678]라고 하였다. 갑골문에서 이 군君은 손에 붓을 들고 먹물을 묻혀 글씨를 쓰는 사람이 통치자임을 의미하고 있다. 그 밖에도 앞의 〈도표 13〉에서 소개한 것처럼, 갑골문에서 주晝는 손에 붓을 들고 글씨를 쓰는 시간이 대낮임을 의미하고 있다().

앞서 소개한 글자들은 모두 손으로 붓의 위쪽 끝을 잡은 모습을 표현하고 있다.

그리고 이와 유사한 상황을 예로 들어 보면, 〈도표 305〉에 보이는 진盡에 대해《설문說文》에서는, "盡은 그릇의 가운데가 빈 것이다. 명皿을 따르고, 신(㶳, 燼)은 성부聲符이다"[679]라고 하였다. 갑골문에서 이 진盡은 손에 솔을 들고 그릇을 깨끗이 씻는 모습을 본뜨고 있다. 또한 〈도표 306〉에 보이는 신(㶳, 燼)에 대해《설문說文》에서는, "㶳 은 불이 나무에 남아 있는 것이다. 화火를 따르고, 율聿은 성부聲符이다. 일설一說에는 섶나무라고도 한다"[680]라고 하

678 (淸) 段玉裁注,《說文解字注》, 第三卷, 第二篇注上, 〈君〉, 57쪽. 그 원문에 "君, 尊也. 从尹口. 口, 目發號. 𠑘, 古文, 象君坐形"이라고 되어 있다.

679 (淸) 段玉裁注,《說文解字注》, 第九卷, 第五篇注上, 〈盡〉, 214쪽. 그 원문에 "盡, 器中空也. 从皿, 㶳聲"이라고 되어 있다.

680 (淸) 段玉裁注,《說文解字注》, 第十八卷, 第十篇注上, 〈㶳〉, 488쪽. 그 원문에 "㶳, 火之餘木也. 从火, 聿聲.

도표 번호	상商나라의 갑골문甲骨文	주周나라의 금문金文	진秦나라의 소전小篆	한漢나라의 예서隸書	현대의 한자	글자의 창의創意
307			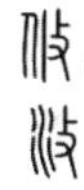 s 秦刻石		攸	손에 막대기를 들고 한 사람의 등을 때리는 모습을 본뜨고 있는데, 나중에 피가 흐르는 모습을 덧붙였다.
308	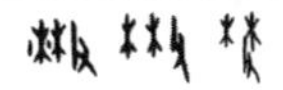		 s		㪔	손에 막대기를 들고 삼의 줄기를 내리쳐 섬유를 분리하는 모습을 본뜨고 있다.

였다. 갑골문에서 이 신(𦘔, 燼)은 손에 부젓가락을 들고 타다 남은 불을 뒤적이는 모습을 본뜨고 있거나, 혹은 불을 더 세차게 지피기 위한 모습을 본뜨고 있을 수도 있다. 따라서 이 진盡과 신(𦘔, 燼)이 표현하는 것은 손이 부젓가락의 위쪽 끝이나 솔의 위쪽 끝을 쥐고 있는 상황을 나타내고 있다.

그리고 만약 손이 막대기의 아래쪽 끝을 잡고 있다면, 그것은 때리는 효과를 표현하는 것이다. 예를 들어, 〈도표 307〉에 보이는 유攸에 대해 《설문說文》에서는, "攸는 물을 흐르게 하는 것이다. 복攴를 따르고, 인人과 수水의 생략형을 따른다. 攸는 진秦나라가 역산嶧山에서 돌에 비문을 새겼는데, 석문石文의 유攸는 이와 같다"[681]라고 하였다. 갑골문에서 이 유攸는 손에 막대기의 아래쪽 끝을 잡고 한 사람의 등을 때리는 모습을 본뜨고 있는데, 나중에 피가 흘러내리는 모습을 보충적으로 덧붙였다.

〈도표 308〉에 보이는 산(㪔, 散)에 대해 《설문說文》에서는, "㪔은 나누어떨어지게 하는 것이다. 파林를 따르고, 복攴을 따른다. 파林는 분산시킨다는 뜻이다"[682]라고 하였다. 갑골문에서 이 산(㪔, 散)은 손에 막대기를 들고 삼의 줄기를 내리쳐 삼 껍질의 섬유를 분리하는 모습을 본뜨고 있다. 또한 〈도표 309〉에 보이는 산散에 대해 《설문說文》에서는, "散은 잘게

一曰: 薪也"라고 되어 있다. 그런데 이 신(𦘔, 燼)은 상고음上古音에서 진부眞部에 속하였고, 성부聲符인 율聿은 상고음에서 물부物部에 속하였다. 따라서 이 신(𦘔, 燼)과 율聿은 상고음에서 서로 동일한 큰 부류에 속하지 않았다.

681 (清) 段玉裁注, 《說文解字注》, 第六卷, 第三篇注下, 〈攸〉, 125-126쪽. 그 원문에 "攸, 行水也. 从攴, 从人水省. 攸, 秦刻石嶧山, 石文攸字, 如此"라고 되어 있다.

682 (清) 段玉裁注, 《說文解字注》, 第十四卷, 第七篇注下, 〈㪔〉, 339쪽. 그 원문에 "㪔, 分離也. 从林, 从攴. 林, 分林之意也"라고 되어 있다.

도표 번호	상商나라의 갑골문甲骨文	주周나라의 금문金文	진秦나라의 소전小篆	한漢나라의 예서隸書	현대의 한자	글자의 창의創意
309			 s	散	散	손에 도구를 들고 죽엽 위의 잘게 다져진 고기를 산산조각 낸다는 의미를 지니고 있다.
310			 s z	秦	秦	두 손에 절굿공이를 잡고 벼 줄기를 찧으면서 곡식의 낟알을 정제精製하는 모습을 본뜨고 있다.

부서진 고기이다. 육肉을 따르고, 산(㪚, 散)은 성부聲符이다"[683]라고 하였다. 금문金文에서 이 산散은 손에 막대기를 쥐고 죽엽竹葉 위에 놓여 있는 고기 덩어리를 내리쳐 산산조각이 나게 한다는 의미를 지니고 있다.

그리고 두 손이 아래에 놓인 것은 물건을 받쳐 들거나 밀어 올린다는 의미이다. 예를 들어, 앞의 〈도표 49〉에서 소개한 것처럼, 갑골문에서 등登은 두 손으로 하나의 낮은 걸상을 떠받쳐서 두 발이 올라가게 하는 모습을 본뜨고 있다( ).

그러나 두 손이 위에 있을 적에는 대부분 아래로 두드린다는 의미이다. 예를 들어, 〈도표 310〉에 보이는 진秦에 대해 《설문說文》에서는, " 은 백익伯益의 후손이 봉封함을 받은 나라이다. 땅이 농사짓기에 알맞다. 화禾와 용舂의 생략형을 따른다. 일설一說에 진秦은 곡식의 이름이라고도 한다. 은 주문籀文의 진秦이고, 력秝을 따른다"[684]라고 하였다. 갑골문에서 이 진秦은 두 손에 절굿공이의 위쪽 끝을 잡고 아래로 벼 줄기를 찧으면서 곡식의 낟알을 정제精製하는 모습을 본뜨고 있다.

(나) 다른 시대에 나타나는 동일한 한 글자의 자형 변천 및 방향을 이해하여 그 글자의 원형原形을 추측함

구체적인 자형 변천의 문제에 대해서는 다음 절에서 다시 토론하기로 한다. 그렇지만 만약 우리가 자형 변천의 규칙성에 대해 이미 어느 정도의 이해를 가지고 있다면, 우리는

683 (清) 段玉裁注,《說文解字注》, 第八卷, 第四篇注下,〈散〉, 178쪽. 그 원문에 " , 襍肉也. 从肉, 㪚聲"이라고 되어 있다.

684 (清) 段玉裁注,《說文解字注》, 第十三卷, 第七篇注上,〈秦〉, 330쪽. 그 원문에 " , 伯益之後所封國. 地宜禾. 从禾舂省. 一曰: 秦, 禾名. , 籒文秦, 从秝"이라고 되어 있다.

도표 번호	상商나라의 갑골문甲骨文	주周나라의 금문金文	진秦나라의 소전小篆	한漢나라의 예서隸書	현대의 한자	글자의 창의創意
311		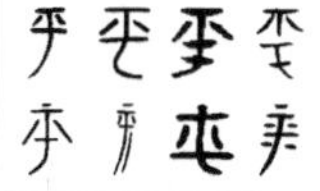	 s k	平	平	무거운 물체를 재는 천칭식天秤式 저울대의 모습을 본뜨고 있다.
312		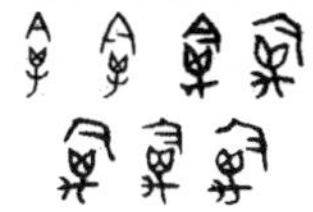	 s	禽	禽	긴 자루 모양의 사냥용 그물 형태인데, 이것으로 새나 짐승을 사로잡았다. 나중에 이 자형에 성부聲符인 금今을 덧붙였다.

그것을 통하여 어느 한 글자의 초기 형태를 추측하고 비교적 합리적인 해석도 유추해 낼 수가 있다. 또한 동시에 그러한 규칙성의 기초 위에 자형 변천 과정에서 덧붙여지는 무의미한 부호나 자형의 구성 부분에 대해서는 달리 세심한 주의를 기울일 필요가 없으므로, 지나친 견강부회에서 오는 억측을 피할 수도 있다.

예를 들어, 〈도표 311〉에 보이는 평平에 대해 《설문說文》에서는, "平 은 말이 고르게 퍼지는 것이다. 우亏와 팔八을 따른다. 팔八은 나누는 것이다. 원례爰禮의 견해이다. 平 은 고문古文의 평平이고, 이와 같다"[685]라고 하였다. 금문金文에서 이 평平은 천칭天秤의 양쪽에 각기 한 물체씩을 놓고 평형을 유지하면서 물체의 무게를 잰다는 의미를 나타내고 있는데, 전국시대에 보이는 이 평平의 자형에는 가로획 위에 항상 또 하나의 짧은 가로획을 덧붙이는 습관이 있었다. 그런데 자형 변천의 규칙성에서 본다면, 그것은 단지 무의미하게 덧붙여진 장식적인 부호에 불과함을 알 수 있다. 따라서 우리는 이 짧은 한 가로획의 부호가 가지는 의미에 대해서 그다지 주의할 필요가 없는 것이다.

〈도표 312〉에 보이는 금禽에 대해 《설문說文》에서는, "禽 은 걷는 짐승의 총칭總稱이다. 유厹를 따르고, 상형자象形字이다. 금今은 성부聲符이다. 금禽과 리离와 시兕는 머리 모양이 서로 비슷하다"[686]라고 하였다. 갑골문에서 이 금禽은 야수를 사로잡는 데 쓰는 긴 자루 모양의 사냥용 그물 형태를 본떠 그 뜻을 표현하고 있다. 그래서 이 금禽을 우(禹: 禹)나

685 (淸) 段玉裁注, 《說文解字注》, 第九卷, 第五篇注上, 〈平〉, 207쪽. 그 원문에 "平, 語平舒也. 从亏八. 八, 分也. 爰禮說. 平, 古文平, 如此"라고 되어 있다.

686 (淸) 段玉裁注, 《說文解字注》, 第二十八卷, 第十四篇注下, 〈禽〉, 746쪽. 그 원문에 "禽, 走獸總名. 从厹, 象形. 今聲. 禽离兕, 頭相佀"라고 되어 있다.

우(禹:) 및 앞의 〈도표 192〉에서 소개한 만(萬:) 등과 같이 자형에 유(内, 厹)의 부호가 있는 글자들과 서로 비교해 보면, 자형 변천의 규칙성에서 봤을 때 이 유(内, 厹)의 원형은 아마도 한 줄의 직선이거나 혹은 굽은 곡선일 수 있음을 추측할 수가 있다. 따라서 후대에 보이는 복잡한 자형에 더 이상 미혹되지 않게 된다.

그 외에도 앞의 〈도표 73〉에서 소개한 고(高:)와 〈도표 149〉에서 소개한 흥(興:) 등을 다른 한 예로 들 수가 있다. 대체로 다른 많은 글자들의 자형 변천 규칙성에서 봤을 때, 이 고高와 흥興 두 글자의 자형에서 위□나 구口의 구성 부분은 그저 무의미한 빈자리 메우기에 불과함을 알 수 있다. 그렇지만 필자는 예전에 고高에 보이는 위□의 구성 부분을 건축물의 지하창고로 여긴 적이 있었고, 또한 어떤 학자는 흥興에 보이는 구口의 구성 부분을 입으로 소리 내는 일과 연관을 짓기도 하였다. 그러나 이 모두 그다지 설득력이 없는 해석이라고 할 수 있다.

(다) 다음으로 자형 구조가 비슷한 글자들을 비교하며 그 공통된 의미 표현이나 차이점을 찾아봄

예를 들어, 〈도표 313〉에 보이는 왕王에 대해 《설문說文》에서는, "王은 천하가 의지하며 따라가는 바이다. 동중서董仲舒가 이르기를, '옛날에 문자를 만든 이가 삼三을 그리고는 그 가운데를 잇고서 그것을 일컬어 왕王이라고 하였다. 삼三이라는 것은 천天 · 지地 · 인人이다. 그리고 이 세 가지가 통하게 하는 사람이 왕王이다'라고 하였다. 공자孔子가 이르기를, '일一이 삼三을 꿰뚫은 것이 왕王이다'라고 하였다. 무릇 왕王의 속屬들은 모두 이 왕王을 따른다. 은 고문古文의 왕王이다"[687]라고 하였다. 갑골문에서 이 왕王은 자형이 무척 단순한 편이다. 그래서 일단 이 왕王은 앞의 〈도표 196〉에서 소개한 황皇의 자형이나 의미와 서로 비교해 볼 수 있다. 그런데 갑골문에서의 황皇이 공작새 깃털로 장식한 무도용의 아름다운 모자 모양이라는 것을 이해한다면( ), 이 왕王도 모자의 형태를 본뜬 것임을 짐작할 수 있다. 그것은 대규모적인 전쟁을 지휘하기 위해서는 지휘자가 커다란 모자를 썼을 때만이 부하들이 그 명령을 비교적 쉽사리 식별할 수 있기 때문이다. 그리고 왕은

---

687 (淸) 段玉裁注, 《說文解字注》, 第一卷, 第一篇注上, 〈王〉, 9쪽. 그 원문에 "王, 天下所歸往也. 董仲舒曰: 古之造文者, 三畫而連其中謂之王. 三者, 天地人也. 而參通之者王也. 孔子曰: 一貫三爲王. 凡王之屬皆从王. , 古文王"이라고 되어 있다.

도표 번호	상商나라의 갑골문甲骨文	주周나라의 금문金文	진秦나라의 소전小篆	한漢나라의 예서隷書	현대의 한자	글자의 창의創意
313	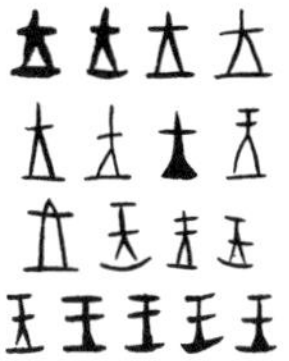	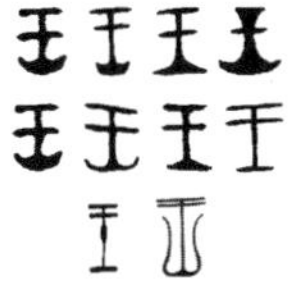	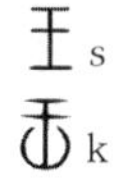		王	커다란 모자의 모습을 본뜨고 있다. 왕이 커다란 관冠을 쓰고 있어야 그 지휘가 부하 군사들에게 쉽게 눈에 띌 수 있기 때문이다.

항상 머리에 관冠을 쓰고 있는 사람이므로, 그 모습으로 그 지위의 명칭을 삼았다. 이것은 마치 천자天子가 타는 수레라는 의미의 '승여乘輿'가 나중에 황제皇帝의 별칭으로 된 것과 같은 이치이다.

그리고 앞의 〈도표 209〉에서 소개한 것처럼, 갑골문에서 매(薶, 埋)는 구덩이 속에 소, 양, 돼지, 개 등이 있는 모습을 본뜨고 있다(). 대체로 이 네 가지 동물은 모두 집에서 기르던 가축이었지만, 당시에는 이 가축을 제사를 지내는 제물祭物로 쓰기도 하였다. 그런데 만약 이 동물 중에서 동물 부분의 자형이 사슴이나 외뿔들소인 시(豕, 兕)로 바뀌었다면, 그것은 곧 앞의 〈도표 208〉에서 소개한 것처럼 정(阱, 穽, 汬)이 되어 버린다(). 그것은 이 동물들이 함정을 파서 포획하는 대상이 되기 때문이다.

앞의 〈도표 248〉에서 소개한 년(秊, 年), 《설문說文》에서 "는 몸을 굽혀 따르는 것이다. 녀女를 따르고, 화禾는 성부聲符이다"[688]라고 한 위委, 그리고 앞의 〈도표 249〉에서 소개한 계季 등도 그 한 예로 들 수 있다. 이 세 글자의 자형 구성은 모두 화禾 아래 한 사람이 서 있는 모습을 본뜨고 있다. 그런데 자형 변천의 규칙성에서 구성 부분 대체규칙代替規則에 의하면, 아마도 이 년(秊, 年), 위委, 계季는 모두 동일한 한 글자의 세 가지 이체異體일 수 있다. 그렇지만 현재는 이 글자들의 의미가 서로 다르게 사용되고 있으므로, 그 원래의 창의에 대해 한번 살펴볼 필요가 있다. 그래서 그 창의를 추리해 보면, 우선 년(秊, 年)은 한 남자 성인이 이미 수확한 농작물을 옮기고 있는 모습으로 자형을 취했음을 알 수 있는데(), 자의字義가 인신引申되어 연도年度라는 의미를 나타내고 있다. 그런데 위委는 한 여성이 이미 수확한 농작물을 옮기는 모습으로 자형을 취하고 있는데, 여성의 체력이 그 무게를

688 (淸) 段玉裁注, 《說文解字注》, 第二十四卷, 第十二篇注下, 〈委〉, 625쪽. 그 원문에 ", 委隨也. 从女, 禾聲"이라고 되어 있다. 그런데 이 위委는 상고음上古音에서 미부微部에 속하였고, 성부聲符인 화禾는 상고음에서 가부歌部에 속하였다. 따라서 이 위委와 화禾는 상고음에서 서로 동일한 큰 부류에 속하지 않았다.

감당하지 못한다는 의미를 표현하고 있다. 그리고 계季는 한 어린아이가 이미 수확한 농작물을 옮기는 모습으로 자형을 취하고 있는데( ), 이 어린아이는 날씨가 급변하여 서둘러 농작물을 거두어들여야 할 경우에나 가장 마지막으로 동원하는 일꾼이므로 서열에서 최후의 위치를 의미하고 있다.

그 밖에도 장葬에 대해《설문說文》에서는, "葬은 감추는 것이다. 사死를 따르고, 망茻 속에 있다. 일一이 그 중간에 있는데, 그것으로 시신 아래를 까는 것이다.《역경易經》에 이르기를, '옛날의 장례는 초목으로 시신을 두텁게 덮었다'라고 하였다. 망茻은 또한 성부聲符이다"[689]라고 하였는데, 이 장葬도 그 한 예가 될 수 있다. 갑골문에서 장葬의 자형에는 두 가지 형태가 있는데, 하나는 한 사람이 관 속의 침대 위에 누워 있는 모습을 본뜨고 있고( ), 다른 하나는 관 속에 침대 하나가 놓여 있는 모습을 본뜨고 있다( ). 그런데 이 두 가지 자형의 구성을 서로 비교해 보면, 이 장葬은 표의자表意字에 속하지 형성자形聲字로 구성되지 않았음을 알 수가 있다. 그리고 이 장葬의 창의創意는 관 속에 침대를 두는 일이 매장의 예의에 적합하다는 것에 중점을 둔 것이지, 이 침대가 또 다른 용도가 있음을 의미하는 것은 아니다.

(라) 자형을 이루는 모든 구성 부분을 합리적으로 해석해야 하고, 또한 전체 자형이 표현하고 있는 내용을 종합하는 일도 고대의 상황과 일치해야 함

이러한 조건에 부합하려면 고대의 사물에 대해 어느 정도 깊이 있는 이해가 있어야 한다. 예를 들어, 앞의 〈도표 259〉에서 소개한 것처럼, 갑골문에서 길吉은 그 최초의 자형이 하나의 구口에 어떤 물건이 담긴 모습을 본뜨고 있다( ). 그런데 예전부터 이 길吉에 대해 수많은 해석이 내려졌지만, 합리적인 견해는 하나도 없었다. 그래서 어떤 학자는 이 길吉이 화살촉이나 병기를 그릇에 담아두고 쓰지 않는 모습을 본뜨고 있다고 여겨, 전쟁을 하지 않아서 길하고 좋다는 의미를 표현하고 있다고 주장하였다. 그러나 이렇게 무기를 거두고 싸움을 그친다는 식의 생각은 상商나라에서는 아마도 있을 수 없는 일일 것이다. 또 어떤 학자는 이 길吉이 도끼 한 자루와 모루 하나를 본뜨고 있다고 주장하고 있지만, 어떻게 이것을 길하고 좋다는 의미와 서로 연관을 지을 수 있을까? 또 다른 학자는 이

689 (淸) 段玉裁注,《說文解字注》, 第二卷, 第一篇注下,〈葬〉, 48쪽. 그 원문에 "葬, 臧也. 从死, 在茻中. 一, 其中所目荐之. 易曰: 古者葬, 厚衣之以薪. 茻亦聲"이라고 되어 있다.

길吉이 구덩이 위에 세운 나무로 된 토템 기둥을 본뜨고 있다고 주장하고 있는데, 일반적으로 토템 기둥은 지위의 상징이고 또 그 가족의 내력을 기록한 것이었지, 길하고 좋다는 이 길吉의 본래 의미와는 그다지 관련이 없었다. 더욱이 이렇게 토템 기둥을 세우는 일은 중국인의 전통적인 풍습이 아니었다.

그래서 필자는 이 길吉을 금金과 관련이 있는 다른 글자들과 함께 비교하며 연구해 보았는데, 이것은 구리 용액을 이미 부은 거푸집의 모양을 본뜨고 있다고 생각하였다. 그것은 이 거푸집을 주조한 다음에 깊은 구덩이에 놓아두고 천천히 식히게 되면, 거푸집 속에 있는 구리와 주석의 분자가 규칙적인 배열을 하게 되어 매끄럽고 질이 좋은 주물을 얻을 수 있기 때문이었다. 그래서 여기서 좋다는 의미가 생겨났다고 여기게 되었다. 또한 이러한 해석은 구덩이 속에 있는 자형이 상나라 때 동銅을 주조하면서 거푸집의 안팎을 꼭 맞춰 놓은 형태와 서로 일치한다는 사실에서 뿐만 아니라, 상나라 때 동을 주조하던 유적지의 주위에서 고고학적으로 거푸집의 파편이 있는 깊은 구덩이가 자주 발굴되는 현상과도 서로 부합한다. 그리고 이처럼 거푸집을 서서히 냉각시키면서 금속 표면에 세밀한 밀도가 형성되도록 하는 일도 풍부한 야금술의 경험에서 왔다고 말할 수 있다. 그런데 이러한 필자의 견해를 다른 학자들의 견해와 서로 비교해 봤을 때, 필자의 이 해석이 가장 타당하다고 생각된다. 따라서 만약 상나라에 대한 고고학 지식이나 야금술에 대한 이해가 부족하다면, 아마도 이 길吉의 창의를 이해하는 일이 그다지 쉽지는 않을 것이다.

그리고 다른 예를 들어 보면, 앞의 〈도표 148〉에서 소개한 방(㫄, 雱, 旁)에 대해서 어떤 학자는 형성자形聲字라고 주장하기도 한다. 그런데 사실 이 방(㫄, 雱, 旁)은 갑골문에서 쟁기날 위에 설치한 볏의 모습을 본뜨고 있다(). 일반적으로 쟁기에는 곧은 날과 굽은 날의 두 가지 형태가 있는데, 여기에 부착한 볏을 이용해 갈아엎은 흙을 한번에 양옆으로 밀어내게 되면 땅을 간 후 이 흙을 다시 양옆으로 밀어내는 번거로운 작업을 줄일 수가 있다. 그래서 이것은 끄는 식의 쟁기에서 꼭 필요한 장치이자, 또한 간접적으로는 상나라 때 이미 우경牛耕 기술이 있었음을 증명하고 있다. 따라서 이와 같이 고대의 농업 기술에 대한 이해는 이 방(㫄, 雱, 旁)의 창의를 탐색하는 데 많은 도움이 된다.

그리고 창의에 대해 연구할 때 글자의 형태만 보고 뜻을 억지로 갖다 붙이는 일은 절대로 금기이다. 예전에 필자는 어떤 학자가 애愛를 설명하는 것을 봤는데, 단지 현재에 통용되고 있는 해서체楷書體와 예서체隸書體에만 의거하여 이 애愛를 풀이하고 있었다. 그런데 그 학자는 이 애愛가 원래는 형성자였고 또한 자형이 이미 잘못 변화되어 버렸다는 사실을 모른 채, 한 손으로 심心을 다른 한 사람의 손에 바치는 모습을 본뜨고 있다고 계속 주장하였다.

그리고 또 어떤 학자는 앞의 〈도표 199〉에서 소개한 식食에 대해서, 이 식食의 자형은 인人과 량良의 두 구성 부분으로 이루어져 있다고 분석하였다. 그래서 한 사람의 신체 상황이 양호할 때만이 밥을 잘 먹을 수 있으므로, 여기서 음식이라는 의미가 생겨났다고 주장하였다. 그러나 이러한 견해는 이 식食이 원래는 뚜껑이 씌워진 음식을 담는 그릇의 모양을 본뜨고 있다는 사실을 제대로 알지 못했기 때문이다().

그래서 위에서 언급한 내용을 다시 정리해서 말하자면, 어느 한 글자의 창의를 연구하는 일은 그 글자가 초기 형태의 자형일수록 원래의 창의에 더욱 가까우므로 가능하다면 초기의 자형을 찾아내야 한다는 것이다. 또한 그런 다음에 그 자형을 이루고 있는 모든 구성 부분에 대한 분석과 그 글자의 사용 의미를 함께 참고하고, 더욱이 고대의 상황에 적합한 조건을 추론하여 이 모든 조건에 부합하는 합리적인 한 해석을 내려야 한다는 것이다. 그렇지만 만일 글자의 어느 한 구성 부분이라도 제대로 합리적인 해석을 내리지 못한다면, 그 글자의 창의 해석은 올바른 풀이가 되지 못할 것이다.

예를 들어, 앞의 〈도표 120〉에서 소개한 것처럼, 갑골문에서 공攻은 손에 막대기와 비슷한 종류의 굽은 자루 모양을 한 악기 채를 들고 아래쪽에 작은 세 점이 있는 공工 모양의 한 물체를 두드리는 모습을 본뜨고 있다(). 그런데 만약 이 공攻을 단순히 형성자라고만 여겨 버리면, 아래쪽에 있는 작은 세 점의 의미는 해석하기가 어려워진다. 개인적으로 필자는 이 공攻이 최초의 길다란 석경石磬을 깎으면서 음정을 맞추는 작업을 하고 있는 모습을 표현하는 것이라고 여기고 있다. 그래서 아래에 있는 작은 세 점은 깎아 낸 돌가루의 모양이고, 이것은 석경의 음정을 맞추기 위한 필수적인 한 과정이다. 더구나 이 공攻은 이렇게 석경의 음정을 맞추는 경우에 하나의 석경만 매달아 놓은 모습을 표현하고 있는데, 이것은 여러 편의 석경을 매달아 놓고 연주한다는 의미를 표현하는 경(磬, 殸, 硜)과는 석경을 걸어 두는 방식에서 서로 조금 다르다. 또한 그 외에도 음정을 맞추는 일은 음질을 개선하고 음의 높낮이를 확정하는 것이기 때문에, 이 공攻에는 더 나은 효과를 이룸을 기대한다는 파생의 의미도 생겨나게 되었다.

그렇지만 문자의 변천 과정에서 보면, 이처럼 중요한 의미가 있는 몇 개의 점들은 전체 글자의 자획을 획일화하기가 어려워 대체로 생략되곤 하였다. 예를 들어, 앞의 〈도표 189〉

도표 번호	상商나라의 갑골문甲骨文	주周나라의 금문金文	진秦나라의 소전小篆	한漢나라의 예서隸書	현대의 한자	글자의 창의創意
314			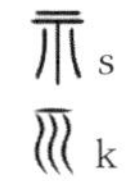		示	혈친의 신령이 깃들어 있는 위패의 모양을 본뜨고 있다.

에서 소개한 것처럼, 갑골문에서 전(歬, 前)은 그릇 안에서 발을 씻는 모습을 본뜨고 있었다. 그런데 나중에 물방울을 대표하던 작은 점들은 생략되어 버렸다. 그러나 이와는 반대로 원래 점이 없었던 글자들은 그 의미를 더 정확하게 나타내기 위하여 나중에 점들을 다시 덧붙인 경우도 있다. 예를 들어, 앞의 〈도표 307〉에서 소개한 것처럼, 갑골문에서 유攸는 원래 손에 막대기를 들고 한 사람의 등 부위를 때리는 모습을 본뜨고 있었는데(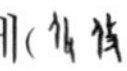), 나중에 여기에 작은 세 점을 덧붙여 핏자국을 표현하고 있다().

그런데 이처럼 나중에 덧붙여진 점들의 일반적인 배열은 규칙적으로 나름의 균형을 맞춘 것이었다. 예를 들어, 〈도표 314〉에 보이는 시示에 대해 《설문說文》에서는, "示는 하늘이 형상을 드리워 길흉吉凶을 나타내며, 이것으로 사람에게 보여 주는 것이다. 상(二, 上)을 따른다. 세 가지 드리운 것은 일日, 월月, 성星이다. 천문天文을 보면서, 이것으로 때의 변화를 살핀다. 시示는 신神의 일이다. 무릇 시示의 속屬들은 모두 이 시示를 따른다. 𥘅는 고문古文의 시示이다"[690]라고 하였다. 갑골문에서 이 시示는 처음에 하나의 짧은 가로획 아래에 하나의 곧은 세로획이 있었다. 이것은 앞의 〈도표 224〉에서 소개한 것처럼, 갑골문에서 하나의 시示가 사당 안에 있는 모습을 본뜬 종宗을 통해, 이 시示가 동족同族의 사람이 한 사당에서 함께 참배를 올리는 대상인 조상의 위패임을 알 수 있다(). 그런데 이 시示의 자형 변천은 먼저 가로획 위에 또 하나의 조금 짧은 가로획을 덧붙였고, 다시 나중에는 곧은 세로획의 양옆에 각각 작은 한 점씩을 덧붙여 무의미한 빈자리 메우기를 하였다.

그러나 이와는 달리 공攻에 보이는 불규칙적인 작은 세 점은 원래의 초기 자형부터 있어 왔던 의미 있는 자형의 구성 부분이기 때문에, 이 공攻은 표의자表意字의 구조이지 형성자는

690 (淸) 段玉裁注,《說文解字注》, 第一卷, 第一篇注上,〈示〉, 2쪽. 그 원문에 "示, 天𠂹象, 見吉凶, 所㠯示人也. 从二. 三𠂹, 日月星也. 觀乎天文, 㠯察時變. 示, 神事也. 凡示之屬皆从示. 𥘅, 古文示"라고 되어 있다.

아니다. 만약 이러한 자세를 견지하며 고문자의 창의에 대해 해석을 내려간다면, 수많은 착오와 억측을 상당히 감소시킬 수 있게 된다.

그리고 한 글자의 창의를 연구하는 데는 일정한 순서가 있다. 먼저 자형의 구조를 분석하고, 다음으로 형성자인지의 여부를 판단한다. 그런데 만일 표의자 유형의 글자라면, 그 글자의 자형 구조와 사용 의의 사이의 연관성을 연구한다.

그래서 앞의 〈도표 2〉에서 소개한 문자文字의 자字를 그 예로 들어 보면, 이 자字의 구조는 하나의 집과 한 어린아이의 형태로 구성되어 있다. 따라서 이 자字는 당연히 표의자의 유형에 속한다(字). 그렇지만 만약 이 자字가 형성자에 속한다면, 우리가 특별히 따로 연구할 의미가 없어진다. 그런데 이 자字의 의미는 건축물의 종류와는 그다지 관련이 없으므로, 집을 뜻하는 면宀을 따르는 형성자라고 보기는 어렵다. 또한 자子도 성부聲符라고 보기 힘들 뿐만 아니라, 이 자子는 상고음上古音에서 자字의 성모聲母와 운모韻母와도 상당한 차이가 있었다. 따라서 이 자字는 면宀이나 자子를 따르는 형성자라고 보기는 어렵기 때문에, 당연히 표의자에 속하게 된다. 더욱이 이 자字의 중심적인 의미는 고대에 아이의 이름을 짓는 일과 주로 관련이 있었고, 문자라는 의미는 후대에 자의字義가 확장되면서 생겨난 것이었다. 따라서 이 자字는 집의 의미와도 전혀 관련이 없었다.

그런데 고대에는 국내외를 막론하고 모두 아이에게 이름을 지어 주는 의식이 있었는데, 일반적으로 아이가 태어나서 생존할 수 있음을 확인한 후에야 조상에게 인사드리고 가족의 한 구성원으로 인정하였다. 그렇지만 그 기간이 몇 년이나 걸릴 수도 있었는데, 중국에서는 대체로 아이가 태어나고 나서 석 달이었다. 그런데 만약 이 자字가 어린아이의 일과 관련이 있고 또한 건축물과도 관련이 있다고 한다면, 그것은 아마도 조상을 모신 사당 안에서 어린아이를 바치며 조상에게 새로운 가족의 한 구성원으로서의 아이 이름을 아뢰는 의식을 표현하고 있을 것이다. 이러한 고찰은 이 자字의 자형 구조와도 서로 부합될 뿐만 아니라 고대의 풍습과도 크게 어긋나지 않는다. 따라서 이러한 견해는 합리적이면서도 수용할 수 있는 해석으로 볼 수 있다.

그리고 또 다른 예를 들어 보면, 유柔에 대해 《설문說文》에서는, "柔는 나무가 굽거나 곧거나 하는 것이다. 목木을 따르고, 모矛는 성부聲符이다"[691]라고 하였다. 그런데 상고음上古音에서 이 유柔의 성모聲母는 일모日母였고 설음舌音에 속하였으며, 모矛의 성모聲母는 명모明母

였고 순음脣音에 속하였다. 따라서 이 유柔와 모矛는 그 성모가 서로 다른 두 가지 큰 유형에 속하였다. 그런데 이처럼 성모가 서로 다른 유형에 속하는 형성자군形聲字群에 대해서는 특별히 더 주의를 기울일 필요가 있는데, 그것은 그 글자의 구성 부분에 자형이 잘못 변화된 현상이 있었는지를 살펴보든지, 아니면 그 글자의 창의가 표의자表意字의 방식으로 된 것은 아니었는지를 먼저 연구해야 한다.

그런데 일반적으로 어떤 나무를 불에 살짝 굽는 방식으로 구부리거나 휘게 할 수는 있지만, 유연성은 결코 나무가 가진 특질이라고는 볼 수 없다. 옛날 사람들이 사용한 여러 소재들 중에서 반드시 유연하게 할 필요가 있는 물체의 첫 번째가 바로 가죽이었다. 그래서 옛날 사람들은 추상적인 의미를 만들어 낼 적에 대체로 이미 잘 알고 있는 물체를 빌려 그것을 표현하곤 하였다. 예를 들어, 앞의 〈도표 243〉에서 소개한 후(厚, 垕, 𠂤, 𡕒)는 동기銅器를 주조하는 도가니의 모양을 빌리고 있고, 〈도표 274〉에서 소개한 심(罙, 深)은 광산鑛山 구덩이의 모양을 빌리고 있으며, 〈도표 179〉에서 소개한 복(复, 复)은 공기펌프 주머니의 모양을 빌리고 있고, 〈도표 24〉에서 소개한 천薦과 〈도표 295〉에서 소개한 심(㝷, 尋)은 돗자리의 모양을 빌리고 있으며, 〈도표 150〉에서 소개한 질疾과 〈도표 283〉에서 소개한 몽(夢, 夢)은 병상病床의 모양을 빌리고 있고, 〈도표 267〉에서 소개한 린(粦, 粦, 獜, 燐)과 〈도표 212〉에서 소개한 매(彪, 魅)는 무당이 분장한 모습을 빌리고 있다. 따라서 만약 부드러움의 의미를 표현하고자 했다면, 가죽이 바로 가장 좋은 차용 소재가 되었을 것이다.

그래서 연(㚆, 瓀)에 대해서《설문說文》에서는, "㚆은 가죽을 부드럽게 하는 것이다. 시尸와 우又를 따른다. 우又는 시尸의 뒤쪽을 펴는 것이다"[692]라고 하였다. 이 연(㚆, 瓀)은 의심할 필요도 없이 손에 한 조각의 부드러운 가죽을 들고 있는 모습을 본뜨고 있다. 그래서 유柔의 원래 자형을 추측해 본다면, 틀림없이 이 연(㚆, 瓀)이 목木 위에 있는 형태로 구성되어 있었을 것이다. 따라서 이 유柔는 아마도 손에 가죽을 들고 나무 말뚝에서 반복적으로 팽팽히 당기면서 딱딱한 가죽을 부드럽게 하는 제작 공정의 모습을 표현하고 있을 것이다. 그런데 이러한 방법은 고대에 가죽을 부드럽게 하기 위하여 일반적으로 사용하던 기술이었다.

691 (淸) 段玉裁注,《說文解字注》, 第十一卷, 第六篇注上,〈柔〉, 254쪽. 그 원문에 "柔, 木曲直也. 從木, 矛聲"이라고 되어 있다. 그런데 이 유柔와 성부聲符인 모矛는 상고음上古音에서 동일하게 유부幽部에 속하였다.

692 (淸) 段玉裁注,《說文解字注》, 第十五卷, 第八篇注上,〈㚆〉, 404쪽. 그 원문에 "㚆, 柔皮也. 从尸又. 又, 申尸之後也"라고 되어 있다.

그렇지만 만약 전국시대부터 한漢나라에 이르는 기간 중에 나타나는 유柔의 몇 가지 자형을 살펴본다면, 아마도 연(囗, 耎)은 가죽을 만드는 장인이 주로 사용하던 글자이었지 일반인에게는 거의 쓰이지 않았을 것이다( ). 그러다 보니 목木 위에 있는 연(囗, 耎)의 자형을 제대로 인식하지 못하였고, 또 이 연(囗, 耎)을 모(矛:)의 형태로 오인하기까지 되었다. 그래서 마침내 이 자형이 유柔로 잘못 쓰이게 되었음을 쉽게 짐작할 수 있다.

그리고 시간을 표현하는 부사副詞로 쓰이는, 앞의 〈도표 64〉에서 소개한 신晨을 다시 예로 들어 보면, 갑골문에서 이 신晨은 두 손에 조개껍질로 만든 농기구를 들고 있는 모습을 본뜨고 있다( ). 그런데 만일 이 신晨이 형성자라면, 진辰은 성부聲符이고 국臼은 형부形符가 된다. 그러나 두 손의 동작을 표현하는 국臼은 시간의 의미와는 아무런 관련이 없기 때문에, 이 국臼이 의미를 나타내는 형부形符가 될 가능성은 비교적 적은 편이다. 그렇다면 이 신晨에서 비교적 합당한 창의의 해석은 어떤 것일까?

아마도 그것은 앞의 〈도표 60〉에서 소개한 욕蓐에서 살펴볼 수 있을 텐데, 이 욕蓐에 보이는 풀을 베는 방식은 한 손으로 진辰의 아래쪽 끝을 쥐고 있다( ). 그래서 이러한 모습은 풀을 베는 정확한 동작이라고 말할 수 있다. 따라서 두 손을 모두 사용하는 이 신晨이 표현하고자 하는 중점은 풀을 베는 일에 있지 않음을 알 수가 있다.[693] 그 외에도 다른 글자의 창의를 관찰해 봤을 때, 두 손이 모두 위쪽에 있는 것은 아래로 찧거나 부딪치는 모습을 표현할 수 있다. 그래서 그 예로 앞의 〈도표 310〉에서 소개한 진秦을 들 수 있다( ). 그뿐만 아니라 〈도표 67〉에서 소개한 구具에서처럼, 위로 끌어올린다는 의미가 될 수도 있다( ).

그래서 신晨의 자형에 보이는 진辰의 구성 부분 위에 있는 두 손이 만약 아래로 움직이는 동작을 표현하고 있다면, 그것은 아마도 땅을 파는 모습을 표현하고 있을 것이다. 그런데 이처럼 땅을 파는 일은 매일같이 해야 할 농사일은 아니다. 그렇지만 이 두 손이 만약 위로 무엇인가를 끌어올린다는 의미를 표현하고 있다면, 그것은 농기구를 챙겨서 일하러 가기 위해서이다. 이것은 농민이라면 누구나 이른 아침마다 반드시 해야 하는 일이다. 그래서 이러한 상황으로 아침이라는 의미를 표현하는 것은 비교적 합리적인 해석이라고 할 수 있다. 따라서 이와 같은 분석을 통해서만이 옛사람이 이 신晨을 만들어 냈을 때의 진정한 구상을 비교적 제대로 파악할 수가 있다.

693 일반적으로 풀을 벨 때는 한 손으로 낫의 아랫부분을 잡는다. 그러나 땅을 팔 적에는 양손을 사용하면 힘이 더욱 들어가고 또 동작도 위에서 아래로 움직이게 되므로, 주로 농기구의 위쪽을 잡는다.(원저자 주)

그리고 또 다른 예를 들어 보면, 앞의 〈도표 266〉에서 소개한 미(微, 𢼸)의 자원字源은 미(𢼸, 微)이다(𢼸). 이 미(𢼸, 微)에 대해《설문說文》의 해석에서는, "𢼸 는 작은 것이다. 인人과 복攴을 따르고, 기豈의 생략형이 성부聲符이다"[694]라고 하였다. 그런데 갑골문에서 이 미(𢼸, 微)는 손에 날카로운 도구를 들고 노인을 타살하는 모습을 분명히 본뜨고 있다. 그리고 일반적으로 성부聲符의 구조는 독자적으로 한 형태를 이루기 마련인데, 허신許愼은 이 미(𢼸, 微)에서 기豈의 생략형이 성부聲符라고 해석하고 있다. 그런데 이 미(𢼸, 微)의 자형에서 머리카락 부분인 산山은 사람의 머리와 서로 하나로 연결되어 있는데, 어떻게 이 머리카락 부분만을 따로 떼어 내어 성부로 쓰인다고 볼 수 있단 말인가? 그래서 더욱 섬세한 고찰이 필요한 것이다.

그런데 단옥재段玉裁가 이 부분에 대해서 아주 흥미로운 주注를 달았는데, 그는 "묘眇는 각 판본에 묘妙라고 하였는데, 지금 바로잡는다. 무릇 옛날에 미묘𢼸眇라고 말한 것은 곧 지금의 미묘微妙이다. 묘眇라는 것은 작은 것이다. 인신引申되어 무릇 가는 것의 통칭通稱이 되었다"[695]라고 하였다. 그렇지만 몽둥이로 노인을 타살한다는 의미에서 미세하다는 뜻을 유추해 내기는 실로 상당히 어려운 일이다. 그런데 이 묘眇의 의미에 대해《설문說文》에서는, "眇 는 작은 눈이다. 목目과 소少를 따른다"[696]라고 하였다. 그래서 우리는 이 묘眇의 의미로 미(𢼸, 微)의 창의創意와 연관을 맺을 수가 있다.

그와 더불어 우리가 앞에서도 이미 언급했지만,《설문說文》의 문자 배열 순서에는 일정한 규칙이 있어서 자의字義가 서로 비슷한 글자끼리는 항상 함께 배열시켜 놓았다. 그래서《설문해자說文解字》제4편의 상上에 있는 목부目部의 문자 배열 순서를 살펴보면, 먼저 몽矇에 대해《설문說文》에서는, "矇은 눈동자가 허옇게 덮여 있는 것이다. 목目을 따르고, 몽蒙은 성부聲符이다. 일설一說에는 밝지 않은 것이라고도 한다"[697]라고 하였다. 그 다음은 문자의 배열 순서에 따라 묘眇가 되는데, 이 묘眇에 대해《설문說文》에서는, "眇는 작은 눈이다.

---

694 (淸) 段玉裁注,《說文解字注》, 第十五卷, 第八篇注上,〈𢼸〉, 378쪽. 그 원문에 "𢼸, 眇也. 从人, 从攴, 豈省聲"이라고 되어 있다.

695 (淸) 段玉裁注,《說文解字注》, 第十五卷, 第八篇注上,〈𢼸〉, 378쪽. 그 단옥재段玉裁의 주注에 "眇, 各本作妙, 今正. 凡古言𢼸眇者, 卽今之微妙字. 眇者, 小也. 引伸爲凡細之偁"이라고 되어 있다.

696 (淸) 段玉裁注,《說文解字注》, 第七卷, 第四篇注上,〈眇〉, 136쪽. 그 원문에 "眇, 小目也. 从目少"라고 되어 있다.

697 (淸) 段玉裁注,《說文解字注》, 第七卷, 第四篇注上,〈矇〉, 136쪽. 그 원문에 "矇, 童蒙也. 从目, 蒙聲. 一曰: 不明也"라고 되어 있다.

목目과 소少를 따른다"[698]라고 하였고, 면眄에 대해《설문說文》에서는, "眄은 눈이 한쪽으로 모이는 것이다. 목目을 따르고, 면丏은 성부聲符이다. 일설一說에는 곁눈질하는 것이라고도 한다. 진秦나라 말이다"[699]라고 하였으며, 맹盲에 대해《설문說文》에서는, "盲은 눈에 눈동자가 없는 것이다. 목目을 따르고, 망亾은 성부聲符이다"[700]라고 하였고, 감瞰에 대해《설문說文》에서는, "瞰은 눈이 움푹 들어간 것이다. 목目을 따르고, 함咸은 성부聲符이다"[701]라고 하였으며, 고瞽에 대해서《설문說文》에서는, "瞽는 눈이 단지 자국만 있는 것이다. 목目을 따르고, 고(鼓, 鼓)는 성부聲符이다"[702]라고 하였고, 수(瞍, 瞍)에 대해《설문說文》에서는, "瞍는 눈알이 없는 것이다. 목目을 따르고, 수叜는 성부聲符이다"[703]라고 하였다. 이 글자들은 모두 눈이 멀었거나 시력이 좋지 않다는 뜻과 관련이 있는데, 그렇다면 묘眇의 의미도 마찬가지로 눈이 나쁜 일과 관련이 있게 된다.

아주 오랜 옛날에는 생산력이 낙후되어 생활이 무척 곤란해 노인을 타살하여 생활의 부담을 줄이려는 행위가 항상 있었다. 그래서 이러한 행위가 결국 피를 흘려 영혼을 밖으로 내보내 빠른 시일 내에 다시 환생하여 새로이 사람 노릇을 하도록 바라는 원시적인 신앙을 낳게 되었다. 그리고 타살의 대상은 항상 쇠약하고 병이 있어 자기 자신을 돌보기 어려운 노인이었다. 더구나 고대의 환경에서 노인은 쉽게 눈이 멀었기 때문에, 아마도 노인을 타살하는 것으로 쇠약하고 병이 있다거나 심지어 눈이 먼 노인의 의미까지 표현하게 되었을 것이다. 그런데 이러한 타살의 행위는 아무도 몰래 거행되었기 때문에, 미(散, 微)에는 은밀히 행한다는 인신引申의 의미도 더불어 생겨나게 되었다. 또한 타살을 당하는 사람이 모두 늙고 병약한 사람이었으므로, 이 미(散, 微)에는 미약하다거나 미세하다 등의 확장된

---

698 (清) 段玉裁注,《說文解字注》, 第七卷, 第四篇注上,〈眇〉, 136쪽. 그 원문에 "眇, 小目也. 从目少"라고 되어 있다.

699 (清) 段玉裁注,《說文解字注》, 第七卷, 第四篇注上,〈眄〉, 136쪽. 그 원문에 "眄, 目徧合也. 从目, 丏聲. 一曰: 衺視也. 秦語"라고 되어 있다.

700 (清) 段玉裁注,《說文解字注》, 第七卷, 第四篇注上,〈盲〉, 136쪽. 그 원문에 "盲, 目無牟子也. 从目, 亾聲"이라고 되어 있다.

701 (清) 段玉裁注,《說文解字注》, 第七卷, 第四篇注上,〈瞰〉, 136쪽. 그 원문에 "瞰, 目陷也. 从目, 咸聲"이라고 되어 있다.

702 (清) 段玉裁注,《說文解字注》, 第七卷, 第四篇注上,〈瞽〉, 136-137쪽. 그 원문에 "瞽, 目但有朕也. 从目, 鼓聲"이라고 되어 있다.

703 (清) 段玉裁注,《說文解字注》, 第七卷, 第四篇注上,〈瞍〉, 137쪽. 그 원문에 "瞍, 無目也. 从目, 叜聲"이라고 되어 있다.

자의字義도 지니고 있다. 따라서 이러한 분석을 통하여 이 미(𢼸, 微)를 형성자로 보는 것보다는 필자의 이러한 해석이 자형이라든지 자의字義에 훨씬 더 부합함을 알 수 있다.

부록 4 : 중국 고문자에서 상용되는 형성자근形聲字根[704]

(가) 지직증之職蒸 : -əɤ, -ək, -əng

乃(孕)又(友尤囿)力丌才久(羞誘)弋士巳(攺改)己子(字)弓之巛(災灾)牛止(齒)矢仄(昃)升厷(肱弘)不艮仌(冰)北丘司以(能)市史(吏事)母(每)而亥灰再耳伏色丞承亙戒弁(朕)里(埋狸)匠(姬)克采毒甾來其畁刵佩亟或(聝馘)怪朋牧夌(陵)肎(肯)凭直(德)則思昱某負食畐革苟再叟羿宰茲息乘(乘)陟啚得婦匿拯(嫠)葡(備)麥敕黑啻絲棘喜郵異皕(奭齎)陾曾登求(裘)戠嗇意登(弇)竦矤(疑)臺熊兢(競)琊徵辭辭瞢(夢)興醫黽蠅雁(鷹)

(나) 어탁양魚鐸陽 : -aɤ, -ak, -ang

凵(去)匚九女(如奴)于(雩華)下土夕丈乇(亳)亡(良喪長)上巴夫父甫牙及互午毋亢丮戶五尺予(野)王(生皇)卬方(旁)爿(將倉牂臧)办(創)宁白(百)巨処乍乎兄古石(蠹橐)永且(俎)疋(梳楚)皿(盈盟盟)丙(更)央而羽瓜各匠亦兆屰(逆)羊(養羌)网向(尚)行(衡)光呂虍(虎鑪)豦癸巫步疌吳赤(赦)車谷兵囧冶杏网(兩)皀(卿)雨黍者苿初股武舍(余敘)炙居昔(耤)秉明亯(享)昌庚(唐)京(黥劓)並禹亞叚(豭家)香若(叒)兔相易馬卸(御

---

704 이 '중국 고문자에서 상용되는 형성자근形聲字根'은 주로 형성자가 아닌 표의자表意字를 중심으로 살펴본 것인데, 괄호 안에 있는 한자는 나중에 자형이 변천되었거나 혹은 오인되어 형성자로 된 글자들이다. 그리고 이 내용은 필자의《고문자 형성자근(古文諧聲字根)》(臺灣: 臺灣商務印書館, 1995년)에서 발췌한 것이다(원저자 주). 그런데 이 형성자근形聲字根의 분류는 원저자가 주로 주법고周法高의《한자 고금음휘漢字古今音彙》에 보이는 선진고음先秦古音을 참고하여 정리한 내용이다. 그러나 이와는 달리 왕력王力은 상고음上古音의 운부韻部를 모두 11개의 큰 부류部類와 30개의 작은 부部로 나누어 설명하고 있다. 그래서 제1류에는 지부(之部: -ə), 직부(職部: -ək), 증부(蒸部: -əŋ)가 속하고, 제2류에는 유부(幽部: -əu), 각부(覺部: -əuk), 동부(冬部: -uŋ)가 속하며, 제3류에는 소부(宵部: -au), 약부(藥部: -auk)가 속하고, 제4류에는 후부(侯部: -o), 옥부(屋部: -ok), 동부(東部: -oŋ)가 속하며, 제5류에는 어부(魚部: -a), 탁부(鐸部: -ak), 양부(陽部: -aŋ)가 속하고, 제6류에는 지부(支部: -e), 석부(錫部: -ek), 경부(耕部: -eŋ)가 속하며, 제7류에는 가부(歌部: -ai), 월부(月部: -at), 원부(元部: -an)가 속하고, 제8류에는 지부(脂部: -ei), 질부(質部: -et), 진부(眞部: -en)가 속하며, 제9류에는 미부(微部: -əi), 물부(物部: -ət), 문부(文部: -ən)가 속하고, 제10류에는 즙부(緝部: -əp), 침부(侵部: -əm)가 속하며, 그리고 마지막으로 제11류에는 엽부(葉部: -ap), 담부(談部: -am)가 속한다고 보았다.

馭)亮庫夏旅烏(於)眀(畀瞿)素㝃索隻躲(射)舁(輿與与)嵒畕(疊)桑㳻席魚(魯漁穌)圉庶鹵莫竟章商爽朢(壄)𩫏(郭)斝強普𤓰𢍲舄彭象量戟黃壺奭黽亞(斝)鼓莽鼠睪赫蒦圖詁虢寡慶橆(舞䍢)靃(霍)嬰(襄)叡(壑壡)鬻(鬻鬻羹)矍蠱鸁

(다) 지석경支錫耕: -eɤ, -ek, -en

乀(氏也)厂丁(成盛)冂(同鼏)冖(冟冥)彳兮井(阱)支壬(呈聖聽廷)只令冊疒𡰪(軛)正平厄生(星)此企朿(帝)圭𠂢糸并名芈启(啟)系(奚)役医家佞豸巠狄甹甹(寍寧)兒知易爭幸炅析青卑是弭臭盈省益彖秝(歷)鬲耿脊徙規頃斯買畫奠晶罟解敬辟嬖闢鼎鷹鳴覞毄熒(褮)賏敻磬(殸)霝贏鬶䩛嶲醯麗繼(㡭)轟

(라) 유중幽中: -əw, -əwk, -əwng

丂(考)勹(包勼雹匏)丩九(宄)冃(冒)爪𠦂丑(羞)叉手中六冗夲(皋)夰戊卯矛(柔)由(繇)冑幼目囚冬老宊(陸)早艸好(𡟰)牟舟臼州休丝(幽)缶(寶)守汓竹夙尗(叔戚)戎肉(育毓)充孝告(誥)牡孚(俘)牢百攸(條)酉(酒柳留)𢍏宋𦥑(學)肘秀卤夅(降)彤咎匋受匊阝(阜)帚臭周宗杳首保叟韭毒酋复采(穗)討舀(稻)臭流躳(宮)畜髟祝曹馗㲉(簋廏)埽(掃)脜彪翏宿茜鳥孰逐㐱(穆)臬報棗游就奥眾肅琱道悳麀農蒐牖嘼(獸)雔(讎)虣鼇蟲豐嬖疇鑄竃𤕭(秋)鬻𩁹

(마) 소약宵藥: -aw, -awk

了刀(召紹)小幺勺少毛爻(教)夭㚇(弢)𠂆号吊交㠯兆(䫌)休尿皃杲表卓要苗県垚(堯)虐笑高(鎬)庫(肇)料釗隺弱羔窅丵敖𡿺巢票畚梟雀盜勞喬朝焱尞焦(醮)喿敫翟翟㬥暴麃品樂龠爵鼂囂顥

(바) 후옥동侯屋東 : -əw, -əwk, -əwng

几(凫)殳卜口工(虹)亍廾(龏)斗孔公从丰(邦)凶兇木句主(丶)付用(甬)玉后戍朱(鼅蛛)肯(㱿)曲同共臾(曳)匧走豆足束秃谷角局弄囪(蔥)龙乳取录务具豖東(重)後奏侯(猴)俞玨禺敄屋壴(尌樹)封旱(厚)鬥冓芻辱(蓐)冢送哭茸容邕(雝雍饔)匆兜婁(樓)䍃扇寇晝鹿族舂區(驅毆)須粟菐(璞)竦彝蜀獄(嶽岳)需耆賣(續賡)龍雙叢

(사) 가歌 : -a

㔾(柯何)匕(化)𠂇(陸墮)叉乇箇(个)戈厄瓦它禾加皮多朵冎危敂那坐我沙吹妥果臥奇㚒(嘉)宜科差褰負离(離)麻惢為義瑞羸罷戲虧羅羈

(아) 제월원祭月元 : -ar, -at, -an

乞丿く乚(戉)巜乂(刈)厂大孑孓干(戟)屮山𠂤宀丸夬丯(絜害割)市曰月(跀趴)朮丹卝(闗)反元幻犬片介世匄外歺址(撥)厺犮(髮韍)末旦半毌覍叚㕣(沿兖)夗(智)伐乖昏叕安劣全奻亘幵(荆)舌辛(言)吅(雚)㫃(串患)弄(豢)吠芇寽叙卵折(哲嚞)貝(狽)兑(剟鋭)刪戌次別延(延)采(番)見肙華㝔㡀(敝)制㕜免(冕)叕戔侃㟪(辥孽)官扶(輦)叀(專鱔剸)肩肰殈拜(搮)砅剌(賴)苜(蔑)眍罡彖(喙)耑旻爰奐姦孨衍建奊便柬(蘭)泉穿冠面段看扁(編)前欮咅桀泰宦疐殺虔威臬(劓)般祘扇雋班原𠷎袁(還)帶敗埶(爇)祭彗(雪)禼設联冤㒼曼連旋䙴(遷)最毳㲋絕(䜌)寒㭊(散徹)雈單(彈鼉)莧𡕒焉楙桀間(澗)萬(蠆)閑𤦡善隉短筮羍裔會歲𠛬筭𦊆煩匙甏緐算睿叡罰奪辡漢(滅)㝵截(戳)徹緜廛衛熯(難)縣嬎鬳(獻)櫯(不)憲虤聯燕盥鮮彝贅竄斷䜌贊繭邃顯纔爨

(자) 미물문微物文 : -ər, -ət, -ən

乙文口(韋)去兀寸巾刃川旡(既)內气火勿屯允斤分云文(吝釁)巴卉(莽賁蕡)未(沫)出(朏)秫甶弗本圣自(帥歸)妃回耒衣虫戌由肙厶聿艮存先舛(舜)肙(殷)位孛(誖)希叟(沒)肉尾君辰(晨)困隶昏枚乖肥非委隹卒剘昏門(聞)昆奔侖困典屍(臀)叡(蔽)臾(蕢)豕威畏胃突胤盾(循)軍眉疢屍彪(魅彔)配飛盁退衰散豈崇骨鬼孫圂嫛(隱)員隼(雖)尉豚率敏堇乑奞豖開幾飧壼蚀筋焚尊綏罪皋壺熏對豩(燹)塵雷纍緜頪辜磊褱器冀奮毀薦糞羉穌纍鰥舜譽覼爂鬱(鬱)釁

(차) 지질진脂質眞: -er, -et, -en

一厶匕(旨牝)几二(次)八七人(千年)卩(即)尸夂卂(訊)廴比水勻日引匹尹天弟卟氏(衹)矢(疾雉彘)四示尒(爾)穴必(瑟)失(眣)㐱玄申(陳陣)田民夷伊西自死弜至吉米(麋)血因印旬囟舄臣(嚚)弟利(犁)抑辛身帣季妻戾皆眉(媚)美癸計頁亜信聿(津)隶盡吝(慎)秦師栗真丙晉甡桼肃悉閉戠戛淅喬犀遲寅惠替畢跮睿(濬)粦(鄰)進閏肆棄疐豊逸齊實賓履摯質壐桊齔彝瀕齾盭(盩)夔䜌贊

(카) 즙침緝侵 : -əp, -əm

入十马(函)及三彡(彤參尋)凡(鳳)亼帀廿先(蠶)冘(沈)心壬今(飲禽金琴)囚立犬羊(南)合众卅邑男㚣卒(執蟄)林沓亩耳侵(寢)音咸甚品(喦臨)罙(深)眔軜習集森朁覃暠㬎濕㲹宷(審)闟緁㲾籥疊嚞龖

(타) 엽담葉談: -ap, -am

凵广欠产(詹)乏冉甲(柙)甘(猒)聿占丙劦叶(協)劫夾耴叜夾炎妾法疌笺芰炎臽奄枼染弇臿盍㬎涉閃甜兼斬聑敢(嚴)業僉銜監(籃)巤曄曄燮(燮)龜聶

3. 우성설右聲說

전주轉注를 소개한 앞의 절에서도 이미 한 가지의 의견으로 살펴본 적이 있었듯이, 송宋나라의 정초鄭樵나 현대의 학자인 용우순龍宇純은 형성자形聲字의 성부聲符가 의미까지 함께 겸하고 있으면 그것을 전주라고 보았다. 그런데 형성자를 만드는 데에는 여러 가지 방법이 있다. 그래서 만약 자의字義의 확장인 인신引申의 의미에다 형부形符를 더하여 서로 다른 의미를 가지게 된 글자라면, 그 글자에서는 당연히 그 성부가 그 글자의 의미와 깊은 관련이 있게 된다. 그러나 만약 어느 글자에 인신引申의 의미가 많아 여기에 각각 서로 다른 형부形符를 더하게 되면, 곧 어느 한 성부聲符를 따르는 글자는 모두 어떤 일정한 의미를 가지게 된다는 느낌을 강하게 받게 된다.

예를 들어, 앞의 〈도표 182〉에서 소개했던 것처럼, 갑골문에서 구冓는 두 나무 부분이 서로 맞대고 있는 곳을 새끼로 묶은 모습을 본뜨고 있다. 그래서 이 구冓는 어떤 두 사물이 접촉하고 있는 상황을 표현하고 있다( ). 따라서 이 구冓는 주로 여러 가지 교제 상황을 표현하는 데 응용되었고, 나중에는 여기에 서로 다른 형부形符를 더해서 개별적인 의미의 차이를 나타내게 되었다. 예를 들어, 강講은 두 사람이 서로 이야기하는 것이고, 구媾는 남녀가 서로 사귀는 것이며, 구構는 집을 짓는 데 사용되는 목재를 가리키고, 구購는 쌍방의 교역을 나타내며, 구溝는 가로세로로 얽혀서 흐르는 배수로를 의미하고, 구遘는 두 사람이 길에서 서로 만남을 표현하고 있다. 이처럼 구冓의 몇 가지 예에서와 같이, 확실히 이런 몇몇 유형의 형성자의 성부聲符는 나름대로 일정한 의미를 지니고 있음을 알 수가 있다.

그리고 가끔 어떤 글자는 아주 이른 시기부터 이미 여러 가지 관련된 의미를 함께 겸하여 표현하는 때도 있어서, 어느 것이 그 글자의 본의本義인지 단정하기 어려운 경우가 있다.

예를 들어, 〈도표 315〉에 보이는 경卿에 대해서 《설문說文》에서는, "은 밝히는 사람이다. 《주례周禮》에 육경六卿이 있는데, 천관天官은 총재冢宰이고, 지관地官은 사도司徒이며, 춘관春官은 종백宗伯이고, 하관夏官은 사마司馬이며, 추관秋官은 사구司寇이고, 동관冬官은 사공司空이다. 경卯을 따르고, 향皀은 성부聲符이다"[705]라고 하였다. 갑골문에서 이 경卿은 두 사람이 서로 마주하고 꿇어앉아 밥을 먹고 있는 모습을 본뜨고 있다. 그래서 경사卿士라는

---

705 (清) 段玉裁注, 《說文解字注》, 第十六卷, 第九篇注上, 〈卿〉, 436-437쪽. 그 원문에 ", 章也. 六卿, 天官冢宰, 地官司徒, 春官宗伯, 夏官司馬, 秋官司寇, 冬官司空. 从卯, 皀聲"이라고 되어 있다. 그런데 이 경卿과 성부聲符인 향皀은 상고음上古音에서 동일하게 양부陽部에 속하였다.

도표 번호	상商나라의 갑골문甲骨文	주周나라의 금문金文	진秦나라의 소전小篆	한漢나라의 예서隸書	현대의 한자	글자의 창의創意
315	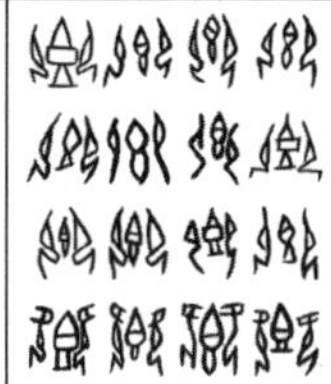	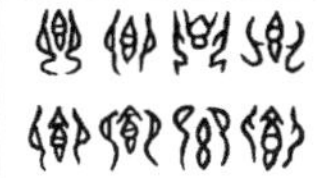	 s	卿 饗 嚮	卿 饗 嚮	경사卿士가 서로 마주하고 꿇어앉아 밥을 먹는 모습을 본뜨고 있다.
316	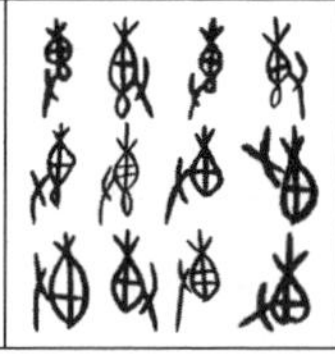	 [706]	 s	專	專	실을 이미 다 감은 물레를 손에 들고 있는 모습을 본뜨고 있다.

의미는 당연히 서로 마주하고 꿇어앉아 밥을 먹는 모습이 경사의 식사 예절이라는 뜻에서 왔을 것이다.

그러나 상나라의 갑골문 복사卜辭에서는 이 경卿이 대부분 서로 마주한다는 의미의 향嚮으로 사용되었는데, 이 향嚮에 대해서《광운廣韻》에서는, "향嚮은 향向과 통용된다"[707]라고 하였다. 또한 그 외에도 연회를 베푼다는 의미의 향饗으로도 사용되었는데, 이 향饗에 대해서《설문說文》에서는, "饗은 향인鄕人이 술을 마시는 것이다. 향鄕을 따르고, 식食을 따르며, 향鄕은 또한 성부聲符이다"[708]라고 하였다. 그렇다면 이 경卿의 본의本義는 경사卿士인지, 혹은 서로 마주하다인지, 아니면 연회를 베푼다는 의미인지, 마땅히 어느 것으로 봐야 할까?

그리고 이 경卿과 마찬가지의 경우로, 〈도표 316〉에 보이는 전專에 대해《설문說文》에서는, "專은 길이가 육촌六寸인 홀笏이다. 촌寸을 따르고, 전叀은 성부聲符이다. 일설一說에 전專은 실패라고도 한다"[709]라고 하였다. 갑골문에서 이 전專은 한 손에 실을 다 감은 물레 하나를 들고 있는 모습을 본뜨고 있다. 그런데 이 전專은 아마도 세 가지의 서로 다른 의미를 표현하고 있을 것이다. 그 하나는 실을 감는 '실패'의 의미이고, 또 하나는 실을 짜는 일이 전문적인 작업이기 때문에 '전문專門'이라는 의미가 있다. 그리고 나머지 하나의 의미는

706 여기에 보이는 금문金文의 자형은 전專의 자형 형태와 관련이 있는 글자를 모아둔 것이다.

707 (宋) 陳彭年 · 丘雍,《宋本廣韻》, 第四卷, 漾第四十一, 〈嚮〉, 44쪽. 그 원문에 "嚮, 與向通用"이라고 되어 있다.

708 (淸) 段玉裁注,《說文解字注》, 第十卷, 第五篇注下, 〈饗〉, 223쪽. 그 원문에 "饗, 鄕人飮酒也. 从鄕, 从食, 鄕亦聲"이라고 되어 있다.

709 (淸) 段玉裁注,《說文解字注》, 第六卷, 第三篇注下, 〈專〉, 122쪽. 그 원문에 "專, 六寸簿也. 从寸, 叀聲. 一曰: 專, 紡專"이라고 되어 있다.

실패를 돌리는 방식으로 실을 감은 다음에 이 실패를 베틀 위에 걸어 옷감을 짜는 작업 진행을 편리하도록 하므로 '돌린다'는 의미를 가지게 되었을 것이다. 그런데 이 세 가지의 서로 다른 의미는 각각 어느 하나에 편중되기는 하였어도, 대체로 옷감을 짓기 위한 물레를 조작하는 일과 관련이 있음을 알 수가 있다. 따라서 어느 것이 이 전專의 본의本義이고, 어느 것이 파생된 의미인지 단정하기가 무척 곤란하다.

그리고 어떤 글자는 단순히 발음이 서로 비슷한 글자만을 찾아 자신의 성부聲符로 삼았지, 반면에 의미도 서로 연관이 있는 글자를 힘들여 찾아내면서까지 자신의 성부로 삼지 않은 경우가 대부분이다. 그렇기 때문에 어느 한 글자의 성부가 의미까지 겸하고 있는지의 여부를 어떻게 결정하느냐에 따라 학자마다 보는 견해가 달라져서, 학자들 사이에서 논쟁이 일어나는 것을 피할 수 없게 된다. 그래서 만약 특별한 의미가 없는 성부를 일정한 의미가 있는 것으로 억지로 해석하려고 한다면, 마치 바람이나 그림자를 잡듯이 서로 상관이 없는 일을 강제로 끌어다 붙이는 식의 결과를 낳게 된다. 그렇다고 우리가 그 글자를 처음 조자造字했던 옛사람을 무덤에서 파내서 도대체 무슨 까닭으로 어느 한 성부를 선택해서 어느 한 일정한 의미를 표현하게 되었냐고 물어볼 수도 없는 노릇이다.

그리고 언어의 발음과 의미 사이의 관계에 대한 가설은 우리가 이미 이해하고 있는 언어의 규칙성에 근거하여 정리하고 귀납해 낸 것이다. 그래서 어떤 학자는 문자 이전에 이미 언어가 존재했으므로, 당연히 그 언어의 발음과 의미 사이에 일정한 관계가 존재했을 것이라고 여기고 있다. 만약 그렇지 않다면 사람들이 어떻게 그 언어에 대하여 공통된 인식을 가질 수가 있는가라고 생각한다. 그렇지만 이러한 생각은 여전히 논증이 필요한 가설에 불과하다. 적어도 중국의 한자를 예로 든다면, 대체로 많은 글자의 자의字義는 상商나라 때부터 시작하여 지금까지 거의 변화가 일어나지 않았다. 그러나 그 문자의 발음에서는 이미 상당한 변화가 있어서 운부韻部의 분류에 있어서도 커다란 변화를 초래하게 되었다. 따라서 이러한 사실을 통해서도 어느 하나의 문자와 그 의미 사이의 관계는 문자 이전의 언어의 발음과 의미 사이의 관계보다 훨씬 더 밀접하고 변화가 없다는 것을 알 수 있다. 더욱이 언어의 발음과 의미 사이의 관계는 관찰하는 각도가 달라짐에 따라 그에 대한 견해도 자연적으로 차이가 나게 된다. 그래서 아주 이른 시기부터 어떤 학자는 어느 한 글자로 이루어진 형성자形聲字는 어느 하나의 중심적인 의미를 갖게 된다는 주장을 펼치기도 하였다.

그러한 예의 하나로, 대체로 한漢나라 때에는 대부분 성훈聲訓의 방법으로 문헌에 주석註釋을 달았다. 따라서 이것은 곧 어느 한 글자의 발음이 의미까지 지니고 있는 것으로 봤다는 말이 된다. 예를 들어, 앞의 〈도표 8〉에서 이미 소개한 주酒에 대해《설문說文》에서는, "酒는 옮겨 가는 것이다. 이것으로 인성人性의 선善과 악惡으로 옮겨 가는 것이다. 수水와 유酉를 따르고, 유酉는 또한 성부聲符이다. 일설一說에 빚는 것이라고도 한다. 길흉吉凶이 일어나는 것이다. 옛날에 의적儀狄이 막걸리를 빚었는데, 우禹임금이 맛을 보고는 달다고 여겨 마침내 의적儀狄을 멀리하였다. 두강杜康이 고량주高粱酒를 빚었다"[710]라고 하였고, 앞의 〈도표 18〉에서 이미 소개한 마(馬, 影)에 대해《설문說文》에서는, "馬는 노한 모양이고, 전쟁에 쓰는 것이다. 말 머리, 갈기, 꼬리, 네 발의 모양을 본뜨고 있다. 무릇 마馬의 속屬들은 모두 이 마馬를 따른다. 影는 고문古文이다. 影는 주문籀文의 마馬이고, 마(影, 馬)와 같으며, 갈기가 있다"[711]라고 하였으며,〈도표 79〉에서 소개한 목木에 대해《설문說文》에서는, "木은 무릅쓰는 것이다. 땅을 뚫고 자라나는 것으로, 동방東方의 오행五行이다. 철屮을 따르고, 아래는 그 뿌리의 모습을 본뜨고 있다. 무릇 목木의 속屬들은 모두 이 목木을 따른다"[712]라고 하였고, 〈도표 84〉에서 소개한 우牛에 대해《설문說文》에서는, "牛는 일함이고, 무늬가 있는 것이다. 뿔과 머리를 합하여 셋이고, 어깨의 튀어남과 꼬리가 있는 모습을 본뜨고 있다. 무릇 우牛의 속屬들은 모두 이 우牛를 따른다"[713]라고 하였으며,〈도표 85〉에서 소개한 양羊에 대해《설문說文》에서는, "羊은 상서로운 것이다. 괴𦫳를 따르고, 네 발과 꼬리가 있는 모습을 본뜨고 있다. 공자가 이르기를, '우牛나 양羊과 같은 글자는 그 모양으로 예를 든 것이다'라고 하였다. 무릇 양羊의 속屬들은 모두 이 양羊을 따른다"[714]라고 하였다. 이와 같은《설문說文》의 해석을 살펴보면, 어느 한 글자의 명명命名과 그 발음 사이에 일정한 관련이 있다고 여기고

710 (清) 段玉裁注,《說文解字注》, 第二十八卷, 第十四篇注下,〈酒〉, 754쪽. 그 원문에 "酒, 就也. 所目就人性之善惡. 从水酉, 酉亦聲. 一曰: 造也. 吉凶所造起也. 古者儀狄作酒醪, 禹嘗之而美, 遂疏儀狄. 杜康作秫酒"라고 되어 있다.

711 (清) 段玉裁注,《說文解字注》, 第十八卷, 第十篇注上,〈馬〉, 465쪽. 그 원문에 "馬, 怒也, 武也. 象馬頭髦尾四足之形. 凡馬之屬皆从馬. 影, 古文. 影, 籀文馬, 與影同, 有髦"라고 되어 있다.

712 (清) 段玉裁注,《說文解字注》, 第十一卷, 第六篇注上,〈木〉, 241쪽. 그 원문에 "木, 冒也. 冒地而生, 東方之行. 从屮, 下象其根. 凡木之屬皆从木"이라고 되어 있다.

713 (清) 段玉裁注,《說文解字注》, 第三卷, 第二篇注上,〈牛〉, 51쪽. 그 원문에 "牛, 事也, 理也. 像角頭三, 封·尾之形也. 凡牛之屬皆从牛"라고 되어 있다.

714 (清) 段玉裁注,《說文解字注》, 第七卷, 第四篇注上,〈羊〉, 146-147쪽. 그 원문에 "羊, 祥也. 从𦫳. 象四足尾之形. 孔子曰: 牛羊之字, 以形擧也. 凡羊之屬皆从羊"이라고 되어 있다.

있다. 그런데 다만 아직《설문說文》에서는 그 체계를 갖춘 귀납을 이루지 못하였을 뿐이다.

그리고 진晉나라에 이르러서 양천楊泉은《물리론物理論》에서 이르기를, "《물리론物理論》에서 이르기를, 금석金石에서는 견堅이라고 하고, 초목草木에서는 긴緊이라고 하며, 사람에게서는 현賢이라고 한다"[715]라고 하였고, 송宋나라의 심괄沈括은《몽계필담夢溪筆談》에서 이르기를, "왕자소王子韶가 문자학을 연구하였는데, 그 이론을 넓혀서 우문右文이라고 하였다. 옛날의 문자학 책은 모두 좌문左文을 따랐다. 무릇 글자에서 그 유형은 왼쪽에 있고, 그 의미는 오른쪽에 있다. 예컨대 목木의 유형에서, 그 왼쪽은 모두 목木을 따른다. 이른바 우문右文이라고 하는 것은, '전戔은 작은 것이다'와 같다. 그래서 수水의 작은 것을 일컬어 천淺이라고 하고, 금金의 작은 것을 일컬어 전錢이라고 하며, 알歹이면서 작은 것을 일컬어 잔殘이라고 하고, 패貝의 작은 것을 일컬어 천賤이라고 한다. 이와 같은 유형은 모두 전戔으로 그 뜻을 삼은 것이다"[716]라고 하였다. 따라서 이 두 사람 모두 형성자形聲字의 성부聲符와 그 의미 사이에 밀접한 관련이 있다고 여기고 있음을 알 수 있다.

그런데 이처럼 전戔을 성부聲符를 삼는 형성자가 '작다'는 의미를 지니고 있다는 사실은 우문설右文說, 즉 우성설右聲說에서 항상 그 대표적인 예로 거론되는 것인데, 필자는 아래에 이 전戔에 대해서 잠시 분석하고자 한다.

예를 들어, 앞의 〈도표 164〉에서 소개한 것처럼, 갑골문에서 잔戔은 원래 두 창이 서로 마주보고 있는 모습을 본뜨고 있었다(). 그런데 창이란 사람을 죽이려는 목적을 가지고 만들어진 무기이므로, 두 개의 창이 서로 마주보고 있다는 것은 적대적인 행위의 표현이자 서로 해친다는 의미를 나타내고 있다.[717] 그리고 앞에서 예로 들었던 전錢은 고대에는 땅을 파는 농기구를 지칭하는 데 주로 쓰였다. 그러다가 산서성山西省 일대의

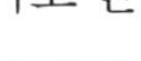

---

715 (宋) 李昉 等 奉勅 撰,《太平御覽》,《文淵閣四庫全書》(臺北: 臺灣商務印書館, 1983년), 子部 202, 〈類書類〉, 第八九六册, 卷四百二,〈人事部四十三〉, 896－633쪽. 그 원문에 "物理論曰: 在金石曰: 堅, 在草木曰: 緊, 在人曰: 賢"이라고 되어 있다.

716 (宋) 沈括 撰, 劉啓林 校注,《夢溪筆談藝文部校注》(哈爾濱: 黑龍江人民出版社, 1986년), 卷十四,〈藝文一〉, 19-20쪽. 그 원문에 "王聖美治字學, 演其義以爲右文. 古之字書, 皆从左文. 凡字, 其類在左, 其義在右. 如木之類, 其左皆从木. 所謂右文者, 如戔, 小也. 水之小者曰: 淺, 金之小者曰: 錢, 歹而小者曰: 殘, 貝之小者曰: 賤. 如此之類, 皆以戔爲義也"라고 되어 있다.

717 이 전戔에는 '해치다'와 '작다'의 서로 다른 두 가지의 의미가 있다. 그래서 이 책의 번역에서는 만약 그 글자의 의미가 '작다'이면 전戔으로 한자의 음을 달았고, 만약 그 글자의 의미가 '해치다'이면 잔戔으로 한자의 음을 달았다. 다만, 이 잔戔이나 전戔이《설문說文》에 보이는 어느 글자의 성부聲符로 사용되었을 경우에는,《설문說文》에서 정한 반절음反切音의 표기에 따라 모두 잔戔으로 한자의 음을 달았다.

삼진 지역三晉地域에서는 이 농기구의 형태를 본떠 동전銅錢을 주조하였고, 나중에는 이 전錢이 동銅으로 만든 통화 화폐를 가리키게 되었다. 그런데 초기의 동전은 대부분 상당히 두껍고 무거우며 크기도 대형으로 주조하였고, 또한 구매력도 상당히 큰 편이었다. 따라서 이 전錢에는 '작다'는 의미를 찾아볼 수가 없다.

그 밖에도 천賤에 대해서 분석해 보면, 조개껍질이 화폐 통화의 매개물로 이용될 수 있었던 것은 외형이 아름답고 귀하며 내구성이 강하다는 특징 외에도, 조개껍질의 크기가 균일하여 계산하기 편리하다는 장점도 화폐로 사용되어진 중요한 요소라고 볼 수 있다. 따라서 이것은 크기의 크고 작음이 그다지 문제가 되지 않았다. 일반적으로 조개껍질은 서주시대西周時代나 그 이전 시대에는 고가의 물품이었다. 그래서 1929년 하남성河南省 낙양시洛陽市 망산진邙山鎮 마파촌馬坡村에서 출토된 청동기인 '영궤令簋'의 명문銘文에 이르기를, "왕강王姜이 영令에게 조개 열 꾸러미와 가신家臣 열 집, 그리고 백성 백 명을 상으로 내렸다"[718]라고 하였다. 이 명문銘文에서는 조개 열 꾸러미를 가신家臣 열 집이나 백성 백 명과 함께 등가적으로 열거하고 있는데, 이것을 통해서도 당시에 조개의 가격이 높았다는 것을 충분히 짐작할 수가 있다.

그래서 이처럼 잔戔이나 전戔이 '작다'는 의미와 필연적인 관련을 갖고 있지 않기 때문에, 어떤 학자는 전錢은 흙을 깎는 데 사용하는 도구이고, 잔剗은 흙을 깎아 내는 것이라고 여기고 있다.[719] 또한 잔殘은 시신의 유골이 손상을 입는다는 의미로 해석하면서, 이와 같이 성부聲符인 잔戔이나 전戔은 대체로 손상의 의미와 관련이 있다고 주장하고 있다.[720] 이것은 성부聲符인 잔戔이나 전戔이 의미를 표현한다는 주장과 관련하여 학자마다 그 의견이 서로 일치하지 않음을 잘 보여 주고 있다.

그런데 성부聲符인 잔戔이나 전戔을 따르는 다른 많은 글자들을 살펴보면, 이 잔戔이나 전戔이 실제로 '작다'거나 '해치다'의 의미와는 그다지 관련이 없음을 확인할 수가 있다. 그래서 《설문說文》과 《광운廣韻》에서 성부聲符인 잔戔이나 전戔을 따르는 글자를 아래에 몇

---

718 마승원馬承源 주편, 《상주 청동기 명문선商周青銅器銘文選》(北京: 文物出版社, 1988년), 〈第三卷: 商,西周青銅器銘文釋文及注釋〉, 66-67쪽. 그 청동기 명문銘文에 "姜賞令貝十朋, 臣十家, 鬲百人"이라고 되어 있다.

719 이 잔剗은 《설문說文》에 수록되어 있지 않다. 그러나 잔剗에 대해서 《광운廣韻》에서는, "잔剗은 깎아 내는 것이다"라고 하였다. (宋) 陳彭年·丘雍, 《宋本廣韻》, 第三卷, 産第二十六, 〈剗〉, 28쪽. 그 원문에 "剗, 剗削"이라고 되어 있다.(원저자 주)

720 구석규裘錫圭, 《문자학 개요文字學概要》, 200쪽 참고.(원저자 주)

가지 열거하여 보았는데, 이것을 봐도 '작다'는 의미와 서로 관련이 있는 글자가 단지 소수임을 알 수 있다.[721]

* 천俴에 대해《설문說文》에서는, "𠊛은 얕은 것이다. 인人을 따르고, 잔戔은 성부聲符이다"[722]라고 하였다.

* 천(䇥, 踐)에 대해《설문說文》에서는, "䇥은 밟는 것이다. 척彳을 따르고, 잔戔은 성부聲符이다"[723]라고 하였다.

살帴에 대해《설문說文》에서는, "帴은 어깨에 거는 옷이다. 일설一說에는 넓은 수건이라고도 한다. 일설一說에는 부인의 가슴 부위를 가리는 옷이라고도 한다. 건巾을 따르고, 잔戔은 성부聲符이다. 발음은 말살末殺의 살殺과 같다"[724]라고 하였다.

찬㹽에 대해《설문說文》에서는, "㹽은 개가 무는 것이다. 견犬을 따르고, 잔戔은 성부聲符이다"[725]라고 하였다.

잔棧에 대해《설문說文》에서는, "棧은 시렁이다. 대나무나 나무를 짜 맞춘 수레를 일컬어 잔棧이라고 한다. 목木을 따르고, 잔戔은 성부聲符이다"[726]라고 하였다.

잔嶘에 대해《설문說文》에서는, "嶘은 산이 매우 높은 것이다. 산山을 따르고, 잔棧은 성부聲符이다"[727]라고 하였다.

* 천淺에 대해《설문說文》에서는, "淺은 깊지 않은 것이다. 수水를 따르고, 잔戔은 성부聲符이

721 아래의 예 중에서 앞에 *부호가 붙은 글자는 성부聲符인 잔戔이나 전戔이 작다는 의미를 동시에 가질 수도 있음을 표시하고 있다.(원저자 주)

722 (淸) 段玉裁注,《說文解字注》, 第十五卷, 第八篇注上,〈俴〉, 382쪽. 그 원문에 "俴, 淺也. 从人, 戔聲"이라고 되어 있다. 그런데 이 천俴과 성부聲符인 잔戔은 상고음上古音에서 동일하게 원부元部에 속하였다.

723 (淸) 段玉裁注,《說文解字注》, 第四卷, 第二篇注下,〈䇥〉, 77쪽. 그 원문에 "䇥, 迹也. 从彳, 戔聲"이라고 되어 있다. 그런데 이 천(䇥, 踐)과 성부聲符인 잔戔은 상고음上古音에서 동일하게 원부元部에 속하였다.

724 (淸) 段玉裁注,《說文解字注》, 第十四卷, 第七篇注下,〈帴〉, 362쪽. 그 원문에 "帴, 帬也. 一曰: 帗也. 一曰: 婦人脅衣. 从巾, 戔聲. 讀若末殺之殺"이라고 되어 있다. 그런데 이 살帴은 상고음上古音에서 원부元部에 속하였고, 성부聲符인 잔戔도 상고음에서 원부元部에 속하였으며, 동일한 발음인 살殺은 상고음에서 월부月部에 속하였다. 따라서 이 살帴, 잔戔, 살殺은 모두 고운古韻에서 가월원歌月元의 큰 부류에 속하였다.

725 (淸) 段玉裁注,《說文解字注》, 第十八卷, 第十篇注上,〈㹽〉, 478쪽. 그 원문에 "㹽, 犬齧也. 从犬, 戔聲"이라고 되어 있다.

726 (淸) 段玉裁注,《說文解字注》, 第十一卷, 第六篇注上,〈棧〉, 265쪽. 그 원문에 "棧, 棚也. 竹木之車曰: 棧. 從木, 戔聲"이라고 되어 있다.

727 (淸) 段玉裁注,《說文解字注》, 第十七卷, 第九篇注下,〈嶘〉, 444쪽. 그 원문에 "嶘, 尤高也. 从山, 棧聲"이라고 되어 있다.

다"[728]라고 하였다.

잔殘에 대해《설문說文》에서는, "殘은 해치는 것이다. 알歺을 따르고, 잔戔은 성부聲符이다"[729]라고 하였다.

선(綫, 線)에 대해《설문說文》에서는, "綫은 실이다. 멱糸을 따르고, 잔戔은 성부聲符이다. 線은 고문古文의 선綫이다"[730]라고 하였다.

천踐에 대해《설문說文》에서는, "踐은 밟는 것이다. 족足을 따르고, 잔戔은 성부聲符이다"[731]라고 하였다.

전諓에 대해《설문說文》에서는, "諓은 말을 잘 하는 것이다. 언言을 따르고, 잔戔은 성부聲符이다. 일설一說에는 농지거리라고도 한다"[732]라고 하였다.

* 천賤에 대해《설문說文》에서는, "賤은 값이 싼 것이다. 패貝를 따르고, 잔戔은 성부聲符이다"[733]라고 하였다.

천陵에 대해《설문說文》에서는, "陵은 물가 언덕이다. 부(𠂤, 阜)를 따르고, 잔戔은 성부聲符이다"[734]라고 하였다.

전錢에 대해《설문說文》에서는, "錢은 밭가는 가래이다. 옛날에 농사짓는 도구였다. 금金을 따르고, 잔戔은 성부聲符이다.《시경詩經》에 이르기를, '너희의 가래와 호미를 챙겨라'라고 하였다. 일설一說에는 재화財貨라고도 한다"[735]라고 하였다.

* 잔虦에 대해《설문說文》에서는, "虦은 호랑이가 짧은 털을 가진 것인데, 그것을 일컬어 살쾡이

---

728 (清) 段玉裁注,《說文解字注》, 第二十一卷, 第十一篇注上之二,〈淺〉, 556쪽. 그 원문에 "淺, 不深也. 从水, 戔聲"이라고 되어 있다. 그런데 이 천淺과 성부聲符인 잔戔은 상고음上古音에서 동일하게 원부元部에 속하였다.
729 (清) 段玉裁注,《說文解字注》, 第八卷, 第四篇注下,〈殘〉, 165쪽. 그 원문에 "殘, 賊也. 从歺, 戔聲"이라고 되어 있다.
730 (清) 段玉裁注,《說文解字注》, 第二十五卷, 第十三篇注上,〈綫〉, 662쪽. 그 원문에 "綫, 縷也. 从糸, 戔聲. 線, 古文綫"이라고 되어 있다. 그런데 이 선(綫, 線)과 성부聲符인 잔戔은 상고음上古音에서 동일하게 원부元部에 속하였다.
731 (清) 段玉裁注,《說文解字注》, 第四卷, 第二篇注下,〈踐〉, 83쪽. 그 원문에 "踐, 履也. 从足, 戔聲"이라고 되어 있다. 그런데 이 천踐과 성부聲符인 잔戔은 상고음上古音에서 동일하게 원부元部에 속하였다.
732 (清) 段玉裁注,《說文解字注》, 第五卷, 第三篇注上,〈諓〉, 94-95쪽. 그 원문에 "諓, 善言也. 从言, 戔聲. 一曰: 謔也"라고 되어 있다.
733 (清) 段玉裁注,《說文解字注》, 第十二卷, 第六篇注下,〈賤〉, 284쪽. 그 원문에 "賤, 賈少也. 从貝, 戔聲"이라고 되어 있다. 그런데 이 천賤과 성부聲符인 잔戔은 상고음上古音에서 동일하게 원부元部에 속하였다.
734 (清) 段玉裁注,《說文解字注》, 第二十八卷, 第十四篇注下,〈陵〉, 743-744쪽. 그 원문에 "陵, 水𠂤也. 从𠂤, 戔聲"이라고 되어 있다. 그런데 이 천陵과 성부聲符인 잔戔은 상고음上古音에서 동일하게 원부元部에 속하였다.
735 (清) 段玉裁注,《說文解字注》, 第二十七卷, 第十四篇注上,〈錢〉, 713쪽. 그 원문에 "錢, 銚也. 古者田器. 从金, 戔聲. 詩曰: 庤乃錢鎛. 一曰: 貨也"라고 되어 있다.

라고 한다. 호虎를 따르고, 잔戔은 성부聲符이다. 절竊은 얕은 것이다"[736]라고 하였다.

천衡에 대해《설문說文》에서는, "衡은 밟는 것이다. 행行을 따르고, 잔戔은 성부聲符이다"[737]라고 하였다.

전餞에 대해《설문說文》에서는, "餞은 떠나는 사람에게 음식을 대접하는 것이다. 식食을 따르고, 잔戔은 성부聲符이다.《시경詩經》에 이르기를, '훌륭한 덕이 있는 이가 그를 송별하였다'라고 하였다"[738]라고 하였다.

전箋에 대해《설문說文》에서는, "箋은 식견을 나타내는 글이다. 죽竹을 따르고, 잔戔은 성부聲符이다"[739]라고 하였다.

천濺에 대해《광운廣韻》에서는, "천濺은 물이 빠르고 급하게 흐르는 모양이다"[740]라고 하였다.

잔琖에 대해《광운廣韻》에서는, "잔琖은 옥玉으로 만든 잔이다. 작은 잔이다"[741]라고 하였다.

잔盞에 대해《광운廣韻》에서는, "잔盞은 잔(醆, 琖)이고, 모두 위와 같다"[742]라고 하였다.

잔輚에 대해《광운廣韻》에서는, "잔輚은《비창埤蒼》에 이르기를, '누워 잘 수 있는 수레이다. 또한 싸움에 쓰는 수레이다'라고 하였다. 또한《의례儀禮》의 주注에 이르기를, '관을 실는 수레이다'라고 하였다"[743]라고 하였다.

잔醆에 대해《광운廣韻》에서는, "잔醆은 술이 흐리면서 약간 맑은 것이다"[744]라고 하였다.

이와 같은 글자들은 모두《설문說文》과《광운廣韻》에서 성부聲符인 잔戔이나 전戔을 따르는 글자의 예이다.

그리고 성부聲符인 구(句, 勾)를 따르는 글자도 항상 굽다는 의미와 관련되어 우성설右聲說

736 (淸) 段玉裁注,《說文解字注》, 第九卷, 第五篇注上,〈虥〉, 212쪽. 그 원문에 "虥, 虎竊毛謂之虥苗. 从虎, 戔聲. 竊, 淺也"라고 되어 있다.

737 (淸) 段玉裁注,《說文解字注》, 第四卷, 第二篇注下,〈衡〉, 78쪽. 그 원문에 "衡, 迹也. 从行, 戔聲"이라고 되어 있다. 그런데 이 천衡과 성부聲符인 잔戔은 상고음上古音에서 동일하게 원부元部에 속하였다.

738 (淸) 段玉裁注,《說文解字注》, 第十卷, 第五篇注下,〈餞〉, 224쪽. 그 원문에 "餞, 送去食也. 从食, 戔聲. 詩曰: 顯父餞之"라고 되어 있다.

739 (淸) 段玉裁注,《說文解字注》, 第九卷, 第五篇注上,〈箋〉, 193쪽. 그 원문에 "箋, 表識書也. 从竹, 戔聲"이라고 되어 있다.

740 (宋) 陳彭年·丘雍,《宋本廣韻》, 第二卷, 先第一,〈濺〉, 2쪽. 그 원문에 "濺, 濺疾流皃"라고 되어 있다.

741 (宋) 陳彭年·丘雍,《宋本廣韻》, 第三卷, 産第二十六,〈琖〉, 28쪽. 그 원문에 "琖, 玉琖. 小杯"라고 되어 있다.

742 (宋) 陳彭年·丘雍,《宋本廣韻》, 第三卷, 産第二十六,〈盞〉, 28쪽. 그 원문에 "盞, 醆, 並上同"이라고 되어 있다.

743 (宋) 陳彭年·丘雍,《宋本廣韻》, 第三卷, 産第二十六,〈輚〉, 28쪽. 그 원문에 "輚, 埤蒼云: 臥車也. 亦兵車. 又儀禮注云: 載柩車也"라고 되어 있다.

744 (宋) 陳彭年·丘雍,《宋本廣韻》, 第三卷, 産第二十六,〈醆〉, 28쪽. 그 원문에 "醆, 酒濁微清"이라고 되어 있다.

도표 번호	상商나라의 갑골문甲骨文	주周나라의 금문金文	진秦나라의 소전小篆	한漢나라의 예서隸書	현대의 한자	글자의 창의創意
317		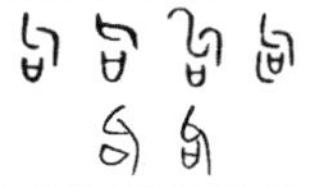	 s	句 勾	句 勾	어떠한 물체를 싸고 있는 모습을 본뜨고 있다.

의 대표적인 한 예로 거론되고 있다.

예를 들어, 〈도표 317〉에 보이는 구(句, 勾)에 대해 《설문說文》에서는, “ 는 굽은 것이다. 구口를 따르고, 규丩는 성부聲符이다. 무릇 구句의 속屬들은 모두 이 구句를 따른다”[745]라고 하였다. 갑골문에서 이 구(句, 勾)는 어떤 한 물건을 감싸고 있는 모습을 본뜨고 있다. 또한 앞 장의 〈도표 246〉에서 우리가 이미 언급한 이른바 패貝를 따르고 성부聲符가 구句인 구朐는 그 의미가 한 쌍의 소 어깨뼈를 가리키고 있는데, 이 구朐는 어떤 물체가 이 두 쪽의 뼈를 감싸고 있는 모습을 본뜨고 있다( ).

이렇게 봤을 때 이 구(句, 勾)의 중심 의미는 당연히 포위하다나 에워싸다가 되는데, 이 뜻에서 구부러진 사물이나 상황을 가리키는 의미로 쉽게 파생되어 나갈 수 있다. 그래서 《설문說文》에서 성부聲符인 구(句, 勾)를 따르는 글자를 아래에 몇 가지 열거하여 보았다.

구拘에 대해 《설문說文》에서는, “ 는 멈추게 하는 것이다. 수手와 구句를 따르고, 구句는 또한 성부聲符이다”[746]라고 하였다.

* 구笱에 대해 《설문說文》에서는, “ 는 대나무를 굽혀 만든 물고기를 잡는 통발이다. 죽竹과 구句를 따르고, 구句는 또한 성부聲符이다”[747]라고 하였다.

* 구鉤에 대해 《설문說文》에서는, “ 는 굽은 갈고랑이이다. 금金과 구句를 따르고, 구句는 또한 성부聲符이다”[748]라고 하였다.

* 구跔에 대해 《설문說文》에서는, “ 는 날씨가 추워 발이 곱은 것이다. 족足을 따르고, 구句는

745 (淸) 段玉裁注, 《說文解字注》, 第五卷, 第三篇注上, 〈句〉, 88쪽. 그 원문에 “ , 曲也. 从口, 丩聲. 凡句之屬皆从句”라고 되어 있다.

746 (淸) 段玉裁注, 《說文解字注》, 第五卷, 第三篇注上, 〈拘〉, 88쪽. 그 원문에 “ , 止也. 从手句, 句亦聲”이라고 되어 있다.

747 (淸) 段玉裁注, 《說文解字注》, 第五卷, 第三篇注上, 〈笱〉, 88쪽. 그 원문에 “ , 曲竹捕魚笱也. 从竹句, 句亦聲”이라고 되어 있다.

748 (淸) 段玉裁注, 《說文解字注》, 第五卷, 第三篇注上, 〈鉤〉, 88쪽. 그 원문에 “ , 曲鉤也. 从金句, 句亦聲”이라고 되어 있다.

성부聲符이다"[749]라고 하였다.

구朐에 대해《설문說文》에서는, "朐는 곧은 건육乾肉의 굽은 한쪽이다. 육肉을 따르고, 구句는 성부聲符이다"[750]라고 하였다.

* 구翑에 대해《설문說文》에서는, "翑는 날개가 굽은 것이다. 우羽를 따르고, 구句는 성부聲符이다"[751]라고 하였다.

* 구痀에 대해《설문說文》에서는, "痀는 굽은 등뼈이다. 녁疒을 따르고, 구句는 성부聲符이다"[752]라고 하였다.

구耇에 대해《설문說文》에서는, "耇는 노인의 얼굴이 얼어 버린 배와 같은 것으로, 마치 때가 낀 것과 같다. 로老의 생략형을 따르고, 구句는 성부聲符이다"[753]라고 하였다.

* 구絇에 대해《설문說文》에서는, "絇는 무명실과 새끼를 얽은 것이다. 멱糸을 따르고, 구句는 성부聲符이다. 발음은 구鳩와 같다"[754]라고 하였다.

* 구軥에 대해《설문說文》에서는, "軥는 멍에 아래가 굽은 것이다. 차車를 따르고, 구句는 성부聲符이다"[755]라고 하였다.

구枸에 대해《설문說文》에서는, "枸는 호깨나무이다. 장醬을 만들 수 있고, 촉蜀에서 난다. 목木을 따르고, 구句는 성부聲符이다"[756]라고 하였다.

* 구(刨, 鉤)에 대해《설문說文》에서는, "刨는 낫이다. 도刀를 따르고, 구句는 성부聲符이다"[757]라고 하였다.

---

749 (清) 段玉裁注,《說文解字注》, 第四卷, 第二篇注下,〈跔〉, 84쪽. 그 원문에 "跔, 天寒足跔也. 从足, 句聲"이라고 되어 있다.

750 (清) 段玉裁注,《說文解字注》, 第八卷, 第四篇注下,〈朐〉, 176쪽. 그 원문에 "朐, 脯挺也. 从肉, 句聲"이라고 되어 있다.

751 (清) 段玉裁注,《說文解字注》, 第七卷, 第四篇注上,〈翑〉, 140쪽. 그 원문에 "翑, 羽曲也. 从羽, 句聲"이라고 되어 있다.

752 (清) 段玉裁注,《說文解字注》, 第十四卷, 第七篇注下,〈痀〉, 353쪽. 그 원문에 "痀, 曲脊也. 从疒, 句聲"이라고 되어 있다.

753 (清) 段玉裁注,《說文解字注》, 第十五卷, 第八篇注上,〈耇〉, 402쪽. 그 원문에 "耇, 老人面凍黎若垢. 从老省, 句聲"이라고 되어 있다.

754 (清) 段玉裁注,《說文解字注》, 第二十五卷, 第十三篇注上,〈絇〉, 664쪽. 그 원문에 "絇, 繶繩絇也. 从糸, 句聲. 讀若鳩"라고 되어 있다.

755 (清) 段玉裁注,《說文解字注》, 第二十七卷, 第十四篇注上,〈軥〉, 733쪽. 그 원문에 "軥, 軛下曲者. 从車, 句聲"이라고 되어 있다.

756 (清) 段玉裁注,《說文解字注》, 第十一卷, 第六篇注上,〈枸〉, 247쪽. 그 원문에 "枸, 枸木也. 可爲醬, 出蜀. 從木, 句聲"이라고 되어 있다.

757 (清) 段玉裁注,《說文解字注》, 第八卷, 第四篇注下,〈刨〉, 180쪽. 그 원문에 "刨, 鎌也. 从刀, 句聲"이라고 되어 있다.

구苟에 대해《설문說文》에서는, “는 풀이다. 초艸를 따르고, 구句는 성부聲符이다”[758]라고 하였다.

후昫에 대해《설문說文》에서는, “는 해가 돋아 따뜻한 것이다. 일日을 따르고, 구句는 성부聲符이다. 북지군北地郡에 후연현昫衍縣이 있다”[759]라고 하였다.

후姁에 대해《설문說文》에서는, “는 어머니이다. 녀女를 따르고, 구句는 성부聲符이다”[760]라고 하였다.

* 구佝에 대해《설문說文》에서는, “는 어리석은 것이다. 인人을 따르고, 구句는 성부聲符이다”[761]라고 하였다.

구狗에 대해《설문說文》에서는, “는 공자孔子가 이르기를, ‘개는 달려드는 것이다. 달려들 기세로 짖음으로써 지키는 것이다’라고 하였다. 견犬을 따르고, 구句는 성부聲符이다”[762]라고 하였다.

구珣에 대해《설문說文》에서는, “는 돌이 옥과 비슷한 것이다. 옥玉을 따르고, 구句는 성부聲符이다. 발음은 구苟와 같다”[763]라고 하였다.

구駒에 대해《설문說文》에서는, “는 말이 두 살 된 것을 일컬어 구駒라고 하고, 세 살 된 것을 일컬어 조駣라고 한다. 마馬를 따르고, 구句는 성부聲符이다”[764]라고 하였다.

구竘에 대해《설문說文》에서는, “는 건장한 것이다. 일설一說에는 장인匠人이라고도 한다. 립立을 따르고, 구句는 성부聲符이다. 발음은 우齵와 같다.《일주서逸周書》에 구장竘匠이 있다”[765]라고 하였다.

구蒟에 대해《설문說文》에서는, “는 열매이다. 초艸를 따르고, 구竘는 성부聲符이다”[766]라고

758 (淸) 段玉裁注,《說文解字注》, 第二卷, 第一篇注下,〈苟〉, 46쪽. 그 원문에 “, 艸也. 从艸, 句聲”이라고 되어 있다.
759 (淸) 段玉裁注,《說文解字注》, 第十三卷, 第七篇注上,〈昫〉, 307쪽. 그 원문에 “, 日出温也. 从日, 句聲. 北地有昫衍縣”이라고 되어 있다.
760 (淸) 段玉裁注,《說文解字注》, 第二十四卷, 第十二篇注下,〈姁〉, 621쪽. 그 원문에 “, 嫗也. 从女, 句聲”이라고 되어 있다.
761 (淸) 段玉裁注,《說文解字注》, 第十五卷, 第八篇注上,〈佝〉, 383쪽. 그 원문에 “, 佝瞀也. 从人, 句聲”이라고 되어 있다.
762 (淸) 段玉裁注,《說文解字注》, 第十八卷, 第十篇注上,〈狗〉, 477쪽. 그 원문에 “, 孔子曰: 狗, 叩也. 叩气吠㠯守. 从犬, 句聲”이라고 되어 있다.
763 (淸) 段玉裁注,《說文解字注》, 第一卷, 第一篇注上,〈珣〉, 17쪽. 그 원문에 “, 石之似玉者. 从玉, 句聲. 讀若苟”라고 되어 있다.
764 (淸) 段玉裁注,《說文解字注》, 第十八卷, 第十篇注上,〈駒〉, 465쪽. 그 원문에 “, 馬二歲曰: 駒, 三歲曰: 駣. 从馬, 句聲”이라고 되어 있다.
765 (淸) 段玉裁注,《說文解字注》, 第十九卷, 第十篇注下,〈竘〉, 505쪽. 그 원문에 “, 健也. 一曰: 匠也. 从立, 句聲. 讀若齵. 周書有竘匠”이라고 되어 있다.
766 (淸) 段玉裁注,《說文解字注》, 第二卷, 第一篇注下,〈蒟〉, 37쪽. 그 원문에 “, 果也. 从艸, 竘聲”이라고 되어 있다.

하였다.

구蚼에 대해《설문說文》에서는, "蚼는 북방에 구견蚼犬이 있는데, 사람을 잡아먹는다. 훼虫를 따르고, 구句는 성부聲符이다"[767]라고 하였다.

후酗에 대해《설문說文》에서는, "酗는 술을 마시고 주정하는 것이다. 유酉를 따르고, 구句는 성부聲符이다"[768]라고 하였다.

후(詬, 訽)에 대해《설문說文》에서는, "詬는 꾸짖어 욕을 보이는 것이다. 언言을 따르고, 후后는 성부聲符이다. 訽는 후詬의 혹체或體이고, 구句를 따른다"[769]라고 하였다.

후煦에 대해《설문說文》에서는, "煦는 증기가 올라가는 것이다. 일설一說에는 붉은 모습이라고도 한다. 일설一說에는 따뜻하고 습기가 있는 것이라고도 한다. 화火를 따르고, 후昫는 성부聲符이다"[770]라고 하였다.

구鼅에 대해《설문說文》에서는, "鼅는 혜鼊의 속屬이고, 머리에 두 개의 뿔이 있다. 요동遼東에서 난다. 맹黽을 따르고, 구句는 성부聲符이다"[771]라고 하였다.

구鼩에 대해《설문說文》에서는, "鼩는 생쥐이다. 서鼠를 따르고, 구句는 성부聲符이다"[772]라고 하였다.

구敂에 대해《설문說文》에서는, "敂는 두드리는 것이다. 복攴을 따르고, 구句는 성부聲符이다. 발음은 구扣와 같다"[773]라고 하였다.

구斪에 대해《설문說文》에서는, "斪는 괭이로 찍는 것이고, 그것으로 땅을 파헤치는 것이다. 근斤을 따르고, 구句는 성부聲符이다"[774]라고 하였다.

---

767 (清) 段玉裁注,《說文解字注》, 第二十五卷, 第十三篇注上,〈蚼〉, 679쪽. 그 원문에 "蚼, 北方有蚼犬, 食人. 从虫, 句聲"이라고 되어 있다.

768 (清) 段玉裁注,《說文解字注》, 第二十八卷, 第十四篇注下,〈酗〉, 757쪽. 그 원문에 "酗, 酒醟也. 从酉, 句聲"이라고 되어 있다.

769 (清) 段玉裁注,《說文解字注》, 第五卷, 第三篇注上,〈詬〉, 102쪽. 그 원문에 "詬, 謑詬也. 从言, 后聲. 訽, 詬或, 从句"라고 되어 있다.

770 (清) 段玉裁注,《說文解字注》, 第十八卷, 第十篇注上,〈煦〉, 485쪽. 그 원문에 "煦, 烝也. 一曰: 赤皃. 一曰: 温潤也. 从火, 昫聲"이라고 되어 있다.

771 (清) 段玉裁注,《說文解字注》, 第二十六卷, 第十三篇注下,〈鼅〉, 686쪽. 그 원문에 "鼅, 鼊屬, 頭有兩角. 出遼東. 从黽, 句聲"이라고 되어 있다.

772 (清) 段玉裁注,《說文解字注》, 第十八卷, 第十篇注上,〈鼩〉, 483쪽. 그 원문에 "鼩, 精鼩鼠也. 从鼠, 句聲"이라고 되어 있다.

773 (清) 段玉裁注,《說文解字注》, 第六卷, 第三篇注下,〈敂〉, 126쪽. 그 원문에 "敂, 擊也. 从攴, 句聲. 讀若扣"라고 되어 있다.

774 (清) 段玉裁注,《說文解字注》, 第二十七卷, 第十四篇注上,〈斪〉, 724쪽. 그 원문에 "斪, 斪斸, 所目斫也. 从斤,

구欨에 대해《설문說文》에서는, "欨는 입김을 부는 것이다. 일설一說에는 웃는 뜻이라고도 한다. 흠欠을 따르고, 구句는 성부聲符이다"[775]라고 하였다.

*구雊에 대해《설문說文》에서는, "雊는 장끼가 우는 것이다. 천둥이 처음으로 칠 때, 장끼가 곧 울면서 그 목을 구부린다. 추隹와 구句를 따르고, 구句는 또한 성부聲符이다"[776]라고 하였다.

구鴝에 대해《설문說文》에서는, "鴝는 구관조九官鳥이다. 조鳥를 따르고, 구句는 성부聲符이다"[777]라고 하였다.

구㪃에 대해《설문說文》에서는, "㪃는 굽어서 펴지 못하는 것이다. 계禾를 따르고, 우又를 따르며, 구句는 성부聲符이다. 우又라는 것은 축丑의 생략형을 따른다. 일설一說에는 나무의 이름이라고도 한다"[778]라고 하였다.[779]

구郇에 대해《설문說文》에서는, "郇는 땅 이름이다. 읍邑을 따르고, 구句는 성부聲符이다"[780]라고 하였다.

이와 같은 글자들이 모두《설문說文》에서 성부聲符인 구(句, 勾)를 따르는 글자의 예인데, 이것을 살펴봐도 결국 성부가 의미까지 겸하고 있는 글자는 단지 소수임을 알 수 있다. 그래서 구석규裘錫圭도 말하기를, "사실상 동일한 하나의 성부를 따르는 형성자 중에서 명백하게 동일한 어원 관계를 갖지 않는 서로 다른 체계의 자의字義의 예가 나타나는 현상은 흔히 볼 수 있는 일이다"라고 하였다.[781]

句聲"이라고 되어 있다.

775 (淸) 段玉裁注,《說文解字注》, 第十五卷, 第八篇注下,〈欨〉, 415쪽. 그 원문에 "欨, 吹也. 一曰: 笑意. 从欠, 句聲"이라고 되어 있다.

776 (淸) 段玉裁注,《說文解字注》, 第七卷, 第四篇注上,〈雊〉, 143쪽. 그 원문에 "雊, 雄雉鳴也. 雷始動, 雉乃鳴而句其頸. 从隹句, 句亦聲"이라고 되어 있다.

777 (淸) 段玉裁注,《說文解字注》, 第七卷, 第四篇注上,〈鴝〉, 156-157쪽. 그 원문에 "鴝, 鴝鵒也. 从鳥, 句聲"이라고 되어 있다.

778 (淸) 段玉裁注,《說文解字注》, 第十二卷, 第六篇注下,〈㪃〉, 277-278쪽. 그 원문에 "㪃, 積㪃也. 从禾, 从又, 句聲. 又者, 从丑省. 一曰: 木名"이라고 되어 있다.

779 이 구㪃에 대해 원저자는 앞에 *부호를 덧붙이지 않고 있지만, 만약 단옥재段玉裁의 주注를 참고하면 이 구㪃에 '구부러진'이라는 의미가 있음을 알 수 있다. 따라서 이 구㪃도 앞에 *부호를 덧붙여야 옳을 것이다.

780 (淸) 段玉裁注,《說文解字注》, 第十二卷, 第六篇注下,〈郇〉, 301쪽. 그 원문에 "郇, 地名. 从邑, 句聲"이라고 되어 있다.

781 구석규裘錫圭,《문자학 개요文字學概要》, 200쪽 참고.(원저자 주)

그리고 이뿐만 아니라 어떤 학자는 고대 운부韻部의 각도에서 접근하여 서로 다른 성부로 형성자가 되는 몇 개의 글자를 주관적으로 선택한 다음, 그 글자들이 모두 공통된 발음을 지니고 있는 사실로써 그 글자 모두가 어떤 동일한 의미를 지니고 있는 것으로 귀납시키기도 한다. 그러면서 그는 글자 자체가 지니고 있는 자형의 구성 형태에 관한 부분에 대해서는 거의 고려하지 않고 있다. 예를 들어, 구口, 후后, 후喉, 곡谷, 공孔, 항巷, 항肛, 공工, 공空, 공公, 흉凶 등과 같은 글자들은 모두 후부喉部에서 발성되고, 또한 '-ung'의 운미韻尾를 가진 음을 지니고 있다고 여겨, 이러한 음은 대체로 '구멍을 뚫다'나 '꿰뚫는다'라는 의미가 있다고 주장하고 있다.[782]

그러나 이렇게 주관적으로 한 글자의 창의에 대해 논단論斷하는 일은 가끔 다분히 임의적인 해석과 억지로 끌어다 붙이는 식의 부회附會를 피할 수가 없다. 예를 들어, 후后와 사司의 자형이 서로 반대의 형태로 되어 있다고 해서, 이 학자는 사司는 오줌 구멍이고 후后는 항문이라고 주장하고 있다.

그런데 〈도표 318〉에 보이는 후后에 대해《설문說文》에서는, "𠄢는 왕위王位를 이어가는 임금이다. 사람의 모습을 본뜨고 있고, 구口를 따른다.《역경易經》에 이르기를, '임금은 명령을 내림으로써 사방에 알린다'라고 하였다. 무릇 후后의 속屬들은 모두 이 후后를 따른다"[783] 라고 하였고, 또한 〈도표 319〉에 보이는 사司에 대해《설문說文》에서는, "𤕫는 신하로서 밖에서 일을 맡아서 하는 사람이다. 반대로 한 후后를 따른다. 무릇 사司의 속屬들은 모두 이 사司를 따른다"[784]라고 하였다. 이 후后와 사司의 창의創意는 해석하기가 그리 쉽지 않다. 그런데 만약 정반正反의 틀에 얽매이지 않는 초기 문자의 습관에서 본다면, 이 후后와 사司는 아마도 원래 동일한 한 글자가 나중에 분화되어 형성되었을 것이다. 더욱이 이 후后와 사司의 자형에서 위쪽에 있는 부분은 비록 보기에는 사람의 형태와 대체로 서로 비슷하지만, 이것은 사람의 형태를 본뜬 것이라고는 할 수 없다. 설사 이것이 사람의 형태를 본뜬 것이라고 하더라도, 이 후后의 자형에 보이는 구口는 사람의 뒷면에 있지도 않다.

그리고 청동기의 명문銘文에 사용된 의미를 살펴본다면, 사司는 앞의 〈도표 180〉에서

---

782 등당명보藤堂明保,《한자 어원사전漢字語源辭典》(東京: 學燈社, 1971년), 302-307쪽 참고.(원저자 주)

783 (清) 段玉裁注,《說文解字注》, 第十六卷, 第九篇注上,〈后〉, 434쪽. 그 원문에 "𠄢, 繼體君也. 象人之形, 从口. 易曰: 后㠯施令, 告四方. 凡后之屬皆从后"라고 되어 있다.

784 (清) 段玉裁注,《說文解字注》, 第十六卷, 第九篇注上,〈司〉, 434쪽. 그 원문에 "𤕫, 臣司事於外者. 从反后. 凡司之屬皆从司"라고 되어 있다.

도표 번호	상商나라의 갑골문甲骨文	주周나라의 금문金文	진秦나라의 소전小篆	한漢나라의 예서隸書	현대의 한자	글자의 창의創意
318		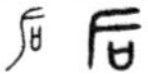	 s		后	사司를 반대로 한 형태이다.
319		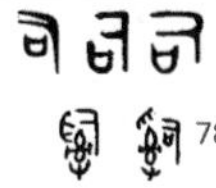 [785]	 s		司	사辭에서 추출되었고, 뾰족한 코바늘로 엉켜 있는 실을 정리하는 모습을 본뜨고 있다.

이미 소개한 사辭와 그 사용 의미가 대체로 동일하였다. 더욱이 자형 형태에서도 이 사司는 사辭의 오른쪽 부분을 이루고 있다(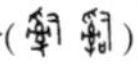). 그런데 우리가 앞에서도 이미 살펴본 것처럼, 이 사辭는 뾰족한 코바늘로 엉켜 있는 실을 풀어내는 모습을 표현하고 있다. 따라서 이것으로 '다스리다'와 '관리하다'라는 의미를 나타내게 되었다. 그런데 이 사辭에서 구口는 나중에 덧붙여진 무의미한 빈 공간 채우기이며, 더욱이 신辛이 덧붙여진 사辭는 아주 늦은 시기에나 출현하였다. 그래서 이렇게 본다면, 사司는 당연히 사辭의 생략에서 생겨난 글자이고, 후后 또한 이 사司에서 분화되어져 발음을 달리하며 의미까지 달라진 글자라고 볼 수 있다. 따라서 이 사司와 후后는 모두 사람의 형태와는 아무런 관련이 없는 글자임을 알 수 있고, 더욱이 오줌 구멍과 항문과의 관계에 대해서는 더 이상 말할 필요도 없다.

그리고 그 학자는 다시 주장하기를, 후喉는 성부聲符인 후侯를 따르는 글자이고, 또 이 후侯는 활을 쏠 때의 과녁을 가리킨다고 하였다. 그래서 후인侯人의 직책은 과녁에 꽂힌 화살을 뽑아낸 다음, 화살이 꽂혀 패인 구멍을 살피는 것이라고 생각하고 있다.

그런데 〈도표 320〉에 보이는 후(矦, 侯)에 대해 《설문說文》에서는, "는 봄에 향인음주鄕人飮酒에서 거행하는 대사례大射禮의 과녁이다. 인人을 따른다. 한厂을 따르고, 펼친 과녁을 본뜨고 있다. 시矢는 그 아래에 있다. 천자天子는 곰, 호랑이, 표범의 가죽으로 된 과녁을 쏘는데, 맹수를 굴복시키는 것이다. 제후諸侯는 곰과 호랑이의 가죽으로 된 과녁을 쏜다. 대부大夫는 큰사슴의 가죽으로 된 과녁을 쏜다. 미麋는 미혹迷惑되는 것이다. 사士는 사슴과 돼지의 가죽으로 된 과녁을 쏘는데, 농사를 위해 해로운 것을 없애는 것이다. 그 축문祝文에 이르기를, '편안하게 다스리는 제후가 못 되어 왕의 거처에서 알현을 하지 못함과 같이 되지 말지니라. 그래서 맞서서 너희를 쏘노라'라고 하였다. 는 고문古文의 후矦이다"[786]

785 여기에 보이는 금문金文의 '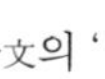' 두 자형은 사司와 관련이 있는 사辭의 자형을 모아둔 것이다.

도표 번호	상商나라의 갑골문甲骨文	주周나라의 금문金文	진秦나라의 소전小篆	한漢나라의 예서隸書	현대의 한자	글자의 창의創意
320			 s k	矦 侯	矦 侯	화살을 과녁에 쏜 모양을 본뜨고 있다.

라고 하였다. 갑골문에서 이 후(矦, 侯)도 확실히 한 대의 화살을 하나의 과녁에 쏜 것으로 그 물체를 표시하고 있다. 그러나 이 후(矦, 侯)에서 활을 쏘는 중점은 목표물을 맞히는지 맞히지 못하는지에 있지, 화살이 꽂혀 패인 구멍의 형태나 혹은 그 구멍의 깊고 얕은 정도와는 아무런 관련이 없다.

그리고 그 학자는 또 주장하기를, 공工은 강扛의 자원字源이 되는 글자인데, 이 공工은 막대기로 어느 물체에 구멍을 뚫으면 그 물체를 들 수 있다는 의미라고 여기고 있다. 그런데 이러한 견해는 후대에나 출현하는 자형에 근거하여 주장하는 것인데, 앞의 〈도표 119〉에서 소개했던 것처럼 갑골문에서 공工은 단독으로 걸려 있는 석경石磬의 모습을 본뜨고 있다. 그런데 이 공工에는 막대기로 구멍을 뚫는 그러한 모습은 전혀 보이지 않는다.

그리고 앞의 〈도표 37〉에서 이미 살펴본 것처럼, 갑골문에서 공公은 노인의 입가 양옆에 패인 주름의 모습을 본뜨고 있다. 그런데 이 공公에 대한 이 학자의 해석이 더욱 기발한데, "사私와 반대되는 것을 일컬어 공公이라고 하였다"[787]라고 한 한비자韓非子의 예를 들어 이 공公을 풀이하고 있다. 그러면서 공公은 곡谷과 성운聲韻에서 대전對轉이 되므로,[788] 이 공公은 동굴 하나를 파서 그 내부의 상황을 드러내는 것이라고 주장하고 있다. 그 밖에도 흉凶은 함정에 빠져 아주 위험하다는 의미를 나타내고 있다고 생각하고 있다. 또한 항巷은

786 (淸) 段玉裁注,《說文解字注》, 第十卷, 第五篇注下,〈矦〉, 229쪽. 그 원문에 "矦, 春饗所射矦也. 从人. 从厂, 象張布. 矢在其下. 天子射熊虎豹, 服猛也. 諸矦射熊虎. 大夫射麋. 麋, 惑也. 士射鹿豕, 爲田除害也. 其祝曰: 毋若不寧矦, 不朝于王所, 故伉而射汝也. 矦, 古文矦"라고 되어 있다.

787 소증화邵增樺 주역註譯,《한비자 금주금역韓非子今註今譯》, 第一卷,〈五蠹〉, 40쪽. 그 원문에 "背私謂之公"이라고 되어 있다.

788 여기서 말하는 대전對轉이란 달리 음양대전陰陽對轉이라고도 한다. 곧 'p', 't', 'k' 등의 파열음破裂音으로 운미韻尾를 하는 입성운入聲韻이나 'm', 'n', 'ŋ' 등의 비음鼻音으로 운미韻尾를 하는 양성운陽聲韻, 혹은 모음이나 반모음으로 운미韻尾를 하는 음성운陰聲韻은 모두 상호간의 운미韻尾로 변화될 수 있다고 보는 이론이다.

마을 가운데에 난 도로인데, 일반적으로 사람들은 뚫린 길을 통하여 다니므로 항巷도 이와 동일한 어원에서 나왔다고 여기고 있다.

그런데 이러한 방식으로 문자를 해석하는 일은 다분히 억지로 끌어다 붙이는 식의 부회附會가 될 뿐만 아니라, 가끔은 동일한 형성자形聲字의 글자군이 동시에 여러 가지 의미를 함께 나타내게 되는 예상 밖의 현상이 생기기도 한다. 예를 들어, 구垢는 성부聲符인 후后를 따르는데, 이 학자는 두텁고 탁한 흙으로 그 의미를 취한다고 생각하고 있다. 그래서 후吼는 성부聲符인 공孔을 따르는데, 묵직하며 탁한 외침소리를 나타낸다고 여기고 있다. 또한 홍紅은 성부聲符인 공工을 따르는데, 두텁고 무거운 색깔을 표현한다고 생각하고 있다.

일반적으로 발음은 문자 창조보다 먼저 존재하였기 때문에, 처음 막 어느 발음이 생겨났을 적에는 아마도 그 발음과 언어의 의미 사이에 상당히 밀접한 관계가 있었을 것이다. 그렇지만 시간이 점점 흐름에 따라 아마도 그 둘의 관계는 차츰 멀어지게 되었을 것이다. 그래서 만약 중국의 한자의 경우를 예로 들어 보면, 대체로 어느 한 글자가 지니고 있는 어떤 일정한 의미는 3천 년이라는 긴 시간 동안 거의 변화가 없었지만, 그 발음에서는 오히려 끊임없는 변화가 생겨났다. 따라서 우리가 앞의 서론에서도 이미 예를 들어 설명한 것처럼, 발음과 언어의 의미 사이는 고정된 것이 아님을 알 수 있다. 더욱이 방언方言의 현상을 살펴봐도 발음과 언어의 의미 사이가 고정불변한 것이 아님을 확인할 수가 있다. 이처럼 중국의 문자는 만약 어떤 글자의 자형이 같으면 그 글자의 의미도 모두 동일하지만, 반면에 그 발음은 오히려 방언에서처럼 서로 달라질 수가 있다. 그런데 만약 발음과 언어의 의미 사이에 어떤 필연적이고 고정적인 관계가 존재했었다면, 아마도 그 글자의 발음에는 거의 변화가 일어나지 않았을 것이다.

그러나 심지어 어떤 가설에는 강이나 하천의 이름을 짓는 경우에도 어떤 특수한 의미를 지니고 있었다고 여기기도 한다. 예컨대 양자강揚子江의 물소리는 공공工工하므로 공工으로 형성자形聲字가 되었고, 황하黃河의 물소리는 가가可可하므로 가可로 형성자形聲字가 되었다는 주장 등이다. 그렇지만 대부분의 언어는 그 연대가 이미 너무 오래되었기 때문에, 그 언어가 대표하던 의미가 거의 묻혀지고 사라져 버려서 더 이상 고증할 방법이 없다. 그뿐만 아니라 언제 사물에 이름을 붙였는지조차도 현재로서는 밝혀내기가 어려운 실정이다. 그래서 어느 한 글자의 형성변방形聲邊旁이 어떤 일정한 의미를 가지기 시작했던 시대를 어떻게 확정하느냐와, 동일한 발음의 글자가 어떤 이유로 해서 더 이상 동일한 의미를 갖지 않게 되었거나 혹은 변화가 일어났는지 등과 같은 고증하기 어려운 문제라든지, 또는 지나치게 주관적인 판단으로 흐르기 쉬운 난처한 문제 등에 대한 주장은 여전히 우리가 일치된 견해에 이르기 어려운 난제이다.

그리고 어느 하나의 발음이 어느 한 가지의 의미만 가지는 것은 당연히 불가능하다. 그것은 어느 한 사물의 기본적인 상황이 대체로 여러 가지 요소와 수많은 조건이 결합되어 있다고 봐야 하기 때문이다. 예를 들어, 하나의 탁자는 그 구성이 목재나 금속으로 제작되었고, 사각형 혹은 원형이며, 지면보다 높고, 다리가 있으며, 음식을 차릴 수 있고, 진열용 혹은 독서용이며, 실내외에서 사용할 수 있고, 조각장식이 있거나 없으며, 칠을 했을 수 있고, 또는 여러 가지 색깔을 입힌 물체 등과 같은 내용이 모두 여기에 포괄된다. 그러나 우리가 분류한 이러한 구상이 어떻게 고대 사람들의 생각과 완전히 일치한다고 수긍할 수 있을 것인가? 마찬가지로 어느 한 사물에 이름을 붙인 것은 확실히 어느 하나의 발음으로 어느 한 가지의 의미만을 표현한 것이지, 그 외의 다른 의미까지 표현한 것은 아니었다는 것을 또한 어떻게 수긍할 수 있을 것인가?

그런데 가끔의 경우에는 하나의 자형이나 하나의 발음이 여러 가지 의미를 동시에 겸하여 가지기도 하였는데, 이것이 변천되면서 나중에는 그 발음상에 심한 변화가 일어나게 되었다. 그러나 그중의 어떤 하나의 의미는 자형에 의해 그 의미가 생긴 것이기 때문에, 그 자형으로 형성자가 되는 글자는 대체로 어느 일정한 의미를 갖게 되는 현상을 빚게 되었다. 그래서 어느 한 글자가 발음의 관계로 인해 어느 일정한 의미를 갖게 되었다고 보는 것보다는 오히려 자형에 의해 그러한 의미를 지니게 되었다고 보는 것이 더 나을 것이다. 그래서 만약 문자를 창조할 적에도 이미 어느 발음이 어느 의미를 대표한다는 사실을 인식하고 있었다면, 아마도 그러한 인식이 자형 중에 자연스럽게 표현되어 나왔을 가능성이 비교적 높다. 따라서 동일한 형성形聲의 글자는 서로 통할 수 있다는 언어상의 의미가 이렇게 어느 정도 근거를 지닐 수 있게 된다. 그러나 만약 발음이 서로 비슷한 몇 개의 글자만을 선택하여 분류를 시킨다면, 매 하나의 유형에 속하는 글자들의 시대성과 사용 의미 사이의 관계를 잠시 제쳐 놓고라도, 여전히 수많은 논쟁의 여지를 남기게 된다.

제7절 고금古今 자형字形의 변천 및 그 예

1. 자형字形 변천 방향의 판단

고대문헌古代文獻을 해독하며 읽어 내려갈 수 있다는 것은 고대의 역사와 사회를 연구하는 데 있어서 가장 중요한 일 중의 하나이다. 그런데 만약 문자를 정확하게 인식해 내지 못한다면 문장의 의미를 제대로 파악할 수가 없게 될 뿐만 아니라 근본적으로 더 진일보된 연구를 진행할 수도 없게 된다. 더욱이 문자는 사용되는 과정에서 여러 가지 많은 요소의 영향을 받으며 외형상에서나 그 구성상에서 다양한 변화를 일으켜 왔다. 그래서 일찍이 당란唐蘭은 회화繪畫, 새기기, 글씨 쓰기, 인쇄印刷, 행간, 형식, 구성, 자획, 간략화하기, 복잡한 자형, 동일화, 달라짐, 실용적 목적, 미관, 창신創新, 복고復古, 뒤섞임, 착오, 고치기, 바로잡기, 도태, 선택 등과 같은 문자 변화의 각종 요인에 대해 연구를 하였다.[789] 따라서 이러한 요인들이 고금古今의 자형으로 하여금 서로 커다란 차이를 낳게 하였고, 또 어떤 경우에는 옛 모습을 전혀 찾아볼 수 없게 만들기도 하였다.

그런데 오늘날은 문자의 표준화가 이미 이루어져 조판組版해서 인쇄되는 인쇄물의 자형字型이 이미 어느 정도 일정한 틀을 갖추고 있을 뿐만 아니라, 그 인쇄물의 전파가 아무리 멀어도 이르지 않는 곳이 없을 정도로 세상 구석구석까지 전해지고 있다. 그렇기는 하지만 여전히 자형에 변화가 생기는 것은 완전히 막을 수가 없는 실정이다. 그것은 현대인들이 공개적인 문자 기록이나 혹은 개인적인 기록에서 글쓰기의 편리를 위해 어떤 글자의 글자 쓰는 방식을 간단하게 하려는 경향이 상당히 농후하기 때문이다.

그런데 이와 같은 상황을 인식한 상태에서 만약 우리가 어느 한 글자의 원형原形이나 비교적 초기의 자형 형태를 알고 있다면, 고문자古文字의 이해에 커다란 도움을 받을 수가

789 당란唐蘭, 《중국 문자학中國文字學》, 117-148쪽 참고.(원저자 주)

있다. 그뿐만 아니라 이러한 이해는 우리가 위에서도 이미 언급한 것처럼 창의創意의 연구에도 적잖은 도움이 될 수 있다. 따라서 각각 서로 다른 단계에 있는 두 가지 고금古今의 상이한 자형을 어떻게 동일한 하나의 글자로 판별해 내는가 하는 것이 문자학 연구의 가장 중요한 내용이 되어 왔다. 그래서 중국에서 문자학을 강의하는 대부분의 교과 과정에는 모두 이러한 내용을 포함하고 있다.

일반적으로 문자의 변천을 일으키는 요인에는 자연적인 변천과 인위적인 변천 등 두 가지 요소 밖에는 없다. 그중에서 자연적인 변천은 무의식적이고 점진적인 것이며, 비교적 문자의 형식에 주로 변화가 많은 편이다. 그러나 문자의 형식이 어느 일정한 정도까지 변천한 다음에는 극심한 변화를 일으키면서 그 원류를 더욱 찾기 어렵게 될 수도 있다. 그리고 인위적인 변화는 고의적인 것이든지, 혹은 다른 동일한 글자와의 구분을 위한 것이든지, 혹은 동일화를 시키려는 이유 때문이든지, 혹은 새로운 시대 환경이나 새로운 사조에 순응하기 위한 것 등과 같이 대체로 자형의 구조에서 비교적 많은 차이를 일으키게 하고 있다. 그래서 이것은 모두 자형의 변천이나 창의를 연구하는 데 있어서 상당히 커다란 장애가 되는데, 이것을 해결하기 위해서는 다른 자료의 도움을 통해서만이 비로소 그 글자의 정확한 원형原形을 판명해 낼 수가 있다.

그렇지만 만약 문자의 일반적인 변천 규칙을 잘 알고 있다면, 어느 한 글자의 전 시대나 후 시대의 자형 변화에 대해서 비교적 쉽게 그 변천 과정을 파악할 수가 있게 된다. 또한 그 자형 변천의 경로와 원인에 대해서도 더불어 이해할 수 있게 된다. 그래서 어느 글자의 비교적 초기 자형의 모습이나 심지어는 그 글자의 원형原形, 혹은 두 가지 완전히 서로 다른 자형을 어느 한 글자의 이체자異體字로 판단 내리는 일까지도 이러한 문자 변천의 규칙성에 의거하여 추정해 낼 수가 있다. 따라서 이러한 지식은 고문자를 인식하는 데 도움이 되는 것은 물론이고, 문자의 창의를 연구하는 데에도 상당한 도움이 될 수 있다. 그래서 각각 서로 다른 단계에 있는 두 가지 고금古今의 상이한 자형을 어떻게 동일한 하나의 글자로 판별해 내는가와 그 변천 과정의 추세는 또한 어떠한가에 대한 이해가 바로 문자학 연구의 가장 중요한 핵심 내용의 하나라고 할 수 있다.

그런데 자형의 복잡화, 간략화, 변방邊旁의 대체代替 등의 현상에 대해 문자학을 연구하는 학자마다 모두 상세하게 분석하고 나름대로 귀납시켜 내고 있다. 그렇지만 두 가지 서로 다른 자형 사이의 전후 관계를 언급할 경우에는, 특히 도대체 어떤 원칙이나 이유 혹은 조항에 근거하여 어느 하나의 자형이 갑형甲形에서 을형乙形으로 변천하게 되었지 을형乙形에서 갑형甲形으로 변천된 것이 아니라는 결론을 내리게 되었는지에 대해서는, 대부분의 학자들이 그다지 비중 있게 토론하거나 고려를 하지 못하고 있는 실정이다.

실제로 매 하나의 자형 변천은 항상 각각의 변천의 배경이나 원인 및 경로가 있기 마련이기 때문에, 전체적인 상황을 모두 고려하자면 그 내용이 무척이나 복잡하다. 더구나 그 중에는 규칙적인 변화도 있고 또 예외가 되는 경우도 있기 때문에, 우리가 임의적으로 주관적인 체계를 설정할 수도 없는 형편이다. 그렇지만 만약 몇 가지 기본적인 원칙에 의거하여 종합적인 검토를 하면서 두 가지 서로 다른 자형이나 혹은 한 유형에 있는 자형 사이의 변천 방향을 관찰해 본다면, 틀림없이 이 방면의 연구에 적잖은 도움을 받게 될 것이다. 그래서 필자의 생각이 미치는 한에서 비교적 중요하다고 생각되는 자형 변천의 원칙에 대해 아래와 같이 몇 가지 항목으로 나누어 간단히 정리를 해 보았다.

(가) 글자의 시대성

사물의 변천은 시간의 흐름에 따라 변화되는 것인데, 여기에는 자형의 변천도 그 예외가 될 수 없다. 그래서 자형 변천의 방향도 당연히 이른 시기에서 후대로 변해 왔기 때문에, 일반적인 상황에서는 비교적 초기에 나타난 자형이 비교적 이른 시기의 자형 형식을 대표하기 마련이다. 그렇지만 자형의 변천 과정은 상당히 오랜 시간이 걸렸을 뿐만 아니라, 단순히 직선적인 방향으로 나아간 것도 아니었다. 더구나 오늘날 우리가 수집하고 정리한 고문자의 자료는 여전히 완벽하다고 할 수 없으며, 어쩌면 실제적인 모든 자형 변천의 상황을 제대로 반영하지 못하고 있을 수도 있다.

그리고 만약 갑골문에서 소전체小篆體까지의 자형 변천 현상을 살펴본다면, 동일한 시기에도 이체자異體字가 공존하여 어느 자형이 비교적 초기 형태인지 분간하기 어려운 경우가 많다. 또한 어떤 경우에는 어떤 특수한 목적 때문에 후대이면서도 비교적 이른 시기의 자형을 쓰는 현상이 간혹 보이기도 하는데, 이것은 곧 후대에 나타나는 문헌의 자형이 아마도 바로 전 시대보다 오히려 더 이른 시기의 자형을 유지하고 있는 현상에 해당될 것이다.

일반적으로 갑골문은 이미 상당히 성숙된 체계를 갖춘 문자이기는 하였지만, 이 갑골문보다도 더 오래되고 더 원시적인 자형이 틀림없이 존재했을 수도 있다. 그래서 우리는 갑골문 제1기의 자형을 최초의 글자 형태라고 말할 수는 없다. 그리고 서주시대西周時代 청동기 명문銘文의 연대도 시간적으로만 놓고 본다면, 상商나라의 갑골문보다는 시기적으로 늦은 편이다. 그렇지만 이 청동기 명문에 새겨져 있는 이른바 족휘문자族徽文字 혹은 기명금문記名金文이라고 불리는 자형은 대체로 일반적인 갑골문의 자형보다 언뜻 보기에 훨씬 더 원시적이고 사실적인 묘사를 하고 있다. 그래서 대부분의 학자들은 이러한 족휘문자가 갑골문보다도 오히려 더 초기 문자의 전통을 잘 유지하고 있다고 생각하기도 한다. 이러한 사실은 자형이 기재된 문헌의 연대로 자형 변천 방향의 근거로 삼는 것이 그다지 절대적인 표준이 아님을 잘 설명하고 있다.

그런데 이처럼 비교적 이른 시기의 자형을 사용하는 시대적인 분위기는 상나라 때부터 소전체를 쓰던 시대에 이르기까지 끊임없이 계속 나타났다. 그래서 아래에 몇 가지 예를 들어 가며 이와 같은 반복적인 변화가 그다지 드문 현상이 아님을 설명하고자 한다.

예를 들어, 앞의 〈도표 313〉에서 이미 소개한 것처럼, 갑골문에서 왕王은 하나의 모자 모습을 본뜨고 있다. 그런데 다음 그림에서도 보이는 것처럼 갑골문 제1기 때에는 삼각형 위에 하나의 가로획을 그었지만,[790] 제2기 때에는 이러한 형태를 계속 사용하는 것 외에도 가장 윗부분에 또 하나의 짧은 가로획을 더 그었다. 그런데 이러한 현상은 일반적인 자형 변천의 규칙성이라고 볼 수 있다. 그리고 제3기 때에는 제2기 때와 동일한 자형 형태를 계속 유지하고 있었다. 그러나 제4기 때가 되면서는 비록 일부분의 자형은 이러한 자형 형태를 계속 유지하고 있었지만, 그 외의 대부분의 자형은 그 위에 그은 짧은 가로획을 생략하고, 오히려 제1기 때의 자형 형태로 되돌아갔다. 그렇지만 제5기가 되면서 다시

甲1	甲2	甲3	甲4	甲王[791]	甲5	小篆
					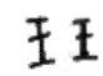	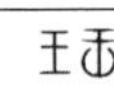

790 동작빈董作賓이 구분한 상商나라 후기의 갑골문 다섯 시기는 다음과 같다. 제1기는 반경盤庚, 소신小辛, 소을小乙, 무정武丁의 2대代 4왕王이고, 제2기는 조경祖庚, 조갑祖甲의 1대代 2왕王이며, 제3기는 늠신廩辛, 강정康丁의 1대代 2왕王이고, 제4기는 무을武乙, 문정文丁의 2대代 2왕王이며, 제5기는 제을帝乙, 제신帝辛의 2대代 2왕王이다.

791 여기서 갑왕甲王이라고 하는 것은 갑골문의 왕족복사王族卜辭를 일컫는다. 이것은 최근에 은허殷墟 지역에서 상나라 왕족王族의 갑골문이 아닌 비왕족복사非王族卜辭도 출토되었기 때문에, 이 두 가지를 구별하기 위해 이렇게 명칭을 붙였다.

이 짧은 가로획을 더 그었고, 또한 삼각형을 하나의 세로획으로 합쳐 버렸다.[792] 그리고 마침내는 소전체에 보이는 것과 같은 왕王의 자형이 되었다.

그리고 앞의 〈도표 236〉에서 소개한 교(敎, 教)는 다음 그림에서도 보이는 것처럼, 갑골문 제1기 때에는 손에 회초리를 들고 어린아이에게 새끼에 매듭을 짓는 기술을 배우도록 타이르는 모습을 본뜨고 있었다. 그런데 제3기가 되면서 이 자형 형태 외에도, 또한 어린아이 부분을 생략하면서 손에 회초리를 들고 있는 자형 및 매듭을 지은 새끼줄의 형태만을 본뜬 자형이 나타났다. 이것은 갑골문의 왕족복사王族卜辭에서도 또한 마찬가지 현상이었다.

그런데 서주시대西周時代에는 현재로서는 생략된 자형 형태밖에 보이지 않고 있고, 춘추시대春秋時代가 되면서 다시 어린아이가 있는 자형 형태로 되돌아갔다. 그러면서도 동시에 두 손으로 매듭을 짓는 자형이 많이 나타났다. 그런데 소전체에서 교(敎, 教)는 다시 손에 회초리를 들고 어린아이에게 새끼에 매듭을 짓는 기술을 배우도록 타이르는 자형 형태를 채택하고 있다.

그리고 이 교(敎, 教)와 자형이나 의미에서 서로 연관이 있는 글자로, 앞의 〈도표 63〉에서 이미 소개한 학(斆, 學)을 그 예로 들 수 있다. 갑골문에서 이 학(斆, 學)은 아마도 최초에는 새끼줄에 겹으로 매듭을 진 모양을 본뜨고 있었고(), 나중에 다시 이 자형에 집 모양을 덧붙였을 것이다(). 그래서 이것으로 매듭을 지은 새끼줄을 사용하는 어떤 장소를 표현하고 있었다. 그러면서 이 자형 형태에 다시 두 손의 모양을 더하여(), 매듭을 짓고 있는 동작도 함께 표현해 내었다.

甲1	甲3	甲王	周中	春秋	戰國	小篆・古文

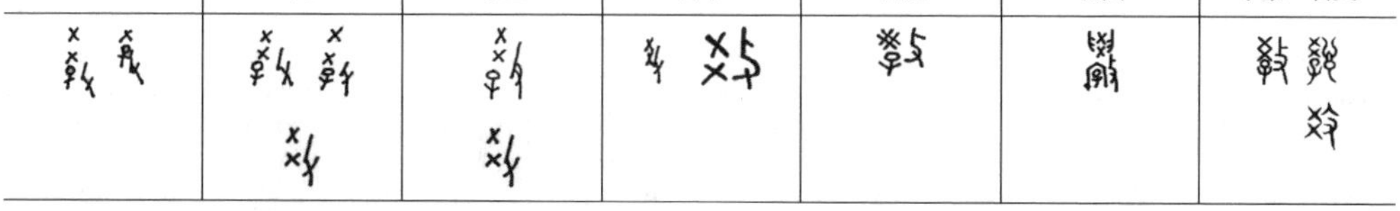

792 일반적으로 갑골문은 그 시대를 제1기에서 제5기까지로 구분할 수 있다. 참고적으로 설명을 하자면, 동작빈董作賓이 제시한 갑골문의 시대 구분과 단대斷代를 위한 그 10개의 표준은 왕세王世, 호칭號稱, 정인貞人, 지층地層, 방국邦國, 인물人物, 사건事件, 어법語法, 자형字形, 서체書體 등이다. 동작빈董作賓, 〈갑골문 단대연구의 예(甲骨文斷代硏究例)〉, 《경축 채원배 선생 65세 논문집慶祝蔡元培先生六十五歲論文集》(上冊) 논문 및 동작빈董作賓, 《갑골학 60년甲骨學六十年》, 63쪽을 참고할 것.

그런데 주周나라 초기에 이르러 지붕 아래에 자子를 덧붙이면서(), 이 매듭짓기 기술을 배우는 사람의 신분이 어린아이임을 나타내었다. 이 외에도 그 당시에 나타난 다른 하나의 자형은 손에 회초리를 든 모습을 이 자형에 다시 덧붙여, 이 어린아이에게 매듭짓기 기술을 더욱 독려함을 본뜨고 있었다(). 이렇게 이 두 가지의 복잡한 자형 형태는 전국시대까지 계속 함께 사용되어 내려왔다. 그러다가《설문說文》에서 학(斅, 學)은 회초리를 들고서 가르치는 자형 형태인 학斅을 그 첫 번째 예로 들었고, 소전체에서는 회초리를 들고 있지 않는 자형으로 학學을 삼았다.

그리고 앞의〈도표 166〉에서 소개했던 협(劦, 協)은 아래 그림에서도 보이는 것처럼, 갑골문 제1기 때에는 세 개의 력力을 하나의 감凵 혹은 구口 위에 나란히 세워 놓은 모습을 본뜨고 있었다. 그래서 이것은 많은 사람들이 함께 흙을 파는 도구를 사용하여 서로 협력하며 깊은 구덩이를 판다는 의미를 나타내고 있었다. 또한 이 시기의 자형은 가끔 깊은 구덩이를 본뜬 자형 부분을 생략하기도 하였다.

그런데 갑골문 제2기까지는 주로 첫 번째의 자형 형태가 많이 보였지만, 제3기가 되면서 두 가지 자형이 모두 나타났고, 제4기 때에는 다시 자형의 생략형을 사용하였다. 그러나 제5기가 되면서 간혹 어떤 자형은 깊은 구덩이를 본뜬 자형 부분을 생략하기도 하였지만, 그 외의 절대 대다수의 자형은 다시 초기의 깊은 구덩이가 있는 자형의 형태로 되돌아갔다. 그러다가 전국시대에 이르면서 깊은 구덩이의 자형 부분이 또다시 생략되었고, 세 개의 력力도 마침내 삼각형 모양의 중첩된 형식으로 고정적으로 배열되어 버렸다. 그러면서 마침내는 소전체에 보이는 것과 같은 협(劦, 協)의 자형이 되었다.

그리고〈도표 321〉에 보이는 환還에 대해《설문說文》에서는, "은 돌아오는 것이다. 착辵을 따르고, 경瞏은 성부聲符이다"[793]라고 하였다. 갑골문에서 이 환還은 그 창의創意가 그다

甲1	甲2	甲3	甲4	甲5	周中	戰國	小篆
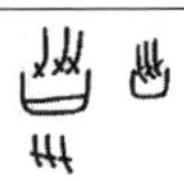							

793 (清) 段玉裁注,《說文解字注》, 第四卷, 第二篇注下,〈還〉, 72쪽. 그 원문에 ", 復也. 从辵, 瞏聲"이라고 되어 있다. 그런데 여기서 환還의 성부聲符인 경(瞏, 睘)은 원래《설문說文》에서 원袁을 성부聲符로 갖는 글자라고 하였다. 따라서 이 환還과 성부聲符인 경(瞏, 睘)은 상고음上古音에서 동일하게 원부元部에 속하였다.

도표 번호	상商나라의 갑골문甲骨文	주周나라의 금문金文	진秦나라의 소전小篆	한漢나라의 예서隸書	현대의 한자	글자의 창의創意
321	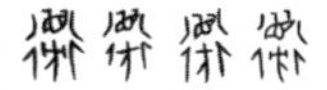		 s	還	還	아마도 영혼을 불러오는 의식과 관련이 있을 것이다.

지 명확하지 않은데, 아마도 의복을 사용하거나 혹은 길 위에서 영혼을 불러오는 의식을 행하는 일과 관련이 있을 것이다. 그래서 아래 그림에서도 보이는 것처럼, 이 환還은 원래 길 중간에 미眉와 방方이 있는 형태였고, 또 다른 형태의 자형은 길가에 의衣와 목目이 있는 모습을 본뜨고 있었다.

甲1	周早	周中	周晚	戰國	小篆
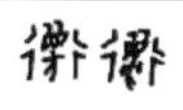	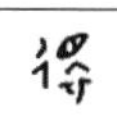	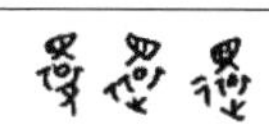		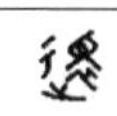	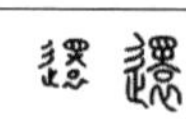

그런데 서주시대의 금문金文에서는 자형의 중간 구성 부분인 의衣 가운데다 작은 동그라미 하나를 덧붙여 사람의 머리를 표현하고 있었는데, 어떤 학자는 이것을 성부聲符로 여기기도 하였다. 그러나 전국시대의 초간楚簡에 이르러서는 대부분의 자형이 환環의 구성 부분을 가진 글자 형태로 바뀌면서, 다시 이 동그라미가 없는 자형 형태를 회복하였다. 그러다가 소전체에서는 다시 이 동그라미가 있는 자형 형태로 되돌아갔다.

위에서 든 몇 가지 예에서와 같이, 우리는 상나라에서 진秦나라에 이르기까지 당대의 습관을 바꾸어 전 시대의 자형을 사용하는 현상이 그다지 드물지 않았음을 확인할 수 있다. 그렇기 때문에 단순히 어느 자형이 기재된 문헌의 연대가 빠르고 늦음을 유일한 기준으로 삼아, 어떤 자형 형태가 비교적 더 이른 시기의 자형이라고 쉽사리 결정해서는 안 된다. 그리고 만약 어느 한 글자의 비교적 완전한 자형 변천의 역사를 이해하지 못하고, 단순히 어느 한 부분만을 근거로 삼거나 혹은 두 가지 자형만을 놓고 성급하게 판단을 내려 버린다면, 일부로 전체를 가늠하는 과오가 발생할 가능성을 피할 수 없게 된다. 따라서 오로지 자형을 사용했던 시대의 빠름과 늦음만이 자형 변천의 방향을 결정하는 절대적인 표준은 분명히 아닌 것이다. 그렇지만 만약 갑골문 이래로 어느 글자의 자형 변천 과정에 대해 비교적 완전한 이해가 부족하다면, 시기적으로 비교적 늦게 나타나는 자형이 도대체 그 자형의 간략화인지 복잡화인지 혹은 그것이 비교적 이른 시기의 자형을 사용한 결과인지를 쉽게 발견해 내기가 어려울 것이다.

그리고 설령 갑골문이 최초의 문헌으로서 글자의 가장 초기 형태를 지니고 있었다고는 하더라도, 이 갑골문에도 제1기부터 항상 두 개의 자형 형태가 병존하는 현상이 있었다.

예를 들어, 앞의 〈도표 287〉에서 소개한 득(㝵, 得)은 아래 그림에서도 보이는 것처럼, 갑골문 제1기 때부터 절대다수의 자형이 손에 바다조개를 하나 들고 있는 모습을 본뜨고 있었다. 그렇지만 가끔씩 이 자형에 하나의 길이 덧붙여진 형태도 나타났다. 그리고 양주시대兩周時代에도 이 두 가지 자형 형태는 병존하였다. 그러다가 소전체에서는 길이 있는 자형을 정체正體로 채택하였고, 반면에 길이 없는 자형은 고문古文이 되었다. 그래서 이러한 현상도 단순히 연대의 조건만으로 어느 자형이 더 원시 자형인지 판단하기가 곤란한 한 가지 예가 된다.

甲1	商晚	周中	周晚	春秋	戰國	小篆	古文

그렇지만 만약 길에서 바다조개를 주워 이득을 봤다는 창의創意의 관점에서 본다면, 길이 있는 자형이 길이 없는 자형 형태보다 훨씬 더 의미가 분명하다고 할 수 있다. 더욱이 상나라의 청동기 명문銘文에도 길에서 바다조개를 줍는 모습을 본뜬 득(㝵, 得)이 보이는데 ( ), 이 자형에서 조개를 나타내는 부분의 묘사가 갑골문보다 훨씬 더 사실적이다. 그래서 아마도 이 청동기 명문銘文의 자형은 갑골문의 자형보다 더 이른 시기의 자형 형태를 계승하고 있다고 볼 수 있을 것이다.

그리고 앞에서 이미 소개한 것처럼, 〈도표 166〉에 보이는 협(劦, 協)도 갑골문 제1기 때부터 두 가지 이상의 자형 형태가 병존했음을 알 수 있다( ). 또한 마찬가지 예로 앞의 〈도표 44〉에서 소개했던 농(農, 辳)도 《설문說文》에 보이는 소전체 자형은 서주西周 말기부터 이미 나타났으며, 주문籀文의 자형은 춘추시대부터 이미 출현하였다( ). 그러나 함께 소개한 림林을 따르고 진辰을 따르는 고문古文의 자형은 오히려 갑골문에는 보이지만 금문金文에서는 찾아볼 수가 없다( ). 일반적으로 《설문說文》에 수록된 고문古文의 자형은 전국시대戰國時代 동방육국東方六國의 문자라고 여기고 있지만, 이 농(農, 辳)의 고문에 남아 있는 자형은 오히려 그보다 훨씬 오래된 상나라 자형의 형식을 그대로 드러내고 있다. 따라서 단순히 연대의 조건만으로 자형의 변천 방향을 판단하는 일은 대부분 실제 사실과 그다지 부합하지 않음을 알 수 있다.

그리고 이와 마찬가지로 앞의 〈도표 236〉에 보이는 교(敎, 教)의 자형도, 《설문說文》에 수록된 고문古文의 자형은 그 자형 구성이 갑골문과 서주시대에 보이는 형식을 따르고 있었다. 그렇지만 반면에 전국시대에 흔히 보이던 자형 형태와는 조금 달랐음을 알 수 있다. 따라서 자형의 변천 방향을 연구하기 위해서는 기타 다른 조건도 함께 참고할 필요성이 있는데, 이렇게 했을 경우에만이 어느 두 특정한 자형 사이의 변천 방향이 어떻게 되는지 비교적 정확하게 추정해 낼 수 있게 된다.

(나) 문헌의 성질

문자 표기를 할 경우에 가끔은 사물의 유형이나 혹은 서로 다른 문자 사용의 성질로 인하여 동일하지 않는 글자의 형식이나 자형을 선택하기도 한다. 그래서 동일한 청동기 명문銘文 중에서도 족휘문자族徽文字의 자형 부분은 일반적으로 청동기의 다른 명문보다 더 복잡하면서 실제에도 더욱 가깝다. 그런데 여기서 족휘라고 하는 것은 어느 지역의 한 집단을 대표하는 부호를 말한다. 그래서 만약 그 집단의 어느 구성원이 임의적으로 그 부호를 바꿔 버린다면, 다른 사람의 동의를 얻지 못할 뿐만 아니라 심지어 처벌을 받기도 했을 것이다. 그러나 이와는 달리 일상생활에 항상 사용되는 문자는 그러한 염려가 그다지 없었기 때문에, 쉽사리 글쓰기에서 소홀해지거나 또는 글을 쓰는 사람의 편리를 위하여 변화가 일어날 수 있었다. 그렇지만 반면에 족휘문자族徽文字는 일상생활의 수요를 거의 대상으로 하지 않았으므로, 원형에 가까운 글자를 쓰는 전통을 비교적 쉽게 유지할 수가 있었다.

그래서 많은 학자들은 청동기에 새겨진 이러한 족휘문자가 묘사하는 물체의 형상이 갑골문에 보이는 자형보다 오히려 훨씬 사실적이라고 여겨서, 일반적으로 이 족휘문자가 갑골문의 자형보다 더 원시적이라고 생각하고 있다. 그러한 까닭으로 어떤 학자는 자형 변천의 추세를 연구하면서 이 족휘문자를 갑골문보다 시기적으로 앞에다 두고, 그러면서 문헌에 보이는 자형 연대의 빠르고 늦은 것만으로는 자형의 복잡화와 간략화의 변천 단계를 완전히 반영하기에 부족하다고 여기고 있다. 그뿐만 아니라 심지어 일반적인 청동기 명문에 보이는 다른 많은 자형도 오히려 갑골문보다 더 실물의 형태에 가깝게 묘사되었다고 생각하기도 한다. 그래서 자형 변천의 추세를 언급할 적에는 자형의 사실적 묘사의 정도에 따라 사물의 실제적인 모습에 가까운 문자를 항상 갑골문보다 전 시대에 놓곤 한다.

예를 들어, 앞의 〈도표 284〉에서 이미 소개한 것처럼, 갑골문에서 목牧은 자형에서 몇 가지의 서로 다른 구조 형태가 있다. 기본적으로는 손에 목축용 채찍을 들고 소를 모는 모습을 본뜬 형태가 있고(), 또한 양을 모는 모습을 본뜬 형태가 있다(). 그 외에도 이 두 가지 자형 형태 모두에 다시 하나의 길을 덧붙인 자형도 있는데(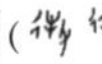), 이것은 도로 옆에서 소규모로 방목을 한다는 뜻을 표현하고 있다. 그런데 이 네 가지 자형 형태는 모두 갑골문 제1기에 동시에 나타났는데, 그렇다면 도대체 소가 있는 자형이 먼저인지 아니면 양이 있는 자형이 먼저인지, 또는 길이 있는 자형이 생략형인지 아니면 복잡화된 자형인지 등에 대해 어떻게 결정을 내리느냐는 당장에 무척 곤란한 문제가 되어 버린다.

그런데 중국의 고대 유적지의 유물 출토 현황을 살펴보면, 일반적으로 양의 출현이 비록 소보다는 빠르지만 문자가 사용되던 시기의 주요 거주지인 화북華北의 농업 지역에서는 이미 소가 양보다 숫자적으로 훨씬 많았다. 그래서 양을 방목하는 모습을 본뜬 자형이 소를 방목하는 모습을 본뜬 자형보다 굳이 더 이른 시기라고 볼 필요는 없다. 더구나 당시에도 이미 농경을 주요 생활 방식으로 삼았기 때문에 방목은 그저 농사일 외의 부가적인 작업이었다. 그런 까닭에 길이 있는 자형 형태는 아마도 이보다 더 늦어서야 출현하였을 것이다.

그러나 지금 만약 청동기 명문에 보이는 아형亞形 안에 목牧을 따르는 , ,  등의 세 가지 족휘부호族徽符號를 살펴본다면, 이 자형에서 목牧은 모두 도로 옆에서 소를 방목하는 자형 형태를 가지고 있다. 따라서 대체로 길이 있는 자형 형태가 비교적 정체正體라고 볼 수 있고, 반면에 길이 없는 자형 형태는 생략된 자형이라고 판단할 수 있다. 그 외에도 갑골문에 보면 길에서 소를 방목하는 자형에다 다시 발 하나를 덧붙인 또 다른 하나의 자형 형태가 있다. 그런데 이 글자가 목牧과 동일한 글자인지는 아직 더 고려할 필요가 있으므로, 여기서는 더 이상 언급하지 않기로 한다.

갑골문은 단단한 갑골 표면에 칼을 이용하여 새긴 문자였으므로 붓으로 글씨를 쓰는 것보다는 여러 가지로 어려움이 많았다. 그래서 그 글쓰기가 청동기 명문에 비해서도 훨씬 더 사실적이지 못할 수가 있었는데, 예컨대 원형의 자형은 대부분 사각형의 모양으로 새겨지곤 하였다. 그러나 똑같이 갑골에 글자를 새기는 것이었지만, 전시의 목적을 지닌 문자는 일반적인 갑골문 복사卜辭보다 그 자형 형태를 훨씬 더 상형자象形字처럼 쓰는 습관이 있었다.

예를 들어,《합집合集》37848의 갑골문 복사는 상나라 왕이 계록雞麓이라는 곳에서 호랑이를 잡은 내용을 기록한 것이다.[794] 그런데 이 갑골문 복사가 새겨진 뼈는 호랑이의 상박골上膊骨 부위인데, 그 위에다 여러 가지 복잡한 도안을 조각하여 놓았다. 게다가 녹송석綠松石까지 박아 넣어 둔 것으로 봐서, 이것은 전시의 목적으로 만든 것이 분명하다. 그래서 아래의 〈그림 A〉에 보이는 것처럼 이 뼈 위에 새겨진 계(雞, 鷄)의 형부形符로 쓰이는 추隹나 조鳥는, 아래의 〈그림 B〉에서와 같이 동일하게 갑골문 제5기에 속하는《합집合集》37363, 37470, 37471, 37472, 37494 등의 갑골문 복사에 보이는 계(雞, 鷄)의 형부形符인 추隹나 조鳥보다는 그 자형 형태가 훨씬 더 실제에 가까움을 알 수가 있다.

그림 A	그림 B

그리고 또 다른 예를 들어 보면, 〈도표 322〉에 보이는 우(亐, 于)에 대해서《설문說文》에서는, "亐는 아아! 하는 것이다. 기운이 고르게 퍼져 나가는 모습을 본뜨고 있다. 고丂를 따르고, 일一을 따른다. 일一이라는 것은 그 기운이 고른 것이다. 무릇 우亐의 속屬들은 모두 이 우亐를 따른다"[795]라고 하였다. 그런데 만약 이 우(亐, 于)를 앞의 〈도표 311〉에서 소개한 평平의 자형 구조와 서로 비교하고 대조해 보면, 아마도 이 평平은 대형 천칭식天秤式 저울대의 모습을 본뜨고 있을 것이다(). 그런데 이 우(亐, 于)의 자형에는 간단한 형태와 복잡한 형태의 두 가지 자형 형태가 있는데, 복잡한 자형 형태는 아마도 무거운 물체를 달다가 저울대가 부러지는 것을 방지함을 표현하고 있을 것이다. 그래서 이 복잡한 자형 형태에는 이중으로 줄을 동여매어 더욱 견고하게 한 모습을 나타내고 있다.

그런데 이 우(亐, 于)는《합집合集》37398에서 뿐만 아니라, 마찬가지로 전시 효과를 지니고

794 여기서 말하는 '《합집合集》37848' 등의 표현은 곽말약郭沫若이 주편主編한《갑골문 합집 십삼책甲骨文合集十三冊》에 수록된 갑골문 탁본의 일련번호를 말한다.

795 (淸) 段玉裁注,《說文解字注》, 第九卷, 第五篇注上, 〈亐〉, 206쪽. 그 원문에 "亐, 於也. 象气之舒亐. 从丂, 从一. 一者, 其气平也. 凡亐之屬皆从亐"라고 되어 있다.

있는《일佚》518의 조각된 뼈 위의 갑골문 복사卜辭에서도,[796] 그 위에 새겨진 우(亏, 于)의 자형은 모두 복잡한 형태를 취하고 있다. 그렇지만 이와는 달리 기타 다른 일반적인 갑골문 복사에서는 이 우(亏, 于)가 모두 간단한 자형 형태를 취하고 있다. 더욱이 청동기의 명문銘文에서도 이 우(亏, 于)는 초기에는 비교적 복잡한 자형 형태가 많이 보였지만, 후기가 되면서 점점 간단한 자형 형태가 많아졌다.

도표 번호	상商나라의 갑골문甲骨文	주周나라의 금문金文	진秦나라의 소전小篆	한漢나라의 예서隸書	현대의 한자	글자의 창의創意
322			 s		亏 于	저울대의 모습을 본뜨고 있거나, 혹은 이중으로 견고하게 한 모습을 나타내고 있다.

甲1	甲4, 甲王	甲5	商晩	周早	戰國	小篆
				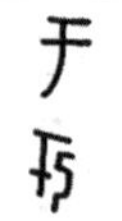		

그리고 가끔씩 글자의 크기도 자형의 선택에 영향을 줄 경우가 있다. 예를 들어, 우리가 앞의 〈도표 1〉에서 소개한 문文의 초기 자형은 한 사람의 가슴에 교차된 형태나 심장 모양의 무늬를 새긴 모습을 본뜨고 있었다. 그리고 또 다른 형태의 한 자형은 가슴에 새긴 이 무늬를 생략하기도 하였다. 그런데 일반적으로 몸에 문신을 새기는 일은 고대의 장례의식에서 시신을 미화美化하는 행위였으므로, 청동기 명문에서는 이미 죽은 사람을 부르는 호칭에 이 문文을 주로 사용하였다. 그 예로 전문인前文人, 문조文祖, 문비文妣, 문부文父, 문모文母 등의 명문을 들 수 있다. 따라서 이 문文의 창의創意는 확실히 가슴에 무늬를 새기는 것에 있었음을 알 수가 있다. 그런데 만약 여기서 문신의 모습을 생략해 버린다면, 곧 이러한 창의가 분명하게 드러나지 않게 된다.

일반적으로 갑골문 복사에서 글자를 작게 쓰는 경우에는 문文의 자형에 이러한 문신의

796 여기서 말하는 '《일佚》518' 등의 표현은 상승조商承祚의 《은계일존 일권殷契佚存一卷》(南京: 金陵大學 中國文化硏究所 影印本, 1933년)에 수록된 갑골문 탁본의 일련번호를 말한다.

모양을 덧붙여 새기지 않았지만, 만약 글자를 크게 쓸 경우에는 이 문신의 모양을 생략하지 않았음을 우리는 쉽게 발견할 수가 있다. 예를 들어, 이 문文이 《합집合集》 4611의 갑골문 복사卜辭에서는 교차된 무늬의 모양을 본뜨고 있었지만(), 《합집合集》 18682의 갑골문 복사에서는 심장 모양의 무늬를 본뜨고 있었다(). 따라서 만약 자형의 공간이 허용될 경우에는 비교적 완전한 문文의 자형 형태를 쓰는 경향이 있었지만, 그와는 달리 글자가 아주 작을 경우에는 어느 부분을 생략한 자형을 쓸 수밖에 없었음을 알 수 있다.

그런데 시기가 비교적 후대인 문헌은 아마도 그 사용상의 성질 때문에 동시대나 전시대에 사용했던 일반적인 자형보다도 더 원시적이고 사실적인 자형을 채택하여 쓰는 습관이 있었을 것이다. 이와 마찬가지 이치로 지금도 흔히 볼 수 있는 하나의 현상을 예로 들어 보면, 현재 우리가 일반적으로 사용하는 서체는 해서체楷書體이지만 도장을 새길 때 사용하는 서체는 오히려 진한秦漢시대의 소전체小篆體을 더 즐겨 쓰고 있다. 따라서 문헌의 연대가 자형 변천의 방향을 판단하는 절대적인 기준이 될 수 없음을 알 수 있다. 그렇기는 하지만 이 문헌이 지닌 성질을 보조적인 기준으로 삼을 수는 있기 때문에, 또한 이것을 가벼이 여길 수는 없다.

그리고 글을 쓰는 사람의 신분도 충분히 주의를 기울일 만한 가치가 있는 부분인데, 정부의 문헌은 대체로 민간에서 만든 문헌보다 더욱 보수적이고 정확한 편이다. 그것은 정부에서 공적으로 발표하는 문자는 충분한 시간을 두고 글씨를 쓰고 또한 전시에 그 목적을 두었기 때문에, 일반적으로 비교적 신중하며 글자의 임의적인 변동이 거의 없었다. 그러나 이에 비해 민간은 문화 수준이 상대적으로 낮았을 뿐더러 동시에 신속한 방법을 찾아 증가하는 작업량에 대처하기 위해 일반적으로 글자를 쓸 경우에 글자의 자획을 줄이는 방법을 즐겨 사용하였다. 게다가 민간에서는 문자를 조잡하게 썼다는 이유로 처벌을 받는 일도 거의 없었다. 그렇지만 문화 수준이 상대적으로 낮은 까닭에 그들이 간략화시킨 자형들은 이따금 정확하지 않는 부분이 많은 편이다. 그것은 마치 육조六朝시대의 비석에 새겨진 문자 중에 오류가 많은 현상이, 당연히 글씨를 파는 석공石工의 글자 인식 수준에 중요한 요인이 있는 것과 같은 이치이다.

그리고 이와 마찬가지로 동일한 시기의 문자라도 민간에서 쓰인 백서帛書나 죽간竹簡에 쓰인 문자 형태에는 서로 상당한 차이가 났는데, 동일한 한 글자에 가끔 둘에서 많게는 네 가지의 자형이 있기도 하였다. 그러나 청동기 명문에 적힌 글자들은 비교적 단일한 형태를 지닌 것이 뚜렷하고, 자형을 변화시킨 정도도 상대적으로 적은 편이었다. 그것은 청동기 명문이 대부분 정부에서 제작된 것임에 비해 간백문자簡帛文字는 개인적으로 쓴 문헌이 많았기 때문일 것이다. 이러한 사실 또한 정부에서 만든 문헌의 글이 민간에서 썼던 글보다 비교적 더 신중하게 쓴 것임을 잘 설명해 주고 있다. 따라서 어떤 학자는 청동기의 금문金文을 정체正體로 보고, 갑골문을 속체俗體로 보기도 한다. 여기서 정체란 비교적 엄숙한 장소에서 사용하는 정체자正體字를 일컫는 것이고, 속체라는 것은 일상에서 실용적으로 사용하는 비교적 간편한 글자체를 일컫는 말이다.

그 외에도 자형의 변천은 가끔 지역적인 특징을 지니기도 한다. 예를 들어, 앞의 〈도표 196〉에서 소개했던 것처럼, 갑골문에서 황皇은 공작새 깃털로 장식한 모자의 모습을 본뜨고 있었다( ). 그런데 춘추시대에 이르면서 깃털 끝부분의 세 세로획에 각각 짧은 가로획을 하나씩 덧붙였고, 전국시대 증曾나라의 '증후을曾侯乙 편종編鐘'에서는 다시 깃털의 눈까지 묘사하고 있었다( ). 그러나 초楚나라 계열의 자형에서는 이 눈 부분을 대부분 생략하곤 하였는데( ), 만약 창의創意의 관점에서 본다면 이러한 형태는 비교적 늦은 시기에 나타나는 자형일 것이다. 그래서 이것은 증曾나라와 초楚나라 지역의 자형 차이를 동시에 보여 주는 좋은 예라고 할 수 있다.

그리고 또한 증나라의 청동기인 '증희무휼호曾姬無卹壺'의 명문에 보이는 실室을 다른 하나의 예로 들 수 있다. 이 명문에 보이는 실室의 형부形符는 여전히 건물 지붕의 모습을 본뜨고 있었지만( ), 반면에 초나라의 청동기 명문 및 간백문자에서는 이 실室의 자형이 대부분 건물의 용마루 형태만 유지하고 있었다. 예컨대 '객주객정客鑄客鼎'에 보이는 객(客:)이라든지, '실주객두室鑄客豆'에 보이는 실(室:)이라든지, '보란서부寶欒書缶'에 보이는 보(寶:) 등이 그것이다. 이것은 아마도 초나라가 중원中原의 정치무대에 합류한 시기가 상대적으로 늦은 탓에 한자를 사용할 기회가 비교적 적었고, 또 그 수준에서도 상당한 차이가 났기 때문일 것이다. 따라서 이 황皇과 실室을 통해 초나라에서는 대체로 자형을 생략하는 습관이 있었음을 알 수 있다.

그런데 이러한 현상도 마찬가지로 단순히 연대에만 근거해서 자형 변천의 방향을 판단할 수 없음을 재차 증명하는 것이라고 할 수 있다. 따라서 반드시 글자의 창의, 자형 변천의 규칙성, 문헌의 성질 등과 같은 기타 여러 가지 조건을 동시에 검토해 보고서야 비로소 자형 변천에 대해서 비교적 신빙성이 있는 결론을 얻을 수가 있는 것이다.

(다) 글자의 창의創意

일반적인 문자의 변천 방향을 살펴보면, 글자의 가지런함과 외적인 미관을 추구하는 요인으로 인해 복잡한 자형은 간략화시켰고, 반대로 간략한 자형은 복잡하게 만들기도 하였다. 이렇게 하여 어느 한 글자의 자형 구조가 적당한 정도의 자획字畫을 유지하게 되었다. 예를 들어, 앞의 제5절에서도 언급했던 것처럼, 형성자는 그 변천하는 과정에서 대부분 가차假借나 자의字義의 확장인 인신引申과 서로 구별하기 위해, 일반적으로 자형에 하나의 형부形符나 성부聲符를 덧붙이곤 하였다. 그런데 여기에는 이미 은연중에 자획을 적당하게 맞추려는 의도도 내포되어 있었을 것이다.

그래서 오로지 성부로만 구성된 형성자를 예로 들어보면, 전국시대에 악곡의 음조로 가차된 우羽에 성부聲符인 우于를 덧붙였거나, 또는 어사語詞로 가차된 호乎에 성부聲符인 호虎를 덧붙여 호虖가 된 경우 등이 있었다. 그런데 이러한 예들은 모두 원래 글자의 자획이 많지 않았기 때문에, 그 발음에 변화가 일어나서라기보다는 아마도 자획이 적은 바로 그러한 이유 때문에 다시금 적당한 성부聲符를 자형에 표기할 필요가 있었을 것이다.

그런데 만약 가끔 두 가지 자형의 자획에서 그 차이가 서로 크지 않고, 문헌의 성질도 서로 비슷하며, 연대도 또한 서로 비슷한 시기라면 마땅히 다시 자형 변천의 방향을 판단할 수 있는 다른 조건을 찾아봐야 한다. 이럴 경우에 그 글자의 창의創意도 당연히 효과적인 참고 조건의 하나가 될 수 있다. 그래서 만약 어느 글자가 그 창의에서 절대적으로 중요한 자형의 한 구성 부분을 생략해 버렸다면, 그것은 아마도 후대의 사람이 그 처음 글자 창제의 의도를 제대로 모르고 간략화시켰기 때문일 것이다.

예를 들어, 앞의 〈도표 266〉에서 소개한 것처럼, 갑골문에서 미(溦, 微)는 손에 날카로운 도구를 들고 병약하며 머리가 긴 노인을 타살하는 모습을 본뜨고 있었다. 그런데 초楚나라의 죽간에서는 손에 들고 있는 날카로운 도구의 자형 부분을 생략해 버렸다. 그래서 이와 같이 이 미(溦, 微)에서 가장 중요한 자형 부분인 몽둥이로 때리는 동작을 생략한 경우는 당연히 이미 변화를 거친 후에 나타나는 자형이라고 볼 수 있다.

그리고 앞의 〈도표 310〉에서 소개했던 것처럼, 갑골문에서 진秦은 두 손에 절굿공이를 잡고 두 묶음의 벼를 찧으면서 쌀을 정제精製하는 모습을 본뜨고 있었다(). 그런데 이 진秦에서 만약 두 손의 자형 부분을 생략해 버렸다면(), 마찬가지로 가장 중요한 곡식을 찧는 동작의 자형 부분을 생략하게 되는 것이다. 그래서 이러한 자형 형태도 비교적 후대

에 나타나는 자형이라고 볼 수 있다. 그 외에도 일반적으로 아래로 방아를 찧는 동작은 대체로 절굿공이의 위쪽을 잡게 된다. 그런데 만약 어느 자형에서 두 손이 아래쪽으로 옮겨진 자형 형태를 취하고 있다면(), 그것도 또한 당연히 비교적 후대에 나타나는 자형 변화라고 볼 수 있다.

그리고 앞의 〈도표 25〉에서 소개한 것처럼, 금문金文에서 법(灋, 法)의 창의는 원래 양이나 사슴과 비슷한 동물인 채廌의 모양을 본뜨고 있었다. 그리고 이 동물은 일반적으로 선악善惡을 판단하는 능력이 있다고 여겨지고 있었다. 그래서 법률法律에서는 공정하기가 마치 물이 흐르는 것과 같은 평형을 유지하기를 요구하고 있었으므로, 이 법(灋, 法)에서 채廌의 구성 부분은 절대적으로 필요한 자형 구성 부분이었다. 그런데 이 법(灋, 法)이 간략화되어 수水와 거去의 두 구성 부분으로 결합된 법法의 자형이 되고 나서는 범죄자를 제거한다는 원래의 법률 개념을 만들어 낼 수 없게 되어 버렸다. 따라서 이 채廌의 구성 부분이 생략된 자형은 자연히 비교적 후대에 나타나는 자형이라고 할 수 있다.

그리고 동일한 한 글자에 보이는 몇 가지 서로 다른 자형 중에서, 만약 어느 한 자형의 창의가 비교적 합리성을 더 지니고 있다면 자연히 우리는 그 자형을 상대적으로 그 글자의 초기 자형으로 볼 수가 있다. 예를 들어, 앞의 〈도표 144〉에서 소개한 것처럼, 갑골문에서 망(朢, 望)은 한 사람이 눈을 치켜뜨고 먼 곳을 바라보는 모습을 표현하고 있다. 그런데 먼 곳을 바라볼 적에는 높은 곳에 서 있는 것이 평지에서보다 더욱 유리하기 때문에(), 단순히 평지에 서 있는 모습을 본뜬 자형 형태는 아마도 후대에 간략화된 자형일 것이다().

위에서 언급한 것처럼 어느 글자의 창의에서 가장 중요한 구성 부분이 생략된 자형은 그 시기가 비교적 늦은 것으로 간주할 수가 있다. 그리고 이러한 조건을 갖춘 글자의 자형 변천 방향을 해결하는 일은 비교적 쉬운 편에 속한다. 그렇지만 만약 생략된 자형의 구성 부분이 그 자형에서 가장 중요한 부분이 아니라면, 반대로 두 자형 사이가 도대체 자형의 복잡화를 거친 것인지 아니면 자형의 간략화를 거친 것인지를 판단하기가 비교적 어렵게 된다. 그것은 일반적인 상황에서 복잡한 자형은 간략화를 요구하게 되고, 간략한 자형은 복잡화를 요구하게 되기 때문이다. 그러나 가끔은 어느 글자의 자형이 이미 상당히 복잡해져도 여전히 기존의 그 자형만으로는 어떤 특별한 의미를 표현하기에 부족하다고 여겨질 때도 있다. 그래서 어떤 학자는 여기에 다시 그 의미를 보충하려고도 하는데, 이와 관련하여 아래에 몇 가지 간단한 예를 들어 보자.

예를 들어, 앞의 〈도표 50〉에서 소개한 추秋는 아래 그림에서도 보이는 것처럼, 갑골문 제1기 때에는 한 마리 메뚜기의 모양을 본뜨고 있었다. 그런데 이 곤충은 여름과 가을이 교체되는 시기에 주로 나타나고, 더욱이 상나라 때에는 계절적으로 가을이 여름까지 포함하였다. 그래서 이 추秋의 의미는 메뚜기 이외에도 가을이라는 계절을 표현하고 있다. 그런데 갑골문 제3기가 되면서는 이 기본적인 자형 외에도 메뚜기 아래에 불이 덧붙여진 또 다른 형태의 자형이 출현하였고, 그러면서 제5기 때까지 이 두 가지 자형 형태는 계속 함께 사용되었다. 그런데 현재 확인할 수 있는 전국시대 문헌에는 이 추秋가 화禾를 따르고 화火를 따르거나 일日을 따르고 추秋를 따르는 자형 형태로 나타나고 있다. 그리고《설문說文》의 소전체小篆體에서는 화禾를 따르고 화火를 따르는 형태로 되어 있으며, 주문籒文에서는 화禾를 따르고 초龜를 따르는 자형 형태를 취하고 있다.

甲1	甲3	甲4, 甲王	甲5	戰國	小篆	籒文

그런데 만약 이 추秋를 연대와 자형의 조건에서 살펴본다면, 그중에서 가장 가능성이 높은 자형 변천의 과정은 먼저 메뚜기 모양이 있었고, 나중에 그 아래에 불을 덧붙였을 것이다. 그리고 여기에 다시 화禾를 덧붙였고, 나중에 메뚜기 모양을 생략하거나 혹은 메뚜기 모양을 생략하고 대신 일日을 덧붙였을 것이다. 또한 메뚜기의 모양은 다른 곤충의 모양과 쉽게 혼동이 될 수 있었기 때문에, 주문籒文의 자형에서는 이 메뚜기 모양의 자형 부분을 거북이 형태로 잘못 변화시켰을 것이다. 그러나 만약 창의創意의 관점에서 본다면, 당시의 농민이 불로 메뚜기를 쫓는 정경을 표현한 것이 아마도 메뚜기 과科의 곤충과 이러한 메뚜기가 나타나는 계절을 더욱 쉽게 드러낼 수 있었기 때문에, 불이 있는 자형 형태가 비교적 이른 시기의 자형이라고 할 수 있을 것이다.

그리고 앞의 〈도표 146〉에서 소개한 무(霖, 粿, 無)와 무舞는 다음 그림(367쪽)에서 보이는 것처럼, 갑골문에서는 원래 한 사람이 두 손을 아래로 늘어뜨린 채 무용 도구를 손에 들고 있는 모습을 본뜨고 있었다. 그런데 글자의 자획字畫이 단순하지는 않음에도 불구하고 춤을 추고 있는 모습을 표현한 것은 그다지 뚜렷하지 않은 편이다. 그러다가《설문說文》의 소전체에서는 이 무(𣞤, 𣠮, 無)와 무舞의 아래쪽에 두 발을 덧붙인 자형 형태가 되었는데, 여기서 두 발을 의미하는 천舛은 춤을 추는 동작을 명확히 표현하기 위한 것이었다. 그런데 소전 형태 이전에는 이 무(𣞤, 𣠮, 無)와 무舞에 천舛을 덧붙인 자형 형태가 거의 보이지 않는 것으로 봐서, 만약 연대성의 원칙에 따른다면 이 천舛이 덧붙여진 자형은 자연히 그 연대가 상대적으로 후대라고 판단할 수 있다. 그렇지만 단지 창의의 원칙만으로 살펴봤을 때는 어느 자형의 시기가 더 이른지 판단하기가 곤란해진다.

그래서 다른 글자의 자형 형태를 참고하자면, 우선 앞의 〈도표 267〉에서 소개했던 것처럼, 갑골문에서 린(粦, 粦, 磷, 燐)은 무당의 몸에 인磷을 바른 모습을 본뜨고 있다(粦 粦). 또한 순(䑞, 舜)에 대해서《설문說文》에서는, "䑞은 메꽃 풀이다. 초楚나라에서는 그것을 일컬어 복葍이라고 하고, 진秦나라에서는 그것을 일컬어 경藑이라고 한다. 땅에 덩굴지며 자라고, 줄줄이 꽃이 핀다. 상형자象形字이다. 천舛을 따르고, 천舛은 또한 성부聲符이다. 무릇 순(䑞, 舜)의 속屬들은 모두 이 순(䑞, 舜)을 따른다. 䑞은 고문古文의 순(䑞, 舜)이다"[797] 라고 하였는데, 이 순(䑞, 舜)은 몸에 인磷을 바른 무당이나 신상神像이 상자 속에 있는 모습을 본뜨고 있다. 그런데 이 린(粦, 粦, 磷, 燐)과 순(䑞, 舜)의 두 글자에서도 무舞와 마찬가지로, 도대체 자형에 천舛을 증가시킨 것인지 아니면 천舛을 간략화시킨 것인지에 따른 자형 변천 방향의 문제를 내포하고 있다. 그러나 이 린(粦, 粦, 磷, 燐)과 순(䑞, 舜)의 의미는 두 발을 나타내고 있는 천舛과 거의 관련이 없는 듯이 보인다. 그리고《합집合集》27286의 갑골문 복사에 보면, 린(粦, 粦, 磷, 燐)을 자형의 한 구성 부분으로 하는 [字]에는 이미 천舛을 덧붙인 예가 나타난 것을 알 수 있다. 그래서 이처럼 천舛을 덧붙인 자형 형태가 시기적으로 비교적 빠른 자형인지 아니면 비교적 후대의 자형인지 판단하기가 무척 어려워 보인다.

그런데 아주 후대까지도 여전히 이 무(𣞤, 𣠮, 無)와 무舞에 천舛을 덧붙인 예가 없는 사실로 본다면, 나중에 이 무(𣞤, 𣠮, 無)와 무舞에 천舛을 덧붙여서 무당이 춤을 춘다는 의미가 더욱 분명해졌음을 알 수가 있다. 이것으로 미루어 추론해 봤을 때, 린(粦, 粦, 磷, 燐)과 순(䑞, 舜)도

797 (淸) 段玉裁注,《說文解字注》, 第十卷, 第五篇注下,〈䑞〉, 236쪽. 그 원문에 "䑞, 䑞艸也. 楚謂之葍, 秦謂之藑. 蔓地生而連華. 象形. 从舛, 舛亦聲. 凡䑞之屬皆从䑞. 䑞, 古文䑞"이라고 되어 있다. 그런데 이 순(䑞, 舜)은 상고음上古音에서 문부文部에 속하였고, 성부聲符인 천舛은 상고음에서 원부元部에 속하였다. 따라서 이 순(䑞, 舜)과 천舛은 상고음에서 서로 동일한 큰 부류에 속하지 않았다.

이와 마찬가지로 자형에 천舛을 덧붙인 형태는 아마도 그 의미를 더욱 분명하게 하려는 후대의 자형 보충이라고 볼 수 있을 것이다.

그뿐만 아니라 초간楚簡이나 전국시대의 몇몇 금문金文에 보이는 것처럼, 이 시기에 이르면 무(霖, 䍙, 無)와 무舞는 춤추는 사람의 두 손이 생략되는 현상과 같이 자형 형태에 조금씩 변화가 일어나고 있었다([illegible]). 그래서 이것은 자형에서 절대적으로 중요한 구성 부분이 생략되거나 변형變形이 생긴 현상에 속하기 때문에, 자연히 비교적 후대의 자형이라고 볼 수 있다. 그렇기는 하지만 이 자형을 사용한 연대를 놓고 봤을 때, 이 자형 형태는 완전한 사람의 모습이 있는 소전체의 자형보다는 더 빠른 편이다. 따라서 이것은 다시 한 번 연대의 조건이 자형 변천의 방향을 판단하는 데 있어서 가장 효과적이거나 절대적인 근거가 아님을 설명해 주고 있다.

甲1	甲3	甲4, 甲王	周早	周晚	春秋	戰國	小篆, 古文

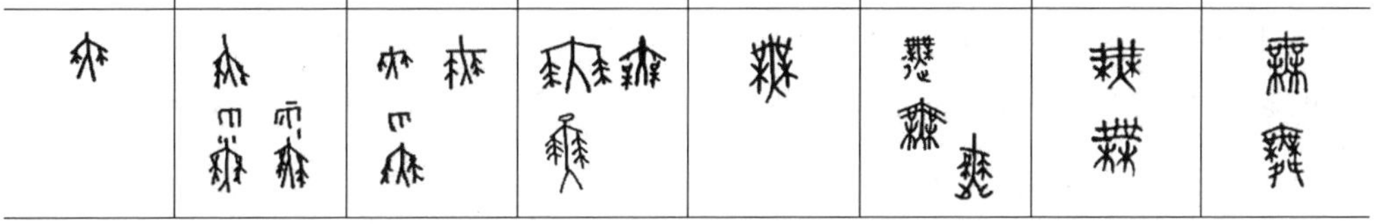

그리고 〈도표 323〉에 보이는 기(棄, 弃)에 대해 《설문說文》에서는, "棄는 버리는 것이다. 공(𠬞, 廾)을 따르고, 반華을 밀어서 버리는 것이다. 돌(𠫓, 𠫔, 突)을 따르고, 돌(𠫓, 𠫔, 突)은 거스르는 아이이다. 弃는 고문古文의 기棄이다. 棄는 주문籀文의 기棄이다"[798]라고 하였다. 갑골문에서 이 기(棄, 弃)는 두 가지의 자형 형태가 있는데, 하나는 두 손에 키를 들고 핏자국이 남아 있는 갓난아이를 버리는 모습을 본뜨고 있다. 그리고 또 다른 하나의 자형은 이 자형에 다시 두 손을 덧붙여 새끼줄을 당겨서 목을 졸라 죽이고 있는 동작을 나타내고 있다. 그런데 이 두 가지 자형 형태는 모두 갑골문 제1기에 보인다. 그렇지만 이 기(棄, 弃)에서 목을 졸라 죽이는 동작은 그다지 불필요한 자형의 구성 부분인 것 같고, 더구나 자형 형태도 지나치게 복잡하게 구성되어 있다. 그래서 이것은 아마도 후대에 덧붙여진 보조적인 설명에 지나지 않을 것이다. 그리고 이 자형 형태는 지나치게 복잡한 탓에 결국

798 (清) 段玉裁注, 《說文解字注》, 第八卷, 第四篇注下, 〈棄〉, 160쪽. 그 원문에 "棄, 捐也. 从𠬞, 推華棄也. 从𠫓, 𠫓, 逆子也. 弃, 古文棄. 棄, 籀文棄"라고 되어 있다.

도표 번호	상商나라의 갑골문甲骨文	주周나라의 금문金文	진秦나라의 소전小篆	한漢나라의 예서隸書	현대의 한자	글자의 창의創意
323			 s k z	棄 弃	棄 弃	두 손에 키를 들고 갓난아이를 버리고 있는 모습을 본뜨고 있다.

도태되어 버렸다.

그리고 앞의 〈도표 31〉에서 소개한 것처럼, 갑골문에서 육(育, 毓)은 가끔 간단히 사람의 모습만으로 묘사되기도 하지만, 일반적으로 한 여자가 핏물이 묻어 있는 갓난아이를 막 낳은 모습을 본뜨고 있다. 그런데 이 자형은 갑골문 제1기에 이미 나타나고 있다(). 그리고 다른 또 하나의 자형은 갓 태어난 아이를 감싸기 위하여 이 자형에 손에 포대기를 쥔 모습을 덧붙이기도 하였는데, 이 자형은 제5기에 이르러서야 나타났다(). 그렇지만 후자의 이 자형은 우선 자형 형태가 너무 지나치게 복잡해져 버렸고, 또한 앞의 자형으로도 이미 충분히 아이를 낳는다는 의미를 표현할 수가 있었다. 그래서 갑골문 제5기에 출현한 이 자형은 나중에 점점 도태되어 버렸다.

그런데 어떤 학자는 아마도 이렇게 포대기로 갓난아이를 감싸면 찬바람을 맞아 병이 드는 것을 예방할 수 있음을 상대적으로 진보된 의학 관념에 기초하여 나중에야 알았을 것이라고 생각하기도 한다. 그래서 이처럼 손에 포대기를 든 모양을 하고 있는 이 육(育, 毓)의 자형 형태를 비교적 후대에 보이는 자형 구조라고 주장하고 있다. 그러나 문자를 사용하던 시기에는 옷을 입는 행위도 이미 정상적으로 일상화가 되었을 것이기 때문에, 만약 갓난아이가 태어났다면 당연히 포대기로 아이를 감쌌을 것이다. 따라서 이것은 후대에야 깨달은 새로운 지식이라고는 할 수 없으므로, 이런 이유 때문에 이 복잡한 육(育, 毓)의 자형을 후대에 출현하는 자형 형태라고 볼 필요는 없다. 그리고 간단한 육(育, 毓)의 자형 형태가 이미 비교적 이른 시기에 나타났고, 더욱이 그 자형 형태만으로도 아이를 낳아 기른다는 의미를 충분히 표현해 내고 있었다. 따라서 이 간단한 자형이 포대기의 형태가 있는 다른 복잡한 자형보다 상대적으로 이른 시기라고 판단할 수가 있다.

그리고 앞의 〈도표 226〉에서 소개한 소召는 다음 그림(369쪽)에서도 보이는 것처럼, 갑골문에는 비교적 간단한 자형과 복잡한 자형의 두 가지 자형 형태가 있다. 그중에서 비교적 간단한 자형 형태는 갑골문 제1기와 제4기에 나타났는데, 하나의 국자와 하나의 잔 모양을 본뜨고 있다( ). 그런데 어떤 학자는 이 자형을 지旨라고 생각하기도 한다. 그리고 비교적 복잡한 자형 형태는 갑골문 제5기와 청동기 명문銘文에 보이고 있다. 그런데 그중에서 가장 복잡한 자형 형태는 한 손에 국자를 잡고 다른 한 손에는 술잔을 들고 있는 모습을 본뜨고 있다. 그래서 술을 데우는 큰 그릇 속에 놓여 있는 술주전자에서 국자로 술을 퍼 손님을 접대한다는 의미를 표현하고 있다( ). 그런데 이 외에도 복잡한 자형 형태에는 간혹 술주전자를 생략시키거나( ), 또는 술을 데우는 큰 그릇과 술주전자를 동시에 생략시키거나( ), 또는 술주전자와 술잔을 생략시킨 자형 등이 있다( ).

그런데 만약 창의創意의 관점에서 본다면, 후대에 나타나는 이 복잡한 자형 형태가 비교적 합리적인 편이다. 그것은 이 자형을 통해 손님을 접대한다는 창의를 비교적 쉽게 이해할 수 있기 때문이다. 그래서 아마도 하나의 국자와 하나의 잔 모양을 본뜬 초기의 자형은 지旨일 가능성이 많은데, 그것으로 국물이 맛이 좋고 먹음직스럽다는 의미를 표현하고 있을 것이다. 그런데 이 간단한 자형은 갑골문 복사卜辭에서 지명地名으로 쓰이는 것 외에도 갑골문 제1기에서는 동사動詞로도 사용되었다. 곧 제사의 희생犧牲을 쓰는 방법의 하나였다. 그런데 그에 비해 복잡한 자형은 대부분 지명으로만 사용되었을 뿐이었다. 그렇지만 소召의 이 두 가지 서로 다른 자형 형태가 모두 동일한 한 지명을 가리키고 있다는, 즉 이 두 가지의 서로 다른 자형이 동일한 한 글자임을 확인할 수 있는 증거는 아직 발견되지 않고 있다.

그래서 만약 창의의 관점에서 본다면, 갑골문 제5기에 보이는 소召의 복잡한 자형이 비교적 합리성을 띠고 있는 자형 형태라고 할 수 있다. 따라서 당연히 글자 창제의 초기 형태에 더 가깝다고 볼 수 있다. 그리고 실제로 하나의 국자와 하나의 잔 모양을 본뜬 간단한 자형 형태만으로는 맛이 좋다거나 손님을 접대한다는 의미를 그다지 쉽게 표현해 낼 수가 없는 편이다. 그런데 이 소召가 간단한 자형에서 복잡한 자형으로 변화되었든지 아니면 복잡한

甲1	甲4	甲5	商晩	周早	周中	周晩	戰國	小篆

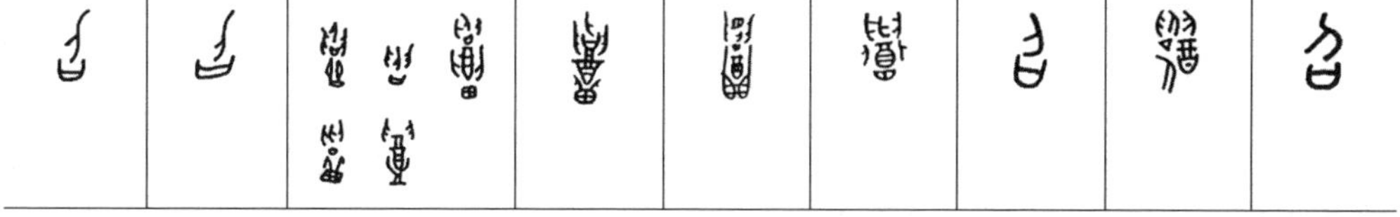

도표 번호	상商나라의 갑골문甲骨文	주周나라의 금문金文	진秦나라의 소전小篆	한漢나라의 예서隸書	현대의 한자	글자의 창의創意
324	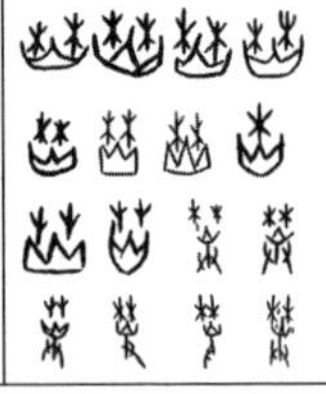			焚 燓	焚 燓	불로 숲을 태우거나 혹은 손에 횃불을 들고 삼림을 태우는 모습을 본뜨고 있다.

자형에서 간단한 자형으로 바뀌었든 상관없이, 이 소召를 사용하는 과정에서는 두 자형이 반복적으로 보이거나 또는 비교적 이른 시기의 자형을 사용하는 현상도 나타났다.

그리고 〈도표 324〉에 보이는 분(焚, 燓)에 대해 《설문說文》에서는, "焚 은 산림을 태워 사냥을 하는 것이다. 화火와 림林을 따른다"[799]라고 하였다. 이 분(焚, 燓)은 갑골문 제1기 때에는 불로 숲을 태우거나 초원을 태우는 모습을 본뜨고 있었다. 그런데 제3기가 되면서는 한 손이나 두 손으로 횃불을 들고 삼림을 태우는 모습을 본뜨고 있다.

고대에는 건조한 계절에 번개가 쳐서 가끔 삼림에 대형 화재가 일어날 수도 있었지만, 그래도 비교적 자주 보이는 숲을 태우는 모습은 인위적인 요인이 대부분이었다. 즉 산림을 태우며 야생동물을 사냥한다거나 혹은 농작물을 재배하려는 목적 때문에 고대에는 손에 횃불을 들고 삼림을 태우는 모습이 흔했을 것이다. 또한 이러한 모습은 좀더 구체적으로 당시 생활을 묘사한 것이라고도 볼 수 있다. 그런데 현재 갑골문에서 얻을 수 있는 자료로는 손에 횃불을 들고 있는 자형이 연대가 상대적으로 늦은 편이다. 그렇지만 만약 창의의 관점에서 본다면, 아마도 손에 횃불을 들고 있는 이 자형이 오히려 더 이른 시기의 자형 형태를 유지하고 있을 것이다.

그리고 〈도표 325〉에 보이는 이爾에 대해 《설문說文》에서는, "爾 는 여이麗爾인데, 훤하게 밝다는 뜻과 같다. 멱冖과 리㸚를 따른다. 리㸚는 그 구멍이 뚜렷한 것이다. 성부聲符인 이尒를 따른다. 이것과 상爽은 같은 뜻이다"[800]라고 하였다. 금문金文에서 이 이爾는 아마도 물고기를 잡는 대나무 그물 통발의 모양을 본뜨고 있을 것이다. 또한 이(尒, 爾)에 대해 《설문說文》

799 (清) 段玉裁注,《說文解字注》, 第十八卷, 第十篇注上,〈焚〉, 488쪽. 그 원문에 "焚, 燒田也. 从火林"이라고 되어 있다.
800 (清) 段玉裁注,《說文解字注》, 第六卷, 第三篇注下,〈爾〉, 129쪽. 그 원문에 "爾, 麗爾, 猶靡麗也. 从冖㸚. 㸚, 其孔㸚㸚. 从尒聲. 此與爽同意"라고 되어 있다.

도표 번호	상商나라의 갑골문甲骨文	주周나라의 금문金文	진秦나라의 소전小篆	한漢나라의 예서隷書	현대의 한자	글자의 창의創意
325		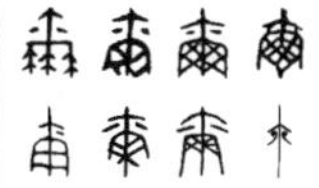	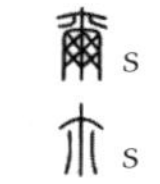		爾 尒	아마도 물고기를 잡는 대나무 그물 통발의 모양을 본뜨고 있을 것이다.

에서는, "尒는 말이 반드시 그러한 것이다. 곤丨과 팔八을 따른다. 팔八은 기운이 흩어짐을 본뜨고 있다. 입入은 성부聲符이다"[801]라고 하였다. 이 이(尒, 爾)는 물체의 모양을 본뜨지 못하고 있는데, 아마도 자형이 간략화된 결과일 것이다.

그리고 앞의 〈도표 272〉에서 소개한 것처럼, 갑골문에서 리利는 가장 복잡한 자형 형태가 이미 칼로 잘라 두 토막이 난 벼줄기를 한 손에 들고 있는 모습을 본뜨고 있다(). 그런데 간단한 자형 형태는 하나의 칼과 한 포기의 벼를 본뜨고 있거나(), 혹은 하나의 쟁기와 한 포기의 벼로 구성되어 있다(). 그리고 앞의 복잡한 자형은 갑골문 제3기에 속하고, 뒤의 간단한 자형은 갑골문 제1기에 속한다. 그런데 만약 창의의 관점에서 본다면, 하나의 칼과 한 포기의 벼의 모습만으로는 '이익'이라든지 '예리하다'는 의미의 표현이 비교적 명확하지 않은 편이다. 따라서 이 리利에서는 가장 복잡한 자형이 아마도 상대적으로 더 원시적인 자형 형태를 표현하고 있을 것이다.

그리고 앞의 〈도표 43〉에서 소개한 것처럼, 금문金文에서 음厰과 엄嚴은 손에 도구를 들고 산 굴에서 광석을 캔 뒤, 그것을 다시 바구니에 담는 모습을 본뜨고 있다. 그런데 서주西周시대 중기의 자형에는 산 위에 바구니가 없는 형태를 취하고 있고(), 서주시대 말기에는 다시 산 위에 두 개나 세 개의 바구니를 덧붙인 자형이 되었다(). 그런데 이 음厰과 엄嚴에서 바구니는 그다지 필요치 않은 구성 부분이기 때문에, 후자의 자형은 당연히 시기적으로 비교적 후대에 나타나는 의미상의 보충이라고 봐야 할 것이다.

그리고 앞의 〈도표 322〉에서 소개한 것처럼, 우(亏, 于)는 갑골문 제1기 때에는 두 가로획이 하나의 세로획과 연결되어 수평 방식의 저울대 모습을 본뜨고 있었다. 그런데 갑골문 제4기와 제5기에 이르면서 한쪽에 구부러진 윤곽을 덧붙인 자형이 나타났는데, 이것으로

801 (淸) 段玉裁注,《說文解字注》, 第三卷, 第二篇注上,〈尒〉, 49쪽. 그 원문에 "尒, 詞之必然也. 从丨八. 八, 象气之分散. 入聲"이라고 되어 있다. 그런데 이 이(尒, 爾)는 상고음上古音에서 지부支部에 속하였고, 성부聲符인 입入은 상고음에서 즙부緝部에 속하였다. 따라서 이 이(尒, 爾)와 성부聲符인 입入은 상고음에서 서로 동일한 큰 부류에 속하지 않았다.

무거운 물체를 다는 저울대에 보조물을 동여맨 모습을 표현하였다. 그런데 이 자형은 《합집合集》37398의 코뿔소 머리뼈에 보이는 갑골문이나 《회懷》1915의 호랑이 뼈에 새겨진 갑골문 등에서와 같이 비교적 정식적이거나 전시용의 목적을 가진 경우에 주로 나타났다.[802] 더욱이 이 후자의 자형은 춘추시대에 이르기까지 계속 사용되었다.

그런데 지금 만약 문헌의 시대를 놓고 본다면, 구부러진 윤곽이 덧붙여진 자형 형식은 비교적 늦은 시기에 나타난 것이다. 그렇지만 문헌의 성질적인 조건에서 본다면, 일반적으로 전시 효과를 지닌 자형은 대체로 비교적 이른 시기의 자형을 유지하고 있는 편이다. 그래서 이처럼 구부러진 윤곽이 있는 형식은 현재까지 정리된 자료로는 시대가 상대적으로 늦은 편이지만, 오히려 비교적 초기의 자형 형태를 반영하고 있을 수 있다. 그리고 갑골문에서 글자가 비교적 복잡한 자형 형태를 지니고 있다면, 그것은 대부분 글자를 커다랗게 새길 경우에 해당된다. 그러므로 글자의 크기도 자형의 선택에 영향을 줌을 알 수 있다. 이러한 이유 등으로 해서 고명高明은 갑골문 제5기의 《일佚》518에 보이는 구부러진 윤곽이 있는 우(亏, 于: 𢎨)를 제1기에 나타나는 우(亏, 于: 𠂇)로 간략화시키고 있는데, 그것은 아마도 문헌 성질의 관점에 근거하였기 때문일 것이다.

그리고 어느 한 글자의 창의創意를 고려할 때에는 그 글자에 보이는 자형의 자형 구조와 배치 방식의 문제도 또한 포함시킬 수가 있다. 그래서 만약 크기가 동일하지 않던 자형 구조를 동일하게 바꾸었거나 또는 자형 구조의 위치를 옮겨서 전체적으로 균형을 이루었다면, 자연히 그것은 상대적으로 늦은 시기에 나타나는 습관임에 틀림없다.

예를 들어, 〈도표 326〉에 보이는 거去에 대해 《설문說文》에서는, "𠅌는 사람이 서로 떠나가는 것이다. 대大를 따르고, 거厶는 성부聲符이다. 무릇 거去의 속屬들은 모두 이 거去를 따른다"[803]라고 하였다. 갑골문에서 이 거去는 자형이 대大와 구口의 결합으로 구성되어 있다. 그런데 다음 그림(373쪽)에서도 보이는 것처럼, 갑골문 제1기 때에는 이 대大의 구성 부분을 모두 상대적으로 크게 쓰고 있다. 그뿐만 아니라 이 대大에서 두 다리에 해당하는

802 여기서 말하는 '《회懷》1915' 등의 표현은 허진웅許進雄의 《*Oracle Bones from the White and Other Collections* (화이트 씨 등이 소장한 갑골문집 일책〔懷特氏等收藏甲骨文集一册〕)》(캐나다: 로열 온타리오 박물관, 1979년)에 수록된 갑골문 탁본의 일련번호를 말한다.

803 (清) 段玉裁注, 《說文解字注》, 第九卷, 第五篇注上, 〈去〉, 215쪽. 그 원문에 "𠅌, 人相違也. 从大, 厶聲. 凡去之屬皆从去"라고 되어 있다.

도표 번호	상商나라의 갑골문甲骨文	주周나라의 금문金文	진秦나라의 소전小篆	한漢나라의 예서隷書	현대의 한자	글자의 창의創意
326	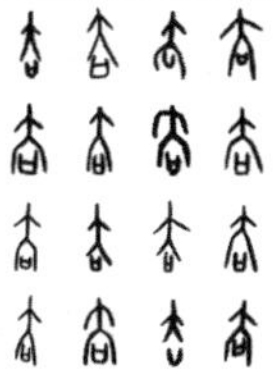		 s		去	한 사람이 얕은 구덩이 위에 웅크리고 앉아 체내의 배설물을 배설하는 모습을 본뜨고 있다.

甲1	甲2	甲3	甲4, 甲王	甲5	春秋	戰國	小篆
						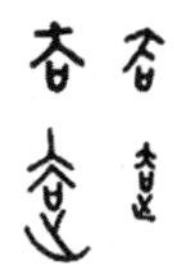	

부분도 대체로 굽은 모습을 취하고 있는데, 이것은 다른 일반적인 자형에 보이는 짧고 비스듬한 선과는 상당한 차이가 있는 것이다. 그런데 반면에 구口의 구성 부분은 오히려 아주 작게 썼고, 더욱이 대大의 두 다리 사이의 중간에 놓여 있다. 그러다가 나중에 이 거去의 자형에서 구口의 위치가 대大 사이에서 벗어나 그 아래에 놓이는 것으로 변하면서, 구口의 형태도 또한 거厶로 바뀌었다. 그와 더불어 대大의 굽은 두 다리 모양도 다리가 굽지 않은 다른 일반적인 대大의 자형과 거의 동일하게 되어 버렸다.

그래서 이 거去의 창의에 대해 어떤 학자는 대大를 따르고 거厶는 성부聲符라고 생각하기도 하지만, '서로 어그러진다'는 의미와 대大의 의미는 그다지 가깝다고 볼 수 없다. 더욱이 전국시대 이전의 자형에서는 이 거去가 대부분 거厶의 형태를 따르지도 않고 있다. 그리고 어떤 학자는 이 거去가 밥을 담는 그릇과 그 덮개를 본뜨고 있다고 생각하기도 하는데, 일반적으로 그릇의 덮개가 밥을 담는 그릇보다 이렇게까지 클 수는 없다.

그래서 만약 이 거去의 자형을 그 의미와 관련지어 고려해 본다면, 구口의 부호는 갑골문에서 대체로 사람의 입이나 구덩이 혹은 원형으로 된 그릇의 의미를 가장 자주 표현하고 있다. 그리고 대大는 정면을 바라보고 있는 어른의 모습을 본뜨고 있다. 그런데 이 거去의 비교적 초기 자형 형태를 살펴보면, 대大의 두 다리 부분이 모두 굽은 모습을 취하고 있음을 알 수 있다. 그리고 이 모습은 이 거去에서 매우 중요한 의미를 나타내는 하나의 자세라고 할 수 있다. 그래서 만약 우리가 아래에 소개할 자형의 사실성寫實性 조건의 측면에서 살펴본다면, 굽은 다리 형태를 강조하고 있는 자형은 일반적으로 곧은 다리 형태를 지닌 자형보다도 시기가 더 이른 편이다. 그리고 이 거去는 한 사람이 구덩이 위에 웅크리고 앉아 있는 모습을 본뜨고 있는데, 여기서 구口는 아마도 사람의 입이라든지 그릇의 모양을 본뜬 것은 아닐 것이다. 더구나 이 거去는 '떠난다'는 글자의 의미를 지니고 있다. 그래서 우리의 일상생활 경험에서 봤을 때, 이 거去는 사람마다 모두 행하고 있는 체내의 배설물을 배설하는 동작을 본뜨고 있을 것이다.

그런데 창의와 사실성의 조건으로 동시에 살펴본다면, 굽은 다리 형태를 취하고 있는 자형은 굽은 다리 형태가 없는 자형보다 시기가 비교적 이른 편이다. 그리고 구口가 두 다리 사이에서 아래로 옮겨진 것은 그 다음에 해당하고, 전국시대의 자형에는 여기에 다시 지止나 길과 지止를 덧붙인 형태가 나타났다. 그런데 이것은 당연히 길을 떠난다는 파생된 의미이기 때문에, 그 두 가지의 의미를 구별하려는 목적으로 이렇게 새로이 자형의 구성 부분을 덧붙였을 것이다. 그리고 구口에서 자획이 하나 줄어들어 거厶의 형태가 된 것은 시기가 가장 늦은 자형이라고 할 수 있다.

그 외에도 이 거去에서 구口의 구성 부분이 거厶의 형태로 변화된 사실을 통해, 또한 앞의 〈도표 166〉에서 소개했던 협(劦, 協)의 자형 변천 방향을 유추할 수도 있다. 그래서 갑골문 제1기에 보이는 협(劦, 協)의 와 의 두 가지 자형 형태에서는 앞의 자형이 당연히 상대적으로 이른 시기에 해당할 것이다.

그리고 또 다른 예를 들어 보면, 〈도표 327〉에 보이는 감監에 대해 《설문說文》에서는, " 은 아래로 내려다보는 것이다. 와臥를 따르고, 감䶨의 생략형이 성부聲符이다. 은 고문古文의 감監이고, 언言을 따른다"[804]라고 하였다. 갑골문에서 이 감監은 한 사람이 하나의 그릇을 내려다보면서 반사된 자신의 얼굴을 살피는 모습을 본뜨고 있는데, 나중에 이것으로 얼굴을 비추는 구리거울이라고 불렀다. 그러다가 여기에 다시 형부形符인 금金을 덧붙였다. 이처럼 이 감監의 창의는 이미 명백해졌는데, 여기서 그릇 속에 어떤 물체가 있는 자형 형태는 당연히 비교적 합리적인 자형 구조라고 볼 수 있다. 그러나 만약 그릇 속에 하나의 점이 없다면, 그것은 당연히 자형을 생략시킨 결과일 것이다. 그런데 갑골문에서는 이 하나의 점이 없는 자형 형태로 나타나는데, 이것은 아마도 자형이 너무 작은 이유에

804 (淸) 段玉裁注,《說文解字注》, 第十五卷, 第八篇注上,〈監〉, 392쪽. 그 원문에 ", 臨下也. 从臥, 䶨省聲. , 古文監, 从言"이라고 되어 있다.

도표 번호	상商나라의 갑골문甲骨文	주周나라의 금문金文	진秦나라의 소전小篆	한漢나라의 예서隸書	현대의 한자	글자의 창의創意
327				監	監	한 사람이 하나의 그릇을 내려다보면서 자신의 얼굴을 살피는 모습을 본뜨고 있다.

서 비롯되었을 것이다. 그리고 눈과 몸체가 서로 분리된 자형 형태는 당연히 후대에 자형이 잘못 변화된 것이며, 몸이 그릇 위로 옮겨진 자형도 또한 자형 구조를 조절하려는 후대에 보이는 하나의 조치였을 것이다.

그리고 어떤 경우에는 두 자형의 자획에 거의 차이가 없고 시기적으로도 서로 가까울 수가 있는데, 이럴 때에는 창의創意의 각도가 또한 좋은 참고사항을 제공할 수도 있다.

예를 들어, 빈貧에 대해 《설문說文》에서는, "은 재산이 나누어지니 적어지는 것이다. 패貝와 분分을 따르고, 분分은 또한 성부聲符이다. 은 고문古文이고, 면宀과 분分을 따른다"[805]라고 하였다. 이 빈貧은 조개를 나누는 것으로 그 의미를 나타내는 표의자表意字인데, 《설문說文》의 설명에 첨부된 면宀을 따르고 분分을 따르는 고문古文의 자형도 또한 표의자表意字에 속한다. 그런데 이 고문古文의 자형은 집을 나누기 때문에 빈곤하다는 의미를 표현하고 있지만, 그 의미가 비교적 명확하지 않을 수 있었다. 그뿐만 아니라 형성자形聲字로 쉽게 오인될 소지도 있었기 때문에, 이 빈貧의 자형이 다시 분分과 패貝로 교체되었다. 그리고 여기서 면宀의 구성 부분은 건축물을 주로 표현하고 있지만, 패貝는 재산과 관련이 깊은 자형의 구성 부분이다. 더욱이 조개는 우리가 흔히 볼 수 있는 물건이고, 또한 그 창의도 비교적 쉽게 이해할 수 있다. 따라서 분分과 패貝를 따르는 빈貧은 당연히 시기적으로 비교적 늦게 나타나는 자형 형태라고 볼 수 있다.

그리고 이와 유사한 창의로는 앞의 〈도표 221〉에서 소개한 과寡가 있는데, 갑골문에서 이 과寡는 집 안에 고귀한 사람이 하나 있는 모습을 본뜨고 있다(). 그래서 이 과寡는 귀족의 수가 일반 백성에 비해 상당히 적음을 표현하고 있다. 그런데 아마 이러한 창의를 잘 이해하지 못했기 때문에, 전국시대의 죽간竹簡에 보이는 자형 형태처럼 사람의 앞뒤에

805 (清) 段玉裁注, 《說文解字注》, 第十二卷, 第六篇注下, 〈貧〉, 285쪽. 그 원문에 ", 財分少也. 从貝分, 分亦聲. , 古文, 从宀分"이라고 되어 있다.

덧붙여져 무의미하게 빈 공간을 채우는 작은 점들을 후대에 분分으로 오인하게 되었을 것이다( ). 그래서 이 과寡의 창의가 마치 분가分家를 시켜서 집의 재산이 줄어든 것을 표현하는 것처럼 보이게 되었다.

그리고 앞의 〈도표 307〉에서 소개한 것처럼, 갑골문에서 유攸는 손에 몽둥이를 쥐고 한 사람을 때리는 모습을 본뜨고 있다. 그런데 서주西周시대 중기에는 이 유攸가 두 가지 자형 형태로 나타났다. 하나는 사람의 등 뒤에 하나의 직선을 덧붙인 것이고( ), 다른 하나는 아래로 드리워진 세 개의 작은 점을 덧붙인 것이었다( ). 그런데 《설문說文》에서 해석한 '물을 흐르게 하는 것이다.〔行水也〕'라는 의미는 당연히 사람의 등 부위를 때려 '피가 흐르게 한다'는 뜻에서 파생되었을 것이다. 그래서 이 유攸에 보이는 세 개의 작은 점은 보조적인 설명을 하는 역할을 지니고 있다고 추론할 수 있다. 그러나 하나의 직선이 덧붙여진 자형은 당연히 이 유攸의 창의를 잘 이해하지 못해서 생긴 자형의 잘못된 변형이기 때문에, 이것은 시기적으로 비교적 늦게 나타나는 자형 형태라고 할 수 있다.

그 외에도 이 유攸에 대해 《설문說文》의 해석에 덧붙여진 진秦나라 석각자형石刻字形의 형태는 수水를 따르고 복攴을 따르고 있는데( ), 이것은 막대기로 물을 치는 모습을 표현하고 있다. 따라서 이 자형 형태는 유攸의 창의와는 그다지 부합되지 않는다. 그런데 이 자형에서 물의 자형 구성은 아마도 사람과 작은 세 점의 자형이 잘못 변형된 것에서 말미암았을 텐데, 그래도 사람의 자형 부분을 완전히 생략하지는 않았다. 따라서 이 자형은 시기적으로 더 늦은 자형 형태에 속할 것이다.

그리고 삼각형의 형태로 포개 놓은 자형도 우리가 흔히 볼 수 있는 자형 배열 방식의 하나라고 할 수 있다. 그런데 어떤 자형은 이미 갑골문에서 이러한 형태를 취하고 있기도 한다. 그래서 만약 창의創意의 관점에서 본다면, 이러한 자형도 당연히 비교적 늦은 시기의 자형 형태임을 알 수 있다.

예를 들어, 〈도표 328〉에 보이는 제(齊, 亝)에 대해 《설문說文》에서는, "亝는 벼와 보리가 이삭을 내밀어 위가 고르게 된 것이다. 상형자象形字이다. 무릇 제齊의 속屬들은 모두 이 제齊를 따른다"[806]라고 하였다. 갑골문에서 이 제(齊, 亝)는 대부분이 끝이 뾰족한 세 물체가 삼각형의 모양으로 배열된 모습을 본뜨고 있다. 그런데 끝이 뾰족한 이 세 물체가 과연

806 (清) 段玉裁注,《說文解字注》, 第十三卷, 第七篇注上,〈齊〉, 320쪽. 그 원문에 "亝, 禾麥吐穗上平也. 象形. 凡齊之屬皆从齊"라고 되어 있다.

도표 번호	상商나라의 갑골문甲骨文	주周나라의 금문金文	진秦나라의 소전小篆	한漢나라의 예서隷書	현대의 한자	글자의 창의創意
328			齊 S	齊	齊	뾰족한 세 물체나 세 포기의 벼가 서로 가지런하게 자라난 모습을 본뜨고 있다.

벼이삭을 가리키는지 아닌지는 연구해 볼 만한 가치가 충분히 있는데, 고대의 일반적인 상황을 살펴본다면 아마도 이것은 구리로 만든 화살촉을 나타내고 있을 가능성이 높다. 일반적으로 화살이 안정감 있게 날아가게 하려면 화살대와 화살촉 모두 일정한 규격에 맞춰 만들도록 요구하게 되는데, 또 그렇게 주조를 해야만 동일한 크기와 무게로 생산되도록 조절할 수가 있다.

그리고 이 제(齊, 亝)가 이미 '가지런하다'와 '동일하다'는 의미를 표현하고 있는 이상 이 세 물체는 당연히 동일한 평면상에 놓여 있어야 한다. 따라서 갑골문에 보이는 끝이 뾰족한 세 물체가 서로 가지런하게 놓여 있는 자형 형태를 우리는 비교적 좀더 원시적인 자형이라고 가설을 정할 수 있다. 그래서 청동기인 '노사도중제반魯司徒仲齊盤'에 새겨진 명문銘文 제(齊, 亝)의 자형도 세 물체가 서로 가지런하게 놓여 있는 모습을 본뜨고 있는데, 아마도 이 자형 형태는 상당히 이른 시기의 자형을 반영하고 있을 것이다. 그런데 자형 변천의 일반적인 규칙성에서 살펴본다면, 처음에 여러 개의 가지런하게 배열된 물체는 나중에 모두 위에 하나, 아래에 두 개가 놓이는 삼각형 모양으로 변하게 되었다. 따라서 이 제(齊, 亝)도 당연히 그중 한 예에 속할 것이다.

(라) 자형 변천의 규칙성

자형의 변천은 비슷한 자획이 대체로 습관적으로 동일한 방향을 향하여 변천되고 있기 때문에, 이것을 통하여 동일한 변화를 갖는 자형의 변천 방향을 판단하는 데 도움을 받을 수 있다.

예를 들어, 앞의 〈도표 72〉에서 소개한 것처럼, 갑골문에서 제帝는 아마도 한 송이 꽃의 모습이나 혹은 결박시킨 숭배물의 모습을 본뜨고 있을 것이다(). 그런데 나중에는 이

자형이 가장 위쪽에 있는 가로획 위에 하나의 짧은 획을 덧붙인 형태로 바뀌게 되었다().

이와 비슷한 예는 무척 많은데, 앞의 〈도표 35〉에서 소개했던 정正과 〈도표 98〉의 천天, 〈도표 234〉의 언言, 〈도표 311〉의 평平, 〈도표 313〉의 왕王, 그리고 〈도표 337〉에서 소개할 상商과 〈도표 338〉의 경競, 진辰, 부不, 우雨, 신辛, 가可 등을 들 수 있다. 이러한 자형들을 통해서 자형 변천의 한 방향을 판단할 수 있고, 더욱이 이 방법의 신뢰도는 아마도 문헌의 연대나 성질의 조건보다도 훨씬 더 높을 수 있다.

그런데 문자의 사용이나 변천은 위에서 언급한 복고적復古的인 경향 외에도, 가끔은 지역적인 자형 변천 진행의 차이에서 비롯되든지, 혹은 소전자형에서 전국시대戰國時代 문자를 의도적으로 정리한 예에서와 같이 심지어 어떤 특수한 상황에서 기인하기도 하였다. 그래서 이처럼 의식적이든 무의식적이든 이른 시기의 자형으로 다시 되돌아가게 되었다. 그런데 반면 이러한 현상 때문에 연대가 비교적 늦은 자형에 오히려 연대가 비교적 이른 자형 형태를 보존할 수 있게도 되었다. 이와 같이 자형 변천의 일반적인 규칙성은 자형 변천의 방향을 판단하는 데 있어서 하나의 중요한 조건이 된다.

예를 들어, 앞의 〈도표 311〉에서 이미 소개한 것처럼, 금문金文에서 평平은 무거운 물체의 무게를 재는 천칭天秤의 모양을 본뜨고 있다(). 그런데 이 평平의 자형이 춘추시대 말기나 전국시대에는 자연적인 변천의 규칙성을 따랐기 때문에, 가장 위의 가로획 위에 다시 하나의 짧은 가로획을 덧붙이게 되었다(). 그러나 소전체에서는 다시 이 짧은 가로획을 생략하고 있다().

이와 마찬가지 예로 앞의 〈도표 98〉에서 소개한 것처럼, 갑골문에서 천天은 한 사람이 머리 부위를 유난히 드러내고 있는 모습을 본뜨고 있다(). 그런데 이 천天의 자형에서 원형으로 된 머리 형태는 칼로 새기면서 먼저 네모 모양으로 되었고(), 나중에 다시 간략화되어 두 개의 짧은 가로획으로 변하였다(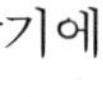). 그리고 여기서 다시 그중 하나의 가로획을 생략해 버렸다(). 그러다가 춘추시대 말기에 이르면서 가장 위의 평평한 부분에 하나의 짧은 가로획을 덧붙이게 되었지만(), 반면에 소전체에서는 다시 이 짧은 가로획을 생략하고 있다().

그리고 또 다른 예를 들어 보면, 앞의 〈도표 52〉에서 소개한 것처럼, 갑골문에서 하(, 下)는 하나의 긴 가로획 아래에 하나의 짧은 가로획이 있는 자형 형태이다(). 그런데 서주시대에는 자형의 아랫부분에 하나의 세로획을 덧붙였고(), 전국시대에는 마찬가

지로 가장 위의 평평한 부분에 하나의 짧은 가로획을 덧붙였다( ). 그러나 반면에 소전체에서는 다시 이 짧은 가로획을 생략하고 있다( ).

일반적으로 소전체 자형의 시대는 전국시대 자형보다 늦은 시기라고 인정되고 있다. 비록 그렇기는 하지만 위의 몇 가지 예에서도 살펴볼 수 있는 것처럼, 만약 자형 변천의 규칙성에 근거한다면 짧은 가로획이 없는 자형 형태가 당연히 상대적으로 이른 시기의 자형임을 알 수 있다. 이러한 사실은 자형의 변천 방향을 판단할 때 많은 도움이 된다. 그리고 어떤 경우에는 비록 어느 글자의 초기 자형이나 참고 자료가 아직 출토되지 않았다고 하더라도, 이러한 자형 변천의 규칙성에 근거하여 그보다 이른 시기의 자형 형태를 추측해 낼 수 있는 것이다.

그리고 문자가 처음 창조되었을 적에는 매 하나의 점과 획이 모두 구체적으로 무엇인가를 표현하려는 의미를 지니고 있었다. 그래서 만약 이 한 점이나 한 획에 대해서 합리적인 해석을 제대로 내리지 못한다면, 그 창의의 해석에는 문제가 있게 된다. 그렇지만 어떤 경우에는 자형 변천의 규칙성에 근거하여 어느 글자의 정확한 자형을 다시 복원할 수도 있고, 이와 더불어 자형의 잘못된 변형이나 별다른 의미가 없이 단순히 빈 공간을 채우는 자형 부분에 대해서는 그다지 주의를 기울일 필요가 없기도 한다.

이와 같은 예로는 앞의 〈도표 73〉에서 소개한 고高와 〈도표 149〉의 흥興, 그리고 다음 〈도표 337〉에서 소개할 상商과 〈도표 341〉의 주周, 예裔 등을 들 수 있다. 대체로 이 글자들에 보이는 위□나 구口의 구성 부분은 흔히 나타나는 무의미한 빈 공간 채우기이다. 따라서 만약 글자의 창의創意를 연구하고자 한다면, 이 부분에 그다지 주의를 기울일 필요가 없다.

그런데 만약 여기에 억지로 해석을 붙이고자 한다면, 오히려 그 해석이 잘못된 방향으로 나아가게 될 것이다. 예를 들어, 앞의 〈도표 149〉에서 소개한 것처럼, 갑골문에서 흥興은 절대 대부분의 자형이 모두 네 손으로 가마 하나를 함께 들고 있는 모습을 본뜨고 있었다( ). 그런데 갑골문 제3기 때에는 가끔 가마를 맨 아랫부분에다 하나의 구口를 다시 덧붙이기도 하였다( ). 그렇지만 자형 변천의 규칙성에서 본다면, 이 구口의 구성 부분은 무의미한 빈 공간 채우기임을 알 수 있다. 그래서 이 흥興의 창의創意 중점은 당연히 높이 들어 올리는 동작에 있어야 한다. 그렇지 않고 만약 이 흥興의 자형이 구口의 구성 부분을 포함하고 있다고 하여 창의創意의 중점을 옮겨가 이 구口가 무거운 물체를 들 때 내는 외침소리를 표현하고 있다고 강조하면서, 다시 시가詩歌 형식에 보이는 부비흥賦比興과 연상을 지을 수도 있다. 그러나 이와 같은 생각은 창의創意의 중점을 제대로 잡지 못하고 있을 뿐만 아니라 자칫하면 자형 변천의 방향까지도 전도되어 버릴 수 있다.

그런데 앞의 〈도표 295〉에서 소개한 심(尋, 尋)을 살펴보면, 이 심(尋, 尋)에도 위에서 언급한 흥興과 마찬가지로 갑골문 제5기 때 하나의 구口를 다시 덧붙인 자형이 보인다( ). 그렇지만 이 심(尋, 尋)에서 구口는 빈 공간을 채우는 위치에 있지 않기 때문에 오히려 의미를 나타내는 형부形符라고 봐야 한다. 따라서 이 심(尋, 尋)에서 구口는 자형의 무의미한 구성 부분이라고는 할 수 없다.

그리고 만약 어느 글자가 자형 변천에 대한 일반적인 규칙성이 없다면, 그 글자가 어떤 자형 변천의 규칙성을 가질 수 있는지를 판단하는 데 도움을 받을 수 있다.

예를 들어, 앞의 〈도표 120〉에서 소개한 공攻은 갑골문 제1기 때에는 손에 악기를 두드리는 방망이와 비슷한 종류인 굽은 자루의 악기 채를 들고서 아래에 작은 세 점이 있는 공工 모양의 한 물체를 두드리는 모습을 본뜨고 있었다( ). 그런데 일반적으로 빈 공간을 채우기 위해 덧붙여진 무의미한 작은 점들은 대부분 대칭적으로 배열시키게 된다. 그러나 이 공攻의 자형에서 공工 모양의 물체 아래에 있는 작은 세 점은 규칙적이지도 않을 뿐만 아니라, 대칭적으로 배열되어 있지도 않다. 따라서 아마도 이 세 점이 없는 공攻은 세 점이 있는 공攻에서 비롯되어 나중에 간략화된 형태로 변천되었을 가능성이 높다. 그래서 이렇게 본다면 이 공攻을 쉽게 형성자形聲字로 여길 수도 없을 뿐만 아니라, 오히려 이 공攻을 표의자表意字의 자형에 귀속시켜야 할 것이다. 다시 말하자면, 우리는 이 작은 세 점에 대해 합리적인 창의의 해석을 내리지 않을 수 없는 것이다.

그리고 굽은 자루 모양의 수殳는 갑골문에서 대부분 악기 채를 대표하고 있으며, 긴 사각형 모양의 상나라 석경石磬도 유물로 이미 출토되어 나왔다. 그런데 이 석경의 음정을 맞추는 작업은 석경의 표면을 깎아 내면서 얇고 좁게 하여 그 목적을 이룰 수 있다. 따라서 이 공攻은 긴 사각형 모양의 석경을 깎아 내면서 음정을 맞추는 일을 표현하고 있음을 추측할 수 있다. 그래서 이 자형에 보이는 작은 세 점은 깎아 낸 돌 부스러기이며, 이것은 석경의 음정을 맞추기 위해 꼭 필요한 한 과정이라고 볼 수 있다.

그뿐만 아니라 음정을 확인할 적에는 이 석경을 단독으로 걸어 두는 모습으로 주로 표현하고 있는데, 이것은 경磬이 의미하고 있는 것처럼 석경을 연주하기 위하여 여러 편의 석경을 동시에 매단 방식과는 조금 다른 모습이다( ). 더욱이 이렇게 음정을 맞추는 일은 음의 정확성과 음질을 높이기 위한 것이므로, 공工과 공攻에는 또한 더 나은 효과에 도달함을 기대한다는 파생의 의미도 있다.

그 외에도 이와 비슷한 자형 변화를 가지고 있는 글자로는 앞의 〈도표 189〉에서 소개한 전(歬, 前)과 전湔을 들 수 있다. 갑골문에서 전(歬, 前)은 한 발을 대야에 넣고 발을 씻는 모습을 본뜨고 있고(), 전湔은 이 대야 속에 물방울이 있는 모습까지 본뜨고 있다(). 그런데 이 두 자형의 사용 의의를 살펴보면, 갑골문 복사卜辭에서는 거의 차이가 없는 듯하다. 그렇지만 발을 씻는다는 의미가 당연히 원래의 창의라고 볼 수 있고, 앞뒤에서 '앞'이라는 의미는 나중에 만들어진 인신引申이나 가차의 의미일 것이다. 그런데 이 전(歬, 前)에서 물방울의 모양은 비록 규칙적이지는 않지만, 발을 씻을 경우라면 당연히 물이 있어야 그 표현하려는 의미가 더욱 분명해지게 된다. 그래서 물방울이 없는 자형은 아마도 나중에 자형이 생략된 결과일 것이다. 따라서 《설문說文》에서 풀이한 '발이 배 위에 있고, 앞으로 나아가는 것이다'라는 해석은 자연히 이치에 부합하지 않는 것이다.

그리고 자형 변천에 하나의 공식이 성립되면, 마찬가지로 자형 변천의 방향을 판단하는 원칙으로 삼을 수 있다.

예를 들어, 〈도표 329〉에 보이는 화火에 대해 《설문說文》에서는, "火는 불이다. 남방南方의 오행五行이고, 불꽃을 내면서 타오르는 것이다. 상형자象形字이다. 무릇 화火의 속屬들은 모두 이 화火를 따른다"[807] 라고 하였다. 갑골문에서 이 화火는 불꽃의 모양을 본뜨고 있는데, 갑골문 제1기 때에는 일반적으로 세 갈래의 불꽃이 나란히 배열되어 활 모양의 형태를 이루고 있다(). 그래서 이 자형 형태를 가진 예로는 《합집合集》 2874에 보이는 화火, 《합집合集》 583에 보이는 분(焚, 樊), 《합집合集》 10198에 보이는 적(赤, 烾), 《합집合集》 1136에 보이는 교烄, 《합집合集》 8955에 보이는 재(烖, 巛, 灾, 災) 등을 들 수 있다.

그리고 〈도표 330〉에 보이는 산山에 대해 《설문說文》에서는, "山은 펴는 것이다. 능히 기운을 펴고 흩어서 만물을 낳는 것을 일컫는다. 돌이 있고 높은 것이다. 상형자象形字이다. 무릇 산山의 속屬들은 모두 이 산山을 따른다"[808] 라고 하였다. 갑골문에서 이 산山은 세 개의

---

807 (清) 段玉裁注, 《說文解字注》, 第十八卷, 第十篇注上, 〈火〉, 484쪽. 그 원문에 "火, 焜也. 南方之行, 炎而上. 象形. 凡火之屬皆从火"라고 되어 있다.

808 (清) 段玉裁注, 《說文解字注》, 第十七卷, 第九篇注下, 〈山〉, 442쪽. 그 원문에 "山, 宣也. 謂: 能宣散气, 生萬物也. 有石而高. 象形. 凡山之屬皆从山"이라고 되어 있다.

도표 번호	상商나라의 갑골문甲骨文	주周나라의 금문金文	진秦나라의 소전小篆	한漢나라의 예서隸書	현대의 한자	글자의 창의創意
329		 [809]	 s	火	火	불꽃의 모양을 본뜨고 있다.
330			 s	山	山	산봉우리의 모양을 본뜨고 있다.

산봉우리가 있는 모습을 본뜨고 있는데, 갑골문 제1기 때에는 동일한 평면 위에 있는 세 개의 산봉우리 형태를 본뜨고 있다(). 그래서 이 자형 형태를 가진 예로는《합집合集》 96에 보이는 산山과《합집合集》10077에 보이는 악(嶽, 岳) 등을 들 수 있다.

그런데 갑골문 제3기 이후가 되면서는 산山의 자형은 산봉우리의 아랫부분이 간혹 약간 활 모양으로 그려졌지만, 반면에 화火는 하나의 불꽃 옆에 두 개의 불티가 있는 형태로 자형이 변화되었다(). 그래서 이 자형 형태를 가진 예로는《합집合集》27317에 보이는 화火,《합집合集》29993에 보이는 교烄,《합집合集》28628에 보이는 료(尞, 燎) 등을 들 수 있다. 그리고 가끔은 오직 한 갈래의 끝이 뾰족하고 아랫부분이 둥그스름한 불꽃만 보이기도 하는데, 이 자형 형태를 가진 예로는《합집合集》30174에 보이는 교烄,《합집合集》28196에 보이는 적(赤, 烾),《합집合集》28802에 보이는 분(焚, 僰) 등을 들 수 있다.

그러므로 우리는 이 화火 구성 부분의 자형을 근거로 하여 자형 변천의 방향을 판단할 수가 있다. 일반적으로 갑골문 왕족복사王族卜辭의 시대에 대해서 갑골문 제4기와 제1기에 해당한다는 서로 다른 두 가지 견해가 현재 양립하고 있다. 그러나 만약 앞의 〈도표 50〉에서 소개한 것처럼 왕족복사인《합집合集》22196에 보이는 추秋를 살펴보면, 이 추秋는 양옆에 불티가 없고 오직 한 갈래의 끝이 뾰족하고 아랫부분이 둥그스름한 불꽃의 모양만 본뜨고 있다(). 따라서 이것은 바로 왕족복사가 갑골문 제3기 이후에 속한다는 시대적인 특징을 나타내는 하나의 증거라고 할 수 있다.

809 여기에 보이는 금문金文의 자형은 화火를 자형의 구성 부분으로 갖는 염炎, 분(焚, 僰), 적(赤, 烾) 등의 글자들을 예로 든 것이다.

(마) 사실성寫實性의 정도

실제 물체의 모양을 본뜬 그림문자는 비교적 쉽게 간략화되어 추상적이거나 혹은 변형된 자형으로 바뀌곤 하였지만, 반면에 그 반대로 변화된 예는 극히 드문 편이다. 그 대표적인 예로 6천여 년 전의 앙소문화仰韶文化 토기 위에 새겨진 물고기 무늬의 채색 그림이 사실적인 묘사에서 서서히 기하학적인 무늬로 변해 간 것을 들 수 있다. 그리고 이와 마찬가지로 청동기에 새겨진 사실적인 도안도 이와 동일한 추세를 나타내었다.

예를 들어, 상나라 때의 도철문양饕餮文樣에서는 그래도 동물의 눈, 눈썹, 입, 코 등의 모습과 그 정확한 위치를 확인할 수 있었다. 그러나 서주시대에 이르면서 이 무늬의 형태가 점점 간략화되었다가 마침내는 서로 뒤얽힌 기하학적인 도안이 되면서 동물의 모습은 더 이상 알아보기 어렵게 되었다. 그 외에 또 다른 예를 들어 보면, 중국 남부에서 출토된 무늬를 새겨 넣은 토기에 보이는 뱀 문양은 원래 월족越族의 토템신앙이었다. 그런데 이 뱀에 보이던 사실적인 형태와 반점도 나중에는 또한 간략화되고 변형되어, 결국은 기하학적인 무늬로 바뀌었다.

그러한 까닭에 추상적인 자형을 가진 문자를 구체적인 형상을 지닌 그림문자로 다시 환원을 하려고 하는 경우에, 만약 동일한 유형의 자형과 비교 및 대조를 할 수 없다고 한다면, 이러한 시도는 대부분 상당히 곤란을 겪게 된다. 예를 들어, 《합집合集》 33041과 《합집合集》 33042에는 모두 동일하게 하나의 국가명이 보이는데, 이 자형이 한 갑골 판본에는 상당히 추상적으로 새겨져 있고, 다른 한 갑골 판본에는 마치 한 마리의 풍뎅이 모양과 아주 닮은 형태를 취하고 있다(). 그래서 이보다 앞선 시기의 자형은 당연히 더욱 사실적인 모습을 띠고 있었을 텐데, 아마도 《삼대三代》 16.47b의 청동기 술잔 각角에 보이는 족휘문자族徽文字 를 가리키고 있을 가능성이 높다.[810]

그래서 만약 이처럼 구체적이고 사실적인 초기 자형의 형태가 확인된다면, 그 간략화되는 자형의 변천 과정이 비교적 쉽게 이해될 수 있다. 그 가장 대표적인 한 예가 바로 상형문자의 특징에서 변천하여 오늘날과 같이 부호적符號的인 특징을 지닌 중국의 한자라고 할 수 있다. 예를 들어, 앞의 〈도표 70〉에서 소개한 것처럼, 갑골문에서 인寅은 원래 화살의 모양을 본뜨고 있었다. 그러다가 나중에 가차假借되어 간지干支로 사용되었다(). 그런데

810 여기서 말하는 '《삼대三代》 16.47b' 등의 표현은 나진옥羅振玉의 《삼대 길금문존三代吉金文存》(臺北: 文華出版社, 1970년)에 수록된 청동기 금문 탁본의 일련번호를 말한다.

이 인寅이 갑골문 제5기에는 이 화살 모양의 몸체에 사각형 모양을 덧붙이게 되었고( ), 서주시대 중기에 이르러서는 이 인寅의 자형이 그 전 시대와는 완전히 다른 새로운 자형 형태로 변형되어 버렸다( ).

따라서 '구체적인 실물 형태의 묘사'와 '실물 형태를 이루지 못하는 자형' 사이의 시기적인 빠름과 늦음을 서로 비교해 본다면, 의심할 여지없이 실물 형태를 본뜬 자형이 보다 원시적이라고 할 수 있다. 이 때문에 앞에서도 언급한 것처럼, 대부분의 학자들이 시기가 상대적으로 늦은 청동기 명문의 자형, 특히 족휘문자族徽文字와 같은 자형이 일반적으로 상나라 갑골문에 보이는 자형보다 시기가 더 이르다고 주장하는 것은 바로 이 명문에서 묘사하고 있는 물체의 형상이 좀더 구체적이기 때문이다.

이러한 원칙은 또한 문자의 부분적인 자형 구성에도 응용이 될 수 있다. 예를 들어, 사람의 눈을 살펴보면, 코에 가까운 눈의 한쪽이 대체로 비교적 넓어 보인다. 따라서 초기의 자형에서는 눈의 구성 부분이 대부분 한쪽이 넓고 다른 한쪽이 가는 형태로 묘사되고 있었다. 예를 들어, 견見은 갑골문에서 으로 되어 있었지만, 나중에 소전체에서는 이 견見의 자형 형태가 양쪽의 넓이가 같은 으로 바뀌었다. 그리고 이와 마찬가지로 망(朢, 望)도 처음에는 이나 으로 표기되었지만, 소전체에서는 양쪽의 넓이가 동일한 으로 바뀌게 되었다. 이것은 모두 눈의 묘사가 사실적인 형태를 상실한 것을 의미하는데, 이러한 자형은 자연히 상대적으로 늦은 시기에 보이는 자형 형태라고 할 수 있다.

동물의 형태를 본뜬 자형을 예로 들어 보면, 동물의 몸체나 발톱을 묘사하고 있는 자형은 당연히 몸체를 단순히 하나의 선으로 처리해 버렸거나 혹은 발톱을 그리지 않은 자형보다는 시기가 좀더 이른 편이라고 할 수 있다. 그 대표적인 좋은 예가 앞의 〈도표 17〉에서 소개했던 호虎이다( ).

그 외에도 앞의 〈도표 295〉에서 소개한 심(㝷, 尋)은 다음 그림(385쪽)에서도 보이는 것처럼, 대체로 갑골문에서는 두 팔을 벌려 한 물체의 길이를 재는 모습을 본뜨고 있다. 그런데 갑골문 제1기에서 그 재는 물체로 긴 관악기管樂器 모양의 언言( ), 돗자리 모양의 점(丙, 簟)( ), 그리고 이름을 알 수 없는 물체( ) 등이 이 심(㝷, 尋)의 자형 구성 부분을 이루고 있었다. 그러나 갑골문 제2기 이후에 나타나는 재는 물체로는 대부분 하나의 곧은 세로획의 모양을 한 새로운 자형으로 변하게 되었는데( ), 아마도 이것은 언言의 옆에 있던 하나의 곧은 세로획의 모양을 두 손으로 재는 자형에서 변천되어 왔을 것이다( ). 그렇지만

甲1	甲2	甲3	甲4	甲5

이 새로운 자형이 비록 두 손을 벌려 길이를 재는 창의創意는 나름대로 표현하고 있다고 볼 수 있으나, 그래도 실물의 형태를 재는 표현보다는 그 의미가 선명하게 드러나지 않는 편이다. 따라서 사실성寫實性의 원칙에서 본다면, 이 새로운 자형은 당연히 상대적으로 늦은 시기의 자형 형태라고 할 수 있다.

그리고 앞의 〈도표 148〉에서 소개한 것처럼, 갑골문에서 방(㫄, 雱, 旁)은 보습의 볏이 부착된 밭가는 쟁기의 모양을 본뜨고 있다. 이 볏은 일반적으로 갈아엎은 흙을 양쪽으로 밀어내는 역할을 한다. 그런데 보습의 볏은 대체로 한 조각의 널찍한 판 모양을 하고 있는 형태이므로(), 사각형 모양을 본뜬 자형 형태가 당연히 공工 모양을 본뜬 자형보다는 좀더 사실적임을 알 수 있다(). 따라서 이러한 사실을 통해 우리는 이 사각형 모양의 자형이 공工 모양의 자형보다 상대적으로 그 시기가 더 이르다는 것을 판단할 수 있다. 이와 비슷한 자형 변화는 앞의 〈도표 72〉에서 소개한 제帝에서도 보이고 있다. 꽃잎의 모양이거나 혹은 풀을 동여맨 신상神像의 모습에 붙어 있던 원래 사각형 모양의 테두리()가 또한 나중에는 공工 모양으로 변화되었다().

그 외에도 원래의 자형 형태는 하나로 된 자형이었지만, 나중에 분리되어 각각 두 자형 부분이 되었거나, 혹은 물체의 자연적인 모습과 동떨어졌거나, 심지어 물체의 형태를 전혀 본뜨지 못하고 있는 경우 등도 당연히 자형이 변천된 후에 나타나는 현상이라고 할 수 있다. 그 이치는 무척 간단하기 때문에 굳이 그 내용을 길게 설명할 필요가 없다고 본다.

예를 들어, 〈도표 331〉에 보이는 보(保, 伓, 禾, 呆)에 대해서 《설문說文》에서는, "는 기르는 것이다. 인人을 따르고, 부(孚, 孚)의 생략형이 성부聲符이다. 부(孚, 孚)는 고문古文의 부孚이다. 는 고문古文이고, 생략하지 않았다. 는 고문古文이다"[811]라고 하였다. 갑골문에서 이

811 (淸) 段玉裁注, 《說文解字注》, 第十五卷, 第八篇注上, 〈保〉, 369쪽. 그 원문에 ", 養也. 从人, 孚省聲. 孚, 古文孚. , 古文, 不省. , 古文"이라고 되어 있다.

도표 번호	상商나라의 갑골문甲骨文	주周나라의 금문金文	진秦나라의 소전小篆	한漢나라의 예서隸書	현대의 한자	글자의 창의創意
331			 s k k	保 呆	保 呆	손을 뒤로 뻗어 어린아이를 등에 업고 보호하는 모습을 본뜨고 있다.

보(保, 伓, 孓, 呆)는 원래 한 사람이 어린아이를 등에 업은 모습을 본뜨고 있었는데, 나중에 자형이 분리되어 각각 다른 두 구성 부분으로 되었다.

그리고 앞의 〈도표 238〉에서 이미 소개한 것처럼, 갑골문에서 로魯는 그릇 위에 놓인 맛있는 물고기 요리의 모습을 본뜨고 있다(). 그런데 이 로魯에서 그릇의 모양인 구口의 구성 부분이 잘못 인식되어 왈曰의 자형 형태로 되었는데(), 이처럼 잘못 변화된 자형은 자연히 합리적인 자형 형태에 비해 시기가 상대적으로 늦은 편이다.

그 외에도 또 다른 예를 하나 더 들어 본다면, 앞의 〈도표 146〉에서 소개한 무(霖, 橆, 無)와 무舞는 갑골문 제1기 때에는 정면을 바라보고 있는 한 사람이 두 손을 아래로 내려뜨린 채 무용 도구를 쥐고 춤을 추고 있는 모습을 본뜨고 있었다(). 그런데 갑골문 제4기에 이르면서나 혹은 이른바 왕족복사王族卜辭에서는 이 무(霖, 橆, 無)와 무舞의 자형에서 양팔을 나란히 든 형태가 적잖게 보이고 있다(). 그렇지만 이것은 부자연스러운 무용 자세인데, 아마도 이 무(霖, 橆, 無)와 무舞의 창의를 잘 이해하지 못한 사람이 글자 모양에 따라 단순히 형태를 모방하면서 빚어 낸 착오라고 볼 수 있다. 따라서 이 자형 형태는 당연히 비교적 늦은 시기의 자형일 뿐만 아니라, 더욱이 춘추시대와 전국시대에는 이 자형에서 사람 모양을 생략한 잘못된 자형 변화로 이어졌다. 그런데 갑골문 제4기와 이른바 왕족복사王族卜辭에 서로 동일한 착오가 존재하고 있다는 사실은, 또한 이것이 이 둘의 동시대적 풍조를 보여 주는 증거가 된다.

그래서 일반적인 상황에서는 사실성寫實性의 정도로 자형 변천의 방향을 판단하는 일이 단순히 연대의 조건만으로 자형의 변천 방향을 판단하는 방법보다는 훨씬 더 신빙성이 있다고 할 수 있다.

(바) 조자법造字法의 원칙－형성자形聲字는 상형자象形字나 표의자表意字의 자형 구성보다 그 시대성이 늦음

형성자는 원래 어느 한 문자에 자의字義의 확장인 인신引申이나 가차假借 등의 응용으로 인하여 생긴 의미를 좀더 명확하게 구별하기 위해 그 글자에 다시 형부形符를 덧붙이거나 발음을 명시한 것이었다. 그런데 이 형성자는 자형이 복잡화되어 가는 과정 중에 자연적으로 형성되어 나왔다. 그래서 형성자는 자형을 좀더 쉽게 정렬, 분류 및 발음하도록 하여 의도적으로 이러한 새로운 형식으로 새로운 글자를 창조할 수 있게 하였을 뿐만 아니라, 또한 편리한 형성자의 자형 구조로 기존의 상형자나 표의자를 상당히 대체하도록 하였다. 그렇지만 그 반대로 상형자나 표의자가 형성자를 대체한 예는 극히 드문 편이다. 그리고 우리는 앞부분의 제5절에서 이미 적잖은 형성자의 예를 소개하였다.

예를 들어, 앞의 〈도표 215〉에서 소개한 것처럼, 금문金文에서 고誥는 원래 두 손에 긴 관악기管樂器를 들고 있는 모습을 본뜨고 있었다( ). 그런데 이 긴 관악기는 정부 시책을 대중에게 공포하는 한 방식이었는데, 나중에 그러한 습관이 이미 바뀌어졌거나 아니면 발음을 표기하면서 이 고誥가 형성자로 변화되었다.

이와 비슷한 예는 무척 많은데, 앞의 〈도표 214〉에서 소개한 홍虹은 원래 갑골문에서 머리가 둘 달린 무지개의 모습을 본뜨고 있었고( ), 앞의 〈도표 211〉에서 소개한 후猴는 원래 갑골문에서 원숭이의 모양을 본뜨고 있었으며( ), 앞의 〈도표 45〉에서 소개한 유囿는 원래 갑골문에서 특정한 범위 안에서 초목을 재배하는 장소를 가리키고 있었고( ), 앞의 〈도표 231〉에서 소개한 지(遲, 遅)는 원래 갑골문에서 한 사람을 등에 업고 걸어가므로 걸음이 늦게 됨을 표현하고 있었으며( ), 앞의 〈도표 210〉에서 소개한 침(沈, 沉)은 원래 갑골문에서 소를 강물 속에 가라앉히는 모습을 본뜨고 있었다( ).

그 외에도 앞의 〈도표 200〉에서 소개한 적耤은 원래 갑골문에서 한 사람이 손으로 쟁기를 잡고 한 발로 쟁기를 밟으면서 밭을 가는 모습을 본뜬 표의자表意字였는데( ), 나중에 성부聲符인 석(㫺, 昔)을 자형에 덧붙이면서 형성자가 되었다. 또한 〈도표 203〉에서 소개한 치齒도 원래 갑골문에서는 이빨의 모습을 본뜬 순수한 상형자象形字였지만( ), 나중에 성부聲符인 지止를 자형에 표기하였다. 그리고 〈도표 290〉에서 소개한 보寶는 원래 갑골문에서 조개나 옥玉 등과 같은 귀중한 물품을 집 안에 보관하는 모습을 본뜨고 있었는데( ), 마찬가지로 나중에 성부聲符인 부缶를 덧붙인 형성자이다.

도표 번호	상商나라의 갑골문甲骨文	주周나라의 금문金文	진秦나라의 소전小篆	한漢나라의 예서隸書	현대의 한자	글자의 창의創意
332				赦	赦	손에 몽둥이를 들고 사람을 때려서 피가 흐르게 하는 모습을 본뜨고 있다. 이처럼 몽둥이로 때려서 무거운 처벌을 대신하고 있다.

그런데 어떤 경우에는 동일한 한 글자가 자획이 서로 비슷한 다른 자형을 가질 수가 있다. 그런데 만약 그중 한 자형이 형성자에 속한다면, 그 자형은 아마도 비교적 늦은 시기의 자형 형태일 것이다.

예를 들어, 〈도표 332〉에 보이는 사赦에 대해《설문說文》에서는, "赦는 버리는 것이다. 복攴을 따르고, 적赤은 성부聲符이다. 𢼄는 사赦의 혹체或體이고, 역亦을 따른다"[812]라고 하였다. 서주시대 금문金文에서 이 사赦는 역亦과 복攴으로 구성되어 있었는데, 한 손에 몽둥이를 들고 한 성인을 때려서 피가 흐르게 하는 모습을 표현하고 있었다. 그런데 이 사赦의 자형이 잘못 변화된 이유에서인지 아니면 형성자로 대체되었기 때문인지, 《설문說文》에서는 '복攴을 따르고, 적赤은 성부聲符이다'라고 설명하고 있다. 이 또한 형성자의 자형 구조가 표의자의 자형 구조에 비해 상대적으로 늦은 시기에 해당하는 예라고 할 수 있다.

일반적인 상황에서는 어느 글자의 이체자형異體字形 중에서 만약 형성자의 형식을 가진 자형이 있다면, 그 자형은 다른 자형보다 시기가 비교적 늦은 편에 속한다. 그런데 만약 그 반대되는 상황이 생긴다면, 거기에는 반드시 특별한 원인이 있다.

예를 들어, 《설문說文》 입부立部에 있는 화竵에 대해 《설문說文》에서는, "竵는 바르지 않는 것이다. 립立을 따르고, 과(𩰫, 鍋)는 성부聲符이다"[813]라고 하였다. 그런데 이 화竵의 성부聲符인 과(𩰫, 鍋)의 의미에 대해서 《설문說文》에서는, "𩰫는 진秦나라에서 흙으로 만든 솥을 이름하여 과(𩰫, 鍋)라고 일컬었다. 력鬲을 따르고, 과(干, 跨)는 성부聲符이다. 발음은 과過와 같다"[814]라고 하였는데, 이 과(𩰫, 鍋)는 일반적으로 거의 사용하지 않는 글자였다. 때문에

812 (清) 段玉裁注, 《說文解字注》, 第六卷, 第三篇注下, 〈赦〉, 125쪽. 그 원문에 "赦, 置也. 从攴, 赤聲. 𢼄, 赦或, 从亦"이라고 되어 있다. 그런데 이 사赦와 성부聲符인 적赤과 역亦은 모두 상고음上古音에서 동일하게 탁부鐸部에 속하였다.

813 (清) 段玉裁注, 《說文解字注》, 第十九卷, 第十篇注下, 〈竵〉, 505쪽. 그 원문에 "竵, 不正也. 从立, 𩰫聲"이라고 되어 있다.

814 (清) 段玉裁注, 《說文解字注》, 第六卷, 第三篇注下, 〈𩰫〉, 112쪽. 그 원문에 "𩰫, 秦名土釜曰: 𩰫. 从鬲, 干聲.

일반사람들은 그 발음도 잘 몰랐고, 또 그 의미도 제대로 알지 못하였다. 그런 까닭으로 나중에 따로 이 화𢽵의 이체자형이면서 부不와 정正의 회의자會意字인 왜(歪, 𢽵)를 새로이 조자造字하였고, 그러면서 글자의 자획도 상당히 감소되었다. 그런데 만약 이 화𢽵가 흔히 사용하는 글자로 성부聲符를 삼았다면, 이러한 반대적인 상황은 일어나지 않았을 것이다.

그리고 그 외에도 형성자가 상형자나 표의자보다 좀더 이른 시기에 나타나는 것으로, 또 다른 하나의 예를 들 수가 있다. 예를 들어, 소전체小篆體에 보이는 위位에 대해 《설문說文》에서는, "位는 조정朝廷의 좌우에 늘어선 것인데, 그것을 일컬어 위位라고 한다. 인人과 립立을 따른다"[815]라고 하였다. 이 위位는 사람이 서 있는 자리가 그 위치라는 회의자會意字인데, 초기의 금문金文에서는 한 사람이 땅 위에 정면으로 서 있는 모습을 본뜬 립立을 빌려 이 위位를 표시하였다.

그래서 〈도표 333〉에 보이는 립立에 대해 《설문說文》에서는, "立은 서 있는 것이다. 대(亣, 大)를 따르고, 일一 위에 있다. 무릇 립立의 속屬들은 모두 이 립立을 따른다"[816]라고 하였다. 그런데 이 립立은 전국시대 중산국中山國의 청동기인 '중산왕호中山王壺'의 명문銘文에서는 립立을 따르고 위胃가 성부聲符인 형성자로 나타났다(). 그렇지만 '위치'라는 단어는 항상 사용되는 의미였는데, 반면에 이 자형은 총획수가 14획인 상당히 복잡한 자형이었다. 그래서 아마도 나중에 다시 총 획수가 7획이며 인人과 립立을 따르는 회의자인 위位를 새로이 조자해 내었을 것이다.

그리고 규窺에 대해 《설문說文》에서는, "窺는 작은 틈으로 엿보는 것이다. 혈穴을 따르고,

도표 번호	상商나라의 갑골문甲骨文	주周나라의 금문金文	진秦나라의 소전小篆	한漢나라의 예서隸書	현대의 한자	글자의 창의創意
333			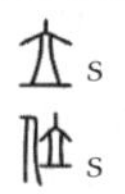	立 位	立 位	한 사람이 땅 위에 정면으로 서 있는 모습을 본뜨고 있다.

讀若過"라고 되어 있다.

815 (淸) 段玉裁注, 《說文解字注》, 第十五卷, 第八篇注上, 〈位〉, 375쪽. 그 원문에 "位, 列中庭之左右, 謂之位. 从人立"이라고 되어 있다.

816 (淸) 段玉裁注, 《說文解字注》, 第十九卷, 第十篇注下, 〈立〉, 504쪽. 그 원문에 "立, 住也. 从亣, 在一之上. 凡立之屬皆从立"이라고 되어 있다.

규規는 성부聲符이다”[817] 라고 하였다. 이 규窺는 형성자의 자형 구조인데, 육조시대六朝時代에는 비석에 묘지명墓誌銘을 새길 때 이 규窺를 대부분 혈穴 아랫부분에 시視가 있는 규(䆸, 窺)로 새기거나, 혹은 면宀 아랫부분에 시視가 있는 규(寬, 窺)로 새기거나, 아니면 문門 가운데에 시視가 있는 규(闚, 窺)의 자형 등으로 새겼다. 그래서 어떤 학자는 이 규窺를 구멍이나 문 안에서 밖을 엿보는 의미를 가진 회의자라고 여기고 있다.

그렇지만 육조시대 사람들은 가끔 글자를 틀리게 쓰곤 하였는데, 더구나 이 시視는 규規보다 일반적으로 더 자주 사용하는 글자였다. 그래서 혈穴 아랫부분에 시視가 있는 자형은 아마도 원래부터 잘못 쓴 글자였을 텐데, 나중에는 다시 면宀 아랫부분에 시視가 있는 잘못 쓴 자형을 의도적으로 조자한 회의자라고 오해하게 되었다. 그러다가 다시 이것을 문門 가운데에 시視가 있는 자형으로 오해하게 되었다. 다시 말하자면, 이처럼 회의자가 형성자를 대체하는 예는 정상적인 자형 변천의 현상이라고 볼 수 없다.

(사) 자형 구성 부분의 대체

자형 구성 부분의 대체는 학자들이 항상 언급하고 있는 자형 변천의 한 현상이다. 이것은 어느 한 글자가 간혹 어떤 원인으로 인해 자형의 구조와 구성 방식을 포함한 자형의 어느 구성 부분을 대체함으로써 이체자異體字가 만들어진다는 것이다. 그래서 그것은 아마도 어느 한 글자가 가끔 서로 다른 재료로 실제 물체를 제작하였거나, 아니면 서로 다른 용도로 그 물체를 사용하였거나, 아니면 서로 다른 성별性別의 차이에서 유래되었거나, 아니면 그 글자의 발음에 변화가 생긴 이유 등을 들 수 있다. 그렇지만 일반적으로 자형의 구조 형태가 비교적 합리적인 글자는 상대적으로 그 시기가 이르다고 할 수 있다.

예를 들어, 앞의 〈도표 31〉에서 소개한 것처럼, 갑골문에서 육(育, 毓)은 한 여인이 아이를 낳는 모습을 본뜨고 있다(). 그런데 이 자형은 측면으로 선 모양의 사람이 아이를 낳는 모습을 본뜬 자형보다는 좀더 정확한 자형 형태라고 할 수 있다().

그리고 이와 마찬가지로 자형이 비교적 간단한 형태는 그 시기가 대부분 상대적으로 늦은 편이다.

예를 들어, 〈도표 334〉에 보이는 개皆에 대해 《설문說文》에서는, “는 통틀어서 하는

817 (淸) 段玉裁注,《說文解字注》, 第十四卷, 第七篇注下,〈窺〉, 349쪽. 그 원문에 “, 小視也. 从穴, 規聲”이라고 되어 있다.

도표 번호	상商나라의 갑골문甲骨文	주周나라의 금문金文	진秦나라의 소전小篆	한漢나라의 예서隸書	현대의 한자	글자의 창의創意
334				皆	皆 𧇬	두 마리의 호랑이가 함정에 빠져 있는데, 어려움에 처해 있어도 오히려 서로 다투기만 하고 양보를 하지 않아 다 함께 죽어 버림을 표현하고 있다.
335		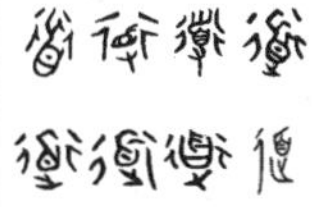		道	道	길거리에 머리가 하나 있는 모습을 본뜨고 있는데, 아마도 사람의 머리를 베어 높이 매달아 전시하던 복잡한 길거리를 가리킬 것이다.

말이다. 비比를 따르고, 자(白, 自)를 따른다"[818]라고 하였고, 또한 은𧇬에 대해《설문說文》에서는, "𧇬은 두 마리의 호랑이가 다투는 소리이다. 현虤을 따르고, 왈曰을 따른다. 발음은 은憖과 같다"[819]라고 하였다. 갑골문에서 이 은𧇬은 이미 썩어서 백골이 된 두 마리의 호랑이가 함정 속에 있는 모습을 본뜨고 있는데, 비록 어려움에 처해 있어도 오히려 서로 다투기만 하고 양보를 하지 않아 다 함께 죽어 버리는 호랑의 습성을 표현하고 있다.

그런데 이 은𧇬의 자형이 한 마리의 호랑이 형태로 생략된 것은 이미 그 창의創意를 잃어버린 것이고, 또한 후대에 나타나는 간략화된 자형이다. 그리고 금문金文에서는 이 은𧇬이 두 사람이 함정 속에 있는 모습을 본뜬 개皆의 형태로 변해 버렸는데, 이것은 이미 그 원래의 의미와는 서로 부합되지 않는 것이다. 그래서 대체로 이러한 현상은 인人의 자획이 호虎의 자획보다는 간단하므로, 이것이 은𧇬에서 개皆의 이체자가 생겨나도록 한 하나의 요인이 되었을 것이다.

〈도표 335〉에 보이는 도道에 대해《설문說文》에서는, "道는 걸어 다니는 길이다. 착辵과 수首를 따른다. 한번에 완전히 도달하는 것을 일컬어 도道라고 한다. 𡬶는 고문古文의 도道이고, 수首와 촌寸을 따른다"[820]라고 하였다. 이 도道는 서주시대 금문金文에서는 원래 길거

818 (淸) 段玉裁注,《說文解字注》, 第七卷, 第四篇注上,〈皆〉, 138쪽. 그 원문에 "皆, 俱詞也. 从比, 从白"라고 되어 있다.
819 (淸) 段玉裁注,《說文解字注》, 第九卷, 第五篇注上,〈𧇬〉, 213쪽. 그 원문에 "𧇬, 兩虎爭聲. 从虤, 从曰. 讀若憖"이라고 되어 있다.
820 (淸) 段玉裁注,《說文解字注》, 第四卷, 第二篇注下,〈道〉, 76쪽. 그 원문에 "道, 所行道也. 从辵首. 一達謂之道. 𡬶, 古文道, 从首寸"이라고 되어 있다.

리에 머리가 하나 있는 모습을 본뜨고 있었는데, 사람의 머리를 베어 높이 매달아 전시하던 복잡한 길거리를 표현하고 있었다. 그런데 이 도道가 전국시대의 자형에서는 머리카락이 있는 수首에서 머리카락이 없는 수(百, 首)로 바뀌면서 자획도 조금 생략되었다. 그리고 그와 동시에 또한 한 손을 덧붙여 머리를 들고 있거나, 아니면 척彳, 지止, 착辵 등의 자형 구성 부분이 대체되면서 지止가 하나 더 많아지기도 하였다.

그리고 앞의 〈도표 202〉에서 소개한 것처럼, 주(鼄, 蛛)의 형성자 구조는 맹黽을 따르고 주朱가 성부聲符인 형태이다( ). 그렇지만 소전체의 혹체或體에서는 이 주蛛가 훼虫를 따르는 것으로 되어 있다( ). 그런데 이 훼虫는 맹黽보다 자획이 훨씬 간략화된 편이다.

그리고 앞의 〈도표 205〉에서 소개한 로鑪는 원래 상형자象形字의 구조였는데( ), 처음에는 이 자형에 성부聲符인 호虎를 덧붙였다( ). 그러다가 나중에는 금속 연금을 위해 사용되었기 때문에, 다시 금金을 따르는 로鑪의 자형이 되었다( ). 그뿐만 아니라 이 화로는 불을 피우는 기물이기는 하지만 반드시 금속 연금에만 사용된 것은 아니었기 때문에, 다시 화火를 따르는 로爐의 자형이 되었다. 그 외에도 고대의 화로는 대부분 찰흙으로 빚었으므로, 또한 부缶를 따르는 로罏의 자형도 있다( ).

그런데 현재까지 확인된 자료로 본다면, 불을 피우는 입식형立式形의 화로는 유행이 비교적 늦은 편이다. 그러나 반면에 초기의 화로는 대부분이 금속 연금을 목적으로 하는 용광로가 많았으므로, 아마도 금金을 따르는 로鑪의 자형 형태가 가장 먼저 나타났을 것이다. 그리고《설문說文》의 소전체에서는 주문籒文의 로罏는 수록하였지만( ), 반면에 로爐의 자형은 보이지 않고 있다. 그런데 이 로爐의 자형은 한漢나라 때에 이르러 동로銅爐에서나 찾아볼 수 있고, 현재도 이 로爐를 가장 자주 사용하고 있다. 따라서 그 대체된 자형의 구성 부분은 시기가 늦을수록 자획이 더욱 간략화되는 현상을 나타내게 된다.

그러나 어떤 경우에는 중점을 두는 부분이 서로 다름에 따라 사용하는 형부形符가 달라지거나, 혹은 자형을 서로 구별하기 위해 자획이 비교적 복잡한 다른 하나의 성부聲符를 선택하기도 한다. 그런데 이러한 현상은 의도적인 자형의 간략화에 기초를 둔 것이 아니었기 때문에, 단지 이것만을 통해서는 자형 변천의 방향을 판단하기가 무척 곤란한 편이다.

예를 들어, 〈도표 336〉에 보이는 현賢에 대해《설문說文》에서는, "賢은 재물이 많은 것이다. 패貝를 따르고, 견臤은 성부聲符이다"[821] 라고 하였다. 금문金文에서 이 현賢은 패貝를 따르는 형성자의 구조인데, 원래 재산이 많은 사람을 가리켰다. 그러다가 파생되어 재주가

도표 번호	상商나라의 갑골문甲骨文	주周나라의 금문金文	진秦나라의 소전小篆	한漢나라의 예서隸書	현대의 한자	글자의 창의創意
336		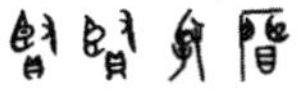	 s	賢	賢	현賢은 패貝를 따르고 견臤이 성부聲符인 글자이다.

많거나 덕망이 높은 사람을 가리키게 되면서, 자子를 따르고 견臤이 성부聲符인 견(孯, 掔)을 따로 조자하여 그 의미를 구별하였다. 그런데 이 견(孯, 掔)은 비록 자획도 적고 의미상의 유형으로 봐도 비교적 합리적인 글자였지만, 보편성을 지닌 일반적인 글자로는 받아들여지지 못하였다. 그래서 결국에는 다시 현賢을 선택하여 사용하게 되었다.

어떤 학자는 글씨를 쓰면서 발생하는 우발적인 실수도 경우에 따라서는 자형 변천의 한 예가 되는 것으로 주장하기도 한다. 예컨대 갑골문은 칼로 글자를 새기는 편리함에 맞추어 먼저 세로획을 긋고 나중에 다시 가로획을 새기는 습관이 있었는데, 세로획을 다 긋고 나서 다시 가로획을 새기는 것을 가끔 잊는 경우가 있었다. 그렇지만 만약 한 글자에 동일한 현상이 발생한 예가 상당히 많다거나, 아니면 후대의 자형이 이 자형 형태로 말미암아 다시 자형 변천이 일어난 경우를 제외하고, 이러한 경우를 우리는 자형의 간략화 현상으로 간주해서는 안 된다. 다시 말해서 이와 같은 예외적인 경우가 아니라면, 이것을 함부로 자형 간략화의 일반적인 규칙성으로 삼아서는 안 된다는 말이다.

어떤 경우에는 다른 형태의 문헌에서도 이처럼 세로획이나 가로획을 누락시킨 경우가 보인다. 예를 들어, 《여씨춘추呂氏春秋》〈찰전察傳〉의 기록에 보면, "자하子夏가 진晉나라로 가면서 위衛나라를 지날 적에, 사서史書를 읽는 이가 '진晉나라 군사가 삼시三豕에 강을 건넜다'라고 하는 말을 듣게 되었다. 자하가 이르기를, '잘못된 것이다. 이것은 기해己亥이다. 대개 기己와 삼三은 서로 형태가 가깝고, 시豕와 해亥도 서로 비슷하기 때문이다'라고 하였다"[822]라고 하였는데, 이것이 가장 대표적으로 언급되는 한 예이다. 그런데 여기서

821 (清) 段玉裁注, 《說文解字注》, 第十二卷, 第六篇注下, 〈賢〉, 282쪽. 그 원문에 ", 多財也. 从貝, 臤聲"이라고 되어 있다.

822 곡성응穀聲應 역주譯註, 《여씨춘추 백화금역呂氏春秋白話今譯》(北京: 中國書店, 1992년), 第二十二, 〈愼行論〉, 〈察傳〉, 413-414쪽. 그 원문에 "子夏之晉, 過衛, 有讀史記曰: 晉師三豕涉河. 子夏曰: 非也. 是己亥也. 夫己與三相近, 豕與亥相似"라고 되어 있다.

기해己亥의 두 글자도 갑골문의 경우와 마찬가지로 세로획 긋는 것을 누락하여 삼시三豕가 된 경우인데, 이것도 결국 이 두 글자에 보이는 자형 변천의 일반적인 규칙성이라고는 할 수 없다. 따라서 이러한 예를 들어서 규칙적인 자형 변천의 한 예로 삼아서는 안 되는 것이다.

갑골문은 점占을 치고 나서 매끄럽고 단단한 동물의 뼈 위에다 그 점친 내용을 칼로 새겨 쓴 글자였기 때문에, 그 새긴 글자의 크기가 그다지 크지 않았다. 또한 어떤 경우에는 칼이 미끄러져 다른 한 자획 부분에까지 파고 들어가더라도 의식하지 못하는 경우가 대부분이었다. 그렇지만 이것은 결코 의도적으로 그렇게 쓴 자형이 아니었기 때문에, 우리는 이러한 현상도 자형 변천의 한 예로 삼아서는 안 된다.

예를 들어, 《합집合集》33694에 보이는 이伊의 자형에서 하나는 정상적인 자형 형태를 취하고 있지만(), 반면에 다른 하나의 자형은 손에 들고 있는 붓대와 사람의 몸을 합쳐 하나의 세로획으로 함께 사용하고 있다(). 그런데 이 후자의 자형은 일반적으로 갑골문에서 거의 보이지 않을 뿐만 아니라, 이 자형에서 후대의 어느 자형으로 변천된 예도 나타나지 않고 있다. 따라서 우리는 이 자형을 단지 어떤 사람의 일시적인 실수로 글자를 잘못 쓴 것으로 간주할 수밖에 없다.

이와 마찬가지의 예로 《영英》996에 보면,[823] "불러서 춤을 추게 하면, 비가 오지 않을까요?"[824]라고 한 네 구절의 갑골문 복사가 기록되어 있다. 그런데 이 갑골문 복사에 보이는 무(霖, 霖, 無)와 무舞의 자형은 모두 무용 도구를 팔에 감고 있는 모습을 본뜨고 있는데(), 이러한 자형 형태는 백 개도 넘는 다른 무(霖, 霖, 無)와 무舞의 자형처럼 팔 아래에 무용 도구를 드리우고 있는 형태와는 사뭇 다른 모습이다(). 그래서 만약 이 자형이 잘못 새긴 것이 아니라면, 곧 습관적으로 이렇게 새긴 것이라고 볼 수 있다. 따라서 이렇게 잘못 새긴 글자를 모두 자형 변천의 일반적인 규칙성의 한 예로 생각하고 연구를 진행해서는 안 되는 것이다.

823 여기서 말하는 '《영英》996' 등의 표현은 이학근李學勤, 제문심齊文心, 알랜S. Allan 등이 공동으로 편찬한 《영국 소장 갑골집英國所藏甲骨集》(北京: 中華書局, 1985년)에 수록된 갑골문 탁본의 일련번호를 말한다.

824 그 갑골문 복사卜辭의 원문에 "乎舞, 亡雨?"라고 되어 있다.

부록 5 : 제帝의 자형 변천의 예[825]

아래에 앞의 〈도표 72〉에서 소개한 제帝를 예로 삼아 자형 변천의 비교적 완전한 절차를 시범적으로 살펴보기로 한다.

(가)《설문說文》의 해석

제帝에 대해《설문說文》에서는, “帝는 살피는 것이다. 천하에서 왕 노릇을 하는 호칭이다. 상(二, 上)을 따르고, 자(朿, 束)는 성부聲符이다. 帝는 고문古文의 제帝이다. 고문古文에서 모든 상(丄, 上)은 모두 일一을 따르고, 전문篆文에서는 모두 상(二, 上)을 따른다. 상(二, 上)은 고문古文의 상上이다. 건(䇂, 愆), 시示, 진辰, 룡龍, 동童, 음音, 장章은 모두 고문古文의 상上을 따른다”[826]라고 하였다.

(나) 시대적 순서에 따른 자형의 배열

商	甲1	《합집合集》14302	《합집合集》15961	《합집合集》14312	《합집合集》368
		《합집合集》10001	《합집合集》15953	《합집合集》1402	《합집合集》14170
		《합집合集》7407	《합집合集》14206	《합집合集》475	(《합집合集》18476)
	甲2	《합집合集》24980	《합집合集》24978	《합집合集》24981	
	甲3	《합집合集》27372	《합집合集》27437	《합집合集》27438	《합집合集》30390
		《합집合集》30391	《합집合集》30590	(《합집合集》30593)	
	甲4	《합집合集》32874	《합집合集》34157	《합집合集》34190	《합집合集》32012
		《합집合集》34148	《합집合集》32012	《합집合集》34158	《합집合集》34147
		《합집合集》34157			
	甲王	《합집合集》21079	《합집合集》21081	《합집合集》21087	《합집合集》21387
	甲5	《합집合集》36168	《합집合集》38230	《합집合集》36176	
	金文	‘卬기유삼卬其卣三’, ‘상존商尊’			
西周	初期	‘정후궤井侯簋’, ‘천무궤天亡簋’			

825 이 ‘부록 5 — 제帝의 자형 변천의 예’라는 제목은 이 책의 전체 구성에 맞춰 역자가 임의적으로 부록으로 설정한 것이다.

826 (淸) 段玉裁注,《說文解字注》, 第一卷, 第一篇注上,〈帝〉, 2쪽. 그 원문에 “帝, 諦也. 王天下之號. 从二, 朿聲. 帝, 古文帝. 古文諸丄字皆从一, 篆文皆从二. 二, 古文上字. 䇂示辰龍童音章, 皆从古文上”이라고 되어 있다. 그런데 이 제帝와 성부聲符인 자(朿, 束)는 상고음上古音에서 동일하게 지부支部에 속하였다.

	中期	'과자유寡子卣', '필적종數狄鐘', '각정窓鼎'
	末期	'중사부정仲師父鼎', '호궤㝬簋', '중사부정仲師父鼎'
春秋		'진공궤秦公簋'
戰國	金文	'중산왕䂓호中山王䂓壺'
	簡帛	'초백서楚帛書', '신양죽간信陽竹簡', '구점죽간九店竹簡', '용강죽간龍崗竹簡', '곽점죽간郭店竹簡'
	其他	봉니문자封泥文字[827] 토기문자(陶文)
秦	小篆	고문古文

(다) 출토 문물에 사용된 의미

① 상商나라

가. 천제天帝 : "신해辛亥 일에 〔점占을 치며〕 내內가 묻습니다. '오는 일월一月에 천제天帝가 비를 내리게 할까요?' 사일四日 갑인甲寅 저녁에 〔비가 내렸다〕."[828](《합집合集》 14295)

나. 인제人帝 : "을묘乙卯 일에 점占을 치며 묻습니다. '인제人帝인 정丁에게 그 세제歲祭를 올리는데, 제품祭品으로 하나의 뢰牢를 쓸까요?'"[829](《합집合集》 27372)

다. 제사祭祀의 명칭인 체禘 : "계사癸巳 일에 점占을 치며 묻습니다. '무巫에게 그 체제禘祭를 올릴까요?'"[830](《합집合集》 32012)

② 서주시대西周時代

가. 천제天帝 : "천제天帝의 좌우에 있다."[831](필적종數狄鐘)

---

827 여기서 말하는 봉니문자封泥文字란 일반적으로 종이가 발견되기 전에 공문 서신이나 기타 물건의 표면에 붙인 진흙에다 도장으로 찍은 문자를 말한다. 그런데 이 봉니문자는 전국시대戰國時代나 진秦나라에서는 그 출토되는 수량이 극히 적지만, 한漢나라 이후의 봉니문자는 대량으로 출토되고 있다.

828 그 갑골문 복사卜辭의 원문에 "辛亥, 內貞: 今一月帝令雨? 四日甲寅夕[雨]"라고 되어 있다. 그런데 여기서 '[雨]'는 원래 이 부분의 갑골이 훼손되어 정확한 자형의 확인이 어렵지만, 동일한 갑골편甲骨片에 나타난 다른 갑골문 복사를 통해 추정한 글자이다.

829 그 갑골문 복사卜辭의 원문에 "乙卯卜: 其又歲于帝丁, 一牢?"라고 되어 있다.

830 그 갑골문 복사卜辭의 원문에 "癸巳卜: 其帝于巫?"라고 되어 있다.

831 그 청동기 명문銘文에 "在帝左右"라고 되어 있다.

나. 인제人帝 : "그래서 천제天帝가 게을리 하지 않았다."[832] (사굉궤師訇簋)

다. 훌륭함 : "그것을 위대하고 훌륭한 조상에게 제향祭享을 올리고 효도를 하는 데 써라."[833] (중사부정仲師父鼎)

③ 동주시대東周時代

가. 천제天帝 : "상제上帝가 너를 어질다고 여긴다."[834] (곽점죽간郭店竹簡 · 육덕六德 41)[835]

나. 인제人帝 : "염제炎帝가 곧 축융祝融에게 명령을 내렸다."[836] (초백서楚帛書 · 을육乙六)[837]

④ 선진시대先秦時代 문헌에 사용된 의미

가. 상제上帝나 천제天帝 : "상제上帝의 명命을 어기지 않아 탕湯임금에 이르러 하늘의 뜻과 같아졌다."[838] (《시경詩經》〈상송商頌 · 장발長發〉), "상제上帝가 마침내 진노震怒하였다."[839] (《상서尙書》〈홍범洪範〉)

나. 인제人帝나 황제皇帝 : "제을帝乙이 여동생을 시집보낸다."[840] (《주역周易》〈귀매歸妹〉), "지금의 왕王은 옛날의 제帝이다."[841] (《춘추좌전春秋左傳》〈희공이십오년僖公二十五年〉)

다. 주체主體가 됨 : "약으로 본다면, 그 약초에는 바곳, 도라지, 계옹雞廱, 시령豕零이 있다. 이것들이 가끔은 주요한 약이 될 수 있다. 어찌 다 말할 수 있겠는가!"[842] (《장자莊子》〈서무귀徐無鬼〉)

---

832 그 청동기 명문銘文에 "肆皇帝亡斁"이라고 되어 있다. 그런데 이 '사굉궤師訇簋'는 또한 '사순궤師詢簋'라고도 한다. 그리고 이 명문에서 '황제皇帝'는 인제人帝라기보다는 천제天帝로 보는 것이 더 타당한 해석이다.

833 그 청동기 명문銘文에 "其用享用孝于皇祖帝考"라고 되어 있다. 그런데 어떤 학자는 이 제帝가 가차假借되어 적嫡의 의미로 쓰인다고 여기기도 한다.(원저자 주)

834 그 죽간竹簡의 원문에 "上帝賢汝"라고 되어 있다.

835 여기서 말하는 '곽점죽간郭店竹簡 · 육덕六德 41' 등의 표현은 형문시荊門市 박물관에서 펴낸《곽점 초묘죽간郭店楚墓竹簡》(北京: 文物出版社, 1998년)에 수록된 〈육덕六德〉 죽간의 일련번호를 말한다.

836 그 죽간竹簡의 원문에 "炎帝乃命祝融"이라고 되어 있다.

837 여기서 말하는 '초백서楚帛書 · 을육乙六' 등의 표현은 이령李零이 펴낸《장사 자탄고 전국시대 초백서 연구〔長沙子彈庫戰國楚帛書研究〕》(北京: 中華書局, 1985년)에 수록된 내용을 참고할 것. 특히 '을육乙六'은 이 초백서 중간에 위치한 좌우 두 문장에서 〈사시四時〉의 문장 중 여섯 번째 줄에 있는 문구를 말한다.

838 (淸) 阮元 校刻,《十三經注疏》(附校勘記),《詩經》, 卷第二十之四,〈商頌〉,〈長發〉, 626쪽. 그 원문에 "帝命不違, 至于湯齊"라고 되어 있다.

839 (淸) 阮元 校刻,《十三經注疏》(附校勘記),《尙書》, 卷十二,〈洪範〉, 187쪽. 그 원문에는 "帝乃震怒"라고 되어 있다.

840 (淸) 阮元 校刻,《十三經注疏》(附校勘記),《周易》, 卷第五,〈歸妹〉, 64쪽. 그 원문에 "帝乙歸妹"라고 되어 있다.

841 (淸) 阮元 校刻,《十三經注疏》(附校勘記),《春秋左傳》, 卷第十六,〈僖公二十五年〉, 1820쪽. 그 원문에는 "今之王, 古之帝也"라고 되어 있다.

(마) 창의創意에 대한 연구

제帝에 대한 창의의 연구는 대체로 아래의 일곱 가지 의견으로 귀납시킬 수 있다.

가. 형성자形聲字 : "상(二, 上)을 따르고, 자(朿, 朿)는 성부聲符이다."(《설문說文》의 해석)

나. 제帝를 거꾸로 쓴 자형인 에 의거하여, 아래의 일一은 땅으로 보고, 그 위는 땔나무를 쌓으면서 받침대를 놓은 모습이라고 여김.(엽옥삼葉玉森의《은허문자 전편 석문殷虛文字前編釋文》)

다. 받침대에 땔나무를 꽂고 하늘에 제사를 지냄.(엄일평嚴一萍의《미국 넬슨미술관 소장 갑골복사 고석〔美國納爾森美術館藏甲骨卜辭考釋〕》)

라. 체蒂의 자원字源으로, 마치 꽃에 꽃받침이 있고, 과일이 그 꼭지에서 나오는 것과 같음.(정초鄭樵의《육서략六書略》, 오대징吳大澂의《자설字說》)

마. 받침대 위에 여성의 생식기가 있음.(진인도陳仁濤의《금궤논고 초집金匱論古初集》)

바. 세 발이 달린 제단祭壇의 모습.(송환도웅松丸道雄의《중국문명의 성립中國文明の成立》)

사. 사람 모양의 허수아비로, 볏짚을 동여매어 만든 형태인 허수아비를 닮음.(곽인걸郭人杰·장종방張宗方의《금문편 식독金文編識讀》)

(바) 창의創意에 대한 토론

갑골문 복사卜辭에 보이는 비교적 이른 시기의 제帝의 일반적인 의미는 대체로 지극히 높은 천신天神을 가리키고 있었다. 그리고 그 자형 형태는 와 를 위주로 하고 있어서, 그냥 보기에도 이 제帝는 하나의 완전한 형체를 지니고 있었다. 그런데《설문說文》에서 상(二, 上)을 따르는 것으로 잘못 이해되어진 짧은 한 획은 나중에 자형 변천으로 인해 무의미하게 복잡화된 것에 불과한데, 고문자에는 이러한 예가 상당히 많고, 더욱이 이미 하나의 규칙화가 되어 있다. 따라서 위에서 언급한 일곱 가지 창의創意의 의견 중에서 형성자로 이 제帝를 설명하는 것은 명백한 오류임을 알 수가 있다. 또한 여성의 생식기가 어느 받침대 위에 있다는 견해도 이미 독체獨體로 구성되어진 이 제帝의 자형을 두 부분으로 나눠 분석하고 있으므로, 이러한 주장이 수용될 가능성은 상대적으로 낮은 편이다.

그리고 우리가 이 제帝의 자형 형태에 대해 주의를 해야 할 점이 두 가지가 있는데, 하나는

842 방용方勇 · 육영품陸永品 찬撰,《장자전평莊子詮評》(成都: 巴蜀書社, 2007년),〈下卷〉,〈雜篇〉,〈徐無鬼〉, 821쪽. 그 원문에 "藥也: 其實, 堇也 · 桔梗也 · 雞廱也 · 豕零也. 是時爲帝者也, 何可勝言!"이라고 되어 있다.

《합집合集》21087에 보이는 처럼 이 제帝의 자형을 거꾸로 쓸 수가 있다. 그런데 만약 이 자형이 글자를 잘못 새긴 것이 아니고 제帝의 한 자형으로 인정될 수가 있다면, 일정하게 놓는 방향이 있는 받침대 위에 땔나무를 꽂았다거나 제단祭壇 혹은 여성 생식기의 모습이라는 견해는 불합리함을 알 수 있다. 또한 마찬가지로 이 제帝의 자형에 불꽃의 모습이 덧붙여진 자형 형태가 보이지 않는 것으로 봐서, 이것을 섶을 태워 하늘에 제사지낸다는 견해로 보는 것도 그다지 적합하지 않은 편이다.

그리고 두 번째로, 《합집合集》30593에 보이는 다른 한 글자인 는 일반적으로 제사의 한 명칭으로 사용되고 있는데, 아마도 이 자형은 제帝의 또 다른 한 자형 형태로 두 손이 아래로부터 제帝 모양의 물체를 들어 올리고 있는 모습을 본뜨고 있을 것이다. 그런데 이처럼 두 손이 아래로부터 물체를 들어 올리는 동작은 대체로 그 들어 올리는 물체가 귀중하거나, 혹은 조금 무겁기는 하지만 그렇다고 들어 올리지 못할 정도로 무거운 물체는 아님을 의미하고 있다. 따라서 꽃이라든지 사람 모양의 허수아비라는 견해는 모두 이 조건에 대체로 부합한다고 볼 수 있다.

그러나 자형 변천의 일반적인 규칙성에서 봤을 때, 이 제帝의 자형에서 중간에 있는 자형 구성 부분은 당연히 먼저 원형의 형태에서 사각형의 모습으로 변화되었을 것이다. 그러다가 다시 공工으로 되었고, 또 일一로 변천해 갔을 것이다. 그런데 어떤 경우에는 이 제帝의 자형에서 원형의 형태를 두 호선弧線이 서로 교차하는 모양으로 새기기도 했는데, 이것은 아마도 어느 물체를 동여맨 모습을 본뜨고 있었을 것이다. 그래서 만약 이 점에서 본다면, 꽃이라는 견해는 사람 모양의 허수아비라는 견해보다 그다지 적합하지 못한 편이다. 더구나 갑골문에 보이는 어느 한 글자는 제帝 모양의 물체가 화살에 맞은 모습을 본뜨고 있다(). 그런데 일반적으로 꽃은 화살로 쏘지 않지만, 사람 모양의 대형 허수아비나 입상立像은 아마도 어떤 특별한 이유로 인해 화살에 맞을 수도 있을 것이다. 더욱이 이처럼 똑바로 세운 물체의 형상을 숭배의 한 대상으로 삼은 것은 고고학 발굴에서도 그 예를 찾아볼 수 있다.

예를 들어, 사천성四川省 광한현廣漢縣 삼성퇴三星堆에서 발굴된 상나라 제사祭祀 터 구덩이에서 높이 396cm의 청동으로 만든 신수神樹와 높이 260.8cm의 청동으로 만든 사람 모양의 입상立像이 출토되었다. 이 유물은 모두 당시에 숭배되던 신상神像으로 여겨지고 있다. 그러나 이보다 시대가 더욱 빠른 유물로는, 지금으로부터 약 5천 년 전에 요녕성遼寧省

조양시朝陽市 우하량牛河梁 유적지에서 산의 형세에 따라 지은 신묘神廟와 제단祭壇 등을 발견하였다. 그런데 이 유적지에서 출토된 여신상女神像은 비록 이미 상당 부분 파손되기는 하였지만, 아직 남아 있는 머리 부분은 무려 길이가 22.5cm에 이른다. 그래서 이것으로 고대 중국에 입식立式 형태의 신상숭배神像崇拜 풍습이 존재하고 있었음을 알 수 있고, 더욱이 이렇게 신상의 형식으로 지극히 높은 상제上帝의 의미를 표현하는 것은 충분히 가능한 일이라고 할 수 있다.

그러나 필자를 포함한 많은 학자들이 현재까지도 계속 이 제帝는 꽃의 모습을 본뜬 자형이라는 견해를 가장 신빙성 있는 주장으로 받아들이고 있다. 그래서 그 원인을 생각해 보면, 이 제帝에 보이는 자형이 갑골문에 나타나는 부不의 자형과 서로 비슷하면서도 조금 더 복잡한 자형 형태를 띠고 있으므로(), 아마도 이 두 자형이 모두 동일한 한 유형의 사물 모습을 본뜨고 있다고 생각하고 있기 때문일 것이다. 그런데 갑골문에서 부不는 가차되어 부정사否定詞로 쓰이고 있지만, 그 본래의 의미는 당연히 따로 있었다. 그리고 청동기 명문銘文에서 이 부不는 대체로 비丕의 의미로 사용되고 있는데, 이 비丕는 다시 배胚의 성부聲符로 쓰이고 있다. 그래서 여기서 부不는 도톰하게 불어난 꽃봉오리의 모습을 본뜬 것이라고 여겨지고, 나중에 그 의미가 파생되어 '거대하다'와 같은 부류의 의미가 되었다고 생각하고 있다.

그리고 이 제帝가 만약 꽃의 모습을 본뜬 것으로 그 자형을 취한 근원으로 삼았다면, 인류 초기의 원초적 신앙이 대체로 유형적인 동식물의 형태를 숭배하였고, 이러한 토템신앙이 다시 최고의 지상신至上神 숭배로 변화되었으며, 그 후에 다시 정치적인 우두머리를 숭배하는 형태로 변해 가는 과정과도 그다지 괴리되지 않는다. 더욱이 일반적으로 중국인은 자신들을 화하민족華夏民族이라고 부르고 있는데, 여기서 화華는 곧 꽃의 모습이다. 따라서 당연히 꽃으로 그 숭배물의 모습을 삼는 일도 합리적인 추론이라고 할 수 있다.

그렇지만 우리가 이미 위에서도 언급한 것처럼, 이 제帝의 초기 자형에서 중간 부분에 있는 원형의 형태나 사각형의 모습을 지닌 자형 형태는 꽃의 모습과는 그다지 가깝지 않은 편이다. 더구나 부不의 자형에서는 아래에 있는 세 자획이 굽어져서 마치 꽃잎의 모습을 본뜨고 있지만, 제帝의 자형에서는 그렇게 쓰는 법이 없다. 그뿐만 아니라 부不의 자형에는 윗부분에 서로 교차된 세 직선도 없다. 그 외에도 제帝의 또 다른 자형인 화살에 맞은 자형 형태도 함께 고려해 본다면(), 이 제帝가 꽃의 모습을 본뜬 것이라는 견해는 그다지 적합하지 않음을 알 수가 있다.

그런데 이 제帝의 여러 가지 자형 중에서 어느 한 자형 형태에는 자형의 윗부분에 작은 세 점이 나란히 그려져 있는데(), 이렇게 봤을 적에는 줄로 동여매인 숭배 물체라는 견해에 대해서도 합리적인 해석을 내리기가 무척 어려워진다. 그렇지만 우리는 여기서 잠시 줄로 동여매인 숭배 물체라는 견해를 비교적 가능성이 높은 제帝의 해석으로 간주하고, 꽃의 모습이라는 견해는 참고적인 해석으로 보기로 한다.

(사) 분석

① 문헌의 연대

문헌이 속한 연대의 각도에서 살펴본다면, 이 제帝의 자형 변화에는 대체로 아래의 몇 가지 변천 방향이 있음을 알 수가 있다. 첫째는 자형의 윗부분에 한 짧은 획을 덧붙이는 것이고, 둘째는 윗부분에 놓인 역삼각형의 자형 형태에서 가운데 선이 없어지는 것이다. 셋째는 자형의 중간 부분에서 갑골문 제1기 때에는 원형의 형태, 사각형의 형태, 공工의 형태가 모두 보였는데, 나중에는 생략되어 일一의 형태로 간략화되었다. 그러나 이 중에서 공工의 형태를 가진 자형이 가장 오래 고정적으로 사용되면서, 이 자형 형태가 나중에 소전체小篆體에 채택되었다. 그리고 넷째는 세 개의 교차선이 서로 분리되면서 위아래의 두 자형 부분으로 나누어졌다. 다섯째는 자형의 아랫부분에 있는 세 직선의 형태가 변형되면서 건巾의 자형 형태로 변화되었다. 그리고 초楚나라 계열의 문자에서는 이 제帝의 아랫부분에 있는 직선에다 다시 짧은 가로획을 덧붙인 자형도 나타났다.

② 문헌의 성질

제帝의 자형은 상나라 청동기에서 족휘적族徽的 성질을 가진 명문銘文에도 나타나지 않을 뿐만 아니라 전시적 효과의 성질을 가진 문헌에서도 보이지 않는다. 그래서 이 시기에 대해서는 더 이상 토론할 방법이 없다. 그러나 양주시대兩周時代의 청동기 명문에서는 이 제帝가 단지 미세한 변화만 보였지만, 반면에 초楚나라 지역에서 출토된 죽간竹簡이나 백서帛書에서는 자형의 잘못된 변화가 상당히 크게 나타났다. 그 첫 번째의 변화는 중간 부분의 공工의 형태와 윗부분의 자획이 서로 연결되면서, 마치 갓머리변의 모양과 비슷하게 되었다. 그리고 두 번째의 변화는 자형의 아랫부분에 있는 세 직선에서 가운데 선에 하나의 짧은 가로획을 덧붙임으로써, 외관적으로 이 제帝의 자형이 완전히 다른 형태로 보이게 하였다.

그리고 '중산호中山壺'와 '월왕종越王鐘'에 보이는 명문은 조충서鳥蟲書에 해당되는데,[843] 자형의 아름다움을 돋보이기 위하여 고의적으로 자획을 비틀고 굽은 형태로 만들었다. 그래서 그 바람에 오히려 지나친 장식 효과가 자형을 정상적인 틀에서 더욱 벗어나게 하였다. 또한 봉니문자封泥文字에서도 이와 마찬가지로 자형의 잘못된 변화가 유사하게 나타났다.

그 밖에도 만약 어느 동일한 한 글자가 청동기 명문에 보이는 자형에서는 굽은 자형 형태를 취하고 있고, 반면에 갑골문에서는 직선으로 새겨진 경우가 있다. 그것은 갑골문에서는 칼로 글자를 새겨야 하기 때문에, 아마도 굽은 자형 형태를 새기기가 불편하여 직선으로 표시했을 것이다. 따라서 이 갑골문의 자형은 상대적으로 늦은 시기에 나타나는 자형이라고 볼 수 있다. 그러나 초기에 보이는 청동기 명문에서 만약 어느 자형의 아랫부분에 있는 세 획이 직선이었다면, 그 원래의 자형 형태도 직선이었음을 짐작할 수가 있다. 그런데 서주시대 말기에 점차적으로 형성되어진 굽은 형태를 취하며 아래로 드리워진 선은 당연히 후대에 발전되어진 자형이라고 할 수 있다.

③ 글자의 창의創意

앞부분에서 제帝의 창의를 살펴보면서 원래 자형 형태는 독체獨體이고, 자형의 윗부분과 아랫부분에 있는 세 가닥의 선은 서로 교차되면서도 연속되어진 형태라는 것을 이미 밝힌 바 있다. 그런데 만약 이러한 기본적인 자형 구조에서 어긋났다면, 그것은 이 제帝의 창의에 대한 이해가 부족하여 글자를 잘못 쓴 것이라고 볼 수 있다. 그래서 이 제帝에서 자형이 잘못 변화된 경우는 그 경중輕重의 정도에 따라, 먼저 자형의 위아래가 서로 떨어지며 나누어졌고, 다음에는 아랫부분에 있는 선이 굽어지도록 글자를 썼다. 그리고는 자형의 중간부분이 테두리가 진 모양에서 직선 모양으로 변천되었다. 그런데 여기서 다시 두 부분의

843 여기서 말하는 조충서鳥蟲書는 달리 충서蟲書, 혹은 조서鳥書라고도 일컫는다. 이 조충서는 자형의 예술적인 미관을 돋보이기 위하여 자형을 마치 새나 벌레처럼 아름답게 묘사하였기 때문에, 이렇게 조충서鳥蟲書라고 이름이 지어졌다. 일반적으로 춘추시대나 전국시대 때 청동으로 된 무기나 종鐘의 표면에 이 조충서의 방식으로 글씨를 새기거나 주조하였다.

자형으로 나누어진 것은 그보다도 더 늦은 시기라고 할 수 있다.

④ 자형 변천의 규칙성

하나의 긴 가로획 위에 짧은 한 가로획을 덧붙이는 자형 변천의 방향은 상나라에서 전국시대에 이르기까지 계속 지속되어진 자형 변천의 추세였다. 따라서 이러한 규칙성은 자형 변천의 방향을 판단하는 데 있어서 가장 결정력을 지닌 표준이라고 할 수 있다. 그리고 자형 변천의 규칙성에서 일반적으로 작은 세 점이 생략되어 간략화되는 예의 글자는 자형이 복잡화되는 경우보다 훨씬 많이 나타나는 편이다. 그렇지만 비록 이 제帝에서 자형을 사용했던 시기가 자형을 쓴 시기보다 늦다고는 하더라도, 아마 이 작은 세 점을 가진 자형은 간략화되기 이전의 원시적인 자형 형태일 수도 있다.

⑤ 사실성寫實性의 정도

그림문자의 변화는 일반적으로 사실적인 묘사에서 추상적인 묘사로, 복잡한 자형에서 간략한 자형으로 이루어진다. 더욱이 갑골문은 칼로 글자를 새겼기 때문에 대부분 사각형의 모양으로 원형의 형태를 대체하였고, 간단한 선으로 물체의 넓은 형태를 대신하였다. 그래서 제帝의 중간 부분에 보이는 네 가지 서로 다른 자형 형태를 비교해 보면, 그중에서 원형의 형태가 시기적으로 가장 이르고, 사각형 모양은 그 다음이며, 그리고 다시 공工의 형태가 나타났고, 마지막에는 하나의 가로줄 형태로 변화되었다.

⑥ 조자법造字法

제帝에 보이는 각 자형형태는 모두 상형자象形字나 표의자表意字에 속하지 형성자形聲字로는 전환되지 않았다. 따라서 이 조자법의 표준을 적용하기에는 그다지 적합하지 않다.

⑦ 자형 구성 부분의 대체

제帝의 자형 구성은 하나의 결합된 형태로 이루어져서 따로 자형의 독립적인 구성 부분이 없으므로, 이 표준을 응용할 수가 없다.

(아) 결론

제帝의 자형 변천 과정은 대체로 아래의 그림과 같이 표시할 수 있다.

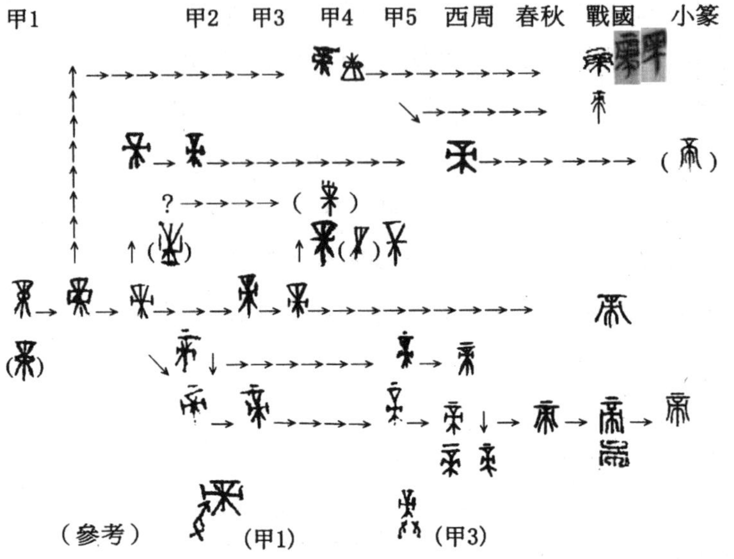

2. 자형 변천의 방향

(가) 자형의 복잡화

(1) 자형의 무의미한 정렬과 균형

이것은 비교적 오랜 시간 동안 나타난 현상을 통해 귀납적으로 얻어낸 결과인데, 여기에 해당하는 예는 다양할 뿐만 아니라 그 수도 헤아릴 수 없이 많다. 그래서 대체로 기존의 경험을 통해 이 현상을 판단하게 된다. 그리고 우리가 흔히 볼 수 있는 예를 들어 보면 아래와 같다.

① 직선 중에 한 점을 덧붙였고, 이 점이 다시 짧은 한 획으로 변한 경우

예를 들어, 앞의 〈도표 41〉에서 소개한 도匋, 〈도표 61〉의 고告, 〈도표 82〉의 장章, 〈도표 85〉의 양羊, 〈도표 117〉의 십十, 〈도표 123〉의 역屰, 〈도표 144〉의 망(朢, 望), 〈도표 219〉의 성聖, 〈도표 248〉의 년(秊, 年), 그리고 임壬, 세世, 솔率 등을 들 수 있다.

그래서 임壬에 대해 《설문說文》에서는, "壬은 북방北方에 위치한 것이다. 음기陰氣가 왕성하지만 양기陽氣도 이미 생겼다. 그러므로 《역경易經》에서 이르기를, '용이 들판에서 싸운다'라고 하였다. 전戰이라는 것은 교차하는 것이다. 사람이 아이를 밴 모습을 본뜨고 있다. 해亥와 임壬을 자子로 잇게 되니, 생명이 태어나는 과정이다. 임壬과 무巫는 같은 뜻이다. 임壬은 신辛을 이은 것이고, 사람의 정강이를 본뜨고 있다. 정강이는 온몸을 지탱하는 것이다. 무릇 임壬의 속屬들은 모두 이 임壬을 따른다"[844]라고 하였다. 갑골문과 금문金文에서 이 임壬은 아마도 실을 감는 물체의 모습을 본뜨고 있을 텐데, 이것은 베틀에 올려 옷감을 짜기 편리하도록 해 준다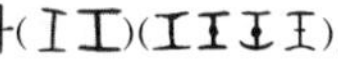.[845]

세世에 대해서는 《설문說文》에서, "丗는 삼십 년이 한 세世이다. 삽(卅, 卅)을 따르고, 그 끝을 잡아 늘인 것이다. 또한 그 성부聲符를 취한다"[846]라고 하였다. 금문金文의 자형에서

---

844 (淸) 段玉裁注, 《說文解字注》, 第二十八卷, 第十四篇注下, 〈壬〉, 749쪽. 그 원문에 "壬, 位北方也. 侌極昜生. 故易曰: 龍戰于野. 戰者接也. 象人褢妊之形. 承亥壬㠯子, 生之敘也. 壬與巫同意. 壬承辛, 象人脛. 脛, 任體也. 凡壬之屬皆从壬"이라고 되어 있다.

845 여기서 앞의 괄호 안에 있는 자형은 해당 글자의 갑골문 자형을 모아 둔 것이고, 뒤의 괄호 안에 있는 자형은 해당 글자의 금문金文 자형을 모아 둔 것이다.

846 (淸) 段玉裁注, 《說文解字注》, 第五卷, 第三篇注上, 〈世〉, 90쪽. 그 원문에 "丗, 三十年爲一世. 从卅而曳長之.

이 세世는 아마도 돗자리나 새끼줄을 짜는 물체의 모습을 본뜨고 있을 것이다(㔺 𠀍 㔺 𣏟 𠀍 𠀍 𠀍 𠀍). 그래서 가끔은 하나의 돗자리 형태를 덧붙여 보조적인 설명을 하기도 하였는데(𠀍 𠀍), 나중에 가차假借되어 세대世代를 나타내게 되었다.

그리고 솔率에 대해《설문說文》에서는, "𠂔은 새를 잡는 그물이다. 실로 짠 그물을 본뜨고 있고, 위와 아래는 그 장대와 자루이다. 무릇 솔率의 속屬들은 모두 이 솔率을 따른다"[847] 라고 하였다. 갑골문과 금문金文에서 이 솔率은 기름기가 흐르는 창자의 모습을 본뜨고 있다(𠂔 𠂔 𠂔 𠂔)(𠂔 𠂔). 그런데 이 솔率이 나중에 가차되어 '거느리다'라는 의미를 나타내면서, 다시 이 자형에 육肉을 덧붙여 률膟을 만들었다. 그리고 그것으로 두 글자의 의미를 구별하였다.

② 평평한 가로획 위에 하나의 짧은 가로획을 덧붙인 경우

예를 들어, 앞서 소개했던 〈도표 27〉의 록(彔: 𠂔 𠂔), 〈도표 34〉의 회(沬, 頮: 𠂔 𠂔), 〈도표 35〉의 정(正: 𠂔 𠂔), 〈도표 52〉의 하(二, 下: 𠂔 𠂔), 〈도표 66〉의 이(而: 𠂔 𠂔), 〈도표 72〉의 제(帝: 𠂔 𠂔), 〈도표 83〉의 룡(龍: 𠂔 𠂔), 〈도표 98〉의 천(天: 𠂔 𠂔), 〈도표 234〉의 언(言: 𠂔 𠂔), 〈도표 311〉의 평(平: 𠂔 𠂔), 그리고 다음으로 소개할 〈도표 337〉의 상商, 〈도표 338〉의 경競, 〈도표 339〉의 경竟, 우雨, 신辛, 진辰, 부不, 가可 등을 들 수 있다.

그래서 우雨에 대해서《설문說文》에서는, "雨는 물이 구름에서 떨어지는 것이다. 일一은 하늘을 본뜨고 있고, 경冂은 구름을 본뜨고 있으며, 물은 그 사이에서 떨어지는 것이다. 무릇 우雨의 속屬들은 모두 이 우雨를 따른다. 𠕲는 고문古文이다"[848] 라고 하였다. 갑골문에서 이 우雨는 빗방울이 하늘에서 떨어지는 모습을 본뜨고 있다(𠂔 𠂔 𠂔 𠂔 𠂔 𠂔 𠂔).

그리고 신辛에 대해《설문說文》에서는, "辛은 가을에 만물이 성장하고 익는 것이다. 금金은 강하고 딱딱하며, 맛은 맵다. 맵고 괴로우면 곧 눈물이 나온다. 일一과 건(辛, 愆)을 따른다. 건(辛, 愆)은 허물이다. 신辛은 경庚을 이은 것이고, 사람의 넓적다리를 본뜨고 있다.

亦取其聲"이라고 되어 있다. 그런데 이 세世에 대해서 단옥재段玉裁의 주注에서는 이(乁, 移)가 그 성부聲符라고 하였다. 그래서 이 세世는 상고음上古音에서 월부月部에 속하였고, 성부聲符인 이(乁, 移)는 상고음에서 지부支部에 속하였다. 따라서 이 세世와 성부聲符인 이(乁, 移)는 상고음에서 서로 동일한 큰 부류에 속하지 않았다.

847 (清) 段玉裁注,《說文解字注》, 第二十五卷, 第十三篇注上, 〈率〉, 669쪽. 그 원문에 "率, 捕鳥畢也. 象絲网, 上下其竿柄也. 凡率之屬皆从率"이라고 되어 있다.

848 (清) 段玉裁注,《說文解字注》, 第二十二卷, 第十一篇注下, 〈雨〉, 577쪽. 그 원문에 "雨, 水從雲下也. 一象天, 冂象雲, 水霝其閒也. 凡雨之屬皆从雨. 𠕲, 古文"이라고 되어 있다.

무릇 신辛의 속屬들은 모두 이 신辛을 따른다"[849]라고 하였다. 갑골문에서 이 신辛은 죄인에게 문신文身을 새길 때 사용하는 도구를 본뜨고 있다().

그리고 진辰에 대해《설문說文》에서는, "辰은 흔드는 것이다. 삼월三月이고, 양기陽氣가 움직이는 것이다. 우레와 번개가 치니, 백성이 농사를 지을 시기이다. 만물이 모두 자라나므로, 을乙과 화(匕, 化)를 따른다. 화(匕, 化)는 완전히 자라남을 본뜨고 있다. 한厂은 성부聲符이다. 진辰은 방성房星이니, 하늘의 때이다. 상(二, 上)을 따르는데, 상(二, 上)은 고문古文의 상上이다. 무릇 진辰의 속屬들은 모두 이 진辰을 따른다. 辰은 고문古文의 진辰이다"[850]라고 하였다. 갑골문에서 이 진辰은 단단한 껍질을 가진 연체동물의 모습을 본뜨고 있는데(), 그 단단한 껍질은 농기구로 사용할 수 있다.

그리고 부不에 대해서《설문說文》에서는, "不는 새가 날아올라 위에서 빙빙 돌면서 내려오지 않는 것이다. 일一을 따르고, 일一은 하늘과 같다. 상형자象形字이다. 무릇 부不의 속屬들은 모두 이 부不를 따른다"[851]라고 하였다. 갑골문에서 이 부不는 아마도 아래로 향해 피는 꽃잎의 모습을 본뜨고 있을 텐데(), 가차되어 부정否定을 나타내는 부사로 쓰이고 있다. 그러다가 전국시대에는 이 자형의 윗부분에 항상 하나의 짧은 가로획을 덧붙였다().

그리고 가可에 대해《설문說文》에서는, "可는 뼈 사이에 붙어 있는 살이다. 구口와 가丂를 따르고, 가丂는 또한 성부聲符이다. 무릇 가可의 속屬들은 모두 이 가可를 따른다"[852]라고 하였다. 이 가可는 가柯의 자원字源이고, 갑골문에서는 어떤 도구를 묶는 긴 자루 모양의 모습을 본뜨고 있다(). 그런데 여기서 구口는 별 의미가 없는 빈 공간 채우기이다. 그러다가 전국시대에는 이 자형의 윗부분에 하나의 짧은 가로획을 덧붙이기

849 (清) 段玉裁注,《說文解字注》, 第二十八卷, 第十四篇注下,〈辛〉, 748쪽. 그 원문에 "辛, 秋時萬物成而孰. 金剛, 味辛. 辛痛卽泣出. 从一䇂. 䇂, 辠也. 辛承庚, 象人股. 凡辛之屬皆从辛"이라고 되어 있다.

850 (清) 段玉裁注,《說文解字注》, 第二十八卷, 第十四篇注下,〈辰〉, 752쪽. 그 원문에 "辰, 震也. 三月, 易气動. 靁電振, 民農時也. 物皆生, 从乙匕. 匕象芒達. 厂聲. 辰, 房星, 天時也. 从二, 二, 古文上字. 凡辰之屬皆从辰. 辰, 古文辰"이라고 되어 있다. 그런데 서현徐鉉은 이 한厂이 성부聲符가 아니라 만물이 자라나는 모습을 본뜨고 있다고 보았다.

851 (清) 段玉裁注,《說文解字注》, 第二十三卷, 第十二篇注上,〈不〉, 590쪽. 그 원문에 "不, 鳥飛上翔不下來也. 从一, 一猶天也. 象形. 凡不之屬皆从不"라고 되어 있다.

852 (清) 段玉裁注,《說文解字注》, 第九卷, 第五篇注上,〈可〉, 206쪽. 그 원문에 "可, 肎也. 从口丂, 丂亦聲. 凡可之屬皆从可"라고 되어 있다. 그런데 이 가可에서 긍(肎, 肯)은 원래 뼈 사이에 붙어 있는 살을 의미하였다. 그러나 나중에 가차되어 '수긍하다'라는 의미가 되었다.

도 하였다().

그리고 〈도표 337〉에 보이는 상商에 대해 《설문說文》에서는, "商은 밖에서도 안을 알 수 있는 것이다. 눌(㕯, 吶, 訥)을 따르고, 장章의 생략형이 성부聲符이다. 商은 고문古文의 상商이다. 商도 또한 고문古文의 상商이다. 商은 주문籀文의 상商이다"[853]라고 하였다. 갑골문에서 이 상商은 아마도 상나라 도읍지에 있었던 어떤 특별한 건축물의 모습을 나타내고 있을 것이다.

그리고 경競에서 추출된 경誩에 대해 《설문說文》에서는, "誩은 다투어 말하는 것이다. 두 언言을 따른다. 무릇 경誩의 속屬들은 모두 이 경誩을 따른다. 발음은 경競과 같다"[854]라고 하였다. 또한 〈도표 338〉에 보이는 경競에 대해 《설문說文》에서는, "競은 다투는 말이다. 경誩과 두 인人을 따른다. 일설一說에는 뒤쫓는 것이라고도 한다"[855]라고 하였고, 긍兢에 대해 《설문說文》에서는, "兢은 다투는 것이다. 두 형兄을 따른다. 두 형兄은 다툰다는 뜻이다. 성부聲符인 개丯를 따른다. 발음은 긍矜과 같다. 일설一說에 긍兢은 삼가는 것이라고도

도표 번호	상商나라의 갑골문甲骨文	주周나라의 금문金文	진秦나라의 소전小篆	한漢나라의 예서隸書	현대의 한자	글자의 창의創意
337	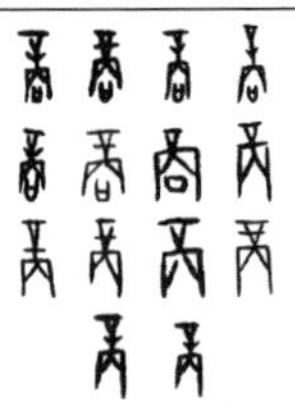		 s k k z	商	商	아마도 상나라 도읍지에 있었던 어떤 특별한 건축물의 모습을 본뜨고 있을 것이다.
338			 s s	競 兢	競 兢	두 사람이 머리 장식의 아름다움을 서로 겨루는 모습을 본뜨고 있다.

853 (清) 段玉裁注, 《說文解字注》, 第五卷, 第三篇注上, 〈商〉, 88쪽. 그 원문에 "商, 從外知內也. 从㕯, 章省聲. 商, 古文商. 商, 亦古文商. 商, 籀文商"이라고 되어 있다.

854 (清) 段玉裁注, 《說文解字注》, 第五卷, 第三篇注上, 〈誩〉, 102쪽. 그 원문에 "誩, 競言也. 从二言. 凡誩之屬皆从誩. 讀若競"이라고 되어 있다.

855 (清) 段玉裁注, 《說文解字注》, 第五卷, 第三篇注上, 〈競〉, 102쪽. 그 원문에 "競, 彊語也. 从誩二人. 一曰: 逐也"라고 되어 있다.

도표 번호	상商나라의 갑골문甲骨文	주周나라의 금문金文	진秦나라의 소전小篆	한漢나라의 예서隸書	현대의 한자	글자의 창의創意
339			 s	竟	竟	머리에 높이 솟아오른 장식물을 쓰고서 떨어질까 봐 전전긍긍하며 행동함을 나타내고 있다.

한다"[856]라고 하였다. 갑골문에서 이 경競과 긍兢은 원래 동일한 하나의 글자였는데, 이 두 글자 모두 두 사람이 머리 장식의 아름다움을 서로 겨루는 모습을 본뜨고 있다.

〈도표 339〉에 보이는 경竟에 대해《설문說文》에서는, " 은 악곡이 끝나는 것이 경竟이다. 음音과 인儿을 따른다"[857]라고 하였다. 갑골문에서 이 경竟은 한 사람이 머리에 높이 솟아오른 장식물을 쓰고 있는 모습을 본뜨고 있다. 그래서 이 경竟은 그것이 떨어질까 봐 전전긍긍하며 움직이는 것을 표현한 것이지, 악곡과는 그다지 상관이 없다.

③ 가장 아래에 있는 평평한 가로획 밑에 하나의 짧은 가로획을 덧붙인 경우

예를 들어, 앞의 〈도표 51〉에서 소개한 상(二, 上:)과 〈도표 122〉에서 소개한 조(且:), 그리고 〈도표 340〉에서 소개할 구(北, 丘, 丘), 지至 등을 들 수 있다. 이러한 현상은 전국시대의 문자에 비교적 많이 보인다.

그래서 지至에 대해《설문說文》에서는, " 는 새가 날아 높은 곳에서 내려와 땅에 이르는 것이다. 일一을 따르고, 일一은 땅과 같다. 상형자象形字이다. 부不는 위로 날아가는 것이지만, 지至는 내려오는 것이니 오는 것이다. 무릇 지至의 속屬들은 모두 이 지至를 따른다. 는 고문古文의 지至이다"[858]라고 하였다. 갑골문에서 이 지至는 화살이 날아서 목표물에 닿는 모습을 본뜨고 있다( ). 그런데 전국시대의 간독문자簡牘文字에는 자형의 아랫부분에 하나의 짧은 가로획을 덧붙인 형태가 나타났다( ).

856 (淸) 段玉裁注,《說文解字注》, 第十五卷, 第八篇注下,〈兢〉, 410쪽. 그 원문에 " , 競也. 从二兄. 二兄, 競意. 从丯聲. 讀若矜. 一曰: 兢, 敬也"라고 되어 있다. 그런데 단옥재段玉裁의 주注에서는 이 긍兢이 성부聲符인 개丯와 서로 쌍성雙聲이 된다고 하였다.

857 (淸) 段玉裁注,《說文解字注》, 第五卷, 第三篇注上,〈竟〉, 103쪽. 그 원문에 " , 樂曲盡爲竟. 从音儿"이라고 되어 있다.

858 (淸) 段玉裁注,《說文解字注》, 第二十三卷, 第十二篇注上,〈至〉, 590-591쪽. 그 원문에 " , 鳥飛從高下至地也. 从一, 一猶地也. 象形. 不, 上去, 而至, 下, 來也. 凡至之屬皆从至. , 古文至"라고 되어 있다.

도표 번호	상商나라의 갑골문甲骨文	주周나라의 금문金文	진秦나라의 소전小篆	한漢나라의 예서隸書	현대의 한자	글자의 창의創意
340		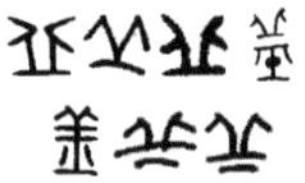	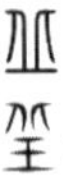 s, k	丘 北	丘 北	하천의 양옆에 있는 언덕의 모습을 본뜨고 있다.

〈도표 340〉에 보이는 구(𠀉, 乒, 丘)에 대해《설문說文》에서는, "𠀉는 흙더미가 높은 것이다. 사람이 만든 것이 아니다. 북北을 따르고, 일一을 따른다. 일一은 땅이다. 사람은 언덕의 남쪽에 살기 때문에, 북北을 따른다. 중앙에 있는 나라의 거주지는 곤륜산昆侖山의 동남쪽에 있다. 일설一說에는 사방이 높고 중앙이 낮은 곳을 구(𠀉, 乒, 丘)라고도 한다. 상형자象形字이다. 무릇 구𠀉의 속屬들은 모두 이 구𠀉를 따른다. 坵는 고문古文이고, 토土를 따른다"[859]라고 하였다. 갑골문에서 이 구(𠀉, 乒, 丘)는 물이 흐르는 하천의 양옆에 있는 언덕의 모습을 본뜨고 있다. 그런데 전국시대 초楚나라의 죽간에서는 자형의 아랫부분에 항상 짧은 가로획을 덧붙이고 있다.

④ 아래에 있는 두 직선 사이에 하나의 구口나 위口를 덧붙인 경우

예를 들면, 앞서 〈도표 73〉에서 소개한 고(高: )와 〈도표 149〉의 흥(興: 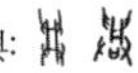), 〈도표 337〉의 상(商: ), 그리고 〈도표 341〉에서 소개할 주周 등이 있다.

〈도표 341〉에 보이는 주周에 대해《설문說文》에서는, "는 주도면밀한 것이다. 용用과

도표 번호	상商나라의 갑골문甲骨文	주周나라의 금문金文	진秦나라의 소전小篆	한漢나라의 예서隸書	현대의 한자	글자의 창의創意
341	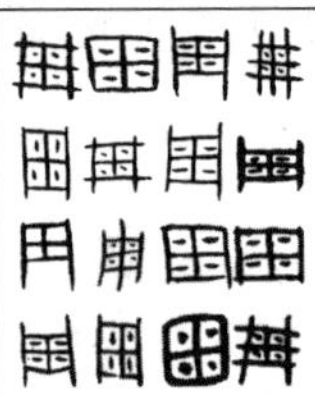	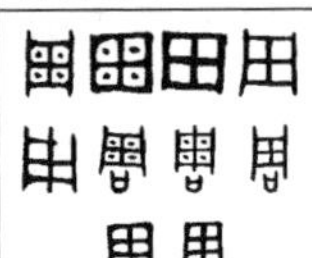	 s, k	周	周	재배하고 있는 농작물 주위에 바람을 막는 벽과 같은 한 종류의 보호물을 세운 모습을 본뜨고 있다.

859 (淸) 段玉裁注,《說文解字注》, 第十五卷, 第八篇注上,〈𠀉〉, 390쪽. 그 원문에 "𠀉, 土之高也. 非人所爲也. 从北, 从一. 一, 地也. 人凥在𠀉南, 故从北. 中邦之凥, 在昆侖東南. 一曰: 四方高, 中央下爲乒. 象形. 凡𠀉之屬皆从𠀉. 坵, 古文, 从土"라고 되어 있다.

구口를 따른다. 周는 고문古文의 주周이고, 고문古文의 급及을 따른다"[860]라고 하였다. 갑골문에서 이 주周는 재배하고 있는 농작물 주위에 바람을 막는 벽과 같은 한 종류의 보호물을 세운 모습을 본뜨고 있다.

⑤ 비스듬한 선이나 구口로 빈 공간을 채운 경우

예를 들어, 앞서 〈도표 180〉에서 소개한 사(辭: 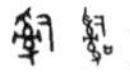)와 〈도표 269〉의 기(奇: ), 그리고 〈도표 342〉에서 소개할 하何, 하河, 양(昜, 陽) 등을 들 수 있다.

〈도표 342〉에 보이는 하何에 대해《설문說文》에서는, "何는 짐을 진 것이다. 일설一說에는 수誰라고도 한다. 인人을 따르고, 가可는 성부聲符이다"[861]라고 하였다. 갑골문에서 이 하何는 한 사람이 어깨에 멘 어떤 도구를 손으로 잡고 있는 모습을 본뜨고 있다.

그리고 하河에 대해《설문說文》에서는, "河는 황하黃河의 물줄기이다. 돈황敦煌의 새외塞外인 곤륜산昆侖山에서 흘러나와서, 발원지를 떠나 바다로 들어간다. 수水를 따르고, 가可는 성부聲符이다"[862]라고 하였다. 갑골문과 금문金文에서 이 하河는 형성자形聲字이다( 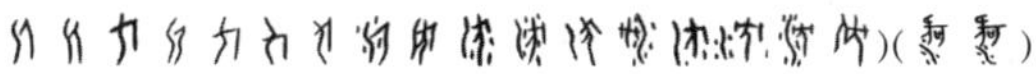).

그리고 양(昜, 陽)에 대해《설문說文》에서는, "昜은 밝은 것이다. 일日과 일一과 물勿을 따른

도표 번호	상商나라의 갑골문甲骨文	주周나라의 금문金文	진秦나라의 소전小篆	한漢나라의 예서隷書	현대의 한자	글자의 창의創意
342				何	何	한 사람이 어깨에 멘 어떤 도구를 손으로 잡고 있는 모습을 본뜨고 있다.

860 (清) 段玉裁注,《說文解字注》, 第三卷, 第二篇注上,〈周〉, 59쪽. 그 원문에 "周, 密也. 从用口. 周, 古文周字, 从古文及"이라고 되어 있다.

861 (清) 段玉裁注,《說文解字注》, 第十五卷, 第八篇注上,〈何〉, 375쪽. 그 원문에 "何, 儋也. 一曰: 誰也. 从人, 可聲"이라고 되어 있다.

862 (清) 段玉裁注,《說文解字注》, 第二十卷, 第十一篇注上之一,〈河〉, 521쪽. 그 원문에 "河, 河水. 出敦煌塞外昆侖山, 發源注海. 从水, 可聲"이라고 되어 있다.

다. 일설一說에는 날아오르는 것이라고도 한다. 일설一說에는 자라게 하는 것이라고도 한다. 일설一說에는 강한 것이 많은 모습이라고도 한다"[863]라고 하였다. 갑골문과 금문金文에서 이 양(昜, 陽)은 태양이 측량대 위로 높이 솟아오르는 시간을 표시하고 있다( )( ).

⑥ 자형의 중간에 하나의 구口를 덧붙인 경우

이러한 현상은 대체로 전국시대 중산中山 지역의 문자에 흔히 보인다. 예를 들어, 앞의 〈도표 233〉에서 소개한 퇴(復, 退:), 그리고 〈도표 343〉에서 소개할 후後, 념念, 렴斂 등을 들 수 있다.

〈도표 343〉에 보이는 후後에 대해 《설문說文》에서는, "後는 뒤에 처지는 것이다. 척彳과 요幺와 쇠夊를 따른다. 어리면서 천천히 걷는 것이니, 뒤에 처지는 것이다. 後는 고문古文의 후後이고, 착辵을 따른다"[864]라고 하였다. 갑골문에서 이 후後는 발이 새끼줄에 묶여서 걸음이 다른 사람보다 늦는 모습을 표현하고 있다. 그런데 나중에 이 자형에 길을 덧붙였고, 중산국中山國의 문자에서는 여기에 다시 하나의 구口를 덧붙였다.

그리고 념念에 대해서《설문說文》에서는, "念은 오랫동안 생각하는 것이다. 심心을 따르고, 금今은 성부聲符이다"[865]라고 하였다. 금문金文에서 이 념念은 심心을 따르고 금今이 성부聲符인 형성자이다( ).

그리고 렴斂에 대해《설문說文》에서는, "斂은 거두는 것이다. 복攴을 따르고, 첨僉은 성부聲符이다"[866]라고 하였다. 이 렴斂은 복攴을 따르고 첨僉이 성부聲符인 형성자이다( ).

도표 번호	상商나라의 갑골문甲骨文	주周나라의 금문金文	진秦나라의 소전小篆	한漢나라의 예서隸書	현대의 한자	글자의 창의創意
343			s k	後	後	발이 새끼줄에 묶여서 걸음이 다른 사람보다 뒤처지는 모습을 표현하고 있다.

863 (清) 段玉裁注,《說文解字注》, 第十七卷, 第九篇注下,〈昜〉, 458쪽. 그 원문에 "昜, 開也. 从日一勿. 一曰: 飛揚. 一曰: 長也. 一曰: 彊者眾皃"라고 되어 있다.

864 (清) 段玉裁注,《說文解字注》, 第四卷, 第二篇注下,〈後〉, 77쪽. 그 원문에 "後, 遲也. 从彳幺夊. 幺夊者, 後也. 後, 古文後, 从辵"이라고 되어 있다.

865 (清) 段玉裁注,《說文解字注》, 第十九卷, 第十篇注下,〈念〉, 507쪽. 그 원문에 "念, 常思也. 从心, 今聲"이라고 되어 있다. 그런데 이 념念과 성부聲符인 금今은 상고음上古音에서 동일하게 침부侵部에 속하였다.

⑦ 자형의 구성 부분인 우又가 빈 공간 채우기로 인해 촌寸으로 변한 경우

예를 들어, 앞서 〈도표 121〉에서 소개한 우(又: 𠂇 𠂇)와 〈도표 316〉의 전(專: 專 專), 그리고 〈도표 344〉에서 소개할 대(對, 對)와 〈도표 345〉에서 소개할 봉封, 〈도표 346〉에서 소개할 사(䠶, 射), 수(尌, 樹), 위(尉, 尉, 熨), 수守 등을 들 수 있다.

그래서 〈도표 344〉에 보이는 대(對, 對)에 대해 《설문說文》에서는, "對는 대답함에 법도가 없는 것이다. 착丵과 구口를 따르고, 촌寸을 따른다. 對는 대(對, 對)의 혹체或體이고, 사士를 따른다. 한漢나라 문제文帝는 책망하며 대하고 만나서 이야기하면, 대부분 정성스럽게 대답하지 않는다고 여겼다. 그래서 그 구口를 없애 버렸고, 이 때문에 사士를 따른다"[867]라고 하였다. 갑골문에서 이 대(對, 對)는 손으로 적의 귀를 담은 상자를 높이 들어 상관上官이 묻는 전리품과 관련된 물음에 대답하는 모습을 본뜨고 있다.

〈도표 345〉에 보이는 봉封에 대해 《설문說文》에서는, "封은 제후에게 그 땅을 작위爵位로 내리는 것이다. 지之와 토土를 따르고, 촌寸을 따른다. 촌寸은 그 제도를 지키는 것이다. 공公과 후侯는 백 리里이고, 백伯은 칠십 리里이며, 자子와 남男은 오십 리里이다. 𡉚은 주문籀文의 봉封이고, 봉丰과 토土를 따른다. 㞶은 고문古文의 봉封이고, 생략하였다"[868]라고 하였다. 갑골문과 금문金文에서 이 봉封은 손으로 봉지封地의 경계에 나무를 심는 모습을 본뜨고 있다.

〈도표 346〉에 보이는 사(䠶, 射)에 대해 《설문說文》에서는, "䠶는 활과 쇠뇌가 몸에서 화살을 쏘아 멀리 있는 목표를 맞추는 것이다. 시矢와 신身을 따른다. 射는 전문篆文의 사(䠶, 射)이고, 촌寸을 따른다. 촌寸은 법도法度이고, 또한 손이다"[869]라고 하였다. 갑골문에서 이 사(䠶, 射)는 화살이 활에서 곧 발사되려는 모습을 본뜨고 있는데, 여기서 손의 자형 부분은 나중에 덧붙여졌고 동작을 표시하고 있다.

그리고 수(尌, 樹)에 대해 《설문說文》에서는, "尌는 세우는 것이다. 주壴를 따르고, 촌寸을 따른다. 촌寸은 그것을 잡고 있는 것이다. 발음은 주駐와 같다"[870]라고 하였다. 갑골문과

---

866 (清) 段玉裁注, 《說文解字注》, 第六卷, 第三篇注下, 〈斂〉, 125쪽. 그 원문에 "斂, 收也. 从攴, 僉聲"이라고 되어 있다. 그런데 이 렴斂과 성부聲符인 첨僉은 상고음上古音에서 동일하게 담부談部에 속하였다.

867 (清) 段玉裁注, 《說文解字注》, 第五卷, 第三篇注上, 〈對〉, 103-104쪽. 그 원문에 "對, 𪫩無方也. 从丵口, 从寸. 對, 對或, 从士. 漢文帝目爲責對而面言, 多非誠對, 故去其口, 目從士也"라고 되어 있다.

868 (清) 段玉裁注, 《說文解字注》, 第二十六卷, 第十三篇注下, 〈封〉, 694쪽. 그 원문에 "封, 爵諸侯之土也. 从之土, 从寸. 寸, 守其制度也. 公侯百里, 伯七十里, 子男五十里. 𡉚, 籒文封, 从丰土. 㞶, 古文封, 省"이라고 되어 있다.

869 (清) 段玉裁注, 《說文解字注》, 第十卷, 第五篇注下, 〈䠶〉, 228쪽. 그 원문에 "䠶, 弓弩發於身而中於遠也. 从矢, 从身. 射, 篆文䠶, 从寸. 寸, 法度也, 亦手也"라고 되어 있다.

도표 번호	상商나라의 갑골문甲骨文	주周나라의 금문金文	진秦나라의 소전小篆	한漢나라의 예서隸書	현대의 한자	글자의 창의創意
344			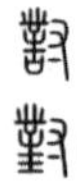 s h	對	對	손으로 상자를 높이 들어 상관上官이 묻는 전리품과 관련된 물음에 대답하는 모습을 본뜨고 있다.
345	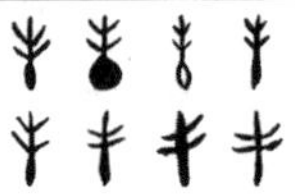	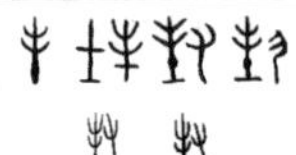	 s z k	封	封	손으로 봉지封地의 경계에 나무를 심는 모습을 본뜨고 있다.
346	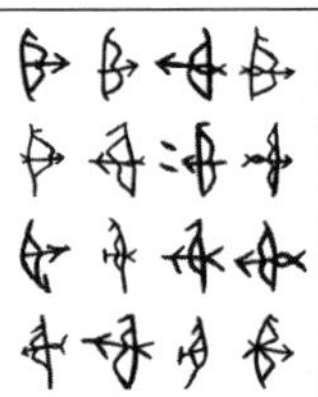	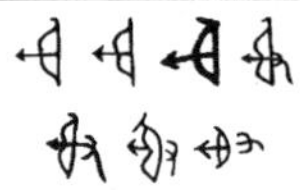	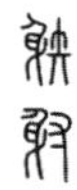 s s	射	射	화살이 활시위에 놓여져 발사를 기다리고 있는 모습을 본뜨고 있다.

금문金文에서 이 수(尌, 樹)는 손으로 북틀을 세워서 연주하기 편하도록 하는 모습을 본뜨고 있다().

위(尉, 尉, 熨)에 대해《설문說文》에서는, "는 위에서 아래를 누르는 것이다. 이(𡰥, 夷)와 우又를 따르고, 화火를 들고 있다. 그것으로 비단을 펴는 것이다"[871]라고 하였다. 이 위(尉, 尉, 熨)는 불에 구운 돌을 손에 쥐고 환자의 등을 안마하는 모습을 본뜨고 있다().

수守에 대해《설문說文》에서는, "는 직무를 지키는 것이다. 면宀을 따르고, 촌寸을 따른다. 면宀을 따름은 조정 문서창고의 일이다. 촌寸을 따름은 법도法度이다"[872]라고 하였다. 금문金文에서 이 수守의 창의는 그다지 명확하지 않은데, 오른손 하나가 집 안에 있는 모습을 본뜨고 있다(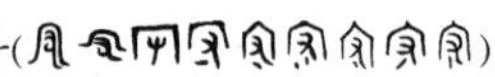).

870 (清) 段玉裁注,《說文解字注》, 第九卷, 第五篇注上,〈尌〉, 207쪽. 그 원문에 ", 立也. 从壴, 从寸. 寸, 持之也. 讀若駐"라고 되어 있다.

871 (清) 段玉裁注,《說文解字注》, 第十八卷, 第十篇注上,〈尉〉, 487쪽. 그 원문에 ", 从上按下也. 从𡰥又, 持火. 所目申繒也"라고 되어 있다.

872 (清) 段玉裁注,《說文解字注》, 第十四卷, 第七篇注下,〈守〉, 343-344쪽. 그 원문에 ", 守官也. 从宀, 从寸. 从宀, 寺府之事也. 从寸, 法度也"라고 되어 있다.

⑧ 직선의 양옆에 두 점이나 두 획을 덧붙인 경우

예를 들어, 앞의 〈도표 140〉에서 소개한 필(必:)과 〈도표 224〉의 종(宗:), 〈도표 232〉의 도(途:), 〈도표 235〉의 서(敍:), 〈도표 314〉의 시(示:), 〈도표 340〉의 구(丠, 丘, 丘:), 그리고 여余, 사舍 등을 들 수 있다.

여余에 대해《설문說文》에서는, " 는 말이 퍼져 나가는 것이다. 팔八을 따르고, 사舍의 생략형이 성부聲符이다"[873]라고 하였다. 갑골문과 금문金文에서 이 여余는 사신이 몸에 지니고 다니면서 신분을 증명하는 부절符節의 모습을 본뜨고 있다()().

사舍에 대해《설문說文》에서는, " 는 손님이 묵는 방을 일컬어 사舍라고 한다. 집亼과 철屮과 위口를 따른다. 철屮은 집을 본뜨고 있다. 위口는 담장을 본뜨고 있다"[874]라고 하였다. 금문金文에서 이 사舍는 사신 부절의 표지를 꽂고 있는 건축물인 여관을 의미하고 있다().

⑨ 비스듬한 선의 양옆에 두 점이나 여러 점을 덧붙인 경우

앞의 〈도표 221〉에서 소개한 과(寡:)와 〈도표 276〉의 광(光, 炗:), 그리고 〈도표 331〉의 보(保, 㑊, 㸒, 呆:) 등을 그 예로 들 수 있다.

⑩ 아래에 있는 가로획 밑에 작은 두 점이나 기丌를 덧붙인 경우

예를 들어, 앞의 〈도표 15〉에서 소개한 전(典:)과 〈도표 122〉의 조(且:), 〈도표 133〉의 전(奠:), 그리고 〈도표 347〉에서 소개할 기(箕, 𠀠, 其) 등을 들 수 있다.

〈도표 347〉에 보이는 기(箕, 𠀠, 其)에 대해《설문說文》에서는, " 는 이것으로 키질을 하는 것이다. 죽竹과 기(𠀠, 箕)를 따르고, 상형자象形字이다. 기丌는 그 아랫부분이다. 무릇 기箕의 속屬들은 모두 이 기箕를 따른다. 는 고문古文의 기箕이다. 도 또한 고문古文의 기箕이다. 도 또한 고문古文의 기箕이다. 는 주문籒文의 기箕이다. 는 주문籒文의 기箕이다"[875]라

873 (清) 段玉裁注,《說文解字注》, 第三卷, 第二篇注上, 〈余〉, 50쪽. 그 원문에 " , 語之舒也. 从八, 舍省聲"이라고 되어 있다. 그런데 이 여余와 성부聲符인 사舍는 상고음上古音에서 동일하게 어부魚部에 속하였다.

874 (清) 段玉裁注,《說文解字注》, 第十卷, 第五篇注下, 〈舍〉, 225쪽. 그 원문에 " , 市居曰: 舍. 从亼屮囗. 屮, 象屋也. 囗, 象築也"라고 되어 있다.

875 (清) 段玉裁注,《說文解字注》, 第九卷, 第五篇注上, 〈箕〉, 201쪽. 그 원문에 " , 所㠯簸者也. 从竹𠀠, 象形. 丌, 其下也. 凡箕之屬皆从箕. , 古文箕. , 亦古文箕. , 亦古文箕. , 籒文箕. , 籒文箕"라고 되어 있다.

도표 번호	상商나라의 갑골문甲骨文	주周나라의 금문金文	진秦나라의 소전小篆	한漢나라의 예서隸書	현대의 한자	글자의 창의創意
347			 s k k k z z	其 箕	其 箕	삼태기 모양의 키를 본뜨고 있다.

고 하였다. 갑골문에서 이 기(箕, 𠀠, 其)는 삼태기 모양의 키를 본뜨고 있다.

⑪ 곧은 세로획에 점을 덧붙여 짧은 가로획이 되었고, 이 가로획이 다시 아래로 굽은 경우

예를 들어, 앞의 〈도표 192〉에서 소개한 만(萬:)과 〈도표 312〉에서 소개한 금(禽:), 그리고 시是, 우禹, 우禺 등을 들 수 있다.

시是에 대해 《설문說文》에서는, " 는 바른 것이다. 일日과 정正을 따른다. 무릇 시是의 속屬들은 모두 이 시是를 따른다. 는 주문籀文의 시是이고, 고문古文의 정正을 따른다"[876]라고 하였다. 금문金文에서 이 시是의 자형은 아마도 긴 자루가 달린 숟가락의 모양에서 변천되어 왔을 것이다. 그래서 이 시是에서 지止의 구성 부분은 자형 복잡화의 결과이다( ).

우禹에 대해 《설문說文》에서는, " 는 벌레이다. 유厹를 따른다. 상형자象形字이다. 는 고문古文의 우禹이다"[877]라고 하였다. 금문金文에서 이 우禹는 당연히 어느 파충류의 모양을 본뜨고 있을 것이다( ).

우禺에 대해서 《설문說文》에서는, " 는 암원숭이의 속屬이다. 머리 모양은 귀鬼와 비슷하다. 불由을 따르고, 유内를 따른다"[878]라고 하였다. 금문金文에서 이 우禺는 당연히 어느

876 (清) 段玉裁注, 《說文解字注》, 第四卷, 第二篇注下, 〈是〉, 70쪽. 그 원문에 " , 直也. 从日正. 凡是之屬皆从是. , 籀文是, 从古文正"이라고 되어 있다.

877 (清) 段玉裁注, 《說文解字注》, 第二十八卷, 第十四篇注下, 〈禹〉, 746쪽. 그 원문에 " , 蟲也. 从厹. 象形. , 古文禹"라고 되어 있다.

878 (清) 段玉裁注, 《說文解字注》, 第十六卷, 第九篇注上, 〈禺〉, 441쪽. 그 원문에 " , 母猴屬. 頭佀鬼. 从由, 从内"라고 되어 있다.

파충류의 모양을 본뜨고 있을 것이다( )( ).[879]

⑫ 구口나 원형 안에 한 점을 덧붙인 경우

앞의 〈도표 137〉에서 소개한 신(身:)과 〈도표 165〉의 우(友:), 〈도표 197〉의 조(䜊, 曹:), 〈도표 238〉의 로(魯:), 〈도표 239〉의 습(習:), 〈도표 334〉의 은䜣과 개(皆:) 등을 그 예로 들 수 있다.

⑬ 윤곽선을 덧붙인 경우

앞의 〈도표 175〉에서 소개한 영(永:)을 그 예로 들 수 있다.

⑭ 보조적인 틀을 덧붙인 경우

앞의 〈도표 193〉에서 소개한 추(帚:)와 〈도표 228〉에서 소개한 귀(歸:) 등을 그 예로 들 수 있다.

(2) 형부形符 덧붙이기

기존의 자형에 형부形符를 덧붙이는 경우는 대체로 자의字義의 확장인 인신引申이나 가차된 의미와 서로 구별하기 위하여 덧붙이는데, 이것은 자형 복잡화의 한 주요 방식이다. 더욱이 이렇게 형부를 덧붙이는 경우는 대부분 흔히 보이는 형부를 사용하고 있고, 또한 이것이 일반적으로 자형의 전체 구조를 변화시켜 형성자形聲字가 되게끔 하고 있다.[880]

예를 들어, 앞의 〈도표 63〉에서 소개한 학(斅, 學)은 나중에 자형에 자子를 덧붙였는데, 새끼에 매듭을 짓는 법을 배워서 목재 구조물을 서로 잇는 모습을 본뜨고 있다( ).

〈도표 94〉에서 소개한 수須는 나중에 자형에 표髟를 덧붙여 수鬚가 되었는데, 수염의 모습을 본뜨고 있다(鬚).

〈도표 162〉에서 소개한 력(秝, 歷)은 나중에 자형에 지止를 덧붙여 력歷이 되었는데, 벼를 심을 때 이랑 사이를 빼곡하게 하지 않아서 사람이 그 사이를 다닐 수 있게 한 모습을 본뜨고

879 여기에 보이는 금문의 자형은 이 우禺를 자형의 구성 부분으로 갖는 우寓를 예로 든 것이다.

880 여기에 보이는 '형부形符 덧붙이기'는 본 절에서 살펴본 〈자형字形 변천 방향의 판단〉의 '(바) 조자법造字法의 원칙: 형성자形聲字는 상형자象形字나 표의자表意字의 자형 구성보다 그 시대성이 늦음'에 따라 일반적으로 그 시대가 늦은 것으로 간주하였다.

있다( ).

〈도표 184〉에서 소개한 막莫은 나중에 자형에 일日을 덧붙여 모暮가 되었는데, 해가 수풀 속에서 이미 서쪽으로 기운 시간을 가리키고 있다(暮).

〈도표 217〉에서 소개한 녕寧과 정甹은 나중에 자형에 지붕 모양을 덧붙였는데, 뜨거운 그릇은 받치는 물체가 있어야 안심하고 들 수 있음을 표현하고 있다( ).

〈도표 230〉에서 소개한 진進은 나중에 자형에 척彳을 덧붙였는데, 새는 날아가면서 앞으로만 나아가지 다른 동물처럼 뒷걸음칠 수 없음을 표현하고 있다( ).

〈도표 247〉에서 소개한 직稷은 나중에 자형에 쇠夊를 덧붙였는데, 곡식의 신 앞에서 기원을 올리는 모습을 본뜨고 있다. 여기서 거꾸로 된 발의 자형 형태는 간혹 춤을 추는 동작을 나타내기도 한다( ).

〈도표 263〉에서 소개한 출出은 나중에 자형에 척彳을 덧붙였는데, 반지하식의 주거지에서 걸어 나오는 모습을 본뜨고 있다( ).

〈도표 264〉에서 소개한 각各은 나중에 자형에 척彳을 덧붙였는데, 반지하식의 주거지로 걸어 들어가는 모습을 본뜨고 있다( ).

〈도표 274〉에서 소개한 심(突, 深)은 나중에 자형에 수水를 덧붙였는데, 광산 구덩이의 깊은 곳에서 호흡이 곤란하여 식은땀을 흘리는 모습을 본뜨고 있다( ).

〈도표 298〉에서 소개한 경(磬, 殸, 硜)은 나중에 자형에 석石을 덧붙였는데, 손에 두드리는 채를 들고 석경石磬으로 된 악기를 연주하는 모습을 본뜨고 있다( ).

〈도표 343〉에서 소개한 후後는 나중에 자형에 척彳을 덧붙였는데, 발이 새끼줄에 묶여서 걸음이 다른 사람보다 늦는 모습을 본뜨고 있다( ).

그리고 다음 〈도표 348〉에 보이는 료(尞, 燎)에 대해 《설문說文》에서는, "尞는 섶을 태워 하늘에 제사를 올리는 것이다. 화火와 신昚을 따른다. 신昚은 고문古文의 신愼이다. 하늘에 제사를 올리는 것이므로, 이 때문에 삼가는 것이다"[881]라고 하였다. 갑골문에서 이 료(尞, 燎)는 나중에 자형에 화火를 덧붙여 료燎가 되었는데, 땔나무를 쌓아 불에 태우는 모습을 본뜨고 있다.

881 (淸) 段玉裁注,《說文解字注》, 第十八卷, 第十篇注上,〈尞〉, 485쪽. 그 원문에 "尞, 柴祭天也. 从火昚. 昚, 古文愼字. 祭天所目愼也"라고 되어 있다.

도표 번호	상商나라의 갑골문甲骨文	주周나라의 금문金文	진秦나라의 소전小篆	한漢나라의 예서隸書	현대의 한자	글자의 창의創意
348		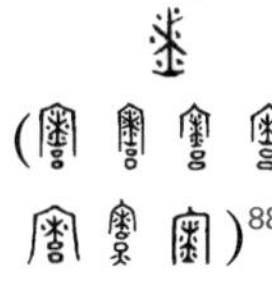 [882]	 s	尞	尞 燎	땔나무를 쌓아 불에 태우면서 지내는 제사의 모습을 본뜨고 있다.
349			 s	祭	祭	손으로 기름이 흐르는 생고기를 바쳐 귀신에게 제사를 올리는 모습을 본뜨고 있었는데, 나중에 시示를 덧붙였다.
350		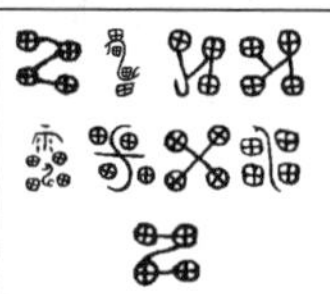	 s  z  k  k	靁 雷	靁 雷	번쩍이는 번개와 상상 속의 천둥의 모습을 본뜨고 있다.

〈도표 349〉에 보이는 제祭에 대해 《설문說文》에서는, "祭는 제사이다. 시示를 따르고, 손으로 고기를 올리고 있다"[883]라고 하였다. 갑골문에서 이 제祭는 나중에 자형에 시示를 덧붙였는데, 손으로 기름이 흐르는 생고기를 바쳐 귀신에게 제사를 올리는 모습을 본뜨고 있다.

〈도표 350〉에 보이는 뢰(靁, 雷)에 대해 《설문說文》에서는, "靁는 음기陰氣와 양기陽氣가 급하게 움직이면서 만물을 자라게 하는 것이다. 우雨를 따르고, 뢰畾는 돌면서 움직이는 모습을 본뜨고 있다. 䨓는 주문籒文의 뢰靁이고, 가운데 회回가 있다. 회回는 천둥치는 소리이다. 𩂩는 고문古文의 뢰靁이다. 𩆀는 고문古文의 뢰靁이다"[884]라고 하였다. 갑골문에서 이 뢰(靁, 雷)는 나중에 자형에 우雨를 덧붙였는데, 초기의 자형 형태는 번개가 치고 천둥과

882 여기에 보이는 '( )' 안의 자형은 이 료(尞, 燎)의 다른 자형 형태를 모아둔 것이다. 그래서 이것은 섶을 태우는 제사가 원래는 야외에서 거행되었지만, 나중에는 실내로 옮겨진 것을 의미한다. 특히 이 자형에서 궁宮을 의미하던 려呂는 나중에 다시 일日로 자형이 잘못 변하게 되었다.

883 (清) 段玉裁注, 《說文解字注》, 第一卷, 第一篇注上, 〈祭〉, 3쪽. 그 원문에 "祭, 祭祀也. 从示, 㠯手持肉"이라고 되어 있다.

884 (清) 段玉裁注, 《說文解字注》, 第二十二卷, 第十一篇注下, 〈靁〉, 577쪽. 그 원문에 "靁, 黔昜薄動, 生物者也. 从雨, 畾象回轉形. 䨓, 籒文靁, 閒有回. 回, 靁聲也. 𩂩, 古文靁. 𩆀, 古文靁"라고 되어 있다.

도표 번호	상商나라의 갑골문甲骨文	주周나라의 금문金文	진秦나라의 소전小篆	한漢나라의 예서隸書	현대의 한자	글자의 창의創意
351			 s	埶 藝	埶 藝	한 사람이 묘목을 잡고 막 심으려는 모습을 본뜨고 있다.

함께 소나기가 내리는 모습을 본뜨고 있다.

〈도표 351〉에 보이는 예(埶, 藝)에 대해《설문說文》에서는, "埶는 심는 것이다. 극(丮, 丮)과 륙坴을 따른다. 극(丮, 丮)은 잡고 그것을 심는 것이다.《시경詩經》에 이르기를, '나는 메기장과 차기장을 심는다'라고 하였다"[885]라고 하였다. 갑골문에서 이 예(埶, 藝)는 나중에 자형에 토土를 덧붙였는데, 한 사람이 묘목을 잡고 막 심으려는 모습을 본뜨고 있으며, 흙은 나무를 심을 때 필요한 재료이다. 그런데 나중에 이 예(埶, 藝)에 다시 초艸를 덧붙였다.

그리고 숙宿에 대해《설문說文》에서는, "宿은 머무르는 것이다. 면宀을 따르고, 숙(佰, 夙)은 성부聲符이다. 숙(佰, 夙)은 고문古文의 숙夙이다"[886]라고 하였다. 갑골문에서 이 숙宿은 나중에 자형에 지붕 모양을 덧붙였는데, 사람이 자리를 깔고 그 위에서 잠자는 것을 표현하고 있다().

촉蜀에 대해《설문說文》에서는, "蜀은 뽕나무 속에 있는 나비 애벌레이다. 훼虫를 따르고, 위의 목目은 나비 애벌레의 머리 모양을 본뜨고 있으며, 가운데는 그 몸이 구불구불 기는 모습을 본뜨고 있다.《시경詩經》에 이르기를, '구불구불 기는 것은 나비 애벌레이다'라고 하였다"[887]라고 하였다. 갑골문과 금문金文에서 이 촉蜀은 나중에 자형에 훼虫를 따르는 구성 부분을 덧붙였는데, 나비 애벌레의 모습을 본뜨고 있다().

순旬에 대해《설문說文》에서는, "旬은 두루 미치는 것이다. 열흘이 순旬이다. 포勹와 일日을 따른다. 旬은 고문古文이다"[888]라고 하였다. 갑골문과 금문金文에서 이 순旬은 나중에 자형에

---

885 (清) 段玉裁注,《說文解字注》, 第六卷, 第三篇注下,〈埶〉, 114쪽. 그 원문에 "埶, 穜也. 从丮坴. 丮, 持穜之. 詩曰: 我埶黍稷"이라고 되어 있다.

886 (清) 段玉裁注,《說文解字注》, 第十四卷, 第七篇注下,〈宿〉, 344쪽. 그 원문에 "宿, 止也. 从宀, 佰聲. 佰, 古文夙"이라고 되어 있다.

887 (清) 段玉裁注,《說文解字注》, 第二十五卷, 第十三篇注上,〈蜀〉, 672쪽. 그 원문에 "蜀, 葵中蠶也. 从虫, 上目, 象蜀頭形, 中象其身蜎蜎. 詩曰: 蜎蜎者蜀"이라고 되어 있다.

일日을 덧붙였는데, 벌레의 모습을 빌어 시간의 길이를 나타내고 있다( )( ).

어(御, 馭)에 대해 《설문說文》에서는, " 는 말을 부리는 것이다. 척彳과 사卸를 따른다. 는 고문古文의 어御이고, 우又와 마馬를 따른다"[889]라고 하였고, 또한 어禦에 대해 《설문說文》에서는, " 는 제사이다. 시示를 따르고, 어御는 성부聲符이다"[890]라고 하였다. 갑골문에서 이 어(御, 馭)와 어禦는 먼저 자형에 척彳을 덧붙였고, 다시 나중에 이 자형에 시示를 덧붙였다. 그래서 원래는 절굿공이 앞에 꿇어앉아 재앙을 쫓는 기도를 하는 모습을 본뜨고 있었다( ). 그런데 갑골문에서 사용되는 수레를 타는 의미의 어(御, 馭)와 액막이를 하는 의미의 이 어禦는 그 자형이 서로 비슷하기 때문에, 나중에 함께 섞여서 동일한 한 글자로 되었다( ).

⑶ 부차적인 방식인 성부聲符 덧붙이기[891]

예를 들어, 앞의 〈도표 29〉에서 소개한 우羽는 나중에 자형에 성부聲符인 우于를 덧붙였는데, 깃털의 모습을 본뜨고 있다. 그러면서 가차假借되어 악곡의 곡조명이 되었다( ).

이 우羽는 나중에 다시 자형에 성부聲符인 립立을 덧붙여 익(翊, 翌)이 되었는데, 깃털의 모습을 본뜨고 있다. 그러면서 가차假借되어 내일을 가리키게 되었다( ).

그리고 앞의 〈도표 46〉에서 소개한 야(野, 壄, 埜)는 나중에 자형에 성부聲符인 여予를 덧붙였는데, 수풀 사이에 숭배 물체를 세워둔 장소를 가리키고 있다( ).

〈도표 200〉에서 소개한 적耤은 나중에 자형에 성부聲符인 석(昔, 昔)을 덧붙였는데, 손으로 쟁기를 잡고 밭을 가는 모습을 본뜨고 있다( ).

〈도표 202〉에서 소개한 주(鼄, 蛛)는 나중에 자형에 성부聲符인 주朱를 덧붙였는데, 거미의 모습을 본뜨고 있다( ).

〈도표 203〉에서 소개한 치齒는 나중에 자형에 성부聲符인 지止를 덧붙였는데, 입 안에

---

888 (淸) 段玉裁注, 《說文解字注》, 第十六卷, 第九篇注上, 〈旬〉, 437-438쪽. 그 원문에 " , 徧也. 十日爲旬. 从勹日. , 古文"이라고 되어 있다.

889 (淸) 段玉裁注, 《說文解字注》, 第四卷, 第二篇注下, 〈御〉, 78쪽. 그 원문에 " , 使馬也. 从彳卸. , 古文御, 从又馬"라고 되어 있다.

890 (淸) 段玉裁注, 《說文解字注》, 第一卷, 第一篇注上, 〈禦〉, 7쪽. 그 원문에 " , 祀也. 从示, 御聲"이라고 되어 있다.

891 여기에 보이는 '부차적인 방식인 성부聲符 덧붙이기'도 본절에서 살펴본 〈자형字形 변천 방향의 판단〉의 '(바) 조자법造字法의 원칙: 형성자形聲字는 상형자象形字나 표의자表意字의 자형 구성보다 그 시대성이 늦음'에 따라 일반적으로 그 시대가 늦은 것으로 간주하였다.

있는 이빨의 모습을 본뜨고 있다().

〈도표 204〉에서 소개한 조(肈, 肇)는 나중에 자형에 성부聲符인 율聿을 덧붙였는데, 창을 들고 집을 쳐들어가 문을 부수며 일을 저지르는 모습을 본뜨고 있다().

〈도표 205〉에서 소개한 로鑪는 나중에 자형에 성부聲符인 호虎를 덧붙였는데, 고정된 틀 위에서 용광로를 움직이는 모습을 본뜨고 있다().

〈도표 216〉에서 소개한 호乎는 나중에 자형에 성부聲符인 호虎를 덧붙여 호虖가 되었는데, 아마도 뜨거운 국물에 데어서 아픔을 호소하는 모습을 본뜨고 있을 것이다().

〈도표 218〉에서 소개한 형兄은 나중에 자형에 성부聲符인 왕往을 덧붙였는데, 꿇어앉아서 입을 벌리고 기도하는 모습을 본뜨고 있다().

〈도표 285〉에서 소개한 가嘉는 나중에 자형에 성부聲符인 주壴를 덧붙였는데, 여자가 아들을 낳아서 농기구를 사용하게 할 수 있으니 칭찬할 만한 좋은 일임을 의미하고 있다().

〈도표 290〉에서 소개한 보寶는 나중에 자형에 성부聲符인 부缶를 덧붙였는데, 집 안에 보배로 간직하고 있는 조개와 옥은 모두 값비싼 물품임을 나타내고 있다().

〈도표 312〉에서 소개한 금禽은 나중에 자형에 성부聲符인 금今을 덧붙였는데, 들짐승을 잡을 때 사용하는 사냥용 그물의 모습을 본뜨고 있다().

그리고 다음의 〈도표 352〉에 보이는 처(処, 處)에 대해《설문說文》에서는, "処는 쉬는 것이다. 치夂와 궤几를 따른다. 나중에 도착한 사람이 의자를 얻어 쉬는 것이다. 處는 처處의 혹체或體이고, 성부聲符인 호虍를 따른다"[892]라고 하였다. 갑골문에서 이 처(処, 處)는 나중에 자형에 성부聲符인 호虎를 덧붙였는데, 발이 집 안에 있는 모습을 본뜨고 있다.

도표 번호	상商나라의 갑골문甲骨文	주周나라의 금문金文	진秦나라의 소전小篆	한漢나라의 예서隷書	현대의 한자	글자의 창의創意
352	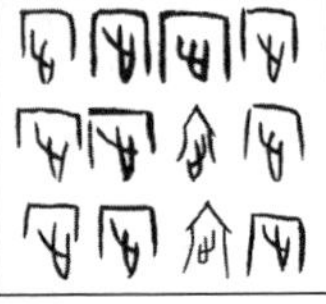	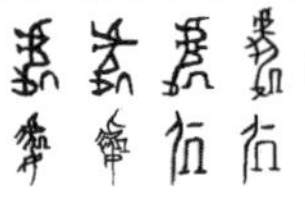	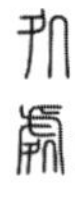 s h	処 處	処 處	발이 실내에 있는 모습을 본뜨고 있는데, 나중에 자형에 성부聲符인 호虎를 덧붙였다.

892 (淸) 段玉裁注,《說文解字注》, 第二十七卷, 第十四篇注上,〈処〉, 723쪽. 그 원문에 "処, 止也. 从夂几. 夂得几而止也. 處, 処或, 从虍聲"이라고 되어 있다. 그런데 이 처(処, 處)와 성부聲符인 호虍는 상고음上古音에서 동일하게 어부魚部에 속하였다.

(4) 두 개로 중복되거나 혹은 중첩되어 세 개로 된 것

예를 들어, 앞의 〈도표 278〉에서 소개한 경更은 갑골문에서는 손으로 시각을 알리는 물체를 두드리는 모습을 본뜨고 있었다. 그런데 나중에 금문金文에서는 이 자형이 두 개의 병丙으로 되었다( ).

앞의 〈도표 288〉에서 소개한 패敗는 갑골문에서는 손에 몽둥이를 들고 조개 하나를 두드리는 모습을 본뜨고 있었다. 그런데 나중에 금문金文에서는 이 자형이 두 개의 조개로 되었다( ).

그리고 식息에 대해《설문說文》에서는, " 은 숨을 쉬는 것이다. 심心과 자自를 따른다"[893] 라고 하였다. 금문金文에서 이 식息은 코와 심장이 모두 호흡과 관련된 신체기관임을 표현하고 있었는데, 초楚나라의 죽간竹簡에서는 이 식息이 두 개의 자自와 하나의 심心으로 되었다( ).

앞의 〈도표 36〉에서 소개한 고蠱는 갑골문에서는 그릇 속에 두 마리의 벌레가 있는 모습을 본뜨고 있었다. 그런데 나중에 소전체에서는 한 마리의 벌레를 더 보태어 중첩된 형식의 자형이 되었다( ).

그리고 다음의 〈도표 353〉에 보이는 령(靁, 零)에 대해《설문說文》에서는, " 은 비가 내리는 것이다. 우雨를 따르고, 㗊은 비가 내리는 모습을 본뜨고 있다.《시경詩經》에 이르기를, '내리는 비가 그토록 자욱하네'라고 하였다"[894] 라고 하였다. 갑골문에서 이 령(靁, 零)은 커다란 빗방울이 하늘에서 떨어지는 모습을 본뜨고 있었는데, 나중에 소전체에서는 두 개의 구口가 세 개로 되었다.

도표 번호	상商나라의 갑골문甲骨文	주周나라의 금문金文	진秦나라의 소전小篆	한漢나라의 예서隸書	현대의 한자	글자의 창의創意
353	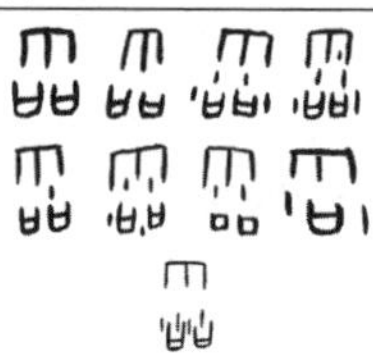		 s		靁	커다란 빗방울이 하늘에서 떨어지는 모습을 본뜨고 있다.

893 (清) 段玉裁注,《說文解字注》, 第十九卷, 第十篇注下,〈息〉, 506쪽. 그 원문에 " , 喘也. 从心自"라고 되어 있다.
894 (清) 段玉裁注,《說文解字注》, 第二十二卷, 第十一篇注下,〈靁〉, 578쪽. 그 원문에 " , 雨霝也. 从雨, 㗊象霝形. 詩曰: 靁雨其濛"이라고 되어 있다.

도표 번호	상商나라의 갑골문甲骨文	주周나라의 금문金文	진秦나라의 소전小篆	한漢나라의 예서隸書	현대의 한자	글자의 창의創意
354			 s  k	堯	堯	힘이 센 사람이 머리 위에 두 광주리의 흙을 이고 있는 모습을 본뜨고 있다.

〈도표 354〉에 보이는 요堯에 대해《설문說文》에서는, "堯는 높은 것이다. 요垚를 따르고, 올兀 위에 있다. 높고 먼 것이다. 는 고문古文의 요堯이다"[895]라고 하였다. 갑골문에서 이 요堯는 힘이 센 사람이 머리 위에 두 광주리의 흙을 이고 있는 모습을 본뜨고 있었는데, 나중에 소전체에서는 다시 한 광주리의 흙을 덧붙여서 중첩된 형식의 자형이 되었다.

그리고 전(羴, 羶)에 대해《설문說文》에서는, "羴은 양의 냄새이다. 세 양羊을 따른다. 무릇 전羴의 속屬들은 모두 이 전羴을 따른다. 羶은 전羴의 혹체或體이고, 단亶을 따른다"[896]라고 하였다. 갑골문에서 이 전(羴, 羶)은 두 마리 내지 네 마리의 양으로 양떼는 노린내가 난다는 의미를 표현하고 있었다. 그런데 나중에 소전체에서는 동화되어 세 마리의 양으로 되었다().

(5) 의미의 보충

일반적으로 의미의 보충에 사용되는 자형 부분은 형부形符가 되지 못하는 자형 구성 부분이 대부분이다. 그렇지만 만약 자형에 덧붙인 이 구성 부분이 우리가 흔히 보는 형부라면, 그 글자의 창의創意와 상당히 중요한 관련이 있게 된다. 그런데 이러한 형식을 가진 자형의 복잡화는 기본적으로 그 글자의 자형 구조 자체를 변화시키지는 않기 때문에, 상형자象形字는 여전히 상형자가 되고, 표의자表意字는 계속 표의자의 자형 구조를 지니게 된다. 그러나 만약 어느 자형에 우리가 흔히 보는 형부를 덧붙였다면, 대체로 그 자형은 형성자形聲字의 자형 구조로 변하게 된다.

예를 들어, 앞의 〈도표 11〉에서 소개한 획(畫, 畵)은 갑골문에서는 손에 붓을 들고 그림을 그리는 모습을 본뜨고 있었다. 그런데 나중에 이 자형에 주周를 덧붙였고, 다시 이미 그린

895 (清) 段玉裁注,《說文解字注》, 第二十六卷, 第十三篇注下, 〈堯〉, 700쪽. 그 원문에 "堯, 高也. 从垚, 在兀上. 高遠也. , 古文堯"라고 되어 있다.

896 (清) 段玉裁注,《說文解字注》, 第七卷, 第四篇注上, 〈羴〉, 149쪽. 그 원문에 "羴, 羊臭也. 从三羊. 凡羴之屬皆从羴. 羶, 羴或, 从亶"이라고 되어 있다.

그림을 덧붙이기도 하였다.

그리고 앞의 〈도표 31〉에서 소개한 것처럼, 갑골문에서 육(育, 毓)은 여자가 아이를 막 낳은 모습을 본뜨고 있었다. 그러면서 이 자형에 다시 포대기 모양을 덧붙여서 갓난아이를 감싸고 있는 모습을 표현하기도 하였다.

〈도표 43〉에서 소개한 엄嚴은 자형에 바구니 모양을 덧붙였는데, 산의 바위굴에서 손에 도구를 들고 광석을 캐는 모습을 본뜨고 있다.

〈도표 44〉에서 소개한 농(農, 辳)은 나중에 자형에 전田을 덧붙였는데, 손에 농기구를 들고 삼림에서 일하던 모습이 다시 밭에서 일하는 것으로 변하였다.

〈도표 76〉에서 소개한 뢰牢는 나중에 자형에 문을 닫아건 모양을 덧붙였는데, 소를 울타리 안에 가둬서 이 소가 달아나는 것을 방지함을 표현하고 있다.

〈도표 146〉에서 이미 소개한 무(橆, 䍢, 無)와 무舞는 갑골문에서는 한 사람이 양손에 무용 도구를 들고 춤을 추고 있는 모습을 본뜨고 있었다. 그런데 나중에 이 자형에 천舛을 덧붙이게 되었는데, 춤을 출 때 발의 동작은 반드시 필요한 부분이다.

〈도표 172〉에서 소개한 의(劓, 劓)는 원래 갑골문에서는 칼로 코를 베어 내는 모습을 본뜨고 있었다. 그런데 나중에 금문金文에서는 코 아래에 나무 하나를 더 덧붙여서, 베어 낸 이 코를 나무 위에 걸어 두고 전시함을 나타내고 있다.

〈도표 175〉에서 소개한 영永은 물줄기의 굽이에 따라 길을 만든 것으로, 그 길이 멀고 아득함을 표현하고 있었다. 그런데 먼저 이 자형에 물방울을 덧붙였고, 나중에는 다시 길로 고쳐졌다.

〈도표 229〉에서 소개한 세歲는 나중에 자형에 보步를 덧붙였는데, 도끼의 모양을 본뜨고 있다. 그런데 이것으로 세성歲星을 지칭하였고, 이 자형에 보步를 덧붙여서 해마다 이 별이 제 위치로 이동함을 나타내고 있다.

〈도표 242〉에서 소개한 강羌은 나중에 자형에 새끼줄을 덧붙였는데, 포로가 된 강족羌族의 모습을 본뜨고 있다.

〈도표 267〉에서 소개한 린(粦, 粦, 磷, 燐)은 나중에 자형에 천舛을 덧붙였는데, 몸에 인磷을 바른 무당이 발로 춤을 추는 동작을 표현하고 있다.

〈도표 307〉에서 소개한 유攸는 나중에 자형에 점을 덧붙였는데, 손에 몽둥이나 채찍을 들고 사람의 등을 때려서 피가 흘러나오게 하는 모습을 본뜨고 있다.

도표 번호	상商나라의 갑골문甲骨文	주周나라의 금문金文	진秦나라의 소전小篆	한漢나라의 예서隸書	현대의 한자	글자의 창의創意
355	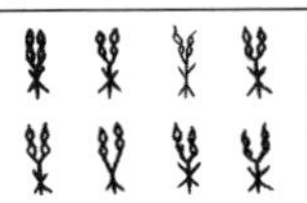	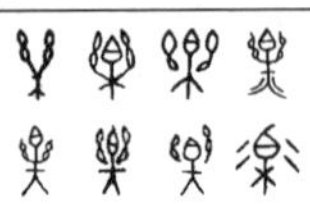	 s	樂	樂	나무 위로 줄을 당겨 둔 악기의 모습을 본뜨고 있다.
356			 s k	乘 椉	乘 椉	한 사람이 나무 꼭대기에 서 있는 모습을 본뜨고 있다.

〈도표 323〉에서 소개한 기(棄, 弃)는 자형에 새끼줄을 덧붙이기도 하였는데, 두 손에 갓난 아이를 버리려는 삼태기 모양의 키를 들고 새끼줄로 그 아이의 목을 졸라 죽이는 모습을 본뜨고 있다().

그리고 〈도표 355〉에 보이는 악樂에 대해 《설문說文》에서는, "樂은 오성五聲과 팔음八音을 통틀어 일컫는 것이다. 큰북과 말 위에서 치는 작은북의 모습을 본뜨고 있다. 목木은 쇠북을 거는 틀이다"[897]라고 하였다. 갑골문에서 이 악樂은 나중에 자형에 백白을 덧붙였는데, 나무 위로 줄을 당겨 둔 악기를 엄지손가락을 덧붙여 그 줄을 누르고 있는 모습을 본뜨고 있다.

〈도표 356〉에 보이는 승(椉, 乘)에 대해 《설문說文》에서는, "椉은 눌러 덮는 것이다. 입入과 걸桀을 따른다. 걸桀은 강한 것이다. 군법서軍法書에 강제로 들여 넣는 것을 일컬어 승椉이라고 한다. 𠅞은 고문古文의 승椉이고, 궤几를 따른다"[898]라고 하였다. 이 승(椉, 乘)은 나중에 자형에 천舛을 덧붙였는데, 한 사람이 나무 꼭대기에 서 있는 모습을 본뜨고 있다.

〈도표 357〉에 보이는 계啓에 대해 《설문說文》에서는, "啓는 가르치는 것이다. 복攴을 따르고, 계启는 성부聲符이다. 《논어論語》에 이르기를, '스스로 분발憤發하지 않으면 가르쳐 주지 않는다'라고 하였다"[899]라고 하였고, 또한 계(启, 啓)에 대해 《설문說文》에서는, "启는 여는

897 (淸) 段玉裁注, 《說文解字注》, 第十一卷, 第六篇注上, 〈樂〉, 267쪽. 그 원문에 "樂, 五聲八音總名. 象鼓鞞. 木, 虡也"라고 되어 있다.

898 (淸) 段玉裁注, 《說文解字注》, 第十卷, 第五篇注下, 〈椉〉, 240쪽. 그 원문에 "椉, 覆也. 从入桀. 桀, 黠也. 軍法入桀曰: 椉. 𠅞, 古文椉, 从几"라고 되어 있다.

899 (淸) 段玉裁注, 《說文解字注》, 第六卷, 第三篇注下, 〈啓〉, 123쪽. 그 원문에 "啓, 教也. 从攴, 启聲. 論語曰: 不憤不啓"라고 되어 있다.

도표 번호	상商나라의 갑골문甲骨文	주周나라의 금문金文	진秦나라의 소전小篆	한漢나라의 예서隸書	현대의 한자	글자의 창의創意
357				啓 启	啓 启	손으로 문을 열어 주거나, 혹은 이름을 자세히 물어보고 난 뒤에야 문을 열어 줌을 표현하고 있다.

것이다. 호戶와 구口를 따른다"[900]라고 하였다. 갑골문에서 이 계啓는 손으로 문을 열어 주는 모습을 본뜨고 있다. 그런데 이 자형에 구口를 덧붙임으로써, 먼저 상대방의 이름을 자세히 물어보고 난 뒤에야 문을 열어 줌을 표현하고 있다.

(6) 기타

예를 들어, 다음의 〈도표 358〉에 보이는 주州에 대해《설문說文》에서는, "州는 물 가운데에 거주할 수 있는 곳을 일컬어 주州라고 한다. 물이 그 옆을 둘러싸고 있으므로, 겹쳐진 천川을 따른다. 옛날에 요堯임금이 홍수洪水를 만났을 때, 백성들은 물 가운데의 높은 곳에 살았다. 따라서 구주九州라고 일컫는다.《시경詩經》에 이르기를, '물가의 모래톱에 있다'라고 하였다. 일설一說에 주州는 밭이라고도 한다. 각각 그 땅을 경작하며 살아가는 것이다. 州는 고문古文의 주州이다"[901]라고 하였다. 갑골문에서 이 주州는 물 가운데에 있는 섬의 모습을

도표 번호	상商나라의 갑골문甲骨文	주周나라의 금문金文	진秦나라의 소전小篆	한漢나라의 예서隸書	현대의 한자	글자의 창의創意
358		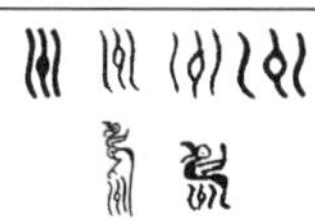	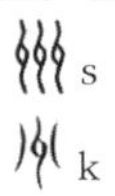	州	州	강물이 흐르는 가운데에 섬이 있는 모습을 본뜨고 있다.
359	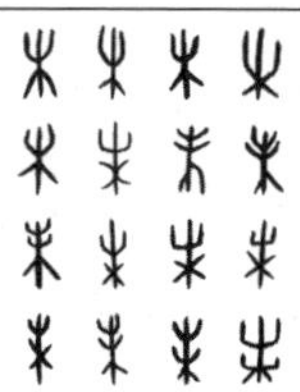	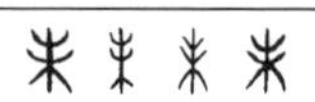		未	未	나뭇가지와 잎이 무성한 나무를 본뜨고 있고, 가차되어 간지干支로 쓰이고 있다.

900 (清) 段玉裁注,《說文解字注》, 第三卷, 第二篇注上, 〈启〉, 58-59쪽. 그 원문에 "启, 開也. 从戶口"라고 되어 있다.
901 (清) 段玉裁注,《說文解字注》, 第二十二卷, 第十一篇注下, 〈州〉, 574-575쪽. 그 원문에 "州, 水中可凥者曰: 州. 水匊繞其旁, 从重川. 昔堯遭洪水, 民凥水中高土, 故曰: 九州. 詩曰: 在河之州. 一曰: 州, 疇也. 各疇其土而生也. 州,

본뜨고 있었는데, 나중에 소전체에서는 세 개가 모두 동일한 자형 형태로 바뀌었다.

그리고 〈도표 359〉에 보이는 미未에 대해 《설문說文》에서는, "는 맛이다. 유월이고, 만물이 자라서 맛이 나는 것이다. 오행五行에서 목木은 미未에서 가장 성장한다. 나무에 나뭇가지와 잎이 겹쳐진 것을 본뜨고 있다. 무릇 미未의 속屬들은 모두 이 미未를 따른다"[902] 라고 하였다. 갑골문에서 이 미未는 나무 꼭대기에 나뭇가지와 잎을 덧붙인 모습을 본뜨고 있다.

(나) 자형의 간략화

(1) 구체적인 실물 형상의 추상화

일반적으로 만약 구체적인 실물 형상의 자형을 추상화시키게 되면, 기본적인 자형 구성의 형태가 손상을 받게 된다. 그래서 자형의 간략화 이후에는 그 자형의 원래 형태나 창의를 분별하기가 어려워진다.

예를 들어, 앞의 〈도표 35〉에서 소개한 것처럼, 갑골문에서 정正은 발이 정벌하려는 성읍城邑으로 나아가는 모습을 본뜨고 있었다. 그런데 나중에 이 정正에서 하나의 가로획을 간략화시키는 바람에, 이 정正의 자형 구성 부분인 위口가 거주하는 지역을 나타낸 것인지를 더 이상 식별할 수 없게 되어 버렸다().

그리고 〈도표 92〉에서 소개한 토土는 원래 갑골문에서 한 덩어리의 흙이나 물기가 있는 점토의 모습을 본뜨고 있었다. 그런데 이 자형이 먼저 구체적인 형태가 있는 삼각형의 모양으로 간략화되었다. 그러다가 다시 나중에 금문金文에서는 하나의 세로획 중에 한 점을 덧붙인 형태로 자형이 더욱 간략화되었고, 여기서 한 점이 다시 늘어져 가로획의 형태로 변하면서 현재와 같은 토土가 되었다. 그러면서 점토를 표현하던 원래의 자형 형태는 사라져 버리게 되었다()().

〈도표 98〉에서 소개한 천天은 머리 부분을 까맣게 메웠던 자형 형태가 먼저 빈 사각형 모양으로 되었고, 이것이 다시 두 짧은 가로획으로 간략화되었다. 그리고 마지막에는 짧은 한 가로획으로 바뀌었다. 그러면서 머리의 형태는 더 이상 식별할 수 없게 되어 버렸

古文州"라고 되어 있다.

902 (淸) 段玉裁注, 《說文解字注》, 第二十八卷, 第十四篇注下, 〈未〉, 753쪽. 그 원문에 ", 味也. 六月, 滋味也. 五行, 木老於未. 象木重枝葉也. 凡未之屬皆从未"라고 되어 있다.

다().

〈도표 186〉에서 소개한 부父는 손에 구체적으로 돌도끼를 들고 있는 모습을 본뜨고 있었다. 그런데 이 돌도끼의 모양은 다시 간략화되어 하나의 세로획으로 바뀌었다().

〈도표 259〉에서 소개한 것처럼, 갑골문에서 길吉은 구리 용액을 부은 후에 거푸집을 깊은 구덩이 속에 놓아두고 천천히 냉각시키면, 품질이 우수한 금속 주조물을 얻을 수 있음을 표현하고 있었다. 그런데 나중에 이 거푸집의 모양이 간략화되면서 사士의 형태로 되었다(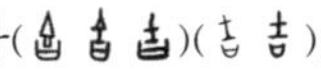).

〈도표 297〉에서 소개한 수獸는 사냥용 그물과 개가 모두 사냥에 사용되는 도구임을 나타내고 있었다. 그런데 이 자형에서 사냥용 그물의 모양이 간략화되면서 그물의 형태가 사라져 버렸다().

그리고 다음 〈도표 360〉에 보이는 간干에 대해 《설문說文》에서는, "𢆉은 침범하는 것이다. 일一을 따르고, 반대로 된 입入을 따른다. 무릇 간干의 속屬들은 모두 이 간干을 따른다"[903] 라고 하였다. 갑골문에서 이 간干은 날카로운 공격용 무기가 딸려 있는 하나의 방패 모양을 본뜨고 있었는데, 나중에 이 방패 모양이 간략화되면서 하나의 가로획으로 변하였다.

도표 번호	상商나라의 갑골문甲骨文	주周나라의 금문金文	진秦나라의 소전小篆	한漢나라의 예서隸書	현대의 한자	글자의 창의創意
360		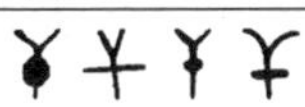	 s		干	날카로운 창이 붙어 있는 하나의 방패 모양을 본뜨고 있다.

(2) 자형 구성 부분의 간략화

만약 어느 글자의 중심적인 내용을 파악하고 나서 점과 획을 포함하는 자형의 어느 구성 부분을 간략화시킨 경우에는, 간략화된 후에도 창의創意에는 그다지 큰 영향이 없는 편이다. 따라서 그 창의의 중심적인 의미는 여전히 남아 있게 된다.

예를 들어, 앞의 〈도표 1〉에서 소개한 것처럼, 갑골문에서 문文은 죽은 사람의 가슴에

903 (淸) 段玉裁注,《說文解字注》, 第五卷, 第三篇注上, 〈干〉, 87쪽. 그 원문에 "𢆉, 犯也. 从一, 从反入. 凡干之屬皆从干"이라고 되어 있다.

문신文身을 새겨 피가 흐르게 하는 의식을 본뜨고 있었다. 그런데 가슴에 새긴 이 문신의 모양은 생략하기도 하였다( ).

〈도표 17〉에서 소개한 호虎는 갑골문에서 실제 호랑이의 모습을 본뜨고 있었다. 그러다가 나중에 비록 몸과 다리가 모두 간단한 자획으로 간략화되기는 하였지만, 전체적으로 호랑이의 모습은 여전히 확인할 수가 있었다. 그러나 이 호虎가 다른 글자의 성부聲符로 사용되었을 경우에는 단지 머리 부위의 자형만 남게 되었다( ).

〈도표 18〉에서 소개한 마(馬, 影)는 갑골문에서 실제 말의 모습을 본뜨고 있었다. 그러다가 나중에 비록 몸과 다리가 모두 간단한 자획으로 간략화되기는 하였지만, 전체적으로 말의 모습은 여전히 뚜렷하였다. 그러나 이 마(馬, 影)는 전국시대에 이르면서 몸체가 단지 두 개의 짧은 가로획만 남는 자형이 되어, 결국 완전히 부호로 변해 버렸다( )( ).

〈도표 120〉에서 소개한 것처럼, 갑골문에서 공攻은 돌 부스러기를 깎아 낸 석경石磬을 치면서 음을 맞추는 모습을 본뜨고 있었다. 그런데 나중에는 공工 아래에 있던 이 돌 부스러기 부분을 생략하였다( )( ).

〈도표 144〉에서 소개한 것처럼, 갑골문에서 망朢과 망望은 한 사람이 언덕 위에 서서 멀리 바라보는 모습을 본뜨고 있었다. 그런데 이 언덕 부분은 생략하기도 하였다( ).

〈도표 152〉에서 소개한 것처럼, 갑골문에서 중眾은 태양 아래에서 일하고 있는 사람들의 모습을 본뜨고 있었다. 그런데 태양에 있던 점은 생략하기도 하였다( ).

〈도표 166〉에서 소개한 것처럼, 갑골문에서 협(劦, 協)은 세 자루의 흙을 파는 도구를 이용해 힘을 합쳐 구덩이를 파는 모습을 본뜨고 있었다. 그런데 이 구덩이 부분은 생략하기도 하였다( ).

〈도표 189〉에서 소개한 것처럼, 갑골문에서 전(歬, 前)은 대야에서 발을 씻는 모습을 본뜨고 있었다. 그런데 물방울 부분은 생략하기도 하였다( ).

〈도표 199〉에서 소개한 것처럼, 갑골문에서 식食은 뚜껑을 덮어 둔 따뜻한 음식의 모습을 본뜨고 있었다. 그런데 물방울 부분은 생략하기도 하였다( ).

〈도표 217〉에서 소개한 것처럼, 갑골문에서 녕寧은 쟁반으로 뜨거운 국물을 담은 그릇을 받쳐야 안전함을 표현하고 있었다. 그런데 이 뜨거운 국물 부분은 생략하기도 하였다( ).

〈도표 287〉에서 소개한 것처럼, 갑골문에서 득(得, 㝵)은 길에서 남이 잃어버린 바다조개

를 줍는 모습을 본뜨고 있었다. 그런데 가끔 이 자형에서 길은 생략하기도 하였다( ).

〈도표 322〉에서 소개한 것처럼, 갑골문에서 우(亏, 于)는 지탱하는 힘을 보강한 천칭식天秤式의 저울대 모습을 본뜨고 있었다. 그런데 이 보강시킨 물체의 부분은 생략하기도 하였다( ).

〈도표 323〉에서 소개한 것처럼, 갑골문에서 기(棄, 弃)는 두 손에 갓 태어난 갓난아이를 담은 삼태기 모양의 키를 들고 이 갓난아이를 막 버리려는 모습을 본뜨고 있었다. 그런데 나중에 금문金文에서는 이 자형에서 핏물이나 키 부분은 생략하기도 하였다( )( ).

〈도표 324〉에서 소개한 것처럼, 갑골문에서 분(焚, 燓)은 손에 횃불을 들고 삼림을 태우는 모습을 본뜨고 있었다. 그런데 이 횃불을 들고 있던 손 부분은 생략하기도 하였다( ).

그리고 다음 〈도표 361〉에 보이는 점占에 대해 《설문說文》에서는, "占은 점占을 쳐서 나타나는 금을 보면서 묻는 것이다. 복卜과 구口를 따른다"[904]라고 하였다. 갑골문에서 이 점占은 뼈에 점을 쳐서 나타나는 금의 방향으로 점친 결과를 말하고 있는 모습을 본뜨고 있는데, 이 자형에서 어깨뼈 부분은 생략하기도 하였다.

〈도표 362〉에 보이는 롱弄에 대해 《설문說文》에서는, "弄은 가지고 노는 것이다. 공廾과 옥玉을 따른다"[905]라고 하였다. 갑골문에서 이 롱弄은 캐 낸 옥돌을 산 속에서 가지고 노는 모습을 본뜨고 있었는데, 산의 바위 부분은 생략하기도 하였다.

〈도표 363〉에 보이는 박璞에 대해 《광운廣韻》에서는, "박璞은 옥돌이다"[906]라고 하였다. 갑골문에서 이 박璞은 두 손에 도구를 들고 산 속에서 옥돌을 캐낸 다음, 다시 바구니에

도표 번호	상商나라의 갑골문甲骨文	주周나라의 금문金文	진秦나라의 소전小篆	한漢나라의 예서隸書	현대의 한자	글자의 창의創意
361			 s	占	占	뼈에 점을 쳐서 나타나는 금의 방향으로 점친 결과를 말하고 있는 모습을 본뜨고 있다.
362	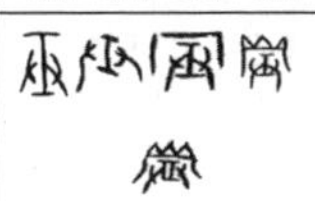		 s	弄	弄	캐 낸 옥돌을 산 속에서 가지고 노는 모습을 본뜨고 있다.

904 (清) 段玉裁注,《說文解字注》, 第六卷, 第三篇注下,〈占〉, 128쪽. 그 원문에 "占, 視兆問也. 从卜口"라고 되어 있다.
905 (淸) 段玉裁注,《說文解字注》, 第五卷, 第三篇注上,〈弄〉, 104-105쪽. 그 원문에 "弄, 玩也. 从廾玉"이라고 되어 있다.

도표 번호	상商나라의 갑골문甲骨文	주周나라의 금문金文	진秦나라의 소전小篆	한漢나라의 예서隸書	현대의 한자	글자의 창의創意
363			 907	璞	璞	두 손에 도구를 들고 산 속에서 옥돌을 캐낸 다음, 다시 바구니에 넣는 모습을 본뜨고 있다.
364	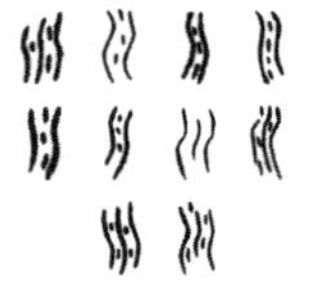		 s	川 巛	川 巛	물의 양이 많은 큰 강이 흐르는 모습을 본뜨고 있다.
365			 s k	中	中	어느 범위의 중심이 되는 곳에 깃발을 꽂은 모습을 본뜨고 있었는데, 깃발이 펄럭이는 부분은 생략하기도 하였다.

넣는 모습을 본뜨고 있었다. 그런데 나중에 소전체에서는 산의 바위 부분을 생략하였다.

〈도표 364〉에 보이는 천(川, 巛)에 대해《설문說文》에서는, "巛은 관통하고 막힘없이 물이 흐르게 하는 것이다.《상서尙書》〈우서虞書〉에 이르기를, '도랑과 개울을 파서 하천에 이르게 한다'라고 하였다. 깊이가 도랑과 개울이 되는 물을 모아서 하천이 되도록 하는 것을 말한 것이다. 무릇 천川의 속屬들은 모두 이 천川을 따른다"[908]라고 하였다. 갑골문에서 이 천(川, 巛)은 물의 양이 많은 큰 강의 모습을 본뜨고 있었는데, 나중에 물방울 부분을 생략하였다.

〈도표 365〉에 보이는 중中에 대해서《설문說文》에서는, "中 은 들여 넣는 것이다. 위口를 따르고, 곤丨은 아래와 위가 통하는 것이다. 中은 고문古文의 중中이다"[909]라고 하였다. 갑골

906 (宋) 陳彭年 · 丘雍,《宋本廣韻》, 第五卷, 覺第四,〈璞〉, 10쪽. 그 원문에 "璞, 玉璞"이라고 되어 있다.

907 여기에 보이는 소전자형小篆字形의 예는 '박璞'이《설문說文》에 수록되어 있지 않기 때문에, 복菐과 복僕의 소전자형으로 그 예를 든 것이다. 따라서 菐은 복菐의 소전자형이고, 僕은 복僕의 소전자형이며, 僕은 복僕의 고문古文이다.

908 (淸) 段玉裁注,《說文解字注》, 第二十二卷, 第十一篇注下,〈川〉, 574쪽. 그 원문에 "巛, 毋穿通流水也. 虞書曰: 濬く巜距巛. 言深く巜之水, 會爲川也. 凡川之屬皆从川"이라고 되어 있다.

909 (淸) 段玉裁注,《說文解字注》, 第一卷, 第一篇注上,〈中〉, 20-21쪽. 그 원문에 "中, 內也. 从口, 丨, 下上通也.

문에서 이 중中은 어느 범위의 중심이 되는 곳에 깃발을 꽂은 모습을 본뜨고 있었는데, 깃발이 펄럭이는 부분은 생략하기도 하였다.

(3) 중복된 자형 구성 부분의 생략

예를 들어, 앞의 〈도표 7〉에서 소개한 것처럼, 갑골문에서 곽(𩫖, 郭)과 용墉은 성벽 위에 네 개의 망루望樓가 있는 모습을 본뜨고 있었다. 그런데 두 개의 망루를 생략하기도 하였다( ).

그리고 〈도표 30〉에서 소개한 어(瀺, 漁)는 갑골문에서 많은 물고기가 물속에 있는 모습을 본뜨고 있었다. 그런데 한 마리의 물고기만 물속에 있는 것으로 생략하기도 하였다( ).

〈도표 97〉에서 소개한 속(㮚, 粟)은 갑골문에서 벼 알갱이의 모습을 본뜨고 있었다. 그런데 원래 세 개였던 알갱이가 나중에 소전체에서는 한 알갱이로 생략되었다( )( ). 그리고 이러한 현상은 률栗에서도 마찬가지이다( )( ).

〈도표 258〉에서 소개한 혼圂은 갑골문에서 돼지를 길러 비료를 모으는 곳을 가리키고 있었다. 그런데 두 마리의 돼지가 한 마리로 생략되기도 하였다( ).

〈도표 292〉에서 소개한 것처럼, 갑골문에서 졸卒은 꿰매어 맞춘 갑옷의 모양을 본뜨고 있었다. 그런데 나중에 금문金文에서는 하나의 가로획으로 이 갑옷 무늬를 대체하였다( )( ).

〈도표 310〉에서 소개한 것처럼, 갑골문에서 진秦은 두 손에 절굿공이를 들고 두 묶음의 곡식을 찧어 껍질을 벗기며 쌀을 정제하는 모습을 본뜨고 있었다. 그런데 나중에 금문金文에서는 한 묶음의 벼로 생략되기도 하였다( )( ).

그리고 다음 〈도표 366〉에 보이는 의(宜, 宐)에 대해 《설문說文》에서는, " 는 편안하게 하는 곳이다. 면宀의 아래와 일一의 위를 따르고, 다多의 생략형이 성부聲符이다. 는 고문古文의 의宜이다. 도 또한 고문古文의 의宜이다"[910]라고 하였다. 갑골문에서 이 의(宜, 宐)는 도마 위에 놓여 있는 두 덩어리의 고기의 모습을 본뜨고 있었는데, 나중에 소전체에서는 두 고기가 하나로 생략되었다.

, 古文中"이라고 되어 있다.

910 (淸) 段玉裁注,《說文解字注》, 第十四卷, 第七篇注下,〈宜〉, 344쪽. 그 원문에 " , 所安也. 从宀之下, 一之上, 多省聲. , 古文宜. , 亦古文宜"라고 되어 있다. 그런데 이 의(宜, 宐)와 성부聲符인 다多는 상고음上古音에서 동일하게 가부歌部에 속하였다.

도표 번호	상商나라의 갑골문甲骨文	주周나라의 금문金文	진秦나라의 소전小篆	한漢나라의 예서隸書	현대의 한자	글자의 창의創意
366			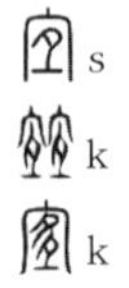	宐 宜	宐 宜	도마 위에 두 덩어리의 고기를 놓아 둔 모습을 본뜨고 있다.
367			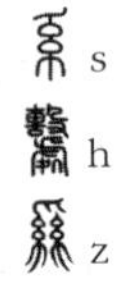	系	系	손에 두 가닥이나 세 가닥의 실을 들고서 하나의 계통系統으로 만듦을 표현하고 있다.
368	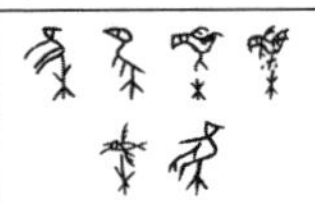			雧 集	雧 集	많은 새가 나무 위에 모여 있는 모습을 본뜨고 있다.

〈도표 367〉에 보이는 계(系, 𦅾)에 대해《설문說文》에서는, "系는 매단 것이다. 멱糸을 따르고, 예丿는 성부聲符이다. 무릇 계系의 속屬들은 모두 이 계系를 따른다. 𦃃는 계系의 혹체或體이고, 격毄과 처處를 따른다. 𦅾는 주문籒文의 계系이고, 조爪와 사絲를 따른다"[911]라고 하였다. 갑골문에서 이 계(系, 𦅾)는 손에 두 가닥이나 세 가닥의 실을 들고 있는 것이 하나의 계통系統이 됨을 표현하고 있었는데, 나중에 소전체에서는 생략되어 한 가닥의 실로 바뀌었다.

〈도표 368〉에 보이는 집(雧, 集)에 대해《설문說文》에서는, "雧은 많은 새가 나무 위에 있는 것이다. 잡雥과 목木을 따른다. 集은 집雧의 혹체或體이고, 생략하였다"[912]라고 하였다. 이 집(雧, 集)은 원래 세 마리의 새가 나무 위에 모여 있는 모습을 본뜨고 있었는데, 생략되어 한 마리의 새가 나무 위에 있는 형태로 바뀌었다. 그런데 이 집(雧, 集)의 의미는 많을수록 좋다는 뜻이다. 그래서 이 집(雧, 集)의 소전체 자형은 비록 갑골문보다는 그 시대가 늦지만, 당연히 갑골문보다 더 빠른 자형 형태에서 따왔을 것이다.

---

911 (淸) 段玉裁注,《說文解字注》, 第二十四卷, 第十二篇注下,〈系〉, 648쪽. 그 원문에 "系, 縣也. 从糸, 丿聲. 凡系之屬皆从系. 𦃃, 系或, 从毄處. 𦅾, 籒文系, 从爪絲"라고 되어 있다. 그런데 이 계(系, 𦅾)의 성부聲符인 예丿에 대해서 남당南唐의 서개徐鍇는 그 발음이 예曳와 같다고 하였다.

912 (淸) 段玉裁注,《說文解字注》, 第七卷, 第四篇注上,〈雧〉, 149쪽. 그 원문에 "雧, 羣鳥在木上也. 从雥木. 集, 雧或, 省"이라고 되어 있다.

그리고 확靃과 곽霍에 대해《설문說文》에서는, "靃 은 날아가는 소리이다. 우雨와 수雔를 따른다. 비가 올 적에 한 쌍의 새가 날아가면 그 소리가 푸드덕 한다"[913]라고 하였다. 갑골문에서 이 확靃과 곽霍은 새들이 비를 맞아 이리저리 날아가면서 내는 소리를 표현하고 있었다. 그런데 이 확靃과 곽霍의 자형은 먼저 세 마리의 새가 두 마리의 새로 줄었다가, 다시 한 마리의 새로 생략되었다(靃 靃 霍).

〈도표 369〉에 보이는 위韋에 대해《설문說文》에서는, "韋 는 서로 어긋나는 것이다. 천舛을 따르고, 위口는 성부聲符이다. 짐승 껍질의 부드러운 가죽은 그것으로 굽고 일그러져서 서로 어긋난 물건을 묶을 수 있다. 그래서 가차假借하여 그것으로 피위皮韋의 위韋라고 하였다. 무릇 위韋의 속屬들은 모두 이 위韋를 따른다. 韋 는 고문古文의 위韋이다"[914]라고 하였고, 또한 위圍에 대해서《설문說文》에서는, "圍 는 지키는 것이다. 위口를 따르고, 위韋는 성부聲符이다"[915]라고 하였다. 갑골문에서 이 위韋는 위圍의 초기 자형 형태이다. 그런데 이 위韋는 네 발이 성城 주위에서 방어하는 모습을 본뜨고 있었는데, 네 발에서 그중 두 발을 생략하기도 하였다.

〈도표 370〉에 보이는 선(譱, 善)에 대해《설문說文》에서는, "譱 은 상서로운 말이다. 경誩과 양(羊, 羊)을 따른다. 이것과 의義와 미美는 같은 뜻이다. 善 은 전문篆文이고, 언言을 따른다"[916]

도표 번호	상商나라의 갑골문甲骨文	주周나라의 금문金文	진秦나라의 소전小篆	한漢나라의 예서隸書	현대의 한자	글자의 창의創意
369			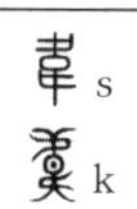	韋	韋	네 발이 성 주위에서 방어하는 모습을 본뜨고 있다.
370		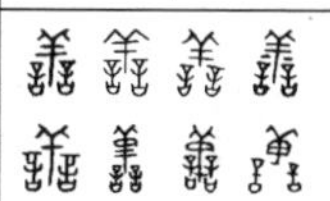		譱 善	譱 善	창의를 자세히 알 수는 없지만, 양羊과 두 개의 언言으로 구성되어 있다.

913 (淸) 段玉裁注,《說文解字注》, 第七卷, 第四篇注上,〈靃〉, 149쪽. 그 원문에 "靃, 飛聲也. 从雨雔. 雨而雔飛者, 其聲靃然"이라고 되어 있다.

914 (淸) 段玉裁注,《說文解字注》, 第十卷, 第五篇注下,〈韋〉, 237쪽. 그 원문에 "韋, 相背也. 从舛, 囗聲. 獸皮之韋, 可㠯束物枉戾相韋背. 故借㠯爲皮韋. 凡韋之屬皆从韋. 韋, 古文韋"라고 되어 있다.

915 (淸) 段玉裁注,《說文解字注》, 第十二卷, 第六篇注下,〈圍〉, 281쪽. 그 원문에 "圍, 守也. 从囗, 韋聲"이라고 되어 있다.

916 (淸) 段玉裁注,《說文解字注》, 第五卷, 第三篇注上,〈譱〉, 102쪽. 그 원문에 "譱, 吉也. 从誩羊. 此與義美同意.

라고 하였다. 금문金文에서 이 선(譱, 善)은 원래 양羊과 두 개의 언言으로 자형이 구성되었다가, 나중에 소전체에서는 하나의 언言을 생략하였다. 그리고 이 선(譱, 善)의 창의創意에 대해서는 자세히 알 수가 없다. 그런데 아마도 이 선(譱, 善)은 굽은 장식물이 달린 여러 개의 관管을 가진 관악기의 모습을 본뜨고 있을 것이다. 그래서 이 모양은 아마도 앞의 〈도표 291〉에서 소개한 의義에서 윗부분에 있는 자형 구성 부분의 창의와 대체로 비슷할 것이다. 그렇지만 나중에는 모두 동일화되어 양羊의 자형 형태가 되었다.

(4) 형부形符의 동일화

예를 들어, 앞의 〈도표 202〉에서 소개한 주(鼄, 蛛: ), 《설문說文》에서 "鼄는 지주蜘蛛이고, 거미이다. 맹黽을 따르고, 지(智, 智)의 생략형이 성부聲符이다. 䵹는 혹체或體이고, 훼虫를 따른다"[917]라고 한 지(鼅, 蜘), 그리고 《설문說文》에서 "鼃는 두꺼비의 속屬이다. 맹黽을 따르고, 규圭는 성부聲符이다"[918]라고 한 왜(鼃, 蛙) 등을 들 수 있다. 그런데 이 주(鼄, 蛛)나 지(鼅, 蜘)나 왜(鼃, 蛙)는 모두 형부形符인 맹黽이 간략화되어 나중에 훼虫로 바뀌었다.

그리고 앞의 〈도표 253〉에서 소개한 것처럼, 갑골문에서 희姬는 이빨이 촘촘한 빗으로 단장을 하는 귀부인의 모습을 본뜨고 있었다. 그런데 나중에 금문金文에서는 이 희姬의 형부形符인 매每가 간략화되어 녀女로 바뀌었다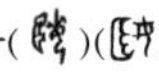.

그리고 다음 〈도표 371〉에 보이는 복腹에 대해 《설문說文》에서는, "腹은 두꺼운 것이다. 육肉을 따르고, 복(复, 复)은 성부聲符이다"[919]라고 하였다. 갑골문에서 이 복腹은 원래 신身을 따르고

도표 번호	상商나라의 갑골문甲骨文	주周나라의 금문金文	진秦나라의 소전小篆	한漢나라의 예서隸書	현대의 한자	글자의 창의創意
371			 s	腹	腹	원래는 신身을 따르고 복(复, 复)이 성부聲符인 자형형태였는데, 이 신身이 인人이나 육肉으로 바뀌었다.

譱, 篆文, 从言"이라고 되어 있다.

917 (淸) 段玉裁注, 《說文解字注》, 第二十六卷, 第十三篇注下, 〈鼅〉, 686쪽. 그 원문에 "鼅, 鼅鼄, 鼄蟊也. 从黽, 智省聲. 䵹, 或, 从虫"라고 되어 있다.

918 (淸) 段玉裁注, 《說文解字注》, 第二十六卷, 第十三篇注下, 〈鼃〉, 685쪽. 그 원문에 "鼃, 蝦蟆屬. 从黽, 圭聲"이라고 되어 있다. 그런데 이 왜(鼃, 蛙)와 성부聲符인 규圭는 상고음上古音에서 모두 지부支部에 속하였다.

919 (淸) 段玉裁注, 《說文解字注》, 第八卷, 第四篇注下, 〈腹〉, 172쪽. 그 원문에 "腹, 厚也. 从肉, 复聲"이라고 되어 있다.

도표 번호	상商나라의 갑골문甲骨文	주周나라의 금문金文	진秦나라의 소전小篆	한漢나라의 예서隸書	현대의 한자	글자의 창의創意
372		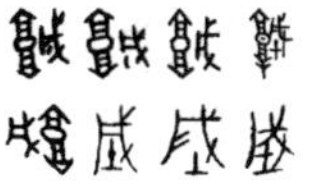	 s z	城	城	곽(𩫏, 郭)을 따르고, 성成은 성부聲符이다.
373			 s z	觴	觴	작爵을 따르고, 양昜은 성부이다.
374			 s	婢	婢	첩妾을 따르고, 비卑는 성부이다.

복(复, 复)이 성부聲符인 자형 형태였는데, 형부形符인 신身이 인人이나 육肉으로 바뀌었다.

〈도표 372〉에 보이는 성城에 대해《설문說文》에서는, "城 은 그것으로 백성을 받아들이는 것이다. 토土와 성成을 따르고, 성成은 또한 성부聲符이다. 𩫨 은 주문籀文의 성城이고, 곽(𩫏, 郭)을 따른다"[920]라고 하였다. 금문金文에서 이 성城은 형부形符인 곽(𩫏, 郭)이 간략화되어 토土로 바뀌었다.

〈도표 373〉에 보이는 상觴에 대해《설문說文》에서는, "觴은 술이 차 있는 잔을 일컬어 상觴이라고 하고, 비어 있는 잔을 일컬어 치觶라고 한다. 각角을 따르고, 상(煬, 傷)의 생략형이 성부聲符이다. 𧢟은 주문籀文의 상觴이고, 작爵의 생략형을 따른다"[921]라고 하였다. 금문金文에서 이 상觴은 형부形符인 작爵이 간략화되어 나중에 각角으로 바뀌었다.

〈도표 374〉에 보이는 비婢에 대해《설문說文》에서는, "婢는 여자에서 낮은 사람이다. 녀女와 비卑를 따르고, 비卑는 또한 성부聲符이다"[922]라고 하였다. 갑골문에서 이 비婢는 형부形符인 첩妾이 간략화되어 나중에 녀女로 바뀌었다.

〈도표 375〉에 보이는 이匜에 대해《설문說文》에서는, "匜는 국을 뜨는 국자와 같다. 국자

920 (清) 段玉裁注,《說文解字注》, 第二十六卷, 第十三篇注下,〈城〉, 695쪽. 그 원문에 "城, 目盛民也. 从土成, 成亦聲. 𩫨, 籀文城, 从𩫏"이라고 되어 있다.

921 (清) 段玉裁注,《說文解字注》, 第八卷, 第四篇注下,〈觴〉, 189쪽. 그 원문에 "觴, 實曰: 觴, 虛曰: 觶. 从角, 煬省聲. 𧢟, 籀文觴或, 从爵省"이라고 되어 있다. 그런데 이 해석 중에서 기타 다른 판본의《설문說文》에는 단지 '𧢟, 籀文觴, 从爵省'이라고만 되어 있고, '혹或'이라는 글자가 누락되어 있다. 더욱이 단옥재段玉裁의 주注에도 이 말에 대한 특별한 설명이 없기 때문에, 이 부분은 역자가 따로 번역하지 않았다.

922 (清) 段玉裁注,《說文解字注》, 第二十四卷, 第十二篇注下,〈婢〉, 622쪽. 그 원문에 "婢, 女之卑者也. 从女卑, 卑亦聲"이라고 되어 있다.

도표 번호	상商나라의 갑골문甲骨文	주周나라의 금문金文	진秦나라의 소전小篆	한漢나라의 예서隸書	현대의 한자	글자의 창의創意
375			 S		匜	명皿이나 금金, 혹은 명皿과 금金을 따르고, 타它는 성부聲符이다.

의 자루 속이 비어 있어서, 이것으로 물이나 술을 옮겨 부을 수 있다. 방匚을 따르고, 야也는 성부聲符이다"[923]라고 하였다. 금문金文에서 이 이匜는 형부形符인 명皿이나 금金, 혹은 금金과 명皿이 간략화되어 나중에 방匚으로 바뀌었다.

(5) 간단한 자형의 문자로 대체하기

예를 들어, 앞의 〈도표 334〉에서 소개한 것처럼, 갑골문에서 은𧇬과 개皆는 원래 두 마리의 호랑이가 함정 중에 있으면서도 오히려 서로 양보하지 않고 다투다가 결국 모두 뼈만 남는 모습을 본뜨고 있었다. 그런데 나중에 두 사람으로 이 두 호랑이를 대체하였다(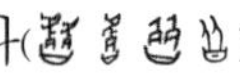).

그리고 갑골문에서 청廳은 면宀을 따르고 청聽이 성부聲符인 자형 형태였다(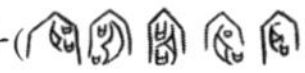
). 그런데 이 청廳이 간략화되어 나중에 정庭으로 바뀌었는데, 이 정庭에 대해 《설문說文》에서는, "庭은 방의 내부이다. 엄广을 따르고, 정廷은 성부聲符이다"[924]라고 하였다. 그런데 《설문說文》에는 정庭만 있고, 청廳은 수록되어 있지 않다.

그리고 봉(蠭, 蠭, 蜂)에 대해 《설문說文》에서는, "蠭은 날아다니는 벌레 중에서 사람을 쏘는 것이다. 곤䖵을 따르고, 봉逢은 성부聲符이다. 蠭은 고문古文이고, 생략하였다"[925]라고 하였다. 이 봉(蠭, 蠭, 蜂)은 곤䖵이 생략되어 훼虫가 되었고, 봉逢도 간략화되어 봉夆으로 바뀌었다.

잡(雜, 襍)에 대해서 《설문說文》에서는, "雜은 다섯 가지 색깔이 서로 어우러진 옷이다. 의衣

923 (清) 段玉裁注, 《說文解字注》, 第二十四卷, 第十二篇注下, 〈匜〉, 642쪽. 그 원문에 "匜, 佀羹魁. 柄中有道, 可目注水酒. 从匚, 也聲"이라고 되어 있다. 그런데 이 이匜와 성부聲符인 야也는 상고음上古音에서 동일하게 가부歌部에 속하였다. 그리고 원저자가 〈도표 375〉에서 언급한 성부聲符인 타它도 상고음에서는 동일하게 가부歌部에 속하였다.

924 (清) 段玉裁注, 《說文解字注》, 第十七卷, 第九篇注下, 〈庭〉, 448쪽. 그 원문에 "庭, 宮中也. 从广, 廷聲"이라고 되어 있다.

925 (清) 段玉裁注, 《說文解字注》, 第二十六卷, 第十三篇注下, 〈蠭〉, 681쪽. 그 원문에 "蠭, 飛蟲螫人者. 从䖵, 逢聲. 蠭, 古文, 省"이라고 되어 있다.

를 따르고, 집集은 성부聲符이다"[926]라고 하였다. 이 잡雜은 간략화되어 십什으로 바뀌었다.

록麓에 대해《설문說文》에서는, "은 산림山林을 지키는 관리이다. 림林을 따르고, 록鹿은 성부聲符이다. 일설一說에 수풀은 산에 이어져 있으니 산기슭이 된다고 하였다.《춘추좌전春秋左傳》에 이르기를, '사산沙山의 기슭이 무너졌다'라고 하였다. 은 고문古文이고, 록彔을 따른다"[927]라고 하였다. 이 록麓은 갑골문에서 이미 림林을 따르고 록鹿이 성부聲符이거나 록彔이 성부聲符인 두 가지의 자형 형태가 존재하고 있었다(). 그런데 전국시대에 이르면서 일반적으로 어느 글자의 성부聲符나 형부形符를 다른 자형으로 교체하는 예가 상당히 많이 나타났는데, 그 대부분이 간략한 자획으로 복잡한 자형의 자획을 대체하곤 하였다. 그 구체적인 내용에 관해서는 뒤에 소개될 제8절의 설명을 참고하기 바란다.

(6) 자형 구성 부분의 간략화

만약 어느 글자에서 자형의 부분적인 구성을 간략화시켰거나 혹은 모든 자형 구성 부분을 생략해 버렸다면, 일반적으로 그 글자의 창의創意에 대한 이해에 심각한 영향을 주게 된다.

예를 들어, 앞의〈도표 25〉에서 소개한 법(灋, 法)은 채廌가 뿔로 악한 사람을 받아 버림으로써 재판의 공평함을 지키는 데 도움이 되었기 때문에, 마치 물이 수평을 유지하는 것과 같다는 의미를 지니고 있었다. 그러다가 나중에 이 법(灋, 法)에서 채廌가 생략되어 법法의 자형으로 되었지만, 이 채廌는 소송 판결을 내릴 때의 주역이다().

그리고〈도표 49〉에서 소개한 등登은 갑골문에서 두 손으로 디딤판을 붙잡고 다른 사람의 두 발이 올라가도록 하는 모습을 본뜨고 있었다. 그런데 나중에 소전체에서는 이 등登에서 두 손이 생략되었지만, 이 디딤판은 사람이 붙잡아야 하는 것이다().

〈도표 50〉에서 소개한 추秋는 갑골문에서 불로 메뚜기를 태워 병충해를 막는 가을의 정경을 표현하고 있었다. 그런데 이 추秋에서 불이 생략되기도 하였지만, 만약 이 불이 없다면 태우고 있는 것이 도대체 어떤 종류의 곤충인지 뚜렷이 드러나지 않게 된다().

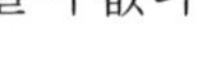

〈도표 226〉에서 소개한 것처럼, 갑골문에서 소召는 한 손에는 잔을 들고 다른 한 손에는

---

926 (淸) 段玉裁注,《說文解字注》, 第十五卷, 第八篇注上,〈雜〉, 399쪽. 그 원문에 ", 五采相合也. 从衣, 集聲"이라고 되어 있다.

927 (淸) 段玉裁注,《說文解字注》, 第十一卷, 第六篇注上,〈麓〉, 274쪽. 그 원문에 ", 守山林吏也. 從林, 鹿聲. 一曰: 林屬於山爲麓. 春秋傳曰: 沙麓崩. , 古文, 從彔"이라고 되어 있다.

국자를 들고서 술을 덥히는 그릇 속에 있는 술 주전자에서 술을 떠서 손님을 접대한다는 의미를 나타내고 있었다. 그런데 이 소召에서 두 손과 술 주전자가 생략되기도 하였지만, 하나의 국자와 하나의 잔만으로는 손님을 접대한다는 의미를 표현하기가 상당히 어려워진다( ).

〈도표 272〉에서 소개한 리利는 갑골문에서 손으로 벼를 잡고서 칼로 베어 내야 유리한 벼 수확의 방법임을 표현하고 있었다. 그런데 이 리利에서 손이 생략되기도 하였지만, 칼과 벼만 가지고는 반드시 벼를 베는 것이라고 말하기는 어렵다( ).

〈도표 283〉에서 소개한 몽(瘮, 夢)은 갑골문에서 한 귀족이 침대에 누워 꿈을 꾸기를 바라는 모습을 본뜨고 있었다. 그런데 나중에 이 몽(瘮, 夢)에서 침대가 생략되어 버렸는데, 침대는 꿈을 꾸는 데 있어서 반드시 필요한 물건이다( ).

〈도표 286〉에서 소개한 것처럼, 갑골문에서 선熯과 근堇은 가뭄이 들었을 적에 무당을 불에 태우면서 비가 오기를 비는 모습을 본뜨고 있었다. 그런데 이 선熯과 근堇의 자형에서 불이 생략되기도 하였지만, 무당을 불에 태우는 일은 기우제祈雨祭를 올릴 적에 반드시 필요한 한 과정이다( ).

〈도표 287〉에서 소개한 것처럼, 갑골문에서 득(得, 㝵)은 길에서 남이 잃어버린 바다조개를 줍는 모습을 본뜨고 있었다. 그런데 이 득(得, 㝵)의 자형에서 길이 생략되기도 하였지만, 길에서 바다조개를 주워야 뜻밖의 이익이 된다( ).

〈도표 323〉에서 소개한 것처럼, 갑골문에서 기(棄, 弃)는 두 손으로 삼태기 모양의 키 속에 있는 갓난아이를 버리는 모습을 본뜨고 있었다. 그런데 전국시대의 자형에서는 이 삼태기 모양의 키가 생략되어 버렸지만, 이 삼태기 모양의 키가 있어야 버린다는 의미가 명확히 드러나게 된다( ). 그래서 단지 두 손으로 어린아이를 받들고 있는 이 자형 형태는 오히려 이 어린아이를 귀여워하고 있다는 의미로 이해될 수가 있다.

그리고 다음 〈도표 376〉에 보이는 예(乂, 刈)에 대해 《설문說文》에서는, "乂는 풀을 베는 것이다. 별丿과 불乀을 따르고, 서로 교차하고 있다. 刈는 예乂의 혹체或體이고, 도刀를 따른다"[928]라고 하였다. 갑골문에서 이 예(乂, 刈)는 두 손에 가위를 들고 물건을 자르는 모습을 본뜨고 있었는데, 두 손의 자형 부분이 생략되기도 하였다. 그런데 이 예(乂, 刈)에서 두

928 (清) 段玉裁注, 《說文解字注》, 第二十四卷, 第十二篇注下, 〈乂〉, 633쪽. 그 원문에 "乂, 芟艸也. 从丿乀, 相交. 刈, 乂或, 从刀"라고 되어 있다.

도표 번호	상商나라의 갑골문甲骨文	주周나라의 금문金文	진秦나라의 소전小篆	한漢나라의 예서隸書	현대의 한자	글자의 창의創意
376			 s h	乂 刈	乂 刈	두 손에 가위를 들고 물건을 막 자르려는 모습을 본뜨고 있다.
377			 s k s	陳 敶	陳 敶	아마도 흙포대로 산 위에서 방어전선을 구축한다는 의미를 표현하고 있을 것이다.

손은 물건을 자르는 데 있어서 반드시 필요한 부분이다.

그리고 〈도표 377〉에 보이는 진陳에 대해《설문說文》에서는, "은 사방이 높고 중앙이 낮은 곳이다. 순舜 임금의 후예인 규만嬀滿이 봉封함을 받은 곳이다. 부(𨸏, 阜)를 따르고, 목木을 따르며, 신申은 성부聲符이다. 은 고문古文의 진陳이다"[929]라고 하였고, 또한 진(敶, 陳)에 대해서《설문說文》에서는, "은 벌여 놓은 것이다. 복攴을 따르고, 진陳은 성부聲符이다"[930]라고 하였다. 금문金文에서 이 진(陳, 敶)은 아마도 큰 자루에 흙 포대를 담아서 산꼭대기에 쌓아 올려 방어전선을 구축하는 모습을 본뜨고 있었을 텐데, 여기서 복攴은 흙덩어리를 쳐서 더욱 단단하게 하는 모습을 표현하고 있을 것이다. 그런데 이 진(陳, 敶)에서 흙이나 복攴의 자형 구성 부분이 생략되기도 하였다.

(7) 후대에 비교적 많이 보이는 자획의 공유

예를 들어, 앞의 〈도표 146〉에서 소개한 것처럼, 갑골문에서 무(𣞤, 䍍, 無)와 무舞는 한 사람이 두 손에 무용 도구를 들고 있는 모습을 본뜨고 있었다. 그런데 이 무(𣞤, 䍍, 無)와 무舞의 자형에서 손과 무용 도구가 하나로 합쳐지기도 하였다().

그리고 〈도표 217〉에서 소개한 것처럼, 갑골문에서 정甹과 녕寧은 쟁반으로 뜨거운 국물이 담긴 그릇을 받쳐 들고 있는 모습을 본뜨고 있었다. 그런데 이 쟁반과 그릇 아랫부분이

929 (清) 段玉裁注,《說文解字注》, 第二十八卷, 第十四篇注下,〈陳〉, 742쪽. 그 원문에 ", 宛丘也. 舜後嬀滿之所封. 从𨸏, 从木, 申聲. 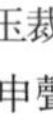, 古文陳"이라고 되어 있다.

930 (清) 段玉裁注,《說文解字注》, 第六卷, 第三篇注下,〈敶〉, 125쪽. 그 원문에 ", 列也. 从攴, 陳聲"이라고 되어 있다.

도표 번호	상商나라의 갑골문甲骨文	주周나라의 금문金文	진秦나라의 소전小篆	한漢나라의 예서隸書	현대의 한자	글자의 창의創意
378	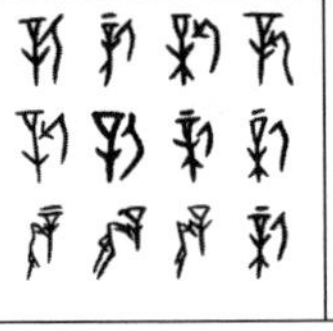		 s	新	新	근斤을 따르고, 신辛은 성부聲符이다.

대부분 서로 하나로 연결되었다( ).

그리고 〈도표 378〉에 보이는 신新에 대해 《설문說文》에서는, " 은 베어서 나무를 얻는 것이다. 근斤을 따르고, 진(亲, 榛)은 성부聲符이다"[931]라고 하였고, 또한 진(亲, 榛)에 대해 《설문說文》에서는, " 은 진(亲, 榛)의 열매이고, 마치 작은 밤톨과 같다. 목木을 따르고, 신辛은 성부聲符이다. 《춘추좌전春秋左傳》에 이르기를, '여자가 만날 때 지니는 예물은 진(亲, 榛)의 열매와 밤알에 불과하다'라고 하였다"[932]라고 하였다. 갑골문에서 이 신新과 진(亲, 榛)은 신辛과 목木의 자형 부분이 서로 하나로 연결되었다.

(다) 기타

(1) 어느 한 부류로 분류하기 편리하도록 표의자表意字를 형성자形聲字로 만들기

예를 들어, 앞의 〈도표 45〉에서 소개한 것처럼, 갑골문에서 유囿는 어떤 특정한 범위 내에서 재배하고 있는 초목草木의 모습을 본뜨고 있었다. 그런데 나중에 이 유囿는 위口를 따르고 유有가 성부聲符인 형성자로 바뀌게 되었다( ).

그리고 〈도표 210〉에서 소개한 침(沈, 沉)은 갑골문에서 소를 강물 속에 가라앉히는 모습을 본뜨고 있었다. 그런데 나중에 이 침(沈, 沉)은 수水를 따르고 음冘이 성부聲符인 형성자로 바뀌게 되었다( ).

〈도표 211〉에서 소개한 것처럼, 갑골문에서 후猴는 원숭이의 모습을 본뜬 상형자象形字였다. 그런데 나중에 이 후猴는 견犬을 따르고 후侯가 성부聲符인 형성자로 바뀌게 되었다( ).

931 (清) 段玉裁注, 《說文解字注》, 第二十七卷, 第十四篇注上, 〈新〉, 724쪽. 그 원문에 " , 取木也. 从斤, 亲聲"이라고 되어 있다. 그런데 이 신新에 대해서 단옥재段玉裁의 주注에는 '당연히 근斤과 목木을 따르고, 신辛이 성부聲符가 되어야 한다'라고 하였다.

932 (清) 段玉裁注, 《說文解字注》, 第十一卷, 第六篇注上, 〈亲〉, 242쪽. 그 원문에 " , 亲實, 如小栗. 从木, 辛聲. 春秋傳曰: 女摯不過亲栗"이라고 되어 있다.

〈도표 214〉에서 소개한 것처럼, 갑골문에서 홍虹은 원래 머리가 둘 달린 무지개의 모습을 본뜨고 있었다. 그런데 나중에 이 홍虹은 훼虫를 따르고 공工이 성부聲符인 형성자로 바뀌게 되었다(虹).

〈도표 231〉에서 소개한 것처럼, 갑골문에서 지(遲, 遅)는 사람을 등에 업고 걸어가기 때문에 걸음이 늦어짐을 표현하고 있었다. 그런데 나중에 이 지(遲, 遅)는 착辵을 따르고 서犀가 성부聲符인 형성자로 바뀌게 되었다(遲).

그리고 〈도표 379〉에 보이는 패(誖, 悖)에 대해 《설문說文》에서는, "誖는 어지러운 것이다. 언言을 따르고, 패孛는 성부聲符이다. 悖는 패誖의 혹체或體이고, 심心을 따른다. 㦷는 주문籒文의 패誖이고, 두 개의 역或을 따른다"[933]라고 하였다. 갑골문에서 이 패(誖, 悖)는 당황하여 혼란스럽게 대열이 흐트러지면서, 두 방패가 서로 맞부딪치며 대열의 외관이 정렬되지 못하는 모습을 본뜨고 있었다. 그런데 나중에 이 패(誖, 悖)는 언言을 따르고 패孛가 성부聲符인 형성자로 바뀌게 되었다.

〈도표 380〉에 보이는 문聞에 대해 《설문說文》에서는, "聞은 그 소리를 아는 것이다. 이耳를 따르고, 문門은 성부聲符이다. 䎽은 고문古文이고, 혼昏을 따른다"[934]라고 하였다. 그런데 이 문聞의 가차자假借字가 바로 혼婚인데, 이 혼婚에 대해서 《설문說文》에서는, "婚은 지어미

도표 번호	상商나라의 갑골문甲骨文	주周나라의 금문金文	진秦나라의 소전小篆	한漢나라의 예서隸書	현대의 한자	글자의 창의創意
379			 s h z	誖 悖	誖 悖	당황하여 혼란스럽게 대열이 흐트러지면서, 두 방패가 서로 맞부딪치는 모습을 본뜨고 있다.
380			 s k s z	聞 婚	聞 婚	한 사람이 귀를 기울여 열심히 들으면서 또한 어떠한 반응을 나타내는 모습을 본뜨고 있다.

933 (淸) 段玉裁注, 《說文解字注》, 第五卷, 第三篇注上, 〈誖〉, 98쪽. 그 원문에 "誖, 亂也. 从言, 孛聲. 悖, 誖或, 从心. 㦷, 籒文誖, 从二或"이라고 되어 있다.

934 (淸) 段玉裁注, 《說文解字注》, 第二十三卷, 第十二篇注上, 〈聞〉, 598쪽. 그 원문에 "聞, 知聲也. 从耳, 門聲.

의 집이다.《의례儀禮》에 지어미를 맞는 것은 저녁때 한다고 하였다. 지어미는 음陰에 속하기 때문에, 혼婚이라고 일컫는다. 녀女와 혼昏을 따르고, 혼昏은 또한 성부聲符이다. 婚은 주문籀文의 혼婚이고, 이와 같다"[935]라고 하였다. 갑골문에서 이 문聞은 한 사람이 귀를 기울이며 듣다가, 갑자기 입을 벌리며 어떠한 반응을 나타내는 모습을 본뜨고 있었다. 그런데 나중에 이 문聞은 이耳를 따르고 문門이 성부聲符인 형성자로 바뀌게 되었다.

〈도표 381〉에 보이는 간(澗, 澗)에 대해《설문說文》에서는, "澗은 산이 물을 끼고 있는 것이다. 수水를 따르고, 한閒은 성부聲符이다. 일설一說에는 간수澗水라고도 하는데, 홍농군弘農郡 신안현新安縣에서 흘러나와, 동남쪽으로 낙수雒水로 흘러 들어간다"[936]라고 하였다. 갑골문에서 이 간(澗, 澗)은 두 언덕 사이에 흐르는 강의 모습을 본뜨고 있었는데, 나중에 수水를 따르고 한閒이 성부聲符인 형성자로 바뀌게 되었다.

〈도표 382〉에 보이는 탄彈에 대해《설문說文》에서는, "彈은 탄알을 쏘는 것이다. 궁弓을 따르고, 단單은 성부聲符이다. 彈은 혹체或體에서 탄彈이라고 일컫는다. 궁弓을 따르고, 탄알을 끼고 있는데, 이와 같다"[937]라고 하였다. 갑골문에서 이 탄彈은 탄알이 활시위에 놓여 있어 곧 발사되려는 모습을 본뜨고 있었다. 그런데 나중에 이 탄彈은 궁弓을 따르고 단單이 성부聲符인 형성자로 바뀌게 되었다.

도표 번호	상商나라의 갑골문甲骨文	주周나라의 금문金文	진秦나라의 소전小篆	한漢나라의 예서隸書	현대의 한자	글자의 창의創意
381			 s	澗	澗	두 언덕 사이에 흐르는 강의 모습을 본뜨고 있다.
382	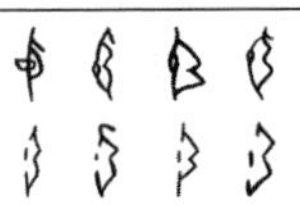		 s  h	彈	彈	탄알이 활시위에서 곧 발사되려는 모습을 본뜨고 있다.

聞, 古文, 从昏"이라고 되어 있다.

935 (清) 段玉裁注,《說文解字注》, 第二十四卷, 第十二篇注下,〈婚〉, 620쪽. 그 원문에 "婚, 婦家也. 禮, 娶婦目昏時. 婦人侌也, 故曰: 婚. 从女昏, 昏亦聲. 婚, 籀文婚, 如此"라고 되어 있다.

936 (清) 段玉裁注,《說文解字注》, 第二十一卷, 第十一篇注上之二,〈澗〉, 559쪽. 그 원문에 "澗, 山夾水也. 从水, 閒聲. 一曰: 澗水, 出宏農新安, 東南入雒"이라고 되어 있다. 그런데 간수澗水는 옛날의 홍농군弘農郡 신안현新安縣에 위치해 있었는데, 이《설문해자說文解字》의 판본에서 '굉농宏農'이라고 한 것은 아마도 판각의 오류이거나, 혹은 단옥재段玉裁가 활동했던 시기가 바로 청淸나라의 건륭乾隆 시대였는데, 아마도 건륭乾隆의 이름인 홍력弘歷을 휘諱했을 수도 있다.

937 (清) 段玉裁注,《說文解字注》, 第二十四卷, 第十二篇注下,〈彈〉, 647쪽. 그 원문에 "彈, 行丸也. 从弓, 單聲.

도표 번호	상商나라의 갑골문甲骨文	주周나라의 금문金文	진秦나라의 소전小篆	한漢나라의 예서隸書	현대의 한자	글자의 창의創意
383			 s	豢	豢	두 손에 돼지를 안고 사료를 먹여 기른다는 의미를 표현하고 있다.
384			 s h k	淵 囦	淵 囦	연못 속의 물결이 출렁이는 모습을 본뜨고 있다.

〈도표 383〉에 보이는 환豢에 대해《설문說文》에서는, "은 곡식으로 우리에서 돼지를 기르는 것이다. 시豕를 따르고, 권𢍏은 성부聲符이다"[938]라고 하였다. 갑골문에서 이 환豢은 두 손에 돼지를 안고 사료를 먹여 기른다는 의미를 표현하고 있었다. 그런데 나중에 이 환豢은 시豕를 따르고 권𢍏이 성부聲符인 형성자로 바뀌게 되었다.

〈도표 384〉에 보이는 연(淵, 㴊, 囦)에 대해《설문說文》에서는, "은 도는 물이다. 수水를 따르고, 상형자象形字이다. 왼쪽과 오른쪽은 언덕이다. 가운데는 물의 모양을 본뜨고 있다. 은 연淵의 혹체或體이고, 수水를 생략하였다. 은 고문古文이고, 위口와 수水를 따른다"[939]라고 하였다. 갑골문에서 이 연(淵, 㴊, 囦)은 연못 속의 물결의 모습을 본뜨고 있었고, 《설문說文》에서는 이 연(淵, 㴊, 囦)의 고문古文을 수록하였다. 그런데 나중에 이 연(淵, 㴊, 囦)은 수水를 따르고 연(㴊, 淵)이 성부聲符인 형성자로 바뀌게 되었다.

(2) 자형 구성 부분의 분리화

자형 구성 부분의 분리는 대부분 자연적인 자형 변천 현상으로 인해 발생하며, 또한 자형 부류의 규칙화로 발전하는 경우도 있다. 그러나 비록 이렇게 자형의 구성 부분이 분리되기는 하여도, 그 원래의 창의創意는 여전히 비교적 쉽게 확인할 수 있다.

예를 들어, 앞의 〈도표 6〉에서 소개한 근斤은 갑골문에서, 자루가 달린 돌자귀의 모습을

, 或說彈. 从弓, 持丸, 如此"라고 되어 있다.

938 (清) 段玉裁注,《說文解字注》, 第十七卷, 第九篇注下,〈豢〉, 460쪽. 그 원문에 ", 目穀圈養豕也. 从豕, 𢍏聲"이라고 되어 있다. 그런데 이 환豢과 성부聲符인 권𢍏은 상고음上古音에서 동일하게 원부元部에 속하였다.

939 (清) 段玉裁注,《說文解字注》, 第二十一卷, 第十一篇注上之二,〈淵〉, 555-556쪽. 그 원문에 ", 回水也. 从水, 象形. 左右, 岸也. 中, 象水皃. , 淵或, 省水. , 古文, 从口水"라고 되어 있다.

본뜨고 있었다. 그런데 나중에 뾰족한 끝부분과 돌자귀가 서로 분리되었다(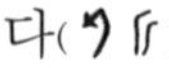).

〈도표 57〉에서 소개한 로老는 갑골문에서 한 노인이 지팡이를 든 모습을 본뜨고 있었다. 그런데 나중에 지팡이와 손이 서로 분리되었다().

〈도표 83〉에서 소개한 룡龍은 갑골문에서 용의 모습을 본뜨고 있었다. 그런데 나중에 용의 몸과 머리가 서로 분리되었다().

〈도표 94〉에서 소개한 수須는 갑골문에서 아래턱에 난 수염의 모습을 본뜨고 있었다. 그런데 나중에 수염과 머리가 서로 분리되었다().

〈도표 188〉에서 소개한 것처럼, 금문金文에서 현縣은 베어 낸 머리를 새끼줄로 묶어 나무 위에 매달아 놓은 모습을 본뜨고 있었다. 그런데 나중에 새끼줄과 머리가 서로 분리되었다().

〈도표 219〉에서 소개한 것처럼, 갑골문에서 성聖은 한 사람이 예민한 청각을 지니고 있어서 여러 가지 소리를 분별할 수 있음을 표현하고 있었다. 그런데 나중에 몸과 귀가 서로 분리되었다(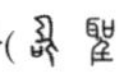).

〈도표 220〉에서 소개한 체彘는 갑골문에서 화살을 맞은 산돼지의 모습을 본뜨고 있었다. 그런데 나중에 화살과 몸이 서로 분리되었다().

〈도표 267〉에서 소개한 것처럼, 갑골문에서 린(粦, 粦, 磷, 燐)은 몸에 인磷을 바른 모습을 본뜨고 있었다. 그런데 나중에 몸이 두 부분으로 서로 분리되었다().

〈도표 276〉에서 소개한 것처럼, 갑골문에서 광(光, 炗)은 머리에 등불을 인 모습을 본뜨고 있었다. 그런데 나중에 사람의 몸과 등불이 서로 분리되었다(). 그리고 이와 비슷한 경우는 선先에서도 찾아볼 수 있다(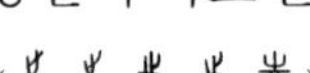). 또한 견見도 이와 마찬가지 경우이다(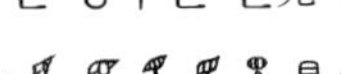).

〈도표 331〉에서 소개한 것처럼, 갑골문에서 보(保, 保, 禾, 呆)는 손을 뒤로 뻗어 어린아이를 등에 업은 모습을 본뜨고 있었다. 그런데 어린아이와 사람이 서로 분리되기도 하였다(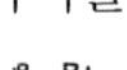).

〈도표 342〉에서 소개한 하何는 갑골문에서 사람이 어깨에 물건을 멘 모습을 본뜨고 있었다. 그런데 나중에 물체와 사람이 서로 분리되었다().

그리고 다음 〈도표 385〉에 보이는 유乳에 대해 《설문說文》에서는, "는 사람과 새가 자식을 낳는 것을 일컬어 유乳라고 하고, 짐승은 산產이라고 일컫는다. 부孚와 을乚을 따른다. 을乚이라는 것은 제비이다. 《예기禮記》〈월령月令〉에 이르기를, '제비가 날아오는 날에 아들

도표 번호	상商나라의 갑골문甲骨文	주周나라의 금문金文	진秦나라의 소전小篆	한漢나라의 예서隷書	현대의 한자	글자의 창의創意
385			 s	乳	乳	여자가 아이를 안고 젖을 먹이는 모습을 본뜨고 있다.
386			 s k k	飮	飮 㱃	한 사람이 혀를 내민 채 몸을 굽혀 물이나 술을 마시는 모습을 본뜨고 있다.
387			 s	眉 睂	眉 睂	눈 위에 난 눈썹의 모양을 본뜨고 있다.

을 낳게 한다는 신神인 고매高禖에게 제사를 올리며, 이것으로 아들을 기원한다'라고 하였다. 그래서 유乳가 을乚을 따른다. 아들을 기원할 적에 반드시 제비가 날아오는 날로 정한 것은 제비가 춘분春分에 와서 추분秋分에 떠나는 생명을 여는 철새이기 때문이다. 제왕 소호少昊 때 제비는 춘분春分과 추분秋分을 맡은 관리였다"[940]라고 하였다. 갑골문에서 이 유乳는 아이를 안고 젖을 먹이는 모습을 본뜨고 있었는데, 나중에 손과 몸이 서로 분리되었다.

〈도표 386〉에 보이는 음(㱃, 飮)에 대해《설문說文》에서는, "㱃은 마시는 것이다. 흠欠을 따르고, 염酓은 성부聲符이다. 무릇 음(㱃, 飮)의 속屬들은 모두 이 음(㱃, 飮)을 따른다. 㱃은 고문古文의 음(㱃, 飮)이고, 금今과 수水를 따른다. 㱃은 고문古文의 음(㱃, 飮)이고, 금今과 식食을 따른다"[941]라고 하였다. 갑골문에서 이 음(㱃, 飮)은 한 사람이 몸을 굽혀 물이나 술을 마시는 모습을 본뜨고 있었는데, 나중에 몸과 입이 서로 분리되었다.

〈도표 387〉에 보이는 미(眉, 睂)에 대해《설문說文》에서는, "眉는 눈 위에 난 털이다. 목目을 따르고, 눈썹의 모양을 본뜨고 있다. 위는 이마의 주름살을 본뜨고 있다. 무릇 미眉의 속屬들은 모두 이 미眉를 따른다"[942]라고 하였다. 갑골문에서 이 미(眉, 睂)는 눈 위에 난 눈썹을

940 (清) 段玉裁注,《說文解字注》, 第二十三卷, 第十二篇注上,〈乳〉, 590쪽. 그 원문에 "乳, 人及鳥生子曰: 乳, 獸曰: 產. 从孚乚. 乚者, 乚鳥. 明堂月令, 乚鳥至之日, 祠于高禖以請子. 故乳从乚. 請子必以乚至之日者, 乚春分來, 秋分去, 開生之候鳥. 帝少昊司分之官也"라고 되어 있다.

941 (清) 段玉裁注,《說文解字注》, 第十五卷, 第八篇注下,〈㱃〉, 418쪽. 그 원문에 "㱃, 歠也. 从欠, 酓聲. 凡㱃之屬皆从㱃. 㱃, 古文㱃, 从今水. 㱃, 古文㱃, 从今食"이라고 되어 있다. 그런데 이 음(㱃, 飮)과 성부聲符인 염酓은 상고음上古音에서 동일하게 침부侵部에 속하였다.

도표 번호	상商나라의 갑골문甲骨文	주周나라의 금문金文	진秦나라의 소전小篆	한漢나라의 예서隸書	현대의 한자	글자의 창의創意
388			觧 s	解	解	두 손으로 소의 머리 위에 달린 뿔을 자르는 모습을 본뜨고 있다.
389	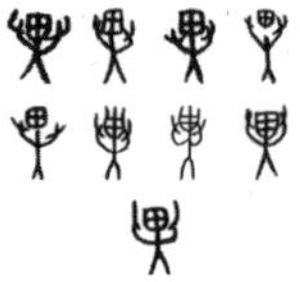	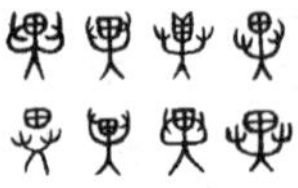	異 s	異	異	한 사람이 괴이하게 생긴 탈을 쓴 모습을 본뜨고 있다.
390			戹 s 軶 s	戹 軛 軶	戹 軛 軶	수레의 채끝에 댄 가로나무 위에 설치한 말에 씌우는 멍에의 모습을 본뜨고 있다.

본뜨고 있었는데, 나중에 눈썹과 눈이 서로 분리되었다.

〈도표 388〉에 보이는 해解에 대해《설문說文》에서는, "觧는 가르는 것이다. 도刀를 따르고, 우牛의 각角을 자르고 있다. 일설一說에 해解는 해태라고도 하는데, 짐승이다"[943]라고 하였다. 갑골문에서 이 해解는 두 손으로 소의 머리 위에 달린 뿔을 자르는 모습을 본뜨고 있었는데, 나중에 뿔이 머리에서 분리되었다.

〈도표 389〉에 보이는 이異에 대해《설문說文》에서는, "異는 나누는 것이다. 공廾과 비畀를 따른다. 비畀는 주는 것이다. 무릇 이異의 속屬들은 모두 이 이異를 따른다"[944]라고 하였다. 갑골문에서 이 이異는 한 사람이 괴이하게 생긴 탈을 쓰고 귀신 분장을 한 모습을 본뜨고 있었는데, 나중에 손과 몸이 서로 분리되었다.

〈도표 390〉에 보이는 액戹에 대해《설문說文》에서는, "戹은 좁은 것이다. 호戶를 따르고, 을乙은 성부聲符이다"[945]라고 하였고, 또한 액(軛, 軶)에 대해서《설문說文》에서는, "軶은 수레

942 (淸) 段玉裁注,《說文解字注》, 第七卷, 第四篇注上,〈眉〉, 137쪽. 그 원문에 "睂, 目上毛也. 从目, 象眉之形. 上象頟理也. 凡眉之屬皆从眉"라고 되어 있다.

943 (淸) 段玉裁注,《說文解字注》, 第八卷, 第四篇注下,〈解〉, 188쪽. 그 원문에 "觧, 判也. 从刀, 判牛角. 一曰: 解, 廌, 獸也"라고 되어 있다.

944 (淸) 段玉裁注,《說文解字注》, 第五卷, 第三篇注上,〈異〉, 105쪽. 그 원문에 "異, 分也. 从廾畀. 畀, 予也. 凡異之屬皆从異"라고 되어 있다.

945 (淸) 段玉裁注,《說文解字注》, 第二十三卷, 第十二篇注上,〈戹〉, 592쪽. 그 원문에 "戹, 隘也. 从戶, 乙聲"이라고 되어 있다. 그런데 이 액戹은 상고음上古音에서 석부錫部에 속하였고, 성부聲符인 을乙은 상고음에서 질부質部에 속하였다. 따라서 이 액戹과 성부聲符인 을乙은 상고음에서 서로 동일한 큰 부류에 속하지 않았다.

도표 번호	상商나라의 갑골문甲骨文	주周나라의 금문金文	진秦나라의 소전小篆	한漢나라의 예서隸書	현대의 한자	글자의 창의創意
391			 s	執	執	범인의 두 손에 채운 수갑의 모습을 본뜨고 있다.
392			 s  h	廩	㐭 廩	곡식을 저장하는 창고의 모습을 본뜨고 있다.

의 끌채 앞부분이다. 차車를 따르고, 액戹은 성부聲符이다"[946]라고 하였다. 금문金文에서 이 액戹과 액(軛, 軶)은 수레의 채끝에 댄 가로나무 위에 걸고서 말을 제어하는 멍에의 모습을 본뜨고 있었는데, 나중에 분리되면서 자형이 잘못 변하여 호戶가 되었다.

〈도표 391〉에 보이는 집執에 대해《설문說文》에서는, "執은 죄인을 잡는 것이다. 극丮과 녑(㚔, 幸)을 따르고, 녑(㚔, 幸)은 또한 성부聲符이다"[947]라고 하였다. 갑골문에서 이 집執은 범인의 두 손에 채운 수갑의 모습을 본뜨고 있었는데, 나중에 두 손과 수갑이 서로 분리되었다.

〈도표 392〉에 보이는 름(㐭, 廩)에 대해《설문說文》에서는, "㐭은 곡식이 저장되고 들어오는 곳이다. 종묘宗廟의 제사에 쓰는 기장이 저장되는데, 푸르고 누르스름할 적에 조심스럽게 그것을 얻는다. 그래서 그것을 일컬어 름(㐭, 廩)이라고 한다. 입入을 따른다. 회回를 따르고, 집의 모양을 본뜨고 있으며, 가운데는 창문이 있다. 무릇 름(㐭, 廩)의 속屬들은 모두 이 름(㐭, 廩)을 따른다. 廩은 름(㐭, 廩)의 혹체或體이고, 엄广과 품稟을 따른다"[948]라고 하였다. 갑골문에서 이 름(㐭, 廩)은 들판에 쌓아둔 벼 무더기의 모습을 본뜨고 있었는데, 나중에

946 (清) 段玉裁注,《說文解字注》, 第二十七卷, 第十四篇注上,〈軶〉, 733쪽. 그 원문에 "軶, 轅耑也. 从車, 戹聲"이라고 되어 있다.

947 (清) 段玉裁注,《說文解字注》, 第十九卷, 第十篇注下,〈執〉, 501쪽. 그 원문에 "執, 捕辠人也. 从丮㚔, 㚔亦聲"이라고 되어 있다. 그런데 이 집執은 상고음上古音에서 즙부緝部에 속하였고, 성부聲符인 녑(㚔, 幸)은 상고음에서 엽부葉部에 속하였다. 따라서 이 집執과 성부聲符인 녑(㚔, 幸)은 상고음에서 서로 동일한 큰 부류에 속하지 않았다.

948 (清) 段玉裁注,《說文解字注》, 第十卷, 第五篇注下,〈㐭〉, 232-233쪽. 그 원문에 "㐭, 穀所振入也. 宗廟粢盛, 蒼黃㐭而取之. 故謂之㐭. 从入, 从回, 象屋形. 中有戶牖. 凡㐭之屬皆从㐭. 廩, 㐭或, 从广稟"이라고 되어 있다.

도표 번호	상商나라의 갑골문甲骨文	주周나라의 금문金文	진秦나라의 소전小篆	한漢나라의 예서隸書	현대의 한자	글자의 창의創意
393			 s	黑	黑	죄인의 얼굴과 몸에 새겨진 검은색의 문신 모습을 본뜨고 있다.
394			 s	穆	穆	벼 위에 달려 있는 이삭의 모습을 본뜨고 있다.
395	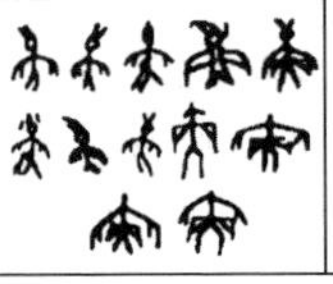		 s	燕 鷰	燕 鷰	날으는 제비의 모습을 본뜨고 있다.

창고 모양으로 바뀌면서 지붕과 서로 분리되었다.

〈도표 393〉에 보이는 흑黑에 대해《설문說文》에서는, "黑은 북방北方의 색이다. 불에 그을린 색이다. 염炎을 따르고, 위로 창(囪, 囱, 窗)에서 나오고 있다. 무릇 흑黑의 속屬들은 모두 이 흑黑을 따른다"[949]라고 하였다. 금문金文에서 이 흑黑은 죄인의 얼굴과 몸에 검은색의 문신文身을 새긴 모습을 본뜨고 있었는데, 나중에 사람의 몸이 분리되어 염炎이 되었다.

〈도표 394〉에 보이는 목穆에 대해《설문說文》에서는, "穆은 벼이다. 화禾를 따르고, 목㣎은 성부聲符이다"[950]라고 하였다. 금문金文에서 이 목穆은 벼 위에 달려 있는 이삭의 모습을 본뜨고 있었는데, 나중에 이삭이 벼에서 분리되었다.

〈도표 395〉에 보이는 연(燕, 鷰)에 대해《설문說文》에서는, "燕은 제비이고, 현조玄鳥이다. 집게와 같은 주둥이가 있고, 천과 같은 날개를 가지고 있으며, 나뭇가지와 같은 꼬리가 있다. 상형자象形字이다. 무릇 연燕의 속屬들은 모두 이 연燕을 따른다"[951] 라고 하였다. 갑골문에서 이 연(燕, 鷰)은 제비의 전체적인 모습을 본뜨고 있었는데, 나중에 각각 분리되어 여러 개의 자형 구성 부분이 되었다.

---

949 (清) 段玉裁注,《說文解字注》, 第十八卷, 第十篇注上,〈黑〉, 492쪽. 그 원문에 "黑, 北方色也. 火所熏之色也. 从炎, 上出囪. 凡黑之屬皆从黑"이라고 되어 있다.

950 (清) 段玉裁注,《說文解字注》, 第十三卷, 第七篇注上,〈穆〉, 324쪽. 그 원문에 "穆, 禾也. 从禾, 㣎聲"이라고 되어 있다.

951 (清) 段玉裁注,《說文解字注》, 第二十二卷, 第十一篇注下,〈燕〉, 587쪽. 그 원문에 "燕, 燕燕, 元鳥也. 籋口, 布翄, 枝尾. 象形. 凡燕之屬皆从燕"이라고 되어 있다. 그런데 이 연(燕, 鷰)의 해석에 '원조元鳥'라고 표기되어 있는데, 아마도 이것은 '현조玄鳥'의 오류일 것이다.

도표 번호	상商나라의 갑골문甲骨文	주周나라의 금문金文	진秦나라의 소전小篆	한漢나라의 예서隷書	현대의 한자	글자의 창의創意
396		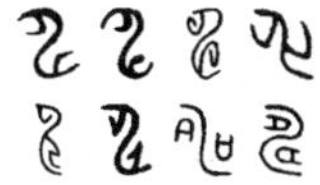	 s k z	申	申	번개의 모습을 본뜨고 있다.
397			 s	孔	孔	어린아이 머리 위의 머리카락 모양을 본뜨고 있다.
398			 s	芻	芻	손으로 풀을 뽑는 모습을 본뜨고 있다.

〈도표 396〉에 보이는 신申에 대해《설문說文》에서는, "申은 신神이다. 칠월이고, 음기陰氣가 만들어져 몸이 스스로 펴지기도 하고 줄어들기도 한다. 국臼을 따르고, 스스로 조절하고 있다. 관리는 저녁을 먹을 때 공무를 듣고 처리하는데, 아침부터 일어난 정무政務를 밝히기 위해서이다. 무릇 신申의 속屬들은 모두 이 신申을 따른다. 申은 고문古文의 신申이다. 申은 주문籒文의 신申이다"[952]라고 하였다. 갑골문에서 이 신申은 번갯불의 모습을 본뜨고 있었는데, 나중에 분리되어 세 개의 자형 구성 부분이 되었다.

〈도표 397〉에 보이는 공孔에 대해《설문說文》에서는, "孔은 통하는 것이다. 훌륭하고 아름답게 그것을 여기는 것이다. 을乙과 자子를 따른다. 을乙은 아들을 기원하는 철새이다. 제비가 날아와서 아들을 얻게 되므로, 그것을 훌륭하고 아름답게 여기는 것이다. 그래서 옛사람의 이름에 가嘉가 있었고, 자字는 자공子孔이었다"[953]라고 하였다. 금문金文에서 이 공孔은 어린아이의 머리털 모양을 본뜨고 있었는데, 나중에 머리카락이 머리에서 분리되었다.

〈도표 398〉에 보이는 추芻에 대해《설문說文》에서는, "芻는 베어 낸 풀이다. 풀을 싸서 묶은 모습을 본뜨고 있다"[954]라고 하였다. 갑골문에서 이 추芻는 손으로 풀을 뽑는 모습을

952 (淸) 段玉裁注,《說文解字注》, 第二十八卷, 第十四篇注下,〈申〉, 753쪽. 그 원문에 "申, 神也. 七月, 侌气成, 體自申束. 从臼, 自持也. 吏以餔時聽事, 申旦政也. 凡申之屬皆从申. 申, 古文申. 申, 籒文申"이라고 되어 있다.
953 (淸) 段玉裁注,《說文解字注》, 第二十三卷, 第十二篇注上,〈孔〉, 590쪽. 그 원문에 "孔, 通也. 嘉美之也. 从乙子. 乙, 請子之候鳥也. 乙至而得子, 嘉美之也. 故古人名嘉, 字子孔"이라고 되어 있다.
954 (淸) 段玉裁注,《說文解字注》, 第二卷, 第一篇注下,〈芻〉, 44쪽. 그 원문에 "芻, 刈艸也. 象包束艸之形"이라고 되어 있다.

본뜨고 있었는데, 나중에 분리되어 두 개의 자형 구성 부분으로 되었다.

(3) 자형의 잘못된 변화

자형의 잘못된 변화는 자형이 반드시 분리된 경우에만 발생하는 것은 아니지만, 이미 자형이 잘못 변화되어서 그 원래의 자형 형태와 창의創意를 확인하기 어려운 경우이다.

예를 들어, 〈도표 6〉에서 소개한 근斤은 갑골문에서 자루가 달린 돌 자귀의 모습을 본뜨고 있었다( ).

〈도표 33〉에서 소개한 것처럼, 금문金文에서 리(履, 履)는 눈과 눈썹이 그려진 귀족이 신고 있는 신발의 모습을 본뜨고 있었다( ).

〈도표 67〉에서 소개한 구具는 갑골문에 보이는 정鼎의 자형 부분이 잘못 변화되어 패貝가 되었다( ). 이것은 〈도표 68〉에서 소개한 칙則에서도 마찬가지 경우이다( ).

〈도표 70〉에서 소개한 인寅은 갑골문에서 화살의 모습을 본뜨고 있었다( ).

〈도표 148〉에서 소개한 것처럼, 갑골문에서 방(㫄, 雱, 旁)은 보습의 볏을 달아서 갈아엎은 흙을 자동으로 양옆으로 밀어낼 수 있는 쟁기의 모습을 본뜨고 있었다( ).

〈도표 196〉에서 소개한 황皇은 갑골문에서 깃털로 만든 모자의 모습을 본뜨고 있었다. 그런데 나중에 자형이 잘못 변화되어 코 모양의 자自나 백白으로 바뀌었다( ).

〈도표 238〉에서 소개한 것처럼, 갑골문에서 로魯는 쟁반 위에 놓인 물고기의 모습을 본뜨고 있었다. 그런데 나중에 이 쟁반 모양이 자(白, 自)로 바뀌었다( ).

〈도표 263〉에서 소개한 것처럼, 갑골문에서 출出은 발이 반지하식의 주거지에서 나오는 모습을 본뜨고 있었다( ).

〈도표 283〉에서 소개한 것처럼, 갑골문에서 몽(㝱, 夢)은 귀족이나 무당이 침대에 누워 꿈을 꾸기를 바라는 모습을 본뜨고 있었다. 그런데 이 몽(㝱, 夢)에서 눈을 생략하기도 하였다( ).

〈도표 291〉에서 소개한 것처럼, 갑골문에서 의義는 창끝을 깃털과 같은 종류인 화려한 물건으로 장식한 의장儀仗의 모습을 본뜨고 있었다. 그런데 자형이 잘못 변하여 양羊이 되었다( ).

〈도표 295〉에서 소개한 것처럼, 갑골문에서 심(㝷, 尋)은 두 팔을 벌려 어떤 물체의 길이를 재는 모습을 본뜨고 있었다. 그런데 나중에 자형이 잘못 변하여 전혀 알아볼 수가 없게

되었다( ).

〈도표 334〉에서 소개한 것처럼, 갑골문에서 은과 개皆는 원래 두 마리의 호랑이가 함정에 빠져 있으면서도 오히려 서로 뒤엉켜 싸우다가 결국은 모두 죽게 되는 모습을 본뜨고 있었다. 그런데 나중에 함정의 자형 형태가 잘못 변하여 왈曰이나 자(, 自)로 바뀌었다( ).

〈도표 346〉에서 소개한 것처럼, 갑골문에서 사(䠶, 射)는 손으로 활시위에 놓인 화살을 막 쏘려는 모습을 본뜨고 있었다. 그런데 나중에 활이 잘못 변하여 신身으로 바뀌었다( ).

〈도표 393〉에서 소개한 것처럼, 금문金文에서 흑黑은 죄인의 얼굴과 몸에 검은색의 문신文身을 새긴 모습을 본뜨고 있었다( ).

그리고 다음 〈도표 399〉에 보이는 잉孕에 대해 《설문說文》에서는, " 은 아이를 품고 있는 것이다. 자子를 따르고, 내乃는 성부聲符이다"[955]라고 하였다. 갑골문에서 이 잉孕은 여자가 뱃속에 아이를 배고 있는 모습을 본뜨고 있었는데, 어떤 경우는 사람의 모습을 생략하기도 하였다. 그런데 나중에 몸의 자형 형태가 잘못 변하여 내乃로 바뀌었다.

〈도표 400〉에 보이는 미美에 대해 《설문說文》에서는, " 는 맛있는 것이다. 양羊과 대大를 따른다. 양은 여섯 가지의 가축 중에서 주요하게 희생犧牲의 고기로 오르는 것이다. 미美와 선善은 같은 뜻이다"[956]라고 하였다. 갑골문에서 이 미美는 어른의 머리 위에 아름다운 머리

도표 번호	상商나라의 갑골문甲骨文	주周나라의 금문金文	진秦나라의 소전小篆	한漢나라의 예서隸書	현대의 한자	글자의 창의創意
399			 s		孕	뱃속에 아이를 배고 있는 모습을 본뜨고 있다.
400	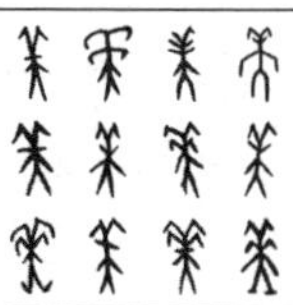		 s	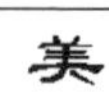	美	어른의 머리 위에 단 아름다운 머리 장식의 모양을 본뜨고 있다.

955 (清) 段玉裁注, 《說文解字注》, 第二十八卷, 第十四篇注下, 〈孕〉, 749쪽. 그 원문에 " , 裹子也. 从子, 乃聲"이라고 되어 있다. 그런데 이 잉孕은 상고음上古音에서 증부蒸部에 속하였고, 성부聲符인 내乃는 상고음에서 지부之部에 속하였다. 따라서 이 잉孕과 성부聲符인 내乃는 상고음에서 동일하게 지직증之職蒸의 큰 부류에 속하였다.

956 (清) 段玉裁注, 《說文解字注》, 第七卷, 第四篇注上, 〈美〉, 148쪽. 그 원문에 " , 甘也. 从羊大. 羊在六畜, 主給膳也. 美與善同意"라고 되어 있다.

도표 번호	상商나라의 갑골문甲骨文	주周나라의 금문金文	진秦나라의 소전小篆	한漢나라의 예서隷書	현대의 한자	글자의 창의創意
401	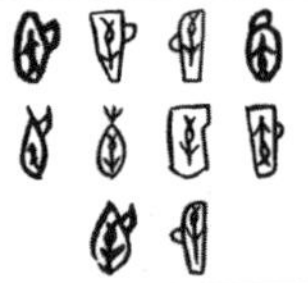		 s h	圅 肣 函	圅 肣 函	입구를 막은 화살을 담는 가죽 주머니의 모습을 본뜨고 있다.
402	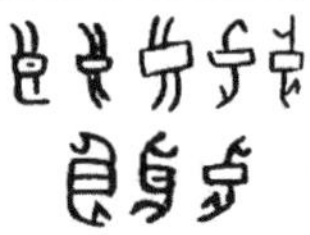	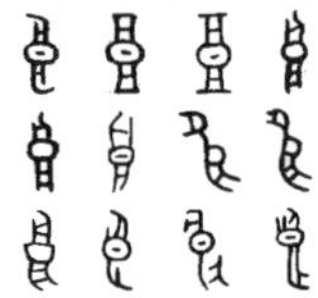	 s k k k	良	良	아마도 등에 질 수 있는 말린 식량을 넣는 자루의 모습을 본뜨고 있을 것이다.
403	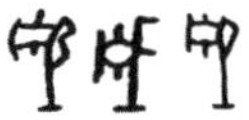		 s	戚	戚	춤을 출 때 사용하는 특수한 모양을 가진 창의 모습을 본뜨고 있다.

장식을 단 모습을 본뜨고 있었는데, 나중에 자형이 잘못 변하여 양羊으로 바뀌었다.

〈도표 401〉에 보이는 함(圅, 肣, 函)에 대해《설문說文》에서는, "圅은 혀이다. 혀의 몸체는 입속에 담겨 있으므로, 함(㔾, 马)을 따른다. 상형자象形字이다. 함(㔾, 马)은 또한 성부聲符이다. 肣은 속체俗體의 함圅이고, 육肉과 금今을 따른다"[957]라고 하였다. 갑골문에서 이 함(圅, 肣, 函)은 화살을 담는 가죽 주머니의 모습을 본뜨고 있었다.

〈도표 402〉에 보이는 량良에 대해《설문說文》에서는, "良은 착한 것이다. 복畗의 생략형을 따르고, 망亾은 성부聲符이다. 目은 고문古文의 량良이다. 㠯도 또한 고문古文의 량良이다. 良도 또한 고문古文의 량良이다"[958]라고 하였다. 갑골문에서 이 량良은 아마도 말린 식량을 넣는 자루의 모습을 본뜨고 있었을 것이다.

〈도표 403〉에 보이는 척戚에 대해《설문說文》에서는, "戚은 도끼이다. 월戉을 따르고, 숙尗은 성부聲符이다"[959]라고 하였다. 갑골문에서 이 척戚은 춤을 출 때 사용하는 창의 모양을

957 (清) 段玉裁注,《說文解字注》, 第十三卷, 第七篇注上,〈圅〉, 319쪽. 그 원문에 "圅, 舌也. 舌體㔾㔾, 从㔾. 象形. 㔾亦聲. 肣, 俗圅, 从肉今"이라고 되어 있다. 그런데 이 함(圅, 肣, 函)의 성부聲符인 함(㔾, 马)에 대해 단옥재段玉裁의 주注에서는 그 반절음反切音이 '호감절乎感切'이라고 하였다.

958 (清) 段玉裁注,《說文解字注》, 第十卷, 第五篇注下,〈良〉, 232쪽. 그 원문에 "良, 善也. 从畗省, 亾聲. 目, 古文良. 㠯, 亦古文良. 良, 亦古文良"이라고 되어 있다. 그런데 이 량良과 성부聲符인 망亾은 상고음上古音에서 동일하게 양부陽部에 속하였다.

959 (清) 段玉裁注,《說文解字注》, 第二十四卷, 第十二篇注下,〈戚〉, 638쪽. 그 원문에 "戚, 戉也. 从戉, 尗聲"이라

도표 번호	상商나라의 갑골문甲骨文	주周나라의 금문金文	진秦나라의 소전小篆	한漢나라의 예서隸書	현대의 한자	글자의 창의創意
404			 s	甫	甫	밭에서 농작물이 자라고 있는 모습을 본뜨고 있다.
405			 s  z  h	薅 茠	薅 茠	손에 조개로 만든 도구를 들고 산비탈에서 풀을 뽑는 모습을 본뜨고 있다.

본뜨고 있었는데, 창 끝에 툭 튀어나온 장식이 나중에 잘못 변하여 성부聲符인 숙尗으로 바뀌었다.

〈도표 404〉에 보이는 보甫에 대해《설문說文》에서는, "甫는 남자의 아름다운 호칭이다. 용用과 부父를 따르고, 부父는 또한 성부聲符이다"[960]라고 하였다. 갑골문에서 이 보甫는 밭에 농작물이 있는 모습을 본뜨고 있었다.

〈도표 405〉에 보이는 호(薅, 茠)에 대해《설문說文》에서는, "薅는 밭에 난 풀을 뽑는 것이다. 욕蓐을 따르고, 호好의 생략형이 성부聲符이다. 薅는 주문籒文의 호薅이고, 생략하였다. 茠는 호薅의 혹체或體이고, 휴休를 따른다.《시경詩經》에 이르기를, '이미 씀바귀와 여뀌를 뽑아 내었다'라고 하였다"[961]라고 하였다. 갑골문에서 이 호(薅, 茠)는 손에 조개로 만든 도구를 들고 산비탈에서 풀을 뽑는 모습을 본뜨고 있었는데, 산비탈이 나중에 잘못 변하여 녀女로 바뀌었다.

〈도표 406〉에 보이는 철徹에 대해《설문說文》에서는, "徹은 통한 것이다. 척彳을 따르고, 복攴을 따르며, 육育을 따른다. 일설一說에는 보필하는 신하라고도 한다. 徹은 고문古文의 철徹이다"[962]라고 하였다. 갑골문에서 이 철徹은 원래 손가락을 굽혀 솥 안에 남은 밥찌꺼기를 씻어 내는 모습을 본뜨고 있었는데, 손가락이 나중에 잘못 변하여 몽둥이로 바뀌었다.

고 되어 있다. 그런데 이 척戚과 성부聲符인 숙尗은 상고음上古音에서 동일하게 각부覺部에 속하였다.

960 (淸) 段玉裁注,《說文解字注》, 第六卷, 第三篇注下,〈甫〉, 129쪽. 그 원문에 "甫, 男子之美偁也. 从用父, 父亦聲"이라고 되어 있다.

961 (淸) 段玉裁注,《說文解字注》, 第二卷, 第一篇注下,〈薅〉, 48쪽. 그 원문에 "薅, 拔田艸也. 从蓐, 好省聲. 薅, 籒文薅, 省. 茠, 薅或, 从休. 詩曰: 旣茠荼蓼"라고 되어 있다.

962 (淸) 段玉裁注,《說文解字注》, 第六卷, 第三篇注下,〈徹〉, 123쪽. 그 원문에 "徹, 通也. 从彳, 从攴, 从育. 一曰: 相臣. 徹, 古文徹"이라고 되어 있다.

도표 번호	상商나라의 갑골문甲骨文	주周나라의 금문金文	진秦나라의 소전小篆	한漢나라의 예서隸書	현대의 한자	글자의 창의創意
406		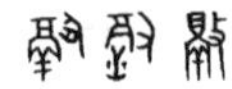	 s k	徹	徹	손가락을 굽혀 솥 안에 남은 밥찌꺼기를 철저히 씻어 내는 모습을 본뜨고 있다.
407			 s	冥	冥	두 손으로 자궁을 벌려 태어나는 아이를 받는 모습을 본뜨고 있다.
408				狽	狽	꼬리의 털이 유달리 큰 동물의 모습을 본뜨고 있다.

〈도표 407〉에 보이는 명冥에 대해《설문說文》에서는, "冥은 어두운 것이다. 일日과 륙六을 따르고, 멱冖을 따른다. 날짜는 열흘로 계산한다. 열엿새가 되면 달이 기울어지고 어두워지기 시작한다. 멱冖은 또한 성부聲符이다. 무릇 명冥의 속屬들은 모두 이 명冥을 따른다"[963]라고 하였다. 갑골문에서 이 명冥은 두 손으로 자궁을 벌려서 아이를 받는 모습을 본뜨고 있었다. 그런데 고대인들은 대부분 어두운 방에서 아이를 받았기 때문에, 이 명冥에 '캄캄하다'라는 의미가 생겨나게 되었다. 그러나 이 명冥의 자형에서 두 손이 잘못 변하여 나중에 소전체에서는 륙六으로 바뀌었다.

〈도표 408〉에 보이는 패狽는《설문說文》에는 비록 수록되어 있지 않지만,《광운廣韻》에서는, "패狽는 허겁지겁하여 어쩔 줄 모르는 것이다"[964]라고 하였다. 갑골문에서 이 패狽는 꼬리의 털이 유달리 큰 동물의 모습을 본뜨고 있었는데, 꼬리가 나중에 잘못 변하여 패貝로 바뀌었다.

〈도표 409〉에 보이는 배配에 대해《설문說文》에서는, "配는 술의 색깔이다. 유酉를 따르고, 기己는 성부聲符이다"[965]라고 하였다. 갑골문에서 이 배配는 잔치를 베풀 때 한 사람에게

---

963 (淸) 段玉裁注,《說文解字注》, 第十三卷, 第七篇注上,〈冥〉, 315쪽. 그 원문에 "冥, 窈也. 从日六, 从冖. 日數十. 十六日而月始虧冥也. 冖亦聲. 凡冥之屬皆从冥"이라고 되어 있다. 그런데 이 명冥은 상고음上古音에서 경부耕部에 속하였고, 성부聲符인 멱冖은 상고음에서 석부錫部에 속하였다. 따라서 이 명冥과 멱冖은 모두 고운古韻에서 지석경支錫耕의 큰 부류에 속하였다.

964 (宋) 陳彭年 · 丘雍,《宋本廣韻》, 第四卷, 泰第十四,〈狽〉, 22쪽. 그 원문에 "狽, 狼狽"라고 되어 있다.

965 (淸) 段玉裁注,《說文解字注》, 第二十八卷, 第十四篇注下,〈配〉, 755쪽. 그 원문에 "配, 酒色也. 从酉, 己聲"이라고 되어 있다. 그런데 이 배配에 대해 단옥재段玉裁의 주注에서는 비妃의 생략형이 성부聲符가 되어야 한다

도표 번호	상商나라의 갑골문甲骨文	주周나라의 금문金文	진秦나라의 소전小篆	한漢나라의 예서隸書	현대의 한자	글자의 창의創意
409		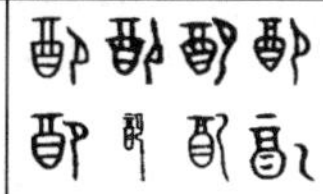	 s	配	配	잔치를 베풀 때 모든 사람에게 각각 한 주전자씩의 술이 나누어진 모습을 표현하고 있다.
410	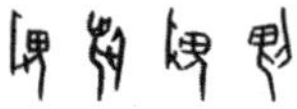		 s  k	畏	畏	손에는 막대기를 들고 머리에는 가면을 쓰고 있는 귀신 분장의 모습을 본뜨고 있는데, 보는 사람으로 하여금 두려움을 느끼게 한다.
411			 s	伐	伐	창으로 사람의 머리 부위를 베는 모습을 본뜨고 있다.

한 주전자씩의 술이 나누어진 모습을 본뜨고 있었는데, 꿇어앉은 사람의 형태가 나중에 잘못 변하였다.

〈도표 410〉에 보이는 외畏에 대해《설문說文》에서는, "畏는 싫어하는 것이다. 불由과 호虎의 생략형을 따른다. 귀신의 머리와 호랑이의 발톱은 무서운 것이다. 畏는 고문古文이고, 생략하였다"[966]라고 하였다. 갑골문에서 이 외畏는 손에는 막대기를 들고 머리에는 가면을 쓰고 있는 모습을 본뜨고 있는데, 이러한 귀신의 분장은 보는 사람으로 하여금 두려움을 느끼게 한다.

〈도표 411〉에 보이는 벌伐에 대해《설문說文》에서는, "伐은 공격하여 죽이는 것이다. 인人을 따르고, 과戈를 들고 있다. 일설一說에는 파괴시키는 것이라고도 하고, 또한 베는 것이라고도 한다"[967]라고 하였다. 갑골문에서 이 벌伐은 창으로 사람의 머리 부위를 베는 모습을 본뜨고 있었는데, 곧은 자루로 된 무기 형태를 가졌던 과戈, 술戌, 무戊, 무(珷, 武) 등과 같은 글자는 나중에 모두 굽은 자루 형태로 변하였다.

고 하였다.

966 (清) 段玉裁注,《說文解字注》, 第十六卷, 第九篇注上,〈畏〉, 441쪽. 그 원문에 "畏, 惡也. 从由虎省. 鬼頭而虎爪, 可畏也. 畏, 古文, 省"이라고 되어 있다.

967 (清) 段玉裁注,《說文解字注》, 第十五卷, 第八篇注上,〈伐〉, 385-386쪽. 그 원문에 "伐, 擊也. 从人, 持戈. 一曰: 敗也, 亦斫也"라고 되어 있다.

도표 번호	상商나라의 갑골문甲骨文	주周나라의 금문金文	진秦나라의 소전小篆	한漢나라의 예서隸書	현대의 한자	글자의 창의創意
412			 s k	巫	巫	무당이 점술 행위를 펼칠 때 사용하는 도구를 본뜨고 있는데, 이것으로 무당의 직책을 표현하고 있다.
413		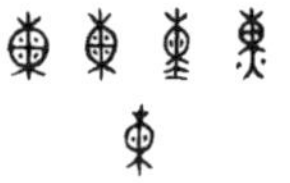	 s	熏	熏	마취제 주머니의 모습을 본뜨고 있다.

〈도표 412〉에 보이는 무巫에 대해《설문說文》에서는, "巫는 무당과 박수이다. 여자는 형체가 없는 존재를 모실 수 있고, 춤으로 신神이 내려오게 하는 사람이다. 사람의 두 소매가 춤을 추는 모습을 본뜨고 있다. 공工과는 같은 뜻이다. 옛날에 무함巫咸이 처음으로 무당이 되었다. 무릇 무巫의 속屬들은 모두 이 무巫를 따른다. 巫는 고문古文의 무巫이다"[968] 라고 하였다. 갑골문에서 이 무巫는 무당이 술법을 사용할 적에 사용하는 도구의 모습을 본뜨고 있었는데, 나중에 잘못 변하여 두 사람으로 바뀌었다.

〈도표 413〉에 보이는 훈熏에 대해《설문說文》에서는, "熏은 불꽃과 연기가 위로 나오는 것이다. 철屮을 따르고, 흑黑을 따른다. 철屮은 검게 그을린 모양이다"[969] 라고 하였다. 금문金文에서 이 훈熏은 마취제 주머니의 모습을 본뜨고 있었는데, 나중에 잘못 변하여 염炎으로 바뀌었다.

그리고 범(凡, 凢)에 대해《설문說文》에서는, "凡은 다함께 묶어서 말하는 것이다. 이二를 따르고, 이二는 많은 것이다. 及을 따르고, 及은 고문古文의 급及이다"[970] 라고 하였다. 갑골문에서 이 범(凡, 凢)은 돛의 모습을 본뜨고 있었다().

정丁에 대해《설문說文》에서는, "丁은 여름철에 만물이 모두 왕성해지고 열매를 맺는 것이다. 상형자象形字이다. 정丁은 병丙을 이은 것이고, 사람의 심장을 본뜨고 있다. 무릇

968 (淸) 段玉裁注,《說文解字注》, 第九卷, 第五篇注上,〈巫〉, 203쪽. 그 원문에 "巫, 巫祝也. 女能事無形, 目舞降神者也. 象人兩褎舞形. 與工同意. 古者巫咸初作巫. 凡巫之屬皆从巫. 巫, 古文巫"라고 되어 있다.
969 (淸) 段玉裁注,《說文解字注》, 第二卷, 第一篇注下,〈熏〉, 22쪽. 그 원문에 "熏, 火煙上出也. 从屮, 从黑. 屮, 黑熏象"이라고 되어 있다.
970 (淸) 段玉裁注,《說文解字注》, 第二十六卷, 第十三篇注下,〈凡〉, 688쪽. 그 원문에 "凡, 最括而言也. 从二, 二, 耦也. 从及, 及, 古文及字"라고 되어 있다.

정丁의 속屬들은 모두 이 정丁을 따른다"[971]라고 하였다. 갑골문에서 이 정丁은 못의 모습을 본뜨고 있었는데, 위에서 아래로 내려다보이던 형태가 나중에는 측면에서 보는 모습으로 바뀌었다().

남南에 대해《설문說文》에서는, "南은 초목이 남쪽에 이르러 가지가 생겨서 잎을 지탱하고 있는 것이다. 발朩을 따르고, 임羊은 성부聲符이다. 南은 고문古文이다"[972]라고 하였다. 갑골문에서 이 남南은 방울의 모습을 본뜨고 있었다().

패貝에 대해서《설문說文》에서는, "貝는 바다에 사는 껍데기가 있는 벌레이다. 뭍에 사는 것을 이름하여 표猋라고 하고, 물에 있는 것을 이름하여 함蜬이라고 한다. 상형자象形字이다. 옛날에는 조개껍질을 재화로 삼았고, 거북 껍데기를 보배로 삼았다. 주周나라에 화폐 천泉이 있었고, 진秦나라에 이르러서 조개껍질이 없어지고 전錢이 유행하였다. 무릇 패貝의 속屬들은 모두 이 패貝를 따른다"[973]라고 하였다. 갑골문에서 이 패貝는 바다조개의 모습을 본뜨고 있었다().

(4) 자형 구성 부분의 위치 이동

예를 들어, 〈도표 148〉에서 소개한 것처럼, 갑골문에서 방(㫄, 雱, 旁)은 갈아엎은 흙을 양옆으로 밀어내는 밭을 가는 보습의 볏의 모습을 본뜨고 있었다. 그런데 나중에 이 보습의 볏이 밖에서 안쪽으로 이동하였다().

〈도표 166〉에서 소개한 협(劦, 協)은 갑골문에서 세 개의 력力이 나란히 서 있는 모습을 본뜨고 있었다. 그런데 나중에 서로 겹치는 자형 형태로 변하였다().

〈도표 273〉에서 소개한 것처럼, 금문金文에서 류(畱, 留)는 밭가에 있는 도랑의 모습을 본뜨고 있었다. 그런데 이 도랑이 밭 위로 이동하기도 하였다().

〈도표 304〉에서 소개한 군君은 먹물 병이 아래에서 가운데로 이동하였다(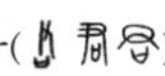).

---

971 (淸) 段玉裁注, 《說文解字注》, 第二十八卷, 第十四篇注下, 〈丁〉, 747쪽. 그 원문에 "丁, 夏時萬物皆丁實. 象形. 丁承丙, 象人心. 凡丁之屬皆从丁"이라고 되어 있다.

972 (淸) 段玉裁注, 《說文解字注》, 第十二卷, 第六篇注下, 〈南〉, 276쪽. 그 원문에 "南, 艸木至南方, 有枝任也. 从朩, 羊聲. 南, 古文"이라고 되어 있다. 그런데 이 남南의 성부聲符인 임羊에 대해 단옥재段玉裁의 주注에서는 그 반절음反切音이 '여심절如審切'이라고 하였다. 따라서 이 남南과 성부聲符인 임羊은 상고음上古音에서 동일하게 침부侵部에 속하였다.

973 (淸) 段玉裁注, 《說文解字注》, 第十二卷, 第六篇注下, 〈貝〉, 281-282쪽. 그 원문에 "貝, 海介蟲也. 居陸名: 猋, 在水名: 蜬. 象形. 古者貨貝而寶龜. 周而有泉, 至秦廢貝行錢. 凡貝之屬皆从貝"라고 되어 있다.

〈도표 310〉에서 소개한 진秦은 두 손이 절굿공이의 위쪽에서 아래쪽으로 이동하였다().

〈도표 317〉에서 소개한 구(句, 勾)는 갑골문에서 한 물체를 감싼 모습을 본뜨고 있었다. 그런데 나중에 이 감싼 물체가 아래로 이동하였다().

〈도표 327〉에서 이미 소개한 것처럼, 갑골문에서 감監은 한 사람이 그릇 옆에 서서 그릇에 비치는 형태를 내려다보는 모습을 본뜨고 있었다. 그런데 나중에 사람이 그릇 위로 이동하였다().

그리고 섭涉에 대해《설문說文》에서는, "은 걸어서 가며 징검다리로 물을 건너는 것이다. 추林와 보步를 따른다. 은 전문篆文이고, 수水를 따른다"[974]라고 하였다. 갑골문에서 이 섭涉은 두 발로 강물을 건너가는 모습을 본뜨고 있었는데(), 물과 발자국의 위치가 서로 이동하기도 하였다.

그리고 다음 〈도표 414〉에 보이는 빈(頻, 瀕)에 대해《설문說文》에서는, "은 물가의 언덕으로, 사람이 물가에 바짝 가까이 있는 것이다. 눈썹을 찡그리고 이맛살을 찌푸리며 나아가지 못하고 멈추어 있는 것이다. 혈頁을 따르고, 섭涉을 따른다. 무릇 빈瀕의 속屬들은 모두 이 빈瀕을 따른다"[975]라고 하였다. 금문金文에서 이 빈(頻, 瀕)은 한 귀족이 강물을 건너야 하는데 옷이 젖으면 자신의 외형이 망가지므로, 이 때문에 눈썹을 찡그리면서 강물을 건너야 할지를 결정하지 못하는 모습을 표현하고 있었다. 그런데 나중에 이 빈(頻, 瀕)에서 물과 발자국의 위치가 서로 이동하였다.

〈도표 415〉에 보이는 계戒에 대해《설문說文》에서는, "는 경계하는 것이다. 공廾과 과戈

도표 번호	상商나라의 갑골문甲骨文	주周나라의 금문金文	진秦나라의 소전小篆	한漢나라의 예서隸書	현대의 한자	글자의 창의創意
414		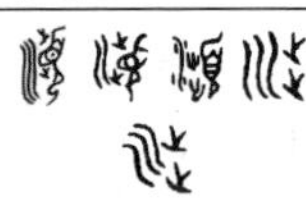	 s	瀕	瀕	귀족이 강물을 건너야 하는 상황에 부닥쳐 눈썹을 찡그리면서 주저하는 모습을 본뜨고 있다.
415		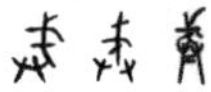	 s	戒	戒	두 손으로 창을 잡고 경계하는 모습을 본뜨고 있다.

974 (淸) 段玉裁注,《說文解字注》, 第二十二卷, 第十一篇注下,〈涉〉, 573쪽. 그 원문에 ", 徒行濿水也. 从林步. , 篆文, 从水"라고 되어 있다.

975 (淸) 段玉裁注,《說文解字注》, 第二十二卷, 第十一篇注下,〈頻〉, 573쪽. 그 원문에 ", 水厓, 人所賓附也. 顰戚不前而止. 从頁, 从涉. 凡頻之屬皆从頻"이라고 되어 있다.

를 따른다. 창을 들고 이것으로 뜻밖의 일을 경계하는 것이다"[976]라고 하였다. 갑골문에서 이 계戒는 두 손으로 창의 아래쪽을 잡고 있는 모습을 본뜨고 있었는데, 이 두 손이 창의 다른 한쪽으로 이동하기도 하였다.

복(𠬝, 服)에 대해《설문說文》에서는, "𠬝은 다스리는 것이다. 우又와 절卩을 따른다. 절卩은 일의 마디이다"[977]라고 하였다. 갑골문에서 이 복(𠬝, 服)은 손으로 사람을 내리누르면서 굴복시키는 모습을 본뜨고 있었는데, 나중에 손이 아래로 이동하였다( ).

방尨에 대해《설문說文》에서는, "尨은 개가 털이 많은 것이다. 견犬과 삼彡을 따른다.《시경詩經》에 이르기를, '삽살개도 짖도록 하지 마라'라고 하였다"[978]라고 하였다. 갑골문에서 이 방尨은 개의 배 아래에 있던 털이 나중에 등으로 이동하였다( ).

류柳에 대해《설문說文》에서는, "桺는 가는 버드나무이다. 목木을 따르고, 유(丣, 酉)는 성부聲符이다. 丣는 고문古文의 유酉이다"[979]라고 하였다. 갑골문에서 이 류柳는 묘卯가 나무 아래에 있었는데, 이 묘卯가 나무 옆으로 이동하기도 하였다( ).

남男에 대해《설문說文》에서는, "男은 장성한 남자이다. 전田과 력力을 따른다. 남자가 밭에서 힘을 쓰는 것을 말하는 것이다. 무릇 남男의 속屬들은 모두 이 남男을 따른다"[980]라고 하였다. 갑골문에서 이 남男은 력力이 전田 옆에 있었는데( ), 나중에 력力이 전田의 아래로 이동하였다.

저貯에 대해《설문說文》에서는, "貯는 쌓아둔 것이다. 패貝를 따르고, 저宁는 성부聲符이다"[981]라고 하였다. 갑골문에서 이 저貯는 조개가 궤짝 속에 있는 모습을 본뜨고 있었는데, 이 조개가 궤짝 밖으로 이동하기도 하였다( ).

---

976 (淸) 段玉裁注,《說文解字注》, 第五卷, 第三篇注上,〈戒〉, 105쪽. 그 원문에 "戒, 警也. 从廾戈. 持戈以戒不虞"라고 되어 있다.

977 (淸) 段玉裁注,《說文解字注》, 第六卷, 第三篇注下,〈𠬝〉, 117쪽. 그 원문에 "𠬝, 治也. 从又卩. 卩, 事之節"이라고 되어 있다.

978 (淸) 段玉裁注,《說文解字注》, 第十八卷, 第十篇注上,〈尨〉, 478쪽. 그 원문에 "尨, 犬之多毛者. 从犬彡. 詩曰: 無使尨也吠"라고 되어 있다.

979 (淸) 段玉裁注,《說文解字注》, 第十一卷, 第六篇注上,〈柳〉, 247-248쪽. 그 원문에 "桺, 少楊也. 從木, 丣聲. 丣, 古文酉"라고 되어 있다.

980 (淸) 段玉裁注,《說文解字注》, 第二十六卷, 第十三篇注下,〈男〉, 705쪽. 그 원문에 "男, 丈夫也. 从田力. 言男子力於田也. 凡男之屬皆从男"이라고 되어 있다.

981 (淸) 段玉裁注,《說文解字注》, 第十二卷, 第六篇注下,〈貯〉, 283쪽. 그 원문에 "貯, 積也. 从貝, 宁聲"이라고 되어 있다.

한閒에 대해 《설문說文》에서는, "閒은 틈이다. 문門과 월月을 따른다. 은 고문古文의 한閒이다"[982]라고 하였다. 금문金文에서 이 한閒은 벌어진 틈으로 문 안에서 문 밖의 달을 바라보는 모습을 본뜨고 있었는데(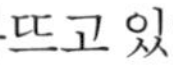), 달이 문 안으로 이동하여 들어가기도 하였다.

(5) 자형 구성 부분의 방향 이동

예를 들면, 앞에서 소개한 〈도표 16〉의 상象과 〈도표 17〉의 호虎, 그리고 〈도표 18〉의 마(馬, 彫) 등과 같이 동물의 모습을 본뜨고 있던 글자는 나중에 모두 자형의 방향이 바뀌어 똑바로 선 자형 형태로 변하였다.

그리고 〈도표 143〉에서 소개한 견見은 가로로 있던 눈이 나중에 세로로 선 눈으로 변하였다().

〈도표 164〉에서 소개한 잔戔은 두 창이 서로 마주보던 자형 형태가 나중에 서로 겹치는 모양으로 변하였다(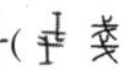).

그리고 다음 〈도표 416〉에 보이는 현虤에 대해 《설문說文》에서는, "虤은 호랑이가 성내는 것이다. 두 호虎를 따른다. 무릇 현虤의 속屬들은 모두 이 현虤을 따른다"[983]라고 하였다. 갑골문에서 이 현虤은 두 마리의 호랑이가 서로 용납하지 못하여 계속 다투다가 결국 기운이 다하여 따로 떨어지는 모습을 표현하고 있었는데, 서로 등을 맞대고 있던 자형의 방향

도표 번호	상商나라의 갑골문甲骨文	주周나라의 금문金文	진秦나라의 소전小篆	한漢나라의 예서隸書	현대의 한자	글자의 창의創意
416	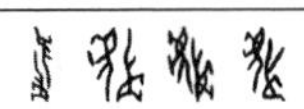	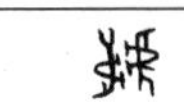	 s	虤	虤	두 마리의 호랑이가 서로 용납하지 못하여 계속 다투다가 결국 기운이 다하여 따로 떨어지는 모습을 표현하고 있다.
417		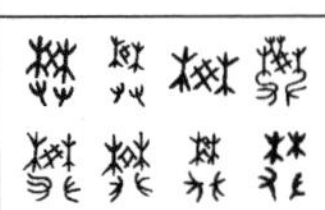	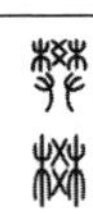 s s	樊 棥	樊 棥	두 손이 서로 마주보며 울타리를 엮는 모습을 본뜨고 있다.

982 (淸) 段玉裁注, 《說文解字注》, 第二十三卷, 第十二篇注上, 〈閒〉, 595쪽. 그 원문에 "閒, 隙也. 从門月. , 古文閒"이라고 되어 있다.

983 (淸) 段玉裁注, 《說文解字注》, 第九卷, 第五篇注上, 〈虤〉, 213쪽. 그 원문에 "虤, 虎怒也. 从二虎. 凡虤之屬皆从虤"이라고 되어 있다.

이 변하여 나중에는 같은 방향으로 나란히 서 있는 자형 형태로 바뀌었다.

〈도표 417〉에 보이는 번樊에 대해《설문說文》에서는, "䋣은 말이 진흙에 빠져서 나가지 못하는 것이다. 반(𠬜, 攀)과 번棥을 따르고, 번棥은 또한 성부聲符이다"[984] 라고 하였고, 또한 번棥에 대해서《설문說文》에서는, "棥은 울타리이다. 효爻와 림林을 따른다.《시경詩經》에 이르기를, '윙윙거리는 쉬파리가 울타리에 머무르네'라고 하였다"[985] 라고 하였다. 금문金文에서 이 번樊과 번棥은 두 손이 서로 마주보며 울타리를 엮는 모습을 본뜨고 있었는데, 두 손이 서로 마주보던 형태가 서로 등을 지는 자형 형태로 변하기도 하였다.

그리고 옥獄에 대해《설문說文》에서는, "獄은 견고한 것이다. 은㹜을 따르고, 언言을 따른다. 두 견犬은 이것으로 지키는 것이다"[986] 라고 하였다. 금문金文에서 이 옥獄은 두 마리의 개가 서로 마주보고 있었는데(獄), 나중에 서로 같은 방향으로 자형 형태가 변하였다.

수讎에 대해《설문說文》에서는, "讎는 대답하는 것과 같다. 언言을 따르고, 수雔는 성부聲符이다"[987] 라고 하였다. 금문金文에서 이 수讎는 당연히 두 마리의 새가 서로 마주보고 있었는데, 나중에 서로 같은 방향으로 자형 형태가 변하였다(讎 讎).

(6) 자형 구성 부분의 동일화

예를 들어, 앞의〈도표 160〉에서 소개한 체替는 두 가지의 자형 형태가 있다. 하나는 두 사람이 깊은 구덩이에 함께 서 있으면서도 다른 사람의 어깨 위로 올라가는 방법처럼 서로 협력하여 위험에서 벗어날 생각을 하지 못하기 때문에 어려움을 해결하는 데 있어서 아무런 소용이 없음을 표현하고 있다. 그리고 다른 한 가지 자형 형태는 대열의 줄이 정렬되지 못하여 상황을 살피는 데 방해가 되기 때문에 결국에는 어떤 일을 망쳐 버리는 모습을 표현하고 있다. 그런데 이 체替의 자형 구성 부분인 립立과 부夫는 자형 형태가 서로 비슷하여, 나중에 부夫로 자형이 동일화되어 버렸다(竝 竝 替)(替 替 替).

---

984 (淸) 段玉裁注,《說文解字注》, 第五卷, 第三篇注上,〈樊〉, 105쪽. 그 원문에 "樊, 鷙不行也. 从𠬜棥, 棥亦聲"이라고 되어 있다.

985 (淸) 段玉裁注,《說文解字注》, 第六卷, 第三篇注下,〈棥〉, 129쪽. 그 원문에 "棥, 藩也. 从爻林. 詩曰: 營營靑蠅, 止於棥"이라고 되어 있다.

986 (淸) 段玉裁注,《說文解字注》, 第十八卷, 第十篇注上,〈獄〉, 482-483쪽. 그 원문에 "獄, 确也. 从㹜, 从言. 二犬所目守也"라고 되어 있다.

987 (淸) 段玉裁注,《說文解字注》, 第五卷, 第三篇注上,〈讎〉, 90쪽. 그 원문에 "讎, 猶譍也. 从言, 雔聲"이라고 되어 있다.

〈도표 242〉에서 소개한 강羌은 머리 장식의 모습이 양羊과 서로 비슷하여, 나중에 양羊으로 자형이 동일화되어 버렸다( ).

〈도표 261〉에서 소개한 것처럼, 갑골문에서 섭(燮, 燮)과 섭燮은 불 위에서 대나무 통을 굽는 모습을 본뜨고 있었다. 그런데 이 대나무 통의 모습이 신辛이나 언言과 서로 비슷하여, 나중에 신辛이나 언言으로 자형이 동일화되어 버렸다( ).

〈도표 291〉에서 소개한 것처럼, 갑골문에서 의義는 아我 모양의 창에 깃털을 장식한 의장儀仗의 모습을 본뜨고 있었다. 그런데 그 모양이 양羊과 서로 비슷하여, 나중에 양羊으로 자형이 동일화되어 버렸다( ).

〈도표 305〉에서 소개한 진盡은 갑골문에서 손에 솔을 들고 그릇을 씻는 모습을 본뜨고 있었고( ), 또한 〈도표 306〉에서 소개한 신(㶳, 燼)은 갑골문에서 손에 부젓가락을 들고 그릇 속에 남아 있는 타다 남은 불을 끄는 모습을 본뜨고 있었다( ). 그런데 이 자형의 모양이 손에 붓을 들고 있는 자형인 율聿과 서로 비슷하여, 나중에 율聿로 자형이 동일화되어 버렸다.

〈도표 308〉에서 소개한 산(㪚, 散)은 갑골문에서 손에 막대기를 들고 삼의 줄기를 내리쳐 삼 껍질의 섬유를 분리하는 모습을 본뜨고 있었고( ), 또한 〈도표 309〉에서 소개한 산散은 금문金文에서 죽엽竹葉 위에 놓여 있는 고깃덩어리를 산산조각 내는 모습을 본뜨고 있었다( ). 그런데 이 산(㪚, 散)과 산散은 발음이 같아서 나중에 한 글자가 되었다.

〈도표 400〉에서 소개한 것처럼, 갑골문에서 미美는 사람이 머리에 쓰고 있는 깃털이 달린 모자 장식의 모습을 본뜨고 있었다. 그런데 이 깃털의 모습이 양羊과 서로 비슷하여, 나중에 양羊으로 자형이 동일화되어 버렸다( ).

그리고 다음 〈도표 418〉에 보이는 진(㬜, 晉)에 대해 《설문說文》에서는, "㬜은 나아가는 것이다. 해가 뜨면 만물이 자라난다. 일日을 따르고, 일臸을 따른다. 《역경易經》에 이르기를, '밝은 해가 땅 위로 솟아오르니, 자라나는 것이다'라고 하였다"[988]라고 하였다. 갑골문에서 이 진(㬜, 晉)은 거푸집 위에 놓인 두 줄의 화살 모습을 본뜨고 있었는데, 아래로 향한 화살이 나중에 동일화되어 지至가 되었다.

〈도표 419〉에 보이는 뢰(賴, 賴)에 대해 《설문說文》에서는, "賴는 돈을 버는 것이다. 패貝를

988 (清) 段玉裁注,《說文解字注》, 第十三卷, 第七篇注上,〈㬜〉, 306쪽. 그 원문에 "㬜, 進也. 日出而萬物進. 从日, 从臸. 易曰: 明出地上, 㬜"이라고 되어 있다.

도표 번호	상商나라의 갑골문甲骨文	주周나라의 금문金文	진秦나라의 소전小篆	한漢나라의 예서隸書	현대의 한자	글자의 창의創意
418		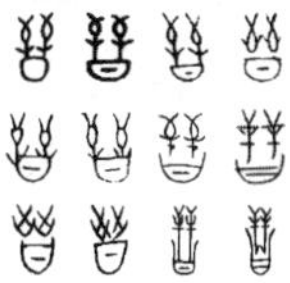	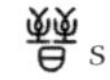 s	晉	晉	토기로 된 하나의 거푸집과 두 줄의 화살 주물의 모습을 본뜨고 있는데, 두 가지 모형을 결합하여 주조시킨 기물이다.
419			 s	賴 頼	賴 頼	주머니 속에 든 믿음성이 높은 조개를 가지고 물건을 사는 모습을 본뜨고 있다.

따르고, 랄剌은 성부聲符이다"[989]라고 하였다. 갑골문에서 이 뢰(賴, 頼)는 주머니 속에 든 믿음성이 높은 조개를 가지고 물건을 사는 모습을 본뜨고 있었다. 그런데 이 주머니의 모양이 속束과 서로 비슷하여, 나중에 속束으로 자형이 동일화되어 버렸다.

(7) 자형의 분화分化

예를 들어, 〈도표 177〉에서 소개한 자子는 나중에 혈孑과 궐孓의 두 글자로 분화되었다(孑 子 孓). 그래서 혈孑에 대해 《설문說文》에서는, "孑은 오른쪽 팔이 없는 것이다. 료了와 ㄴ를 따른다. 상형자象形字이다"[990]라고 하였고, 또한 궐孓에 대해 《설문說文》에서는, "孓은 왼쪽 팔이 없는 것이다. 료了와 ㅢ를 따른다. 상형자象形字이다"[991]라고 하였다.

〈도표 178〉에서 소개한 행行은 나중에 척彳과 촉亍의 두 글자로 분화되었다(彳 行 亍). 그래서 척彳에 대해 《설문說文》에서는, "彳은 작은 걸음이다. 사람 정강이의 세 부위가 서로 이어진 것을 본뜨고 있다. 무릇 척彳의 속屬들은 모두 이 척彳을 따른다"[992]라고 하였고, 또한 촉亍에 대해 《설문說文》에서는, "亍은 걸음을 멈추는 것이다. 척彳을 반대로 쓴 것을 따른다.

989 (清) 段玉裁注, 《說文解字注》, 第十二卷, 第六篇注下, 〈賴〉, 283쪽. 그 원문에 "賴, 贏也. 从貝, 剌聲"이라고 되어 있다. 그런데 이 뢰(賴, 頼)와 성부聲符인 랄剌은 상고음上古音에서 동일하게 월부月部에 속하였다.

990 (清) 段玉裁注, 《說文解字注》, 第二十八卷, 第十四篇注下, 〈孑〉, 750-751쪽. 그 원문에 "孑, 無又臂也. 从了ㄴ. 象形"이라고 되어 있다.

991 (清) 段玉裁注, 《說文解字注》, 第二十八卷, 第十四篇注下, 〈孓〉, 751쪽. 그 원문에 "孓, 無ナ臂也. 从了亅. 象形"이라고 되어 있다.

992 (清) 段玉裁注, 《說文解字注》, 第四卷, 第二篇注下, 〈彳〉, 76쪽. 그 원문에 "彳, 小步也. 象人脛三屬相連也. 凡彳之屬皆从彳"이라고 되어 있다.

발음은 축畜과 같다"[993]라고 하였다.

〈도표 62〉에서 소개한 병兵은 나중에 핑乒과 팡乓의 두 글자로 분화되었다( ).

〈도표 35〉에서 소개한 정正은 나중에 자형의 방향이 반대로 되면서 핍乏이 되었다( ).

(8) 자형의 결합

① 수량

오십(五十:), 육십(六十:), 칠십(七十:), 팔십(八十:), 이백(二百:), 사백(四百:), 오백(五百:), 구백(九百:), 삼천(三千:), 사천(四千:), 오천(五千:)

② 수량과 물품을 결합한 경우

구우(九牛:), 육순(六旬:), 오뢰(五牢:), 오인(五人:), 칠십인(七十人:), 구월(九月:), 십이월(十二月:), 십삼월(十三月:), 오붕(五朋:), 백붕(百朋:), 사필(四匹:)

③ 물품

승차(乘車:), 승마(乘馬:), 사마(駟馬:), 이우(犂牛:), 동궁(彤弓:), 동시(彤矢:)

④ 귀신이 된 죽은 조상

상하제(上下帝:), 상갑(上甲:), 삼보(三報:), 보을(報乙:), 시임(示壬:), 강조정(康祖丁:), 사조정(四祖丁:), 부경(父庚:), 형신(兄辛:)

⑤ 관직명

소신(小臣:), 사마(司馬:), 사공(司工:), 대부(大夫:), 공사(工師:)

⑥ 지명

한단(邯鄲:)

---

993 (淸) 段玉裁注,《說文解字注》, 第四卷, 第二篇注下,〈亍〉, 78쪽. 그 원문에 " , 步止也. 从反彳. 讀若畜"이라고 되어 있다.

⑦ 성씨姓氏

공손(公孫:), 돈우(敦于:), 상관(上官:)

⑧ 상용어

홍길(弘吉:), 대길(大吉:), 형제(兄弟:), 궁신(躬身:), 군자(君子:), 상하(上下:), 지우(至于:), 공자(公子:), 소자(小子:), 사자(司子:), 자자손손(子子孫孫:), 지소(之所:)

3. 고문자古文字의 해석 방법

중국의 한자는 몇 천 년 전부터 계속 사용해 온 문자였기 때문에, 자형 형태가 자연적이거나 인위적인 요인에 의해 상당히 커다란 변화가 일어났을 것은 너무나 자명한 일이다. 그래서 동일한 어느 한 글자의 자형 형태도 서로 다른 시기마다 그 글자를 쓰는 방법에서 상당한 차이가 나게 되었고, 더욱이 어떤 글자의 자형 형태는 시대가 변하면서 더 이상 사용되지 않는 사문자死文字로 전락하기도 하였다. 그런 까닭으로 어떤 글자는 비록 자형 형태라든지 혹은 문장의 용례用例를 통해 그 의미가 파악될 수 있다고는 해도, 그 글자가 후대에 나오는 어느 글자라고 곧바로 단정 짓기가 그다지 쉽지 않은 경우가 많다.

갑골문에 보이는 두 글자를 예로 들어 보면, 그 하나가 향(亯, 享)이 향(亯, 享) 위에 있는 자형 형태인데( ), 이 글자는 계단식으로 된 토대 위에 세워진 다층 건축물의 모습을 표현하고 있었다. 그러나 이 글자는 금문金文에서는 이미 찾아볼 수가 없게 되었다. 그리고 또 하나의 자형은 향(亯, 享)이 경京 위에 있는 자형 형태인데( ), 이 글자는 단순한 토대 위에 세워진 다층 건축물의 모습을 표현하고 있었다. 그래서 이 두 글자는 각각 대臺와 루樓의 건축물 형태를 의미하고 있었다. 그러나 갑골문 복사卜辭에서는 이 두 글자가 모두 지명地名으로만 사용되었기 때문에, 단순히 이 문장의 용례用例만을 가지고 이 글자들이 지금 우리가 사용하고 있는 대臺나 루樓와 동일한 글자였는지를 제대로 증명해 내기는 어려운 일이다.

그리고 또 다른 예를 들어 보면, 갑골문에 보이는 과 금문金文에 보이는 과 같은 글자는 모두 두 마리나 세 마리의 동물 모양의 자형 형태가 두 날의 쟁기 위에 있는 모습을 본뜨고 있었다. 그런데 만약 이 글자를 청동기 명문銘文에 보이는 것처럼, '편안함으로 짐朕의 나라를 안정시키고 도왔다(以康奠□朕國)', '협력하여 만민萬民을 화합시켰다(□龢萬民)', '조상의 큰 보배인 □화종(□龢鐘)을 만들었다(作文人大寶□龢鐘)' 등의 문장 용례로 살펴보면, 그 의미가 대체로 협(劦, 協)이나 해諧가 됨을 알 수가 있다.

따라서 이 글자의 창의創意는 세 개의 력力으로 서로 협력하며 농업에 종사함을 뜻하는 협(劦, 協)의 창의와 마찬가지 의미로 여러 마리의 소가 공동으로 서로 협력하며 쟁기를 끌고 있는 모습을 본뜬 것임에 틀림없다. 그래서 이 글자는 나중에 협(劦, 協)과 합쳐져 결국 동일한 하나의 글자가 되었을 가능성도 있다. 그렇지만 이 글자는 시간이 지나면서 이미 사문자死文字가 되어 버렸을 뿐만 아니라, 또한 어떤 자전字典에도 이 글자가 협(劦, 協)의 이체자異體字라고 언급한 적이 없었다. 따라서 이 글자가 반드시 협(劦, 協)과 동일한 글자라고 단정하기는 힘들다.

그 외에도 또 다른 예를 하나 더 들어보면, 금문金文에 보이는 글자인 □□□□은 두 손으로 하나의 술잔인 작爵을 받들고 있는 모습을 본뜨고 있었다. 일반적으로 작爵은 술을 담을 수 있는 용량이 매우 적은 상商나라 때의 술을 덥히는 그릇의 하나였는데, 아마도 상을 내릴 경우에 사용되는 하사용 음주 도구였을 것이다. 그래서 이 작爵에는 '작위爵位'나 '벼슬을 내리다'라는 의미도 함께 있다.

더욱이 만약 이 글자를 청동기 명문銘文에 보이는 것처럼, '아아! 조상 때부터 주周나라에 공로가 있었다(繇自祖考有□于周邦)', '주周나라에 공로가 있었다(有□于周邦)', '공을 세워 큰 명命을 받도록 힘썼다(□堇大命)', '하늘의 도움이 있었다(有□于天)' 등의 문장 용례로 살펴보면, 그 의미가 대체로 '공로功勞'와 연관이 있음을 알 수가 있다. 따라서 이 글자는 아마도 두 손으로 공손히 술과 잔을 받들고서 자신의 노고에 대한 왕의 치하를 받고 있는 모습을 표현하고 있을 것이다. 그런데 이 글자는 횃불을 들고 힘껏 밭을 가는 일은 무척 고생스럽다는 창의創意를 가진 로勞와는 비록 그 창의가 서로 달랐다고는 해도, 마찬가지로 고생스러움과 관련된 일을 나타내고 있었다. 그렇지만 이 글자는 결국 나중에 사문자死文字가 되어 버렸는데, 아마도 후대에 로勞로 합쳐져 동일한 한 글자가 되었을 것이다.

그러나 일반적으로 소전자형小篆字形 이후의 시대부터는 글자에 관한 책이 이미 상당히 많이 편찬되었으므로, 문자를 식별하는 일은 그다지 큰 문제가 되지 않았다. 그렇지만 반면에 자형의 변화가 심하여 글자의 창의를 해석하는 일에는 어려운 점이 많은 편이다. 더욱이 현재와 같이 지하에 묻혀 있던 문헌들이 계속해서 출토되면서는, 여전히 당시의 문자에 관한 책이 부재한 상황에서 당연히 글자의 해독과 식별의 방법을 강구해 내야만 한다.

그런데 일찍이 한漢나라 때부터 고문경서古文經書의 출현과 청동기의 출토로 인해 몇몇 학자들이 문자의 고증과 해석 작업에 종사하기도 하였다. 그렇지만 그 당시는 아직 비교 연구를 할 수 있는 고문자 자료의 수집이 그다지 많지 않았으므로, 그 연구 성과도 비교적 낮은 편이었다. 그러나 반면에 오늘날에는 각지에서 출토된 고문자 자료가 이미 상당히 누적되었기 때문에 예전보다는 훨씬 더 높은 연구 성과를 기대할 수 있게 되었다.

그래서 최근에 여러 학자들이 문자의 고증과 해석 방법에 대하여 몇 가지 기본적인 원칙을 세워 두었는데, 아래에 그 구체적인 내용을 소개하고자 한다.

(가) 인습因襲적인 자형 형태 비교법

이 방법은 비교比較 대조법對照法이라고도 불린다. 일반적으로 한자漢字의 자형 형태는 비록 몇 천 년을 내려오면서 여러 차례의 변화가 발생하였지만, 처음부터 일맥상통하게 전통적인 자형의 틀을 유지하면서 발전하여 왔다. 그러나 진秦나라 이전에 보이는 고문자는 자형 형태가 아직 고정되지 못하였고, 그 구조도 상당히 복잡하고 다양하였다. 더욱이 지역적인 차이의 요인으로 말미암아 동일한 어느 한 글자에서도 시대가 서로 다르게 나타날 뿐만 아니라, 동일한 한 글자에 여러 가지 자형 형태가 공존하기도 하였다. 그리고 설령 동일한 시대와 동일한 지역에서 그 글자를 사용했다고 하더라도, 이와 마찬가지로 여러 가지 자형 형태가 공존하는 현상이 빚어지곤 하였다.

그래서 이러한 고문자를 제대로 판별해 내기 위해서는 예전의 자형을 모방한 각 시대에 나타나는 자형의 인습적인 문자 체계 관계를 통한 종합적인 비교 연구를 진행할 수밖에 없다. 그것을 통해 이러한 자형이 공통적으로 갖는 기본 형태와 특징을 찾아내고, 또한 이것으로 고문자를 판별하려는 목적을 이룰 수가 있다. 그리고 이러한 방법은 고대와 현대의 자형 형태 비교를 이용하여 고문자를 고증하고 해석해 내는 데 있어서 전통적으로 상당히 효과적인 방법의 하나였다.

그래서 이러한 인습적인 자형 형태 비교법의 연구를 진행하려면, 무엇보다도 먼저 서로 다른 시대에 보이는 자형을 모두 수집해야 한다. 그런데 예전에는 단지 《설문說文》과 같은 종류의 극소수의 자서字書를 참고할 수밖에 없었지만, 현재는 이미 대량의 갑골문을 비롯하여 적잖은 수의 청동기 명문銘文, 석각문자石刻文字, 죽간竹簡, 백서帛書, 맹서盟書, 토기문자, 도장문자, 화폐문자 및 한위漢魏의 석각문자와 당唐나라 사람이 저술한 서적 등이 상당히 출토되어 나왔다. 그래서 이 모든 자료를 문자의 상호 비교 연구재료로 응용할 수 있게 되었다. 따라서 이렇게 본다면 고문자 연구의 기본적인 조건이 예전보다 이미 훨씬 좋아진 상황이기 때문에, 그동안 이 방면에 집적된 연구 성과도 비교적 많은 편이다.

그리고 이 인습적인 자형 형태 비교법을 응용하여 글자를 해독하기 위해서는 위에서 언급한 각종 문자 자료의 완전한 파악 외에도, 또한 한자의 발전 과정 및 시대적인 변천과 관련된 여러 가지 기본적인 지식을 충분히 갖추고 있어야 한다. 이를테면, 한자의 구조적인 특징, 편방偏旁에 있는 각종 형부形符의 변화 역사, 의미가 가까운 형부 사이의 상호 관계, 자형 변화의 기본적인 형식, 그리고 규범화의 구체적인 내용 등을 들 수 있다.

그런데 글자 자형 형태의 정상적인 변화에 관한 지식을 파악하는 일 말고도, 또한 많은 비정상적인 변화의 상황에 대해서도 어느 정도 이해를 하고 있어야 한다. 예를 들어, 글자를 잘못 쓴 원인으로 말미암아 자형의 한 부분이나 혹은 전체 자형이 원래의 형태에서 나중에 서로 완전히 다른 자형 형태로 변형되어 버리는 경우와 같은 유형이 여기에 속한다고 볼 수 있다. 그렇지만 자연적인 자형 변천이든지 아니면 글자를 잘못 쓴 원인으로 인해 생겨난 자형 변화이든지를 막론하고, 그 전후로 나타나는 자형에는 모두 많든 적든 간에 서로 인습적인 자형 형태의 흔적을 반드시 남기게 된다. 따라서 만약 연구할 자료가 충분하여 그 자료들을 통해서 고대와 현재의 자형 사이에 보이는 일련의 연결 실마리를 찾아낼 수만 있다면, 그와 더불어 우리는 그 자형 사이의 발전 과정을 이해하는 데도 적잖은 도움을 받을 수 있게 된다.

예를 들어, 〈도표 348〉에서 소개한 료(尞, 燎)는 소전체에서의 자형이 였다. 그런데 만약 이 료(尞, 燎)를 땔나무를 쌓아 불에 태우는 모습을 본뜨고 있는 갑골문의 자형과 서로 비교한다면, 그 자형 형태에서 이미 상당히 많은 차이가 남을 알 수 있다(). 그러나 이 료(尞, 燎)는 자형 변천의 과정이 비교적 명확한 편이다. 그래서 최초의 자형 형태는 단순히 나무를 쌓아 둔 형태였고, 나중에 거기에 다시 불 모양의 부호符號를 덧붙인 것임을 알 수가 있다(). 그런데 이 료(尞, 燎)는 원래 야외에서 거행하던 제천祭天의 제사 의식을 의미하고 있었지만, 나중에 실내에서 거행하는 제사 의식으로 바뀌면서 다시 궁宮을 따르는 자형이 생겨났다(). 그러다가 이 궁宮에 있는 두 사각형 모양의 려呂가 다시 일日의

자형 형태로 잘못 변하면서, 마침내 현재와 같은 소전체의 자형으로 되었다.

또 하나의 예를 들어 보면, 〈도표 366〉에서 소개한 의(宜, 宐)는 《설문說文》에서, "宐는 편안하게 하는 곳이다. 면宀의 아래와 일一의 위를 따르고, 다多의 생략형이 성부聲符이다. 는 고문古文의 의宜이다. 도 또한 고문古文의 의宜이다"[994]라고 하였다. 그런데 소전체 자형에서는 이 의(宜, 宐)의 의미상에서의 상관관계를 전혀 찾아볼 수가 없지만, 다행히도 《설문說文》에는 두 개의 고문자형古文字形이 부가적으로 소개되어 있다. 그래서 만약 이 고문자형을 그 이전의 자형 형태와 서로 대조해 본다면, 갑골문( ), 양주시대兩周時代의 금문( ), 그리고 전국시대戰國時代에 나타난 도장문자 등과는 일련의 자형 변천 과정이 있었음을 발견할 수가 있다. 따라서 이 의(宜, 宐)가 조俎와는 동일한 자원字源을 갖는 글자이고, 또한 두 덩어리의 고기가 도마 위에 있는 모습을 본뜨고 있음을 이해할 수 있다.

그리고 또 다른 예를 들어 보면, 〈도표 275〉에서 소개한 양襄은 《설문說文》에서, "襄은 한漢나라 율령律令에 옷을 벗고 밭을 가는 것을 일컬어 양襄이라고 한다. 의衣를 따르고, 녕㒓은 성부聲符이다. 은 고문古文의 양襄이다"[995]라고 하였다. 그런데 이 양襄에서도 위의 의(宜, 宐)와 마찬가지로 고문자형古文字形이 소개되어 있어서, 우리가 갑골문에 보이는 양襄의 자형을 찾을 수 있도록 해 주고 있다. 그래서 갑골문에 보이는 이 양襄은 원래 두 손으로 하나의 밭 가는 쟁기를 잡고, 그 아래에는 한 마리에서 세 마리의 소가 그것을 끌고 있는 모습을 본뜨고 있었다( ). 이것은 소로 밭을 가는 정경을 표현한 것이다. 그런데 이 양襄의 자형 구조는 대체로 규범화시키기가 그다지 쉽지 않았기 때문에 나중에 가차자假借字로 그것을 대신하게 되었다. 그리고 그 때문에 허신許愼은 이 양襄이 의衣를 따르는 것이라고 여겼고, '옷을 벗고 밭을 가는 것'이라고 해석하게 되었다.

따라서 위에 든 예에서처럼 어떤 글자를 막론하고 그 변화 과정에서 자형 구조가 완전히 바뀐 경우만 아니라면, 그 변화가 얼마나 복잡하게 일어났든 상관없이 기본적으로는 모두 그 자형의 흔적이 남아 있어서 그 글자의 전반적인 변천 과정의 흐름을 찾아낼 수 있다. 그렇기 때문에 이와 같은 인습적인 자형 형태 비교법을 이용하여 고문자를 고증하고 해석

---

994 (清) 段玉裁注, 《說文解字注》, 第十四卷, 第七篇注下, 〈宜〉, 344쪽. 그 원문에 "宐, 所安也. 从宀之下, 一之上, 多省聲. , 古文宜. , 亦古文宜"라고 되어 있다. 그런데 이 의(宜, 宐)와 성부聲符인 다多는 상고음上古音에서 동일하게 가부歌部에 속하였다.

995 (清) 段玉裁注, 《說文解字注》, 第十五卷, 第八篇注上, 〈襄〉, 398쪽. 그 원문에 "襄, 漢令解衣而耕, 謂之襄. 从衣, 㒓聲. , 古文襄"이라고 되어 있다.

하는 방법은 일반적으로 신빙성이 상당히 높다고 할 수 있다.

그렇지만 이와 같은 방법으로 어느 글자를 제대로 해석해 내기 위해서는 수시로 자료를 축적해 나가야 할 뿐만 아니라, 또한 각종 자형 형태의 기본적인 특징도 파악하고 있어야만 한다. 그와 더불어 실사구시적實事求是的인 방법으로 충분한 근거를 가지고 고증을 해 나가야 하며, 기본적으로 자형의 정확한 형태도 식별할 수 있어야만 한다. 이렇게 함으로써 두 가지 서로 전혀 관련이 없는 자형 형태를 두고 함께 비교하면서 빚어지는 인위적인 혼란을 방지할 수 있게 된다.

(나) 문장 용례를 통한 유추법

이 문장 용례를 통한 유추법을 이용하여 문자를 고증하고 해석하는 방법도 오랫동안 사용해 온 전통적인 문자 연구의 한 방식이었다. 그리고 그 구체적인 내용은 대체로 다음의 두 가지 방면으로 나누어 볼 수 있다. 하나는 고적문헌에 나타나는 문구에 근거하여 그 문자의 의미를 유추해 내는 것이고, 또 하나는 해당 문장의 내용에 근거하여 그 문자의 의미를 유추해 내는 것이다. 그런데 이 두 가지 방면에서 비록 근거로 삼는 대상이 동일하지는 않다고 하더라도, 이 모두 고문자古文字를 식별해 내는 데 있어서는 상당히 효과적인 방법이라고 할 수 있다.

일반적으로 문장 용례를 통한 유추법을 이용한다는 것은 현존하는 고적문헌古籍文獻 중에 보이는 문장 용례를 통해 이보다 더 오래된 출토문헌出土文獻의 문장 용례를 대조해 보면서, 그 출토문헌이 지니고 있는 의미를 유추해 내는 방법을 가리킨다. 이를테면, 청동기 명문銘文에 보이는 내용은 대부분 한 인물의 공덕을 찬양하는 문장으로 기술되어 있는데, 그중에서 어떤 문구는 가끔 현재까지 전해지고 있는 용어와 거의 동일하거나 아주 비슷한 경우가 있다. 그래서 이러한 경우는 고문자를 고증하고 해석하는 일에 상호 유추의 기본적인 조건을 제공해 준다.

예를 들어, 오래 살고 영원히 끝이 없다는 의미의 '미수무강眉壽無疆'이라는 표현은《시경詩經》에 자주 보이는 문장 용례인데, 청동기 명문에서는 대부분 '회수무강沬壽無疆'으로 표현하고 있다. 그런데 이 회(沬, 頮)의 자형을 놓고 보면, 두 손으로 물을 붓고 목욕을 하는 모습을 본뜨고 있음을 알 수가 있다(). 그리고 이 글자는 원래 앞의 〈도표 34〉에서 소개한 회(沬, 頮)의 원형으로, 미(眉, 睂)를 가차假借한 것이었다.

도표 번호	상商나라의 갑골문甲骨文	주周나라의 금문金文	진秦나라의 소전小篆	한漢나라의 예서隷書	현대의 한자	글자의 창의創意
420		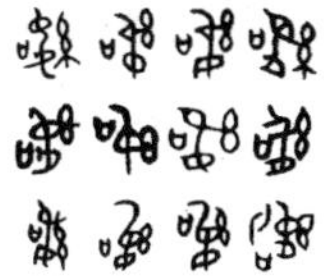	 s  k	訊	訊	결박당한 포로에게 심문을 하는 모습을 본뜨고 있다.

그런데 이 미(眉, 䆖)의 자획이 비교적 단순한 데도 불구하고 왜 청동기 명문에서는 모두 자획이 복잡한 가차자를 사용하고 본래 글자인 미(眉, 䆖)를 쓰지 않았는지에 대해서는 실로 우리로 하여금 이해하기 어렵게 하고 있다. 그것은 아마도 고대의 사람들은 일반적으로 자주 목욕을 하지 않았지만, 만약 생일을 맞았을 경우에는 목욕을 해야 했기 때문에 이렇게 '회수沬壽'라는 표현이 생겨났을 것이다. 그러나 후대에 이러한 습관이 없어지면서, 다시 연세가 높아 눈썹이 하얗게 셀 때 맞는 경사라는 의미로 그 표현이 대체되었을 것이다.

또 하나 예를 들어 보면, 청동기 명문에 '절수折首'나 '집신執訊'이라는 구절이 보인다. 그런데 여기서 신訊은 원래 해독이 되지 않았으나,《시경詩經》〈소아小雅 · 출차出車〉에 보면, '심문할 죄인을 잡고 그 무리를 사로잡아'라는 뜻의 '집신획추執訊獲醜'라는 구절이 나온다. 더욱이 다음 〈도표 420〉에 보이는 것처럼, 이 신訊에 대해《설문說文》에서는, "訊은 묻는 것이다. 언言을 따르고, 신卂은 성부聲符이다. [illegible]은 고문古文의 신訊이고, 서卤를 따른다"[996] 라고 하였다.

그래서 이 기록들을 통해 이 신訊이 결박당한 포로에게 심문을 하는 모습을 표현하고 있음을 알 수가 있다. 또한 그와 동시에 이보다 훨씬 전에 사용되었던 갑골문의 두 가지 자형 형태에서도 모두 이와 동일한 창의創意를 나타내고 있음도 알 수 있다. 그런데 아마도 이 신訊의 자형인 [illegible]은 여如인 자형인 [illegible]와 너무나도 비슷했기 때문에, 나중에 다시 사용되지 않고 결국 사라져 버렸을 것이다.

다른 예를 들어 보면, '옷깃과 소매에 수를 놓은 검은 관복'이라는 뜻을 가진 '현의치준玄衣黹屯'도 청동기 명문에 자주 보이는 하사품의 하나이다. 그런데《상서尙書》〈고명顧命〉에

996 (清) 段玉裁注,《說文解字注》, 第五卷, 第三篇注上,〈訊〉, 92쪽. 그 원문에 "訊, 問也. 从言, 卂聲. [illegible], 古文訊, 从卤"라고 되어 있다.

도표 번호	상商나라의 갑골문甲骨文	주周나라의 금문金文	진秦나라의 소전小篆	한漢나라의 예서隸書	현대의 한자	글자의 창의創意
421		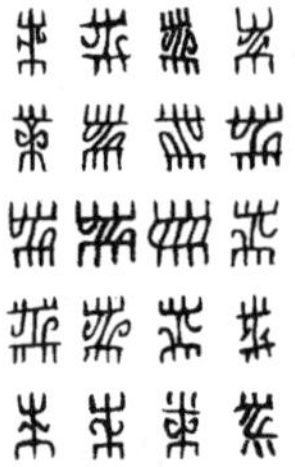	 s	黹 黻	黹 黻	서로 대칭되는 자수 도안의 모양을 본뜨고 있다.

보이는 '보순黼純'이나《의례儀禮》〈사상례士喪禮〉에 보이는 '치순緇純'이라는 구절과의 비교를 통해, 이 치黹가 자수刺繡를 놓을 때 서로 대칭시키는 도안의 모양임을 알 수 있다. 그래서 〈도표 421〉에 보이는 치黹에 대해《설문說文》에서도, "黹는 바늘과 실로 기운 옷이다. 폐㡀와 착丵의 생략형을 따르고, 바느질한 무늬를 본뜨고 있다. 무릇 치黹의 속屬들은 모두 이 치黹를 따른다"[997]라고 하였다. 갑골문에서 이 치黹와 불黻은 자수를 놓는 일과 관련된 어떤 행위를 표현하고 있다.

또 다른 예를 하나 더 들어 본다면, 1978년 하북성河北省 평산현平山縣 중산왕中山王 1호 무덤에서 출토된 '중산왕䜌정中山王䜌鼎'의 청동기 명문에, "사람의 정情에 빠지느니보다는 차라리 연못에 빠지는 것이 낫다"[998]라는 구절이 있다. 그런데 이 명문에 보이는 삭(汋: 𣳒) 에 대해서《설문說文》에서는, "汋은 물이 부딪히며 내는 소리이다. 수水를 따르고, 작勺은 성부聲符이다. 우물이 한 번은 물이 차 있다가 한 번은 물이 없어지는 것을 일컬어 계삭瀱汋이라고 한다"[999]라고 하였다. 그러나 이《설문說文》의 해석은 명문에 보이는 구절의 의미와 서로 부합되지 않음을 확연히 알 수 있다.

그리고《금문편金文編》에서는 이 삭(汋: 𣳒)이《설문說文》에 보이는 몰(沒, 没)이며, 수水를 따르고 몰(𠬛, 㲺)의 생략형이 성부聲符라고 하였다. 그래서 이 몰(沒, 没)에 대해《설문說文》에서는, "沒은 물에 잠기는 것이다. 수水를 따르고, 몰(𠬛, 㲺)은 성부聲符이다"[1000]라고 하였다.

997 (淸) 段玉裁注,《說文解字注》, 第十四卷, 第七篇注下, 〈黹〉, 367-368쪽. 그 원문에 "黹, 箴縷所紩衣也. 从㡀丵省, 象刺文也. 凡黹之屬皆从黹"라고 되어 있다.

998 그 청동기 명문銘文에 "蒦其𣳒(汋)於人施, 寧汋於淵(淵)"이라고 되어 있다. 그런데 여기에 보이는 '( )' 안의 글자는 이해하기 편리하도록 현대식 글자로 고쳐 쓴 것이다.

999 (淸) 段玉裁注,《說文解字注》, 第二十一卷, 第十一篇注上之二, 〈汋〉, 555쪽. 그 원문에 "汋, 激水聲也. 从水, 勺聲. 井, 一有水, 一無水, 謂之瀱汋"이라고 되어 있다.

그런데 우리가 앞부분에서도 이미 언급했지만, 생략형이 성부聲符라는 현상은 대부분 일종의 오류이다.

그래서 이 청동기 명문에 보이는 구절을《대대례기大戴禮記》〈무왕천조武王踐阼〉에 보이는, "사람의 정情에 빠지느니보다는 차라리 연못에 빠지는 것이 낫다"[1001]라는 구절과 서로 대조해 볼 수 있다. 그런데 상고음上古音에서 작성勺聲은 약성弱聲과 함께 동일한 소약운宵藥韻에 속하였다. 따라서 이 '중산왕䂮정中山王䂮鼎'에 보이는 삭(汋: 汋)은 가차假借되어 닉溺으로 되었지, 몰(沒, 没)로 된 것이 아니었음을 알 수가 있다. 또한 이와 동시에 '획蒦'의 의미는 '여與'와 같고, '시施'의 의미는 '야也'와 같음도 확인할 수 있다.

그러나 위의 경우와 같이 고적문헌에 보이는 문장 용례를 이용하여 그보다도 더 오래된 출토문헌出土文獻의 내용을 대조해 보고 그 의미를 유추해 내는 방법이 비록 효과적이라고는 하더라도, 여전히 어느 글자가 갖는 자형 형태를 다시 확인하고 검증해 볼 필요는 있다.

예를 들어, '영왕寧王'은《상서尙書》에 자주 보이는 주周나라 문왕文王을 가리키는 용어이다. 그런데 이 녕寧이 '문文'을 잘못 읽은 것이었다는 사실을 모른 채, 이것을 근거로 하여 만약 청동기 명문에 보이는 '문왕文王'을 영왕寧王으로 해석해 버린다면 커다란 오류를 범하게 된다. 또한 여기에서 더 나아가 녕寧의 의미를 근거로 삼아 왜 문왕이 영왕寧王이라는 칭호를 받게 되었는지에 대한 해석까지 한다면, 아마도 이것은 억지로 갖다 붙이는 식의 부회附會한 해석이 될 것이다.

예를 하나 더 들어 보면, 1923년 감숙성甘肅省 천수현天水縣에서 출토된 '진공궤秦公簋'의 청동기 명문에, "높이 경사스러움을 가져와 비로소 사방四方을 도왔다"[1002]라는 구절이 있다. 그런데 이 명문에 보이는 조(竈, 竈)에 대해《설문說文》에서는, "竈는 불을 때어 밥을 짓는 부엌이다.《고주례古周禮》에 이르기를, '부엌에서 축융祝融을 제사지낸다'라고 하였다. 혈穴을 따르고, 축鼀의 생략형이 성부聲符이다. 竈는 혹체或體이고, 생략하지 않고 썼다"[1003]라고 하였다. 그리고 금문金文에서 이 조(竈, 竈)는 바퀴벌레가 밥을 짓는 부뚜막 근처

1000 (淸) 段玉裁注,《說文解字注》, 第二十一卷, 第十一篇注上之二,〈沒〉, 562쪽. 그 원문에 "沒, 湛也. 从水, 𠬛聲"이라고 되어 있다.

1001 황회신黃懷信 주찬主撰,《대대례기 휘교집주大戴禮記彙校集注》(西安: 三秦出版社, 2005년),〈下卷〉, 卷第六,〈武王踐阼第五十九〉, 657쪽. 그 원문에 "與其溺於人也, 寧溺於淵"이라고 되어 있다.

1002 그 청동기 명문銘文에 "高引又(有)慶, 竈(造)囿(佑)四方"이라고 되어 있다. 여기에 보이는 '( )' 안의 글자는 가차假借의 방식을 이용하여 원래의 글자와 의미가 가장 가까운 글자를 적은 것이다.

에 항상 나타난다는 의미를 표현하고 있다. 그런데 이 명문에 보이는 조(竈, 竈)를 '조造'나 '조肇'로 가차하게 된 것은, 이렇게 바꾸었을 때 대체로 모두 문맥이 잘 통하기 때문이다.

그러나 어떤 학자는《시경詩經》의〈비궁閟宮〉에 보이는 '뒤덮어 온 천하에 있다'라는 뜻의 '엄유하국奄有下國'이라는 구절 및〈황의皇矣〉와〈집경執競〉에 보이는 '크게 사방을 차지하다'라는 뜻의 '엄유사방奄有四方'이라는 구절이 이 '진공궤秦公簋' 명문의 내용과 서로 대응될 수 있다고 여기고, 이 조(竈, 竈)를 엄奄이라고 해석하기도 하였다. 그리고 이 엄奄에 대해서《설문說文》에서도, "奄은 뒤덮은 것이다. 크게 남음이 있는 것이다. 또한 하품하는 것이다. 대大와 신申을 따른다. 신申은 펴는 것이다"[1004]라고 하였다. 그런데 금문金文에 보이는 엄奄의 자형인 과 '진공궤秦公簋'에 보이는 조(竈, 竈)의 자형인 는 그 자형 형태에서 이미 서로 많은 차이가 나므로, 우리는 그 자형 형태에 근거해 이 글자를 조(竈, 竈)로 해석하는 편이 비교적 더 합리적일 것이다. 이러한 현상은 아마도《시경詩經》을 베껴 썼던 사람이 이 를 제대로 식별하지 못하고, 그것을 엄奄의 예서체인 奄으로 오인한 데서 빚어졌을 것이다.

그리고 이 문장 용례를 통한 유추법을 이용하여 해석해 낸 문자는 기본적으로 대부분이 고적문헌이나 출토문헌에 보이는 내용에 그 근거를 두고 있다. 그러나 문장 용례의 분석을 통하여 해석이 필요한 글자를 유추하기는 하더라도, 이러한 문헌에 사용된 글자를 그대로 그 근거로 삼아서는 안 된다.

예를 들어, 갑골문에 자주 보이는 㞢는 아직까지 그 자형의 창의創意를 명확히 이해하기가 어렵다. 그러나 만약 갑골문 복사卜辭의 용례에 보이는 '제물祭物로 쓰는 희생犧牲에 한 마리의 소가 있다'라는 뜻의 '뇌㞢일우牢㞢一牛'와 '뇌우일우牢又一牛'의 두 구절을 서로 비교해 본다면, 이것을 통해 이 㞢의 의미가 '있다'라는 의미인 고문자의 우又가 됨을 판단할 수 있다.

그리고 갑골문에 보이는 대부분의 간지자干支字의 해독도 대체로 이러한 방법을 이용하고 있다. 예를 들어, 갑골문에 보이는 신사(辛巳:)는 처음에 그 자형에만 근거하여 신자辛

1003 (淸) 段玉裁注,《說文解字注》, 第十四卷, 第七篇注下,〈竈〉, 347쪽. 그 원문에 ", 炊竈也. 周禮曰竈祠祝融. 从穴, 鼀省聲. , 或, 不省作"이라고 되어 있다. 그런데 이 조(竈, 竈)는 상고음上古音에서 유부幽部에 속하였고, 성부聲符인 축鼀은 상고음에서 각부覺部에 속하였다. 따라서 이 조(竈, 竈)와 성부聲符인 축鼀은 모두 고운古韻에서 유각동幽覺冬의 큰 부류에 속하였다.

1004 (淸) 段玉裁注,《說文解字注》, 第十九卷, 第十篇注下,〈奄〉, 497쪽. 그 원문에 "奄, 覆也. 大有餘也. 又欠也. 从大申. 申, 展也"라고 되어 있다.

子라고 읽었는데, 도저히 이해할 수가 없었다. 또한 갑골문 복사에 보이는 어느 한 글자는 자형이 등과 같은데, 이 글자도 처음에는 역시 해독할 수가 없었다. 그러나 나중에 상商나라 선대先代의 왕에게 지내는 제사인 주제周祭의 서열에 근거하여,[1005] 이 글자가 옹기雍己를 겹쳐서 쓴 합문合文임이 밝혀졌다. 그래서 이 자형에 보이는 옹雍은 갑골문에 나타나는 옹雍의 자형을 간략화시킨 자형 형태임을 알 수 있다().

그리고 최근 들어 출토되는 유물의 자료가 점점 많아짐에 따라 제공되는 연구 과제도 그만큼 광범위해졌고, 그와 동시에 문장 용례의 내용 유추를 통하여 식별해 낼 수 있는 글자도 더욱더 많아지고 있는 추세이다. 특히 몇몇 비교적 특수한 글자의 해독은 더욱 이러한 방법에 의존할 수밖에 없다.

그러나 만약 이러한 문장 용례를 통한 유추 방법에 근거를 두고 연구를 진행한다고 하면, 최대한 정확하고 오류가 없도록 주의해야만 억지로 갖다 붙이는 식의 부회附會한 해석을 피할 수가 있다. 예를 들어, 갑골문 복사에 자주 보이는 한 용어인 '역일易日'은 기후와 관련된 어휘로, 그 의미는 날씨가 맑음을 뜻하고 있다. 그런데 이 어휘도 갑골문 연구의 초기단계에서는 다른 갑골문 복사에 '융일〔肜(彡)日〕'이라는 기록이 있음을 잘 몰랐기 때문에, 《상서尙書》〈고종융일高宗肜日〉에 보이는 융일肜日은 당연히 역일(易日:)을 잘못 표기한 것이라고 여겼다. 그래서 그 의미가 시기를 바꾸는 것이라고 생각하였다. 이러한 경우가 바로 신중하지 못한 대표적인 예라고 할 수 있다.

(다) 자형 구성 부분인 편방偏旁의 분석법

이른바 자형의 구성 부분이란, 어느 한 문자를 구성하고 있는 가장 작은 단위를 가리킨다. 그런데 어떤 자형 구성 부분은 나중에 단독적인 자형 형태를 가진 글자로 변하기도 하였지만, 반면에 어떤 구성 부분은 그렇지 못하고 단순히 부호符號로 남기도 하였다.

이 자형 구성 부분을 연구하는 편방偏旁의 분석법도 오랫동안 사용되어진 전통적인 고문자 해석의 한 방법이었다. 그래서 허신許愼의 《설문說文》에서도 항상 이러한 방법을

1005 상나라 말기에 상왕商王은 다섯 가지 제사祭祀의 방법으로 선왕先王과 그 비妣를 제사지냈다. 그래서 한 제사의 주기를 일사一祀라고 하며, 그 전체 주기가 1년의 길이와 거의 같아서 주제周祭라고 일컫는다. 이처럼 주제周祭란 상나라 후기 왕실에서 정기적으로 거행한 제사를 말하는 것으로, 주로 익翌, 제祭, 𧶠, 䂒, 융(彡: 肜) 등의 다섯 가지 제사가 위주가 되었다.

사용하여 글자의 자형을 설명하곤 하였다. 예를 들어, 적炙에 대해서《설문說文》에서는, "炙은 고기를 굽는 것이다. 육肉을 따르고, 화火 위에 있다. 무릇 적炙의 속屬들은 모두 이 적炙을 따른다. 鑷은 주문籀文이다"[1006]라고 하였다. 이처럼 이 적炙을 고기가 불 위에 있는 것으로 분석함으로써, 고기를 구워서 먹는 음식법을 표현한 것이 명확히 드러나고 있다.

그리고 갑골문에 보이는 상相의 자형인 등은 목木과 목目의 구성 부분으로 분석할 수 있다. 또한 이 상相에 대해서《설문說文》에서도, "相은 살펴보는 것이다. 목目과 목木을 따른다.《역경易經》에 이르기를, '땅에서 볼 수 있는 것은 나무에서보다 잘 보이는 것이 없다'라고 하였다.《시경詩經》에 이르기를, '저 쥐를 보니 껍질이 있구나'라고 하였다"[1007]라고 하였다. 그래서 갑골문과《설문說文》에 보이는 이 상相을 서로 대조해 보면, 두 가지 모두 눈으로 나무의 품질을 관찰한다는 의미를 표현하고 있음을 알 수가 있다.

그런데 이와 같은 자형 구성 부분을 연구하는 편방偏旁 분석법의 순서는 일반적으로 가장 먼저, 이미 알고 있는 고문자를 그 구성하고 있는 부분에 따라 하나하나의 단독적인 개별 부호 및 그것을 대표하는 물체로 분석한다. 그런 다음에 그 단독적인 개별 부호의 편방에 보이는 서로 다른 형식의 자형 형태를 한데 모아서 그들의 역사적인 자형 변천과 변화를 연구한다. 그 다음에는 이미 알고 있는 자형 구성 부분의 기초 위에서 다시 하나하나의 글자를 인식해 나가는 순이다. 그래서 이 방법을 응용하여 고문자를 고증하고 해석하려면, 무엇보다도 먼저 예전부터 이미 알고 있던 각종 편방 형태에 대해서 어느 정도 기본적인 이해가 있어야 한다. 또한 그와 동시에 각종 형부形符 사이에 존재하는 문자의 통용 관계에 대해서도 충분히 알고 있어야 한다.

그리고 만약 하나의 새로운 자형 구성 부분을 식별해 내게 되면, 가끔 그것을 통해 몇 개의 새로운 글자를 해독해 낼 수도 있다. 예를 들어, 앞의 〈도표 6〉에서 소개한 갑골문의 근(斤:)은 소전체小篆體에 보이는 근斤의 자형인 과는 그 자형 형태에서 이미 상당한 차이가 났다. 그러나 일단 이 자형 형태를 정확히 식별해 내기만 한다면, 곧바로 이 근斤을 자형의 구성 부분으로 삼는 다른 많은 글자들도 해독해 낼 수 있게 된다.

1006 (淸) 段玉裁注,《說文解字注》, 第十九卷, 第十篇注下,〈炙〉, 495쪽. 그 원문에 "炙, 炙肉也. 从肉, 在火上. 凡炙之屬皆从炙. 鑷, 籀文"이라고 되어 있다.

1007 (淸) 段玉裁注,《說文解字注》, 第七卷, 第四篇注上,〈相〉, 134쪽. 그 원문에 "相, 省視也. 从目木. 易曰: 地可觀者, 莫可觀於木. 詩曰: 相鼠有皮"라고 되어 있다.

그리고 어느 한 시대의 글자 쓰기 습관에 대해서도 어느 정도 이해하고 있으면, 그 당시의 문자를 해독하는 데 있어서 커다란 도움을 받을 수가 있다. 예를 들어, 전국시대戰國時代에는 자형 구성 부분의 대체代替가 상당히 많이 나타나고 있었으므로, 식별해 내지 못하는 어느 한 글자에 대해서 그 글자의 어느 구성 부분을 대체가 가능한 기타 다른 구성 부분으로 대체를 시도해 본다. 그러다 보면 가끔 정확한 해답을 얻을 수도 있다. 이와 마찬가지 예로 육조시대六朝時代에는 자획이 비슷한 글자로 글자를 잘못 쓰는 경우가 많았으므로, 그 자형의 구성 부분을 서로 대체해 보면 대부분 정확한 풀이를 얻을 수가 있다. 예를 들어, 뢰賴와 뢰籟의 편방인 '부負'는 대부분 '혈頁'로 잘못 쓰고 있었고, 순順과 경傾의 편방인 '혈頁'은 대부분 '진眞'으로 잘못 쓰고 있었으며, 복復과 복腹의 편방인 '복复'은 대부분 '하夏'로 잘못 쓰고 있었다.

이론적으로는 이러한 고문자의 고증 방법이 비교적 쉽게 보이지만, 자형 구성 부분의 형태에 약간의 차이가 있는 글자 및 다른 구성 부분과 결합되었을 때 그 새로운 글자가 갖게 되는 의미상의 차이를 어떻게 구별해 내느냐는 여전히 어려운 점이라고 할 수 있다.

(라) 사물의 이치나 풍습 혹은 제도에 근거하여 글자를 해석하는 방법

문자를 창조하던 초기에는 주로 상형자象形字나 표의자表意字 방식이 주가 되었지만, 동주시대東周時代 이후가 되면서는 형성자形聲字가 대폭 증가하게 되었다. 그와 동시에 상형자나 표의자도 점점 형성자화하면서 마침내 자형 변천의 연계적 흐름이 거의 끊어지게 되었다. 때문에 더 이상 단순히 자형 변천의 흐름에만 근거하여 글자를 해독해 내기가 어려워졌고, 이제는 사물의 이치나 풍습 혹은 제도에 근거하여 글자를 해독할 수밖에 없게 되었다. 그런데 이 방법은 응용하기가 그다지 쉽지는 않은데, 그래도 문자 해독을 탐색하는 한 방법으로 간주할 수는 있다.

예를 들어, 앞의 〈도표 210〉에서 소개한 침(沈, 沉)은 갑골문에 자주 보이는 제사용의 희생犧牲을 쓰는 한 방법인데, 자형으로 보면 소를 물속에 가라앉히는 모습을 본뜨고 있다(). 또한 〈도표 209〉에서 소개한 매(薶, 埋)도 갑골문에 자주 보이는 제사용의 희생犧牲을 쓰는 한 방법인데, 자형으로 보면 소를 구덩이에 묻는 모습을 본뜨고 있다(). 그래서 이처럼 제사용의 희생犧牲을 쓰는 방법에는 불에 굽기, 피를 흐르게 하기, 삶아 익히기, 살을 가르기 등의 방식 외에도, 또한 물속에 가라앉히기와 흙 속에 매장하기 등의 방식이 더 있었음을 알 수가 있다. 따라서 갑골문에 보이는 이 침(沈, 沉)과 매(薶, 埋)의 두 자형은 그 의미가 후대에 보이는 침(沈, 沉)과 매(薶, 埋)의 의미와 대체로 서로 동일함을 알 수 있다.

또 다른 예를 들어 보면,〈도표 295〉에서 소개한 것처럼, 갑골문에 보이는 심(㝷, 尋)의 자형은 후대에 글자가 잘못 변하여 생긴 심(㝷, 尋)의 자형과 그 차이가 서로 상당히 크게 난다. 대체로 갑골문에서 이 심(㝷, 尋)은 두 손을 뻗어 돗자리나 긴 관악기 등의 물체를 재는 모습을 본뜨고 있었다(). 그런데 고대인들은 이미 자신의 몸에 있는 신체의 어느 부위를 길이를 재는 한 기준으로 삼았던 제도가 있었다. 그래서《대대례기大戴禮記》〈주언主言〉에서는, "그 뒤에 손가락을 뻗어 촌寸을 알고, 손을 펴서 척尺을 알며, 팔꿈치를 펴서 심尋을 안다"[1008]라고 하였다. 그런데 두 팔을 편다는 것은 인간의 자연스러운 동작이고, 더욱이 팔척八尺은 고대 길이 단위의 하나였다. 그래서 이것으로 추리해 본다면, 갑골문에 보이는 이 글자가 바로 심(㝷, 尋)임을 풀이할 수가 있다. 그러나 갑골문에 보이는 심(㝷, 尋)의 자형과 소전체에 보이는 심(㝷, 尋)의 자형이 그 자형 형태에서 차이가 너무 크게 난다고 생각하여, 현재의 많은 학자들은 아직도 이러한 증명을 쉽게 받아들이려고 하지 않고 있다.

그리고〈도표 256〉에서 소개한 것처럼, 청동기 명문에 보이는 한 글자인 린(叜, 鄰, 隣)은 두 개의 위口와 하나의 문文으로 구성되어 있는데(), 그 의미는 린鄰이다. 이 린(叜, 鄰, 隣)의 자형이 사용된 예로는 '중산왕䜌정中山王䜌鼎' 및 마왕퇴馬王堆 백서帛書와 곽점郭店에서 출토된 초楚나라 죽간竹簡인《노자老子》에 보이는 '이웃나라가 서로 마주보고 있다'라는 뜻의 '인국상망鄰國相望'과 '마치 사방의 이웃을 두려워함과 같다'라는 뜻의 '약외사린若畏四鄰' 등의 구절에서 살펴볼 수가 있다. 그리고 이 린(鄰, 隣, 叜)에 대해《설문說文》에서는, "은 다섯 가구가 린鄰이 된다. 읍邑을 따르고, 린(粦, 粦)은 성부聲符이다"[1009]라고 하였다.

그런데 어떤 학자는 이 린(叜, 鄰, 隣)을 린吝으로 해석하면서, 나중에 가차假借되어 린(叜, 鄰, 隣)이 되었다고 여기고 있다. 그것은 이 린吝이 구口를 따르고 문文이 성부聲符이기 때문이라고 주장하기도 한다. 그러나 우리가 앞에서도 이미 언급했듯이, 상고음上古音에서 문文

1008 황회신黃懷信 주찬主撰,《대대례기 휘교집주大戴禮記彙校集注》,〈上卷〉, 卷第一,〈主言第三十九〉, 29쪽. 그 원문에 "然後布指知寸, 布手知尺, 舒肘知尋"이라고 되어 있다.

1009 (淸) 段玉裁注,《說文解字注》, 第十二卷, 第六篇注下,〈鄰〉, 286쪽. 그 원문에 ", 五家爲鄰, 从邑, 粦聲"이라고 되어 있다.

의 성모聲母는 린吝과 린(㗂, 鄰, 隣)의 성모와는 서로 동일한 유형에 속하지 않았다. 그래서 아마도 이 린吝과 린(㗂, 鄰, 隣)은 모두 문文을 성부로 삼지는 않았을 것이다. 더욱이 고대에는 노인을 몽둥이로 타살시킴으로써 영혼을 내보내고 환생을 기원하는 풍습이 있었는데, 아마도 후대가 되면서 경제적인 조건이 점점 더 나아졌을 뿐만 아니라 차마 사람을 타살시키지 못하는 인도적人道的인 사고까지 발달하게 되었을 것이다. 그러면서 이러한 고대의 장례 풍습은 몇 차례 커다란 변화를 가져왔고, 마침내는 시신에 문신文身을 새기거나 혹은 땅에 묻는 방식으로 정착되었을 것이다.

그래서 여기서 위의 문文, 린吝, 린(㗂, 鄰, 隣)의 몇 가지 글자에 대해서 다시 한 번 살펴볼 필요가 있다. 먼저 〈도표 1〉에서 소개한 것처럼, 갑골문에서 문文은 시신에 문신文身을 새기는 고대의 풍습을 표현하고 있다( ). 또한 〈도표 225〉에서 소개한 것처럼, 갑골문에서 린吝은 아마도 이러한 고대의 풍습을 따르지 않거나 혹은 정상적으로 사망한 경우에 거행하는 매장의 방식을 따르지 않음을 탄식하는 모습을 표현하고 있을 것이다. 그런데 이 린吝에서 구口의 자형 구성 부분은 깊은 구덩이를 나타내고 있다.[1010] 그리고 〈도표 256〉에서 이미 소개한 것처럼, 금문金文에 보이는 린(㗂, 鄰, 隣)의 자형 형태는 하나의 문文과 두 개의 위囗를 따르고 있다( ).

그런데 일반적으로 고문자에서 위囗는 어느 일정한 범위를 표현하고 있었다. 그래서 갑골문에서는 그것으로 사(死:)에서처럼 무덤을 나타내기도 하였고, 정(正:)이나 위(韋:)와 읍(邑:) 등에서처럼 거주 지역인 성읍城邑을 표현하기도 하였다. 그런데 성읍은 일반적으로 여러 곳에 흩어져 위치하고 있었지 서로 병렬되며 바로 이웃하지는 않았다. 그래서 이 린(㗂, 鄰, 隣)의 자형 형태와 같이 두 개의 위囗가 서로 병렬되어 배열된 것은 고대의 무덤에 보이는 질서정연하게 서로 이웃하며 배열된 무덤군의 모습과 가장 일치한다고 볼 수 있다. 또한 아마도 이것으로 이 린(㗂, 鄰, 隣)의 창의創意를 표현하고 있을 것이다.

그리고 다음의 〈도표 422〉에 보이는 월刖에 대해 《설문說文》에서는, " 은 끊는 것이다. 도刀를 따르고, 월月은 성부聲符이다"[1011]라고 하였다. 갑골문에서 이 월刖은 손에 쥔 톱에

1010 만약 이 린吝의 창의創意에서 구口가 깊은 구덩이를 의미하는 것이라면, 오히려 위囗로 표기하는 것이 더 정확한 표현일 것이다. 그러나 여기서는 《설문說文》의 해석에 따라 그냥 구口를 따른다고 표현하였다.
1011 (淸) 段玉裁注, 《說文解字注》, 第八卷, 第四篇注下, 〈刖〉, 183쪽. 그 원문에 " , 絶也. 从刀, 月聲"이라고 되어 있다.

도표 번호	상商나라의 갑골문甲骨文	주周나라의 금문金文	진秦나라의 소전小篆	한漢나라의 예서隸書	현대의 한자	글자의 창의創意
422	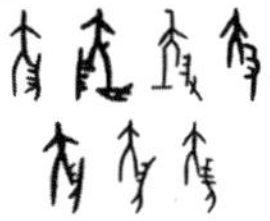		 s s s	刖 尣 尪 尫 尩	刖 尢 尪 尫 尩	한 사람이 톱으로 한쪽 발이 잘리는 형벌을 받고 있는 모습을 본뜨고 있다.

의해 한 사람의 한쪽 발이 잘리는 모습을 본뜨고 있는데, 두 다리의 길이가 서로 같지 않는 형벌을 받고 있음을 표현하고 있다. 그래서 이 월刖을 고적문헌과 서로 대조해 보면, 바로 월형刖刑을 의미하고 있음을 알 수가 있다.

그리고 이 월刖의 자형 형태를 놓고 본다면, 왕(尢, 尪, 尫, 尩)과도 서로 관련이 있음을 알 수 있다. 그래서 왕(尢, 尪, 尫, 尩)에 대해《설문說文》에서는, "尢은 절룩거리는 것이다. 정강이가 굽은 사람이다. 대大를 따르고, 한쪽으로 굽은 모습을 본뜨고 있다. 무릇 왕尢의 속屬들은 모두 이 왕尢을 따른다. 尪은 전문篆文이고, 황㞷을 따른다"[1012]라고 하였다.

이상의 네 가지 고문자를 고증하고 해석하는 주요한 방법들은 모두 이전 학자들의 오랜 기간에 걸친 고문자 연구 방법의 실천 및 그 연구 성과의 누적과 그것의 종합적인 결론에서 얻어진 것이다. 비록 각각의 방법은 그 내용에서 서로 조금씩 다르긴 하지만 상호 간에 보충적인 역할은 할 수가 있다. 그래서 이 네 가지 방법을 체계적으로 이해하고 파악하고 있으면, 고문자를 고증하고 해석하는 일에 있어서 틀림없이 커다란 도움을 받게 될 것이다. 사실 예전 학자가 해독하지 못했던 어느 고문자를 정확하게 고증하고 해석해 낸다는 것은 그다지 쉬운 일이 아니다. 그러나 이처럼 상당한 어려움이 있다고는 하더라도, 만약 기존 학자의 연구 성과를 겸허하게 받아들일 줄 알고 또한 그것을 바탕으로 정확한 방법과 과학적인 태도로 보다 엄밀하고 진지하게 연구를 진행해 나간다면, 이러한 어려움 정도는 충분히 극복할 수 있을 것이다. 그러나 만약 객관적으로 존재하는 각종 상황에 대해서는

1012 (清) 段玉裁注,《說文解字注》, 第十九卷, 第十篇注下,〈尢〉, 499쪽. 그 원문에 "尢, 尳也. 曲脛人也. 从大, 象偏曲之形. 凡尢之屬皆从尢. 尪, 篆文, 从㞷"이라고 되어 있다.

전혀 고려치 않고 다분히 자신의 주관적인 판단만으로 마음대로 추측하고 결론을 내린다면, 연구 성과를 얻어내기는커녕 오히려 다른 학자의 연구에 어려움을 가져오거나 혼란만 가중시킬 수 있다.

그래서 우리가 고문자를 고증하고 해석하는 일에 있어서 범하기 쉬운 몇 가지 오류를 예로 들어 보면 다음과 같다. 첫째, 결론을 미리 가정해 두고 오로지 그 주장을 그럴듯하게 둘러맞추려고만 한다. 둘째, 우성설右聲說을 남용하여 성부聲符의 의미에 대해 억지로 갖다 붙이는 식의 부회附會한 해석을 한다. 셋째, 어느 하나의 자형 형태에만 얽매여서 다른 이체자형異體字形에 대해서는 거의 고려하지 않는다. 넷째, 성운聲韻의 간접적인 음운 전환과 가차假借를 남용한다. 다섯째, 글자의 기본적인 자형 구조에 대해 소홀히 한다. 여섯째, 자형 변천 과정에 보이는 중요한 부분에 대해 소홀히 한다. 일곱째, 자형 형태가 지니고 있는 시대성의 문제 및 자형 구성 부분이 서로 결합된 후에 갖게 되는 합리성에 대해서 소홀히 한다. 마지막으로 여덟째, 《설문說文》의 해설에만 치중한다.

제8절 한자의 복잡성

중국에서 문자의 창조는 원래 자신의 의사를 전달하기 위한 한 수단에서 비롯되었기 때문에, 글자를 창조하려던 기본적인 구상의 복잡한 정도의 차이에 따라 자형 구성 부분의 수나 크기에 일정하게 정해진 제한이 없이 자유로이 표현할 수 있었다. 더욱이 중국의 언어는 대체로 단음절單音節의 특징을 지니고 있어서 발음을 표기하는 부분에도 일정한 어느 순서를 따로 정할 필요성이 그다지 없었다. 그런 까닭에 중국의 고문자에서는 글자를 쓸 적에 반드시 정해진 어느 자획으로 써야 한다거나, 심지어 정해진 어떤 특별한 형식의 자형 구조와 배열의 필요성도 요구되지 않았다. 그뿐만 아니라 자형의 변천도 자연적인 추세를 따르고 있었으므로, 각 지역에서 사용되던 자형의 변천 방향과 속도도 자연히 서로 일치하지 않았다. 그래서 이러한 요인이 나중에 한자의 자형 구조를 매우 복잡하게 변하도록 하였다.

이처럼 중국의 고문자古文字 형식에는 일정한 규칙이 없었으므로, 한 글자의 형부形符나 성부聲符, 혹은 자형 구성 부분의 배치 등이 대부분 우연한 자형 배열에 기초하면서 자형 형식의 절대적인 틀이 없었다. 다시 말하자면, 진秦나라가 문자를 통일하기 전까지만 해도 춘추시대春秋時代나 전국시대戰國時代의 각 나라는 각기 서로 독립적인 문자를 사용하였다. 그래서 가장 흔히 보이는 현상으로는 동일한 자형 구성 부분의 형태가 조금씩 달라지거나, 또는 대부분의 형부形符가 상호적으로 교체가 가능하든지, 혹은 성부聲符가 서로 동일하지 않을 수 있는 경우 등을 그 예로 들 수 있다.

위에서 설명한 내용의 간단한 한 증거로 사람이 측면으로 서 있는 모습의 '인人'을 그 예로 들 수 있다. 여기서 만약 고명高明의 《중국 고문자학 통론中國古文字學通論》의 내용을 참고한다면, 이 인人에 보이는 자형 형태의 변화는 다음의 그림(485쪽)에 예시된 것과 같이 십여 종 이상의 복잡하고 다양한 형태로 나타남을 알 수 있다.[1013]

〈자형 형태 변화의 예〉

그리고 기타 비교적 복잡한 자형 구성 부분을 가진 글자는 자형의 변화가 당연히 더 많은 편이었다. 이 경우에 있어서는 사용한 재료나 기물의 용도가 서로 동일하지 않는 측면에 보다 치중하였거나 아니면 기능이나 목적이 서로 동일하지 않는 측면에 더욱 치중하게 되면서, 비록 같은 의미를 가진 글자라고 해도 서로 다른 형부形符를 통해 그 의미를 표현하려고 하였다. 그래서 그 의미가 서로 가까운 일월日月, 목화木禾, 조우추鳥羽隹, 죽초竹艸, 건의巾衣, 옥금玉金, 족지足止, 수복우手攴又, 육골肉骨, 구언口言, 도과복刀戈攴, 과알戈歹, 견서치犬鼠豸, 혁위革韋, 계불건糸市巾 등과 같은 자형 구성 부분 사이에는 서로 상호 교체가 생겨날 수 있었다.

그러나 이에 반해 자형 형태가 서로 비슷한 글자는 대체로 그 글자를 제대로 식별해 낼 수 없었던 사람에 의해 틀리게 쓰여진 경우가 비교적 많은 편이었다. 예를 들어, 육조시대六朝時代의 비문碑文이나 돈황敦煌 사본寫本에 흔히 보이는 인입人入, 우량雨兩, 과조瓜爪, 구전口田, 육주肉舟, 도인시刀人尸, 석월夕月, 의졸衣卒, 도인刀刃, 일전日田, 구감口甘, 익과弋戈, 백자白自, 혈진부頁眞負, 복하复夏, 표률票栗, 작윤勺匀 등과 같은 자형 구성 부분 사이에서는

1013 고명高明, 《중국 고문자학 통론中國古文字學通論》(北京: 北京大學出版社, 1996년), 68쪽 참고.(원저자 주)

글자를 잘못 쓰는 경우가 종종 발생하곤 하였다. 그 외에도 두 자형 구성 부분 사이의 발음이 서로 비슷해서 상호 교체되는 경우도 있었다. 예를 들어, 취취聚取, 보부甫父, 오오五吾, 흉흉匈凶, 새술壐鉥, 전전甸田, 신천身千, 기기冀幾, 오오五午 등과 같은 성부聲符 사이에는 서로 상호 교체가 일어날 수 있었다.

그런데 언뜻 보기에 이들 사이에 마치 어떤 규칙이 있어 보이기는 하지만, 이들 대부분은 모두 대체로 서로 동일하지 않은 조건에 순응하면서 만들어진 결과였다. 그래서 항상 그 예외적인 예도 함께 존재하고 있었다. 그러므로 이러한 예를 근거로 삼아 함부로 자형 구성 부분을 교체하거나 해서는 안 된다. 그리고 우리가 앞에서 이미 언급한 것처럼, 중국 문자가 예서체隸書體나 해서체楷書體로 변화된 다음에는 이미 몇 가지의 기본적인 자획으로 일정하게 정형화의 길을 걷게 되었다. 그래서 더 이상 상형문자象形文字의 윤곽을 알아내기가 어려워졌을 뿐만 아니라, 글자의 창의創意도 또한 대부분 묻혀져 버리면서 자칫 우리를 잘못 인도하기도 한다.

이러한 중국 문자의 복잡성은 대체로 아래의 몇 가지 방면으로 귀납시킬 수 있다.

(가) 형성자形聲字와 표의자表意字는 자형의 구조에서 형식상의 차이가 거의 없다

자형 구성 부분에서 복攴은 항상 글자의 오른쪽에 놓여 '내려치다'나 '살해하다'라는 의미와 관련된 형부形符가 된다. 예를 들어, 구救에 대해《설문說文》에서는, "救는 막는 것이다. 복攴을 따르고, 구求는 성부聲符이다"[1014]라고 하였고, 또한 효效에 대해《설문說文》에서는, "效는 본받는 것이다. 복攴을 따르고, 교交는 성부聲符이다"[1015]라고 하였다. 그래서 이 구救와 효效는 모두 형부인 복攴을 따르는 형성자形聲字에 속한다.

그러나 앞의〈도표 284〉에서 소개한 목牧은 갑골문에서 복攴의 자형 구성 부분이 대부분 오른쪽에 있다(). 그렇지만 이 목牧은 손에 막대기를 들고 소를 모는 목축 행위를 표현하고 있기 때문에 오히려 표의자表意字에 속한다고 볼 수 있다. 이와 마찬가지 경우로 앞의〈도표 332〉에서 소개한 사赦에서 오른쪽에 있는 복攴의 자형 구성 부분은 세게 내리쳐서 상해를 입히는 동작을 표현하고 있다. 더욱이 이 사赦의 전체적인 자형 형태는 원래 한 사람을 채찍으로 내려쳐서 사형을 대신하는 사면赦免 행위를 의미하고 있으므로(),

---

1014 (清) 段玉裁注,《說文解字注》, 第六卷, 第三篇注下,〈救〉, 125쪽. 그 원문에 "救, 止也. 从攴, 求聲"이라고 되어 있다.
1015 (清) 段玉裁注,《說文解字注》, 第六卷, 第三篇注下,〈效〉, 124쪽. 그 원문에 "效, 象也. 从攴, 交聲"이라고 되어 있다.

이 사赦 역시 표의자에 속한다고 볼 수 있다.

그리고 이와 비슷한 경우의 예로 목沐과 휴(休, 庥)를 들 수 있다. 그래서 목沐에 대해《설문說文》에서는, "𣲖은 머리를 감는 것이다. 수水를 따르고, 목木은 성부聲符이다"[1016]라고 하였다. 그런데 이 목沐과 앞의 〈도표 169〉에서 소개한 휴(休, 庥)를 서로 비교해 보면, 두 글자 모두 자형 구성 부분의 오른쪽이 대체로 목木으로 되어 있음을 알 수 있다. 그러나 앞의 목沐은 수水를 따르는 형성자인 반면, 뒤의 휴(休, 庥)는 사람이 나무에 기대어 휴식을 취한다는 의미를 나타내는 표의자이다(𠇷 𣎴).

(나) 성부聲符나 형부形符가 모두 고정된 위치가 없다

일반적으로 대부분 형성자의 형부形符는 모두 일정하게 놓이는 위치가 있다. 예를 들어, 수水를 따르거나 금金을 따르거나 목木을 따르는 형부는 대체로 자형의 왼쪽에 놓인다. 그러나 가끔씩 예외의 경우도 있는데, 이럴 때에는 개별적인 글자의 구조를 좀더 살펴봐야 한다. 그렇지만 이에 대해 별달리 일정하게 정해진 규칙은 따로 없다.

금金을 예로 들어 보면, 이 금金은 대부분 형부로 주로 사용되며 그 위치도 왼쪽이나 아래쪽에 놓이게 된다. 그런데 금錦에 대해《설문說文》에서는, "錦은 양읍현襄邑縣에서 짜는 비단의 무늬이다. 백帛을 따르고, 금金은 성부聲符이다"[1017]라고 하였다. 이 금錦의 자형 구성 부분의 하나인 금金은 비록 그 위치가 왼쪽에 있기는 하지만, 이 금錦에서는 오히려 성부聲符로 사용되고 있다.

이와 마찬가지의 경우로 의衣도 대부분 형부로 사용되며, 그 위치는 대체로 왼쪽이나 혹은 어느 한 글자의 위와 아래쪽으로 나뉘어져 놓이게 된다. 그런데 애哀에 대해《설문說文》에서는, "哀는 슬퍼하는 것이다. 구口를 따르고, 의衣는 성부聲符이다"[1018]라고 하였다. 이 애哀의 자형 구성 부분의 하나인 의衣는 비록 그 놓인 위치가 일반적으로 형부가 되는 곳에 놓여 있기는 하지만, 여기서는 뜻밖에도 성부聲符로 사용되고 있다.

1016 (淸) 段玉裁注,《說文解字注》, 第二十一卷, 第十一篇注上之二, 〈沐〉, 568쪽. 그 원문에 "𣲖, 濯髮也. 从水, 木聲"이라고 되어 있다.

1017 (淸) 段玉裁注,《說文解字注》, 第十四卷, 第七篇注下, 〈錦〉, 367쪽. 그 원문에 "錦, 襄邑織文也. 从帛, 金聲"이라고 되어 있다.

1018 (淸) 段玉裁注,《說文解字注》, 第三卷, 第二篇注上, 〈哀〉, 61쪽. 그 원문에 "哀, 閔也. 从口, 衣聲"이라고 되어 있다. 그런데 이 애哀와 성부聲符인 의衣는 상고음上古音에서 동일하게 미부微部에 속하였다.

다시 언言을 예로 들어 보면, 이 언言의 자형 구성 부분도 주로 자형의 왼쪽에 놓이며 대부분 형부의 역할을 하고 있다. 그런데 변辯에 대해《설문說文》에서는, "辯은 다스리는 것이다. 언言을 따르고, 변辡 사이에 있다"[1019]라고 하였다. 이 변辯에서 언言은 오히려 두 자형 구성 부분 사이에 위치하고 있다.

(다) 동일한 구성 부분을 가진 글자는 그 구성 부분의 위치가 바뀌면서 의미가 같을 수도 있고 다를 수도 있다

이러한 경우의 예를 구체적으로 들어 보면, 군(羣, 群)에 대해《설문說文》에서는, "羣은 무리이다. 양羊을 따르고, 군君은 성부聲符이다"[1020]라고 하였고, 략(略, 畧)에 대해《설문說文》에서는, "略은 토지를 경영하고 경계를 짓는 것이다. 전田을 따르고, 각各은 성부聲符이다"[1021]라고 하였으며, 또한 참(慙, 慚)에 대해《설문說文》에서는, "慙은 부끄러운 것이다. 심心을 따르고, 참斬은 성부聲符이다"[1022]라고 하였다. 그런데 이 군(羣, 群)이나 략(略, 畧)이나 참(慙, 慚) 등은 그 자형 구성 부분의 위치를 위아래나 좌우로 바꿀 수 있다. 그리고 이와 마찬가지로 린(鄰, 隣, 㷠)도 자형 구성 부분의 위치를 좌우로 바꿀 수가 있다. 그래서 이 린(鄰, 隣, 㷠)에 대해《설문說文》에서는, "鄰은 다섯 가구가 린鄰이 된다. 읍邑을 따르고, 린(粦, 粦)은 성부聲符이다"[1023]라고 하였다.

그리고 회(匯, 滙)에 대해《설문說文》에서는, "匯는 그릇이다. 방匚을 따르고, 회淮는 성부聲符이다"[1024]라고 하였다. 이 회(匯, 滙)는 자형 구성 부분인 수水가 방匚의 밖으로 옮겨갈 수 있다. 또한 리(裏, 裡)에 대해《설문說文》에서는, "裏는 옷의 안쪽이다. 의衣를 따르고, 리里는 성부聲符이다"[1025]라고 하였다. 이 리(裏, 裡)는 왼쪽에 의衣가 있고 오른쪽에 리里가 있는

1019 (淸) 段玉裁注,《說文解字注》, 第二十八卷, 第十四篇注下,〈辯〉, 749쪽. 그 원문에 "辯, 治也. 从言, 在辡之閒"이라고 되어 있다.

1020 (淸) 段玉裁注,《說文解字注》, 第七卷, 第四篇注上,〈羣〉, 148쪽. 그 원문에 "羣, 輩也. 从羊, 君聲"이라고 되어 있다.

1021 (淸) 段玉裁注,《說文解字注》, 第二十六卷, 第十三篇注下,〈略〉, 703쪽. 그 원문에 "略, 經略土地也. 从田, 各聲"이라고 되어 있다. 그런데 이 략(略, 畧)과 성부聲符인 각各은 상고음上古音에서 동일하게 탁부鐸部에 속하였다.

1022 (淸) 段玉裁注,《說文解字注》, 第十九卷, 第十篇注下,〈慙〉, 519쪽. 그 원문에 "慙, 媿也. 从心, 斬聲"이라고 되어 있다.

1023 (淸) 段玉裁注,《說文解字注》, 第十二卷, 第六篇注下,〈鄰〉, 286쪽. 그 원문에 "鄰, 五家爲鄰. 从邑, 粦聲"이라고 되어 있다.

1024 (淸) 段玉裁注,《說文解字注》, 第二十四卷, 第十二篇注下,〈匯〉, 643쪽. 그 원문에 "匯, 器也. 从匚, 淮聲"이라고 되어 있다.

리裡로도 쓸 수 있다. 그 밖에도 유猶와 유猷는 진한시대秦漢時代의 경전에서 대부분 서로 통용하며 썼다. 그래서 이 유(猶, 猷)에 대해《설문說文》에서는, "𤞞는 원숭이의 속屬이다. 견犬을 따르고, 추酋는 성부聲符이다. 일설一說에 농서군隴西郡에서는 강아지를 일컬어 유猶라고도 한다"[1026]라고 하였고, 또한 유(猷, 猶)에 대해서《광운廣韻》에서는, "유猷는 꾀하는 것이다. 그치는 것이다. ……《설문說文》에 이르기를, '원숭이의 속屬이다. 일설一說에 농서군隴西郡에서는 강아지를 일컬어 유猷라고도 한다'라고 하였다. …… 유猶는 위와 같다. 또한 상尙이다. 사似이다"[1027]라고 하였다.

그러나 이상의 예와는 달리, 다음에 예로 드는 글자들은 비록 동일한 자형 구성 부분을 가지고는 있지만, 그 자형 구성 부분의 결합된 위치가 조금 변함에 따라 그 의미도 함께 달라지는 경우이다.

예를 들어,《설문說文》에서 "𢪐은 두 손을 마주잡는 것이다. 수手를 따르고, 공共은 성부聲符이다"[1028]라고 한 공拱과《설문說文》에서 "𢍏은 두 손이 함께 수갑에 채워진 것이다. 수手를 따르고, 공共은 성부聲符이다.《주례周禮》에 이르기를, '큰 죄를 저지르면 두 손에 수갑을 채우고, 두 발에는 차꼬를 채운다'라고 하였다. 𣓌은 공拲의 혹체或體이고, 목木을 따른다"[1029]라고 한 공拲,《설문說文》에서 "𢗯은 기억하지 못하는 것이다. 심心을 따르고, 망亡은 성부聲符이다"[1030]라고 한 망忘과《광운廣韻》에서 "망恾은 두려워하는 것이다. 망忙은 위와 같다"[1031]라고 한 망(忙, 恾),《설문說文》에서 "郵는 영토 내에서 문서를 보내는 집이다. 읍邑과 수(𠂹, 垂)를 따른다. 수(𠂹, 垂)는 변경邊境이다"[1032]라고 한 우郵와《설문說文》에서 "陲는 산세山

1025 (淸) 段玉裁注,《說文解字注》, 第十五卷, 第八篇注上,〈裏〉, 394쪽. 그 원문에 "裏, 衣內也. 从衣, 里聲"이라고 되어 있다.

1026 (淸) 段玉裁注,《說文解字注》, 第十八卷, 第十篇注上,〈猶〉, 481쪽. 그 원문에 "猶, 玃屬. 从犬, 酋聲. 一曰: 隴西謂犬子爲猶"라고 되어 있다. 그런데 이 유(猶, 猷)와 성부聲符인 추酋는 상고음上古音에서 동일하게 유부幽部에 속하였다.

1027 (宋) 陳彭年·丘雍,《宋本廣韻》, 第二卷, 尤第十八,〈猷〉, 37쪽. 그 원문에 "猷, 謀也. 已也. …… 說文曰: 玃屬. 一曰: 隴西謂犬子爲猷. …… 猶, 上同. 又尙也, 似也"라고 되어 있다.

1028 (淸) 段玉裁注,《說文解字注》, 第二十三卷, 第十二篇注上,〈拱〉, 601쪽. 그 원문에 "拱, 斂手也. 从手, 共聲"이라고 되어 있다.

1029 (淸) 段玉裁注,《說文解字注》, 第二十三卷, 第十二篇注上,〈拲〉, 616쪽. 그 원문에 "拲, 两手共同械也. 从手, 共聲. 周禮曰: 上辠, 梏拲而桎. 𣓌, 拲或, 从木"이라고 되어 있다.

1030 (淸) 段玉裁注,《說文解字注》, 第十九卷, 第十篇注下,〈忘〉, 514쪽. 그 원문에 "忘, 不識也. 从心, 亡聲"이라고 되어 있다.

1031 (宋) 陳彭年·丘雍,《宋本廣韻》, 第二卷, 唐第十一,〈忙〉, 26쪽. 그 원문에 "恾, 怖也. 忙, 上同"이라고 되어 있다.

勢가 험한 것이다. 부(𠂤, 阜)를 따르고, 수(垂, 垂)는 성부聲符이다"[1033]라고 한 수陲,《설문說文》에서 "䣊는 천수군天水郡에 있는 적부狄部이다. 읍邑을 따르고, 부否는 성부聲符이다"[1034]라고 한 부部와《설문說文》에서 "陪는 겹쳐진 땅이다. 일설一說에는 가득 찬 것이라고도 한다. 부(𠂤, 阜)를 따르고, 부咅는 성부聲符이다. 일설一說에 배신陪臣은 모시고 준비하는 사람이라고도 한다"[1035]라고 한 배陪,《설문說文》에서 "裹는 묶은 것이다. 의衣를 따르고, 과果는 성부聲符이다"[1036]라고 한 과裹와《설문說文》에서 "嬴는 벌거벗은 것이다. 의衣를 따르고, 라(𦝠, 羸)는 성부聲符이다. 祼는 라(臝, 裸)의 혹체或體이고, 과果를 따른다"[1037]라고 한 라(臝, 裸),《설문說文》에서 "圃는 나물을 심는 곳을 일컬어 포圃라고 한다. 위囗를 따르고, 보甫는 성부聲符이다"[1038]라고 한 포圃와《설문說文》에서 "哺는 음식을 머금어서 씹는 것이다. 구口를 따르고, 보甫는 성부聲符이다"[1039]라고 한 포哺 등이 있다.

(라) 표현하고 있는 사물의 유형이 서로 비슷한 형부形符는 동일한 의미를 가질 수도 있지만, 대부분은 그 의미가 서로 달라지기도 한다

이러한 내용도 한자의 복잡성을 대표하고 있는데, 이 경우는 간혹 어느 한 시대에는 비슷한 형부끼리 서로 통용되었지만 다른 시대에는 더 이상 통용되지 않기도 하였다. 그래서

1032 (清) 段玉裁注,《說文解字注》, 第十二卷, 第六篇注下,〈郵〉, 286-287쪽. 그 원문에 "郵, 竟上行書舍. 从邑垂. 垂, 邊也"라고 되어 있다.

1033 (清) 段玉裁注,《說文解字注》, 第二十八卷, 第十四篇注下,〈陲〉, 743쪽. 그 원문에 "陲, 危也. 从𠂤, 垂聲"이라고 되어 있다.

1034 (清) 段玉裁注,《說文解字注》, 第十二卷, 第六篇注下,〈部〉, 289-290쪽. 그 원문에 "䣊, 天水狄部. 从邑, 否聲"이라고 되어 있다.

1035 (清) 段玉裁注,《說文解字注》, 第二十八卷, 第十四篇注下,〈陪〉, 743쪽. 그 원문에 "陪, 重土也. 一曰: 滿也. 从𠂤, 咅聲. 一曰: 陪臣, 陪備也"라고 되어 있다. 그런데 이 배陪는 상고음上古音에서 지부之部에 속하였고, 성부聲符인 부咅는 상고음에서 후부侯部에 속하였다. 따라서 이 배陪와 부咅는 상고음에서 서로 동일한 큰 부류에 속하지 않았다.

1036 (清) 段玉裁注,《說文解字注》, 第十五卷, 第八篇注上,〈裹〉, 400쪽. 그 원문에 "裹, 纏也. 从衣, 果聲"이라고 되어 있다.

1037 (清) 段玉裁注,《說文解字注》, 第十五卷, 第八篇注上,〈臝〉, 400쪽. 그 원문에 "臝, 但也. 从衣, 𦝠聲. 裸, 臝或, 从果"라고 되어 있다.

1038 (清) 段玉裁注,《說文解字注》, 第十二卷, 第六篇注下,〈圃〉, 280쪽. 그 원문에 "圃, 所㠯種菜曰: 圃. 从囗, 甫聲"이라고 되어 있다.

1039 (清) 段玉裁注,《說文解字注》, 第三卷, 第二篇注上,〈哺〉, 56쪽. 그 원문에 "哺, 哺咀也. 从口, 甫聲"이라고 되어 있다.

여기에 해당하는 몇 가지 구체적인 예를 들어 보면 다음과 같다.

(1) 토土와 부(𨸏, 阜)

우선 앞의 〈도표 92〉에서 소개한 것처럼, 갑골문에서 토土는 흙덩어리의 모습을 본뜨고 있다( ). 또한 부(𨸏, 阜)에 대해《설문說文》에서는, "𨸏는 커다란 땅이다. 산에 돌이 없는 것이다. 상형자象形字이다. 무릇 부(𨸏, 阜)의 속屬들은 모두 이 부(𨸏, 阜)를 따른다. 𨺅는 고문古文이다"[1040]라고 하였다. 갑골문에서 이 부(𨸏, 阜)는 사다리의 모습을 본뜨고 있거나( ), 혹은 산의 모양을 옆으로 세워서 쓴 자형 형태를 취하고 있다( ). 그러나 이 두 자형 형태에는 거의 차이가 없으므로, 함께 뒤섞어서 이 자형 형태로 모두 산과 언덕의 형세를 표현하고 있다.

그런데 일반적으로 토土와 부(𨸏, 阜)는 모두 토지와 깊은 관련을 가지고 있으므로, 대부분의 경우에는 한 가지의 의미로 두 가지의 특징을 모두 겸할 수도 있었다. 그래서 가끔 토土를 취해서 조자造字하기도 하였고, 또는 동시에 부(𨸏, 阜)를 취해서 조자하기도 하였다.

예를 들어, 강(畺, 疆)에 대해《설문說文》에서는, "畺은 경계이다. 강畕을 따르고, 삼三은 그 경계를 지은 것이다. 疆은 강畺의 혹체或體이고, 토土를 따르며, 강彊은 성부聲符이다"[1041]라고 하였고( ), 지(阯, 址)에 대해《설문說文》에서는, "阯는 토대이다. 부(𨸏, 阜)를 따르고, 지止는 성부聲符이다. 址는 지阯의 혹체或體이고, 토土를 따른다"[1042]라고 하였으며, 갱(阬, 坑)에 대해서《설문說文》에서는, "阬은 구덩이가 깊고 큰 것이다. 부(𨸏, 阜)를 따르고, 항亢은 성부聲符이다"[1043]라고 하였고, 또한 갱(阬, 坑)에 대해서《광운廣韻》에서는, "갱阬은《이아爾雅》에서 이르기를, '비어 있는 것이다'라고 하였다. …… 갱坑은 위와 같다"[1044]라고

1040 (清) 段玉裁注,《說文解字注》, 第二十八卷, 第十四篇注下,〈𨸏〉, 738쪽. 그 원문에 "𨸏, 大陸也. 山無石者. 象形. 凡𨸏之屬皆从𨸏. 𨺅, 古文"이라고 되어 있다.

1041 (清) 段玉裁注,《說文解字注》, 第二十六卷, 第十三篇注下,〈畺〉, 704쪽. 그 원문에 "畺, 界也. 从畕, 三, 其介畫也. 疆, 畺或, 从土, 彊聲"이라고 되어 있다.

1042 (清) 段玉裁注,《說文解字注》, 第二十八卷, 第十四篇注下,〈阯〉, 741쪽. 그 원문에 "阯, 基也. 从𨸏, 止聲. 址, 阯或, 从土"라고 되어 있다.

1043 (清) 段玉裁注,《說文解字注》, 第二十八卷, 第十四篇注下,〈阬〉, 740쪽. 그 원문에 "阬, 閬也. 从𨸏, 亢聲"이라고 되어 있다. 그런데 이 갱(阬, 坑)과 성부聲符인 항亢은 상고음上古音에서 동일하게 양부陽部에 속하였다.

1044 (宋) 陳彭年·丘雍,《宋本廣韻》, 第二卷, 庚第十二,〈阬〉, 27쪽. 그 원문에 "阬, 爾雅曰: 虛也. …… 坑, 上同"이라고 되어 있다.

하였다. 그런데 여기서 이 강(畺, 疆)이나 지(阯, 址)나 갱(阬, 坑)의 세 글자는 그 의미가 모두 토土와 부(𠂤, 阜)의 자형 구성 부분과 서로 관련이 깊으므로, 두 자형 구성 부분 사이에는 서로 통용될 수가 있다.

그러나 이에 반해 현재 사용하고 있는 방(防, 埅, 坊)과 방坊, 배培와 배陪, 장場과 양陽, 피陂와 파坡 등의 글자들은 간혹 그 의미가 어느 한쪽에 편중되어 있거나 혹은 전통적인 습관으로 인해 서로 다른 의미를 지니는 경우이다.

방(防, 埅, 坊)에 대해《설문說文》에서는, "防은 둑이다. 부(𠂤, 阜)를 따르고, 방方은 성부聲符이다. 埅은 방防의 혹체或體이고, 토土를 따른다"[1045]라고 하였고, 방(防, 埅, 坊)에 대해《광운廣韻》에서는, "방防은 막는 것이고, 둑이다. 방坊은 위와 같다"[1046]라고 하였으며, 또한 방坊에 대해《광운廣韻》에서는, "방坊은 마을의 거리이다. 또한 주州의 이름이며, 원래 상군上郡의 땅이었다. 주周나라에서는 지금의 주州 경계에 말을 기르는 마방馬坊을 설치하였다. 당唐나라 고조高祖 때인 무덕武德 초기에 방주坊州를 두었는데, 마방馬坊으로 인해 그 이름을 삼았다. 한漢나라 관직에 태자방太子坊이 있었다. 방坊은 또한 관아의 이름이다. 또한 발음은 방房으로 난다"[1047]라고 하였다.

배培에 대해《설문說文》에서는, "培는 더욱 두터이 하는 것이다. 땅과 밭과 산천山川이다. 토土를 따르고, 부(咅, 音)는 성부聲符이다"[1048]라고 하였고, 또한 배陪에 대해《설문說文》에서는, "陪는 겹쳐진 땅이다. 일설一說에는 가득 찬 것이라고도 한다. 부(𠂤, 阜)를 따르고, 부音는 성부聲符이다. 일설一說에 배신陪臣은 모시고 준비하는 사람이라고도 한다"[1049]라고 하였다.

1045 (淸) 段玉裁注,《說文解字注》, 第二十八卷, 第十四篇注下,〈防〉, 740쪽. 그 원문에 "防, 隄也. 从𠂤, 方聲. 埅, 防或, 从土"라고 되어 있다.

1046 (宋) 陳彭年·丘雍,《宋本廣韻》, 第二卷, 陽第十,〈防〉, 22쪽. 그 원문에 "防, 防禦也, 隄防也. 坊, 上同"이라고 되어 있다.

1047 (宋) 陳彭年·丘雍,《宋本廣韻》, 第二卷, 陽第十,〈坊〉, 23쪽. 그 원문에 "坊, 坊巷. 亦州名, 本上郡地. 周於今州界置馬坊. 武德初置坊州, 因馬坊爲名. 漢官有太子坊. 坊亦省名. 又音房"이라고 되어 있다.

1048 (淸) 段玉裁注,《說文解字注》, 第二十六卷, 第十三篇注下,〈培〉, 696쪽. 그 원문에 "培, 培敦. 土田山川也. 从土, 咅聲"이라고 되어 있다. 그런데 이 배培는 상고음上古音에서 지부之部에 속하였고, 성부聲符인 부(咅, 音)는 상고음에서 후부侯部에 속하였다. 따라서 이 배培와 부(咅, 音)는 상고음에서 서로 동일한 큰 부류에 속하지 않았다.

1049 (淸) 段玉裁注,《說文解字注》, 第二十八卷, 第十四篇注下,〈陪〉, 743쪽. 그 원문에 "陪, 重土也. 一曰: 滿也. 从𠂤, 音聲. 一曰: 陪臣, 陪備也"라고 되어 있다. 그런데 이 배陪는 상고음上古音에서 지부之部에 속하였고, 성부聲符인 부音는 상고음에서 후부侯部에 속하였다. 따라서 이 배陪와 부音는 상고음에서 서로 동일한 큰 부류에 속하지 않았다.

였다. 그리고 장場에 대해《설문說文》에서는, "場은 신神을 제사지내는 평평한 땅이다. 일설一說에는 산에 있는 밭으로 농사짓지 않는 땅이라고도 한다. 일설一說에는 곡식을 정제하는 장소라고도 한다. 토土를 따르고, 양昜은 성부聲符이다"[1050]라고 하였고, 또한 양陽에 대해《설문說文》에서는, "陽은 높고 밝은 것이다. 부(𨸏, 阜)를 따르고, 양昜은 성부聲符이다"[1051]라고 하였다. 그 밖에도 피陂에 대해《설문說文》에서는, "陂는 산비탈이다. 부(𨸏, 阜)를 따르고, 피皮는 성부聲符이다. 일설一說에는 연못이라고도 한다"[1052]라고 하였고, 또한 파坡에 대해《설문說文》에서는, "坡는 비탈이다. 토土를 따르고, 피皮는 성부聲符이다"[1053]라고 하였다.

(2) 곽(𩫖, 郭)과 토土

우선 앞의 〈도표 7〉에서 소개한 것처럼, 갑골문에서 곽(𩫖, 郭)은 성곽의 모습을 본뜨고 있다( ). 또한 〈도표 92〉에서 소개한 것처럼, 갑골문에서 토土는 성을 쌓는 재료이다( ). 따라서 가끔 이 곽(𩫖, 郭)과 토土는 서로 대체될 수 있다.

예를 들어, 앞의 〈도표 372〉에서 소개한 성城에 대해《설문說文》에서는, "城은 그것으로 백성을 받아들이는 것이다. 토土와 성成을 따르고, 성成은 또한 성부聲符이다. 𩫨은 주문籒文의 성城이고, 곽(𩫖, 郭)을 따른다"[1054]라고 하였고( ), 도堵에 대해《설문說文》에서는, "堵는 담이다. 다섯 층의 판版이 도堵가 된다. 토土를 따르고, 자者는 성부聲符이다. 𩫌는 주문籒文이고, 곽(𩫖, 郭)을 따른다"[1055]라고 하였으며( ), 원垣에 대해《설문說文》에서는,

---

1050 (淸) 段玉裁注,《說文解字注》, 第二十六卷, 第十三篇注下, 〈場〉, 699-700쪽. 그 원문에 "場, 祭神道也. 一曰: 山田不耕者. 一曰: 治穀田也. 从土, 昜聲"이라고 되어 있다.

1051 (淸) 段玉裁注,《說文解字注》, 第二十八卷, 第十四篇注下, 〈陽〉, 738쪽. 그 원문에 "陽, 高明也. 从𨸏, 昜聲"이라고 되어 있다.

1052 (淸) 段玉裁注,《說文解字注》, 第二十八卷, 第十四篇注下, 〈陂〉, 738쪽. 그 원문에 "陂, 阪也. 从𨸏, 皮聲. 一曰: 池也"라고 되어 있다.

1053 (淸) 段玉裁注,《說文解字注》, 第二十六卷, 第十三篇注下, 〈坡〉, 689쪽. 그 원문에 "坡, 阪也. 从土, 皮聲"이라고 되어 있다. 그런데 이 파坡와 성부聲符인 피皮는 상고음上古音에서 동일하게 가부歌部에 속하였다.

1054 (淸) 段玉裁注,《說文解字注》, 第二十六卷, 第十三篇注下, 〈城〉, 695쪽. 그 원문에 "城, 㠯盛民也. 从土成, 成亦聲. 𩫨, 籒文城, 从𩫖"이라고 되어 있다.

1055 (淸) 段玉裁注,《說文解字注》, 第二十六卷, 第十三篇注下, 〈堵〉, 691쪽. 그 원문에 "堵, 垣也. 五版爲堵. 从土, 者聲. 𩫌, 籒文, 从𩫖"이라고 되어 있다. 그런데 이 도堵와 성부聲符인 자者는 상고음上古音에서 동일하게 어부魚部에 속하였다.

"垣은 담이다. 토土를 따르고, 선(亘, 亘)은 성부聲符이다. 𩫖은 주문籒文의 원垣이고, 곽(𩫏, 郭)을 따른다"[1056]라고 하였고(垣), 또한 배坏에 대해《설문說文》에서는, "坏는 언덕이 한 겹으로 만들어진 것이다. 일설一說에는 토기가 아직 구워지지 않은 것이라고도 한다. 토土를 따르고, 부不는 성부聲符이다"[1057]라고 하였다(坏 坏 坏). 이 글자들에서 곽(𩫏, 郭)과 토土는 서로 통용될 수 있다.

(3) 전田과 토土

우선 앞의〈도표 48〉에서 소개한 것처럼, 갑골문에서 전田은 구획된 논밭의 모습을 본뜨고 있다(田田田). 그래서 이 전田과〈도표 92〉에서 소개한 토土는 모두 땅과 관련된 일이다.

예를 들어,〈도표 273〉에서 소개한 류(畱, 留)에 대해《설문說文》에서는, "畱는 머무르는 것이다. 전田을 따르고, 유丣는 성부聲符이다"[1058]라고 하였고(畱 畱), 좌(坐, 坐)에 대해서《설문說文》에서는, "坐는 쉬는 것이다. 류畱의 생략형을 따르고, 토土를 따른다. 토土는 쉬는 곳이다. 이것과 류畱는 같은 뜻이다. 坐는 고문古文의 좌(坐, 坐)이다"[1059]라고 하였으며, 역(或, 域)에 대해《설문說文》에서는, "或은 나라이다. 위囗를 따르고, 과戈는 그것으로 그 일一을 지키는 것이다. 일一은 땅이다. 域은 역或의 혹체或體이고, 토土를 따른다"[1060]라고 하였고,[1061] 형型에 대해《설문說文》에서는, "型은 그릇을 주조하는 모형이다. 토土를 따르고, 형(刑, 刑)은 성부聲符이다"[1062]라고 하였다(型 型 型 型 型 型). 이 글자들은 모두 전田과 토土가

1056 (淸) 段玉裁注,《說文解字注》, 第二十六卷, 第十三篇注下,〈垣〉, 691쪽. 그 원문에 "垣, 牆也. 从土, 亘聲. 𩫖, 籒文垣, 从𩫏"이라고 되어 있다.

1057 (淸) 段玉裁注,《說文解字注》, 第二十六卷, 第十三篇注下,〈坏〉, 698쪽. 그 원문에 "坏, 丘一成者也. 一曰: 瓦未燒. 从土, 不聲"이라고 되어 있다. 그런데 이 배坏와 성부聲符인 부不는 상고음上古音에서 동일하게 지부之部에 속하였다.

1058 (淸) 段玉裁注,《說文解字注》, 第二十六卷, 第十三篇注下,〈畱〉, 704쪽. 그 원문에 "畱, 止也. 从田, 丣聲"이라고 되어 있다.

1059 (淸) 段玉裁注,《說文解字注》, 第二十六卷, 第十三篇注下,〈坐〉, 693-694쪽. 그 원문에 "坐, 止也. 从畱省, 从土. 土, 所止也. 此與畱同意. 坐, 古文坐"라고 되어 있다.

1060 (淸) 段玉裁注,《說文解字注》, 第二十四卷, 第十二篇注下,〈或〉, 637쪽. 그 원문에 "或, 邦也. 从囗, 戈㠯守其一. 一, 地也. 域, 或或, 从土"라고 되어 있다.

1061《한간汗簡》에서는 이 역(或, 域)이 전田을 따르고, 역(或, 域)을 따르는 자형으로 구성되어 있다(원저자 주). 그런데 여기서 말하는《한간汗簡》이란 송宋나라의 곽충서郭忠恕가 편찬한 책으로, 총 7권이다. 이 책에 실린 글자체는 대부분 전국시대戰國時代 간백서적簡帛書籍에 보이던 고문자 자형에서 유래하였는데, 역대로 전해 내려오던 고문자 자형을 모두 모아놓은 책이다.

서로 통용될 수 있다.

(4) 알(歺, 歹)과 목木

먼저 알(歺, 歹)에 대해《설문說文》에서는, "歺은 살을 발라낸 뼈의 나머지이다. 절반의 과冎를 따른다. 무릇 알歺의 속屬들은 모두 이 알歺을 따른다. 발음은 얼안櫱岸의 얼櫱과 같다. 歺은 고문古文의 알歺이다"[1063]라고 하였다. 갑골문에서 이 알(歺, 歹)은 사람의 남은 유골 모양을 본뜨고 있다(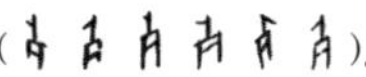). 또한 앞의 〈도표 79〉에서 소개한 것처럼, 갑골문에서 목木은 나무의 모양을 본뜨고 있다(). 그런데 사람이 죽은 후에 남는 유골과 나무는 모두 바싹 마르고 썩는 물건이다.

예를 들어, 후(㱙, 朽)에 대해《설문說文》에서는, "㱙는 썩는 것이다. 알歺을 따르고, 고丂는 성부聲符이다. 朽는 후(㱙, 朽)의 혹체或體이고, 목木을 따른다"[1064]라고 하였다. 그리고 고(殆, 枯)에 대해《설문說文》에서는, "殆는 마른 것이다. 알歺을 따르고, 고古는 성부聲符이다"[1065]라고 하였고, 또한 고枯에 대해《설문說文》에서는, "枯는 마른 것이다. 목木을 따르고, 고古는 성부聲符이다.《상서尙書》〈하서夏書〉에 이르기를, '오로지 조릿대와 노죽簬竹과 호楛나무'라고 하였다. 고枯는 나무 이름이다"[1066]라고 하였다. 이 글자들은 모두 알(歺, 歹)과 목木이 서로 통용될 수 있다.

(5) 미米와 화禾

우선 앞의 〈도표 90〉에서 소개한 것처럼, 갑골문에서 미米는 곡류의 농작물을 탈곡시키고 남은 낟알의 모양을 본뜨고 있다(). 또한 앞의 〈도표 77〉에서 소개한 것처럼, 갑골문에

1062 (淸) 段玉裁注,《說文解字注》, 第二十六卷, 第十三篇注下, 〈型〉, 695쪽. 그 원문에 "型, 鑄器之灋也. 从土, 荆聲"이라고 되어 있다.

1063 (淸) 段玉裁注,《說文解字注》, 第八卷, 第四篇注下, 〈歺〉, 163쪽. 그 원문에 "歺, 𠛱骨之殘也. 从半冎. 凡歺之屬皆从歺. 讀若櫱岸之櫱. 歺, 古文歺"이라고 되어 있다.

1064 (淸) 段玉裁注,《說文解字注》, 第八卷, 第四篇注下, 〈㱙〉, 165쪽. 그 원문에 "㱙, 腐也. 从歺, 丂聲. 朽, 㱙或, 从木"이라고 되어 있다. 그런데 이 후(㱙, 朽)와 성부聲符인 고丂는 상고음上古音에서 동일하게 유부幽部에 속하였다.

1065 (淸) 段玉裁注,《說文解字注》, 第八卷, 第四篇注下, 〈殆〉, 166쪽. 그 원문에 "殆, 枯也. 从歺, 古聲"이라고 되어 있다.

1066 (淸) 段玉裁注,《說文解字注》, 第十一卷, 第六篇注上, 〈枯〉, 254쪽. 그 원문에 "枯, 槁也. 從木, 古聲. 夏書曰: 唯箘輅枯. 枯, 木名也"라고 되어 있다.

서 화禾는 농작물의 포기와 줄기 모양을 본뜨고 있다(禾 禾).

예를 들어, 강(穅, 康, 糠)에 대해《설문說文》에서는, "穅은 곡식의 껍질이다. 화禾와 미米를 따르고, 경庚은 성부聲符이다. 康은 강穅의 혹체或體이고, 생략해서 썼다"[1067]라고 하였고, 갱(秔, 稉, 粳)에 대해《설문說文》에서는, "秔은 벼의 속屬이다. 화禾를 따르고, 항亢은 성부聲符이다. 稉은 속체俗體의 갱秔이다"[1068]라고 하였으며, 갱(秔, 稉, 粳)에 대해서《광운廣韻》에서는, "갱秔은 메벼이다. 갱稉은 위와 같다. 갱粳은 속체俗體이다"[1069]라고 하였고, 앞의〈도표 392〉에서 이미 소개한 름(亩, 廩)에 대해《설문說文》에서는, "亩은 곡식이 저장되고 들어오는 곳이다. 종묘宗廟의 제사에 쓰는 기장이 저장되는데, 푸르고 누르스름할 적에 조심스럽게 그것을 얻는다. 그래서 그것을 일컬어 름(亩, 廩)이라고 한다. 입入을 따른다. 회回를 따르고, 집의 모양을 본뜨고 있으며, 가운데는 창문이 있다. 무릇 름(亩, 廩)의 속屬들은 모두 이 름(亩, 廩)을 따른다. 廩은 름(亩, 廩)의 혹체或體이고, 엄广과 품稟을 따른다"[1070]라고 하였으며, 량糧에 대해《설문說文》에서는, "糧은 곡식과 음식이다. 미米를 따르고, 량量은 성부聲符이다"[1071]라고 하였고,[1072] 종種에 대해《설문說文》에서는, "種은 일찍 심고 늦게 익는 것이다. 화禾를 따르고, 중重은 성부聲符이다"[1073]라고 하였으며,[1074] 또한 앞의〈도표 97〉에서 소개한 속(稟, 粟: 稟 粟) 등이 있다.[1075] 이처럼 위에서 예로 든 일곱 글자는 모두 벼과의 농작물이나 그 낟알과 관련이 있다. 따라서 이 글자들은 미米와 화禾 중에서 어느 것도 동일한 의미의

1067 (淸) 段玉裁注,《說文解字注》, 第十三卷, 第七篇注上,〈穅〉, 327-328쪽. 그 원문에 "穅, 穀之皮也. 从禾米, 庚聲. 康, 穅或, 省作"이라고 되어 있다. 그런데 이 강(穅, 康, 糠)과 성부聲符인 경庚은 상고음上古音에서 동일하게 양부陽部에 속하였다.

1068 (淸) 段玉裁注,《說文解字注》, 第十三卷, 第七篇注上,〈秔〉, 326쪽. 그 원문에 "秔, 稻屬. 从禾, 亢聲. 稉, 俗秔"이라고 되어 있다. 그런데 이 갱(秔, 稉, 粳)과 성부聲符인 항亢은 상고음上古音에서 동일하게 양부陽部에 속하였다.

1069 (宋) 陳彭年·丘雍,《宋本廣韻》, 第二卷, 庚第十二,〈秔〉, 27쪽. 그 원문에 "秔, 秔稻. 稉, 上同. 粳, 俗"이라고 되어 있다.

1070 (淸) 段玉裁注,《說文解字注》, 第十卷, 第五篇注下,〈亩〉, 232-233쪽. 그 원문에 "亩, 穀所振入也. 宗廟粢盛, 蒼黃亩而取之. 故謂之亩. 从入, 从回, 象屋形. 中有戶牖. 凡亩之屬皆从亩. 廩, 亩或, 从广稟"이라고 되어 있다.

1071 (淸) 段玉裁注,《說文解字注》, 第十三卷, 第七篇注上,〈糧〉, 336쪽. 그 원문에 "糧, 穀食也. 从米, 量聲"이라고 되어 있다.

1072《한간汗簡》에서는 이 량糧이 화禾를 따르는 자형으로 구성되어 있다.(원저자 주)

1073 (淸) 段玉裁注,《說文解字注》, 第十三卷, 第七篇注上,〈種〉, 324쪽. 그 원문에 "種, 先種後孰也. 从禾, 重聲"이라고 되어 있다.

1074 고대의 도장문자에서는 이 종種이 미米를 따르는 자형으로 구성되어 있다.(원저자 주)

1075 고대의 도장문자에서는 이 속(稟, 粟)이 화禾를 따르는 자형으로 구성되어 있다.(원저자 주)

형부形符로 삼을 수 있다.

그러나 다음의 두 부류는 치중하는 부분이 서로 다르기 때문에, 미米와 화禾의 상호 교체가 불가능하다. 예를 들어, 과科에 대해《설문說文》에서는, "科는 가늠하는 것이다. 화禾와 두斗를 따른다. 두斗라는 것은 재는 도구이다"[1076]라고 하였고, 료料에 대해《설문說文》에서는, "料는 재는 것이다. 미米를 따르고, 두斗 안에 있다. 발음은 료遼와 같다"[1077]라고 하였다. 또한 조租에 대해《설문說文》에서는, "租는 밭에 부과되는 세금이다. 화禾를 따르고, 조且는 성부聲符이다"[1078]라고 하였고, 조粗에 대해《설문說文》에서는, "粗는 거친 것이다. 미米를 따르고, 조且는 성부聲符이다"[1079]라고 하였다.

(6) 미米와 식食

우선 앞의 〈도표 90〉에서 소개한 것처럼, 갑골문에서 미米는 곡식 낟알의 모양을 본뜨고 있다(米 米). 또한 〈도표 199〉에서 소개한 것처럼, 갑골문에서 식食은 뚜껑을 덮어 둔 익힌 음식의 모습을 본뜨고 있다. 그래서 이 미米와 식食은 모두 식사하는 일과 관련이 있다.

예를 들어, 립粒에 대해《설문說文》에서는, "粒은 낟알이다. 미米를 따르고, 립立은 성부聲符이다. 𥹝은 고문古文이고, 식食을 따른다"[1080]라고 하였고, 또한 자(餈, 粢)에 대해《설문說文》에서는, "餈는 쌀로 만든 떡이다. 식食을 따르고, 차次는 성부聲符이다. 𩟄는 자餈의 혹체或體이고, 제齊를 따른다. 粢는 자餈의 혹체或體이고, 미米를 따른다"[1081]라고 하였다. 이 립粒과 자(餈, 粢)에서 미米와 식食은 서로 통용될 수 있다.

1076 (清) 段玉裁注,《說文解字注》, 第十三卷, 第七篇注上,〈科〉, 330쪽. 그 원문에 "科, 程也. 从禾斗. 斗者, 量也"라고 되어 있다.

1077 (清) 段玉裁注,《說文解字注》, 第二十七卷, 第十四篇注上,〈料〉, 725쪽. 그 원문에 "料, 量也. 从米, 在斗中. 讀若遼"라고 되어 있다.

1078 (清) 段玉裁注,《說文解字注》, 第十三卷, 第七篇注上,〈租〉, 329쪽. 그 원문에 "租, 田賦也. 从禾, 且聲"이라고 되어 있다.

1079 (清) 段玉裁注,《說文解字注》, 第十三卷, 第七篇注上,〈粗〉, 334쪽. 그 원문에 "粗, 疏也. 从米, 且聲"이라고 되어 있다.

1080 (清) 段玉裁注,《說文解字注》, 第十三卷, 第七篇注上,〈粒〉, 334-335쪽. 그 원문에 "粒, 糂也. 从米, 立聲. 𥹝, 古文, 从食"이라고 되어 있다.

1081 (清) 段玉裁注,《說文解字注》, 第十卷, 第五篇注下,〈餈〉, 221쪽. 그 원문에 "餈, 稻餅也. 从食, 次聲. 𩟄, 餈或, 从齊. 粢, 餈或, 从米"라고 되어 있다.

(7) 구口와 언言

구口에 대해《설문說文》에서는, "口는 사람이 그것으로 말하고 먹는 것이다. 상형자象形字이다. 무릇 구口의 속屬들은 모두 이 구口를 따른다"[1082]라고 하였다. 갑골문에서 이 구口는 발성 기관의 모습을 본뜨고 있다(). 또한 앞의 〈도표 234〉에서 소개한 것처럼, 갑골문에서 언言은 긴 관악기의 모습을 본뜨고 있는데(), 고대에는 이것으로 정부의 시책을 선포하였다. 그래서 대부분의 경우에는 한 가지의 의미로 두 가지의 특징을 모두 겸할 수도 있었기 때문에, 가끔 구口를 취하거나 혹은 언言을 취해서 조자하기도 하였다.

예를 들어, 영(詠, 咏)에 대해《설문說文》에서는, "詠은 노래하는 것이다. 언言을 따르고, 영永은 성부聲符이다. 咏은 영詠의 혹체或體이고, 구口를 따른다"[1083]라고 하였고, 와(吪, 訛)에 대해《설문說文》에서는, "吪는 움직이는 것이다. 구口를 따르고, 화化는 성부聲符이다.《시경詩經》에 이르기를, '오히려 잠에 취해 움직이고 싶지 않다'라고 하였다"[1084]라고 하였으며, 또한 모謨에 대해《설문說文》에서는, "謨는 의논하여 계획하는 것이다. 언言을 따르고, 막莫은 성부聲符이다.《상서尙書》〈우서虞書〉에 고요모咎繇謨가 있다. 暮는 고문古文의 모謨이고, 구口를 따른다"[1085]라고 하였다. 이 영(詠, 咏)과 와(吪, 訛)와 모謨 세 글자의 의미는 모두 소리를 내는 것 및 정부 시책의 선포와 깊은 관련이 있으므로, 여기서 구口와 언言은 서로 통용될 수 있다.

그러나 다음의 세 부류는 그 의미가 서로 다르다. 예를 들어, 애喝에 대해《설문說文》에서는, "喝는 목이 쉰 것이다. 구口를 따르고, 갈曷은 성부聲符이다"[1086]라고 하였고, 또한 알謁에 대해《설문說文》에서는, "謁은 아뢰는 것이다. 언言을 따르고, 갈曷은 성부聲符이다"[1087]라고

1082 (淸) 段玉裁注,《說文解字注》, 第三卷, 第二篇注上,〈口〉, 54쪽. 그 원문에 "口, 人所目言食也. 象形. 凡口之屬皆从口"라고 되어 있다.

1083 (淸) 段玉裁注,《說文解字注》, 第五卷, 第三篇注上,〈詠〉, 95쪽. 그 원문에 "詠, 歌也. 从言, 永聲. 咏, 詠或, 从口"라고 되어 있다.

1084 (淸) 段玉裁注,《說文解字注》, 第三卷, 第二篇注上,〈吪〉, 61쪽. 그 원문에 "吪, 動也. 从口, 化聲. 詩曰: 尙寐無吪"라고 되어 있다.

1085 (淸) 段玉裁注,《說文解字注》, 第五卷, 第三篇注上,〈謨〉, 92쪽. 그 원문에 "謨, 議謀也. 从言, 莫聲. 虞書曰: 咎繇謨. 暮, 古文謨, 从口"라고 되어 있다. 그런데 이 모謨는 상고음上古音에서 어부魚部에 속하였고, 성부聲符인 막莫은 상고음에서 탁부鐸部에 속하였다. 따라서 이 모謨와 막莫은 모두 고운古韻에서 어탁양魚鐸陽의 큰 부류에 속하였다.

1086 (淸) 段玉裁注,《說文解字注》, 第三卷, 第二篇注上,〈喝〉, 61쪽. 그 원문에 "喝, 㵣也. 从口, 曷聲"이라고 되어 있다. 그런데 이 애喝와 성부聲符인 갈曷은 상고음上古音에서 동일하게 월부月部에 속하였다.

하였다. 흘吃에 대해《설문說文》에서는, "吃은 말이 더듬거리며 힘든 것이다. 구口를 따르고, 기气는 성부聲符이다"[1088]라고 하였고, 또한 글訖에 대해《설문說文》에서는, "訖은 말을 마치는 것이다. 언言을 따르고, 기气는 성부聲符이다"[1089]라고 하였다. 그리고 우訏에 대해《설문說文》에서는, "訏는 거짓말하고 속이는 것이다. 언言을 따르고, 우于는 성부聲符이다. 일설一說에 우訏는 '아!' 하고 탄식하는 것이라고도 한다. 제齊나라와 초楚나라에서는 믿음이 있는 것을 일컬어 우訏라고도 한다"[1090]라고 하였고, 또한 우吁에 대해《설문說文》에서는, "吁는 놀라는 것이다. 구口를 따르고, 우亐는 성부聲符이다"[1091]라고 하였다.

(8) 구口와 흠欠

흠欠에 대해《설문說文》에서는, "欠은 입을 벌려서 기운이 흩어지는 것이다. 기气가 인儿 위에서 나오는 모습을 본뜨고 있다. 무릇 흠欠의 속屬들은 모두 이 흠欠을 따른다"[1092]라고 하였다. 갑골문에서 이 흠欠은 사람이 입을 벌리고 숨을 내쉬는 모습을 본뜨고 있다 (). 이처럼 구口와 흠欠은 모두 숨을 내쉬는 동작과 관련이 있으므로 서로 통용될 수 있다.

예를 들어, 탄(嘆, 歎)에 대해《설문說文》에서는, "嘆은 소리를 삼키며 탄식하는 것이다. 구口를 따르고, 탄歎의 생략형이 성부聲符이다. 일설一說에는 크게 한숨을 내쉬는 것이라고도 한다"[1093]라고 하였고, 또한 탄(歎, 嘆)에 대해《설문說文》에서는, "歎은 읊조리는 것이다.

1087 (淸) 段玉裁注,《說文解字注》, 第五卷, 第三篇注上, 〈謁〉, 90쪽. 그 원문에 "謁, 白也. 从言, 曷聲"이라고 되어 있다.

1088 (淸) 段玉裁注,《說文解字注》, 第三卷, 第二篇注上, 〈吃〉, 59쪽. 그 원문에 "吃, 言蹇難也. 从口, 气聲"이라고 되어 있다. 그런데 이 흘吃은 상고음上古音에서 물부物部에 속하였고, 성부聲符인 기气는 상고음에서 미부微部에 속하였다. 따라서 이 흘吃과 기气는 모두 고운古韻에서 미물문微物文의 큰 부류에 속하였다.

1089 (淸) 段玉裁注,《說文解字注》, 第五卷, 第三篇注上, 〈訖〉, 95쪽. 그 원문에 "訖, 止也. 从言, 气聲"이라고 되어 있다. 그런데 이 글訖은 상고음上古音에서 물부物部에 속하였고, 성부聲符인 기气는 상고음에서 미부微部에 속하였다. 따라서 이 글訖과 기气는 모두 고운古韻에서 미물문微物文의 큰 부류에 속하였다.

1090 (淸) 段玉裁注,《說文解字注》, 第五卷, 第三篇注上, 〈訏〉, 100쪽. 그 원문에 "訏, 詭譌也. 从言, 于聲. 一曰: 訏, 謩. 齊楚謂信曰: 訏"라고 되어 있다.

1091 (淸) 段玉裁注,《說文解字注》, 第三卷, 第二篇注上, 〈吁〉, 60쪽. 그 원문에 "吁, 驚也. 从口, 亐聲"이라고 되어 있다.

1092 (淸) 段玉裁注,《說文解字注》, 第十五卷, 第八篇注下, 〈欠〉, 414-415쪽. 그 원문에 "欠, 張口气悟也. 象气从儿上出之形. 凡欠之屬皆从欠"이라고 되어 있다.

1093 (淸) 段玉裁注,《說文解字注》, 第三卷, 第二篇注上, 〈嘆〉, 61쪽. 그 원문에 "嘆, 吞歎也. 从口, 歎省聲. 一曰: 大息也"라고 되어 있다.

감정에 즐거운 바가 있어 읊조리며 노래를 부르는 것을 일컫는다. 흠欠을 따르고, 난(鸛, 難)의 생략형이 성부聲符이다. 歎은 주문籒文의 탄歎이고, 생략하지 않았다"[1094]라고 하였다.

그러나 다음의 애喝와 헐歇은 그 의미가 서로 다르다. 그래서 애喝에 대해《설문說文》에서는, "喝는 목이 쉰 것이다. 구口를 따르고, 갈曷은 성부聲符이다"[1095]라고 하였고, 또한 헐歇에 대해《설문說文》에서는, "歇은 쉬는 것이다. 일설一說에는 기운이 흩어지며 새는 것이라고도 한다. 흠欠을 따르고, 갈曷은 성부聲符이다. 발음은 향내가 모두 사라짐의 헐歇과 같다"[1096]라고 하였다.

(9) 언言과 흠欠

언言과 흠欠은 모두 숨을 내쉴 수 있는 동작이므로 서로 통용될 수 있다. 예를 들어, 가(歌, 謌)에 대해서《설문說文》에서는, "歌는 노래하는 것이다. 흠欠을 따르고, 가哥는 성부聲符이다. 謌는 가歌의 혹체或體이고, 언言을 따른다"[1097]라고 하였다.

(10) 심心과 언言

심心에 대해《설문說文》에서는, "心은 사람의 심장으로, 토土에 속하는 장부臟腑이다. 몸의 가운데에 있다. 상형자象形字이다. 금문今文 오경박사五經博士의 학설에서는 이것을 화火에 속하는 장부臟腑라고 여겼다. 무릇 심心의 속屬들은 모두 이 심心을 따른다"[1098]라고 하였다. 갑골문에서 이 심心은 사람의 심장 모양을 본뜨고 있다(). 그런데 심心과 언言은 모두 사람의 생각을 표현해 낼 수 있으므로 서로 통용될 수 있다.

예를 들어, 덕(德, 悳, 悳, 悳)에 대해《설문說文》에서는, "德은 오르는 것이다. 척彳을 따르고,

1094 (淸) 段玉裁注,《說文解字注》, 第十五卷, 第八篇注下,〈歎〉, 416쪽. 그 원문에 "歎, 吟也. 謂情有所悅, 吟歎而歌詠. 从欠, 鸛省聲. 歎, 籒文歎, 不省"이라고 되어 있다.

1095 (淸) 段玉裁注,《說文解字注》, 第三卷, 第二篇注上,〈喝〉, 61쪽. 그 원문에 "喝, 㵣也. 从口, 曷聲"이라고 되어 있다. 그런데 이 애喝와 성부聲符인 갈曷은 상고음上古音에서 동일하게 월부月部에 속하였다.

1096 (淸) 段玉裁注,《說文解字注》, 第十五卷, 第八篇注下,〈歇〉, 415쪽. 그 원문에 "歇, 息也. 一曰: 气越泄. 从欠, 曷聲. 讀若香臭盡歇"이라고 되어 있다. 그런데 이 헐歇과 성부聲符인 갈曷은 상고음上古音에서 동일하게 월부月部에 속하였다.

1097 (淸) 段玉裁注,《說文解字注》, 第十五卷, 第八篇注下,〈歌〉, 416쪽. 그 원문에 "歌, 詠也. 从欠, 哥聲. 謌, 歌或, 从言"이라고 되어 있다.

1098 (淸) 段玉裁注,《說文解字注》, 第十九卷, 第十篇注下,〈心〉, 506쪽. 그 원문에 "心, 人心, 土臧也. 在身之中. 象形. 博士說, 目爲火臧. 凡心之屬皆从心"이라고 되어 있다.

덕(悳, 德)은 성부聲符이다"[1099]라고 하였고(), 수讎에 대해《설문說文》에서는, "讎는 대답하는 것과 같다. 언言을 따르고, 수雔는 성부聲符이다"[1100]라고 하였으며(), 경警에 대해《설문說文》에서는, "警은 말로 하는 경계이다. 언言과 경敬을 따르고, 경敬은 또한 성부聲符이다"[1101]라고 하였고(), 훈訓에 대해《설문說文》에서는, "訓은 말로 풀어서 가르치는 것이다. 언言을 따르고, 천川은 성부聲符이다"[1102]라고 하였으며(), 유悠에 대해《설문說文》에서는, "悠는 근심하는 것이다. 심心을 따르고, 유攸는 성부聲符이다"[1103]라고 하였고(), 앞의 〈도표 379〉에서 소개한 패(誖, 悖)에 대해《설문說文》에서는, "誖는 어지러운 것이다. 언言을 따르고, 패孛는 성부聲符이다. 悖는 패誖의 혹체或體이고, 심心을 따른다. 𧧒는 주문籒文의 패誖이고, 두 개의 역或을 따른다"[1104]라고 하였으며(), 소(諦, 愬, 訴)에 대해《설문說文》에서는, "諦는 알리는 것이다. 언言을 따르고, 척(庘, 斥)은 성부聲符이다.《논어論語》에 이르기를, '자로子路를 계손季孫에게 참소讒訴하였다'라고 하였다. 𧦝는 소(諦, 訴)의 혹체或體이고, 언言과 삭朔을 따른다. 愬는 소(諦, 訴)의 혹체或體이고, 삭朔과 심心을 따른다"[1105]라고 하였다.

(11) 음音과 언言

음音에 대해《설문說文》에서는, "音은 소리가 마음에서 생겨나서 밖으로 박자를 갖추어

1099 (清) 段玉裁注,《說文解字注》, 第四卷, 第二篇注下,〈德〉, 76쪽. 그 원문에 "德, 升也. 从彳, 悳聲"이라고 되어 있다.

1100 (清) 段玉裁注,《說文解字注》, 第五卷, 第三篇注上,〈讎〉, 90쪽. 그 원문에 "讎, 猶譍也. 从言, 雔聲"이라고 되어 있다.

1101 (清) 段玉裁注,《說文解字注》, 第五卷, 第三篇注上,〈警〉, 94쪽. 그 원문에 "警, 言之戒也. 从言敬, 敬亦聲"이라고 되어 있다.

1102 (清) 段玉裁注,《說文解字注》, 第五卷, 第三篇注上,〈訓〉, 91쪽. 그 원문에 "訓, 說教也. 从言, 川聲"이라고 되어 있다. 그런데 이 훈訓은 상고음上古音에서 문부文部에 속하였고, 성부聲符인 천川은 상고음에서 원부元部에 속하였다. 따라서 이 훈訓과 천川은 상고음에서 서로 동일한 큰 부류에 속하지 않았다.

1103 (清) 段玉裁注,《說文解字注》, 第十九卷, 第十篇注下,〈悠〉, 518쪽. 그 원문에 "悠, 慐也. 从心, 攸聲"이라고 되어 있다.

1104 (清) 段玉裁注,《說文解字注》, 第五卷, 第三篇注上,〈誖〉, 98쪽. 그 원문에 "誖, 亂也. 从言, 孛聲. 悖, 誖或, 从心. 𧧒, 籒文誖, 从二或"이라고 되어 있다.

1105 (清) 段玉裁注,《說文解字注》, 第五卷, 第三篇注上,〈諦〉, 100쪽. 그 원문에 "諦, 告也. 从言, 庘聲. 論語曰: 訴子路於季孫. 𧦝, 諦或, 从言朔. 愬, 諦或, 从朔心"이라고 되어 있다. 그런데 이 소(諦, 愬, 訴)는 상고음上古音에서 어부魚部에 속하였고, 성부聲符인 척(庘, 斥)은 상고음에서 탁부鐸部에 속하였다. 따라서 이 소(諦, 愬, 訴)와 척(庘, 斥)은 모두 고운古韻에서 어탁양魚鐸陽의 큰 부류에 속하였다.

표현되는 것을 일컬어 음音이라고 한다. 궁宮, 상商, 각角, 치徵, 우羽는 성聲이다. 사絲, 죽竹, 금金, 석石, 포匏, 토土, 혁革, 목木은 음音이다. 언言을 따르고, 일一을 머금고 있다. 무릇 음音의 속屬들은 모두 이 음音을 따른다"[1106]라고 하였다( ). 갑골문에서 이 음音은 언言과 동일한 글자였으며, 관악기의 모양을 본뜨고 있었다. 그런데 나중에 이 음音과 언言이 서로 다른 글자로 변하면서, 음音은 언어라든지 혹은 음악과 관련된 일을 주로 나타내게 되었다. 따라서 이 음音과 언言은 서로 통용될 수 있다.

예를 들어, 어語에 대해 《설문說文》에서는, "語는 변론하는 것이다. 언言을 따르고, 오吾는 성부聲符이다"[1107]라고 하였고[1108]( ), 가訶에 대해 《설문說文》에서는, "訶는 큰소리를 지르며 화를 내는 것이다. 언言을 따르고, 가可는 성부聲符이다"[1109]라고 하였으며[1110]( ), 기諆에 대해 《설문說文》에서는, "諆는 속이는 것이다. 언言을 따르고, 기其는 성부聲符이다"[1111]라고 하였다( ).

(12) 추隹와 조鳥

추隹에 대해 《설문說文》에서는, "隹는 짧은 꼬리를 가진 새의 총명總名이다. 상형자象形字이다. 무릇 추隹의 속屬들은 모두 이 추隹를 따른다"[1112]라고 하였다. 갑골문에서 이 추隹는 간략화시킨 새의 모양을 본뜨고 있다( ). 또한 조鳥에 대해 《설문說文》에서는, "鳥는 긴 꼬리를 가진 날짐승의 총명總名이다. 상형자象形字이다. 새의 발은 비匕와 비슷하므로, 비匕를 따른다. 무릇 조鳥의 속屬들은 모두 이 조鳥를 따른다"[1113]라고 하였다. 갑골문에

1106 (淸) 段玉裁注, 《說文解字注》, 第五卷, 第三篇注上, 〈音〉, 102쪽. 그 원문에 "音, 聲生於心, 有節於外, 謂之音. 宮商角徵羽, 聲也. 絲竹金石匏土革木, 音也. 从言, 含一. 凡音之屬皆从音"이라고 되어 있다.

1107 (淸) 段玉裁注, 《說文解字注》, 第五卷, 第三篇注上, 〈語〉, 90쪽. 그 원문에 "語, 論也. 从言, 吾聲"이라고 되어 있다. 그런데 이 어語와 성부聲符인 오吾는 상고음上古音에서 동일하게 어부魚部에 속하였다.(역자 주)

1108 고대의 도장문자에서는 이 어語가 음音을 따르는 자형으로 구성되어 있다.(원저자 주)

1109 (淸) 段玉裁注, 《說文解字注》, 第五卷, 第三篇注上, 〈訶〉, 100쪽. 그 원문에 "訶, 大言而怒也. 从言, 可聲"이라고 되어 있다.

1110 고대의 도장문자에서는 이 가訶가 음音을 따르는 자형으로 구성되어 있다.(원저자 주)

1111 (淸) 段玉裁注, 《說文解字注》, 第五卷, 第三篇注上, 〈諆〉, 100쪽. 그 원문에 "諆, 欺也. 从言, 其聲"이라고 되어 있다.

1112 (淸) 段玉裁注, 《說文解字注》, 第七卷, 第四篇注上, 〈隹〉, 142쪽. 그 원문에 "隹, 鳥之短尾總名也. 象形. 凡隹之屬皆从隹"라고 되어 있다.

1113 (淸) 段玉裁注, 《說文解字注》, 第七卷, 第四篇注上, 〈鳥〉, 149쪽. 그 원문에 "鳥, 長尾禽總名也. 象形. 鳥之足佀匕, 从匕. 凡鳥之屬皆从鳥"라고 되어 있다.

서 이 조鳥는 복잡화시킨 새의 모양을 본뜨고 있다(). 따라서 이 추隹와 조鳥는 모두 조류鳥類에 속하는 동물이므로 서로 통용될 수 있다.

예를 들어, 계(雞, 鷄)에 대해《설문說文》에서는, "는 시간을 아는 가축이다. 추隹를 따르고, 해奚는 성부聲符이다. 는 주문籒文의 계雞이고, 조鳥를 따른다"[1114]라고 하였고(), 응(雁, 鷹)에 대해《설문說文》에서는, "은 매라는 새이다. 추隹를 따르고, 인人을 따르며, 음瘖의 생략형이 성부聲符이다. 은 주문籒文의 응(雁, 鷹)이고, 조鳥를 따른다"[1115]라고 하였으며(), 척隻에 대해《설문說文》에서는, "은 새 한 마리이다. 우又를 따르고, 추隹를 잡고 있다. 한 마리의 새를 잡고 있는 것을 일컬어 척隻이라고 하고, 두 마리의 새를 잡고 있는 것을 일컬어 쌍雙이라고 한다"[1116]라고 하였고(), 추(雛, 鶵)에 대해《설문說文》에서는, "는 병아리이다. 추隹를 따르고, 추芻는 성부聲符이다. 는 주문籒文의 추雛이고, 조鳥를 따른다"[1117]라고 하였으며, 난(鸛, 鷬, 難)에 대해《설문說文》에서는, "은 난(鷬, 難)이라는 새이다. 조鳥를 따르고, 근堇은 성부聲符이다. 은 난(鷬, 難)의 혹체或體이고, 추隹를 따른다. 은 고문古文의 난(鷬, 難)이다. 은 고문古文의 난(鷬, 難)이다. 은 고문古文의 난(鷬, 難)이다"[1118]라고 하였다.

그러나 다음의 두 부류는 현재 사용되고 있는 의미가 서로 다르다. 예를 들어, 아鴉에 대해《광운廣韻》에서는, "아鴉는 까마귀의 다른 이름이다"[1119]라고 하였고, 아雅에 대해《설문說文》에서는, "는 초楚나라의 까마귀이다. 다른 이름으로는 여鸒라고도 하고, 또 다른

1114 (清) 段玉裁注,《說文解字注》, 第七卷, 第四篇注上,〈雞〉, 143쪽. 그 원문에 ", 知時畜也. 从隹, 奚聲. , 籒文雞, 从鳥"라고 되어 있다.

1115 (清) 段玉裁注,《說文解字注》, 第七卷, 第四篇注上,〈雁〉, 144쪽. 그 원문에 ", 雁鳥也. 从隹, 从人, 瘖省聲. , 籒文雁, 从鳥"라고 되어 있다. 그런데 이 응(雁, 鷹)은 상고음上古音에서 증부蒸部에 속하였고, 성부聲符인 음瘖은 상고음에서 침부侵部에 속하였다. 따라서 이 응(雁, 鷹)과 음瘖은 상고음에서 서로 동일한 큰 부류에 속하지 않았다.(역자 주)

1116 (清) 段玉裁注,《說文解字注》, 第七卷, 第四篇注上,〈隻〉, 142쪽. 그 원문에 ", 鳥一枚也. 从又, 持隹. 持一隹曰: 隻, 持二隹曰: 雙"이라고 되어 있다.

1117 (清) 段玉裁注,《說文解字注》, 第七卷, 第四篇注上,〈雛〉, 143-144쪽. 그 원문에 ", 雞子也. 从隹, 芻聲. , 籒文雛, 从鳥"라고 되어 있다.

1118 (清) 段玉裁注,《說文解字注》, 第七卷, 第四篇注上,〈鸛〉, 152쪽. 그 원문에 ", 鷬鳥也. 从鳥, 堇聲. , 鷬或, 从隹. , 古文鷬. , 古文鷬. , 古文鷬"이라고 되어 있다. 그런데 이 난(鸛, 鷬, 難)은 상고음上古音에서 원부元部에 속하였고, 성부聲符인 근堇은 상고음에서 문부文部에 속하였다. 따라서 이 난(鸛, 鷬, 難)과 근堇은 상고음에서 서로 동일한 큰 부류에 속하지 않았다.

1119 (宋) 陳彭年 · 丘雍,《宋本廣韻》, 第二卷, 麻第九,〈鴉〉, 19쪽. 그 원문에 "鴉, 烏別名"이라고 되어 있다.

이름으로는 비거卑居라고도 한다. 진秦나라에서는 그것을 일컬어 아雅라고 한다. 추隹를 따르고, 아牙는 성부聲符이다"[1120]라고 하였다. 또한 구鴝에 대해《설문說文》에서는, "鴝는 구관조九官鳥이다. 조鳥를 따르고, 구句는 성부聲符이다"[1121]라고 하였고, 구雊에 대해《설문說文》에서는, "雊는 장끼가 우는 것이다. 천둥이 처음으로 칠 때, 장끼가 곧 울면서 그 목을 구부린다. 추隹와 구句를 따르고, 구句는 또한 성부聲符이다"[1122]라고 하였다.

(13) 멱糸과 의衣

멱糸에 대해《설문說文》에서는, "糸은 가는 실이다. 한 묶음의 실 모양을 본뜨고 있다. 무릇 멱糸의 속屬들은 모두 이 멱糸을 따른다. 발음은 멱覛과 같다. 糸은 고문古文의 멱糸이다"[1123]라고 하였다. 갑골문에서 이 멱糸은 명주실의 모양을 본뜨고 있는데[1124]( ), 이것은 앞의 〈도표 111〉에서 소개한 사絲와 같다( ). 또한 의衣에 대해《설문說文》에서는, "衣는 의지하는 것이다. 윗도리를 일컬어 의衣라고 하고, 아랫도리를 일컬어 상常이라고 한다. 두 인人을 덮고 있는 모습을 본뜨고 있다. 무릇 의衣의 속屬들은 모두 이 의衣를 따른다"[1125]라고 하였다. 갑골문에서 이 의衣는 옷깃이 딸린 윗도리의 모습을 본뜨고 있다( ). 그래서 이 의衣 및 멱糸과 사絲는 모두 옷감을 짜는 일과 관련이 있으므로 서로 통용될 수 있다.

예를 들어, 제(緹, 衹)에 대해《설문說文》에서는, "緹는 비단이 붉고 노란색이다. 멱糸을 따르고, 시是는 성부聲符이다. 衹는 제緹의 혹체或體이고, 제衹로 썼다"[1126]라고 하였고, 보補

1120 (淸) 段玉裁注,《說文解字注》, 第七卷, 第四篇注上,〈雅〉, 142쪽. 그 원문에 "雅, 楚烏也. 一名: 鸒, 一名: 卑居. 秦謂之雅. 从隹, 牙聲"이라고 되어 있다.

1121 (淸) 段玉裁注,《說文解字注》, 第七卷, 第四篇注上,〈鴝〉, 156-157쪽. 그 원문에 "鴝, 鴝鵒也. 从鳥, 句聲"이라고 되어 있다.

1122 (淸) 段玉裁注,《說文解字注》, 第七卷, 第四篇注上,〈雊〉, 143쪽. 그 원문에 "雊, 雄雉鳴也. 雷始動, 雉乃鳴而句其頸. 从隹句, 句亦聲"이라고 되어 있다.

1123 (淸) 段玉裁注,《說文解字注》, 第二十五卷, 第十三篇注上,〈糸〉, 650쪽. 그 원문에 "糸, 細絲也. 象束絲之形. 凡糸之屬皆从糸. 讀若覛. 糸, 古文糸"이라고 되어 있다.

1124《설문說文》에 멱糸과 사絲에 대한 해석이 서로 다르게 기재되어 있기 때문에, 이 멱糸에 대한《설문說文》의 인용 및 설명은 역자가 보충적으로 첨가한 부분이다.

1125 (淸) 段玉裁注,《說文解字注》, 第十五卷, 第八篇注上,〈衣〉, 392쪽. 그 원문에 "衣, 依也. 上曰: 衣, 下曰: 常. 象覆二人之形. 凡衣之屬皆从衣"라고 되어 있다.

1126 (淸) 段玉裁注,《說文解字注》, 第二十五卷, 第十三篇注上,〈緹〉, 657쪽. 그 원문에 "緹, 帛丹黃色也. 从糸, 是聲. 衹, 緹或, 作衹"라고 되어 있다. 그런데 이 제(緹, 衹)와 성부聲符인 시是는 상고음上古音에서 동일하게 지부支

에 대해《설문說文》에서는, "補는 옷을 완전하게 하는 것이다. 의衣를 따르고, 보甫는 성부聲符이다"[1127]라고 하였다.[1128] 또한 루褸에 대해《설문說文》에서는, "褸는 옷깃이다. 의衣를 따르고, 루婁는 성부聲符이다"[1129]라고 하였고, 루縷에 대해《설문說文》에서는, "縷는 실이다. 멱糸을 따르고, 루婁는 성부聲符이다"[1130]라고 하였다.[1131] 그 외에도 강(襁, 繈)에 대해《설문說文》에서는, "襁은 아이를 업는 포대기이다. 의衣를 따르고, 강強은 성부聲符이다"[1132]라고 하였고, 강(繈, 襁)에 대해《설문說文》에서는, "繈은 거칠고 마디가 있는 것이다. 멱糸을 따르고, 강強은 성부聲符이다"[1133]라고 하였으며, 보(緥, 褓)에 대해《설문說文》에서는, "緥는 어린아이의 옷이다. 멱糸을 따르고, 보(保, 保)는 성부聲符이다"[1134]라고 하였다.[1135]

그러나 다음의 두 부류는 그 의미가 서로 다르다. 예를 들어, 수(褎, 袖)에 대해《설문說文》에서는, "褎는 소매이다. 의衣를 따르고, 수(采, 穗)는 성부聲符이다. 袖는 속체俗體의 수褎이고, 유由를 따른다"[1136]라고 하였고, 주紬에 대해《설문說文》에서는, "紬는 굵은 실로 만든 비단이다. 멱糸을 따르고, 유由는 성부聲符이다"[1137]라고 하였다. 또한 주綢에 대해《설문說文》에서

部에 속하였다.

1127 (清) 段玉裁注,《說文解字注》, 第十五卷, 第八篇注上, 〈補〉, 400쪽. 그 원문에 "補, 完衣也. 从衣, 甫聲"이라고 되어 있다.

1128《사성운보四聲韻譜》에서는 이 보補가 멱糸을 따르는 자형으로 구성되어 있다.(원저자 주) 이《사성운보四聲韻譜》는 청清나라 때 양승보梁僧寶가 지은 음운학 책으로, 총 16권으로 되어 있다.

1129 (清) 段玉裁注,《說文解字注》, 第十五卷, 第八篇注上, 〈褸〉, 394쪽. 그 원문에 "褸, 衽也. 从衣, 婁聲"이라고 되어 있다.

1130 (清) 段玉裁注,《說文解字注》, 第二十五卷, 第十三篇注上, 〈縷〉, 662쪽. 그 원문에 "縷, 綫也. 从糸, 婁聲"이라고 되어 있다.

1131 대나무로 거칠게 만든 수레와 누더기 옷이라는 의미를 가진 고사성어인 '필로남루篳路襤褸'는《춘추좌전春秋左傳》〈선공십이년宣公十二年〉에서는 '필로남루篳路藍縷'로 되어 있다.(원저자 주)

1132 (清) 段玉裁注,《說文解字注》, 第十五卷, 第八篇注上, 〈襁〉, 394쪽. 그 원문에 "襁, 負兒衣. 从衣, 強聲"이라고 되어 있다.

1133 (清) 段玉裁注,《說文解字注》, 第二十五卷, 第十三篇注上, 〈繈〉, 651쪽. 그 원문에 "繈, 觕纇也. 从糸, 強聲"이라고 되어 있다.

1134 (清) 段玉裁注,《說文解字注》, 第二十五卷, 第十三篇注上, 〈緥〉, 661쪽. 그 원문에 "緥, 小兒衣也. 从糸, 保聲"이라고 되어 있다.

1135 어린아이를 싸는 포대기라는 의미의 '강보襁褓'는《사기史記》에서 간혹 '강보繈緥'로 표기되기도 하였다.(원저자 주)

1136 (清) 段玉裁注,《說文解字注》, 第十五卷, 第八篇注上, 〈褎〉, 396쪽. 그 원문에 "褎, 袂也. 从衣, 采聲. 袖, 俗褎, 从由"라고 되어 있다.

1137 (清) 段玉裁注,《說文解字注》, 第二十五卷, 第十三篇注上, 〈紬〉, 655쪽. 그 원문에 "紬, 大絲繒也. 从糸, 由聲"이라고 되어 있다.

는, "綢는 동여맨 것이다. 멱糸을 따르고, 주周는 성부聲符이다"[1138]라고 하였고, 도裯에 대해《설문說文》에서는, "裯는 옷소매이고, 땀이 배지 않게 받쳐 입는 속적삼이다. 의衣를 따르고, 주周는 성부聲符이다"[1139]라고 하였다.

(14) 소(𦃃, 素)와 멱糸

소(𦃃, 素)에 대해《설문說文》에서는, "𦃃는 하얗고 촘촘한 비단이다. 멱糸과 수(𠂹, 埀, 垂)를 따른다. 그 윤택함을 취한 것이다. 무릇 소(𦃃, 素)의 속屬들은 모두 이 소(𦃃, 素)를 따른다"[1140]라고 하였다. 금문金文에서 이 소(𦃃, 素)는 처음 베를 짜서 아직 가장자리도 깁지 않은 방직물의 모양을 본뜨고 있다(素 素). 그래서 이 소(𦃃, 素)와 멱糸은 모두 옷감을 짜는 일과 관련이 있으므로 서로 통용될 수 있다.

예를 들어, 완(⿰𦃃爰, 緩, ⿰素爰)에 대해《설문說文》에서는, "⿰𦃃爰은 느슨해지는 것이다. 소(𦃃, 素)를 따르고, 원爰은 성부聲符이다. 緩은 완(⿰𦃃爰, 緩)의 혹체或體이고, 생략하였다"[1141]라고 하였고, 작(⿰𦃃卓, 綽, ⿰素卓)에 대해《설문說文》에서는, "⿰𦃃卓은 느슨해지는 것이다. 소(𦃃, 素)를 따르고, 탁卓은 성부聲符이다. 綽은 작(⿰𦃃卓, 綽)의 혹체或體이고, 생략하였다"[1142]라고 하였으며(綽 綽 綽), 수綬에 대해《설문說文》에서는, "綬는 슬갑膝甲을 매는 끈이다. 멱糸을 따르고, 수受는 성부聲符이다"[1143]라고 하였다(綬).

1138 (清) 段玉裁注,《說文解字注》, 第二十五卷, 第十三篇注上,〈綢〉, 668쪽. 그 원문에 "綢, 繆也. 从糸, 周聲"이라고 되어 있다.

1139 (清) 段玉裁注,《說文解字注》, 第十五卷, 第八篇注上,〈裯〉, 395-396쪽. 그 원문에 "裯, 衣袂, 衹裯. 从衣, 周聲"이라고 되어 있다. 그런데 이 도裯와 성부聲符인 주周는 상고음上古音에서 동일하게 유부幽部에 속하였다.

1140 (清) 段玉裁注,《說文解字注》, 第二十五卷, 第十三篇注上,〈𦃃〉, 669쪽. 그 원문에 "𦃃, 白致繒也. 从糸𠂹. 取其澤也. 凡𦃃之屬皆从𦃃"라고 되어 있다.

1141 (清) 段玉裁注,《說文解字注》, 第二十五卷, 第十三篇注上,〈⿰𦃃爰〉, 669쪽. 그 원문에 "⿰𦃃爰, ⿰𦃃卓也. 从𦃃, 爰聲. 緩, ⿰𦃃爰或, 省"이라고 되어 있다. 그런데 이 완(⿰𦃃爰, 緩, ⿰素爰)과 성부聲符인 원爰은 상고음上古音에서 동일하게 원부元部에 속하였다.

1142 (清) 段玉裁注,《說文解字注》, 第二十五卷, 第十三篇注上,〈⿰𦃃卓〉, 669쪽. 그 원문에 "⿰𦃃卓, ⿰𦃃爰也. 从𦃃, 卓聲. 綽, ⿰𦃃卓或, 省"이라고 되어 있다.

1143 (清) 段玉裁注,《說文解字注》, 第二十五卷, 第十三篇注上,〈綬〉, 660쪽. 그 원문에 "綬, 韍維也. 从糸, 受聲"이라고 되어 있다.

(15) 건巾과 멱糸

건巾에 대해《설문說文》에서는, "巾은 허리에 차는 수건이다. 멱冖을 따르고, 곤丨은 매단 것을 본뜨고 있다. 무릇 건巾의 속屬들은 모두 이 건巾을 따른다"[1144]라고 하였다. 갑골문에서 이 건巾은 한 장의 수건의 모습을 본뜨고 있다(巾 巾). 그래서 이 건巾과 멱糸은 모두 옷감을 짜는 일과 관련이 있으므로 서로 통용될 수 있다.

예를 들어, 격綌에 대해《설문說文》에서는, "綌은 거친 칡베이다. 멱糸을 따르고, 곡谷은 성부聲符이다. 㡡은 격綌의 혹체或體이고, 건巾을 따른다"[1145]라고 하였다.

(16) 의衣와 건巾

이 의衣와 건巾은 모두 옷감을 짜는 일과 관련이 있으므로 서로 통용될 수 있다.

예를 들어, 군(帬, 裠, 裙)에 대해《설문說文》에서는, "帬은 옷깃을 둘러 감은 것이다. 건巾을 따르고, 군君은 성부聲符이다. 裠은 군帬의 혹체或體이고, 의衣를 따른다"[1146]라고 하였고, 질(帙, 袠, 袟)에 대해《설문說文》에서는, "帙은 책갑이다. 건巾을 따르고, 실失은 성부聲符이다. 袠은 질帙의 혹체或體이고, 의衣를 따른다"[1147]라고 하였으며, 곤(幝, 褌)에 대해《설문說文》에서는, "幝은 잠방이이다. 건巾을 따르고, 군軍은 성부聲符이다. 褌은 곤(幝, 褌)의 혹체或體이고, 의衣를 따른다"[1148]라고 하였다. 또한 람襤에 대해《설문說文》에서는, "襤은 옷이 해진 것을 일컬어 남루襤褸라고 한다. 람襤은 가선을 대지 않은 옷이다. 의衣를 따르고, 감監은 성부聲符이다"[1149]라고 하였고, 람𢅝에 대해《설문說文》에서는, "𢅝은 초楚나라에서는 가선

1144 (淸) 段玉裁注,《說文解字注》, 第十四卷, 第七篇注下,〈巾〉, 360-361쪽. 그 원문에 "巾, 佩巾也. 从冂, 丨, 象糸也. 凡巾之屬皆从巾"이라고 되어 있다.

1145 (淸) 段玉裁注,《說文解字注》, 第二十五卷, 第十三篇注上,〈綌〉, 666쪽. 그 원문에 "綌, 粗葛也. 从糸, 谷聲. 㡡, 綌或, 从巾"이라고 되어 있다. 그런데 이 격綌은 상고음上古音에서 탁부鐸部에 속하였고, 성부聲符인 곡谷은 상고음에서 옥부屋部에 속하였다. 따라서 이 격綌과 곡谷은 상고음에서 서로 동일한 큰 부류에 속하지 않았다.

1146 (淸) 段玉裁注,《說文解字注》, 第十四卷, 第七篇注下,〈帬〉, 361-362쪽. 그 원문에 "帬, 繞領也. 从巾, 君聲. 裠, 帬或, 从衣"라고 되어 있다.

1147 (淸) 段玉裁注,《說文解字注》, 第十四卷, 第七篇注下,〈帙〉, 362쪽. 그 원문에 "帙, 書衣也. 从巾, 失聲. 袠, 帙或, 从衣"라고 되어 있다.

1148 (淸) 段玉裁注,《說文解字注》, 第十四卷, 第七篇注下,〈幝〉, 362쪽. 그 원문에 "幝, 幒也. 从巾, 軍聲. 褌, 幝或, 從衣"라고 되어 있다.

1149 (淸) 段玉裁注,《說文解字注》, 第十五卷, 第八篇注上,〈襤〉, 396쪽. 그 원문에 "襤, 裯謂之襤褸. 襤, 無緣衣也. 从衣, 監聲"이라고 되어 있다.

대지 않은 옷을 일컫는다. 건巾을 따르고, 감監은 성부聲符이다"[1150]라고 하였다.

(17) 불(巿, 韍, 紱)과 위韋

불(巿, 韍, 紱)에 대해《설문說文》에서는, "巿은 슬갑膝甲이다. 상고시대上古時代의 옷은 앞만 가렸을 뿐이므로, 불巿로써 그것을 본뜨고 있다. 천자天子는 붉은색으로만 된 슬갑을 걸쳤고, 제후諸侯는 노랗고 붉은 슬갑을 걸쳤으며, 경대부는 푸른빛의 패옥佩玉을 〔매단 붉은 슬갑을〕 걸쳤다. 건巾을 따르고, 그것을 띠에 매단 모습을 본뜨고 있다. 무릇 불巿의 속屬들은 모두 이 불巿을 따른다. 韍은 전문篆文의 불巿이고, 위韋를 따르며, 발犮을 따른다. 속체俗體에서는 불紱로 썼다"[1151]라고 하였다. 금문金文에서 이 불(巿, 韍, 紱)은 무릎을 보호하는 가죽으로 만든 짧은 치마의 모습을 본뜨고 있다(巿 巿 韍). 또한 앞의 〈도표 369〉에서 소개한 것처럼, 갑골문에서 위韋는 원래 여러 개의 발로 성읍城邑을 지킨다는 의미를 나타내고 있었다(韋 韋). 그런데 이 위韋가 어떤 이유로 해서 가죽 제품을 표현하는 의미의 형부形符로 쓰이게 되었는지에 대해서는 명확하지 않다. 그렇지만 이 불(巿, 韍, 紱)과 위韋는 모두 가죽과 관련이 있으므로 서로 통용될 수 있다.

예를 들어, 겹(帢, 韐)에 대해《설문說文》에서는, "帢은 사士에게는 불巿 슬갑이 없고, 겹(帢, 韐) 슬갑이 있다. 만드는 방법은 술통에서 네 모서리를 깎아 내는 것과 같다. 작변爵弁을 쓰고 예복을 입으며, 그 색은 연붉은 가죽빛이다. 신분이 낮으므로, 입은 하의下衣와 같은 색일 수 없다. 불巿을 따르고, 합合은 성부聲符이다. 韐은 겹(帢, 韐)의 혹체或體이고, 위韋를 따른다"[1152]라고 하였다.

(18) 인人과 녀女

앞의 〈도표 78〉에서 소개한 것처럼, 갑골문에서 인人은 옆에서 바라본 사람의 모습을 본뜨

1150 (淸) 段玉裁注,《說文解字注》, 第十四卷, 第七篇注下, 〈幨〉, 362쪽. 그 원문에 "幨, 楚謂無緣衣也. 从巾, 監聲"이라고 되어 있다.

1151 (淸) 段玉裁注,《說文解字注》, 第十四卷, 第七篇注下, 〈巿〉, 366쪽. 그 원문에 "巿, 韠也. 上古衣蔽前而已, 巿目象之. 天子朱巿, 諸侯赤巿, 卿大夫蔥衡. 从巾, 象連帶之形. 凡巿之屬皆从巿. 韍, 篆文巿, 从韋, 从犮. 俗作紱"이라고 되어 있다.

1152 (淸) 段玉裁注,《說文解字注》, 第十四卷, 第七篇注下, 〈帢〉, 366-367쪽. 그 원문에 "帢, 士無巿有帢. 制如榼缺四角. 爵弁服, 其色韎. 賤不得與裳同. 从巿, 合聲. 韐, 帢或, 从韋"라고 되어 있다. 그런데 이 겹(帢, 韐)과 성부聲符인 합合은 상고음上古音에서 동일하게 즙부緝部에 속하였다.

고 있거나( ), 혹은 꿇어앉아 있는 모습을 본뜨고 있다( ). 또한 앞의 〈도표 75〉에서 소개한 것처럼, 갑골문에서 녀女는 한 여인이 앉아 있는 모습을 본뜨고 있다( ). 그래서 이 인人과 녀女는 모두 사람의 일과 관련이 있으므로 서로 통용될 수 있다.

예를 들어, 앞의 〈도표 31〉에서 소개한 육(育, 毓)에 대해 《설문說文》에서는, "은 아이를 키워 훌륭한 일을 하게 하는 것이다. 돌(𠫓, 突)을 따르고, 육肉은 성부聲符이다. 〈우서虞書〉에 이르기를, '아이를 가르치고 길러라'라고 하였다. 은 육育의 혹체或體이고, 매每를 따른다"[1153]라고 하였다( ). 또한 해奚에 대해 《설문說文》에서는, "는 커다란 배이다. 대大를 따르고, 계(𦃃, 系)의 생략형이 성부聲符이다. 계(𦃃, 系)는 주문籒文의 계系이다"[1154]라고 하였다. 갑골문에서 이 해奚는 머리에 새끼줄을 씌운 노예를 한 손으로 끌고 있는 모습을 본뜨고 있다( ).

그리고 앞의 〈도표 240〉에서 소개한 멸蔑에 대해 《설문說文》에서는, "은 피로하여 눈이 흐릿한 것이다. 멸苜을 따르고, 수戍를 따른다. 사람이 피로하면 눈이 흐릿해진다"[1155]라고 하였고( ), 영嬴에 대해 《설문說文》에서는, "은 제왕帝王 소호少皞의 성姓이다. 녀女를 따르고, 영贏의 생략형이 성부聲符이다"[1156]라고 하였으며( ), 질(㑵, 嫉)에 대해 《설문說文》에서는, "은 시새움하는 것이다. 인人을 따르고, 질疾은 성부聲符이다. 일설一說에는 미워하는 것이라고도 한다. 은 질(㑵, 嫉)의 혹체或體이고, 녀女를 따른다"[1157]라고 하였고, 성姓에 대해 《설문說文》에서는, "은 사람이 태어나면서 받는 것이다. 옛날의 신성한 사람은 어미가 하늘과 감응感應하여 아들을 낳았으므로, 천자天子라고 일컬었다. 태어나면서 그것으로 성姓을 삼았기 때문에, 녀女와 생生을 따른다. 생生은 또한 성부聲符이다. 《춘추좌전春秋左傳》에 이르기를, '천자天子는 태어남에 따라 그것으로 제후에게 성姓을 하

1153 (淸) 段玉裁注, 《說文解字注》, 第二十八卷, 第十四篇注下, 〈育〉, 751쪽. 그 원문에 ", 養子使作善也. 从𠫓, 肉聲. 虞書曰: 教育子. , 育或, 从每"라고 되어 있다.

1154 (淸) 段玉裁注, 《說文解字注》, 第十九卷, 第十篇注下, 〈奚〉, 503쪽. 그 원문에 ", 大腹也. 从大, 𦃃省聲. 𦃃, 籒文系"라고 되어 있다.

1155 (淸) 段玉裁注, 《說文解字注》, 第七卷, 第四篇注上, 〈蔑〉, 146쪽. 그 원문에 ", 勞目無精也. 从苜, 从戍. 人勞則蔑然也"라고 되어 있다.

1156 (淸) 段玉裁注, 《說文解字注》, 第二十四卷, 第十二篇注下, 〈嬴〉, 618쪽. 그 원문에 ", 帝少皞之姓也. 从女, 贏省聲"이라고 되어 있다.

1157 (淸) 段玉裁注, 《說文解字注》, 第十五卷, 第八篇注上, 〈㑵〉, 384쪽. 그 원문에 ", 妎也. 从人, 疾聲. 一曰: 毒也. , 㑵或, 从女"라고 되어 있다.

사下賜한다'라고 하였다"[1158]라고 하였으며( ), 앞의 〈도표 391〉에서 소개한 집執에 대해 《설문說文》에서는, " 은 죄인을 잡는 것이다. 극丮과 녑(㚔, 幸)을 따르고, 녑(㚔, 幸)은 또한 성부聲符이다"[1159]라고 하였고( ), 유(姷, 侑)에 대해 《설문說文》에서는, " 는 서로 돕는 것이다. 녀女를 따르고, 유有는 성부聲符이다. 발음은 우祐와 같다. 는 유姷의 혹체或體이고, 인人을 따른다"[1160]라고 하였다.

그러나 다음의 안安과 용宂은 그 의미가 서로 다르다. 예를 들어, 앞의 〈도표 223〉에서 소개한 안安에 대해 《설문說文》에서는, " 은 편안한 것이다. 녀女를 따르고, 면宀 안에 있다"[1161]라고 하였고( ), 또한 용宂에 대해 《설문說文》에서는, " 은 한가로운 것이다. 면宀과 인儿을 따른다. 사람이 집 아래에 있으니, 농사일이 없는 것이다. 《주례周禮》에 이르기를, '궁중宮中의 한가한 관리에게 보내는 음식'이라고 하였다"[1162]라고 하였다.

(19) 수(𦣻, 百, 首)와 혈(頁, 頁)

수(𦣻, 百, 首)에 대해 《설문說文》에서는, " 는 고문古文의 수(百, 首)이다. 천巛은 머리카락을 본뜨고 있다. 머리카락을 일컬어 순鬊이라고 한다. 순鬊이 곧 천巛이다. 무릇 수(𦣻, 首)의 속屬들은 모두 이 수(𦣻, 首)를 따른다"[1163]라고 하였고( ), 또한 혈(頁, 頁)에 대해 《설문說文》에서는, " 은 머리이다. 수(百, 首)를 따르고, 인儿을 따른다. 고문古文 계수䭫首의 수首는 이와 같다. 무릇 혈(頁, 頁)의 속屬들은 모두 이 혈(頁, 頁)을 따른다"[1164]라고 하였다( ).

1158 (清) 段玉裁注, 《說文解字注》, 第二十四卷, 第十二篇注下, 〈姓〉, 618쪽. 그 원문에 " , 人所生也. 古之神聖人, 母感天而生子, 故偁天子. 因生㠯爲姓, 从女生. 生亦聲. 春秋傳曰: 天子因生㠯賜姓"이라고 되어 있다. 그런데 이 성姓과 성부聲符인 생生은 상고음上古音에서 동일하게 경부耕部에 속하였다.

1159 (清) 段玉裁注, 《說文解字注》, 第十九卷, 第十篇注下, 〈執〉, 501쪽. 그 원문에 " , 捕辠人也. 从丮㚔, 㚔亦聲"이라고 되어 있다. 그런데 이 집執은 상고음上古音에서 즙부緝部에 속하였고, 성부聲符인 녑(㚔, 幸)은 상고음에서 엽부葉部에 속하였다. 따라서 이 집執과 성부聲符인 녑(㚔, 幸)은 상고음에서 서로 동일한 큰 부류에 속하지 않았다.

1160 (清) 段玉裁注, 《說文解字注》, 第二十四卷, 第十二篇注下, 〈姷〉, 627쪽. 그 원문에 " , 耦也. 从女, 有聲. 讀若祐. , 姷或, 从人"이라고 되어 있다.

1161 (清) 段玉裁注, 《說文解字注》, 第十四卷, 第七篇注下, 〈安〉, 343쪽. 그 원문에 " , 竫也. 从女, 在宀中"이라고 되어 있다.

1162 (清) 段玉裁注, 《說文解字注》, 第十四卷, 第七篇注下, 〈宂〉, 343쪽. 그 원문에 " , 㪿也. 从宀儿. 人在屋下, 無田事也. 周書曰: 宮中之宂食"이라고 되어 있다.

1163 (清) 段玉裁注, 《說文解字注》, 第十六卷, 第九篇注上, 〈𦣻〉, 427쪽. 그 원문에 " , 古文百也. 巛象髮. 髮謂之鬊, 鬊卽巛也. 凡𦣻之屬皆从𦣻"라고 되어 있다.

1164 (清) 段玉裁注, 《說文解字注》, 第十六卷, 第九篇注上, 〈頁〉, 420쪽. 그 원문에 " , 頭也. 从百, 从儿. 古文䭫首

그래서 이 수(𩠐, 百, 首)와 혈(頁, 頁)은 모두 머리와 관련이 있으므로 서로 통용될 수 있다.

예를 들어, 정頂에 대해 《설문說文》에서는, "頂은 정수리이다. 혈(頁, 頁)을 따르고, 정丁은 성부聲符이다. 頂은 혹체或體이고, 수(𩠐, 首)를 따르는 것으로 썼다. 頂은 주문籀文이고, 정鼎을 따른다"[1165]라고 하였고, 안顏에 대해서 《설문說文》에서는, "顏은 눈썹의 사이이다. 혈(頁, 頁)을 따르고, 언彥은 성부聲符이다. 顏은 주문籀文이다"[1166]라고 하였으며(), 협頰에 대해 《설문說文》에서는, "頰은 얼굴의 양옆이다. 혈(頁, 頁)을 따르고, 협夾은 성부聲符이다. 頰은 주문籀文의 협頰이다"[1167]라고 하였고, 현顯에 대해 《설문說文》에서는, "顯은 머리 위에 단 빛이 나는 장식이다. 혈(頁, 頁)을 따르고, 현(㬎, 顯)은 성부聲符이다"[1168]라고 하였으며(), 이(𦣝, 臣, 頤)에 대해 《설문說文》에서는, "𦣝는 턱이다. 상형자象形字이다. 무릇 이(𦣝, 臣, 頤)의 속屬들은 모두 이 이(𦣝, 臣, 頤)를 따른다. 頤는 전문篆文의 이(𦣝, 臣, 頤)이다. 𦣞는 주문籀文이고, 수(𩠐, 首)를 따른다"[1169]라고 하였다.

(20) 목目과 견見

목目에 대해 《설문說文》에서는, "目은 사람의 눈이다. 상형자象形字이다. 겹친 자획은 눈동자이다. 무릇 목目의 속屬들은 모두 이 목目을 따른다. 目은 고문古文의 목目이다"[1170]라고 하였다. 갑골문에서 이 목目은 눈의 모습을 본뜨고 있다(). 또한 앞의 〈도표 143〉에서 소개한 것처럼, 갑골문에서 견見은 사람이 눈으로 사물을 바라보는 모습을 표현하고 있다(). 그래서 이 목目과 견見은 모두 보는 것과 관련이 있으므로 서로 통용될

如此. 凡頁之屬皆从頁"이라고 되어 있다.

1165 (淸) 段玉裁注, 《說文解字注》, 第十六卷, 第九篇注上, 〈頂〉, 420-421쪽. 그 원문에 "頂, 顚也. 从頁, 丁聲. 頂, 或, 从𩠐作. 頂, 籒文, 从鼎"이라고 되어 있다.

1166 (淸) 段玉裁注, 《說文解字注》, 第十六卷, 第九篇注上, 〈顏〉, 420쪽. 그 원문에 "顏, 眉之閒也. 从頁, 彥聲. 顏, 籒文"이라고 되어 있다.

1167 (淸) 段玉裁注, 《說文解字注》, 第十六卷, 第九篇注上, 〈頰〉, 421쪽. 그 원문에 "頰, 面旁也. 从頁, 夾聲. 頰, 籒文頰"이라고 되어 있다.

1168 (淸) 段玉裁注, 《說文解字注》, 第十六卷, 第九篇注上, 〈顯〉, 426쪽. 그 원문에 "顯, 頭明飾也. 从頁, 㬎聲"이라고 되어 있다.

1169 (淸) 段玉裁注, 《說文解字注》, 第二十三卷, 第十二篇注上, 〈𦣝〉, 599쪽. 그 원문에 "𦣝, 顄也. 象形. 凡𦣝之屬皆从𦣝. 頤, 篆文𦣝. 𦣞, 籒文, 从𩠐"라고 되어 있다.

1170 (淸) 段玉裁注, 《說文解字注》, 第七卷, 第四篇注上, 〈目〉, 131쪽. 그 원문에 "目, 人眼也. 象形. 重, 童子也. 凡目之屬皆从目. 目, 古文目"이라고 되어 있다.

수 있다.

예를 들어, 시(視, 眡)에 대해《설문說文》에서는, "視는 바라보는 것이다. 견見을 따르고, 시示는 성부聲符이다. 眎는 고문古文의 시視이다. 眡도 또한 고문古文의 시視이다"[1171]라고 하였고, 도(睹, 覩)에 대해《설문說文》에서는, "睹는 보는 것이다. 목目을 따르고, 자者는 성부聲符이다. 覩는 고문古文이고, 견見을 따른다"[1172]라고 하였다. 또한 래睞에 대해《설문說文》에서는, "睞는 눈의 동자가 바르지 않은 것이다. 목目을 따르고, 래來는 성부聲符이다"[1173]라고 하였고, 래䚂에 대해《설문說文》에서는, "䚂는 안을 살펴보는 것이다. 견見을 따르고, 래來는 성부聲符이다"[1174]라고 하였다.

그리고 예睨에 대해《설문說文》에서는, "睨는 곁눈질하는 것이다. 목目을 따르고, 아兒는 성부聲符이다"[1175]라고 하였고, 예(䚔, 睨)에 대해《설문說文》에서는, "䚔는 곁눈질하는 것이다. 견見을 따르고, 아兒는 성부聲符이다"[1176]라고 하였다. 또한 표瞟에 대해《설문說文》에서는, "瞟는 살피는 것이다. 목目을 따르고, 표(㶣, 票)는 성부聲符이다"[1177]라고 하였고, 표(䚘, 瞟)에 대해《설문說文》에서는, "䚘는 눈으로 자세히 살펴본 것이 있는 것이다. 견見을 따르고, 표(㶣, 票)는 성부聲符이다"[1178]라고 하였다.

1171 (清) 段玉裁注,《說文解字注》, 第十五卷, 第八篇注下,〈視〉, 412쪽. 그 원문에 "視, 瞻也. 从見, 示聲. 眎, 古文視. 眡, 亦古文視"라고 되어 있다.

1172 (清) 段玉裁注,《說文解字注》, 第七卷, 第四篇注上,〈睹〉, 133쪽. 그 원문에 "睹, 見也. 从目, 者聲. 覩, 古文, 从見"이라고 되어 있다. 그런데 이 도(睹, 覩)와 성부聲符인 자者는 상고음上古音에서 동일하게 어부魚部에 속하였다.

1173 (清) 段玉裁注,《說文解字注》, 第七卷, 第四篇注上,〈睞〉, 136쪽. 그 원문에 "睞, 目童子不正也. 从目, 來聲"이라고 되어 있다.

1174 (清) 段玉裁注,《說文解字注》, 第十五卷, 第八篇注下,〈䚂〉, 412쪽. 그 원문에 "䚂, 內視也. 从見, 來聲"이라고 되어 있다.

1175 (清) 段玉裁注,《說文解字注》, 第七卷, 第四篇注上,〈睨〉, 133쪽. 그 원문에 "睨, 衺視也. 从目, 兒聲"이라고 되어 있다. 그런데 이 예睨와 성부聲符인 아兒는 상고음上古音에서 동일하게 지부支部에 속하였다.

1176 (清) 段玉裁注,《說文解字注》, 第十五卷, 第八篇注下,〈䚔〉, 412쪽. 그 원문에 "䚔, 旁視也. 从見, 兒聲"이라고 되어 있다. 그런데 이 예(䚔, 睨)와 성부聲符인 아兒는 상고음上古音에서 동일하게 지부支部에 속하였다.

1177 (清) 段玉裁注,《說文解字注》, 第七卷, 第四篇注上,〈瞟〉, 133쪽. 그 원문에 "瞟, 瞭也. 从目, 㶣聲"이라고 되어 있다.

1178 (清) 段玉裁注,《說文解字注》, 第十五卷, 第八篇注下,〈䚘〉, 412쪽. 그 원문에 "䚘, 目有察省見也. 从見, 㶣聲"이라고 되어 있다.

(21) 육肉과 골骨

우선 육肉에 대해《설문說文》에서는, "은 크게 썬 고기 조각이다. 상형자象形字이다. 무릇 육肉의 속屬들은 모두 이 육肉을 따른다"[1179]라고 하였다. 갑골문에서 이 육肉은 고깃덩어리의 모습을 본뜨고 있다(). 또한 골骨에 대해《설문說文》에서는, "은 고기의 핵심이다. 과冎를 따르고, 육肉이 붙어 있다. 무릇 골骨의 속屬들은 모두 이 골骨을 따른다"[1180]라고 하였다. 갑골문에서 이 골骨은 소 어깨뼈의 모습을 본뜨고 있다(). 이 육肉과 골骨은 모두 몸의 구성 부분이며 항상 함께 붙어 있으므로 서로 통용될 수 있다.

예를 들어, 방(膀, 髈)에 대해《설문說文》에서는, "은 옆구리이다. 육肉을 따르고, 방旁은 성부聲符이다. 은 방膀의 혹체或體이고, 골骨을 따른다"[1181]라고 하였고, 또한 기肌에 대해《설문說文》에서는, "는 살가죽이다. 육肉을 따르고, 궤几는 성부聲符이다"[1182]라고 하였다.[1183]

(22) 혈血과 육肉

혈血에 대해《설문說文》에서는, "은 제사에 바치는 것인 희생犧牲의 피이다. 명皿을 따르고, 일一은 피의 모습을 본뜨고 있다. 무릇 혈血의 속屬들은 모두 이 혈血을 따른다"[1184]라고 하였다. 갑골문에서 이 혈血은 맹세에 쓰이는 피가 그릇 안에 담겨 있는 모습을 본뜨고 있다(). 그래서 이 혈血과 육肉은 모두 몸의 구성 부분이므로 서로 통용될 수 있다.

예를 들어, 맥(衇, 脈, 衂)에 대해《설문說文》에서는, "은 피의 무늬로, 나누어져 몸 안을 비껴 도는 것이다. 파𠂢를 따르고, 혈血을 따른다. 은 맥(衇, 脈)의 혹체或體이고, 육肉을 따른다. 은 주문籒文이다"[1185]라고 하였다.

1179 (清) 段玉裁注,《說文解字注》, 第八卷, 第四篇注下,〈肉〉, 169쪽. 그 원문에 ", 胾肉. 象形. 凡肉之屬皆从肉"이라고 되어 있다.

1180 (清) 段玉裁注,《說文解字注》, 第八卷, 第四篇注下,〈骨〉, 166쪽. 그 원문에 ", 肉之覈也. 从冎, 有肉. 凡骨之屬皆从骨"이라고 되어 있다.

1181 (清) 段玉裁注,《說文解字注》, 第八卷, 第四篇注下,〈膀〉, 171쪽. 그 원문에 ", 脅也. 从肉, 旁聲. , 膀或, 从骨"이라고 되어 있다.

1182 (清) 段玉裁注,《說文解字注》, 第八卷, 第四篇注下,〈肌〉, 169쪽. 그 원문에 ", 肉也. 从肉, 几聲"이라고 되어 있다. 그런데 이 기肌와 성부聲符인 궤几는 상고음上古音에서 동일하게 지부脂部에 속하였다.

1183《한간汗簡》에서는 이 기肌가 골骨을 따르는 자형으로 구성되어 있다.(원저자 주)

1184 (清) 段玉裁注,《說文解字注》, 第九卷, 第五篇注上,〈血〉, 215쪽. 그 원문에 ", 祭所薦牲血也. 从皿, 一, 象血形. 凡血之屬皆从血"이라고 되어 있다.

1185 (清) 段玉裁注,《說文解字注》, 第二十二卷, 第十一篇注下,〈衇〉, 575쪽. 그 원문에 ", 血理, 分衺行體中者.

(23) 인人과 수手

우선 앞의 〈도표 78〉에서 소개한 것처럼, 갑골문에서 인人은 옆에서 바라본 사람의 모습을 본뜨고 있다( ). 또한 수手에 대해 《설문說文》에서는, “ 는 주먹을 쥔 것이다. 상형자象形字이다. 무릇 수手의 속屬들은 모두 이 수手를 따른다. 는 고문古文의 수手이다”[1186]라고 하였다. 금문金文에서 이 수手는 다섯 손가락이 있는 손의 모습을 본뜨고 있다( ). 그래서 이 인人과 수手는 모두 사람의 몸과 관련이 있으므로 서로 통용될 수 있다.

예를 들어, 빈(儐, 擯)에 대해 《설문說文》에서는, “ 은 이끄는 것이다. 인人을 따르고, 빈賓은 성부聲符이다. 은 빈儐의 혹체或體이고, 수手를 따른다”[1187]라고 하였다.

(24) 지止와 족足

앞의 〈도표 69〉에서 소개한 것처럼, 갑골문에서 지止는 발가락의 모습을 본뜨고 있다( ). 또한 족足에 대해 《설문說文》에서는, “ 은 사람의 발이다. 몸 아래에 있다. 구口와 지止를 따른다. 무릇 족足의 속屬들은 모두 이 족足을 따른다”[1188]라고 하였다. 금문金文에서 이 족足은 발이 발가락과 붙어 있는 모습을 본뜨고 있다( ). 그래서 이 지止와 족足은 모두 발의 부위이므로 서로 통용될 수 있다.

예를 들어, 앞의 〈도표 35〉에서 소개한 정正에 대해 《설문說文》에서는, “ 은 옳은 것이다. 일一을 따르고, 일一로써 멈추게 하는 것이다. 무릇 정正의 속屬들은 모두 이 정正을 따른다. 은 고문古文의 정正이고, 상(二, 上)을 따른다. 상(二, 上)은 고문古文의 상上이다. 은 고문古文의 정正이고, 일一과 족足을 따른다. 족足은 또한 지止이다”[1189]라고 하였고( ), 기企에 대해 《설문說文》에서는, “ 는 발꿈치를 드는 것이다. 인人과 지止를 따른다. 는 고문古文의 기企이고, 족足을 따른다”[1190]라고 하였다( ). 또한 종踵에 대해 《설문說文》에서는, “ 은

从𠂢, 从血. , 衇或, 从肉. , 籀文”이라고 되어 있다.

1186 (淸) 段玉裁注, 《說文解字注》, 第二十三卷, 第十二篇注上, 〈手〉, 599쪽. 그 원문에 “, 拳也. 象形. 凡手之屬皆从手. , 古文手”라고 되어 있다.

1187 (淸) 段玉裁注, 《說文解字注》, 第十五卷, 第八篇注上, 〈儐〉, 375-376쪽. 그 원문에 “, 導也. 从人, 賓聲. , 儐或, 从手”라고 되어 있다.

1188 (淸) 段玉裁注, 《說文解字注》, 第四卷, 第二篇注下, 〈足〉, 81쪽. 그 원문에 “, 人之足也. 在體下. 从口止. 凡足之屬皆从足”이라고 되어 있다.

1189 (淸) 段玉裁注, 《說文解字注》, 第四卷, 第二篇注下, 〈正〉, 70쪽. 그 원문에 “, 是也. 从一, 一目止. 凡正之屬皆从正. , 古文正, 从二. 二, 古文上字. , 古文正, 从一足. 足亦止也”라고 되어 있다.

뒤쫓는 것이다. 족足을 따르고, 중重은 성부聲符이다. 일설一說에는 오고 가는 모습이라고도 한다"[1191]라고 하였고, 종(歱, 踵)에 대해《설문說文》에서는, "은 발뒤꿈치이다. 지止를 따르고, 중重은 성부聲符이다"[1192]라고 하였다( ).

(25) 착辵과 지止

착辵에 대해《설문說文》에서는, "은 문득 가다가 문득 서곤 하는 것이다. 척彳과 지止를 따른다. 무릇 착辵의 속屬들은 모두 이 착辵을 따른다. 발음은 〔?〕과 같다.《춘추공양전春秋公羊傳》에 이르기를, '계단 위를 달려서 달아났다'라고 하였다"[1193]라고 하였다. 갑골문에서 이 착辵은 걸음걸이와 길로 구성되어 있는데, 대부분 '걸어간다'라는 의미의 형부形符로 쓰이고 있다. 그래서 이 착辵은 앞의 〈도표 69〉에서 소개한 지止와 더불어 모두 길을 걷는 일과 관련이 있으므로 서로 통용될 수 있다.

예를 들어, 앞의 〈도표 124〉에서 이미 소개한 역逆에 대해《설문說文》에서는, "은 맞이하는 것이다. 착辵을 따르고, 역屰은 성부聲符이다. 관동關東에서는 역逆이라고 하고, 관서關西에서는 영迎이라고 한다"[1194]라고 하였고( ), 추追에 대해《설문說文》에서는, "는 뒤쫓는 것이다. 착辵을 따르고, 퇴(𠂤, 堆)는 성부聲符이다"[1195]라고 하였으며( ), 축逐에 대해《설문說文》에서는, " 은 뒤쫓는 것이다. 착辵을 따르고, 축豖의 생략형이 성부聲符이다"[1196]라고 하였다( ).

1190 (清) 段玉裁注,《說文解字注》, 第十五卷, 第八篇注上, 〈企〉, 369쪽. 그 원문에 " , 擧歱也. 从人止. , 古文企, 从足"이라고 되어 있다.

1191 (清) 段玉裁注,《說文解字注》, 第四卷, 第二篇注下, 〈踵〉, 83쪽. 그 원문에 " , 追也. 从足, 重聲. 一曰: 往來皃"라고 되어 있다.

1192 (清) 段玉裁注,《說文解字注》, 第三卷, 第二篇注上, 〈歱〉, 68쪽. 그 원문에 " , 跟也. 从止, 重聲"이라고 되어 있다.

1193 (清) 段玉裁注,《說文解字注》, 第四卷, 第二篇注下, 〈辵〉, 70쪽. 그 원문에 " , 乍行乍止也. 从彳止. 凡辵之屬皆从辵. 讀若. 春秋傳曰: 辵階而走"라고 되어 있다. 그런데 이 원문에서 '독약讀若'이라고만 나오고 그 다음의 구체적인 글자가 없기 때문에, 이 책의 번역에서는 '〔?〕'라고 표기하였다. 그리고 단옥재段玉裁의 주注에서는 이것을 불필요한 구절이라고 하였다.

1194 (清) 段玉裁注,《說文解字注》, 第四卷, 第二篇注下, 〈逆〉, 72쪽. 그 원문에 " , 迎也. 从辵, 屰聲. 關東曰: 逆, 關西曰: 迎"이라고 되어 있다.

1195 (清) 段玉裁注,《說文解字注》, 第四卷, 第二篇注下, 〈追〉, 74쪽. 그 원문에 " , 逐也. 从辵, 𠂤聲"이라고 되어 있다. 그런데 이 추追와 성부聲符인 퇴(𠂤, 堆)는 상고음上古音에서 동일하게 미부微部에 속하였다.

1196 (清) 段玉裁注,《說文解字注》, 第四卷, 第二篇注下, 〈逐〉, 74쪽. 그 원문에 " , 追也. 从辵, 豖省聲"이라고 되어 있다.

(26) 착辵과 척彳

척彳에 대해《설문說文》에서는, "彳은 작은 걸음이다. 사람 정강이의 세 부위가 서로 이어진 것을 본뜨고 있다. 무릇 척彳의 속屬들은 모두 이 척彳을 따른다"[1197]라고 하였다. 이 착辵과 척彳은 모두 길을 걷는 일과 관련이 있으므로 서로 통용될 수 있다.

예를 들어, 통通에 대해《설문說文》에서는, "通은 도달하는 것이다. 착辵을 따르고, 용甬은 성부聲符이다"[1198]라고 하였고([illegible]), 구遘에 대해《설문說文》에서는, "遘는 만나는 것이다. 착辵을 따르고, 구冓는 성부聲符이다"[1199]라고 하였으며([illegible]), 변(邊, 邉)에 대해《설문說文》에서는, "邊은 변방의 낭떠러지를 걷는 것이다. 착辵을 따르고, 변(臱, 𨘢)은 성부聲符이다"[1200]라고 하였고([illegible]), 앞의 〈도표 231〉에서 소개한 지(遲, 迟)에 대해《설문說文》에서는, "遲는 천천히 가는 것이다. 착辵을 따르고, 서犀는 성부聲符이다.《시경詩經》에 이르기를, '길을 감이 느릿느릿하다'라고 하였다. 䞈는 지遲의 혹체或體이고, 인(𡰥, 仁)을 따른다. 遟는 주문籒文의 지遲이고, 서屖를 따른다"[1201]라고 하였으며([illegible]), 휼遹에 대해《설문說文》에서는, "遹은 간사하게 피해 가는 것이다. 착辵을 따르고, 율矞은 성부聲符이다"[1202]라고 하였다([illegible]).

그리고 정(延, 征)에 대해《설문說文》에서는, "延은 바른 것이고, 가는 것이다. 착辵을 따르고, 정正은 성부聲符이다. 征은 정(延, 征)의 혹체或體이고, 척彳을 따른다"[1203]라고 하였고,

---

1197 (清) 段玉裁注,《說文解字注》, 第四卷, 第二篇注下, 〈彳〉, 76쪽. 그 원문에 "彳, 小步也. 象人脛三屬相連也. 凡彳之屬皆从彳"이라고 되어 있다.

1198 (清) 段玉裁注,《說文解字注》, 第四卷, 第二篇注下, 〈通〉, 72쪽. 그 원문에 "通, 達也. 从辵, 甬聲"이라고 되어 있다. 그런데 이 통通과 성부聲符인 용甬은 상고음上古音에서 동일하게 동부東部에 속하였다.

1199 (清) 段玉裁注,《說文解字注》, 第四卷, 第二篇注下, 〈遘〉, 72쪽. 그 원문에 "遘, 遇也. 从辵, 冓聲"이라고 되어 있다.

1200 (清) 段玉裁注,《說文解字注》, 第四卷, 第二篇注下, 〈邊〉, 76쪽. 그 원문에 "邊, 行垂崖也. 从辵, 臱聲"이라고 되어 있다. 그런데 이 변(邊, 邉)의 성부聲符인 변(臱, 𨘢)에 대해 단옥재段玉裁의 주注에서는 그 반절음反切音이 '무연절武延切'이라고 하였다.(역자 주)

1201 (清) 段玉裁注,《說文解字注》, 第四卷, 第二篇注下, 〈遲〉, 73쪽. 그 원문에 "遲, 徐行也. 从辵, 犀聲. 詩曰: 行道遲遲. 䞈, 遲或, 从𡰥. 遟, 籒文遲, 从屖"라고 되어 있다. 그런데 주준성朱駿聲은 이 지(遲, 迟)의 혹체或體에서 인(𡰥, 仁)은 니尼를 잘못 쓴 글자라고 보았다. 그리고 이 지(遲, 迟)와 성부聲符인 서犀는 상고음上古音에서 동일하게 지부脂部에 속하였다.

1202 (清) 段玉裁注,《說文解字注》, 第四卷, 第二篇注下, 〈遹〉, 73쪽. 그 원문에 "遹, 回辟也. 从辵, 矞聲"이라고 되어 있다.

1203 (清) 段玉裁注,《說文解字注》, 第四卷, 第二篇注下, 〈延〉, 71쪽. 그 원문에 "延, 正, 行也. 从辵, 正聲. 征, 延或, 从彳"이라고 되어 있다.

앞의 〈도표 179〉에서 소개한 복復에 대해 《설문說文》에서는, "復은 갔다가 다시 오는 것이다. 척彳을 따르고, 복(夏, 复)은 성부聲符이다"[1204]라고 하였으며[1205], 왕(徃, 往)에 대해 《설문說文》에서는, "往은 가는 것이다. 척彳을 따르고, 황㞷은 성부聲符이다. 𨒈은 고문古文이고, 착辵을 따른다"[1206]라고 하였고, 앞의 〈도표 343〉에서 소개한 후後에 대해 《설문說文》에서는, "後는 뒤에 처지는 것이다. 척彳과 요幺와 쇠夊를 따른다. 어리면서 천천히 걷는 것이니, 뒤에 처지는 것이다. 𨒌는 고문古文의 후後이고, 착辵을 따른다"[1207]라고 하였다.

(27) 착辵과 주走

주走에 대해 《설문說文》에서는, "走는 달리는 것이다. 요夭와 지止를 따른다. 요夭라는 것은 굽히는 것이다. 무릇 주走의 속屬들은 모두 이 주走를 따른다"[1208]라고 하였다. 이 주走는 두 손을 흔들며 빠른 걸음으로 걸어가는 모습을 본뜨고 있다. 이 착辵과 주走는 모두 길을 걷는 일과 관련이 있으므로, 서로 통용될 수 있다.

예를 들어, 견𨸏에 대해 《설문說文》에서는, "𨸏은 견상𨸏商이고, 작은 흙덩어리이다. 부(𠂤, 阜)를 따르고, 궤臾를 따른다. 궤臾는 고문古文의 궤蕢이다"[1209]라고 하였고, 견遣에 대해 《설문說文》에서는, "遣은 내보내는 것이다. 착辵을 따르고, 견(𦥑, 𨸏)은 성부聲符이다"[1210]라고 하였다. 이 견𨸏과 견遣은 밖으로 내보내기 편리하도록 두 손으로 흙덩어리를 바구니 안에 담고 있는 모습을 본뜨고 있다. 그리고 권(䟒, 踡)에 대해 《설문說文》에서는,

1204 (清) 段玉裁注, 《說文解字注》, 第四卷, 第二篇注下, 〈復〉, 76쪽. 그 원문에 "復, 往來也. 从彳, 夏聲"이라고 되어 있다.

1205 원저자는 이 복復을 복(夏, 复)과 동일한 글자로 보고서, 앞에서 소개한 〈도표 179〉를 언급하였다. 그러나 《설문說文》에 복復과 복(夏, 复)의 해석이 서로 다르게 기재되어 있기 때문에, 이 복復에 대한 《설문說文》의 해석은 역자가 보충적으로 첨가한 것이다.

1206 (清) 段玉裁注, 《說文解字注》, 第四卷, 第二篇注下, 〈往〉, 76쪽. 그 원문에 "往, 之也. 从彳, 㞷聲. 𨒈, 古文, 从辵"이라고 되어 있다.

1207 (清) 段玉裁注, 《說文解字注》, 第四卷, 第二篇注下, 〈後〉, 77쪽. 그 원문에 "後, 遲也. 从彳幺夊. 幺夊者, 後也. 𨒌, 古文後, 从辵"이라고 되어 있다.

1208 (清) 段玉裁注, 《說文解字注》, 第三卷, 第二篇注上, 〈走〉, 64쪽. 그 원문에 "走, 趨也. 从夭止. 夭者, 屈也. 凡走之屬皆从走"라고 되어 있다.

1209 (清) 段玉裁注, 《說文解字注》, 第二十八卷, 第十四篇注下, 〈𨸏〉, 741쪽. 그 원문에 "𨸏, 𨸏商, 小塊也. 从𠂤, 从臾. 臾, 古文蕢字"라고 되어 있다.

1210 (清) 段玉裁注, 《說文解字注》, 第四卷, 第二篇注下, 〈遣〉, 73쪽. 그 원문에 "遣, 縱也. 从辵, 𦥑聲"이라고 되어 있다.

“은 등을 굽히고 걸어가는 것이다. 주走를 따르고, 관雚은 성부聲符이다. 일설一說에는 등을 굽혀서 걷는 모습이라고도 한다”[1211]라고 하였고( ), 기起에 대해《설문說文》에서는, “는 일어설 수 있는 것이다. 주走를 따르고, 사巳는 성부聲符이다. 는 고문古文의 기起이고, 착辵을 따른다”[1212]라고 하였다.

(28) 복攴과 과戈

복攴에 대해《설문說文》에서는, “은 가볍게 치는 것이다. 우又를 따르고, 복卜은 성부聲符이다. 무릇 복攴의 속屬들은 모두 이 복攴을 따른다”[1213]라고 하였다. 갑골문에서 이 복攴은 손에 몽둥이를 들고 공격하는 모습을 본뜨고 있다( ). 또한 앞의 〈도표 80〉에서 소개한 것처럼, 갑골문에서 과戈는 자루가 달린 무기용 창의 모습을 본뜨고 있다( ). 그래서 이 복攴과 과戈는 모두 무기를 사용하여 사람을 공격하는 것이므로 서로 통용될 수 있다.

예를 들어, 앞의 〈도표 357〉에서 소개한 계啓에 대해《설문說文》에서는, “는 가르치는 것이다. 복攴을 따르고, 계启는 성부聲符이다.《논어論語》에 이르기를, ‘스스로 분발憤發하지 않으면 가르쳐 주지 않는다’라고 하였다”[1214]라고 하였고( ), 앞의 〈도표 204〉에서 소개한 조(肇, 肈)에 대해《설문說文》에서는, “는 한漢나라의 화제和帝를 휘諱한 것이다”[1215]라고 하였으며( ), 구救에 대해《설문說文》에서는, “는 막는 것이다. 복攴을 따르고, 구求는 성부聲符이다”[1216]라고 하였고( ), 구寇에 대해《설문說文》에서는, “는 해치는 것이다. 복攴과 완完을 따른다”[1217]라고 하였다( ).

1211 (清) 段玉裁注,《說文解字注》, 第三卷, 第二篇注上,〈𧾻〉, 66쪽. 그 원문에 “, 行𧾻趢也. 从走, 雚聲. 一曰: 行曲脊皃”라고 되어 있다. 그런데 이 권(𧾻, 踡)과 성부聲符인 관雚은 상고음上古音에서 동일하게 원부元部에 속하였다.

1212 (清) 段玉裁注,《說文解字注》, 第三卷, 第二篇注上,〈起〉, 65쪽. 그 원문에 “, 能立也. 从走, 巳聲. , 古文起, 从辵”이라고 되어 있다. 그런데 이 기起와 성부聲符인 사巳는 상고음上古音에서 동일하게 지부之部에 속하였다.

1213 (清) 段玉裁注,《說文解字注》, 第六卷, 第三篇注下,〈攴〉, 123쪽. 그 원문에 “, 小擊也. 从又, 卜聲. 凡攴之屬皆从攴”이라고 되어 있다.

1214 (清) 段玉裁注,《說文解字注》, 第六卷, 第三篇注下,〈啓〉, 123쪽. 그 원문에 “, 教也. 从攴, 启聲. 論語曰: 不憤不啓”라고 되어 있다.

1215 (清) 段玉裁注,《說文解字注》, 第二十四卷, 第十二篇注下,〈肇〉, 635쪽. 그 원문에 “, 上諱”라고 되어 있다.

1216 (清) 段玉裁注,《說文解字注》, 第六卷, 第三篇注下,〈救〉, 125쪽. 그 원문에 “, 止也. 从攴, 求聲”이라고 되어 있다.

1217 (清) 段玉裁注,《說文解字注》, 第六卷, 第三篇注下,〈寇〉, 126쪽. 그 원문에 “, 暴也. 从攴完”이라고 되어 있다.

(29) 우牛와 양羊

앞의 〈도표 84〉에서 소개한 것처럼, 갑골문에서 우牛는 소머리의 모습을 본뜨고 있다(). 또한 앞의 〈도표 85〉에서 소개한 것처럼, 갑골문에서 양羊은 양 머리의 모습을 본뜨고 있다(). 그래서 이 우牛와 양羊은 모두 가축이므로, 서로 통용될 수 있다.

예를 들면, 앞의 〈도표 76〉에서 소개한 뢰(牢:), 〈도표 167〉에서 소개한 모(牡:), 〈도표 168〉에서 소개한 빈(牝:), 그리고 〈도표 284〉에서 소개한 목(牧:) 등이다.

(30) 비飛와 우羽

비飛에 대해 《설문說文》에서는, "飛는 새가 날아오르는 것이다. 상형자象形字이다. 무릇 비飛의 속屬들은 모두 이 비飛를 따른다"[1218]라고 하였다. 이 비飛는 새가 날개를 펴고 하늘을 빙빙 돌며 나는 모습을 본뜨고 있다. 또한 〈도표 29〉에서 소개한 것처럼, 갑골문에서 우羽는 새 깃털의 모습을 본뜨고 있다(). 그래서 이 비飛와 우羽는 모두 하늘을 나는 것과 관련이 있으므로 서로 통용될 수 있다.

예를 들어, 한翰에 대해 《설문說文》에서는, "翰은 하늘에 있는 닭이다. 붉은 깃털을 가지고 있다. 우羽를 따르고, 간倝은 성부聲符이다. 《일주서逸周書》에 이르기를, '문채가 있는 닭으로, 마치 오색의 아름다운 깃털을 가진 꿩과 같다. 다른 이름으로는 신풍鷐風이라고도 한다. 주周나라 성왕成王 때 촉蜀에 사는 사람이 그것을 바쳤다'라고 하였다"[1219]라고 하였고, 또한 익(䉤, 翼)에 대해 《설문說文》에서는, "䉤은 날개이다. 비飛를 따르고, 이異는 성부聲符이다. 주문籀文의 익翼이다. 翼은 전문篆文의 익(䉤, 翼)이고, 우羽를 따른다"[1220]라고 하였다().

(31) 맹黽과 훼虫

맹黽에 대해 《설문說文》에서는, "黽은 개구리와 비슷한 맹꽁이이다. 타它를 따른다. 상형자

1218 (淸) 段玉裁注, 《說文解字注》, 第二十二卷, 第十一篇注下, 〈飛〉, 588쪽. 그 원문에 "飛, 鳥翥也. 象形. 凡飛之屬皆从飛"라고 되어 있다.

1219 (淸) 段玉裁注, 《說文解字注》, 第七卷, 第四篇注上, 〈翰〉, 139-140쪽. 그 원문에 "翰, 天雞也. 赤羽. 从羽, 倝聲. 逸周書曰: 文翰, 若翬雉. 一名: 鷐風. 周成王時, 蜀人獻之"라고 되어 있다.

1220 (淸) 段玉裁注, 《說文解字注》, 第二十二卷, 第十一篇注下, 〈䉤〉, 588쪽. 그 원문에 "䉤, 翄也. 从飛, 異聲. 籀文翼. 翼, 篆文䉤, 从羽"라고 되어 있다. 그런데 이 익(䉤, 翼)은 상고음上古音에서 직부職部에 속하였고, 성부聲符인 이異는 상고음에서 지부之部에 속하였다. 따라서 이 익(䉤, 翼)과 이異는 모두 고운古韻에서 지직증之職蒸의 큰 부류에 속하였다.

象形字이다. 맹黽의 머리 부분과 타它의 머리 부분은 같다. 무릇 맹黽의 속屬들은 모두 이 맹黽을 따른다. 은 주문籒文의 맹黽이다"[1221]라고 하였다. 갑골문에서 이 맹黽은 파충류에 속하는 한 동물의 모습을 본뜨고 있다(). 또한 훼虫에 대해《설문說文》에서는, "는 달리 살무사라고도 부른다. 넓이는 세 촌寸이고, 머리는 크기가 마치 엄지손가락과 같다. 그 누워 있는 모습을 본뜨고 있다. 이 동물은 작고 가는데, 혹은 걷기도 하고 혹은 날기도 한다. 혹은 털이 있기도 하고 혹은 벌거벗고 있기도 하며, 혹은 껍질이 있기도 하고 혹은 비늘이 있기도 한다. 훼虫로써 그 모양을 삼았다. 무릇 훼虫의 속屬들은 모두 이 훼虫를 따른다"[1222]라고 하였다. 갑골문에서 이 훼虫는 뱀의 종류에 속하는 동물의 모습을 본뜨고 있다(). 그러므로 이 맹黽과 훼虫는 모두 벌레의 종류에 속하는 동물이므로 서로 통용될 수 있다.

예를 들어, 앞의 〈도표 202〉에서 소개한 주(鼄, 蛛)에 대해《설문說文》에서는, "는 거미이다. 맹黽을 따르고, 주朱는 성부聲符이다. 는 주鼄의 혹체或體이고, 훼虫를 따른다"[1223]라고 하였다(). 또한 왜(鼃, 蛙)에 대해《설문說文》에서는, "는 두꺼비의 속屬이다. 맹黽을 따르고, 규圭는 성부聲符이다"[1224]라고 하였고, 왜(蛙, 鼃)에 대해《광운廣韻》에서는, "왜蛙는 두꺼비의 속屬이다. 왜鼃는 위와 같다"[1225]라고 하였다.

(32) 어魚와 훼虫

어魚에 대해《설문說文》에서는, "는 물에 사는 동물이다. 상형자象形字이다. 어魚의 꼬리 부분과 연燕의 꼬리 부분은 같다. 무릇 어魚의 속屬들은 모두 이 어魚를 따른다"[1226]라고 하였다. 갑골문에서 이 어魚는 물고기의 모습을 본뜨고 있다(). 이 어魚와 훼虫는

1221 (清) 段玉裁注,《說文解字注》, 第二十六卷, 第十三篇注下, 〈黽〉, 685쪽. 그 원문에 ", 鼃黽也. 从它. 象形. 黽頭與它頭同. 凡黽之屬皆从黽. , 籒文黽"이라고 되어 있다.

1222 (清) 段玉裁注,《說文解字注》, 第二十五卷, 第十三篇注上, 〈虫〉, 669-670쪽. 그 원문에 ", 一名: 蝮. 博三寸, 首大如擘指. 象其臥形. 物之微細, 或行或飛, 或毛或蠃, 或介或鱗. 㠯虫爲象. 凡虫之屬皆从虫"라고 되어 있다.

1223 (清) 段玉裁注,《說文解字注》, 第二十六卷, 第十三篇注下, 〈鼄〉, 686쪽. 그 원문에 ", 鼅鼄也. 从黽, 朱聲. , 鼄或, 从虫"라고 되어 있다.

1224 (清) 段玉裁注,《說文解字注》, 第二十六卷, 第十三篇注下, 〈鼃〉, 685쪽. 그 원문에 ", 蝦蟆屬. 从黽, 圭聲"이라고 되어 있다. 그런데 이 왜(鼃, 蛙)와 성부聲符인 규圭는 상고음上古音에서 모두 지부支部에 속하였다.

1225 (宋) 陳彭年·丘雍,《宋本廣韻》, 第一卷, 佳第十三, 〈蛙〉, 43쪽. 그 원문에 "蛙, 蝦蟆屬. 鼃, 上同"이라고 되어 있다.

1226 (清) 段玉裁注,《說文解字注》, 第二十二卷, 第十一篇注下, 〈魚〉, 580쪽. 그 원문에 ", 水蟲也. 象形. 魚尾與燕尾相佀. 凡魚之屬皆从魚"라고 되어 있다.

모두 동물이고, 양서류兩棲類는 어魚와 훼虫를 서로 겸할 수 있다.

예를 들어, 해(蠏, 蟹)에 대해 《설문說文》에서는, "蠏는 두 개의 집게발과 여덟 개의 다리가 있고, 옆으로 걷는다. 뱀과 두렁허리의 둥지가 아니면 보호받을 곳이 없다. 훼虫를 따르고, 해解는 성부聲符이다. 䲒는 해蠏의 혹체或體이고, 어魚를 따른다"[1227]라고 하였다.

(33) 훼虫와 곤䖵

곤䖵에 대해 《설문說文》에서는, "䖵은 벌레의 총명總名이다. 두 훼虫를 따른다. 무릇 곤䖵의 속屬들은 모두 이 곤䖵을 따른다. 발음은 곤昆과 같다"[1228]라고 하였다(䖵 䖵䖵). 이 훼虫와 곤䖵은 모두 벌레의 종류에 속하는 동물이므로 서로 통용될 수 있다.

예를 들어, 봉(蠭, 蠢, 蜂)에 대해 《설문說文》에서는, "蠭은 날아다니는 벌레 중에서 사람을 쏘는 것이다. 곤䖵을 따르고, 봉逢은 성부聲符이다. 蠢은 고문古文이고, 생략하였다"[1229]라고 하였고, 봉(蠭, 蜂, 蠢)에 대해 《광운廣韻》에서는, "봉蠭은 《설문說文》에 이르기를, '사람을 쏘는 날아다니는 벌레이다'라고 하였다. 《효경孝經》〈원신계援神契〉에 이르기를, '벌과 전갈은 침을 늘어뜨리고 있는데, 그 독毒이 뒤쪽에 있다'라고 하였다. 봉蜂은 위와 같다. 봉(蠢, 蜂)은 고문古文이다"[1230]라고 하였다.

그리고 아(蛾, 蛾)에 대해 《설문說文》에서는, "蛾는 누에가 변하여 날아다니는 나방이 된 것이다. 곤䖵을 따르고, 아我는 성부聲符이다. 蛾는 혹체或體이고, 훼虫를 따른다"[1231]라고 하였고, 조(蝨, 蚤)에 대해 《설문說文》에서는, "蝨는 사람을 무는 팔짝팔짝 뛰는 벌레이다. 곤䖵을 따르고, 조叉는 성부聲符이다. 조叉는 조爪의 옛 글자이다. 蚤는 조(蝨, 蚤)의 혹체或體이고, 훼虫를 따른다"[1232]라고 하였으며, 비(蠯, 蜱)에 대해 《설문說文》에서는, "蠯는 사마귀의

1227 (淸) 段玉裁注, 《說文解字注》, 第二十五卷, 第十三篇注上, 〈蠏〉, 678쪽. 그 원문에 "蠏, 有二敖八足, 旁行. 非它鮮之穴, 無所庇. 从虫, 解聲. 䲒, 蠏或, 从魚"라고 되어 있다.

1228 (淸) 段玉裁注, 《說文解字注》, 第二十六卷, 第十三篇注下, 〈䖵〉, 681쪽. 그 원문에 "䖵, 蟲之總名也. 从二虫. 凡䖵之屬皆从䖵. 讀若昆"이라고 되어 있다.

1229 (淸) 段玉裁注, 《說文解字注》, 第二十六卷, 第十三篇注下, 〈蠭〉, 681쪽. 그 원문에 "蠭, 飛蟲螫人者. 从䖵, 逢聲. 蠢, 古文, 省"이라고 되어 있다.

1230 (宋) 陳彭年·丘雍, 《宋本廣韻》, 第一卷, 鍾第三, 〈蠭〉, 15쪽. 그 원문에 "蠭, 說文曰: 螫人飛蟲也. 孝經援神契曰: 蠭蠆垂芒, 爲其毒在後. 蜂, 上同. 蠢, 古文"이라고 되어 있다.

1231 (淸) 段玉裁注, 《說文解字注》, 第二十六卷, 第十三篇注下, 〈蛾〉, 681쪽. 그 원문에 "蛾, 蠶匕飛蛾. 从䖵, 我聲. 蛾, 或, 从虫"라고 되어 있다.

1232 (淸) 段玉裁注, 《說文解字注》, 第二十六卷, 第十三篇注下, 〈蝨〉, 681쪽. 그 원문에 "蝨, 齧人跳蟲也. 从䖵,

알이다. 곤蚰을 따르고, 비卑는 성부聲符이다. 螕는 비(蠯, 螕)의 혹체或體이고, 훼虫를 따른다"[1233]라고 하였고, 문(蟁, 蚊, 蚉)에 대해《설문說文》에서는, "蟁은 사람을 무는 날아다니는 벌레이다. 곤蚰을 따르고, 민民은 성부聲符이다. 䘊은 문蟁의 혹체或體이고, 혼昏을 따른다. 저녁 시간에 나오기 때문이다. 蚊은 속체俗體의 문蟁이고, 훼虫를 따르며, 문文을 따른다"[1234]라고 하였다([illegible]).

(34) 망茻과 초艸

망茻에 대해《설문說文》에서는, "茻은 많은 풀이다. 네 철屮을 따른다. 무릇 망茻의 속屬들은 모두 이 망茻을 따른다. 발음은 망冈과 같다"[1235]라고 하였다. 또한 초艸에 대해《설문說文》에서는, "艸는 수많은 풀이다. 두 철屮을 따른다. 무릇 초艸의 속屬들은 모두 이 초艸를 따른다"[1236]라고 하였다. 그래서 이 망茻과 초艸는 모두 풀의 종류에 속하는 식물이므로, 서로 통용될 수 있다.

예를 들어, 앞의〈도표 24〉에서 소개한 천薦에 대해《설문說文》에서는, "薦은 짐승이 먹는 풀이다. 채廌와 초艸를 따른다. 옛날에 어느 신인神人이 채廌를 황제黃帝에게 바쳤는데, 황제가 '무엇을 먹고 어디에 사느냐?'라고 물었다. 대답하기를, '천薦을 먹습니다. 여름에는 수택水澤에 살고, 겨울에는 송백松柏에 삽니다'라고 하였다"[1237]라고 하였고(薦, 薦, 薦, 薦), 잉艿에 대해《설문說文》에서는, "艿은 풀이다. 초艸를 따르고, 내乃는 성부聲符이다"[1238]라고 하였

叉聲. 叉, 古爪字. 螕, 蚤或, 从虫"라고 되어 있다.

1233 (淸) 段玉裁注,《說文解字注》, 第二十六卷, 第十三篇注下,〈蠯〉, 681쪽. 그 원문에 "蠯, 蠯蛸也. 从蚰, 卑聲. 螕, 蠯或, 从虫"라고 되어 있다.

1234 (淸) 段玉裁注,《說文解字注》, 第十三卷, 第七篇注上,〈蟁〉, 682쪽. 그 원문에 "蟁, 齧人飛蟲. 从蚰, 民聲. 䘊, 蟁或, 从昏. 目昏時出也. 蚊, 俗蟁, 从虫, 从文"이라고 되어 있다. 그런데 이 문(蟁, 蚊, 蚉)은 상고음上古音에서 문부文部에 속하였고, 성부聲符인 민民은 상고음에서 진부眞部에 속하였다. 따라서 이 문(蟁, 蚊, 蚉)과 민民은 상고음에서 서로 동일한 큰 부류에 속하지 않았다.

1235 (淸) 段玉裁注,《說文解字注》, 第二卷, 第一篇注下,〈茻〉, 48쪽. 그 원문에 "茻, 眾艸也. 从四屮. 凡茻之屬皆从茻. 讀若與冈同"이라고 되어 있다. 그런데 엽덕휘葉德輝는 이 망冈을 망网의 생략체로 보았다.

1236 (淸) 段玉裁注,《說文解字注》, 第二卷, 第一篇注下,〈艸〉, 22쪽. 그 원문에 "艸, 百芔也. 从二屮. 凡艸之屬皆从艸"라고 되어 있다.

1237 (淸) 段玉裁注,《說文解字注》, 第十八卷, 第十篇注上,〈薦〉, 474쪽. 그 원문에 "薦, 獸之所食艸. 从廌艸. 古者神人吕廌遺黃帝, 帝曰: 何食何處? 曰: 食薦. 夏處水澤, 冬處松柏"이라고 되어 있다.

1238 (淸) 段玉裁注,《說文解字注》, 第二卷, 第一篇注下,〈艿〉, 46-47쪽. 그 원문에 "艿, 艸也. 从艸, 乃聲"이라고 되어 있다. 그런데 이 잉艿은 상고음上古音에서 증부蒸部에 속하였고, 성부聲符인 내乃는 상고음에서 지부之部

으며( ), 호蒿에 대해《설문說文》에서는, "蒿는 제비쑥이다. 초艸를 따르고, 고高는 성부聲符이다"[1239]라고 하였고( ), 수蒐에 대해《설문說文》에서는, "蒐는 모수茅蒐이고, 꼭두서니 풀이다. 사람의 피로 자라나는 것이므로, 그것으로 빨간색을 물들일 수 있다. 초艸와 귀鬼를 따른다"[1240]라고 하였다( ).

(35) 면宀과 엄广

면宀에 대해《설문說文》에서는, "宀은 교차하며 맞배지붕으로 덮은 깊숙한 집이다. 상형자象形字이다. 무릇 면宀의 속屬들은 모두 이 면宀을 따른다"[1241]라고 하였다. 갑골문에서 이 면宀은 집 정면의 모습을 본뜨고 있다( ). 또한 엄广에 대해《설문說文》에서는, "广은 바위에 의지하여 집을 지은 것이다. 한厂을 따르고, 마주보며 찌를 듯이 높이 솟은 집의 모습을 본뜨고 있다. 무릇 엄广의 속屬들은 모두 이 엄广을 따른다. 발음은 엄연儼然의 엄儼과 같다"[1242]라고 하였다. 이 엄广은 집을 옆에서 바라본 모습을 본뜨고 있다. 이 면宀과 엄广은 모두 덮고 가리는 물체인데, 하나는 밀폐시킨 모습이고 다른 하나는 개방시킨 모습이다. 그래서 서로 통용될 수 있다.

예를 들어, 앞의 〈도표 223〉에서 소개한 안安에 대해《설문說文》에서는, "安은 편안한 것이다. 녀女를 따르고, 면宀 안에 있다"[1243]라고 하였고( ), 광廣에 대해《설문說文》에서는, "廣은 사방의 벽이 없는 건물에 있는 큰 방이다. 엄广을 따르고, 황黃은 성부聲符이다"[1244]라고 하였으며( ), 묘(廟, 庿)에 대해《설문說文》에서는, "廟는 존귀한 선조

에 속하였다. 따라서 이 잉艿과 내乃는 상고음에서 모두 동일하게 지직증之職蒸의 큰 부류에 속하였다.

1239 (淸) 段玉裁注,《說文解字注》, 第二卷, 第一篇注下, 〈蒿〉, 47쪽. 그 원문에 "蒿, 菣也. 从艸, 高聲"이라고 되어 있다.

1240 (淸) 段玉裁注,《說文解字注》, 第二卷, 第一篇注下, 〈蒐〉, 31쪽. 그 원문에 "蒐, 茅蒐, 茹藘. 人血所生, 可目染絳. 从艸鬼"라고 되어 있다.

1241 (淸) 段玉裁注,《說文解字注》, 第十四卷, 第七篇注下, 〈宀〉, 341쪽. 그 원문에 "宀, 交覆突屋也. 象形. 凡宀之屬皆从宀"이라고 되어 있다.

1242 (淸) 段玉裁注,《說文解字注》, 第十七卷, 第九篇注下, 〈广〉, 447쪽. 그 원문에 "广, 因厂爲屋也. 从厂, 象對刺高屋之形. 凡广之屬皆从广. 讀若儼然之儼"이라고 되어 있다.

1243 (淸) 段玉裁注,《說文解字注》, 第十四卷, 第七篇注下, 〈安〉, 343쪽. 그 원문에 "安, 竫也. 从女, 在宀中"이라고 되어 있다.

1244 (淸) 段玉裁注,《說文解字注》, 第十七卷, 第九篇注下, 〈廣〉, 448쪽. 그 원문에 "廣, 殿之大屋也. 从广, 黃聲"이라고 되어 있다.

의 위패가 있는 곳이다. 엄广을 따르고, 조朝는 성부聲符이다. 庿는 고문古文이다"[1245]라고 하였다.

그리고 우(寓, 庽)에 대해《설문說文》에서는, "寓는 의지하여 사는 것이다. 면宀을 따르고, 우禺는 성부聲符이다. 庽는 우寓의 혹체或體이고, 엄广을 따르는 것으로 썼다"[1246]라고 하였고, 탕宕에 대해《설문說文》에서는, "宕은 지나친 것이다. 일설一說에는 동굴로 된 집이라고도 한다. 면宀을 따르고, 탕碭의 생략형이 성부聲符이다. 여남군汝南郡 항현項縣에 탕향宕鄕이 있다"[1247]라고 하였으며, 택宅에 대해《설문說文》에서는, "宅은 사람이 의지하여 사는 곳이다. 면宀을 따르고, 탁乇은 성부聲符이다. 宅은 고문古文의 택宅이다. 宅도 또한 고문古文의 택宅이다"[1248]라고 하였다.

(36) 일日과 월月

앞의 〈도표 53〉에서 소개한 것처럼, 갑골문에서 일日은 해의 모습을 본뜨고 있다. 또한 〈도표 54〉에서 소개한 것처럼, 갑골문에서 월月은 달의 모습을 본뜨고 있다. 이 일日과 월月은 모두 하늘에 떠 있는 천체天體이므로 서로 통용될 수 있다.

예를 들어, 기期에 대해《설문說文》에서는, "期는 만남을 약속하는 것이다. 월月을 따르고, 기其는 성부聲符이다. 𣅀는 고문古文이고, 일日과 기丌를 따른다"[1249]라고 하였고, 춘(萅, 春)에 대해《설문說文》에서는, "萅은 만물을 밀어 올리는 것이다. 일日과 초艸와 준屯을 따르고, 준屯은 또한 성부聲符이다"[1250]라고 하였으며, 〈도표 260〉에서 소개한 석(𦣞, 昔)에 대해《설문說文》에서는, "𦣞은 말린 고기이다. 남은 고기를

1245 (清) 段玉裁注,《說文解字注》, 第十七卷, 第九篇注下, 〈廟〉, 450쪽. 그 원문에 "廟, 尊先祖皃也. 从广, 朝聲. 庿, 古文"이라고 되어 있다.

1246 (清) 段玉裁注,《說文解字注》, 第十四卷, 第七篇注下, 〈寓〉, 345쪽. 그 원문에 "寓, 寄也. 从宀, 禺聲. 庽, 寓或, 从广作"이라고 되어 있다.

1247 (清) 段玉裁注,《說文解字注》, 第十四卷, 第七篇注下, 〈宕〉, 345쪽. 그 원문에 "宕, 過也. 一曰: 洞屋. 从宀, 碭省聲. 汝南項有宕鄕"이라고 되어 있다.

1248 (清) 段玉裁注,《說文解字注》, 第十四卷, 第七篇注下, 〈宅〉, 341쪽. 그 원문에 "宅, 人所託凥也. 从宀, 乇聲. 宅, 古文宅. 宅, 亦古文宅"이라고 되어 있다.

1249 (清) 段玉裁注,《說文解字注》, 第十三卷, 第七篇注上, 〈期〉, 317쪽. 그 원문에 "期, 會也. 从月, 其聲. 𣅀, 古文, 从日丌"라고 되어 있다.

1250 (清) 段玉裁注,《說文解字注》, 第二卷, 第一篇注下, 〈萅〉, 48쪽. 그 원문에 "萅, 推也. 从日艸屯, 屯亦聲"이라고 되어 있다.

따르고, 햇볕으로 그것을 말리는 것이다. 조俎와는 같은 뜻이다. 은 주문籒文이고, 육肉을 따른다"[1251]라고 하였다().

(마) 원래의 창의創意에 보이던 형부形符와 성부聲符가 사라져 버린다

갑골문에서 보이던 자형은 해서체에 이르면서 이미 상당한 변화가 일어나게 되었는데, 그 구체적인 내용은 제7절의 '고금古今 자형字形의 변천 및 그 예'에서 든 설명을 참고하기 바란다. 그런데 이러한 자형 변천은 창의創意의 중요한 자형 구성 부분이 생략되어 버리는 결과를 가져오면서 자연히 그 원래 가지고 있던 창의도 알아보기 어렵게 하였다.

예를 들어, 성成에 대해《설문說文》에서는, "은 성숙한 것이다. 무戊를 따르고, 정丁은 성부聲符이다. 은 고문古文의 성成이고, 오午를 따른다"[1252]라고 하였다. 갑골문에서 이 성成은 과戈를 따르고 정丁이 성부聲符인 글자였는데(), 지금은 성부聲符인 정丁을 찾아볼 수 없다.

그리고 춘(萅, 春)에 대해《설문說文》에서는, "은 만물을 밀어 올리는 것이다. 일日과 초艸와 준屯을 따르고, 준屯은 또한 성부聲符이다"[1253]라고 하였다(). 그러나 지금은 성부聲符인 준屯을 찾아볼 수 없다.

그리고〈도표 50〉에서 소개한 것처럼, 갑골문에서 추秋는 여름과 가을 즈음에 나타나는 메뚜기의 피해로 가을이라는 계절을 표현하고 있었다. 그러나 나중에 이 메뚜기의 모습이 생략되었다().

그리고 앞의〈도표 25〉에서 소개한 것처럼, 금문金文에서 법(灋, 法)의 창의는 채廌라는 짐승으로 판결을 내린다는 의미에서 따왔다. 그런데 나중에 이 법(灋, 法)에서 채廌라는 짐승 모양이 생략되면서는 더 이상 그 창의를 찾아볼 수가 없게 되었다().

그리고〈도표 3〉에서 소개한 것처럼, 갑골문에서 서書는 원래 먹물이 담긴 용기 위에서 손으로 붓을 잡고 글씨를 써 내려감을 의미하고 있었다. 그런데 금문金文에서는 성부聲符인

1251 (清) 段玉裁注,《說文解字注》, 第十三卷, 第七篇注上,〈昔〉, 310쪽. 그 원문에 ", 乾肉也. 从殘肉, 日目晞之. 與俎同意. , 籒文, 从肉"이라고 되어 있다.

1252 (清) 段玉裁注,《說文解字注》, 第二十八卷, 第十四篇注下,〈成〉, 748쪽. 그 원문에 ", 就也. 从戊, 丁聲. , 古文成, 从午"라고 되어 있다.

1253 (清) 段玉裁注,《說文解字注》, 第二卷, 第一篇注下,〈萅〉, 48쪽. 그 원문에 ", 推也. 从日艸屯, 屯亦聲"이라고 되어 있다.

자者를 따르게 되었고, 예서체隸書體에서는 다시 자者의 윗부분과 율聿의 아랫부분이 자획을 서로 공유하게 되면서 자형이 더욱 간략하게 되어 버렸다().

(바) 글자의 자형 구조를 균형감 있게 만들기 위하여 성부聲符를 분리시키거나 혹은 결합시키는 경우인데, 그 예는 비교적 적은 편이다

예를 들어, 잡(雜, 襍)에 대해《설문說文》에서는, "襍은 다섯 가지 색깔이 서로 어우러진 옷이다. 의衣를 따르고, 집集은 성부聲符이다"[1254]라고 하였다. 이 잡(雜, 襍)은 성부聲符인 집集의 자형이 분리되었다.

그리고 도(辻, 徒)에 대해《설문說文》에서는, "辻는 걸어가는 것이다. 착辵을 따르고, 토土는 성부聲符이다"[1255]라고 하였다. 금문金文에서 이 도徒는 먼저 착辵에서 지止가 분리되었고, 다시 이 지止가 토土와 결합하였다(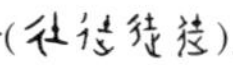).

그리고 사(辿, 徙)에 대해《설문說文》에서는, "辿는 옮기는 것이다. 착辵과 지止를 따른다. 征는 사徙의 혹체或體이고, 척彳을 따른다. 𢓭는 고문古文의 사徙이다"[1256]라고 하였다. 갑골문에서 이 사徙는 먼저 착辵에서 지止가 분리되었고, 다시 이 지止가 지止와 결합하였다(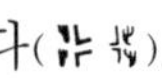).

(사) 성부聲符의 자형 형태가 생략되는 경우인데, '생략형이 성부聲符이다'라는《설문說文》의 해석은 대부분 신빙성이 그다지 높지 않은 편이다

예를 들어, 일반적으로 성부聲符인 산(刪, 删)을 따르는 글자는 대부분 책(冊, 册)으로 간략화된다. 그래서 산珊에 대해《설문說文》에서는, "珊은 산호珊瑚이고, 색은 붉다. 바다에서 자라기도 하고, 혹은 산에서 자라기도 한다. 옥玉을 따르고, 산刪의 생략형이 성부聲符이다"[1257]라고 하였고, 산姗에 대해《설문說文》에서는, "姍은 헐뜯는 것이다. 녀女를 따르고, 산(刪,

1254 (淸) 段玉裁注,《說文解字注》, 第十五卷, 第八篇注上,〈雜〉, 399쪽. 그 원문에 "襍, 五采相合也. 从衣, 集聲"이라고 되어 있다.

1255 (淸) 段玉裁注,《說文解字注》, 第四卷, 第二篇注下,〈辻〉, 71쪽. 그 원문에 "辻, 步行也. 从辵, 土聲"이라고 되어 있다.

1256 (淸) 段玉裁注,《說文解字注》, 第四卷, 第二篇注下,〈辿〉, 72쪽. 그 원문에 "辿, 迻也. 从辵止. 征, 徙或, 从彳. 𢓭, 古文徙"라고 되어 있다.

1257 (淸) 段玉裁注,《說文解字注》, 第一卷, 第一篇注上,〈珊〉, 18-19쪽. 그 원문에 "珊, 珊瑚, 色赤. 生於海, 或生於山. 从玉, 删省聲"이라고 되어 있다.

姍)의 생략형이 성부聲符이다. 일설一說에는 익편翼便이라고도 한다"[1258]라고 하였으며, 산狦에 대해《설문說文》에서는, "狦은 사납고 힘센 개이다. 견犬을 따르고, 산刪의 생략형이 성부聲符이다"[1259]라고 하였다.

그리고 일반적으로 성부聲符인 호虎를 따르는 글자는 대부분 호랑이의 몸 부분을 생략하여 쓰곤 하는데, 앞의 〈도표 205〉에서 소개한 로鑪를 그 예로 들 수 있다(). 또한 성부聲符인 록鹿을 따르는 글자도 가끔 사슴의 몸 부분을 생략하여 쓰기도 하는데, 록麓을 그 예로 들 수 있다().

(아) 성부聲符는 비록 서로 다르지만 그 의미는 오히려 같은 경우가 있다

이 경우에 해당되는 예는 수없이 많지만, 여기서는 다만《설문說文》에 보이는 몇 가지 예만 구체적으로 들어 보기로 한다.

예를 들어, 추(㨨, 抽)에 대해《설문說文》에서는, "㨨는 당기는 것이다. 수手를 따르고, 류畱는 성부聲符이다. 抽는 추(㨨, 抽)의 혹체或體이고, 유由를 따른다. ⿰扌秀는 추(㨨, 抽)의 혹체或體이고, 수秀를 따른다"[1260]라고 하였다. 이 추(㨨, 抽)는 성부聲符인 유由와 수秀, 혹은 류畱를 따를 수 있다. 또한 부(捊, 抱)에 대해《설문說文》에서는, "捊는 당겨서 모이게 하는 것이다. 수手를 따르고, 부孚는 성부聲符이다.《시경詩經》에 이르기를, '평지의 흙과 진흙을 한데 모으네'라고 하였다. 抱는 부捊의 혹체或體이고, 포包를 따른다"[1261]라고 하였다. 이 부(捊, 抱)는 성부聲符인 부孚나 포包를 따를 수 있다.

혜(鞵, 鞋)에 대해《설문說文》에서는, "鞵는 생가죽으로 만든 신이다. 혁革을 따르고, 해奚는 성부聲符이다"[1262]라고 하였고, 혜(鞵, 鞋)에 대해서《광운廣韻》에서는, "혜鞵는 신이다. 혜鞋는

1258 (淸) 段玉裁注,《說文解字注》, 第二十四卷, 第十二篇注下, 〈姍〉, 631쪽. 그 원문에 "姍, 誹也. 从女, 刪省聲. 一曰: 翼便也"라고 되어 있다.

1259 (淸) 段玉裁注,《說文解字注》, 第十八卷, 第十篇注上, 〈狦〉, 478쪽. 그 원문에 "狦, 惡健犬也. 从犬, 刪省聲"이라고 되어 있다.

1260 (淸) 段玉裁注,《說文解字注》, 第二十三卷, 第十二篇注上, 〈㨨〉, 611쪽. 그 원문에 "㨨, 引也. 从手, 畱聲. 抽, 㨨或, 从由. ⿰扌秀, 㨨或, 从秀"라고 되어 있다.

1261 (淸) 段玉裁注,《說文解字注》, 第二十三卷, 第十二篇注上, 〈捊〉, 606쪽. 그 원문에 "捊, 引堅也. 从手, 孚聲. 詩曰: 原隰捊矣. 抱, 捊或, 从包"라고 되어 있다. 그런데 단옥재段玉裁의 주注에서는 이 부(捊, 抱)의 성부聲符인 부孚와 포包가 상고음上古音에서 모두 동일하게 삼부三部인 유부幽部에 속한다고 하였다.

1262 (淸) 段玉裁注,《說文解字注》, 第六卷, 第三篇注下, 〈鞵〉, 109쪽. 그 원문에 "鞵, 生革鞮也. 从革, 奚聲"이라고 되어 있다.

위와 같다"[1263]라고 하였다. 이 혜(鞵, 鞋)는 성부聲符인 규圭나 해奚를 따를 수 있다. 또한 경(鱷, 鯨)에 대해서《설문說文》에서는, "鱷은 바다에 사는 큰 물고기이다. 어魚를 따르고, 강畺은 성부聲符이다.《춘추좌전春秋左傳》에 이르기를, '그 수고래와 암코래 같은 우두머리를 붙잡았다'라고 하였다. 鯨은 경(鱷, 鯨)의 혹체或體이고, 경京을 따른다"[1264]라고 하였다. 이 경(鱷, 鯨)은 성부聲符인 강畺이나 경京을 따를 수 있다.

삼(糂, 糣, 糝)에 대해《설문說文》에서는, "糂은 쌀을 국물에 말은 것이다. 미米를 따르고, 심甚은 성부聲符이다. 일설一說에는 밥 알갱이라고도 한다. 糣은 주문籒文의 삼糂이고, 참朁을 따른다. 糝은 고문古文의 삼糂이고, 삼參을 따른다"[1265]라고 하였다. 이 삼(糂, 糣, 糝)은 성부聲符인 심甚과 참朁, 혹은 삼參을 따를 수 있다. 또한 료(藥, 療)에 대해《설문說文》에서는, "藥는 고치는 것이다. 녁疒을 따르고, 악樂은 성부聲符이다. 발음은 로勞와 같다. 療는 혹체或體이고, 료尞를 따른다"[1266]라고 하였다. 이 료(藥, 療)는 성부聲符인 악樂이나 료尞를 따를 수 있다.

인(螾, 蚓)에 대해《설문說文》에서는, "螾은 옆으로 기는 것이다. 훼虫를 따르고, 인寅은 성부聲符이다. 蚓은 인螾의 혹체或體이고, 인引을 따른다"[1267]라고 하였다. 이 인(螾, 蚓)은 성부聲符인 인寅이나 인引을 따를 수 있다. 또한 용頌에 대해《설문說文》에서는, "頌은 용모이다. 혈(頁, 頁)을 따르고, 공公은 성부聲符이다. 額은 주문籒文이다"[1268]라고 하였다. 이 용頌은 성부

1263 (宋) 陳彭年 · 丘雍,《宋本廣韻》, 第一卷, 佳第十三,〈鞵〉, 43쪽. 그 원문에 "鞵, 屩也. 鞋, 上同"이라고 되어 있다.

1264 (淸) 段玉裁注,《說文解字注》, 第二十二卷, 第十一篇注下,〈鱷〉, 585쪽. 그 원문에 "鱷, 海大魚也. 从魚, 畺聲. 春秋傳曰: 取其鱷鯢. 鯨, 鱷或, 从京"이라고 되어 있다. 그런데 이 경(鱷, 鯨)과 성부聲符인 강畺은 상고음上古音에서 동일하게 양부陽部에 속하였다.

1265 (淸) 段玉裁注,《說文解字注》, 第十三卷, 第七篇注上,〈糂〉, 335쪽. 그 원문에 "糂, 以米和羹也. 从米, 甚聲. 一曰: 粒也. 糣, 籒文糂, 从朁. 糝, 古文糂, 从參"이라고 되어 있다. 그런데 이 삼(糂, 糣, 糝)과 성부聲符인 심甚은 상고음上古音에서 동일하게 침부侵部에 속하였다.

1266 (淸) 段玉裁注,《說文解字注》, 第十四卷, 第七篇注下,〈藥〉, 356쪽. 그 원문에 "藥, 治也. 从疒, 樂聲. 讀若勞. 療, 或, 从尞"라고 되어 있다. 그런데 이 료(藥, 療)는 상고음上古音에서 소부宵部에 속하였고, 성부聲符인 악樂은 상고음에서 약부藥部에 속하였다. 따라서 이 료(藥, 療)와 악樂은 모두 고운古韻에서 소약宵藥의 큰 부류에 속하였다.

1267 (淸) 段玉裁注,《說文解字注》, 第二十五卷, 第十三篇注上,〈螾〉, 670쪽. 그 원문에 "螾, 側行者. 从虫, 寅聲. 蚓, 螾或, 从引"이라고 되어 있다.

1268 (淸) 段玉裁注,《說文解字注》, 第十六卷, 第九篇注上,〈頌〉, 420쪽. 그 원문에 "頌, 皃也. 从頁, 公聲. 額, 籒文"이라고 되어 있다.

聲符인 공公이나 용容을 따를 수 있다.

금紟에 대해《설문說文》에서는, "紟은 옷을 매는 끈이다. 멱糸을 따르고, 금今은 성부聲符이다. 䋡은 주문籀文이고, 금金을 따른다"[1269]라고 하였다. 이 금紟은 성부聲符인 금今이나 금金을 따를 수 있다. 또한 용容에 대해《설문說文》에서는, "容은 담는 것이다. 면宀을 따르고, 곡谷은 성부聲符이다. 㝐은 고문古文의 용容이고, 공公을 따른다"[1270]라고 하였다. 이 용容은 성부聲符인 곡谷이나 공公을 따를 수 있다.

정(經, 赬)에 대해《설문說文》에서는, "經은 붉은색이다. 적赤을 따르고, 경巠은 성부聲符이다.《시경詩經》에 이르기를, '방어魴魚가 붉은 꼬리로 되었네'라고 하였다. 赬은 정(經, 赬)의 혹체或體이고, 정貞을 따른다. 䞓은 혹체或體이고, 정丁을 따른다"[1271]라고 하였다. 이 정(經, 赬)은 성부聲符인 경巠과 정貞, 혹은 정丁을 따를 수 있다. 또한 인(姻, 婣)에 대해《설문說文》에서는, "姻은 사위의 집이다. 여자가 가는 곳이기 때문에 인姻이라고 일컫는다. 녀女와 인因을 따르고, 인因은 또한 성부聲符이다. 婣은 주문籀文의 인姻이고, 연(㴱, 淵)을 따른다"[1272]라고 하였다. 이 인(姻, 婣)은 성부聲符인 인因이나 연(㴱, 淵)을 따를 수 있다.

(자) 동일한 자획이지만 원래는 서로 다른 자형 구성 부분이나 창의創意에서 왔다

(1) 아래의 글자들은 윗부분에 있는 자형 형태가 비록 동일하지만, 사실은 모두 원래 서로 다른 창의에서 온 것이다

예를 들어, 주奏에 대해《설문說文》에서는, "奏는 주奏이고, 올리는 것이다. 토夲를 따르고, 공(𠬞, 廾)을 따르며, 철屮을 따른다. 철屮은 위로 올린다는 뜻이다. 𢍁는 고문古文이다. 𣪆도 또한 고문古文이다"[1273]라고 하였다. 갑골문에서 이 주奏는 두 손으로 어떤 한 악기를 잡고

1269 (清) 段玉裁注,《說文解字注》, 第二十五卷, 第十三篇注上,〈紟〉, 661쪽. 그 원문에 "紟, 衣系也. 从糸, 今聲. 䋡, 籀文, 从金"이라고 되어 있다.

1270 (清) 段玉裁注,《說文解字注》, 第十四卷, 第七篇注下,〈容〉, 343쪽. 그 원문에 "容, 盛也. 从宀, 谷聲. 㝐, 古文容, 从公"이라고 되어 있다. 그런데 이 용容은 상고음上古音에서 동부東部에 속하였고, 성부聲符인 곡谷은 상고음에서 옥부屋部에 속하였다. 따라서 이 용容과 곡谷은 상고음에서 모두 동일하게 후옥동侯屋東의 큰 부류에 속하였다.

1271 (清) 段玉裁注,《說文解字注》, 第十九卷, 第十篇注下,〈經〉, 496쪽. 그 원문에 "經, 赤色也. 从赤, 巠聲. 詩曰: 魴魚經尾. 赬, 經或, 从貞. 䞓, 或, 从丁"이라고 되어 있다. 그런데 이 정(經, 赬)과 성부聲符인 경巠은 상고음上古音에서 동일하게 경부耕部에 속하였다.

1272 (清) 段玉裁注,《說文解字注》, 第二十四卷, 第十二篇注下,〈姻〉, 620쪽. 그 원문에 "姻, 壻家也. 女之所因, 故曰: 姻. 从女因, 因亦聲. 婣, 籀文姻, 从㴱"이라고 되어 있다.

음악을 연주하는 모습을 본뜨고 있다( ).

춘(萅, 春)에 대해《설문說文》에서는, " 은 만물을 밀어 올리는 것이다. 일日과 초艸와 준屯을 따르고, 준屯은 또한 성부聲符이다"[1274]라고 하였다. 갑골문에서 이 춘(萅, 春)은 초艸를 따르거나, 혹은 목木과 림林을 따르며, 혹은 일日을 따르고, 준屯은 성부聲符이다. 그래서 이 춘(萅, 春)은 성부聲符가 준屯인 형성자形聲字의 하나이다( ).

태(泰, 厺, 太)에 대해《설문說文》에서는, " 는 미끄러운 것이다. 공(, 廾)과 수水를 따르고, 대大는 성부聲符이다. 는 고문古文의 태泰이고, 이와 같다"[1275]라고 하였다. 갑골문에서 이 태(泰, 厺, 太)는 두 손으로 한 사람을 부축하며 습하고 미끄러운 땅을 걸어가는 모습을 본뜨고 있다( ).

그리고〈도표 310〉에서 소개한 것처럼, 갑골문에서 진秦은 두 손으로 절굿공이를 잡고 두 포기의 벼를 찧으며 정제된 쌀을 만드는 모습을 본뜨고 있다( ).

봉奉에 대해《설문說文》에서는, " 은 받드는 것이다. 수手와 공廾을 따르고, 봉丰은 성부聲符이다"[1276]라고 하였다. 금문金文에서 이 봉奉은 두 손으로 봉지封地의 경계에 심는 나무를 받들고 있는 모습을 본뜨고 있다( ).

(2) 아래의 글자들은 왼쪽에 있는 자형 형태가 비록 동일하지만, 모두 원래는 서로 다른 창의에서 온 것이다

예를 들어, 앞의〈도표 109〉에서 소개한 것처럼, 갑골문에서 향(亯, 享)은 높은 토대 위에 지은 건축물의 모습을 본뜨고 있다. 이 향(亯, 享)은 귀신을 제사 지내는 곳이다( ).

그리고〈도표 7〉에서 소개한 것처럼, 갑골문에서 곽(𩫏, 郭)은 성벽 위에 있는 망루望樓의 모습을 본뜨고 있다( ).

그리고 순(𦎫, 純)에 대해《설문說文》에서는, " 은 완전히 익힌 것이다. 향亯과 양(羊, 羊)을

1273 (清) 段玉裁注,《說文解字注》, 第十九卷, 第十篇注下,〈奏〉, 502쪽. 그 원문에 " , 奏, 進也. 从夲, 从 , 从屮. 屮, 上進之義. , 古文. , 亦古文"이라고 되어 있다.

1274 (清) 段玉裁注,《說文解字注》, 第二卷, 第一篇注下,〈萅〉, 48쪽. 그 원문에 " , 推也. 从日艸屯, 屯亦聲"이라고 되어 있다.

1275 (清) 段玉裁注,《說文解字注》, 第二十一卷, 第十一篇注上之二,〈泰〉, 570쪽. 그 원문에 " , 滑也. 从 水, 大聲. , 古文泰, 如此"라고 되어 있다.

1276 (清) 段玉裁注,《說文解字注》, 第五卷, 第三篇注上,〈奉〉, 104쪽. 그 원문에 " , 承也. 从手廾, 丰聲"이라고 되어 있다.

따른다. 발음은 순純과 같다. 일설一說에는 죽이라고도 한다. 𦎫은 전문篆文의 순(𦎫, 純)이다"[1277]라고 하였다. 갑골문에서 이 순(𦎫, 純)은 잘 익힌 양을 사당祠堂에 올리는 모습을 본뜨고 있다(). 또한 숙孰에 대해《설문說文》에서는, "䅲은 음식이 잘 익은 것이다. 극(丮, 丮)과 순(𦎫, 純)을 따른다.《역경易經》에 이르기를, '삶아서 익히는 것이다'라고 하였다"[1278]라고 하였다. 이 숙孰은 두 손을 앞으로 뻗어 제사에 쓰는 잘 익힌 양을 사당祠堂에 올리는 모습을 본뜨고 있다.

⑶ 아래의 글자들은 아래쪽에 있는 자형 형태가 비록 동일하지만, 그 창의는 원래 서로 다른 것이다 예를 들어, 표(㶾, 票, 熛)에 대해《설문說文》에서는, "㶾는 불똥이 날리는 것이다. 화火와 𡿺를 따른다. 표(㶾, 票)와 천(䙴, 遷)은 같은 뜻이다"[1279]라고 하였다. 이 표(㶾, 票, 熛)는 두 손으로 하나의 물체를 들고 불 위에서 그것을 굽고 있는 모습을 본뜨고 있다.

금禁에 대해《설문說文》에서는, "禁은 길흉吉凶의 금기禁忌이다. 시示를 따르고, 림林은 성부聲符이다"[1280]라고 하였다. 이 금禁은 숲 가운데에 설치한 신에게 제사 지내는 곳은 금지구역임을 의미하고 있다.

위(㷉, 尉, 熨)에 대해《설문說文》에서는, "㷉는 위에서 아래를 누르는 것이다. 이(𡰥, 夷)와 우又를 따르고, 화火를 들고 있다. 그것으로 비단을 펴는 것이다"[1281]라고 하였다. 이 위尉는 불에 구운 돌을 손에 쥐고 환자의 등을 안마하는 모습을 본뜨고 있다.

⑷ 아래의 글자들은 가운데에 있는 자형 형태가 비록 동일하지만, 그 창의는 원래 서로 다른 것이다 예를 들어, 새塞에 대해《설문說文》에서는, "𡫳는 떨어져 있는 것이다. 토土를 따르고, 색(𡨄,

---

1277 (淸) 段玉裁注,《說文解字注》, 第十卷, 第五篇注下,〈𦎫〉, 232쪽. 그 원문에 "𦎫, 孰也. 从亯羊. 讀若純. 一曰: 鬻也. 𦎫, 篆文𦎫"이라고 되어 있다.

1278 (淸) 段玉裁注,《說文解字注》, 第六卷, 第三篇注下,〈孰〉, 114쪽. 그 원문에 "䅲, 食飪也. 从丮𦎫. 易曰: 孰飪"이라고 되어 있다.

1279 (淸) 段玉裁注,《說文解字注》, 第十八卷, 第十篇注上,〈㶾〉, 489쪽. 그 원문에 "㶾, 火飛也. 从火𡿺. 㶾與䙴同意"라고 되어 있다.

1280 (淸) 段玉裁注,《說文解字注》, 第一卷, 第一篇注上,〈禁〉, 9쪽. 그 원문에 "禁, 吉凶之忌也. 从示, 林聲"이라고 되어 있다. 그런데 이 금禁과 성부聲符인 림林은 상고음上古音에서 동일하게 침부侵部에 속하였다.

1281 (淸) 段玉裁注,《說文解字注》, 第十八卷, 第十篇注上,〈㷉〉, 487쪽. 그 원문에 "㷉, 从上按下也. 从𡰥又, 持火. 所㠯申繒也"라고 되어 있다.

塞)은 성부聲符이다"[1282]라고 하였고, 또한 색(㥶, 塞)에 대해《설문說文》에서는, "㥶은 채우는 것이다. 전(㠭, 展)을 따르고, 공(廾, 廾)을 따르며, 면宀 가운데를 채우는 것이다. 전(㠭, 展)은 가지런하다는 의미와 같다"[1283]라고 하였다. 이 새塞와 색(㥶, 塞)은 많은 물건을 질서정연하게 방 안에 쌓아서 저장해 둠을 의미하고 있다.

한寒에 대해《설문說文》에서는, "寒은 추운 것이다. 인人을 따르고, 면宀 아래에 있다. 망茻을 따르고, 위와 아래가 덮여 있다. 아래에는 빙仌이 있다"[1284]라고 하였다. 금문金文에서 이 한寒은 집에 틈새가 난 곳을 풀로 틀어막아 바깥의 찬 기운이 들어오지 못하게 막는 모습을 표현하고 있다(寒 寒).

(5) 아래의 글자들에서 아랫부분에 있는 네 점은 원래 서로 다른 사물에서 온 것이다

예를 들어, 연然에 대해《설문說文》에서는, "然은 태우는 것이다. 화火를 따르고, 연肰은 성부聲符이다. 䕼은 혹체或體이고, 초艸와 난難을 따른다"[1285]라고 하였다. 그런데 이 연然의 아랫부분에 있는 네 점은 원래 금문金文에서 불꽃의 모습을 본뜨고 있었다(然 然).

그리고 앞의 〈도표 395〉에서 소개한 연(燕, 鷰)에 대해《설문說文》에서는, "燕은 제비이고, 현조玄鳥이다. 집게와 같은 주둥이가 있고, 천과 같은 날개를 가지고 있으며, 나뭇가지와 같은 꼬리가 있다. 상형자象形字이다. 무릇 연燕의 속屬들은 모두 이 연燕을 따른다"[1286]라고 하였다. 그런데 이 연(燕, 鷰)의 아랫부분에 있는 네 점은 원래 갑골문에서 새의 꼬리 모습을 본뜨고 있었다(燕 燕 燕 燕 燕 燕 燕 燕 燕 燕).

그리고 어魚에 대해《설문說文》에서는, "魚는 물에 사는 동물이다. 상형자象形字이다. 어魚

1282 (淸) 段玉裁注,《說文解字注》, 第二十六卷, 第十三篇注下, 〈塞〉, 696쪽. 그 원문에 "塞, 隔也. 从土, 㥶聲"이라고 되어 있다. 그런데 이 새塞는 상고음上古音에서 지부之部에 속하였고, 성부聲符인 색(㥶, 塞)은 상고음에서 직부職部에 속하였다. 따라서 이 새塞와 색(㥶, 塞)은 모두 고운古韻에서 지직증之職蒸의 큰 부류에 속하였다.

1283 (淸) 段玉裁注,《說文解字注》, 第九卷, 第五篇注上, 〈㥶〉, 203쪽. 그 원문에 "㥶, 窒也. 从㠭, 从廾, 窒宀中. 㠭, 猶齊也"라고 되어 있다.

1284 (淸) 段玉裁注,《說文解字注》, 第十四卷, 第七篇注下, 〈寒〉, 345쪽. 그 원문에 "寒, 凍也. 从人, 在宀下. 从茻, 上下爲覆. 下有仌也"라고 되어 있다.

1285 (淸) 段玉裁注,《說文解字注》, 第十八卷, 第十篇注上, 〈然〉, 485쪽. 그 원문에 "然, 燒也. 从火, 肰聲. 䕼, 或, 从艸難"이라고 되어 있다.

1286 (淸) 段玉裁注,《說文解字注》, 第二十二卷, 第十一篇注下, 〈燕〉, 587쪽. 그 원문에 "燕, 燕燕, 元鳥也. 籋口, 布翄, 枝尾. 象形. 凡燕之屬皆从燕"이라고 되어 있다. 그런데 이 연(燕, 鷰)의 해석에 '원조元鳥'라고 표기되어 있는데, 아마도 이것은 '현조玄鳥'의 오류일 것이다.

의 꼬리 부분과 연燕의 꼬리 부분은 같다. 무릇 어魚의 속屬들은 모두 이 어魚를 따른다"[1287]라고 하였다. 그런데 이 어魚의 아랫부분에 있는 네 점은 원래 갑골문에서 물고기의 꼬리 모습을 본뜨고 있었다( ).

〈도표 18〉에서 소개한 마(馬, 𩡧)에 대해 《설문說文》에서는, "馬는 노한 모양이고, 전쟁에 쓰는 것이다. 말 머리, 갈기, 꼬리, 네 발의 모양을 본뜨고 있다. 무릇 마馬의 속屬들은 모두 이 마馬를 따른다. 𩡧는 고문古文이다. 𩡧는 주문籒文의 마馬이고, 마(𩡧, 馬)와 같으며, 갈기가 있다"[1288]라고 하였다. 그런데 이 마(馬, 𩡧)의 아랫부분에 있는 네 점은 원래 갑골문에서 말의 다리 모습을 본뜨고 있었다( ).

〈도표 146〉에서 소개한 무(𣞤, 橆, 無)에 대해 《설문說文》에서는, "𣞤는 우거진 것이다. 림林과 모𣎵를 따른다. 어떤 학자는 모𣎵가 규모規模의 모模라고도 말한다. 대大와 십(卌, 卌)을 따른다. 십(卌, 卌)은 수數가 쌓인 것이다. 림林은 나무가 많은 것이다. 무(𣞤, 橆)는 서庶와 같은 뜻이다. 《상서尙書》의 〈상서商書〉에 이르기를, '많은 풀이 무성하게 우거졌다'라고 하였다"[1289]라고 하였다. 그런데 이 무(𣞤, 橆, 無)와 무舞의 아랫부분에 있는 네 점은 원래 갑골문에서 춤추는 사람의 다리 모습을 본뜨고 있었다( ).

〈도표 262〉에서 소개한 위爲에 대해 《설문說文》에서는, "爲는 암원숭이이다. 그 짐승의 성품은 손톱을 쓰기를 좋아한다. 아래의 배는 암원숭이의 모습이다. 왕육王育이 이르기를, '조爪는 상형자象形字이다'라고 하였다. 𤔔는 고문古文의 위爲이다. 두 암원숭이가 서로 마주 보고 있는 모습을 본뜨고 있다"[1290]라고 하였다. 그런데 이 위爲의 아랫부분에 있는 네 점은 원래 갑골문에서 코끼리의 다리 모습을 본뜨고 있었다( ).

탑(濕, 漯)에 대해 《설문說文》에서는, "濕은 탑수漯水의 물줄기이다. 동군東郡 동무양현東武陽縣에서 흘러나와 바다로 들어간다. 수水를 따르고, 현(㬎, 顯)은 성부聲符이다. 상흠桑欽이 이르기를, '평원군平原郡 고당현高唐縣에서 흘러나온다'라고 하였다"[1291]라고 하였다. 그런

1287 (淸) 段玉裁注, 《說文解字注》, 第二十二卷, 第十一篇注下, 〈魚〉, 580쪽. 그 원문에 "魚, 水蟲也. 象形. 魚尾與燕尾相佀. 凡魚之屬皆从魚"라고 되어 있다.

1288 (淸) 段玉裁注, 《說文解字注》, 第十八卷, 第十篇注上, 〈馬〉, 465쪽. 그 원문에 "馬, 怒也, 武也. 象馬頭髦尾四足之形. 凡馬之屬皆从馬. 𩡧, 古文. 𩡧, 籒文馬, 與影同, 有髦"라고 되어 있다.

1289 (淸) 段玉裁注, 《說文解字注》, 第十一卷, 第六篇注上, 〈𣞤〉, 274쪽. 그 원문에 "𣞤, 豐也. 從林𣎵. 𣎵, 或說規模字. 從大卌. 卌, 數之積也. 林者, 木之多也. 𣞤與庶同意. 商書曰: 庶艸繇𣞤"라고 되어 있다.

1290 (淸) 段玉裁注, 《說文解字注》, 第六卷, 第三篇注下, 〈爲〉, 114쪽. 그 원문에 "爲, 母猴也. 其爲禽, 好爪. 下腹爲母猴形. 王育曰: 爪, 象形也. 𤔔, 古文爲. 象兩母猴相對形"이라고 되어 있다.

데 이 탑(濕, 溼)의 아랫부분에 있는 네 점은 원래 갑골문에서 실의 모양을 본뜨고 있었다 ().

웅熊에 대해 《설문說文》에서는, "은 곰이라는 짐승이다. 돼지와 비슷하고, 산에 살며, 겨울에는 겨울잠을 잔다. 능能을 따르고, 염炎의 생략형이 성부聲符이다. 무릇 웅熊의 속屬들은 모두 이 웅熊을 따른다"[1292]라고 하였다. 그런데 이 웅熊의 아랫부분에 있는 네 점은 원래 불꽃의 모습을 본뜨고 있었다[1293]().

조鳥에 대해 《설문說文》에서는, "는 긴 꼬리를 가진 날짐승의 총명總名이다. 상형자象形字이다. 새의 발은 비匕와 비슷하므로, 비匕를 따른다. 무릇 조鳥의 속屬들은 모두 이 조鳥를 따른다"[1294]라고 하였다. 그런데 이 조鳥의 아랫부분에 있는 네 점은 원래 갑골문에서 새의 발 모양을 본뜨고 있었다().

작(舄, 誰, 舃, 鵲)에 대해 《설문說文》에서는, "은 까치이다. 상형자象形字이다. 은 전문篆文의 작舄이고, 추隹와 석(昔, 昔)을 따른다"[1295]라고 하였다. 그런데 이 작(舄, 誰, 舃, 鵲)의 아랫부분에 있는 네 점은 원래 금문金文에서 까치의 발 모양을 본뜨고 있었다().

언焉에 대해 《설문說文》에서는, "은 언焉이라는 새이다. 노란색이며, 장강長江과 회수淮水에서 나온다. 상형자象形字이다. 무릇 글자에 봉鳳이라는 것은 날개 달린 동물의 으뜸이다. 까마귀라는 것은 해 속에 있는 날짐승이다. 까치라는 것은 목성木星의 위치를 아는 새이다. 제비라는 것은 아들을 기원하는 철새이고, 둥지를 만들 적에 토土의 무기일戊己日을 피한다. 귀하게 여기는 것이기 때문에, 모두 상형자象形字이다. 언焉도 또한 이러한 것이

1291 (清) 段玉裁注,《說文解字注》, 第二十卷, 第十一篇注上之一,〈濕〉, 541쪽. 그 원문에 ", 濕水. 出東郡東武陽, 入海. 从水, 㬎聲. 桑欽云: 出平原高唐"이라고 되어 있다. 그런데 이 탑(濕, 溼)의 성부聲符인 현(㬎, 顯)은 원래 상고음上古音에서 그 반절음反切音이 '오합절五合切'이었는데, 후대에 다시 '호전절呼典切'로 그 발음이 변화되었다. 따라서 이 탑(濕, 溼)과 성부聲符인 현(㬎, 顯)은 상고음上古音에서 동일하게 즙부緝部에 속하였다.

1292 (清) 段玉裁注,《說文解字注》, 第十八卷, 第十篇注上,〈熊〉, 484쪽. 그 원문에 ", 熊獸. 佀豕, 山尻, 冬蟄. 从能, 炎省聲. 凡熊之屬皆从熊"이라고 되어 있다. 그런데 단옥재段玉裁의 주注에서는 이 웅熊과 성부聲符인 염炎이 상고음上古音에서 서로 쌍성雙聲이 된다고 하였다. 그러나 이 웅熊은 상고음上古音에서 증부蒸部에 속하였고, 성부聲符인 염炎은 상고음에서 담부談部에 속하였다. 따라서 이 웅熊과 염炎은 고운古韻에서 서로 동일한 큰 부류에 속하지 않았다.

1293 그런데 이 웅熊은 천泉의 자형에서 변화되어 왔을 가능성도 있다.(원저자 주)

1294 (清) 段玉裁注,《說文解字注》, 第七卷, 第四篇注上,〈鳥〉, 149쪽. 그 원문에 ", 長尾禽總名也. 象形. 鳥之足佀匕, 从匕. 凡鳥之屬皆从鳥"라고 되어 있다.

1295 (清) 段玉裁注,《說文解字注》, 第七卷, 第四篇注上,〈舄〉, 158-159쪽. 그 원문에 ", 誰也. 象形. , 篆文舄, 从隹昔"이라고 되어 있다.

다"[1296]라고 하였다. 그런데 이 언焉의 아랫부분에 있는 네 점은 원래 금문金文에서 언焉이라는 새의 발 모양을 본뜨고 있었다( ).

그리고 앞의 〈도표 393〉에서 소개한 흑黑에 대해《설문說文》에서는, " 은 북방北方의 색이다. 불에 그을린 색이다. 염炎을 따르고, 위로 창(囪, 囱, 窗)에서 나오고 있다. 무릇 흑黑의 속屬들은 모두 이 흑黑을 따른다"[1297]라고 하였다. 그런데 이 흑黑의 아랫부분에 있는 네 점은 원래 금문金文에서 사람의 몸에 새긴 문신文身의 모양을 본뜨고 있었다( ).

(6) 아래의 글자들에서 아래에 있는 세 점은 원래 서로 다른 사물에서 온 것이다

예를 들어, 앞의 〈도표 113〉에서 소개한 소小에 대해《설문說文》에서는, " 는 사물의 작은 것이다. 팔八을 따르고, 곤丨이 보이니 팔八이 나누어진 것이다. 무릇 소小의 속屬들은 모두 이 소小를 따른다"[1298]라고 하였다. 그런데 이 소小의 세 점은 원래 갑골문에서 작은 물체의 모양을 본뜨고 있었다( ).

그리고 앞의 〈도표 348〉에서 소개한 료(尞, 燎)에 대해《설문說文》에서는, " 는 섶을 태워 하늘에 제사를 올리는 것이다. 화火와 신𡗞을 따른다. 신𡗞은 고문古文의 신愼이다. 하늘에 제사를 올리는 것이므로, 이 때문에 삼가는 것이다"[1299]라고 하였다. 그런데 이 료(尞, 燎)의 아래에 있는 세 점은 원래 갑골문에서 불꽃의 모양을 본뜨고 있었다( ).

극(㣲, 隙)에 대해《설문說文》에서는, " 은 틈에서 보이는 하얀 햇빛이다. 백白을 따르고, 위와 아래에서 소小가 보이고 있다"[1300]라고 하였다. 이 극(㣲, 隙)의 아래에 있는 세 점은 원래 햇무리의 모습을 본뜬 것이었다.

이(尒, 爾)에 대해《설문說文》에서는, " 는 말이 반드시 그러한 것이다. 곤丨과 팔八을 따른

1296 (淸) 段玉裁注,《說文解字注》, 第七卷, 第四篇注上,〈焉〉, 159쪽. 그 원문에 " , 焉鳥. 黃色, 出於江淮. 象形. 凡字, 朋者, 羽蟲之長. 烏者, 日中之禽. 舄者, 知大歲之所在. 燕者, 請子之候, 作巢避戊己. 所貴者, 故皆象形. 焉亦是也"라고 되어 있다.

1297 (淸) 段玉裁注,《說文解字注》, 第十八卷, 第十篇注上,〈黑〉, 492쪽. 그 원문에 " , 北方色也. 火所熏之色也. 从炎, 上出囪. 凡黑之屬皆从黑"이라고 되어 있다.

1298 (淸) 段玉裁注,《說文解字注》, 第三卷, 第二篇注上,〈小〉, 49쪽. 그 원문에 " , 物之微也. 从八, 丨見而八分之. 凡小之屬皆从小"라고 되어 있다.

1299 (淸) 段玉裁注,《說文解字注》, 第十八卷, 第十篇注上,〈尞〉, 485쪽. 그 원문에 " , 柴祭天也. 从火𡗞. 𡗞, 古文愼字. 祭天所㠯愼也"라고 되어 있다.

1300 (淸) 段玉裁注,《說文解字注》, 第十四卷, 第七篇注下,〈㣲〉, 367쪽. 그 원문에 " , 際見之白也. 从白, 上下小見"이라고 되어 있다.

다. 팔八은 기운이 흩어짐을 본뜨고 있다. 입入은 성부聲符이다"[1301]라고 하였다. 그런데 이 이(尒, 爾)는 이爾에서 추출된 글자로, 원래 금문金文에서 물고기를 잡는 대나무로 만든 어망의 상단 부분 모습을 본뜨고 있었다.

그리고 〈도표 314〉에서 소개한 시示에 대해 《설문說文》에서는, "示는 하늘이 형상을 드리워 길흉吉凶을 나타내며, 이것으로 사람에게 보여 주는 것이다. 상(二, 上)을 따른다. 세 가지 드리운 것은 일日, 월月, 성星이다. 천문天文을 보면서, 이것으로 때의 변화를 살핀다. 시示는 신神의 일이다. 무릇 시示의 속屬들은 모두 이 시示를 따른다. 𠀚는 고문古文의 시示이다"[1302]라고 하였다. 그런데 이 시示의 아래에 있는 세 점은 원래 갑골문에서 신주神主의 위패 모양을 본뜨고 있었다.

숙尗에 대해 《설문說文》에서는, "尗은 콩이다. 숙尗은 콩이 자라는 모습을 본뜨고 있다. 무릇 숙尗의 속屬들은 모두 이 숙尗을 따른다"[1303]라고 하였다. 이 숙尗의 아래에 있는 세 점은 원래 콩꼬투리를 따는 모습을 본뜨고 있는 숙(叔)의 아랫부분을 본뜬 것이었다.

(7) 아래의 글자들에서 상단 부분은 원래 서로 다른 사물에서 온 것이다

예를 들어, 앞의 〈도표 57〉에서 소개한 로老에 대해 《설문說文》에서는, "老는 늙은 사람이다. 70세를 일컬어 로老라고 한다. 인人과 모毛와 화(匕, 化)를 따른다. 수염과 머리털이 하얗게 센 것을 말한다. 무릇 로老의 속屬들은 모두 이 로老를 따른다"[1304]라고 하였다. 갑골문에서 이 로老는 원래 지팡이를 짚고 있는 긴 머리의 노인 모습을 본뜨고 있었다.

그리고 자者에 대해 《설문說文》에서는, "者는 사물을 구분하는 말이다. 자(白, 自)를 따르고, 려(旅, 旅)는 성부聲符이다. 려(旅, 旅)는 고문古文의 려旅이다"[1305]라고 하였다. 금문金文에서

1301 (淸) 段玉裁注,《說文解字注》, 第三卷, 第二篇注上,〈尒〉, 49쪽. 그 원문에 "尒, 詞之必然也. 从丨八. 八, 象气之分散. 入聲"이라고 되어 있다. 그런데 이 이(尒, 爾)는 상고음上古音에서 지부支部에 속하였고, 성부聲符인 입入은 상고음에서 즙부緝部에 속하였다. 따라서 이 이(尒, 爾)와 입入은 상고음에서 서로 동일한 큰 부류에 속하지 않았다.

1302 (淸) 段玉裁注,《說文解字注》, 第一卷, 第一篇注上,〈示〉, 2쪽. 그 원문에 "示, 天垂象, 見吉凶, 所吕示人也. 从二. 三垂, 日月星也. 觀乎天文, 吕察時變. 示, 神事也. 凡示之屬皆从示. 𠀚, 古文示"라고 되어 있다.

1303 (淸) 段玉裁注,《說文解字注》, 第十四卷, 第七篇注下,〈尗〉, 339-340쪽. 그 원문에 "尗, 豆也. 尗象豆生之形也. 凡尗之屬皆从尗"이라고 되어 있다.

1304 (淸) 段玉裁注,《說文解字注》, 第十五卷, 第八篇注上,〈老〉, 402쪽. 그 원문에 "老, 考也. 七十曰: 老. 从人毛匕. 言須髮變白也. 凡老之屬皆从老"라고 되어 있다.

1305 (淸) 段玉裁注,《說文解字注》, 第七卷, 第四篇注上,〈者〉, 138쪽. 그 원문에 "者, 别事詞也. 从白, 旅聲.

이 자者는 원래 솥에 넣어 둔 채소와 그 위로 피어오르는 수증기의 모습을 본뜨고 있었다( ).

그리고 〈도표 236〉에서 소개한 교(敎, 教)에 대해 《설문說文》에서는, " 는 윗사람은 베풀고, 아랫사람은 본받는 것이다. 복攴과 교爻를 따른다. 무릇 교教의 속屬들은 모두 이 교教를 따른다. 는 고문古文의 교教이다. 도 또한 고문古文의 교教이다"[1306]라고 하였다. 갑골문에서 이 교(敎, 教)는 원래 손에 회초리를 들고 어린아이에게 새끼에 매듭짓기를 배우도록 타이르는 모습을 본뜨고 있었다( ).

(8) 아래의 글자들에서 조爪의 자획은 절대다수가 손의 동작을 본뜬 것이고, 비교적 소수가 다른 사물에서 온 것이다

예를 들어, 수受에 대해 《설문說文》에서는, " 는 서로 주고받는 것이다. 표(𠬪, 𡥉)를 따르고, 주舟의 생략형이 성부聲符이다"[1307]라고 하였다. 갑골문에서 이 수受는 한 손으로 하나의 접시를 다른 한 손에 넘겨주는 모습을 본뜨고 있다( ). 그래서 이 수受에 보이는 조爪의 자획은 손의 동작을 본뜬 것이다.

그리고 〈도표 262〉에서 소개한 위爲에 대해 《설문說文》에서는, " 는 암원숭이이다. 그 짐승의 성품은 손톱을 쓰기를 좋아한다. 아래의 배는 암원숭이의 모습이다. 왕육王育이 이르기를, '조爪는 상형자象形字이다'라고 하였다. 는 고문古文의 위爲이다. 두 암원숭이가 서로 마주 보고 있는 모습을 본뜨고 있다"[1308]라고 하였다. 갑골문에서 이 위爲는 손으로 코끼리의 코를 잡아끌고 일을 시키는 모습을 본뜨고 있다( ). 그래서 이 위爲에 보이는 조爪의 자획은 손의 동작을 본뜬 것이다.

작爵에 대해 《설문說文》에서는, " 은 예법禮法에 쓰는 술그릇이다. 은 참새의 모습을 본뜨고 있다. 가운데는 울창주鬱鬯酒가 있다. 우又는 그것을 손에 받들고 있다. 그것으로

𣥠, 古文旅"라고 되어 있다. 그런데 이 자者와 성부聲符인 려(𣥠, 旅)는 상고음上古音에서 동일하게 어부魚部에 속하였다.

1306 (淸) 段玉裁注, 《說文解字注》, 第六卷, 第三篇注下, 〈敎〉, 128쪽. 그 원문에 " , 上所施, 下所效也. 从攴爻. 凡教之屬皆从教. , 古文教. , 亦古文教"라고 되어 있다.

1307 (淸) 段玉裁注, 《說文解字注》, 第八卷, 第四篇注下, 〈受〉, 162쪽. 그 원문에 " , 相付也. 从𠬪, 舟省聲"이라고 되어 있다.

1308 (淸) 段玉裁注, 《說文解字注》, 第六卷, 第三篇注下, 〈爲〉, 114쪽. 그 원문에 " , 母猴也. 其爲禽, 好爪. 下腹爲母猴形. 王育曰: 爪, 象形也. , 古文爲. 象兩母猴相對形"이라고 되어 있다.

술을 마시는 것이다. 술잔이 참새를 본뜬 까닭은 〔술을 따를 적에 나는〕 그 소리가 '째째쪽쪽' 하는 것에서 취했기 때문이다. 은 고문古文의 작爵이고, 이와 같다. 상형자象形字이다"[1309]라고 하였다. 갑골문에서 이 작爵은 상商나라 때 술을 덥히는 데 사용한 술잔의 모습을 본뜨고 있다(). 그래서 이 작爵에 보이는 조爪의 자획은 잔 위에 장식한 기둥의 모습을 본뜬 것이다.

애愛에 대해《설문說文》에서는, "는 걸어가는 모양이다. 쇠夊를 따르고, 애(㤅, 愛)는 성부聲符이다"[1310]라고 하였고, 또한 애(㤅, 愛)에 대해《설문說文》에서는, "는 은혜로운 것이다. 심心을 따르고, 기旡는 성부聲符이다. 는 고문古文이다"[1311]라고 하였다. 금문金文에서 이 애愛와 애(㤅, 愛)는 심心을 따르고 기旡가 성부聲符인 글자이다(). 그래서 이 애愛와 애(㤅, 愛)에 보이는 조爪의 자획은 성부聲符인 기旡의 상단 부분이다.

(차) 원래는 동일한 형부形符였지만 나중에 자형이 변천되면서 서로 다른 자획이 된 경우이다

(1) 심心의 형부形符

우선, 심心에 대해《설문說文》에서는, "은 사람의 심장으로, 토土에 속하는 장부臟腑이다. 몸의 가운데에 있다. 상형자象形字이다. 금문今文 오경박사五經博士의 학설에서는 이것을 화火에 속하는 장부臟腑라고 여겼다. 무릇 심心의 속屬들은 모두 이 심心을 따른다"[1312]라고 하였다. 갑골문에서 이 심心은 사람의 심장 모양을 본뜨고 있다().

예를 들어, 공恭에 대해《설문說文》에서는, "은 공경을 다하는 것이다. 심心을 따르고, 공共은 성부聲符이다"[1313]라고 하였고, 념念에 대해《설문說文》에서는, "은 오랫동안 생각하는 것이다. 심心을 따르고, 금今은 성부聲符이다"[1314]라고 하였으며, 또한 정情에 대해《설

1309 (清) 段玉裁注,《說文解字注》, 第十卷, 第五篇注下,〈爵〉, 220쪽. 그 원문에 ", 禮器也. , 象雀之形. 中有鬯酒. 又, 持之也. 所㠯飲. 器象雀者, 取其鳴節節足足也. , 古文爵, 如此. 象形"이라고 되어 있다.

1310 (清) 段玉裁注,《說文解字注》, 第十卷, 第五篇注下,〈愛〉, 235쪽. 그 원문에 ", 行皃也. 从夊, 㤅聲"이라고 되어 있다.

1311 (清) 段玉裁注,《說文解字注》, 第十九卷, 第十篇注下,〈㤅〉, 510쪽. 그 원문에 ", 惠也. 从心, 旡聲. , 古文"이라고 되어 있다. 그런데 이 애(㤅, 愛)와 성부聲符인 기旡는 상고음上古音에서 동일하게 미부微部에 속하였다.

1312 (清) 段玉裁注,《說文解字注》, 第十九卷, 第十篇注下,〈心〉, 506쪽. 그 원문에 ", 人心, 土臧也. 在身之中. 象形. 博士說, 㠯爲火臧. 凡心之屬皆从心"이라고 되어 있다.

1313 (清) 段玉裁注,《說文解字注》, 第十九卷, 第十篇注下,〈恭〉, 508쪽. 그 원문에 ", 肅也. 从心, 共聲"이라고 되어 있다.

1314 (清) 段玉裁注,《說文解字注》, 第十九卷, 第十篇注下,〈念〉, 507쪽. 그 원문에 ", 常思也. 从心, 今聲"이라

문說文》에서는, "情은 사람의 음기陰氣로, 욕심이 있는 것이다. 심心을 따르고, 청靑은 성부聲符이다"[1315]라고 하였다.

(2) 화火의 형부形符

우선 앞의 〈도표 329〉에서 이미 소개한 화火에 대해 《설문說文》에서는, "火는 불이다. 남방南方의 오행五行이고, 불꽃을 내면서 타오르는 것이다. 상형자象形字이다. 무릇 화火의 속屬들은 모두 이 화火를 따른다"[1316]라고 하였다. 갑골문에서 이 화火는 불꽃의 모양을 본뜨고 있다( ).

예를 들어, 적(赤, 烾)에 대해 《설문說文》에서는, "赤은 남방의 색이다. 대大와 화火를 따른다. 무릇 적赤의 속屬들은 모두 이 적赤을 따른다. 烾은 고문古文이고, 염炎과 토土를 따른다"[1317]라고 하였다. 갑골문에서 이 적(赤, 烾)은 대大와 화火의 회의자會意字이다. 또한 연然에 대해 《설문說文》에서는, "然은 태우는 것이다. 화火를 따르고, 연肰은 성부聲符이다. 은 혹체或體이고, 초艸와 난難을 따른다"[1318]라고 하였다. 이 연然은 화火를 따르고 연肰이 성부聲符이다.

그리고 〈도표 190〉에서 소개한 수(叜, 叟)에 대해 《설문說文》에서는, "叜는 늙은이이다. 우又와 재灾를 따른다. 는 주문籒文이고, 촌寸을 따른다. 傁는 수叜의 혹체或體이고, 인人을 따른다"[1319]라고 하였다. 갑골문에서 이 수(叜, 叟)는 손에 횃불을 들고 방 안에서 무엇인가를 찾는 모습을 본뜨고 있다( ). 또한 〈도표 348〉에서 소개한 료(尞, 燎)에 대해 《설문說文》에서는, "尞는 섶을 태워 하늘에 제사를 올리는 것이다. 화火와 신昚을 따른다. 신昚은 고문古文의 신愼이다. 하늘에 제사를 올리는 것이므로, 이 때문에 삼가는 것이다"[1320]라고 하였다. 갑골문에서 이 료(尞, 燎)는 불티의 모양을 본뜨고 있다( ).

고 되어 있다. 그런데 이 념念과 성부聲符인 금今은 상고음上古音에서 동일하게 침부侵部에 속하였다.

1315 (淸) 段玉裁注, 《說文解字注》, 第十九卷, 第十篇注下, 〈情〉, 506쪽. 그 원문에 "情, 人之侌气有欲者. 从心, 靑聲"이라고 되어 있다.

1316 (淸) 段玉裁注, 《說文解字注》, 第十八卷, 第十篇注上, 〈火〉, 484쪽. 그 원문에 "火, 焜也. 南方之行, 炎而上. 象形. 凡火之屬皆从火"라고 되어 있다.

1317 (淸) 段玉裁注, 《說文解字注》, 第十九卷, 第十篇注下, 〈赤〉, 496쪽. 그 원문에 "赤, 南方色也. 从大火. 凡赤之屬皆从赤. 烾, 古文, 从炎土"라고 되어 있다.

1318 (淸) 段玉裁注, 《說文解字注》, 第十八卷, 第十篇注上, 〈然〉, 485쪽. 그 원문에 "然, 燒也. 从火, 肰聲. , 或, 从艸難"이라고 되어 있다.

1319 (淸) 段玉裁注, 《說文解字注》, 第六卷, 第三篇注下, 〈叜〉, 116쪽. 그 원문에 "叜, 老也. 从又灾. , 籒文, 从寸. 傁, 叜或, 从人"이라고 되어 있다.

표(㶾, 票, 熛)에 대해《설문說文》에서는, "㶾는 불똥이 날리는 것이다. 화火와 囟를 따른다. 표(㶾, 票)와 천(䙴, 遷)은 같은 뜻이다"[1321]라고 하였다. 이 표(㶾, 票, 熛)는 두 손으로 하나의 물체를 들고 불 위에서 그것을 굽고 있는 모습을 본뜨고 있다(㶾). 또한〈도표 276〉에서 이미 소개한 광(光, 炗)에 대해《설문說文》에서는, "光은 밝은 것이다. 화火를 따르고, 인儿 위에 있다. 밝다는 뜻이다. 𤎫은 고문古文이다. 炗도 고문古文이다"[1322]라고 하였다. 갑골문에서 이 광(光, 炗)은 한 사람이 머리 위에 불을 이고 있는 모습을 본뜨고 있다(光 光 光 𤎫 炗).

그리고〈도표 267〉에서 소개한 린(粦, 𠔮, 磷, 燐)에 대해《설문說文》에서는, "粦은 전쟁에서 죽은 병사나 소와 말의 피가 도깨비불이 된다. 린(粦, 𠔮)은 도깨비불이다. 염炎과 천舛을 따른다"[1323]라고 하였다. 갑골문에서 이 린(粦, 𠔮, 磷, 燐)은 사람의 몸에다 빛을 내는 인燐을 바른 모습을 본뜨고 있다(粦 粦 粦).

(3) 공(廾, 𠬞)의 형부形符

먼저 공(廾, 𠬞)에 대해《설문說文》에서는, "𠬞은 두 손을 마주잡는 것이다. 좌(𠂇, ナ)와 우(又, 又)를 따른다. 무릇 공廾의 속屬들은 모두 이 공廾을 따른다. 𢪒은 양웅楊雄이 이르기를, '공(𠬞, 廾)은 두 수手를 따른다'라고 하였다"[1324]라고 하였다. 이 공(廾, 𠬞)은 두 손으로 어떤 물체를 받드는 모습을 본뜨고 있다.

예를 들어,〈도표 270〉에서 소개한 짐朕에 대해《설문說文》에서는, "朕은 나이다. 생략되었다"[1325]라고 하였다. 갑골문에서 이 짐朕은 두 손에 도구를 들고 배의 나무판 사이의 틈을 막는 모습을 본뜨고 있다(朕 朕 朕). 또한〈도표 149〉에서 소개한 흥興에 대해《설문說文》에서는, "興은 일어나는 것이다. 여舁와 동同을 따른다. 동同은 힘을 합치는 것이다"[1326]라고

1320 (清) 段玉裁注,《說文解字注》, 第十八卷, 第十篇注上,〈尞〉, 485쪽. 그 원문에 "尞, 柴祭天也. 从火昚. 昚, 古文愼字. 祭天所吕愼也"라고 되어 있다.

1321 (清) 段玉裁注,《說文解字注》, 第十八卷, 第十篇注上,〈㶾〉, 489쪽. 그 원문에 "㶾, 火飛也. 从火囟. 㶾與䙴同意"라고 되어 있다.

1322 (清) 段玉裁注,《說文解字注》, 第十八卷, 第十篇注上,〈光〉, 490쪽. 그 원문에 "光, 明也. 从火, 在儿上. 光明意也. 𤎫, 古文. 炗, 古文"이라고 되어 있다.

1323 (清) 段玉裁注,《說文解字注》, 第十八卷, 第十篇注上,〈粦〉, 492쪽. 그 원문에 "粦, 兵死及牛馬之血爲粦. 粦, 鬼火也. 从炎舛"이라고 되어 있다.

1324 (清) 段玉裁注,《說文解字注》, 第五卷, 第三篇注上,〈廾〉, 104쪽. 그 원문에 "𠬞, 竦手也. 从𠂇又. 凡廾之屬皆从廾. 𢪒, 楊雄說: 𠬞, 从兩手"라고 되어 있다.

1325 (清) 段玉裁注,《說文解字注》, 第十五卷, 第八篇注下,〈朕〉, 408쪽. 그 원문에 "朕, 我也. 闕"이라고 되어 있다.

하였다. 갑골문에서 이 흥興은 두 손으로 가마 하나를 함께 들고 있는 모습을 본뜨고 있다( ).

그리고 혁弈에 대해《설문說文》에서는, " 은 바둑을 두는 것이다. 공廾을 따르고, 역亦은 성부聲符이다.《논어論語》에 이르기를, '쌍륙雙六과 바둑을 두는 사람이 있지 아니한가?'라고 하였다"[1327]라고 하였는데, 이 혁弈은 형성자形聲字이다. 또한〈도표 362〉에서 소개한 롱弄에 대해《설문說文》에서는, " 은 가지고 노는 것이다. 공廾과 옥玉을 따른다"[1328]라고 하였다. 갑골문에서 이 롱弄은 두 손으로 옥돌을 가지고 노는 모습을 본뜨고 있다( ).

봉奉에 대해《설문說文》에서는, " 은 받드는 것이다. 수手와 공廾을 따르고, 봉丰은 성부聲符이다"[1329]라고 하였다. 금문金文에서 이 봉奉은 두 손으로 봉지封地의 경계에 심는 나무를 받들고 있는 모습을 본뜨고 있다( ). 또한 승丞에 대해《설문說文》에서는, " 은 돕는 것이다. 공廾을 따르고, 절卩을 따르며, 산山을 따른다. 산은 높으므로, 공손히 받든다는 뜻이 있다"[1330]라고 하였다. 갑골문에서 이 승丞은 두 손으로 구덩이 속에 빠진 사람을 구하는 모습을 본뜨고 있다( ).

승承에 대해《설문說文》에서는, " 은 받드는 것이고, 또한 받는 것이다. 수手와 절卩과 공(, 廾)을 따른다"[1331]라고 하였다. 갑골문에서 이 승承은 두 손으로 아래에서 한 사람을 위로 밀어 올리는 모습을 본뜨고 있다( ). 또한〈도표 67〉에서 소개한 구具에 대해《설문說文》에서는, " 는 받들어 설치하는 것이다. 공廾과 패貝의 생략형을 따른다. 옛날에는 조개로 재화財貨를 삼았다"[1332]라고 하였다. 갑골문에서 이 구具는 두 손으로 음식을

1326 (淸) 段玉裁注,《說文解字注》, 第五卷, 第三篇注上,〈興〉, 106쪽. 그 원문에 " , 起也. 从舁同. 同, 同力也"라고 되어 있다.

1327 (淸) 段玉裁注,《說文解字注》, 第五卷, 第三篇注上,〈弈〉, 105쪽. 그 원문에 " , 圍棊也. 从廾, 亦聲. 論語曰: 不有博弈者乎?"라고 되어 있다.

1328 (淸) 段玉裁注,《說文解字注》, 第五卷, 第三篇注上,〈弄〉, 104-105쪽. 그 원문에 " , 玩也. 从廾玉"이라고 되어 있다.

1329 (淸) 段玉裁注,《說文解字注》, 第五卷, 第三篇注上,〈奉〉, 104쪽. 그 원문에 " , 承也. 从手廾, 丰聲"이라고 되어 있다.

1330 (淸) 段玉裁注,《說文解字注》, 第五卷, 第三篇注上,〈丞〉, 104쪽. 그 원문에 " , 翊也. 从廾, 从卩, 从山. 山高, 奉承之義"라고 되어 있다.

1331 (淸) 段玉裁注,《說文解字注》, 第五卷, 第十二篇注上,〈承〉, 606쪽. 그 원문에 " , 奉也, 受也. 从手卩 "이라고 되어 있다.

1332 (淸) 段玉裁注,《說文解字注》, 第五卷, 第三篇注上,〈具〉, 105쪽. 그 원문에 " , 共置也. 从廾貝省. 古目貝爲貨"라고 되어 있다.

익히는 솥을 들고 있는 모습을 본뜨고 있다().

이상에서 서술한 것처럼 오늘날의 한자는 고대에 사용하던 문자와는 그 시간적인 간격에서 이미 상당한 차이가 난다. 그래서 어느 글자가 지니고 있는 고문자古文字의 자형에 대해 제대로 이해하지 못한 채 오늘날에 사용하는 자형 형태만 가지고 글자의 자형 구조나 창의創意를 분석하고자 한다면, 단지 어려움만 배가될 뿐이라고 말할 수 있다. 이러한 측면에서 보자면, 고문자에 대한 어느 정도의 기본적인 지식을 갖추는 일은 상당히 유용하다고 할 수 있다.

그리고 일반적으로 말하자면 하나의 글자를 제대로 이해하기 위해서는 먼저 그 글자가 형성자形聲字인지의 여부를 정확히 판단해야 한다. 그래서 만약 그 글자가 형성자의 구조를 가지고 있다면, 우리가 그 글자의 창의를 파악하는 데 있어 많은 어려움이 줄어들게 된다. 그것은 형성자는 대체로 하나의 형부形符와 성부聲符로 분석될 수 있기 때문인데, 그렇기 때문에 우리는 어느 것이 자주 사용되는 형부나 성부인지와 그들이 일반적으로 어느 위치에 놓이는지에 대해 유념할 필요가 있다. 그와 더불어 또한 어떤 특수한 예외의 경우가 있는지에 대해서도 주의를 기울여야 한다. 그런데 일반적으로 자주 사용되는 형부가 성부로 되는 경우는 비교적 적은 편이고, 만약 그러한 경우가 있다면 그것은 대부분이 자주 쓰이지 않는 생소한 글자에서 간혹 나타날 뿐이다.

그리고 이 밖에도 어느 한 글자의 발음은 그 글자를 구성하고 있는 성부聲符의 발음과 상당히 밀접한 관련이 있다. 그래서 현재 사용되는 한자의 발음이 비록 천 년 전의 발음과는 이미 상당히 차이가 난다고 하더라도, 우리가 고운학古韻學에 대한 지식을 조금이라도 갖추고 있다면, 어느 한 글자의 발음을 표시하고 있는 성부와 그 글자의 발음이 어느 정도의 관련성을 지니고 있는지의 여부를 대략적으로나마 판단할 수 있게 된다. 그런데 만약 어느 글자가 형성자의 자형 구조가 아니고 오히려 표의자表意字에 더 가까운 자형 구조를 지니고 있다면, 앞에서 소개한 방법과 규칙에 의거하여 그 글자를 이해해 나가야 한다. 또한 이렇게 했을 경우에만 그 글자에 대해서 비교적 정확한 이해를 기대할 수 있게 된다.

중국 문자학의 응용

과거에 중국 문자학 교육을 담당했던 학자들은 이 문자학이라는 학문분과를 단순히 소학小學의 한 과목으로 여겼지만, 현재 문자학에서 연구되는 중점은 단순히 글자를 인식하는 정도의 기초 공부에만 머무르지 않고 한층 더 깊은 내용에까지 파고 들어가고 있는 추세이다. 그렇기 때문에 만약 단지 고적문헌을 막힘없이 읽어 내려가거나 혹은 작문의 기교적인 요령을 더욱 끌어올리는 데에 공부의 주 목적을 두었다면, 이 문자학의 깊은 내용에 대해 그다지 많은 이해가 요구되지는 않는다. 그렇지만 만약 문자학과 관련된 지식에 대해 어느 정도 체계적인 이해를 갖추고 있다면, 자연히 여러 방면에 걸쳐 문제 인식과 이해가 더욱 깊어질 수 있다. 그런 연유로 현재 중국의 각 대학 중문학과에서는 이 문자학 과목을 필수과목으로 지정해 두고 있다. 문자학의 주요 응용 범위는 다음의 몇 가지 내용으로 간략하게 요약할 수 있다.

제1절 새로이 발굴되는 출토문헌出土文獻이나 현존하는 고적문헌에 대한 해독

글자를 인식하는 가장 중요한 목적은 바로 문장을 제대로 읽어 내려가는 데에 있다. 그래서 만약 글자를 제대로 인식하지 못한다면, 고적문헌의 내용 이해에 대해서는 더 이상 논할 가치도 없게 된다. 그런데 예전의 고적문헌은 대체로 한漢나라 이후부터 전해 내려오던 필사본이나 또는 전통적으로 전해지던 문헌이 대부분이었기 때문에 그 문헌에 사용된 글자체는, 특히 인쇄술이 발달하면서 나타난 문헌의 글자체는 모두가 지금도 우리가 일상생활에서 항상 사용하고 있는 자형 형태와 그다지 다를 것이 없다. 그렇기 때문에 많은 노력을 할애하지 않고도 우리는 그 문헌들을 충분히 읽어 내려갈 수 있다.

그러나 근래 백여 년 동안, 특히 최근 일이십 년 동안 계속해서 대규모의 고대전적古代典籍과 기록들이 지하에서 고고학적으로 출토되고 있다. 이러한 출토문헌에는 현존하는 고적문헌에서 볼 수 없던 새로운 문헌들뿐만 아니라 현존하는 고적문헌보다도 시기적으로 더 앞선 새로운 판본의 필사본까지 출토되고 있다. 그런데 이러한 새로운 판본의 출토문헌을 현존하는 문헌과 서로 비교했을 때, 어느 한 구절에 사용된 글자들을 보면 서로 차이가 날 뿐만 아니라 책의 편차編次에서도 대부분 동일하지 않은 편이다. 비교적 중요성을 지니고 있는 출토문헌의 예로는, 《노자老子》, 《주역周易》, 《의례儀禮》, 《전국 종횡가서戰國縱橫家書》, 《손자병법孫子兵法》, 《손빈병법孫臏兵法》, 《묵자墨子》, 《안자晏子》, 《관자管子》, 《울료자尉繚子》, 《육도六韜》, 《경법經法》, 《십육경十六經》, 《진율秦律》, 《오십이 병방五十二病方》, 《오성점五星占》, 《황제서黃帝書》, 《무위의간武威醫簡》, 《공자시론孔子詩論》, 《오행五行》, 《치의緇衣》 등을 들 수 있다.

이러한 출토문헌은 정치, 경제, 의학, 사상, 예술, 민속 등의 많은 분야를 포괄하고 있다. 이 문헌들은 우리에게 연구의 새로운 실마리를 제공해 줄 뿐만 아니라 나아가 우리가 예전에 제대로 알지 못했던 새로운 사실을 탐색할 수 있게 해 주고 있다. 또한 이러한 문헌을 통해 우리가 이미 정확하게 이해하고 있었다고 여겼던 잘못된 사실도 교정할 수 있게 되었다. 그런데 이 문헌들은 대부분 그 당시 통용되던 고문자로 기록되어 있다. 때문에 이 고문자에 대한 상당한 지식과 해독 능력을 제대로 갖추고 있지 않다면, 우리는 이 방대한 양의 출토 자료를 제대로 활용할 길이 없게 된다.

제2절 **고대 역사적 사실의 고증과 증명**

문자의 기록은 정부 문서가 되었든 아니면 개인적인 사문서가 되었든 모두 그 속에 수많은 정보를 담아낼 수 있다. 최근 백 년 동안 사람들에게 가장 흥미를 끈 일은 갑골문의 발견이라고 할 수 있는데, 이 갑골문의 발견으로 상商나라 왕조의 존재가 확실히 증명되면서 그 존재에 대한 기존의 모든 의구심을 근절시킬 수 있었다. 다시 말하자면, 그것은 현재 전해지는 고적문헌에 보이는 과거 상나라의 역사적인 사실을 지금은 정확한 출토문헌 자료와 서로 비교하고 대조할 수 있게 되었다는 말이다. 이처럼 현재 전해지는 고적문헌의 어떤 부분에 역사적 사실 기록의 오류가 있는지를 검토하고 교정할 수 있게 되었기 때문에, 마침내 갑골학甲骨學은 매우 중요성을 띤 세계적인 학문 분야로까지 발전하게 되었다.

그중에서도 특히 《사기史記》에 기록된 상商나라 왕실의 계보가 기본적으로 정확하다는 사실이 증명되었기 때문에, 이를 토대로 하夏나라 왕실 계보의 기록도 상당히 신빙성이 높아지게 되었다. 이 갑골문이 발견되기 전까지만 하더라도 전해지고 있는 고적문헌에 보이는 상나라의 역사적 사실에 대한 자료가 절대적으로 부족한 편이었다. 그렇지만 현재는 이 방면에 있어서의 연구 자료가 상당히 풍부해졌을 뿐만 아니라 지금까지 전해지고 있던 고적문헌이 어느 정도의 신빙성을 지니고 있는지까지도 검토하고 교정할 수 있게 되었다. 그래서 다음 쪽에서 《사기史記》〈은본기殷本紀〉에 기록된 상나라 왕실의 계보와 갑골문 제5기의 주제周祭나 다섯 가지 제사에 보이는 제사 기록을 서로 비교해 보면서,[1333] 사료史料에 기재된 오류를 증명하고자 한다.

1333 동작빈董作賓이 구분한 상商나라 후기의 갑골문 다섯 시기는 다음과 같다. 제1기는 반경盤庚, 소신小辛, 소을小乙, 무정武丁의 2대代 4왕王이고, 제2기는 조경祖庚, 조갑祖甲의 1대代 2왕王이며, 제3기는 늠신廩辛, 강정康丁의 1대代 2왕王이고, 제4기는 무을武乙, 문정文丁의 2대代 2왕王이며, 제5기는 제을帝乙, 제신帝辛의 2대代 2왕王이다. 그리고 여기서 말하는 주제周祭란 상나라 후기에 다섯 가지 제사祭祀의 방법으로 선왕先王과 그 비妣를 제사지낸 일을 일컫는데, 한 제사의 주기를 일사一祀라고 하며 그 주기가 1년의 길이와 거의 같아서 주제周祭라고 일컫는다. 이처럼 주제周祭란 상나라 후기 왕실에서 정기적으로 거행한 제사를 말하는 것으로, 주로 익翌, 제祭, 壴, 𠭰, 융(彡: 肜) 등의 다섯 가지 제사가 위주가 되었다.

1.《사기史記》〈은본기殷本紀〉에 기록된 상나라 왕실의 계보[1334]

1 미微 ═ 2 보정報丁 ═ 3 보을報乙 ═ 4 보병報丙 ═ 5 주임主壬
═ 6 주계主癸 ═ 7 천을天乙 ╤ 8 대정大丁 ═11 대갑大甲 ┬
├ 9 외병外丙
└ 10 중임仲壬
┬ 12 옥정沃丁
└ 13 태경太庚 ┬ 14 소갑小甲
├ 15 옹기雍己
└ 16 태무太戊 ┬ 17 중정仲丁
├ 18 외임外壬
└ 19 하단갑河亶甲 ═
═ 20 조을祖乙 ╤ 21 조신祖辛 ═ 23 조정祖丁 ┬ 25 양갑陽甲
└ 22 옥갑沃甲 ═ 24 남경南庚 ├ 26 반경盤庚
├ 27 소신小辛
└ 28 소을小乙 ═
═ 29 무정武丁 ┬ 30 조경祖庚
└ 31 조갑祖甲 ┬ 32 늠신廩辛
└ 33 경정庚丁 ═ 34 무을武乙 ═
═ 35 문정文丁 ═ 36 제을帝乙 ═ 37 제신帝辛

2. 갑골문 주제周祭에 보이는 상나라 왕실의 계보[1335]

1 상갑上甲 ═ 2 보을匚乙 ═ 3 보병匚丙 ═ 4 보정匚丁 ═
═ 5 시임示壬:경庚 ═ 6 시계示癸:갑甲 ═ 7 대을大乙:병丙 ╤
╤ 8 대정大丁:무戊 ═ 9 대갑大甲:신辛 ═
└10 외병外丙
═11 대경大庚:임壬 ┬ 12 소갑小甲
╞ 13 대무大戊:임壬 ╤
└ 14 옹기雍己
╤ 15 중정中丁:기己와 계癸 ╤ 17 전갑戔甲
└ 16 외임外壬 └ 18 조을祖乙:기己와 경庚 ╤
╤ 19 조신祖辛:갑甲 ═ 21 조정祖丁:기己와 경庚 ┬
└ 20 강갑羌甲:경庚 ═ 22 남경南庚
┬ 23 양갑陽甲
├ 24 반경般庚
├ 25 소신小辛
└ 26 소을小乙:경庚 ═ 27 무정武丁:신辛과 계癸와 무戊 ┬
┬ 28 조기祖己
├ 29 조경祖庚
└ 30 조갑祖甲:무戊 ═ 31 강정康丁:신辛 ═
═ 32 무을武乙:무戊 ═ 33 문정文丁:계癸 ═ 34 제을帝乙 ═
═ 35 제신帝辛

1334 이《사기史記》〈은본기殷本紀〉에 기록된 상나라 왕실의 계보에서 '═' 부호는 직계直系 계승을 나타내고, '─' 부호는 방계旁系 계승을 나타내며, '┬' 부호는 한 세대에 왕이 둘 이상 있음을 나타낸다.(원저자 주)

1335 이 갑골문 주제周祭에 보이는 상나라 왕실의 계보에서 '═' 부호는 직계直系 계승을 나타내고, '─' 부호는 방계旁系 계승을 나타내며, '┬' 부호는 한 세대에 왕이 둘 이상 있음을 나타낸다. 그리고 왕의 이름 뒤에 보이는 ':' 부호 다음에 이어지는 이름은 그 왕의 정식 배우자이다.(원저자 주)

이상에서 살펴본 것처럼 주제周祭와 관련된 갑골문의 복사卜辭는《사기史記》〈은본기殷本紀〉에 기록된 상나라 왕실 계보의 오류를 바로잡도록 했을 뿐만 아니라, 더 나아가 직계왕直系王의 정식 배우자 수와 그 이름까지 우리가 확인할 수 있게끔 하였다. 또한 이 주제가 거행된 날짜를 이용하여 상나라 후기의 역법曆法도 밝혀 낼 수 있게 되었다. 그뿐만 아니라 상나라 각 왕의 재위연대 및 갑골문에 나타나는 여러 가지 현상에 대한 기록을 통하여 현존하는 고적문헌의 기록에 보이는 오류도 바로잡을 수 있게 되었다.

예를 들어, 무을武乙의 재위연대에 대해 그동안《통지通志》의 4년설과《죽서기년竹書紀年》의 35년설의 두 가지 견해가 양립하고 있었는데, 이 두 학설은 서로 현격한 차이를 보이고 있다. 더구나《상서尙書》〈무일無逸〉에도 보면, "그때부터 그 후에는 또한 간혹 수壽를 누리지 못하거나, 혹은 십 년, 혹은 칠팔 년, 혹은 오륙 년, 혹은 삼사 년에 그쳤다"[1336]라고 기록하고 있다. 이 구절은 조갑祖甲 이후에 재위했던 상나라 왕의 재위기간을 언급한 것인데, 마치 무을武乙의 재위연대도 당연히 무척 짧아야 함을 반영하고 있는 것처럼 비쳐졌다. 그래서 역대로 수많은 학자들이《통지通志》의 이 4년설 견해를 대부분 인정하여 왔다.

그러나 현재까지 출토된 무을시대武乙時代와 관련된 갑골문 복사卜辭에서 만약 매 열흘마다 일어나는 일에 대해 연속적으로 점을 쳤던 복순사卜旬辭를 살펴보면, 당시의 습관으로는 반드시 매 계일癸日마다 다음 열흘간의 재난 여부를 점쳐서 알아본 것을 알 수 있다. 그래서 매번 세 편의 소뼈 위에 좌우 대칭으로 각각 한 번씩 점을 쳐서 알아보고는 매 열흘마다 모두 여섯 줄의 복사卜辭를 남겨 놓았다. 지금 만약 그 당시 이렇게 점을 쳤던 기간의 전체 길이를 통계 내 본다면, 십 년이 훨씬 넘음을 확인할 수 있다. 따라서 무을武乙의 재위기간이 반드시 10년 이상이 될 것이라는 사실과 더불어 4년이라는《통지通志》의 견해는 절대적으로 오류임을 추론할 수 있다. 그뿐만 아니라 상나라 왕실에서 주제周祭를 거행한 기간을 살펴보면, 문무정文武丁, 제을帝乙, 제신帝辛의 마지막 세 왕도 모두 재위기간이 20년이 훨씬 넘으며 절대로 10년 이하가 아니었음을 확인할 수 있다.[1337]

1336 (淸) 阮元 校刻,《十三經注疏》(附校勘記),《尙書》, 卷第十六,〈無逸〉, 222쪽. 그 원문에 "自時厥後, 亦罔或克壽, 或十年, 或七八年, 或五六年, 或四三年"이라고 되어 있다.

1337 만약 여기서 1996년 5월부터 시작하여 2000년 9월까지 중국에서 진행되었던 '하상주 연대구축 프로젝트〔夏商周斷代工程〕'의 연구 결과를 참고한다면, 상나라 후기 제왕諸王의 재위 기간은 대략 다음과 같다. 반경盤庚의 천도遷都 후부터 소신小辛과 소을小乙의 재위 기간은 모두 50년(B.C. 1300-1251)이었고, 무정武丁의 재위 기간은 59년(B.C. 1250-1192)이었으며, 조경祖庚, 조갑祖甲, 늠신廩辛, 강정康丁 네 왕의 재위 기간은 모두 44년(B.C.

이처럼 갑골문에 기록된 여러 가지 사건들은 상나라가 그 당시 직면했던 국내외적인 정치, 군사, 제도 등과 관련된 국가적인 대사大事였을 뿐만 아니라 상나라 왕 자신과도 직접적으로 관련된 문제이기도 하였다. 아울러 여기에는 상나라 때의 일반 민중이 누렸던 각종 생활 모습도 함께 반영되어 있기 때문에, 이러한 기록을 통해 우리는 그 당시 사회의 전반적인 모습에 대해 한층 더 깊은 이해를 가질 수 있게 되었다.

그런데 이에 비해 청동기 명문銘文의 내용은 비록 갑골문처럼 그렇게 풍부하지는 못하지만, 주周나라 왕실과 당시 제후국 사이에서 일어났던 수많은 상호 관계의 내용을 나름대로 기록하고 있다. 또한 최근에 섬서성陝西省 미현郿縣에서 출토된 '좌반逨盤'이라는 한 청동기 쟁반의 명문에는 서주시대西周時代 주나라의 왕실 계보가 문왕文王, 무왕武王, 성왕成王, 강왕康王, 소왕昭王, 목왕穆王, 공왕恭王, 의왕懿王, 효왕孝王, 이왕夷王, 여왕厲王, 선왕宣王 등의 순으로 기록되어 있는데, 이것은《사기史記》〈주본기周本紀〉에 기록된 주나라의 왕실 계보와도 완전히 일치하는 내용이다.[1338]

이러한 갑골문과 청동기 명문 외에도 최근 지하에서 출토된 기타 각종 기록문헌은 비록 직접적이지는 않더라도 가끔씩 간접적인 방식으로 그 당시의 사회적인 배경을 어느 정도 반영하고 있다. 따라서 이 모두 고대의 역사적 사실을 연구하는 데 있어서 소홀히 할 수 없는 중요한 연구 자료가 된다고 할 수 있다.

제3절 고대사회의 생활 면모와 사유 방식의 이해

우리는 이 책의 본론인 제6절 '문자의 창의創意' 부분에서 이미 이와 관련된 여러 가지 예를 들어 가며 어느 한 글자가 반영할 수 있는 그 당시의 사회 면모와 사유 방식에 대해서 구체적으로 설명하였다. 이 책에서 언급한 내용 외에도 기타 다른 예가 아직 상당히 많은데, 그에 대해서는 필자가 집필한《중국 고대사회中國古代社會》라는 책이 바로 고문자를 이용하여

1191-1148)이었고, 무을武乙의 재위 기간은 35년(B.C. 1147-1113)이었으며, 문정文丁의 재위 기간은 11년(B.C. 1112-1102)이었고, 제을帝乙의 재위 기간은 26년(B.C. 1101-1076)이었으며, 그리고 제신帝辛의 재위 기간은 30년(B.C. 1075-1046)이었다.

1338 이 부분은 이 절의 내용 전개에 맞춰 역자가 그 순서를 재배열한 것이다. 그리고 이 '좌반逨盤'에 대한 구체적인 내용은 이학근李學勤의《중국 고대문명 연구中國古代文明研究》(上海: 華東師範大學出版社, 2004년), 153-156쪽을 참고할 것.

이러한 내용을 밝힌 것이니 참고하기 바란다.[1339]

어느 한 시대에 사용했던 문자의 자형 형태와 의미는 여러 가지 많은 사회현상을 반영할 수 있다. 예를 들어, 동주시대東周時代가 되면서 금金을 따르는 형성자形聲字의 수가 크게 증가하게 되었는데, 이것을 통해 그 당시에 금속 기물을 주조하는 방식이나 종류가 대폭적으로 증가하였을 뿐만 아니라, 또한 그에 관한 지식도 많은 지역에 골고루 보급되었음을 알 수 있다. 그리고 동주시대가 되면서 심心을 따르는 형성자의 수가 크게 증가하게 되었는데, 이를 통해 고대 중국인이 이미 심장을 인간의 생각과 사상을 조종하는 인체 기관으로 여기고 있었다는 사실과 더불어, 당시에 인간의 사상이 점점 발달함에 따라 결국 제자백가諸子百家가 출현하여 서로 지혜를 다투는 국면까지 형성하게 되었음도 알아낼 수 있다. 그 외에도 동주시대가 되면서 질병에 관련된 형성자가 크게 증가하게 되었는데, 이것은 약물을 이용하는 지식이 이미 상당히 발달하였음을 증명함과 더불어, 이로 인해 장생불로長生不老의 사상으로까지 발전하게 되었음을 짐작할 수 있다.

또 다른 예로, 녀女를 자형의 한 구성 부분으로 갖는 글자의 경우를 살펴본다면, 그 대부분이 부정적인 가치관을 표현하고 있음을 알 수 있다. 이러한 사실을 통해 그 당시의 시대적인 분위기가 남자를 중시하고 여자를 경시하였음을 엿볼 수 있다.

예를 들어, 〈도표 285〉에서 소개한 것처럼, 가嘉는 갑골문 복사卜辭에서 대부분 아들을 낳은 일을 일컫는 말이었다( ). 그러나 이와는 달리 그 당시에 딸을 낳은 일은 대체로 부정적인 의미로 '불가不嘉'라고 일컬었다. 또한 〈도표 255〉에서 소개한 것처럼, 갑골문에서 여如는 여자는 고분고분 말을 잘 듣고 자신의 의견을 표현하지 않아야 하는 모습을 강조하고 있다( ). 그 외에도 〈도표 223〉에서 소개한 것처럼, 갑골문에서 안安의 창의創意는 여자는 집 안에 있어야 안전함을 표현하고 있다( ). 그래서 이 안安에 대해 《설문說文》에서는, " 은 편안한 것이다. 녀女를 따르고, 면宀 안에 있다"[1340]라고 하였다. 그렇지만 반면에 이 안安은 여자의 행동 범위를 오히려 제한하고 있는 것이다.

그리고 투(妒, 妬)에 대해 《설문說文》에서는, " 는 지어미가 지아비를 시기하는 것이다.

1339 허진웅許進雄, 《중국 고대사회—문자와 인류학의 투시〔中國古代社會—文字與人類學的透視〕》 수정본修訂本을 참고할 것.(원저자 주)

1340 (淸) 段玉裁注, 《說文解字注》, 第十四卷, 第七篇注下, 〈安〉, 343쪽. 그 원문에 " , 竫也. 从女, 在宀中"이라고 되어 있다.

녀女를 따르고, 석石은 성부聲符이다"[1341]라고 하였고, 또한 혜妎에 대해《설문說文》에서는, "妎는 시기하는 것이다. 녀女를 따르고, 개介는 성부聲符이다"[1342]라고 하였다. 이 투(妒, 妬)와 혜妎는 남편이 여러 아내를 거느리는 것을 받아들일 것을 강요하는 것으로, 남자에 대해서는 이에 대응하는 글자를 찾아볼 수 없다.

그리고 만약 갑골문에서 두 인人을 따르면 앞의 〈도표 155〉에서 소개한 것처럼 종(从, 從)이 되지만( ), 반면에 두 녀女를 따르면 난奻이 된다. 그런데 이 난奻에 대해《설문說文》에서는, "奻은 다투는 것이다. 두 녀女를 따른다"[1343]라고 하였다. 갑골문에서 이 난奻은 두 여자가 함께 있으면 분규가 생기기 쉬움을 표현하고 있다( ). 또한 이와 마찬가지로, 만약 세 인人을 따르면 음㐺이 되는데, 이 음㐺에 대해《설문說文》에서는, "㐺은 무리가 서 있는 것이다. 세 인人을 따른다. 무릇 음㐺의 속屬들은 모두 이 음㐺을 따른다. 발음은 흠음欽崟의 음崟과 같다"[1344]라고 하였다. 그러나 만약 세 녀女를 따르면 간(姦, 奸)이 되는데, 이 간(姦, 奸)에 대해《설문說文》에서는, "姦은 간음하는 것이다. 세 녀女를 따른다. 悍은 고문古文의 간姦이고, 한旱과 심心을 따른다"[1345]라고 하였다. 금문金文에서 이 간(姦, 奸)은 여러 여자가 함께 있으면 사악한 일을 저질러 말썽을 일으키기 쉬움을 표현하고 있다( ). 그래서 이 난奻이나 간(姦, 奸)은 모두 여자를 사회로부터 완전히 고립시켜 사회생활을 통해 서로 정보를 교류할 기회를 갖지 못하도록 하는 것이다.

음(婬, 淫)에 대해서《설문說文》에서는, "婬은 음란하고 방종한 것이다. 녀女를 따르고, 음㸒은 성부聲符이다"[1346]라고 하였고, 간(奸, 姦)에 대해《설문說文》에서는, "奸은 간음의 죄를

1341 (淸) 段玉裁注,《說文解字注》, 第二十四卷, 第十二篇注下,〈妒〉, 628쪽. 그 원문에 "妒, 婦妬夫也. 从女, 石聲"이라고 되어 있다. 그런데 이 투(妒, 妬)는 상고음上古音에서 어부魚部에 속하였고, 성부聲符인 석石은 상고음에서 탁부鐸部에 속하였다. 따라서 이 투(妒, 妬)와 석石은 상고음에서 모두 동일하게 어탁양魚鐸陽의 큰 부류에 속하였다.

1342 (淸) 段玉裁注,《說文解字注》, 第二十四卷, 第十二篇注下,〈妎〉, 628쪽. 그 원문에 "妎, 妬也. 从女, 介聲"이라고 되어 있다. 그런데 이 혜妎와 성부聲符인 개介는 상고음上古音에서 동일하게 월부月部에 속하였다.

1343 (淸) 段玉裁注,《說文解字注》, 第二十四卷, 第十二篇注下,〈奻〉, 632쪽. 그 원문에 "奻, 訟也. 从二女"라고 되어 있다.

1344 (淸) 段玉裁注,《說文解字注》, 第十五卷, 第八篇注上,〈㐺〉, 391쪽. 그 원문에 "㐺, 衆立也. 从三人. 凡㐺之屬皆从㐺. 讀若欽崟"이라고 되어 있다.

1345 (淸) 段玉裁注,《說文解字注》, 第二十四卷, 第十二篇注下,〈姦〉, 632쪽. 그 원문에 "姦, 厶也. 从三女. 悍, 古文姦, 从旱心"이라고 되어 있다.

1346 (淸) 段玉裁注,《說文解字注》, 第二十四卷, 第十二篇注下,〈婬〉, 631쪽. 그 원문에 "婬, 厶逸也. 从女, 㸒聲"이라고 되어 있다.

범하는 것이다. 녀女를 따르고, 간干은 성부聲符이다"[1347]라고 하였으며, 또한 평姘에 대해 《설문說文》에서는, "姘 은 없애는 것이다. 녀女를 따르고, 병幷은 성부聲符이다. 한漢나라의 율령律令에 이르기를, '일반 백성이 아내의 계집종과 간통하는 것을 일컬어 평姘이라고 한다'라고 하였다"[1348]라고 하였다. 이 음(婬, 淫)과 간(奸, 姦)과 평姘은 음란한 죄의 책임을 모두 여성에게 지우고 있음을 드러내고 있다. 또한 이 세 글자는 모두 그 당시 여성의 사회적인 지위가 남성에 비해 상대적으로 낮았던 사실을 반영하고 있다.

그리고 고대인의 거울 사용을 또 다른 한 예로 들어 보면, 감監, 감鑑, 경鏡의 세 글자를 사용하여 이 거울이라는 기물의 변천 과정을 대표할 수 있다. 그래서 먼저 도자기로 만든 물동이를 빌려 얼굴을 비춰본 일에서부터 시작하여 나중에는 구리거울을 사용했고, 그리고 다시 전문적으로 얼굴을 비춰보는 거울을 주조한 데까지 이르는 변천 과정이 있었음을 알 수가 있다. 현재는 이 거울을 유리나 혹은 빛을 반사하는 재료로 만들어 쓰고 있다.

그 밖에도 고래의 경우를 다른 예로 다시 들어 보면, 지금은 이 고래가 포유동물哺乳動物인 것을 우리 모두가 다 알고 있다. 그런데 고래를 뜻하는 이 경(鱷, 鯨)의 자형 구조는 어魚를 형부形符로 삼고 있는데, 이것을 통해 고대인들이 이 고래를 물고기의 한 종류로 잘못 여기고 있었음을 알 수가 있다.

제4절 고적문헌에 보이는 글자의 의미 해석

문자는 무한정으로 창조해 내기가 불가능하므로 대체로 자의字義의 확장인 인신引申과 가차假借의 방법을 사용하여 글자의 사용 범위를 넓혀 나가게 된다. 그래서 어떤 글자는 몇 차례의 의미 확대를 거치면서 간혹 그 글자의 본래 의미와는 상당한 차이가 나게 되기도 하는데, 그 때문에 어떤 경우에는 비교적 이른 시기의 고적문헌에 사용된 글자의 의미를 쉽사리 파악하기가 어려울 때도 있다.

예를 들어, 《맹자孟子》에 보면 《상서尙書》의 일문逸文을 인용하면서, "신하가 되기를 바라

1347 (淸) 段玉裁注, 《說文解字注》, 第二十四卷, 第十二篇注下, 〈奸〉, 631쪽. 그 원문에 "奸, 犯婬也. 从女, 干聲"이라고 되어 있다.

1348 (淸) 段玉裁注, 《說文解字注》, 第二十四卷, 第十二篇注下, 〈姘〉, 631쪽. 그 원문에 "姘, 除也. 从女, 幷聲. 漢律, 齊民與妻婢姦曰: 姘"이라고 되어 있다.

도표 번호	상商나라의 갑골문甲骨文	주周나라의 금문金文	진秦나라의 소전小篆	한漢나라의 예서隸書	현대의 한자	글자의 창의創意
423			s	妥	妥	손으로 억압을 당하고 있는 여자 포로의 모습을 본뜨고 있다.

지 않는 바가 있어 무왕武王이 동방을 정벌하여 그 일반 백성을 편안히 하였다"[1349]라고 하였고, 또한《대대례기大戴禮記》〈하소정夏小正〉에도, "많은 일반 백성을 편안히 한다"[1350]라고 한 구절이 있다. 그런데 여기에 보이는 수綏에 대해《설문說文》에서는, "綏는 수레에 있는 잡는 끈이다. 멱糸을 따르고, 타妥는 성부聲符이다"[1351]라고 하였는데, 이 의미는 위의 구절의 뜻과 그다지 부합되지 않는다. 그래서 예전에 주석을 달아 이 수綏를 풀이하면서 가차假借시켜 타妥라고 하였고, 그 의미는 안安이라고 풀이하였다. 그리고 수綏의 자원字源이 되는 이 타妥에 대해《설문說文》의 단옥재段玉裁 보주補注에서도, "妥는 편안한 것이다. 조爪와 녀女를 따른다. 타妥와 안安은 같은 뜻이다"[1352]라고 하였다.

그런데〈도표 423〉에 보이는 것처럼, 갑골문에서 이 타妥는 손으로 억압을 당하고 있는 여자 포로의 모습을 본뜨고 있다. 이것은 여자가 체력이 상대적으로 약하기 때문에 어쩔 수 없는 처지에 몰려서 조용히 있을 수밖에 없는 상황을 나타내는 것이다. 일반적으로 포로는 항상 포박시켜서 반항이나 도주를 방지하곤 하였는데, 위의 구절에서도 이렇게 본래의 의미로 풀이하는 것이 비교적 적절함을 알 수 있다. 그런데 만약 기존의 해석처럼 '그 일반백성을 편안히 하였다'라고 해석을 한다면, 전쟁에서 승리한 사람이 인자仁慈한

1349 (淸) 阮元 校刻,《十三經注疏》(附校勘記),《孟子》, 卷第六上,〈滕文公章句下〉, 2712쪽. 그 원문에 "有攸不惟臣, 東征, 綏厥士女"라고 되어 있다.

1350 황회신黃懷信 주찬主撰,《대대례기 휘교집주大戴禮記彙校集注》,〈上卷〉, 卷第二,〈夏小正第四十七〉, 194쪽. 그 원문에 "綏多士女"라고 되어 있다.

1351 (淸) 段玉裁注,《說文解字注》, 第二十五卷, 第十三篇注上,〈綏〉, 668-669쪽. 그 원문에 "綏, 車中靶也. 从糸, 妥聲"이라고 되어 있다. 그런데 이 수綏는 상고음上古音에서 미부微部에 속하였고, 성부聲符인 타妥는 상고음에서 가부歌部에 속하였다. 따라서 이 수綏와 타妥는 상고음에서 서로 다른 큰 부류에 속하였다. 그러나 단옥재段玉裁의 주注에서는 동일하게 고운古韻 제17부에 속한다고 보았다.

1352 (淸) 段玉裁注,《說文解字注》, 第二十四卷, 第十二篇注下,〈妥〉, 632쪽. 그 원문에 "妥, 安也. 从爪女. 妥與安同意"라고 되어 있다.

마음을 지니고 있음을 암시하게 되어 버린다. 그렇지만 반면에 본래의 의미로 해석을 한다면, 바로 고대의 전승자가 재물을 약탈하려는 의도가 있음을 나타내는 것이 된다. 따라서 이 두 가지의 해석은 매우 큰 차이가 남을 알 수 있다.

그리고《산해경山海經》에 보면 '여축지시女丑之尸', '사비지시奢比之尸', '이부지시貳負之尸'라는 구절이 나오는데, 여기서 시尸의 의미는 대체로 이夷로 풀이된다. 그런데 이 시尸에 대해서《설문說文》에서는, "尸는 늘어놓은 것이다. 누워 있는 모습을 본뜨고 있다. 무릇 시尸의 속屬들은 모두 이 시尸를 따른다"[1353]라고 하였다. 이 시尸는 원래 이夷의 고문자 자형 형태인데, 갑골문과 금문金文에서는 사람이 쪼그리고 앉아 있는 모습을 본뜨고 있다()(). 이것은 동이족東夷族의 앉는 자세를 말하는 것으로, 중국의 전통적인 꿇어 앉는 자세와는 상당히 다른 풍습을 표현하고 있다().

그러나 이렇게 쪼그리고 앉는 자세는 제2차 장례의식 때 유골을 거둬 이 유골을 재차 배열시키는 자세에 해당하므로, 사망의식이 정식으로 종료되었음을 의미하는 것이다. 그래서 조상을 제사지낼 적에 어린 손자로 하여금 쪼그리고 앉는 자세로 조상을 대신하게 하였는데, 그것을 일컬어 시屍라고 하였다. 따라서 이 시尸는 시屍라는 의미로도 사용되는데, 이 시屍에 대해《설문說文》에서는, "屍는 방금 죽어서 시신으로 위패位牌를 삼는 것이다. 시尸와 사死를 따른다"[1354]라고 하였다.

그리고 또 다른 예를 들어 보면, 필자의 선사先師였던 굴만리屈萬里 선생은《역경易經》〈규괘睽卦〉의 상구上九에 보이는 "상구上九는 남이 배반하여 고립된 것이다. 돼지가 진흙을 덮어쓰고 귀신이 한 수레 가득히 실린 것을 보는 것이다. 먼저는 활시위를 당기고, 나중에는 활시위를 푸는 것이다. 억지로 빼앗는 것이 아니라 구혼求婚하는 것이다. 가다가 비를 만나면, 곧 길吉하다"[1355]라는 구절의 귀鬼에 대해서 언급한 적이 있었다. 그러면서 이 귀鬼를《합집合集》8591의 갑골문 복사에 보이는 "기유己酉 일에 점占을 치며 빈賓이 묻습니다. '귀방鬼方에 해가 떴는데, 재앙이 없을까요?' 오월五月. 상길上吉"[1356]이라는 구절 및《합집合

1353 (淸) 段玉裁注,《說文解字注》, 第十五卷, 第八篇注上,〈尸〉, 403쪽. 그 원문에 "尸, 陳也. 象臥之形. 凡尸之屬皆从尸"라고 되어 있다.

1354 (淸) 段玉裁注,《說文解字注》, 第十五卷, 第八篇注上,〈屍〉, 404쪽. 그 원문에 "屍, 終主也. 从尸死"라고 되어 있다.

1355 (淸) 阮元 校刻,《十三經注疏》(附校勘記),《易經》, 卷第四,〈睽〉, 51쪽. 그 원문에 "上九, 睽孤. 見豕負塗, 載鬼一車. 先張之弧, 後說之弧. 匪寇, 婚媾. 往遇雨則吉"이라고 되어 있다.

1356 그 갑골문 복사卜辭의 원문에 "己酉卜, 賓貞: 鬼方易, 亡禍? 五月. 上吉"이라고 되어 있다.

集》203의 갑골문 복사에 보이는 "〔점占을 치며〕 묻습니다. '귀방鬼方이 강족羌族을 포획했을까요?'"[1357]라는 구절 등과 서로 비교하였다.[1358] 그래서 그는 이 구절에서 말하는 귀鬼는 귀방鬼方을 약칭한 것이지, 죽은 후에 나타나는 귀신의 혼령을 말하는 것이 아님을 알 수 있다고 하였다.

따라서《역경易經》의 괘사卦辭에서 원래 묘사하고자 했던 의미는, 한 수레 가득히 탄 귀방鬼方의 사람들을 보고 처음에는 자신들의 재물을 약탈하러 온 줄로 생각하고 화살을 활시위에 걸어 방비를 하고자 하였다. 그러나 나중에 그들이 구혼求婚을 하기 위해 온 것임을 알고서는 활과 화살을 내려놓고 환영을 표시하게 되었다는 내용이다.

제5절 자형 형태의 오류를 연구할 경우 교감 작업에 도움이 됨

시각적인 부주의나 혹은 자형 형태에 대한 이해의 부족으로 인하여 글자를 잘못 쓰게 되는 일은 어느 시대를 막론하고 모두 피할 수 없는 일이다. 그래서 상나라의 갑골문 복사卜辭나 양주시대兩周時代의 청동기 명문을 보면, 가끔씩 틀리게 쓴 글자가 있거나 혹은 원래 글자를 파내고 그 자리에 보충적으로 다시 글자를 고쳐 쓴 예가 간혹 나타난다. 또한 현재 전해지는 고적문헌도 천 년 이상의 긴 시간 동안 서로 베끼고 전하는 과정을 거치면서 글자 자획에 오류가 생기는 것을 피할 수 없었다.

그래서 왕숙민王叔岷은 자신의《각수학斠讎學》이라는 저서의 제3장에서 자획 오류 판단의 요점을 제시하였는데, 고적문헌에 보이는 오류를 논증하는 것에는 대략 다음의 네 가지가 있다고 하였다. 첫째는 복잡화, 생략화, 임의 수정, 비뚤어짐으로 인하여 본래의 자형 형태를 상실하는 것이고, 둘째는 고문古文, 주문籀文, 소전체小篆體, 예서체隷書體, 초서체草書體, 속체俗體, 해서체楷書體가 한 자형에 서로 뒤섞이는 것이며, 셋째는 육조六朝, 수隋, 당唐의 필사본에서 자획이 서로 달라지는 것이고, 넷째는 송宋, 원元, 명明, 청淸의 판본이 각각 서로 달라지는 것이라고 하였다.

그런데 이 중에서 두 번째 항목은 전적으로 자형 형태가 서로 비슷한 관계로 인하여

1357 그 갑골문 복사卜辭의 원문에 "貞: 鬼獲羌?"이라고 되어 있다.

1358 여기서 말하는 '《합집合集》8591'이나 '《합집合集》203' 등의 표현은 곽말약郭沫若이 주편主編한《갑골문합집 십삼책甲骨文合集十三冊》에 수록된 갑골문 탁본의 일련번호를 말한다.

생겨난 오류라고 할 수 있고, 그 외의 세 가지 항목도 간혹 자형 형태와 서로 관련이 있을 수 있다. 그래서 아래에 두 번째 항목에 해당하는 몇 가지 예를 간략하게 들어 보기로 한다.

1. 금문金文의 예

예를 들어, 앞의 〈도표 1〉에서 소개한 것처럼, 갑골문과 금문金文에서 문文은 시신의 가슴 위에 문신을 새긴 모습을 본뜨고 있었는데(), 이 문文을 앞의 〈도표 217〉에서 소개한 녕寧으로 잘못 인식하기도 하였다(). 그래서 그 대표적인 예로《상서尙書》〈대고大誥〉에 보이는 "백성이 천거한 열 명의 현자賢者가 있는데, 지금 나를 돕고 있으니 이것으로 함께 가서 문왕文王과 무왕武王이 도모하던 대업을 완성시키고자 한다"[1359]라고 한 구절, "하늘이 문왕文王을 훌륭하다고 여겨서, 마침내 우리의 조그마한 국가인 주周나라를 흥성하게 하였다"[1360]라고 한 구절, "문왕文王은 오로지 점占의 뜻에 따라 행동하였다"[1361]라고 한 구절, "내가 어찌 감히 선대先代 문왕文王이 받은 바인 아름다운 천명天命을 위해 이 질병을 없애지 않을 수 있겠는가?"[1362]라고 한 구절 및《상서尙書》〈군석君奭〉에 보이는 "나의 길은 오로지 문왕文王의 덕을 이어 나가는 것이다"[1363]라고 한 구절 등을 들 수 있다. 그런데 이 구절들을 청동기에 보이는 명문銘文과 서로 대조해 보면, 각각 문무왕文武王, 문왕文王, 전문인前文人을 잘못 읽은 것임을 알 수 있다. 그래서 이러한 현상은 서주시대西周時代 금문金文에 보이는 한 자형 형태인 가슴 위에 심장 무늬를 새긴 문文의 자형을 녕寧으로 잘못 인식한 것에서 왔음에 틀림없다.

그리고 앞의 〈도표 51〉에서 소개한 것처럼, 금문金文에서 상(二, 上)은 하나의 짧은 획이 하나의 긴 획 위에 있는 모양으로 어느 한 물체가 다른 물체 위에 있는 모습을 가리키고

1359 (淸) 阮元 校刻,《十三經注疏》(附校勘記),《尙書》, 卷第十三,〈大誥〉, 198쪽. 그 원문에 "民獻有十夫, 予翼, 以于敉寧武圖功"이라고 되어 있다.

1360 (淸) 阮元 校刻,《十三經注疏》(附校勘記),《尙書》, 卷第十三,〈大誥〉, 199쪽. 그 원문에 "天休于寧王, 興我小邦周"라고 되어 있다.

1361 (淸) 阮元 校刻,《十三經注疏》(附校勘記),《尙書》, 卷第十三,〈大誥〉, 199쪽. 그 원문에 "寧王惟卜用"이라고 되어 있다.

1362 (淸) 阮元 校刻,《十三經注疏》(附校勘記),《尙書》, 卷第十三,〈大誥〉, 199쪽. 그 원문에 "予曷敢不于前寧人攸受休畢?"이라고 되어 있다.

1363 (淸) 阮元 校刻,《十三經注疏》(附校勘記),《尙書》, 卷第十六,〈君奭〉, 223쪽. 그 원문에 "我道, 惟寧王德延"이라고 되어 있다.

있었다(二二). 그런데 이 상(二, 上)을 나중에 이二로 잘못 인식하기도 하였는데, 이 이二에 대해서《설문說文》에서는, "二는 땅의 수數이다. 짝을 진 일一을 따른다. 무릇 이二의 속屬들은 모두 이 이二를 따른다. 弍는 고문古文의 이二이다"[1364]라고 하였다.

〈도표 304〉에서 소개한 것처럼, 금문金文에서 군君은 붓을 들고 글씨를 쓰는 사람이 통치 계급이라는 창의創意를 나타내고 있었다(君君君君君). 그런데 이 군君을 나중에 〈도표 341〉에서 소개한 주周로 잘못 인식하기도 하였는데, 금문金文에서 이 주周는 사방에 바람을 막는 담과 같은 종류의 보호물을 세운 것을 의미하고 있다(周周周周周周).

〈도표 347〉에서 소개한 기(箕, 𠀠, 其)는 그 초기 자형이 키의 모습을 본뜨고 있고(其其其其其), 또한 금문金文의 기(丌, 箕, 其)는 복잡화된 키의 모습을 간략화시킨 뒤에 보이는 자형 형태이다(丌丌六六). 그래서 이 기(丌, 箕, 其)에 대해서《설문說文》에서는, "丌는 아래에 있는 받침이다. 물건을 올리는 받침이다. 상형자象形字이다. 무릇 기丌의 속屬들은 모두 이 기丌를 따른다. 발음은 기箕와 같고, 뜻도 같다"[1365]라고 하였다. 그런데 이 기(箕, 𠀠, 其)와 기(丌, 箕, 其)를 나중에 숫자 부호인 륙六으로 잘못 인식하기도 하였다(六六六六六六六). 이 륙六에 대해《설문說文》에서는, "六은 역易의 수數이다. 음陰은 육六에서 변하고, 팔八에서 바르게 된다. 입入과 팔八을 따른다. 무릇 륙六의 속屬들은 모두 이 륙六을 따른다"[1366]라고 하였다.

그리고 시(時, 旹)에 대해《설문說文》에서는, "時는 네 계절이다. 일日을 따르고, 시寺는 성부聲符이다. 旹는 고문古文의 시時이고, 일日과 지(㞢, 之)를 따르는 것으로 썼다"[1367]라고 하였는데, 금문金文에서 이 시(時, 旹)는 일日을 따르고 지(㞢, 之)가 성부聲符인 형성자였다(旹). 그런데 이 시(時, 旹)를 나중에 자者로 잘못 인식하기도 하였는데, 이 자者에 대해《설문說文》에서는, "者는 사물을 구분하는 말이다. 자(白, 自)를 따르고, 려(㫃, 旅)는 성부聲符이다. 려(㫃, 旅)는 고문古文의 려旅이다"[1368]라고 하였다. 그러나 〈도표 424〉에 보이는 것처럼 금문

1364 (淸) 段玉裁注,《說文解字注》, 第二十六卷, 第十三篇注下, 〈二〉, 687쪽. 그 원문에 "二, 地之數也. 从耦一. 凡二之屬皆从二. 弍, 古文二"라고 되어 있다.

1365 (淸) 段玉裁注,《說文解字注》, 第九卷, 第五篇注上, 〈丌〉, 201쪽. 그 원문에 "丌, 下基也. 荐物之丌. 象形. 凡丌之屬皆从丌. 讀若箕, 同"이라고 되어 있다.

1366 (淸) 段玉裁注,《說文解字注》, 第二十八卷, 第十四篇注下, 〈六〉, 745쪽. 그 원문에 "六, 易之數. 侌變於六, 正於八. 从入八. 凡六之屬皆从六"이라고 되어 있다.

1367 (淸) 段玉裁注,《說文解字注》, 第十三卷, 第七篇注上, 〈時〉, 305쪽. 그 원문에 "時, 四時也. 从日, 寺聲. 旹, 古文時, 从日㞢作"이라고 되어 있다.

도표 번호	상商나라의 갑골문甲骨文	주周나라의 금문金文	진秦나라의 소전小篆	한漢나라의 예서隸書	현대의 한자	글자의 창의創意
424			 s	者	者	채소가 솥에서 끓고 있는 모습을 본뜨고 있다.

金文에서 이 자者는 자煮의 자원字源이 되는 글자로, 채소가 솥에서 끓고 익으면서 수증기가 위로 피어오르는 모습을 본뜨고 있다.

자自에 대해《설문說文》에서는, "自는 코이다. 코의 모습을 본뜨고 있다. 무릇 자自의 속屬들은 모두 이 자自를 따른다. 𦣹는 고문古文의 자自이다"[1369]라고 하였고, 또한 자(白, 自)에 대해《설문說文》에서는, "白는 이것도 또한 자自이다. 자自를 생략한 것은 말의 기운이 코에서 나오기 때문이다. 입과 서로 돕는다. 무릇 자(白, 自)의 속屬들은 모두 이 자(白, 自)를 따른다"[1370]라고 하였다. 금문金文에서 이 자自와 자(白, 自)는 모두 코의 모습을 본뜨고 있었다(白 白). 그런데 이 자自와 자(白, 自)를 나중에 백白으로 잘못 인식하기도 하였는데, 이 백白에 대해서《설문說文》에서는, "白은 서방西方의 색이다. 음陰이 사물을 쓰게 되면, 물체의 색깔이 하얗게 된다. 입入을 따르고, 이二와 합쳐져 있다. 이二는 음陰의 수數이다. 무릇 백白의 속屬들은 모두 이 백白을 따른다. 𤼽은 고문古文의 백白이다"[1371]라고 하였다. 금문金文에서 이 백白은 엄지손가락의 모양을 본뜨고 있는데(白 白), 가차假借되어 색깔과 벼슬의 지위를 의미하고 있다.

〈도표 115〉에서 소개한 칠七은 숫자 부호인데(十 十 七), 금문金文에서 이 칠七을 잘못 인식

1368 (淸) 段玉裁注,《說文解字注》, 第七卷, 第四篇注上,〈者〉, 138쪽. 그 원문에 "者, 別事詞也. 从白, 旅聲. 旅, 古文旅"라고 되어 있다. 그런데 이 자者와 성부聲符인 려(旅, 旅)는 상고음上古音에서 동일하게 어부魚部에 속하였다.

1369 (淸) 段玉裁注,《說文解字注》, 第七卷, 第四篇注上,〈自〉, 138쪽. 그 원문에 "自, 鼻也. 象鼻形. 凡自之屬皆从自. 𦣹, 古文自"라고 되어 있다.

1370 (淸) 段玉裁注,《說文解字注》, 第七卷, 第四篇注上,〈白〉, 138쪽. 그 원문에 "白, 此亦自字也. 省自者, 詞言之气, 从鼻出. 與口相助. 凡白之屬皆从白"라고 되어 있다.

1371 (淸) 段玉裁注,《說文解字注》, 第十四卷, 第七篇注下,〈白〉, 367쪽. 그 원문에 "白, 西方色也. 侌用事, 物色白. 从入, 合二. 二, 侌數. 凡白之屬皆从白. 𤼽, 古文白"이라고 되어 있다.

하여 〈도표 117〉에서 소개한 숫자 부호인 십十으로 여기기도 하였다[1372]().

2. 고문古文의 예

예를 들어, 복(𠬝, 服)에 대해《설문說文》에서는, "은 다스리는 것이다. 우又와 절卩을 따른다. 절卩은 일의 마디이다"[1373]라고 하였다. 갑골문에서 이 복(𠬝, 服)은 손으로 사람을 내리누르면서 굴복시키는 모습을 본뜨고 있었는데(), 나중에 손이 아래로 이동하는 것으로 자형이 변화되었다. 그러면서 이 복(𠬝, 服)을 잘못 인식하여 급及으로 여기기도 하였는데, 이 급及에 대해《설문說文》에서는, "은 따라잡는 것이다. 우又와 인人을 따른다. 은 고문古文의 급及이고, 진秦나라 때 새긴 비석에서 급及은 이와 같다. 도 또한 고문古文의 급及이다. 도 또한 고문古文의 급及이다"[1374]라고 하였다. 갑골문에서 이 급及은 손이 뒤에서 쫓아가 사람을 잡는 모습을 표현하고 있다().

그리고 려(旅, 㫃)에 대해《설문說文》에서는, "는 군인 오백 명이다. 언㫃을 따르고, 종从을 따른다. 종从은 함께하는 것이다. 는 고문古文의 려旅이다. 고문古文에서는 이것으로 노위魯衞의 로魯라고 하였다"[1375]라고 하였는데, 갑골문에서 이 려(旅, 㫃)는 하나의 깃발 아래 모여 있는 많은 사람들을 표현하고 있다(). 일반적으로 이 려(旅, 㫃)는 만 명을 기본으로 하는 대규모 군대 조직이면서 각 부족의 사람들로 구성되었기 때문에, 먼 지역까지 파견되어 병역에 종사하는 군대를 가리키고 있었다. 그런데 나중에 이 려(旅, 㫃)의 고문古文을 잘못 인식하여 의衣로 여기기도 하였는데, 이 의衣에 대해《설문說文》에서는, "는 의지하는 것이다. 윗도리를 일컬어 의衣라고 하고, 아랫도리를 일컬어 상常이라고 한다. 두 인人을 덮고 있는 모습을 본뜨고 있다. 무릇 의衣의 속屬들은 모두 이 의衣를 따른다"[1376]라고 하였다.

1372 이 칠七과 십十은 고문古文에 해당하는 예가 없고 오히려 금문金文의 예에 해당하기 때문에, 역자가 임의로 이 부분의 위치를 여기로 옮겼다.

1373 (清) 段玉裁注,《說文解字注》, 第六卷, 第三篇注下,〈𠬝〉, 117쪽. 그 원문에 ", 治也. 从又卩. 卩, 事之節"이라고 되어 있다.

1374 (清) 段玉裁注,《說文解字注》, 第六卷, 第三篇注下,〈及〉, 116쪽. 그 원문에 ", 逮也. 从又人. , 古文及, 秦刻石及, 如此. , 亦古文及. , 亦古文及"이라고 되어 있다.

1375 (清) 段玉裁注,《說文解字注》, 第十三卷, 第七篇注上,〈旅〉, 315쪽. 그 원문에 ", 軍之五百人. 从㫃, 从从. 从, 俱也. , 古文旅. 古文目爲魯衞之魯"라고 되어 있다.

1376 (清) 段玉裁注,《說文解字注》, 第十五卷, 第八篇注上,〈衣〉, 392쪽. 그 원문에 ", 依也. 上曰: 衣, 下曰: 常. 象覆二人之形. 凡衣之屬皆从衣"라고 되어 있다.

갑골문에서 이 의衣는 교차된 옷깃이 딸린 윗도리의 모습을 본뜨고 있다().

〈도표 311〉에서 소개한 것처럼, 금문金文에서 평平은 천칭天秤으로 물건의 무게를 재는 모습을 본뜨고 있었다(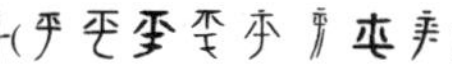). 그런데 나중에 이 평平의 고문古文을 잘못 인식하여 변(釆, 辨)으로 여기기도 하였는데, 이 변(釆, 辨)에 대해《설문說文》에서는, "은 나누어 구별하는 것이다. 짐승 발의 발톱이 갈라져 있음을 본뜨고 있다. 무릇 변釆의 속屬들은 모두 이 변釆을 따른다. 발음은 판辨과 같다. 은 고문古文의 변釆이다"[1377]라고 하였다. 이 변(釆, 辨)은 야수의 발과 발톱이 찍힌 흔적을 본뜨고 있다. 그뿐만 아니라 이 평平은〈도표 185〉에서 소개한 채采로 잘못 인식되기도 하였는데, 갑골문에서 이 채采는 손으로 나무 위에 달린 어떤 물체를 따는 모습을 본뜨고 있다(). 그래서 이러한 오류의 대표적인 예로《상서尙書》〈요전堯典〉에 보이는 "공평하고 밝게 백성을 다스린다"[1378]라고 한 구절을 들 수 있는데, 여기서 '평장平章'은 '변장釆章'으로 읽어야만 한다. 그런데 이 변(釆, 辨)과 변辨은 발음이 서로 같으므로 가차假借하여 '변장辨章'으로 읽을 수 있다.

례(禮, 礼)에 대해《설문說文》에서는, "**禮**는 행하는 것이다. 이것으로 귀신을 섬겨 복이 이르게 하는 것이다. 시示를 따르고, 례(豊, 豊)를 따르며, 례(豊, 豊)는 또한 성부聲符이다. 는 고문古文의 례禮이다"[1379]라고 하였는데, 이 례禮는 시示를 따르고 례(豊, 豊)가 성부聲符인 형성자이다. 그런데 나중에 이 례禮의 고문古文을 잘못 인식하여 찰札로 여기기도 하였는데, 이 찰札에 대해《설문說文》에서는, "은 글씨를 쓰는 작은 나뭇조각이다. 목木을 따르고, 을乙은 성부聲符이다"[1380]라고 하였다.

〈도표 236〉에서 소개한 것처럼, 갑골문에서 교(敎, 教)는 손에 회초리를 들고 어린아이에게 새끼에 매듭짓기를 배우도록 강요하는 모습을 본뜨고 있다(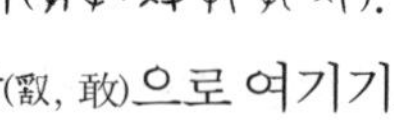). 그런데 이 교(敎, 教)의 고문古文을 잘못 인식하여〈도표 42〉에서 소개한 감(敢, 敢)으로 여기기도 하였

1377 (淸) 段玉裁注,《說文解字注》, 第三卷, 第二篇注上,〈釆〉, 50쪽. 그 원문에 ", 辨別也. 象獸指爪分別也. 凡釆之屬皆从釆. 讀若辨. , 古文釆"이라고 되어 있다. 그런데 이 변(釆, 辨)과 그 발음인 판辨은 상고음上古音에서 동일하게 원부元部에 속하였다.

1378 (淸) 阮元 校刻,《十三經注疏》(附校勘記),《尙書》, 卷第二,〈堯典〉, 119쪽. 그 원문에 "平章百姓"이라고 되어 있다.

1379 (淸) 段玉裁注,《說文解字注》, 第一卷, 第一篇注上,〈禮〉, 2쪽. 그 원문에 "**禮**, 履也. 所目事神致福也. 从示, 从豊, 豊亦聲. , 古文禮"라고 되어 있다.

1380 (淸) 段玉裁注,《說文解字注》, 第十一卷, 第六篇注上,〈札〉, 268쪽. 그 원문에 ", 牒也. 從木, 乙聲"이라고 되어 있다. 그런데 이 찰札은 상고음上古音에서 월부月部에 속하였고, 성부聲符인 을乙은 상고음에서 질부質部에 속하였다. 따라서 이 찰札과 을乙은 상고음에서 서로 동일한 큰 부류에 속하지 않았다.

는데, 금문金文에서 이 감(敢, 敢)은 손에 광석을 캐는 도구를 잡고 있는 모습을 본뜨고 있다( ). 그래서 이러한 오류의 대표적인 예로《상서尙書》〈고요모皐陶謨〉에 보이는 "안일하고 탐욕에 빠진 이가 나라를 갖게 하지 마라"[1381]라고 한 구절을 들 수 있는데, 여기서 '무교無敎'는 '무감無敢'의 오류이다.

〈도표 114〉에서 소개한 사四에 대해《설문說文》에서는, "四는 음陰의 수이다. 사각으로 나누어진 것을 본뜨고 있다. 무릇 사四의 속屬들은 모두 이 사四를 따른다. 𠃢는 고문古文의 사四이고, 이와 같다. 亖는 주문籒文의 사四이다"[1382]라고 하였다. 갑골문에서 이 사四는 네 개의 획으로 수량을 나타내고 있었는데, 나중에 오해가 생기는 것을 피하기 위해서 입으로 기운을 내뿜는 모습을 가차假借하여 이 사四를 표시하게 되었다( ). 그런데 이 사四의 고문古文을 잘못 인식하여 륙六으로 여기기도 하였다( ).

물物에 대해《설문說文》에서는, "物은 만물萬物이다. 소는 커다란 물체이다. 천지의 일은 소를 끌고 밭을 가는 데에서 시작하므로, 우牛를 따른다. 물勿은 성부聲符이다"[1383]라고 하였는데, 이 물物은 우牛를 따르고 물勿이 성부聲符인 형성자이다. 그런데 이 물物을 잘못 인식하여 〈도표 272〉에서 소개한 리利의 고문古文으로 여기기도 하였는데, 갑골문에서 이 리利는 칼로 벼를 베면 신속하게 일을 마칠 수 있음을 표현하고 있다( ). 이러한 오류의 대표적인 예로《묵자墨子》〈겸애중兼愛中〉에 보이는 "천하의 선비와 군자가 다만 그 이익됨을 모르고, 그 까닭을 강구하지도 않아서이다"[1384]라고 한 구절을 들 수 있는데, 여기서 '식기리識其利'는 '식기물識其物'의 오류이다.

〈도표 262〉에서 소개한 것처럼, 갑골문에서 위爲는 손으로 코끼리의 코를 잡아끌며 일을 시키는 모습을 본뜨고 있다( ). 그런데 이 위爲의 고문古文은 인데, 이 자형 형태로 말미암아 나중에 잘못 인식하여 〈도표 66〉에서 소개한 이而로 여기기도 하였다. 갑골문에서 이 이而는 아래턱에 난 수염의 모습을 본뜨고 있다( ). 그래서 이러한 오류의

1381 (淸) 阮元 校刻,《十三經注疏》(附校勘記),《尙書》, 卷第四,〈皐陶謨〉, 139쪽. 그 원문에 "無敎逸欲有邦"이라고 되어 있다.

1382 (淸) 段玉裁注,《說文解字注》, 第二十八卷, 第十四篇注下,〈四〉, 744쪽. 그 원문에 "四, 侌數也. 象四分之形. 凡四之屬皆从四. 𠃢, 古文四, 如此. 亖, 籒文四"라고 되어 있다.

1383 (淸) 段玉裁注,《說文解字注》, 第三卷, 第二篇注上,〈物〉, 53쪽. 그 원문에 "物, 萬物也. 牛爲大物. 天地之數, 起於牽牛, 故从牛. 勿聲"이라고 되어 있다.

1384 이어숙李漁叔 주역註譯,《묵자 금주금역墨子今註今譯》(天津: 天津古籍出版社, 1988년),〈兼愛中第十五〉, 108-109쪽. 그 원문에 "天下之士君子, 特不識其利 · 辯其故也"라고 되어 있다.

대표적인 예로《회남자淮南子》〈인간훈人間訓〉에 보이는 "우虞나라는 괵虢나라와 더불어 서로 의지하는 형세이다"[1385]라고 한 구절을 들 수 있는데, 여기서는 당연히 '상시위세相恃爲勢'가 되어야 한다.

3. 주문籒文의 예

예를 들어, 〈도표 228〉에서 소개한 것처럼, 갑골문에서 귀歸는 결혼한 여자가 친정부모를 뵈러 갈 때 가지고 가는 흙과 빗자루의 모습을 나타내고 있다(𠂤 𠂤 𠂤 𠂤 歸 𠂤). 그런데 이 귀歸의 주문籒文을 잘못 인식하여 부婦로 여기기도 하였는데, 이 부婦에 대해《설문說文》에서는, "婦는 일을 맡은 사람이다. 녀女를 따르고, 추帚를 들고 있다. 물을 뿌리며 먼지를 쓰는 것이다"[1386]라고 하였다. 갑골문에서 이 부婦는 빗자루로 청소를 하는 여성이 주부임을 가리키고 있다(婦 婦 婦).

그리고 수樹에 대해《설문說文》에서는, "樹는 나무가 자라서 곧아지는 것의 총명總名이다. 목木을 따르고, 수尌는 성부聲符이다. 尌는 주문籒文이다"[1387]라고 하였는데, 갑골문에서 이 수樹는 손으로 북의 받침대나 다른 어떤 물체를 설치하고 있는 모습을 본뜨고 있다(尌 尌). 그런데 이 수樹의 주문籒文을 잘못 인식하여 고(鼓, 鼔, 鼓)로 여기기도 하였는데, 이 고(鼓, 鼔, 鼓)에 대해《설문說文》에서는, "鼓는 북을 치는 것이다. 복攴과 주壴를 따르고, 주壴는 또한 성부聲符이다. 발음은 촉屬과 같다"[1388]라고 하였고, 또한 고(鼓, 鼔, 鼓)에 대해《설문說文》에서는, "鼓는 가죽으로 덮어씌운 악기이다. 춘분春分 때의 음악으로, 만물이 껍질에 둘러싸여 있다가 뚫고 나오므로, 고(鼓, 鼔)라고 일컫는다. 주壴를 따르고, 철屮과 우又를 따른다. 철屮은 늘어뜨린 장식을 본뜨고 있다. 우又는 그 손으로 그것을 두드림을 본뜨고 있다.《주례周禮》

1385 조종을趙宗乙 역주譯注,《회남자 역주淮南子譯注》(哈爾濱: 黑龍江人民出版社, 2002년), 〈下卷〉, 第十八卷, 〈人間訓〉, 940-941쪽. 그 원문에 "虞之與虢, 相恃而勢也"라고 되어 있다.

1386 (淸) 段玉裁注,《說文解字注》, 第二十四卷, 第十二篇注下, 〈婦〉, 620쪽. 그 원문에 "婦, 服也. 从女, 持帚. 灑埽也"라고 되어 있다.

1387 (淸) 段玉裁注,《說文解字注》, 第十一卷, 第六篇注上, 〈樹〉, 251쪽. 그 원문에 "樹, 木生植之總名也. 從木, 尌聲. 尌, 籒文"이라고 되어 있다.

1388 (淸) 段玉裁注,《說文解字注》, 第六卷, 第三篇注下, 〈鼓〉, 126쪽. 그 원문에 "鼓, 擊鼓也. 从攴壴, 壴亦聲. 讀若屬"이라고 되어 있다. 그런데 이 고(鼓, 鼔, 鼓)는 상고음上古音에서 어부魚部에 속하였고, 성부聲符인 주壴는 상고음에서 후부侯部에 속하였으며, 촉屬은 상고음에서 옥부屋部에 속하였다. 따라서 이 고(鼓, 鼔, 鼓)는 성부聲符인 주壴나 촉屬과 상고음에서 비록 동일한 큰 부류에 속하지 않았지만, 성부聲符인 주壴와 촉屬은 상고음에서 동일하게 후옥동侯屋東의 큰 부류에 속하였다.

에 여섯 가지 북이 있는데, 뇌고靁鼓는 팔면八面이고, 영고靈鼓는 육면六面이며, 노고路鼓는 사면四面이고, 분고鼖鼓·고고皐鼓·진고晉鼓는 모두 양면兩面이다. 무릇 고(鼓, 鼔)의 속屬들은 모두 이 고(鼓, 鼔)를 따른다. 는 주문籒文의 고(鼓, 鼔)이고, 고古를 따른다"[1389]라고 하였다. 갑골문에서 이 고(鼓, 鼓, 鼔)는 손으로 북을 두드리는 모습을 본뜨고 있다( ).

지(地, 墬)에 대해《설문說文》에서는, " 는 태초의 기운이 처음으로 나누어지면서 가볍고 맑으며 양陽인 기운은 하늘이 되었고, 무겁고 탁하며 음陰인 기운은 땅이 되었다. 만물이 늘어서 있는 곳이다. 토土를 따르고, 야也는 성부聲符이다. 는 주문籒文의 지地이고, 부(𠂤, 阜)와 토土를 따르며, 시彖는 성부聲符이다"[1390]라고 하였는데, 이 지(地, 墬)는 형성자이다( ). 그런데 이 지(地, 墬)의 주문籒文을 잘못 인식하여 추墜로 여기기도 하였는데, 이 추墜에 대해《광운廣韻》에서는, "추墜는 떨어지는 것이다"[1391]라고 하였다.

〈도표 114〉에서 소개한 사四는 가끔 이 사四의 주문籒文을 잘못 인식하여 삼三으로 여기기도 하였는데( ), 이 삼三에 대해《설문說文》에서는, "三은 수數의 이름이다. 천지인天地人의 도道이다. 문자文字에서는 일一이 이二와 짝하면 삼三이 되고, 완성된 수가 된다. 무릇 삼三의 속屬들은 모두 이 삼三을 따른다. 은 고문古文의 삼三이다"[1392]라고 하였다( ). 그래서 이러한 오류의 대표적인 예로《의례儀禮》〈근례覲禮〉에 보이는 "왕에게 세 차례 예물을 바치는데, 매번 모두 비단 다섯 필을 한 묶음으로 말고 여기에 벽옥璧玉을 덧붙인다"[1393]라고 한 구절을 들 수 있는데, 여기서 '사향四享'은 '삼향三享'의 오류이다.

1389 (清) 段玉裁注,《說文解字注》, 第九卷, 第五篇注上,〈鼓〉, 208쪽. 그 원문에 " , 郭也. 春分之音, 萬物郭皮甲而出, 故曰: 鼓. 从壴, 从屮又. 屮象𠂢飾, 又象其手擊之也. 周禮六鼓, 靁鼓八面, 靈鼓六面, 路鼓四面, 鼖鼓·皐鼓·晉鼓皆兩面. 凡鼓之屬皆从鼓. , 籒文鼓, 从古"라고 되어 있다.

1390 (清) 段玉裁注,《說文解字注》, 第二十六卷, 第十三篇注下,〈地〉, 688쪽. 그 원문에 " , 元气初分, 輕淸昜爲天, 重濁侌爲地. 萬物所敶列也. 从土, 也聲. , 籒文地, 从𠂤土, 彖聲"이라고 되어 있다. 그런데 이 지(地, 墬)와 성부聲符인 야也는 상고음上古音에서 동일하게 가부歌部에 속하였다. 그리고 이 지(地, 墬)의 주문籒文인 지(墬, 地)의 성부聲符 시彖에 대해 단옥재段玉裁의 주注에서는 그 반절음反切音이 '식시절式視切'이라고 하였다.

1391 (宋) 陳彭年·丘雍,《宋本廣韻》, 第四卷, 至第六,〈墜〉, 9쪽. 그 원문에 "墜, 落也"라고 되어 있다.

1392 (清) 段玉裁注,《說文解字注》, 第一卷, 第一篇注上,〈三〉, 9쪽. 그 원문에 "三, 數名. 天地人之道也. 於文, 一耦二爲三, 成數也. 凡三之屬皆从三. , 古文三"이라고 되어 있다.

1393 (清) 阮元 校刻,《十三經注疏》(附校勘記),《儀禮》, 卷第二十七,〈覲禮〉, 1091쪽. 그 원문에 "四享, 皆束帛加璧"이라고 되어 있다.

4. 소전체小篆體의 예

예를 들어, 지(㞢, 之)에 대해《설문說文》에서는, "㞢는 자라나는 것이다. 풀이 싹이 튼 것을 지나서 가지와 줄기가 점점 자라나 크게 자라나는 바가 있음을 본뜨고 있다. 일一이라는 것은 땅이다. 무릇 지(㞢, 之)의 속屬들은 모두 이 지(㞢, 之)를 따른다"[1394]라고 하였는데, 갑골문에서 이 지(㞢, 之)는 발이 딛고 있는 곳을 가리키고 있다(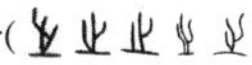). 그런데 이 지(㞢, 之)의 소전체小篆體를 잘못 인식하여 앞의 〈도표 69〉에서 소개한 지止로 여기기도 하였는데, 갑골문에서 이 지止는 발가락의 모양을 본뜨고 있다(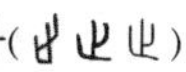).

그리고 혈穴에 대해《설문說文》에서는, "穴은 땅속으로 뚫린 큰 굴이다. 면宀을 따르고, 팔八은 성부聲符이다. 무릇 혈穴의 속屬들은 모두 이 혈穴을 따른다"[1395]라고 하였는데, 이 혈穴은 나무기둥으로 지탱하는 갱도坑道의 모습을 본뜨고 있다. 그런데 이 혈穴의 소전체小篆體를 잘못 인식하여 내(內, 内)로 여기기도 하였는데, 이 내(內, 内)에 대해《설문說文》에서는, "內는 들어가는 것이다. 멱冂과 입入을 따른다. 밖에서 들어가는 것이다"[1396]라고 하였다. 갑골문에서 이 내(內, 内)는 집 안에서 문에 쳐 둔 발을 보는 모습을 본뜨고 있다().

〈도표 114〉에서 소개한 사四는 가끔 이 사四의 소전체小篆體를 잘못 인식하여 〈도표 74〉에서 소개한 대大로 여기기도 하였는데(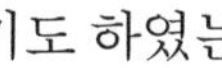), 갑골문에서 이 대大는 어른이 정면으로 서 있는 모습을 본뜨고 있다().

제制에 대해《설문說文》에서는, "制는 마름질하는 것이다. 도刀와 미未를 따른다. 미未는 나무가 다 자라서 좋은 쓰임이 있는 것이니, 잘라 낼 수 있다. 일설一說에는 금지하는 것이라고도 한다. 制는 고문古文의 제制이고, 이와 같다"[1397]라고 하였는데, 이 제制는 칼로 나뭇가지를 깎아 기물을 만드는 일을 의미하고 있다. 그런데 이 제制의 소전체小篆體를 잘못 인식하여 〈도표 272〉에서 소개한 리利로 여기기도 하였는데, 갑골문에서 이 리利는 칼로

1394 (清) 段玉裁注,《說文解字注》, 第十二卷, 第六篇注下, 〈㞢〉, 275쪽. 그 원문에 "㞢, 出也. 象艸過屮, 枝莖漸益, 大有所之也. 一者, 地也. 凡㞢之屬皆从㞢"라고 되어 있다.

1395 (清) 段玉裁注,《說文解字注》, 第十四卷, 第七篇注下, 〈穴〉, 347쪽. 그 원문에 "穴, 土室也. 从宀, 八聲. 凡穴之屬皆从穴"이라고 되어 있다. 그런데 이 혈穴과 성부聲符인 팔八은 상고음上古音에서 동일하게 질부質部에 속하였다.

1396 (清) 段玉裁注,《說文解字注》, 第十卷, 第五篇注下, 〈內〉, 226쪽. 그 원문에 "內, 入也. 从冂入. 自外而入也"라고 되어 있다.

1397 (清) 段玉裁注,《說文解字注》, 第八卷, 第四篇注下, 〈制〉, 184쪽. 그 원문에 "制, 裁也. 从刀未. 未, 物成有滋味, 可裁斷. 一曰: 止也. 制, 古文制, 如此"라고 되어 있다.

벼를 베면 신속하고 이롭다는 의미를 지니고 있다( ). 그래서 이러한 오류의 대표적인 예로《관자管子》〈규탁揆度〉에 보이는 "주옥珠玉은 상등上等의 재물로 삼았고, 황금黃金은 중등中等의 재물로 삼았으며, 돈인 도刀와 포布는 하등下等의 재물로 삼았다. 선왕先王 때에는 중등中等 재물의 오르고 내림을 통하여 하등下等 재물과 상등上等 재물의 쓰임을 이롭게 하였다"[1398]라고 한 구절을 들 수 있는데, 여기서 '이하상지용利下上之用'은 '억제하다'라는 뜻을 가진 '제하상지용制下上之用'의 오류이다.

복服에 대해《설문說文》에서는, " 은 사용하는 것이다. 일설一說에는 수레 오른쪽에 있는 말이라고도 한다. 그것으로 주위를 도는 것이다. 주舟를 따르고, 복(𠬝, 服)은 성부聲符이다. 은 고문古文의 복服이고, 인人을 따른다"[1399]라고 하였는데, 이 복服은 형성자이다( ). 그런데 이 복服의 소전체小篆體를 잘못 인식하여 반般으로 여기기도 하였는데, 이 반般에 대해《설문說文》에서는, " 은 도는 것이다. 배가 도는 것을 본뜨고 있다. 주舟를 따르고, 수殳를 따른다. 수殳는 배로 하여금 돌게 하는 것이다. 은 고문古文의 반般이고, 복攴을 따른다"[1400]라고 하였다. 갑골문에서 이 반般은 아마도 도구를 가지고 나무판자를 만드는 모습을 본뜨고 있을 텐데, 초기의 목기木器는 대부분 나무의 속을 파내고 깎는 방식으로 형태를 만들어 내었다( ).

당(堂, 坣)에 대해《설문說文》에서는, " 은 높고 큰 집이다. 토土를 따르고, 상尙은 성부聲符이다. 은 고문古文의 당堂이고, 이와 같다. 은 주문籒文의 당堂이고, 상尙을 따르며, 경京의 생략형이 성부聲符이다"[1401]라고 하였는데, 이 당(堂, 坣)은 토土를 따르고 상尙이 성부聲符인 형성자이다( ). 그런데 이 당(堂, 坣)의 소전체小篆體를 잘못 인식하여〈도표 337〉에서 소개한 상商으로 여기기도 하였는데, 갑골문에서 이 상商은 건축물의 모양을 본뜨고 있다( ).

1398 사호범謝浩範 · 주영평朱迎平 역주譯注,《관자전역管子全譯》(貴陽: 貴州人民出版社, 1996년),〈管子輕重〉, 第七十八,〈揆度〉, 939-940쪽. 그 원문에 "珠玉爲上幣, 黃金爲中幣, 刀布爲下幣. 先王高下中幣, 利下上之用"이라고 되어 있다.

1399 (清) 段玉裁注,《說文解字注》, 第十五卷, 第八篇注下,〈服〉, 408쪽. 그 원문에 " , 用也. 一曰: 車右騑. 所𠃬舟旋. 从舟, 𠬝聲. , 古文服, 从人"이라고 되어 있다.

1400 (清) 段玉裁注,《說文解字注》, 第十五卷, 第八篇注下,〈般〉, 408쪽. 그 원문에 " , 辟也. 象舟之旋. 从舟, 从殳. 殳, 令舟旋者也. , 古文般, 从攴"이라고 되어 있다.

1401 (清) 段玉裁注,《說文解字注》, 第二十六卷, 第十三篇注下,〈堂〉, 692쪽. 그 원문에 " , 殿也. 从土, 尙聲. , 古文堂, 如此. , 籒文堂, 从尙, 京省聲"이라고 되어 있다. 그런데 이 당(堂, 坣)과 성부聲符인 상尙과 경京은 모두 상고음上古音에서 동일하게 양부陽部에 속하였다.

5. 예서체隸書體의 예

예를 들어, 두斗에 대해《설문說文》에서는, "斗는 열 되이다. 상형자象形字이고, 자루가 있다. 무릇 두斗의 속屬들은 모두 이 두斗를 따른다"[1402]라고 하였는데, 갑골문에서 이 두斗는 국물을 뜨는 자루가 달린 용기의 모양을 본뜨고 있다. 그런데 이 두斗의 예서체隸書體를 잘못 인식하여 승升으로 여기기도 하였는데, 이 승升에 대해《설문說文》에서는, "升은 열 홉이다. 두斗를 따르고, 상형자象形字이다. 약龠을 합하면 홉이 되는데, 약龠은 천이백 알의 기장을 담은 것이다"[1403]라고 하였다. 갑골문과 금문金文에서 이 승升은 국물을 뜨는 소형의 용기 모양을 본뜨고 있다.

그리고 〈도표 263〉에서 소개한 것처럼, 갑골문에서 출出은 발이 반지하식의 주거를 걸어 나가는 모습을 본뜨고 있다. 그런데 이 출出의 예서체隸書體를 잘못 인식하여 사士로 여기기도 하였는데, 이 사士에 대해《설문說文》에서는, "士는 일하는 것이다. 수數는 일一에서 시작하여 십十에서 끝난다. 일一과 십十을 따른다. 공자孔子가 이르기를, '수많은 사물에서 미루어 하나의 사실을 귀결해 낼 수 있는 사람이 사士이다'라고 하였다. 무릇 사士의 속屬들은 모두 이 사士를 따른다"[1404]라고 하였다. 갑골문에서 이 사士는 수컷 동물의 특징을 표현하고 있다. 그뿐만 아니라 이 출出의 예서체隸書體는 〈도표 92〉에서 소개한 토土로 잘못 인식되기도 하였는데, 갑골문에서 이 토土는 흙덩어리의 모습을 본뜨고 있다. 그래서 이러한 오류의 대표적인 예로《맹자孟子》〈만장상萬章上〉에 보이는 "고수瞽瞍는 순舜으로 하여금 우물을 파게 하였는데, 〔순舜이 몰래 옆으로 이미〕 나온 〔줄 모르고〕 그때부터 그것을 덮어 버렸다"[1405]라고 한 구절을 들 수 있는데, 여기서 '사준정출使浚井出'은 '사준정토使浚井土'의 오류이고, 그 때문에 끊어 읽기조차도 달라지게 되었다.

그리고 〈도표 425〉에 보이는 개介에 대해《설문說文》에서는, "介는 경계를 나누는 것이다.

1402 (淸) 段玉裁注,《說文解字注》, 第二十七卷, 第十四篇注上,〈斗〉, 724쪽. 그 원문에 "斗, 十升也. 象形, 有柄. 凡斗之屬皆从斗"라고 되어 있다.

1403 (淸) 段玉裁注,《說文解字注》, 第二十七卷, 第十四篇注上,〈升〉, 726쪽. 그 원문에 "升, 十合也. 从斗, 象形. 合龠爲合, 龠容千二百黍"라고 되어 있다.

1404 (淸) 段玉裁注,《說文解字注》, 第一卷, 第一篇注上,〈士〉, 20쪽. 그 원문에 "士, 事也. 數始於一, 終於十. 从一十. 孔子曰: 推十合一爲士. 凡士之屬皆从士"라고 되어 있다.

1405 (淸) 阮元 校刻,《十三經注疏》(附校勘記),《孟子》, 卷第九上,〈萬章上〉, 2734쪽. 그 원문에 "使浚井, 出, 從而揜之"라고 되어 있다.

도표 번호	상商나라의 갑골문甲骨文	주周나라의 금문金文	진秦나라의 소전小篆	한漢나라의 예서隸書	현대의 한자	글자의 창의創意
425			 s	介	介	한 사람이 몸에 갑옷을 꿰매 만든 옷을 걸치고 있는 모습을 본뜨고 있다.
426		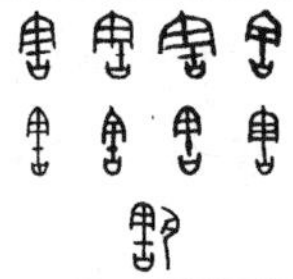	 s	害	害	기물을 주조하는 거푸집이 이미 깨지고 갈라져 버린 모습을 본뜨고 있다.

인人을 따르고, 팔八을 따른다"[1406]라고 하였는데, 갑골문에서 이 개介는 한 사람이 갑옷을 꿰매 만든 방호복을 몸의 앞뒤로 걸친 모습을 본뜨고 있다. 그런데 이 개介의 예서체隸書體를 잘못 인식하여 분分으로 여기기도 하였는데(介), 이 분分에 대해《설문說文》에서는, "은 나누는 것이다. 팔八과 도刀를 따른다. 도刀는 이것으로 물체를 나누고 구분하는 것이다"[1407]라고 하였다. 갑골문에서 이 분分은 칼로 물체를 똑같이 나누는 모습을 표현하고 있다(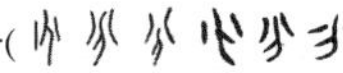)(分).

〈도표 426〉에 보이는 해害에 대해《설문說文》에서는, "는 해치는 것이다. 면宀과 구口를 따른다. 말썽은 집안에서부터 일어나는 것이다. 개丯는 성부聲符이다"[1408]라고 하였다. 이 해害는 할割의 창의創意에서 온 글자인데, 금문金文에서 이 할割은 구리 용액을 부어 주조시킨 뒤에 냉각된 주물의 거푸집을 칼로 가르는 모습을 본뜨고 있다(). 그래서 이 할割의 창의를 통해 이 해害는 거푸집이 이미 깨지고 갈라져 버린 모습을 본뜨고 있음을 추측할 수가 있다(害). 그런데 이 해害의 예서체隸書體를 잘못 인식하여 〈도표 341〉에서 소개한 주周로 여기기도 하였는데, 갑골문에서 이 주周는 사방에 보호하는 시설이 있음을 나타내고 있다()(周).

1406 (清) 段玉裁注,《說文解字注》, 第三卷, 第二篇注上,〈介〉, 49쪽. 그 원문에 ", 畫也. 从人, 从八"이라고 되어 있다.

1407 (清) 段玉裁注,《說文解字注》, 第三卷, 第二篇注上,〈分〉, 49쪽. 그 원문에 ", 別也. 从八刀. 刀, 目分別物也"라고 되어 있다.

1408 (清) 段玉裁注,《說文解字注》, 第十四卷, 第七篇注下,〈害〉, 345쪽. 그 원문에 ", 傷也. 从宀口. 言从家起也. 丯聲"이라고 되어 있다.

6. 초서체草書體의 예

예를 들어, 규規에 대해《설문說文》에서는, "規는 그림쇠에 법도法度가 있는 것이다. 부夫와 견見을 따른다"[1409]라고 하였는데, 이 규規는 어른의 식견에 본보기가 됨이 있음을 의미하고 있다( ). 그런데 이 규規의 초서체草書體를 잘못 인식하여 친親으로 여기기도 하였는데, 이 친親에 대해《설문說文》에서는, "親은 가까움이 지극한 것이다. 견見을 따르고, 진(亲, 榛)은 성부聲符이다"[1410]라고 하였다. 이 친親은 형성자이다( ).

그리고 〈도표 191〉에서 소개한 것처럼, 금문金文에서 숙叔은 손으로 콩꼬투리를 따는 모습을 본뜨고 있다( )( ). 그런데 이 숙叔의 초서체草書體를 잘못 인식하여 승升으로 여기기도 하였다( ).

고故에 대해《설문說文》에서는, "故는 시켜서 그것을 하게 하는 것이다. 복攴을 따르고, 고古는 성부聲符이다"[1411]라고 하였는데, 이 고故는 형성자이다( ). 그런데 이 고故의 초서체草書體를 잘못 인식하여 〈도표 287〉에서 소개한 득得으로 여기기도 하였는데, 갑골문에서 이 득得은 길에서 다른 사람이 잃어버린 바다조개를 줍는 일은 크게 얻음이 있음을 의미하고 있다( )( ). 이러한 오류의 대표적인 예로《안자춘추晏子春秋》〈내편잡상內篇雜上〉에 보이는 "고규高糾가 안자晏子를 섬기다가 내쫓김을 당하였다. 고규高糾가 말하기를, '제가 부자夫子를 모신 지 삼 년이 되도록 지위를 얻음이 없다가 마침내 내쫓김까지 당하였습니다. 이것은 무엇을 말하는 것입니까?'"[1412]라고 한 구절을 들 수 있는데, 여기서 '무득無得'은 '무고無故'의 오류이고, 그 때문에 이 구절의 끊어 읽기도 달라지게 되었다.

제6절 상고음上古音의 탐구 작업에 도움이 됨

상고음上古音에 대한 연구는 특히 운서韻書가 아직 편찬되기 이전의 시대에 대해서는 현재

1409 (清) 段玉裁注,《說文解字注》, 第十九卷, 第十篇注下, 〈規〉, 504쪽. 그 원문에 "規, 規巨有灋度也. 从夫見"이라고 되어 있다.

1410 (清) 段玉裁注,《說文解字注》, 第十五卷, 第八篇注下, 〈親〉, 414쪽. 그 원문에 "親, 至也. 从見, 亲聲"이라고 되어 있다.

1411 (清) 段玉裁注,《說文解字注》, 第六卷, 第三篇注下, 〈故〉, 124쪽. 그 원문에 "故, 使爲之也. 从攴, 古聲"이라고 되어 있다.

1412 진도陳濤 역주譯注,《안자춘추 역주晏子春秋譯注》(天津: 天津古籍出版社, 1996년), 第五卷, 〈內篇雜上〉, 第二十九, 264쪽. 그 원문에 "高糾事晏子而見逐. 高糾曰: 臣事夫子三年, 無得, 而卒見逐. 其說何也?"라고 되어 있다.

대부분 운율韻律을 지니고 있는 문학작품을 근거로 삼아 연구하고 있다. 그 외에도 형성자形聲字를 통해서 동일한 운韻의 상호 연관성을 판단한 다음, 그 음운의 변천 과정에 대해서 추정하기도 한다.

현재까지 아직 상商나라의 운서韻書라든지 압운押韻이 들어간 문학작품은 발견되지 않았지만, 그 당시에 이미 상당히 많은 양의 형성자가 존재하고 있었다. 그래서 우리가 앞에서도 이미 언급한 것처럼 어느 형성자의 발음은 반드시 그 글자의 성부聲符와 밀접한 관련성이 있으므로, 이것을 토대로 하여 상나라 언어의 대강을 연구하는 데 많은 도움을 받을 수 있다. 이러한 편리성의 대략적인 내용에 대해서 아래와 같이 몇 가지로 간단히 요약할 수 있다.

1) 형성자와 그 성부聲符는 동일한 운韻에 속하는 것 외에도, 또한 대체로 큰 유형에서 보면 동일한 성모聲母가 된다

그렇기 때문에 갑골문에 보이는 형성자는 대체로 본래의 글자와 그 글자의 성부가 되는 자형 구성 부분의 발음이 상나라 때는 동일한 한 운부韻部에 속했던 것임을 알 수 있다. 그뿐만 아니라 이것을 통하여 선진시대先秦時代에 이 두 글자의 성운관계聲韻關係에 이미 변화가 생겼는지의 여부에 대해서도 검증할 수가 있다.

예를 들어, 갑골문에서 구(遘: )의 발음은 〈도표 182〉에서 소개한 구(冓: )와 동일한 한 운부韻部에 속하였다. 더욱이 만약 지금 주법고周法高가 연구해 낸 선진고음先秦古音의 음운 추정에 근거하면, 선진시대에 이 구遘와 구冓는 모두 후동운侯東韻에 속하였고, 발음은 'kew'와 같았다. 따라서 이 두 글자의 성모聲母와 운모韻母에는 모두 특별한 변화가 발생하지 않았음을 알 수 있다.

그러나 박亳에 대해《설문說文》에서는, "亳은 경조군京兆郡 두현杜縣의 언덕에 있는 정자이다. 고高의 생략형을 따르고, 탁乇은 성부聲符이다"[1413]라고 하였는데, 갑골문에서 이 박亳은 높은 건축물 앞에 세워 둔 토템 기둥의 모습을 표현하고 있다(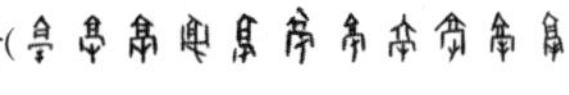). 그런데 만약 주법고周法高의 선진고음先秦古音 음운 추정에 근거하면, 선진시대에 탁乇은 발음이 'trak'과 같았고 성모聲母는 치음齒音이었으며, 반면에 박亳은 발음이 'bwak'과 같았고

1413 (清) 段玉裁注,《說文解字注》, 第十卷, 第五篇注下,〈亳〉, 230쪽. 그 원문에 "亳, 京兆杜陵亭也. 从高省, 乇聲"이라고 되어 있다.

성모聲母는 후음喉音이었다. 일반적으로 이 두 부류의 성모는 서로 동일한 유형에 속하지 않는다.

그래서 탁乇에 대해《설문說文》에서는, "은 풀의 잎이다. 꽃부리를 드리웠고, 위에는 일一이 꿰뚫었으며, 아래에는 뿌리가 있다. 상형자象形字이다. 무릇 탁乇의 속屬들은 모두 이 탁乇을 따른다"[1414]라고 하였는데, 이 탁乇은 어느 풀의 모양을 본뜨고 있는 상형자이다. 그렇지만 박亳의 여러 가지 자형 형태에서 고高의 아랫부분에 있는 자형의 구성 부분은 대체로 이 탁乇의 자형 형태와 서로 일치하지 않는다. 더욱이 이러한 예는 탁乇을 성부聲符로 하는 글자의 하나인 택宅을 통해서도 확인할 수 있는데, 이 택宅에 대해《설문說文》에서는, "은 사람이 의지하여 사는 곳이다. 면宀을 따르고, 탁乇은 성부聲符이다. 은 고문古文의 택宅이다. 도 또한 고문古文의 택宅이다"[1415]라고 하였다. 그런데 박亳의 자형 구성 부분은 갑골문에 보이는 이 택宅의 자형 구성 부분과도 대부분 서로 동일하지 않음을 알 수 있다().

따라서 이 박亳의 창의創意는 아마도 난간 형식을 가진 높고 큰 건축물 앞에 관상용의 식물을 심어 둔 모습을 표현하고 있음이 틀림없고, 이것은 상나라 사람들이 박亳이라는 땅에 세워 둔 제사와 행정을 담당하던 건축물을 가리키고 있을 것이다. 그래서 이 박亳은 고高를 따르고 탁乇이 성부聲符인 형성자라고는 보기 힘들다.

또 다른 예를 들어 보면, 부婦에 대해《설문說文》에서는, "는 일을 맡은 사람이다. 녀女를 따르고, 추帚를 들고 있다. 물을 뿌리며 먼지를 쓰는 것이다"[1416]라고 하였다. 그런데 만약 주법고周法高의 선진고음先秦古音 음운 추정에 근거하면, 선진시대에 부婦는 발음이 'bjwəɣ'였고(), 〈도표 193〉에서 소개한 추帚는 발음이 'tjəw'였다(). 그래서 이 부婦와 추帚의 성모와 운모는 모두 동일한 큰 유형에 속하지 않았다. 그렇기 때문에 만약 이 부婦를 녀女를 따르고 추帚가 성부聲符인 형성자라고 한다면, 곧 여러 가지 문제가 생기게 된다. 따라서 이 사실은 이 부婦가 빗자루를 들고 먼지를 쓸고 있는 주부의 모습을 표현하고

1414 (淸) 段玉裁注,《說文解字注》, 第十二卷, 第六篇注下, 〈乇〉, 277쪽. 그 원문에 ", 艸葉也. 垂采, 上毌一, 下有根. 象形字. 凡乇之屬皆从乇"이라고 되어 있다.

1415 (淸) 段玉裁注,《說文解字注》, 第十四卷, 第七篇注下, 〈宅〉, 341쪽. 그 원문에 ", 人所託凥也. 从宀, 乇聲. , 古文宅. , 亦古文宅"이라고 되어 있다.

1416 (淸) 段玉裁注,《說文解字注》, 第二十四卷, 第十二篇注下, 〈婦〉, 620쪽. 그 원문에 ", 服也. 从女, 持帚. 灑埽也"라고 되어 있다.

있는 표의자表意字라는 창의創意의 견해를 지지하는 것이다.

2) 어느 한 글자가 서로 다른 두 개의 성부聲符를 가졌을 경우에는 그 두 성부가 모두 동일한 운韻에 속함을 나타낸다

예를 들어, 록麓의 갑골문 자형에는 두 가지가 있는데, 하나는 림林을 따르고 록鹿이 성부聲符인 자형 형태이고( ), 또 하나는 림林을 따르고 록彔이 성부聲符인 자형 형태이다( ). 이것을 통하여 이 록鹿이나 록彔이 록麓과 함께 상나라 때나 그 이전에는 당연히 서로 동일한 유형의 성모聲母와 운모韻母에 속했음을 알 수 있다. 그래서 이 록鹿, 록彔, 록麓의 세 글자는 모두 동일하게 후동운侯東韻에 속했으며, 만약 주법고周法高의 선진고음先秦古音 음운 추정에 근거하면 선진시대에는 발음이 모두 'lewk'과 같았다.

3) 위와 같이 동일한 운韻에 속하는 예를 제외하고, 만약 어느 한 글자에 서로 다른 성부聲符가 있는 경우는 우리가 앞의 본론 제3절에서도 이미 언급한 것처럼, 한 글자에 서로 다른 운韻이 있는 경우는 이전 시기에 나타난 다음절多音節 현상의 흔적일 가능성이 높다

예를 들어, 〈도표 21〉에서 소개한 풍風은 원래 〈도표 22〉에서 소개한 봉鳳의 모습을 가차假借하여 그 의미를 표현하고 있었다( ). 그러다가 나중에는 다시 여기에 성부聲符인 범凡을 대부분 덧붙이곤 하였지만( ), 그러나 가끔은 성부聲符인 형兄을 덧붙이기도 하였다( ). 그런데 만약 주법고周法高의 선진고음先秦古音 음운 추정에 근거하면, 선진시대에 즙침운緝侵韻에 속하였던 봉鳳은 그 발음이 'bjəm'과 같았고, 범凡은 그 발음이 'bjwəm'과 같았으며, 풍風은 그 발음이 'pjəm'과 같았다. 그러나 이와는 달리 형兄은 어양운魚陽韻에 속하였고, 그 발음은 'xiwang'과 같았다.

그런데 이와 같이 성모와 운모가 모두 풍風과 서로 동일하지 않은 유형에 속하였던 경우라도, 범凡과 형兄이 상나라 때 서로 다른 음音이었다가 나중에 선진시대가 되면서 동일한 음으로 변천되었다는 식의 가설은 성립되기 무척 힘들다. 따라서 이러한 경우는 이전 시대에 나타난 다음절多音節 현상의 흔적일 가능성이 높다.

4) 가차자假借字의 사용은 본래의 글자와 가차된 글자 사이의 성모聲母와 운모韻母에 모두 상당히 밀접한 관련이 있음을 나타낸다

예를 들어, 갑골문에서 '다음 열흘에 재앙이 없을까요?'라는 의미의 '순무화旬亡禍?'라는 구절은 복사卜辭에 자주 나타나는 용례인데,《합집合集》34797에 보이는 어떤 갑골문 복사에는 이것을 '순무화旬亡火?'라고 기록하고 있다. 이러한 사실에서 우리는 이 화禍와 화火의 성모聲母와 운모韻母가 당연히 서로 밀접한 관련이 있었음을 알 수 있다. 또한 더 나아가 상나라 때 화禍와 골骨은 동일한 자형이었기 때문에, 이 화禍와 골骨은 화火의 발음과도 당연히 서로 근접했음을 추측할 수가 있다. 그래서 만약 주법고周法高의 선진고음先秦古音 음운 추정에 근거하면, 선진시대에 이 세 글자는 모두 미문운微文韻에 속하였고, 화火는 발음이 'xwər'와 같았으며, 화禍는 발음이 'ɣjwər'와 같았고, 골骨은 발음이 'kwət'과 같았다. 따라서 이 화禍와 골骨과 화火는 모두 성聲과 운韻에서 서로 밀접한 관련이 있었음을 알 수 있다.

그리고 또 다른 예를 들어 보면, 상나라 때는 상桑을 가차하여 앞의 〈도표 227〉에서 소개한 상喪의 '사망하다'라는 의미를 표현하기도 하였다. 갑골문과 금문金文에서 이 상喪은 나무줄기 사이에 여러 개의 광주리를 걸어 놓고 뽕잎을 따는 작업을 하는 모습을 본뜨고 있는데, 이것은 뽕나무의 식물 속屬을 가리키고 있다. 이것을 통하여 상喪과 상桑이 상나라 때나 혹은 그 이전 시대에 동일한 성聲과 운韻에 속하였음을 알 수 있다. 그래서 만약 주법고周法高의 선진고음先秦古音 음운 추정에 근거하면, 선진시대에 이 상喪과 상桑은 모두 어양운魚陽韻에 속하였고, 발음은 'sang'과 같았다.

그러나 이와는 달리 어떤 가차자假借字는 그 발음에서 상당히 큰 차이가 나기도 한다. 예를 들어, 갑골문 복사卜辭에 보이는 형(兄: 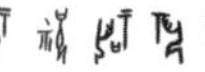)과 축(祝: )은 그 사용 용례가 서로 조금 다르다. 그러나 만약《합집合集》787에 보이는 '형우조신于祖辛'을《합집合集》2570에 보이는 '축우모경于母庚'과《합집合集》8093에 보이는 '전(유)상갑축용叀(唯)上甲用' 등에 나타난 갑골문 복사와 그 용례를 서로 대조해 보면, 여기서 형兄은 축祝의 의미로 사용되었음을 유추해 낼 수 있다.

더욱이 일반적으로 인륜人倫을 표시하는 글자들은 대부분 가차에서 왔는데, 이 형兄은 한 사람이 입을 벌려서 축원을 올리는 모습을 본뜨고 있는 것으로 볼 수 있다. 그래서 그 의미는 축祝이 되고, 가차되어 형님을 가리키고 있다. 그러다가 제사를 지내는 일과 관련이 되면서 나중에는 이 형兄에 시示를 덧붙여 서로 구분하였다. 그러나 만약 주법고周法高의 선진고음先秦古音 음운 추정에 근거한다면, 선진시대에 이 축祝은 유중운幽中韻에 속하였고, 발음은 'tjəwk'과 같았다. 그래서 어양운魚陽韻에 속하였고, 발음이 'xiwang'과 같았던 형兄과는 그 성聲과 운韻에서 차이가 상당히 크다고 할 수 있다. 따라서 이러한 경우에는 특별히 그 원인을 따로 연구해 봐야 한다.

또 다른 예를 들어 보면, 갑골문 제3기 복사에 자주 보이는 용어인 '불매弗每'라는 용례는 대부분 가차되어 '후회스러운 일이 생기지 않았다'라는 의미의 '불회弗悔'나 '불모弗侮'로 사용되었다. 그래서 만약 주법고周法高의 선진고음先秦古音 음운 추정에 근거하면, 선진시대에 매每는 발음이 'mwəɤ'와 같았고, 회悔는 발음이 'xmwəɤ'와 같았다. 이것은 순음脣音과 후음喉音이 서로 형성자근形聲字根이 되는 하나의 예라고 할 수 있는데, 다만 상고음上古音에서 정말로 복성모複聲母의 현상이 있었는지의 여부는 신중히 고려할 필요가 있다. 아마도 이러한 경우는 한 글자가 두 음으로 발음되는 현상일 가능성도 충분히 있다.

5) 가차자假借字에다 나중에 다시 성부聲符를 덧붙인 경우도 그 여러 개의 성부가 당연히 동일한 한 운韻에 속함을 나타낸다

예를 들어, 〈도표 28〉에서 소개한 것처럼, 갑골문에서 욱昱은 새의 깃털 모양을 가차하여 내일이나 모레의 의미를 나타내고 있었다(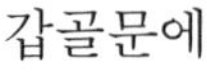). 그런데 나중에 이 자형에 성부聲符인 립立을 덧붙였는데, 이론적으로 보자면 이 욱昱과 우羽는 립立과 함께 상나라 때나 그 이전 시대에 당연히 동일한 성聲과 운韻에 속해야만 한다. 그러나 만약 주법고周法高의 선진고음先秦古音 음운 추정에 근거하면, 선진시대에 우羽와 우于는 모두 어양운魚陽韻에 속하였고, 발음은 모두 'ɤjwaɤ'와 같았다. 그런데 이와는 달리, 립立은 즙침운緝侵韻에 속하였고, 발음은 'dziəm'과 같았다. 또한 욱昱은 유중운幽中韻에 속하였고, 발음은 'ɤriəwk'과 같았다. 그래서 이 글자들 사이에 나타나는 성운聲韻의 차이는 상나라에서 선진시대 사이에 보이는 차이를 나타내는 것인지 모르겠지만, 어쨌든 이 글자들 사이의 변화는 서로 각기 다른 경로를 밟게 되었다.

6) 만약 어느 한 자형이 서로 다른 의미로 사용되었다면, 나중에 다시 이 자형에 성부聲符를 덧붙여서 그 두 의미를 서로 구분하였는데, 이러한 현상도 동일한 한 운韻에 속함을 나타낸다

예를 들어, 〈도표 110〉에서 소개한 것처럼, 갑골문에서 정晶은 나중에 성부聲符인 생生을 덧붙여서 성(曐, 星)이 되었다. 이것을 통하여 이 정晶과 성(曐, 星)과 생生의 세 글자가 상나라 때나 그 이전 시대에는 모두 동일한 한 운韻에 속하였음을 알 수 있다. 그래서 만약 주법고周法高의 선진고음先秦古音 음운 추정에 근거하면, 선진시대에 이 세 글자는 모두 지경운支耕韻에 속하였고, 생生은 발음이 'sreng'과 같았으며, 성(曐, 星)은 발음이 'seng'과 같았고, 정晶은

발음이 'tsjieng'과 같았다. 따라서 이 세 글자는 모두 성聲과 운韻에서 서로 상당히 근접했음을 알 수 있다.

그리고 갑골문은 후대에 정해 놓은 불합리한 성운聲韻의 분류를 재수정하는 일에 있어서도 때때로 도움이 될 경우가 있다. 앞서 언급한 것처럼, 일반적으로 형성자形聲字와 그 성부聲符가 되는 자형 구성 부분은 모두 동일한 한 운韻에 속하고, 또한 대부분 동일한 한 유형의 성모聲母가 된다. 그런데 어떤 글자는 자형 형태의 변천과 자형의 잘못된 변화로 인하여 그 원래의 창의創意가 감춰져 파악하기 힘들게 되면서 간혹 형성자로 오인을 받는 경우가 있었다. 그뿐만 아니라 자형의 어느 구성 부분을 성부聲符라고 오해하거나 혹은 심지어 어느 글자의 생략형이 성부라고 여기기도 하였다. 그러나 만약 비교적 이른 시기의 초기 자형이 존재한다면, 이러한 오류는 곧바로 교정될 수 있다. 그리고 이에 해당하는 예는 수도 없이 많다.

예를 들어, 〈도표 219〉에서 소개한 것처럼, 갑골문에서 성聖은 원래 한 사람이 예민한 청각을 가진 것을 빌려 보통 사람을 뛰어넘는 초월적인 능력을 지니고 있음을 표현하고 있었다(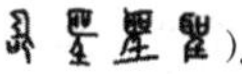). 그런데 이 성聖은 나중에 자형 형태에 변화가 생기면서 성부聲符인 정壬을 따르는 형성자로 오인받게 되었다. 그러나 만약 주법고周法高의 선진고음先秦古音 음운 추정에 근거하면, 선진시대에 성聖은 발음이 'st'jieng'과 같았고, 정壬은 발음이 't'eng'과 같았다. 그래서 비록 이 성聖과 정壬이 모두 지경운支耕韻에 속하기는 하였지만, 성모聲母와 개음介音이 모두 동일하지 않는 것으로 봐서 이 성聖이 반드시 정壬을 성부聲符로 삼을 이유는 없었음을 추정할 수가 있다.[1417]

그리고 〈도표 227〉에서 소개한 것처럼, 갑골문에서 상喪은 원래 뽕나무의 모습을 빌려 사망의 의미를 표현하고 있었다(). 그런데 나중에 자형이 잘못 변화되어 이 상喪이 마치 성부聲符인 망(亡:)을 따르는 자형 형태처럼 변하였다. 그래서 상桑과 상喪은 비록 동일한 성聲과 운韻에 속하였지만, 그렇다고 망亡과도 반드시 동일한 성류聲類에 속할 이유는 없었다. 더구나 망亡은 발음이 'mjwang'과 같았으므로, 성모聲母가 이 상桑과 상喪과는 서로 다른 큰 유형에 속하였다.

〈도표 402〉에서 소개한 것처럼, 갑골문에서 량良의 창의創意는 아마도 말린 식량을 넣는

1417 여기서 개음介音이란 중국 음운에서 주요 모음 앞에 있는 i, u, ü 등의 음을 말한다.

주머니의 모습을 본뜨고 있었을 것이다(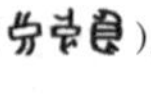). 그런데 나중에 자형이 잘못 변화되면서 이 량良은 마치 성부聲符인 망(亾, 亡)을 따르는 자형 형태처럼 되었다(). 그러나 자형에서도 알 수 있는 것처럼, 이 량良과 망亡은 반드시 동일한 성류聲類에 속할 이유가 없었다. 더욱이 량良은 발음이 'liang'과 같았으므로, 망(亾, 亡)과는 성모聲母도 서로 달랐다.

〈도표 405〉에서 소개한 것처럼, 갑골문에서 호(薅, 茠)는 손에 조개로 만든 농기구를 들고 산기슭에서 풀을 베는 모습을 표현하고 있었다(). 그런데 나중에 이 산기슭의 자형 구성 부분이 잘못 변화되어 마치 녀女처럼 되면서, 결국 호好의 생략형이 성부聲符라고 오인하게 되었다. 그러나 이 호(薅, 茠)와 호好가 비록 상고음上古音에서 모두 발음이 'xəw'와 같았던 것은 알 수 있지만, 다만 우리는 상나라 때도 이 호(薅, 茠)와 호好가 반드시 동일한 성聲과 운韻에 속했는지에 대해서는 더 이상 증명할 방법이 없다.

그리고 우리는 본론 부분에 있는 '문자의 구조와 분류'라는 절에서 이효정李孝定이 형성자로 분류했던 몇 가지 예에 대해서 이미 살펴보았다. 그런데 가끔 갑골문의 자형에서 어떤 자형은 원래부터 하나의 자형 형태로 구성되어 있어서, 그중에서 성부를 분석해 낼 수 없는 경우가 간혹 있다. 그렇지만 이효정이 분류한 결과는 아마도 허신許愼이 지은 《설문說文》의 해석을 그대로 따랐기 때문일 것이다. 그리고 최근에 필자는 상나라 성운聲韻에 대해 논술한 한 편의 문장을 읽었는데, 이 문장도 대체로 《설문說文》을 근거로 하여 형성자가 아닌 글자를 형성자로 생각하고 성류聲類 사이에 있는 상호적인 관계를 분석하고 통계하고 있었다. 그러나 연구 대상으로 인정한 자료에서부터 이미 상당히 논쟁의 여지가 존재하기 때문에 그것을 통해 얻은 결론도 수정해야 함은 불가피한 일이다.

그리고 가끔 본래의 글자와 그 글자의 성부聲符가 성운聲韻의 발음에 상당히 차이가 나서 곤혹스러울 경우가 있는데, 이것은 아마도 표의자表意字를 형성자形聲字로 잘못 오인한 결과일 것이다. 따라서 중국의 고성운古聲韻을 연구하는 학자가 만약 고문자학의 창의創意에 대해서도 깊이 있는 지식을 두루 갖추고 있다면, 고성운古聲韻의 추론에 있어서도 틀림없이 더욱 정확한 결론을 도출해 낼 수가 있을 것이다.

제7절 고문헌의 연대를 추정하는 작업에 도움이 됨

어느 한 문헌의 연대를 추정해 내는 일은 일단 문헌을 읽고서 충분히 이해할 수 있게 된

다음에 더욱 진일보된 연구를 진행하기 위하여 가장 첫 번째로 해야 할 작업이라고 말할 수 있다. 앞에서도 이미 언급했지만, 어느 한 글자의 자형〔形〕, 발음〔音〕, 의미〔義〕는 비록 빠르고 늦는 차이는 있더라도 끊임없이 계속 변화가 일어나고 있다. 이러한 변화에 대한 이해가 철저하면 철저할수록 문헌의 연대를 추정하는 일에 더욱 수월하게 확신을 가질 수 있게 된다.

최근 백여 년 동안의 노력으로 학자들은 이미 갑골문 복사卜辭의 연대 구분에 상당한 진전을 보아, 매 한 편의 갑골문이 전체 5기 중의 어느 시기에 속하는지 혹은 심지어 어느 왕 때 만들어진 갑골문인지도 확정할 수 있게 되었다.[1418] 이 중에서 자형과 글씨체는 갑골문의 연대 구분에서 가장 중요하게 근거가 되는 표준이라고 할 수 있다.[1419] 그리고 청동기 명문銘文의 연대 구분은 비록 갑골문과 같이 그렇게 확신을 가질 수는 없더라도, 반면에 양주시대兩周時代의 초기, 중기, 후기 등의 대략적인 단계의 시대 구분은 추정해 낼 수 있다.

만약 문자가 가진 조건으로 어느 한 문헌의 연대를 추정하려고 한다면, 우리는 그것을 다방면에서 고찰할 수 있다. 즉 어느 자형 형태 자체가 사용되었던 시기, 어느 글자에 어떤 의미가 사용되었던 시기, 심지어 문장 구절이 잘못 변화되었던 시기 등으로부터 연대를 추정해 낼 수 있고, 또한 자형 형태에서 그 자형에 오류가 생겨났던 시기로부터도 연대를 추측할 수 있다.

예를 들어, 〈도표 1〉에서 소개한 문文에서 문왕文王을 영왕寧王으로 잘못 인식한 사실을 통해서 우리는 이 문헌의 연대가 서주시대西周時代임을 추정할 수 있다. 더욱이 금문金文에서 이 문文의 자형에는 가슴에 심心의 초기 자형 형태가 남아 있다().

또 다른 예를 들어 보면, 〈도표 4〉에서 소개한 금金은 비교적 이른 시기의 글자의 의미는 금속이었거나 혹은 구리를 주요 성분으로 하여 청동기를 주조해 내는 그 재료를 가리키고 있었다(). 그래서 이 금金은 현재 우리가 말하는 황금을 대표하는 의미로는

1418 동작빈董作賓이 구분한 상商나라 후기의 갑골문 다섯 시기는 다음과 같다. 제1기는 반경盤庚, 소신小辛, 소을小乙, 무정武丁의 2대代 4왕王이고, 제2기는 조경祖庚, 조갑祖甲의 1대代 2왕王이며, 제3기는 늠신廩辛, 강정康丁의 1대代 2왕王이고, 제4기는 무을武乙, 문정文丁의 2대代 2왕王이며, 제5기는 제을帝乙, 제신帝辛의 2대代 2왕王이다.

1419 동작빈董作賓이 제시한 갑골문의 시대 구분과 단대斷代를 위한 10개의 표준은 왕세王世, 호칭號稱, 정인貞人, 지층地層, 방국邦國, 인물人物, 사건事件, 어법語法, 자형字形, 서체書體 등이다. 동작빈董作賓, 〈갑골문 단대연구의 예〔甲骨文斷代研究例〕〉, 《경축 채원배 선생 65세 논문집慶祝蔡元培先生六十五歲論文集》(上册) 논문 및 동작빈董作賓, 《갑골학 60년甲骨學六十年》, 63쪽을 참고할 것.

그 당시까지 아직 사용되지 않았다. 심지어《주역周易》〈서합噬嗑〉에 보이는 "마른 고기를 깨물고, 황금黃金을 얻는 것이다"[1420]라고 한 구절에서, 이 '황금黃金'도 또한 청동으로 주조한 화살촉을 가리키고 있다. 이뿐만 아니라 지하에서 발굴된 출토문헌出土文獻에서도 서한시대西漢時代까지는 여전히 이 금金이 대부분 청동을 가리키고 있었다. 그래서 진秦나라 말년의 문헌인〈금포율金布律〉에서는, "각 현縣과 도관都官은 7월에 더 이상 수리할 수 없는 관아의 기물器物을 처리하는데, 기물 위에 오래된 표식이 있는 것은 마땅히 제거해야 한다. 그리고 동기銅器와 철기鐵器는 거둬서 금속 원료로 삼아야 한다"[1421]라고 하였는데, 이 구절에서 언급한 '금金'과 '철鐵'은 바로 기물을 주조하는 재료를 가리키고 있다.

그런데 반면에 선진시대 때까지만 해도 동銅은 주로 구리를 녹여 주조해 낸 기물을 가리키고 있었다([illegible]). 그래서 양주시대兩周時代에는 기본적으로 동정銅鼎이나 동호銅壺의 예에서와 같이 동銅은 모두 구리를 녹여 주조해 낸 기물을 지칭하는 것이었지, 청동기를 주조하는 데 쓰이는 재료를 가리키는 말은 아니었다. 그래서 만약 어느 문헌에서 이 동銅이 구리라는 재료를 가리키는 뜻으로 쓰였다면, 그 문헌은 서한시대西漢時代 초기나 혹은 그 이전 시대의 필사본이라고 볼 수 없다. 그런데《월절서越絶書》의〈보검寶劍〉이나《관자管子》의〈지수地數〉에는 모두 동銅으로 동광銅鑛이나 구리로 된 재료를 지칭한 예가 나타나고 있다. 그것은 아마도 이 두 책의 초고初稿는 비록 전국시대戰國時代에 이미 완성이 되었을 가능성이 있지만, 현재까지 전해지는 판본과 같이 기록된 것은 틀림없이 서한시대나 혹은 그 이후 시기로 더 내려오기 때문일 것이다. 그래서 동銅은 결국 그 이전부터 사용하던 금金을 대체하게 되었다.

또 하나의 예를 들어 보면,《주례周禮》라는 책에 대해 어떤 학자는 유흠劉歆이 위조한 것이라고 여기고 있다. 그런데 이 책의 내용과 현재 전해지는 판본의 상황에서 보더라도,

---

1420 (清) 阮元 校刻,《十三經注疏》(附校勘記),《周易》, 卷第三,〈噬嗑〉, 37쪽. 그 원문에 "噬乾肉, 得黃金"이라고 되어 있다.

1421 수호지睡虎地 진묘秦墓 죽간정리팀〔睡虎地秦墓竹簡整理小組〕,《수호지 진묘 죽간睡虎地秦墓竹簡》(北京: 文物出版社, 1978년),〈秦律十八種〉,〈金布律〉, 64쪽. 그 원문에 "縣·都官, 以七月糞公器不可繕者, 有久識者, 靡蚩之. 其金及鐵器, 入以爲銅"이라고 되어 있다. 그런데 이 수호지睡虎地 진묘秦墓는 1975년 12월 호북성湖北省 운몽현雲夢縣에서 발굴된 것으로, 그 시기는 대체로 전국시대 말기에서 진秦나라에 해당한다. 그리고 발굴된 무덤은 모두 12기에 이르며, 그중 제11호 무덤에서 대량의 진秦나라 죽간이 출토되었다. 이 출토된 죽간은 훼손된 것을 포함하여 모두 1,155매에 이르는데,〈율문律文〉108가지 조항 중에 이〈금포율金布律〉15가지 조항이 들어 있다. 이〈금포율金布律〉의 내용은 대체로 화폐나 재물 방면의 법률을 언급하고 있다.

이《주례周禮》가 서한시대 이후의 작품은 아니라는 것을 추정해 낼 수 있다. 더욱이 사용한 글자의 의미와 자형 형태에 보이는 여러 가지 현상을 통해 봐도, 이 책은 한漢나라 이전의 작품일 가능성이 비교적 높다. 그 이유는 다음과 같이 들 수 있다.

첫째,《주례周禮》에는 드물게 사용되는 고대의 글자 의미를 여전히 보존하고 있다. 예를 들어,〈고공기考工記〉에 사용된 짐朕은〈도표 270〉에서 소개한 짐朕에서와 같이 틈새라는 의미로 쓰이고 있다. 갑골문에서 이 짐朕은 두 손에 도구를 들고 배 위에서 일하는 모습을 본뜨고 있는데( ), 이 틈새라는 의미는 틀림없이 이 배의 틈새를 메꾼다는 뜻에서 왔을 것이다. 그런데 상나라 이후로 이 짐朕은 모두 이미 가차되어 대부분 1인칭 호칭에만 사용되고 있다.

그리고〈도표 418〉에서 소개한 것처럼, 갑골문에서 진(晉, 晉)은 토기로 된 하나의 거푸집과 두 줄의 화살 주물의 모습을 본뜨고 있는데( ), 두 가지 모형模型을 결합하여 주조해 낸 기물을 가리키고 있다. 그런데〈고공기考工記〉에서도 이 진(晉, 晉)은 구리로 만든 창고달이나 대나무 화살의 화살촉을 의미하고 있는데, 이 두 가지 물건 모두가 두 편의 모형으로 주조하는 흔히 보이던 청동기물이었다. 그러나 역대로 대부분의 경학자經學者들은 이것을 가차假借의 의미로 해석하고 있고, 허신許愼의《설문說文》에서도 이러한 자형 구조의 의미를 제대로 이해하지 못하고 있었다. 아마도 이것은 고문학파古文學派의 제창자였던 유흠劉歆이라도 쉽게 알아낼 수 있는 사실이 아니었을 것으로 생각된다.

둘째,《주례周禮》에는 고대의 자형을 그대로 유지하고 있어서 한漢나라 때 그다지 통용되지 않았던 자형이 가끔 보인다. 예를 들어,〈도표 25〉에서 소개한 법(灋, 法:),〈도표 31〉에서 소개한 여자가 아이를 낳는 모습을 본뜬 육(育, 毓:),《설문說文》에서 "卵은 무릇 동물이 젖이 없는 것은 알에서 태어난다. 상형자象形字이다. 무릇 란卵의 속屬들은 모두 이 란卵을 따른다. 卝은 고문古文의 란卵이다"[1422]라고 한 물고기 알의 모양을 본뜬 란(卵, 卝),《설문說文》에서 "鱻은 살아 있는 물고기로 끓인 음식이다. 세 어魚를 따른다. 물고기의 싱싱함을 변화시키지 않은 것이다"[1423]라고 한 수많은 물고기를 의미하는 선

1422 (淸) 段玉裁注,《說文解字注》, 第二十六卷, 第十三篇注下,〈卵〉, 686-687쪽. 그 원문에 "卵, 凡物無乳者卵生. 象形. 凡卵之屬皆从卵. 卝, 古文卵"이라고 되어 있다.

1423 (淸) 段玉裁注,《說文解字注》, 第二十二卷, 第十一篇注下,〈鱻〉, 587쪽. 그 원문에 "鱻, 新魚精也. 从三魚. 不變魚也"라고 되어 있다.

(鱻, 鮮:), 《설문 신부고說文新附考》에서 "포虣는 사나운 것이고, 조급한 것이다. 호虎를 따르고, 무武를 따른다"[1424]라고 하면서 함정을 사용하지 않고 무기로 호랑이와 맞서는 일은 일종의 조급하고 지혜롭지 못한 행위임을 의미하는 포(虣, 暴:) 등과 같이 그 예가 상당히 많다.

그리고 《주례周禮》에서는 특히 그중에서도 〈도표 21〉에서 소개한 풍(風:)을 관雚을 따르고 풍風을 따르는 자형 형태인 풍(飌, 風)으로 표기하고 있는데, 이러한 습관은 주문籀文 계열의 자형을 예서체화시키면서 표기했던 것임에 틀림없을 것이다. 그래서 위에서 든 이러한 예들은 모두 《주례周禮》가 선진시대先秦時代의 저작이라는 유력한 증거가 된다.

제8절 서예나 전각예술篆刻藝術의 창조에 도움이 됨

서예와 전각은 모두 중국의 중요한 예술 형식에 속하는 것으로, 주로 소전체小篆體나 그 이전 시대의 문자 형태를 즐겨 사용하곤 한다. 그래서 만약 어느 글자의 자형 구조에 대해 어느 정도 나름의 이해가 있다면, 상대적으로 글자의 자획을 틀리지 않게 쓸 수 있고, 또한 글자를 잘못 보거나 틀린 글자를 선택하여 쓰지는 않게 될 것이다. 더욱이 아직 나타나지 않은 어떤 고문자를 구상할 경우에도, 현재 존재하고 있는 고문자의 구성 부분을 분석해서 그것을 합리적인 방법으로 재조합시키기에도 비교적 수월할 것이다. 그와 동시에 만약 각 시대의 글자체에도 남다른 이해가 있다면, 붓글씨로 써 놓은 글자들이 전체적으로 더욱 조화를 이루어서 우리의 눈에 거슬리는 느낌도 주지 않을 것이다.

1424 (淸) 鄭珍, 《說文新附考》(上海: 上海商務印書館, 1936년), 卷二, 〈虣〉, 78쪽. 그 원문에 "虣, 虐也, 急也. 从虎, 从武"라고 되어 있다. 이 《설문 신부고說文新附考》는 청淸나라 뉴수옥鈕樹玉이 편찬한 총 6권의 《설문 신부고說文新附考》를 나중에 청淸나라의 정진鄭珍이 그 장점과 단점을 보완하여 새롭게 총 6권으로 다시 편찬한 것으로, 광서光緖 4년(1878년)에 처음으로 간행되었다.

역자 후기

청淸나라 광서光緖 25년인 1899년에 왕의영王懿榮에 의해 갑골문이 발견되면서부터 지금까지 벌써 110여 년이라는 짧지 않은 시간이 흘러왔다. 그런데 무엇보다도 이 갑골문의 발견으로 인해 그동안 신비의 베일에 싸여 있던 상商나라의 역사적인 존재성을 확인하는 중요한 계기가 되었다. 그러나 아직까지 우리 한국의 독자들에게는 조금 낯설다고 할 수 있는 이 갑골문甲骨文은 바로 상나라 후기의 왕들이 동물의 어깨뼈나 거북 껍데기 위에 점占을 치며 새긴 문자를 일컫는 말인데, 이 갑골문에는 당시 국가적인 대소사를 막론하고 왕의 개인적인 일상사까지 기록하고 있다. 따라서 이 갑골문은 중국 고대 사회, 특히 상나라의 사회 전반을 연구하는 연구자에게 있어서는 그 어떤 자료보다도 가장 중요한 연구 자료가 된다고 해도 과언이 아닐 것이다.

그리고 이러한 중요성으로 인해 갑골문을 연구하는 갑골학甲骨學은 이미 세계적인 학문 분과가 되었고, 그동안 수많은 연구자들의 노력으로 그 연구 성과도 괄목할 만하게 되었다. 그런데 상나라 왕실과 사회 전반에 걸쳐서 샤먼이 일찍이 중요한 역할을 수행했다는 사실에 대해서는 상나라 역사를 연구하는 학자들에게 이미 공공연한 사실이 되어 왔지만, 정식으로 상나라 샤머니즘에 대해서 체계적이며 학문적인 분석을 한 저작은 그동안 거의 찾아보기 힘들었다.

그래서 역자는 1995년 성균관대학교 한문학과를 졸업하고 나서, 갑골문을 통한 상나라 샤머니즘의 연구라는 높은 학문적 이상을 품고 대만으로 유학을 결정하였다. 그리고 2년여에 걸쳐 중국어를 배우면서 중문학과 대학원 입시를 준비하였고, 마침내 치열한 경쟁을 뚫고 국립 대만대학교 중문학과에 입학하게 되었다. 그 뒤 역자는 당시 캐나다 토론토대학교에 계시다가 대만대학교의 전임교수로 갓 오신 세계적인 갑골학자 허진웅許進雄 선생님의 문하로 들어가 갑골문과 샤머니즘에 관련된 주제로 석사논문을 쓰기 시작하였다.

그러나 논문을 쓰기 시작한 지 얼마 지나지 않아 세계적인 대사大師의 문하에서 학위과정을 밟는 것이 얼마나 각고의 노력을 요구하는지 절실히 깨닫게 되었다. 4년여의 긴 시간을 들여 완성했던 역자의 석사논문이 첫 번째 논문심사에서 그만 통과하지 못하고 말았는데, 그때 받았던 정신적인 좌절감은 8년이 훨씬 지난 지금까지도 눈에 선하게 밟힌다. 그 뒤 거의 반년에 가까운 정신적 방황의 시간을 끝내고, 다시 각고의 노력을 더하여 일년 후에야 마침내 논문의 완성도를 높이고서 졸업을 할 수 있게 되었다. 그런데 지도교수님의 이처럼 엄격한 학문적 훈련이 대만 학계에 널리 알려지게 되면서, 허진웅 선생님이 배출한 지도학생의 논문도 나름대로 인정을 받게 되었다.

그래서 역자의 첫 번째 저서인《상나라 갑골문에 나타난 샤머니즘〔殷商甲骨卜辭所見之巫術〕》이 비록 외국 학생이 쓴 석사논문에 지나지 않았지만, 대만의 문진출판사文津出版社에서 '문사철 대계文史哲大系 시리즈 176'으로 출판되는 영광을 갖게 되었다. 그러면서 역자는 이 논문의 모든 장章과 절節을 따로 떼어내어 하나의 소논문 형식으로 만들었고, 다시 내용을 대폭 교정하여 중국의 중문中文 핵심核心 학술지를 비롯한 대만과 한국 등지에 현재까지 20여 편 이상의 소논문을 발표하게 되었다. 더욱이 얼마 전에는 한국 학자로서는 처음으로 중국 내 인문학 분야 출판으로는 최고의 권위를 인정받는 출판사인 중화서국中華書局에서 본서의 증보판이 출판심사를 통과하였고, 마침내 그 증보판이 정식으로 이 세상에 빛을 보이게 되었다.

그리고 최근에 역자는 중국 청화대학교 역사학과에 계시는 세계적인 중국 고대사학자 이학근李學勤 선생님의 문하에서《중국 선진시대 샤먼의 의료활동 연구〔先秦巫者的醫療活動研究〕》라는 제목의 박사논문을 완성하였고, 이 박사논문의 내용을 바탕으로 현재는《중국의학의 기원고찰〔中國醫學溯源考〕》이라는 제목의 책을 집필하고 있는 중이다. 그래서 이 책의 원고가 완성되고 나면, 그 다음 단계로 갑골문甲骨文, 금문金文, 죽간竹簡, 백서帛書, 전서체篆書體 등에 보이는 고문자 자료와 현존하는 각종 고문헌 자료 및 지하에서 출토된 방대한 고고학 자료를 이용하여 중국 선진시대 샤머니즘에 대해서 체계적이며 학문적인 정리를 하려고 계획하고 있다.

따라서 이러한 포부를 가진 역자로서는 당연히 우리말 번역을 통해 고문자 자료의 체계적인 정리 작업을 우선적으로 하고 싶었기 때문에, 대만대학교의 지도교수님이셨던 허진웅 선생님의《중국 문자학 강의〔簡明中國文字學〕》라는 책을 번역하기 시작하였다. 특히 이 책은 얼마 전에 중국의 문사철 방면 최고 출판사인 중화서국中華書局에서 개정판으로 다시 출판되어 나왔다. 그리고 이 책을 번역하면서 정리해 둔 각종 고문자 자형을 이용하여 현재 역자는 교육부에서 지정한 상용한자 1800자를 중심으로《문자학 자전文字學字典》이라는 개인적인 저서를 구상 중에 있다. 이 책에서 역자는 하나의 한자를 자형字形, 자음字音, 자의字義로 나누어 갑골문에서 현재의 한자에 이르기까지 그 대략적인 변천 내용을 하나의 도표로 일목요연하게 정리하려고 생각하고 있다. 그와 더불어 각 글자에 대한 역자의 개인적인 견해도 함께 덧붙이면서, 또한 실용적인 기능까지 갖춘 자전을 만들려고 구상하고 있다.

역자가 1년 반이라는 긴 시간을 들여 완성한 이 번역서가 마침내 고려대학교출판부에서 출판되어 나오게 되었다. 그런데 누구보다도 우선, 이 책을 우리말로 번역을 한다고 말씀드렸을 때 진심으로 격려를 보내 주시며 손수 당신의 컴퓨터 파일을 우편으로 부쳐 주시기까지 한 허진웅許進雄 선생님께 깊은 감사의 말씀을 올린다. 또한 이 책의 한국어판 출판을 흔쾌히 동의해 준 중화서국中華書局 언어문자言語文字 편집실의 진숙화秦淑華 편집부장님께도 이 자리를 빌려 감사를 표한다. 그래서 역자는 이 두 분의 격려에 어긋나지 않게 더욱 완성도 높은 번역을 하려고 그동안 몇 번이나 세심한 교정을 거쳤는지 모른다.

그리고 조금은 서툰 역자의 우리말 표현을 일반 독자들이 읽기 편하게 잘 다듬어 주신 고려대학교출판부의 김철 편집장님과 유재혁 선생께도 깊은 감사의 말씀을 드린다. 이제 머잖아 역자의 이 번역서가 독자에게 평가를 받게 될 것이다. 그래서인지 지금 역자는 첫 우리말 역서가 출판된다는 설렘보다는 왠지 두려움이 앞선다. 그렇지만 앞으로 스스로의 더 성숙된 학문적 깊이를 위해서라도 독자들이 보내는 아낌없는 충고를 겸허하게 받아들일 것이다.

마지막으로 어머니의 기일忌日이 이제 며칠 남지 않았다. 살아생전에 이 책을 완성하여 보여 드리지 못한 것이 그저 마음에 여한으로 남지만, 극락에서라도 이 책이 나온 것을 아시면 아마도 틀림없이 크게 기뻐하실 것이다.

사천삼백마흔세해 사월 열이틀 날에 이 책의 번역원고를 탈고하다.

참고문헌

아래의 참고자료는 원저자의 참고문헌 목록 외에 역자가 이 책의 번역을 위해 참고한 모든 자료를 우리말의 가나다순으로 함께 열거한 것이다.

1. 고적문헌古籍文獻

(宋) 심괄沈括 찬撰. 유계림劉啓林 교주校注.《몽계필담 예문부 교주夢溪筆談藝文部校注》. 哈爾濱: 黑龍江人民出版社, 1986.

(宋) 이방李昉 등等 봉칙奉勅 찬撰.《태평어람太平御覽》.《문연각 사고전서文淵閣四庫全書》, 자부子部 202,〈유서류類書類〉, 第八九六册. 臺北: 臺灣商務印書館, 1983.

(宋) 진팽년陳彭年 · 구옹丘雍.《송본광운宋本廣韻》. 北京: 來薰閣影印, 1934.

(清) 단옥재段玉裁 주注.《설문해자주說文解字注》(附索引). 臺北: 藝文印書館, 1994.

(清) 완원阮元 교각校刻.《십삼경 주소十三經注疏》(附校勘記). 北京: 中華書局, 1980.

(清) 왕선겸王先謙.《후한서 집해後漢書集解》. 北京: 中華書局, 1984.

(清) 정진鄭珍.《설문 신부고說文新附考》. 上海: 上海商務印書館, 1936.

2. 중국어 단행본

고명高明.《고문자 유편古文字類編》. 北京: 中華書局, 1980.

________.《중국 고문자학 통론中國古文字學通論》. 北京: 北京大學出版社, 1996.

곡성응穀聲應 역주譯註.《여씨춘추 백화금역呂氏春秋白話今譯》. 北京: 中國書店, 1992.

곽말약郭沫若 주편. 호후선胡厚宣 총편집.《갑골문 합집甲骨文合集》. 北京: 中華書局, 1979-1982.

구석규裘錫圭.《문자학 개요文字學概要》. 臺北: 萬卷樓圖書有限公司, 1994.

김소영金少英 집석集釋.《한서 식화지 집석漢書食貨志集釋》. 北京: 中華書局, 1986.

나진옥羅振玉.《삼대 길금문존三代吉金文存》. 臺北: 文華出版社, 1970.

당란唐蘭.《고문자학 도론古文字學導論》. 臺北: 樂天出版社, 1970(1935년에 발표됨).

________.《중국 문자학中國文字學》. 臺北: 臺灣開明書店, 1969.

동작빈董作賓.《갑골학 60년甲骨學六十年》. 臺灣: 藝文印書館, 1965.

마문희馬文熙 · 장귀벽張歸璧 주편.《고대 중국어 지식의 상세한 해설 사전〔古漢語知識詳解辭典〕》. 北京: 中華書局, 1996.

마승원馬承源 주편.《상주 청동기 명문선商周青銅器銘文選》. 北京: 文物出版社, 1988.

방술흠方述鑫.《진한위진 전서와 예서 자형표〔秦漢魏晉篆隷字形表〕》. 成都: 四川辭書出版社, 1985.

방용方勇 · 육영품陸永品 찬撰.《장자전평莊子詮評》. 成都: 巴蜀書社, 2007.

사호범謝浩範 · 주영평朱迎平 역주譯注.《관자전역管子全譯》. 貴陽: 貴州人民出版社, 1996.

상승조商承祚.《은계일존 일권殷契佚存一卷》. 南京: 金陵大學 中國文化研究所 影印本, 1933.
서중서徐中舒 주편.《갑골문 자전甲骨文字典》. 成都: 四川辭書出版社, 1989.
__________ 주편.《중국어 고문자 자형표〔漢語古文字字形表〕》. 成都: 四川人民出版社, 1980.
소증화邵增樺 주역註譯.《한비자 금주금역韓非子今註今譯》. 臺北: 臺灣商務印書館, 1982.
수호지 진묘 죽간정리 팀〔睡虎地秦墓竹簡整理小組〕.《수호지 진묘 죽간睡虎地秦墓竹簡》. 北京: 文物出版社, 1978.
수홍훈帥鴻勳.《육서검토〔六書商榷〕》. 臺北: 正中書局, 1970.
여내영余迺永 교주校註.《새로이 교정하고 주를 붙인 송본광운〔新校互註宋本廣韻〕》. 香港: 中文大學出版社, 1993.
왕우신王宇信 · 양승남楊升南 주편.《갑골학 백주년〔甲骨學 一百年〕》. 北京: 社會科學文獻出版社, 1999.
요효수姚孝遂.《허신과 설문해자〔許愼與說文解字〕》. 北京: 中華書局, 1983.
요효수姚孝遂 주편.《은허 갑골문 각사刻辭의 모사摹寫와 고석考釋 총집〔殷墟甲骨刻辭摹釋總集〕》. 北京: 中華書局, 1988.
용경容庚.《금문편金文編》. 北京: 中華書局, 1985.
용우순龍宇純.《중국 문자학中國文字學》. 香港: 崇基書店, 1968.
이령李零.《장사 자탄고 전국시대 초백서 연구〔長沙子彈庫戰國楚帛書研究〕》. 北京: 中華書局, 1985.
이어숙李漁叔 주역註譯.《묵자 금주금역墨子今註今譯》. 天津: 天津古籍出版社, 1988.
이진화李珍華 · 주장즙周長楫.《한자 고금음표漢字古今音表》. 北京: 中華書局, 1999.
이학근李學勤.《중국 고대문명 연구中國古代文明研究》. 上海: 華東師範大學出版社, 2004.
__________.《청동기 및 고대사〔青銅器與古代史〕》. 臺北: 聯經出版公社, 2005.
이학근李學勤 · 제문심齊文心 · 알랜S. Allan.《영국소장 갑골집英國所藏甲骨集》. 北京: 中華書局, 1985.
이효정李孝定.《갑골문자 집석甲骨文字集釋》. 臺北: 中央研究院歷史語言研究所, 1965.
정복보丁福保.《설문해자 고림說文解字詁林》. 北京: 中華書局, 1988.
조용준趙容俊.《상나라 갑골문에 나타난 샤머니즘〔殷商甲骨卜辭所見之巫術〕》. 臺北: 文津出版社, 2003.
__________.《상나라 갑골문에 나타난 샤머니즘〔殷商甲骨卜辭所見之巫術〕》(증보판). 北京: 中華書局, 2011.
__________.《중국 선진시대 샤먼의 의료활동 연구〔先秦巫者的醫療活動研究〕》. 北京: 清華大學歷史系博士論文, 2010.
조종을趙宗乙 역주譯注.《회남자 역주淮南子譯注》. 哈爾濱: 黑龍江人民出版社, 2002.
주법고周法高.《금문고림보金文詁林補》. 臺北: 中央研究院歷史語言研究所, 1981.
__________.《한자 고금음휘漢字古今音彙》. 香港: 香港中文大學, 1973.
주법고周法高 주편.《금문고림金文詁林》. 香港: 香港中文大學, 1974.
중국 대백과전서 출판사 편집부.《중국 대백과전서—고고학편〔中國大百科全書: 考古學〕》. 北京: 中國大百科全書出版社, 2004.
중국어 대자전 편찬위원회.《중국어 대자전〔漢語大字典〕》(縮印本). 成都: 四川辭書出版社, 1993.
진도陳濤 역주譯注.《안자춘추 역주晏子春秋譯注》. 天津: 天津古籍出版社, 1996.
진립陳立.《초나라 계통의 간백문자 연구〔楚系簡帛文字研究〕》. 臺北: 國立臺灣師範大學國文系碩士論文, 1999.
탕가경湯可敬.《설문해자 금역說文解字今譯》. 長沙: 岳麓書社, 2001.
팽방형彭邦炯 · 사제謝濟 · 마계범馬季凡 편집.《갑골문 합집 보충편〔甲骨文合集補編〕》. 北京: 語文出版社, 1999.
하림의何琳儀.《전국문자 통론戰國文字通論》. 北京: 中華書局, 1989.
__________.《전국시대 고문자 자전〔戰國古文字典〕—전국문자 성운 체계〔戰國文字聲系〕》. 北京: 中華書局, 1998.

허담휘許錟輝.《문자학 간편文字學簡編》. 臺北: 萬卷樓圖書有限公司, 1999.
허일지許逸之.《중국 문자구조 학설집성〔中國文字結構說彙〕》. 臺北: 臺灣商務印書館, 1991.
허진웅許進雄.《고문자 형성자근〔古文諧聲字根〕》. 臺北: 臺灣商務印書館, 1995.
__________.《중국 고대사회 — 문자와 인류학의 투시〔中國古代社會 — 文字與人類學的透視〕》(修訂本). 臺北: 臺灣商務印書館, 1995.
__________.《중국 문자학 강의〔簡明中國文字學〕》(修訂本). 臺北: 學海出版社, 2002.
__________.《Oracle Bones from the White and Other Collections: 화이트 씨 등이 소장한 갑골문집 일책〔懷特氏等收藏甲骨文集一冊〕》. 캐나다: 로열 온타리오 박물관, 1979.
형문시荊門市박물관.《곽점 초묘죽간郭店楚墓竹簡》. 北京: 文物出版社, 1998.
황덕관黃德寬 · 진병신陳秉新.《중국어 문자학사〔漢語文字學史〕》. 合肥: 安徽省新華書店, 1990.
황회신黃懷信 주찬主撰.《대대례기 휘교집주大戴禮記彙校集注》. 西安: 三秦出版社, 2005.

3. 학술논문

동작빈董作賓.〈갑골문 단대연구의 예〔甲骨文斷代研究例〕〉.《경축 채원배 선생 65세 논문집慶祝蔡元培先生六十五歲論文集》(上冊). 南京: 中央研究院歷史語言研究所, 1933.
장정랑張政烺.〈육서의 옛 의미〔六書古義〕〉.《역사와 언어 연구소 집간〔歷史語言研究所集刊〕》. 重慶: 商務印書館 重慶分館, 1942.
조용준趙容俊.〈중국 고대사 서술 현황 고찰 — 하상주 연대 구축 프로젝트의 기본 내용을 중심으로〔中國古代史敍述現況考察 — 以夏商周斷代工程爲中心〕〉.《고대 동북아 연구 논문집古代東北亞研究論文集》. 서울: 백산자료원, 2008.

4. 외국어 참고 서적

김철환金哲煥 주편.《한한 대자전漢韓大字典》. 서울: 민중서림, 2005.
藤堂明保.《한자 어원사전漢字語源辭典》. 東京: 學燈社, 1971.
松丸道雄 · 高嶋謙一.《갑골문자 글자해석 총람〔甲骨文字字釋綜覽〕》. 東京: 東京大學東洋文化研究所, 1993.
James Henry Breasted. *Ancient Records of Egypt, Historical Documents*. Chicago: University of Chicago Press, 1906-1907.
Kwang-chih Chang. *The Archaeology of Ancient China*. New Haven: Yale University Press, 1986.

찾아보기*

* 찾아보기의 한자와 어휘는 책 내용 중 중요한 부분만을 정선하여 우리말의 가나다순으로 배열하였고, 동일한 한자음의 경우에는 부수, 총획순으로 배열하였다.

ㅅ

ㅇ

중국 문자학 강의

초판발행	2013년 1월 3일
초판 2 쇄	2016년 8월29일
지은이	許進雄
옮긴이	조용준
펴낸곳	고려대학교출판문화원
	www.kupress.com
	kupress@korea.ac.kr
	02841 서울특별시 성북구 안암로 145
	02-3290-4230, 4232
	Fax 923-6311
찍은곳	네오프린텍(주)

ISBN 978-89-7641-782-4 93720

값 34,000원

* 잘못 만들어진 책은 바꿔드립니다.